빠르고 꼼꼼하게

빠꼼이
NCS

NCS 열심히 하는데
왜 안 오를까?

문제 많이 푼다고
점수 오르지 않습니다

기본서

PREFACE

정확한 공부법이 필요하다. - 핵심은 '체화'

1

빠르게 꼼꼼하게
(빠른 풀이법 학습)

NCS에서 가장 중요한 것은 '**시간**'과 '**정답률**'입니다. 시간만 충분하다면 대부분의 학생들이 90점 이상의 점수를 얻을 수 있습니다. 수험 초기 단계에서는 '시간 부족'을 크게 느끼기 때문에 '속도'에 집중하게 되지만, 정확한 방법을 모른 채 빨리 풀려고만 하면 정답률이 급격히 떨어지게 됩니다. 이 상태에서 문제만 많이 푼다고 해서 점수가 올라가지 않기 때문에 문제 푸는 방법을 처음부터 새롭게 시작해야 하는 시행착오를 겪게 됩니다.

'속도'와 '정확도'를 동시에 올릴 수 있는 학습법으로 접근해야 합니다. 빠르지만 꼼꼼하게 접근할 수 있게 기초를 튼튼히 한다면 충분히 합격권의 점수를 얻을 수 있으리라 생각합니다.

2

유형별 학습

1) 문제유형 파악하기

문제유형은 PSAT형과 모듈형으로 구분이 되며, 문제유형에 따라 푸는 방법이 완전히 달라집니다. 두 유형은 형태로도 구별이 가능하므로 구분은 어렵지 않습니다. 모듈형은 단순 암기에 가깝고, 문제를 푸는 기술은 PSAT형과도 겹칩니다. 따라서 PSAT형을 공부하는 것을 기본으로 하며, 모듈형에서 나오는 부분은 별도로 암기를 한다고 생각하는 것이 좋습니다. 공부시간은 PSAT형에 80% 이상을 할애하는 것이 좋다고 생각합니다.

2) 수리능력·문제해결능력 극복하기

NCS는 10개의 영역이 있지만, 모든 영역이 동일한 중요도는 아닙니다. 합격여부를 결정하는 중요한 영역은 수리능력과 문제해결능력이라고 생각합니다. 이 두 영역이 약하면 점수와 시간 모두 소비하기 때문에 합격에서 멀어지게 됩니다. 안타깝게도 두 영역은 대부분의 수험생이 어려워하는 과목이지만, 역설적으로 이 두 영역의 점수가 받쳐 준다면 합격에 한 발 가까이 갈 수 있습니다.

3) 표(그림)와 선택지 익히기

표(그림)의 내용은 매번 바뀌므로, 표의 내용이 아닌 '종류'를 공부해야 합니다. 글 대신에 표(그림)를 만드는 이유는 작성자의 '목적'을 잘 표현하기 위함입니다. 목적을 가장 잘 표현할 수 있는 표의 '종류'를 선택하게 되므로 표(그림)의 '종류'를 보면 작성자의 '목적'을 유추할 수 있습니다. 이 목적에 부합하는 선택지는 시험에 반드시 나오게 되므로 표의 '종류'를 공부하는 것은 '종류'에 따른 선택지를 미리 공부한다는 의미입니다. 출제될 선택지를 미리 알고 있다면 당연히 시간은 줄어들게 됩니다.

시험 중에 선택지를 해결하는 데 시간 대부분을 사용합니다. 선택지의 내용을 먼저 읽고 이해한 후에 해결(계산)합니다. 대부분 학생들은 계산하는 방법을 익히는 데 집중을 합니다. 하지만 선택지를 계산하는 시간보다 읽고 이해하는 시간이 더 깁니다. 선택지를 읽고 이해하는 시간을 줄이지 못한다면 합격을 어려워집니다.

NCS에서 나오는 선택지는 이미 정해져 있습니다. 항상 나오는 내용만 나오기 때문에 미리 공부를 해둘 수가 있습니다. 여기서 항상 나오는 내용은 주어가 아니라 '서술어'입니다. '서술어'를 많이 공부해두면 시간을 크게 줄일 수 있습니다.

① 주어
주어는 읽을 곳과 읽지 말아야 할 곳을 잘 구분해야 합니다. '표의 제목', '범위를 한정하는 내용' 등은 읽지 말아야 합니다. 세부 항목 또한 내용을 다 읽을지 아니면 이해하지 않고 대명사 취급을 할지 판단해야 합니다. 이러한 불필요한 부분을 제외하면 실제로 읽어야 할 내용은 전체 선택지의 절반 이하로 줄어들게 됩니다.

② 서술어(단골표현)
서술어는 매번 기출에서 반복되는 표현(단골표현)이 나옵니다. 30개 정도의 단골표현을 익히면, 선택지를 이해하는 속도와 정확도가 모두 향상될 수 있습니다.

③ 난이도·중요도 분석
단골표현에 따라 난이도 분석을 해야 합니다. 단골표현에 따라 선택지의 난이도와 중요도(답이 될 확률이 높은)의 분석이 가능하다면 문제를 해결하는 순서 등을 정할 때 큰 도움이 됩니다.

3

'체화'를 위한 반복학습

학생들에게 공부 시 가장 중요하다고 얘기하고 싶은 것은 체화와 2회독입니다. 체화를 하기 위해서는 반복학습이 필요하며, 그 과정에 가장 중요한 것은 2회독입니다.

표(그림)의 형태와 선택지의 단골표현은 반복됩니다. 따라서 문제를 무턱대고 많이 풀 이유가 없습니다. 교재에 나오는 기출문제를 철저히 분석하고 익숙하게 만들어야 합니다. 이를 위해서는 수업에서 배운 기출문제를 반복해서 보는 것이 가장 효율적인 방법입니다.

수업 들은 후 이해도는 30~70%로 다양합니다. 교재 이해도가 60% 이상 되어 있지 않은 채로 독학을 하면 스트레스도 받고 진도도 잘 나가지 않습니다. 많은 학생들이 이 단계에서 무너지고 복습을 포기한 상태로 문제풀이에만 몰두하게 됩니다. 2회독만 완료가 되면 대부분 학생의 경우 교재 이해도가 60%를 넘기 때문에 3회독부터는 혼자 공부를 해도 크게 힘들지 않을 수 있습니다. 2회독을 빠른 시일 내에 집중해서 진행을 해야 합니다.

빠꼼이 사이트(bbaggum2.com)에서 제공하는 2개월 커리큘럼에 따라 일정 수준이 오를 때까지 2개월 단위로 반복하다 보면 반드시 성적향상이 되어 있을 것이라 확신합니다.

빠꼼이 NCS 2달 합격공식 커리큘럼

1주차	월	화
강의		
모의고사	민경채 '11년	민경채 '12년
2주차	월	화
강의		자료해석(31강)
모의고사	민경채 '16년	민경채 '17년
복습자료	분수 1·2	분수 3·4
3주차	월	화
강의		자료해석(31강)
모의고사	민경채 '21년	민경채 '22년
복습자료	분수 4·5·6	덧셈 1·2
4주차	월	화
강의		자료해석(31강)
모의고사	민경채 '14년(2회독)	민경채 '15년(2회독)
복습자료	평균 1·2·3	어림산 1·2
5주차	월	화
강의		문제해결능력(11강)
모의고사	민경채 '19년(2회독)	민경채 '20년(2회독)
복습자료	분수 1·2·3·4·5·6	덧셈 1·2, 상대&절대 1·2·3
6주차	월	화
강의		의사소통 및 모듈형(20강)
모의고사	피듈형 2회	피듈형 3회
복습자료	분수27·28, 덧셈19	분수29, 곱셈10
7주차	월	화
강의	심화 3회(3강)	심화 4회(3강)
모의고사	코레일 1회	코레일 2회
8주차	월	화
강의	심화 8회(3강)	심화 9회(3강)
모의고사	한전 2회	수자원 1회

※ 2달 커리큘럼 관련 자료(계산연습, 모의고사 등)는 빠꼼이 사이트(bbaggum2.com) 학습자료실에서 다운로드 가능합니다.
수강 중이신 강의실에 첨부된 복습용 자료 및 스터디교재는 해당 강의 수강 후 바로 풀이하시길 바랍니다.

빠꼼이 NCS 사이트 자료실

▶ '빠꼼이' 사이트(www.bbaggum2.com) 접속 → 학습자료실
▶ 두 달 커리큘럼 관련 자료 무료 다운로드

수	목	금
응용수리(17강), 수열(2강)		
민경채 '13년	민경채 '14년	민경채 '15년
수	목	금
어림산 및 매칭형(9강)		
민경채 '18년	민경채 '19년	민경채 '20년
분수 5·6	덧셈 1·2	분수 1·2·3
수	목	금
어림산 및 매칭형(9강)		
민경채 '11년(2회독)	민경채 '12년(2회독)	민경채 '13년(2회독)
상대&절대 1·2·3	상대 1·2	상대 3·4
수	목	금
어림산 및 매칭형(9강)		
민경채 '16년(2회독)	민경채 '17년(2회독)	민경채 '18년(2회독)
어림산 3·4	어림산 5·6	어림산 1·2·3·4·5·6
수	목	금
	자원관리능력(7강)	
민경채 '21년(2회독)	민경채 '22년(2회독)	피듈형 1회
상대 1·2·3·4	평균 1·2·3	어림산 1·2·3·4·5·6
수	목	금
	심화 1회(3강)	심화 2회(3강)
피듈형 4회	피듈형 5회	피듈형 6회
분수30, 덧셈20		
수	목	금
심화 5회(3강)	심화 6회(3강)	심화 7회(3강)
코레일 3회	코레일 4회	한전 1회
수	목	금
심화 10회(3강)	심화 11회(3강)	심화 12회(3강)
수자원 2회	건강보험공단	건강보험공단

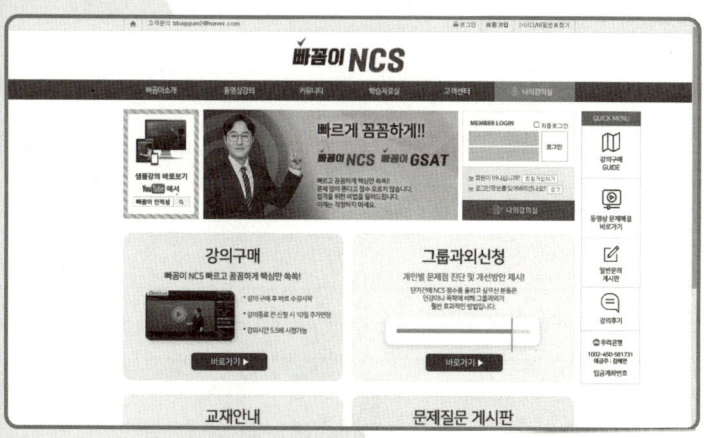

CONTENTS

Part 1 수리능력

I 응용수리
- Chapter 1 상대수치 vs 절대수치 ········ 12
- Chapter 2 평균, 소금물 ········ 26
- Chapter 3 일률, 나이, 시침분침, 대입, 비율 ········ 38
- Chapter 4 속도 ········ 54
- Chapter 5 확률 ········ 64

II 수열(수추리)
- Chapter 1 단순 수열 ········ 122
- Chapter 2 복합 수열 ········ 126
- Chapter 3 수열 응용 ········ 134

III 자료해석
- Chapter 1 눈과 손으로 푸는 선택지 ········ 148
- Chapter 2 머리로 푸는 선택지 ········ 200
- Chapter 3 표와 그래프의 특성 ········ 262

IV 어림산 및 매칭형
- Chapter 1 어림산 ········ 322
- Chapter 2 매칭형 ········ 370

Part 2 의사소통능력

- Chapter 1 주제, 제목 ········ 382
- Chapter 2 내용 확인 ········ 399
- Chapter 3 문단순서, 표현방법, 어휘 ········ 431
- Chapter 4 복합유형 ········ 450

Part 3 문제해결능력

I 언어영역
- I. 언어영역 ········ 478

II 추리영역
- Chapter 1 명제 ········ 532
- Chapter 2 참 거짓 ········ 552
- Chapter 3 언어추리 ········ 566

Part 4 자원관리능력

Chapter 1	덧셈비교	588
Chapter 2	곱셈비교	602
Chapter 3	계산	612

Part 5 모듈형

I NCS 이론

Chapter 0	모듈형이란?	636
Chapter 1	의사소통능력	651
Chapter 2	문제해결능력	669
Chapter 3	자기개발능력	680
Chapter 4	자원관리능력	693
Chapter 5	대인관계능력	705
Chapter 6	조직이해능력	723
Chapter 7	직업윤리	734
•	모듈형 모의고사 1회	741
•	모듈형 모의고사 2회	753

II NCS 대표예제

Chapter 1	정보능력	766
Chapter 2	조직이해능력	780
Chapter 3	기술능력	790
Chapter 4	자원관리능력	804
Chapter 5	문제해결능력	816

빠꼼이 NCS 기본서

I	응용수리
II	수열(수추리)
III	자료해석
IV	어림산 및 매칭형

Part 1

수리능력

빠꼼이 NCS 기본서

Chapter 1	상대수치 vs 절대수치
Chapter 2	평균, 소금물
Chapter 3	일률, 나이, 시침분침, 대입, 비율
Chapter 4	속도
Chapter 5	확률

Part 1

수리능력

I. 응용수리

Chapter 1 상대수치 vs 절대수치

1 절대수치 vs 상대수치

■ **절대수치**가 나오면 덧셈·뺄셈식, **상대수치(%)**가 나오면 곱셈·나눗셈식이 주로 나온다.

> **예제 01** 원가에 20%의 이익을 붙여 정가를 정했다. 판매가 잘 되지 않아서 정가의 10%를 할인하니 400원의 이익이 남았다. 이 물건의 원가는 얼마인가?
>
> **풀이** 정가 = 원가 × $\frac{120}{100}$, 할인 후 판매가 = 정가 × $\frac{90}{100}$ = 원가 × $\frac{120}{100}$ × $\frac{90}{100}$ = 원가 × $\frac{108}{100}$
>
> 이익 = 판매가 − 원가 → 원가 × $\frac{108}{100}$ − 원가 = 400원 → 원가 × $\frac{8}{100}$ = 400원
>
> ∴ 원가 = 5000원

> **예제 01-1** 원가에 1,000원의 이익을 붙여 정가를 정했다. 판매가 잘 되지 않아서 600원을 할인하니 원가의 8%가 이익으로 남았다. 이 물건의 원가는 얼마인가?
>
> **풀이** 정가 = 원가 + 1,000원, 할인 후 판매가 = 원가 + 1,000원 − 600원 = 원가 +400(이익이 400원)
>
> 원가 × $\frac{108}{100}$ = 원가 +400   ∴ 원가 = 5,000원

※ 위의 2문제는 같은 문제이다. 질문에 절대수치가 나오면 덧셈으로 주로 풀지만, 비율(%)이 나오면 곱해주는 경우가 많다.
절대수치가 나오는 경우 덧셈식이 많으므로 풀이법은 <u>소거, 차이법</u>이 주로 쓰인다.
<u>나이문제, 일률문제, 시침·분침문제</u>에 절대수치가 주로 나온다.
상대수치가 나오는 경우 곱셈식이 많으므로 풀이법은 <u>약분, 비례·반비례, 배수의 법칙</u>이 주로 쓰인다.
<u>소금물의 농도, 비율조정, 속도, 확률문제</u>에 상대수치가 주로 나온다.
유형을 너무 다양하게 생각하면 문제 파악에 시간이 오래 걸릴 수 밖에 없다. 크게 절대수치와 상대수치로 나누어 식을 판단하는 습관을 가지는 것이 필요하다.

> **예제 02** 한 마리에 원가가 5,000원, 판매가가 9,000원인 치킨을 팔아 월 800만 원의 세후 이익을 남기려고 한다. 월 임대료가 120만 원이라면 몇 마리의 치킨을 팔아야 하는가?(이익에 대한 세금은 20%이며, 이익은 월 임대료를 지불한 후의 최종 이익을 의미한다)
>
> ① 2,650마리　② 2,700마리　③ 2,750마리　④ 2,800마리　⑤ 2,850마리
>
> **풀이**
> i) 세후이익(800만원) = 이익(세전이익) − 세금(= 이익 × 20%)
> → 800만원 = 이익 × 80% → 이익 = 1000만원
> ii) 임대료 지불 전 이익 − 임대료(120만원) = 이익(1000만원)
> → 임대료 지불 전 이익 = 1120만원
> iii) (9000원 − 5000원) × 판매수 = 1120만원
> → 치킨은 2,800마리
>
> **정답** ④

※ 임대료(120만원), 최종이익은 절대수치이므로 계산하는 식은 덧셈·뺄셈식이다.
세금(20%)은 상대수치이므로 세금을 내고난 후의 이익을 구하는 식은 **곱셈식**이다.

STEP 1

01 어떤 물건을 팔면 원가의 25%의 이익을 보지만, 정가에서 8%을 할인하여 팔면 420원의 이익을 본다. 이 물건의 원가는 얼마인가?

① 1,800원　② 2,400원　③ 2,800원
④ 3,200원　⑤ 3,600원

해설

i) 이익 = 정가 − 원가, 물건을 팔면 25% 이익을 보므로
   정가 = 원가 × 125% × $\frac{125}{100}$

ii) 정가에서 8%할인 하면 정가 × 92% = 정가 × $\frac{92}{100}$ 이다.

iii) 420원(이익) = 원가 × $\frac{125}{100}$ × $\frac{92}{100}$ − 원가

   420원(이익) = $\frac{15}{100}$ × 원가　∴ 원가 = 2800

02 원가 40,000원인 상품에 35%의 이익을 붙여 정가를 정하였다. 이 상품이 잘 팔리지 않아 정가에서 x%를 할인하여 팔았더니 원가에 대해 8%의 이익이 남았다고 한다. 이때 x의 값을 구하여라.

① 16%　② 18%　③ 20%
④ 22%　⑤ 24%

해설

i) 이익 = 정가 − 원가, 물건을 팔면 35% 이익을 보므로
   정가 = 원가 × 135% = 원가 × $\frac{135}{100}$

ii) 정가에서 x% 할인하면
   정가 × (100 − x)% = 정가 × $\frac{100-x}{100}$ 이다.

iii) 원가 × $\frac{135}{100}$ × $\frac{100-x}{100}$ − 원가 = $\frac{8}{100}$ × 원가
   ∴ x = 20%

03 상준이는 편의점에서 A,B상품을 판매하고 있다. A,B 상품 모두 원가에 20%의 이익을 붙여서 정가를 정하였다. 할인 기간에 A상품은 40%, B상품은 10%를 할인 했더니 두 상품의 판매가격이 같아졌다. B 상품의 정가가 12,000원이라면 A,B 상품의 원가 차이는 얼마인가?

① 3,000원　② 3,500원　③ 4,000원
④ 4,500원　⑤ 5,000원

해설

	원가	정가	판매가
A	(4)		(3)
B	(1)	12,000	(2)

(1) → (2) → (3) → (4) 순서로 푼다.

(1) × $\frac{120}{100}$ = 12,000 → (1) = 10,000원

12,000 × $\frac{90}{100}$ = (2) → (2) = 10,800원

A,B 판매가가 같다고 했으몰 (2) = (3) = 10,800원

(4) × $\frac{120}{100}$ × $\frac{60}{100}$ = 10,800 → (4) = 15,000원

(4) − (1) = 15,000원 − 10,000원 = 5,000원

정답 01 ③　02 ③　03 ⑤

Chapter 1. 상대수치 vs 절대수치

2 절대수치

예제 03 오리와 개가 총 300마리가 있다. 두 동물의 다리 개수의 합이 840개일 때 개는 몇 마리인가?

① 100　　　② 120　　　③ 140　　　④ 160　　　⑤ 180

정석풀이

오리가 a마리, 개가 b마리라고 한다면, 다리의 개수는 오리는 1마리당 다리가 2개, 개는 4개이므로 방정식을 세우면

　　a + b = 300,　　2a + 4b = 840　　→　　연립하면, b = 120이 된다.

빠꼼이

오리의 다리개수는 2개, 개는 4개이다. 개의 다리를 4가 아닌 2+2로 생각해보면 오리나 개나 다리 2개씩은 모두 가지고 있다. 300마리는 개나 오리 무엇이든 다리를 2개씩은 기본으로 가지고 있고, 개 1마리당 다리가 2개씩 더 생긴다.

300 × 2 = 600 ← 오리, 개 모두 최소 다리 2개는 있으니 총 300마리에서 600개의 다리가 확보가 된다.
a × 2 = 2a　　← 개 1마리당 다리가 2개씩 추가되므로 개가 a마리라면 추가된 다리의 개수는 2a가 된다.
둘을 더하면 600 + 2a = 840 이므로 a = 120이 된다.

정답 ②

예제 04 A, B 두 학교가 농구시합을 하였다. 전반전에는 A학교가 B학교보다 8점을 더 얻었지만, 후반전에는 B학교는 A학교가 후반전에 얻은 점수의 2배를 얻어서 결국 B학교가 42 : 46으로 이겼다. A학교가 후반전에 얻은 점수는 얼마인가?

① 12　　　② 18　　　③ 22　　　④ 26　　　⑤ 28

정석풀이

전반에 A학교가 얻은 점수가 a면, B학교가 얻은 점수는 a - 8점이다.
후반에 A학교가 얻은 점수가 b면, B학교가 얻은 점수는 2b이다.
최종점수는 A학교 a + b = 42, B학교 a - 8 + 2b = 46　　→　　연립하면, b = 12가 된다.

빠꼼이

B학교 기준으로 정리하면

	B학교	
전반	-8	← B는 전반에 8점 뒤졌기 때문에 B입장에서 -8이라고 표현
후반	2X	
합계	+4	← B가 최종 4점을 앞섰으므로(+4) 후반은 B가 +12점이다.

후반전 A의 점수를 X라 하면, B는 2X이므로 2X - X = 12　X = 12

정답 ①

STEP 1

04 어느 박물관의 입장료가 어른은 500원, 어린이는 300원이다. 200명이 입장하는데 총 입장료가 76,000원이라고 할 때, 어린이의 수는 얼마인가?

① 80　　② 100　　③ 110
④ 120　　⑤ 130

해설

i) 어린이의 수를 a라 하면, 어른은 200 − a가 된다.
ii) 300 × a + 500 × (200 − a) = 76000, a = 120

05 한 잔의 가격이 100원과 150원인 음료수를 파는 자동판매기가 있다. 어느 날 이 자동판매기의 판매금액의 합계가 19,000원이었는데, 100원짜리 음료수가 150원짜리 음료수보다 40잔이 더 팔렸다. 이때, 150원짜리 음료수는 몇 잔이나 팔렸는지 구하여라.

① 60　　② 70　　③ 80
④ 90　　⑤ 100

해설

i) 150원짜리 음료수의 판매량을 a라 하면, 100원짜리 음료수는 a + 40잔 팔렸다.
ii) 150 × a + 100 × (a + 40) = 19000, a = 60

정답 04 ④　05 ①

06 한 자루에 60원짜리 연필과 한 자루에 90원짜리 사인펜을 모두 합해 18자루 사면서 1,500원을 냈더니 거스름돈을 240원이었다. 연필은 몇 자루를 샀을까?

① 12자루 ② 13자루 ③ 14자루
④ 15자루 ⑤ 16자루

해설

i) 60원짜리 연필을 a자루라 하면,
   90원짜리 사인펜은 18 − a
ii) 60 × a + 90 × (18 − a) = 1500 − 240, a = 12

07 아래의 조건에 따라 사진을 인화한다고 한다. 5×6 규격의 사진은 최대 몇 장까지 인화가 가능한가?

> 사진의 종류는 3×4, 5×6, 7×8 3종류이다.
> 인화비용은 3×4이 150원, 5×6이 300원, 7×8이 800원이다.
> 각 사이즈마다 1장 이상 인화를 했으며, 총 인화비용은 24,000원이다.

① 65장 ② 67장 ③ 69장
④ 71장 ⑤ 73장

해설

24,000원을 모두 5×6(300원)으로 인화하면 80장까지 가능하다.
각 사이즈마다 1장 이상 인화해야 한다.
3×4는 150원이므로 5×6 1장(300원)이면 3×4 2장 인화 가능하다.
7×8은 800원이므로 5×6 8장(2400원)이면 7×8 3장 인화 가능하다.
즉, 5×6사이즈 80장 중 총 9장을 빼면 나머지 사이즈 인화도 가능하다.

정답 06 ① 07 ④

예제 05 어느 시험이 25문제가 출제되고 정답이면 4점을 얻고, 오답이면 1점 감점이다. 희수와 민경이가 모든 문제를 풀어 희수가 65점, 민경이 45점을 받았다면 두 사람이 동시에 맞힌 문제는 최대 몇 개인가?

① 10 ② 12 ③ 14 ④ 16 ⑤ 18

정석풀이

희수가 a문제를 맞혔다면 오답의 수는 25 − a이다.
4 × a − 1 × (25 − a) = 65
a = 18이므로 18문제를 맞히고 7문제를 틀림
민경이가 b문제를 맞혔다면 오답의 수는 25 − b이다.
4 × b − 1 × (25 − b) = 45
b = 14이므로 14문제 맞히고 11문제 틀림

빠꼼이

일단 이 문제는 희수가 몇 문제를 맞혔는지 계산할 필요가 없다. 희수가 점수가 높으므로 더 많은 문제를 맞혔을 테니 둘이 동시에 맞힌 문제의 수는 당연히 적게 맞힌 민경이의 수와 같다.

0점을 기준으로 맞히면 +4, 오답이면 −1이라고 생각하면 식이 복잡해진다.
모든 문제를 틀리면 25 × −1 = −25점이다. −25점을 최하점수라고 생각하고
1문제를 맞힐수록 4 − (−1) = 5점씩 올라간다고 생각을 해준다.
민경이가 a문제를 맞힌다면
−25 + 5a = 45, a = 14가 답이 된다.

정답 ③

예제 06 A, B 두 사람이 가위바위보를 해서 이긴 사람은 3계단 올라가고 진 사람은 2계단 내려가기로 하였다. A는 처음보다 14계단 올라갔고, B는 4계단 올라갔을 때, A가 이긴 횟수는 얼마인가?

① 8 ② 9 ③ 10 ④ 11 ⑤ 12

빠꼼이

둘 중 누가 이기든 이긴 사람은 +3, 진 사람은 −2가 된다. 누가 이기든 +3 −2 = 1이 되어 둘을 합치면 1칸씩 올라가게 된다. 현재 A가 14계단, B가 4계단 올라갔으므로 둘을 합치면 14 + 4 = 18계단을 올라갔다. 1게임에 1계단씩 올라가므로 둘은 총 18번의 게임을 한 것이 된다.

또, A와 B의 대결을 기준으로 보면 A가 이기면 A는 +3, B는 −2가 되므로 1게임에 둘간의 간격은 5칸으로 벌어지게 된다. 즉, 18번의 게임 중 A가 B보다 1번 더 이길 때마다 5칸씩 더 올라가는데 현재 A가 B보다 10계단 앞서 있다. 따라서 A가 B보다 2번 더 이긴 것이다.

둘이 18게임을 했으므로 A가 2번 더 이기려면 A가 10번, B가 8번 이긴 것이 된다.

정답 ③

STEP 1

08 A공장에서 제품을 만드는데, 완성품 1개당 20원의 이익이 생기고, 불량품이 되면 폐기물 처리비 300원이 든다. 제품을 총 2000개(완성품 + 불량품) 만들어 37,760원의 이익이 생겼다면 불량품은 몇 개인가?

① 5 ② 7 ③ 9
④ 11 ⑤ 13

해설
i) 완성품의 수를 a라 하면, 불량품은 2000 − a 이다.
ii) 20 × a − 300 × (2000 − a) = 37760
iii) a = 1993 이므로 불량품은 2000 − 1993 = 7개이다.

09 A공장에서 제품을 만드는데 도구를 60,000원에 구입하면 제품 1개당 인건비가 700원이고, 도구를 구매하지 않은 경우 제품 1개당 인건비가 1,200원이다. 제품원가가 120원일 경우 도구를 사용하는 것이 손해가 아니려면 제품을 최소 몇 개 이상 만들어야 하는가?

① 112개 ② 116개 ③ 120개
④ 125개 ⑤ 130개

해설
i) 제품 a개를 만들 때
  도구를 사용하지 않으면 (1200 + 120) × a원이 들고
  도구를 사용하면 60000 + (700 + 120) × a원이 든다.
ii) 손해 보지 않으려면
  $60000 + (700 + 120) \times a \leq (1200 + 120) \times a$, $120 \leq a$

정답 08 ② 09 ③

10 형은 매월 2,000원씩 저금하고, 동생은 매월 500원씩 저금하고 있다. 현재 형은 4,000원, 동생은 40,000원이 예금되어 있다면, 몇 개월 후에 형과 동생의 예금액이 같아지겠는가?

① 12개월　　② 24개월　　③ 36개월
④ 48개월　　⑤ 60개월

해설

i) a개월 후 형은 $2000a + 4000$원, 동생은 $500a + 40000$원이다.
ii) 둘이 같아지려면 $2000a + 4000 = 500a + 40000$, $a = 24$개월

11 100점 만점인 어떤 시험에서 문제 수는 5개이고, 3 ~ 5번 문제는 배점이 같다. 태민이는 1번, 3번, 4번을 맞혀서 60점을 받았고, 지섭이는 2번, 4번, 5번을 맞혀서 50점을 받았다. 1번, 2번, 3번 문제의 배점을 각각 구하여라.

① 40/30/10　　② 36/28/12　　③ 32/26/14
④ 30/25/15　　⑤ 40/30/15

해설

i) 태민이 지섭이가 맞힌 문제를 모두 합치면 $60 + 50 = 110$점이다. 둘이 맞힌 문제는 1, 2, 3, 4, 4, 5번 문제이다.
이것은 1, 2, 3, 4, 5 + 4번 문제이고 1 ~ 5번을 합치면 100점이므로 4번 문제는 10점이다.
따라서 3 ~ 5번 문제는 모두 10점짜리이다.
ii) 태민이는 1, 3, 4번을 맞춰 60점을 얻었으므로 3, 4번을 합치면 20점 이기에 1번은 배점이 40점이다.
마찬가지로 지섭이는 2, 4, 5번을 맞춰서 50점이므로 2번은 30점이 된다.

정답 10 ② 11 ①

12 A와 B 두 사람이 아래의 조건에 따라 가위바위보를 하였다. 두 사람이 비긴 횟수는 몇 번인가?

> 가위바위보를 이긴 사람은 2칸 올라가고, 진 사람은 1칸을 내려간다.
> 비긴사람은 이동하지 않고 그 자리에 있는다.
> 둘은 38번 가위바위보를 하였고, A는 16칸 위에 있었고, B는 4칸 위에 있다.

① 18번 ② 19번 ③ 20번
④ 21번 ⑤ 22번

해설
둘 중 한 명이 이겼다면, 이긴 사람(+2)과 진 사람(-1)이 합쳐서 1계단(+1) 올라간다.
둘이 비겼다면 그 자리에 있으므로 둘이 합쳐서 ±0이다.
최종결과, A는 +16이고 B는 +4이므로 둘이 합치면 20계단 올라갔다.(+20)
따라서 총 20번의 게임에서 이긴 사람이 나왔다.
38번의 게임 중 20번이 이긴 사람이 나왔으므로 18번이 비겼다.

13 1시간에 책을 120페이지 독서하는 사람이 있다. 50분씩 읽고 난 후 5분씩 휴식하면서 4시간 동안 읽으면 모두 몇 페이지를 읽게 될까?

① 400페이지 ② 420페이지 ③ 440페이지
④ 460페이지 ⑤ 480페이지

해설
ⅰ) 1시간에 120페이지 독서하면
1분에는 120 ÷ 60 = 2이다.
ⅱ) 4시간 동안 휴식시간을 제외하면 220분 독서가 가능하므로 읽은 책은 220 × 2 = 440페이지가 된다.

정답 12 ① 13 ③

3 상대수치

예제 07 C고등학교의 제2외국어 수업은 일본어, 중국어, 독일어, 러시아어 총 4개이다. 중국어 수업과 러시아어 수업을 듣는 학생에 교재를 주려고 한다. C고등학교는 총 11개 반으로 되어 있고, 1학급당 정원은 39명 또는 36명이다. 중국어 수업을 듣는 학생 수는 전체 수의 $\frac{2}{9}$이며, 러시아어 수업을 듣는 학생 수는 전체 학생수의 $\frac{1}{5}$라고 한다. 중국어 교재와 러시아어 교재는 총 몇 권인가?

① 171권 ② 178권 ③ 181권 ④ 188권 ⑤ 197권

빠꼼이

전교생수를 a라고 하면 중국어 수업을 듣는 학생은 $a \times \frac{2}{9}$명, 러시아어는 $a \times \frac{1}{5}$이다.

둘을 더하면 $\frac{2a}{9} + \frac{a}{5} = \frac{19a}{45}$이다. a는 학생 수 이므로 자연수이다.

따라서 $\frac{19a}{45}$의 분자가 19a이므로 19의 배수가 되어야 하고, 답이 되는 것은 1번뿐이다.

※ 만약 이 문제에서 전체 학생 수를 알아야 하는 경우에는

중국어 + 러시아어 학생 수가 $\frac{19}{45}$a이고 이것이 자연수가 되어야 하므로 a는 45의 배수가 되어야 한다.

정답 ①

예제 08 어느 학교의 신입생 수는 작년에 비해 남학생은 12% 늘고, 여학생은 8% 줄어서 전체 학생 수는 15명이 늘어난 515명이라고 한다. 금년 남학생 수와 여학생 수를 구하시오.

① 남학생 264명, 여학생 251명 ② 남학생 288명, 여학생 227명
③ 남학생 308명, 여학생 207명 ④ 남학생 314명, 여학생 201명

정석풀이

올해 신입사원이 515명이고 작년에 비해 15명 늘어났으므로 작년 신입사원은 500명이다.
작년 남자사원의 수를 a라고 하면 작년 여자사원은 500 − a 이다.
올해 남자는 $a \times \frac{112}{100}$, 여자는 $(500 - a) \times \frac{92}{100}$ 가 된다.
$515 = a \times \frac{112}{100} + (500-a) \times \frac{92}{100}$
a = 275명이 되고, 여자는 225명이 된다.
올해는 275 × 112/100 = 308명, 225 × 92/100 = 207명이 된다.

빠꼼이

사람수는 자연수가 되어야 한다.

올해 남학생 수 = 작년 남학생 수 $\times \frac{28}{25} (= \frac{112}{100})$가 된다.

➡ 작년 남학생 수 = 올해 남학생 수 $\times \frac{25}{28}$가 되고, 작년 남학생 수가 자연수가 되어야 하므로

올해 남학생 수 $\times \frac{25}{28}$가 자연수가 되어야 한다. 올해 남학생 수는 28의 배수여야 한다.

정답 ③

■ **배수 확인 하는 법**

- 2,5,10의 배수

• 2의 배수	일의 자릿수가 짝수
• 5의 배수	일의 자릿수가 0,5
• 10의 배수	일의 자릿수가 0

- 3,9의 배수

• 3의 배수	각 자릿수의 합이 3의 배수 ex) 36,252의 각 자릿수의 합 3 + 6 + 2 + 5 + 2 = 18은 3의 배수이므로 36252는 3의 배수
• 9의 배수	각자릿수의 합이 9의 배수 ex) 336,252의 각 자릿수의 합 3 + 3 + 6 + 2 + 5 + 2 = 21은 3의 배수이나 9의 배수는 아니므로 336,252는 3의 배수이나, 9의 배수는 아니다.

- 4,8의 배수

• 4의 배수	십의 자리까지가 4의 배수 ex) 291,372의 십의 자리까지의 수 72가 4의 배수이므로 291,372는 4의 배수
• 8의 배수	백의 자리까지가 8의 배수 ex) 235,372의 백의 자리까지의 수 372가 8의 배수가 아니므로 이므로 235,372는 8의 배수가 아니다.

- 곱해지는 수의 배수

• 6의 배수	2 × 3 = 6이므로 2의 배수 & 3의 배수
	ex) 552는 일의 자리가 짝수이고, 5 + 5 + 2 = 12가 3의 배수이므로 6의 배수
	* 12의 배수는 4의 배수 & 3의 배수이다.
	   12 = 2 × 2 × 3이라고 해서 2의 배수이자 3의 배수로 하면 안된다.
	   4를 같은 수인 2 × 2로 나누어 생각하면 안된다.

• 26의 배수	2 × 13 = 26이므로 2의 배수 & 13의 배수 ex) 650,000은 13 × 50,000이므로 13이 13의 배수, 50,000이 2의 배수이므로 650,000은 26의 배수이다.
• 56의 배수	8 × 7 = 56이므로 8의 배수 & 7의 배수 ex) 98,000은 7 × 14,000이므로 7이 7의 배수, 14,000이 8의 배수이므로 98,000은 56의 배수이다.

STEP 1

14 어느 보험회사의 갑과 을 두 사람의 1월 실적은 두 사람 합해서 108건이다. 2월 실적은 갑은 1월에 비하여 30% 증가했고, 을은 25% 감소해서 두 사람 합하여 6건 증가했다. 2월 갑의 실적은 몇 건인가?

① 68건　② 72건　③ 78건
④ 82건　⑤ 85건

해설

학생 수 문제는 아니지만 풀이 방법은 동일하다. 실적 또한 자연수이다.

2월 갑의 실적 = 1월갑의 실적 × $\frac{13}{10}$ (= $\frac{130}{100}$)가 된다.

→ 1월 갑의 실적 = 2월 갑의 실적 × $\frac{10}{13}$ 가 되고, 1월 갑의 실적이 자연수가 되어야 하므로 2월 갑의 실적 × $\frac{10}{13}$ 가 자연수가 되어야 한다. 따라서 2월 갑의 실적은 13으로 나누어져야 한다. 보기 중 13으로 나누어지는 것은 3번뿐이다.

15 올해 권수와 강수의 나이의 합은 32살이다. 권수가 강수의 나이였을 때 때 강수는 권수 나이의 5/7이었다. 올해 강수의 나이를 구하여라.

① 12살　② 13살　③ 14살
④ 15살　⑤ 17살

해설

i) 현재 권수의 나이를 a라 하면, 강수의 나이는 32 – a이고 권수가 강수의 나이(32 – a)가 되려면
a – (　) = 32 – a이므로 (　) = 2a – 32이다.
즉, '2a – 32'년 전이다.
그 때 강수의 나이는
32 – a – (2a – 32) = 64 – 3a가 된다.

ii) 과거 나이 기준으로　권수 나이 × $\frac{5}{7}$ = 강수 나이

(32 – a) × $\frac{5}{7}$ = 64 – 3a,

a = 18이므로 강수의 나이는 32 – 18 = 14

정답 14 ③　15 ③

Chapter 1. 상대수치 vs 절대수치

16 지수의 나이는 지금으로부터 10년 후에 어머니 나이의 1/2이 되고, 28년 후에는 어머니 나이의 5/8이 된다. 현재 지수의 나이는?

① 15세 ② 17세 ③ 19세
④ 21세 ⑤ 23세

해설

i) 현재 지수의 나이를 a, 어머니의 나이를 b라고 하면
$10 + a = \frac{1}{2} \times (10 + b)$, $28 + a = \frac{5}{8} \times (28 + b)$

ii) 두 식을 연립하면 a = 17

17 총 지원자 중 남녀 비율은 3 : 2이다. 총 지원자 중 160명이 면접시험에 합격하였으며, 그 남녀 비율은 3 : 1이다. 면접 불합격자의 남녀 비율은 6 : 5이다. 총 지원자는 몇 명인가?

① 480 ② 520 ③ 560
④ 600 ⑤ 640

해설

i) 합격자 160명의 남녀 비율이 3:1이므로 남자 합격자는 120명, 여자 합격자는 40명이다.

ii) 불합격자의 남자를 6a, 여자를 5a라고 하면
120 + 6a : 40 + 5a = 3 : 2 → a = 40

iii) 불합격한 남자가 240명 여자가 200명이므로 총 440명, 합격자 160명을 더하면 총지원자는 600명

18 K공장에서 운영 중인 톱니바퀴가 있다. 톱니바퀴 A, B가 서로 맞물려 돌고 있다. A의 톱니수가 48개, B의 톱니수는 36개이다. A가 15회 회전할 때, B는 몇 회 회전하는가?

① 16회 ② 18회 ③ 20회
④ 22회 ⑤ 24회

해설

i) A톱니는 48개짜리가 15회 회전했으므로
48 × 15 = 720번 회전했다.

ii) B톱니는 36개이므로 720번 회전하려면
720/36 = 20회 회전해야 한다.

정답 16 ② 17 ④ 18 ③

MEMO

Chapter 2 평균, 소금물

1 가평균

예제 09 다음은 한 학급의 시험점수를 표시한 것이다. 이 표에서 1인당 받은 점수의 평균, 중앙값, 최빈값을 올바르게 연결한 것은?

점수	인원
100점	3
80점	10
60점	16
40점	6
20점	5

	〈평균〉	〈중앙값〉	〈최빈값〉
①	60점	60점	60점
②	60점	60점	80점
③	65점	80점	60점
④	65점	40점	40점

[정석풀이]

평균 = $\dfrac{(100 \times 3)+(80 \times 10)+(60 \times 16)+(40 \times 6)+(20 \times 5)}{3+10+16+6+5} = 60$

중앙값은 총 40명 중 20,21번째 점수이므로 60점, 최빈값은 가장 많은 사람이 모여 있는 60점

[빠꼼이] 가평균 60을 기준으로 편차정리

평균 = 가평균(60) + $\dfrac{(40 \times 3)+(20 \times 10)+(-20 \times 6)+(-40 \times 5)}{3+10+16+6+5}$ = 60

[정답] ①

예제 10 C 회사는 이번 달 신제품 출시에 앞서 10, 20, 30대 고객들을 대상으로 제품 만족도 조사를 실시하였다. 다음은 조사 내용을 정리한 표일 때, 응답자 전체의 만족도 평균 점수는 몇 점인가? (단, 소수점아래 둘째 자리에서 반올림한다)

구분	조사 대상자 수(명)	평균 점수(10점 만점)
10대	60	7.0
20대	64	7.6
30대	40	8.2

① 7.3점　② 7.5점　③ 7.7점　④ 7.9점　⑤ 8.1점

[정석풀이]

i) 총 조사대상자 수 = 60 + 64 + 40 = 164,　총점 = 60 × 7.0 + 64 × 7.6 + 40 × 8.2 = 1234.4

ii) 평균 = $\dfrac{1234.4}{164}$ ≒ 7.53

[빠꼼이] 가평균 7.6을 기준으로 편차정리

평균 = 가평균(7.6) + $\dfrac{(-0.6 \times 60)+(+0.6 \times 40)}{60+64+40}$ ≒ 7.6 - 0.07 ≒ 7.5

[정답] ②

STEP 1

19 아래 〈표〉는 K공사의 지역별로 만족도 조사에 관한 자료이다. 응답자 전체의 만족도 평균점수는 얼마인가?(단, 소수점 둘째 자리에서 반올림하시오)

구분	조사 대상자 수	평균 점수
북부권	80명	7.2
중부권	65명	6.4
남부권	40명	5.6

① 6.2 ② 6.4 ③ 6.6
④ 6.8 ⑤ 7.0

해설

총 점수 = $80 \times 7.2 + 65 \times 6.4 + 40 \times 5.6 = 1216$점
총 조사 대상자 수 = $80 + 65 + 40 = 185$명
평균 = $\frac{1216}{185} = 6.57$점 ≒ 6.6점

20 G기업에서는 매년 상,하반기 1회씩 평가를 하고 있다. 김사원은 4년간의 평균 평가점수에 따라 대리 진급이 결정된다. 4년간 평균 평가점수가 8.0이상일 때 진급이 가능하다면, 4년차 하반기에는 최소 몇 점 이상을 받아야 대리 진급을 할 수 있는가?

1년차 상하반기 평균 : 7.3점
2년차 상하반기 평균 : 7.7점
3년차 상하반기 평균 : 8.7점
4년차 상반기 평가점수 : 7.9점

① 8.0 ② 8.1 ③ 8.3
④ 8.5 ⑤ 8.7

해설

평균(8.0) = $\frac{7.3 \times 2 + 7.7 \times 2 + 8.7 \times 2 + 7.9 + X}{8}$ → $x = 8.7$

정답 19 ③ 20 ⑤

Chapter 2. 평균, 소금물

2 가중평균

예제 11 5%의 식염수 100g과 20%의 식염수 200g을 섞으면 몇 %의 식염수가 되는가?

① 9% ② 12% ③ 15% ④ 18% ⑤ 20%

정석풀이

소금물의 농도 = $\dfrac{\text{소금의 양}}{\text{소금물의 양}}$ 이다.

구분	농도	소금물	소금
5%	5%	100g	5g
20%	20%	200g	40g
합계	?	300g	45g

소금물의 농도 = $\dfrac{45}{300}$ = 15%

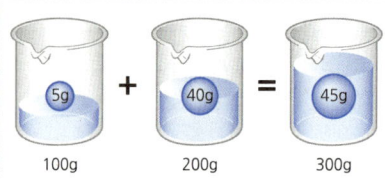

빠꼼이

5%와 20% 소금물을 섞을 때, 농도는 5%와 20% 사이의 농도가 된다. 5% 소금물을 맥주, 20% 소금물을 소주라고 생각해 보자. 둘을 섞어 소맥을 만든다면 소주의 양을 많게 하면 농도가 높아질 것이고, 맥주를 많이 섞으면 농도가 낮아질 것이다. 섞어지는 2가지 소금물 중 질량이 많은 쪽의 농도에 가깝게 될 것이다.

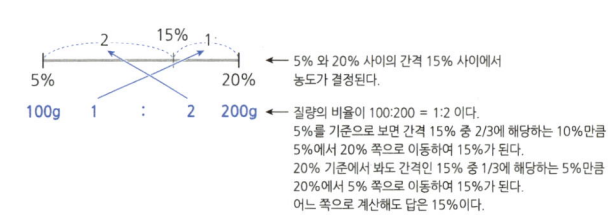

5% 와 20% 사이의 간격 15% 사이에서 농도가 결정된다.
질량의 비율이 100:200 = 1:2 이다.
5%를 기준으로 보면 간격 15% 중 2/3에 해당하는 10%만큼 5%에서 20% 쪽으로 이동하여 15%가 된다.
20% 기준에서 봐도 간격인 15% 중 1/3에 해당하는 5%만큼 20%에서 5% 쪽으로 이동하여 15%가 된다.
어느 쪽으로 계산해도 답은 15%이다.

정답 ③

예제 12 B식품회사 신입사원 채용시험을 시행했고 응시자 500명에 전체 평균은 61점이었다. 합격자의 평균은 82점, 불합격자의 평균은 52점이었다. 합격한 사람은 몇 명인가?

① 120 ② 130 ③ 150 ④ 170 ⑤ 180

빠꼼이

전체 평균은 합격자의 평균과 불합격자의 평균 사이에서 결정되며 기준은 역시 사람수이다.

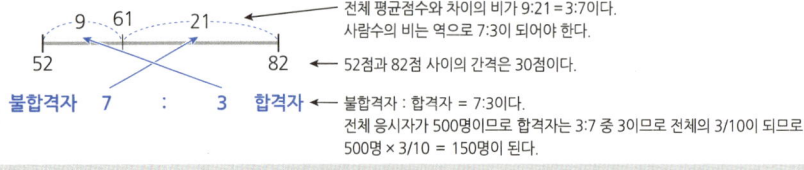

전체 평균점수와 차이의 비가 9:21 = 3:7이다.
사람수의 비는 역으로 7:3이 되어야 한다.
52점과 82점 사이의 간격은 30점이다.
불합격자 : 합격자 = 7:3이다.
전체 응시자가 500명이므로 합격자는 3:7 중 3이므로 전체의 3/10이 되므로 500명 × 3/10 = 150명이 된다.

정답 ③

STEP 1

21 16%의 식염수 450g과 4%의 식염수 150g을 섞으면 몇 %의 식염수가 되는가?

① 11% ② 13% ③ 14%
④ 15% ⑤ 16%

해설

i) $\dfrac{(450 \times 0.16) + (150 \times 0.04)}{450 + 150} = 13\%$

22 6%의 식염수 A와 16%의 식염수 B를 혼합시켜 9%의 식염수 600g을 만들었다. 식염수 A는 몇 g 필요한가?

① 210g ② 365g ③ 420g
④ 490g ⑤ 500g

해설

i) $\dfrac{(A \times 0.06) + (B \times 0.16)}{600(=A+B)} = 9\%$

ii) A + B = 600

iii) 위의 두 식을 연립하면, A = 420g

23 9%의 소금물 Xg과 18%의 소금물 Yg을 섞어 12%의 소금물을 만들려고 했으나, 잘못하여 9%의 소금물 Yg과 18%의 소금물 Xg을 섞었다. 이렇게 만들어진 소금물의 농도는?

① 10% ② 13% ③ 15%
④ 17% ⑤ 20%

해설

i) $\dfrac{X \times 9\% + Y \times 18\%}{X + Y} = 12\%$,

X = 2Y

ii) $\dfrac{2Y \times 18\% + Y \times 9\%}{2Y + Y} = 15\%$

정답 21 ② 22 ③ 23 ③

예제 13 새로 발매된 핸드폰의 평가에서 2,000명이 참여한 A포털에서는 평균 평점이 4.5이었으며, 1,000명이 참여한 B포털의 평균 평점은 8.1이었다. 두 사이트 전체 참여자의 평균 평점은 얼마인가?

① 5.0　　　② 5.3　　　③ 5.7　　　④ 6.0　　　⑤ 6.2

정석풀이

A포털의 총 점수는 2,000명 × 4.5점 = 9,000점,　　B포털의 총 점수는 1,000명 × 8.1점 = 8,100점

2개 포털 점수의 합은 9,000 + 8,100 = 17,100점,　　총 사람의 수는 2,000명 + 1,000명 = 3,000명

평균점수 = $\frac{총\ 점수의\ 합}{총\ 사람의\ 수}$ 이다.　　평균점수 = $\frac{17,100}{3,000}$ = 5.7점

빠꼼이

소금물의 농도와 같이 두 포털의 평균점수인 4.5점과 8.1점 사이에서 평균점수가 결정된다. 소금물의 농도에서 평균농도 기준이 "질량의 비"였던 것과 같이, 평균점수의 기준은 사람수가 된다. 쉽게 기억하려면 분모로 나누는 것들이 기준이 된다고 보면 된다. 소금물의 농도에서 분모는 소금물의 양이며 평균점수의 분모는 사람의 수가 된다.

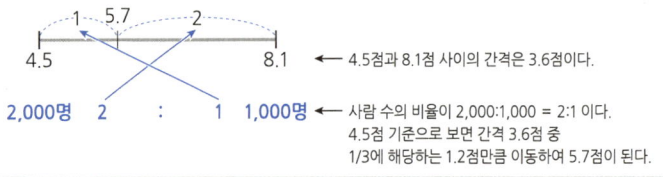

4.5점과 8.1점 사이의 간격은 3.6점이다.
사람 수의 비율이 2,000:1,000 = 2:1 이다.
4.5점 기준으로 보면 간격 3.6점 중 1/3에 해당하는 1.2점만큼 이동하여 5.7점이 된다.

정답 ③

예제 14 100명의 학생이 시험을 보았는데 20명의 학생이 기준 점수에 미달하여 불합격하였다. 기준 점수는 전체 학생들의 평균 점수보다 4점이 높고, 불합격한 학생들의 평균 점수의 2배와 같았다. 또, 기준 점수는 합격한 학생들의 평균 점수보다 5점이 낮았다고 할 때, 기준 점수를 구하여라.

① 80　　　② 90　　　③ 70　　　④ 60　　　⑤ 75

정석풀이

기준점수를 a라고 하고, 20명이 불합격했으므로 합격자는 80명이다.
ⅰ) 전체 평균점수는 a − 4, 총 100명이므로 총 점수는 (a − 4) × 100명
ⅱ) 불합격 학생의 평균점수는 a/2, 불합격자의 총 점수는 a/2 × 20(명) = 10a
ⅲ) 합격한 학생의 평균점수는 a + 5, 합격자의 총 점수는 (a + 5) × 80(명)
총 점수(ⅰ) = 불합격자의 점수(ⅱ) + 합격자의 점수(ⅲ) 이므로 (a − 4) × 100 = 10a + (a + 5) × 80
a = 80점이 된다.

빠꼼이

전체 평균점수는 합격자의 평균점수와 불합격자의 평균점수 사이에서 결정된다. 불합격자의 점수를 b라고 하면 기준점수는 2b이다.

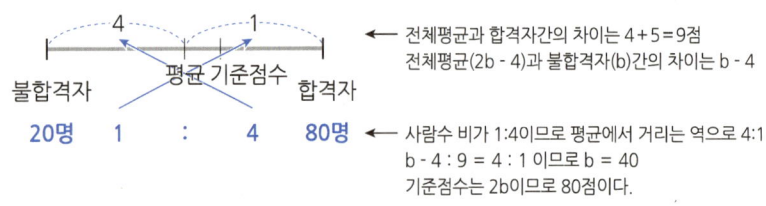

전체평균과 합격자간의 차이는 4 + 5 = 9점
전체평균(2b − 4)과 불합격자(b)간의 차이는 b − 4
사람수 비가 1:4이므로 평균에서 거리는 역으로 4:1
b − 4 : 9 = 4 : 1 이므로 b = 40
기준점수는 2b이므로 80점이다.

정답 ①

STEP 1

24 다음은 ㄱ학교에서 학생들을 대상으로 실시한 시험에서 나타난 통계자료이다. ㄱ학교는 A, B 두 개 반으로 구성되어 있다. 시험에 응시한 B반 학생은 모두 몇 명인가?

- 시험에 응시한 학생은 총 60명이고 전체 평균점수는 75점이다.
- B반 평균점수는 65점이고, A반 평균점수는 80점이다.

① 16명 ② 20명 ③ 24명
④ 28명 ⑤ 30명

해설
ⅰ) A반 학생 수를 a, B반 학생수를 60 − a라 하면
ⅱ) A반의 총점수는 80 × a, B반의 총점수는 65 × (60 − a), 전체 점수는 75 × 60 = 4500
ⅲ) 80 × a + 65 × (60 − a) = 4500, a = 40
이므로 B반 학생수는 60 − 40 = 20명

25 A 중학교 수학 경시대회에 1학년 20명, 2학년 30명, 3학년 50명이 응시하였다. 각 학년의 평균 점수는 2학년이 1학년보다 10점 높았고, 3학년이 2학년보다 20점 높았으며 1학년의 2배였다. 이때, 응시자 전체의 평균 점수를 구하시오.

① 48점 ② 49점 ③ 50점
④ 51점 ⑤ 52점

해설
ⅰ) 1학년의 점수를 a라 하면, 2학년은 a + 10, 3학년은 a + 10 + 20 = 2a이므로 a = 30
ⅱ) $\dfrac{30\times 20 + 40\times 30 + 60\times 50}{20+30+50} = 48$

26 L반도체의 작년 신입사원 남녀 성비가 4 : 5였다. 올해의 신입사원 수는 작년에 비해 남성은 5% 증가하고 여성은 4% 감소하여 총 540명의 신입사원이 입사했다. 작년에 비해 올해 신입사원의 수의 변동은 얼마인가?

① 10명 증가 ② 10명 감소
③ 15명 증가 ④ 변동 없다
⑤ 5명 감소

해설
ⅰ) 작년 남자 a명이라고 하면, 여자는 $\dfrac{5}{4}$a명이다.
ⅱ) a × 1.05 + $\dfrac{5}{4}$a × 0.96 = 540,
   a(남) = 240, 여자는 240 × $\dfrac{5}{4}$ = 300명
ⅲ) 작년은 240 + 300 = 540으로 올해와 같다.

빠꼼이
성비가 4 : 5이므로 남성을 4a, 여성을 5a로 한다.
증가분 : 4a × 0.05 = 0.2a, 감소분 : 5a × 0.04 = 0.2a,
증가분과 감소분이 같으므로 증감은 없다.

정답 24 ② 25 ① 26 ④

Chapter 2. 평균, 소금물

예제 15 원가의 합이 30,000원인 A, B 두 상품을 A상품은 원가의 2할을 할인하여 팔고, B상품은 원가에 3할의 이익을 붙여 팔았더니 5,000원 이익이었다. A상품의 원가는 얼마인가?

① 8,000원　　② 10,000원　　③ 12,000원　　④ 14,000원　　⑤ 16,000원

정석풀이
A상품의 원가를 a, B상품의 원가는 30,000 − a이다.
A상품은 2할 할인했으므로 0.8a, B상품은 3할의 이익을 붙였으므로 (30,000 − a) × 1.3
총판매액은 원가(30,000원)에 5,000원 이익이므로 35,000원이 된다.
35,000 = 0.8a + (30,000 − a) × 1.3, a = 8,000원이 된다.

빠꼼이
소금물의 공식과 풀이가 같다. 소금물의 농도가 할인율, 소금물의 질량은 원가(할인 전)가 된다. 원가가 30,000원에서 이윤이 5,000원 붙었으므로 상승률은 5,000/30,000 = $\frac{1}{6}$이 된다.

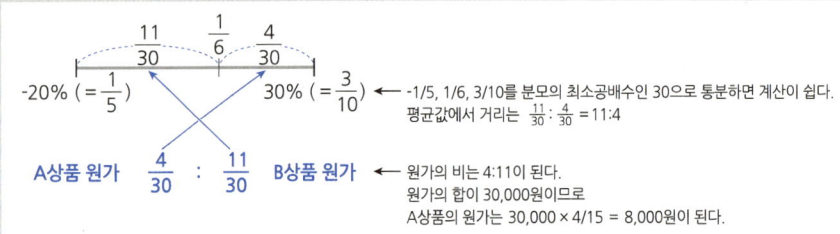

정답 ①

예제 16 밀양시는 작년에 비해 버스비는 15% 증가했고, 택시비는 24% 증가하였다. 버스비와 택시비를 합하면 작년보다 20% 증가한 64,800원이 되었다. 금년의 택시비를 구하라.

① 36,400원　　② 36,600원　　③ 36,800원　　④ 37,000원　　⑤ 37,200원

빠꼼이 1
금액이 20% 증가해서 64,800원이므로 작년은 54,000원이다. 비율식을 이용해서 풀되, 버스비, 택시비는 작년가격이 기준이 되어야 한다.

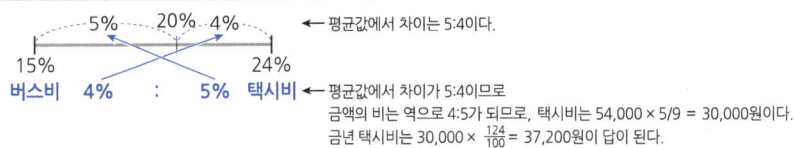

빠꼼이 2
금액도 자연수이기 때문에 학생수 풀이법으로 풀 수 있다. 금년 택시비 = 작년 택시비 × $\frac{31}{25}$ (= $\frac{124}{100}$)가 된다.

➡ 작년 택시비 = 금년 택시비 × $\frac{25}{31}$이고, 작년 택시비가 자연수이므로 금년 택시비 × $\frac{25}{31}$도 자연수가 되어야 한다.
따라서 금년 택시비는 31로 나누어지는 5번이 답이 된다.

정답 ⑤

3. 소금물의 증발(물의 첨가)

예제 17 15%의 소금물 200g을 가열하여, 50g의 물을 증발시키면 몇 %의 소금물이 되는가?

① 12% ② 16% ③ 20% ④ 24% ⑤ 28%

정석풀이

소금물을 증발시킬 때 핵심은 소금의 양은 그대로인 점이다. 물만 증발이 된다.

15% 소금물 200g 속에 있는 소금의 양은 $200g \times \frac{15}{100} (=15\%) = 30g$

소금물의 양은 200g에서 50g을 증발시켰으므로 200 − 50 = 150g이 된다.

소금물의 농도 = $\frac{30}{150}$ = 20%

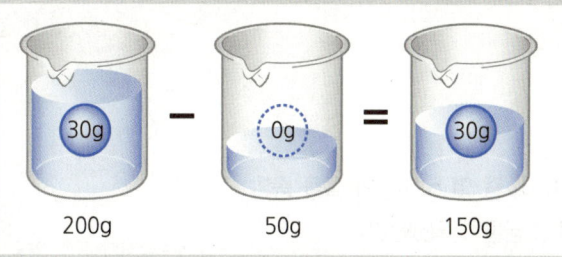

빠꼼이

농도 = $\frac{소금의\ 양}{소금물의\ 양}$ 에서 소금물을 증발(물만 첨가)하는 경우 소금의 양은 그대로다.

소금의 양은 같다면, 농도와 소금물의 양은 반비례한다.
예를들어, 소금의 양이 그대로인 상태에서 소금물의 양이 2배가 되면 소금물의 농도는 역수인 1/2배가 된다.
(반대로 소금물의 양이 1/2로 줄어들면 농도는 2배가 된다.)

200g 중 50g을 증발시키면 200g − 50g = 150g이 된다
200g → 150g으로 소금물의 양이 3/4배로 줄어든다. 그럼 농도는 역수인 4/3배 만큼 커진다.
원래 농도가 15%이므로 15% × 4/3 = 20%가 된다.

※ 만약 이 문제가 50g 증발이 아니라 물 50g을 넣었다면 200 → 250으로 소금물의 양이 5/4배로 커지므로 농도는 역수인 4/5로 줄어든다.
15% × 4/5 = 12%가 된다.

정답 ③

예제 18 6%의 식염수 300g이 있다. 이 식염수에서 몇 g의 물을 증발시키면 9%의 식염수가 되겠는가?

① 75g ② 100g ③ 125g ④ 150g

빠꼼이

6% 식염수가 증발 후 농도가 9%로 바뀌었다. 6% → 9%로 3/2배만큼 커졌으므로 소금물의 양은 역수인 2/3배로 줄어들었다는 걸 알 수 있다. 원래 300g이었으므로 300 × 2/3 = 200g으로 줄어들었으므로 300g − 200g = 100g 만큼 증발했다.

정답 ②

STEP 1

27 8%의 식염수 300g이 있다. 이 식염수에서 몇 g의 물을 증발시키면 12%의 식염수가 되겠는가?

① 75g ② 100g ③ 125g
④ 150g ⑤ 180g

해설
i) 증발시킨 물의 양을 a라 하면, $\dfrac{300 \times 0.08}{300 - a} = 12\%$
ii) a = 100g

28 5%의 소금물 350g이 있다. 이 중 몇 g 이상의 물을 증발시키면 농도가 7% 이상인 소금물이 되겠는가?

① 80g ② 100g ③ 120g
④ 150g ⑤ 180g

해설
i) 증발시킨 물의 양을 a라 하면, $\dfrac{350 \times 0.05}{350 - a} \geq 7\%$
ii) a = 100g

29 12%의 소금물 250g이 들어 있는 용기에서 xg의 소금물을 퍼내고 같은 양의 물을 넣었더니 농도가 6%가 되었다. 이때 x의 값은?

① 90 ② 100 ③ 120
④ 125 ⑤ 150

해설
i) $\dfrac{(250 - x) \times 12\%}{250} = 6\%$
ii) x = 125

정답 27 ② 28 ② 29 ④

4 소금의 첨가

예제 19 물 500g에 몇 g의 소금을 녹이면 20%의 소금물이 되는가?

① 75g　　② 100g　　③ 125g　　④ 150g　　⑤ 180g

정석풀이

소금물의 농도 = $\dfrac{\text{소금의 양}}{\text{소금물의 양}}$ 에서 소금물의 양 = 소금 + 물의 양이다.

첨가된 소금의 양을 a라 하면 소금의 양은 a가 된다. 소금물의 양은 500 + a가 된다.
$\dfrac{a}{500+a} = \dfrac{20}{100}$(20%)가 된다. 방정식을 계산하면 a = 125g이 된다.

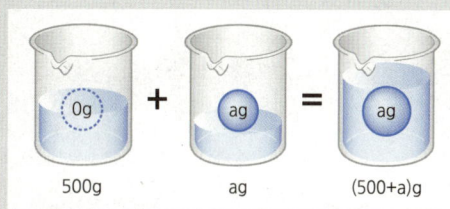

빠꼼이

물 500g에 소금을 녹여 20%의 소금물이 되었다.
소금물의 농도가 20%라면 100g 중 소금의 양은 20g이고 소금물의 양이 100g이므로 물의 양은 100 − 20 = 80g이 된다.
즉, 소금물의 농도가 20%라면 물은 80%가 된다.
소금 : 물 = 20% : 80% = 1 : 4가 된다.
소금의 양을 a라 하고, 물은 500g이었으므로 a : 500 = 1 : 4, a = 125g이 된다.

정답 ③

예제 20 30% 소금물 200g에 소금 10g, 물 40g을 더하면 농도는 몇 %가 되는가?

① 25%　　② 26%　　③ 27%　　④ 28%　　⑤ 30%

빠꼼이

소금 10g, 물 40g을 첨가할 때 둘을 섞는다고 생각하면 $\dfrac{10(\text{소금})}{10+40(\text{소금}+\text{물})} = 20\%$

즉, 20% 소금물 50g이 된다. 이것과 30% 소금물 200g을 섞으면 되므로

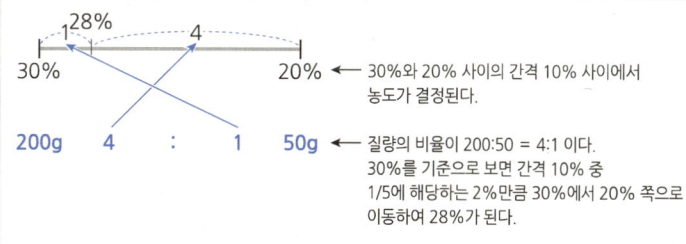

30%와 20% 사이의 간격 10% 사이에서 농도가 결정된다.

질량의 비율이 200:50 = 4:1 이다. 30%를 기준으로 보면 간격 10% 중 1/5에 해당하는 2%만큼 30%에서 20% 쪽으로 이동하여 28%가 된다.

정답 ④

5 응용

예제 21 농도 10%의 소금물 300g에 농도 7%의 소금물 Xg을 섞은 후 농도를 높이기 위해 50g을 증발시켰더니 농도 9%의 소금물이 되었다. 이 때 7% 소금물 양은 몇 Xg인가?

① 280g   ② 310g   ③ 345g   ④ 375g   ⑤ 400g

정석풀이

7% 소금물 Xg 속 소금의 양은 $X \times \dfrac{7}{100} = \dfrac{7X}{100}$ 이다.

10% 소금물 300g 속 소금의 양은 $300 \times \dfrac{10}{100} = 30$g이다.

소금물의 농도 $= \dfrac{\text{소금의 양}}{\text{소금물의 양}} = \dfrac{\dfrac{7X}{100} + 30}{300 + X - 50} = \dfrac{9}{100}$ (9%)가 된다.

이 복잡한 식을 풀면 $X = 375$g이 된다.

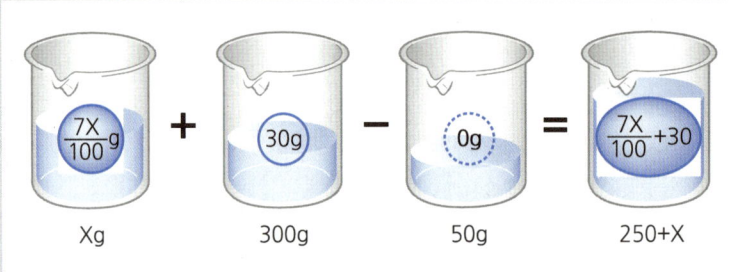

빠꼼이

농도 10% 소금물 300g에 50g을 증발시킨다. 증발하는 것은 어차피 물만 증발하는 것이므로 7%의 소금물 Xg을 섞고 나서 증발할 필요가 없다. 계산하기 편한 순서에 증발시켜도 된다.
300g에서 50g을 증발시키면 소금물의 양은 300g → 250g으로 5/6로 줄어든다.
소금물의 농도는 역으로 6/5로 커진다. 원래 농도가 10% 이므로 10 × 6/5 = 12%가 된다.
그럼 12% 250g의 소금물에 7% Xg을 섞어서 9% 농도의 소금물이 된 것이다.

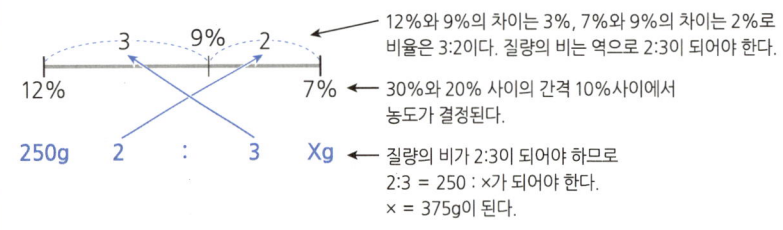

정답 ④

STEP 1

30 5%, 8%, 2%의 소금물의 총량이 1000g이다. 이들을 모두 섞으면 4.4%의 소금물이 되고, 8%, 2%의 소금물을 섞으면 4.25%의 소금물이 된다고 할 때, 각각의 소금물의 양을 구하여라.

	5%	8%	2%
①	100	400	500
②	100	500	400
③	200	200	600
④	200	300	500
⑤	200	500	300

해설

i) 5% 소금물을 Ag, 8% 소금물을 Bg, 2% 소금물을 Cg이라고 하면,

ii) $\dfrac{A\times 5\% + B\times 8\% + C\times 2\%}{A+B+C} = 4.4\%$,

$\dfrac{B\times 8\% + C\times 2\%}{B+C} = 4.25\%$

iii) 위의 두식을 연립하면,
A = 200g, B = 300g, C = 500g

31 소금물 500g이 있는데 물 100g을 증발시키고 다시 소금 40g, 물 60g을 더 넣었더니 농도가 3배가 되었는데 처음 소금물의 농도가 몇 %인가?

① 4% ② 5% ③ 6%
④ 7% ⑤ 8%

해설

i) 소금물의 농도를 a%라고 하면, $\dfrac{500\times a\% + 40}{500-100+100} = 3a\%$

ii) a = 4%

32 철수는 야시장에서 인형을 만들어서 팔았다. 판매 내용이 아래와 같을 때, 철수가 판 인형의 총 이익률은?

> 철수는 곰인형 40개, 사자인형 80개를 팔았다.
> 곰인형은 원가가 1,600원이고 판매가는 4,000원이다.
> 사자인형은 원가가 2,800원이고 판매가는 7,000원이다.
> 총이익률 = $\dfrac{총이익}{총매출액}$, 총이익 = 총매출액 - 총원가

① 30% ② 48% ③ 60%
④ 66% ⑤ 72%

해설

i) 총매출액은 판매가 × 수량, 이익 = 판매가 - 원가

ii) 총이익률 = $\dfrac{2,400\times 40 + 4,200\times 80}{4,000\times 40 + 7,000\times 80}$ = 0.6(=60%)

정답 30 ④ 31 ① 32 ③

Chapter 3 일률, 나이, 시침분침, 대입, 비율

POINT 일률은 유형도 단순하고 난이도도 높지 않으므로 부담을 가질 필요가 없다.

1 일률

예제 22 비닐하우스에서 수박을 따는데 A 혼자로는 6일, B 혼자로는 12일이 걸린다. 이 일을 둘이서 같이 하면 며칠 내에 끝낼 수 있겠는가?

① 3일　　　② 4일　　　③ 5일　　　④ 6일　　　⑤ 7일

정석풀이

전체 일의 양을 K라고 하면
A가 하루에 할 수 있는 일의 양 : K/6　← A는 전체 일을 6일만에 한다.
B가 하루에 할 수 있는 일의 양 : K/12　← B는 전체 일을 12일만에 한다.
A와 B가 동시에 일을 하면 하루에 하는 일의 양 : K/6 + K/12 = K/4

전체 일의 양(K)를 하는 데 걸리는 일수 = $\dfrac{K}{(K/4)}$ = 4일이 된다.

빠꼼이 1

전체 일의 양을 "1"로 두고 계산한다.
A는 하루에 1/6, B는 1/12만큼 일하므로 둘을 더하면 1/4가 된다.
전체 일의 양이 1이므로 1 = 1/4 × ?의 개념으로 생각하면 되므로 ? = 4일이 된다.

빠꼼이 2

일률은 내용이 어려운게 아니라 문제를 파악하는 게 헷갈리는 경우가 많다.
그래서 차라리 전체 일의 양을 임의로 주어지는 경우가 더 편리할 수 있다.
A, B가 걸리는 일수(6일, 12일)의 최소공배수(=12개)를 임의의 일의 개수로 정한다.
12개의 일을 하는데 A는 6일이 걸리므로 하루에 2개씩 일하고, B는 1개씩 일한다.
둘을 합치면 하루에 3개씩 일하므로 총 12개의 일을 하는데 걸리는 시간은 4일이다.

정답 ②

STEP 1

33 어느 공장에서 완성품 1개를 만드는 데 걸리는 시간은 A 기계가 20일, B 기계가 30일이다. A, B, C 기계를 모두 가동하였더니 1개의 완성품이 생산되는 데 6일 걸렸다. C 기계만 가동했을 경우 1개를 완성하는 데 걸리는 시간은?

① 5일　　② 9일　　③ 12일
④ 15일　　⑤ 16일

해설

i) 전체 일의 양을 1로 생각하면,
　A기계는 하루에 $\frac{1}{20}$,
　B기계는 $\frac{1}{30}$ 만큼 일한다.

ii) 같이 일하면 하루에 $\frac{1}{20} + \frac{1}{30} + \frac{1}{C} = \frac{1}{6}$ 이므로
　C = 12

34 배수구가 있는 어떤 수조를 가득 채우는 데 A관은 15분, B관은 30분 걸린다. 또한, 이 수조를 완전히 배수시키는 데 15분 걸린다. 배수구를 열고 A, B관을 동시에 틀면 수조를 가득 채우는 데 대략 얼마의 시간이 걸리는가?

① 15분　　② 20분　　③ 25분
④ 30분　　⑤ 36분

해설

i) 전체 일의 양을 1로 생각하면,
　A관은 1분에 $\frac{1}{15}$, B관은 $\frac{1}{30}$, 배수구는 $-\frac{1}{15}$ 만큼 일한다.

ii) 함께 일하면 한 시간에
　$\frac{1}{15} + \frac{1}{30} - \frac{1}{15} = \frac{1}{30}$ 이므로
　채우는 데 30분이 걸린다.

정답 33 ③　34 ④

Chapter 3. 일률, 나이, 시침분침, 대입, 비율

35 서강사와 각시탈이 같이 일을 한다. 서강사 혼자는 20일, 각시탈 혼자는 30일 걸린다. 둘이 함께 일을 하다가 중간에 서강사가 5일 빠졌을 경우 총 몇 일만에 일을 끝낼 수 있나?

① 14일　② 15일　③ 16일
④ 17일　⑤ 18일

해설

i) 전체 일의 양을 1로 생각하면,
서강사는 하루에 $\frac{1}{20}$,
각시탈은 $\frac{1}{30}$ 만큼 일한다.

ii) 총 일한 날수를 a라 하면, 각시탈은 a일, 서강사는 a − 5일 일한다.
$\frac{1}{30} \times a + \frac{1}{20} \times (a-5) = 1$
a = 15일

36 A, B, C가 같이 업무를 수행하면 8일이 걸리고, A와 C가 진행하면 16일, B와 C가 진행하면 12일이 걸린다고 한다. A 혼자 진행하는데 걸리는 시간이 a일, B 혼자 진행하는데 걸리는 시간이 b일, C 혼자 진행 하는데 걸리는 시간이 c일이 걸린다고 할 때, a + b + c의 값은?

① 87　② 88　③ 89
④ 90　⑤ 91

해설

i) 전체 일의 양을 1로 생각하면,
A + B + C는 하루에 $\frac{1}{8}$,
A + C는 $\frac{1}{16}$,
B + C는 $\frac{1}{12}$ 만큼 일한다.

ii) A + B + C = $\frac{1}{8}$
A + C = $\frac{1}{16}$ → B = $\frac{1}{16}$
B + C = $\frac{1}{12}$ → A = $\frac{1}{24}$, C = $\frac{1}{48}$

iii) A는 24일, B는 16일, C는 48일이 걸리므로 더하면 88이다.

37 성광이와 세형이는 T공사에서 감사실에 소속되어 있다. 감사보고서를 작성하는 데 성광이는 14일, 세형이는 10일이 걸린다. 성광이가 4일 동안 쓴 후, 세형이가 나머지를 작성하려고 한다. 세형이는 최소 며칠 동안 작성해야 하는가?

① 6일　② 7일　③ 8일
④ 9일　⑤ 10일

해설

i) 전체 일의 양을 1로 생각하면, 성광이는 $\frac{1}{14}$, 세형이는 $\frac{1}{10}$ 만큼 일한다.

ii) $\frac{1}{14} \times 4 + \frac{1}{10} \times ? = 1$, ? = $\frac{50}{7}$
?는 7.XX이므로 8일은 걸린다.

정답 35 ② 36 ② 37 ③

38 S공장에서 인형을 만들고 있다. 100명이 동시에 일을 하면 1시간에 200개의 A상품과 300개의 B상품을 만들 수 있으며, 30명이 동시에 일을 하면 4시간에 120개의 A상품과 600개의 B상품을 만들 수 있다. 80명이 동시에 일을 해서 3시간에 720개의 A상품과 x개의 B상품을 만들었다고 하면, x의 값은 얼마인가?

① 160 ② 180 ③ 200
④ 240 ⑤ 300

해설

i) 100명이 1시간에 200개의 A상품과 300개의 B상품을 만든다면, 1명이 1시간에 A 2개, B 3개를 만들 수 있으며,
30명이 4시간에 120개의 A상품과 600개의 B상품을 만든다면, 1명이 1시간에 A 1개, B 5개를 만들 수 있다.
2A + 3B = A + 5B이므로 A 하나 만들 동안 B는 2개 만들 수 있다.

ii) A하나 만들 때 B 2개 만들 수 있으므로, 1명이 1시간에 A 2개, B 3개나 A 1개, B 5개를 만들 수 있으므로
B를 7개 만들 수 있는 것과 같다.

iii) 80명이 3시간 동안 720개의 A상품을 만든다면, 1명이 1시간에 3개의 A상품(= 6개의 B상품)을 만들 수 있으므로
1명이 1시간에 B 1개를 더 만들 수 있다. 80명이 3시간 동안에는 240개의 B를 만들 수 있다.

39 강율이가 다니는 공장에서 제품 가, 나, 다를 만들고 있다. 하루에 총 450개의 상품을 만들고, '가'상품을 '다'상품보다 50개 더 많이 만들고 있다. 또한 '나'상품과 '다'상품의 생산량의 합은 '가'상품 생산량에서 '나'상품 생산량을 뺀 값의 3배이다. 이때, '나'상품 생산량은 얼마인가?

① 80개 ② 90개 ③ 100개
④ 110개 ⑤ 120개

해설

i) '다'상품 생산량을 a라고 하면, '가'는 a + 50, '나'는 400 − 2a가 된다.
ii) 나 + 다 = 400 − a, 가 − 나 = 3a − 350
iii) 400 − a = (3a − 350) × 3 → a = 145이니.
'나'상품 = 400 − 2 × 145 = 110

정답 38 ④ 39 ④

Chapter 3. 일률, 나이, 시침분침, 대입, 비율

2 나이

예제 23 강민이는 어머니와 나이가 28살 차이가 난다. 6년 후엔 어머니의 나이가 강민이 나이의 2배가 된다고 하면 현재 강민이의 나이는?

① 20세 ② 22세 ③ 24세 ④ 26세

정석풀이
강민이의 현재 나이를 a라 하면, 28살 차이가 나므로 어머니의 나이는 28 + a이다.
6년 후 강민이의 나이는 a + 6, 어머니의 나이는 28 + a + 6 = 34 + a
6년 후 나이가 2배가 되었으므로
2 × (a + 6) = 34 + a → a = 22살이 답이 된다.

빠꼼이 1
나이 문제의 핵심은 "나이 차이"이다. 엄마와 아들간의 나이 차이는 변하지 않는다. 이 점만 유의한다면 나이 문제는 쉽게 풀 수 있다. 또한 보기를 대입해서 문제를 풀 수도 있다.
2가지 빠꼼이를 모두 적용할 수 있도록 연습하자.

빠꼼이 2
강민이와 어머니의 "나이 차이"는 28살로 변하지 않는다.

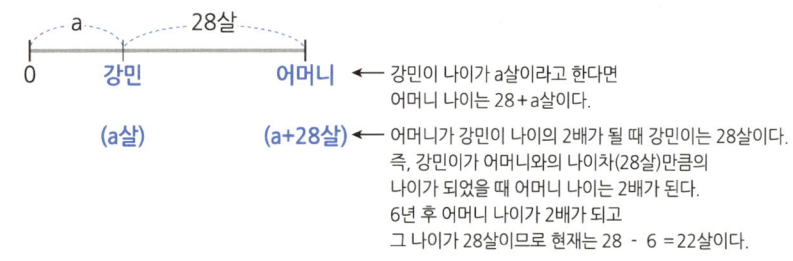

← 강민이 나이가 a살이라고 한다면
어머니 나이는 28 + a살이다.

← 어머니가 강민이 나이의 2배가 될 때 강민이는 28살이다.
즉, 강민이가 어머니와의 나이차(28살)만큼의
나이가 되었을 때 어머니 나이는 2배가 된다.
6년 후 어머니 나이가 2배가 되고
그 나이가 28살이므로 현재는 28 - 6 = 22살이다.

※ 부모와 자식의 나이차를 n이라 하면 자식이 n살일 때 부모의 나이가 2배가 된다.

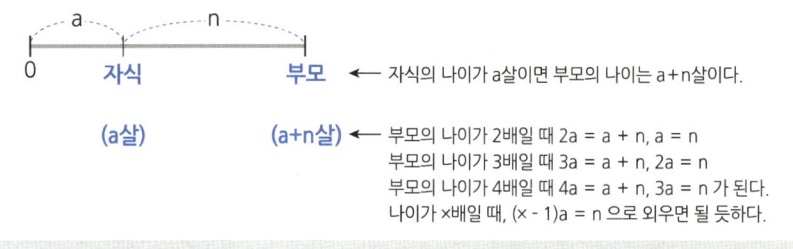

← 자식의 나이가 a살이면 부모의 나이는 a+n살이다.

← 부모의 나이가 2배일 때 2a = a + n, a = n
부모의 나이가 3배일 때 3a = a + n, 2a = n
부모의 나이가 4배일 때 4a = a + n, 3a = n 가 된다.
나이가 x배일 때, (x - 1)a = n 으로 외우면 될 듯하다.

정답 ②

예제 24 현재 할아버지는 65세, 손자는 11세이다. 할아버지가 손자 나이의 3배가 되는 것은 몇 년 후인가?

① 5년 후 ② 10년 후 ③ 15년 후 ④ 16년 후

빠꼼이
할아버지와 손자의 나이 차이는 65 - 11 = 54살이다. 나이의 3배가 되는 것은 3 - 1 = 2, 2a = n일 때 이므로 나이차이의 절반인 27살이 될 때이다.
현재 11살이므로 16년 후가 답이 된다.

정답 ④

STEP 1

40 어머니는 28세, 자식은 4세일 때, 어머니의 나이가 자식의 나이의 3배가 될 때의 자식의 나이는?

① 9세 ② 10세 ③ 11세
④ 12세 ⑤ 13세

해설
i) x년 후에 어머니의 나이가 자식의 나이의 3배가 된다고 한다면
  28 + x = 3(x + 4), x = 8
ii) 현재 4세이므로 8년 후 나이는 12세이다.

41 올해 할머니의 연세는 갑의 나이에 3배이고, 을의 나이의 4배이다. 갑과 을의 나이 차이가 6살이라면, 할머니의 연세는?

① 72세 ② 74세 ③ 76세
④ 78세 ⑤ 80세

해설
i) 갑의 나이를 a, 을의 나이를 a - 6 으로 하면,
ii) 할머니의 나이 = 3a = 4(a - 6), a = 24이므로
   할머니의 나이는 72세

42 희동이와 아버지의 나이 차는 28이다. 그리고 아버지의 나이는 희동이의 나이의 3배라면 현재 아버지의 나이는?

① 40세 ② 42세 ③ 44세
④ 46세 ⑤ 48세

해설
i) 희동이의 나이를 a라고 하면, 아버지의 나이는 28 + a
ii) 28 + a = 3a이므로 a = 14이므로 아버지의 나이는 42세이다.

43 형제의 나이에 대한 정보가 아래와 같을 때, 올해 두 형제 나이의 합은 얼마인가?

> 올해 형과 동생의 나이차는 12살이다.
> 5년 후에 동생의 나이의 2배가 형의 나이와 같아진다

① 24살 ② 26살 ③ 28살
④ 30살 ⑤ 32살

해설
형 - 동생 = 12
형 - 2 × 동생 = 5 ← (동생 + 5) × 2 = 형 + 5 이기 때문에
위의 연립방정식을 풀면 형은 19살, 동생은 7살이다.

정답 40 ④ 41 ① 42 ② 43 ②

3 시침분침

STEP 1

44 어느 달의 초일은 월요일이고, 말일은 일요일이다. 그 익월의 말일은 무슨 요일인가?

① 일요일   ② 월요일   ③ 화요일
④ 수요일   ⑤ 목요일

해설
i) 초일이 월요일이고 말일이 일요일이 되는 달은 2월분이다.
ii) 2월 말일이 일요일 이므로 3월 첫날은 월요일이며 말일은 수요일이다.

45 5시와 6시 사이에 시침과 분침이 만나는 시간은 언제인가? (가장 가까운 시간을 고른다)

① 5시 27분   ② 5시 28분
③ 5시 29분   ④ 5시 30분

해설
i) 1시간 동안 시침은 360 ÷ 12 = 30° 회전하므로 1분당 30/6 = 0.5°/분 이동한다.
ii) 분침은 360°를 60분에 이동하여 360 ÷ 60 = 6°
 → 6°/분 이동한다. 5시는 150° 만큼 이동한 상태이므로
iii) a분이 지나면 시침은 150° + 0.5a = 6a
 → a = 27.27이므로 27분이 된다.

46 5시 25분과 8시 7분 사이의 시침의 각도는 얼마인가?

① 81°   ② 83°   ③ 85°
④ 87°   ⑤ 89°

해설
i) 시침은 1분에 0.5도 움직이며, 1시간은 30도씩 움직인다.
ii) 5시 25분은 5 × 30 + 25 × 0.5도 움직였고,
 8시 7분은 8 × 30 + 7 × 0.5도 움직였다.
iii) 둘의 차이는
 (8 × 30 + 7 × 0.5) − (5 × 30 + 25 × 0.5) = 81도

정답 44 ④ 45 ① 46 ①

47 2시와 3시 사이에 시침과 분침이 서로 반대 방향으로 가장 일직선에 가까운 시각은?

① 2시 43.56분　② 2시 43.58분　③ 2시 43.60분
④ 2시 43.62분　⑤ 2시 43.64분

해설
i) 2시 정각에는 분침이 시침보다 60° 뒤에 있다. 2시와 3시 사이 시침과 분침이 서로 반대 방향일 때는 분침이 시침보다 180° 앞서가게 된다. 즉, 분침이 60° 뒤에 있다가 180° 앞서게 되었으므로, 분침이 240°를 추격했다.
ii) 분침의 속도가 6.0°이고 시침의 속도가 0.5°이므로 분침이 시침을 5.5°/분의 속도로 추격한다.
5.5°/분의 속도로 240°를 추격해야 하므로 240°(거리) = 5.5°/분(속도) × 시간
→ 시간 = 240°/5.5° = 43.636분이 걸리므로 시간은 2시 43.64분이다.

48 현재 시침과 분침은 겹쳐 있다. 몇 시인지는 모르지만 다시 시침과 분침이 겹칠 때까지 걸리는 시간을 얼마인가?

① 45.5분　② 55.5분　③ 65.5분
④ 75.5분　⑤ 85.5분

해설
i) 분침과 시침이 다시 겹치려면, 분침이 시침보다 한 바퀴(360°) 더 돌아야 한다.
ii) 분침의 속도가 6.0°이고 시침의 속도가 0.5°이므로 분침이 시침을 5.5°/분의 속도로 추격한다.
5.5°/분의 속도로 360°를 추격해야 하므로 360°(거리) = 5.5°/분(속도) × 시간
→ 시간 = 360°/5.5° = 65.5분이 걸린다.

49 J기업 서울본사 해외영업부에서 근무하는 천과장의 담당국가는 영국이다. 영국 거래처와 화상회의를 1시간 해야 할 때, 회의가 가능한 시간을 고르시오.

영국의 현지시간은 서울 시간보다 8시간 느리다.
영국 거래처의 근무시간은 오전 9시부터 오후 5시까지이다.
천과장의 근무시간은 오전 10시부터 오후 6시까지이다.
영국과 한국의 점심시간은 12시 30분 ~ 13시 30분이며, 점심시간에는 회의를 진행할 수 없다.

① 영국 시간 오전 9시 ~ 10시
② 영국 시간 오전 10시 ~ 11시
③ 영국 시간 오후 4시 ~ 5시
④ 서울 시간 오전 10시 ~ 11시
⑤ 서울 시간 오전 14시 ~ 15시

해설
i) 영국시간이 서울보다 8시간 느리므로, 영국 시간에 +8을 하면 서울 시간이 되고, 서울 시간에서 -8을 하면 영국시간이 된다.
ii) 영국 시간 09 : 00 ~ 17 : 00(오후 5시)에 +8시간을 하면 17 : 00 ~ 25 : 00(24시간 빼면 새벽 1시) 가 된다. 서울시간과 겹치는 부분은 서울 시간 09 : 00 ~ 10 : 00이 된다.

정답 47 ⑤　48 ③　49 ①

4 비율조정

예제 25 S미술관은 성인 입장료와 미성년자 입장료의 비율이 7 : 3이었는데, 입장료를 각각 5,000원씩 할인하자 그 비율이 3 : 1이 되었다. 할인 후의 미성년자 입장료는 얼마인가?

① 10,000원 ② 15,000원 ③ 20,000원 ④ 25,000원 ⑤ 30,000원

정석풀이

입장료의 비가 성인 : 미성년자 = 7 : 3 이므로 성인을 7a, 미성년자를 3a라고 하면, 5,000원씩 할인하면 성인은 7a − 5,000원, 미성년자는 3a − 5,000원이 된다.
그 비율이 3 : 1이므로, 7a − 5,000 : 3a − 5,000 = 3 : 1
a = 5,000이므로 미성년자의 할인 후 입장료는 3a − 5,000이므로, 5,000 × 3 − 5,000 = 10,000원이 된다.

빠꼼이

5,000원씩 동일한 금액을 할인했더니 비율이 7 : 3에서 3 : 1로 바뀌었다. 동일한 금액을 할인 했으면 성인과 미성년자 간의 입장료의 차이는 바뀌지 않는다. 이것을 이용한다.
7 : 3에서 비율의 차이는 7 − 3 = 4이다.
3 : 1에서 비율의 차이는 3 − 1 = 2이다.
할인 전후 성인과 미성년의 입장료 차이는 바뀌지 않으므로 비율의 차이를 같게 해준다.
그러기 위해선 할인 후 비율 3 : 1을 6 : 2로 만들어 주면 된다.

차이 1 ⎡ 7 : 3 ⎤ 1 ← 비율의 차이를 4로 맞춰주면 할인 전후 차이는 둘이 동일하게 나올 수밖에 없다.
      ⎣ 6 : 2 ⎦   왜냐하면 그 차이가 바로 할인 금액이기 때문이다.

즉, 차이 1에 해당하는 것이 할인된 금액인 5,000원이다. 나머지 숫자는 곱해주면 된다.
1에 해당하는 것이 5,000원이므로 할인 전 성인은 35,000원(= 5,000 × 7), 미성년자는 15,000원(= 5,000 × 3)이다.
이 문제에서 묻는 것은 미성년자의 할인 후 금액이므로 이는 6 : 2에 2에 해당한다.
2 × 5,000 = 10,000원이다.

정답 ①

예제 26 A와 B는 한 달에 한 번씩 용돈을 받는다. 받는 용돈의 비는 3 : 2이고 지출의 비는 13 : 7이다. 쓰고 남은 돈은 각각 10,000원이라면 A가 지출하는 금액은?

① 20,000원 ② 22,000원 ③ 24,000원 ④ 26,000원 ⑤ 28,000원

빠꼼이

용돈 − 지출 = 10,000원인데 이 순서를 바꾸면 용돈 − 10,000원 = 지출이 된다.
그럼 10,000원씩 같이 빼내면 지출이 되는 구조로 바뀌므로 예제 4의 방법을 쓸 수가 있다.
13 : 7의 비율 차이가 6이므로 3 : 2도 차이가 6이 나게 18 : 12로 바꾼다.

5 ⎡ 18 : 12 ⎤ 5 ← 이 차이 5에 해당하는 것이 10,000원이므로 1에 2,000씩 해당된다.
  ⎣ 13 : 7 ⎦   A가 지출하는 금액이 13이므로 2,000 × 13 = 26,000원이 된다.

정답 ④

STEP 1

50 기존의 기차표는 대인과 소인의 가격비율은 5 : 2이다. 요금을 12,000원씩 인상한 후 가격의 비율이 3 : 2가 되었다. 가격 인상 후 대인의 기차표 가격은 얼마인가?

① 22,000원 ② 24,000원
③ 25,000원 ④ 27,000원
⑤ 29,000원

해설
i) 대인의 가격을 5a, 소인의 가격을 2a라고 하면,
ii) 5a + 12000 : 2a + 12000 = 3 : 2
iii) a = 3000이므로 대인의 가격 3000 × 5 = 15000이고 인상 후는 15000 + 12000 = 27000이 된다.

51 어느 초등학교의 남녀 비율이 원래 5 : 4였는데 여학생 몇 명이 전학을 와서 195명이 되었고 남녀 비율은 7 : 6이 되었다. 전학을 온 여학생은 몇 명인가?

① 6명 ② 7명 ③ 8명
④ 9명 ⑤ 10명

해설
i) 남녀비율이 5 : 4이므로 최초 여학생 수를 4a라고 한다. 전학 온 후 195명이고 남녀가 7 : 6이 되므로 남학생 수는 105명, 여학생 수는 90명이다.
ii) 남학생 수는 최초 5a에서 변화가 없으므로 5a = 105이므로 ∴ a = 21이다.
iii) 최초 여학생 수는 21 × 4 = 84명에서 90명이 되었으므로 6명이 전학을 왔다.

정답 50 ④ 51 ①

Chapter 3. 일률, 나이, 시침분침, 대입, 비율

52 삼형제가 있는데 현재는 둘째의 나이가 막내의 나이의 두 배이고, 12년 후에는 삼형제의 나이의 비율이 4 : 5 : 8이 된다고 할 때 첫째와 둘째의 나이 차는 얼마인가?

① 8   ② 10   ③ 12
④ 14   ⑤ 16

해설

i) 12년 후 삼형제의 나이를 4a, 5a, 8a라고 하면
  현재 둘째의 나이 = 5a − 12,
  현재 셋째의 나이 = 4a − 12
ii) 5a − 12 = 2(4a − 12),
  a = 4이므로 첫째와 둘째의 나이 차이는 12

53 38명의 그룹이 제주도 여행계획을 세웠다. 1인당 30만 원으로 여행상품을 신청할 때 30명 이상으로 신청하면 20%의 단체할인이 되지만, 취소하게 되면 비용의 반만 환불이 된다. 38명분을 신청하는 경우 당일 취소가 몇 명 이상이면 단체할인을 안 하는 것이 비용이 더 적게 드는가?

① 9명   ② 11명   ③ 13명
④ 18명   ⑤ 20명

해설

i) 30만원의 2할 할인액은 30 × 0.2 = 6(만원)이므로 1인당 24만 원의 여행비용이 든다.
  취소한 사람들의 수를 x라 할 때, 취소한 사람들의 비용을 반액 부담하므로 $\frac{12x}{38-x}$ 의 추가비용이 든다.
ii) 할인하지 않았을 때의 금액 30만 원보다 크게 되려면
  $30 < 24 + \frac{12x}{38-x}$ → $30(38-x) < 24(38-x) + 12x$
  → $228 < 18x$
iii) $x > 12.66 \cdots$
  13명 이상이면 할인하지 않았을 때가 비용이 더 적다.

정답 52 ③ 53 ③

5 대입

사람의 나이는 100살이 넘는 경우가 드물고 무조건 자연수이기 때문에 대입을 해서 풀기 용이하다.

예제 27 아빠는 엄마보다 3살이 많고, 딸의 나이의 3배이다. 3명의 나이를 모두 더하면 102세일 때 아빠, 엄마의 나이를 합한 값은 얼마인가?

① 87　　　② 90　　　③ 92　　　④ 95　　　⑤ 97

[정석풀이]
딸의 나이를 a라고 하면 아빠의 나이는 딸의 3배이므로 3a이고 엄마의 나이는 3a − 3 이다.
셋의 나이의 합이 102세 이므로 a + 3a + 3a − 3 = 102,
a = 15이므로 아빠의 나이는 3a = 45, 엄마는 3a − 3 = 42 이므로 87이 답이다.

[빠꼼이]
대입 빠꼼이는 식이 잘 세워지지 않을 때 사용하는 방법이다.
풀이시간이 더 빠르는 않지만, 적용이 쉬운 장점이 있다.
보기가 아빠 + 엄마의 나이이므로 아빠 + 엄마 + 딸 = 102세 이므로
102(아빠 + 엄마 + 딸) − 보기(아빠 + 엄마) = 딸의 나이가 된다.
엄마 나이를 a라고 하면, 아빠 나이는 a + 3이다. 아빠 + 엄마 = a + a + 3 = 2a + 3 이므로 홀수이다. (②③ 소거)

① 87 ← 102 − 87 = 15(딸의 나이), 아빠 나이는 ×3 이므로 45, 엄마는 아빠 −3 이므로 42이다. 둘은 더하면 45 + 42 = 87로 보기와 같으므로 답이 된다.
④ 95 ← 102 − 95 = 7, 아빠 나이는 ×3 = 21, 엄마 나이는 18이다. 아빠(21) + 엄마(18) ≠ 95(선택지) 이므로 오답

[정답] ①

예제 28 10년 후 아버지의 나이는 형의 나이와 동생의 나이의 합의 2배가 된다. 형과 동생의 나이차가 4살이라면 현재 아버지의 나이를 a라고 할 때, 동생의 나이는 몇 세인가?

① $\dfrac{a-20}{4}$세　② $\dfrac{a-36}{4}$세　③ $\dfrac{a-38}{4}$세　④ $\dfrac{a-40}{4}$세　⑤ $\dfrac{a-42}{4}$세

[빠꼼이]
보기의 식은 언제나 성립이 되어야 한다. 그렇다면 계산이 쉬운 임의의 숫자를 넣어서 식이 성립이 되는 것을 답으로 고르면 된다.
계산이 쉽게 동생의 나이가 0살일 때를 대입하자.
동생 0살이면 형은 4살 많으므로 4살이다.
10년 후에는 동생은 10살, 형은 14살이고 둘의 합은 24살이다.
10년 후 아버지의 나이가 그 2배이므로 24 × 2 = 48이므로 현재 아버지의 나이는 38세이다.
보기에 현재 아버지의 나이 a = 38을 넣었을 때 동생의 나이는 0살이 되어야 하므로 보기 중 a = 38을 넣었을 때 0이 되는 것은 3번뿐이다.

[정답] ③

STEP 1

54 A%의 소금물에 물을 200g 더 넣었더니 6%의 소금물이 되었다. 처음 소금물의 양은?

① $\dfrac{1200}{A-6}$ g ② $\dfrac{1000}{A-6}$ g ③ $\dfrac{800}{A-8}$ g

④ $\dfrac{600}{A-8}$ g ⑤ $\dfrac{800}{A-6}$ g

해설

i) A% 소금물의 양을 X라 하면, 소금의 양은 AX/100이 된다.
ii) 물 200g을 부으면 소금물의 양이 200 + X가 되므로 소금물의 농도는 6%(= $\dfrac{6}{100}$) = $\dfrac{AX/100}{X+200}$ 이므로
iii) 6(X + 200) = AX이므로
 1200 = (A − 6)X
 X = 1200/(A − 6)

55 80원짜리 과자와 100원짜리 과자를 합해서 a개 사고 3,000원을 냈는데, 500원의 잔돈을 받았다. 80원짜리 과자와 100원짜리 과자는 각각 몇 개를 샀는가?

① (120−4a)개, (5a−120)개
② (125−4a)개, (5a−125)개
③ (5a−120)개, (120−4a)개
④ (5a−125)개, (125−4a)개
⑤ (120−5a)개, (5a−90)개

해설

i) 80원짜리 과자의 수를 x라고 하면, 100원짜리 과자는 a − x개이다.
ii) 80x + 100(a − x) = 3000 − 500 = 2500
 → −20x = 2500 − 100a
iii) x = 5a − 125이므로
 100원짜리 과자는 a − (5a−125) = −4a + 125

정답 54 ① 55 ④

56 1개당 80원 우표와 100원 우표를 합쳐서 26장 구입했다. 100원 우표의 총 구매비용이 80원 우표의 총 구매비용의 2배일 때 각각 몇 장씩 구입하였는가?

① 80원 우표 8개, 100원 우표 18개
② 80원 우표 9개, 100원 우표 17개
③ 80원 우표 10개, 100원 우표 16개
④ 80원 우표 11개, 100원 우표 15개
⑤ 80원 우표 12개, 100원 우표 14개

해설

i) 80원 우표를 a, 100원 우표를 26 − a개라 할 때,
ii) 80a × 2 = 100 × (26 − a),   a = 10
  ∴ 우표는 각각 10개, 16개

57 강일이는 akm/h의 속도로 걸어서 공원으로 출발하였고, 진수는 강일이가 출발한 후 30분 후에 bkm/h의 속도로 공원으로 출발하였다. 진수가 출발 후 강일이를 만나는 데 걸리는 시간은?

① $\dfrac{b}{2(b-a)}$ 시간   ② $\dfrac{a}{2(b-a)}$ 시간
③ $\dfrac{2(b-a)}{b}$ 시간   ④ $\dfrac{2(b-a)}{a}$ 시간
⑤ $\dfrac{a}{2(b+a)}$ 시간

해설

i) 진수 출발 후 x시간 후 만난다고 하면,
  강일이의 이동거리는 a(x+0.5)
  진수의 이동거리는 bx
ii) bx = a(x+0.5)
  $(b-a)x = \dfrac{a}{2}$

  $x = \dfrac{a}{2(b-a)}$

정답 56 ③ 57 ②

58 민수는 10m 높이의 옥상에서 공을 떨어뜨렸다. 지면에 부딪힌 후 옥상까지 높이의 $\frac{2}{3}$ 까지 다시 튀어 올랐다. 찬성이 일정하다고 한다면 튀어 오른 공의 높이가 1m 이하가 되려면 최소 몇 번 튀어 올라야 하는가?

① 5번 ② 6번 ③ 7번
④ 8번 ⑤ 9번

해설

$\frac{2}{3} - \frac{4}{9} - \frac{8}{27} - \frac{16}{81} - \frac{32}{243} - \frac{64}{729}$ (6번)

59 k기업 신입사원에 대한 정보가 아래와 같다. 신입사원 중에서 경력직 1명을 임의로 선택했을 때 남성일 확률은 얼마인가?

신입사원 전체에서 남성의 비중은 56%이다.
신입사원 전체에서 35%는 남성이면서 경력직이다.
신입사원 전체에서 65%는 남성이거나 비경력직이다.

① 30% ② 38% ③ 45%
④ 50% ⑤ 60%

해설

신입사원이 100명이라고 가정하면, 남성 56명, 여성 44명이다.
남성 56명 중 경력직이 35명이고, 비경력직은 56 - 35 = 21명이다.
65명이 남성이거나 비경력직이므로 여성 중 비경력직은 65 - 56 = 9명이다.
여성이 44명이고 그 중 9명이 비경력직이므로 여성 경력직은 44 - 9 = 35명이다.
경력직은 남성도 35명, 여성도 35명이므로 경력직 중 남성의 비율은 50%이다.

정답 58 ② 59 ④

MEMO

Chapter 4 속도

.1. 거리·속도·시간

예제 29 144km/h의 속력으로 달리던 자동차가 브레이크를 밟아 속력이 일정하게 감소하여 11초 후에 정지 했다면, 11초 동안 이동한 거리는 얼마인가?

① 180m　　② 200m　　③ 220m　　④ 240m　　⑤ 260m

정석풀이

144km/h는 시속이고 이동 시간은 11초(s)이므로 속력을 시속에서 초속(m/s)으로 바꾸면 144km/h = $\frac{144000m}{3600s}$ = 40m/s가 된다.

속도가 일정하게 감소 또는 증가할 경우 "평균속력 = $\frac{처음속력 + 나중속력}{2}$"이므로, $\frac{40 + 0}{2}$ = 20m/s가 평균속력이 된다.

11초 동안 이동하므로 이동거리 = 평균속력 × 시간 = 20 × 11 = 220m가 된다.

빠꼼이 1

문제를 낼 때 계산이 지저분해지지 않기 위해 바뀐 초속은 자연수가 나오는 경우가 대부분이다.
36km/h = 36000m/h = 10m/s 이다. "36km/h = 10m/s"를 반드시 외워둔다.

i) 36km/h = 10m/s　　　　ii) 72km/h = 20m/s ← 36km에 2배를 해준다.
iii) 108km/h = 30m/s ← 36km의 3배　　iv) 144km/h = 40m/s ← 36km의 4배

여기서 36km/h, 72km/h, 108km/h, 144km/h 이 4가지 속력을 눈에 익혀두자. 이 숫자가 시속으로 나오면 90% 이상 초속으로 변경해야 하는 문제이다. 그 이후에는 정석풀이와 같이 푼다.

빠꼼이 2

정 시간이 없으면 속도가 자연수라고 가정하고(소수점은 잘 없으니) 거리 = 속도 × 시간(11초)이므로 거리는 11의 배수라고 생각한다.

정답 ③

STEP 1

60 한 번 왕복 운행하는 데 급행버스는 36분, 완행버스는 48분이 걸리는 노선이 있다. 두 버스 모두 아침 6시에 출발하여, 처음으로 출발지에서 다시 만나는 시각은?

① 7시 48분 ② 8시 24분 ③ 9시 48분
④ 9시 36분 ⑤ 9시 12분

해설

i) 두 버스가 1번 왕복하는데 36분, 48분이 걸리므로 둘이 출발지에서 다시 만나려면 최소공배수인 144분 후에 마주친다.
ii) 6시에서 144분 후는 8시 24분이 된다.

61 K역과 J역의 거리는 150km이고, 모든 기차는 K역과 J역 사이를 편도로 이동하며 1시간이 소요된다. 기차가 9시부터 K역에서는 20분, J역에서는 15분 간격으로 출발한다면 두 기차가 75km 지점에서 두 번째로 만나는 시간은?(모든 기차는 일정한 속도로 운행한다)

① 10시 30분 ② 10시 45분 ③ 11시 00분
④ 11시 30분 ⑤ 11시 45분

해설

i) 150km 거리 중 75km 지점에서 만난 다는 것은 이동거리가 75km같다. 모든 기차의 속도도 같기 때문에 이동거리가 같으려면, 출발 시간이 같아야 한다.
ii) 75km 지점에서 두 번째로 만나려면, 두 번째로 동시에 출발해야 한다
K역에서는 20분, J역은 15분 간격으로 출발하므로 20과 15의 최소공배수인 60분 후 두 번째로 동시에 출발한다. 9시 이후에 10시에 두 번째로 출발한다.
iii) 편도 1시간 거리 중 절반 지점까지 걸린 시간은 30분이다. 10시에 출발하므로 30분 후인 10시 30분에 두 번째로 75km 지점에서 만난다.

정답 60 ② 61 ①

Chapter 4. 속도

2 통과하기

예제 30 길이가 60m인 두 열차가 시속 72km로 마주 보고 달려오고 있다. 두 열차가 만나 차체가 겹치는 순간부터 서로를 완전히 지나칠 때까지 걸리는 시간은?

① 2초 ② 3초 ③ 4초 ④ 5초 ⑤ 6초

정석풀이 및 빠꼼이

위 문제의 풀이에는 정석풀이와 빠꼼이가 혼재되어 있다.
위의 문제처럼 이동거리 자체가 얼마인지 헷갈리는 경우에는 그림을 그려서 푸는 것이 좋다.

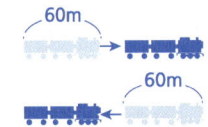

열차가 이동한 거리가 60m일 때 완전히 지나치게 된다.
두 열차의 이동거리의 합은 60m × 2 = 120m가 된다.

마주 보고 달리는 열차의 속도는 둘의 속도의 합이라고 생각하면 된다. 상대속도의 개념으로 이해한다.
시속 72km는 20m/s이므로 두 열차의 속도의 합은 40m/s이다. 이동거리의 합은 120m이므로
시간 = 120/40 = 3초가 된다.

정답 ②

예제 31 길이 186m인 화물열차가 A철교를 완전히 지나는 데 모두 16초 걸렸다. 길이가 306m인 급행열차는 이 철교를 화물열차의 2배의 속도로 완전히 지나는 데 11초 걸렸다. 이때, 철교의 길이를 구하시오.

① 134m ② 138m ③ 142m ④ 146m ⑤ 150m

빠꼼이 1

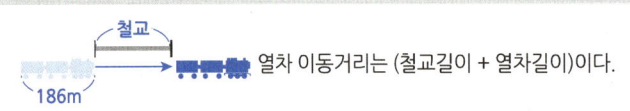

열차 이동거리는 (철교길이 + 열차길이)이다.

306 + B = 2V × 11
186 + B = V × 16
위 식을 연립하면
6V = 120, V = 20 이므로 B = 134m

빠꼼이 2

위 식이 생각이 안나거나 시간이 정말 없으면 속력을 자연수라고 가정하고
186 + 철교길이 = 16V이므로 보기 중 186을 더해서 16으로 나누어지는 것은 134m 밖에 없으므로 1번을 찍는다.

정답 ①

STEP 1

62 길이가 160m, 190m인 두 열차가 초속 30m, 40m로 마주보고 달려오고 있다. 두 열차가 만나 차체가 겹치는 순간부터 서로를 완전히 지나칠 때까지 걸리는 시간은?

① 2초　② 3초　③ 4초
④ 5초　⑤ 6초

해설

ⅰ) 이동거리는 160 + 190 = 350m이며 두 열차의 속도의 합은 30 + 40 = 70m/s이므로 걸리는 시간은 350/70 = 5초이다.

63 일정한 속력으로 달리는 기차가 있다. 이 기차가 500m가 되는 다리를 완전히 통과하는 데 30초가 걸렸고, 1500m가 되는 다리를 통과할 때, 기차 전체가 다리 안에 있었던 시간은 50초였다. 기차의 길이는?

① 200m　② 210m　③ 230m
④ 250m　⑤ 300m

해설

ⅰ) 기차의 길이를 a, 속도를 v(=m/s)라 하면
ⅱ) 다리를 통과하는 이동거리 = 500 + a = v × 30
　　다리 안에서 이동한 거리 = 1500 − a = v × 50
ⅲ) a = 250m

정답 62 ④　63 ④

3 추격전

예제 32 민기가 학교에 책을 두고 하교했다. 민기가 학교를 나간 지 18분 뒤에 성진이가 책을 전달하기 위해 따라 나섰다. 민기가 분당 250m의 속도로 걷고 있을 때 성진이가 분당 400m의 속도로 따라간다면 성진이는 출발 후 몇 분 만에 민기를 만나게 되겠는가?

① 25분   ② 28분   ③ 30분   ④ 32분   ⑤ 34분

정석풀이

성진이가 출발한지 a분 후 민기를 만난다면
민기의 이동시간은 18 + a분이고, 분당 250m 이동하므로 이동 거리는 250 × (18 + a) = 250a + 4,500
성진이의 이동시간은 a, 분당 400m 이동하므로 이동거리는 a × 400 = 400a
둘이 만나게 되는 것은 이동거리가 같을 때이므로
250a + 4,500 = 400a, a = 30 이므로 성진이 출발 후 30분 만에 만날 수 있다.

빠꼼이

위 문제처럼 누구를 따라잡는 문제는 추격전으로 이해하면 쉽다.

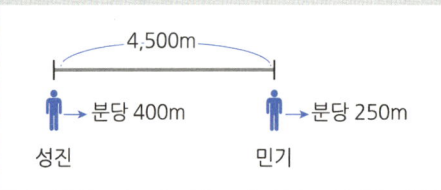

성진이는 민기가 출발한 지 18분 후에 민기를 추격해야 한다.
4,500m 18분 동안 민기는 18 × 25 = 4500m 앞서 있다.
성진이는 400m/분, 민기는 250m/분씩 이동하므로 성진이가 민기를 1분에 150m(400m/분 − 250m/분)씩 따라잡는다.
4500m를 150m/분으로 따라잡는 데 걸리는 시간은
4500/150 = 30분이다.

정답 ③

STEP 1

64 성수는 6시부터 산에 오르기 시작했고, 30분 후에 영수가 오르기 시작했다. 영수는 매분 40m의 속력으로, 성수가 매분 30m의 속력으로 걸어갈 때, 성수가 영수를 만나는 시각은?

① 6시 50분 ② 7시 10분 ③ 7시 30분
④ 8시 00분 ⑤ 8시 24분

해설

i) 성수는 영수보다 30분 동안 30분 × 30m/분 = 900m를 먼저 올라갔다.
ii) 영수 출발 후 a분 후 성수는 900 + 30a, 영수는 40a 만큼 이동했고 둘이 만난다면 이동거리가 같으므로 900 + 30a = 40a, a = 90이다.
영수는 6시 반에 출발해서 90분 후에 성수랑 만나므로 만나는 시간은 8시

65 버스 요금은 거리에 관계없이 1인당 1,000원으로 일정하고, 택시 요금은 이동거리가 2km까지는 2,400원이며 이후에는 200m 더 갈 때마다 100원씩 추가된다고 한다. 4명이 이농하려고 할 때, 이농거리가 몇 km 미만이면 버스를 타고 가는 것보다 택시를 타고 가는 것이 유리한지 구하여라. (단, 택시 요금은 이동 거리가 2.2km, 2.4km가 되는 순간에 100원씩 추가된다.)

① 27/5 ② 32/7 ③ 36/7
④ 26/5 ⑤ 31/2

해설

i) 4명이 버스를 타면 버스 요금은 4000원이고, 택시가 유리하려면 4000원 미만으로 요금이 나와야 한다.
ii) 2km까지 2400원이므로 4000 − 2400 = 1600원으로 갈 수 있는 거리는 1600 × 20 = 3.2km
2 + 3.2 = 5.2 = 26/5km

정답 64 ④ 65 ④

Chapter 4. 속도

4 유속

예제 33 강을 따라 80km 떨어진 상류로 올라가는 데는 5시간, 원래의 자리로 내려오는 데는 2시간이 걸렸다. 이 강물의 유속은 얼마인가?

① 8km/h ② 9km/h ③ 10km/h ④ 12km/h ⑤ 14km/h

정석풀이
배의 원래속도를 V라고 하고, 유속을 A라고 하면
상류로 올라가는 속도는 V − A, 내려갈 때 속도는 V + A가 된다.
80km = (V − A) × 5(시간) → 160 = 10V − 10A
80km = (V + A) × 2(시간) → 400 = 10V + 10A
둘을 연립하면 A = 12KM/H가 된다.

빠꼼이
유속문제는 아래의 그림만 이해하면 아주 빠르고 정확히 풀 수 있다.

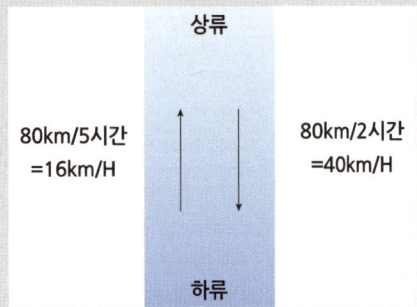

i) 올라갈 때 내려갈 때 속력을 따로 구해준다.
ii) 배의 원래속도 = $\dfrac{\text{올라갈 때 속력 + 내려올 때 속력}}{2}$ 이다.
(16KM/H + 40KM/H)/2 = 28KM/H이다.
iii) 유속은 올라갈 때(또는 내려갈 때) 속도와 배의 원래속도의 차이이다. 40KM/H − 28KM/H = 12KM/H이다.
iv) 배의 평균속도는 거리(80KM) × 2(왕복이므로)를 총 이동시간(5시간 + 2시간)으로 나누어 주면 된다.

위의 i ~ iv를 참고하면 유속문제는 어렵지 않게 풀 수 있다. 여기서 배의 원래속도가 평균속도가 아니라는 점은 주의할 필요가 있다.

정답 ④

예제 34 어느 여객선이 하류(a)에서 상류(b)로 갔다가 다시 하류로 돌아왔다. a에서 b까지 배의 속도는 9km/h이고, 왕복 구간 전체에서 배의 평균속도는 12km/h라고 할 때 강의 유속은 얼마인가?

① 3km/h ② 4.5km/h ③ 6km/h ④ 7.5km/h ⑤ 9km/h

빠꼼이
거리가 주어지지 않을 때는 계산이 쉬운 숫자를 넣어준다. 시간이 자연수가 나올 수 있도록 속도 9km/h, 12km/h의 최소공배수인 36km를 하류와 상류의 거리로 넣어준다.
하류에서 상류까지 36km를 9km/h의 속도로 이동할 때 걸린 시간 = 36/9 = 4시간이다.
왕복할 때 거리는 36 × 2 = 72km이고 속도는 12km/h 이므로 걸린 시간 = 72/12 = 6시간이다.
왕복시간 = 가는 시간(4시간) + 오는 시간 이므로 내려올 때 걸린 시간은 2시간이다.
36km 거리를 2시간에 내려오므로 속도는 36/2 = 18km/h이다.
올라갈 때 9km/h, 내려올 때 18km/h이므로 배의 원래 속도는 13.5km/h이고
유속은 18km/h − 13.5km/h = 4.5km/h이다.

정답 ②

STEP 1

66 어떤 강이 하류에서 96km 상류의 D지점까지 어떤 배가 도달하는 데 8시간이 걸리고 내려가는 데에 6시간이 걸렸다. 이 배의 물의 흐름이 없을 때는?

① 12km/h ② 13km/h ③ 14km/h
④ 15km/h ⑤ 16km/h

해설

i) 배의 속도를 x, 강의 유속을 a라고 하면
 $x - a = 96 \div 8 = 12$
 $x + a = 96 \div 6 = 16$
ii) 위 두 식을 연립하면 $x = 14$

67 어느 강의 A 지점에서 12km의 B 지점까지 왕복했더니 내려갈 때는 1시간, 올라올 때는 3시간 걸렸다. 이때 강의 유속을 구하면?

① 2km/h ② 4km/h ③ 6km/h
④ 8km/h ⑤ 9km/h

해설

i) 배의 속도를 x, 강의 유속을 a라고 하면
 $x - a = 12 \div 3 = 4$
 $x + a = 12 \div 1 = 12$
ii) 위 두 식을 연립하면 $a = 4$

정답 66 ③ 67 ②

Chapter 4. 속도

5 평균속도

예제 35 70km를 가는 데 A분 동안 시속 40km로 걷고 B분 동안 시속 60km로 뛰었더니 1시간 반이 걸렸다. 뛴 시간은 얼마인가?

① 30분　② 40분　③ 50분　④ 60분　⑤ 70분

정석풀이

A분 동안 시속 40km로 걸은 거리를 a라하면, 시속 60km로 뛴 거리는 70 − a가 된다.
ⅰ) 시속 40km로 걸은 시간 : a/40
ⅱ) 시속 60km로 뛴 시간 : (70 − a)/60 이 된다.
총 이동시간은 1시간 반(= 3/2시간)이며, 이는 ⅰ + ⅱ이므로 a/40 + (70 − a)/60 = 3/2시간이다.

빠꼼이

평균속도는 소금물의 농도 구하는 식과 같다. 평균속도는 두 속도(40km/h, 60km/h) 사이에서 평균속도가 결정된다. 소금물의 농도에서 기준이 "질량의 비"였던 것과 같이, 평균속도의 기준은 시간이 된다. 나누어지는 분모가 기준이며 속도 = 거리/시간이므로 분모인 시간이 기준이 된다. 여기서 거리가 기준인 것으로 착각하면 안 된다.

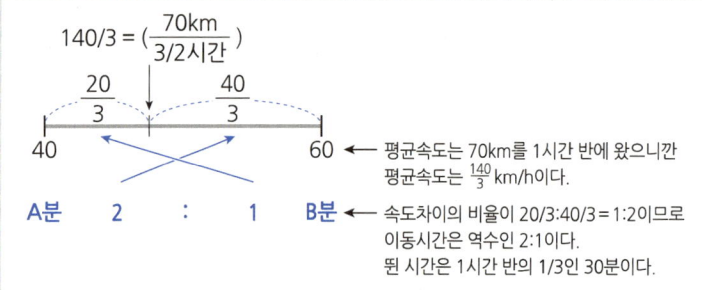

← 평균속도는 70km를 1시간 반에 왔으니깐 평균속도는 $\frac{140}{3}$ km/h이다.
← 속도차이의 비율이 20/3:40/3 = 1:2이므로 이동시간은 역수인 2:1이다.
뛴 시간은 1시간 반의 1/3인 30분이다.

정답 ①

예제 36 민중이는 오전 8시에 5km 떨어진 학교를 향해 출발하였다. 처음에는 시속 3km로 걷다가, 중간에 서점에서 40분 동안 책을 사고 시속 6km로 뛰어서 학교에 9시 50분에 도착했다. 민중이가 시속 3km로 걸은 거리는?

① 3km　② 2.5km　③ 2km　④ 1.5km　⑤ 1km

빠꼼이

8시 출발해서 9시 50분에 도착했으므로 110분이 걸렸고, 중간에 서점에서 40분 소비했으므로 총 이동시간은 70분이다. 평균속도는 5km를 70분에 갔으므로 $\frac{5}{7/6(=70분)} = \frac{30}{7}$ 이다.

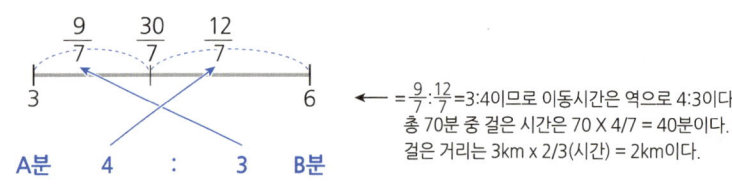

← $\frac{9}{7}:\frac{12}{7}$ = 3:4이므로 이동시간은 역으로 4:3이다.
총 70분 중 걸은 시간은 70 × 4/7 = 40분이다.
걸은 거리는 3km × 2/3(시간) = 2km이다.

정답 ③

STEP 1

68 A에서 B지점까지는 120km이다. 규현이는 자전거를 타고 A에서 B지점까지 시속 60km 속도로 가고, 올 때는 시속 30km 속도로 왔다. 왕복 시간의 평균 시속은 몇 km인가?

① 30km ② 50km ③ 40km
④ 45km ⑤ 60km

해설

i) A → B : $\frac{120}{60}$ = 2시간,

   B → A : $\frac{120}{30}$ = 4시간으로

   총 6시간이 걸린다.

ii) 총 이동거리가 120 × 2 = 240km 이므로
    평균시속은 240 ÷ 6 = 40km

69 자동차가 A지역에서 10km 떨어진 B지역까지 20km/h의 속도로 달린 후에 쉬지 않고, 10km 떨어진 C지역까지 60km/h의 속도로 달렸다면, 평균속도는?

① 30km/h ② 35km/h ③ 40km/h
④ 45km/h ⑤ 50km/h

해설

i) A → B : $\frac{10}{20}$ = 30분,

   B → C : $\frac{10}{60}$ = 10분으로

   총 40분(2/3시간)이 걸린다.

ii) 총 이동거리가 20km 이므로
    평균시속은 20 ÷ 2/3 = 30km

정답 68 ③ 69 ①

Chapter 5 확률

1 경우의 수

1. 순열 : 순서가 있는 나열

- n명을 줄 세우는 경우 : $n! = n \times (n-1) \times (n-2) \times \cdots \times 3 \times 2 \times 1$
    - ex) 5명이 줄서는 경우의 수 = $5! = 5 \times 4 \times 3 \times 2 \times 1 = 120$가지

- n명 중 r명만 줄 세우는 경우 : $n \times (n-1) \times (n-2) \times \ldots \times (n-r+1)$
    - ex) 5명 중 세 명을 a, b, c 각각 한 곳에 한 명씩 파견 보내는 경우의 수 = $5 \times 4 \times 3 = 60$가지
    - ➡ a 파견지에 파견될 수 있는 사람 5명, b 파견지 4명, c 파견지 3명 ➡ $5 \times 4 \times 3$

- 원순열 : n명이 원형으로 줄을 서는 경우 : $(n-1)!$
    - ex) 5명이 원탁에 둘러앉는 경우의 수 = $(5-1)! = 4 \times 3 \times 2 \times 1 = 24$가지

- 같은 것이 있는 순열 : n개 중 같은 것이 각각 p개, q개 r개 있다면 = $n! / p! \times q! \times r!$
    - ex) aaabbc(a 3개, b 2개, c 1개 총 6개)를 줄 세우는 경우의 수는 = $6! / 3! \times 2! = 60$가지

- 중복순열 : 중복을 허락하여 n개를 r개 줄세우는 경우 = n의 r 제곱
    - ex) 세 개의 우체통에 편지 4통을 넣는 경우의 수 = $3 \times 3 \times 3 \times 3 = 81$가지

- n명 중 두 명을 이웃하게 하는 경우의 수 : $(n-1)! \times 2$
    - ex) 5 명의 가족이 줄을 서는데 부부는 이웃하여 서는 경우의 수 = $4! \times 2 = 48$가지
    - ➡ 이웃한 두 명을 한 명으로 보고 총 (n−1)명을 줄 세운 뒤 이웃한 두 명의 자리를 바꾸는 경우를 곱하여 준다.

- 적어도 A인 경우(여사건)의 수 : 전체의 경우의 수 − A가 아닌 경우의 수
    - ex) 남자 3명 여자 2명이 줄을 서는데 적어도 한 명의 남자가 양쪽 끝에 서는 경우의 수
    - ➡ 전체 경우의 수에서 양쪽 끝 모두 여자가 줄서는 경우의 수를 뺀다.
        = $5! - 2 \times 3! = 108$가지

2. 조합 : 순서가 없는 나열 (선택하는 경우의 수)

- n명 중 r명을 뽑는 경우 : $nCr = n \times (n-1) \times (n-2) \times \ldots \times (n-r+1) / r!$
    - ex) 5명 중 3명을 대표로 뽑는 경우 = $5 \times 4 \times 3 / 3 \times 2 \times 1 = 10$가지

- $nCr = nC(n-r)$
    - ex) $10C3 = 10C7$

STEP 1

70 30명의 학급에서 회장, 부회장, 총무를 선출하는 방법은 모두 몇 가지인가?

① 812가지　　② 870가지
③ 12,180가지　④ 24,360가지

해설

회장 선출 방법 30가지, 부회장 선출 방법 29가지(회장이 선출되었으므로), 총무 선출 28가지
30 × 29 × 28 = 24,360

71 30명의 학급에서 학급대표로 3명을 선출하는 방법은 모두 몇 가지인가?

① 4060가지　　② 8120가지
③ 12,180가지　④ 24,360가지

해설

30명중에 3명을 뽑는 경우의 수
$30C3 = \dfrac{30 \times 29 \times 28}{3 \times 2 \times 1}$
　　　= 4,060

72 서로 다른 6명의 사람이 원탁에 둘러앉을 때, 서로 다르게 앉는 방법은 몇 가지인가?

① 60가지　　② 96가지
③ 105가지　④ 120가지

해설

원순열 6명이므로 5! = 120

73 회의에서 의원들이 서로 빠짐없이 악수를 하여 모든 의원들이 악수를 한 회수가 1,485회였다. 의원은 총 몇 명이겠는가?

① 53명　② 54명　③ 55명　④ 56명

해설

n명의 의원이 악수를 하는 횟수는 n명 중에 두명을 뽑는 경우의 수와 같으므로
$nC2 = \dfrac{n \times (n-1)}{2 \times 1} = 1485$
　　= n × (n-1) = 2,970
　　= 55 × 54
n = 55

정답　70 ④　71 ①　72 ④　73 ③

Chapter 5. 확률

74 9명의 학생을 3명씩 A, B, C의 세 조로 나누는 방법은 몇 가지인가?

① 840가지
② 1,680가지
③ 1,880가지
④ 2,216가지

해설
A조에 들어갈 3명을 뽑는 경우의 수 9C3
B조에 들어갈 3명을 뽑는 경우의 수 6C3
C조에 들어갈 3명을 뽑는 경우의 수 3C3
9C3 × 6C3 × 3C3 = 1,680

75 10,000원짜리 지폐 3장, 5,000원짜리 지폐 2장, 1,000원짜리 지폐 6장이 있다. 이 지폐의 일부 또는 전부를 사용하여 지불할 수 있는 방법의 수를 a, 지불할 수 있는 금액의 수를 b라고 할 때, a − b의 값을 구하면? (단, 0원을 지불하는 경우는 제외한다.)

① 33
② 34
③ 35
④ 36
⑤ 37

해설
지불 방법의 수
a = (3+1)(2+1)(6+1) − 1 = 83
지불 금액의 수 b = 46 (총 금액이 4만 6천원이며 최소단위가 천원이므로 46가지 금액을 낼 수 있다.)
a − b = 37

76 6개의 문자 a, b, c, d, e, f를 일렬로 배열할 때, a, f가 이웃하는 경우의 수를 구하여라.

① 120
② 150
③ 180
④ 210
⑤ 240

해설
a, f가 이웃하므로 하나로 묶어 총 5개의 문자를 줄 세우는 경우의 수 5!
a와 f가 이웃할 때 둘의 순서가 바뀔 수 있는 경우의 수 2!
5! × 2! = 240

77 남학생 3명, 여학생 3명이 일렬로 설 때, 적어도 한쪽 끝에 여학생이 서는 경우의 수를 구하여라.

① 234
② 480
③ 576
④ 678
⑤ 690

해설
6명이 전체 줄서는 경우의 수에서 양쪽 모두 남학생이 서는 경우의 수를 빼면
적어도 한쪽 끝에 여학생이 서는 경우의 수이므로
6! − 3 × 2 × 4! = 576

정답 74 ② 75 ⑤ 76 ⑤ 77 ③

78 선생님 2명과 학생 4명이 원탁에 둘러앉을 때 선생님은 선생님끼리 학생은 학생끼리 이웃하여 앉는 방법의 수는?

① 8   ② 24   ③ 48
④ 96   ⑤ 120

해설
선생님 2명을 한 묶음으로 학생 4명을 한 묶음으로 보면 총 2명이 원탁에 앉는 것이 되므로
$(2-1)! = 1$
선생님 2명이 위치를 바꾸는 경우 2!
학생 4명이 위치를 바꾸는 경우 4!
$2! \times 4! = 48$

79 a, a, a, b, c, d, d를 한 줄로 배열하는 경우의 수는?

① 2520   ② 1260   ③ 840
④ 420   ⑤ 360

해설
같은 것이 있는 순열의 공식
$7! / 3! \times 2! = 420$

80 경찰관 7명과 소방관 5명 중에서 3명을 뽑을 때, 3명의 직업이 같은 경우는 몇 가지인가?

① 45   ② 50   ③ 55
④ 60   ⑤ 65

해설
3명의 직업이 같은 경우는
3명 모두 경찰관인 경우 7C3
3명 모두 소방관인 경우 5C3
7C3 + 5C3 = 45

81 한국인 5명, 중국인 3명 중 한국인 3명, 중국인 2명을 뽑아 원탁에 앉히는 방법의 수는?

① 30   ② 120   ③ 720
④ 1440   ⑤ 3600

해설
한국인 3명을 뽑는 경우 5C3
중국인 2명을 뽑는 경우 3C2
5명을 원탁에 앉히는 경우 (5−1)!
5C3 × 3C2 × (5−1)! = 720

정답 78 ③   79 ④   80 ①   81 ③

82 K공사의 인사팀 3명과 재무팀 3명이 등산을 갔다. 한 줄로 등산을 한다고 할 때, 같은 팀 팀원이 연달아 등산하지 않는 경우의 수는 얼마인가?

① 48   ② 60   ③ 72
④ 90   ⑤ 108

해설

인사 - 재무 - 인사 - 재무 - 인사 - 재무
→ 인사팀 3명만 생각하면 일렬로 서는 경우의 수는 3 × 2 × 1 = 6가지
재무팀 3명만 생각하면 일렬로 서는 경우의 수는 3 × 2 × 1 = 6가지
이 둘이 동시에 일어날 경우의 수는 6 × 6 = 36가지이다.

재무 - 인사 - 재무 - 인사 - 재무 - 인사
→ 이 경우도 위와 같이 36가지 경우의 수 이므로 총 경우의 수는 72가지이다.

83 민영이가 방을 인테리어 하려고 한다. 인테리어에 대한 내용이 아래와 같을 때, 가능한 경우의 수는 몇 가지인가?

> 방의 면은 동, 서, 남, 북 4면이다.
> 4면 중 한 면은 유리여서 커튼을 달아야 하고, 3면은 일반벽이어서 벽지를 붙인다.
> 일반벽의 벽지는 모두 다른 모양을 붙인다.
> 커튼의 종류는 모두 4개이고, 벽지의 종류는 6개이다.

① 320   ② 360   ③ 400
④ 480   ⑤ 600

해설

커튼의 경우의 수 : 4(4 종류)
벽지의 경우의 수 : 6 × 5 × 4 = 120
전체 경우의 수 = 4 × 120 = 480

정답 82 ③ 83 ④

2 확률

- $P(A)$: A일 확률 = A인 경우의 수 / 전체의 경우의 수

  ex 남자 3명 여자 2명이 줄을 설 때 여자 둘이 이웃할 확률
  = 여자 둘이 이웃하여 줄서는 경우의 수 / 전체 5명이 줄서는 경우의 수
  = $4! \times 2 / 5! = 2/5$

- $P(A^C)$: A가 아닐 확률 = $1 - P(A)$

  ex 남자 3명 여자 2명이 줄을 설 때 여자 둘이 이웃하지 않을 확률 = $1 - 2/5 = 3/5$

- $P(A \cup B)$: A가 일어나거나 B가 일어날 확률 = $P(A) + P(B) - P(A \cap B)$

  ex 검은 공 5개 흰 공 4개가 있는 주머니에서 공 두 개를 꺼냈을 때 같은 색 공이 나올 확률
  = 검은 공이 두 개 나올 확률 + 흰 공이 두 개 나올 확률
  = $5C2 / 9C2 + 4C2 / 9C2 = 4/9$

- $P(A \cap B)$: A가 일어나고 B도 동시에 일어나는 확률
  = $P(A) \times P(B \mid A)$ ➡ $P(B \mid A)$: A가 일어나서 B에 영향을 미칠 경우 B의 확률

  ex 검은 공 5개 흰 공 4개 있는 주머니에서 처음 한 개의 공을 꺼낸 후 넣지 않고 다음 공을 뽑을 때 처음에 흰 공 두 번째 검은 공이 나올 확률
  = $4/9 \times 5/8 = 5/18$
  (흰 공을 뽑는 사건과 검은 공을 뽑는 두 사건이 서로 영향을 미친다.)

  ex 토요일 비올 확률은 1/4, 일요일 비올 확률은 2/5이다. 토요일에 비오고 일요일은 비가 안올 확률
  = $1/4 \times 3/5 = 3/20$
  (토요일과 일요일 비오는 두 사건이 서로 영향을 미치지 않는다.)

STEP 1

84 세 개의 주사위를 동시에 던질 때, 세 개의 주사위 모두 서로 다른 눈이 나올 확률을 고르면?

① 1/9 ② 2/9 ③ 1/3
④ 4/9 ⑤ 5/9

해설

세 개의 주사위를 모두 던질 때 나오는 모든 경우의 $6 \times 6 \times 6$
모두 다른 눈이 나오는 경우의 수는
$6 \times 5 \times 4$
(첫 주사위의 숫자로 가능한 것이 6가지, 두 번째 주사위는 5가지, 마지막 주사위는 4가지)
$$\frac{6 \times 5 \times 4}{6 \times 6 \times 6} = \frac{5}{9}$$

85 서로 다른 시집 2권과 소설책 3권을 책꽂이에 나란히 꽂을 때, 시집 2권이 이웃하게 될 확률은?

① 1/4 ② 1/3 ③ 2/5
④ 1/2 ⑤ 7/12

해설

5권의 책이 줄 서는 경우 5!
시집 두 권이 이웃하여 줄서는 경우
$4! \times 2!$
$$4! \times \frac{2!}{5!} = \frac{2}{5}$$

86 5개의 숫자 1, 1, 2, 2, 3을 일렬로 나열할 때, 같은 숫자끼리 서로 이웃하게 될 확률은?

① 1/13 ② 1/11 ③ 1/9
④ 1/7 ⑤ 1/5

해설

1, 1, 2, 2, 3이 줄 서는 경우 $\frac{5!}{2!2!} = 30$ (같은 것이 있는 순열)
같은 숫자끼리 이웃 할 경우 1 두 개와 2 두 개를 각각 한 묶음으로 보면 총 3개의 수를 줄세우는 경우 3!
$$\frac{3!}{30} = \frac{1}{5}$$

정답 84 ⑤ 85 ③ 86 ⑤

87 흰 바둑돌 3개, 검은 바둑돌 4개가 들어 있는 상자에서 임의로 2개의 바둑돌을 동시에 꺼낼 때, 2개가 모두 같은 색의 바둑돌일 확률은?

① 1/7 ② 2/7 ③ 3/7
④ 4/7 ⑤ 5/7

해설

7개의 바둑돌 중 2개를 꺼내는 경우
7C2
2개가 모두 같은 색인 경우는 모두 흰 돌일 경우 3C2 + 모두 검은 돌일 경우
4C2

$$\frac{(3C2+4C2)}{7C2} = \frac{3}{7}$$

88 20개의 행운권 중 6개의 당첨권이 들어 있는 상자에서 갑, 을 두 사람이 갑, 을의 순서로 행운권을 하나씩 뽑을 때, 두 사람 모두 당첨될 확률은? (단, 뽑은 행운권은 다시 넣지 않는다.)

① 1/38 ② 1/19 ③ 3/38
④ 2/19 ⑤ 5/38

해설

$$\frac{6}{20} \times \frac{5}{19} = \frac{3}{38}$$

89 아래의 〈표〉는 P공사의 부서별 남성과 여성의 비율에 관한 자료이다. 〈보기〉의 ㄱ, ㄴ, ㄷ의 합계는 얼마인가?

구분	인사팀	총무팀	합계
남자	16%	48%	64%
여자	12%	24%	36%
합계	28%	72%	100%

― 보기 ―
ㄱ. 총무팀에서 1명을 임의로 골랐는데 여자일 확률
ㄴ. 남자 중에서 1명을 임의로 골랐는데 인사팀일 확률
ㄷ. 인사팀에서 1명을 임의로 골랐는데 여자일 확률

① $\frac{47}{42}$ ② $\frac{85}{84}$ ③ $\frac{83}{84}$
④ $\frac{20}{21}$ ⑤ $\frac{73}{84}$

해설

ㄱ $= \frac{24\%}{72\%} = \frac{1}{3}$ ㄴ $= \frac{16\%}{64\%} = \frac{1}{4}$ ㄷ $= \frac{12\%}{28\%} = \frac{3}{7}$

ㄱ + ㄴ + ㄷ $= \frac{1}{3} + \frac{1}{4} + \frac{3}{7} = \frac{85}{84}$

정답 87 ③ 88 ③ 89 ②

Chapter 1 상대수치 vs 절대수치 - STEP 2

90 어느 상점에서 원가가 다른 A, B, C 세 종류의 상품을 파는데 각각 원가가 2할5푼, 3할, 2할의 이익을 붙여서 가격을 정하였다. A, B, C 세 상품의 총개수는 360개이고 C를 모두 팔았을 때의 이익은 B를 모두 팔았을 때의 이익의 4배였다. C의 개수를 구하여라.

	원가(원)	개수
A	100	60
B	200	X
C	600	Y

① 200 ② 250 ③ 300
④ 350 ⑤ 400

해설

i) 판매수는 60 + x + y = 360이므로
 x + y = 300, y = 300 − x
ii) 이익이 c가 b의 4배이므로
 600 × 0.2 × (300 − x) = 4 × 200 × 0.3,
 x = 100이므로 y = 200

91 G공사 경기본부 990명이 체육대회 행사를 준비하고 있다. 총 20열의 대열을 맞추고 한 열씩 뒤로 갈수록 1명씩 인원이 추가된다. 마지막 열의 인원은 몇 명인가?

① 57명 ② 58명 ③ 59명
④ 60명 ⑤ 61명

해설

i) 첫 번째 열의 인원수를 a라고하면 마지막 열은 20번째 열이므로 첫 번째 열보다 19명이 증가하므로 a + 19가 된다.
ii) 1번째 열과 20번째 열의 합, 2번째 열과 19번째 열의 합, 3번째 열과 18번째 열의 합 등을 계속 더하면
iii) (2a + 19) × 10 = 990
 a = 40이고 마지막 열은 40 + 19 = 59가 된다.

정답 90 ① 91 ③

92 저장탱크에 1000L의 경유가 있다. 저장탱크에 있는 액체의 반을 덜어내고 휘발유 200L를 넣는 일을 4번 반복하면 남아 있는 휘발유의 양은?

① 250L ② 300L ③ 350L
④ 375L ⑤ 400L

해설
i) 휘발유는 4번 넣는다.
ii) 처음에 넣은 휘발유는 반을 덜어내는 과정을 3번 겪으므로 처음에 넣은 200L의 1/8이 남게 되고
두 번째 넣은 휘발유는 이 과정을 2번 겪었으므로 1/4, 세 번째 넣은 휘발유는 1/2, 마지막 휘발유는 200L가 온전히 남는다.
iii) 위의 4번의 과정을 모두 더하면 375L가 된다.

93 어느 시험에서 A, B, C 세 명이 각각 60문제씩 맞혔고, 적어도 한 명이 맞힌 문제의 수는 100이었다. 세 명이 모두 맞힌 문제의 수를 x, 세 명 중 한 명만이 맞힌 문제의 수를 y라 할 때, $y-x$의 값은?

① 10 ② 16 ③ 20
④ 30 ⑤ 36

해설
i) 3명 모두 맞힌 문제의 수를 x, 한 명만 맞힌 문제의 수가 y이다. 두 명이 맞힌 문제의 수를 z라 한다면,
ii) 적어도 한 명이 맞힌 문제의 수가 100이므로 x + y + z = 100 이고, 세명이 60문제씩 맞혔으므로 총 맞힌 문제의 합은 60 × 3 = 180, 180 = 3x + y + 2z가 된다.
iii) x + y + z = 100을 2x + 2y + 2z = 200로 만들어 준다.
2x + 2y + 2z = 200
3x + y + 2z = 180
위에서 아래를 빼주면 y − z = 20

94 강당에 5인용 의자와 3인용 의자가 놓여있다. 의자는 모두 80개이고, 320명이 빈자리 없이 채워 앉았더니 마지막 남은 5인용 의자 한 개에는 3명만 앉게 되었고, 나머지 의자는 빈자리 없이 모두 앉았다. 5인용 의자는 몇 개인가?

① 36 ② 39 ③ 41
④ 44 ⑤ 46

해설
i) 3인용 의자의 개수를 a라 하면,
5인용 의자의 개수는 80 − a, 마지막 의자에 3명만 앉아 있으므로 5인용 의자에 앉은 사람의 수는 5 × (79 − a) + 3
ii) 3a + 5 × (79 − a) + 3 = 320, a = 39이므로 5인용 의자는 80 − 39 = 41개

· 정답 92 ④ 93 ③ 94 ③

95 25문제가 출제되는 시험에서 정답이면 +4점, 오답이면 −2점, 답을 쓰지 않으면 −1점이다. 이 시험에서 62점을 받았으면 답을 쓰지 않은 문항은 몇 개인가?

① 2 ② 3 ③ 4
④ 5 ⑤ 6

해설

i) 정답 수를 a, 오답은 b, 답을 쓰지 않은 문제 수를 c라고 하면
a + b + c = 25
ii) 점수는 4a − 2b − c = 62이다.
a + b + c = 25를 2a + 2b + 2c = 50으로 양변에 2를 곱해준 후
iii) 4a − 2b − c = 62
2a + 2b + 2c = 50을 더해주면
6a + c = 112 가 된다. 보기가 2 ~ 5까지이므로 가능한 수는 c = 4가 된다.

96 K마트에는 1개당 가격이 2,000원, 3,000원, 5,000원인 과자가 있다. 과자를 종류별로 적어도 한 개씩 사서 총 22개를 75,000원에 사려고 한다. 5,000원짜리 과자를 최대한 많이 산다면 2,000원짜리 과자는 몇 개를 살 수 있나?

① 8개 ② 9개 ③ 10개
④ 11개 ⑤ 12개

해설

i) 2000원짜리 과자를 a, 3000원짜리 과자를 b, 5000원짜리 과자를 c개 구매했다고 하면,
ii) a + b + c = 22
2000a + 3000b + 5000c = 75000원
→ 2a + 3b + 5c = 75가 된다.
iii) c에 들어갈 수 있는 수를 대입하면 최대한 많이 살 수 있는 경우는 10개가 된다. 최소 1개씩 사야 하므로 b가 1개라면 a는 11개가 된다.

97 강호와 미애는 각각 35점에서 시작하여 이기면 5점을 얻고 지면 2점을 잃는 가위바위보 게임을 총 40번했다. 게임이 후 점수를 보니 미애가 강호보다 42점이 낮았다고 할 때, 강호는 몇 점인가? (비긴 경우는 없다.)

① 110점 ② 116점 ③ 122점
④ 125점 ⑤ 128점

해설

i) 총 40게임을 해서 강호가 a번 이기면 미애는 40 − a번 이겼다.
ii) 강호가 얻은 점수는 5a − 2(40 − a)
미애가 얻은 점수는 5(40 − a) − 2a가 된다.
둘의 차이는 42점이므로(강호가 42점 높으므로)
14a − 280 = 42, a = 23
iii) 강호는 시작 시점의 35 + 얻은 점수 23 × 5 − 2 × 17을 더하면, 116점이 된다.

Chapter 2 평균, 소금물 - STEP 2

98 15% 소금물 300g에서 소금물을 퍼내고 퍼낸 소금물만큼 물을 넣은 후 5%의 소금물을 섞어 8%의 소금물 500g을 만들었다. 퍼낸 소금물에 들어있는 소금의 양은?

① 15g ② 18g ③ 25g
④ 32g ⑤ 40g

해설

ⅰ) 소금물을 퍼낸만큼 물을 넣었으니 총 300g이고 여기에 5% 소금물을 넣어 총 500g이 되었으므로 5%소금물의 양은 500 − 300 = 200g이 된다.

ⅱ) 15% 소금물에서 퍼낸 양을 a라하면,
$$\frac{(300-a)\times 15\% + 200\times 5\%}{300+200} = 8\%$$

ⅲ) a = 100이므로 들어 있는 소금의 양은
15% × 100g = 15g

99 농도가 4%인 소금물 250g과 20%인 소금물 420g을 섞은 후 물 160g을 더 넣었다. 이 후 물 330g을 증발시켰을 때 소금물의 농도는?

① 18.8% ② 19.8% ③ 20.2%
④ 20.5% ⑤ 21.2%

해설

ⅰ) $\frac{250\times 4\% + 420\times 20\%}{250+420+160-330} = 18.8\%$

100 6% 소금물과 10% 소금물을 섞고 순수한 물을 부었더니 7% 소금물 180g이 되었다. 6% 소금물과 추가한 물의 비가 2 : 1 이었다면 추가한 순수한 물의 양은 얼마인가?

① 25g ② 30g ③ 45g
④ 50g ⑤ 60g

해설

ⅰ) 추가한 물의 양을 a라하면, 6% 소금물은 2a이다.(둘의 비가 2 : 1이므로) 10% 소금물의 양을 b라하면,
a + 2a + b = 180, b = 180 − 3a

ⅱ) $\frac{2a\times 6\% + (180-3a)\times 10\%}{2a+a+(180-3a)} = 7\%$,
a = 30g

정답 98 ① 99 ① 100 ②

101 A용기에는 a%, B용기에는 b%의 소금물이 각각 800g씩 들어 있다. A의 반을 B에 넣고 잘 섞은 후, 다시 B의 반을 A로 옮겨 섞었더니 A용기의 소금물은 24%, B용기의 소금물은 16%가 되었다. 이때 a + b의 값을 구하여라.

① 36 ② 38 ③ 40
④ 42 ⑤ 44

해설

i) A용기에서 B용기로 옮기면,
$\dfrac{400 \times a\% + 800 \times b\%}{400 + 800} = 16\%$ 가 된다.

ii) B용기에서 A용기로 옮기면,
$\dfrac{400 \times a\% + 600 \times 16\%}{400 + 600} = 24\%$

iii) 위의 두 식을 연립하면, a = 36, b = 6

102 35% 소금물 100g 중 ag을 덜어내고 덜어낸 양만큼의 소금을 첨가하였다. 거기에 12%의 소금물 bg을 섞었더니 24%의 소금물 300g이 되었다. 이때 a + b는?

① 215g ② 220g ③ 230g
④ 240g ⑤ 250g

해설

i) 소금물을 퍼낸만큼 소금을 넣었으니 총 100g이고 여기에 12% 소금물을 넣어 총 300g이 되었으므로 12%소금물의 양 b = 300 − 100 = 200g이 된다.

ii) $\dfrac{(100-a) \times 35\% + a + 200 \times 12\%}{300} = 24\%$

이므로 a = 20

iii) a + b = 200 + 20 = 220

정답 101 ④ 102 ②

103 A소금물 100g과 B소금물 150g을 섞으면 8%의 소금물이 되고, A소금물 200g과 B소금물 50g을 섞으면 6%의 소금물이 된다. A소금물의 농도는 몇 %인가?

① 4% ② 5% ③ 7%
④ 9% ⑤ 11%

해설

정석풀이

A소금물의 농도를 A%, B소금물의 농도를 B%라고 하면,

i) A소금물 100g과 B소금물 150g을 섞으면 8%의 소금물이 된다.

A소금물의 소금의 양은 $100g \times \dfrac{A}{100} = Ag$ 이다.

B소금물의 소금의 양은 $150g \times \dfrac{B}{100} = 1.5Bg$ 이다.

소금물의 농도 $= \dfrac{\text{소금의 양}}{\text{소금물의 양}} = \dfrac{A + 1.5B}{100 + 150} = \dfrac{8}{100}$(8%)

위의 식을 정리하면 $A + 1.5B = 20$ 가 된다.

ii) A소금물 200g과 B소금물 50g을 섞으면 6%의 소금물이 된다.

A소금물의 소금의 양은 $200g \times \dfrac{A}{100} = 2Ag$ 이다.

B소금물의 소금의 양은 $50g \times \dfrac{B}{100} = 0.5Bg$ 이다.

소금물의 농도 $= \dfrac{\text{소금의 양}}{\text{소금물의 양}} = \dfrac{2A + 0.5B}{200 + 50} = \dfrac{6}{100}$(6%)

위의 식을 정리하면 $2A + 0.5B = 15$ 가 된다.

iii) $A + 1.5B = 20$
$2A + 0.5B = 15$ 이 2가지 식을 연립하여 계산하면 $A = 5$%가 답이 된다.

빠꼼이

A소금물 100g과 B소금물 150g을 섞었을 때 질량의 비는 100 : 150 = 2 : 3이고 농도는 8%, A소금물 200g과 B소금물 50g을 섞었을 때 질량의 비는 200 : 50 = 4 : 1이고 농도는 6%이다. A소금물의 비율이 높아졌을 때 농도는 8%에서 6%로 내려갔다. A소금물의 비율이 높아질 수록 소금물의 농도가 낮아지므로 A소금물의 농도는 6%보다 낮다. 보기 1, 2 중 하나가 답이다.

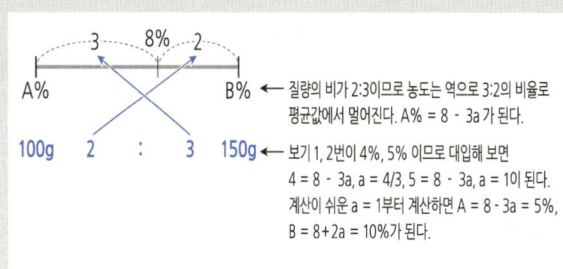

← 질량의 비가 2:3이므로 농도는 역으로 3:2의 비율로 평균값에서 멀어진다. A% = 8 - 3a 가 된다.

← 보기 1, 2번이 4%, 5% 이므로 대입해 보면 4 = 8 - 3a, a = 4/3, 5 = 8 - 3a, a = 1이 된다. 계산이 쉬운 a = 1부터 계산하면 A = 8 - 3a = 5%, B = 8+2a = 10%가 된다.

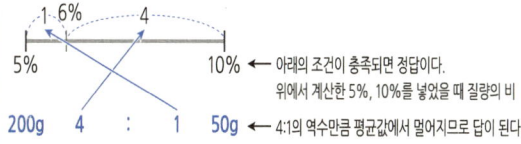

← 아래의 조건이 충족되면 정답이다. 위에서 계산한 5%, 10%를 넣었을 때 질량의 비 4:1의 역수만큼 평균값에서 멀어지므로 답이 된다.

정답 103 ②

104 농도가 다른 두 소금물 A, B가 있다. A 소금물을 100g, B 소금물을 200g 섞으면 14%의 소금물이 되고, A 소금물을 300g, B 소금물을 100g 섞으면 9%의 소금물이 된다고 한다. 이 때 소금물 A의 농도는?

① 6%   ② 7%   ③ 8%
④ 9%   ⑤ 10%

해설

i) A소금물의 농도를 a%, B소금물의 농도를 b%라고 하면,

ii) $\dfrac{100 \times a\% + 200 \times b\%}{100 + 200} = 14\%$,

$\dfrac{300 \times a\% + 100 \times b\%}{300 + 100} = 9\%$

iii) 위의 두 식을 연립하면, $a = 6\%$

105 50명이 시험을 본 결과 그중 20명이 불합격이었다. 최저 합격 점수는 50명의 평균보다 5점이 낮고, 합격자의 평균보다는 15점이 낮으며, 불합격자의 평균의 2배보다 40점이 낮았다. 최저 합격 점수를 구하여라.

① 70   ② 65   ③ 60
④ 55   ⑤ 52

해설

i) 불합격자의 평균점수를 a라고 하면, 최저 합격점수는 2a − 40이다, 전체 평균 = 2a − 35
합격자의 평균은 최저 합격점수 + 15 = 2a − 40 + 15 = 2a − 25

ii) 전체 점수 = 불합격자의 총점수 + 합격자의 총점수 (2a − 35) × 50 = a × 20 + (2a − 25) × 30,
a = 50이므로 최저 합격점수는 2 × 50 − 40 = 60

정답 104 ① 105 ③

106 k공사 신입사원은 행정, 기술, 운전 직렬이 있다. 행정직렬 중 30%(21명)가 안경을 쓴다. 기술 직렬은 50%, 운전직렬은 40%가 안경을 쓴다. K공사 신입사원은 총 180명이며, 안경을 쓴 신입사원은 72명이다. 기술직렬 신입사원은 몇 명인가?

① 50명 ② 60명 ③ 65명
④ 70명 ⑤ 75명

해설
ⅰ) 기술직렬 신입사원 수를 a명이라 하면, 운전직렬 신입사원 수는 180 − 70 − a = 110 − a가 된다.
ⅱ) 행정직렬 중 21명이 안경을 쓰고,
기술직렬은 a × 50% = 0.5a,
운전직렬은 (110−a) × 40% = 44 − 0.4a가 된다.
ⅲ) 21 + 0.5a + 44 − 0.4a = 72이므로 a = 70이 된다.

107 문구류를 만드는 K회사가 있다. 볼펜 1개를 만드는데 드는 비용이 1,700원, 불량률은 4%이며 불량품은 판매 불가하다. 볼펜을 3000개 제작해서 순이익이 210만원 이상이 되려면 볼펜 가격은 1개당 얼마 이상이어야 하는가?

① 2,100원 ② 2,200원 ③ 2,300원
④ 2,400원 ⑤ 2,500원

해설
ⅰ) 불량품이 4%이므로 완제품(불량품이 아닌)은 96%에 해당한다. 3000개 제작 시 불량품은 3000 × 4% = 120개이며 완제품은 2880개이다.
ⅱ) 완제품 1개당 이익을 a라 하면, 순이익은 2880a − 1700 × 120 = 2,100,000원
ⅲ) a = 800원이므로 가격은 1700 + 800 = 2,500원이다.

정답 106 ④ 107 ⑤

108 어느 상점에서 손수건과 양말을 파는데 손수건은 20%, 양말은 40%의 이익을 붙여 정가를 정하였다. 그런데 물건이 팔리지 않아 손수건은 정가의 40%, 양말은 정가의 20%를 할인하여 팔았다. 손수건 한 장과 양말 한 켤레를 할인하여 9,000원에 팔았을 때, 1,000원의 손해가 났다. 이때, 두 물건의 원가를 각각 구하여라.

	손수건	양말		손수건	양말
①	4,000원	6,000원	②	4,500원	5,500원
③	5,000원	5,000원	④	5,500원	4,500원
⑤	6,000원	4,000원			

해설

i) 9,000원으로 팔았을 때 1,000원의 손해가 발생했으므로 손수건과 양말의 원가의 합은 10,000원이다.
   손수건의 원가를 a라 하면, 양말의 원가는 10,000 − a

ii) 손수건 판매가 = a(원가) × $\frac{120}{100}$ × $\frac{60}{100}$

   양말 판매가 = (10,000 − a)(원가) × $\frac{140}{100}$ × $\frac{80}{100}$

iii) 손수건 판매가 + 양말 판매가 = 9,000,
    a = 5,500이므로 양말은 4,500원

---

109 목장을 운영하는 철수는 열병을 예방하기 위해 방역업체에 방역을 맡기려고 하는데 방역 여부에 따라 다음과 같은 이익이 예상된다. 방역비가 700원일 경우 철수는 열병이 유행할 확률이 몇 % 초과일 때 방역을 맡기는 것이 이익인가? (이익 예상액에 방역비는 포함하지 않았다)

구분	이익 예상액 (원)	
	열병이 유행할 경우	열병이 없는 경우
방역관리를 하는 경우	6,500	4,000
방역관리를 하지 않는 경우	3,000	4,000

① 10%   ② 15%   ③ 20%
④ 30%   ⑤ 40%

해설

i) 열병이 유행할 경우 이익액
   = 6,500원 − 3,000원 − 700원 = 2,800원
   열병이 없는 경우 이익액 = 4,000원 − 4,000원 − 700원 = −700원

ii) 열병이 유행할 확률이 x%이면, 없는 경우의 확률은 (100 − x)%이다.
    열병이 유행하는 이익예상액과 열병이 없는 경우의 이익예상액의 합이 '0'인 경우가 본전이고, x%를 초과하면 이익이다.

iii) 2800원 × x% + (−700원) × (100 − x)% = 0 → 3500x = 700원 → x = 20%

---

110 아래의 상황을 근거로 할 때, 1년간 24억 원의 세후 이익을 얻으려면 채권에 얼마를 투자해야 하는가?

- 투자금은 총 300억 원이다.
- 연수익은 예금이 8%, 채권이 14%이다.
- 세금은 20%이며, 세금 이외에 나가는 비용은 없다.

① 100억원   ② 120억원   ③ 140억원
④ 160억원   ⑤ 180억원

해설

i) 투자하는 금액이 예금이 x억원이라면, 채권은 (300 − x)억원이다.
   세금 20%를 내고난 후의 세후 이익이 24억원이면
   세전이익 × (100 − 20)% = 24억원 → 세전이익 = 30억원이다.

ii) x × 8% + (300 − x) × 14% = 30억 → x(예금) = 200억원
    ∴ 채권 = 100억원

정답 108 ④ 109 ③ 110 ①

111 갑, 을 두 사람이 지금까지 시험 본 횟수도 같고 평균도 같다고 한다. 그런데 이번 시험에서 갑이 85점을 맞으면 갑의 평균은 86점, 을이 55점을 맞으면 을의 평균이 83점이 된다고 한다. 지금까지 몇 번 시험을 보았는가?

① 6   ② 7   ③ 8
④ 9   ⑤ 11

해설

i) 지금까지 시험을 a회 봤다고 하고 평균점수를 b점이라고 하면 총점은 $a \times b$점이다.
ii) 85점을 받으면 $ab + 85 = 86(a+1)$
    55점을 받으면 $ab + 55 = 83(a+1)$
iii) $a = 9$

112 A반의 30명의 학생들은 영어와 수학시험 결과를 아래의 표로 정리하였다. A와 B에 들어갈 숫자는? (영어와 수학의 평균점수는 동일하다.)

수학 영어	10점	20점	30점	40점	50점
10점	2	1		2	
20점		3	2		
30점		1	5	1	1
40점		⟨A⟩	⟨B⟩	3	
50점			2	2	2

	⟨A⟩	⟨B⟩
①	2	1
②	2	2
③	1	2
④	3	0

해설

– 수학점수
$10 \times 2 + 20 \times (5 + A) + 30 \times (9 + B) + 40 \times 8 + 50 \times 3$
$= 860 + 20A + 30B$

– 영어점수
$10 \times 5 + 20 \times 5 + 30 \times 8 + 40 \times (3 + A + B) + 50 \times 6$
$= 810 + 40A + 40B$

$860 + 20A + 30B = 810 + 40A + 40B$,
$50 = 20A + 10B$가 되려면 $A = 2, B = 1$

정답 111 ④ 112 ①

Chapter 3 일률, 나이, 시침분침, 대입, 비율 - STEP 2

113 하정이는 의류회사를 다니고 있다. '가'상품과 '나'상품의 원가는 6:7의 비율이고, 판매가 는 9:10의 비율이다. '가'상품과 '나'상품을 각각 200개씩 판매해서 '가'상품은 90만원, '나'상품은 80만원의 이익을 거두었다. '가'상품의 원가는 얼마인가?

① 16,000원 ② 17,000원 ③ 18,000원
④ 19,000원 ⑤ 20,000원

해설

i) 가, 나 상품의 원가를 6a, 7a라고 하고, 판매가를 9b, 10b라고 한다.
1개당 판매이익은 가는 4,500원(=90만원÷200개), 나는 4,000원(=80만원÷200개)

ii) $9b - 6a = 4,500$
$10b - 7a = 4,000$

iii) 위의 식을 연립하면 a = 3,000이고, 가상품의 원가는 6a이므로 답은 18,000원

114 학원의 영어 수학강의 남·여학생 수는 다음과 같다.

구분	남학생	여학생
영어	8명	16명
수학	12명	12명

영어강좌에 남학생 a명 가입하면서 남학생 비율이 b%가 되었고, 수학강좌에서는 여학생 a명 탈퇴하면서 남학생 비율이 (b + 25)%가 되었다. 이때, a + b의 값은?

① 56 ② 58 ③ 60
④ 62 ⑤ 64

해설

i) 영어강좌에서 남학생이 a명 가입하면 남학생 비율은 $\frac{8+a}{24+a} = \frac{b}{100}$

수학강좌에서 여학생이 a명 탈퇴하면 남학생 비율은 $\frac{12}{24-a} = \frac{b+25}{100}$

ii) 위 식을 연립하면, a = 8, b = 50이 나와 둘을 더하면 58

정답 113 ③ 114 ②

115 자동차 A, B의 연료량의 비는 4 : 3이고, 100km를 주행한 후 남은 연료량의 비는 5 : 4이다. 100km를 더 주행하고 나서 남은 연료량을 측정한 결과 10 : 9였다. 자동차 A, B의 연비의 비는?

① 2 : 3   ② 3 : 2   ③ 3 : 4
④ 5 : 3   ⑤ 3 : 5

해설

i) A·B자동차의 100km당 소모되는 연료량을 a, b라고 하고, 현재 연료량을 4T, 3T라고 하면

ii) 4T − a : 3T − b = 5 : 4, T = 4a − 5b
다시 100km 이동하면,
4T − 2a : 3T − 2b = 10 : 9, 6T = 18a − 20b

iii) 위 식을 연립하면, a : b = 5 : 3이므로 연비는 반대로 3 : 5

정답 115 ⑤

116 A, B 모니터 부품박스가 각각 다른 창고에 적재되어 있다. 처음 두 창고에 적재된 무게의 비는 A 대 B가 4 : 3이었으나 각 창고에서 15박스씩 뺐더니 적재된 무게가 같게 되었다. 처음 모니터 부품박스의 총 개수는 몇 개인가? (단, 모니터 부품박스 1개의 무게의 비는 A : B = 2 : 1)

① 40개
② 60개
③ 75개
④ 100개

해설

정석풀이

1개의 무게의 비가 2 : 1이므로 A박스는 2m, B박스는 m
A, B의 개수를 a, b라고 하면
적재된 무게의 비가 4 : 3이었으므로
$(2m \times a) : m \times b = 4 : 3 \rightarrow 2b = 3a \quad \therefore a : b = 2 : 3$
즉, a : b = 2 : 3이므로 A박스의 개수를 2n, B박스의 개수를 3n

각각 15개씩 빼면 A는 2n - 15, B는 3n - 15개가 된다.

그럼 총 무게는 $A = 2m \times (2n - 15), \quad B = m \times (3n - 15)$이고 총 무게의 비는 1 : 1이다.
$2m \times (2n - 15) : m \times (3n - 15) = 1 : 1 \rightarrow n = 15$

n = 15이므로 A박스는 2n = 30박스, B박스는 3n = 45박스이므로 답은 75박스이다.

빠꼼이

	A 박스	B 박스
1개당 무게	2 :	1
수량	a :	b
총 무게	4 :	3

→ 1개당 무게 × 수량 = 총 무게이다. 여기서 정확한 A, B박스의 숫자는 알 수 없지만, 비율은 구할 수 있다.
A는 2 × a = 4, a = 2
B는 1 × b = 3, b = 3이므로 A : B = 2 : 3이다.
그 이후는 정석풀이와 같이 푼다.

i) 적재된 무게의 비가 4 : 3이므로 A, B를 각각 4m, 3m이라고 하고
ii) A, B상자의 1개당 무게의 비가 2 : 1이므로 15개씩 덜어냈을 때 덜어낸 무게의 비가 A를 2a, B를 a라고 하면
iii) 15박스 덜어낸 후 무게는
   A = 4m - 2a, B = 3m - a 이고 이 무게가 같으므로
   4m - 2a = 3m - a, a = m이 된다.

A는 총 무게가 4m인데 덜어낸 15박스의 무게가 2a = 2m이므로 4m은 30박스이다.
B는 총 무게가 3m인데 덜어낸 15박스의 무게가 a = m이므로 3m은 45박스이다.

최초 박스의 개수는 30 + 45 = 75박스이다.

정답 116 ③

117 다음 그림과 같이 가로 18m, 세로 10m 크기의 공원에 산책로를 만들었다. 산책로를 제외한 공원의 넓이가 153m² 일 때 산책로의 폭은 몇 m인가? (단, 산책로의 폭은 일정하다)

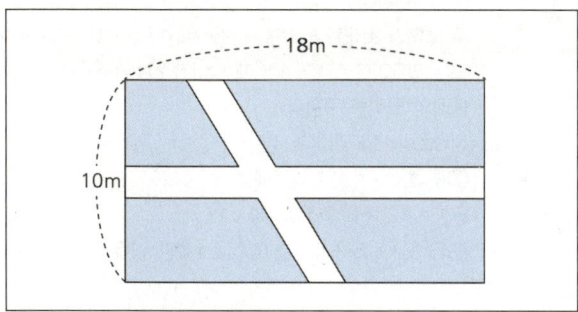

① 1m   ② 1.5m   ③ 2m
④ 2.5m   ⑤ 3m

해설

i) 그림에 산책로의 각도가 없다. 따라서 산책로가 수직이어도 같은 결과가 나와야 한다. 산책로에서 세로축을 좌측 끝으로, 가로축을 아래로 몰아도 면적은 동일하다.

ii) 산책로의 길이를 x라고 하면, $(18-x) \times (10-x) = 153 \rightarrow x = 1$

정답 117 ①

118 다음 그림과 같이 한 변의 길이가 24cm인 정사각형이 있다. AB 위에 있는 점 P는 A에서 B로 3cm/s로 이동하고 BC 위에 있는 점 Q는 B에서 C로 2cm/s로 이동한다. 삼각형 PBQ의 넓이가 최대가되는 순간의 삼각형의 둘레 길이는?

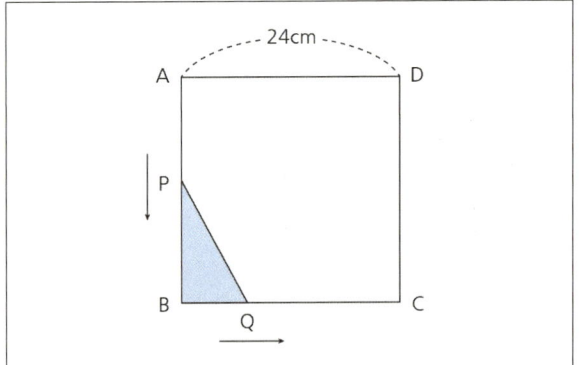

① $(20 + 3\sqrt{13})$cm ② $(20 + 4\sqrt{13})$cm
③ $(20 + 5\sqrt{13})$cm ④ $(20 + 6\sqrt{13})$cm
⑤ $(20 + 7\sqrt{13})$cm

해설

i) x초 후에 PB의 길이 $(24-3x)$cm, BQ의 길이 $2x$ cm이다.
PBQ의 넓이 = $1/2 \times (24-3x) \times 2x = -3x^2 + 24x = -3(x^2 - 8x) = -3(x-4)^2 + 48$
→ 넓이가 최대가 되려면 $-6(x-4)^2 + 96$에서 $-6(x-4)^2$가 0이 되는 경우이므로, $x = 4$일 때 넓이가 최소가 된다. $x = 4$인 경우의 둘레의 길이를 구한다.

ii) 피타고라스의 정리에 따라 $PQ^2 = PB^2 + BQ^2 = (24-3x)^2 + (2x)^2$에서 $x = 4$인 경우에는
$PQ^2 = 12^2 + 8^2$ → $PQ = 4\sqrt{13}$

iii) $(24-3x) + 2x + 4\sqrt{13}$에서 $x = 4$인 경우는 $20 + 4\sqrt{13}$

---

119 아래의 〈기준〉을 참고할 때, 전 직원들에게 지급되고 있는 월급의 총액은 얼마인가?

- 모든 직원의 월급은 동일하다.
- 직원 20명을 증원하고 각 직원의 월급을 100만 원씩 줄이면 전 직원에게 지급하는 월급 총액은 기존의 총액에서 20% 감소한다.
- 직원 40명을 감축하고 각 직원의 월급이 변동이 없으면 전 직원에게 지급하는 월급 총액은 기존의 60%가 된다.

① 2억 원 ② 2억 5천만 원
③ 3억 원 ④ 2억 5천만 원
⑤ 4억 원

해설

i) 월급 총액 = 월급 × 직원수에서 월급을 x, 직원수를 y라고 하면, 월급 총액은 xy이다.
월급 총액(xy) × 80% = 월급$(x - 100$만원$)$ × 직원수$(y + 20)$
→ $0.8xy = xy + 20x - 100y + 2000$
월급 총액(xy) × 60% = 월급(x) × 직원수$(y - 40)$
→ $0.6xy = xy - 40x$ → $0.4xy$

ii) $0.6xy = xy - 40x$ → $0.4xy = 40x$ → $y = 100$명
$0.8xy = xy + 20x - 100y - 2000$ → $20x - 100y + 0.2xy = 2000$
→ $y = 100$명이면 $20x - 100 \times 100 + 0.2 \times 100x = 2000$
→ $40x = 12000$
∴ $x = 300$만원

iii) 월급총액 = 300만원 × 100명 = 3억

정답 118 ② 119 ③

Chapter 4 속도 - STEP 2

120 규진이와 현영이가 야구를 보러 가기 위해 종합운동장역에서 만나기로 했다. 규진이는 종합운동장역 앞에 내려주는 버스를 타고 시간당 40km의 속도로 이동했고, 현영이는 지하철을 타고 시간당 50km의 속도로 종합운동장역으로 왔다. 현영이가 규진이보다 10분 늦게 출발했지만 종합운동장역에 규진이보다 먼저 도착해서 1시간을 기다려야 했다. 규진이와 현영이가 이동한 거리가 같다고 할 때, 규진이가 버스를 탄 시간은 얼마인가?

① 5시간 30분　② 5시간 40분　③ 5시간 50분
④ 6시간　⑤ 6시간 30분

해설

i) 현영이가 걸린 시간을 A분이라고 하면 규진이가 걸린 시간은 (A + 70)분이다.
규진이의 속도가 40km/60분(= 40km/h), 현영이의 속도는 50km/60분(= 50km/h)이다.
ii) 둘의 이동거리가 같으므로
A × 50km/60분 = (A + 70) × 40km/60분
iii) A = 350분(= 5시간 50분)

121 어떤 여행자가 아침 6시에 여관을 나갔다. 여행자는 1시간에 7.5km를 걷는다고 한다. 그 여행자의 분실물을 발견한 여관주인이 그 분실물을 갖고 오전 10시에 여행자의 뒤를 쫓아갔다가 여행자에게 분실물을 전달하고, 곧 집으로 향하여 집에 도착한 시간은 오후 3시였다. 주인의 속도는 몇 km/h인가?

① 18.5km/h　② 19.5km/h　③ 20.5km/h
④ 21.5km/h　⑤ 22.5km/h

해설

i) 여관 주인이 10시에 출발해서 오후 3시에 돌아오므로 총 5시간이 걸린다. 중간에 여행자를 만나고 돌아왔으므로 만나기까지 걸린 시간은 2시간반이며 12시 30분에 만나게 된다.
ii) 주인의 속도를 a라 하면 2시간 30분 동안 이동한 거리는 $\frac{5a}{2}$이고 여행자는 오전 6시부터 12시 30분까지 시속 7.5km 이동하여 거리는 $7.5 \times \frac{13}{2} = \frac{195}{4}$
iii) $\frac{5a}{2} = \frac{195}{4}$, a = 19.5km/h

정답 120 ③ 121 ②

122 철수는 학교로부터 14km 거리에 있는 도서관까지 자전거를 타고 이동하는데 1시간 30분이 걸렸다. 만약 시속 8km로 가다가 시속 12km 속도로 속도를 올려 갔다면 시속 12km로 이동한 시간은 얼마인가? (단, 속도를 변경하는 데 걸리는 시간은 없다.)

① 20분   ② 30분   ③ 40분
④ 50분   ⑤ 60분

해설

i) 시속 8km로 이동한 거리를 a라 하면, 시속 12km로 이동한 거리는 14 − a이다.

ii) 시속 8km로 이동한 시간은 $\frac{a}{8}$,

시속 12km로 이동한 시간은 $\frac{14-a}{12}$

iii) $\frac{a}{8} + \frac{14-a}{12} = \frac{3}{2}$ (1시간 30분), a = 8이므로 시속 12km로 이동한 거리는 6km이므로 이동한 시간은 $\frac{6}{12}$ = 0.5시간(= 30분)

---

123 자동차는 시속 80km로 달리고, 오토바이는 시속 50km로 달린다고 한다. 오토바이가 먼저 출발하여 출발선으로부터 10km 떨어진 지점에 도착하였을 때, 출발선에서 자동차가 출발하였다. 자동차가 오토바이를 추월하여 그 간격이 14km가 될 때, 자동차 출발 후 오토바이가 달린 거리는 얼마인가?

① 36km   ② 40km   ③ 44km
④ 48km   ⑤ 50km

해설

i) 이동한 시간을 a라 하면
자동차의 이동거리 = 80a,
오토바이의 이동거리 = 50a이며
자동차의 이동거리 − 오토바이의 이동거리 = 24km이다.

ii) 80a − 50a = 24km 이므로 a = 4/5
a = 4/5이므로 오토바이의 이동거리는 50 × 4/5 = 40km

---

124 지민이는 회사로 4km/h로 가고 있고 이 속도로 가면 정각에 도착한다. 하지만 서류를 두고 와서 출발 16분 후 지금의 2배 속력으로 집으로 되돌아갔다. 다시 처음의 3배 속력으로 회사로 가면 정각에 도착할 수 있다. 회사와 집 간의 거리는 얼마인가?

① 1.6km   ② 1.8km   ③ 2.0km
④ 2.2km   ⑤ 2.4km

해설

지민이가 철수와 같이 가고 있었고 지민이만 집에 돌아가고, 철수는 원래의 속도로 갔다고 가정하면 둘은 모두 정각에 도착했다. (동시에 도착)
지민이는 4km/h의 속도로 16분 가다가 2배의 속도(8km/h)로 집으로 돌아온다. 동일한 거리를 2배의 속도로 돌아가니 걸리는 시간은 16분의 절반인 8분이 걸려서 총 24분이 걸린다.
즉, 지민이가 다시 집에서 출발할 때 철수는 벌써 4km/h의 속도로 24분간 회사로 이동했으므로
4km/h × 24/60(60분) = 1.6km의 거리만큼 앞서 있다.
지민이가 철수를 따라잡는 속도는 12km/h(3배) − 4km/h = 8km/h이다. 8km/h의 속력으로 1.6km거리를 따라잡는 데 걸리는 시간은 $\frac{1.6}{8}$ = 1/5시간이다.
지민이의 경우 12km/h의 속력으로 1/5시간 이동했으므로 거리는 12km × 1/5 = 2.4km가 된다.

정답 122 ② 123 ② 124 ⑤

125. 기차 A, B가 서로 다른 속도로 터널을 지나가고 있고 A가 B보다 3km/h 더 빠르다. 이 두 기차가 터널에 진입하여, A기차가 터널의 4/5 지점에 도착하였을 때, A가 속도를 5km/h 늦추어 운행하자 두 열차가 터널을 동시에 통과하였다. 열차 A의 원래 속도는 얼마인가?

① 5km/h ② 6km/h ③ 7km/h
④ 8km/h ⑤ 9km/h

해설

i) B의 속도를 a, A의 속도를 a + 3, 터널의 길이를 x라고 하면

ii) A가 터널을 통과하는 시간 = $\frac{(4x/5)}{a+3} + \frac{(x/5)}{a-2}$

B가 터널을 통과하는 시간 = $\frac{x}{a}$

iii) $\frac{(4x/5)}{a+3} + \frac{(x/5)}{a-2} = \frac{x}{a}$, a = 3이므로 열차 A의 원래 속도는 6

126. A는 배를 타고 강 상류에서 선착장에서 출발해 강 하류 20km지점에 선착장까지 왕복하는데 5시간 소요된다. 강물이 3km/h의 속력으로 흐르고 있다면, 흐름이 없는 잔잔한 물위에서 배의 속력은?

① 5km/h ② 6km/h ③ 7km/h
④ 8km/h ⑤ 9km/h

해설

i) B의 속도를 a라 하고 왕복시간이 5시간이므로

ii) 상류 → 하류까지 걸린시간 = $\frac{20}{a+3}$

하류 → 상류까지 걸린시간 = $\frac{20}{a-3}$

iii) $\frac{20}{a+3} + \frac{20}{a-3} = 5$, a = 9

정답 125 ② 126 ⑤

Chapter 5 확률 - STEP 2

127 어느 축구팀은 비가 오는 날 경기에서 이길 확률이 0.2이고, 비가 오지 않는 날 경기에서 이길 확률이 0.7이라 한다. 이번 주 주말에 비가 올 확률이 0.4일 때, 이 팀이 주말에 이길 확률은? (단, 비기는 경우는 없다.)

① 0.2　　② 0.3　　③ 0.4
④ 0.5　　⑤ 0.6

해설

주말에 이기는 경우는 아래 두 가지 경우이다.
1) 비오고 이기는 경우 = 0.4 × 0.2 = 0.08
2) 비 안오고 이기는 경우 = 0.6 × 0.7 = 0.42
0.08 + 0.42 = 0.5

128 T 기업은 아래와 같은 방식으로 뽑기를 하여 2023년 9월 당직근무를 정하기로 했다. 박 사원이 가장 먼저 제비뽑기를 할 때, 박 사원이 하루라도 휴일에 당직근무를 할 확률은 기약분수로 $\frac{a}{b}$이다. b + a는 얼마인가?

- 직원은 15명이며, 각 직원은 한 달에 2번씩 제비뽑기를 한다.
- 2023년 9월 1일은 금요일이고 30일까지 있다. 28, 29, 30일은 추석연휴로 공휴일에 해당한다.
- 토요일, 일요일, 공휴일은 휴일 근무로 간주한다.

① 145　　② 172　　③ 211
④ 233　　⑤ 256

해설

ⅰ) 휴일은 2,3,9,10,16,17,23,24,28,29,30일 총 11일이다.
ⅱ) 하루라도 휴일에 당직근무를 할 확률 = 1 − 이틀 모두 평일근무 할 확률
ⅲ) $1 - \frac{19}{30} \times \frac{18}{29} = \frac{88}{145}$ → 145 + 88 = 233

정답 127 ④　128 ④

129 서로 다른 두 개의 주사위를 동시에 던질 때, 나오는 눈의 수의 합이 5의 배수가 되지 않는 경우의 수는?

① 21　　② 23　　③ 25
④ 27　　⑤ 29

해설
주사위 두 개를 던졌을 때 전체 경우의 수에서 나오는 수의 합이 5의 배수인 경우를 뺀다.
주사위 두 개를 던졌을 때 경우의 수
6×6
두 수의 합이 5의 배수인 경우는
1) 합이 5인 경우 (1,4), (2,3) (3,2), (4,1) 4가지
2) 합이 10인 경우 (4,6), (5,5), (6,4) 3가지
총 7가지이므로 36 − 7 = 29

130 남학생 4명과 여학생 3명이 다음 그림과 같이 7개의 의자에 앉는다. 이때 여학생끼리 이웃하지 않도록 앉는 방법의 수를 구하여라.

① 720　　② 900　　③ 1080
④ 1200　　⑤ 1440

해설
먼저 4명의 남학생이 자리를 잡고 남학생 사이사이인 총 5자리 중 여학생 3명이 선택하여 위치하면 여학생끼리 떨어져 앉게 된다.
예시) @ 남 @ 남 @ 남 @ 남 @
→ 여학생이 다섯 군데 @ 중 아무 곳이나 한명 씩 앉는다.
4개의 의자를 놓고 남학생 4명이 자리에 앉는 경우의 수 4!
3명의 여학생이 남학생 사이사이(5군데)를 찾아 앉는 경우
$5 \times 4 \times 3$
$4! \times 5 \times 4 \times 3 = 1440$

131 비가 온 날의 다음 날에 비가 올 확률은 1/2이고, 비가 오지 않은 날의 다음 날에 비가 올 확률은 1/3이라고 한다. 월요일에 비가 왔을 때, 같은 주 목요일에 비가 올 확률은?

① 23/72　　② 25/72　　③ 29/72
④ 31/72　　⑤ 35/72

해설
월요일에 비가 왔으며 목요일에 비가 올 경우는 아래 4가지 경우이다.

　　월 화 수 목
1) 비 비 비 비 = $\frac{1}{2} \times \frac{1}{2} \times \frac{1}{2} = \frac{1}{8}$
2) 비 비 × 비 = $\frac{1}{2} \times \frac{1}{2} \times \frac{1}{3} = \frac{1}{12}$
3) 비 × 비 비 = $\frac{1}{2} \times \frac{1}{3} \times \frac{1}{2} = \frac{1}{12}$
4) 비 × × 비 = $\frac{1}{2} \times \frac{2}{3} \times \frac{1}{3} = \frac{1}{9}$

$\frac{1}{8} + \frac{1}{12} + \frac{1}{12} + \frac{1}{9} = \frac{29}{72}$

정답 129 ⑤　130 ⑤　131 ③

132 다음 그림과 같이 어떤 체육관에 8개의 출입문이 있다. A, B 두 출입구는 입장만 가능하다고 할 때, 어느 한 출입문으로 들어와서 다른 출입문으로 나가는 방법의 수는?

① 12   ② 40   ③ 42
④ 48   ⑤ 56

해설

1) A 또는 B로 들어온 경우에는 나갈 때 6개의 문이 선택이 가능하지만
   = 2 × 6 = 12
2) A와 B가 아닌 문으로 들어온 경우에는 나갈 때 들어온 문을 제외한 5개 문만 선택이 가능하다.
   = 6 × 5 = 30
12 + 30 = 42

133 남학생 12명과 여학생 4명을 일렬로 세울 때, 여학생끼리는 이웃하지 않고 남학생끼리는 4명 이상씩 이웃하도록 세우는 방법의 수는 a! × b! 이다. 자연수 a, b에 대하여 a + b의 값은? (단, a > b)

① 12   ② 13   ③ 14
④ 15   ⑤ 16

해설

주어진 상황을 만족하기 위해서 아래와 같이
여남남남여남남남남여남남남남여
로 배치 될 수밖에 없다.
남자는 남자대로 12명이 줄서는 경우 12!
여자는 여자대로 4명이 줄서는 경우 4!
12! × 4! = a! × b! 이므로
a + b = 12 + 4 = 16

정답 132 ③ 133 ⑤

134 흰 바둑돌 5개와 검은 바둑돌 4개를 일렬로 나열할 때, 가운데 놓인 바둑돌을 중심으로 대칭인 형태로 바둑돌을 나열하는 방법의 수는?

① 6　　② 7　　③ 8
④ 9　　⑤ 10

해설

양쪽이 대칭이므로 가운데는 개수가 홀수인 흰 바둑돌이 배치되며 남은 돌을 반으로 나누어 좌우 측 어느 한쪽만 결정하면 된다.
가운데 흰 돌 한 개를 배치한 뒤 남은 4개의 흰 돌과 4개의 검은 돌을 각각 좌우로 2개씩 나누어 세우면

$\dfrac{4!}{2!} \times 2!$ (같은 것이 있는 순열) = 6

135 남학생 5명과 여학생 3명이 밴드부에 지원하였다. 지원자 8명 중에서 3명을 뽑을 때, 남학생과 여학생이 적어도 한 명씩은 포함되도록 뽑는 방법의 수는?

① 35　　② 40　　③ 45
④ 50　　⑤ 55

해설

전체 경우의 수에서 남학생만 뽑은 경우와 여학생만 뽑은 경우를 빼면 된다.
8C3 − 5C3 − 3C3 = 45

136 11명의 학생을 3명, 3명, 5명의 3개의 조로 나누어 과학실, 화장실, 식당을 청소하도록 하는 방법의 수를 고르시오.

① 4620　　② 6930　　③ 13860
④ 27720　　⑤ 55440

해설

11명의 학생을 3명, 3명, 5명으로 나누는 경우의 수는
$11C3 \times 8C3 \times \dfrac{5C5}{2!}$
나누어진 세 조를 과학실, 화장실, 식당에 배치하는 경우의 수는 3!
$\left(\dfrac{11C3 \times 8C3 \times 5C5}{2!}\right) \times 3! = 27720$

정답 134 ①　135 ③　136 ④

137 주사위를 한 개 던져서 홀수의 눈이 나오면 동전을 3번 던지고, 짝수의 눈이 나오면 동전을 2번 던지기로 할 때, 동전의 앞면이 1번 나올 확률은?

① 3/16 ② 1/4 ③ 5/16
④ 3/8 ⑤ 7/16

해설

1) 홀수가 나오고 동전 앞면이 1번 나올 확률
$\frac{1}{2}$(홀수) × 3(3번 중 앞면이 1번 나오는 경우의 수) × $\frac{1}{2}$ × $\frac{1}{2}$ × $\frac{1}{2}$ = $\frac{3}{16}$

2) 짝수가 나오고 동전 앞면이 1번 나올 확률
$\frac{1}{2}$(짝수) × 2(2번 중 앞면이 1번 나오는 경우의 수) × $\frac{1}{2}$ × $\frac{1}{2}$ = $\frac{1}{4}$

$\frac{3}{16} + \frac{1}{4} = \frac{7}{16}$

138 U기업은 평일(5일) 동안 아래와 같이 야간근무를 운영하고 있다. 아래의 기준에 따라 야간 당직 근무 표를 작성할 때, 가능한 모든 경우의 수는 몇 가지인가?

- 평일 야간 당직근무는 A, B, C, D, E 5명으로 배정한다.
- 근무 시간을 전반야(18~24시), 후반야(24~06시) 총 2회차로 나고, 1회차에는 1명씩 배정한다.
- 하루에 전반야와 후반야 중 1번씩만 근무할 수 있으며, 5명의 직원은 5일간 모두 동일한 횟수의 당직근무를 선다.
- A와 B는 전반야, C와 D는 후반야만 가능하다.
- E는 전반야, 후반야 둘 다 근무가 가능하다.

① 720 ② 840 ③ 900
④ 1050 ⑤ 1200

해설

i) 5일동안 A~E는 각각 2번씩 일해야 한다.
전반야는 AABBE가 근무해야 한다.
후반야는 CCDDE가 근무해야 한다.

ii) 전반야에 AABBE가 근무할 경우의 수는 $\frac{5!}{2! \times 2!}$ = 30가지

후반야에 CCDDE가 근무할 경우의 수는 $\frac{5!}{2! \times 2!}$ = 30가지

전후반야에 근무할 경우의 수는 30 × 30 = 900가지

iii) 이 중 E가 전후반야에 동시에 근무할 경우의 수를 빼주어야 한다.
E가 월요일 전반야에 근무할 경우, A가 후반야에는 월화수목금 5일동안 근무할 수 있다.
즉, E가 월요일 전반야에 근무할 경우, 후반야에도 월요일에 근무할 확률은 1/5이다.
화수목금도 마찬가지이므로 E가 전후반야 같은 요일에 근무할 확률은 1/5이다.
총 900가지 경우 중 1/5에 해당하는 180가지 경우를 빼면 720가지 경우가 가능하다.

정답 137 ⑤ 138 ①

■ **(복습 자료)응용수리**

*아래의 문제는 13~94페이지에 나왔던 문제이므로, 해당 페이지의 해설을 참고하여 주시기 바랍니다.
이 자료는 앞에서 배운 문제를 풀 수 있는지 확인하는 용도로 활용하여 주시기 바랍니다.

1) 어떤 물건을 팔면 원가의 25%의 이익을 보지만, 정가에서 8%을 할인하여 팔면 420원의 이익을 본다. 이 물건의 원가는 얼마인가?

① 1,800원   ② 2,400원   ③ 2,800원   ④ 3,200원   ⑤ 3,600원

2) 원가 40,000원인 상품에 35%의 이익을 붙여 정가를 정하였다. 이 상품이 잘 팔리지 않아 정가에서 x%를 할인하여 팔았더니 원가에 대해 8%의 이익이 남았다고 한다. 이때 x의 값을 구하여라.

① 16%   ② 18%   ③ 20%   ④ 22%   ⑤ 24%

3) 상준이는 편의점에서 A,B상품을 판매하고 있다. A,B 상품 모다 원가에 20%의 이익을 붙여서 정가를 정하였다. 할인 기간에 A상품은 40%, B상품은 10%를 할인 했더니 두 상품의 판매가격이 같아졌다. B 상품의 정가가 12,000원이라면 A,B 상품의 원가 차이는 얼마인가?

① 3,000원   ② 3,500원   ③ 4,000원   ④ 4,500원   ⑤ 5,000원

4) 어느 박물관의 입장료가 어른은 500원, 어린이는 300원이다. 200명이 입장하는데 총 입장료가 76,000원이라고 할 때, 어린이의 수는 얼마인가?

① 80   ② 100   ③ 110   ④ 120   ⑤ 130

5) 한 잔의 가격이 100원과 150원인 음료수를 파는 자동판매기가 있다. 어느 날 이 자동판매기의 판매금액의 합계가 19,000원이었는데, 100원짜리 음료수가 150원짜리 음료수보다 40잔이 더 팔렸다. 이때, 150원짜리 음료수는 몇 잔이나 팔렸는지 구하여라.

① 60   ② 70   ③ 80   ④ 90   ⑤ 100

6) 한 자루에 60원짜리 연필과 한 자루에 90원짜리 사인펜을 모두 합해 18자루 사면서 1,500원을 냈더니 거스름돈을 240원이었다. 연필은 몇 자루를 샀을까?

① 12자루   ② 13자루   ③ 14자루   ④ 15자루   ⑤ 16자루

정답 1③ 2③ 3⑤ 4④ 5① 6①

7) 아래의 조건에 따라 사진을 인화한다고 한다. 5×6 규격의 사진은 최대 몇 장까지 인화가 가능한가?

> 사진의 종류는 3×4, 5×6, 7×8 3종류이다.
> 인화비용은 3×4이 150원, 5×6이 300원, 7×8이 800원이다.
> 각 사이즈마다 1장 이상 인화를 했으며, 총 인화비용은 24,000원이다.

① 65장　　② 67장　　③ 69장　　④ 71장　　⑤ 73장

8) A공장에서 제품을 만드는데, 완성품 1개당 20원의 이익이 생기고, 불량품이 되면 폐기물 처리비 300원이 든다. 제품을 총 2000개(완성품 + 불량품) 만들어 37,760원의 이익이 생겼다면 불량품은 몇 개인가?

① 5　　② 7　　③ 9　　④ 11　　⑤ 13

9) A공장에서 제품을 만드는데 도구를 60,000원에 구입하면 제품 1개당 인건비가 700원이고, 도구를 구매하지 않은 경우 제품 1개당 인건비가 1,200원이다. 제품원가가 120원일 경우 도구를 사용하는 것이 손해가 아니려면 제품을 최소 몇 개 이상 만들어야 하는가?

① 112개　　② 116개　　③ 120개　　④ 125개　　⑤ 130개

10) 형은 매월 2,000원씩 저금하고, 동생은 매월 500원씩 저금하고 있다. 현재 형은 4,000원, 동생은 40,000원이 예금되어 있다면, 몇 개월 후에 형과 동생의 예금액이 같아지겠는가?

① 12개월　　② 24개월　　③ 36개월　　④ 48개월　　⑤ 60개월

11) 100점 만점인 어떤 시험에서 문제 수는 5개이고, 3 ~ 5번 문제는 배점이 같다. 태민이는 1번, 3번, 4번을 맞혀서 60점을 받았고, 지섭이는 2번, 4번, 5번을 맞혀서 50점을 받았다. 1번, 2번, 3번 문제의 배점을 각각 구하여라.

① 40/30/10　　② 36/28/12　　③ 32/26/14　　④ 30/25/15　　⑤ 40/30/15

정답　7 ④　8 ②　9 ③　10 ②　11 ①

12) A와 B 두 사람이 아래의 조건에 따라 가위바위보를 하였다. 두 사람이 비긴 횟수는 몇 번인가?

> 가위바위보를 이긴 사람은 2칸 올라가고, 진 사람은 1칸을 내려간다.
> 비긴사람은 이동하지 않고 그 자리에 있다.
> 둘은 38번 가위바위보를 하였고, A는 16칸 위에 있었고, B는 4칸 위에 있다.

① 18번　　② 19번　　③ 20번　　④ 21번　　⑤ 22번

13) 1시간에 책을 120페이지 독서하는 사람이 있다. 50분씩 읽고 난 후 5분씩 휴식하면서 4시간 동안 읽으면 모두 몇 페이지를 읽게 될까?

① 400페이지　　② 420페이지　　③ 440페이지　　④ 460페이지　　⑤ 480페이지

14) 어느 보험회사의 갑과 을 두 사람의 1월 실적은 두 사람 합해서 108건이다. 2월 실적은 갑은 1월에 비하여 30% 증가했고, 을은 25% 감소해서 두 사람 합하여 6건 증가했다. 2월 갑의 실적은 몇 건인가?

① 68건　　② 72건　　③ 78건　　④ 82건　　⑤ 85건

15) 올해 권수와 강수의 나이의 합은 32살이다. 권수가 강수의 나이였을 때 때 강수는 권수 나이의 5/7이었다. 올해 강수의 나이를 구하여라.

① 12살　　② 13살　　③ 14살　　④ 15살　　⑤ 17살

16) 지수의 나이는 지금으로부터 10년 후에 어머니 나이의 1/2이 되고, 28년 후에는 어머니 나이의 5/8이 된다. 현재 지수의 나이는?

① 15세　　② 17세　　③ 19세　　④ 21세　　⑤ 23세

17) 총 지원자 중 남녀 비율은 3 : 2이다. 총 지원자 중 160명이 면접시험에 합격하였으며, 그 남녀 비율은 3 : 1이다. 면접 불합격자의 남녀 비율은 6 : 5이다. 총 지원자는 몇 명인가?

① 480　　② 520　　③ 560　　④ 600　　⑤ 640

정답 12 ①　13 ③　14 ③　15 ③　16 ②　17 ④

18) K공장에서 운영 중인 톱니바퀴가 있다. 톱니바퀴 A, B가 서로 맞물려 돌고 있다. A의 톱니수가 48개, B의 톱니수는 36개이다. A가 15회 회전할 때, B는 몇 회 회전하는가?

① 16회　　② 18회　　③ 20회　　④ 22회　　⑤ 24회

19) 아래 〈표〉는 K공사의 지역별로 만족도 조사에 관한 자료이다. 응답자 전체의 만족도 평균점수는 얼마인가?(단, 소수점 둘째 자리에서 반올림하시오)

구분	조사 대상자 수	평균 점수
북부권	80명	7.2
중부권	65명	6.4
남부권	40명	5.6

① 6.2　　② 6.4　　③ 6.6　　④ 6.8　　⑤ 7.0

20) G기업에서는 매년 상,하반기 1회씩 평가를 하고 있다. 김사원은 4년간의 평균 평가점수에 따라 대리 진급이 결정된다. 4년간 평균 평가점수가 8.0이상일 때 진급이 가능하다면, 4년차 하반기에는 최소 몇 점 이상을 받아야 대리 진급을 할 수 있는가?

    1년차 상하반기 평균 : 7.3점
    2년차 상하반기 평균 : 7.7점
    3년차 상하반기 평균 : 8.7점
    4년차 상반기 평가점수 : 7.9점

① 8.0　　② 8.1　　③ 8.3　　④ 8.5　　⑤ 8.7

21) 16%의 식염수 450g과 4%의 식염수 150g을 섞으면 몇 %의 식염수가 되는가?

① 11%　　② 13%　　③ 14%　　④ 15%　　⑤ 16%

22) 6%의 식염수 A와 16%의 식염수 B를 혼합시켜 9%의 식염수 600g을 만들었다. 식염수 A는 몇 g 필요한가?

① 210g　　② 365g　　③ 420g　　④ 490g　　⑤ 500g

정답 18 ③　19 ③　20 ⑤　21 ②　22 ③

23) 9%의 소금물 Xg과 18%의 소금물 Yg을 섞어 12%의 소금물을 만들려고 했으나, 잘못하여 9%의 소금물 Yg과 18%의 소금물 Xg을 섞었다. 이렇게 만들어진 소금물의 농도는?

① 10%   ② 13%   ③ 15%   ④ 17%   ⑤ 20%

24) 다음은 ㄱ학교에서 학생들을 대상으로 실시한 시험에서 나타난 통계자료이다. ㄱ학교는 A, B 두 개 반으로 구성되어 있다. 시험에 응시한 B반 학생은 모두 몇 명인가?

- 시험에 응시한 학생은 총 60명이고 전체 평균점수는 75점이다.
- B반 평균점수는 65점이고, A반 평균점수는 80점이다.

① 16명   ② 20명   ③ 24명   ④ 28명   ⑤ 30명

25) A 중학교 수학 경시대회에 1학년 20명, 2학년 30명, 3학년 50명이 응시하였다. 각 학년의 평균 점수는 2학년이 1학년보다 10점 높았고, 3학년이 2학년보다 20점 높았으며 1학년의 2배였다. 이때, 응시자 전체의 평균 점수를 구하시오.

① 48점   ② 49점   ③ 50점   ④ 51점   ⑤ 52점

26) L반도체의 작년 신입사원 남녀 성비가 4 : 5였다. 올해의 신입사원 수는 작년에 비해 남성은 5% 증가하고 여성은 4% 감소하여 총 540명의 신입사원이 입사했다. 작년에 비해 올해 신입사원의 수의 변동은 얼마인가?

① 10명 증가   ② 10명 감소   ③ 15명 증가   ④ 변동 없다   ⑤ 5명 감소

27) 8%의 식염수 300g이 있다. 이 식염수에서 몇 g의 물을 증발시키면 12%의 식염수가 되겠는가?

① 75g   ② 100g   ③ 125g   ④ 150g   ⑤ 180g

28) 5%의 소금물 350g이 있다. 이 중 몇 g 이상의 물을 증발시키면 농도가 7% 이상인 소금물이 되겠는가?

① 80g   ② 100g   ③ 120g   ④ 150g   ⑤ 180g

정답 23 ③ 24 ② 25 ① 26 ④ 27 ② 28 ②

29) 12%의 소금물 250g이 들어 있는 용기에서 xg의 소금물을 퍼내고 같은 양의 물을 넣었더니 농도가 6%가 되었다. 이때 x의 값은?

① 90　　　　② 100　　　　③ 120　　　　④ 125　　　　⑤ 150

30) 5%, 8%, 2%의 소금물의 총량이 1000g이다. 이들을 모두 섞으면 4.4%의 소금물이 되고, 8%, 2%의 소금물을 섞으면 4.25%의 소금물이 된다고 할 때, 각각의 소금물의 양을 구하여라.

	5%	8%	2%
①	100	400	500
②	100	500	400
③	200	200	600
④	200	300	500
⑤	200	500	300

31) 소금물 500g이 있는데 물 100g을 증발시키고 다시 소금 40g, 물 60g을 더 넣었더니 농도가 3배가 되었는데 처음 소금물의 농도가 몇 %인가?

① 4%　　　　② 5%　　　　③ 6%　　　　④ 7%　　　　⑤ 8%

32) 철수는 야시장에서 인형을 만들어서 팔았다. 판매 내용이 아래와 같을 때, 철수가 판 인형의 총 이익률은?

> 철수는 곰인형 40개, 사자인형 80개를 팔았다.
> 곰인형은 원가가 1,600원이고 판매가는 4,000원이다.
> 사자인형은 원가가 2,800원이고 판매가는 7,000원이다.
> 총이익률 = $\dfrac{총이익}{총매출액}$, 총이익 = 총매출액 - 총원가

① 30%　　　　② 48%　　　　③ 60%　　　　④ 66%　　　　⑤ 72%

33) 어느 공장에서 완성품 1개를 만드는 데 걸리는 시간은 A 기계가 20일, B 기계가 30일이다. A, B, C 기계를 모두 가동하였더니 1개의 완성품이 생산되는 데 6일 걸렸다. C 기계만 가동했을 경우 1개를 완성하는 데 걸리는 시간은?

① 5일　　　　② 9일　　　　③ 12일　　　　④ 15일　　　　⑤ 16일

정답 29 ④　30 ④　31 ①　32 ③　33 ③

34) 배수구가 있는 어떤 수조를 가득 채우는 데 A관은 15분, B관은 30분 걸린다. 또한, 이 수조를 완전히 배수시키는 데 15분 걸린다. 배수구를 열고 A, B관을 동시에 틀면 수조를 가득 채우는 데 대략 얼마의 시간이 걸리는가?

① 15분 ② 20분 ③ 25분 ④ 30분 ⑤ 36분

35) 서강사와 각시탈이 같이 일을 한다. 서강사 혼자는 20일, 각시탈 혼자는 30일 걸린다. 둘이 함께 일을 하다가 중간에 서강사가 5일 빠졌을 경우 총 몇 일만에 일을 끝낼 수 있나?

① 14일 ② 15일 ③ 16일 ④ 17일 ⑤ 18일

36) A, B, C가 같이 업무를 수행하면 8일이 걸리고, A와 C가 진행하면 16일, B와 C가 진행하면 12일이 걸린다고 한다. A 혼자 진행하는데 걸리는 시간이 a일, B 혼자 진행하는데 걸리는 시간이 b일, C 혼자 진행 하는데 걸리는 시간이 c일이 걸린다고 할 때, a + b + c의 값은?

① 87 ② 88 ③ 89 ④ 90 ⑤ 91

37) 성광이와 세형이는 T공사에서 감사실에 소속되어 있다. 감사보고서를 작성하는 데 성광이는 14일, 세형이는 10일이 걸린다. 성광이가 4일 동안 쓴 후, 세형이가 나머지를 작성하려고 한다. 세형이는 최소 며칠 동안 작성해야 하는가?

① 6일 ② 7일 ③ 8일 ④ 9일 ⑤ 10일

38) S공장에서 인형을 만들고 있다. 100명이 동시에 일을 하면 1시간에 200개의 A상품과 300개의 B상품을 만들 수 있으며, 30명이 동시에 일을 하면 4시간에 120개의 A상품과 600개의 B상품을 만들 수 있다. 80명이 동시에 일을 해서 3시간에 720개의 A상품과 x개의 B상품을 만들었다고 하면, x의 값은 얼마인가?

① 160 ② 180 ③ 200 ④ 240 ⑤ 300

39) 강율이가 다니는 공장에서 제품 가, 나, 다를 만들고 있다. 하루에 총 450개의 상품을 만들고, '가'상품을 '다'상품보다 50개 더 많이 만들고 있다. 또한 '나'상품과 '다'상품의 생산량의 합은 '가'상품 생산량에서 '나'상품 생산량을 뺀 값의 3배이다. 이때, '나'상품 생산량은 얼마인가?

① 80개 ② 90개 ③ 100개 ④ 110개 ⑤ 120개

40) 어머니는 28세, 자식은 4세일 때, 어머니의 나이가 자식의 나이의 3배가 될 때의 자식의 나이는?

① 9세　　② 10세　　③ 11세　　④ 12세　　⑤ 13세

41) 올해 할머니의 연세는 갑의 나이에 3배이고, 을의 나이의 4배이다. 갑과 을의 나이 차이가 6살이라면, 할머니의 연세는?

① 72세　　② 74세　　③ 76세　　④ 78세　　⑤ 80세

42) 희동이와 아버지의 나이 차는 28이다. 그리고 아버지의 나이는 희동이의 나이의 3배라면 현재 아버지의 나이는?

① 40세　　② 42세　　③ 44세　　④ 46세　　⑤ 48세

43) 형제의 나이에 대한 정보가 아래와 같을 때, 올해 두 형제 나이의 합은 얼마인가?

> 올해 형과 동생의 나이차이는 12살이다.
> 5년 후에 동생의 나이의 2배가 형의 나이와 같아진다

① 24살　　② 26살　　③ 28살　　④ 30살　　⑤ 32살

44) 어느 달의 초일은 월요일이고, 말일은 일요일이다. 그 익월의 말일은 무슨 요일인가?

① 일요일　　② 월요일　　③ 화요일　　④ 수요일　　⑤ 목요일

45) 5시와 6시 사이에 시침과 분침이 만나는 시간은 언제인가? (가장 가까운 시간을 고른다)

① 5시 27분　　② 5시 28분　　③ 5시 29분　　④ 5시 30분

46) 5시 25분과 8시 7분 사이의 시침의 각도는 얼마인가?

① 81°　　② 83°　　③ 85°　　④ 87°　　⑤ 89°

47) 2시와 3시 사이에 시침과 분침이 서로 반대 방향으로 가장 일직선에 가까운 시각은?

① 2시 43.56분　　② 2시 43.58분　　③ 2시 43.60분　　④ 2시 43.62분　　⑤ 2시 43.64분

정답 40 ④　41 ①　42 ②　43 ②　44 ④　45 ①　46 ①　47 ⑤

48) 현재 시침과 분침은 겹쳐 있다. 몇 시인지는 모르지만 다시 시침과 분침이 겹칠 때까지 걸리는 시간을 얼마인가?

① 45.5분　　② 55.5분　　③ 65.5분　　④ 75.5분　　⑤ 85.5분

49) J기업 서울본사 해외영업부에서 근무하는 천과장의 담당국가는 영국이다. 영국 거래처와 화상회의를 1시간 해야 할 때, 회의가 가능한 시간을 고르시오.

> 영국의 현지시간은 서울 시간보다 8시간 느리다.
> 영국 거래처의 근무시간은 오전 9시부터 오후 5시까지이다.
> 천과장의 근무시간은 오전 10시부터 오후 6시까지이다.
> 영국과 한국의 점심시간은 12시 30분 ~ 13시 30분이며, 점심시간에는 회의를 진행할 수 없다.

① 영국 시간 오전 9시 ~ 10시
② 영국 시간 오전 10시 ~ 11시
③ 영국 시간 오후 4시 ~ 5시
④ 서울 시간 오전 10시 ~ 11시
⑤ 서울 시간 오전 14시 ~ 15시

50) 기존의 기차표는 대인과 소인의 가격비율은 5 : 2이다. 요금을 12,000원씩 인상한 후 가격의 비율이 3 : 2가 되었다. 가격 인상 후 대인의 기차표 가격은 얼마인가?

① 22,000원　　② 24,000원　　③ 25,000원　　④ 27,000원　　⑤ 29,000원

51) 어느 초등학교의 남녀 비율이 원래 5 : 4였는데 여학생 몇명이 전학을 와서 195명이 되었고 남녀 비율은 7 : 6이 되었다. 전학을 온 여학생은 몇 명인가?

① 6명　　② 7명　　③ 8명　　④ 9명　　⑤ 10명

52) 삼형제가 있는데 현재는 둘째의 나이가 막내의 나이의 두 배이고, 12년 후에는 삼형제의 나이의 비율이 4 : 5 : 8이 된다고 할 때 첫째와 둘째의 나이 차는 얼마인가?

① 8　　② 10　　③ 12　　④ 14　　⑤ 16

정답 48 ③　49 ①　50 ④　51 ①　52 ③

53) 38명의 그룹이 제주도 여행계획을 세웠다. 1인당 30만 원으로 여행상품을 신청할 때 30명 이상으로 신청하면 20%의 단체할인이 되지만, 취소하게 되면 비용의 반만 환불이 된다. 38명분을 신청하는 경우 당일 취소가 몇 명 이상이면 단체할인을 안 하는 것이 비용이 더 적게 드는가?

① 9명　　② 11명　　③ 13명　　④ 18명　　⑤ 20명

54) A%의 소금물에 물을 200g 더 넣었더니 6%의 소금물이 되었다. 처음 소금물의 양은?

① $\frac{1200}{A-6}$g　② $\frac{1000}{A-6}$g　③ $\frac{800}{A-8}$g　④ $\frac{600}{A-8}$g　⑤ $\frac{800}{A-6}$g

55) 80원짜리 과자와 100원짜리 과자를 합해서 a개 사고 3,000원을 냈는데, 500원의 잔돈을 받았다. 80원짜리 과자와 100원짜리 과자는 각각 몇 개를 샀는가?

① (120−4a)개, (5a−120)개
② (125−4a)개, (5a−125)개
③ (5a−120)개, (120−4a)개
④ (5a−125)개, (125−4a)개
⑤ (120−5a)개, (5a−90)개

56) 1개당 80원 우표와 100원 우표를 합쳐서 26장 구입했다. 100원 우표의 총 구매비용이 80원 우표의 총 구매비용의 2배일 때 각각 몇 장씩 구입하였는가?

① 80원 우표 8개, 100원 우표 18개
② 80원 우표 9개, 100원 우표 17개
③ 80원 우표 10개, 100원 우표 16개
④ 80원 우표 11개, 100원 우표 15개
⑤ 80원 우표 12개, 100원 우표 14개

57) 강일이는 akm/h의 속도로 걸어서 공원으로 출발하였고, 진수는 강일이가 출발한 후 30분 후에 bkm/h의 속도로 공원으로 출발하였다. 진수가 출발 후 강일이를 만나는 데 걸리는 시간은?

① $\frac{b}{2(b-a)}$시간　② $\frac{a}{2(b-a)}$시간　③ $\frac{2(b-a)}{b}$시간　④ $\frac{2(b-a)}{a}$시간　⑤ $\frac{a}{2(b+a)}$시간

정답 53 ③　54 ①　55 ④　56 ③　57 ②

58) 민수는 10m 높이의 옥상에서 공을 떨어뜨렸다. 지면에 부딪힌 후 옥상까지 높이의 $\frac{2}{3}$까지 다시 튀어 올랐다. 찬성이 일정하다고 한다면 튀어 오른 공의 높이가 1m 이하가 되려면 최소 몇 번 튀어 올라야 하는가?

① 5번 ② 6번 ③ 7번 ④ 8번 ⑤ 9번

59) k기업 신입사원에 대한 정보가 아래와 같다. 신입사원 중에서 경력직 1명을 임의로 선택했을 때 남성일 확률은 얼마인가?

> 신입사원 전체에서 남성의 비중은 56%이다.
> 신입사원 전체에서 35%는 남성이면서 경력직이다.
> 신입사원 전체에서 65%는 남성이거나 비경력직이다.

① 30% ② 38% ③ 45% ④ 50% ⑤ 60%

60) 한 번 왕복 운행하는 데 급행버스는 36분, 완행버스는 48분이 걸리는 노선이 있다. 두 버스 모두 아침 6시에 출발하여, 처음으로 출발지에서 다시 만나는 시각은?

① 7시 48분 ② 8시 24분 ③ 9시 48분 ④ 9시 36분 ⑤ 9시 12분

61) K역과 J역의 거리는 150km이고, 모든 기차는 K역과 J역 사이를 편도로 이동하며 1시간이 소요된다. 기차가 9시부터 K역에서는 20분, J역에서는 15분 간격으로 출발한다면 두 기차가 75km 지점에서 두 번째로 만나는 시간은?(모든 기차는 일정한 속도로 운행한다)

① 10시 30분 ② 10시 45분 ③ 11시 00분 ④ 11시 30분 ⑤ 11시 45분

62) 길이가 160m, 190m인 두 열차가 초속 30m, 40m로 마주 보고 달려오고 있다. 두 열차가 만나 차체가 겹치는 순간부터 서로를 완전히 지나칠 때까지 걸리는 시간은?

① 2초 ② 3초 ③ 4초 ④ 5초 ⑤ 6초

63) 일정한 속력으로 달리는 기차가 있다. 이 기차가 500m가 되는 다리를 완전히 통과하는 데 30초가 걸렸고, 1500m가 되는 다리를 통과할 때, 기차 전체가 다리 안에 있었던 시간은 50초였다. 기차의 길이는?

① 200m ② 210m ③ 230m ④ 250m ⑤ 300m

정답 58 ② 59 ④ 60 ② 61 ① 62 ④ 63 ④

64) 성수는 6시부터 산에 오르기 시작했고, 30분 후에 영수가 오르기 시작했다. 영수는 매분 40m의 속력으로, 성수가 매분 30m의 속력으로 걸어갈 때, 성수가 영수를 만나는 시각은?

① 6시 50분　　② 7시 10분　　③ 7시 30분　　④ 8시 00분　　⑤ 8시 24분

65) 버스 요금은 거리에 관계없이 1인당 1,000원으로 일정하고, 택시 요금은 이동거리가 2km까지는 2,400원이며 이후에는 200m 더 갈 때마다 100원씩 추가된다고 한다. 4명이 이동하려고 할 때, 이동거리가 몇 km 미만이면 버스를 타고 가는 것보다 택시를 타고 가는 것이 유리한지 구하여라. (단, 택시 요금은 이동 거리가 2.2km, 2.4km가 되는 순간에 100원씩 추가된다.)

① 27/5　　② 32/7　　③ 36/7　　④ 26/5　　⑤ 31/2

66) 어떤 강이 하류에서 96km 상류의 D지점까지 어떤 배가 도달하는 데 8시간이 걸리고 내려가는 데에 6시간이 걸렸다. 이 배의 물의 흐름이 없을 때는?

① 12km/h　　② 13km/h　　③ 14km/h　　④ 15km/h　　⑤ 16km/h

67) 어느 강의 A 지점에서 12km의 B 지점까지 왕복했더니 내려갈 때는 1시간, 올라올 때는 3시간 걸렸다. 이때 강의 유속을 구하면?

① 2km/h　　② 4km/h　　③ 6km/h　　④ 8km/h　　⑤ 9km/h

68) A에서 B지점까지는 120km이다. 규현이는 자전거를 타고 A에서 B지점까지 시속 60km 속도로 가고, 올 때는 시속 30km 속도로 왔다. 왕복 시간의 평균 시속은 몇 km인가?

① 30km　　② 50km　　③ 40km　　④ 45km　　⑤ 60km

69) 자동차가 A지역에서 10km 떨어진 B지역까지 20km/h의 속도로 달린 후에 쉬지 않고, 10km 떨어진 C지역까지 60km/h의 속도로 달렸다면, 평균속도는?

① 30km/h　　② 35km/h　　③ 40km/h　　④ 45km/h　　⑤ 50km/h

정답 64 ④　65 ④　66 ③　67 ②　68 ③　69 ①

70) 30명의 학급에서 회장, 부회장, 총무를 선출하는 방법은 모두 몇 가지인가?

① 812가지 ② 870가지 ③ 12,180가지 ④ 24,360가지

71) 30명의 학급에서 학급대표로 3명을 선출하는 방법은 모두 몇 가지인가?

① 4060가지 ② 8120가지 ③ 12,180가지 ④ 24,360가지

72) 서로 다른 6명의 사람이 원탁에 둘러앉을 때, 서로 다르게 앉는 방법은 몇 가지인가?

① 60가지 ② 96가지 ③ 105가지 ④ 120가지

73) 회의에서 의원들이 서로 빠짐없이 악수를 하여 모든 의원들이 악수를 한 회수가 1,485회였다. 의원은 총 몇 명이겠는가?

① 53명 ② 54명 ③ 55명 ④ 56명

74) 9명의 학생을 3명씩 A, B, C의 세 조로 나누는 방법은 몇 가지인가?

① 840가지 ② 1,680가지 ③ 1,880가지 ④ 2,216가지

75) 10,000원짜리 지폐 3장, 5,000원짜리 지폐 2장, 1,000원짜리 지폐 6장이 있다. 이 지폐의 일부 또는 전부를 사용하여 지불할 수 있는 방법의 수를 a, 지불할 수 있는 금액의 수를 b라고 할 때, a − b의 값을 구하면? (단, 0원을 지불하는 경우는 제외한다.)

① 33 ② 34 ③ 35 ④ 36 ⑤ 37

76) 6개의 문자 a, b, c, d, e, f를 일렬로 배열할 때, a, f가 이웃하는 경우의 수를 구하여라.

① 120 ② 150 ③ 180 ④ 210 ⑤ 240

정답 70 ④ 71 ① 72 ④ 73 ③ 74 ② 75 ⑤ 76 ⑤

77) 남학생 3명, 여학생 3명이 일렬로 설 때, 적어도 한쪽 끝에 여학생이 서는 경우의 수를 구하여라.

① 234 ② 480 ③ 576 ④ 678 ⑤ 690

78) 선생님 2명과 학생 4명이 원탁에 둘러앉을 때 선생님은 선생님끼리 학생은 학생끼리 이웃하여 앉는 방법의 수는?

① 8 ② 24 ③ 48 ④ 96 ⑤ 120

79) a, a, a, b, c, d, d를 한 줄로 배열하는 경우의 수는?

① 2520 ② 1260 ③ 840 ④ 420 ⑤ 360

80) 경찰관 7명과 소방관 5명 중에서 3명을 뽑을 때, 3명의 직업이 같은 경우는 몇 가지인가?

① 45 ② 50 ③ 55 ④ 60 ⑤ 65

81) 한국인 5명, 중국인 3명 중 한국인 3명, 중국인 2명을 뽑아 원탁에 앉히는 방법의 수는?

① 30 ② 120 ③ 720 ④ 1440 ⑤ 3600

82) K공사의 인사팀 3명과 재무팀 3명이 등산을 갔다. 한 줄로 등산을 한다고 할 때, 같은 팀 팀원이 연달아 등산하지 않는 경우의 수는 얼마인가?

① 48 ② 60 ③ 72 ④ 90 ⑤ 108

83) 민영이가 방을 인테리어 하려고 한다. 인테리어에 대한 내용이 아래와 같을 때, 가능한 경우의 수는 몇 가지인가?

> 방의 면은 동,서,남,북 4면이다.
> 4면 중 한 면은 유리여서 커튼을 달아야 하고, 3면은 일반벽이어서 벽지를 붙인다.
> 일반벽의 벽지는 모두 다른 모양을 붙인다.
> 커튼의 종류는 모두 4개이고, 벽지의 종류는 6개이다.

① 320 ② 360 ③ 400 ④ 480 ⑤ 600

정답 77 ③ 78 ③ 79 ④ 80 ① 81 ③ 82 ③ 83 ④

84) 세 개의 주사위를 동시에 던질 때, 세 개의 주사위 모두 서로 다른 눈이 나올 확률을 고르면?

① 1/9 ② 2/9 ③ 1/3 ④ 4/9 ⑤ 5/9

85) 서로 다른 시집 2권과 소설책 3권을 책꽂이에 나란히 꽂을 때, 시집 2권이 이웃하게 될 확률은?

① 1/4 ② 1/3 ③ 2/5 ④ 1/2 ⑤ 7/12

86) 5개의 숫자 1, 1, 2, 2, 3을 일렬로 나열할 때, 같은 숫자끼리 서로 이웃하게 될 확률은?

① 1/13 ② 1/11 ③ 1/9 ④ 1/7 ⑤ 1/5

87) 흰 바둑돌 3개, 검은 바둑돌 4개가 들어 있는 상자에서 임의로 2개의 바둑돌을 동시에 꺼낼 때, 2개가 모두 같은 색의 바둑돌일 확률은?

① 1/7 ② 2/7 ③ 3/7 ④ 4/7 ⑤ 5/7

88) 20개의 행운권 중 6개의 당첨권이 들어 있는 상자에서 갑, 을 두 사람이 갑, 을의 순서로 행운권을 하나씩 뽑을 때, 두 사람 모두 당첨될 확률은? (단, 뽑은 행운권은 다시 넣지 않는다.)

① 1/38 ② 1/19 ③ 3/38 ④ 2/19 ⑤ 5/38

89) 아래의 〈표〉는 P공사의 부서별 남성과 여성의 비율에 관한 자료이다. 〈보기〉의 ㄱ, ㄴ, ㄷ의 합계는 얼마인가?

구분	인사팀	총무팀	합계
남자	16%	48%	64%
여자	12%	24%	36%
합계	28%	72%	100%

보기
ㄱ. 총무팀에서 1명을 임의로 골랐는데 여자일 확률
ㄴ. 남자 중에서 1명을 임의로 골랐는데 인사팀일 확률
ㄷ. 인사팀에서 1명을 임의로 골랐는데 여자일 확률

① $\dfrac{47}{42}$ ② $\dfrac{85}{84}$ ③ $\dfrac{83}{84}$ ④ $\dfrac{20}{21}$ ⑤ $\dfrac{73}{84}$

정답 84 ⑤ 85 ③ 86 ⑤ 87 ③ 88 ③ 89 ②

90) 어느 상점에서 원가가 다른 A, B, C 세 종류의 상품을 파는데 각각 원가가 2할5푼, 3할, 2할의 이익을 붙여서 가격을 정하였다. A, B, C 세 상품의 총개수는 360개이고 C를 모두 팔았을 때의 이익은 B를 모두 팔았을 때의 이익의 4배였다. C의 개수를 구하여라.

	원가(원)	개수
A	100	60
B	200	X
C	600	Y

① 200   ② 250   ③ 300   ④ 350   ⑤ 400

91) G공사 경기본부 990명이 체육대회 행사를 준비하고 있다. 총 20열의 대열을 맞추고 한 열씩 뒤로 갈수록 1명씩 인원이 추가된다. 마지막 열의 인원은 몇 명인가?

① 57명   ② 58명   ③ 59명   ④ 60명   ⑤ 61명

92) 저장탱크에 1000L의 경유가 있다. 저장탱크에 있는 액체의 반을 덜어내고 휘발유 200L를 넣는 일을 4번 반복하면 남아 있는 휘발유의 양은?

① 250L   ② 300L   ③ 350L   ④ 375L   ⑤ 400L

93) 어느 시험에서 A, B, C 세 명이 각각 60문제씩 맞혔고, 적어도 한 명이 맞힌 문제의 수는 100이었다. 세 명이 모두 맞힌 문제의 수를 x, 세 명 중 한 명만이 맞힌 문제의 수를 y라 할 때, $y-x$의 값은?

① 10   ② 16   ③ 20   ④ 30   ⑤ 36

94) 강당에 5인용 의자와 3인용 의자가 놓여있다. 의자는 모두 80개이고, 320명이 빈자리 없이 채워 앉았더니 마지막 남은 5인용 의자 한 개에는 3명만 앉게 되었고, 나머지 의자는 빈자리 없이 모두 앉았다. 5인용 의자는 몇 개인가?

① 36   ② 39   ③ 41   ④ 44   ⑤ 46

정답 90 ① 91 ③ 92 ④ 93 ③ 94 ③

95) 25문제가 출제되는 시험에서 정답이면 +4점, 오답이면 −2점, 답을 쓰지 않으면 −1점이다. 이 시험에서 62점을 받았으면 답을 쓰지 않은 문항은 몇 개인가?

① 2   ② 3   ③ 4   ④ 5   ⑤ 6

96) K마트에는 1개당 가격이 2,000원, 3,000원, 5,000원인 과자가 있다. 과자를 종류별로 적어도 한 개씩 사서 총 22개를 75,000원에 사려고 한다. 5,000원짜리 과자를 최대한 많이 산다면 2,000원짜리 과자는 몇 개를 살 수 있나?

① 8개   ② 9개   ③ 10개   ④ 11개   ⑤ 12개

97) 강호와 미애는 각각 35점에서 시작하여 이기면 5점을 얻고 지면 2점을 잃는 가위바위보 게임을 총 40번했다. 게임이 후 점수를 보니 미애가 강호보다 42점이 낮았다고 할 때, 강호는 몇 점인가? (비긴 경우는 없다.)

① 110점   ② 116점   ③ 122점   ④ 125점   ⑤ 128점

98) 15% 소금물 300g에서 소금물을 퍼내고 퍼낸 소금물만큼 물을 넣은 후 5%의 소금물을 섞어 8%의 소금물 500g을 만들었다. 퍼낸 소금물에 들어있는 소금의 양은?

① 15g   ② 18g   ③ 25g   ④ 32g   ⑤ 40g

99) 농도기 4%인 소금물 250g과 20%인 소금물 420g을 섞은 후 물 160g을 더 넣었다. 이 후 물 330g을 증발시켰을 때 소금물의 농도는?

① 18.8%   ② 19.8%   ③ 20.2%   ④ 20.5%   ⑤ 21.2%

100) 6% 소금물과 10% 소금물을 섞고 순수한 물을 부었더니 7% 소금물 180g이 되었다. 6% 소금물과 추가한 물의 비가 2 : 1이었다면 추가한 순수한 물의 양은 얼마인가?

① 25g   ② 30g   ③ 45g   ④ 50g   ⑤ 60g

정답 95 ③ 96 ④ 97 ② 98 ① 99 ① 100 ②

101) A용기에는 a%, B용기에는 b%의 소금물이 각각 800g씩 들어 있다. A의 반을 B에 넣고 잘 섞은 후, 다시 B의 반을 A로 옮겨 섞었더니 A용기의 소금물은 24%, B용기의 소금물은 16%가 되었다. 이때 a + b의 값을 구하여라.

① 36　　　② 38　　　③ 40　　　④ 42　　　⑤ 44

102) 35% 소금물 100g 중 ag을 덜어내고 덜어낸 양만큼의 소금을 첨가하였다. 거기에 12%의 소금물 bg을 섞었더니 24%의 소금물 300g이 되었다. 이때 a + b는?

① 215g　　　② 220g　　　③ 230g　　　④ 240g　　　⑤ 250g

103) A소금물 100g과 B소금물 150g을 섞으면 8%의 소금물이 되고, A소금물 200g과 B소금물 50g을 섞으면 6%의 소금물이 된다. A소금물의 농도는 몇 %인가?

① 4%　　　② 5%　　　③ 7%　　　④ 9%　　　⑤ 11%

104) 농도가 다른 두 소금물 A, B가 있다. A 소금물을 100g, B 소금물을 200g 섞으면 14%의 소금물이 되고, A 소금물을 300g, B 소금물을 100g 섞으면 9%의 소금물이 된다고 한다. 이 때 소금물 A의 농도는?

① 6%　　　② 7%　　　③ 8%　　　④ 9%　　　⑤ 10%

105) 50명이 시험을 본 결과 그중 20명이 불합격이었다. 최저 합격 점수는 50명의 평균보다 5점이 낮고, 합격자의 평균보다는 15점이 낮으며, 불합격자의 평균의 2배보다 40점이 낮았다. 최저 합격 점수를 구하여라.

① 70　　　② 65　　　③ 60　　　④ 55　　　⑤ 52

106) k공사 신입사원은 행정, 기술, 운전 직렬이 있다. 행정직렬 중 30%(21명)가 안경을 쓴다. 기술 직렬은 50%, 운전직렬은 40%가 안경을 쓴다. K공사 신입시원은 총 180명이며, 안경을 쓴 신입사원은 72명이다. 기술직렬 신입사원은 몇 명인가?

① 50명　　　② 60명　　　③ 65명　　　④ 70명　　　⑤ 75명

정답 101 ④　102 ②　103 ②　104 ①　105 ③　106 ④

107) 문구류를 만드는 K회사가 있다. 볼펜 1개를 만드는데 드는 비용이 1,700원, 불량률은 4%이며 불량품은 판매 불가하다. 볼펜을 3000개 제작해서 순이익이 210만원 이상이 되려면 볼펜 가격은 1개당 얼마 이상이어야 하는가?

① 2,100원 ② 2,200원 ③ 2,300원 ④ 2,400원 ⑤ 2,500원

108) 어느 상점에서 손수건과 양말을 파는데 손수건은 20%, 양말은 40%의 이익을 붙여 정가를 정하였다. 그런데 물건이 팔리지 않아 손수건은 정가의 40%, 양말은 정가의 20%를 할인하여 팔았다. 손수건 한 장과 양말 한 켤레를 할인하여 9,000원에 팔았을 때, 1,000원의 손해가 났다. 이때, 두 물건의 원가를 각각 구하여라.

	손수건	양말		손수건	양말
①	4,000원	6,000원	②	4,500원	5,500원
③	5,000원	5,000원	④	5,500원	4,500원
⑤	6,000원	4,000원			

109) 목장을 운영하는 철수는 열병을 예방하기 위해 방역업체에 방역을 맡기려고 하는데 방역 여부에 따라 다음과 같은 이익이 예상된다. 방역비가 700원일 경우 철수는 열병이 유행할 확률이 몇 % 초과일 때 방역을 맡기는 것이 이익인가?(이익 예상액에 방역비는 포함하지 않았다)

구분	이익 예상액 (원)	
	열병이 유행할 경우	열병이 없는 경우
방역관리를 하는 경우	6,500	4,000
방역관리를 하지 않는 경우	3,000	4,000

① 10% ② 15% ③ 20% ④ 30% ⑤ 40%

110) 아래의 상황을 근거로 할 때, 1년간 24억 원의 세후 이익을 얻으려면 채권에 얼마를 투자해야 하는가?

- 투자금은 총 300억 원이다.
- 연수익은 예금이 8%, 채권이 14%이다.
- 세금은 20%이며, 세금 이외에 나가는 비용은 없다.

① 100억원 ② 120억원 ③ 140억원 ④ 160억원 ⑤ 180억원

111) 갑, 을 두 사람이 지금까지 시험 본 횟수도 같고 평균도 같다고 한다. 그런데 이번 시험에서 갑이 85점을 맞으면 갑의 평균은 86점, 을이 55점을 맞으면 을의 평균이 83점이 된다고 한다. 지금까지 몇 번 시험을 보았는가?

① 6   ② 7   ③ 8   ④ 9   ⑤ 11

112) A반의 30명의 학생들은 영어와 수학시험 결과를 아래의 표로 정리하였다. A와 B에 들어갈 숫자는? (영어와 수학의 평균점수는 동일하다.)

영어＼수학	10점	20점	30점	40점	50점
10점	2	1		2	
20점		3	2		
30점		1	5	1	1
40점		⟨A⟩	⟨B⟩	3	
50점			2	2	2

     ⟨A⟩ ⟨B⟩   ⟨A⟩ ⟨B⟩
①   2   1   ②   1   2
②   2   2   ④   3   0

113) 하정이는 의류회사를 다니고 있다. '가'상품과 '나'상품의 원가는 6:7의 비율이고, 판매가는 9:10의 비율이다. '가'상품과 '나'상품을 각각 200개씩 판매해서 '가'상품은 90만원, '나'상품은 80만원의 이익을 거두었다. '가'상품의 원가는 얼마인가?

① 16,000원   ② 17,000원   ③ 18,000원   ④ 19,000원   ⑤ 20,000원

114) 학원의 영어 수학강의 남·여학생 수는 다음과 같다.

구분	남학생	여학생
영어	8명	16명
수학	12명	12명

영어강좌에 남학생 a명 가입하면서 남학생 비율이 b%가 되었고, 수학강좌에서는 여학생 a명 탈퇴하면서 남학생 비율이 (b + 25)%가 되었다. 이때, a + b의 값은?

① 56   ② 58   ③ 60   ④ 62   ⑤ 64

정답 111 ④ 112 ① 113 ③ 114 ②

115) 자동차 A, B의 연료량의 비는 4 : 3이고, 100km를 주행한 후 남은 연료량의 비는 5 : 4이다. 100km를 더 주행하고 나서 남은 연료량을 측정한 결과 10 : 9였다. 자동차 A, B의 연비의 비는?

① 2 : 3 ② 3 : 2 ③ 3 : 4 ④ 5 : 3 ⑤ 3 : 5

116) A, B 모니터 부품박스가 각각 다른 창고에 적재되어 있다. 처음 두 창고에 적재된 무게의 비는 A 대 B가 4 : 3이었으나 각 창고에서 15박스씩 뺐더니 적재된 무게가 같게 되었다. 처음 모니터 부품박스의 총 개수는 몇 개인가? (단, 모니터 부품박스 1개의 무게의 비는 A : B = 2 : 1)

① 40개 ② 60개 ③ 75개 ④ 100개

117) 다음 그림과 같이 가로 18m, 세로 10m 크기의 공원에 산책로를 만들었다. 산책로를 제외한 공원의 넓이가 153m2일 때 산책로의 폭은 몇 m인가? (단, 산책로의 폭은 일정하다)

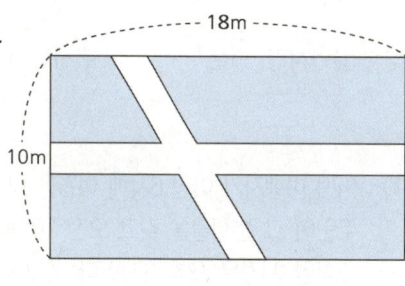

① 1m ② 1.5m ③ 2m ④ 2.5m ⑤ 3m

118) 다음 그림과 같이 한 변의 길이가 24cm인 정사각형이 있다. AB 위에 있는 점 P는 A에서 B로 3cm/s로 이동하고 BC 위에 있는 점 Q는 B에서 C로 2cm/s로 이동한다. 삼각형 PBQ의 넓이가 최대가되는 순간의 삼각형의 둘레 길이는?

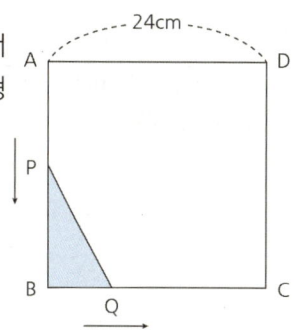

① $(20+3\sqrt{13})$cm ② $(20+4\sqrt{13})$cm ③ $(20+5\sqrt{13})$cm ④ $(20+6\sqrt{13})$cm ⑤ $(20+7\sqrt{13})$cm

119) 아래의 〈기준〉을 참고할 때, 전 직원들에게 지급되고 있는 월급의 총액은 얼마인가?

- 모든 직원의 월급은 동일하다.
- 직원 20명을 증원하고 각 직원의 월급을 100만 원씩 줄이면 전 직원에게 지급하는 월급 총액은 기존의 총액에서 20% 감소한다.
- 직원 40명을 감축하고 각 직원의 월급이 변동이 없으면 전 직원에게 지급하는 월급 총액은 기존의 60%가 된다.

① 2억 원 ② 2억 5천만 원 ③ 3억 원 ④ 2억 5천만 원 ⑤ 4억 원

120) 규진이와 현영이가 야구를 보러 가기 위해 종합운동장역에서 만나기로 했다. 규진이는 종합운동장역 앞에 내려주는 버스를 타고 시간당 40km의 속도로 이동했고, 현영이는 지하철을 타고 시간당 50km의 속도로 종합운동장역으로 왔다. 현영이가 규진이보다 10분 늦게 출발했지만 종합운동장역에 규진이보다 먼저 도착해서 1시간을 기다려야 했다. 규진이와 현영이가 이동한 거리가 같다고 할 때, 규진이가 버스를 탄 시간은 얼마인가?

① 5시간 30분 ② 5시간 40분 ③ 5시간 50분 ④ 6시간 ⑤ 6시간 30분

121) 어떤 여행자가 아침 6시에 여관을 나섰다. 여행자는 1시간에 7.5km를 걷는다고 한다. 그 여행자의 분실물을 발견한 여관 주인이 그 분실물을 갖고 오전 10시에 여행자의 뒤를 쫓아갔다가 여행자에게 분실물을 전달하고, 곧 집으로 향하여 집에 도착한 시간은 오후 3시였다. 주인의 속도는 몇 km/h인가?

① 18.5km/h ② 19.5km/h ③ 20.5km/h ④ 21.5km/h ⑤ 22.5km/h

122) 철수는 학교로부터 14km 거리에 있는 도서관까지 자전거를 타고 이동하는데 1시간 30분이 걸렸다. 만약 시속 8km로 가다가 시속 12km 속도로 속도를 올려 갔다면 시속 12km로 이동한 시간은 얼마인가? (단, 속도를 변경하는 데 걸리는 시간은 없다.)

① 20분 ② 30분 ③ 40분 ④ 50분 ⑤ 60분

123) 자동차는 시속 80km로 달리고, 오토바이는 시속 50km로 달린다고 한다. 오토바이가 먼저 출발하여 출발선으로부터 10km 떨어진 지점에 도착하였을 때, 출발선에서 자동차가 출발하였다. 자동차가 오토바이를 추월하여 그 간격이 14km가 될 때, 자동차 출발 후 오토바이가 달린 거리는 얼마인가?

① 36km ② 40km ③ 44km ④ 48km ⑤ 50km

정답 119 ③ 120 ③ 121 ② 122 ② 123 ②

124) 지민이는 회사로 4km/h로 가고 있고 이 속도로 가면 정각에 도착한다. 하지만 서류를 두고 와서 출발 16분 후 지금의 2배 속력으로 집으로 되돌아갔다. 다시 처음의 3배 속력으로 회사로 가면 정각에 도착할 수 있다. 회사와 집 간의 거리는 얼마인가?

① 1.6km   ② 1.8km   ③ 2.0km   ④ 2.2km   ⑤ 2.4km

125) 기차 A, B가 서로 다른 속도로 터널을 지나가고 있고 A가 B보다 3km/h 더 빠르다. 이 두 기차가 터널에 진입하여, A기차가 터널의 4/5 지점에 도착하였을 때, A가 속도를 5km/h 늦추어 운행하자 두 열차가 터널을 동시에 통과하였다. 열차 A의 원래 속도는 얼마인가?

① 5km/h   ② 6km/h   ③ 7km/h   ④ 8km/h   ⑤ 9km/h

126) A는 배를 타고 강 상류에서 선착장에서 출발해 강 하류 20km지점에 선착장까지 왕복하는데 5시간 소요된다. 강물이 3km/h의 속력으로 흐르고 있다면, 흐름이 없는 잔잔한 물위에서 배의 속력은?

① 5km/h   ② 6km/h   ③ 7km/h   ④ 8km/h   ⑤ 9km/h

127) 어느 축구팀은 비가 오는 날 경기에서 이길 확률이 0.2이고, 비가 오지 않는 날 경기에서 이길 확률이 0.7이라 한다. 이번 주 주말에 비가 올 확률이 0.4일 때, 이 팀이 주말에 이길 확률은? (단, 비기는 경우는 없다.)

① 0.2   ② 0.3   ③ 0.4   ④ 0.5   ⑤ 0.6

128) T 기업은 아래와 같은 방식으로 뽑기를 하여 2023년 9월 당직근무를 정하기로 했다. 박 사원이 가장 먼저 제비뽑기를 할 때, 박 사원이 하루라도 휴일에 당직근무를 할 확률은 기약분수로 $\frac{a}{b}$이다. b + a는 얼마인가?

- 직원은 15명이며, 각 직원은 한 달에 2번씩 제비뽑기를 한다.
- 2023년 9월 1일은 금요일이고 30일까지 있다. 28, 29, 30일은 추석연휴로 공휴일에 해당한다.
- 토요일, 일요일, 공휴일은 휴일 근무로 간주한다.

① 145   ② 172   ③ 211   ④ 233   ⑤ 256

129) 서로 다른 두 개의 주사위를 동시에 던질 때, 나오는 눈의 수의 합이 5의 배수가 되지 않는 경우의 수는?

① 21　　　② 23　　　③ 25　　　④ 27　　　⑤ 29

130) 남학생 4명과 여학생 3명이 다음 그림과 같이 7개의 의자에 앉는다. 이때 여학생끼리 이웃하지 않도록 앉는 방법의 수를 구하여라.

① 720　　　② 900　　　③ 1080　　　④ 1200　　　⑤ 1440

131) 비가 온 날의 다음 날에 비가 올 확률은 1/2이고, 비가 오지 않은 날의 다음 날에 비가 올 확률은 1/3이라고 한다. 월요일에 비가 왔을 때, 같은 주 목요일에 비가 올 확률은?

① 23/72　　　② 25/72　　　③ 29/72　　　④ 31/72　　　⑤ 35/72

132) 다음 그림과 같이 어떤 체육관에 8개의 출입문이 있다. A, B 두 출입구는 입장만 가능하다고 할 때, 어느 한 출입문으로 들어와서 다른 출입문으로 나가는 방법의 수는?

① 12　　　② 40　　　③ 42　　　④ 48　　　⑤ 56

133) 남학생 12명과 여학생 4명을 일렬로 세울 때, 여학생끼리는 이웃하지 않고 남학생끼리는 4명 이상씩 이웃하도록 세우는 방법의 수는 a! × b! 이다. 자연수 a, b에 대하여 a + b의 값은? (단, a > b)

① 12　　　② 13　　　③ 14　　　④ 15　　　⑤ 16

정답 129 ⑤　130 ⑤　131 ③　132 ③　133 ⑤

134) 흰 바둑돌 5개와 검은 바둑돌 4개를 일렬로 나열할 때, 가운데 놓인 바둑돌을 중심으로 대칭인 형태로 바둑돌을 나열하는 방법의 수는?

① 6　　　　② 7　　　　③ 8　　　　④ 9　　　　⑤ 10

135) 남학생 5명과 여학생 3명이 밴드부에 지원하였다. 지원자 8명 중에서 3명을 뽑을 때, 남학생과 여학생이 적어도 한 명씩은 포함되도록 뽑는 방법의 수는?

① 35　　　② 40　　　③ 45　　　④ 50　　　⑤ 55

136) 11명의 학생을 3명, 3명, 5명의 3개의 조로 나누어 과학실, 화장실, 식당을 청소하도록 하는 방법의 수를 고르시오.

① 4620　　② 6930　　③ 13860　　④ 27720　　⑤ 55440

137) 주사위를 한 개 던져서 홀수의 눈이 나오면 동전을 3번 던지고, 짝수의 눈이 나오면 동전을 2번 던지기로 할 때, 동전의 앞면이 1번 나올 확률은?

① 3/16　　② 1/4　　③ 5/16　　④ 3/8　　⑤ 7/16

138) U기업은 평일(5일) 동안 아래와 같이 야간근무를 운영하고 있다. 아래의 기준에 따라 야간 당직 근무 표를 작성할 때, 가능한 모든 경우의 수는 몇 가지인가?

- 평일 야간 당직근무는 A, B, C, D, E 5명으로 배정한다.
- 근무 시간을 전반야(18~24시), 후반야(24~06시) 총 2회차로 나고, 1회차에는 1 명씩 배정한다.
- 하루에 전반야와 후반야 중 1번씩만 근무할 수 있으며, 5명의 직원은 5일간 모두 동일한 횟수의 당직근무를 선다.
- A와 B는 전반야, C와 D는 후반야만 가능하다.
- E는 전반야, 후반야 둘 다 근무가 가능하다.

① 720　　② 840　　③ 900　　④ 1050　　⑤ 1200

빠꼼이 NCS 기본서

Chapter 1 단순 수열
Chapter 2 복합 수열
Chapter 3 수열 응용

Part 1

수리능력

II. 수열(수추리)

Chapter 1 단순 수열

STEP 1

01 제시된 수를 적절하게 연산해 빈칸에 들어갈 알맞은 수를 고르시오.

8, 12, 20, 32, ( ), 68

① 48 ② 50 ③ 52 ④ 54

해설

8   12   20   32   (48)   68
 +4   +8   +12   +16   +20

02 제시된 수를 적절하게 연산해 빈칸에 들어갈 알맞은 수를 고르시오.

3, 9, 27, 81, 243, ( )

① 405 ② 486 ③ 729 ④ 972

해설

3   9   27   81   243   (729)
 ×3   ×3   ×3   ×3   ×3

03 제시된 수를 적절하게 연산해 빈칸에 들어갈 알맞은 수를 고르시오.

2, 6, 11, ( ), 13, 8, 2

① 14 ② 15 ③ 17 ④ 18

해설

2   6   11   (17)   13   8   2
 +4   +5   +6   -4   -5   -6

정답 01 ① 02 ③ 03 ③

04 아래 표에 빈칸에 들어갈 수로 적합한 것은?

?	4	16
196		36
144	100	64

① 248 ② 256 ③ 292 ④ 392

해설

4　　16　　36　　64　　100　　144　　196　　(256)
　+12　+20　+28　+36　+44　+52　+60

05 아래 표에 빈칸에 들어갈 수로 적합한 것은?

↓		4096
4		1024
16	64	?

① 128 ② 192 ③ 256 ④ 512

해설

4　　16　　64　　(256)　　1024　　4096
　×4　×4　×4　×4　×4

정답 04 ② 05 ③

06 제시된 수를 적절하게 연산해 빈칸에 들어갈 알맞은 수를 고르시오.

| $\frac{5}{11}$ | $\frac{8}{16}$ | $\frac{(\ )}{(\ )}$ | $\frac{14}{26}$ | $\frac{17}{31}$ | $\frac{20}{36}$ |

① $\frac{11}{21}$ ② $\frac{12}{21}$ ③ $\frac{14}{26}$ ④ $\frac{11}{26}$

해설

$$\frac{5}{11} \xrightarrow{+3}_{+5} \frac{8}{16} \xrightarrow{+3}_{+5} \frac{(11)}{(21)} \xrightarrow{+3}_{+5} \frac{14}{26} \xrightarrow{+3}_{+5} \frac{17}{31} \xrightarrow{+3}_{+5} \frac{20}{36}$$

07 제시된 수를 적절하게 연산해 빈칸에 들어갈 알맞은 수를 고르시오.

| 326,592 | 54,432 | 9,072 | 1,512 | 252 | ( ) | 7 |

① 63   ② 21   ③ 42   ④ 84

해설

326,592 ÷6 54,432 ÷6 9,072 ÷6 1,512 ÷6 252 ÷6 ( ) ÷6 7

08 다음 41번째 올 수는?

| 2, 4, 8, 14, 22, 32, 44, 58, 74, 92, 112, …, …, … |

① 1622   ② 1626   ③ 1630   ④ 1642

해설

2 4 8 14 22 32 44 58 74 92 112 …
+2 +4 +6 +8 +10 +12 +14 +16 +18 +20

41번째 올 수는 첫째항인 2에서 + 2 + 4 + 6 … + 80 이다.
2 + 4 + 6 … + 80는 2 × 40 × 41 / 2 = 1640이며 첫 항 2를 더하면 1642

09 아래 표에 빈칸에 들어갈 수로 적합한 것은?

4	7	10	13	16
9	17	25	33	?

① 31   ② 33   ③ 37   ④ 41

해설

	+3	+3	+3	+3
4	7	10	13	16
9	17	25	33	(41)
	+8	+8	+8	+8

정답 06 ① 07 ③ 08 ④ 09 ④

10 아래 그림에 빈칸에 들어갈 수로 적합한 것은?

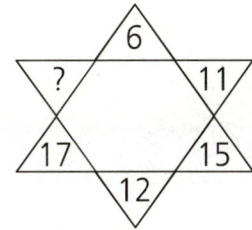

① 19   ② 21   ③ 23   ④ 25

해설

맞은 편 숫자간의 차이가
17 − 11 = 6, 12 − 6 = 6
? − 15 = 6, ? = 21

11 아래 그림에 빈칸에 들어갈 수로 적합한 것은?

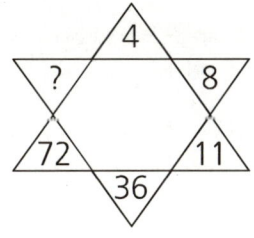

① 22   ② 45   ③ 61   ④ 99

해설

맞은 편 숫자간의 곱셈이
4 × (9) = 36, 8 × (9) = 72
11 × (9) = ?, ? = 99

정답 10 ② 11 ④

Chapter 2 복합 수열

STEP 1

01 제시된 수를 적절하게 연산해 빈칸에 들어갈 알맞은 수를 고르시오.

| 2 4 6 12 14 28 ( ) 60 |

① 30　　② 36　　③ 42　　④ 58

해설

2　　4　　6　　12　　14　　28　　(30)　　60
　×2　+2　×2　+2　×2　+2　×2

02 제시된 수를 적절하게 연산해 빈칸에 들어갈 알맞은 수를 고르시오.

| 3 11 35 107 ( ) 971 |

① 214　　② 311　　③ 323　　④ 428

해설

3　　11　　35　　107　　(323)　　971
　×3+2　×3+2　×3+2　×3+2　×3+2

정답 01 ① 02 ③

03 아래 표에 빈칸에 들어갈 수로 적합한 것은?

↓	44	35
5		27
( )	14	20

① 7   ② 8   ③ 9   ④ 11

해설

5   (9)   14   20   27   35   44
 +4   +5   +6   +7   +8   +9

04 제시된 수를 적절하게 연산해 빈칸에 들어갈 알맞은 수를 고르시오.

3, 2, 6, −3, 13, −12, 24, ( )

① −25   ② −36   ③ −44   ④ −49

해설

3   2   6   −3   13   −12   24   (−25)
  −1 +4 −9 +16 −25 +36 −49

05 제시된 수를 적절하게 연산해 빈칸에 들어갈 알맞은 수를 고르시오.

2 4 4 9 8 16 16 25 ( )

① 25   ② 32   ③ 48   ④ 50

해설

(홀수열)   2   4   8   16   (32)
              ×2   ×2   ×2   ×2

(짝수열)   4   9   16   25
          2^2 3^2 4^2 5^2

정답 03 ③ 04 ① 05 ②

Chapter 2. 복합 수열

06 제시된 수를 적절하게 연산해 빈칸에 들어갈 알맞은 수를 고르시오.

| 3 2 9 4 27 16 81 ( ) |

① 36   ② 64   ③ 243   ④ 128

07 제시된 수를 적절하게 연산해 빈칸에 들어갈 알맞은 수를 고르시오.

| 3 4 5 5 6 7 7 8 ( ) |

① 6   ② 7   ③ 8   ④ 9

해설

(홀수열) 3 ×3 9 ×3 27 ×3 81

(짝수열) 2 ×2 4 ×4 16 ×8 (128)

해설

(3 4 5) (5 6 7) (7 8 (9))

정답 06 ④   07 ④

08 제시된 수를 적절하게 연산해 빈칸에 들어갈 알맞은 수를 고르시오.

| 4 9 36 41 164 169 676 ( ) |

① 681   ② 691   ③ 2704   ④ 2709

해설

4　　9　　36　　41　　164　　169　　676　　(681)
　+5　×4　　+5　×4　　+5　　×4　　+5

09 제시된 수를 적절하게 연산해 빈칸에 들어갈 알맞은 수를 고르시오.

| $\frac{2}{1}$ $\frac{5}{4}$ $\frac{8}{9}$ $\frac{11}{16}$ $\frac{(\ )}{(\ )}$ $\frac{17}{36}$ $\frac{20}{49}$ |

① $\frac{11}{25}$ ② $\frac{14}{25}$ ③ $\frac{14}{26}$ ④ $\frac{15}{26}$

해설

(분자)　　+3　　+3　　+3　　+3　　+3　　+3
　$\frac{2}{1}$　$\frac{5}{4}$　$\frac{8}{9}$　$\frac{11}{16}$　$\frac{(14)}{(25)}$　$\frac{17}{36}$　$\frac{20}{49}$
(분모)　1^2　2^2　3^2　4^2　5^2　6^2　7^2

10 제시된 수를 적절하게 연산해 빈칸에 들어갈 알맞은 수를 고르시오.

| 1 2 3 4 15 16 255 ( ) |

① 225   ② 256   ③ 509   ④ 511

해설

1　　2　　3　　4　　15　　16　　255　　(256)
　+1　2^2-1　+1　4^2-1　+1　16^2-1　+1

정답 08 ①　09 ②　10 ②

Chapter 2. 복합 수열

11 아래 표에 빈칸에 들어갈 수로 적합한 것은?

( )	2	6
35		3
40	8	12

① 50　② 72　③ 140　④ 210

해설

2　6　3　12　8　40　35　(210)
　×3　−3　×4　−4　×5　−5　×6

12 ↓부터 시계 방향으로 돌아갈 때, 일정한 규칙을 찾아 '?'에 들어갈 알맞은 것을 고르시오.

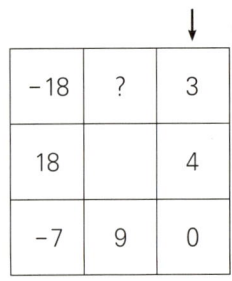

① 25　② 31　③ 36　④ −36

해설

3　4　0　9　−7　18　−18　(31)
　+1　−4　+9　−16　+25　−36　+49

13 ↓부터 시계 방향으로 돌아갈 때, 일정한 규칙을 찾아 '?'에 들어갈 알맞은 것을 고르시오.

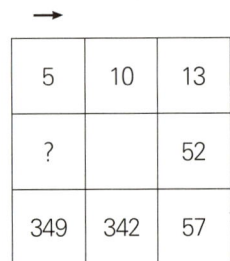

① 1786　② 2094　③ 2432　④ 2792

해설

5　10　13　52　57　342　349　(2792)
　×2　+3　×4　+5　×6　+7　×8

정답 11 ④　12 ②　13 ④

14 56번째 올 수는?

1 1 2 1 2 3 1 2 3 4 ……

① 8   ② 9   ③ 10   ④ 1

해설

(1) (1 2) (1 2 3) (1 2 3 4) …… ……, …
각 괄호를 묶음으로 보면 1 묶음은 숫자 1개, 2묶음은 숫자가 2개 있다. 이런 식으로 n 군까지 총 숫자의 개수는 1 + 2 + 3 + … + n 이 된다. 1 + 2 + 3 + … + n = n(n + 1) / 2 이고 n 이 10일 때 10 × 11 / 2 = 55이므로 10묶음 마지막 숫자가
전체 수로는 55번째 항이다. 따라서 56번째 항은 11묶음 첫 숫자인 1이 된다.

15 제시된 수를 적절하게 연산해 빈칸에 들어갈 알맞은 수를 고르시오.

3, 8, 5, 6, 13, 7, 9, ( ), 4

① 11   ② 13   ③ 15   ④ 17

해설

(3 8 5)   (6 13 7)   (9 (13) 4)
3 + 5 = 8   6 + 7 = 13   9 + 4 = 13

16 25번째 올 수는?

23 29 35 41 47 …… ……

① 148   ② 159   ③ 167   ④ 174

해설

23   29   35   41   47 …… ……
　+6   +6   +6   +6

등차수열의 일반항은 첫째항 + 공차 × (n − 1)이므로
위 수열의 일반항은 = 23 + 6(n − 1)이다.
25번째 올 수는 n에 25를 대입한 숫자 167

정답 14 ④ 15 ② 16 ③

Chapter 2. 복합 수열

17 제시된 알파벳을 적절하게 연산해 빈칸에 들어갈 알맞은 알파벳을 고르시오.

| B C E H L Q W ( ) |

① C ② D ③ E ④ F

해설

B C E H L Q W (D)
2 3 5 8 12 17 23 (30)
 +1 +2 +3 +4 +5 +6 +7

18 제시된 알파벳을 적절하게 연산해 빈칸에 들어갈 알맞은 알파벳을 고르시오.

| C D G L S B ( ) |

① L ② M ③ N ④ O

해설

C D G L S B (M)
3 4 7 12 19 28 39
 +1 +3 +5 +7 +9 +11

19 제시된 문자를 적절하게 연산해 빈칸에 들어갈 알맞은 문자를 고르시오.

| 가 나 라 사 카 나 ( ) |

① 아 ② 자 ③ 차 ④ 카

해설

가 나 라 사 카 나 (아)
1 2 4 7 11 16 22
 +1 +2 +3 +4 +5 +6

정답 17 ② 18 ② 19 ①

20 제시된 알파벳을 적절하게 연산해 빈칸에 들어갈 알맞은 알파벳을 고르시오.

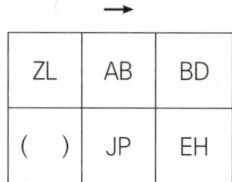

ZL	AB	BD
( )	JP	EH

① PF ② PG ③ QF ④ QG

해설

AB	BD	EH	JP	(QF)	ZL
1/2	2/4	5/8	10/16	17/32	26/64

+1/×2 +3/×2 +5/×2 +7/×2 +9/×2

21 제시된 문자를 적절하게 연산해 빈칸에 들어갈 알맞은 문자를 고르시오.

다 바 차 가 사 ( )

① 타 ② 파 ③ 하 ④ 가

해설

다	바	차	가	사	(하)
3	6	10	15	21	28

+3 +4 +5 +6 +7

22 제시된 문자를 적절하게 연산해 빈칸에 들어갈 알맞은 문자를 고르시오.

3	Ⅱ	ㅊ	( )	타	F
X	파	5	9	( )	ㅈ

① Q, Ⅲ ② Q, Ⅳ ③ R, Ⅲ ④ R, Ⅳ

해설

3	Ⅱ	ㅊ	( )	타	F
X	파	5	9	( )	ㅈ

X : 뒤에서 3번째, 파 : 뒤에서 2번째, ㅊ : 뒤에서 5번째,
(R) : 뒤에서 9번째, 타 : 뒤에서 3번째(Ⅲ), ㅈ : 뒤에서 5번째(F)

정답 20 ③ 21 ③ 22 ③

Chapter 3 수열 응용

STEP 1

01 제시된 수를 적절하게 연산해 빈칸에 들어갈 알맞은 수를 고르시오.

| 1 2 3 5 8 13 21 ( ) |

① 34   ② 36   ③ 38   ④ 40

해설

1	2	3	5	8	13	21	(34)
		(1+2)	(2+3)	(3+5)	(5+8)	(8+13)	(13+21)

02 제시된 수를 적절하게 연산해 빈칸에 들어갈 알맞은 수를 고르시오.

| (1, 1) (2, 4) (3, ?) (4, 256) |

① 9   ② 18   ③ 27   ④ 81

해설

(1, 1)   → 1   = 1^1
(2, 4)   → 4   = 2^2
(3, ?)   → 27 = 3^3
(4, 256) → 256 = 4^4

03 제시된 수를 적절하게 연산해 빈칸에 들어갈 알맞은 수를 고르시오.

| 5 30 46 55 59 ( ) |

① 63   ② 61   ③ 60   ④ 59

해설

5	30	46	55	59	(60)
	+25	+16	+9	+4	+1

정답 01 ① 02 ③ 03 ③

04 제시된 수를 적절하게 연산해 빈칸에 들어갈 알맞은 수를 고르시오.

| −2 3 4 11 26 63 ( ) |

① 112   ② 131   ③ 145   ④ 152

해설

− A B C 배열에서 C = 2B + A
 −2   3   4   11   26   63   (152)
       2×3−2 2×4+3 2×11+4 2×26+11 2×63+26

05 제시된 수를 적절하게 연산해 빈칸에 들어갈 알맞은 수를 고르시오.

| 715 728 745 761 775 794 ( ) |

① 809   ② 814   ③ 816   ④ 820

해설

− 각 자릿수의 합만큼 더해준다.
 715   728   745   761   775   794   (814)
  +(7+1+5) +(7+2+8) +(7+4+5) +(7+6+1) +(7+7+5) +(7+9+4)

06 제시된 수를 적절하게 연산해 빈칸에 들어갈 알맞은 수를 고르시오.

| 1 2 5 −3 13 −28 ( ) |

① −11   ② 15   ③ −41   ④ 41

해설

− A B C D 배열에서 D = A × B − C
 1   2   5   −3   13   −28   (−11)
      1×2−5 2×5−(−3) 5×(−3)−13 (−3)×13−(−28)

07 제시된 수를 적절하게 연산해 빈칸에 들어갈 알맞은 수를 고르시오.

| 2 8 −4 20 −28 68 ( ) |

① −124   ② 124   ③ 20   ④ −96

해설

− A B C 배열에서 C = 2A − B
 2   8   −4   20   −28   68   (−124)
      2×2−8 2×8−(−4) 2×(−4)−20 2×20−(−28) 2×(−28)−68

정답 04 ④   05 ②   06 ①   07 ①

Chapter 3. 수열 응용

08 제시된 수를 적절하게 연산해 빈칸에 들어갈 알맞은 수를 고르시오.

| $\frac{8}{1}$ | $\frac{16}{4}$ | $\frac{26}{7}$ | $\frac{38}{10}$ | $\frac{52}{13}$ | $\frac{68}{16}$ | $\frac{(\ )}{(\ )}$ |

① $\frac{84}{19}$　② $\frac{86}{19}$　③ $\frac{86}{20}$　④ $\frac{88}{20}$

해설

$$\begin{array}{ccccccc} & +8 & +10 & +12 & +14 & +16 & +18 \\ \frac{8}{1} & \frac{16}{4} & \frac{26}{7} & \frac{38}{10} & \frac{52}{13} & \frac{68}{16} & \frac{(86)}{(19)} \\ & +3 & +3 & +3 & +3 & +3 \end{array}$$

09 제시된 수를 적절하게 연산해 빈칸에 들어갈 알맞은 수를 고르시오.

| $\frac{1}{6}$ | $\frac{2}{9}$ | $\frac{1}{4}$ | $\frac{4}{15}$ | $\frac{5}{18}$ | $\frac{2}{7}$ | $\frac{(\ )}{(\ )}$ |

① $\frac{2}{9}$　② $\frac{8}{27}$　③ $\frac{8}{21}$　④ $\frac{7}{24}$

해설

$$\begin{array}{ccccccc} & +1 & +1 & +1 & +1 & +1 & +1 \\ \frac{1}{6} & \frac{2}{9} & \frac{1}{4}(=\frac{3}{12}) & \frac{4}{15} & \frac{5}{18} & \frac{2}{7}(=\frac{6}{21}) & \frac{(7)}{(24)} \\ & +3 & +3 & +3 & +3 & +3 & +3 \end{array}$$

정답 08 ② 09 ④

10 아래 표에 빈칸에 들어갈 수로 적합한 것은?

3	8	5	10
6			8
8			( )
11	14	4	7

① 5 ② 7 ③ 9 ④ 11

해설

- 행과 열에서 가장 바깥에 위치한 수의 합과 안쪽에 위치한 수의 합은 같다.
  첫 번째 열에서 3 + 10 = 8 + 5
  4번째 행에서 10 + 7 = 8 + (9)

11 아래 표에 빈칸에 들어갈 수로 적합한 것은?

?	5	7	11
6	12	10	6

① 11 ② 8 ③ 4 ④ 1

해설

(?, 6) → ? + 6 = 17, ? = 11
(5, 12) → 5 + 12 = 17
(7, 10) → 7 + 10 = 17
(11, 6) → 11 + 6 = 17

12 아래 표에 빈칸에 들어갈 수로 적합한 것은?

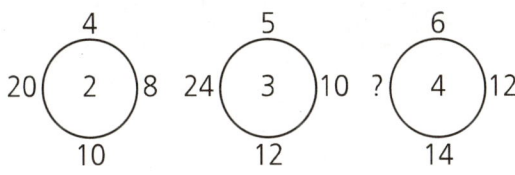

① 26 ② 28 ③ 30 ④ 32

해설

원을 기준으로 원 위는 (4,5,6), 원 아래는 (10,12,14), 원 안은 (2,3,4)
원 우측은 (8,10,12), 원 좌측은 (20,24,?), ? = 28
(?, 6) → ? + 6 = 17, ? = 11

정답 10 ③ 11 ① 12 ②

Chapter 3. 수열 응용

13 제시된 수를 적절하게 연산해 빈칸에 들어갈 알맞은 수를 고르시오.

> 2, 3, 5, 8, 13, 21, 34, (   )

① 45   ② 55   ③ 64   ④ 81

해설

2   3   5   8   13   21   34   (55)
　　(2+3) (3+5) (5+8) (8+13) (13+21) (21+34)

14 제시된 수를 적절하게 연산해 빈칸에 들어갈 알맞은 수를 고르시오.

> 763, 779, 802, 812, 823, (   )

① 821   ② 829   ③ 836   ④ 845

해설

- 각자릿수의 합만큼 더해준다.

763　　779　　802　　812　　823　　(836)
　+(7+6+3) +(7+7+9) +(8+0+2) +(8+1+2) +(8+2+3)

15 1에서 9까지의 9개 숫자를 다음 계산식의 네모 안에 한 번씩 넣어 세 개의 계산식이 동시에 성립하도록 할 때, A에 들어갈 숫자는?

> A ÷ □ = □
> □ + □ = □
> □ − □ = □

① 6   ② 7   ③ 8   ④ 9

해설

- A ÷ □ = □가 가능한 1 ~ 9까지의 수는 8 ÷ 4 = 2, 6 ÷ 3 = 2 2종류이다.
- 나머지 수들로 아래의 식을 만족하는 경우는
  6 ÷ 3 = 2
  1 + 7 = 8
  4 + 5 = 9

정답 13 ② 14 ③ 15 ①

16 제시된 수를 적절하게 연산해 빈칸에 들어갈 알맞은 수를 고르시오.

| 6, 4, 2, 6   2, 2, 4, 4   8, 7, 5, (   ) |

① 8 ② 9 ③ 10 ④ 11

해설

$a, b, c, d \rightarrow (a + b + c) \div 2 = d$
$\underline{6, 4, 2, 6} \rightarrow (6 + 4 + 2) \div 2 = 6$
$\underline{2, 2, 4, 4} \rightarrow (2 + 2 + 4) \div 2 = 4$
$\underline{8, 7, 5, (\ )} \rightarrow (8 + 7 + 5) \div 2 = 10$

17 제시된 수를 적절하게 연산해 빈칸에 들어갈 알맞은 수를 고르시오.

| 3, 6, 11   3, 8, 13   5, 7, (   ) |

① 12 ② 14 ③ 16 ④ 18

해설

$a, b, c \rightarrow a + b + 2 = c$
$\underline{3, 6, 11} \rightarrow 3 + 6 + 2 = 11$
$\underline{3, 8, 13} \rightarrow 3 + 8 + 2 = 13$
$\underline{5, 7, (\ )} \rightarrow 5 + 7 + 2 = 14$

18 제시된 수를 적절하게 연산해 빈칸에 들어갈 알맞은 수를 고르시오.

| 6, 7, 4, 3   3, 5, 4, 2   5, 7, 6, (   ) |

① 2 ② 4 ③ 5 ④ 6

해설

$a, b, c, d \rightarrow a + c = b + d$
$\underline{6, 7, 4, 3} \rightarrow 6 + 4 = 7 + 3$
$\underline{3, 5, 4, 2} \rightarrow 3 + 4 = 5 + 2$
$\underline{5, 7, 6, (\ )} \rightarrow 5 + 6 = 7 + (4)$

19 제시된 수를 적절하게 연산해 빈칸에 들어갈 알맞은 수를 고르시오.

| 1, 4, 7, 5, 7   5, 2, 4, 8, 3   2, 4, 3, 5, (   ) |

① 3 ② 4 ③ 5 ④ 6

해설

$a, b, c, d, e \rightarrow a + b + c - d = e$
$\underline{1, 4, 7, 5, 7} \rightarrow 1 + 4 + 7 - 5 = 7$
$\underline{5, 2, 4, 8, 3} \rightarrow 5 + 2 + 4 - 8 = 3$
$\underline{2, 4, 3, 5, (\ )} \rightarrow 2 + 4 + 3 - 5 = (4)$

정답 16 ③ 17 ② 18 ② 19 ②

Chapter 3. 수열 응용

20 제시된 수를 적절하게 연산해 빈칸에 들어갈 알맞은 수를 고르시오.

| 5, 3, 18   4, (　), 27   5, 7, 38 |

① 4　　② 5　　③ 6　　④ 7

해설

$a, b, c \rightarrow a \times b + 3 = c$
$5, 3, 18 \rightarrow 5 \times 3 + 3 = 18$
$4, (\ ), 27 \rightarrow 4 \times (6) + 3 = 27$
$5, 7, 38 \rightarrow 5 \times 7 + 3 = 38$

21 제시된 수를 적절하게 연산해 빈칸에 들어갈 알맞은 수를 고르시오.

| 5, 6, 7, 8   9, 7, 5, 3   −1, 0, (　), −3 |

① −4　　② −2　　③ 0　　④ 2

해설

$a, b, c, d \rightarrow a + d = b + c$
$5, 6, 7, 8 \rightarrow 5 + 8 = 6 + 7$
$9, 7, 5, 3 \rightarrow 9 + 3 = 7 + 5$
$-1, 0, (\ ), -3 \rightarrow -1 + (-3) = 0 + (-4)$

22 제시된 수를 적절하게 연산해 빈칸에 들어갈 알맞은 수를 고르시오.

| 2, 3, 4   4, 4, 6   4, 3, (　) |

① 3　　② 4　　③ 5　　④ 6

해설

$a, b, c \rightarrow \dfrac{a}{2} + b = c$
$2, 3, 4 \rightarrow \dfrac{2}{2} + 3 = 4$
$4, 4, 6 \rightarrow \dfrac{4}{2} + 4 = 6$
$4, 3, (\ ) \rightarrow \dfrac{4}{2} + 3 = 5$

23 제시된 수를 적절하게 연산해 빈칸에 들어갈 알맞은 수를 고르시오.

| 4, 2, 16   5, 3, (　)   6, 4, 48 |

① 25　　② 30　　③ 35　　④ 40

해설

$a, b, c \rightarrow a \times b \times 2 = c$
$4, 2, 16 \rightarrow 4 \times 2 \times 2 = 16$
$5, 3, (\ ) \rightarrow 5 \times 3 \times 2 = (30)$
$6, 4, 48 \rightarrow 6 \times 4 \times 2 = 48$

정답 20 ③　21 ①　22 ③　23 ②

24 제시된 수를 적절하게 연산해 빈칸에 들어갈 알맞은 수를 고르시오.

| ( ), 4, 6   10, 5, 4   16, 4, 8 |

① 6　　② 8　　③ 10　　④ 12

해설

a, b, c → $\dfrac{a}{b} \times 2 = c$

( ), 4, 6 → $\dfrac{(12)}{4} \times 2 = 6$

10, 5, 4 → $\dfrac{10}{5} \times 2 = 4$

16, 4, 8 → $\dfrac{16}{4} \times 2 = 8$

25 제시된 수를 적절하게 연산해 빈칸에 들어갈 알맞은 수를 고르시오.

| 3, 1, 2, 5   2, 6, 5, 4   4, 6, 3, ( ) |

① 4　　② 5　　③ 6　　④ 8

해설

a, b, c, d → $a \times c - b = d$

3, 1, 2, 5 → $3 \times 2 - 1 = 5$

2, 6, 5, 4 → $2 \times 5 - 6 = 4$

4, 6, 3, ( ) → $4 \times 3 - 6 = 6$

26 제시된 수를 적절하게 연산해 빈칸에 들어갈 알맞은 수를 고르시오.

| 2, 2, 6, 5   4, 2, 4, 10   5, 2, 3, ( ) |

① 12　　② 14　　③ 16　　④ 18

해설

a, b, c, d → $\dfrac{a^b + c}{2} = d$

2, 2, 6, 5 → $\dfrac{2^2 + 6}{2} = 5$

4, 2, 4, 10 → $\dfrac{4^2 + 4}{2} = 10$

5, 2, 3, ( ) → $\dfrac{5^2 + 3}{2} = 14$

27 제시된 수를 적절하게 연산해 빈칸에 들어갈 알맞은 수를 고르시오.

| 3, 4, 16   4, 5, 25   5, 6, ( ) |

① 26　　② 30　　③ 32　　④ 36

해설

a, b, c → $a \times b + b = c$

3, 4, 16 → $3 \times 4 + 4 = 16$

4, 5, 25 → $4 \times 5 + 5 = 25$

5, 6, ( ) → $5 \times 6 + 6 = 36$

정답 24 ④　25 ③　26 ②　27 ④

28 제시된 수를 적절하게 연산해 빈칸에 들어갈 알맞은 수를 고르시오.

| 3, 4, 28   5, 3, 24   3, 5, (   ) |

① 40 ② 35 ③ 30 ④ 25

해설

a, b, c → (a + b) × b = c
3, 4, 28 → (3 + 4) × 4 = 28
5, 3, 24 → (5 + 3) × 3 = 24
3, 5, ( ) → (3 + 5) × 5 = 40

29 제시된 수를 적절하게 연산해 빈칸에 들어갈 알맞은 수를 고르시오.

| 2, 3, 25   5, 6, 121   7, (   ), 225 |

① 4 ② 5 ③ 6 ④ 8

해설

a, b, c → $(a + b)^2 = c$
2, 3, 25 → $(2 + 3)^2 = 25$
5, 6, 121 → $(5 + 6)^2 = 121$
7, ( ), 225 → $(7 + 8)^2 = 225$

30 제시된 수를 적절하게 연산해 빈칸에 들어갈 알맞은 수를 고르시오.

| (   ), 4, 36   8, 3, 25   19, 10, 81 |

① 16 ② 14 ③ 12 ④ 10

해설

a, b, c → $(a - b)^2 = c$
( ), 4, 36 → $(10 - 4)^2 = 36$
8, 3, 25 → $(8 - 3)^2 = 25$
19, 10, 81 → $(19 - 10)^2 = 81$

31 제시된 수를 적절하게 연산해 빈칸에 들어갈 알맞은 수를 고르시오.

4	2	3
5		

3	4	5
7		

4	( )	3
17		

① 4 ② 5 ③ 6 ④ 7

해설

a	b	c
d		

→ a × b − c = d

4	( )	3
17		

→ 4 × (5) − 3 = 17

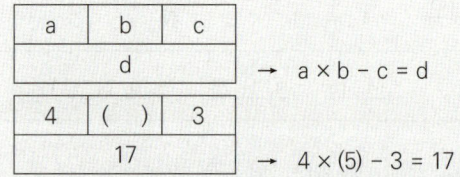

정답 28 ① 29 ④ 30 ④ 31 ②

32 제시된 수를 적절하게 연산해 빈칸에 들어갈 알맞은 수를 고르시오.

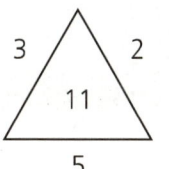 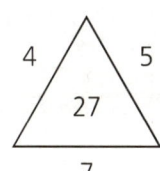 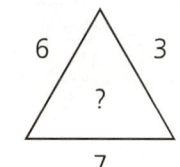

① 19   ② 21   ③ 23   ④ 25

해설

$a \times b + c = d$ $6 \times 3 + 7 = 25$

33 제시된 수를 적절하게 연산해 빈칸에 들어갈 알맞은 수를 고르시오.

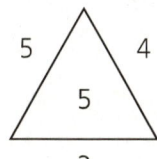 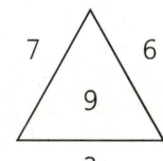 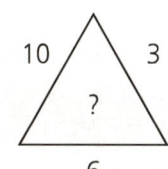

① 1   ② 2   ③ 3   ④ 4

해설

$a + b - 2c = d$ $10 + 3 - 2 \times 6 = 1$

34 제시된 수를 적절하게 연산해 빈칸에 들어갈 알맞은 수를 고르시오.

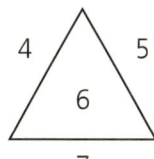 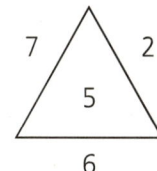 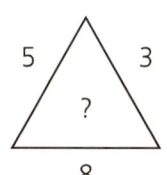

① 4   ② 5   ③ 6   ④ 7

해설

$a + b + c - 10 = d$ $5 + 3 + 8 - 10 = 6$

정답 32 ④ 33 ① 34 ③

Chapter 3. 수열 응용

35 제시된 수를 적절하게 연산해 빈칸에 들어갈 알맞은 수를 고르시오.

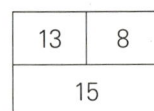 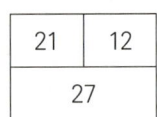

16	3
( )	

① 36   ② 37   ③ 38   ④ 39

해설

a	b
c	

→ (a – b) × 3 = c

16	3
( )	

→ (16 – 3) × 3 = 39

36 제시된 수를 적절하게 연산해 빈칸에 들어갈 알맞은 수를 고르시오.

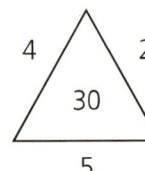 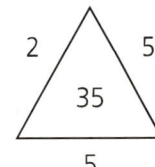 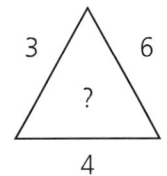

① 12   ② 24   ③ 36   ④ 48

해설

a △ b, d inside, c below → (a + b) × c = d

3 △ 6, ? inside, 4 below → (3 + 6) × 4 = 36

37 제시된 수를 적절하게 연산해 빈칸에 들어갈 알맞은 수를 고르시오.

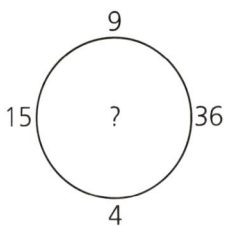

① 9   ② 12   ③ 15   ④ 18

해설

? + 3 = 15, ? – 3 = 9, ? × 3 = 36, ? ÷ 3 = 4
? = 12

정답 35 ④ 36 ③ 37 ②

MEMO

빠꼼이 NCS 기본서

Chapter 1　눈과 손으로 푸는 선택지
Chapter 2　머리로 푸는 선택지
Chapter 3　표와 그래프의 특성

Part 1

수리능력

Ⅲ. 자료해석

Chapter 1 눈과 손으로 푸는 선택지

1 분수비교

> • 증가율 계산식(증가율 vs 감소율 vs 증감율)

- 증가율 = $\dfrac{T_2 - T_1}{T_1} \times 100$ ■ 감소율 = $\dfrac{T_1 - T_2}{T_1} \times 100$ ■ 증감율(변화율) = $\left| \dfrac{T_2 - T_1}{T_1} \times 100 \right|$

  ※ 2018년도 전년대비 증가율을 구할 때는 T_2는 2018년도, T_1는 2017년도이다.

  tip 1. $\dfrac{T_2 - T_1}{T_1}$(증가율) = $\dfrac{T_2}{T_1} - 1$ 이므로 "증가율이 크다 = $\dfrac{T_2}{T_1}$가 크다. (= $\dfrac{T_1}{T_2}$이 작다.)"로 계산할 수가 있다.
  다만, 대소비교 시에는 사용이 가능하나, 증가율(%) 수치를 구할 때는 사용하면 안 된다.

  tip 2. 증가율보다 감소율을 어려워하는 경우가 많다. 감소율 = −증가율(증가율 = −감소율)이므로 감소율을 증가율로 바꿔서 계산하도록 하자. "감소율이 작다 = 증가율이 크다." "감소율이 크다 = 증가율이 작다."

  ex "2019년 전년대비 감소율이 가장 크다. = 2019년 전년대비 증가율이 가장 작다." → $\dfrac{T_2}{T_1}$가 작다"

- 배수 = $\dfrac{T_2}{T_1}$ = 증가율 + 1(= 100%)

  tip 3. 증가율이 50%이면, 배수는 1.5배이다.
  "전년대비 100% 이상 증가 했다. = 2배 이상이다", "전년대비 증가율이 200% 이상이다. = 3배 이상이다."
  "50% 증가 = 1.5배", "1.2배 = 20% 증가", "150% 증가 = 2.5배"

- 증가율 vs 배수 : 증가율이 크면 배수도 크다. 선택지에서 증가율이 큰 쪽을 물어보면 배수로 풀어도 된다.

  tip 4. 증가율이 작은 경우는 $\dfrac{T_2 - T_1}{T_1}$ (= $\dfrac{\text{증가폭}}{T_1}$)으로, 증가율이 큰 경우는 $\dfrac{T_2}{T_1}$로 계산하는 것이 쉽다.

  ※ 정해진 기준은 없지만, 배수가 1.5배(증가율 50%)보다 크면 배수로 비교, 1.5배(증가율 50%)보다 작으면 증가율로 비교하는 것이 편하다.

  ex $\dfrac{192}{181}$ vs $\dfrac{164}{154}$ → 배수가 1.5배가 안되니 분자를 증가폭으로 바꾼다.

  $\dfrac{192}{181}$ vs $\dfrac{164}{154}$ → $\dfrac{192 - 181}{181}$ vs $\dfrac{164 - 154}{154}$ → $\dfrac{11}{181}$ < $\dfrac{10}{154}$: 분자는 비슷하나 분모가 좌항이 크기 때문

  ex $\dfrac{298}{181}$ vs $\dfrac{705}{354}$ → 배수가 1.5배가 넘으니 배수로 바로 본다.

  $\dfrac{298}{181}$ < $\dfrac{705}{354}$ → 좌항은 2보다 작지만, 우항은 거의 2에 가깝다. 배수가 1.5배 이상인 분수비교가 계산이 쉬운 경우가 많다.

자주 나오는 용어

- **(증가율·증가폭)** 증가율(감소율·증감률)은 상대수치(%)이고, 증가량(폭)·감소량(폭)·증감량(폭)은 절대수치(실수)이다.
  ※ 비교 시점(전년대비, 전월대비, 전년동기대비 등)을 확인하지 않는 실수가 많다.
- **(%, %p)** 증가율은 %로 표시하지만 비율(%)간의 차이는 %p로 표시한다.
  ex) 100억 → 120억 : 증가폭 20억, 증가율 20%
  　　100% → 120% : 증가폭 20%p, 증가율 20%
- **(지속적(매년) 증가 vs 증가추세)** 지속적 증가는 단 한 번도 유지 또는 감소가 있으면 안 된다. 하지만 증가추세는 증가하는 추세만 유지하면 되므로 시작점 대비 종료점이 증가해 있으면 된다.

분수의 주인공은 분자

- **"분수의 주인공은 분자이다."** 계산을 하고도 선택지가 맞는지 헷갈리는 경우가 많다. 이는 분수의 크기에 대한 개념이 없기 때문이다. 증가율, 비중 모두 **"크다, 이상이다"**의 대상은 분자이다.

  "A의 비중이 B보다 **크다**" 라는 선택지가 있다면 분모에 비해 **분자**가 **큰** 쪽이 분수가 큰 것이다. 즉, 분모에 비해 A의 **분자**가 크다면 ○, A의 분자가 작다면 ×이다.(당연히 분모에 비해서 분자의 크기를 보아야 한다.)

  "전년대비 증가율이 A가 B보다 크다." 분모(T1)에 비해 **분자(증가폭)**가 **큰** 쪽이 분수가 큰 것이다. 즉, 분모(T1)에 비해 A의 **분자(증가폭)**가 **크다**면 ○, A의 분자(증가폭)가 작다면 ×이다.

  "A의 비중이 30%이상이다." 라는 선택지가 있다면 분모에 비해 **분자**가 30% **이상**이면 ○, 30% 미만이면 ×이다.

  "A의 비중이 30%미만이다." 라는 선택지가 있다면 분모에 비해 **분자**가 30% **미만**이면 ○, 30% 이상이면 ×이다.

  선택지를 볼 때 **서술어**와 **분자의 크기**(분모 비해서)와 일치하는지 확인하면 헷갈리지 않는다.

  ex) A가 95명, 전체가 280명이다. 전체 중 A의 비중은 30% 이상이다.
  　→ A의 비중에서 분자는 A, 분모는 전체이다. 선택지가 30%이상이므로 분자가 30% 이상인지 봐야한다.
  　　분모(280) × 30% = 84명이므로 84명보다 분자가 크기 때문에 ○이다.

  ex) 2023년 A는 1022명, B는 672명이고, 2024년 A는 1084명, B는 698명이다.
  　2023년 A의 전년대비 증가율이 B보다 작다.
  　→ A의 증가폭은 62(=1084-1022)이고, B의 증가폭은 26(=698-672)이다.
  　　증가율에서 분자는 증가폭이다. 분모는 A(1022)가 B(672)의 2배가 되지 않지만, 분자(증가폭)는 2배 이상이다.
  　　즉, A는 B보다 분모에 비해서 분자가 더 크므로 증가율도 크다. 선택지는 A가 작다고 했으므로 ×이다.

- 분수 대소비교법(= $\frac{돈}{사람\ 수}$)

■ **1단계 (분모·분자 비교)**

◎ $\frac{132}{150} > \frac{125}{160}$ ◎ $\frac{138}{120} < \frac{139}{120}$ ◎ $\frac{171}{145} > \frac{171}{146}$

◎ $\frac{100}{600}$ ◯ $\frac{200}{1100}$ → $\frac{100 \times 2}{600 \times 2} (=\frac{200}{1200}) < \frac{200}{1100}$

◎ $\frac{45.7}{3652}$ ◯ $\frac{312}{19235}$ → $\frac{45.7}{3652} < \frac{312 \times 2}{19235 \times 2} (≒ \frac{600}{38000} = \frac{60}{3800})$

tip 1. 분모↑·분자↓이면 작은 수, 분모↓·분자↑이면 큰 값 → "돈은 많고 사람수가 적으면 행복(큰 값)"
→ 분자를 기준으로 판단한다. 분모에 비해 **분자가 큰** 쪽이 분수가 **크다**.
→ 분자를 기준으로 판단한다. 분모에 비해 **분자가 작은** 쪽이 분수가 **작다**.

tip 2. 분모·분자에 같은 수를 곱하여 비교대상과 같게(비슷하게) 만든다. → "돈 또는 사람수를 같거나 비슷하게 만든다."
→ 분자를 기준으로 판단한다. 분모가 비슷하면 **분자가 큰** 쪽이 분수가 **크다**.
분자가 비슷한 경우, 분모가 작은 쪽이 분모에 비해 **분자가 큰** 것이므로 분수도 **크다**.

■ **2단계 (증가율 비교)**

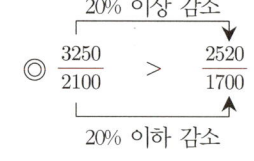

◎ $\frac{200}{100} < \frac{310}{150}$ (50% 이상 증가 / 50% 증가)

◎ $\frac{1700}{2200} > \frac{1800}{2500}$ (10% 이하 증가 / 10% 이상 증가)

◎ $\frac{3250}{2100} > \frac{2520}{1700}$ (20% 이상 감소 / 20% 이하 감소)

◎ $\frac{6623}{21235} > \frac{102330}{424532}$ (약 20배 이하 증가 / 약 20배 증가)

tip 3. 분모증가율보다 분자증가율이 크면 증가, 작으면 감소 → "사람수보다 돈이 더 증가하면 행복(큰 값)"
→ 분자를 기준으로 판단한다. 증가율이 분모에 비해 **분자가 큰** 쪽이 분수가 **크다**.
분모가 50% 증가하는 경우에 **분자가** 50%보다 **크게** 증가하면 분수가 **크다**.
분모가 30% 증가하는 경우에 **분자가** 30%보다 **작게** 증가하면 분수는 **작다**.

- **3단계 (차이법)**

◎ $\dfrac{120}{150}$ ◯ $\dfrac{125}{160}$ → $\boxed{\dfrac{120}{150}}$ > $\dfrac{125}{160}$ ($=\dfrac{120+\boxed{5}}{150+\boxed{10}}$)   ◎ $\dfrac{160}{195}$ ◯ $\dfrac{130}{165}$ → $\dfrac{160}{195}$ ($=\dfrac{130+\boxed{30}}{165+\boxed{30}}$) > $\boxed{\dfrac{130}{165}}$

◎ $\dfrac{182}{265}$ ◯ $\dfrac{124}{176}$ → $\dfrac{182}{265}$ ($=\dfrac{124+\boxed{58}}{176+\boxed{89}}$) < $\boxed{\dfrac{124}{176}}$ ◎ $\dfrac{475}{694}$ ◯ $\dfrac{811}{1009}$ → $\boxed{\dfrac{475}{694}}$ < $\dfrac{811}{1009}$ ($=\dfrac{475+\boxed{336}}{694+\boxed{315}}$)

tip 4. 좌·우항 중 분모·분자가 모두 큰 쪽을 고른다.(분모와 분자가 모두 큰 쪽이 없다면, 1단계에서 계산이 끝난다.)
더 큰 쪽의 분모·분자를 작은 쪽에 비해 얼마나 커졌는지에 따라 대소 비교한다.

$\dfrac{120}{150}$ 와 $\dfrac{125}{160}$ 를 비교하면, 우항($\dfrac{125}{160}$)이 분모·분자가 모두 크다. $\dfrac{125}{160}$ 은 $\dfrac{120}{150}$ 에 비해 분모는 10, 분자는 5($=\dfrac{5}{10}$)가 더 크다.
$\dfrac{120}{150}$ 과 $\dfrac{125}{160}$ 의 비교를 $\dfrac{120}{150}$ 과 $\dfrac{5}{10}$ 의 비교로 대신한다.

◎ $\dfrac{120}{150}$ ◯ $\dfrac{125}{160}$ → $\boxed{\dfrac{120}{150}}$ > $\dfrac{125}{160}$ ($=\dfrac{120+\boxed{5}}{150+\boxed{10}}$)

ex $\dfrac{258}{312}$ ◯ $\dfrac{310}{358}$ → $\boxed{\dfrac{258}{312}}$ ◯ $\dfrac{310}{358}$ ($=\dfrac{258+\boxed{52}}{312+\boxed{46}}$) → $\dfrac{258}{312}$ < $\dfrac{52}{46}$ ∴ $\dfrac{258}{312}$ < $\dfrac{310}{358}$

ex $\dfrac{220}{680}$ ◯ $\dfrac{127}{491}$ → $\dfrac{220}{680}$ ($=\dfrac{127+\boxed{93}}{491+\boxed{189}}$) ◯ $\boxed{\dfrac{127}{491}}$ → $\dfrac{93}{189}$ > $\dfrac{127}{491}$ ∴ $\dfrac{220}{680}$ > $\dfrac{127}{491}$

ex $\dfrac{580}{125}$ ◯ $\dfrac{811}{210}$ → $\boxed{\dfrac{580}{125}}$ ◯ $\dfrac{811}{210}$ ($=\dfrac{580+\boxed{231}}{125+\boxed{85}}$) → $\dfrac{580}{125}$ (3↑) > $\dfrac{231}{85}$ (3↓)   ∴ $\dfrac{580}{125}$ > $\dfrac{811}{210}$

ex $\dfrac{225}{867}$ ◯ $\dfrac{192}{611}$ → $\dfrac{225}{867}$ ($=\dfrac{192+\boxed{33}}{611+\boxed{256}}$) ◯ $\boxed{\dfrac{192}{611}}$ → $\dfrac{33}{256}$ < $\dfrac{192}{611}$ ∴ $\dfrac{225}{867}$ < $\dfrac{192}{611}$

※ 만약, 차이법을 한 번 사용했음에도 눈으로 구분이 어렵다면, 다시 한 번 차이법을 사용해야 한다.
이런 경우는 아주 어려운 분수비교이며, 실제 시험에서는 자주 나오지는 않는다.

ex $\dfrac{555}{761}$ ◯ $\dfrac{510}{701}$ → $\dfrac{555}{761}$ ($=\dfrac{510+45}{701+60}$) ◯ $\dfrac{510}{701}$ → $\dfrac{45}{60}$ ◯ $\dfrac{507}{701}$ → $\dfrac{450}{600}$ ◯ $\dfrac{507}{701}$

→ $\boxed{\dfrac{450}{600}}$ ◯ $\dfrac{507}{701}$ ($=\dfrac{450+\boxed{57}}{600+\boxed{101}}$) → $\dfrac{450}{600}$ > $\dfrac{57}{101}$ ∴ $\dfrac{555}{761}$ > $\dfrac{510}{701}$

tip 5. 분모와 분자가 비슷할 때(1에 가까울 때) 분모와 분자의 차이를 활용한다.

◎ 1보다 큰 수인 $\dfrac{165}{150}$ ◯ $\dfrac{185}{160}$ 의 경우 $\dfrac{165}{150}$ ($=1+\boxed{\dfrac{15}{150}}$) ◯ $\dfrac{185}{160}$ ($=1+\boxed{\dfrac{25}{160}}$)로 만들어 1을 뺀 $\boxed{\dfrac{15}{150}}$ < $\boxed{\dfrac{25}{160}}$

◎ 1보다 작은 수인 $\dfrac{135}{150}$ ◯ $\dfrac{145}{160}$ 의 경우 $\dfrac{135}{150}$ ($=1-\boxed{\dfrac{15}{150}}$) ◯ $\dfrac{145}{160}$ ($=1-\boxed{\dfrac{15}{160}}$)로 만들어 1을 뺀 $-\boxed{\dfrac{15}{150}}$ < $-\boxed{\dfrac{15}{160}}$

* 쉬운 계산은 1단계, 중간 난이도는 2단계, 어려운 계산은 3단계를 사용한다.

• 계산을 간단하게 하는 방법

■ 눈 VS 손

tip 1. 쉬운 계산은 눈으로 풀어야 하고, 눈으로 풀 수 없는 계산만 손으로 식을 세워야 한다. 이를 판단하는 것이 어렵기 때문에 차라리 확실한 기준에 따르는 것이 좋다. 앞 2자리만 보고 확실히 판단할 수 있는 경우만 눈으로 풀고, 앞 2자리만 보고 판단이 어려우면 손으로 계산한다. 이 때 확실하게 앞 2자리를 눈으로 봤을 때 확실하게 판단할 수 있는 경우가 아니라면 반드시 손으로 풀어야 한다. 속도보다는 정확도가 훨씬 중요하다. 손으로 계산하는 경우에는 앞 3자리까지만 계산한다. 4자리 이상을 쓰면 시간이 너무 오래 걸리고, 3자리만 계산해도 오차는 거의 없다.

ex $\dfrac{634,123}{871,234}$ ◯ $\dfrac{313,254}{543,162}$ → $\dfrac{63}{87}$ 과 $\dfrac{31}{54}$ 만 봐서 판단이 가능한지를 봐야한다.

좌항의 경우 분모는 2배가 되지 않으나, 분자가 약 2배이므로 좌항이 크다. 눈으로 비교 가능하다.

ex $\dfrac{634,123}{871,234}$ ◯ $\dfrac{413,254}{593,162}$ → $\dfrac{63}{87}$ 과 $\dfrac{41}{59}$ 만 봐서 판단이 가능한지를 봐야한다.

좌항의 경우 분모는 1.5배가 되지 않으나, 분자가 약 1.5배이므로 좌항이 크다. 하지만, 눈으로 봤을 때 이렇게 확실히 보이지 않는다면, 손을 써서 차이법으로 계산을 해야 한다. 확실하게 판단이 되지 않는다면 반드시 손을 써서 정확히 풀어야한다.

ex $\dfrac{84,257}{4.21}$ ◯ $\dfrac{32,569}{2.13}$ → $\dfrac{84}{4.2}$ 와 $\dfrac{32}{2.1}$ 만 봐서 판단이 가능한지를 봐야한다.

좌항의 경우 분모는 2배이나, 분자가 2배 이상이므로 좌항이 크다. 눈으로 비교 가능하다.

ex $\dfrac{95,257}{4.21}$ ◯ $\dfrac{31,569}{1.38}$ → $\dfrac{95}{4.2}$ 와 $\dfrac{31}{1.3}$ 만 봐서 판단이 가능한지를 봐야한다.

분모, 분자 모두 좌항이 3배가 조금 넘으므로 눈으로 비교가 어려워 보인다. 3자리씩 끊어서 손으로 계산해야 한다. 이 경우에 작은 차이가 보인다고 해서 바로 판단하면 안 된다. 앞에서 2자리만 끊었기 때문에 정확한 풀이가 아니다. 작은 차이는 오차범위 이내로 보아야 하므로 미련을 가지지 말고 손으로 풀어야 한다.

ex $\dfrac{310,123}{132,178}$ ◯ $\dfrac{693,254}{293,162}$ → $\dfrac{31}{13}$ 과 $\dfrac{69}{29}$ 만 봐서 판단이 가능한지를 봐야한다.

분모, 분자 모두 좌항이 3배가 조금 넘으므로 눈으로 비교가 어려워 보인다. 3자리씩 끊어서 손으로 계산해야 한다.

ex $\dfrac{310,123}{132,178}$ ◯ $\dfrac{618,254}{265,162}$ → $\dfrac{31}{13}$ 과 $\dfrac{61}{26}$ 만 봐서 판단이 가능한지를 봐야한다.

두 분수가 실제수치는 비슷하다. 하지만, 우항이 분모는 2배이고, 분자는 2배가 조금 안되므로 좌항이 더 크다. 실제수치는 비슷하더라도 분모, 분자 중 증가율이 더 큰 쪽이 명확하다면 눈으로 판단이 가능하다. 하지만 확실하지 않다면 반드시 3자리를 손을 써서 계산을 해야 한다.

■ **자리수 맞추기**

tip 2. 앞에서 3자리까지만 계산한다. 4자리 이상은 계산할 필요가 없으며, 2자리 이하 계산 시 오답이 나올 수 있다.

◎ $\dfrac{634,123}{871,234}$ ◯ $\dfrac{413,254}{543,162}$ → $\dfrac{634}{871} < \dfrac{413}{543}$ ◎ $\dfrac{84,257}{4.21}$ ◯ $\dfrac{32,569}{2.13}$ → $\dfrac{842}{421} > \dfrac{325}{213}$

tip 3. 분모·분자 자리수가 달라도, **좌·우항의 분모·분자 차이만 같으면 앞에서 3자리를 끊으면 된다.**

◎ $\dfrac{751,257(6)}{4,211(4)}$ ◯ $\dfrac{8,012,398(7)}{51,262(5)}$ → $\dfrac{751}{421} > \dfrac{801}{512}$ 좌·우항 모두 분자가 분모보다 2자리 많다.

◎ $\dfrac{4,211(4)}{7,512,572(7)}$ ◯ $\dfrac{251,262(6)}{340,112,398(9)}$ → $\dfrac{421}{751} < \dfrac{251}{340}$ 좌·우항 모두 분모가 분자보다 3자리 많다.

◎ $\dfrac{84,257(5)}{4.21(1)}$ ◯ $\dfrac{3,256(4)}{0.213(0)}$ → $\dfrac{842}{421} > \dfrac{325}{213}$ 좌·우항 모두 분모가 분자보다 4자리 많다.

◎ $\dfrac{5.12(1)}{64,122(5)}$ ◯ $\dfrac{625(3)}{9,251,233(7)}$ → $\dfrac{512}{641} > \dfrac{625}{925}$ 좌·우항 모두 분모가 분자보다 4자리 많다.

* ( )은 분모·분자의 자리수이다.

tip 4. 좌·우항 분모·분자 자리수 차이가 다르면, **차이나는 만큼만 조정 해준다.**

◎ $\dfrac{10,382(5)}{62,315(5)}$ ◯ $\dfrac{9,231(4)}{51,234(5)}$ → $\dfrac{103}{623} < \dfrac{92.3}{512}$

→ 좌항은 분모·분자 자리수가 같지만, **우항은 분자가 한자리 작으므로 분자만 2자리로 한다.**

◎ $\dfrac{67,557(5)}{38,422(5)}$ ◯ $\dfrac{1,401,326(7)}{424,123(6)}$ → $\dfrac{675}{384} < \dfrac{1401}{424}$

→ 좌항은 분모·분자 자리수가 같지만, **우항은 분모가 한자리 크므로 분자만 4자리로 한다.**

◎ $\dfrac{651.7(3)}{3.21(1)}$ ◯ $\dfrac{140,112(6)}{851(3)}$ → $\dfrac{651}{321} < \dfrac{1401}{851}$

→ 좌항은 분자가 +2, 우항은 분자가 +3이므로 **우항의 분자를 한자리 많게(4자리수)** 한다.

◎ $\dfrac{336,557(6)}{25.12\%(2)}$ ◯ $\dfrac{140,112(6)}{8.51\%(1)}$ → $\dfrac{336}{251} < \dfrac{1401}{851}$ 또는 $\dfrac{336}{251} < \dfrac{140}{85.1}$

→ 좌항은 분자가 +4, 우항은 분자가 +5이므로 **우항의 분자를 한자리 많게(4자리수)**해도 되며, 좌·우항의 분자수는 같은데 우항의 분모가 한자리 작으므로 **우항의 분모를 한자리 적게(2자리수)** 해도 된다.

■ 여사건(A or B)

지역	A	B	C	D	E
남자(명)	2,522	3,345	554	3,336	422
여자(명)	2,022	2,122	512	3,572	527

ㄱ. A~E 중 남자수의 비중이 가장 큰 지역은 B이다. (○)
ㄴ. A~E 중 여자수의 비중이 가장 큰 지역은 E이다. (○)
ㄷ. A지역의 남자수의 비중은 50%이상이다. (○)
ㄹ. B지역의 남자수의 비중은 60%이상이다. (○)
ㅁ. E지역의 남자수의 비중은 40%이하이다. (×)
ㅂ. 남자 중 D지역의 비중은 40%이상이다. (×)
ㅅ. 남자 중 A지역의 비중은 20%이상이다. (○)
ㅇ. 여자 중 B지역의 비중은 25%이하이다. (○)

tip 5. 남자의 수(A) + 여자의 수(B) = 전체(A + B)라고 하면, 남자 비중은 $\frac{A}{A+B}$ 이다. 분모·분자를 A로 나누면 $\frac{A}{A+B} = \frac{1}{1+B/A}$ 가 된다. $\frac{A}{A+B} \uparrow = \frac{1}{1+B/A} \uparrow$ → 분모(1+B/A)가 작아야 하므로 $\frac{B}{A} \downarrow = \frac{A}{B} \uparrow$

∴ 남자의 비중($\frac{A}{A+B}$)이 큰 것은 $\frac{A}{B}$가 큰 것이다. (대소비교 시에만 사용하고, 수치 계산시에는 사용하면 안된다.)

ㄱ. A~E 중 남자수의 비중이 가장 큰 지역은 B이다. → $\frac{남자}{여자}$가 가장 큰 지역은 B($=\frac{3,345}{2,122}$)이다.

ㄴ. A~E 중 여자수의 비중이 가장 큰 지역은 E이다. → $\frac{여자}{남자}$가 가장 큰 지역은 E($=\frac{527}{422}$)이다.

tip 6. 남자의 수(A) + 여자의 수(B) = 전체(A + B)라고 하면, 남자 비중($=\frac{A}{A+B}$) + 여자 비중($=\frac{B}{A+B}$) = 100%

"남자의 비중 = 100% - 남자의 비중, 남자의 비중 = 100% - 여자의 비중"

ㄷ. A지역의 남자수의 비중은 50% 이상이다. → A지역 남자>여자 이므로 남자 비중은 50% 이상이다.
ㄹ. B지역의 남자수의 비중은 60% 이상이다. → B지역 남자 비중이 60% 이상이면, 여자 비중은 40% 미만이므로 남자의 수(60%↑)가 여자의 수(40%↓)의 1.5배 이상인지 확인
ㅁ. E지역의 남자수의 비중은 40%이하이다. → 여자(527명)가 남자(422명)의 1.5배 보다 크지 않으므로 옳지 않다.
ㅂ. 남자 중 D지역의 비중은 40%이상이다. → D(40%이상) + D^C(60%이하)가 되어야 한다.
 D^C = A+B+C+E 이다. D^C이 D(3,336)의 1.5배보다 작아야 맞다. D(3,336)의 1.5배는 약 4500정도이나 D^C(=A+B+C+E)은 언뜻 보아도 4500보다 크므로 옳지 않은 선택지이다.

ㅅ. 남자 중 A지역의 비중은 20%이상이다. (○) → A(20%이상) + A^C(80%이하)가 되어야 한다.
 A^C = B+C+D+E 이다. A^C이 A(2,522)의 4배보다 작아야 맞다. A(2,522)의 4배는 약 10,000정도이나 A^C(=B+C+D+E)은 언뜻 보아도 10000보다 작으므로 옳다.

ㅇ. 여자 중 B지역의 비중은 25%이하이다. (○) → B(25%이하) + B^C(75%이상)가 되어야 한다.
 B^C = A+C+D+E 이다. B^C이 B(2,122)의 3배보다 커야 맞다. B(2,122)의 3배는 약 6300정도이나 B^C(=A+C+D+E)가 언뜻 보아서 6300과 차이가 커 보이지 않으므로 앞 2자리 정도는 모두 더해보아야 한다. 앞 2자리를 더해보면 6500정도이므로 3배이상이 맞다.

■ 구체적 수치 계산하는 법

〈표〉 알코올 관련 질환 사망자 수

(단위 : 명)

연도\구분	남성		여성		전체	
	사망자 수	인구 10만명당 사망자 수	사망자 수	인구 10만명당 사망자 수	사망자 수	인구 10만명당 사망자 수
2007	3,305	17.5	1,396	5.1	4,701	10.2
2008	3,243	17.1	1,400	5.2	4,643	10.1
2009	3,010	16.1	1,420	7.2	4,430	11.5
2010	3,111	16.5	1,424	8.0	4,535	12.4
2011	2,996	15.9	1,497	9.0	4,493	12.7
2012	3,075	16.2	1,474	9.1	4,549	12.9
2013	2,955	15.6	1,521	10.5	4,476	13.4

※ 인구 10만명당 사망자 수는 소수점 아래 둘째 자리에서 반올림한 값임.

ㄱ. 2013년 알코올 관련 질환 사망자 중 남자의 비중은 70% 이상이다. (×)

ㄴ. 2011년 알코올 관련 질환 사망자 중 여자의 비중은 30% 이하이다. (×)

ㄷ. 2007년 알코올 관련 질환 사망자 중 남자의 비중은 70% 이상이다. (○)

ㄹ. 2008년 알코올 관련 질환 사망자 중 남자의 비중은 65% 이상이다. (○)

ㅁ. 2009년 여자인구수는 20백만명 이상이다. (×)

ㅂ. 2013년 알코올 관련 질환 사망자 중 여자의 비중은 약 34%이다. (○)

ㅅ. 2012년 전체 인구수는 약 35백만명이다. (○)

ㅇ. 2010년 알코올 관련 질환 남자 사망자의 전년대비 증가율은 약 103%이다. (×)

ㅈ. 2013년 인구 10만명당 여성 사망자수는 2008년 대비 약 200% 증가했다. (×)

tip 7. 비중에서 %를 물어보면 유효숫자가 1자리면 분모에 바로 곱하고, 유효숫자가 2자리면 분수비교를 하는 것이 좋다. 분모에 곱할 때는 분모 앞 2자리와 선택지 비중 1자리를 곱한다. 2자리와 1자리를 곱하는 것은 암산을 할 수 있도록 꼭 연습을 해야한다.

ㄱ. 남자의 비중은 70% 이상이다. → 2,995(분자) > 4,476(분모)×0.7(=70%)에서 분모(4,476)의 앞 2자리인 44에 0.7의 7을 곱한다. 44×7 = 308이고 분자의 앞자리는 299이다. 분자(299)가 308보다 작으므로 옳지 않은 선택지이다.

ㄴ. 여자의 비중은 30% 이하이다 → 1,497(분자) < 4,493(분모)×0.3(=30%)에서 분모(4,493)의 앞 2자리인 44에 0.3의 3을 곱한다. 44×3 = 132이고 분자의 앞자리는 149이다. 분자(149)가 132보다 크므로 옳지 않은 선택지이다.

ㄷ. 남자의 비중은 70% 이상이다. → 3,305(분자) > 4,701(분모)×0.7(=70%)에서 분모(4,701)의 앞 2자리인 47에 0.7의 7을 곱한다. 47×7 = 329이고 분자의 앞자리는 330이다. 분자(330)와 329가 비슷하므로 이 경우는 그 다음자리까지 계산을 꼭 해야만 한다. 4701에서 앞 2자리 다음 숫자인 0 × 7을 더해도 분자가 크므로 70%보다 크다는 것을 확인할 수 있다. 앞 2자리를 계산하고도 판단이 어려운 경우가 많지는 않으므로 너무 걱정을 할 필요는 없다.

ㄹ. 남자의 비중은 65% 이상이다. → 65%는 유효숫자가 2자리이므로 무조건 분수비교를 한다.

$\frac{324}{464}$ (2008년) ○ $\frac{65}{100}$ (65%) → $\frac{324}{464}$ (2008년) > $\frac{65 \times 5}{100 \times 5}$ (65%)

ㅁ. 여자인구수는 20백만명 이상이다. → 인구 10만명당 사망자수 = $\frac{사망자수}{인구수}$ × 십만

인구수 = $\frac{사망자수}{10만명 당 사망자수}$ × 십만 → $\frac{1,420}{7.2}$ × 십만 > 200십만(=20백만명)

tip 8. 이상, 이하가 아닌 구체적인 계산을 해야 하는 경우, 계산결과가 선택지와 비슷하면 맞다고 생각을 해야 한다. 자세히 계산을 하면 좋겠지만, 시간관계상 어렵다. 계산한 선택지가 답이 되는 경우에만 자세히 계산을 하는 것이 좋을 듯하다.

예를 들어 옳지 않은 것을 묻는 경우 ①번 선택지에서 "증가율이 약 13%이다." 라고 했고, 증가율이 10% 초반 정도로 보이면 넘어가고 다른 선택지를 봐야한다. 모든 선택지를 꼼꼼하게 확인하고 갈 수는 없다. 선택지가 13%인데 12%나 14%여서 틀리는 경우는 매우 드물다. 10% 이하이거나, 10% 후반대 이상이 나와서 오답이 되는 경우가 대부분이다. 다만 10% 초반 정도가 맞는지는 꼭 확인해야 한다.

옳은 것을 묻는 경우, ①번 선택지에서 "증가율이 약 13%이다." 라고 했고, 증가율이 10% 초반 정도로 보이면 답이 될 수 있다. 이 경우는 자세히 계산해서 13%인지 확인해야 한다. 이 경우에도 12.5~13.5% 사이 정도가 나오는지 어림산으로 보는 것이지 소수점 첫째자리까지 자세히 계산할 수는 없다.

ㅂ. 여자의 비중은 약 34%이다. → $\frac{1,521}{4,476}$ 은 약 $\frac{1}{3}$ 정도이므로 34%와 비슷하므로 맞다고 생각한다.

ㅅ. 2012년 전체 인구수는 약 35백만명이다. → $\frac{4,549}{12.93}$ × 십만 → $\frac{4500}{12}$ 가 350에 가까우므로 맞다고 본다.

ㅇ,ㅈ. 증가율 → 증가율과 배수를 물어보는 문제가 자주 나온다. 이 문제처럼 증가율이 103%, 200%라고 했지만, 실제 증가율은 3%, 100%이고 배수로 바꾸었을 때 1.03배와 2.0배가 된다. 증가율과 배수를 착각하여 오답을 유도하는 선택지이므로 주의해야 한다.

MEMO

예제 01

<표1> 재산범죄별 발생현황

(단위 : 건)

연도	전체	절도	장물	사기	횡령	배임	손괴
2001	392,473	169,121	1,319	180,350	22,867	4,842	13,974
2002	415,572	179,208	1,418	195,914	21,990	4,767	12,275
2003	470,826	187,871	1,145	240,359	23,895	5,322	12,234
2004	447,163	154,850	1,581	246,204	27,224	6,736	10,568
2005	442,015	191,114	3,547	203,697	25,412	5,901	12,344
2006	455,948	190,745	2,432	203,346	25,084	5,402	28,939
2007	469,654	212,530	3,050	186,115	24,122	5,256	38,581
2008	503,302	223,264	2,212	205,140	26,750	5,135	40,801
2009	561,972	256,680	3,381	224,889	27,362	6,709	42,951
2010	568,623	268,007	3,206	205,913	26,312	14,619	50,566

① (1:1 비교) 2003년의 절도 발생건수의 전년대비 증가율은 사기보다 크다.

② (1:1 비교) 2001년도 전체 재산범죄 중 사기 발생건수의 비중은 45% 이상이다.

③ (1:1 비교) 2008년도 전체 재산범죄 중 사기 발생건수의 비중은 40% 이상이다.

④ (다대다 비교) 2002년 ~ 2010년 동안 사기 발생건수의 전년대비 증가율이 가장 큰 해는 2009년이다.

⑤ (다대다 비교) 2006년 ~ 2010년 동안 절도 발생건수 대비 사기 발생건수의 비중이 가장 작은 해는 2007년이다.

⑥ (다대다 비교) 2001년 대비 2010년에 전체 재산범죄 중 절도의 비중은 증가한 반면, 사기와 횡령의 비중은 감소하였다.

⑦ (다대다 & 사실확인) 2006년 ~ 2010년 동안 전체 재산범죄건수의 전년대비 증가율이 가장 큰 해에 절도범죄 발생건수도 가장 많다.

⑧ (다대다 & 다대다 비교) 전체 재산범죄 중 절도의 비중이 가장 큰 해에 사기의 비중도 가장 크다.

⑨ (사실확인) 절도 발생건수는 2005년부터 2010년까지 지속적으로 증가하고 있다.

⑩ (사실확인) 절도 발생건수는 2005년부터 2010년까지 증가추세이다.

⑪ (1:1 비교) 배임 발생건수는 2010년 전년대비 증가율이 100%가 넘는다.

① (1:1 비교) 전년대비 증가율은 크다.   → $\frac{187-179}{179}$ (절도) < $\frac{240-195}{195}$ (사기)

② (1:1 비교) 비중은 45% 이상이다.   → $\frac{180}{392}$ (사기) > $\frac{45}{100}$

③ (1:1 비교) 비중은 40% 이상이다.   → 205(사기) > 503(전체) × 0.4

④ (다대다 비교) 전년대비 증가율이 가장 큰   → (증가폭에 주의) 2009년 증가폭(205 → 224)보다 차이가 많이
 년도를 찾는다. 증가폭이 크다고 증가율이 큰 것은 아니다. 다만, 분모(T1)가 비슷한데 분자(증가폭)의 차이가 크면
 자세히 계산하지 않아도 된다. 반례는 2003년도

⑤ (다대다 비교) 비중이 가장 작은   → (분모·분자 차이에 주의) 2007년 분모·분자 차이(26 = 212 - 186)보다 많이 큰
 년도를 찾는다. 차이가 크다고 비중이 작은 것은 아니지만, 분모(T1)이 비슷한 경우 분모·분자 차이가 크면 눈으로 계산이
 가능하다. 반례는 2010년도

⑥ (다대다 비교) 비중은 증가한 반면, 비중은 감소   → (증가율 비교) 분모(전체)는 392에서 5680이 되어 증가율은 50%보다
 조금 작다. 분모 증가율(50% 아래)과 분자(절도·사기·횡령) 증가율의 크기를 비교한다. 절도는 50% 이상, 사기와 횡령의
 증가율은 50%보다 크게 작다.

⑦ (다대다 & 사실확인) 전년대비 증가율이 가장 큰, 가장 많다.
 → (쉬운 것 부터) 전년대비 증가율보다 사실확인(뒷부분)이 더 쉬우므로, 사실확인부터 확인한다.
    전단은 2008년, 후단은 2010으로 다르다.

⑧ (다대다 & 다대다 비교) 비중이 가장 큰, 비중도 가장 크다.
 → 2번 모두 다대다 비교이므로 시간이 오래 걸린다. 이런 경우 안 푸는 것이 좋다.
    절도는 2010년, 사기는 2004년에 비중이 가장 크다.

⑨ (사실확인) 지속적으로 증가 → 지속적으로 증가는 반례가 하나라도 있으면 안된다.

⑩ (사실확인) 증가추세 → 증가추세는 반례는 있어도 되고, 전체적으로 증가하는 분위기면 된다.

⑪ (1:1 비교) 전년대비 증가율이 100% → 배수는 '증가율 + 1'이므로 증가율이 100%면 2배 이상이 된다.

정답 ×○○×× / ○××× ○ / ○

예제 02

<표> 가정폭력 처분결과

(단위 : 명)

연도	총 접수인원	기소				소년 보호송치	가정 보호송치	불기소	기소중지	참고인 중지
		소계	구공판		구약식					
			구속	불구속						
2002	10,766	4,335	467	311	3,557	97	1,290	4,893	108	43
2003	4,814	913	202	83	621	22	1,016	2,830	31	2
2004	10,232	4,367	236	235	3,896	45	1,286	4,131	354	49
2005	6,079	1,166	114	88	964	14	947	3,859	82	11
2006	3,932	600	39	60	501	6	657	2,635	28	6
2007	3,174	443	69	0	374	7	611	2,102	9	2
2008	19,248	2,885	245	423	2,217	62	3,100	13,047	148	6
2009	19,191	2,697	217	418	2,062	55	3,055	13,257	117	10

① (1:1 비교) 2008년의 전년대비 증가율은 기소가 불기소보다 크다.

② (1:1 비교) 2004년도 총 접수인원 중 불기소 인원의 비중은 35% 이상이다.

③ (1:1 비교) 2008년도 총 접수인원 중 불기소 인원의 비중은 70% 이상이다.

④ (다대다 비교) 2003년~2009년 총 접수인원의 전년대비 증감율이 가장 큰 해는 2008년이다.

⑤ (다대다 비교) 2002년~2009년 동안 총 접수인원 대비 기소 인원의 비중이 가장 큰 해는 2004년이다.

⑥ (다대다 비교) 2002년 대비 2009년에 총 접수인원 중 불기소의 비중은 증가한 반면, 기소중지의 비중은 감소하였다.

⑦ (다대다 & 사실확인) 2003년~2009년 동안 기소의 전년대비 증감율이 가장 작은 해에 불기소도 가장 많다.

⑧ (다대다 & 다대다 비교) 2002년~2009년 동안 총 접수인원 중 가정보호송치의 비중이 가장 큰 해에 참고인 중지의 비중은 가장 작다.

⑨ (사실확인) 총 접수인원은 2002년부터 2009년까지 지속적으로 증가하고 있다.

⑩ (사실확인) 기소 인원은 2002년부터 2009년까지 증가추세이다.

⑪ (1:1 비교) 기소중지는 2004년 전년대비 증가율이 900%가 넘는다.

① (1:1 비교) 전년대비 증가율은 크다. → $\frac{288}{443}$(기소) > $\frac{130}{210}$(불기소)

② (1:1 비교) 비중은 35% 이상 → $\frac{41.3}{102}$ > $\frac{35}{100}$

③ (1:1 비교) 비중은 70% 이상 → 13,047(불기소) < 19,248(전체) × 0.7

④ (다대다 비교) 전년대비 증감율이 가장 큰 → (배수에 주의) 총 접수인원이 큰 차이가 나기 때문에 2008년이 2007년에 약 6배(배수) 커졌다. 수치가 비슷하면 '증가폭', 차이가 크면 '배수 및 증가율'로 바로 비교한다.

⑤ (다대다 비교) 비중이 가장 큰 → 2004년의 비중(약 40%)을 기준으로 비교. 2002년이 비슷하나, 2004년보다 분모는 크고 분자는 작다. 분모·분자가 비슷하면 '분모·분자 차이', 차이가 크면 '배수 및 비중'으로 바로 비교한다.

⑥ (다대다 비교) 비중은 증가한 반면, 비중은 감소 → (증가율 비교) 분모(총 접수인원)는 107에서 1910이 되어 2배보다 조금 작다. 불기소는 2배 이상, 기소중지는 2배보다 크게 작다.

⑦ (다대다 & 사실확인) 전년대비 증감율이 가장 작은, 가장 많다.
→ (쉬운 것 부터) 전년대비 증감율보다 사실확인(뒷부분)이 더 쉬우므로, 사실확인부터 확인한다.

⑧ (다대다 & 다대다 비교) 비중이 가장 큰, 비중은 가장 작다. → 안 푸는 것이 좋다.
가정보호송치는 2003년에 비중이 가장 크고, 참고인 중지는 2008년에 비중이 가장 작다.

⑨ (사실확인) 지속적으로 증가 → 지속적으로 증가는 반례가 하나라도 있으면 안된다.

⑩ (사실확인) 증가추세 → 증가추세 반례는 있어도 되나, 전체적으로 감소하는 추세면 안된다.

⑪ (1:1 비교) 전년대비 증가율이 900% → 배수는 '증가율+1'이므로 증가율이 900%이면 10배 이상이어야 된다.

정답 ○○×○○ / ○○××× / ○

※ 복습자료에 나오는 선택지를 모두 풀지 마시고, 시간이 오래 걸릴 것 같은 선택지를 2~3개 정도는 풀지 않도록 합니다.
2~3개 정도의 선택지를 제외한 상태에서 최대한 빨리, 정확하게 푸는 연습을 하시기 바랍니다.

■ **(복습 자료)분수비교 1**

〈표〉 종합소득세 확정신고인원과 납세인원

(단위 : 천명)

연도	확정신고인원(A)				과세미달 추정인원 (B)	납세인원 (A+B)
	기장 신고인원	추계 신고인원	비사업자			
1998	495	718	12	1,225	2,270	3,495
1999	573	749	20	1,342	2,066	3,408
2000	680	856	80	1,616	1,864	3,480
2001	790	951	41	1,782	2,026	3,808
2002	919	1,023	68	2,010	2,150	4,160
2003	1,018	1,013	84	2,115	2,112	4,227
2004	1,144	989	103	2,236	2,127	4,363
2005	1,230	966	84	2,280	2,090	4,370
2006	1,395	1,221	120	2,736	1,844	4,580
2007	1,585	1,315	174	3,074	1,839	4,913

① 2000년의 전년대비 증가율은 기장 신고인원이 추계 신고인원보다 크다.

② 2002년도보다 대비 2003년 비사업자의 전년대비 증가율은 증가했다.

③ 2003년~2007년 동안 기장 신고인원의 전년대비 증가율이 가장 큰 해는 2006년이다.

④ 1999년~2007년 동안 추계 신고인원의 전년대비 증가율이 가장 큰 해는 2006년이다.

⑤ 1998년~2002년 동안 확정 신고인원 중 기장 신고인원의 비중이 가장 작은 해는 1999년이다.

⑥ 1998년~2004년 동안 비사업자의 전년대비 증가율이 가장 큰 해는 2000년이다.

⑦ 2001년도 확정 신고인원 중 기장 신고인원의 비중은 45% 이상이다.

⑧ 2007년도 확정 신고인원 중 추계 신고인원의 비중은 40% 이상이다.

⑨ 2002년~2007년 동안 추계 신고인원의 전년대비 증가율이 가장 큰 해에 납세인원도 가장 많다.

⑩ 2002년~2007년 동안 납세인원 중 확정 신고인원의 비중이 가장 큰 해에 납세인원 중 비사업자의 비중도 가장 크다.

⑪ 납세인원은 1999년부터 2007년까지 지속적으로 증가하고 있다.

⑫ 과세미달 추정인원은 1999년부터 2007년까지 증가추세이다.

⑬ 1999년 추계 신고인원은 전년대비 3% 이상 증가하였다.

⑭ 1998년~2007년 동안 기장 신고인원과 추계 신고인원의 연도별 증감방향은 서로 일치한다.

⑮ 2003년 기장신고인원의 전년대비 증가율은 10% 이상이다.

⑯ 1999년 납세인원 대비 과세미달추정인원의 비중은 약 61%이다.

⑰ 2006년 추계신고인원의 전년대비 증가율은 약 18%이다.

정답 ○××○× / ○×○×○ / ○×○×○ / ○×

① (○) $\frac{680-573}{573}$ (기장) > $\frac{856-749}{749}$ (추계) ② (×) $\frac{84-68}{68}$ ('03) < $\frac{68-41}{41}$ ('02)

③ (×) 2007년 ④ (○) ⑤ (×)1998년 ⑥ (○) ⑦ (×) $\frac{495}{1,225}$ < $\frac{45}{100}$ ⑧ (○) 1,315 > 3,074 × 40% ⑨ (×) 2006 ≠ 2007

⑩ (○) 2007년 ⑪ (○) ⑫ (×) ⑬ (○) 749-718 > 718 × 3%

⑭ (×) 2003, 2004, 2005년 ⑮ (○) $\frac{1018-919}{919}$ > 10% ⑯ (○) $\frac{2,066}{3,408}$ ≒ 61% ⑰ (×) $\frac{1,221-966}{966}$ ≒ 26%

(복습 자료) 분수비교 2

〈표2〉 종합소득세 확정신고인원의 소득금액과 결정세액

(단위 : 천명, 억원)

연도	전체			소득금액 기준 상위 20%		소득금액 기준 하위 20%	
	인원	소득금액	결정세액	소득금액	결정세액	소득금액	결정세액
1998	1,225	214,097	30,156	131,962	25,136	7,436	248
1999	1,342	246,763	35,578	156,475	30,235	8,214	250
2000	1,616	321,671	48,031	205,526	40,802	9,698	269
2001	1,782	364,054	55,373	242,264	48,275	10,079	278
2002	2,010	421,634	57,455	283,395	50,478	10,545	256
2003	2,115	452,239	62,887	309,267	55,898	10,126	219
2004	2,236	491,798	69,438	342,191	62,528	9,700	147
2005	2,280	541,033	74,372	380,219	67,386	9,918	167
2006	2,736	650,011	92,324	463,727	84,291	10,477	169
2007	3,074	771,241	112,775	556,826	103,436	12,306	205

주) 소득금액 기준 상위(하위) 20%의 소득금액과 결정세액은 종합소득세 확정신고자 전체 인원에서 소득금액을 기준으로 상위(하위) 20%이내에 해당하는 확정신고자들의 소득금액과 결정세액임

① 2007년의 결정세액의 전년대비 증가율은 소득금액 기준 상위 20%이 소득금액 기준 하위 20%보다 크다.

② 1999년~2003년 동안 전체 소득금액의 전년대비 증가율이 가장 큰 해는 2000년이다.

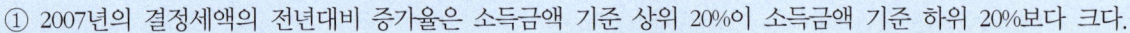

③ 1999년~2007년 동안 전체 결정세액의 전년대비 증가율이 가장 큰 해는 2006년이다.

④ 1998년~2002년 동안 소득금액 대비 결정세액의 비중이 가장 작은 해는 2001년이다.

⑤ 2001년 전체인원은 전년대비 10% 이상 증가하였다.

⑥ 1998년~2007년 동안 전체 소득금액과 전체 결정세액의 연도별 증감방향은 서로 일치한다.

⑦ 1999년~2007년 동안 전체 소득금액의 전년대비 증가율이 가장 큰 해에 전체 인원도 가장 많다.

⑧ 1999년~2003년 동안 소득금액 기준 상위 20%의 전년대비 소득금액 증가율이 가장 큰 년도에 소득금액 기준 하위 20%의 전년대비 소득금액 증가율도 가장 크다.

⑨ 소득금액 기준 하위 20%의 결정세액은 1998년부터 2007년까지 지속적으로 증가하고 있다.

⑩ 소득금액 기준 하위 20%의 결정세액은 1998년부터 2007년까지 증가추세이다.

⑪ 2004년 소득금액 기준 하위 20% 결정세액의 전년대비 감소율은 약 33%이다.

⑫ 2002년 1인당 전체 소득금액은 약 21백만원이다.

⑬ 2006년 1인당 전체 결정세액은 약 5백만원이다.

정답 ○○××○ / ○×○×× / ○○×

① (○) $\frac{103,436-84,291}{84,291}$ (상위) > $\frac{205-169}{169}$ (하위) ② (○) ③ (×) 2000년 ④ (×) 2002년 ⑤ (○) $\frac{1,782-1,616}{1,616}$ > 10% ⑥ (○)

⑦ (×) 2000 ≠ 2007 ⑧ (○) 2000년 ⑨ (×) 2002, 2003, 2004년

⑩ (×) ⑪ (○) $\frac{219-147}{219}$ ≒ 33% ⑫ (○) $\frac{421,634억 원}{2,010천 명}$ ≒ 21백만원

⑬ (×) $\frac{92,324억 원}{2,736천 명}$ ≒ 3.4백만원

※ 복습자료에 나오는 선택지를 모두 풀지 마시고, 시간이 오래 걸릴 것 같은 선택지를 2~3개 정도는 풀지 않도록 합니다.
2~3개 정도의 선택지를 제외한 상태에서 최대한 빨리, 정확하게 푸는 연습을 하시기 바랍니다.

■ **(복습 자료)분수비교 3**

〈표2〉 범죄통계자료에 집계된 연도별 주요범죄 발생건수

(단위 : 건)

연도	범죄유형					
	절도	사기	강도	성폭력	폭행	합계
2005	191,114	203,697	5,266	11,757	92,344	504,178
2006	190,745	203,346	4,684	13,573	98,939	511,287
2007	212,530	186,115	4,470	13,634	98,581	515,330
2008	223,264	205,140	4,827	15,094	107,947	556,272
2009	256,680	224,889	6,379	16,156	115,524	619,628

① 2008년의 전년대비 증가율은 성폭력이 절도보다 크다.

② 2009년의 전년대비 증가율은 강도가 가장 크다.

③ 2006년~2009년 동안 전체 범죄유형 건수의 전년대비 증가율이 가장 큰 해는 2008년이다.

④ 2006년~2009년 동안 절도의 전년대비 증가율이 가장 큰 해는 2007년이다.

⑤ 2005년~2009년 동안 전체 범죄유형 중 사기의 비중이 가장 큰 해는 2005년이다.

⑥ 2006년도 전체 범죄유형 중 절도의 비중은 40% 이상이다.

⑦ 2008년도 전체 범죄유형 중 사기의 비중은 35% 이상이다.

⑧ 2006년~2009년 동안 전체 범죄유형 전년대비 증가율이 가장 큰 해에 전체 범죄유형 건수도 가장 많다.

⑨ 2005년~2009년 동안 전체 범죄유형 중 강도의 비중이 가장 큰 해에 성폭력의 비중은 가장 작다.

⑩ 폭행 건수는 2005년부터 2009년까지 지속적으로 증가하고 있다.

⑪ 폭행 건수는 2005년부터 2009년까지 증가추세이다.

⑫ 2005년~2009년 동안 절도와 사기의 연도별 증감방향은 서로 일치한다.

⑬ 2007년 대비 2009년의 강도의 증가율은 40% 이상이다.

⑭ 2009년 전체 범죄유형 중 폭행의 비중은 약 30%이다.

⑮ 2006년 전체 범죄유형 중 강도의 비중은 약 0.9%이다.

정답 ○○××○ / ×○○○× / ○×○×○
① (○) $\frac{15,094-13,634}{13,634}$ (성폭력) > $\frac{205-169}{169}$ (절도)　② (○)　③ (×) 2009년
④ (×) 2009년　⑤ (○)　⑥ (×) 190,745 < 511,287 × 40%　⑦ (○) $\frac{205}{556} > \frac{35}{100}$　⑧ (○) 2009년　⑨ (○) 2005년　⑩ (×) 2007년　⑪ (○)
⑫ (×) 2007년　⑬ (○) $\frac{6,379-4,470}{4,470} > 40\%$　⑭ (×) $\frac{115}{619} ≒ 18.6\%$　⑮ (○) $\frac{4.68}{511} ≒ 0.9\%$

Chapter 1. 눈과 손으로 푸는 선택지

※ 복습자료에 나오는 선택지를 모두 풀지 마시고, 시간이 오래 걸릴 것 같은 선택지를 2~3개 정도는 풀지 않도록 합니다.
2~3개 정도의 선택지를 제외한 상태에서 최대한 빨리, 정확하게 푸는 연습을 하시기 바랍니다.

■ (복습 자료)분수비교 4

〈표〉 가정폭력 처분결과

연도	총 접수 인원	기소				소년 보호 송치	가정 보호 송치	불기소	기소 중지	참고인 중지
		소계	구공판		구약식					
			구속	불구속						
2002	10,615	4,335	467	311	3,557	97	1,290	4,893	108	43
2003	4,781	913	202	83	621	22	1,016	2,830	31	2
2004	12,232	4,367	236	235	3,896	45	1,286	4,131	354	49
2005	6,079	1,166	114	88	964	14	947	3,859	82	11
2006	3,932	600	39	60	501	6	657	2,635	28	6
2007	3,174	443	69	374	374	7	611	2,102	9	2
2008	19,249	2,885	245	423	2,217	62	3,100	13,047	148	6
2009	19,191	2,697	217	418	2,062	55	3,055	13,257	117	10

① 2005년의 전년대비 감소율은 참고인 중지가 기소보다 크다.

② 2002년~2009년 동안 소년보호송치와 가정보호송치의 연도별 증감방향은 서로 일치한다.

③ 2003년~2009년 구속인원의 전년대비 증감율이 가장 큰 해는 2008년이다.

④ 2003년~2009년 기소인원의 전년대비 증감율이 가장 큰 해는 2004년이다.

⑤ 2002년~2009년 동안 기소인원 중 구속인원의 비중이 가장 큰 해는 2003년이다.

⑥ 2004년도 총 접수인원 중 불기소 인원의 비중은 40% 이상이다.

⑦ 2006년도 총 접수인원 중 불기소 인원의 비중은 65% 이상이다.

⑧ 2006년~2009년 동안 참고인 중지의 전년대비 증감율이 가장 큰 해에 기소중지도 가장 많다.

⑨ 2002년~2006년 동안 기소 중 구약식의 비중이 가장 큰 해에 기소 중 불구속의 비중은 가장 작다.

⑩ 구속인원은 2002년부터 2006년까지 지속적으로 감소하고 있다.

⑪ 구속인원은 2002년부터 2006년까지 감소추세이다.

⑫ 2004년 총 접수인원의 전년대비 증가율은 200% 이상이다.

⑬ 2008년 총 접수인원의 전년대비 증가율은 약 606%이다.

⑭ 2004년 총 접수인원 대비 기소인원의 비중은 약 36%이다.

정답 ○×○×○ / ×○○○× / ○××○

① (○) $\frac{49-11}{49}$ (참고인중지) > $\frac{4,367-1,167}{4,367}$ (기소) ② (×) 2007년 ③ (○) ④ (×) 2008년 ⑤ (○) ⑥ (×) 4,131 < 12,232 × 40%
⑦ (○) $\frac{2,635}{3,932}$ > $\frac{65}{100}$ ⑧ (○) 2008년 ⑨ (○) 2004년 ⑩ (×) 2004년 ⑪ (○) ⑫ (×) $\frac{12,232-4,781}{4,781}$ < 200% ⑬ (×) $\frac{19,249-3,174}{3,174}$ ≒ 506%
⑭ (○) $\frac{4,367}{12,232}$ ≒ 36%

※ 복습자료에 나오는 선택지를 모두 풀지 마시고, 시간이 오래 걸릴 것 같은 선택지를 2~3개 정도는 풀지 않도록 합니다.
2~3개 정도의 선택지를 제외한 상태에서 최대한 빨리, 정확하게 푸는 연습을 하시기 바랍니다.

(복습 자료)분수비교 5

〈표〉A국 석유화학제품 수출입 추이

연도	수출액 (억달러)	수출량 (백만톤)	수입액 (억달러)	수입량 (백만톤)	A국 총 수출액 대비 수출액 비중(%)
2000	96.7	15.0	51.5	7.7	5.6
2001	83.9	14.7	45.1	7.6	5.6
2002	92.7	15.8	47.5	8.2	5.7
2003	119.2	17.2	58.2	8.6	6.1
2004	170.2	18.1	80.2	9.7	6.7
2005	208.1	19.6	95.1	9.9	7.3
2006	241.0	20.8	103.9	9.9	7.4
2007	288.2	22.9	116.2	10.4	7.8
2008	321.2	23.0	123.2	9.5	7.6
2009	274.7	26.0	95.4	10.0	7.6
2010	357.2	26.3	133.0	10.6	7.7
2011	455.9	27.4	165.0	10.5	8.2
2012	458.8	29.1	159.5	10.3	8.4
2013	483.8	30.8	170.2	11.0	8.6
2014	482.1	32.1	164.5	10.8	8.4

주) 무역수지 = 수출액 − 수입액, 수출단가 = $\frac{수출액}{수출량}$, 수입단가 = $\frac{수입액}{수입량}$

① 2008년의 전년대비 증가율은 수출액이 수입액보다 크다.

② 2000년~2014년 동안 수출액과 수입액의 증감방향은 서로 일치한다.

③ 2009년~2014년 중 수입액의 전년대비 증가율이 가장 큰 해는 2010년이다.

④ 2005년~2010년 중 수출량의 전년대비 증가율이 가장 큰 해는 2007년이다.

⑤ 2000년~2004년 동안 수출액 대비 수입액의 비중이 가장 큰 해는 2001년이다.

⑥ 2005년도 수출액 대비 수입액의 비중은 45% 이상이다.

⑦ 2009년도 수출량 대비 수입량의 비중은 40% 이상이다.

⑧ 2001년~2014년 동안 수입량의 전년대비 증가율이 가장 큰 해에 수출액은 3번째로 작다.

⑨ 수출액은 2001년부터 2014년까지 지속적으로 증가하고 있다.

⑩ 수출량은 2000년부터 2014년까지 증가추세이다.

⑪ 2004년 수출액의 전년대비 증가율은 40%이상이다.

⑫ 2001년 A국의 총 수출액은 약 1,500억 달러이다.

⑬ 2014년 A국의 총 수출액은 약 7,000억 달러이다.

정답 ○×○×○ / ○×××○ / ○○×
① (○) $\frac{321.2-288.2}{288.2}$ (수출액) > $\frac{123.2-116.2}{116}$ (수입액) ② (×) 2012년 ③ (○) ④ (×) 2009년 ⑤ (○) ⑥ (○) $\frac{95.1}{208.1} > \frac{45}{100}$
⑦ (×) 10.0 < 26.0 × 40% ⑧ (×) 2004년 ≠ 2003년 ⑨ (×) 2014년 ⑩ (○) ⑪ (○) $\frac{170.2-119.2}{119.2} > 40\%$
⑫ (○) $\frac{83.9억 달러}{5.6\%}$ ≒ 1498억 달러 ⑬ (×) $\frac{482.1억 달러}{8.4\%}$ ≒ 5739억 달러

※ 복습자료에 나오는 선택지를 모두 풀지 마시고, 시간이 오래 걸릴 것 같은 선택지를 2~3개 정도는 풀지 않도록 합니다.
2~3개 정도의 선택지를 제외한 상태에서 최대한 빨리, 정확하게 푸는 연습을 하시기 바랍니다.

■ (복습 자료)분수비교 6

〈표1〉 연도별 성별 등급별 사회복지사 자격증 교부자수

(단위 : 건)

연도 \ 등급 성별	1급 교부자		2급 교부자		3급 교부자	
	남	여	남	여	남	여
2002	11,662	28,853	4,114	15,251	2,108	7,335
2003	19,061	54,908	49,185	134,129	3,005	8,785
2004	16,965	47,834	34,879	97,742	2,870	8,576
2005	12,618	33,216	6,400	23,457	2,213	7,545
2006	13,571	37,307	9,565	34,014	2,362	7,826
2007	25,880	78,577	118,735	324,763	3,409	9,166
2008	14,472	40,827	14,811	49,116	2,579	8,194
2009	27,392	83,126	136,670	377,674	3,488	9,267
2010	15,482	44,872	22,599	69,199	2,715	8,447
2011	23,495	71,128	101,065	274,711	3,316	9,092
2012	20,613	60,642	65,897	178,486	3,106	8,907
2013	22,762	68,226	83,515	226,097	3,215	9,000

① 2013년도 전년대비 증가율은 3급 교부자 남자가 1급 교부자 남자보다 크다.

② 2010년도 1급 교부자 중 남자의 비중은 2급 교부자 중 남자의 비중보다 크다.

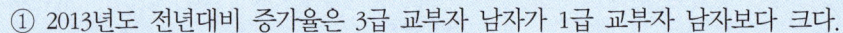

③ 2007년도 2급 교부자 중 남자의 비중은 30% 이상이다.

④ 2006년도 2급 교부자 중 남자의 비중은 25% 이상이다.

⑤ 2007년~2013년 동안 1급 여자 교부자의 전년대비 증가율이 가장 큰 해는 2009년이다.

⑥ 2007년~2013년 동안 3급 남자 교부자의 전년대비 증가율이 가장 큰 해는 2009년이다.

⑦ 2007년~2013년 동안 3급 여자 교부자의 전년대비 증가율이 가장 큰 해에 3급 남자 교부자 수가 가장 크다.

⑧ 2003년~2008년 동안 1급 남자 교부자의 전년대비 증가율이 가장 큰 해에 1~3급 남녀 교부자 수가 모두 증가했다.

⑨ 2003년~2008년 동안 1급 남자 교부자의 전년대비 증가율이 가장 큰 해에 2급 여자 교부자의 전년대비 증가율도 가장 크다.

⑩ 2003년~2008년 동안 2급 남자 교부자의 전년대비 증가율이 가장 큰 해에 3급 여자 교부자의 전년대비 증가율도 가장 크다.

정답 ×○××× / ××○○×

① (×) $\frac{3,215-3,106}{3,106}$ (3급) < $\frac{22,762-20,613}{20,613}$ (1급) ② (○) $\frac{15,482}{44,872}$ (1급) > $\frac{22,599}{69,199}$ (2급) ③ (×) $\frac{118}{324+118}$ < 30% ④ (×) $\frac{95}{340+95}$ < 25%

⑤ (×) 2007년 ⑥ (×) 2007년 ⑦ (×) 2007 ≠ 2009년 ⑧ (○) 2007년 ⑨ (○) 2007년 ⑩ (×) 2007년 ≠ 2003년

Chapter 1. 눈과 손으로 푸는 선택지

STEP 1

01 다음 〈표〉는 2006년부터 2010년까지 정부지원 직업훈련 현황에 대한 자료이다. 이에 대한 〈보기〉의 설명 중 옳은 것을 모두 고르면?

〈표〉 연도별 정부지원 직업훈련 현황

(단위 : 천명, 억원)

구분	연도	2006	2007	2008	2009	2010
훈련 인원	실업자	102	117	113	153	304
	재직자	2,914	3,576	4,007	4,949	4,243
	계	3,016	3,693	4,120	5,102	4,547
훈련 지원금	실업자	3,236	3,638	3,402	4,659	4,362
	재직자	3,361	4,075	4,741	5,597	4,669
	계	6,597	7,713	8,143	10,256	9,031

― 보기 ―
ㄱ. 실업자 훈련인원과 실업자 훈련지원금의 연도별 증감방향은 서로 일치한다.
ㄴ. 훈련지원금 총액은 2009년에 1조원을 넘어 최고치를 기록하였다.
ㄷ. 2006년 대비 2010년 실업자 훈련인원의 증가율은 실업자 훈련지원금 증가율의 7배 이상이다.
ㄹ. 훈련인원은 매년 실업자가 재직자보다 적었다.
ㅁ. 1인당 훈련지원금은 매년 실업자가 재직자보다 많았다.

① ㄱ, ㄴ, ㄷ ② ㄱ, ㄷ, ㄹ ③ ㄱ, ㄹ, ㅁ
④ ㄴ, ㄷ, ㅁ ⑤ ㄴ, ㄹ, ㅁ

해설

ㄱ. (사실확인) 2010년에 NG (✗)
ㄴ. (사실확인) (○)
ㄷ. (분수비교) $\dfrac{304-102}{102} < \dfrac{4,362-3,236}{3,236} \times 7$ (✗)
ㄹ. (사실확인) (○)
ㅁ. (분수비교) 훈련지원금(분자)은 비슷하나 훈련인원(분모)은 실업자가 많이 적다. (○)

정답 01 ⑤

02 다음 〈표〉는 지역별, 등급별, 병원유형별 요양기관 수를 나타낸 자료이다. 이에 대한 〈보기〉의 설명 중 옳은 것만을 모두 고르면?

〈표 1〉 지역별, 등급별 요양기관 수

(단위 : 개소)

등급 지역	1등급	2등급	3등급	4등급	5등급
서울	22	2	1	0	4
경기	17	2	0	0	1
경상	16	0	0	1	0
충청	5	2	0	0	2
전라	4	2	0	0	1
강원	1	2	0	1	0
제주	2	0	0	0	0
계	67	10	1	2	8

〈표 2〉 병원유형별, 등급별 요양기관 수

(단위 : 개소)

등급 병원유형	1등급	2등급	3등급	4등급	5등급	합
상급종합병원	37	5	0	0	0	42
종합병원	30	5	1	2	8	46

보기

ㄱ. 경상지역 요양기관 중 1등급 요양기관의 비중은 서울지역 요양기관 중 1등급 요양기관의 비중보다 작다.
ㄴ. 5등급 요양기관 중 서울지역 요양기관의 비중은 2등급 요양기관 중 강원지역 요양기관의 비중보다 크다.
ㄷ. 1등급 '상급종합병원' 요양기관 수는 5등급을 제외한 '종합병원' 요양기관 수의 합보다 적다.
ㄹ. '상급종합병원' 요양기관 중 1등급 요양기관의 비중은 1등급 요양기관 중 '종합병원' 요양기관의 비중보다 크다.

① ㄱ, ㄴ
② ㄱ, ㄷ
③ ㄴ, ㄷ
④ ㄴ, ㄹ
⑤ ㄴ, ㄷ, ㄹ

해설

ㄱ. (분수비교) : $\frac{16}{17} > \frac{22}{29}$ (X)

ㄴ. (분수비교) : $\frac{4}{8} > \frac{2}{10}$ (O)

ㄷ. (덧셈비교) : $37 < 46 - 8$ (O)

ㄹ. (분수비교) : $\frac{37}{42} > \frac{30}{67}$ (O)

정답 02 ⑤

03 다음 〈표〉와 〈그림〉은 어느 지역의 교통사고 발생건수에 대한 자료이다. 이에 대한 〈보기〉의 설명 중 옳은 것을 모두 고르면?

〈표〉 연도별 교통사고 발생건수 현황

(단위 : 천건)

연도 구분	2006	2007	2008	2009	2010
전체교통사고	231	240	220	214	213
음주교통사고	25	31	25	26	30

〈그림〉 2010년 교통사고 발생건수의 월별 구성비

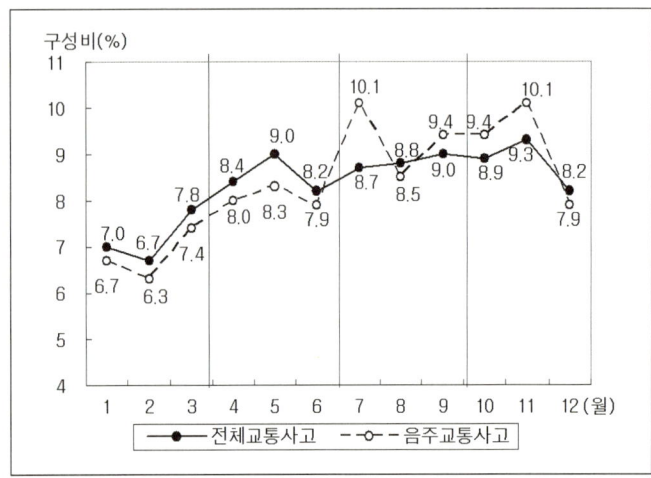

※ 전체(음주)교통사고 발생건수의 월별 구성비(%)
$= \dfrac{\text{해당월 전체(음주)교통사고 발생건수}}{\text{해당연도 전체(음주)교통사고 발생건수}} \times 100$

―보기―
ㄱ. 2008년 이후 전체교통사고 발생건수는 매년 감소하였다.
ㄴ. 2010년 음주교통사고 발생건수는 2006년 대비 30% 이상 증가하였다.
ㄷ. 전체교통사고 발생건수 중 음주교통사고 발생건수의 비중은 2010년에 가장 높았다.
ㄹ. 2010년 음주교통사고의 분기별 발생건수는 3사분기(7, 8, 9월)에 가장 많았다.

① ㄱ, ㄹ ② ㄴ, ㄷ ③ ㄴ, ㄹ
④ ㄱ, ㄴ, ㄷ ⑤ ㄱ, ㄷ, ㄹ

해설

ㄱ. (사실확인) (O)

ㄴ. (분수비교) $\dfrac{30-25}{25} < 30\%$ (X)

ㄷ. (분수비교) $\dfrac{\text{음주}}{\text{전체}}\uparrow = \dfrac{\text{전체}}{\text{음주}}\downarrow \rightarrow$ 2010년에 분자(전체)가 가장 작고, 2007년을 제외하면 분모(음주)는 가장 크므로 2007년을 제외하면 비교할 필요 없다. (O)

ㄹ. (덧셈비교) (O)

정답 03 ⑤

04 다음 〈표〉는 시설유형별 에너지 효율화 시장규모의 현황 및 전망에 대한 자료이다. 이에 대한 설명으로 옳은 것은?

〈표〉 시설유형별 에너지 효율화 시장규모의 현황 및 전망

(단위 : 억달러)

연도 시설유형	2010	2011	2012	2015 (예상)	2020 (예상)
사무시설	11.3	12.8	14.6	21.7	41.0
산업시설	20.8	23.9	27.4	41.7	82.4
주거시설	5.7	6.4	7.2	10.1	18.0
공공시설	2.5	2.9	3.4	5.0	10.0
전체	40.3	46.0	52.6	78.5	151.4

① 2010 ~ 2012년 동안 '주거시설' 유형의 에너지 효율화 시장규모는 매년 15% 이상 증가하였다.
② 2015년 전체 에너지 효율화 시장규모에서 '사무시설' 유형이 차지하는 비중은 30% 이하일 것으로 전망된다.
③ 2015 ~ 2020년 동안 '공공시설' 유형의 에너지 효율화 시장규모는 매년 30% 이상 증가할 것으로 전망된다.
④ 2011년 '산업시설' 유형의 에너지 효율화 시장규모는 전체 에너지 효율화 시장규모의 50% 이하이다.
⑤ 2010년 대비 2020년 에너지 효율화 시장규모의 증가율이 가장 높을 것으로 전망되는 시설유형은 '산업시설'이다.

해설

① (분수비교)
$\dfrac{7.2-6.4}{6.4}$ (2012년) < 15% (✗)

② (분수비교) $\dfrac{21.7}{78.5}$ < 30% (O)

③ (알 수 없다) 〈표〉에서 매년에 대한 자료는 없다. (✗)

④ (분수비교) 23.9 × 2 > 46 (✗)

⑤ (분수비교)
$\dfrac{82.4}{20.8}$ (산업) < $\dfrac{10}{2.5}$ (공공) (✗)

정답 04 ②

05 다음 〈그림〉은 우리나라의 직장어린이집 수에 대한 자료이다. 이에 대한 설명으로 옳은 것은?

〈그림 1〉 2000 ~ 2010년 전국 직장어린이집 수

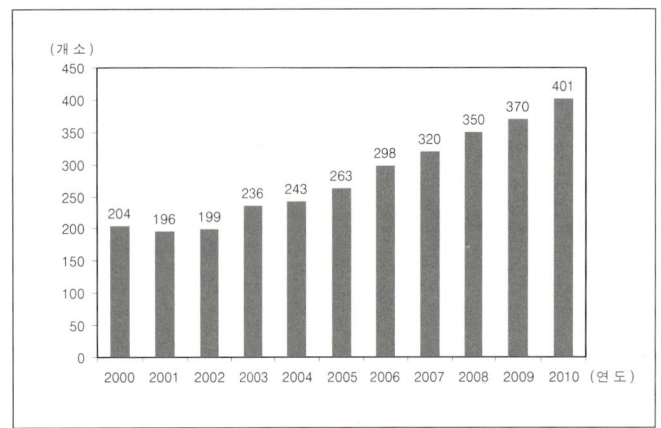

〈그림 2〉 2010년 지역별 직장어린이집 수
(단위 : 개소)

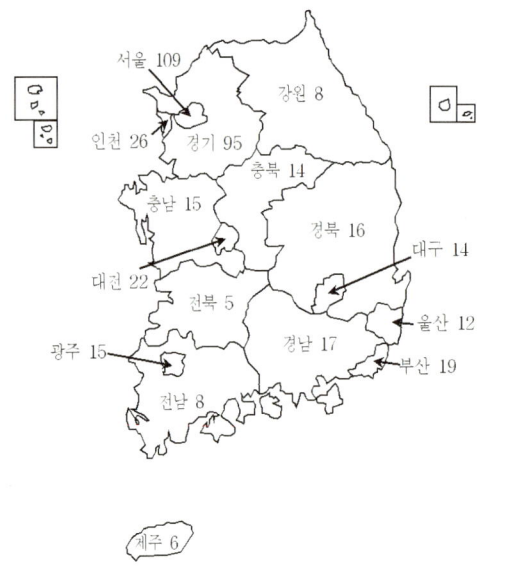

① 2000 ~ 2010년 동안 전국 직장어린이집 수는 매년 증가하였다.
② 2006년 대비 2008년 전국 직장어린이집 수는 20 % 이상 증가하였다.
③ 2010년 인천 지역 직장어린이집 수는 2010년 전국 직장어린이집 수의 5 % 이하이다.
④ 2000 ~ 2010년 동안 전국 직장어린이집 수의 전년대비 증가율이 10 % 이상인 연도는 2003년뿐이다.
⑤ 2010년 서울과 경기 지역 직장어린이집 수의 합은 2010년 전국 직장어린이집 수의 절반 이상이다.

해설

① (사실확인) 2001년에 감소 (×)
② (분수비교) $\dfrac{350-298}{298} < 20\%$ (×)
③ (분수비교) $26 \times 20 > 401$ (×)
④ (분수비교) $\dfrac{298-263}{263} > 10\%$ (×)
⑤ (분수비교) $(109+95) \times 2 > 401$ (○)

정답 05 ⑤

06 다음 〈표〉는 6개 대학교의 2007학년도 신입생 정원에 관한 자료이다. 이에 대한 〈보기〉의 설명 중 옳은 것을 모두 고르면?

〈표 1〉 계열별 신입생 정원

(단위 : 명)

구분	전체	인문·사회	자연·공학
A 대학교	5,691	2,400	3,291
B 대학교	4,123	2,290	1,833
C 대학교	5,112	2,732	2,380
D 대학교	7,860	3,528	4,332
E 대학교	1,331	823	508
F 대학교	3,228	1,534	1,694

※ 각 대학교의 계열은 인문·사회와 자연·공학 두 가지로만 구성됨.

〈표 2〉 모집전형별 계열별 신입생 정원

(단위 : 명)

구분	수시전형		정시전형	
	인문·사회	자연·공학	인문·사회	자연·공학
A 대학교	1,200	1,677	1,200	1,614
B 대학교	561	427	1,729	1,406
C 대학교	707	663	2,025	1,717
D 대학교	2,356	2,865	1,172	1,467
E 대학교	344	240	479	268
F 대학교	750	771	784	923

보기

ㄱ. 전체 신입생 정원에서 인문·사회 계열 정원의 비율이 가장 높은 대학교는 B 대학교이다.
ㄴ. 자연·공학계열 신입생 정원이 전체 신입생 정원의 50 %를 초과하는 대학교는 A, D, F 대학교이다.
ㄷ. 수시전형으로 선발하는 신입생 정원이 정시전형으로 선발하는 신입생 정원보다 많은 대학교는 D 대학교 뿐이다.
ㄹ. 수시전형으로 선발하는 신입생 정원과 정시전형으로 선발하는 신입생 정원의 차이가 가장 작은 대학교는 A 대학교이다.

① ㄱ, ㄴ   ② ㄱ, ㄷ   ③ ㄱ, ㄹ
④ ㄴ, ㄷ   ⑤ ㄴ, ㄹ

해설

ㄱ. (A or B)
$\frac{인문·사회}{전체} \uparrow = \frac{인문·사회}{자연·공학} \uparrow$
→ $\frac{2,290}{1,833}$ (B) < $\frac{823}{508}$ (E) (✗)

ㄴ. (A or B)
자연·공학 > 인문·사회 (○)

ㄷ. (덧셈비교)
A대학교 수시(1,200 + 1,677) >
정시(1,200 + 1,614) (✗)

ㄹ. (덧셈비교) (○)

정답 06 ⑤

07 다음 〈표〉는 조업방법별 어업생산량과 어종별 양식어획량에 대한 자료이다. 이에 대한 설명 중 옳지 않은 것은?

〈표 1〉 조업방법별 어업생산량

(단위 : 만톤)

연도 조업방법	2005	2006	2007	2008	2009
해면어업	109.7	110.9	115.2	128.5	122.7
양식어업	104.1	125.9	138.6	138.1	131.3
원양어업	55.2	63.9	71.0	66.6	60.5
내수면어업	2.4	2.5	2.7	2.9	3.0
계	271.4	303.2	327.5	336.1	317.5

※조업방법은 해면어업, 양식어업, 원양어업, 내수면어업으로 이루어짐.

〈표 2〉 어종별 양식어획량

(단위 : 백만마리)

연도 어종	2005	2006	2007	2008	2009
조피볼락	367	377	316	280	254
넙치류	97	94	97	98	106
감성돔	44	50	48	46	35
참돔	53	32	26	45	37
숭어	33	35	30	26	29
농어	20	17	13	15	14
기타 어류	28	51	39	36	45
계	642	656	569	546	520

① 총어업생산량의 전년대비 증가율은 2007년이 2008년보다 크다.
② 2005년부터 2009년까지 어업생산량이 매년 증가한 조업방법은 내수면어업이다.
③ 2005년부터 2009년까지 연도별 총양식어획량에서 조피볼락이 차지하는 비율은 매년 50% 이상이다.
④ 기타 어류를 제외하고, 2009년 양식어획량이 전년대비 감소한 어종 중 감소율이 가장 작은 어종은 농어이다.
⑤ 기타 어류를 제외하고, 양식어획량이 많은 어종을 순서대로 나열하면, 2005년의 순서와 2009년의 순서는 동일하다.

해설

① (분수비교) 증가폭이 2007년(24.3)이 2008년(8.6)의 2배이상 (O)
② (사실확인) (O)
③ (분수비교) 254 × 2 < 520(2009년) (X)
④ (분수비교) 농어($\frac{14}{15}$)가 1에 가장 가깝다. (O)
⑤ (사실확인) (O)

정답 07 ③

08 다음 〈표〉는 2004 ~ 2011년 우리나라 연령대별 여성취업자에 관한 자료 중 일부이다. 이에 대한 설명 중 옳지 않은 것은?

〈표〉 연령대별 여성취업자

(단위 : 천명)

연도	전체 여성취업자	연령대		
		20대	50대	60대 이상
2004	9,364	2,233	1,283	993
2005	9,526	2,208	1,407	1,034
2006	9,706	2,128	1,510	1,073
2007	9,826	2,096	1,612	1,118
2008	9,874	2,051	1,714	1,123
2009	9,772	1,978	1,794	1,132
2010	9,914	1,946	1,921	1,135
2011	10,091	1,918	2,051	1,191

① 20대 여성취업자는 매년 감소하였다.
② 2011년 20대 여성취업자는 전년대비 3% 이상 감소하였다.
③ 50대 여성취업자가 20대 여성취업자보다 많은 연도는 2011년 한 해이다.
④ 2007 ~ 2010년 동안 전체 여성취업자의 전년대비 증감폭은 2010년이 가장 크다.
⑤ 전체 여성취업자 중 50대 여성취업자가 차지하는 비율은 2011년이 2005년보다 높다.

해설

① (사실확인) (O)
② (분수비) 감소폭
   (약 30 = 1,946 − 1,918)은
   3%에 많이 부족 (X)
③ (사실확인) (O)
④ (덧셈비교) (O)
⑤ (분수비교)
   $\dfrac{2,051}{10,091}$ ('11년) > $\dfrac{1,407}{9,526}$ ('05년) (O)

정답 08 ②

2. 덧셈·곱셈비교, 사실확인

> • 덧셈 대소비교법

■ 소거법

◎ ~~191~~ + ~~287~~ + ~~313~~ − ~~125~~ > ~~189~~ + ~~291~~ + ~~299~~ − ~~126~~
   +2   0   +14   0   >   0   +4   0   −1

◎ 1928 + 865 + 1237 > 2045 + 1915 − 126

tip 1. 우항에서 2045에서 45를 떼서 1915에 빌려주면, 2045는 2000이 되고 1915 + 45는 2000이 안된다. 우항은 2000 + 2000 미만으로 볼 수 있다. 좌항의 865를 72와 793으로 나누어 72는 1928로 빌려주어 2000을 만들고, 793을 1237로 빌려주면 2000 넘게 만들어 진다. 좌항은 2000 + 2000 초과로 만들 수 있다.

■ 징검다리의 활용

◎ 550 + ( ) = 924   →   550 ─ 600 ─ 900 ─ 924
                              50   300   24

◎ 65 + 500 + 49 = ( )   →   65 + 500 + 49(=35+14) = (100+500+14)

◎ 1200 + 77 + 39 = ( )   →   1200 + 77 + 39(=23+16) = (1200+100+16)

■ 덧셈 계산

지역	A	B	C	D	E
남자(명)	4,722	4,151	554	201	622
여자(명)	1,820	21,122	542	3,572	287
합계(명)	6,542	25,273	1,096	3,773	909

ㄱ. A~E 지역 남자 수의 합은 10,000명 이상이다. (○)
ㄴ. A~E 지역 여자 수의 합은 25,000명 이상이다. (○)
ㄷ. A~E 지역 전체 인구수는 35,000명 이상이다. (○)

tip 2. 최종합계 기준으로 앞에서 3자리까지 우선 계산하고, 그래도 결과가 나지 않으면 그 다음자리 순으로 계산한다.

ㄱ. A~E 지역 남자 수의 합은 10,000명 이상이다.
   → 선택지에서 합계가 10,000명 이므로 만의자리이다. 만의자리 이후로 3자리인 백의 자리까지 더해준다.
      47(A) + 41(B) + 5(C) + 2(D) + E(6) = 101로 10,100보다 크므로 10,000명 이상이다.
      계산결과가 98 또는 99가 나오면 그 다음자리인 십의 자리도 더해준다.

ㄴ. A~E 지역 여자 수의 합은 25,000명 이상이다.
   → 18 + 211 + 5 + 35 + 2 = 271이기 때문에 27,100보다 크므로 25,000 이상이다.

ㄷ. A~E 지역 전체 인구수는 35,000명 이상이다.
   → 65 + 252 + 10 + 37 + 9 = 373이기 때문에 37,300보다 크므로 35,000 이상이다.

- **곱셈 대소비교법(분수비교와 비슷)**

■ 1단계 (개별비교)

◎ 263 × 165 > 261 × 163　　　　　　　　　　◎ 4,712 × 2,734 > 3,864 × 2,731

◎ 3,464 × 16.5% ◯ 2,261 × 32.1% → 3,464 × 16.5% × **2** < 2,261 × **2** × 32.1%

tip 1. 비교대상보다 두 수가 모두 크면 큰 값이다. 한 수가 비슷하다면 나머지 수가 더 큰 수가 크다.
tip 2. 좌·우항에 같은 수를 곱하여 비교대상과 같게(비슷하게) 만든다.

■ 2단계 (증가율 비교)

약 2배 증가

◎　16,542 × 36.2 < 33,254 × 20.4

2배 이하 증가

■ 3단계 (분수로 변환)

◎ 312 × 36.6 ◯ 297 × 41.2 → $\frac{312}{297}$ ◯ $\frac{41.2}{36.6}$ 또는 $\frac{36.6}{41.2}$ ◯ $\frac{297}{312}$ 로 변형

◎ 831 × 26 ◯ 84 × 239 → $\frac{831}{239}$ ◯ $\frac{84}{26}$ 또는 $\frac{26}{84}$ ◯ $\frac{239}{831}$ 로 변형

◎ 59 × 361 ◯ 495 × 38.1 → $\frac{361}{495}$ ◯ $\frac{38.1}{59}$ 또는 $\frac{59}{38.1}$ ◯ $\frac{495}{361}$ 로 변형

tip 3. 곱셈비교에서 눈으로 비교가 어렵다면, 분수로 바꿔버리는 것이 좋다. 상대적으로 분수비교가 익숙하기 때문이다. 위의 예시처럼 둘 중 아무거나 변형해도 괜찮다. 눈에 보이는대로 빨리 변형하는 것이 좋다.

■ 소수점 계산

ㄱ. 증가율이 6%로 일정하게 4년 동안 이어질 때 4년간 증가율은 24% 이상이다.

ㄴ. 3%의 물가상승률이 10년간 지속되면 10년 후 물가 상승률은 30% 이상이다.

tip 4. $(1+a)^n ≒ 1 + na (a < 0.1$ 일 때 활용)　　ex　$1.08 × 1.07 ≒ 1 + 0.08 + 0.07 ≒ 1.15 ↑$

$(\frac{1}{1+a}) = (1+a)^{-1} = 1 - a (a < 0.1$ 일 때 활용)　ex　$\frac{1.08}{1.04} × \frac{1.05}{0.97} ≒ 1 + 0.08 - 0.04 + 0.05 + 0.03 ≒ 1.12$

ㄱ. 증가율이 6%로 일정하게 4년 동안 이어질 때 증가율은? → $(1.06)^4 ≒ 1 + 0.06 × 4 (≒ 1.24 ↑)$

ㄴ. 3%의 물가상승률이 10년간 지속되면 10년 후 물가 상승률은? → $(1.03)^{10} ≒ 1 + 0.03 × 10 (≒ 1.3 ↑)$

예제 03

<표1> 재산범죄별 발생현황

(단위 : 건)

연도	전체	절도	장물	사기	횡령	배임	손괴
2001	392,473	169,121	1,319	180,350	22,867	4,842	13,974
2002	415,572	179,208	1,418	195,914	21,990	4,767	12,275
2003	470,826	187,871	1,145	240,359	23,895	5,322	12,234
2004	447,163	154,850	1,581	246,204	27,224	6,736	10,568
2005	442,015	191,114	3,547	203,697	25,412	5,901	12,344
2006	( )	190,745	2,432	203,346	25,084	5,402	28,939
2007	469,654	( )	3,050	186,115	24,122	5,256	38,581
2008	503,302	223,264	2,212	205,140	26,750	5,135	40,801
2009	561,972	256,680	3,381	224,889	27,362	6,709	42,951
2010	568,623	268,007	3,206	205,913	26,312	14,619	50,566

① (덧셈 1:1비교) 2006년도 전체 재산범죄 발생건수는 총 450,000건 이상이다.

② (덧셈 1:1비교) 2010년도 절도와 사기 발생건수의 합은 전년대비 감소했다.

③ (덧셈 다대다비교) 2006~2009년도 절도 발생건수는 매년 증가했다.

④ (덧셈 다대다비교) 전체 재산범죄 발생건수의 전년대비 증감폭이 가장 큰 해는 2003년이다.

⑤ (덧셈 다대다비교) 2001~2010년도 절도와 사기 발생건수의 차이는 2010년도가 가장 크다.

⑥ (곱셈 1:1비교) 2006년 횡령 발생건수는 2005년 장물 발생건수의 7배 이상이다.

⑦ (곱셈 다대다비교) 2006~2010년도 횡령 발생건수는 매년 배임 발생건수의 4배 이상이다.

⑧ (덧셈 & 곱셈비교) 2001~2004년도 전체 재산범죄 발생건수는 횡령과 손괴 발생건수 합의 10배 이상이다.

⑨ (덧셈 & 분수비교) 2010년도 절도와 사기 발생건수 합은 전체 재산범죄 발생건수의 80% 이상이다.

⑩ (사실확인) 2001~2010년도 횡령 발생건수와 배임 발생건수의 증감방향은 매년 같다.

⑪ (사실확인) 2001~2005년도 재산범죄별 발생건수의 순위는 매년 일치한다.

⑫ (사실확인) 2001~2010년도 전체 재산범죄 중 장물 발생건수가 매년 가장 작다.

① (덧셈 1:1비교) 총 450,000건 이상   → 190 + 2 + 203 + 25 + 5 + 28 > 450

② (덧셈 1:1비교) 합은 전년대비 감소   → 256 + 224('09년) > 268 + 205('10년)

③ (덧셈 다대다비교) 매년 증가   → 2007년 절도 발생건수에 2006년도 수치인 190을 대입한다.
$(190 ± ∂) + 3 + 186 + 24 + 5 + 38 ≒ 469$
∂가 230이므로 2007년 수치는 190 + 23 = 213정도라고 생각해야 한다.

④ (덧셈 다대다비교) 전년대비 증감폭이 가장 큰   → 2003년 증가폭(415→470)을 기준으로 확인한다. 2009년이 반례다.

⑤ (덧셈 다대다비교) 차이는 가장 크다.   → 2010년 차이(63 = 268 − 205)을 기준으로 확인한다. 2004년이 반례다.

⑥ (곱셈 1:1비교) 7배 이상   → 250(횡령) > 35.4(장물) × 7

⑦ (곱셈 다대다비교) 4배 이상   → '10년이 반례이다. 263(횡령) < 146(배임) × 4

⑧ (덧셈 & 곱셈비교) 합의 10배 이상   → 덧셈계산(횡령과 손괴 발생건수의 합)을 먼저 하지 말고 곱셈(10배)을 먼저 계산한다. '01의 경우 전체(392)가 10배 이상이 되려면 횡령과 손괴의 합은 39.2보다 작아야 한다. 39.2 > 22.8(횡령) + 13.9(손괴)

⑨ (덧셈 & 분수비교) 합은 전체의 80% 이상   → 덧셈계산(절도와 사기 발생건수의 합)을 먼저 하지 말고 분수(80%)를 먼저 계산한다. 568(전체) × 80%는 약 450이다. 절도(268)와 사기(205)의 합은 450보다 크기 때문에 80% 이상이 맞다.

⑩ (사실확인) 증감방향은 매년 같다.   → '08년, '10년도에 반례

⑪ (사실확인) 순위는 매년 일치   → 반례없다.

⑫ (사실확인) 매년 가장 작다.   → 반례없다.

정답 ○○○×× / ○×○○× / ○○

예제 04

〈표〉 가정폭력 처분결과
(단위 : 명)

연도	총 접수인원	기소				소년 보호송치	가정 보호송치	불기소	기소중지	참고인 중지
		소계	구공판		구약식					
			구속	불구속						
2002	( )	4,335	467	311	3,557	97	1,290	4,893	108	43
2003	4,814	913	202	83	621	22	1,016	2,830	31	2
2004	10,232	4,367	( )	235	3,896	45	1,286	4,131	354	49
2005	6,079	1,166	114	88	964	14	947	3,859	82	11
2006	3,932	600	39	60	501	6	657	2,635	28	6
2007	3,174	443	69	0	( )	7	611	2,102	9	2
2008	19,248	2,885	245	423	2,217	62	3,100	13,047	148	6
2009	19,191	2,697	217	418	(2,062)	55	3,055	13,257	117	10

① (덧셈 1:1비교) 2002년도 총 접수인원은 10,000명 이상이다.

② (덧셈 1:1비교) 2009년도 기소와 불기소 인원의 합은 전년대비 감소했다.

③ (덧셈 다대다비교) 2002~2006년도 구속 인원은 매년 감소했다.

④ (덧셈 다대다비교) 총 접수인원의 전년대비 증감폭이 가장 큰 해는 2004년이다.

⑤ (덧셈 다대다비교) 2002~2009년도 불기소와 가정보호송치 인원의 차이는 2009년도가 가장 크다.

⑥ (곱셈 1:1비교) 2008년 총 접수인원은 기소인원의 7배 이상이다.

⑦ (곱셈 다대다비교) 2002~2009년도 기소인원은 매년 구속인원의 5배 이상이다.

⑧ (덧셈 & 곱셈비교) 2005~2007년도 기소 인원은 구공판 인원의 5배 이상이다.

⑨ (덧셈 & 분수비교) 2005년도 기소와 불기소 인원의 합은 총 접수인원의 80% 이상이다.

⑩ (사실확인) 2002~2009년도 기소중지와 참고인 중지인원의 증감방향은 매년 같다.

⑪ (사실확인) 2006~2009년도 가정폭력 처분결과의 순위는 매년 일치한다.

⑫ (사실확인) 2002~2009년도 가정폭력 처분결과 중 불기소 인원이 매년 가장 많다.

① (덧셈 1:1비교) 10,000명 이상   → 43(기소) + 12(가정) + 48(불기소) + 1(기소중지) > 100

② (덧셈 1:1비교) 합은 전년대비 감소   → 2,885 + 13,047('08년) < 2,697 + 13,257('09년)

③ (덧셈 다대다비교) 매년 감소   → 2004년 구속 인원에 2003년도 수치를 대입한다. 소계가 천의 자리이므로 앞에서 3자리인 십의 자리까지 계산한다.
 (20 ± ∂) + 23 + 389 ≒ 436   ∂가 4이므로 2004년 구속인원은 약 2400이다.

④ (덧셈 다대다비교) 전년대비 증감폭이 가장 큰
 → 2004년 증가폭(48.1 → 102)을 기준으로 확인한다. 2008년이 반례다.

⑤ (덧셈 다대다비교) 차이는 가장 크다.   →   반례가 없다.

⑥ (곱셈 1:1비교) 7배 이상   →   192(총 접수인원) < 28.8(기소) × 7

⑦ (곱셈 다대다비교) 5배 이상   → '03년이 반례이다. 913(기소) < 202(구속) × 5

⑧ (덧셈 & 곱셈비교) 2005~2007년도 기소 인원은 구공판 인원의 5배 이상이다.
 → 덧셈계산(횡령과 손괴 발생건수의 합)을 먼저 하지 말고 곱셈(5배)을 먼저 계산한다. 반례가 없다.

⑨ (덧셈 & 분수비교) 합은 80% 이상 → 덧셈계산(절도와 사기 발생건수의 합)을 먼저 하지 말고 분수(80%)를 먼저 계산한다. 607(총 접수인원) × 80%는 약 480이다. 기소(116)와 불기소(385)의 합은 480보다 크기 때문에 80% 이상이 맞다.

⑩ (사실확인) 증감방향은 매년 같다. → '09년도에 반례

⑪ (사실확인) 순위는 매년 일치한다. → 2006년과 2007년 소년보호송치와 참고인 중지의 순위가 바뀐다.

⑫ (사실확인) 매년 가장 작다. → '04년 기소인원이 더 많다.

정답 O×××O / ××××O× / ××

※ 복습자료에 나오는 선택지를 모두 풀지 마시고, 시간이 오래 걸릴 것 같은 선택지를 2~3개 정도는 풀지 않도록 합니다.
2~3개 정도의 선택지를 제외한 상태에서 최대한 빨리, 정확하게 푸는 연습을 하시기 바랍니다.

■ (복습 자료)덧셈비교 1

〈표1〉 건강보험 재정현황

(단위 : 억원)

구 분		2003년	2004년	2005년	2006년
수입	계	168,231	185,722	186,244	223,878
	보험료수입	131,807	148,745	151,969	185,516
	국고지원금	27,792	28,567	26,957	28,698
	담배부담금	8,632	8,410	7,318	9,664
지출	계	157,437	170,043	173,822	( )
	보험급여비	149,522	161,311	165,933	214,893
	관리운영비	7,085	7,901	7,509	8,968
	기타지출	830	831	380	764

※ 1) 건강보험 수입은 보험료수입, 국고지원금, 담배부담금으로만 구분됨
2) 건강보험 지출은 보험급여비, 관리운영비, 기타지출으로만 구분됨

① 2003 ~ 2006년 동안 건강보험의 평균 수입액은 20조원 이하이다.

② 2006년 건강보험 지출액은 22조원 이상이다.

③ 2003 ~ 2005년 동안 건강보험의 평균 수입액은 평균 지출액보다 2조원 이상 더 많다.

④ 2003 ~ 2006년 동안 건강보험 수입 중 평균 보험료 수입액은 지출 중 평균 보험급여비보다 1조원 이상 더 작다.

⑤ 2003 ~ 2006년 동안 건강보험의 평균 국고지원금과 평균 담배부담금의 합은 3조5천억원 이상이다.

⑥ (곱셈비교) 2006년도 건강보험 수입은 국고지원금의 7배 이상이다.

⑦ (곱셈비교) 2003년 국고지원금은 2006년 관리운영비의 3배 이상이다.

⑧ (덧셈 & 곱셈비교) 2006년도 건강보험 지출은 국고지원금의 10배 이상이다.

⑨ (사실확인) 2003~2006년도 동안 보험료 수입과 관리운영비의 증감방향은 매년 같다.

⑩ (사실확인) 2003~2006년도 관리운영비과 기타지출의 증감방향은 매년 일치한다.

⑪ (사실확인) 2003~2006년도 건강보험료 수입 중 담배부담금이 매년 가장 작다.

정답 ○○×○○ / ○○××○ / ○
① (○) 가평균 20조로 계산하면 편차는 −이다.
② (○) 214,893 + 8,968 + 764 > 220,000
③ (×) 2003~2005년 수입과 지출의 차이는 1.1조, 1.5조, 1.3조이므로 평균 2조가 되지 못한다.
④ (○) 2003~2006년 보험료수입과 보험급여비의 차이는 1.8조, 2.3조, 1.4조, 2.9조이므로 평균 1조가 넘는다.
⑤ (○) 가평균 3.5조로 계산하면 편차는 +이다.
⑥ (○) 223,878 > 28,698 × 7   ⑦ (○) 27,792 > 8,968 × 3
⑧ (×) 214,893 + 8,968 + 764 < 28,698 × 10
⑨ (×) 2005년   ⑩ (○)   ⑪ (○)

※ 복습자료에 나오는 선택지를 모두 풀지 마시고, 시간이 오래 걸릴 것 같은 선택지를 2~3개 정도는 풀지 않도록 합니다.
2~3개 정도의 선택지를 제외한 상태에서 최대한 빨리, 정확하게 푸는 연습을 하시기 바랍니다.

(복습 자료)덧셈비교 2

〈표1〉 초등학교, 중학교, 고등학교 학생 중 외국으로 유학을 간 학생수

(단위 : 명)

연도	총 유학생 수			학생 만 명당 유학생 수		
	초등학교	중학교	고등학교	초등학교	중학교	고등학교
1995	235	1,200	824	0.6	4.8	3.8
1996	341	1,743	1,489	0.9	7.3	6.6
1997	241	978	2,055	0.6	4.5	8.8
1998	212	473	877	0.6	2.4	3.8
1999	432	709	698	1.1	3.7	3.1
2000	705	1,799	1,893	1.8	9.7	9.1
2001	2,107	3,171	2,666	5.2	17.3	13.9
2002	3,464	3,301	3,367	8.4	17.9	18.8
2003	4,052	3,674	2,772	9.7	19.8	15.7
2004	6,276	5,568	4,602	15.2	28.8	26.3
2005	8,148	6,670	5,582	20.3	33.2	31.7

① 2003년 초중고 총 유학생 수의 합은 전년보다 증가했다.

② 2001 ~ 2005년 동안 중학교 유학생 수의 평균은 4천명 이상이다.

③ 1995 ~ 1999년 동안 중학교 유학생 수의 평균은 천명 이상이다.

④ 1995 ~ 1999년 동안 중학교 유학생 수의 합은 고등학교 유학생 수의 합보다 많다.

⑤ 2001 ~ 2005년 동안 초등학교 유학생 수의 합은 중학교 유학생 수의 합보다 많다.

⑥ 1996 ~ 2005년 동안 초등학교 유학생 수의 전년대비 증가폭이 가장 큰 해에 중학교 유학생 수의 전년대비 증가폭도 가장 크다.

⑦ 1996 ~ 2005년 동안 고등학교 유학생 수의 전년대비 감소폭이 가장 큰 해에 중학교 유학생 수의 전년대비 감소폭도 가장 크다.

⑧ 1997년 초등학교 학생 수는 전년보다 증가했다.

⑨ 2004년 고등학교 학생 수는 중학교 학생 수보다 많다.

⑩ 1995 ~ 2005년 동안 학생 수는 매년 초등학교가 중학교보다 많다.

정답 ○○○×○ / ○×○×○
① (○) 4,052 + 3,674 + 2,772 > 3,464 + 3,301 + 3,367 ② (○) 가평균 4,000으로 계산 시에 편차의 합은 +이다.
③ (○) 가평균 1,000으로 계산 시에 편차의 합은 +이다. ④ (×) 년도별 소거 후 비교
⑤ (○) 년도별 소거 후 비교 ⑥ (○) 2004년
⑦ (×) 1998 ≠ 1997 ⑧ (○) $\frac{241}{0.6}$ ('97년) > $\frac{341}{0.9}$ ('96년)
⑨ (×) $\frac{4,602}{26.3}$ (고등학교) < $\frac{5,568}{28.8}$ (중학교) ⑩ (○)

STEP 1

09 다음 〈표〉는 2010 ~ 2014년 A시의회의 발의 주체별 조례발의 현황에 관한 자료이다. 이에 대한 설명으로 옳지 않은 것은?

〈표〉 A시의회 발의 주체별 조례발의 현황
(단위 : 건)

발의 주체 연도	단체장	의원	주민	합
2010	527	( )	23	924
2011	( )	486	35	1,149
2012	751	626	39	( )
2013	828	804	51	1,683
2014	905	865	( )	1,824
전체	3,639	3,155	202	( )

※ 조례발의 주체는 단체장, 의원, 주민으로만 구성됨.

① 2012년 조례발의 건수 중 단체장발의 건수가 50% 이상이다.
② 2011년 단체장발의 건수는 2013년 의원발의 건수보다 적다.
③ 주민발의 건수는 매년 증가하였다.
④ 2014년 의원발의 건수는 2010년과 2011년 의원발의 건수의 합보다 많다.
⑤ 2014년 조례발의 건수는 2012년 조례발의 건수의 1.5배 이상이다.

해설

① (A or B)
단체장(751) > 의원(626) + 주민(39) (O)
② (덧셈비교)
804↓ + 486 + 35 = 1,149 (O)
③ (덧셈비교)
905 + 865 + 51↑ = 1,824 (O)
④ (덧셈비교)
527 + (374) + 23 = 924
(374) + 486 < 865 (O)
⑤ (곱셈비교) 발의 주체별로 각각 1.5배 이하이다. (X)

정답 09 ⑤

10 다음 〈표〉는 2013년 어느 금요일과 토요일 A 씨 부부의 전체 양육활동유형 9가지에 대한 참여시간을 조사한 자료이다. 이에 대한 설명으로 옳지 않은 것은?

〈표〉 금요일과 토요일의 양육활동유형별 참여시간

(단위 : 분)

유형	금요일		토요일	
	아내	남편	아내	남편
위생	48	4	48	8
식사	199	4	234	14
가사	110	2	108	9
정서	128	25	161	73
취침	55	3	60	6
배설	18	1	21	2
외출	70	5	101	24
의료간호	11	1	10	1
교육	24	1	20	3

① 토요일에 남편의 참여시간이 가장 많았던 양육활동유형은 정서활동이다.
② 아내의 총 양육활동 참여시간은 금요일에 비해 토요일에 감소하였다.
③ 남편의 양육활동 참여시간은 금요일에는 총 46분이었고, 토요일에는 총 140분이었다.
④ 금요일에 아내는 식사, 정서, 가사, 외출활동의 순으로 양육활동 참여시간이 많았다.
⑤ 아내의 양육활동유형 중 금요일에 비해 토요일에 참여시간이 가장 많이 감소한 것은 교육활동이다.

해설

① (사실확인) (O)
② (덧셈비교) 숫자가 큰 유형 위주로 체크 (X)
③ (덧셈계산) (O)
④ (사실확인) (O)
⑤ (덧셈비교) (O)

정답 10 ②

11 다음 〈표〉는 행정심판위원회 연도별 사건처리현황에 관한 자료이다. 이에 대한 〈보기〉의 설명 중 옳은 것만을 모두 고르면?

〈표〉 행정심판위원회 연도별 사건처리현황

(단위 : 건)

구분 연도	접수	심리·의결				취하·이송
		인용	기각	각하	소계	
2010	31,473	4,990	24,320	1,162	30,472	1,001
2011	29,986	4,640	23,284	( )	28,923	1,063
2012	26,002	3,983	19,974	1,030	24,987	1,015
2013	26,255	4,713	18,334	1,358	24,405	1,850
2014	26,014	4,131	19,164	( )	25,270	744

※ 1) 당해연도에 접수된 사건은 당해연도에 심리·의결 또는 취하·이송됨.

2) 인용률(%) = $\frac{인용\ 건수}{심리·의결\ 건수}$ × 100

— 보기 —
ㄱ. 인용률이 가장 높은 해는 2013년이다.
ㄴ. 취하·이송 건수는 매년 감소하였다.
ㄷ. 각하 건수가 가장 적은 해는 2011년이다.
ㄹ. 접수 건수와 심리·의결 건수의 연도별 증감방향은 동일하다.

① ㄱ, ㄴ ② ㄱ, ㄷ ③ ㄷ, ㄹ
④ ㄱ, ㄷ, ㄹ ⑤ ㄴ, ㄷ, ㄹ

해설

ㄱ. (분수비교) 2013년이 분모는 가장 작으나 분자는 2번째로 높다.
분자가 가장 높은 2010년과 눈으로 비교 (O)

ㄴ. (사실확인) 2013년에 증가 (X)

ㄷ. (덧셈비교) ( )를 제외한 년도 중 가장 작은 2012년(1,030)과 비교
〈2014년〉 4,131 + 19,164 + (1,030↑) = 25,270
〈2011년〉 4,640 + 23,284 + (1,030↓) = 28,923 (O)

ㄹ. (사실확인) 2013년 접수건수는 증가, 심리·의결건수는 감소 (X)

정답 11 ②

12 다음 〈표〉와 〈그림〉은 A ~ E국의 국민부담률, 재정적자 비율 및 잠재적부담률과 공채의존도를 나타낸 자료이다. 이에 대한 〈보기〉의 설명 중 옳은 것만을 모두 고르면?

〈표〉 국민부담률, 재정적자 비율 및 잠재적부담률

(단위 : %)

구분\국가	A	B	C	D	E
국민부담률	38.9	34.7	49.3	( )	62.4
사회보장부담률	( )	8.6	10.8	22.9	24.6
조세부담률	23.0	26.1	( )	29.1	37.8
재정적자 비율	8.8	9.9	6.7	1.1	5.1
잠재적부담률	47.7	( )	56.0	53.1	( )

※ 1) 국민부담률(%) = 사회보장부담률 + 조세부담률
   2) 잠재적부담률(%) = 국민부담률 + 재정적자 비율

〈그림〉 공채의존도

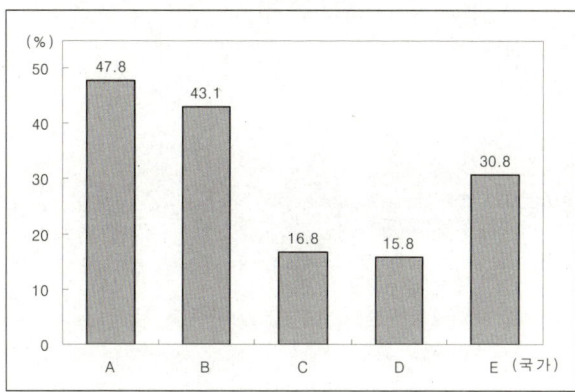

보기

ㄱ. 잠재적부담률이 가장 높은 국가의 조세부담률이 가장 높다.
ㄴ. 공채의존도가 가장 낮은 국가의 국민부담률이 두 번째로 높다.
ㄷ. 사회보장부담률이 가장 높은 국가의 공채의존도가 가장 높다.
ㄹ. 잠재적부담률이 가장 낮은 국가는 B이다.

① ㄱ, ㄴ ② ㄱ, ㄷ ③ ㄴ, ㄷ
④ ㄴ, ㄹ ⑤ ㄷ, ㄹ

해설

구분\국가	A	B	C	D	E
국민부담률	38.9	34.7	49.3	(52.0)	62.4
사회보장부담률	(15.9)	8.6	10.8	22.9	24.6
조세부담률	23.0	26.1	(38.5)	29.1	37.8
재정적자 비율	8.8	9.9	6.7	1.1	5.1
잠재적부담률	47.7	(44.6)	56.0	53.1	(67.5)

ㄱ. (덧셈비교) (X)
ㄴ. (덧셈비교) (O)
ㄷ. (덧셈비교) (X)
ㄹ. (덧셈비교) (O)

정답 12 ④

13 다음 〈표〉는 A 도시와 다른 도시들 간의 인구이동량과 거리를 나타낸 것이다. 인구가 많은 도시부터 적은 도시 순으로 바르게 나열한 것은?

〈표〉 도시 간 인구이동량과 거리

(단위 : 천명, km)

도시 간	인구이동량	거리
A ↔ B	60	2
A ↔ C	30	4.5
A ↔ D	25	7.5
A ↔ E	55	4

※ 두 도시 간 인구이동량 = k × $\frac{두\ 도시\ 인구의\ 곱}{두\ 도시\ 간의\ 거리}$, k는 양의 상수임.

① B − C − D − E
② D − C − E − B
③ D − E − C − B
④ E − D − B − C
⑤ E − D − C − B

해설

- (곱셈비교) ※1) 인구이동량 = k × $\frac{인구의\ 곱}{거리}$ × 100
  → **'인구의 곱'** 산출가능
  ☞ 표가 모두 A도시와의 관계이므로 인구의 곱이 크면 해당도시의 인구도 크다.

- 인구 대소비교 : '인구이동량 × 거리'의 대소비교

도시 간	인구이동량 × 거리
A ↔ B	60 × 2
A ↔ C	30 × 4.5
A ↔ D	25 × 7.5
A ↔ E	55 × 4

→ E > D > C > B

정답 13 ⑤

14 다음 〈표〉는 연령집단별 인구구성비 변화에 대한 자료이다. 이에 대한 〈보기〉의 설명 중 옳은 것을 모두 고르면?

〈표〉 연령집단별 인구구성비 변화

(단위 : %)

연령집단	연도							
	1960	1970	1980	1985	1990	1995	2000	2005
15세 미만	42.9	42.1	( )	( )	25.7	23.0	21.0	19.1
15 ~ 65세 미만	53.8	54.6	62.3	65.8	( )	( )	( )	( )
65세 이상	( )	( )	3.9	4.3	5.0	5.9	7.3	9.3
계	100.0	100.0	100.0	100.0	100.0	100.0	100.0	100.0

― 보기 ―

ㄱ. 1990, 1995, 2000, 2005년 해당년도 전체 인구에서 15 ~ 65세 미만 인구 비율은 각각 70% 이상이다.
ㄴ. 2000년 15세 미만 인구 100명당 65세 이상 인구는 30명 이상이다.
ㄷ. 2005년 65세 이상 인구는 1985년 65세 이상 인구의 2배 이상이다.
ㄹ. 1980년 이후 조사년도마다 전체 인구에서 15세 미만 인구의 비율은 감소하고 전체 인구에서 65세 이상 인구의 비율은 증가한다.

① ㄱ, ㄴ   ② ㄱ, ㄷ   ③ ㄴ, ㄷ
④ ㄴ, ㄹ   ⑤ ㄷ, ㄹ

해설

연령집단	연도							
	1960	1970	1980	1985	1990	1995	2000	2005
15세 미만	42.9	42.1	(33.8)	(29.9)	25.7	23.0	21.0	19.1
15 ~ 65세 미만	53.8	54.6	62.3	65.8	(69.3)	(71.1)	(71.7)	(71.6)
65세 이상	(3.3)	(3.3)	3.9	4.3	5.0	5.9	7.3	9.3
계	100.0	100.0	100.0	100.0	100.0	100.0	100.0	100.0

ㄱ. (A or B)
　15세 미만과 65세 이상의 합이 30% 미만이 되어야 맞다.
　→ 1990년에 NG (×)

ㄴ. (분수비교) $\frac{7.3}{21.0} > 30\%$(100당 30명) (○)

ㄷ. (알 수 없다) 다른 년도간의 인구는 비교불가 (×)

ㄹ. (덧셈비교) (○)

정답 14 ④

15 다음 〈표〉는 '갑' 공제회의 회원기금원금, 회원 수 및 1인당 평균 계좌 수, 자산 현황에 관한 자료이다. 이에 대한 〈보기〉의 설명 중 옳지 않은 것을 모두 고르면?

〈표 1〉 공제회 회원기금원금(연말 기준)

(단위: 억원)

년 원금구분	2005	2006	2007	2008	2009	2010
회원급여 저축원금	19,361	21,622	21,932	22,030	23,933	26,081
목돈수탁원금	7,761	7,844	6,270	6,157	10,068	12,639
계	27,122	29,466	28,202	28,187	34,001	38,720

〈표 2〉 공제회 회원 수 및 1인당 평균 계좌 수(연말 기준)

(단위: 명, 개)

년 구 분	2005	2006	2007	2008	2009	2010
회원 수	166,346	169,745	162,425	159,398	162,727	164,751
1인당 평균 계좌 수	65.19	64.27	58.02	61.15	67.12	70.93

〈표 3〉 2010년 공제회 자산 현황(연말 기준)

(단위: 억원, %)

구 분	금 액	(비중)
회원급여저축총액	37,952	(46.8)
차입금	17,976	(22.1)
보조금 등	7,295	(9.0)
안정기금	5,281	(6.5)
목돈수탁원금	12,639	(15.6)
계	81,143	(100.0)

※ 회원급여저축총액 = 회원급여저축원금 + 누적이자총액

보기

ㄱ. 회원기금원금은 매년 증가하였다.
ㄴ. 공제회의 회원 수가 가장 적은 해에 목돈수탁원금도 가장 적다.
ㄷ. 2010년에 회원급여저축총액에서 누적이자총액이 차지하는 비중은 50% 이상이다.
ㄹ. 1인당 평균 계좌 수가 가장 많은 해에 회원기금원금도 가장 많다.

① ㄱ, ㄴ   ② ㄱ, ㄷ   ③ ㄴ, ㄷ
④ ㄴ, ㄹ   ⑤ ㄱ, ㄷ, ㄹ

해설

ㄱ. (사실확인)
   2007, 2008년에 NG (X)

ㄴ. (사실확인) 둘다 2008년 (O)

ㄷ. (A or B) ※ → 회원급여저축원금의 비중은 50% 미만이다.
   26,081 × 2 > 37,952 (X)

ㄹ. (사실확인) 둘다 2010년 (O)

정답 15 ②

16 다음 〈표〉는 2004년부터 2010년까지 친환경 농산물 생산량에 대한 자료이다. 이에 대한 설명 중 옳은 것은?

〈표〉 친환경 농산물 생산량 추이

(단위 : 백톤)

구 분	2004년	2005년	2006년	2007년	2008년	2009년	2010년
유기 농산물	1,721	2,536	2,969	4,090	7,037	11,134	15,989
무농약 농산물	6,312	9,193	10,756	14,345	25,368	38,082	54,687
저농약 농산물	13,766	20,198	23,632	22,505	18,550	–	–
계	21,799	31,927	37,357	40,940	50,955	49,216	70,676

※ 각 대학교의 계열은 인문·사회와 자연·공학 두 가지로만 구성됨.
※ 1) 모든 친환경 농산물은 유기, 무농약, 저농약 중 한 가지 인증을 받아야 함.
  2) 단, 2007년 1월 1일부터 저농약 신규 인증은 중단되며, 2009년 1월 1일부터 저농약 인증 자체가 폐지됨.

① 저농약 신규 인증 중단 이후 친환경 농산물 총생산량은 매년 감소하였다.
② 저농약 인증 폐지 전 저농약 농산물 생산량은 매년 친환경 농산물 총생산량의 절반 이상을 차지하였다.
③ 저농약 신규 인증 중단 이후 매년 무농약 농산물 생산량은 친환경 농산물 총생산량의 50% 이상을 차지하였다.
④ 2005년 이후 전년에 비해 친환경 농산물 총생산량이 처음으로 감소한 시기는 저농약 인증이 폐지된 해이다.
⑤ 2005년 이후 전년에 비해 무농약 농산물 생산량의 증가폭이 가장 큰 시기는 2008년이다.

해설

① (사실확인)
  2008년, 2010년에 NG (X)
② (분수비교) 2008년 :
  18,550 × 2 < 50,955 (X)
③ (분수비교)
  '07년, '08년에 50% 미만 (X)
④ (사실확인) 2009년 (O)
⑤ (덧셈비교)
  25,368 − 14,345(2008년) <
  38,082 − 25,368(2009년) (X)

정답 16 ④

17 다음 〈그림〉과 〈표〉는 OECD국가와 한국인의 성별 기대수명에 관한 자료이다. 이에 대한 설명 중 옳은 것은?

〈그림〉 2009년 OECD국가의 성별 기대수명(상위 10개국)
(단위 : 세)

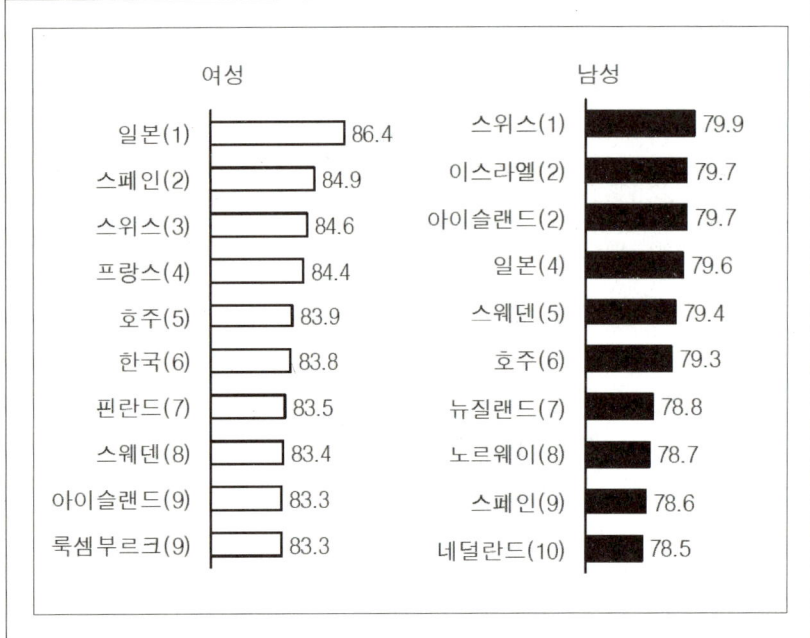

※ ( )안의 숫자는 OECD국가 중 해당 국가의 순위임.

〈표〉 한국인의 성별 기대수명(2003 ~ 2009년)

연도 \ 성별 구분	여성		남성	
	순위	기대수명(세)	순위	기대수명(세)
2003	19	80.8	26	73.9
2006	13	82.4	23	75.7
2009	6	83.8	20	76.8

※ 순위는 OECD국가 중 한국의 순위임.

① 2003년 대비 2009년 한국 남성의 기대수명은 5% 이상 증가하였다.
② 2009년의 경우, 일본 남성의 기대수명은 일본 여성의 기대수명의 90% 이하이다.
③ 2009년 여성과 남성의 기대수명이 모두 상위 5위 이내인 OECD국가의 수는 2개이다.
④ 2006년과 2009년 한국 남성의 기대수명 차이는 2006년과 2009년 한국 여성의 기대수명 차이보다 크다.
⑤ 2009년 스위스 여성과 스웨덴 여성의 기대수명 차이는 두 나라 남성의 기대수명 차이보다 작다.

해설

① (분수비교) $\frac{76.8-73.9}{73.9} < 5\%$ (X)

② (A or B) 차이가 10% 이상이다. (X)

③ (사실확인) 일본, 스위스 (O)

④ (뺄셈비교) 83.8 − 82.4(여) > 76.8 − 75.7(남) (X)

⑤ (뺄셈비교) 84.6 − 83.4(여) > 79.9 − 79.4(남) (X)

정답 17 ③

18 다음 〈표〉는 세계 38개 국가의 공적연금 체계를 비교한 자료이다. 이에 대한 설명 중 옳지 않은 것은?

〈표〉 세계 38개 국가의 공적연금 체계 비교

체계	본인부담여부 / 사회기여방식 / 급여방식	부담 방식			비부담 방식		해당국가
		사회보험식	퇴직준비금식	강제가입식	사회수당식	사회부조식	
		정액급여	소득비례급여	기여비례급여	기여비례급여	정액급여	보충급여	
일원체계		○						네덜란드, 아이슬란드
			○					독일, 오스트리아, 미국, 스페인, 포르투갈, 중국, 한국
						○		뉴질랜드, 브루나이
							○	호주, 남아프리카공화국
				○				싱가포르, 말레이시아, 인도, 인도네시아
이원체계		○	○					일본, 영국, 노르웨이, 핀란드
		○					○	아일랜드
			○				○	이탈리아, 스웨덴, 프랑스, 벨기에, 불가리아, 루마니아, 스위스
			○		○			칠레, 멕시코, 아르헨티나, 페루, 콜롬비아
삼원체계		○	○				○	이스라엘, 라트비아
		○				○	○	덴마크
			○			○	○	캐나다

※ '○'은 해당 국가에서 해당 방식을 도입한 것을 의미함.

① 기여비례급여를 도입한 국가는 모두 9개이다.
② 삼원체계로 분류된 국가 중 비부담 방식을 도입한 국가는 4개이다.
③ 일원체계로 분류된 국가의 수와 이원체계로 분류된 국가의 수는 같다.
④ 보충급여를 도입한 국가의 수는 소득비례급여를 도입한 국가의 수보다 많다.
⑤ 정액급여를 도입한 국가의 경우, 일원체계로 분류된 국가의 수는 이원체계로 분류된 국가의 수보다 적다.

해설

① (사실확인) (O)
② (사실확인) (O)
③ (덧셈비교)
   2+7+2+2+4
   =4+1+7+5 (O)
④ (덧셈비교) 공통적으로 겹치는 국가는 소거한다.
   7+4+5 (소득비례) > 2+1+1 (보충급여) (X)
⑤ (사실확인) 183−122(서울) < 216−124(경기) (O)

정답 18 ④

Chapter 2 머리로 푸는 선택지

1 단위

가. 절대수치 & 상대수치

■ **절대수치 & 상대수치**

(개념) $A = \dfrac{C}{B}$ A·B·C 중 표에 2개가 주어지면 나머지 하나를 산출할 수 있다.

tip 1. 표에서 단위가 상대·절대수치가 모두 나오거나, ※에 계산식으로 주어지면 산출하는 선택지가 나온다.
 A(상대수치)는 주어지고, B 또는 C 중 하나가 주어지는 경우가 많다.
 표에서 상대수치(%)가 나오면 A이고, 절대수치가 나오면 B, C 중 하나이다.

A와 B가 나오면 「$C = A \times B$」로 구하고, A와 C가 나오면 「$B = \dfrac{C}{A}$」로 구한다.

예제 05

〈표〉 A지역 인구 및 사노비 비율

구분 조사 년도	인구(명)	인구 중 사노비 비율(%)			
		솔거노비	외거노비	도망노비	전체
1720	2,228	18.5	10.0	11.5	40.0
1735	3,143	13.8	6.8	12.8	33.4
1762	3,380	11.5	8.5	11.7	31.7
1774	3,189	14.0	8.8	12.0	34.8
1783	3,056	14.9	6.7	9.3	30.9
1795	2,359	18.2	4.3	6.5	29.0

ㄱ. A지역 인구 중 도망노비를 제외한 사노비가 차지하는 비율은 조사년도 중 1720년이 가장 높다. (○)
ㄴ. A지역 사노비 수는 1774년이 1720년보다 많다. (○)
ㄷ. A지역 사노비 중 외거노비가 차지하는 비율은 1720년이 1762년보다 높다. (×)
ㄹ. A지역 인구 중 솔거노비가 차지하는 비율은 매 조사년도마다 낮아진다. (×)

tip 2. 표에서는 A와 B가 주어져서 C(~노비수)가 산출가능하다.   A(인구중 ~노비 비율) $= \dfrac{C(\sim노비수)}{B(인구)}$

→ ㄹ. (사실확인) A(인구중 ~노비 비율)를 물어봤으므로 표에서 확인한다.
   ㄱ. (덧셈비교) '제외한'은 빼주어야 한다.
   ㄷ. (분수비교) 사노비 중 외거노비 비율($= \dfrac{외거노비수}{사노비수}$)이므로 분수비교이다.

$$\dfrac{10}{40}(1720년) < \dfrac{8.5}{31.7}(1762년)$$

★★ ㄴ. (산출) C(사노비수) = B(인구) × A(인구 중 사노비 비율)
   $3,189 \times 34.8\%(1774년) > 2,228 \times 40\%(1720년)$

☞ ( )에 있는 내용으로 선택지를 만들어 보세요.
   ㅅ. (산출) _____
   ㅇ. (산출) _____

■ 절대수치 & 상대수치

(개념) • $A = \dfrac{C}{B}$ 에서 A, B, C가 모두 주어진 경우도 있다. **이 경우에는 산출이 될 것이 없다.**

tip 3. A(상대수치)는 보통 비중 또는 증가율이다. B, C가 있는데 A(상대수치)가 주어지지 않았다면 선택지에서 비중 또는 증가율을 물어보면 된다. **A·B·C가 모두 주어진 경우 A(상대수치)를 활용하는 선택지**가 나올 수 있다.

예제 06

〈표〉 복무기관별 공익근무요원 수 추이

(단위 : 명)

연도 복무기관	2004	2005	2006	2007	2008	2009
중앙정부기관	6,536	5,283	4,275	4,679	2,962	5,872
지방자치단체	19,514	14,861	10,935	12,335	11,404	12,837
정부산하단체	6,135	4,875	4,074	4,969	4,829	4,194
기타 기관	808	827	1,290	1,513	4,134	4,719
계	32,993	25,846	20,574	23,496	23,329	27,622

〈그림〉 공익근무요원의 복무기관별 비중

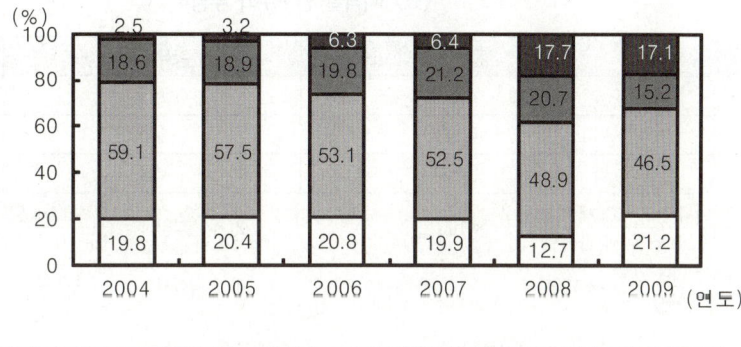

ㄱ. 전체 공익근무요원 수 중 기타 기관에 복무하는 공익근무요원 수가 차지하는 비중은 매년 증가하였다. (×)
ㄴ. 2005년부터 2009년까지 중앙정부기관에 복무하는 공익근무요원 수의 증감방향은 전체 공익근무요원 수의 증감방향과 일치한다. (○)
ㄷ. 정부산하단체에 복무하는 공익근무요원 수는 2004년 대비 2009년에 30% 이상 감소하였다. (○)
ㄹ. 기타 기관을 제외하고, 2005년 공익근무요원 수의 전년대비 감소율이 가장 큰 복무기관은 지방자치단체이다. (○)

tip 4. 표에서 B·C, 그림에서 A가 주어져서 산출될 요소가 없다. $A(기간별 비중) = \dfrac{C(기관)}{B(기관 합계)}$

ㄱ·ㄴ. (사실확인) 비중은 그림에서 수는 표에서 확인한다.

ㄷ. (분수비교) 30% 이상 감소하면 70% 미만이 남는다. → $\dfrac{4,194}{6,135} < 70\%$

★★ ㄹ. (상대수치 활용) B(기관합계)는 모든 기관이 같다. 따라서 C와 A는 비례한다.
따라서 C(공익근무요원수)의 감소율과 A(비중)의 감소율은 역시 비례한다.
〈그림〉에서 비중의 감소율이 가장 작은 것을 골라주면 더 쉽게 풀어줄 수 있다.
2005년에 비중이 감소한 것은 지방자치단체 뿐이다.

■ **계산식**

(개념) ※에서 계산식이 3개 이상이 나오면 식을 변형을 해서 풀이하는 선택지가 나올 수 있다. **표에서는 A, B만 주어지는 경우가 있다. 이 때 선택지에서는 C를 물어본다.**

- ※ $A = \dfrac{\triangle}{\bigcirc}$, $B = \dfrac{\square}{\bigcirc}$, $C = \dfrac{\triangle}{\square}$

tip 1. 식을 변형할 때는 물어본 C를 위주로 식을 정리해야 한다.
→ C는 □는 분모로, △는 분자로 만들어야 한다.

tip 2. A, B에서 같은 단어가 나오면 약분시켜야 한다. 위 표에서는 A, B에 모두 분모에 ○가 있다. 약분을 시키려면 A, B 중 하나를 역수로 만들어야 한다.
→ A에서 △분자이므로 그대로 두고, B에서는 □가 분자이므로 역수되면 □가 분모가 된다.
→ $C(=\dfrac{\triangle}{\square}) = A(=\dfrac{\triangle}{\bigcirc}) \times \dfrac{1}{B}(=\dfrac{\bigcirc}{\square}) = \dfrac{A}{B}$

예제 07

〈표〉 지역별 인구수와 부양비

(단위 : 명, %)

지역	총인구수	총부양비	유년부양비
A	4,000	60	30
B	6,000	20	15
C	3,500	40	20

※ 1) 총부양비 = $\dfrac{0 \sim 14\text{세 인구} + 65\text{세 이상 인구}}{15 \sim 64\text{세 인구}} \times 100$ 2) 유년부양비 = $\dfrac{0 \sim 14\text{세 인구}}{15 \sim 64\text{세 인구}} \times 100$
  3) 노년부양비 = $\dfrac{65\text{세 이상 인구}}{15 \sim 64\text{세 인구}} \times 100$ 4) 노령화지수 = $\dfrac{65\text{세 이상 인구}}{0 \sim 14\text{세 인구}} \times 100$

ㄱ. A지역의 15 ~ 64세 인구는 3,000명이다. (×)
ㄴ. 노년부양비가 큰 지역부터 순서대로 나열하면 A지역, B지역, C지역이다. (×)
ㄷ. A지역과 C지역의 노령화지수는 같다. (○)
ㄹ. A지역 노년부양비는 B지역 노년부양비의 6배이다. (○)

tip 3. ※ 2) 유년부양비 = $\dfrac{\triangle}{\bigcirc}$, 3) 노년부양비 = $\dfrac{\square}{\bigcirc}$ → 1) 총부양비 = $\dfrac{\triangle + \square}{\bigcirc}$, 4) 노령화지수 = $\dfrac{\square}{\triangle}$

★ ㄱ. (계산식) ○ + △ + □ = 총인구수, △ + □ = 총인구수 − ○
※ 1) 총부양비 = $\dfrac{\triangle + \square}{\bigcirc} = \dfrac{\text{총인구수} - \bigcirc}{\bigcirc}$ → 총부양비(60%) ≠ $\dfrac{4,000 - 3,000}{3,000}$

★ ㄴ · ㄹ. (계산식) ※ 1) 총부양비 = 2) 유년부양비 + 3) 노년부양비

★★ ㄷ. (계산식 변형) ※ 4) 노령화지수($=\dfrac{\square}{\triangle}$) = 3) 노년부양비 $\dfrac{\square}{\bigcirc} \times \dfrac{1}{2) \text{ 유년부양비}}$ ($=\dfrac{\bigcirc}{\triangle}$)
→ $60 \times \dfrac{1}{30}$ (A) $= 40 \times \dfrac{1}{20}$ (C)

MEMO

※ 복습자료에 나오는 선택지를 모두 풀지 마시고, 시간이 오래 걸릴 것 같은 선택지를 2~3개 정도는 풀지 않도록 합니다.
2~3개 정도의 선택지를 제외한 상태에서 최대한 빨리, 정확하게 푸는 연습을 하시기 바랍니다.

■ (복습 자료)절대수치 & 상대수치 1

연도 \ 구분	발생 건수(건)	사망자 수	10만명당 부상자수	차1만대당 사망자수	부상자 수
2012	1000	100	10	10	1000
2013	1200	150	15	10	1500
2014	1500	200	15	10	2000
2015	2000	250	20	20	2000
2016	3000	300	25	20	3000

① '12년도 차10만대당 부상자 수

② '15년도 100만명당 사망자수

③ '16년도 전년대비 차량대수의 증가량

④ '14년도 차1만대당 발생건수

⑤ '14년도 차1만대당 부상자수

⑥ '15년도 차5만대당 발생건수

⑦ '15년도 총인구수

⑧ '13년도 100만명당 사망자수

⑨ '16년도 차10만대당 부상자 수

해설 ① 1000 ② 25 ③ 25000대 ④ 75 ⑤ 100 ⑥ 800 ⑦ 1천만명 ⑧ 15 ⑨ 2000

10만명당 부상자수 = $\frac{부상자 수}{인구 수}$ × 10만 → ex) 2012년 인구수 1000만명

차1만대당 사망자수 = $\frac{사망자 수}{자동차 수}$ × 1만 → ex) 2012년 자동차수 10만대

① 10(차1만대당사망자수) × 10 × $\frac{1000(부상자 수)}{100(사망자 수)}$ = 1000

② 20(10만명당 부상자수) × 10 × $\frac{250(사망자 수)}{2000(부상자 수)}$ = 25

③ ($\frac{300(사망자 수)}{20(차 1만대 사망자수)}$ − $\frac{250}{20}$) × 1만대 = 25000대

④ 10(차1만대당사망자수) × $\frac{1500(발생건수)}{200(사망자 수)}$ = 75

⑤ 차 1만대당 부상자수는 차 1만대당 사망자수와 분모는 같고 분자만 다르다.
   2014년 부상자수(2000명)가 사망자수(200명)의 10배이다.(분자가 10배)
   따라서 차 1만대당 부상자수는 차 1만대당 사망자수(10)의 10배인 1000이다

⑥ 20(차1만대당사망자수) × 5 × $\frac{2000(발생건수)}{250(사망자수)}$ = 800

⑦ 20(10만명당 부상자수) = $\frac{2000(부상자수)}{총인구수}$ × 10만 → 총인구수 = $\frac{2000}{20}$ × 10만 = 1천만명

⑧ 15(10만명당 부상자수) × 10 × $\frac{150(사망자수)}{1500(부상자수)}$ = 15

⑨ 20(차1만대당사망자수) × 10 × $\frac{300(사망자수)}{3000(부상자수)}$ = 2000

Chapter 2. 머리로 푸는 선택지

※ 복습자료에 나오는 선택지를 모두 풀지 마시고, 시간이 오래 걸릴 것 같은 선택지를 2~3개 정도는 풀지 않도록 합니다.
2~3개 정도의 선택지를 제외한 상태에서 최대한 빨리, 정확하게 푸는 연습을 하시기 바랍니다.

■ **(복습 자료)절대수치 & 상대수치 2**

〈표 2〉 한국 소년 강력범 인원 및 범죄자율: 2001~2010년

(단위 : 명)

연도	살인	강도	강간	방화	소년 강력범 합계	소년 강력범 범죄자율[1]
2001	49	1,668	1,193	84	2,994	54.7
2002	58	1,270	945	50	2,323	44.0
2003	17	1,371	915	56	2,359	45.6
2004	22	871	765	50	1,708	33.1
2005	24	696	752	77	1,549	29.8
2006	20	766	979	92	1,857	35.3
2007	19	929	834	146	1,928	36.2
2008	12	1,226	1,589	189	3,016	55.9
2009	18	1,414	1,574	176	3,182	52.6
2010	19	819	2,107	161	3,106	51.9

주 1) 소년 강력범 범죄자율은 소년 인구 10만명당 소년 강력범 범죄자 수를 뜻함.

① 2001년 한국의 소년인구수는 5백만명 이상이다.

② 2003년 한국의 소년인구수는 전년에 비해 증가했다.

③ 2009년 한국의 소년인구수는 6백만명 이상이다.

④ 2005년 소년 강간범 범죄자율[1]은 15명 이상이다.

⑤ 2009년 소년 강간범 범죄자율[1]은 25명 이상이다.

⑥ 2008년 소년 강도범 범죄자율[1]은 22명 이상이다.

⑦ 2006년 소년 강력범 중 강도의 비중은 40% 이상이다.

⑧ 2005년 소년 강력범 중 강간의 비중은 전년보다 증가했다.

⑨ 2010년 소년 강력범 중 방화의 비중은 전년보다 감소했다.

⑩ 2001년~2010년 동안 소년 강력범 중 강도의 비중이 가장 큰 년도는 2003년이다.

해설 ○×○×○ / ○○○○○

소년 강력범 범죄자율[1] = $\frac{\text{소년 강력범}}{\text{소년 인구수}} \times 10\text{만명} \rightarrow$ 소년인구수 = $\frac{\text{소년 강력범}}{\text{소년 강력범 범죄자율}} \times 10\text{만명}$

① (○) $\frac{2,994}{54.7} \times 10$만 × 5백만 ② (×) $\frac{2,359}{45.6}$ (2003년) < $\frac{2,323}{44.0}$ (2002년) ③ (○) $\frac{3,182}{52.6} \times 10$만 × 6백만 ④ (×) $\frac{752}{1,549} \times 29.8 < 15$

⑤ (○) $\frac{1,574}{3,182} \times 52.6 > 25$ ⑥ (○) $\frac{1,226}{3,016} \times 55.9 > 22$ ⑦ (○) $\frac{766}{1,857} > 40\%$ ⑧ (○) $\frac{752}{1,549}$ (2005년) > $\frac{765}{1,708}$ (2004년)

⑨ (○) $\frac{161}{3,106}$ (2010년) < $\frac{176}{3,182}$ (2009년) ⑩ (○)

※ 복습자료에 나오는 선택지를 모두 풀지 마시고, 시간이 오래 걸릴 것 같은 선택지를 2~3개 정도는 풀지 않도록 합니다.
2~3개 정도의 선택지를 제외한 상태에서 최대한 빨리, 정확하게 푸는 연습을 하시기 바랍니다.

■ (복습 자료)절대수치 & 상대수치 3

〈표 1〉 지역규모별 학교당 학생수

(단위 : 개교)

구분	초등학교	중학교	일반계 고등학교	전문계 고등학교
특별/광역시	725	780	1,090	828
중소도시	698	803	988	871
읍·면지역	178	206	395	320
도서벽지	95	131	184	308

〈표 2〉 지역규모별 교원 1인당 학생수

(단위 : 명)

구분	초등학교	중학교	일반계 고등학교	전문계 고등학교
특별/광역시	19.4	19.3	16.9	13.0
중소도시	21.5	19.7	16.9	14.4
읍·면지역	13.6	13.1	13.7	11.4
도서벽지	9.1	10.1	11.0	11.1

〈표 3〉 지역규모별 교원수

(단위 : 명)

구분	초등학교	중학교	일반계 고등학교	전문계 고등학교
특별/광역시	60,623	39,705	39,016	12,353
중소도시	54,074	37,023	33,671	11,733
읍·면지역	28,692	17,074	9,594	7,697
도서벽지	3,827	1,973	786	832

〈표 4〉 지역규모별 컴퓨터 1대당 학생수

(단위 : 명)

구분	초등학교	중학교	일반계 고등학교	전문계 고등학교
특별/광역시	6.0	6.3	6.4	1.8
중소도시	6.5	7.2	6.8	2.4
읍·면지역	3.5	1.9	4.0	1.9
도서벽지	2.2	2.5	3.0	2.0

① 중소도시의 중학교 학생수는 일반계고등학교보다 많다.

② 도서벽지의 초등학교 학교수는 중학교보다 많다.

③ 초등학교 학교수는 중소도시가 읍·면지역보다 많다.

④ 특별/광역시 교원1인당 컴퓨터수는 일반계 고등학교가 전문계 고등학교보다 많다.

⑤ 중소도시 교원1인당 컴퓨터수는 초등학교가 중학교보다 많다.

⑥ 중소도시 학교당 컴퓨터수는 초등학교가 중학교보다 많다.

⑦ 중학교 학교당 컴퓨터수는 도서벽지가 읍·면지역보다 많다.

⑧ 특별/광역시 학교당 교원수는 일반계 고등학교가 전문계 고등학교보다 많다.

⑨ 전문계 고등학교의 학교당 교원수는 도서벽지가 읍·면지역보다 많다.

해설 ○○××○ / ××○×

① (O) 표2 × 표3 ② (O) 표2 × 표3 × $\dfrac{1}{표1}$ ③ (×) 표2 × 표3 × $\dfrac{1}{표1}$ ④ (×) $\dfrac{표2}{표4}$: $\dfrac{16.9}{6.4}$ (일반) < $\dfrac{13}{1.8}$ (전문)

⑤ (O) $\dfrac{표2}{표4}$: $\dfrac{21.5}{6.5}$ (초등) > $\dfrac{19.7}{7.2}$ (중) ⑥ (×) $\dfrac{표1}{표4}$: $\dfrac{698}{6.5}$ (초등) < $\dfrac{803}{7.2}$ (중) ⑦ (×) $\dfrac{표1}{표4}$: $\dfrac{131}{2.5}$ (도서) < $\dfrac{206}{1.9}$ (읍면)

⑧ (O) $\dfrac{표1}{표2}$: $\dfrac{1,090}{16.9}$ (일반) > $\dfrac{828}{13.0}$ (전문) ⑨ (×) $\dfrac{표1}{표2}$: $\dfrac{308}{11.1}$ (도서) < $\dfrac{320}{11.4}$ (읍면)

STEP 1

19 다음 〈표〉와 〈그림〉은 2018년 테니스 팀 A ~ E의 선수 인원수 및 총 연봉과 각각의 전년대비 증가율에 대한 자료이다. 이에 대한 설명으로 옳지 않은 것은?

〈표〉 2018년 테니스 팀 A ~ E의 선수 인원수 및 총 연봉
(단위 : 명, 억 원)

테니스 팀	선수 인원수	총 연봉
A	5	15
B	10	25
C	8	24
D	6	30
E	6	24

※ 팀 선수 평균 연봉 = $\frac{총 연봉}{선수 인원수}$

〈그림〉 2018년 테니스 팀 A ~ E의 선수 인원수 및 총 연봉의 전년대비 증가율

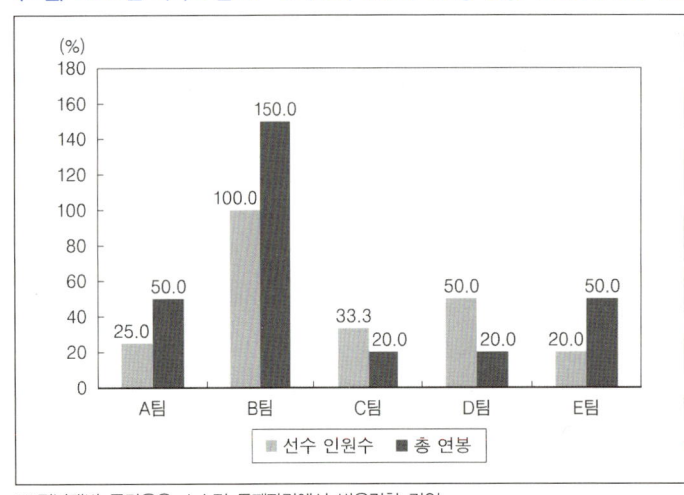

※ 전년대비 증가율은 소수점 둘째자리에서 반올림한 값임.

① 2018년 '팀 선수 평균 연봉'은 D팀이 가장 많다.
② 2018년 전년대비 증가한 선수 인원수는 C팀과 D팀이 동일하다.
③ 2018년 A팀의 '팀 선수 평균 연봉'은 전년대비 증가하였다.
④ 2018년 선수 인원수가 전년대비 가장 많이 증가한 팀은 총 연봉도 가장 많이 증가하였다.
⑤ 2017년 총 연봉은 A팀이 E팀보다 많다.

해설

① (분수비교) (O)
② (곱셈계산) (O)
(C팀) $8 - 8 \times \frac{100}{133.3} (= \frac{3}{4}) = 2$
(D팀) $6 - 6 \times \frac{100}{150}$ (D팀) $= 2$
③ (계산식)
분모증가율 < 분자증가율 (O)
④ (계산식) 둘다 B팀 (O)
⑤ (계산식) $15 \times \frac{100}{150}$ (A팀) $< 24 \times \frac{100}{150}$ (E팀) (X)

정답 19 ⑤

20. 다음 〈표〉와 〈그림〉은 A지역 2016년 주요 버섯의 도·소매가와 주요 버섯 소매가의 전년 동분기 대비 등락액을 나타낸 자료이다. 이에 대한 〈보기〉의 설명 중 옳은 것만을 모두 고르면?

〈표〉 2016년 주요 버섯의 도·소매가

(단위 : 원/kg)

버섯종류	구분 \ 분기	1분기	2분기	3분기	4분기
느타리	도매	5,779	6,752	7,505	7,088
	소매	9,393	9,237	10,007	10,027
새송이	도매	4,235	4,201	4,231	4,423
	소매	5,233	5,267	5,357	5,363
팽이	도매	1,886	1,727	1,798	2,116
	소매	3,136	3,080	3,080	3,516

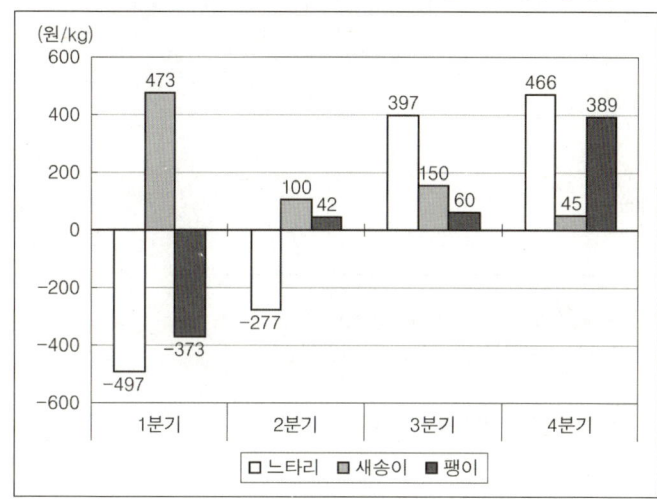

〈그림〉 2016년 주요 버섯 소매가의 전년 동분기 대비 등락액

보기
ㄱ. 2016년 매분기 '느타리' 1kg의 도매가는 '팽이' 3kg의 도매가보다 높다.
ㄴ. 2015년 매분기 '팽이'의 소매가는 3,000원/kg 이상이다.
ㄷ. 2016년 1분기 '새송이'의 소매가는 2015년 4분기에 비해 상승했다.
ㄹ. 2016년 매분기 '느타리'의 소매가는 도매가의 1.5배 미만이다.

① ㄱ, ㄴ   ② ㄱ, ㄷ   ③ ㄴ, ㄷ
④ ㄴ, ㄹ   ⑤ ㄷ, ㄹ

해설
ㄱ. (곱셈비교) 느타리가 팽이 도매가의 3배 이상이다. (O)
ㄴ. (덧셈비교) (O)
ㄷ. (덧셈비교)
5,363 − 45('15년 4분기) > 5,233('16년 1분기) (×)
ㄹ. (곱셈비교) 1분기 도매가는 6000 미만, 소매가는 9,000 초과이므로 1.5배 이상이다. (×)

정답 20 ①

21 다음 〈표〉는 어느 국가의 지역별 영유아 인구수, 보육시설 정원 및 현원에 관한 자료이다. 이에 대한 〈보기〉의 설명 중 옳은 것을 모두 고르면?

〈표〉 지역별 영유아 인구수, 보육시설 정원 및 현원

(단위 : 천명)

구분 지역	영유아 인구수	보육시설 정원	보육시설 현원
A	512	231	196
B	152	71	59
C	86	( )	35
D	66	28	24
E	726	375	283
F	77	49	38
G	118	67	52
H	96	66	51
I	188	109	84
J	35	28	25

※ 1) 보육시설 공급률(%) = $\frac{보육시설\ 정원}{영유아\ 인구수} \times 100$

2) 보육시설 이용률(%) = $\frac{보육시설\ 현원}{영유아\ 인구수} \times 100$

3) 보육시설 정원충족률(%) = $\frac{보육시설\ 현원}{보육시설\ 정원} \times 100$

― 보기 ―

ㄱ. A지역의 보육시설 공급률과 보육시설 이용률의 차이는 10%p 미만이다.
ㄴ. 영유아 인구수가 10만명 이상인 지역 중 보육시설 공급률이 50% 미만인 지역은 2곳이다.
ㄷ. 영유아 인구수가 가장 많은 지역과 가장 적은 지역 간 보육시설 이용률의 차이는 40%p 이상이다.
ㄹ. C지역의 보육시설 공급률이 50%라고 가정하면 이 지역의 보육시설 정원충족률은 80% 이상이다.

① ㄱ, ㄴ   ② ㄱ, ㄷ   ③ ㄷ, ㄹ
④ ㄱ, ㄴ, ㄹ   ⑤ ㄴ, ㄷ, ㄹ

해설

ㄱ. (계산식) $\frac{231-196}{512} < 10\%p$ (O)

ㄴ. (분수비교) A, B 2곳 (O)

ㄷ. (분수차이)
$\frac{25}{35} - \frac{283}{726} < 40\%p$ (×)

ㄹ. (조건)
$\frac{35}{86} \times 2(=\frac{1}{50\%}) > 80\%$ (O)

정답 21 ④

22 다음 〈그림〉은 2011년 영업팀 A ~ D의 분기별 매출액과 분기별 매출액에서 영업팀 A ~ D의 매출액이 차지하는 비중에 대한 자료이다. 이를 근거로 A ~ D 중 2011년 연매출액이 가장 많은 영업팀과 가장 적은 영업팀을 순서에 상관없이 바르게 짝지은 것은?

〈그림 1〉 영업팀 A ~ D의 분기별 매출액

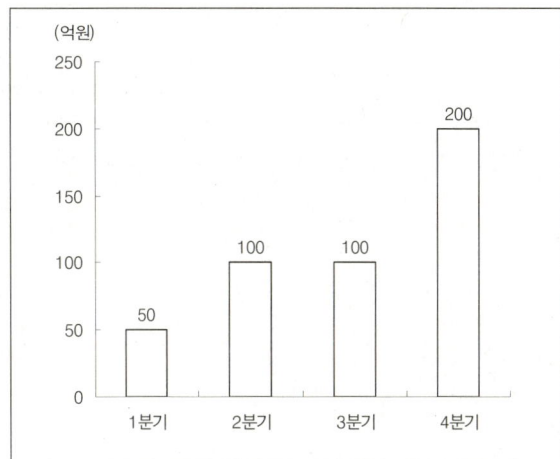

〈그림 2〉 분기별 매출액의 영업팀별 비중

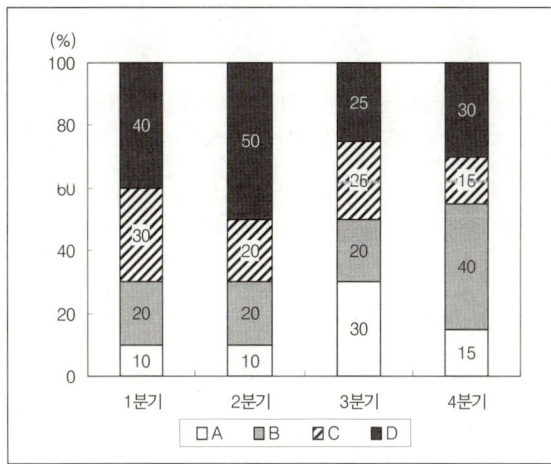

① A, B   ② A, C   ③ A, D
④ B, C   ⑤ C, D

해설

i) 곱셈비교 : 〈그림1〉의 매출액 50 : 100 : 100 : 200을 0.5 : 1 : 1 : 2로 약분
ii) 전반적으로 비중이 큰 영업팀 중 가중치가 큰 4분기에 비중을 가중해서 보면 매출액이 큰 것은 B, D 작은 것은 A, C로 나눌 수 있다.
iii) (A vs C) 〈그림2〉에서 A가 앞서는 것은 3분기(+5%p) 밖에 없다. C는 가중치가 같은 2분기로도 3분기를 만회하고도 남는다. 나머지 분기도 앞서므로 C > A
iv) (B vs D) 〈그림2〉에서 B가 앞서는 것은 4분기(+10%p) 밖에 없다. 가중치 2를 곱해주면 +20%p이다. D는 2분기만 해도 +30%p로 4분기를 만회하고도 남는다. 나머지 분기도 앞서므로 D > B
v) 가장 큰 것 D, 작은 것 A

정답 22 ③

23 다음 〈표〉는 '갑' 기업의 사채발행차금 상각 과정을 나타낸 것이다. 이에 대한 설명으로 옳지 않은 것은?

〈표〉 사채발행차금 상각 과정

(단위 : 백만원)

구분		연도	1차 년도	2차 년도	3차 년도	4차 년도
	이자비용(A) [=(전년도 E) × 0.1]		–	900	( )	( )
	액면이자(B)		–	600	600	600
사채 발행 차금	상각액(C) [=(당해년도 A)−(당해년도 B)]		–	300	( )	( )
	미상각잔액(D) [=(전년도 D)−(당해년도 C)]		3,000	2,700	( )	( )
	사채장부가액(E) [=(전년도 E)+(당해년도 C)]		9,000	9,300	( )	9,993

※ 1차년도의 미상각잔액(3,000백만원)과 사채장부가액(9,000백만원)은 주어진 값임.

① 3차년도의 사채장부가액은 96억원 이하이다.
② 3차년도, 4차년도의 상각액은 전년도 대비 매년 증가한다.
③ 3차년도, 4차년도의 이자비용은 전년도 대비 매년 증가한다.
④ 3차년도, 4차년도의 미상각잔액은 전년도 대비 매년 감소한다.
⑤ 3차년도 대비 4차년도의 사채장부가액 증가액은 4차년도의 상각액과 일치한다.

해설

구분		연도	1차 년도	2차 년도	3차 년도	4차 년도
	이자비용(A) [=(전년도 E) × 0.1]		–	900	(930)	(963)
	액면이자(B)		–	600	600	600
사채 발행 차금	상각액(C) [=(당해년도 A)−(당해년도 B)]		–	300	(330)	(363)
	미상각잔액(D) [=(전년도 D)−(당해년도 C)]		3,000	2,700	(2,370)	(2,007)
	사채장부가액(E) [=(전년도 E)+(당해년도 C)]		9,000	9,300	(9,630)	9,993

① 3차년도 E는 96.3억원으로 96억 이상이다. (✗)

정답 23 ①

24 다음 〈표〉는 IT 관련 국가별 자료이다. 이에 대한 〈보기〉의 설명 중 옳은 것을 모두 고르면?

〈표 1〉 2005년 IT 이용현황
(단위 : %, 천명, 천대)

이용현황 국가명	인터넷 이용률	인터넷 이용자수	PC 보급대수
호주	70.40	14,190	13,720
대한민국	68.35	33,010	26,201
미국	63.00	191,000	223,810
아이슬란드	87.76	258	142
일본	50.20	64,160	69,200
영국	62.88	37,600	35,890
네덜란드	61.63	10,000	11,110
프랑스	43.23	26,154	35,000

※ 인터넷 이용률(%) = $\dfrac{\text{인터넷 이용자수}}{\text{총 인구수}} \times 100$

〈표 2〉 연도별 백명당 초고속인터넷 가입자수 추이
(단위 : 명)

연도 국가명	2001	2002	2003	2004	2005
호주	0.9	1.8	3.5	7.7	13.8
대한민국	17.2	21.8	24.2	24.8	25.4
미국	4.5	6.9	9.7	12.9	16.8
아이슬란드	3.7	8.4	14.3	18.2	26.7
일본	2.2	6.1	10.7	15.0	17.6
영국	0.6	2.3	5.4	10.5	15.9
네덜란드	3.8	7.0	11.8	19.0	25.4
프랑스	1.0	2.8	5.9	10.5	15.2

― 보기 ―
ㄱ. '인터넷 이용자수'와 'PC 보급대수'의 국가별 순위는 서로 일치한다.
ㄴ. 미국의 2005년 총 인구수는 3억 명이 넘는다.
ㄷ. 2001년 대비 2002년 '백명당 초고속인터넷 가입자수' 증가율은 아이슬란드가 호주보다 높다.
ㄹ. 대한민국과 네덜란드의 2005년 전체 초고속인터넷 가입자수는 같다.
ㅁ. '인터넷 이용률'이 높은 나라일수록 'PC 보급대수'도 많다.

① ㄱ, ㄷ   ② ㄴ, ㄷ   ③ ㄴ, ㄹ
④ ㄴ, ㄷ, ㄹ   ⑤ ㄷ, ㄹ, ㅁ

해설

- ※ 인터넷 이용률(%)
  = $\dfrac{\text{인터넷 이용자수}}{\text{총 인구수}}$ → '**총 인구수**' 산출가능

〈표2〉 백명당 초고속인터넷 가입자수
= $\dfrac{\text{초고속인터넷 가입자수}}{\text{총 인구수}} \times 100$
→ '**초고속 인터넷 가입자수**' 산출가능

ㄱ. (사실 확인) 대한민국 ↔ 프랑스 (×)

ㄴ. (곱셈계산) 총인구수
= $\dfrac{\text{인터넷 이용자수}(=191백만명)}{\text{인터넷 이용률}(=63)} \times 100 >$ 3억 (○)

ㄷ. (분수비교) $\dfrac{1.8}{0.9}$ (호주) $< \dfrac{8.4}{3.7}$ (아이슬란드) (○)

ㄹ. (곱셈계산) '백명당 초고속인터넷 가입자수'가 같고 총인구수는 다르다. (×)

ㅁ. (사실 확인) 아이슬란드 ↔ 미국 (×)

정답 24 ②

25 다음 〈표〉는 임차인 A ~ E의 전·월세 전환 현황에 대한 자료이다. 이에 대한 〈보기〉의 설명 중 옳은 것만을 모두 고르면?

〈표〉 임차인 A ~ E의 전·월세 전환 현황

(단위 : 만원)

임차인	전세금	월세보증금	월세
A	( )	25,000	50
B	42,000	30,000	60
C	60,000	( )	70
D	38,000	30,000	80
E	58,000	53,000	( )

※ 전·월세 전환율(%) = $\dfrac{월세 \times 12}{전세금 - 월세보증금} \times 100$

─ 보기 ─
ㄱ. A의 전·월세 전환율이 6%라면, 전세금은 3억 5천만원이다.
ㄴ. B의 전·월세 전환율은 10%이다.
ㄷ. C의 전·월세 전환율이 3%라면, 월세보증금은 3억 6천만원이다.
ㄹ. E의 전·월세 전환율이 12%라면, 월세는 50만원이다.

① ㄱ, ㄴ ② ㄱ, ㄷ ③ ㄱ, ㄹ
④ ㄴ, ㄹ ⑤ ㄷ, ㄹ

해설

ㄱ. (조건):
$6 = \dfrac{50 \times 12}{35,000 - 25,000} \times 100$ (O)

ㄴ. (계산):
$10 \neq \dfrac{60 \times 12}{42,000 - 30,000} \times 100$ (×)

ㄷ. (조건):
$3 \neq \dfrac{70 \times 12}{60,000 - 36,000} \times 100$ (×)

ㄹ. (조건):
$12 = \dfrac{50 \times 12}{58,000 - 53,000} \times 100$ (O)

정답 25 ③

26 다음 〈그림〉은 2011년 어느 회사 사원 A ~ C의 매출에 관한 자료이다. 2011년 4사분기의 매출액이 큰 사원부터 나열하면?

〈그림 1〉 2011년 1사분기의 사원별 매출액

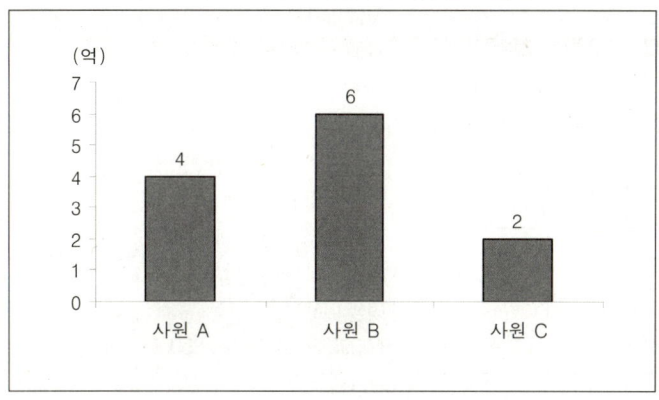

〈그림 2〉 2011년 2 ~ 4사분기 사원별 매출액 증감계수

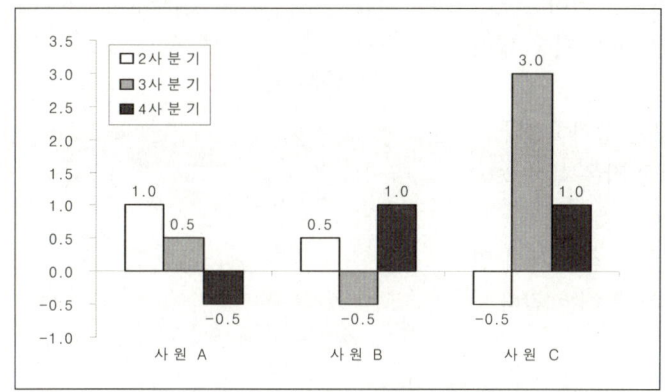

※ 해당 사분기 매출액 증감계수 = $\dfrac{\text{해당 사분기 매출액} - \text{직전 사분기 매출액}}{\text{직전 사분기 매출액}}$

① A, B, C ② A, C, B ③ B, A, C
④ B, C, A ⑤ C, A, B

해설

- 증감계수 = $\dfrac{\text{해당} - \text{직전}}{\text{직전}} = \dfrac{\text{해당}}{\text{직전}} - 1$

→ $\dfrac{\text{해당}}{\text{직전}}$ = 증감계수 + 1

A = 4 × (1 + 1) × (0.5 + 1) × (−0.5 + 1) = 6
B = 6 × (0.5 + 1) × (−0.5 + 1) × (1 + 1) = 9
C = 2 × (−0.5 + 1) × (3 + 1) × (1 + 1) = 8
→ B > C > A

정답 26 ④

27 다음 〈표〉는 2006 ~ 2010년 '갑'국 연구개발비에 관한 자료이다. 이에 대한 설명으로 옳은 것은?

〈표〉 연도별 연구개발비

연도 구분	2006	2007	2008	2009	2010
연구개발비 (십억원)	27,346	31,301	34,498	37,929	43,855
전년대비 증가율(%)	13.2	14.5	10.2	9.9	15.6
공공부담 비중(%)	24.3	26.1	26.8	28.7	28.0
인구 만명당 연구개발비(백만원)	5,662	6,460	7,097	7,781	8,452

※ 연구개발비 = 공공부담 연구개발비 + 민간부담 연구개발비

① 연구개발비의 공공부담 비중은 매년 증가하였다.
② 전년에 비해 인구 만명당 연구개발비가 가장 많이 증가한 해는 2010년이다.
③ 2009년에 비해 2010년 '갑'국 인구는 증가하였다.
④ 전년대비 연구개발비 증가액이 가장 작은 해는 2009년이다.
⑤ 연구개발비의 전년대비 증가율이 가장 작은 해와 연구개발비의 민간부담 비중이 가장 큰 해는 같다.

해설

① (사실확인)
2010년에 감소했다. (×)

② (덧셈비교)
8452 − 7781 = 700↓('10년) <
6460 − 5662 ≒ 800('07년) (×)

③ (곱셈비교)

인구 = $\dfrac{\text{연구개발비}}{\text{인구 만명당 연구개발비}}$

$\dfrac{37,929}{7,781}$('09년) < $\dfrac{43,855}{8,452}$('10년)   (○)

④ (덧셈비교)
37,929 − 34,498 ≒ 3500('09년) >
34,498 − 31,301 ≒ 3,000('08년) (×)

⑤ (A or B)
연구개발비의 전년대비 증가율이 가장 작은 해는 2009년이고, 민간부담 비중이 가장 큰 해(= 공공부담 비중이 가장 작은 해)는 2006년이다. (×)

정답 27 ③

28. 다음 〈표〉는 2011년 주요 국가별 의사 수 및 인구 만명당 의사 수에 대한 자료이다. 이에 대한 〈보기〉의 설명 중 옳은 것을 모두 고르면?

〈표〉 2011년 주요 국가별 의사 수 및 인구 만명당 의사 수

(단위 : 명, %)

국가	의사 수	전년대비 증감률	인구 만명당 의사 수	전년대비 증감률
A	12,813	0.5	29	2.1
B	171,242	1.5	18	3.3
C	27,500	1.0	31	1.5
D	25,216	2.0	35	0.5
E	130,300	1.5	33	0.5
F	110,124	3.0	18	0.4
G	25,332	1.5	31	−0.5
H	345,718	3.3	60	5.5

※ 인구 만명당 의사 수는 소수점 아래 첫째 자리에서 반올림함.

― 보기 ―
ㄱ. 2010년 의사 수가 가장 많은 국가는 2011년 인구 만명당 의사 수도 가장 많다.
ㄴ. 2011년 기준 C, D, E 3개국 중 인구가 가장 적은 국가는 D이다.
ㄷ. 2011년 인구가 2010년보다 많은 국가의 수는 4개이다.
ㄹ. 2010년 기준 의사 수가 많은 국가일수록 같은 해 인구 만명당 의사 수도 많다.

① ㄱ, ㄴ, ㄷ ② ㄱ, ㄴ, ㄹ ③ ㄱ, ㄷ, ㄹ
④ ㄴ, ㄷ, ㄹ ⑤ ㄱ, ㄴ, ㄷ, ㄹ

해설

- 전년대비 증감률 → '2010년' 산출 가능
  * 전년대비 증감률이 작기 때문에 2011년과 순위가 바뀌기 어렵다.
- 의사수 & 인구 만명당 의사 수
  → '인구' 산출 가능
  → 인구 = $\frac{의사\ 수}{인구\ 만명당\ 의사수} \times 만명$

ㄱ. (곱셈비교) 2011년 인구 만명당 의사 수는 H가 가장 높다(사실확인), 2011년 의사 수도 H가 가장 높다. 2010년에 의사 수 순위가 바뀔 만큼의 차이가 아니다. (O)

ㄴ. (분수비교) D가 분모(인구 만명당 의사 수)가 가장 크고 분자(의사 수)는 가장 작으므로 D의 인구가 가장 작다. (O)

ㄷ. (계산식) 2011년에 2010년 보다 인구가 증가하려면, 분모(인구 만명당 의사 수) 증가율보다 분자(의사 수) 증가율이 더 커야 한다.
  → 전년대비 증가율: 의사 수 > 인구 만명당 의사 수 (O)

ㄹ. (곱셈비교) 전년대비 증가율이 크지 않으므로 2011년 순위를 먼저 살핀다. A와 F가 서로 순위 역전 (X)

정답 28 ①

29 다음 〈표〉는 2013 ~ 2017년 '갑'국의 사회간접자본(SOC) 투자규모에 관한 자료이다. 이에 대한 설명으로 옳지 않은 것은?

〈표〉 '갑'국의 사회간접자본(SOC) 투자규모

(단위: 조 원, %)

구분 \ 연도	2013	2014	2015	2016	2017
SOC 투자규모	20.5	25.4	25.1	24.4	23.1
총지출 대비 SOC 투자규모 비중	7.8	8.4	8.6	7.9	6.9

① 2017년 총지출은 300조 원 이상이다.
② 2014년 'SOC 투자규모'의 전년대비 증가율은 30% 이하이다.
③ 2014 ~ 2017년 동안 'SOC 투자규모'가 전년에 비해 가장 큰 비율로 감소한 해는 2017년이다.
④ 2014 ~ 2017년 동안 'SOC 투자규모'와 '총지출 대비 SOC 투자규모 비중'의 전년대비 증감방향은 동일하다.
⑤ 2018년 'SOC 투자규모'의 전년대비 감소율이 2017년과 동일하다면, 2018년 'SOC 투자규모'는 20조 원 이상이다.

해설

① (계산식)
$\frac{23.1}{6.9} \times 100 > 300$ (O)

② (분수비교)
$\frac{25.4 - 20.5}{20.5} < 30\%$ (O)

③ (분수비교) '증가폭'에 주의 (O)

④ (사실확인) 2015년에 NG (X)

⑤ (조건) $23.1 \times \frac{23.1}{24.4} > 20$ (O)

정답 29 ④

MEMO

나. 상대수치

■ **상대수치란?**

(개념) 상대수치는 분수로 나타낼 수 있는 수치로서 %, **A당(대비) B**, 지수 등이 있다. 절대수치는 실수이다.

- $A = \dfrac{C}{B}$ **상대수치는 A이며 B·C는 절대수치이다. 이번 파트에는 표에서 A만 주어지는 경우를 다룬다.**

tip 1. 아래 표에서 A(소비량 비중)만 주어졌다. $\quad$ A(소비량 비중) = $\dfrac{C(\text{유형별 소비량})}{B(\text{전체 소비량})}$

분모(B)가 같으면 분자(C)는 비교 가능하고, 분모(B)가 다르면 분자(C)는 비교 불가능하다.

→ **아래 표는 같은 년도의 분자(C)는 비교 가능, 다른 년도는 분자(C)는 비교 불가이다.**

예제 08

⟨표 1⟩ 2008~2010년 유형별 최종에너지 소비량 비중

(단위 : %)

연도\유형	석탄		석유제품	도시가스	전력	기타
	무연탄	유연탄				
2008	2.7	11.6	53.3	10.8	18.2	3.4
2009	2.8	10.3	54.0	10.7	18.6	3.6
2010	2.9	11.5	51.9	10.9	19.1	3.7

ㄱ. 2008~2010년 동안 전력 소비량 비중은 매년 증가한다. (○)

ㄴ. 2008년도 유형 중 석유제품의 소비량이 가장 많다. (○)

ㄷ. 2008~2010년 동안 유형 중 석유제품 소비량이 매년 가장 많았다. (○)

ㄹ. 2008~2010년 동안 전력 소비량은 매년 증가한다. (×)

ㅁ. 2009년도 석유제품 소비량은 전년대비 증가하였다. (×)

ㅂ. 2009년도 최종에너지 소비량이 전년대비 10% 증가했다면, 도시가스 소비량도 전년보다 증가했다. (○)

tip 2. ㄱ. (사실확인) 소비량 비중(A)를 물어보면 사실확인이다.

ㄴ·ㄷ. (비교가능) 같은 년도는 분모(B)가 같기 때문에, 분자(C)비교가 가능하다.
ㄷ은 다른 년도의 비교처럼 보이나, 각각 같은 년도 비교이니 주의하자.

★ ㄹ·ㅁ. (알 수 없다) **다른 년도는 분모(B)가 다르기 때문에 분자(C)비교가 불가능하다.**
매년, 전년대비 등은 다른년도와의 비교이니 주의하자.

★★ ㅂ. (조건) 분모(B)가 선택지에서 주어지면, C를 풀 수 있다. $A = \dfrac{C}{B} \rightarrow A \times B = C$이다.

2009년도 분모(B)가 2008년도의 1.1배(= 10% 증가) 이므로, 2008년도 분모(B)를 x라고 하면 2009년도의 분모(B)는 1.1x이다.

→ 10.8(2008년) × x ◯ 10.7 (2009년) × 1.1x → 10.8 < 10.7 × 1.1

- **지수**

(개념) A(지수) = $\dfrac{C(비교량)}{B(기준량)}$ 지수는 상대수치 중 하나이므로 상대수치의 개념과 같다.

tip 3. 아래 표에서 A(물가수준)만 주어졌으며, '주'의 설명은 지수에 관한 내용이다. A(물가수준) = $\dfrac{C(국가별\ 물가)}{B(한국의\ 물가)}$

→ 같은 년도의 분모(B)는 같기 때문에 C(분자) 비교 가능, 다른 년도는 분모(B)가 달라서 비교 불가.

예제 09

〈표〉 연도별 OECD 주요국의 한국 대비 물가수준

(단위 : 한국=100)

연도\국가	2005	2006	2007	2008	2009	2010	2011	2012	2013	2014
헝가리	72	75	91	116	106	92	84	81	75	67
한국	100	100	100	100	100	100	100	100	100	100
미국	116	106	107	152	129	123	123	116	116	120
일본	145	129	128	224	184	184	189	158	127	116
독일	128	128	139	181	164	141	139	129	131	123
이탈리아	119	119	139	185	168	130	128	131	132	123
캐나다	126	114	131	152	149	161	157	151	138	136
프랑스	127	127	143	188	170	152	149	137	139	131
영국	127	132	141	150	138	149	161	138	147	150

주 : 한국의 물가를 100으로 할 때 주요국의 물가수준을 나타낸 것임.

ㄱ. 주어진 국가들 중에서 2010년 이후 매년 헝가리를 제외한 국가들의 물가수준은 한국보다 높았다. (○)

ㄴ. 주어진 국가들 중에서 2013년과 2014년 연속으로 전년대비 물가가 상승한 국가는 1개국이다. (×)

ㄷ. 한국과 영국은 2008년 대비 2014년 물가상승률이 동일하다. (○)

ㄹ. 2014년 전년대비 물가상승률이 한국보다 큰 국가는 2개국이다. (○)

ㅁ. 2010년 전년대비 한국의 물가상승률이 10%라면, 2010년 프랑스의 물가는 전년대비 증가했다. (×)

tip 4. ㄱ. (사실확인) 물가수준(A)을 물어보면 사실확인이다.

★ ㄴ. (알 수 없다) 다른 년도는 분모(B)가 다르기 때문에 분자(C)비교가 불가능하다.

★ ㄷ. (지수) 영국 물가수준은 2008년, 2014년 모두 150이다. 따라서 영국의 물가는 한국 대비 1.5배이다.
한국의 물가가 2008년이 A, 2014년이 B라고 하면 영국의 물가는 2008년이 1.5A, 2014년은 1.5B이다.

★ ㄹ. (지수) 지수가 전년보다 증가한 국가는 미국, 영국 2개국이다.

★★ ㅁ. (조건) 분모(B)가 선택지에서 주어지면, C를 풀 수 있다. A = $\dfrac{C}{B}$ → A×B = C이다.

2010년도 분모(B)가 2009년도의 1.1배(=10% 증가) 이므로, 2009년도 분모(B)를 x라고 하면
2010년도의 분모(B)는 1.1x이다.

→ 170(2009년)×x ○ 152(2009년)×1.1x → 170 > 152×1.1

※ 복습자료에 나오는 선택지를 모두 풀지 마시고, 시간이 오래 걸릴 것 같은 선택지를 2~3개 정도는 풀지 않도록 합니다.
2~3개 정도의 선택지를 제외한 상태에서 최대한 빨리, 정확하게 푸는 연습을 하시기 바랍니다.

■ **(복습 자료)상대수치 1**

<표1> 사망원인별 인구 10만명 당 사망자 수

연도 사망 원인	2007	2008	2009	2010	2011
전체	498.4	498.2	497.3	512	513.6
위암	21.5	20.9	20.4	20.1	19.4
간암	22.7	22.9	22.6	22.5	21.8
폐암	29.1	29.9	30	31.3	31.7
당뇨병	22.9	20.7	19.6	20.7	21.5
고혈압성 질환	11	9.6	9.6	9.6	10.1
심장질환	43.7	43.4	45	46.9	49.8
뇌혈관 질환	59.6	56.5	52	53.2	50.7
폐렴	9.3	11.1	12.7	14.9	17.2
만성하기도 질환	15.3	14.9	13.9	14.2	13.9
간질환	14.9	14.5	13.8	13.8	13.5
운수사고	15.5	14.7	14.4	13.7	12.6
자살	24.8	26	31	31.2	31.7

① 자살로 인한 사망자 수는 증가추세에 있다.

② 2007년부터 2011년까지 폐렴의 사망자수가 항상 제일 낮다.

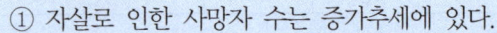

③ 전체 인구 중 위암으로 인한 사망자 수는 매년 감소하고 있다.

④ 2009년과 2010년 간질환 사망자 수의 차이는 1만명 이하이다.

⑤ 자살로 인한 사망자 수는 2007년부터 2011까지 지속적으로 증가하고 있다.

⑥ 2007년에서 2011년까지 당뇨병과 뇌혈관 질환 사망자수의 증감 방향은 일치한다.

⑦ 간암으로 인한 인구 10만명 당 사망자수는 2007년에서 2011년까지 감소추세이다.

⑧ 2007~2011년 동안 〈표〉에서 제시된 사망원인 중 인구 10만명 당 사망자수가 매년 증가한 사망원인은 3개이다.

⑨ 2008년에 전년대비 인구가 10% 증가했다면, 당뇨병으로 인한 사망자수는 전년보다 증가했다.

⑩ 2009년에 전년대비 인구가 10% 감소했다면, 심장질환으로 인한 사망자수는 전년보다 증가했다.

⑪ 2011년에 전년대비 인구가 10% 증가했다면, 폐렴으로 인한 사망자수는 전년보다 20% 이상 증가했다.

⑫ 2010년에 전년대비 인구가 10% 증가했다면, 운수사고로 인한 사망자수는 전년보다 증가했다.

⑬ 2011년에 2007년 대비 인구가 절반으로 줄어들었다면, 폐렴으로 인한 사망자수는 감소했다.

⑭ 2011년에 2008년 대비 인구가 30% 감소했다면, 폐렴으로 인한 사망자수는 감소했다.

정답 ××××× / ×○○×× / ○○○×
해설 위 표에 나오지 않는 다른 사망원인이 있으므로(표에 나와 있는 모든 사망원인의 값을 더해도 전체보다 작다) 전체 순위 등은 알 수 없다.
 ①~⑥ (×) 알 수 없다   ⑦⑧ (○) 사실확인   ⑨ (×) 22.9('07년) > 20.7×1.1('08년)   ⑩ (×) 43.4('08년) > 45.0×0.9('09년)
 ⑪ (○) 14.9('10년)×1.2 < 17.2×1.1('11년)   ⑫ (○) 14.4('09년) < 13.7×1.1('10년)   ⑬ (○) 9.3('07년) > 17.2×0.5('11년)
 ⑭ (×) 11.1('08년) < 17.2×0.7('11년)

※ 복습자료에 나오는 선택지를 모두 풀지 마시고, 시간이 오래 걸릴 것 같은 선택지를 2~3개 정도는 풀지 않도록 합니다.
2~3개 정도의 선택지를 제외한 상태에서 최대한 빨리, 정확하게 푸는 연습을 하시기 바랍니다.

■ (복습 자료)상대수치 2

〈표〉 연도별 OECD 주요국의 한국 대비 물가수준

연도 국가	'05	'06	'07	'08	'09	'10	'11	'12	'13	'14
헝가리	72	75	91	116	106	92	84	81	75	67
한국	100	100	100	100	100	100	100	100	100	100
미국	116	106	107	152	129	123	123	116	116	120
일본	145	129	128	224	184	184	189	158	127	116
독일	128	128	139	181	164	141	139	129	131	123
이탈리아	119	119	139	185	168	130	128	131	132	123
캐나다	126	114	131	152	149	161	157	151	138	136
프랑스	127	127	143	188	170	152	149	137	139	131
영국	127	132	141	150	138	149	161	138	147	150
뉴질랜드	124	113	131	139	150	153	154	155	150	147
스웨덴	136	143	156	180	168	166	164	162	157	144
호주	122	118	137	154	174	194	197	193	162	156

① 한국과 뉴질랜드는 2009년 대비 2013년 물가상승률이 동일하다.

② 한국과 미국은 2012년 대비 2013년 물가상승률이 동일하다.

③ 주어진 국가들 중에서 2005년 이후 매년 헝가리를 제외한 국가들의 물가수준은 한국보다 높았다.

④ 미국의 경우 2009년이후 물가가 지속적으로 상승하였다.

⑤ 프랑스의 물가는 2008년 이후 지속적으로 감소하였다.

⑥ 2007년 이탈리아의 물가는 2011년 호주의 물가보다 낮다.

⑦ 2014년 전년대비 한국의 물가상승률이 10%라면, 2014년 이탈리아의 물가는 전년대비 상승했다.

⑧ 2013년 전년대비 한국의 물가상승률이 30%라면, 2013년 호주의 물가는 전년대비 상승했다.

⑨ 2008년 한국의 물가가 전년대비 20% 하락했다면, 2008년 프랑스의 물가는 전년대비 하락했다.

⑩ 2008년 전년대비 한국의 물가상승률이 20%라면, 2008년 일본의 물가는 전년 물가의 2배 이상이다.

⑪ 2010년 한국의 물가가 2008년 대비 20% 하락했다면, 2010년 이탈이라 물가는 2008년의 물가의 절반 미만이다.

⑫ 2013년 한국의 물가가 2010년 대비 5% 상승했다면, 2013년 스웨덴의 물가는 2010년의 물가보다 상승했다.

⑬ 한국의 물가상승률이 매년 10%라면, 2013년 영국의 물가는 2011년에 비해 상승했다.

정답 ○○○×× / ×○○×○ / ××○
해설 ①② (○) 지수   ③ (○) 사실확인   ④⑤⑥ (×) 알 수 없다   ⑦ (○) 132('13년) < 123×1.1('14년)
⑧ (○) 193('12년) < 162×1.3('13년)   ⑨ (×) 143('07년) < 188×0.8('08년)   ⑩ (○) 128×2('07년) < 224×1.2('08년)
⑪ (×) 185×0.5('08년) < 130×0.8('10년)   ⑫ (×) 166('10년) > 157×1.05('13년)   ⑬ (○) 161('11년) < 147×1.1×1.1('13년)

※ 복습자료에 나오는 선택지를 모두 풀지 마시고, 시간이 오래 걸릴 것 같은 선택지를 2~3개 정도는 풀지 않도록 합니다.
2~3개 정도의 선택지를 제외한 상태에서 최대한 빨리, 정확하게 푸는 연습을 하시기 바랍니다.

■ **(복습 자료)상대수치 3**

〈표 1〉 주요 국가별 생산가능인구의 변화와 향후 전망(1980~2040)

(2010년=100)

연도 \ 구분	한국	미국	프랑스	영국	독일	일본	인도	브라질	중국	러시아
1980	65.9	73.2	84.3	88.0	94.8	96.5	50.4	53.6	60.1	91.6
1990	82.5	80.3	91.8	91.1	100.5	105.4	64.5	68.6	77.9	96.1
2000	93.7	90.2	94.4	93.6	102.9	105.9	81.5	86.0	88.3	98.7
2010	100.0	100.0	100.0	100.0	100.0	100.0	100.0	100.0	100.0	100.0
2020	101.6	103.9	99.7	102.2	94.9	90.8	116.9	111.3	101.9	92.3
2030	91.4	106.3	99.9	103.8	84.9	85.1	131.0	114.3	98.9	86.0
2040	80.2	111.4	100.2	104.3	78.4	75.5	140.8	113.2	88.5	82.1

〈표 2〉 주요 국가별 고령인구의 변화와 향후 전망(1980~2040)

(2010년=100)

연도 \ 구분	한국	미국	프랑스	영국	독일	일본	인도	브라질	중국	러시아
1980	26.7	64.0	71.2	81.7	72.8	36.5	41.3	35.9	46.1	77.4
1990	40.3	78.1	75.4	87.3	70.2	50.9	54.9	48.8	62.0	82.6
2000	62.3	86.3	89.9	90.5	80.0	75.2	74.0	70.9	80.9	99.5
2010	100.0	100.0	100.0	100.0	100.0	100.0	100.0	100.0	100.0	100.0
2020	148.3	166.9	163.9	152.1	146.5	163.3	166.0	180.8	175.4	146.2
2030	232.8	224.1	197.3	185.1	170.6	179.9	239.4	269.4	244.5	169.8
2040	302.6	265.4	227.5	210.9	189.5	188.5	335.3	368.0	347.8	185.1

주 1) 노년부양비 = $\frac{고령인구}{생산가능인구} \times 100$

2) BRICs : 브라질, 러시아, 인도, 중국

① 2040년 생산가능인구는 인도가 가장 많을 것으로 예상된다.

② 2040년 생산가능인구가 가장 크게 증가한 국가는 인도이다.

③ 2020년 고령인구는 브라질이 중국보다 많다.

④ 2040년 노년부양비는 한국이 가장 크다.

⑤ 2010년 대비 2040년 생산가능인구 증가율이 가장 큰 국가는 인도이다.

⑥ 1980년 대비 2040년 고령인구 증가율이 가장 큰 국가는 인도이다.

⑦ 한국의 노년부양비는 매 조사기간마다 커졌다.

⑧ 2040년 브라질의 노년부양비는 1980년 노년부양비의 3배이상이다.

⑨ 2040년 일본의 노년부양비는 독일의 노년부양비보다 크다.

⑩ 2010년 중국의 생산가능인구가 인도의 1.5배라면, 2040년 중국의 생산가능인구는 인도보다 많다.

⑪ 2010년 일본의 생산가능인구가 한국보다 50% 많다면, 2030년 일본의 생산가능인구는 한국의 1.3배 이상이다.

⑫ 2010년 독일의 고령인구가 브라질의 2배라면, 2040년 독일의 고령인구가 브라질의 고령인구보다 많다.

⑬ 2010년 독일의 생산가능인구가 한국의 2배이고 고령인구가 한국의 3배라면, 2040년 노년부양비는 독일이 한국보다 크다.

정답 ××××○ / ×○○×× / ○○×

해설 ①~④ (×) 알 수 없다   ⑤ (○) 지수   ⑥ (×) 한국   ⑦ (○) 지수   ⑧ (○) $\frac{35.9}{53.6} \times 3 < \frac{368.0}{113.2}$

⑨ (×) 알 수 없다   ⑩ (×) 140.8(인도) > 88.5×1.5(중국)   ⑪ (○) 91.4×1.3(한국) < 85.1×1.5(일본)

⑫ (○) 189.5×2(독일) > 368(브라질)   ⑬ (×) $\frac{302.6}{80.2}$(한국) > $\frac{189.5 \times 3}{78.4 \times 2}$(독일)

※ 복습자료에 나오는 선택지를 모두 풀지 마시고, 시간이 오래 걸릴 것 같은 선택지를 2~3개 정도는 풀지 않도록 합니다.
2~3개 정도의 선택지를 제외한 상태에서 최대한 빨리, 정확하게 푸는 연습을 하시기 바랍니다.

■ **(복습 자료)상대수치 4**

〈표〉 세계 주요 국가별 담배 관련 현황(2010년 기준)

(단위: 달러, %)

국가	담배가격	담배 관련 세금 비율	흡연율(15세 이상)		
			여성	남성	전체
노르웨이	13.30	72	19.0	19.0	19.0
아일랜드	11.14	79	27.0	31.0	29.0
호주	10.77	64	13.9	16.4	15.1
영국	9.80	77	20.7	22.3	21.5
뉴질랜드	8.19	72	17.0	19.3	18.1
캐나다	7.84	67	13.7	19.0	16.3
아이슬란드	7.47	56	14.1	14.5	14.3
프랑스	7.30	69	20.7	26.4	23.3
스위스	6.93	63	17.6	23.4	20.4
스웨덴	6.91	72	15.1	12.8	14.0
네덜란드	6.58	73	18.8	23.1	20.9
미국	5.72	45	13.6	16.7	15.1
이스라엘	5.56	82	12.6	24.9	18.6
오스트리아	5.21	73	19.4	27.3	23.2
이탈리아	4.82	75	17.1	29.6	23.1
룩셈부르크	4.79	70	16.0	21.0	18.0
포르투갈	4.56	79	11.0	27.2	18.6
스페인	4.43	78	21.3	31.2	26.3
그리스	4.17	86	26.1	38.0	31.9
일본	3.47	63	8.4	32.2	19.5
체코	3.31	79	19.4	30.0	24.6
슬로바키아	3.15	83	12.5	27.1	19.5
칠레	3.06	76	26.0	33.0	29.8
터키	2.98	78	12.3	39.0	25.4
헝가리	2.80	79	21.7	31.9	26.5
에스토니아	2.66	83	18.7	36.8	26.2
폴란드	2.59	86	17.9	30.9	23.8
멕시코	2.37	63	6.5	21.6	13.3
한국	2.11	62	5.2	40.8	22.9

① 일본의 인구가 네덜란드 인구의 1.1배라면, 일본의 흡연자수는 네덜란드 흡연자수보다 많다.

② 폴란드의 인구가 에스토니아의 1.2배라면, 폴란드의 흡연자수는 에스토니아보다 많다.

③ 멕시코의 인구가 한국의 1.5배라면, 멕시코의 흡연자수는 한국보다 많다.

④ 미국의 인구가 그리스의 2배라면, 미국의 흡연자수는 그리스보다 많다.

⑤ 아일랜드의 남성과 여성인구가 같다면, 아일랜드 남성흡연자수는 여성흡연자수보다 많다.

⑥ 스웨덴은 여성인구가 남성인구보다 많다면, 스웨덴 여성흡연자수는 남성흡연자수보다 많다.

⑦ 스페인은 남성인구가 여성인구보다 많다면, 스페인 남성흡연자수는 여성흡연자수보다 많다.

⑧ 칠레의 남성인구가 여성인구보다 많다면, 칠레 남성흡연자수는 여성흡연자수보다 많다.

⑨ 룩셈부르크의 남성인구가 여성인구의 1.5배라면, 룩셈부르크 남성흡연자수는 여성흡연자수의 2배이상이다.

⑩ 호주의 인구는 노르웨이의 4배이고 두 나라는 남성과 여성의 인구가 같다면, 호주의 흡연자수는 노르웨이 남성흡연자수의 6배 이상이다.

정답 ○○××○ / ○○○×○
해설 ① (○) 20.9(네덜란드) < 19.5×1.1(일본)　② (○) 26.2(에스토니아) < 23.8×1.2(폴란드)　③ (×) 22.9(한국) > 13.3×1.5(멕시코)
　　④ (×) 31.9(그리스) > 15.1×2(미국)　⑤~⑧ (○) 상대수치　⑨ (×) 16.0×2(여성) > 21.0×1.5(남성)
　　⑩ (○) 19.0×6(노르웨이 남성) < 15.1×2×4(호주)

STEP 1

30 다음 〈표〉는 2007 ~ 2011년 A국의 금융서비스 제공방식별 업무처리 건수 비중 현황이다. 이에 대한 〈보기〉의 설명 중 옳은 것을 모두 고르면?

〈표〉 금융서비스 제공방식별 업무처리 건수 비중 현황

(단위 : %)

구분 연도	대면거래	비대면거래			합
		CD/ATM	텔레뱅킹	인터넷뱅킹	
2007	13.6	38.0	12.2	36.2	100.0
2008	13.8	39.5	13.1	33.6	100.0
2009	13.7	39.3	12.6	34.4	100.0
2010	13.6	39.8	12.4	34.2	100.0
2011	12.2	39.1	12.4	36.3	100.0

보기

ㄱ. 2011년의 비대면거래 건수 비중은 2009년 대비 1.5%p 증가하였다.
ㄴ. 2008 ~ 2011년 동안 대면거래 건수는 매년 감소하였다.
ㄷ. 2007 ~ 2011년 동안 매년 비대면거래 중 업무처리 건수가 가장 적은 제공방식은 텔레뱅킹이다.
ㄹ. 2007 ~ 2011년 중 대면거래 금액이 가장 많았던 연도는 2008년이다.

① ㄱ, ㄷ ② ㄱ, ㄹ ③ ㄴ, ㄷ
④ ㄴ, ㄹ ⑤ ㄷ, ㄹ

해설

ㄱ. (A or B) 대면거래 건수 비중은 1.5%p 감소했다. (O)
ㄴ. (알 수 없다) 대면거래 건수(절대수치)는 다른 년도끼리 비교불가 (X)
ㄷ. (사실확인) 업무처리 건수(절대수치)는 같은 년도끼리 비교 가능 (O)
ㄹ. (알 수 없다.) 대면거래 금액은 알 수 없다. (X)

정답 30 ①

31. 다음 〈표〉는 서울 및 수도권 지역의 가구를 대상으로 난방방식 현황 및 난방연료 사용현황에 대해 조사한 자료이다. 이에 대한 〈보기〉의 설명 중 옳은 것을 모두 고르면?

〈표 1〉 난방방식 현황

(단위 : %)

종류	서울	인천	경기남부	경기북부	전국평균
중앙난방	22.3	13.5	6.3	11.8	14.4
개별난방	64.3	78.7	26.2	60.8	58.2
지역난방	13.4	7.8	67.5	27.4	27.4

〈표 2〉 난방연료 사용현황

(단위 : %)

종류	서울	인천	경기남부	경기북부	전국평균
도시가스	84.5	91.8	33.5	66.1	69.5
LPG	0.1	0.1	0.4	3.2	1.4
등유	2.4	0.4	0.8	3.0	2.2
열병합	12.6	7.4	64.3	27.1	26.6
기타	0.4	0.3	1.0	0.6	0.3

보기
ㄱ. 경기북부지역의 경우, 도시가스를 사용하는 가구수가 등유를 사용하는 가구수의 20배 이상이다.
ㄴ. 서울과 인천지역에서는 다른 난방연료보다 도시가스를 사용하는 비율이 높다.
ㄷ. 지역난방을 사용하는 가구수는 서울이 인천의 2배 이하이다.
ㄹ. 경기지역은 남부가 북부보다 지역난방을 사용하는 비율이 낮다.

① ㄱ, ㄴ　　② ㄱ, ㄷ　　③ ㄱ, ㄹ
④ ㄴ, ㄷ　　⑤ ㄷ, ㄹ

해설

• 상대수치
 - 가구비율 : 사실확인
 - 가구수(대소비교 가능)
  → 동일 지역 : 비교가능(사실확인),
   다른 지역 : 알 수 없다
 ㄱ. (곱셈비교) 66.1% > 3% × 20
  (○)
 ㄴ. (사실확인) (○)
 ㄷ. (알 수 없다) 다른지역은 비교불가 (×)
 ㄹ. (사실확인) (×)

정답 31 ①

32 다음 〈표〉는 2008 ~ 2010년 동안 도로화물운송업의 분야별 에너지 효율성에 관한 자료이다. 이에 대한 〈보기〉의 설명 중 옳은 것을 모두 고르면?

〈표〉 도로화물운송업의 분야별 에너지 효율성

(단위 : 리터, 톤·km, 톤·km/리터)

연도 \ 분야 구분	일반화물			개별화물			용달화물		
	A	B	C	A	B	C	A	B	C
2008	4,541	125,153	27.6	1,722	37,642	21.9	761	3,714	4.9
2009	4,285	110,269	25.7	1,863	30,232	16.2	875	4,576	5.2
2010	3,970	107,943	27.2	1,667	18,523	11.1	683	2,790	4.1

※ 1) 도로화물운송업의 분야는 일반화물, 개별화물, 용달화물로 구분됨.
  2) A : 화물차 1대당 월평균 에너지 사용량(리터)
     B : 화물차 1대당 월평균 화물운송실적(톤·km)
     C : 화물차 1대당 월평균 에너지 효율성(톤·km/리터) = $\frac{B}{A}$

─ 보기 ─
ㄱ. 2008년 화물차 1대당 월평균 에너지 사용량이 가장 적은 분야는 용달화물이다.
ㄴ. 2009년 화물운송실적이 가장 큰 분야는 일반화물이다.
ㄷ. 2010년 화물차 1대당 월평균 에너지 효율성이 큰 분야부터 나열하면 일반화물, 개별화물, 용달화물이다.
ㄹ. 각 분야의 화물차 1대당 월평균 에너지 효율성은 매년 증가하였다.

① ㄱ, ㄴ   ② ㄱ, ㄷ   ③ ㄱ, ㄹ
④ ㄴ, ㄷ   ⑤ ㄴ, ㄹ

해설

ㄱ. (사실확인) A가 가장 작은 것은 용달화물 (○)
ㄴ. (알 수 없다) 1인당이 아닌 화물운송실적은 알 수가 없다. (×)
ㄷ. (사실확인) C를 순서대로 나열 (○)
ㄹ. (사실확인) 모든 분야에서 C는 감소한 해가 있다. (×)

정답 32 ②

33 다음 〈표〉는 A ~ D국의 성별 평균소득과 대학진학률의 격차지수만으로 계산한 '간이 성평등지수'에 관한 자료이다. 이에 대한 〈보기〉의 설명 중 옳은 것만을 모두 고르면?

〈표〉 A ~ D국의 성별 평균소득, 대학진학률 및 '간이 성평등지수'

(단위: 달러, %)

항목 국가	평균소득			대학진학률			간이 성평등지수
	여성	남성	격차지수	여성	남성	격차지수	
A	8,000	16,000	0.50	68	48	1.00	0.75
B	36,000	60,000	0.60	( )	80	( )	( )
C	20,000	25,000	0.80	70	84	0.83	0.82
D	3,500	5,000	0.70	11	15	0.73	0.72

※ 1) 격차지수는 남성 항목값 대비 여성 항목값의 비율로 계산하며, 그 값이 1을 넘으면 1로 함.
   2) '간이 성평등지수'는 평균소득 격차지수와 대학진학률 격차지수의 산술 평균임.
   3) 격차지수와 '간이 성평등지수'는 소수점 셋째자리에서 반올림한 값임.

─ 보기 ─
ㄱ. A국의 여성 평균소득과 남성 평균소득이 각각 1,000달러씩 증가하면 A국의 '간이 성평등지수'는 0.80 이상이 된다.
ㄴ. B국의 여성 대학진학률이 85%이면 '간이 성평등지수'는 B국이 C국보다 높다.
ㄷ. D국의 여성 대학진학률이 4%p 상승하면 D국의 '간이 성평등지수'는 0.80 이상이 된다.

① ㄱ   ② ㄴ   ③ ㄷ
④ ㄱ, ㄴ   ⑤ ㄱ, ㄷ

해설

ㄱ. (조건) '간이 성평등지수'가 0.8 이상이 되려면 평균소득 격차지수는 0.6 이상이 되어야 한다.
$\frac{8,000+1,000}{16,000+1,000} < 0.6$ (✗)

ㄴ. (조건) B국가의 대학진학률 격차지수는 최대 '1'이다. '1'이 되어도 '간이 성평등지수'는 0.8이므로 C보다 클 수는 없다. (✗)

ㄷ. (조건) D국가의 격차지수는 '1'이 된다. '간이 성평등지수'는 0.8 이상이 된다. (○)

정답 33 ③

34. 다음 〈표〉는 각국의 물가수준을 비교한 자료이다. 이에 대한 설명으로 옳은 것을 〈보기〉에서 모두 고르면?

〈표〉 연도별 각국의 물가수준 비교

(해당연도 한국물가수준 = 100)

연도 국가	2003	2004	2005	2006	2007
한국	100	100	100	100	100
일본	217	174	145	129	128
프랑스	169	149	127	127	143
터키	88	78	84	77	106
캐나다	138	124	126	114	131
멕시코	96	81	84	76	77
미국	142	118	116	106	107
체코	86	76	69	72	91
독일	168	149	128	128	139
헝가리	86	85	72	75	91
영국	171	145	127	132	141

― 보기 ―
ㄱ. 한국보다 물가수준이 높은 나라는 2003년에는 6개국, 2007년에는 7개국이다.
ㄴ. 2003 ~ 2007년 동안 한국이 매년 3%의 물가상승률을 기록하였다면, 2003년 대비 2007년에 한국보다 더 높은 물가상승률을 보인 나라는 3개국이다.
ㄷ. 2007년 일본의 물가는 전년에 비해 약간 하락하였다.
ㄹ. 2005 ~ 2006년 동안 한국과 프랑스의 물가변동률은 같다.
ㅁ. 2003 ~ 2007년 동안 헝가리와 영국의 물가의 변화 방향은 매년 동일하다.

① ㄱ, ㄴ, ㄹ   ② ㄱ, ㄴ, ㅁ
③ ㄱ, ㄷ, ㄹ   ④ ㄴ, ㄹ, ㅁ
⑤ ㄱ, ㄴ, ㄹ, ㅁ

해설

ㄱ. (사실확인) (O)
ㄴ. (지수) 지수가 상승한 국가는 3개(터키, 체코, 헝가리)이다. (O)
ㄷ. (알 수 없다) 다른 년도간 물가는 비교불가 (×)
ㄹ. (지수) 지수가 같으므로 물가변동률은 같다. (O)
ㅁ. (알 수 없다) 다른 년도간 물가는 비교불가 (×)

정답 34 ①

35. 다음 〈표〉는 2013년 11월 7개 도시의 아파트 전세가격 지수 및 전세수급 동향 지수에 대한 자료이다. 이에 관한 〈보기〉의 설명 중 옳은 것만을 모두 고르면?

〈표〉 아파트 전세가격 지수 및 전세수급 동향 지수

지수 도시	면적별 전세가격 지수			전세수급 동향 지수
	소형	중형	대형	
서울	115.9	112.5	113.5	114.6
부산	103.9	105.6	102.2	115.4
대구	123.0	126.7	118.2	124.0
인천	117.1	119.8	117.4	127.4
광주	104.0	104.2	101.5	101.3
대전	111.5	107.8	108.1	112.3
울산	104.3	102.7	104.1	101.0

※ 1) 2013년 11월 전세가격 지수 = $\frac{2013년\ 11월\ 평균\ 전세가격}{2012년\ 11월\ 평균\ 전세가격} \times 100$

2) 전세수급 동향 지수는 각 지역 공인중개사에게 해당 도시의 아파트 전세공급 상황에 대해 부족·적당·충분 중 하나를 선택하여 응답하게 한 후, '부족'이라고 응답한 비율에서 '충분'이라고 응답한 비율을 빼고 100을 더한 값임.
　예 : '부족' 응답비율 30 %, '충분' 응답비율 50 %인 경우 전세수급 동향 지수는 (30 − 50) + 100 = 80

3) 아파트는 소형, 중형, 대형으로만 구분됨.

─ 보기 ─

ㄱ. 2012년 11월에 비해 2013년 11월 7개 도시 모두에서 아파트 평균 전세가격이 상승하였다.
ㄴ. 중형 아파트의 2012년 11월 대비 2013년 11월 평균 전세가격 상승액이 가장 큰 도시는 대구이다.
ㄷ. 각 도시에서 아파트 전세공급 상황에 대해 '부족'이라고 응답한 공인중개사는 '충분'이라고 응답한 공인중개사보다 많다.
ㄹ. 광주의 공인중개사 중 60 % 이상이 광주의 아파트 전세공급 상황에 대해 '부족'이라고 응답하였다.

① ㄱ, ㄴ　　② ㄱ, ㄷ　　③ ㄴ, ㄷ
④ ㄴ, ㄹ　　⑤ ㄷ, ㄹ

해설

ㄱ. (지수) 지수가 모두 100 이상이다. (O)

ㄴ. (알 수 없다) 다른 지역끼리 비교 불가(알수 없다) (X)

ㄷ. (식간의 관계) 부족 > 충분 → 동향 지수는 100초과 (O)

ㄹ. (식간의 관계) 부족(60%↑) − 충분(40%↓) = 20%↑
→ 지수는 120↑ (X)

정답 35 ②

2 평균

가. 가평균

- **평균의 개념**

  ■ **평균의 종류**
  - (산술 평균) 여러 수치를 더해서 수치의 개수로 나누어 준 값 ($= \dfrac{a+b}{2}$)
  - (기하 평균) 넓이가 ab인 정사각형의 한 변의 길이 ($= \sqrt{ab}$)
  - (조화 평균) 역수에 대한 산술 평균 ($= \dfrac{2ab}{a+b}$) * $\dfrac{a+b}{2} \geq \sqrt{ab} \geq \dfrac{2ab}{a+b}$ (a = b일 때 등호(=) 성립)

  ■ **자주 나오는 용어**
  - (최빈값) 자료 중 빈도수가 가장 높은 값(= 가장 많이 나오는 값)
  - (중앙값) 자료를 크기 순으로 나열했을 때 가운데에 위치하는 값
    - ex 125, 130, 135, 140, 145, 150, 150, 150
    - → (최빈값) 150이 3번 나왔으므로 150이 최빈값
      (중앙값) 8개 숫자 중 4~5번째 큰 수인 140, 145의 평균인 142.5가 중앙값

- **계산을 간단하게 하는 방법**

  ■ (가평균의 활용) 선택지의 수치를 가평균으로 한다. 선택지에 수치가 없으면 중앙값과 최빈값을 가평균으로 한다.
  - ex A팀원들의 점수가 각각 125, 140, 145, 150, 150, 150, 160, 170, 180, 180 이다.
    - ㄱ. A팀원들 점수의 평균은 160점 이하이다. (○)
    - ㄴ. A팀원들 점수의 평균을 구하여라.
  - **tip 1.** ㄱ. 가평균을 160점으로 했을 때 편차의 합이 +면 평균 160 이상, 편차의 합이 −면 160 이하이다.
    - ~~125~~(−35), ~~140~~(−20), ~~145~~(−15), ~~150~~(−10), ~~150~~(−10), ~~150~~(−10), ~~160~~(±0), ~~170~~(+10), ~~180~~(+20), ~~180~~(+20)
  - **tip 2.** ㄱ. 가평균을 중앙값과 최빈값인 150을 가평균으로 하여 계산한다.
    - ~~125~~(−25), ~~140~~(−10), ~~145~~(−5), ~~150~~(±0), ~~150~~(±0), ~~150~~(±0), ~~160~~(+10), ~~170~~(+20), ~~180~~(+30), ~~180~~(+30)
    - → 평균 = 가평균(150) + $\dfrac{-25-10-5+10+20+30+30(\text{편차의 합})}{10(\text{항목수})}$ = 155

  ■ (묶음의 활용) N개 집단 중 가장 큰 집단은 비율이 1/N 이상, 가장 작은 집단은 1/N 이하, 평균은 1/N이다.

팀명	A	B	C
직원수(명)	3,122	4,351	5,341
매출액(억원)	12,022	15,122	16,231

    - ㄱ. A~C 직원수의 합 중 B 직원수의 비율은 30% 이상이다. (○)
    - ㄴ. A~C 매출액의 합 중 A 매출액의 비율은 35% 이상이다. (×)
  - **tip 3.** 선택지에 30%와 35%가 나오면 1/3 이상 또는 1/3 이하로 판단하는 경우가 많다.
    - ㄱ. A, B, C 중 가장 큰 C는 1/3 이상, 가장 작은 A는 1/3 이하이다.
      B(4,351)를 가평균으로 하면 편차의 합은 −이므로 '평균 < B' 이므로 B는 1/3 이상이므로 30% 이상이 맞다.
    - ㄴ. A, B, C 중 가장 큰 C는 1/3 이상, 가장 작은 A는 1/3 이하이다. A는 1/3 이하이므로 35% 미만이다.

MEMO

예제 10

<표> 프로야구 선수 Y의 타격기록

연도	소속 구단	타율	출전 경기수	타수	안타수	홈런수	타점	4사구수	장타율
1993	A	0.341	106	381	130	23	90	69	0.598
1994	A	0.300	123	427	128	19	87	63	0.487
1995	A	0.313	125	438	137	20	84	83	0.532
1996	A	0.346	126	436	151	28	87	88	0.624
1997	A	0.328	126	442	145	30	98	110	0.627
1998	A	0.342	126	456	156	27	89	92	0.590
1999	B	0.323	131	496	160	21	105	87	0.567
2000	C	0.313	117	432	135	15	92	78	0.495
2001	C	0.355	124	439	156	14	92	81	0.510
2002	A	0.276	132	391	108	14	50	44	0.453
2003	A	0.329	133	490	161	33	92	55	0.614
2004	A	0.315	133	479	151	28	103	102	0.553
2005	A	0.261	124	394	103	13	50	67	0.404
2006	A	0.303	126	413	125	13	81	112	0.477
2007	A	0.337	123	442	149	22	72	98	0.563

① (가평균) 1993 ~ 1997년까지 평균 홈런수는 25개 이하이다.

② (가평균) 2000년부터 은퇴할 때까지 4사구수는 평균 80개 이하이다.

③ (가평균) 데뷔부터 은퇴할 때까지 평균 출전경기수는 120경기 이상이다.

④ (덧셈비교) 데뷔부터 은퇴할 때까지 1경기 1안타 이상을 기록했다.

⑤ (평균값의 활용) 1993 ~ 1997년도의 타점 평균이 1998 ~ 2002년도의 타점 평균보다 크다.

⑥ (평균값의 활용) 1993 ~ 1997년도의 출전경기수 평균이 1998 ~ 2002년도 출전경기수 평균보다 크다.

⑦ (묶음의 활용) 2004 ~ 2007년의 홈런수 중 2004년의 비중이 30%가 넘는다.

⑧ (묶음의 활용) 2002 ~ 2007년의 타점수 중 2004년의 비중이 30%가 넘는다

⑨ (묶음의 활용) 1993 ~ 1997년의 홈런수 중 1993년의 비중이 20%가 넘는다.

⑩ (평균값의 활용) 1998 ~ 2002년의 평균홈런수는 전체평균보다 높다.

① (가평균) 평균 25개 이하 → 가평균(25)를 기준으로 23(-2) + 19(-6) + 20(-5) + 28(+3) + 30(+5) = -5(편차의 합)이기 때문에 25 미만이다.

② (가평균) 평균 80개 이하 → 가평균(80)에 편차의 합이 -이다.

③ (가평균) 평균 120경기 이상 → 가평균(120)에 편차의 합이 +이다.

④ (덧셈비교) 1경기 1안타 이상 → (차이에 주의) 경기수와 안타수의 차이가 상대적으로 큰 년도 위주로 생각한다. 약 30개 정도의 차이가 나는 1998년도, 1999년도, 2001년도, 2002년도, 2003년도 중 2002년을 제외하면 모두 안타수가 많다.

⑤ (평균값의 활용) 평균이 크다. → 비교대상이 5개년도로 같기 때문에 평균이 크면 합도 크다. 덧셈비교(소거법)로 구하면 된다.

⑥ (평균값의 활용) 평균이 평균보다 크다. → 비교대상이 5개년도로 같기 때문에 평균이 크면 합도 크다. 덧셈비교(소거법)로 구하면 된다.

⑦ (묶음의 활용) 비중이 30%가 넘는다. → 홈런수는 28, 13, 13, 22개이다. 2005년과 2006년의 홈런을 더하면 26개가 되므로 28, 26, 22가 된다. 2004년의 28은 이 중 가장 크므로 1/3 이상이 되어 30%가 넘게 된다.

⑧ (묶음의 활용) 비중이 30%가 넘는다 → 6개년도의 타점이 모두 같다면 1개년도의 평균은 1/6(≒ 16.7%)이다. 2004년의 비중이 30%라면, 70%를 나머지 5개년도가 나눠가져서 평균 14%정도 된다. 따라서 2004년의 타점(30%)이 다른년도 평균(14%)의 2배 이상이 되어야 한다. 2004년도의 타점(103)은 다른년도의 2배가 되어 보이진 않는다.

⑨ (묶음의 활용) 비중이 20% → 5개년도 평균은 20%이므로 1993년의 비중이 20%넘으면 '평균 < 1993년' → 가평균(23개)에 편차의 합은 -가 되면 맞다. 하지만, 편차의 합이 +이기 때문에 틀린 선택지이다.

⑩ (평균값의 활용) 평균은 전체평균보다 높다.
→ '1993~1997', '1998~2002', '2003~2007' 중 '1998~2002'이 가장 작기 때문에 전체 평균 이하이다.

정답 ooooo / xoxxx

※ 복습자료에 나오는 선택지를 모두 풀지 마시고, 시간이 오래 걸릴 것 같은 선택지를 2~3개 정도는 풀지 않도록 합니다.
2~3개 정도의 선택지를 제외한 상태에서 최대한 빨리, 정확하게 푸는 연습을 하시기 바랍니다.

■ **(복습 자료)평균 1**

〈표〉 2012년 월간인구동향

(단위 : 명, 건)

행정구역	종류별	1월	2월	3월	4월	5월	6월	7월	8월	9월
서울특별시	출생	9,000	7,900	8,400	7,700	7,700	7,500	7,800	8,000	7,900
	사망	3,700	3,800	3,700	3,400	3,300	3,200	3,100	3,500	3,100
	혼인	6,000	5,400	6,100	6,000	6,200	5,600	5,300	5,400	4,300
	이혼	1,600	1,600	1,700	1,500	1,800	1,700	1,800	1,800	1,600
부산광역시	출생	2,600	2,500	2,600	2,400	2,300	2,200	2,400	2,500	2,500
	사망	1,900	1,900	1,800	1,600	1,700	1,600	1,500	1,600	1,600
	혼인	2,000	1,600	1,600	1,800	1,700	1,700	1,600	1,500	1,100
	이혼	600	700	700	600	600	600	600	600	600
대구광역시	출생	1,900	1,800	1,900	1,900	1,800	1,800	1,700	1,900	1,900
	사망	1,100	1,200	1,200	1,000	1,000	900	1,000	900	900
	혼인	1,400	1,100	1,100	1,200	1,200	1,100	1,000	1,100	700
	이혼	400	400	400	400	500	500	400	400	400
인천광역시	출생	2,600	2,200	2,500	2,300	2,300	2,200	2,300	2,400	2,400
	사망	1,100	1,100	1,100	1,100	1,000	1,000	1,000	1,100	1,000
	혼인	1,500	1,400	1,600	1,500	1,500	1,400	1,400	1,400	1,100
	이혼	600	600	600	500	700	600	700	600	600
광주광역시	출생	1,400	1,300	1,300	1,200	1,100	1,100	1,200	1,200	1,300
	사망	600	700	600	500	500	500	500	600	500
	혼인	800	700	800	700	700	700	600	700	500
	이혼	200	300	200	200	300	200	300	300	200
대전광역시	출생	1,400	1,300	1,400	1,300	1,200	1,200	1,200	1,300	1,300
	사망	700	600	600	500	500	500	500	500	500
	혼인	900	800	900	900	800	800	700	700	500
	이혼	200	300	300	200	300	200	300	300	200
울산광역시	출생	1,100	1,000	1,100	1,100	1,000	900	1,000	1,000	1,100
	사망	400	400	400	300	400	400	400	400	400
	혼인	800	600	600	700	700	600	600	600	400
	이혼	200	200	200	200	200	200	300	200	200

① 2012년 1~9월 서울특별시 월평균 출생인구는 8,000명 이상이다.

② 2012년 1~9월 부산광역시 월평균 혼인건수는 1,600건 이상이다.

③ 2012년 1~9월 대전광역시 월평균 출생인구는 1,300명 이상이다.

④ 2012년 1~9월 대구광역시 월평균 사망자수는 1,000명 이상이다.

⑤ 2012년 1~9월 대전광역시 월평균 혼인인구는 800명 이상이다.

⑥ 2012년 1~9월 서울특별시 월평균 이혼건수는 1,700건 이상이다.

⑦ 2012년 1월 6개 광역시의 월평균 출생인구는 2,000명 이상이다.

⑧ 2012년 2월 6개 광역시의 월평균 혼인건수는 1,000건 이상이다.

⑨ 2012년 6월 6개 광역시의 월평균 혼인건수는 1,000건 이상이다.

⑩ 2012년 9월 6개 광역시의 월평균 출생인구는 2,000명 이상이다.

해설 ① × ② ○ ③ × ④ ○ ⑤ × ⑥ × ⑦ × ⑧ ○ ⑨ ○ ⑩ ×

STEP 1

36 다음 〈표〉는 어느 학급 전체 학생 55명의 체육점수 분포이다. 이에 대한 〈보기〉의 설명 중 옳은 것을 모두 고르면?

〈표〉 체육점수 분포

점수(점)	1	2	3	4	5	6	7	8	9	10
학생 수(명)	1	0	5	10	23	10	5	0	1	0

※ 점수는 1점 단위로 1 ~ 10점까지 주어짐.

― 보기 ―

ㄱ. 전체 학생을 체육점수가 낮은 학생부터 나열하면 중앙에 위치한 학생의 점수는 5점이다.
ㄴ. 4 ~ 6점을 받은 학생 수는 전체 학생 수의 86 % 이상이다.
ㄷ. 학급의 체육점수 산술평균은 전체 학생이 받은 체육점수 중 최고점과 최저점을 제외하고 구한 산술평균과 다르다.
ㄹ. 학급에서 가장 많은 학생이 받은 체육점수는 5점이다.

① ㄱ　　② ㄴ　　③ ㄱ, ㄹ
④ ㄴ, ㄷ　　⑤ ㄱ, ㄷ, ㄹ

해설

ㄱ. (중앙값) 중앙값은 5점 (O)
ㄴ. (분수비교) $\frac{43}{55} < 86\%$ (X)
ㄷ. (평균) 대칭구조이므로 최고점과 최저점의 편차의 합이 '0'이므로 둘을 제외해도 평균은 바뀌지 않는다. (X)
ㄹ. (최빈값) 최빈값은 5점 (O)

정답 36 ③

37 다음 〈표〉는 어느 노래의 3월 24 ~ 27일 음원차트별 순위에 대한 자료 중 일부가 지워진 것이다. 이에 대한 설명으로 옳은 것은?

〈표〉 음원차트별 순위

날짜	음원차트					평균 순위
	A	B	C	D	E	
3월 24일	□(↑)	6(↑)	□(↑)	4(↑)	2(↑)	4.2
3월 25일	6(↑)	2(↑)	2(−)	2(↑)	1(↑)	2.6
3월 26일	7(↓)	6(↓)	5(↓)	6(↓)	5(↓)	5.8
3월 27일	□(−)	□(↑)	□(□)	7(↓)	□(−)	6.0

※ 1) □는 지워진 자료를 의미하며, ( )안의 ↑는 전일대비 순위 상승, ↓는 전일대비 순위 하락, −는 전일과 순위가 동일함을 의미함.
　 2) 순위의 숫자가 작을수록 순위가 높음을 의미함.
　 3) 평균 순위 = $\frac{5개\ 음원차트별\ 순위의\ 합}{5}$

① 평균 순위가 가장 높았던 날은 5개 음원차트별 순위가 전일대비 모두 상승하였다.
② 3월 24일 A 음원차트에서의 순위는 8위였다.
③ 5개 음원차트별 순위가 전일대비 모두 하락한 날은 평균 순위가 가장 낮았다.
④ 3월 27일 C 음원차트에서는 순위가 전일대비 하락하였다.
⑤ 평균 순위는 매일 하락하였다.

해설

〈표〉 음원차트별 순위

날짜	음원차트					평균 순위
	A	B	C	D	E	
3월 24일	□(↑)	6(↑)	<u>2</u>(↑)	4(↑)	2(↑)	4.2
3월 25일	6(↑)	2(↑)	2(−)	2(↑)	1(↑)	2.6
3월 26일	7(↓)	6(↓)	5(↓)	6(↓)	5(↓)	5.8
3월 27일	<u>7</u>(−)	□(↑)	□(□)	7(↓)	<u>5</u>(−)	6.0

→ 전일과 순위가 동일한 것부터 채운다.

① (사실확인) 3월 25일에 C는 순위가 상승하지 않았다. (✕)
② (평균) 3월 24일 평균순위가 4.2가 되려면 A = 7점 (✕)
③ (사실확인) 3월 27일에 하락하지 않은 차트는 많다. (✕)
④ (평균) 3월 27일은 전일보다 평균이 +0.2이다. 차트가 5개이므로 순위의 합은 +1이 되어야 한다. A, D, E 순위의 합은 전일대비 +1이다. 따라서 B, C의 순위의 합은 전일과 같아야 한다. B가 전일대비 순위가 상승했으므로 C는 하락해야 한다. (○)
⑤ (사실확인) 3월 25일에 순위 상승 (✕)

정답 37 ④

38. 다음 〈표〉는 '갑' 기관의 10개 정책(가 ~ 차)에 대한 평가결과이다. '갑' 기관은 정책별로 심사위원 A ~ D의 점수를 합산하여 총점이 낮은 정책부터 순서대로 4개 정책을 폐기할 계획이다. 폐기할 정책만을 모두 고르면?

〈표〉 정책에 대한 평가결과

심사위원 정책	A	B	C	D
가	●	●	◐	○
나	●	●	◐	●
다	◐	○	●	◐
라	( )	●	◐	( )
마	●	( )	●	◐
바	◐	◐	●	●
사	◐	◐	◐	●
아	◐	◐	●	( )
자	◐	◐	( )	●
차	( )	●	◐	○
평균(점)	0.55	0.70	0.70	0.50

※ 정책은 ○(0점), ◐(0.5점), ●(1.0점)으로만 평가됨.

① 가, 다, 바, 사
② 나, 마, 아, 자
③ 다, 라, 바, 사
④ 다, 라, 아, 차
⑤ 라, 아, 자, 차

해설

심사위원 정책	A	B	C	D
가	●	●	◐	○
나	●	●	◐	●
다	◐	○	●	◐
라	(○)	●	◐	(○)
마	●	(●)	●	◐
바	◐	◐	●	●
사	◐	◐	◐	●
아	◐	◐	●	(○)
자	◐	◐	(●)	●
차	(○)	●	◐	○
평균(점)	0.55	0.70	0.70	0.50

정답 38 ④

39 다음 〈표〉는 어느 해 주식 거래일 8일 동안 A사의 일별 주가와 〈산식〉을 활용한 5일 이동평균을 나타낸 것이다. 이에 대한 〈보기〉의 설명 중 옳은 것을 모두 고르면?

〈표〉 주식 거래일 8일 동안 A사의 일별 주가 추이

(단위 : 원)

거래일	일별 주가	5일이동평균
1	7,550	–
2	7,590	–
3	7,620	–
4	7,720	–
5	7,780	7,652
6	7,820	7,706
7	7,830	( )
8	( )	7,790

― 산식 ―

5일이동평균 = $\dfrac{\text{해당거래일 포함 최근 거래일 5일 동안의 일별 주가의 합}}{5}$

[예] 6거래일의 5일이동평균

= $\dfrac{7,590 + 7,620 + 7,720 + 7,780 + 7,820}{5}$ = 7,706

― 보기 ―

ㄱ. 일별 주가는 거래일마다 상승하였다.
ㄴ. 5거래일 이후 5일이동평균은 거래일마다 상승하였다.
ㄷ. 2거래일 이후 일별 주가가 직전거래일 대비 가장 많이 상승한 날은 4거래일이다.
ㄹ. 5거래일 이후 해당거래일의 일별 주가와 5일이동평균 간의 차이는 거래일마다 감소하였다.

① ㄱ, ㄴ ② ㄴ, ㄷ ③ ㄷ, ㄹ
④ ㄱ, ㄴ, ㄷ ⑤ ㄴ, ㄷ, ㄹ

해설

- 7거래일의 5일 이동평균은 6거래일의 평균(7,706)에 비해 7,830이 추가가 되고 7,590이 빠진다.
  7거래일의 평균
  = 7,706 + $\dfrac{7,830 - 7,590}{5}$ (= +48)
  = **7,754**

- 8거래일의 평균은 7,790으로 7거래일 대비 36이 증가했다. 5일 평균이 36이 증가했으므로 총 36 × 5 = 180이 커졌다.
  → 8거래일 주가 − 7,620 = 180, 8 거래일 주가는 **7,800**

ㄱ. 8거래일에 감소 (X)
ㄴ, ㄷ, ㄹ. (O)

정답 39 ⑤

40 다음 〈그림〉은 '갑' 회사의 대리점별 매출액 자료이다. 이에 대한 〈보기〉의 설명 중 옳은 것을 모두 고르면?

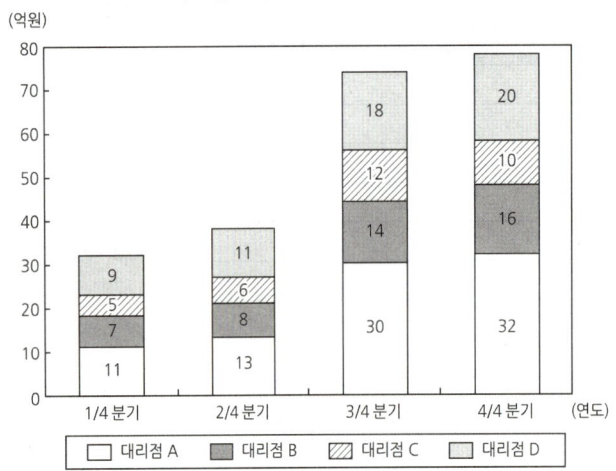

〈그림〉 분기별 대리점 매출액

※ '갑' 회사의 모든 매출은 4개의 대리점으로부터만 발생함.

보기
ㄱ. '갑'회사의 3/4분기 매출액은 연간 매출액의 30% 이상이다.
ㄴ. 각 대리점의 분기별 매출액은 계속 증가하였다.
ㄷ. 모든 분기에서 대리점 A의 매출액이 가장 크다.
ㄹ. 대리점 A의 4/4분기 매출액은 대리점 A의 연간 매출액의 30% 이상이다.

① ㄱ, ㄴ ② ㄴ, ㄷ ③ ㄷ, ㄹ
④ ㄱ, ㄴ, ㄹ ⑤ ㄱ, ㄷ, ㄹ

해설

ㄱ. (분수비교) 3/4분기(74억원) 연간 매출액(222억)
→ $\frac{74}{222} > 30\%$ (O)

ㄴ. (사실확인)
4/4분기에 C대리점 감소 (X)

ㄷ. (사실확인) (O)

ㄹ. (분수비교) $\frac{32}{86} > 30\%$ (O)

정답 40 ⑤

MEMO

나. 가평균

■ 가중평균

(개념) 절대수치의 평균은 산술평균으로 풀어주지만, **상대수치의 평균은 가중평균**으로 풀 수 있다. **상대수치(분수로 만들 수 있는 수)의 평균은 분모의 크기만큼 가중치를 준다.**

ex) B식품회사 신입사원 채용시험을 시행했고 응시자 500명 중 250명이 합격했다. 전체 평균은 61점이고, 합격자 평균이 82점이라면 불합격자의 평균은 얼마인가?

tip 1. 전체 평균 = $\frac{총점}{전체응시자}$ 이다. 전체 평균(61점) = $\frac{합격자(82점) + 불합격자}{2}$ → 답 : 40점

분모인 응시자 수가 합격자(250명)와 불합격자(250명) 수가 같기 때문에 산술평균으로 푼다.

ex) B식품회사 신입사원 채용시험을 시행했고 응시자 500명 중 150명이 합격했다. 전체 평균은 61점이고, 합격자 평균이 82점이라면 불합격자의 평균은 얼마인가?

tip 2. 전체 평균(61점) = $\frac{총점}{전체응시자}$ = $\frac{150 \times 82 + 350 \times 불합격자\ 평균}{500명}$ → 답 : 52점

분모인 응시자 수가 합격자(150명)와 불합격자(350명) 수가 다르기 때문에 가중평균으로 푼다.

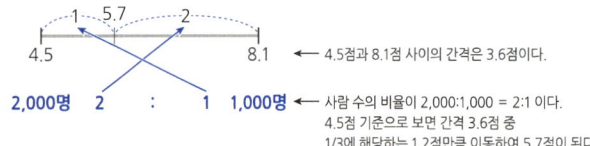

← 4.5점과 8.1점 사이의 간격은 3.6점이다.
← 사람 수의 비율이 2,000:1,000 = 2:1 이다.
4.5점 기준으로 보면 간격 3.6점 중
1/3에 해당하는 1.2점만큼 이동하여 5.7점이 된다.

분모의 비율의 역수로 **평균점수(상대수치)**를 내분한다.
가중평균은 분모가 큰 쪽에 가깝게, 작은 쪽은 멀게 구해진다.

■ 가중평균 예시

ex) 5%의 식염수 100g과 20%의 식염수 200g을 섞으면 몇 %의 식염수가 되는가?

tip 3. 농도 = $\frac{소금}{소금물}$ = $\frac{100 \times 5\% + 200 \times 20\%}{100 + 200}$ → 답 : 15%

분모인 소금물의 양이 다르기 때문에 가중평균으로 푼다.

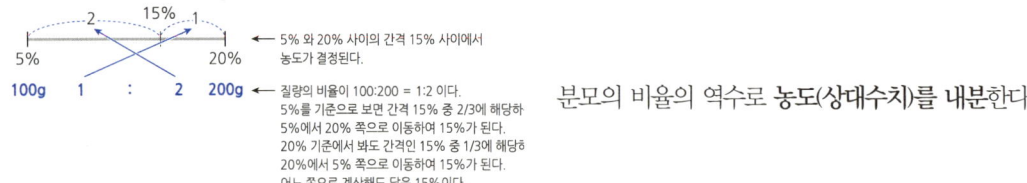

← 5%와 20% 사이의 간격 15%에서 농도가 결정된다.
질량의 비율이 100:200 = 1:2 이다.
5%를 기준으로 보면 간격 15% 중 2/3에 해당하
5%에서 20% 쪽으로 이동하여 15%가 된다.
20% 기준에서 봐도 간격인 15% 중 1/3에 해당하
20%에서 5% 쪽으로 이동하여 15%가 된다.
어느 쪽으로 계산해도 답은 15%이다.

분모의 비율의 역수로 **농도(상대수치)**를 내분한다.

ex) 철수는 이번 방학에 계절학기로 2개 강의를 수강 했다. 이수학점이 3학점인 강의는 A+(평점 4.5)이고, 이수학점이 1학점인 강의는 C+(평점 2.5)라면, 계절학기 전체 평점은 얼마인가?

tip 4. 전체 평점 = $\frac{평점의\ 합}{이수학점의\ 합}$ = $\frac{3 \times 4.5 + 1 \times 2.5}{3 + 1}$ → 답 : 4.0점

분모인 이수학점이 다르기 때문에 가중평균으로 푼다.

```
        1    4.0     3
      ┌──────────────────┐
      4.5(A+)        2.5(C+)
           3    :    1
```

분모의 비율의 역수로 **평점(상대수치)**를 내분한다.

■ 가중평균 예시

ex 민중이는 오전 8시에 5km 떨어진 학교를 향해 출발하였다. 처음에는 시속 3km로 걷다가, 중간에 서점에서 40분 동안 책을 사고 시속 6km로 뛰어서 학교에 9시 50분에 도착했다. 민중이가 시속 3km로 걸은 거리는?

tip 5. 속도 = $\frac{거리}{시간}$ 분모(이동 시간)가 같다는 말이 없으므로 가중평균으로 푼다.

거리(5km) = 평균속도 × 시간(70분 = $\frac{7}{6}$ 시간) → 평균속도 = $\frac{30}{7}$ km/h

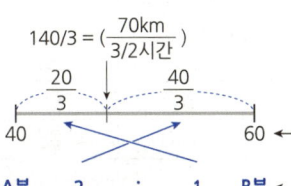

분모의 비율의 역수로 **속도(상대수치)**를 내분한다.

평균속도는 70km를 1시간 반에 왔으니까 평균속도는 $\frac{140}{3}$ km/h이다.

속도차이의 비율이 20/3:40/3 = 1:2이므로 이동시간은 역수인 2:1이다.
뛴 시간은 1시간 반의 1/3인 30분이다.

■ 자료해석에서 나오는 가중평균

〈표 1〉 팀 인원수 및 팀 평균점수
(단위 : 명, 점)

팀	A	B	C
인원수	(가)	(나)	(다)
평균점수	40.0	60.0	90.0

※ 1) 각 참가자는 A, B, C팀 중 하나의 팀에만 속하고, 개인별로 점수를 획득함.
  2) 팀 평균점수 = $\frac{해당\ 팀\ 참가자\ 개인별\ 점수의\ 합}{해당\ 팀\ 참가자\ 인원수}$

〈표 2〉 팀 연합 인원수 및 팀 연합 평균점수
(단위 : 명, 점)

팀 연합	A + B	B + C	C + A
인원수	80	120	(라)
평균점수	52.5	77.5	(마)

※ 1) A + B는 A팀과 B팀, B + C는 B팀과 C팀, C + A는 C팀과 A팀의 인원을 합친 팀 연합임.
  2) 팀 연합 평균점수 = $\frac{해당\ 팀\ 연합\ 참가자\ 개인별\ 점수의\ 합}{해당\ 팀\ 연합\ 참가자\ 인원수}$

tip 6.

```
         5              3                  7            5
  A    ~~12.5~~   :  ~~7.5~~   B     B   ~~17.5~~   :  ~~12.5~~   C
 40점    52.5점         60점          60점      77.5점          90점
3(=30명, 가)  :   5(=50명, 나)      5(=50명)    :   7(=70명)
```

〈표2〉에서 B + C가 120명이므로 C의 인원수(다) : 70명, 라 = C(70명) + A(30명) = 100명

```
    A         7      :    3       C
  40점              ?점           90점   →  ?(마) = 75점
3(=30명)    :    7(=70명)
```

정답 가 : 30명, 나 : 50명, 다 : 70명, 라 : 100명, 마 : 75점

예제 11

〈표〉 2014 ~ 2016년 A국의 성별, 연령별 평균임금

구분	합계			남자			여자		
	2014	2015	2016	2014	2015	2016	2014	2015	2016
전체	245	245	250	260	265	270	220	220	225
20세 미만	200	205	205	220	225	225	180	185	185
21 ~ 30	235	240	240	240	255	250	230	230	235
31 ~ 40	255	255	260	270	275	280	235	235	240
41 ~ 50	260	260	265	290	290	295	230	230	235
51 ~ 60	255	260	265	290	295	295	225	225	230
61 ~ 70	230	235	240	260	265	265	195	200	205
70세 이상	200	195	200	210	205	210	185	180	190

① 2014년 전체 노동자수가 2000만 명이라고 하면 남자, 여자의 수는 얼마인가?
  ① 1100만명, 900만명   ② 1150만명, 850만명   ③ 1250만명, 750만명   ④ 1350만명, 650만명

② '14년 20세 미만은 남자와 여자 근로자의 수가 같다.

③ '16년 51 ~ 60세에는 남자가 여자보다 많다.

④ '15년 70세 이상의 남자 근로자 수가 150만 명이라면, 여자 근로자 수는 100만명이다.

⑤ '15년 전체 남자 근로자 수가 1000만 명이라면, 여자 근로자 수는 800만명이다.

⑥ '16년 전체 근로자 중 남자 근로자 수의 비중은 60% 이상이다.

⑦ '16년 21 ~ 30세 근로자 중 여자 근로자 수의 비중은 70% 이상이다.

⑧ '14년 31 ~ 40세 근로자 중 여자 근로자 수의 비중은 40% 이상이다.

⑨ '15년 61 ~ 70세 근로자 중 남자 근로자 수의 비중은 60% 이상이다.

⑩ 전체 근로자 중 남자 근로자 수의 비중은 2015년과 2016년이 같다.

정답 ③ ○○○○ / ××○×○

①	남	전체	여
	15	25	
	260	245	220
	25̶		15̶
	5		3

②	남	전체	여
	20	20	
	220	200	180
	20̶		20̶
	1		1

③	남	전체	여
	30	35	
	295	265	230
	35 >		30

④	남	전체	여
	10	15	
	205	195	180
	15̶		10̶
	3		2
	(= 150만명)		(= ?)

⑤	남	전체	여
	20	25	
	265	245	220
	25̶		20̶
	5		4
	(= 1,000만명)		(= ?)

⑥	남	전체	여
	20	25	
	270	250	225
	25̶		20̶
	5		4

⑦	남	전체	여
	10	5	
	250	240	235
	5̶		10̶
	1		2

⑧	남	전체	여
	15	20	
	270	255	235
	20̶		15̶
	4		3

⑨	남	전체	여
	30	35	
	265	235	200
	35̶		30̶
	7		6

⑩

⟨2015년⟩			⟨2016년⟩		
남	전체	여	남	전체	여
20	25		20	25	
265	245	220	270	250	225
25		20	25		20

(복습 자료)평균 2

〈표1〉 초등학교, 중학교, 고등학교 학생 중 외국으로 유학을 간 학생수

(단위 : 명)

연도	총 학생 수			학생 만 명당 유학생 수		
	초등학교	중학교	고등학교	초등학교	중학교	고등학교
1995	4,000,000	2,500,000	2,168,421	0.6	4.8	3.8
1996	3,788,889	2,387,671	2,256,061	0.9	7.3	6.6
1997	4,000,000	2,173,333	2,400,000	0.6	4.5	8.8
1998	3,533,333	1,970,833	2,307,895	0.6	2.4	3.8
1999	3,927,273	1,916,216	2,251,613	1.1	3.7	3.1
2000	4,000,000	1,854,639	2,000,000	1.8	9.7	9.1
2001	4,000,000	1,832,948	2,000,000	5.2	17.3	13.9
2002	4,123,810	1,844,134	1,790,957	8.4	17.9	18.8
2003	4,200,000	1,800,000	1,765,605	9.7	19.8	15.7
2004	4,128,947	1,933,333	1,749,810	15.2	28.8	26.3
2005	4,000,000	2,000,000	1,760,883	20.3	33.2	31.7

① 1995년~1999년 연평균 초등학교 학생 수는 4백만명 이상이다.

② 1995년~1999년 연평균 고등학교 학생 수는 220만명 이상이다.

③ 2000년~2005년 연평균 중학교 학생 수는 185만명 이상이다.

④ 2000년~2005년 연평균 고등학교 학생 수는 185만명 이상이다.

⑤ 1995년~2005년 연평균 초등학교 학생 수는 4백만명 이상이다.

⑥ 1995년~2005년 연평균 중학교 학생 수는 2백만명 이상이다.

〈가중평균〉
⑦ 1995년 초등학교와 중학교 학생 만 명당 유학생 수는 3명 이상이다.

⑧ 1997년 초등학교와 고등학교 학생 만 명당 유학생 수는 3명 이상이다.

⑨ 2000년 초등학교와 고등학교 학생 만 명당 유학생 수는 3명 이상이다.

⑩ 2001년 초등학교와 고등학교 학생 만 명당 유학생 수는 10명 이상이다.

⑪ 2003년 초등학교와 중학교 학생 만 명당 유학생 수는 12명 이상이다.

⑫ 2005년 초등학교와 중학교 학생 만 명당 유학생 수는 28명 이상이다.

정답 ① × ② ○ ③ ○ ④ × ⑤ × ⑥ ○ ⑦ × ⑧ ○ ⑨ ○ ⑩ × ⑪ ○ ⑫ ×

※ 복습자료에 나오는 선택지를 모두 풀지 마시고, 시간이 오래 걸릴 것 같은 선택지를 2~3개 정도는 풀지 않도록 합니다.
2~3개 정도의 선택지를 제외한 상태에서 최대한 빨리, 정확하게 푸는 연습을 하시기 바랍니다.

■ **(복습 자료)평균 3**

〈표〉 세계 주요 국가별 담배 관련 현황(2010년 기준)

(단위 : 달러, %)

국가	담배가격	담배 관련 세금 비율	흡연율(15세 이상)		
			여성	남성	전체
노르웨이	13.30	72	19.0	19.0	19.0
아일랜드	11.14	79	27.0	31.0	29.0
호주	10.77	64	13.9	16.4	15.1
영국	9.80	77	20.7	22.3	21.5
뉴질랜드	8.19	72	17.0	19.3	18.1
캐나다	7.84	67	13.7	19.0	16.3
아이슬란드	7.47	56	14.1	14.5	14.3
프랑스	7.30	69	20.7	26.4	23.3
스위스	6.93	63	17.6	23.4	20.4
스웨덴	6.91	72	15.1	12.8	14.0
네덜란드	6.58	73	18.8	23.1	20.9
미국	5.72	45	13.6	16.7	15.1
이스라엘	5.56	82	12.6	24.9	18.6
오스트리아	5.21	73	19.4	27.3	23.2
이탈리아	4.82	75	17.1	29.6	23.1
룩셈부르크	4.79	70	16.0	21.0	18.0
포르투갈	4.56	79	11.0	27.2	18.6
스페인	4.43	78	21.3	31.2	26.3
그리스	4.17	86	26.1	38.0	31.9
일본	3.47	63	8.4	32.2	19.5
체코	3.31	79	19.4	30.0	24.6
슬로바키아	3.15	83	12.5	27.1	19.5
칠레	3.06	76	26.0	33.0	29.8
터키	2.98	78	12.3	39.0	25.4
헝가리	2.80	79	21.7	31.9	26.5
에스토니아	2.66	83	18.7	36.8	26.2
폴란드	2.59	86	17.9	30.9	23.8
멕시코	2.37	63	6.5	21.6	13.3
한국	2.11	62	5.2	40.8	22.9

① 호주 15세 이상 남자인구가 15세 이상 여자인구보다 많다.

② 프랑스 15세 이상 남자인구가 15세 이상 여자인구보다 많다.

③ 스위스 15세 이상 여자인구가 15세 이상 남자인구보다 많다.

④ 스웨덴 15세 이상 남자인구가 15세 이상 여자인구보다 많다.

⑤ 이스라엘 15세 이상 남자인구가 15세 이상 여자인구보다 많다.

⑥ 이탈리아 15세 이상 여자인구가 15세 이상 남자인구보다 많다.

⑦ 스페인 15세 이상 남자인구가 15세 이상 여자인구보다 많다.

⑧ 칠레 15세 이상 남자인구가 15세 이상 여자인구보다 많다.

⑨ 아일랜드 15세 이상 남자 흡연자수가 15세 이상 여자 흡연자수보다 많다.

⑩ 룩셈부르크 15세 이상 남자 흡연자수가 15세 이상 여자 흡연자수보다 많다.

⑪ 스페인 15세 이상 남자 흡연자수가 15세 이상 여자 흡연자수보다 많다.

⑫ 칠레 15세 이상 남자 흡연자수가 15세 이상 여자 흡연자수보다 많다.

정답 〈가중평균〉 ① × ② × ③ ○ ④ × ⑤ × ⑥ ○ ⑦ ○ ⑧ ○ ⑨ ○ ⑩ × ⑪ ○ ⑫ ○

Chapter 2. 머리로 푸는 선택지

STEP 1

41 다음 표는 A, B, C, D 4개 고등학교 2학년 학생들을 대상으로 교육환경 및 학교운영에 대한 만족도를 조사한 결과이다. 교육환경 및 학교운영에 대한 만족도의 가중평균을 학교 교육 전반에 대한 만족도라 할 때, 만족도가 가장 높은 학교는?

영역	가중치	학교별 만족도			
		A	B	C	D
교육환경	0.6	70	90	60	75
학교운영	0.4	80	55	90	75

① A　　② B　　③ C　　④ D

해설

가중평균은 가중치에 영역별 자료 값을 곱한 뒤 합하여 구한다.

㉠ A : $0.6 \times 70 + 0.4 \times 80 = 74$
㉡ B : $0.6 \times 90 + 0.4 \times 55 = 76$
㉢ C : $0.6 \times 60 + 0.4 \times 90 = 72$
㉣ D : $0.6 \times 75 + 0.4 \times 75 = 75$

정답 41 ②

42 다음 〈그림〉은 2010 ~ 2011년 동안 변리사 A와 B의 특허출원 건수에 대한 자료이다. 2011년 변리사 B의 특허출원 건수는 2010년 변리사 B의 특허출원 건수의 몇 배인가? (단, 특허출원은 변리사 A 또는 B 단독으로만 이루어진다)

〈그림 1〉 2010 ~ 2011년 동안 변리사별 전체 특허출원 건수

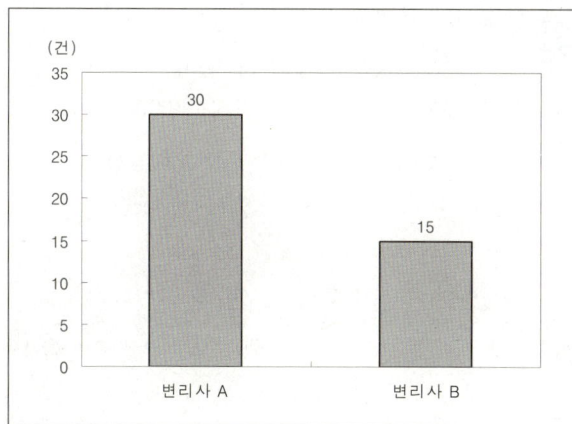

〈그림 2〉 변리사 A와 B의 전체 특허출원 건수 연도별 구성비

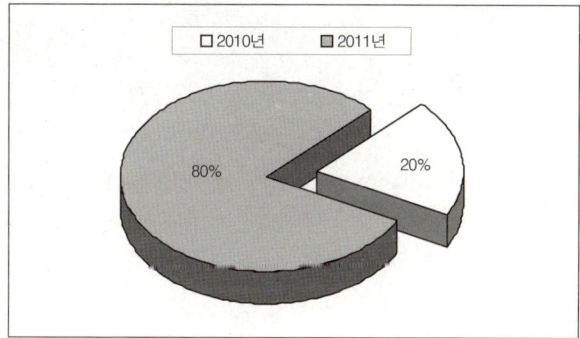

〈그림 3〉 변리사 A의 전체 특허출원 건수 연도별 구성비

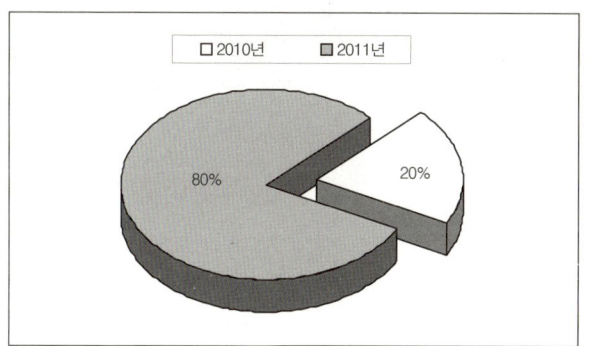

① 2배　　② 3배　　③ 4배
④ 5배　　⑤ 6배

해설

- (가중평균) 2011년 비중을 기준으로 가중평균
  → (기준) 변리사수

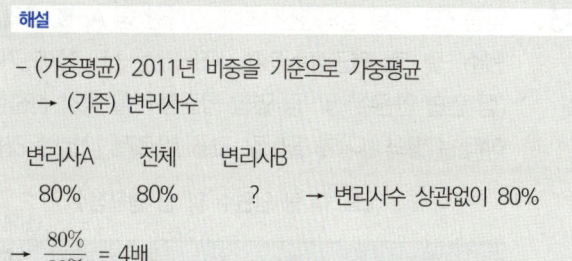

변리사A	전체	변리사B
80%	80%	?	→ 변리사수 상관없이 80%

→ $\dfrac{80\%}{20\%}$ = 4배

정답 42 ③

43 다음 〈표 1〉은 창의경진대회에 참가한 팀 A, B, C의 '팀 인원수' 및 '팀 평균점수'이며, 〈표 2〉는 〈표 1〉에 기초하여 '팀 연합 인원수' 및 '팀 연합 평균점수'를 각각 산출한 자료이다. (가)와 (나)에 들어갈 값을 바르게 나열한 것은?

〈표 1〉 팀 인원수 및 팀 평균점수
(단위 : 명, 점)

팀	A	B	C
인원수	( )	( )	( )
평균점수	40.0	60.0	90.0

※ 1) 각 참가자는 A, B, C팀 중 하나의 팀에만 속하고, 개인별로 점수를 획득함.
2) 팀 평균점수 = 해당 팀 참가자 개인별 점수의 합 / 해당 팀 참가자 인원수

〈표 2〉 팀 연합 인원수 및 팀 연합 평균점수
(단위 : 명, 점)

팀 연합	A + B	B + C	C + A
인원수	80	120	(가)
평균점수	52.5	77.5	(나)

※ 1) A + B는 A팀과 B팀, B + C는 B팀과 C팀, C + A는 C팀과 A팀의 인원을 합친 팀 연합임.
2) 팀 연합 평균점수 = 해당 팀 연합 참가자 개인별 점수의 합 / 해당 팀 연합 참가자 인원수

	(가)	(나)
①	90	72.5
②	90	75.0
③	100	72.5
④	100	75.0
⑤	110	72.5

해설

i)
    A ~~12.5~~ 5 : 3 ~~7.5~~ B
   40점   52.5점   60점

   3(= 30명)   :   5(= 50명)

ii)
    B ~~17.5~~ 7 : 5 ~~12.5~~ C
   60점   77.5점   90점

   5(= 50명)   :   7(= 70명)

iii)
    A   7   :   3   C
   40점 ?점   90점 → ? : 75점

   3(= 30명) : 7(= 70명) → 30명 + 70명 = 100명

정답 43 ④

MEMO

Chapter 3 표와 그래프의 특성

1 특징있는 표

가. 순위

■ **순위**

(개념) 표의 제목이 '상위 OO개의 ~'로 시작하거나 세부 항목이 순위에 따라 작성된 경우이다.
(주요 선택지) 표에 나오는 순위 밖의 것을 고려하여야 하는 경우, 총 항목 수를 묻는 문제

예제 12

〈표〉 A국 농축수산물 생산액 상위 10개 품목

(단위 : 억 원)

순위 \ 연도 구분	2012 품목	2012 생산액	2013 품목	2013 생산액	2014 품목	2014 생산액
1	쌀	105,046	쌀	85,368	쌀	86,800
2	돼지	23,720	돼지	37,586	돼지	54,734
3	소	18,788	소	31,479	소	38,054
4	우유	13,517	우유	15,513	닭	20,229
5	고추	10,439	닭	11,132	우유	17,384
6	닭	8,208	달걀	10,853	달걀	13,590
7	달걀	6,512	수박	8,920	오리	12,323
8	감귤	6,336	고추	8,606	고추	9,913
9	수박	5,598	감귤	8,108	인삼	9,412
10	마늘	5,324	오리	6,490	감귤	9,065
10위 밖	기타품목 합계	116,190	기타품목 합계	126,834	기타품목 합계	271,504
농축수산물 전체		319,678		350,889		413,643

ㄱ. 2013년에 비해 2014년에 감귤 생산액 순위는 떨어졌으나 감귤 생산액이 농축수산물 전체 생산액에서 차지하는 비중은 증가하였다. (×)

ㄴ. 쌀 생산액이 농축수산물 전체 생산액에서 차지하는 비중은 매년 감소하였다. (○)

ㄷ. 상위 10위 이내에 매년 포함된 품목은 7개이다. (×)

ㄹ. <u>오리 생산액은 매년 증가하였다.</u> (○)

ㅁ. 2012년 A국의 농축수산물 <u>품목의 수는 32개 이상이다.</u>

tip 1. ㄱ. (분수비교) $\dfrac{810}{350}$ (2013년) > $\dfrac{906}{413}$ (2014년)

ㄴ. (분수비교) 분자는 비슷하거나 감소하나, 분모는 크게 증가

ㄷ. (사실확인) 8개(쌀, 돼지, 소, 우유, 고추, 닭, 달걀, 감귤)

★ ㄹ. (순위) 오리는 2012년 순위 밖이므로 11위 이하이다.

★★ ㅁ. (순위) 10위인 마늘을 기준으로 한다. 116,190 = 5,324 × 21 + @이므로 10위 밖 품목 수는 22개 이상이다. 상위 10개까지 더해서 총 품목의 수는 32개 이상이다.

STEP 1

44 다음 〈표〉와 〈그림〉은 2002년과 2012년 '갑'국의 국적별 외국인 방문객에 관한 자료이다. 이에 대한 설명으로 옳은 것은?

〈표〉 외국인 방문객 현황

(단위 : 명)

연도	2002	2012
외국인 방문객 수	5,347,468	9,794,796

〈그림 1〉 2002년 국적별 외국인 방문객 수 (상위 10개국)

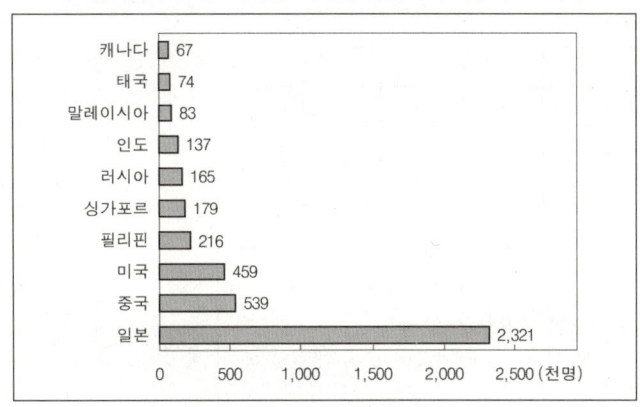

〈그림 2〉 2012년 국적별 외국인 방문객 수 (상위 10개국)

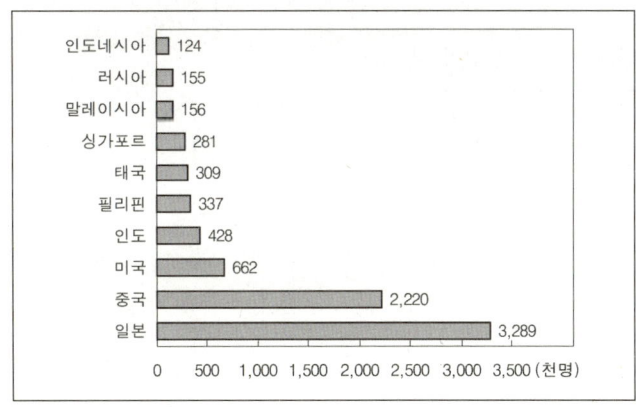

① 미국인, 중국인, 일본인 방문객 수의 합은 2012년이 2002년의 2배 이상이다.
② 2002년 대비 2012년 미국인 방문객 수의 증가율은 말레이시아인 방문객 수의 증가율보다 높다.
③ 전체 외국인 방문객 중 중국인 방문객 비중은 2012년이 2002년의 3배 이상이다.
④ 2002년 외국인 방문객 수 상위 10개국 중 2012년 외국인 방문객 수 상위 10개국에 포함되지 않은 국가는 2개이다.
⑤ 인도네시아인 방문객 수는 2002년에 비해 2012년에 55,000명 이상 증가하였다.

해설

① (곱셈비교)
(459 + 539 + 2,321) × 2 >
662 + 2,220 + 3,289 (✗)

② (분수비교)
$\frac{662}{459}$ (미국) < $\frac{156}{83}$ (말레이시아) (✗)

③ (분수비교)
$\frac{539}{534}$ ('02년) × 3 > $\frac{2220}{979}$ ('12년) (✗)

④ (사실확인) 1개(캐나다) (✗)

⑤ (순위) : 인도네시아는 2002년 10위인 캐나다보다 작다.
→ 124 − 67↓ = 57↑ (○)

정답 44 ⑤

45 다음 〈표〉는 2006년 인구 상위 10개국과 2056년 예상 인구 상위 10개국에 대한 자료이다. 이에 대한 〈보기〉의 설명 중 옳지 않은 것을 모두 고르면?

〈표〉 2006년과 2056년 순위별 인구

(단위 : 백만명)

순위 \ 구분	2006년		2056년 (예상)	
	국가	인구	국가	인구
1	중국	1,311	인도	1,628
2	인도	1,122	중국	1,437
3	미국	299	미국	420
4	인도네시아	225	나이지리아	299
5	브라질	187	파키스탄	295
6	파키스탄	166	인도네시아	285
7	방글라데시	147	브라질	260
8	러시아	146	방글라데시	231
9	나이지리아	135	콩고	196
10	일본	128	이디오피아	145

보기

ㄱ. 2006년 대비 2056년 콩고의 인구는 50 % 이상 증가할 것으로 예상된다.
ㄴ. 2006년 대비 2056년 러시아의 인구는 감소할 것으로 예상된다.
ㄷ. 2006년 대비 2056년 인도의 인구는 중국의 인구보다 증가율이 낮을 것으로 예상된다.
ㄹ. 2006년 대비 2056년 미국의 인구는 중국의 인구보다 증가율이 낮을 것으로 예상된다.
ㅁ. 2006년 대비 2056년 나이지리아의 인구는 두 배 이상이 될 것으로 예상된다.

① ㄱ, ㄴ ② ㄱ, ㄷ ③ ㄴ, ㅁ
④ ㄷ, ㄹ ⑤ ㄹ, ㅁ

해설

ㄱ. (순위) 128↓ → 196 :
$\frac{196-128↓}{128↓}(=\frac{68↑}{128↓}) > 50\%$ (O)

ㄴ. (순위) 146('06년) > 145↓('56년) (O)

ㄷ. (분수비교) 순위가 역전되었으므로 인도의 증가율이 높다. (×)

ㄹ. (분수비교)
$\frac{420}{299}$(미국) $> \frac{1437}{1311}$(중국) (×)

ㅁ. (곱셈비교) 299(2056년) > 135(2006년) × 2 (O)

정답 45 ④

MEMO

나. 짝을 이루는 표

■ **짝을 이루는 표**

(개념) 대각선을 중심으로 가로축과 세로축이 대칭(짝)을 이루는 표이다.

(주요 선택지) 대각선(변화하지 않는)을 활용하여 변화한 비율 또는 변화하지 않는 비율을 묻는 선택지 증가감소 유무 또는 증감 량을 묻는 선택지

예제 13

〈표〉 3대 통신사 이용자 현황

(단위 : 백만명)

2017년 \ 2018년	S	K	L	합계
S	12.2	2.2	1.7	( )
K	3.1	4.1	0.9	( )
L	2.1	1.8	3.0	( )
합계	( )	( )	( )	( )

① 2018년도에 전년과 같은 통신사를 이용하는 비율은 70% 이상이다. (×)
② S사는 2018년에 전년보다 이용자가 증가하였다. (○)
③ 2018년 전년대비 이용자가 가장 많이 감소한 통신사는 L사이다. (○)
④ 2018년도에 통신사를 이동한 이용자의 비율은 30% 이하이다. (×)

tip 1. ② (덧셈비교) 2017년에 타 통신사에서 S사로 이동한 이용자는 3.1 + 2.1이고, S사에서 타 통신사로 이동한 이용자는 2.2 + 1.7이므로 이용자는 증가한다.

③ (덧셈비교) L통신사만 감소했다.

★ ①, ④ (짝표) ①, ④ 선택지는 같은 내용이다. 이동한 비율+이동하지 않는 비율 = 100%이다. 대각선에 주의하여 계산한다. $\frac{19.3}{31.1}$ 은 $\frac{2}{3}$ (≒ 66.7%)보다 작으므로 70%보다 작다.

STEP 1

46 다음 〈표〉는 2010년 1월 1일자 '갑' 기업의 팀(A ~ F)간 전출·입으로 인한 직원 이동에 관한 자료이다. 이에 대한 〈보기〉의 설명 중 옳은 것을 모두 고르면?

〈표〉 '갑' 기업의 팀별 전출·입 직원수

(단위 : 명)

전입부서 전출부서		식품 사업부				외식 사업부				전출 합계
		A팀	B팀	C팀	소계	D팀	E팀	F팀	소계	
식품 사업부	A팀	-	4	2	6	0	4	3	7	13
	B팀	8	-	0	8	2	1	1	4	12
	C팀	0	3	-	3	3	0	4	7	10
	소계	8	7	2	17	5	5	8	18	35
외식 사업부	D팀	0	2	4	6	-	0	3	3	9
	E팀	6	1	7	14	2	-	4	6	20
	F팀	2	3	0	5	1	5	-	6	11
	소계	8	6	11	25	3	5	7	15	40
전입합계		16	13	13	42	8	10	15	33	75

※ 1) '갑' 기업은 식품 사업부와 외식 사업부로만 구성됨.
    2) 표읽기 예시 : A팀에서 전출하여 B팀으로 전입한 직원수는 4명임.

보기

ㄱ. 전출한 직원보다 전입한 직원이 많은 팀들의 전입 직원수의 합은 기업 내 전체 전출·입 직원수의 70%를 초과한다.
ㄴ. 직원이 가장 많이 전출한 팀에서 전출한 직원의 40%는 직원이 가장 많이 전입한 팀에 배치되었다.
ㄷ. 식품 사업부에서 외식 사업부로 전출한 직원수는 외식 사업부에서 식품 사업부로 전출한 직원수보다 많다.
ㄹ. 동일한 사업부 내에서 전출·입한 직원수는 기업 내 전체 전출·입 직원수의 50% 미만이다.

① ㄱ, ㄴ ② ㄱ, ㄷ ③ ㄱ, ㄹ
④ ㄴ, ㄷ ⑤ ㄷ, ㄹ

해설

ㄱ. (덧셈 & 분수비교)
$$\frac{16+13+13+15}{75} > 70\% \ (\bigcirc)$$

ㄴ. (분수비교)
E → A, $\frac{6}{20} \neq 40\%$ (×)

ㄷ. (사실확인)
18 < 25 (×)

ㄹ. (사실확인)
(17 + 15) × 2 < 75 (○)

정답 46 ③

다. 연관된 표

■ **연관된 표**

(개념) 표(그래프)가 2개 이상 나올 경우, 서로의 관계가 대등·상하·연관 등으로 구분할 수 있다. 이 중 표가 서로 연관이 된 경우 어려운 선택지가 나올 수 있다.

(주요 선택지) **밀어넣기, 표간의 관계를 묻는 선택지**

예제 14

⟨표 1⟩ 함평 현감의 재임기간별 인원

(단위 : 명)

재임기간	인원
1개월 미만	2
1개월 이상 ~ 3개월 미만	8
3개월 이상 ~ 6개월 미만	19
6개월 이상 ~ 1년 미만	50
1년 이상 ~ 1년 6개월 미만	30
1년 6개월 이상 ~ 2년 미만	21
2년 이상 ~ 3년 미만	22
3년 이상 ~ 4년 미만	14
4년 이상	5
계	171

⟨표 2⟩ 함평 현감의 출신별 인원

(단위 : 명)

구분	문과	무과	음사(陰仕)	합
인원	84	50	37	171

① 함평 현감 중 재임기간이 1년 미만인 현감의 비율은 전체의 50% 이하이다. (○)
② 재임기간이 6개월 이상인 함평 현감 중에는 문과 출신자가 가장 많다. (○)
③ 함평 현감의 출신별 통계를 보면 음사 출신자는 전체의 20%를 초과한다. (○)
④ 재임기간이 3년 미만인 함평 현감 중에는 음사 출신자가 반드시 있다. (○)
⑤ 재임기간이 1년 6개월 미만인 함평 현감 중 적어도 24명 이상이 문과 출신이다. (×)

tip 1. ① (분수비교) $\frac{2+8+19+50}{171}$ < 50%

③ (분수비교) 37 × 5 > 171

★★ ② (밀어넣기) 6개월 이상^C(29 = 2 + 8 + 19)이 모두 문과라고 해도 문과는 최소 55명(= 84 − 29)이다.
문과는 55명 이상이므로 무과(50명)보다 많다.
→ 문과(84명) − 6개월 이상^C(29명) > 무과(50명)

★★ ④ (밀어넣기) 3년 미만^C(19 = 14 + 5)이 모두 음사라도 음사는 최소 18명(= 37 − 19)은 있다.
→ 음사(37명) − 3년 미만^C(19명) > 0

★★ ⑤ (밀어넣기) 1년 6개월 미만^C(62 = 21 + 22 + 14 + 5)이 모두 문과라도 문과는 22명(= 84 − 62) 이상이다.
→ 문과(84명) − 1년 6개월 미만^C(62명) < 24

STEP 1

47 다음 〈표〉는 로봇 시장현황과 R&D 예산의 분야별 구성비에 대한 자료이다. 이에 대한 〈보기〉의 설명 중 옳은 것만을 모두 고르면?

〈표 1〉 용도별 로봇 시장현황(2013년)

구분 용도	시장규모 (백만달러)	수량 (천개)	평균단가 (천달러/개)
제조용	9,719	178	54.6
전문 서비스용	3,340	21	159.0
개인 서비스용	1,941	4,000	0.5
전체	15,000	4,199	3.6

〈표 2〉 분야별 로봇 시장규모(2011 ~ 2013년)

(단위 : 백만달러)

용도	분야	2011	2012	2013
제조용	제조	8,926	9,453	9,719
전문 서비스용	건설	879	847	883
	물류	166	196	216
	의료	1,356	1,499	1,449
	국방	748	818	792
개인 서비스용	가사	454	697	799
	여가	166	524	911
	교육	436	279	231

※ 로봇의 용도 및 분야는 중복되지 않음.

〈표 3〉 로봇 R&D 예산의 분야별 구성비(2013년)

(단위 : %)

분야	제조	건설	물류	의료	국방	가사	여가	교육	합계
구성비	21	13	3	22	12	12	14	3	100

보기

ㄱ. 2013년 전체 로봇 시장규모 대비 제조용 로봇 시장규모의 비중은 70% 이상이다.
ㄴ. 2013년 전문 서비스용 로봇 평균단가는 제조용 로봇 평균단가의 3배 이하이다.
ㄷ. 2013년 전체 로봇 R&D 예산 대비 전문 서비스용 로봇 R&D 예산의 비중은 50%이다.
ㄹ. 개인 서비스용 로봇 시장규모는 각 분야에서 매년 증가했다.

① ㄱ, ㄴ ② ㄱ, ㄹ ③ ㄴ, ㄷ
④ ㄴ, ㄹ ⑤ ㄷ, ㄹ

해설

ㄱ. (분수비교)
15,000 × 70% > 9,719 (×)

ㄴ. (곱셈비교)
54.6 × 3 > 159.0 (O)

ㄷ. (덧셈비교)
전문서비스용(건설, 물류, 의료, 국방) R&D 예산은 13 + 3 + 22 + 12 = 50 (O)

ㄹ. (사실확인)
교육분야는 2013년에 감소했다. (×)

정답 47 ③

48 다음 〈표〉는 지난 1개월간 패밀리레스토랑 방문경험이 있는 20~35세 여성 113명을 대상으로 연령대별 방문횟수와 직업을 조사한 자료이다. 이에 대한 설명으로 옳은 것은?

〈표 1〉 응답자의 연령대별 방문횟수 조사결과

(단위: 명)

연령대 방문횟수	20~25세	26~30세	31~35세	합
1회	19	12	3	34
2~3회	27	32	4	63
4~5회	6	5	2	13
6회 이상	1	2	0	3
계	53	51	9	113

〈표 2〉 응답자의 직업 조사결과

(단위: 명)

직업	응답자
학생	49
회사원	43
공무원	2
전문직	7
자영업	9
가정주부	3
계	113

※ 복수응답과 무응답은 없음.

① 전체 응답자 중 20~25세 응답자가 차지하는 비율은 50% 이상이다.
② 26~30세 응답자 중 4회 이상 방문한 응답자 비율은 15% 미만이다.
③ 31~35세 응답자의 1인당 평균 방문횟수는 2회 미만이다.
④ 전체 응답자 중 직업이 학생 또는 공무원인 응답자 비율은 50% 이상이다.
⑤ 전체 응답자 중 20~25세인 전문직 응답자 비율은 5% 미만이다.

해설

① (A or B) 53(20~25세) < 51(26~30세) + 9(31~35세) (X)

② (분수비교) $\frac{7}{51}$ < 15% (O)

③ (평균) 최소로 해도 2회 이상이다. 하지만 최대값 또한 2미만이어야 맞게 된다. 따라서 최대값이 2 이상인지 판단한다. (X)

④ (분수비교) (49 + 2) × 2 < 113 (X)

⑤ (밀어넣기) 전문직이 모두 20~25세 라면, $\frac{7}{113}$ > 5% (X)

정답 48 ②

MEMO

2 그래프

가. 좌표그래프

- (목적) x축과 y축을 동시에 보면서, 둘간의 관계를 비교하는 것이 목적이다. 따라서 x와 y의 관계에 대한 선택지가 많이 나온다.
- (주요 선택지)

  ① x가 y보다 큰(작은) 것이 OO개이다 → $x < y$, $x > y$

  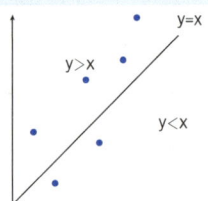
  - y가 x보다 큰 것은 4개이다.
  - x가 y보다 큰 것은 2개이다.

  ② x와 y의 차이가 크다(작다) → $|x - y| = k\uparrow$ → $y = x \pm k\uparrow$

  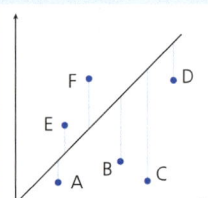
  - x와 y의 차이가 가장 큰 것은 C이다.
  - x와 y의 차이가 가장 작은 것은 A이다.
  - y가 x보다 가장 큰 것은 F이다.
  - x가 y보다 가장 큰 것은 C이다.

  ③ x 대비 y가 크다(작다) → $\dfrac{y}{x} = k\uparrow$ → $y = k\uparrow \cdot x$

  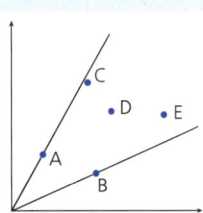
  - x대비 y가 가장 큰 것은 A이다.
  - x대비 y가 가장 작은 것은 B이다.
  - y대비 x가 가장 큰 것은 B이다.
  - y대비 x가 가장 작은 것은 A이다.

- (기타 선택지)

  ④ x와 y의 합이 크다(작다)
  → $x + y = k\uparrow$ → $y = -x + k\uparrow$

  ⑤ x와 y의 곱이 크다(작다)
  → $x \cdot y = k\uparrow$ → 면적이 크다.

  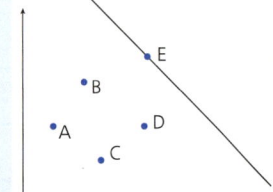
  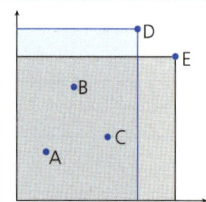

  - x와 y의 합이 가장 큰 것은 E이다.
  - x와 y의 합이 가장 작은 것은 A이다.

  - x와 y의 곱이 가장 큰 것은 E이다.

예제 15

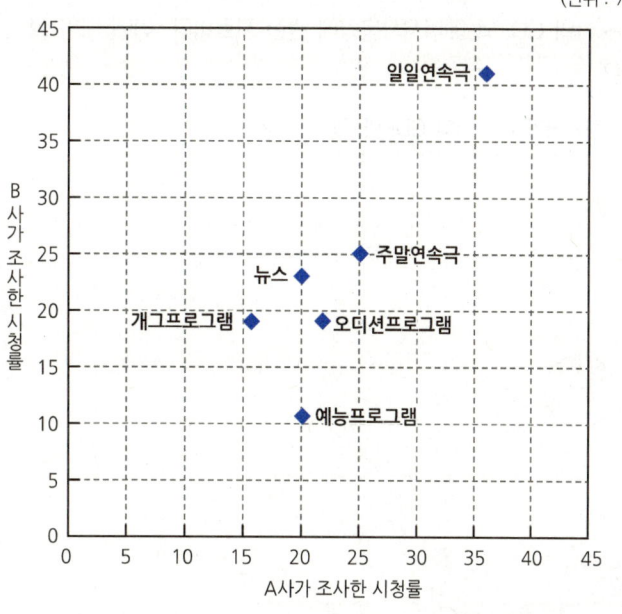

〈그림〉 주요 TV 프로그램의 주간 시청률(2011년 7월 넷째주)
(단위 : %)

ㄱ. B사가 조사한 일일연속극 시청률은 40% 미만이다. (×)

ㄴ. A사가 조사한 시청률과 B사가 조사한 시청률 간의 차이가 가장 큰 것은 예능프로그램이다. (○)
→ $|x - y| = k \uparrow$ → $y = x \pm k \uparrow$

ㄷ. 오디션프로그램의 시청률은 B사의 조사결과가 A사의 조사결과보다 높다. (×)

ㄹ. 주말연속극의 시청률은 A사의 조사결과가 B사의 조사결과보다 높다. (×)

ㅁ. A사의 조사에서는 오디션프로그램이 뉴스보다 시청률이 높으나 B사의 조사에서는 뉴스가 오디션프로그램보다 시청률이 높다. (○)

ㅂ. B사가 조사한 시청률이 A사가 조사한 시청률보다 높은 주요 TV 프로그램 수는 3개이다. (○)
→ $y > x$

ㅅ. B사가 조사한 시청률 대비 A사가 조사한 시청률이 가장 높은 것은 예능프로그램이다. (○)
→ x대비 y사 > x대비 y가 작다. $\frac{y}{x} = k \downarrow$ → $y = k \downarrow \cdot x$

STEP 1

49 다음 〈그림〉은 국가 A ~ H의 GDP와 에너지사용량에 관한 자료이다. 이에 대한 설명으로 옳지 않은 것은?

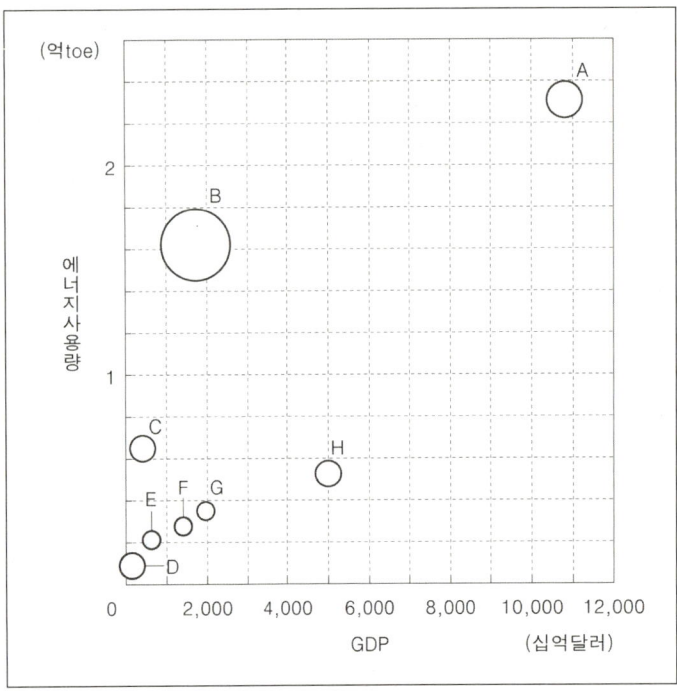

〈그림〉 국가 A ~ H의 GDP와 에너지사용량

※ 1) 원의 면적은 각 국가 인구수에 정비례함.
2) 각 원의 중심좌표는 각 국가의 GDP와 에너지사용량을 나타냄.

① 에너지사용량이 가장 많은 국가는 A국이고 가장 적은 국가는 D국이다.
② 1인당 에너지사용량은 C국이 D국보다 많다.
③ GDP가 가장 낮은 국가는 D국이고 가장 높은 국가는 A국이다.
④ 1인당 GDP는 H국이 B국보다 높다.
⑤ 에너지사용량 대비 GDP는 A국이 B국보다 낮다.

해설

① (사실확인) Y 가장 많은 국가는 A국, 가장 적은 국가는 D국 (O)
② (분수비교) $\dfrac{Y}{원크기}$ 는 C > D (O)
③ (사실확인) X 가장 낮은 국가는 D국, 가장 높은 국가는 A국 (O)
④ (분수비교) $\dfrac{X}{원크기}$ 는 H > B (O)
⑤ (좌표그래프) $\dfrac{Y}{X}$ = K↑
→ 기울기↑
→ 기울기가 B가 더 크다. (×)

정답 49 ⑤

50 다음 〈그림〉은 국내 7개 시중은행의 경영통계(총자산, 당기순이익, 직원수)를 나타낸 그림이다. 이에 대한 〈보기〉의 설명으로 옳은 것을 모두 고르면?

〈그림〉 국내 7개 시중은행의 경영통계

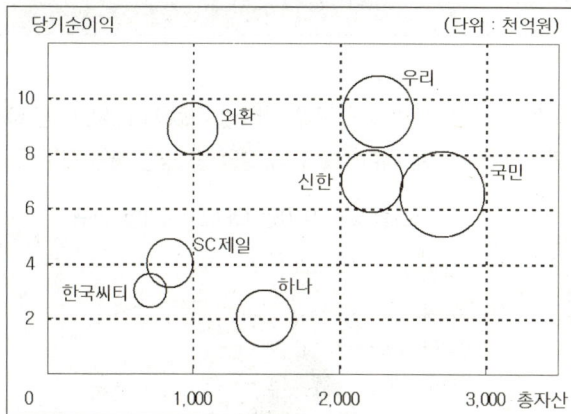

(단위 : 천억원)

※ 1) 원의 면적은 직원수와 정비례함.
  2) 직원수는 한국씨티은행(3,000명)이 가장 적고, 국민은행(18,000명)이 가장 많음.
  3) 각 원의 중심 좌표는 총자산(X축)과 당기순이익(Y축)을 각각 나타냄.

― 보기 ―

ㄱ. 직원 1인당 총자산은 한국씨티은행이 국민은행보다 많다.

ㄴ. 총자산순이익률($= \dfrac{당기순이익}{총자산}$)이 가장 낮은 은행은 하나은행이고, 가장 높은 은행은 외환은행이다.

ㄷ. 직원 1인당 당기순이익은 신한은행이 외환은행보다 많다.

ㄹ. 당기순이익이 가장 많은 은행은 우리은행이고, 가장 적은 은행은 한국씨티은행이다.

① ㄱ, ㄴ   ② ㄱ, ㄹ   ③ ㄴ, ㄷ
④ ㄷ, ㄹ   ⑤ ㄱ, ㄴ, ㄹ

해설

(용어정리)
총자산 = X, 당기순이익 = Y, 직원수(원 면적)
→ 1인당 = ○
→ 1인당 총자산 = $\dfrac{X}{○}$, 1인당 당기순이익 $\dfrac{Y}{○}$

ㄱ. (분수비교) $\dfrac{X}{○}$ → 국민은행이 분모는 6배이나 분자는 6배가 안 된다. (O)

ㄴ. (원그래프) $\dfrac{Y}{X}↑ = k↑ → Y = k↑x$
기울기가 가장 작은 것이 하나은행, 큰 것이 외환은행 (O)

ㄷ. (A or B)
$\dfrac{Y}{○}$ → 신한이 분모(원의 면적)는 크고 분자(Y)는 작다. (×)

ㄹ. (사실확인) Y가 가장 작은 것은 하나은행이다. (×)

정답 50 ①

나. 원그래프

- **(목적)** 원그래프의 목적은 비중(비율)을 쉽게 파악하기 위함에 있다. 따라서 비율에 관련된 문제가 주요하게 등장한다. 하지만, 원그래프 하나만 나온 채로 비율을 물으면 너무 쉽기 때문에 위계가 다른 2개의 원을 비교하거나 〈표〉와 원그래프가 같이 나오는 경우가 대부분이다.

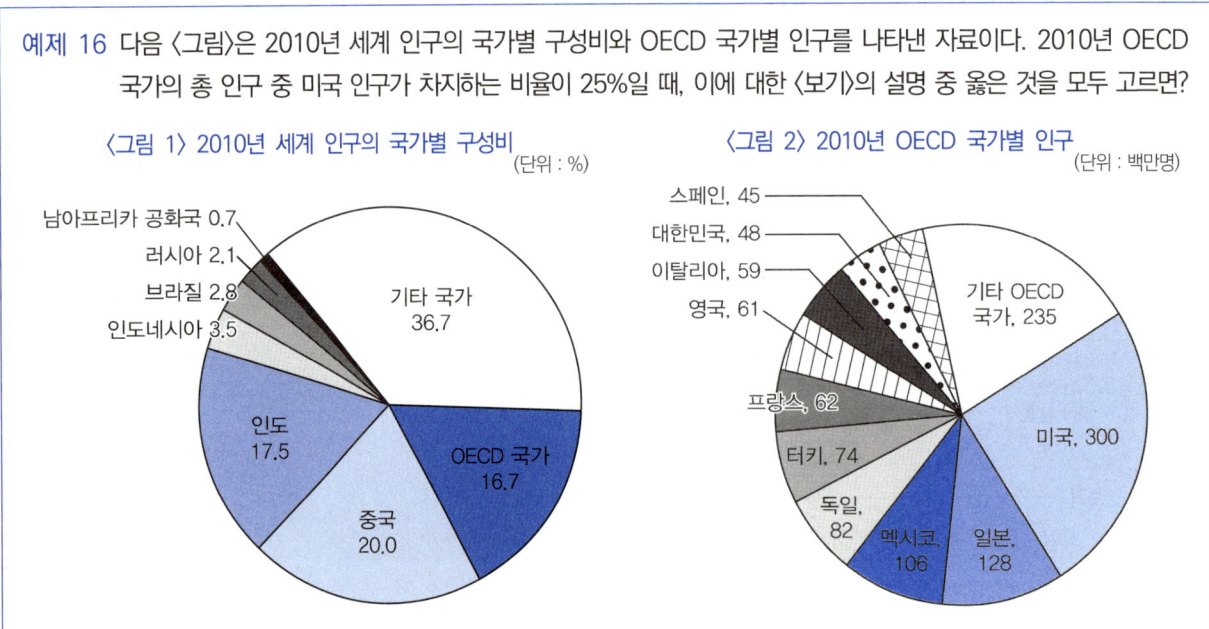

예제 16 다음 〈그림〉은 2010년 세계 인구의 국가별 구성비와 OECD 국가별 인구를 나타낸 자료이다. 2010년 OECD 국가의 총 인구 중 미국 인구가 차지하는 비율이 25%일 때, 이에 대한 〈보기〉의 설명 중 옳은 것을 모두 고르면?

ㄱ. 2010년 세계 인구는 70억 명 이상이다.
→ (원그래프) 미국(3억)×4 = OECD(12억). → OECD(12억)×$\frac{1}{16.7\%}$(≒ 6) = 72억(세계) (○)

ㄴ. 2010년 기준 독일 인구가 매년 전년대비 10% 증가한다면, 독일 인구가 최초로 1억 명 이상이 되는 해는 2014년이다.
→ (조건) 2013년에 1억이 넘는다. (×)

ㄷ. 2010년 OECD 국가의 총 인구 중 터키 인구가 차지하는 비율은 5% 이상이다.
→ (분수비교) 미국(3억) : 터키(0.74억) = 25% : ? → ? = 5%↑ (○)

ㄹ. 2010년 남아프리카공화국 인구는 스페인 인구보다 적다.
→ (곱셈비교) 72억×0.7%(남아공) > 0.45억(스페인) (×)

STEP 1

51 다음 〈표〉와 〈그림〉은 수종별 원목생산량과 원목생산량 구성비에 관한 자료이다. 이에 대한 〈보기〉의 설명 중 옳은 것만을 모두 고르면?

〈표〉 2006 ~ 2011년 수종별 원목생산량
(단위 : 만m³)

연도 수종	2006	2007	2008	2009	2010	2011
소나무	30.9	25.8	28.1	38.6	77.1	92.2
잣나무	7.2	6.8	5.6	8.3	12.8	( )
전나무	50.4	54.3	50.4	54.0	58.2	56.2
낙엽송	22.7	23.8	37.3	38.7	50.5	63.3
참나무	41.4	47.7	52.5	69.4	76.0	87.7
기타	9.0	11.8	21.7	42.7	97.9	85.7
전체	161.6	170.2	195.6	( )	372.5	( )

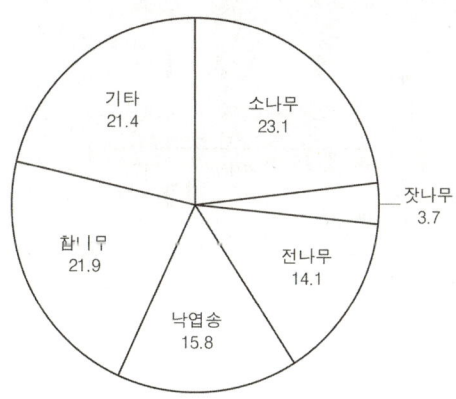

〈그림〉 2011년 수종별 원목생산량 구성비
(단위 : %)

보기
ㄱ. '기타'를 제외하고 2006년 대비 2011년 원목생산량 증가율이 가장 큰 수종은 소나무이다.
ㄴ. '기타'를 제외하고 2006 ~ 2011년 동안 원목생산량이 매년 증가한 수종은 3개이다.
ㄷ. 2010년 참나무 원목생산량은 2010년 잣나무 원목생산량의 6배 이상이다.
ㄹ. 전체 원목생산량 중 소나무 원목생산량의 비중은 2011년이 2009년보다 크다.

① ㄱ, ㄴ ② ㄱ, ㄷ ③ ㄱ, ㄹ
④ ㄴ, ㄷ ⑤ ㄷ, ㄹ

해설

ㄱ. (분수비교) 잣나무는 2011년 ( )는 약 14.8이다.
소나무가 약 3배로 증가해 증가율이 크다. (○)
ㄴ. (사실확인) 2개(낙엽송, 참나무) (✕)
ㄷ. (곱셈비교)
12.8(잣나무) × 6 > 76.0(참나무) (✕)
ㄹ. (분수비교) (○)

정답 51 ③

다. 막대·꺾은선 그래프

- **(목적)** 막대·꺾은선 그래프의 목적은 증가·감소 유무를 파악하기 용이하거나, 상호 간의 차이를 쉽게 파악하는 것이 목적이다. 연도별로 정리된 것은 <u>증가·감소유무 파악</u>이, 두 개의 항목이 <u>동시에 나온 경우 둘의 차이를 비교</u>하는 것이 목적이 된다. 비율만 나와 있는 비율막대 그래프는 비율(상대수치)에 대한 비교가 주목적이므로 원그래프와 목적이 비슷하다.

예제 17 다음 〈그림〉은 A국의 2012 ~ 2017년 태양광 산업 분야 투자액 및 투자건수에 관한 자료이다. 이에 대한 설명으로 옳지 않은 것은?

〈그림〉 태양광 산업 분야 투자액 및 투자건수

① 2013 ~ 2017년 동안 투자액의 전년대비 증가율은 2016년이 가장 높다.
→ (분수비교) $\frac{250}{70}$ (2015년) > $\frac{390}{250}$ (2016년) (×)

② 2013 ~ 2017년 동안 투자건수의 전년대비 증가율은 2017년이 가장 낮다.
→ (분수비교) 2016년만 전년대비 증가율이 100% 이상이다. (○)

③ 2012년과 2015년 투자건수의 합은 2017년 투자건수보다 작다.
→ (덧셈비교) 8 + 25 < 63 (○)

④ 투자액이 가장 큰 연도는 2016년이다.
→ (사실확인) (○)

⑤ 투자건수는 매년 증가하였다.
→ (사실확인) (○)

STEP 1

52 다음 〈그림〉은 어느 도시의 미혼남과 미혼녀의 인원수 추이 및 미혼남녀의 직업별 분포를 나타낸 자료이다. 이에 대한 설명으로 옳지 않은 것은?

〈그림 1〉 2001 ~ 2007년 미혼남과 미혼녀의 인원수 추이

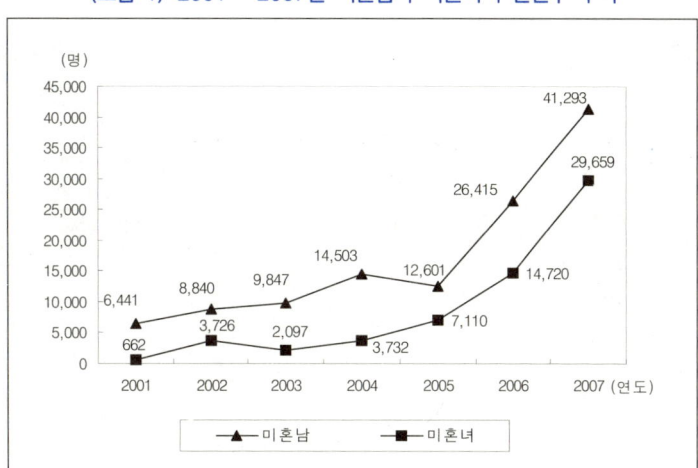

〈그림 2〉 2007년 미혼남녀의 직업별 분포

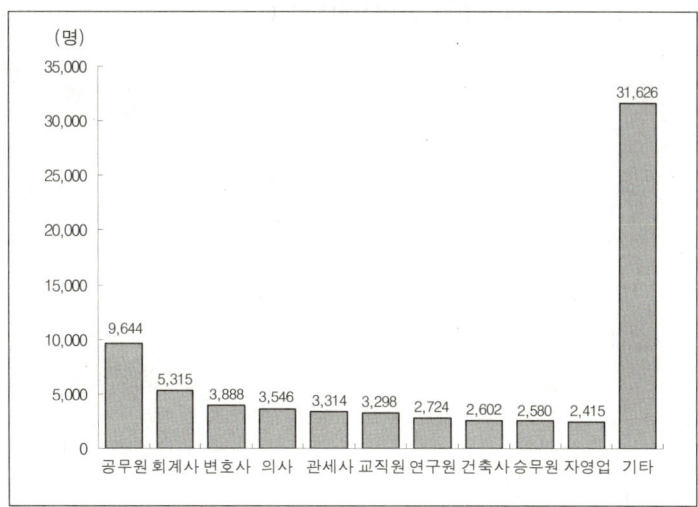

① 2004년 이후 미혼녀 인원수는 매년 증가하였다.
② 2007년 미혼녀 인원수는 2006년의 2배 이상이다.
③ 2007년 미혼녀와 미혼남의 인원수 차이는 2006년의 2배 이상이다.
④ 2007년 미혼남녀의 직업별 분포에서 공무원 수는 변호사 수의 2배 이상이다.
⑤ 2007년 미혼남녀의 직업별 분포에서 회계사 수는 승무원 수의 2배 이상이다.

해설

① (사실확인) (O)
② (곱셈비교) 147 × 2 < 296 (O)
③ (곱셈비교) 412 − 296 < (264 − 147) × 2 (✗)
④ (곱셈비교) 9,644 > 3,888 × 2 (O)
⑤ (곱셈비교) 5,315 > 2,580 × 2 (O)

정답 52 ③

53 다음 〈그림〉은 '갑'제품의 제조사별 매출액에 대한 자료이다. '갑'제품의 제조사는 A, B, C만 존재한다고 할 때, 〈보기〉 중 옳은 것을 모두 고르면?

〈그림〉 제조사별 매출액

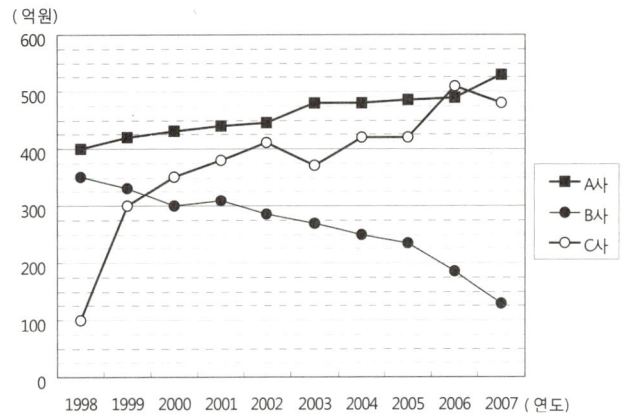

※ 시장규모와 시장점유율은 매출액 기준으로 산정함.

보기
ㄱ. 1999 ~ 2007년 사이 '갑'제품의 시장규모는 매년 증가하였다.
ㄴ. 2004 ~ 2007년 사이 B사의 시장점유율은 매년 하락하였다.
ㄷ. 2003년 A사의 시장점유율은 2002년에 비해 상승하였다.
ㄹ. C사의 시장점유율은 1999 ~ 2002년 사이 매년 상승하였으나 2003년에는 하락하였다.

① ㄱ, ㄴ   ② ㄴ, ㄷ   ③ ㄷ, ㄹ
④ ㄱ, ㄴ, ㄹ   ⑤ ㄴ, ㄷ, ㄹ

해설

- ※ 시장규모, 시장점유율, 매출액 모두 꺾은선 그래프로 판단
  * 시장점유율은 분수비교(A or B)

ㄱ. (덧셈비교) 2007년에 감소 (✗)

ㄴ. (A or B) $\dfrac{B}{A+B+C}\uparrow = \dfrac{B}{A+C}\uparrow$
→ 분자(B)는 계속 감소, 분모(A + C)는 증가 혹은 소폭감소 (O)

ㄷ. (A or B) $\dfrac{A}{A+B+C}\uparrow = \dfrac{A}{B+C}\uparrow$
→ 분자(A) 증가, 분모(B + C) 감소 (O)

ㄹ. (A or B) $\dfrac{C}{A+B+C}\uparrow = \dfrac{C}{A+B}\uparrow$ (O)

정답 53 ⑤

라. 방사형 그래프

STEP 1

54 다음 〈그림〉은 보육 관련 6대 과제별 성과 점수 및 추진 필요성 점수를 나타낸 것이다. 이에 대한 〈보기〉의 설명 중 옳은 것만을 모두 고르면?

〈그림 1〉 보육 관련 6대 과제별 성과 점수

(단위 : 점)

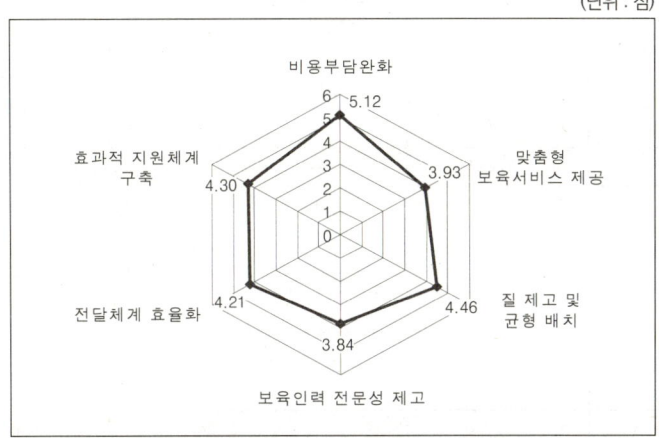

〈그림 2〉 보육 관련 6대 과제별 추진 필요성 점수

(단위 : 점)

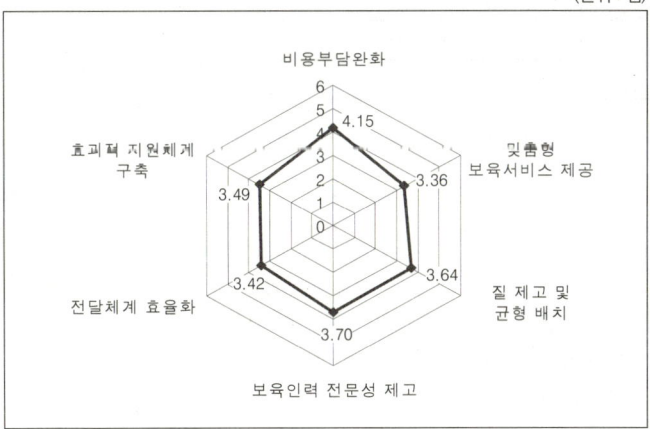

― 보기 ―
ㄱ. 성과 점수가 가장 높은 과제와 가장 낮은 과제의 점수 차이는 1.00점보다 크다.
ㄴ. 성과 점수와 추진 필요성 점수의 차이가 가장 작은 과제는 '보육인력 전문성 제고' 과제이다.
ㄷ. 6대 과제의 추진 필요성 점수 평균은 3.70점 이상이다.

① ㄴ
② ㄱ, ㄴ
③ ㄱ, ㄷ
④ ㄴ, ㄷ
⑤ ㄱ, ㄴ, ㄷ

해설

ㄱ. (덧셈비교) 비용부담완화(5.12점) − 보육인력 전문성 제고(3.84점) > 1.00점 (○)
ㄴ. (덧셈비교) 보육인력 전문성 제고(3.84 − 3.70 = 0.14)가 가장 작다. (○)
ㄷ. (평균) 가평균(3.70)을 기준으로 편차가 −이면 평균은 3.70 미만이다. +0.45 −0.34 −0.06 ± 0 − 0.28 −0.21 < 0 (×)

정답 54 ②

Chapter 1 눈과 손으로 푸는 선택지 - STEP 2

55 다음 〈표〉는 조선시대 과거시험의 종류와 합격자 수를 나타낸 것이다. 이에 대한 〈보기〉의 설명 중 옳은 것을 모두 고르면?

〈표〉 조선시대 과거시험의 종류와 합격자 수

(단위 : 명)

종류			초시(1차)	복시(2차)	전시(3차)
문과			240	33	갑과 : 3 을과 : 7 병과 : 23
소과	생원시		700	100	-
	진사시		700	100	-
무과			190	28	갑과 : 3 을과 : 5 병과 : 20
잡과	역과	한학	45	13	-
		몽학	4	2	-
		왜학	4	2	-
		여진학	4	2	-
	의과		18	9	-
	음양과	천문학	10	5	-
		지리학	4	2	-
		명과학	4	2	-
	율과		18	9	-

※ '-'은 전시가 없음을 의미함.

보기

ㄱ. 무과의 초시 합격자 수 대비 복시 합격자 수 비율은 문과의 초시 합격자 수 대비 복시 합격자 수 비율보다 높다.
ㄴ. 문과의 복시 합격자와 전시 합격자의 수는 동일하다.
ㄷ. 생원시의 초시 합격자 수 대비 복시 합격자 수 비율은 문과의 초시 합격자 수 대비 병과 배치 인원 수 비율보다 낮다.
ㄹ. 잡과의 초시 합격자 수 대비 복시 합격자 수 비율은 50 %이다.

① ㄱ, ㄴ ② ㄱ, ㄹ ③ ㄴ, ㄷ
④ ㄴ, ㄹ ⑤ ㄷ, ㄹ

해설

ㄱ. (분수비교)
$\frac{28}{190}$ (무과) > $\frac{33}{240}$ (문과) (O)

ㄴ. (사실확인) 33 = 3 + 7 + 23 (O)

ㄷ. (분수비교)
$\frac{100}{700}$ (생원시) > $\frac{23}{240}$ (문과) (×)

ㄹ. (가중평균) 잡과에서 한학을 제외하고 모두 50%의 합격률이다. 한학이 50%가 아니므로 잡과는 50%가 아니다. (×)

정답 55 ①

56. 다음 〈표〉는 2003 ~ 2009년 주요 국가의 연도별 이산화탄소 배출량을 나타낸 자료이다. 이에 대한 〈보기〉의 설명 중 옳은 것을 모두 고르면?

〈표〉 주요 국가의 연도별 이산화탄소 배출량

(단위 : 백만 TC)

연도 국가	2003	2004	2005	2006	2007	2008	2009
중국	2,244.1	3,022.1	3,077.2	5,103.1	6,071.8	6,549.0	6,877.2
미국	4,868.7	5,138.7	5,698.1	5,771.7	5,762.7	5,586.8	5,195.0
인도	582.3	776.6	972.5	1,160.4	1,357.2	1,431.3	1,585.8
러시아	2,178.8	1,574.5	1,505.5	1,516.2	1,578.5	1,593.4	1,532.6
일본	1,064.4	1,147.9	1,184.0	1,220.7	1,242.3	1,152.6	1,092.9
독일	950.4	869.4	827.1	811.8	800.1	804.1	750.2
이란	179.6	252.3	316.7	426.8	500.8	522.7	533.2
캐나다	432.3	465.2	532.8	558.8	568.0	551.1	520.7
한국	229.3	358.6	437.7	467.9	490.3	501.7	515.5
영국	549.3	516.6	523.8	533.1	521.5	512.1	465.8
전세계	20,966.3	21,791.6	23,492.9	27,188.3	29,047.9	29,454.0	28,999.4

※ 1) 주요 국가는 2009년 이산화탄소 배출량 상위 10개국을 의미함.
　2) TC(탄소톤)는 이산화탄소 배출량 측정단위임.

보기

ㄱ. 전세계 이산화탄소 배출량은 매년 증가하였다.
ㄴ. 2009년 이산화탄소 배출량이 가장 많은 국가는 중국이며, 2009년 중국의 이산화탄소 배출량은 전세계 이산화탄소 배출량의 20% 이상이다.
ㄷ. 러시아의 2003년과 2009년 이산화탄소 배출량 차이는 이란의 2003년과 2009년 이산화탄소 배출량 차이보다 크다.
ㄹ. 2003년 대비 2009년 한국 이산화탄소 배출량의 증가율은 100% 이상이다.

① ㄱ, ㄴ　　② ㄴ, ㄷ　　③ ㄷ, ㄹ
④ ㄱ, ㄴ, ㄹ　　⑤ ㄴ, ㄷ, ㄹ

해설

ㄱ. (사실확인) 2009년에 감소 (×)
ㄴ. (분수비교) 6877.2(중국) × 5 > 28999.4(전세계) (○)
ㄷ. (덧셈비교) 2178.8 − 1532.6(러시아) > 533.2 − 179.6(이란) (○)
ㄹ. (분수비교) 229.3(2003년) × 2 < 515.5(2009년) (○)

정답 56 ⑤

57 다음 〈표〉는 '갑'국의 2013년 복지종합지원센터, 노인복지관, 자원봉사자, 등록노인 현황에 관한 자료이다. 이에 대한 〈보기〉의 설명 중 옳은 것만을 모두 고르면?

〈표〉 복지종합지원센터, 노인복지관, 자원봉사자, 등록노인 현황

(단위 : 개소, 명)

구분 지역	복지종합 지원센터	노인복지관	자원봉사자	등록노인
A	20	1,336	8,252	397,656
B	2	126	878	45,113
C	1	121	970	51,476
D	2	208	1,388	69,395
E	1	164	1,188	59,050
F	1	122	1,032	56,334
G	2	227	1,501	73,825
H	3	362	2,185	106,745
I	1	60	529	27,256
전국	69	4,377	30,171	1,486,980

― 보기 ―

ㄱ. 전국의 노인복지관, 자원봉사자 중 A지역의 노인복지관, 자원봉사자의 비중은 각각 25% 이상이다.
ㄴ. A~I지역 중 복지종합지원센터 1개소당 노인복지관 수가 100개소 이하인 지역은 A, B, D, I이다.
ㄷ. A~I지역 중 복지종합지원센터 1개소당 자원봉사자 수가 가장 많은 지역과 복지종합지원센터 1개소당 등록노인 수가 가장 많은 지역은 동일하다.
ㄹ. 노인복지관 1개소당 자원봉사자 수는 H지역이 C지역보다 많다.

① ㄱ, ㄴ ② ㄱ, ㄷ ③ ㄱ, ㄹ
④ ㄴ, ㄷ ⑤ ㄴ, ㄹ

해설

ㄱ. (분수비교) 25%↑ × 4 > 100% (전체) (O)
 - 노인복지관 : 1,336 4 > 4,377
 - 자원봉사자 : 8,252 4 > 30,171
ㄴ. (분수비교) D에서 NG (X)
ㄷ. (분수비교) 둘다 E지역이다. (O)
ㄹ. (분수비교)
 $\frac{2,185}{362}$(H) < $\frac{970}{121}$(C) (X)

정답 57 ②

58. 다음 〈표〉는 2006년 부담 주체별 대학 등록금 현황 및 2005년과 2006년의 정부부담 장학금 현황을 나타낸 것이다. 이 〈표〉에 대한 설명으로 옳지 않은 것은?

〈표 1〉 2006년 부담 주체별 대학 등록금 현황

(단위 : 조원)

총등록금	정부		대학, 기업체	본인, 학부모
	학자금 대출	장학금		
12.5	3.0	0.4	2.3	6.8

〈표 2〉 정부부담 장학금 현황

(단위 : 억원, 명, %)

지급 부처	장학사업명	장학금		수혜인원(2006년)	
		2005년	2006년	인원	전년대비 증가율
A	기초생활수급자	600	700	18,000	10
	이공계	900	820	15,000	-20
	지역대학 우수학생	20	40	2,000	100
	지방대 인문계열	400	500	2,300	200
	전문대 근로장학	60	80	5,000	50
B	영농희망	150	230	1,000	250
	성적우수	250	400	2,000	50
C	보훈장학	80	180	500	-10
	군자녀 장학	200	260	11,000	-50
D	군장학생	300	360	2,200	30
E	직업능력개발	200	300	2,500	50
F	새터민 장학	60	130	500	60
	계	3,220	4,000	62,000	

① 2006년 총등록금 중 정부부담 비율은 30% 미만이다.
② 2006년 A부처의 기초생활수급자 장학금과 이공계 장학금을 합친 금액은 총등록금의 1% 이상이다.
③ 2006년 A부처의 장학금은 전체 정부부담 장학금의 50% 이상이다.
④ 2005년 정부부담 장학금 중 장학금 수혜인원이 가장 많은 장학금은 C부처의 군자녀 장학금이다.
⑤ 2006년 정부부담 장학금 중 전년대비 증가율이 가장 큰 장학금은 F부처의 새터민 장학금이다.

해설

① (분수비교) $\frac{3.4}{12.5} < 30\%$ (○)
② (분수비교)
1250억원(= 12.5조원의 1%) < 700 + 820 (○)
③ (분수비교)
2천억(= 0.4조원의 50%) < 700 + 820 + 40 + 500 + 80 (○)
④ (곱셈비교)
2005년 C부터 군자녀가 22000(= $\frac{11000}{0.5}$)으로 가장 많다. (○)
⑤ (분수비교)
$\frac{130}{60}$(F) < $\frac{180}{80}$(C 보훈장학) (×)

정답 58 ⑤

59 다음 〈표〉는 일제강점기의 1910년대 전국 및 경인지역의 무역 현황에 대한 자료이다. 이에 대한 〈보기〉의 설명 중 옳은 것을 모두 고르면?

〈표 1〉 1910년대 전국의 무역 현황

(단위 : 천원)

년	수출	이출	수출 및 이출	수입	이입	수입 및 이입
1910	4,535	15,379	19,914	14,438	25,345	39,783
1911	5,516	13,341	18,857	20,029	34,058	54,087
1912	5,617	15,369	20,986	26,359	40,756	67,115
1913	5,922	25,314	31,236	31,618	40,429	72,047
1914	6,448	28,587	35,035	24,648	39,047	63,695
1915	9,320	40,901	50,221	18,159	41,535	59,694
1916	14,855	42,964	57,819	22,675	52,459	75,134
1917	20,233	64,726	84,959	31,396	72,696	104,092
1918	18,698	137,205	155,903	43,152	117,273	160,425
1919	22,099	199,849	221,948	98,159	184,918	283,077

〈표 2〉 1910년대 경인지역의 무역 현황

(단위 : 천원)

년	수출 및 이출		수입 및 이입		년	수출 및 이출		수입 및 이입	
	서울	인천	서울	인천		서울	인천	서울	인천
1910	201	4,055	6,338	12,667	1915	1,040	8,131	11,445	12,833
1911	182	3,908	8,515	16,526	1916	2,235	7,139	14,763	17,394
1912	170	3,788	11,640	18,489	1917	2,244	9,869	19,065	21,294
1913	336	5,818	11,050	17,589	1918	4,382	15,655	29,271	29,083
1914	631	5,256	11,137	14,217	1919	4,880	26,375	51,834	64,613

※ 1) 이출(입) : 일본에 대한 수출(입)
  2) 수출(입) : 일본 이외 국가에 대한 수출(입)
  3) 무역규모 = (수출 및 이출) + (수입 및 이입)

보기
ㄱ. 1910년대에 전국의 무역규모는 매년 증가했다.
ㄴ. 1919년에 전국의 수출 및 이출에서 이출이 차지하는 비중은 1910년보다 크다.
ㄷ. 1919년에 경인지역 수출 및 이출에서 서울이 차지하는 비중은 1910년보다 크다.
ㄹ. 1915년 경인지역을 제외한 전국의 수입 및 이입은 경인지역 수입 및 이입의 2배 이상이다.

① ㄱ
② ㄴ, ㄷ
③ ㄷ, ㄹ
④ ㄱ, ㄴ, ㄷ
⑤ ㄴ, ㄷ, ㄹ

60. 사무관 A는 다음 〈표〉와 〈전문가 자문회의〉를 바탕으로 〈업무보고 자료〉를 작성하였다. 〈업무보고 자료〉의 ㉠ ~ ㉣ 중 〈표〉와 〈전문가 자문회의〉 내용에 부합하는 것만을 모두 고르면?

〈표〉 산업단지별 유해물질 배출 현황

(단위 : kg/톤, 톤/일)

구분 산업단지	배출농도	배출유량
가	1.5	10
나	2.4	5
다	3.0	8
라	1.0	11

전문가 자문회의

사무관 A : 지금까지 산업단지별 유해물질 배출 현황을 말씀드렸습니다. 향후 환경오염 방지를 위하여 유해물질 배출농도 허용기준을 강화하고자 합니다. 배출농도 허용기준을 현행보다 20% 낮추어 '2.0 kg/톤 이하'로 하면 어떨까 합니다.

전문가 1 : 현재보다 20% 낮추어 배출농도 허용기준을 강화하면 허용기준을 만족하지 못하는 산업단지가 추가로 생기게 됩니다.

전문가 2 : 배출농도 허용기준 강화로 자칫 산업 활동에 위축을 가져오지 않을까 우려됩니다.

전문가 3 : 배출 규제 방식을 바꾸면 어떨까 합니다. 허용기준을 정할 때 배출농도 대신, 배출농도와 배출유량을 곱한 총 배출량을 사용하면 어떨까요?

전문가 1 : 배출농도가 높더라도 배출유량이 극히 적다면 유해물질 하루 총 배출량은 적을 수도 있고, 반대로 배출농도는 낮지만 배출유량이 매우 많다면 총 배출량도 많아지겠군요.

전문가 3 : 그렇습니다. 배출되는 유해물질의 농도와 양을 종합적으로 고려하자는 것이죠. 유해물질 배출 규제를 개선하려면 총 배출량 허용기준을 '12 kg/일 이하'로 정하면 될 것 같습니다.

사무관 A : 제안하신 방식에 대한 문제점은 없을까요?

전문가 2 : 배출유량의 정확한 측정이 어렵고 작은 오차라도 결과값에는 매우 큰 차이를 가져올 수 있습니다.

사무관 A : 전문가 분들의 소중한 의견 감사드립니다.

업무보고 자료

I. 현황 및 추진배경
- ㉠ 현행 유해물질 배출농도 허용기준 적용 시 총 4개 산업단지 중 2곳만 허용기준을 만족함
- 유해물질 배출 규제 개선을 통해 환경오염을 미연에 방지하고 생태계 건강성을 유지하고자 함

II. 유해물질 배출 규제 개선(안)
- 배출농도 허용기준 강화
  - 현행 허용기준보다 20% 낮추는 방안
    - ㉡ 현행 대비 20%를 낮출 경우 배출농도 허용기준은 '2.0 kg/톤 이하'로 강화됨
    - ㉢ 강화된 기준 적용 시 총 4개 산업단지 중 1곳만 배출농도 허용기준을 만족함
  - 문제점
    - 배출농도 허용기준 강화로 산업 활동 위축이 우려됨
- 배출 규제 방식 변경
  - 총 배출량을 기준으로 유해물질 배출 규제
    - 총 배출량 = 배출농도 × 배출유량
    - 총 배출량 허용기준 : 12 kg/일 이하
    - ㉣ 새로운 배출 규제 방식 적용 시 총 4개 산업단지 중 2곳만 허용기준을 만족함
  - 문제점
    - 배출유량의 정확한 측정이 어렵고 작은 오차라도 결과값에 큰 영향을 줄 수 있음

① ㄱ, ㄴ   ② ㄱ, ㄷ   ③ ㄴ, ㄹ
④ ㄱ, ㄷ, ㄹ   ⑤ ㄴ, ㄷ, ㄹ

해설

ㄱ. (계산식) 현행보다 20% 낮추어서 '2.0 kg/톤 이하'이므로 현행은 '2.5 kg/톤 이하'이다.
→ 기준 만족하는 단지는 3곳(가, 나, 라) (X)

ㄴ. (사실확인) 사무관 A에서 확인 (O)

ㄷ. (사실확인) '2.0 kg/톤 이하'는 2곳(가, 라) (X)

ㄹ. (계산식) 총배출량 12 kg/일 이하 = 배출농도 × 배출유량
→ 12 kg/일 이하는 2곳(나, 라) (O)

정답 60 ③

Chapter 2 머리로 푸는 선택지 - STEP 2

61 다음 〈그림〉은 음주운전 관련 자료이다. 이에 대한 〈보기〉의 설명 중 옳지 않은 것을 모두 고르면?

〈그림 1〉 연령대별 음주운전 교통사고 현황

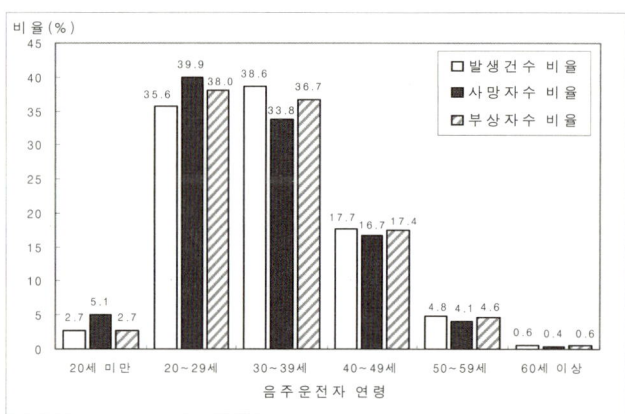

〈그림 2〉 혈중 알코올 농도별 음주운전 교통사고 현황

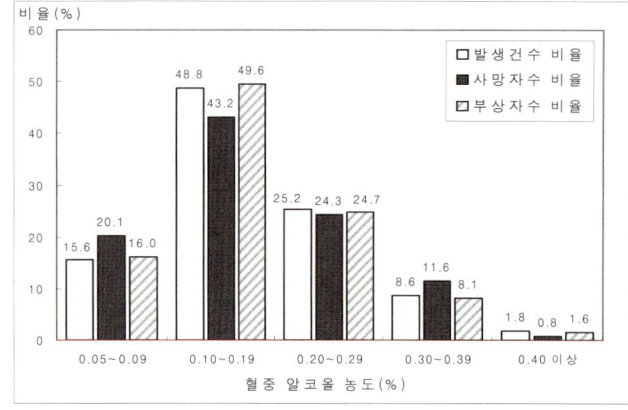

― 보기 ―

ㄱ. 전체 음주운전 교통사고의 2/3 이상은 20대와 30대 운전자에 의해 발생한다.
ㄴ. 60세 이상의 운전자들은 음주운전을 하여도 사고를 유발할 확률이 1% 미만이다.
ㄷ. 전체 음주운전 교통사고 발생건수 중에서 운전자의 혈중 알코올 농도가 0.30% 이상인 경우는 11% 미만이다.
ㄹ. 20대나 30대의 운전자가 혈중 알코올 농도 0.10 ~ 0.19%에서 운전할 경우에 음주운전 교통사고의 발생가능성이 가장 높다.
ㅁ. 각 연령대의 음주운전 교통사고 발생건수 대비 사망자수 비율이 가장 높은 연령대는 20세 미만이다.
ㅂ. 음주운전자 중에는 혈중 알코올 농도 0.10 ~ 0.19%에서 운전을 한 경우가 가장 많다.

① ㄱ, ㄴ, ㄷ   ② ㄴ, ㄷ, ㄹ   ③ ㄴ, ㄹ, ㅂ
④ ㄷ, ㄹ, ㅁ   ⑤ ㄹ, ㅁ, ㅂ

해설

― (용어정리)
〈그림 1〉 연령대별 〈그림 2〉 알코올 농도별

ㄴ·ㄹ·ㅂ. (알 수 없다)
〈그림〉은 음주운전 교통사고가 발생한 사람을 대상으로 한 자료이다. 음주운전자 중 사고가 나지 않은 사람에 대한 자료를 알 수 없으므로 음주운전자 전체의 발생건수·사망자수 등을 알 수 없다. (×)

ㄱ. (덧셈비교)
35.6% + 38.6% > 66.7% (O)

ㄷ. (덧셈비교)
8.6% + 1.8% < 11% (O)

ㅁ. (분수비교)
$\frac{5.1}{2.7}$ (20세 미만)으로 가장 크다. (O)

정답 61 ③

62 다음 〈표〉는 2001년부터 2011년까지 사망원인별 인구 10만명 당 사망자 수를 나타낸 표이다. 이에 대한 설명으로 옳은 것을 〈보기〉에서 모두 고르면?

〈표〉 사망원인별 인구 10만명 당 사망자 수

(단위 : 명)

연도 사망원인	2001	2002	2003	2004	2005	2006	2007	2008	2009	2010	2011
전체	504.5	509.7	506.1	503.7	501	495.6	498.4	498.2	497.3	512	513.6
위암	23.9	24.4	24.2	23.1	22.5	21.9	21.5	20.9	20.4	20.1	19.4
간암	21.2	22.9	22.6	22.4	22.3	22.3	22.7	22.9	22.6	22.5	21.8
폐암	24.9	26.1	26.2	27.3	28.2	28.7	29.1	29.9	30	31.3	31.7
당뇨병	23.8	25.1	25	24.2	24.2	23.7	22.9	20.7	19.6	20.7	21.5
고혈압성 질환	10.2	10.6	10.6	10.4	9.3	9.4	11	9.6	9.6	9.6	10.1
심장질환	33.9	36.9	35.3	36.7	39.3	41.1	43.7	43.4	45	46.9	49.8
뇌혈관 질환	73.7	77	75.3	70.1	64.1	61.3	59.6	56.5	52	53.2	50.7
폐렴	6	5.6	5.7	7.1	8.5	9.3	9.3	11.1	12.7	14.9	17.2
만성하기도 질환	19	22.6	19.1	17.3	15.5	14.4	15.3	14.9	13.9	14.2	13.9
간질환	22.2	21.9	20.5	19	17.2	15.5	14.9	14.5	13.8	13.8	13.5
운수사고	20.9	19.1	19	17.1	16.3	15.9	15.5	14.7	14.4	13.7	12.6
자살	14.4	17.9	22.6	23.7	24.7	21.8	24.8	26	31	31.2	31.7

― 보기 ―

ㄱ. 폐암으로 인한 총 사망자 수는 2001년부터 2011년까지 지속적으로 증가하고 있다.
ㄴ. 위암, 간암, 폐암, 심장질환, 뇌혈관질환으로 사망한 사람 수의 합이 전체 사망자 수에서 차지하는 비율은 2010년에 비해 2011년에 하락하였다.
ㄷ. 사망원인별 사망자 수가 많은 순서대로 나열하면 폐렴과 자살은 2001년에 비해 2011년에 순위가 상승하였다.
ㄹ. 사망원인별 사망자 수가 많은 순서대로 나열하면 간암, 당뇨병, 간질환, 운수사고는 2001년에 비해 2011년에 순위가 하락하였다.
ㅁ. 2010년에 비해 2011년에는 심장질환과 폐렴으로 인한 인구 10만명 당 사망자 수는 증가하였으나 위암과 운수사고로 인한 인구 10만명 당 사망자 수는 감소하였다.

① ㄴ, ㅁ ② ㄱ, ㄴ, ㅁ ③ ㄴ, ㄷ, ㄹ
④ ㄷ, ㄹ, ㅁ ⑤ ㄱ, ㄴ, ㄷ, ㄹ

해설

ㄱ. (알 수 없다) 총 사망자 수(절대수치)는 알 수 없다. (×)
ㄴ. (분수비교) 인구 10만명 당 전체 사망자수(분모)는 증가(512 → 513.6) 했으나 분자 (인구 10만명당 위암, 간암, 폐암, 심장질환, 뇌혈관질환 사망자수의 합)는 감소했다. (○)
ㄷ. (알 수 없다) 〈표〉가 순위에 따라 작성된 것이 아니므로 표에 없는 사망원인이 있을 수 있다. 따라서 순위는 알 수 없다. (×)
ㄹ. (알 수 없다) 〈표〉가 순위에 따라 작성된 것이 아니므로 표에 없는 사망원인이 있을 수 있다. 따라서 순위는 알 수 없다. (×)
ㅁ. (사실확인) (○)

정답 62 ①

63 다음 〈표〉는 성별에 따른 2008년도 국가별 암 발생률에 대한 자료이다. 이에 근거하여 정리한 것 중 옳지 않은 것은?

〈표 1〉 국가별 암 발생률(남자) (단위 : 명)

한국		일본		미국		영국	
위	63.8	위	46.8	전립선	83.8	전립선	62.1
폐	46.9	대장	41.7	폐	49.5	폐	41.6
대장	45.9	폐	38.7	대장	34.1	대장	36.2
간	38.9	전립선	22.7	방광	21.1	방광	13.0
전립선	23.0	간	17.6	림프종	16.3	림프종	12.0
기타	95.7	기타	79.8	기타	130.2	기타	115.9
계	314.2	계	247.3	계	335.0	계	280.8

※ 암 발생률 : 특정기간 동안 해당 집단의 인구 10만명당 새롭게 발생한 암 환자 수

〈표 2〉 국가별 암 발생률(여자) (단위 : 명)

한국		일본		미국		영국	
갑상선	68.6	유방	42.7	유방	76.0	유방	87.9
유방	36.8	대장	22.8	폐	36.2	대장	23.7
위	24.9	위	18.2	대장	25.0	폐	23.5
대장	24.7	폐	13.3	자궁 체부	16.5	난소	12.8
폐	13.9	자궁 경부	9.8	갑상선	15.1	자궁 체부	11.1
기타	72.7	기타	60.8	기타	105.6	기타	90.5
계	241.6	계	167.6	계	274.4	계	249.5

① 성별에 따른 국가별 암 발생률의 계

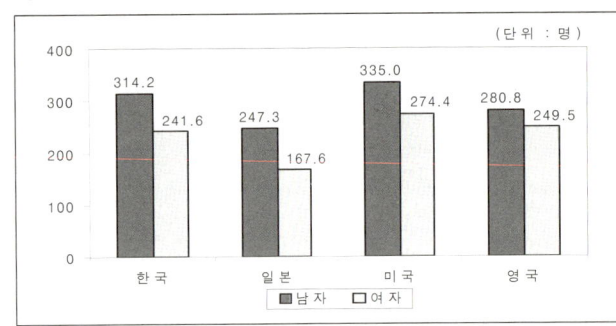

② 국가별 여성 유방암 발생자 수

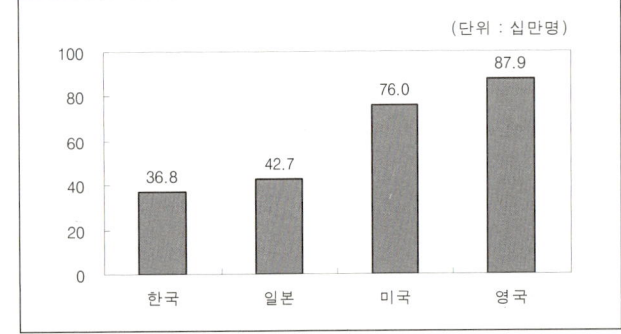

해설

② (알 수 없다) 암 발생자수(절대수치)는 알 수 없다. (✗)

③ 한국의 성별 암 발생률

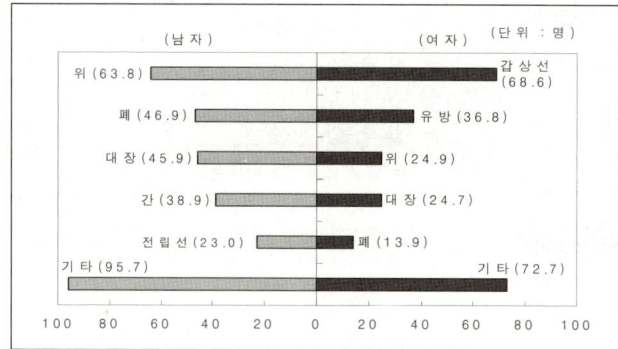

④ 한국과 일본의 암 발생률(남자)

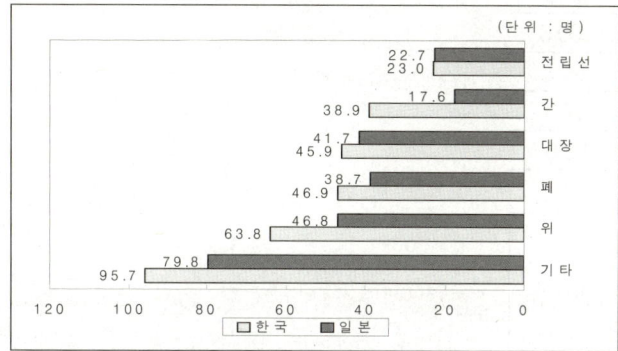

⑤ 한국 여성의 암 발생률의 구성비

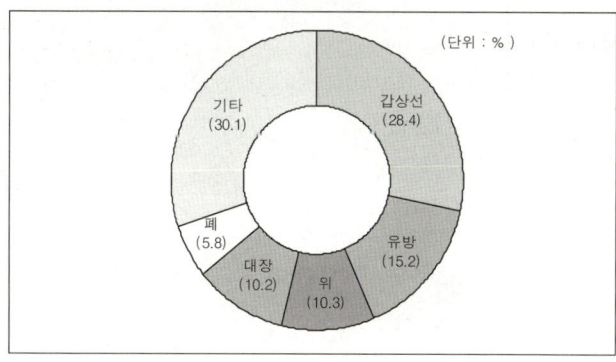

정답 63 ②

64 다음 〈표〉는 2006 ~ 2007년 제조업의 1992년 각 동일 분기 대비 노동시간, 산출, 인건비의 비율에 대한 자료이다. 이에 대한 〈보기〉의 설명 중 옳은 것만을 모두 고르면?

〈표〉 1992년 각 동일 분기 대비 제조업의 노동시간, 산출, 인건비의 비율

(단위 : %)

연도	분기	노동시간 비율	노동시간당 산출 비율	노동시간당 인건비 비율	1인당 인건비 비율
2006	1	85.3	172.4	170.7	99.0
	2	85.4	172.6	169.5	98.2
	3	84.8	174.5	170.3	97.6
	4	84.0	175.4	174.6	98.3
2007	1	83.5	177.0	176.9	100.0
	2	83.7	178.7	176.4	98.7
	3	83.7	180.6	176.4	97.6
	4	82.8	182.5	179.7	98.5

─ 보기 ─

ㄱ. 1992년 노동시간당 산출은 매 분기 증가하였다.
ㄴ. 2007년 2분기의 1인당 인건비는 2007년 1분기에 비해 감소하였다.
ㄷ. 2007년 각 분기별 노동시간당 산출은 2006년 동기에 비해 모두 증가하였다.
ㄹ. 2007년 3분기의 노동시간당 인건비는 2006년 동기에 비해 6.1% 증가하였다.

① ㄱ ② ㄷ ③ ㄱ, ㄴ
④ ㄴ, ㄹ ⑤ ㄷ, ㄹ

해설

ㄱ. (상대수치) 다른 분기
 → 알 수 없다 (×)
ㄴ. (상대수치) 다른 분기
 → 알 수 없다 (×)
ㄷ. (사실확인) 동일 분기(비교 가능) (○)
ㄹ. (증가폭) 증가폭이 6.1%p이다. 2006년 수치가 100%가 아니므로 증가율은 6.2%가 아니다. (×)

정답 64 ②

65 다음 〈표〉는 2005 ~ 2014년 OECD 주요국의 한국 대비 물가수준을 나타낸 자료이다. 이에 대한 〈보기〉의 설명 중 옳은 것을 모두 고르면?

〈표〉 연도별 OECD 주요국의 한국 대비 물가수준

(단위 : 한국 = 100)

국가\연도	2005	2006	2007	2008	2009	2010	2011	2012	2013	2014
헝가리	72	75	91	116	106	92	84	81	75	67
한국	100	100	100	100	100	100	100	100	100	100
미국	116	106	107	152	129	123	123	116	116	120
일본	145	129	128	224	184	184	189	158	127	116
독일	128	128	139	181	164	141	139	129	131	123
이탈리아	119	119	139	185	168	130	128	131	132	123
캐나다	126	114	131	152	149	161	157	151	138	136
프랑스	127	127	143	188	170	152	149	137	139	131
영국	127	132	141	150	138	149	161	138	147	150
뉴질랜드	124	113	131	139	150	153	154	155	150	147
스웨덴	136	143	156	180	168	166	164	162	157	144
호주	122	118	137	154	174	194	197	193	162	156

※주 : 한국의 물가를 100으로 할 때 주요국의 물가수준을 나타낸 것임.

― 보기 ―
ㄱ. 한국과 영국은 2008년 대비 2014년 물가상승률이 동일하다.
ㄴ. 2012년 이후 매년 한국이 3%의 물가상승률을 기록하였다면, 일본의 경우 2012년 물가에 비해서 2013년 물가는 20% 미만의 감소율을 보인다.
ㄷ. 주어진 국가들 중에서 2010년 이후 매년 헝가리를 제외한 국가들의 물가수준은 한국보다 높았다.
ㄹ. 주어진 국가들 중에서 2013년과 2014년 연속으로 전년대비 물가가 상승한 국가는 1개국이다.

① ㄱ, ㄴ   ② ㄱ, ㄷ   ③ ㄴ, ㄷ
④ ㄷ, ㄹ   ⑤ ㄱ, ㄴ, ㄷ

해설

ㄱ. (지수) 한국의 물가지수가 08년 대비 14년이 동일한 100이고 영국도 150으로 동일하므로 물가상승률이 동일하다. (O)
ㄴ. (조건) 158 × 0.8 < 127 × 1.03 (O)
ㄷ. (사실확인) 헝가리 제외하고 100 이상인 국가가 없다. (O)
ㄹ. (알 수 없다) 다른 년도간 물가는 비교불가 (X)

정답 65 ⑤

66 다음 〈표〉는 2000년과 2013년 한국, 중국, 일본의 재화 수출액 및 수입액 자료이고, 〈용어 정의〉는 무역수지와 무역특화지수에 대한 설명이다. 이에 대한 〈보기〉의 설명 중 옳은 것만을 모두 고르면?

〈표〉 한국, 중국, 일본의 재화 수출액 및 수입액
(단위 : 억 달러)

연도	국가 수출 입액 재화	한국		중국		일본	
		수출액	수입액	수출액	수입액	수출액	수입액
2000	원자재	578	832	741	1,122	905	1,707
	소비재	117	104	796	138	305	847
	자본재	1,028	668	955	991	3,583	1,243
2013	원자재	2,015	3,232	5,954	9,172	2,089	4,760
	소비재	138	375	4,083	2,119	521	1,362
	자본재	3,444	1,549	12,054	8,209	4,541	2,209

─ 용어 정의 ─
○ 무역수지 = 수출액 − 수입액
 • 무역수지 값이 양(+)이면 흑자, 음(−)이면 적자이다.
○ 무역특화지수 = $\dfrac{수출액 - 수입액}{수출액 + 수입액}$
 • 무역특화지수의 값이 클수록 수출경쟁력이 높다.

─ 보기 ─
ㄱ. 2013년 한국, 중국, 일본 각각에서 원자재 무역수지는 적자이다.
ㄴ. 2013년 한국의 원자재, 소비재, 자본재 수출액은 2000년에 비해 각각 50 % 이상 증가하였다.
ㄷ. 2013년 자본재 수출경쟁력은 일본이 한국보다 높다.

① ㄱ   ② ㄴ   ③ ㄱ, ㄴ
④ ㄱ, ㄷ   ⑤ ㄴ, ㄷ

해설

ㄱ. (사실확인)
  적자 : 수입액 > 수출액 (O)

ㄴ. (분수비교)
  소비재 : 117 × 1.5 > 138 (X)

ㄷ. (계산식)
  $\dfrac{344-154}{344+154}$ (한국) > $\dfrac{454-220}{454+220}$ (일본) (X)

정답 66 ①

67 다음 〈표〉는 A발전회사의 연도별 발전량 및 신재생에너지 공급 현황에 관한 자료이다. 이에 대한 〈보기〉의 설명 중 옳은 것만을 모두 고르면?

〈표〉 A발전회사의 연도별 발전량 및 신재생에너지 공급 현황

구분		연도	2012	2013	2014
발전량(GWh)			55,000	51,000	52,000
신재생에너지	공급의무율(%)		1.4	2.0	3.0
	자체공급량(GWh)		75	380	690
	인증서구입량(GWh)		15	70	160

※ 1) 공급의무율(%) = $\frac{공급의무량}{발전량} \times 100$

2) 이행량(GWh) = 자체공급량 + 인증서구입량

─ 보기 ─

ㄱ. 공급의무량은 매년 증가한다.
ㄴ. 2012년 대비 2014년 자체공급량의 증가율은 2012년 대비 2014년 인증서구입량의 증가율보다 작다.
ㄷ. 공급의무량과 이행량의 차이는 매년 증가한다.
ㄹ. 이행량에서 자체공급량이 차지하는 비중은 매년 감소한다.

① ㄱ, ㄴ ② ㄱ, ㄷ ③ ㄷ, ㄹ
④ ㄱ, ㄴ, ㄹ ⑤ ㄴ, ㄷ, ㄹ

해설

구분 \ 연도	2012	2013	2014
공급의무량	55,000 × 1.4% = 770	51,000 × 2.0% = 1,020	52,000 × 3.0% = 1,560
이행량	75 + 15 = 90	380 + 70 = 450	690 + 160 = 850
공급의무량 − 이행량	680	570	710

ㄱ. (계산식) (O)

ㄴ. (분수비교) $\frac{690}{75} < \frac{160}{15}$ (O)

ㄷ. (곱셈 & 덧셈비교) : (×)

ㄹ. (A or B) $\frac{자체공급량}{이행량}$ ↓ = $\frac{자체공급량}{인증서구입량}$ ↓

→ $\frac{75}{15}$ (2012년) < $\frac{380}{70}$ (2013년) (×)

정답 67 ①

68 다음 〈그림〉과 〈표〉는 창업보육센터의 현황에 대한 자료이다. 이에 대한 〈보기〉의 설명 중 옳지 않은 것을 모두 고르면?

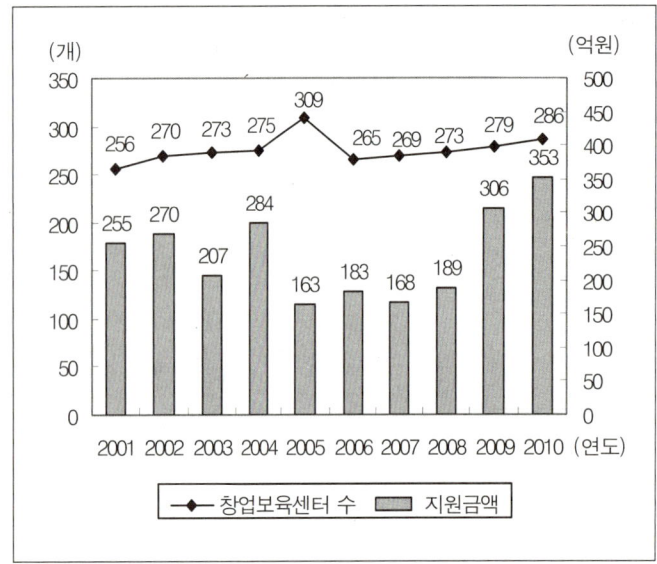

〈그림〉 연도별 창업보육센터 수 및 지원금액

〈표〉 연도별 창업보육센터당 입주업체 수 및 매출액

(단위 : 개, 억원)

연도 구분	2008	2009	2010
창업보육센터당 입주업체 수	16.6	17.1	16.8
창업보육센터당 입주업체 매출액	85.0	91.0	86.7

※ 한 업체는 1개의 창업보육센터에만 입주함.

— 보기 —

ㄱ. 2010년 전년대비 창업보육센터 지원금액 증가율은 2010년 전년대비 창업보육센터 수 증가율의 5배 이상이다.
ㄴ. 2010년 창업보육센터의 전체 입주업체 수는 전년보다 적다.
ㄷ. 창업보육센터당 지원금액이 가장 적은 해는 2005년이며 가장 많은 해는 2010년이다.
ㄹ. 창업보육센터 입주업체의 전체 매출액은 2008년 이후 매년 증가하였다.

① ㄱ, ㄴ   ② ㄱ, ㄷ   ③ ㄴ, ㄷ
④ ㄴ, ㄹ   ⑤ ㄷ, ㄹ

해설

ㄱ. (분수비교) $\frac{286-279}{279}$ (센터수) × 5 < $\frac{353-306}{306}$ (지원금액) (O)

ㄴ. (곱셈비교) 286 × 16.8(2010년) > 279 × 17.1(2009년) (×)

ㄷ. (분수비교) 막대·꺾은선 그래프의 경향으로 확인 (O)

ㄹ. (곱셈비교) 279 × 91(2009년) > 286 × 86.7(2010년) (×)

정답 68 ④

69 다음 〈표〉는 소비자 '갑'의 연도별 소득 및 X재화의 구매량에 대한 자료이다. 아래의 〈정보〉를 활용한 〈보기〉의 설명 중 옳은 것을 모두 고르면?

〈표〉 '갑'의 연도별 소득 및 X재화의 구매량

연도	소득 (천원)	X재화 구매량 (개)	전년대비 소득변화율 (%)	X재화의 전년대비 구매량 변화율 (%)
2000	8,000	5	-	-
2001	12,000	10	50.0	100.0
2002	16,000	15	33.3	50.0
2003	20,000	18	25.0	20.0
2004	24,000	20	20.0	11.1
2005	28,000	19	16.7	-5.0
2006	32,000	18	14.3	-5.3

― 정보 ―
○ X재화의 소득탄력성 = $\dfrac{\text{X재화의 전년대비 구매량 변화율}}{\text{전년대비 소득변화율}}$
○ 정상재 : 소득이 증가할 때 구매량이 증가하는 재화로 소득탄력성이 0보다 크다. 특히 소득탄력성이 1보다 큰 정상재는 사치재라 한다.
○ 열등재 : 소득이 증가할 때 구매량이 감소하는 재화로 소득탄력성이 0보다 작다.

― 보기 ―
ㄱ. 2000 ~ 2004년 동안 '갑'의 소득과 X재화 구매량은 각각 매년 증가하였다.
ㄴ. 2001년 '갑'의 X재화의 전년대비 구매량 증가율은 전년대비 소득증가율보다 크다.
ㄷ. 2004년에 X재화는 '갑'에게 사치재이다.
ㄹ. 2006년에 X재화는 '갑'에게 열등재이다.

① ㄱ, ㄴ ② ㄱ, ㄷ ③ ㄷ, ㄹ
④ ㄱ, ㄴ, ㄹ ⑤ ㄴ, ㄷ, ㄹ

해설

- **(용어정리)**
  X재화 구매량 = ○
  전년대비 소득변화율 = △
  X재화의 전년대비 구매량 변화율 = □

ㄱ. (사실확인) (○)

ㄴ. (사실확인) 구매량 증가율(100%) > 소득증가율(50%) (○)

ㄷ. (계산식) 분자(11.1) < 분모(20) (×)

ㄹ. (계산식) 분자(-5.3), 분모(14.3) 부호 반대 (○)

정답 69 ④

70 다음 〈표〉는 2001 ~ 2012년 '갑'국 식품산업 매출액 및 생산액 추이에 대한 자료이다. 이에 대한 〈보기〉의 설명 중 옳은 것만을 모두 고르면?

〈표〉 '갑'국 식품산업 매출액 및 생산액 추이
(단위 : 십억원, %)

연도\구분	식품산업 매출액	식품산업 생산액	제조업 생산액 대비 식품산업 생산액 비중	GDP 대비 식품산업 생산액 비중
2001	30,781	27,685	17.98	4.25
2002	36,388	35,388	21.17	4.91
2003	23,909	21,046	11.96	2.74
2004	33,181	30,045	14.60	3.63
2005	33,335	29,579	13.84	3.42
2006	35,699	32,695	14.80	3.60
2007	37,366	33,148	13.89	3.40
2008	39,299	36,650	14.30	3.57
2009	44,441	40,408	15.16	3.79
2010	38,791	34,548	10.82	2.94
2011	44,448	40,318	11.58	3.26
2012	47,328	43,478	12.22	3.42

보기

ㄱ. 2012년 제조업 생산액은 2001년 제조업 생산액의 4배 이상이다.
ㄴ. 2005년 이후 식품산업 매출액의 전년대비 증가율이 가장 큰 해는 2009년이다.
ㄷ. GDP 대비 제조업 생산액 비중은 2012년이 2007년보다 크다.
ㄹ. 2008년 '갑'국 GDP는 1,000조원 이상이다.

① ㄱ, ㄴ ② ㄱ, ㄷ ③ ㄱ, ㄹ
④ ㄴ, ㄹ ⑤ ㄷ, ㄹ

해설

ㄱ. (식간의 관계) $\frac{27,685}{17.98} \times 4$(2001년) $> \frac{43,478}{12.22}$(2012년) (✕)

ㄴ. (분수비교) '증가폭'에 주의
→ $\frac{444}{392}$(2009년) $< \frac{444}{387}$(2011년) (✕)

ㄷ. (계산식) GDP 대비 제조업 생산액 비중
$= \frac{\text{GDP 대비 식품산업 생산액 비중}}{\text{제조업 생산액 대비 식품산업 생산액 비중}}$
→ $\frac{3.42}{12.22}$(2012년) $> \frac{3.40}{13.89}$(2007년) (○)

ㄹ. (계산식) $\frac{36,650}{3.57} \times 100 > 1,000,000$십억 (○)

정답 70 ⑤

[71 ~ 72] 다음 〈표〉는 7개 기업의 1997년도와 2008년도의 주요 재무지표를 나타낸 자료이다.

〈표〉 7개 기업의 1997년도와 2008년도 주요 재무지표

(단위 : %)

재무지표 연도 기업	부채비율		자기자본비율		영업이익률		순이익률	
	1997	2008	1997	2008	1997	2008	1997	2008
A	295.6	26.4	25.3	79.1	15.5	11.5	0.7	12.3
B	141.3	25.9	41.4	79.4	18.5	23.4	7.5	18.5
C	217.5	102.9	31.5	49.3	5.7	11.7	1.0	5.2
D	490.0	64.6	17.0	60.8	7.0	6.9	4.0	5.4
E	256.7	148.4	28.0	40.3	2.9	9.2	0.7	6.2
F	496.6	207.4	16.8	32.5	19.4	4.3	0.2	2.3
G	654.8	186.2	13.2	34.9	8.3	8.7	0.3	6.7
7개 기업의 산술평균	364.6	108.8	24.7	53.8	11.0	10.8	2.0	8.1

※ 1) 총자산 = 부채 + 자기자본
2) 부채구성비율(%) = $\frac{부채}{총자산} \times 100$
3) 부채비율(%) = $\frac{부채}{자기자본} \times 100$
4) 자기자본비율(%) = $\frac{자기자본}{총자산} \times 100$
5) 영업이익률(%) = $\frac{영업이익}{매출액} \times 100$
6) 순이익률(%) = $\frac{순이익}{매출액} \times 100$

71 위 자료에 대한 〈보기〉의 설명 중 옳은 것을 모두 고르면?

― 보기 ―
ㄱ. 1997년도 부채구성비율이 당해년도 7개 기업의 산술평균보다 높은 기업은 3개이다.
ㄴ. 1997년도 대비 2008년도 부채비율의 감소율이 가장 높은 기업은 A이다.
ㄷ. 기업의 매출액이 클수록 자기자본비율이 동일한 비율로 커지는 관계에 있다고 가정하면, 2008년도 순이익이 가장 많은 기업은 A이다.
ㄹ. 2008년도 순이익률이 가장 높은 기업은 1997년도 영업이익률도 가장 높았다.

① ㄱ, ㄴ   ② ㄴ, ㄷ   ③ ㄷ, ㄹ
④ ㄱ, ㄴ, ㄷ   ⑤ ㄱ, ㄴ, ㄹ

72 위 자료를 그래프로 표시한 것 중 옳지 않은 것은?

① 1997년도와 2008년도 B 기업의 부채비율, 자기자본비율, 영업이익률, 순이익률

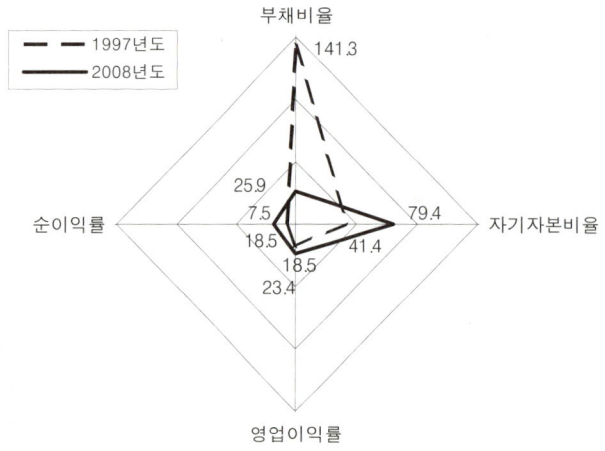

② 1997년도와 2008년도 7개 기업의 영업이익률

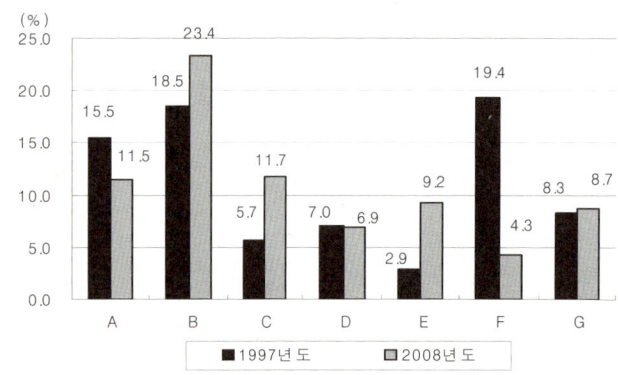

③ 1997년도 C 기업의 총자산 구성현황

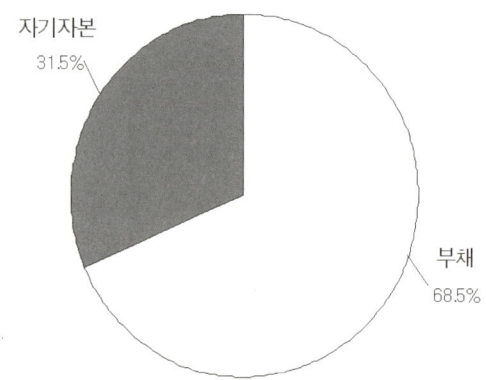

해설

(알 수 없다) 순이익을 알 수 없으므로 순이익 변화율도 알 수 없다.
→ 순이익률 변화폭에 관한 수치이다.
 (단위는 %p가 되어야 한다.)

④ 1997년도 영업이익률 상위 3개 기업의 영업이익률 변화

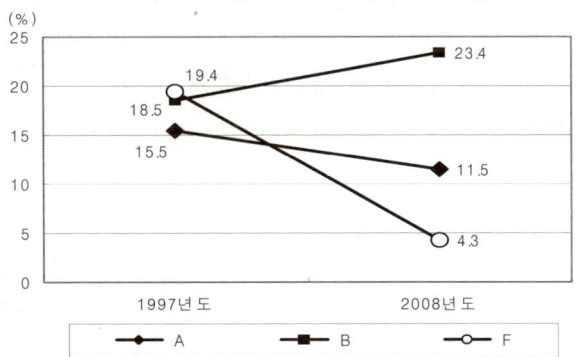

⑤ 1997년도 대비 2008년도 7개 기업의 순이익 변화율

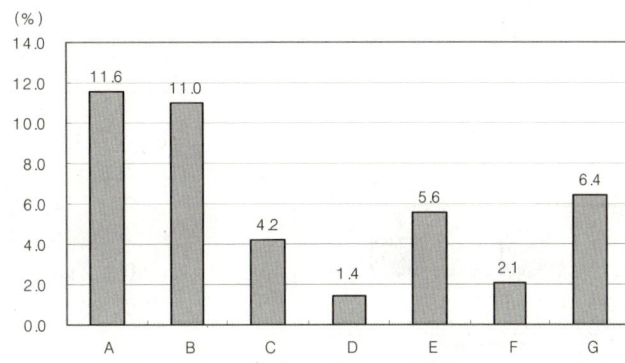

Chapter 2 머리로 푸는 선택지 - STEP 2

73 다음 〈그림〉은 서로 다른 4개 물질 A ~ D에 대하여 4개의 실험기관이 각각 농도를 측정한 결과이다. 이에 대한 설명으로 옳지 않은 것은?

〈그림〉 4개 물질의 농도 실험 결과

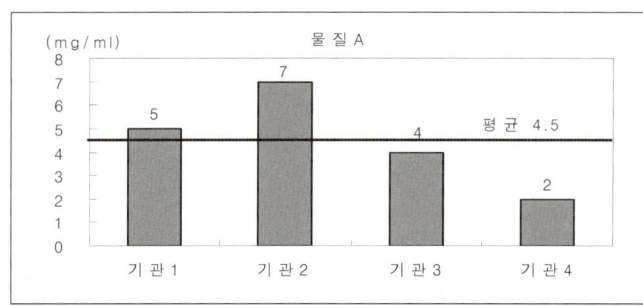

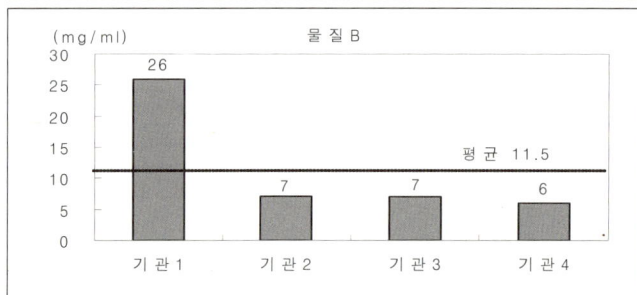

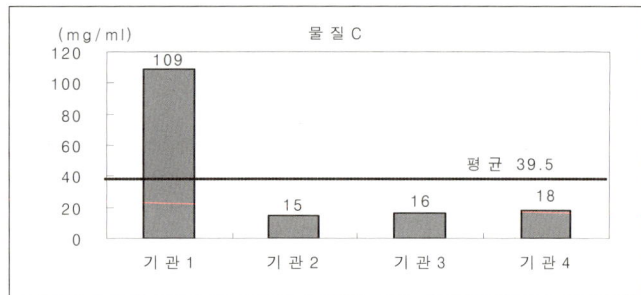

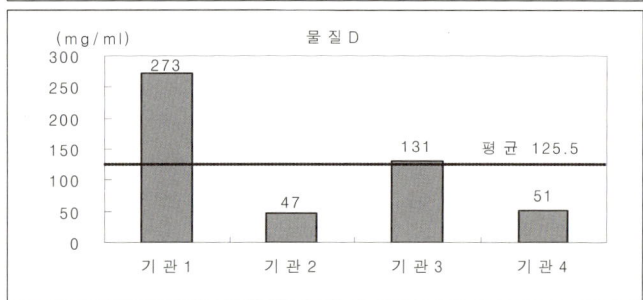

※ 1) 유효농도 : 각 실험기관에서 측정한 농도의 평균
  2) 실험오차 = |실험결과 - 유효농도|
  3) 실험오차율(%) = $\frac{실험오차}{유효농도} \times 100$

해설

※ 1) 유효농도 = 평균
  2) 실험오차 = 평균과의 차이
  3) 실험오차율(%)
    = $\frac{평균과의 차이}{평균} \times 100$
  → 같은 물질은 분모(평균)가 같다.

① 평균과의 차이가 같다. 7 − 4.5(기관2) = 4.5 − 2(기관4) (O)
② 평균과의 차이가 기관1이 가장 크다. (O)
③ $\frac{7-4.5}{4.5}$(A) < $\frac{26-11.5}{11.5}$(B) (O)
④ 평균과의 편차의 합은 '0'이 되어야 한다. 편차가 기관1은 +이고 나머지는 -이므로 평균과의 차이는 같아야 한다. (×)
⑤ 기관1이 모든 물질에서 평균보다 크므로 기관1을 빼면 평균(유효농도)이 작아진다. (O)

① 물질A에 대한 기관2와 기관4의 실험오차율은 동일하다.
② 물질C에 대한 실험오차율은 기관1이 가장 크다.
③ 물질A에 대한 기관2의 실험오차율은 물질B에 대한 기관1의 실험오차율보다 작다.
④ 물질B에 대한 기관1의 실험오차율은 물질B에 대한 기관2, 3, 4의 실험오차율 합보다 크다.
⑤ 기관1의 실험 결과를 제외하면, 4개 물질의 유효농도 값은 제외하기 이전보다 모두 작아진다.

74 다음 〈표〉는 A회사의 2010년 월별 상품 판매고에 대한 자료이다. 2010년 7월부터 12월까지의 단순이동평균을 나타낸 그래프로 옳은 것은?

〈표〉 A회사의 2010년 월별 상품 판매고

(단위 : 백만원)

월	판매고	단순이동평균
1월	330	-
2월	410	-
3월	408	-
4월	514	-
5월	402	-
6월	343	-
7월	438	401.2
8월	419	( )
9월	374	( )
10월	415	( )
11월	451	( )
12월	333	( )

※ 단순이동평균은 해당 월 직전 6개월간 판매고의 평균을 말함. 예를 들어, 2010년 7월의 단순이동평균(401.2)은 2010년 1월부터 6월까지 판매고의 평균임.

해설

- 8월은 7월보다 $\frac{438-330}{6}$ = +18
  → 401.2 + 18 = 419.2 (②⑤번 제거)

- 10월은 9월보다 $\frac{374-408}{6}$ = -6
  → 420.xx - 6 ≒ 415 (④번 제거)

- 11월은 10월보다 $\frac{415-514}{6}$ ≒ -17
  → 415 - 17 ≒ 398 (③번 제거)

①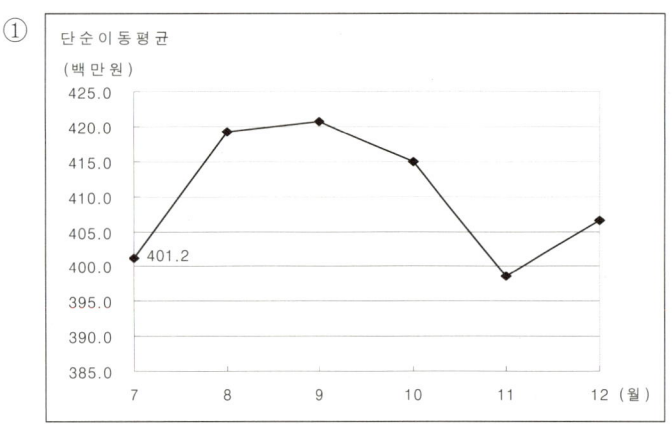

②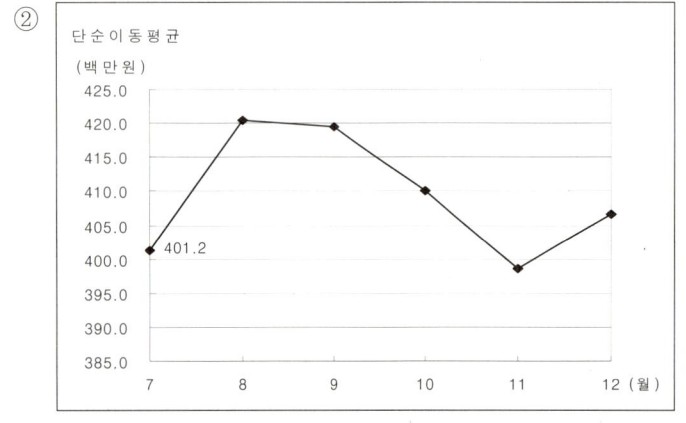

③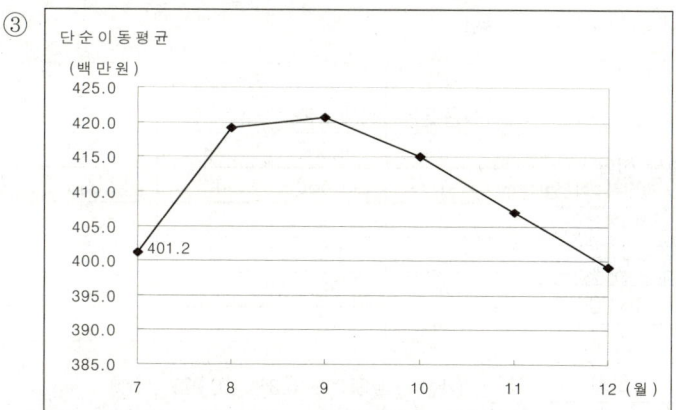

④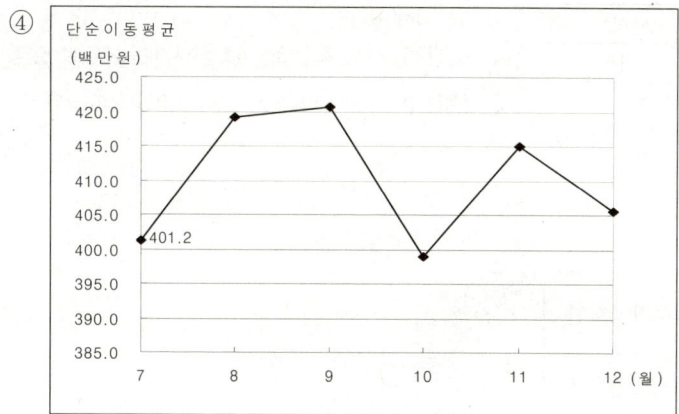

⑤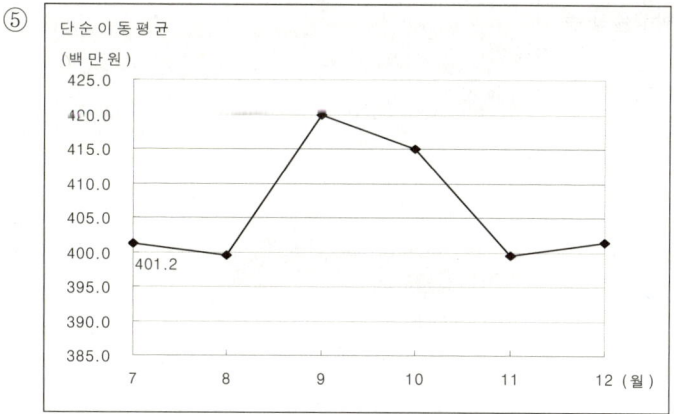

75 다음 〈표〉는 출산여성의 임신기간 중 약물 복용횟수와 정상아 및 기형아 출산 현황에 대한 자료이다. 이에 대한 〈보기〉의 설명 중 옳은 것을 모두 고르면?

〈표〉 약물 복용횟수와 정상아 및 기형아 출산 현황
(단위 : 회, 명)

약물 복용횟수	출산여성 수		
	정상아 출산	기형아 출산	합계
0	15,952	48	16,000
1	12,460	40	12,500
2	792	8	800
3	194	6	200
4	38	2	40
5 이상	12	3	15

※ 1) 모든 출산여성은 정상아 또는 기형아 중 1명만 출산하였음.
2) 기형발생률(%) = $\frac{약물 복용횟수 해당 구간의 기형아 출산여성 수}{약물 복용횟수 해당 구간의 출산여성 수} \times 100$
3) 기형발생 오즈(odds) = $\frac{기형발생률}{100 - 기형발생률}$

― 보기 ―
ㄱ. 기형발생률은 약물 복용횟수가 1회인 경우가 0회인 경우보다 0.02%p 더 높다.
ㄴ. 약물 복용횟수가 2회 이하인 경우의 기형발생률은 1.62%이다.
ㄷ. 약물 복용횟수가 1회씩 증가할수록 기형발생률의 증가폭이 커진다.
ㄹ. 기형발생 오즈(odds)는 약물 복용횟수가 4회인 경우가 2회인 경우보다 5배 이상 높다.

① ㄱ, ㄴ   ② ㄱ, ㄷ   ③ ㄱ, ㄹ
④ ㄴ, ㄷ   ⑤ ㄴ, ㄹ

해설

약물 복용횟수	출산여성 수			기형발생률
	정상아 출산	기형아 출산	합계	
0	15,952	48	16,000	0.3
1	12,460	40	12,500	0.32
2	792	8	800	1
3	194	6	200	3
4	38	2	40	5
5 이상	12	3	15	20

ㄱ. (계산식) 0.32% - 0.3% = 0.02%p (○)
ㄴ. (가중평균) 복용횟수 2회 이하는 모두 1% 이하이므로 평균은 1% 이하 (×)
ㄷ. (계산식) '2~3회', '3~4회'의 차이는 2%p로 같다. (×)
ㄹ. (계산식) $\frac{5}{100-5}(4회) > \frac{1}{100-1}(2회) \times 5$ (○)

정답 75 ③

76. 다음 〈표〉는 '갑'사 공채 지원자에 대한 평가 자료이다. 이 〈표〉와 〈평가점수와 평가등급의 결정방식〉에 근거한 설명으로 옳지 않은 것은?

〈표〉 '갑'사 공채 지원자 평가 자료
(단위: 점)

구분 지원자	창의성 점수	성실성 점수	체력 점수	최종 학위	평가 점수
가	80	90	95	박사	( )
나	90	60	80	학사	310
다	70	60	75	석사	300
라	85	( )	50	학사	255
마	95	80	60	학사	295
바	55	95	65	학사	280
사	60	95	90	석사	355
아	80	( )	85	박사	375
자	75	90	95	석사	( )
차	60	70	( )	학사	290

― 평가점수와 평가등급의 결정방식 ―
○ 최종학위점수는 학사 0점, 석사 1점, 박사 2점임.
○ 지원자 평가점수 = 창의성점수 + 성실성점수 + 체력점수×2 + 최종학위점수×20
○ 평가등급 및 평가점수

평가등급	평가점수
S	350점 이상
A	300점 이상 350점 미만
B	300점 미만

① '가'의 평가점수는 400점으로 지원자 중 가장 높다.
② '라'의 성실성점수는 '다'보다 높지만 '마'보다는 낮다.
③ '아'의 성실성점수는 '라'와 같다.
④ S등급인 지원자는 4명이다.
⑤ '차'는 체력점수를 원래 점수보다 5점 더 받으면 A등급이 된다.

해설

― 수리계산형

① 가: 80 + 90 + 95 × 2 + 20 × 2 = 400
   자: 75 + 90 + 95 × 2 + 20 × 1 → 가 > 자 (O)
② 라: 85 + (70) + 50 × 2 = 255 (O)
③ 아: 80 + (70) + 85 × 2 + 20 × 2 ≠ 375 (X)
④ '자'만 S등급(350점 이상)이면 된다.
   자: 75 + 90 + 95 × 2 + 20 × 1 > 350 (O)
⑤ 체력점수가 가중치가 ×2이므로 5점이 오르면 평가점수는 10점(= 5 × 2)이 오른다.
   '차'는 290점에서 10점이 오르면 A등급이 된다. (O)

정답 76 ③

77 사학자 A씨는 고려시대 문헌을 통하여 당시 상류층(왕족, 귀족, 승려) 남녀 각각 160명에 대한 자료를 분석하여 다음과 같은 〈표〉를 작성하였다. 이 〈표〉에 대한 진술 중 옳은 것을 〈보기〉에서 모두 고른 것은?

〈표〉 고려시대 상류층의 혼인연령, 사망연령 및 자녀수

구분		평균 혼인연령(세)	평균 사망연령(세)	평균 자녀수(명)
승려(80명)	남(50명)	–	69	–
	여(30명)	–	71	–
왕족(40명)	남(30명)	19	42	10
	여(10명)	15	46	3
귀족(200명)	남(80명)	15	45	5
	여(120명)	20	56	6

※ 승려를 제외한 모든 남자는 혼인하였고 이혼하거나 사별한 사례는 없음.

보기
ㄱ. 귀족 남자의 평균 혼인기간은 왕족 남자의 평균 혼인기간보다 길다.
ㄴ. 귀족의 평균 혼인연령은 왕족보다 높다.
ㄷ. 귀족의 평균 자녀수는 5.5명이다.
ㄹ. 평균 사망연령의 남녀 간 차이는 승려가 귀족보다 작다.

① ㄱ, ㄴ ② ㄱ, ㄹ ③ ㄴ, ㄷ
④ ㄱ, ㄷ, ㄹ ⑤ ㄴ, ㄷ, ㄹ

해설

ㄱ. (덧셈비교) 평균 혼인기간 = 평균 사망연령 − 평균 혼인연령
45 − 15(귀족 남자) > 42 − 19(왕족 남자) (O)

ㄴ. (가중평균) 귀족 = 왕족 (×)
→ (귀족) ? = 18   (왕족) ? = 18
    3   2   1   3
  15 ? 20   19 ? 15
  ~~80~~ 2 3 ~~120~~ 30 3 1 ~~10~~

ㄷ. (가중평균) ? ≠ 5.5 (×)
    3   2
  5 ? 6
  ~~80~~ 2 3 ~~120~~

ㄹ. (덧셈비교) 승려(= 71 − 69) < 귀족(= 56 − 45) (O)

정답 77 ②

78 다음 〈표〉는 '갑'국의 2013년 11월 군인 소속별 1인당 월지급액에 대한 자료이다. 이에 대한 설명으로 옳지 않은 것은?

〈표〉 2013년 11월 군인 소속별 1인당 월지급액

(단위: 원, %)

소속 구분	육군	해군	공군	해병대
1인당 월지급액	105,000	120,000	125,000	100,000
군인수 비중	30	20	30	20

※ 1) '갑'국 군인의 소속은 육군, 해군, 공군, 해병대로만 구분됨.
  2) 2013년 11월, 12월 '갑'국의 소속별 군인수는 변동 없음.

① 2013년 12월에 1인당 월지급액이 모두 동일한 액수만큼 증가한다면, 전월대비 1인당 월지급액 증가율은 해병대가 가장 높다.
② 2013년 12월에 1인당 월지급액이 해군 10%, 해병대 12% 증가한다면, 해군의 전월대비 월지급액 증가분은 해병대의 전월대비 월지급액 증가분과 같다.
③ 2013년 11월 '갑'국 전체 군인의 1인당 월지급액은 115,000원이다.
④ 2013년 11월 육군, 해군, 공군의 월지급액을 모두 합하면 해병대 월지급액의 4배 이상이다.
⑤ 2013년 11월 공군과 해병대의 월지급액 차이는 육군과 해군의 월지급액 차이의 2배 이상이다.

79 〈표〉는 2010년 A지역의 연령별 인구구조에 관한 자료이다. 〈정보〉를 참고하여 2025년 인구분포를 예측한 결과로 옳은 것을 〈보기〉에서 모두 고르면?

〈표〉 2010년 A지역의 연령별 인구구조

(단위 : 명)

연령대	남성	여성
0 ~ 14세	1,650	1,920
15 ~ 29세	1,500	1,600
30 ~ 44세	1,250	1,280
45 ~ 59세	990	1,040
60세 이상	800	1,050
합계	6,190	6,890

정보

○ A지역은 전·출입자와 사망자는 없고, 출생자만 있다고 가정한다.
○ 2025년의 15~29세 성별인구 대비 0~14세 성별인구의 비율 ($\frac{0 \sim 14세\ 남(여)\ 인구}{15 \sim 29세\ 남(여)\ 인구}$)은 2010년과 동일하다고 가정한다.

보기

ㄱ. 인구에서 여성이 차지하는 비율이 2010년에 비해 증가할 것이다.
ㄴ. 총인구에서 차지하는 인구비중이 가장 높은 연령대는 60세 이상일 것이다.
ㄷ. 총인구가 2010년에 비해 20% 이상 증가할 것이다.
ㄹ. 60세 이상 인구에서 남성이 차지하는 비율은 2010년에 비해 감소할 것이다.

① ㄱ, ㄷ   ② ㄴ, ㄹ
③ ㄷ, ㄹ   ④ ㄱ, ㄴ, ㄷ
⑤ ㄱ, ㄷ, ㄹ

해설

ㄱ. (분수비교) 15년 후 '0 ~ 14세'는 2010 ~ 2025년 사이 출생자로, 남성은 1650 × 1.1 여성은 1920 × 1.2로 현재 여성 비율에 비해 '0 ~ 14세'의 여성 인구 비율이 높기 때문에 여성이 차지하는 비율은 올라간다. (O)
ㄴ. (덧셈비교) 0 ~ 14세가 더 많다. (X)
ㄷ. (분수비교) '0 ~ 14세' 인구가 남녀 모두 현재 합계의 20% 이상이다. (O)
ㄹ. (A or B) $\frac{남성}{여성}$이 감소하는지 확인. 2025년에 60세 이상의 인구로 변하는 나이대(현 45 ~ 59세)와 2010년에도 60세 이상인 나이대를 비교한다.
→ $\frac{800}{1,050} < \frac{990}{1,040}$ (X)

정답 79 ①

Chapter 3 표와 그래프의 특성 - STEP 2

80 다음 〈표〉는 A기업 직원의 직무역량시험 영역별 점수 상위 5명의 자료이다. 이에 대한 〈보기〉의 설명 중 옳은 것을 모두 고르면?

〈표〉 A기업 직원의 직무역량시험 영역별 점수 상위 5명

(단위 : 점)

순위	논리		추리		윤리	
	이름	점수	이름	점수	이름	점수
1	하선행	94	신경은	91	양선아	97
2	성혜지	93	하선행	90	박기호	95
3	김성일	90	성혜지	88	황성필	90
4	양선아	88	황성필	82	신경은	88
5	황성필	85	양선아	76	하선행	84

※ 1) A기업 직원 중 같은 이름을 가진 직원은 없음.
   2) 전체 순위는 '총점(세 영역 점수의 합)'이 높은 순서대로 정함.
   3) A기업 직무역량시험 영역은 논리, 추리, 윤리로만 구성됨.
   4) A기업 직원 전체는 세 영역에 모두 응시함.

─ 보기 ─
ㄱ. A기업 직원 중 총점이 가장 높은 직원은 하선행이다.
ㄴ. 양선아는 총점을 기준으로 A기업 전체 순위 2위이다.
ㄷ. 신경은의 총점은 260점을 초과하지 못한다.
ㄹ. A기업 직무역량시험의 시험 합격 최저점이 총점 기준 251점이라면 김성일은 불합격이다.

① ㄱ, ㄴ   ② ㄱ, ㄹ   ③ ㄴ, ㄷ
④ ㄱ, ㄷ, ㄹ   ⑤ ㄴ, ㄷ, ㄹ

해설

ㄱ. (덧셈비교) 윤리, 추리에서 하선행보다 점수가 높은 사람을 대상으로 과목별 하선행 대비 편차로 비교
   ex) 양선아(0 < − 6 − 14 + 13)
     → 양선아 < 하선행 (O)

ㄴ. (덧셈비교) 'ㄱ'과 함께 비교 (✕)

ㄷ. (순위)
   85↓ + 91 + 88 = 264↓ (✕)

ㄹ. (순위)
   90 + 76↓ + 84↓ < 251 (O)

정답 80 ②

81. 다음 〈표〉는 2005년 말 납김치 파동 전후 가정의 김치 조달경로에 대한 설문 조사 자료이다. 이에 대한 〈보기〉의 설명 중 옳은 것을 모두 고르면?

〈표〉 납김치 파동 전후 가정의 김치 조달경로

(단위 : %)

파동 전 \ 파동 후	담가먹음	얻어먹음	사먹음
담가먹음	56.5	1.4	0.7
얻어먹음	7.4	27.2	0.7
사먹음	2.8	0.9	2.4

※ 김치 조달경로는 담가먹음, 얻어먹음, 사먹음으로 분류되며, 각 가정은 3가지 조달경로 중 1가지만을 선택함.

― 보기 ―

ㄱ. 조사대상 가정 중 86.1%는 납김치 파동 전후의 김치 조달경로에 변화가 없다.
ㄴ. 납김치 파동 후 담가먹는 가정의 비율과 얻어먹는 가정의 비율은 파동 전에 비해 증가하였으나 사먹는 가정의 비율은 파동 전에 비해 감소하였다.
ㄷ. 납김치 파동 전 담가먹던 가정 중 90.0% 이상은 김치파동 후에도 담가먹는다.
ㄹ. 납김치 파동 전 사먹던 가정 중 파동 후 담가먹는 가정으로 변화한 비율은 납김치 파동 전 사먹던 가정 중 파동 후 얻어먹는 가정으로 변화한 비율보다 3배 이상 크다.
ㅁ. 납김치 파동 전 얻어먹던 가정 중 파동 후 담가먹는 가정으로 변화한 비율은 납김치 파동 전 사먹던 가정 중 파동 후 담가먹는 가정으로 변화한 비율보다 크다.

① ㄱ, ㄹ   ② ㄴ, ㄷ   ③ ㄱ, ㄷ, ㄹ
④ ㄱ, ㄷ, ㅁ   ⑤ ㄴ, ㄹ, ㅁ

해설

― 짝표

ㄱ. (짝표) 56.5% + 27.2% + 2.4% = 86.1% (O)

ㄴ. (짝표) 얻어먹음 : 증가(1.4% + 0.9%) < 감소(7.4% + 0.7%) (X)

ㄷ. (A or B) $\dfrac{56.5}{56.5+1.4+0.7} > 90\%$ (O)

ㄹ. (분수비교) $\dfrac{2.8}{2.8+0.9+2.4} > \dfrac{0.9}{2.8+0.9+2.4} \times 3$ (O)

ㅁ. (A or B) $\dfrac{7.4}{7.4+27.2+0.7} < \dfrac{2.8}{2.8+0.9+2.4}$ (X)

정답 81 ③

82 다음 〈표〉와 〈그림〉은 '갑'국 스마트폰 단말기의 시장점유율과 스마트폰 사용자의 단말기 교체 현황을 나타낸 자료이다. 이에 대한 설명으로 옳지 않은 것은?

〈표〉 2011년 1월 스마트폰 단말기의 시장점유율
(단위 : %)

스마트폰 단말기	A	B	C
시장점유율	51	30	19

※ 1) 특정 스마트폰 단말기 시장점유율(%)
   = 특정 스마트폰 단말기 사용자 수 / 전체 스마트폰 단말기 사용자 수 × 100
   2) 스마트폰 단말기는 A, B, C만 있음.

〈그림〉 2011년 1 ~ 7월 동안 스마트폰 사용자의 단말기 교체 현황

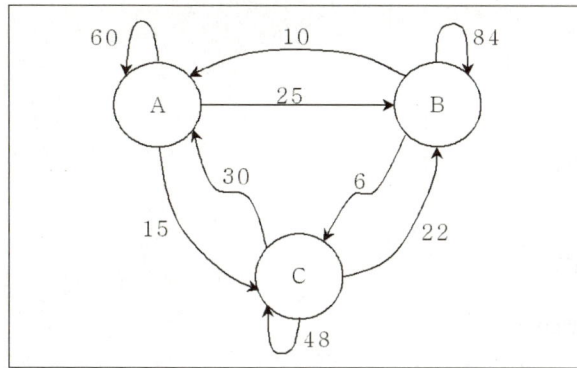

※ 1) ⓐX% : '가' 사용자 중 X%가 '가'를 그대로 사용하는 것을 나타냄.
   2) ⓐ→X%ⓑ : '가' 사용자 중 X%가 '나'로 교체하는 것을 나타냄.
   3) 2011년 1 ~ 7월 동안 스마트폰 단말기 신규 사용자나 사용 중지자는 없음.
   4) 모든 사용자는 동시에 두 개 이상의 스마트폰 단말기를 사용할 수 없으며 최대 1회만 교체 가능함.

① 2011년 1월 '갑'국 스마트폰 단말기 사용자가 150만명이라면 2011년 1월 C스마트폰 단말기 사용자는 30만명 이하이다.

② 2011년 7월 B스마트폰 단말기 사용자는 2011년 1월보다 증가하였다.

③ 2011년 1 ~ 7월 동안 C스마트폰 단말기에서 A로 교체한 사용자 수보다 A스마트폰 단말기에서 C로 교체한 사용자 수가 많았다.

④ 2011년 1월 '갑'국 스마트폰 단말기 사용자가 150만명이라면 2011년 1 ~ 7월 동안 B스마트폰 단말기에서 A로 교체한 사용자는 4만 5천명이다.

⑤ 2011년 1 ~ 7월 동안 스마트폰 단말기 전체 사용자의 40% 이상이 다른 스마트폰 단말기로 교체하였다.

해설

① (조건) 150만명 × 19%($\frac{1}{5}$↓) < 30만명 (○)

② (분수비교) B는 A와 C에서 각각 유입량이 더 크다. (○)

③ (분수비교) 51 × 15%(A → C) > 19 × 30%(C → A) (○)

④ (조건) 150만명 × 30%(B스마트폰 점유율) × 10%(B → A) = 4만 5천 (○)

⑤ (가중평균) 40% 이상 교체는 60% 미만이 교체 안 한 것과 같다. A는 60% 교체하지 않으므로, B, C의 교체하지 않는 가중평균이 60% 미만이 되어야 한다. (✗)

  B   ~~24%~~ 2:1 ~~12%~~ C
84% ← 60%   48%

30   :   19 → B : C의 비율이 1 : 2가 되면 가중평균이 60%가 될 수 있으나, 1 : 2에 비해 B의 비중이 높으므로 60% 이상이 된다.

정답 82 ⑤

Chapter 3 표와 그래프의 특성 - STEP 2

83 다음 〈그림〉과 〈표〉는 세계 초고층 건물의 층수와 실제높이를 나타낸 것이다. 건물의 층수에 따른 예상높이를 계산하는 식이 '예상높이(m) = 2 × 층수 + 200'과 같이 주어질 때, 예상높이와 실제높이의 차이가 가장 작은 건물과 가장 큰 건물이 바르게 짝지어진 것은?

〈그림〉 세계 초고층 건물 층수와 실제높이의 관계

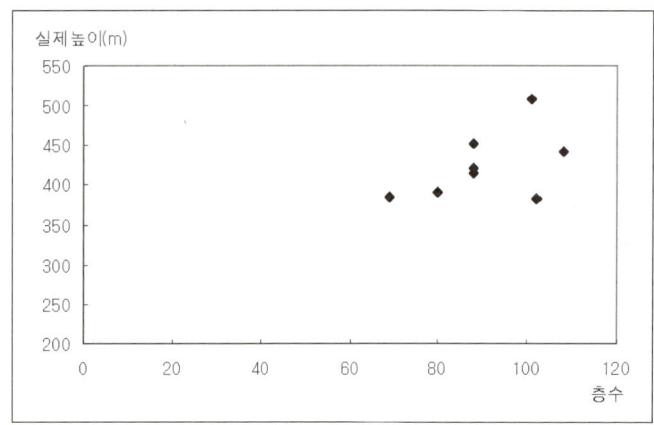

〈표〉 세계 초고층 건물 층수 및 실제높이

건물 이름	층수	실제높이(m)
시어스 타워	108	442
엠파이어 스테이트 빌딩	102	383
타이페이 101	101	509
페트로나스 타워	88	452
진 마오 타워	88	421
국제금융 빌딩	88	415
CITIC 플라자	80	391
선힝스퀘어	69	384

	차이가 가장 작은 건물	차이가 가장 큰 건물
①	시어스 타워	타이페이 101
②	엠파이어 스테이트 빌딩	타이페이 101
③	엠파이어 스테이트 빌딩	페트로나스 타워
④	CITIC 플라자	국제금융 빌딩
⑤	시어스 타워	선힝스퀘어

해설

- (용어정리)
  층수 = X, 실제높이 = Y
  예상높이(Y') = 2X + 200
  ☞ 예상높이와 실제높이와의 차이 =
  「Y' = 2X + 200」과 Y의 차이

정답 83 ②

84. 다음 〈그림〉은 2011년 어느 회사에서 판매한 전체 10가지 제품유형(A ~ J)의 수요예측치와 실제수요의 관계를 나타낸 자료이다. 이에 대한 설명 중 옳은 것은?

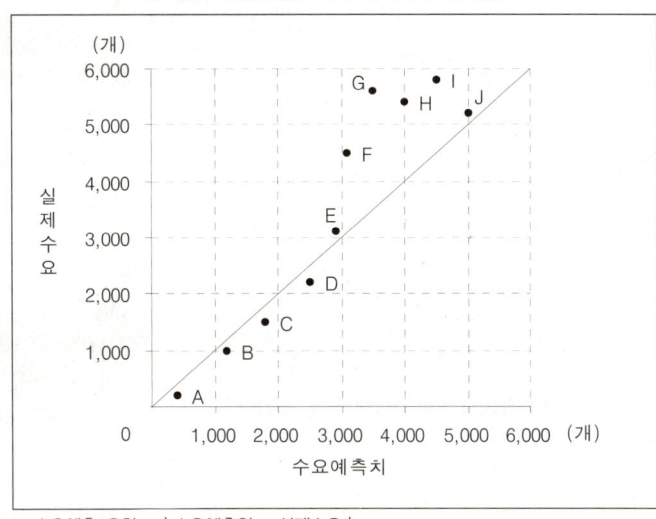

〈그림〉 제품유형별 수요예측치와 실제수요

※ 수요예측 오차 = | 수요예측치 − 실제수요 |

① 수요예측 오차가 가장 작은 제품유형은 G이다.
② 실제수요가 큰 제품유형일수록 수요예측 오차가 작다.
③ 수요예측치가 가장 큰 제품유형은 실제수요도 가장 크다.
④ 실제수요가 3,000개를 초과한 제품유형 수는 전체 제품유형수의 50% 이하이다.
⑤ 실제수요가 3,000개 이하인 제품유형은 각각 수요예측치가 실제수요보다 크다.

해설

① y = x 그래프에서 y절편의 차이가 가장 작은 것은 G가 아니다. (×)
② y가 클수록 y = x 그래프에 가까워지지 않는다. (×)
③ x가 가장 큰(J) ≠ y 가장 큰(I) (×)
④ y가 3000개 초과하는 것이 6개이므로 전체(10개)의 50% 초과 (×)
⑤ y가 3000개 이하(A, B, C, D)는 x > y (○)

정답 84 ⑤

85 다음 〈그림〉은 A 자선단체의 수입액과 지출액에 관한 자료이다. 이에 대한 설명 중 옳은 것은?

〈그림 1〉 수입액 구성비
(단위 : %)

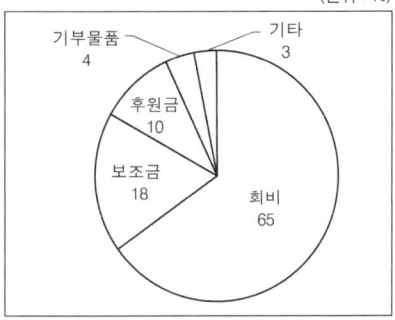

〈그림 2〉 지출액 구성비
(단위 : %)

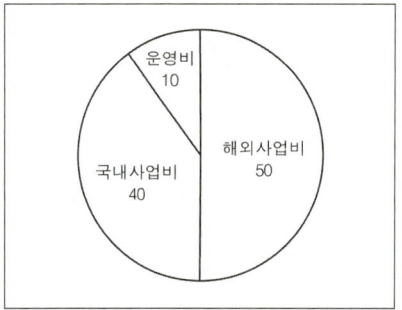

※ A 자선단체의 수입액과 지출액은 항상 같음.

〈그림 3〉 국내사업비 지출액 세부 구성비
(단위 : %)

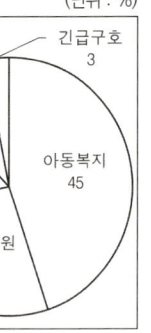

〈그림 4〉 해외사업비 지출액 세부 구성비
(단위 : %)

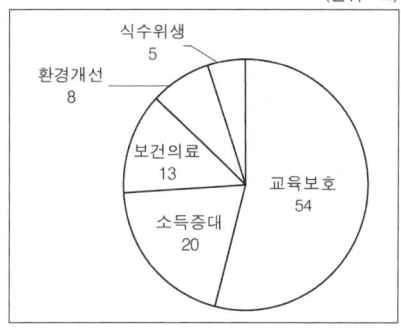

① 전체 수입액 중 후원금 수입액은 국내사업비 지출액 중 아동복지 지출액보다 많다.
② 국내사업비 지출액 중 아동권리지원 지출액은 해외사업비 지출액 중 소득증대 지출액보다 적다.
③ 국내사업비 지출액 중 아동복지 지출액과 해외사업비 지출액 중 교육보호 지출액의 합은 A 자선단체 전체 지출액의 45%이다.
④ 해외사업비 지출액 중 식수위생 지출액은 A 자선단체 전체 지출액의 2% 미만이다.
⑤ A 자선단체 전체 수입액이 6% 증가하고 지역사회복지 지출액을 제외한 다른 모든 지출액이 동일하게 유지된다면, 지역사회복지 지출액은 2배 이상이 된다.

해설

① (곱셈비교)
10% < 40% × 45% (×)
② (곱셈비교)
40% × 27% > 50% × 20% (×)
③ (곱셈비교)
40% × 45% + 50% × 54% =
45% × (40% + 54% × $\frac{10}{9}$)
→ 45% × 100% = 45% (O)
④ (곱셈비교)
50% × 5% > 2% (×)
⑤ (조건)
지역사회복지 지출액이 2배 이상 증가하면, 증가량은 지역사회복지 지출액 이상이다. 지역사회복지 지출액 이상 증가되어야 106%가 되어야 맞다.
→ 100% + 지역사회복지 지출액 (40% × 16% = 6.4%↑) = 106% (×)

정답 85 ③

86. 다음 〈그림〉은 국내외 대표적인 6개 현수교의 특징을 비교한 자료이다. 이에 대한 〈보기〉의 설명 중 옳은 것을 모두 고르면?

〈그림 1〉 중앙경간장과 교량총길이

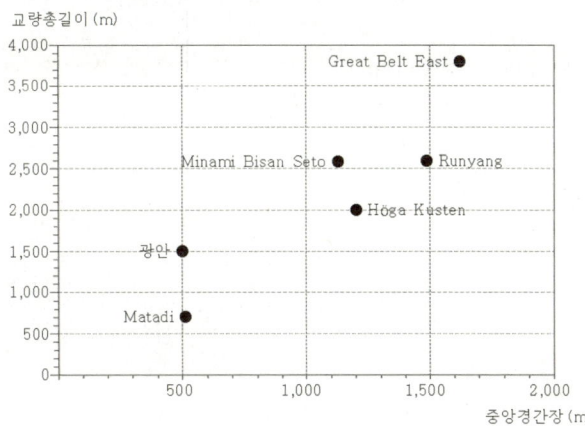

〈그림 2〉 중앙경간장과 교량차도폭

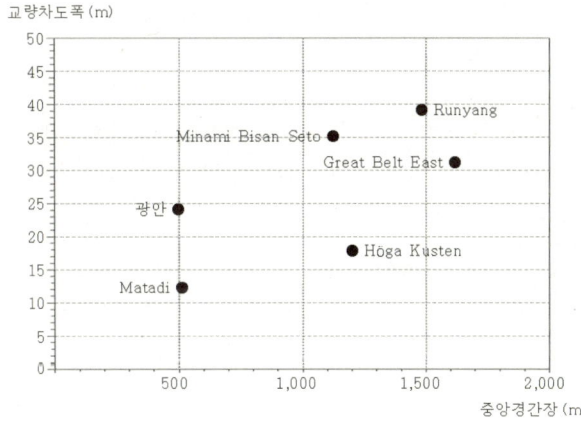

※ 1) 현수교의 중앙경간장, 측경간장, 교량총길이

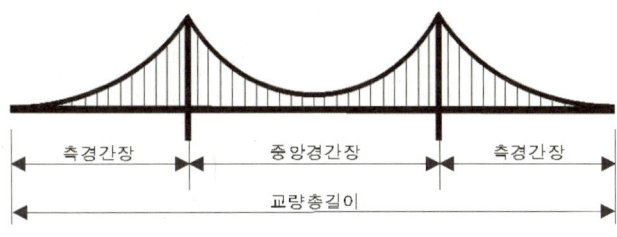

2) 교량총길이 = 중앙경간장 + 측경간장 × 2

3) 변장비 = $\dfrac{중앙경간장}{교량차도폭}$

해설

- **(용어정리)**
  중앙경간장 = X,
  교량총길이(그림1) = Y,
  교량차도폭(그림2) = Y′
  ※ 2) 교량총길이 = 중앙경간장 + 측경간장 × 2
  → Y = X + 2K
  3) 변장비(K) = $\dfrac{중앙경간장}{교량차도폭}$
  = $\dfrac{X}{Y}$ → Y = $\dfrac{1}{K}$X

ㄱ. (좌표그래프) Y(그림1) = X + 2K ↑
  → 광안대교는 아니다. (×)

ㄴ. (A or B) Y(그림1) = X + 2K에서
  $\dfrac{X}{2K}$↑ = $\dfrac{X}{Y}$↑
  → 기울기가 가장 작은 것은 Matadi 교 (○)

ㄷ. (좌표그래프) $\dfrac{X}{Y}$↓(변장비)
  → Y = $\dfrac{1}{K}$↑X
  → 기울기 가장 큰 것은 광안대교 (○)

ㄹ. (좌표그래프)
  Y(그림1) = X + 2K ↑
  → Great Belt East
  $\dfrac{X}{Y}$↓(변장비) = Y = $\dfrac{1}{K}$↓X
  → Höga Kusten (×)

ㅁ. (A or B)
  Y(그림1) = X + 2K에서 2K > X
  → Y(그림1) > 2X (×)

── 보기 ──
ㄱ. 측경간장이 가장 짧은 교량은 광안대교이다.
ㄴ. 측경간장에 대한 중앙경간장의 비가 가장 큰 교량은 Matadi교이다.
ㄷ. 변장비가 가장 작은 교량은 광안대교이다.
ㄹ. 측경간장이 가장 긴 교량은 변장비도 가장 크다.
ㅁ. 측경간장의 합(측경간장×2)이 중앙경간장보다 긴 교량은 없다.

① ㄱ, ㅁ   ② ㄴ, ㄷ   ③ ㄱ, ㄴ, ㄹ
④ ㄴ, ㄷ, ㄹ   ⑤ ㄷ, ㄹ, ㅁ

87 다음 〈그림〉은 성인의 문해율 및 문맹 청소년에 관한 자료이다. 이에 대한 〈보기〉의 설명 중 옳은 것을 모두 고르면?

〈그림 1〉 지역별 성인 문해율

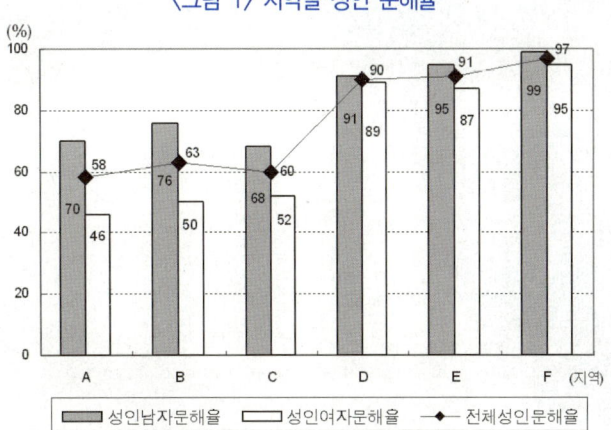

※ 문해율(%) = 100 - 문맹률(%)

〈그림 2〉 문맹 청소년 지역별 분포

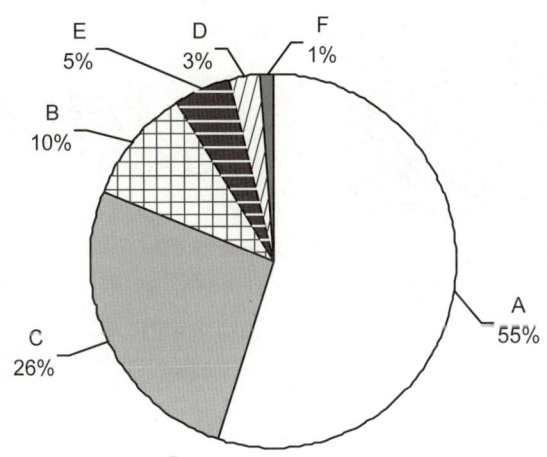

보기
ㄱ. 성인 남자 문맹률이 높은 지역일수록 문맹 청소년 수가 많다.
ㄴ. A지역의 경우, 성인 남자 문맹자 수는 성인 여자 문맹자 수보다 많다.
ㄷ. 남녀 간 성인 문해율의 차이가 가장 큰 지역은 B지역이다.
ㄹ. A지역의 문맹 청소년 수는 C지역의 문맹 청소년 수의 2배 이상이다.
ㅁ. 성인 여자 문맹률이 두 번째로 높은 지역은 문맹 청소년 수가 전체 지역 중에서 두 번째로 많다.

① ㄱ, ㄴ ② ㄷ, ㄹ ③ ㄱ, ㄴ, ㅁ
④ ㄴ, ㄷ, ㄹ ⑤ ㄷ, ㄹ, ㅁ

해설

- 〈그림1〉
  ※ 문해율↑ = 문맹률↓(**A or B**), 남 + 여 = 전체
  → **가중평균**

ㄱ. (A or B) 남자 문맹률 높을수록(= 문해율이 낮을수록) 문맹 청소년 수가 많다.
  → 문맹청소년은 A가 가장 많으나 남자 문해율은 C가 더 낮다. (×)

ㄴ. (가중평균) 전체 문해율은 남자와 여자의 중앙값
  → 남녀 성인 인구수가 같다. 문맹률이 여자가 높으므로 문맹자수는 여자가 많다. (×)

ㄷ. (덧셈비교) B(26 = 76 - 50)가 가장 크다. (○)

ㄹ. (곱셈비교) 55%(A) > 26%(C) × 2 (○)

ㅁ. (A or B) 여자 문맹률이 두 번째로 높은(= 문해율이 2번째로 낮은) B = 문맹 청소년이 2번째로 많은 C (×)

정답 87 ②

빠꼼이 NCS 기본서

Chapter 1   어림산
Chapter 2   매칭형

Part 1

수리능력

IV. 어림산 및 매칭형

Chapter 1 어림산

1 선택지 보는 법 : 선택지와 자릿수

■ NCS에서 나오는 계산문제는 객관식이기 때문에 선택지의 상황이 절대적으로 중요하다. 단답형 선택지는 답을 고르는 것이 아니라, 답이 아닌 선택지를 소거하는 것이다. 선택지를 보는 방법은 자릿수에 따라 달리 봐야하기 때문에 계산문제는 **선택지와 자릿수**가 가장 중요하다.

● **(선택지 보는 법)** 객관식 계산문제는 선택지간 차이가 나는 부분에 따라 계산법을 달리해야 한다. 선택지간 서로 뒷자리가 다른 경우와 앞자리가 다른 경우로 나누어 구분한다.

- 선택지의 뒷자리가 다른 경우는 뒷자리만 계산한다. **뒤 2자리**까지가 다르면 풀고, 같으면 풀지 않는다.
  - case 1 ① 2,188,200명 ② 2,199,300명 → 0이 아닌 마지막자리가 2, 3으로 다르므로 마지막자리만 계산
  - case 2 ① 2,188,200명 ② 2,199,200명 → 0이 아닌 뒤 2자리가 82, 92로 다르므로 뒤 2자리만 계산
  - case 3 ① 2,188,200명 ② 2,198,200명 → 0이 아닌 뒤 2자리가 82로 같으므로 뒷자리는 풀지 않는다.
    (뒷자리만 풀어서는 답을 구할 수 없다.)
  - case 4 ① 2,188,212명 ② 2,199,911명(질문에 반올림을 했다고 한 경우) → 반올림을 하는 경우에는 마지막자리가 달라도 뒷자리를 풀지 않는다. 뒷자리를 계산해서 나온 수는 반올림이 되었을 것이므로 답과 맞지 않다.
  - case 5 ① 12.8% ② 12.9% (질문에 반올림을 했다고 한 경우) → 반올림을 하는 경우에는 마지막자리가 달라도 뒷자리를 풀지 않는다. 분수계산의 경우 대부분 반올림을 하는 문제이다.

- 선택지의 앞자리가 다른 경우는 앞자리만 계산한다. **앞 2자리**까지 다르면 앞을 계산한다.
  - case 1 ① 2,188,200명 ② 2,389,200명 → 앞 2자리가 21, 23로 다르므로 앞자리만 계산한다.
  - case 2 ① 2,188,200명 ② 2,298,200명 → 앞 2자리가 21, 22로 다르므로 앞자리가 다르다.

  다만, 앞 2자리가 1밖에 차이가 나지 않으면 계산을 아주 정확히 해야 한다. 계산실력이 좋은 사람만 푼다.
  정리하면, 계산실력이 좋은 사람은 앞 2자리가 다르면 무조건 푼다.
  계산실력이 좋지 못하면 앞 2자리가 2이상 차이가 나는 경우에만 계산한다.

- 선택지의 앞자리와 뒷자리 중 하나라도 다른 것이 있으면 풀 수 있다.
  - case 1 ① 2,326,126,400명 ② 2,326,712,700명 ③ 3,554,716,400명
    → ①,②번은 앞자리가 같고 ②,③번은 뒷자리가 같다. 뒷자리를 먼저 풀어서 7이 나오면 2번을 답으로 고른다. 뒷자리가 4가 나오면 1,3번이 남으므로 앞을 풀어서 답을 고른다.
  - case 2 ① 2,398,200명 ② 2,199,200명 → 앞자리도 다르고, 뒷자리도 다르면 뒷자리를 푸는 것이 좋다. 뒷자리를 푸는 것이 더 정확하기 때문이다. 뒷자리가 82, 92로 다르므로 뒤 2자리를 푼다.

[ex] 12년 전체 학생 수 중 서울지역의 비중이 32.6%라면, 서울지역 학생 수는 얼마인가?

→ 표의 전체학생수가 6,721,000명일 경우, 6,721,000 × 32.6% = 2,191,046명

[case 1] ① 2,188,124명 ② 2,189,885명 ③ 2,191,046명 ④ 2,193,128명 ⑤ 2,195,251명

→ 선택지의 마지막 자리가 서로 다르므로 **마지막 자리만 계산**한다.

6,721,000 × 32.6%에서 마지막 자리수인 1×6 = 6이므로 답은 ③번이다.

[case 2] ① 2,188,126명 ② 2,189,886명 ③ 2,191,046명 ④ 2,193,128명 ⑤ 2,195,251명

→ 선택지의 마지막 2자리가 서로 다르므로 **마지막 2자리만 계산**한다.

6,721,000 × 32.6%에서 마지막 2자리 수는 21 × 26 = □46이므로 답은 ③번이다.

뒷2자리를 구해야 할 때는 계산도 2자리씩 곱해야 한다.

[case 3] ① 1,132,846명 ② 1,631,751명 ③ 2,191,046명 ④ 2,782,746명 ⑤ 3,188,356명

→ 선택지의 마지막 2자리가 같으므로 **앞자리를 풀어야 한다.** 앞 2자리가 다르므로 앞자리를 풀면 답을 구할 수 있다. 이 경우에는 「2자리 × 2자리」로 계산한다. 앞자리 계산하는 방법은 다음 단원에서 자세히 배우도록 하자.

6,721,000 × 32.6% → 67 × 33 ≒ 2,211이므로 가장 가까운 ③번이 답이다.

[case 4] ① 1,631,124명 ② 1,631,046명 ③ 2,191,046명 ④ 2,192,078명 ⑤ 2,512,046명

→ ②③⑤번 선택지는 뒷자리수가 같고, ①②번과 ③④번은 앞자리수가 비슷하기 때문에 풀지 않아야 하는 문제로 착각할 수 있다. 하지만 **앞자리와 뒷자리를 동시에 보면** 모든 선택지가 다르다.

우선 6,721,000 × 32.6%에서 마지막 자리수인 1×6 = 6이므로 선택지에서 ①④번을 소거한다.

남은 ②③⑤번은 앞자리가 다르므로 case3의 방식으로 계산하면 답은 ③번이다.

[case 5] ① 2,189,046명 ② 2,190,046명 ③ 2,191,046명 ④ 2,192,046명 ⑤ 2,193,046명

→ 선택지의 뒷자리수도 같고, 앞자리수도 비슷하기 때문에 이 경우에는 **풀지 않고 넘어간다.**

- **(자릿수 보는 법)** 주어진 계산식에 따라 필요한 자릿수만 골라서 풀 수 있어야 한다.

  [ex] 6,721,000,000 × 32.6% = 2,191,046,000명

   [case 1] ① 2,188,140,000명   ② 2,189,927,200명   ③ 2,191,046,000명
   → 뒷자리 계산에서 뒤의 0은 의미가 없다. 0이 아닌 제일 마지막 자리수가 서로 다르면 뒷자리만 계산하면 된다. 6,721,000,000 × 32.6%에서 마지막 자리수인 1 × 6 = 6이므로 답은 ③번이다.

   [case 2] ① 2,188,124,600명   ② 2,189,960,000명   ③ 2,191,046,000명
   → 0이 아닌 제일 뒷자리수가 서로 같을 때는 자릿수를 확인한다.
   6,721,000,000에서 0이 6개이다. 32.6%에서 소수점 하나를 없애려면 0이 1개, %를 없애려면 0이 2개 필요하므로 0을 3개 없앨 수 있다. 뒷자리 6개의 0 중에 3개를 빼면 0이 3개여야 한다. ③번이다.

  [ex] 6,721,000,000 × 32.6% + 3,216,200,000 × 42.4% = 3,554,714,800명

   [case 1] ① 3,554,722,000명   ② 3,554,715,000명   ③ 3,554,714,800명
   → "6,721,000,000 × 32.6%"보다 "3,216,200,000 × 42.4%"이 0이 하나 작다.
   따라서 뒷자리는 "3,216,200,000 × 42.4%"에서 결정되므로 "6,721,000,000 × 32.6%"는 계산할 필요가 없다. 3,216,200,000 × 42.4%에서 마지막 자리수인 2 × 4 = 8이므로 답은 ③번이다.

   [case 2] ① 3,554,722,880명   ② 3,554,718,000명   ③ 3,554,714,800명
   → 선택지의 0이 아닌 마지막 숫자는 8로 같으나, 자릿수가 다르므로 자릿수를 확인한다.
   case1의 이유로 "3,216,200,000 × 42.4%"만 고려한다. 3,216,200,000 의 0이 5개이고 42.4%에서 소수점 하나를 없애기 위해 0이 1개, %를 없애기 위해 0이 2개 필요하므로 0을 3개 약분할 수 있다. ③번이다.

  [ex] 6,721,000,000 × 32.6% + 3,216,200,000 × 4.5% = 2,335,775,000명

   [case 1] ① 2,335,775,000명   ② 3,054,712,400명   ③ 3,554,716,300명
   → 선택지의 뒷자리가 다르다. 32.6%과 4.5%는 뒤에서 보면 소수점 첫째자리로 자리수가 같다. 6,721,000,000은 0이 6개이고 3,216,200,000은 0이 5개로 0이 1개 작은 3,216,200,000 × 4.5%에서 뒷자리가 결정된다. 하지만 마지막 자리인 2 × 5가 0으로 끝이 난다. 이 경우 마지막 자리를 구하기 위해서는 뒤에서 2자리까지 계산을 해줘야 하며, 그렇게 되면 6,721,000,000 × 32.6%의 마지막 자리수와 자리수가 같아진다. 3,216,200,000 × 4.5%의 뒷2자리는 62 × 45 = 90이고
   6,721,000,000 × 32.6%의 마지막 자리는 10 × 6 = 60이다. 90 + 60 = 150로 마지막 자리가 5가 된다. 5로 끝나는 ①번이 답이다.
   뒷자리 계산을 할 때는 5를 주의해야 한다. 5에 짝수를 곱하면 0으로 끝나기 때문에 이 경우에는 뒷 2자리를 계산 해주어야 한다.

• (자릿수 보는 법)

〈표〉 학생 사교육비 및 학교급별 비율

(단위 : 십만원)

구분	연도	2008년	2009년	2010년	2011년	2012년
사교육비		209,094	216,250	208,717	201,200	190,390
사교육비 비중	초등학교	42.2%	38.4%	41.7%	44.2%	43.6%
	중학교	50.5%	53.3%	39.1%	50.4%	45.0%
	고등학교	7.3%	8.3%	19.2%	5.4%	11.4%
	합계	100%	100%	100%	100%	100%

ex 2010년도 중학교 사교육비의 전년대비 감소액은 얼마인가?

→ 216,250십만 원×53.3% - 208,717십만 원×39.1% = 3,365,290,300원

case 1 ① 3,365,290,100원 ② 3,365,290,200원 ③ 3,365,290,300원 ④ 3,365,290,400원 ⑤ 3,365,290,500원

→ 선택지의 마지막 자리가 서로 다르므로 **마지막 자리만 계산**한다.
 "208,717십만 원×39.1%"이 "216,250십만 원×53.3%"보다 0이 하나 작으므로 뒷자리가 먼저 나온다.
 "208,717십만 원×39.1%"만 계산한다. 마지막 자리 수는 7×1 = 7이므로 0 - 7 = 3 답은 ③번이다.

case 2 ① 3,365,291,100원 ② 3,365,291,300원 ③ 3,365,290,300원 ④ 3,365,292,300원 ⑤ 3,365,295,300원

→ 선택지의 마지막 2자리가 서로 다르므로 **마지막 2자리만 계산**한다.
 "216,250십만 원×53.3%"은 마지막 자리만, "208,717십만 원×39.1%"은 뒷 2자리를 계산한다.
 5×3 = 5, 17×91 = 47, 이므로 50 - 47 = 03이므로, 03으로 끝나는 ③번이 답이다.

case 3 ① 2,764,533,000원 ② 3,064,533,000원 ③ 3,364,533,000원 ④ 3,664,533,000원 ⑤ 3,964,533,000원

→ 선택지의 마지막 2자리가 같으므로 **앞자리를 풀어야 한다.**
 앞자리를 어림산으로 계산하는 방법은 다음 단원에서 자세히 배우도록 하자.
 216,250십만 원×53.3% - 208,717십만 원×39.1% → 22×53% - 21×39%
 → 22×53% ≒ 1166, 21×39% ≒ 819이므로 1166-819 = 347이므로 가장 가까운 ③번이 답이다.

case 4 ① 3,064,525,000원 ② 3,064,533,000원 ③ 3,364,533,000원 ④ 3,364,522,000원 ⑤ 3,664,533,000원

→ 우선 뒷자리가 3으로 끝나야 하므로 ①④번을 소거한다.
 ②③⑤번은 앞자리가 크게 다르므로 case3의 방식으로 계산하면 답은 ③번이다.

case 5 ① 3,361,310,300원 ② 3,363,170,300원 ③ 3,365,290,300원 ④ 3,368,230,300원 ⑤ 3,371,220,300원

→ 선택지의 뒷자리수도 같고, 앞자리수도 비슷하기 때문에 이 경우에는 **풀지 않고 넘어간다.**

● (자릿수 보는법)

<표> 학생 사교육비 및 학교급별 비율

(단위 : 십만원)

구분	연도	2008년	2009년	2010년	2011년	2012년
사교육비		209,094	216,250	208,717	201,200	190,390
사교육비 비중	초등학교	42.2%	38.4%	41.7%	44.2%	43.6%
	중학교	50.5%	53.2%	39.0%	50.4%	45.0%
	고등학교	7.3%	8.4%	19.3%	5.4%	11.4%
	합계	100%	100%	100%	100%	100%

ex 2008년도 초등학교 사교육비와 2009년도 고등학교 사교육비의 합은 얼마인가?

→ 209,094십만 원×42.2% + 216,250십만 원×8.4% = 10,640,266,800원

case 1 ① 10,640,266,200원 ② 10,640,266,400원 ③ 10,640,266,800원 ④ 10,640,266,000원

→ 선택지의 마지막 자리가 서로 다르므로 **마지막 자리만 계산**한다.
"209,094십만 원×42.2%"이 "216,250십만 원×8.4%"보다 한자리 늦게 끝나므로
"209,094십만 원×42.2%"만 계산한다. 마지막 자리수인 4×2 = 8이므로 답은 ③번이다.

case 2 ① 8,640,266,800원 ② 9,640,266,800원 ③ 10,640,266,800원 ④ 11,640,266,800원

→ 선택지의 마지막 2자리가 같으므로 **앞자리를 풀어야 한다.**
"209,094십만 원×42.2%"이 "216,250십만 원×8.4%"보다 한자리 더 크다. "209,094십만 원×42.2%"이 더 큰 수이므로
계산을 더 자세히 하고 "216,250십만 원×8.4%"는 계산이 편하도록 변형해서 계산한다.
209,094십만 원×42.2% ≒ 200×44% ≒ 88이고, 216,250십만 원×8.4% ≒ 220×8% ≒ 18이므로
88 + 18 = 106이므로 답은 ③번이다.(앞자리 계산법은 다음 단원에서 배울 수 있다.)

case 3 만약 질문에 만의 자리에서 반올림한다는 표현이 있는 경우

① 106,402십만 원 ② 106,403십만 원 ③ 106,404십만 원 ④ 106,405십만 원

→ 마지막 자리가 다르지만, 뒷자리를 풀어도 답을 알 수가 없다. 우리가 계산한 마지막 자릿수는 반올림이
되어 선택지에는 보이지 않는다. 반올림을 하는 경우에는 뒷자리를 풀어서는 답을 알 수가 없다. 이 경우에
는 **풀지 않고 넘어간다.**

ex 고등학교 사교육비의 2009년, 2011년, 2012년의 합은 얼마인가?

① 5,073,422,000원 ② 5,073,424,000원 ③ 5,073,426,000원 ④ 5,073,428,000원

→ 216,250십만 원×8.4% + 201,200십만 원×5.4% + 190,390십만 원×11.4% = 5,073,426,000원
선택지의 마지막 자리가 서로 다르므로 **마지막 자리만 계산**한다.
2009년, 2011년, 2012년 중 2011년은 0이 하나 더 많기 때문에 계산하지 않는다.
뒷자리만 계산하면 2009년은 5×4 = 0이고, 2011년은 9×4 = 6이므로 둘을 더하면 마지막 자릿수는 6
이므로 답은 ③번이다.

2 앞자리 어림산

- **(곱셈 계산)** 「앞 2자리 × 앞 2자리」곱셈을 하는 것을 기본으로 한다. 3자리씩 곱하게 되면 시간이 오래 걸리기 때문에 풀지 않는다. 2자리만 계산하면 오차가 발생하기 때문에 선택지의 앞 2자리가 서로 다른 경우에만 앞자리 계산을 한다. 2자리 곱셈이 시간이 오래 걸린다고 오해를 할 수 있으나, 막상 계산을 해보면 대부분 20초 이내에서 계산이 끝난다. 계산에 너무 겁먹지 말고, 2자리 계산 정도는 그냥 하도록 하자.

  두 수를 2자리로 만들 때 반올림을 하지 말고, 한 수는 올림, 다른 수는 내림으로 하면 오차가 줄어든다.

  ex 26,712백만 원 × 27.61% = 7,375,183,200원
  - 267 × 276 = 73692 → 3자리씩 계산을 하면 정확히 계산이 가능하다. 다만, 계산 시간이 오래 걸리기 때문에 계산 속도에 자신이 있는 사람이 아니라면 권하고 싶지 않다.
  - 27 × 28 = 756 → 2자리로 끊을 때 반올림을 하면 정확하다고 잘못된 생각을 할 수 있다.
    하지만, 결과적으로 두 수를 모두 올려준 것이기 때문에 오차가 크게 발생한다.
  - 26 × 28 = 728 또는 27 × 27 = 729 → 2자리로 바꿔줄 때, 한 수를 올려주고 다른 수를 내려주면 오차가 줄어든다. 26712백만 원을 27로 바꾸는 것과 27.61%를 28로 변형하는 변형률이 비슷하기 때문에 오차도 비슷하다.
    * 26712백만원을 2자리로 바꿀 것이기 때문에 26712를 26.7이라고 생각을 하고 26.7을 27로 바꾸는 변형률과 27.6을 28로 바꾸는 변형률을 비교하는 것이 좋다.

  ex 26,712천원 × 34.25% = 9,148,860원
  - 27 × 34 = 918 → 두수를 반올림한 결과가 한 수는 올림, 다른 수는 내림이었기 때문에 오차가 거의 없다.

  ex 36,812,000 × 75.65명 = 2,784,827,800명
  - 37 × 76 = 2812(반올림) 또는 37 × 75 = 2775 또는 36 × 76 = 2736
    → 두 수를 각각 반올림 한 것보다 한 수를 올림, 다른 수를 내림처리 한 것이 오차가 더 작다.
    36.8을 37로 바꾸는 것이 75.5를 76으로 바꾸는 것보다 변형률이 작기 때문에 37 × 75가 더 오차가 작다. 두 수 중에서 변형률이 작은 쪽으로 변형을 해주는 것이 더 정확하다.

  ex 1,621,200 × 25.45명 = 41,259,540원
  - 16 × 25 = 400(반올림) 또는 16 × 26 = 416 또는 17 × 25 = 425
    → 두 수를 반올림 하는 것보다, 한 수를 올림 다른 수를 내림으로 계산하면 오차가 줄어든다.
    16.2를 16으로 하는 것이 25.4를 25로 하는 것보다 변형률이 작아보이므로 16 × 26으로 계산하는 것이 좋다. 실제 계산결과도 16 × 26의 오차가 더 작다.

  ex 16,112백만원 × 25.12% = 4,047,334,400원
  - 16 × 25 = 400(반올림) 또는 16 × 26 = 416 또는 17 × 25 = 425
    → 2자리로 끊을 때 반올림을 하지 말라고 위에서 얘기했다. 하지만 이 경우에는 두 수 중 한 수를 올림처리 하기에는 무리가 있어 보인다. 실제 계산결과도 마찬가지이다. 두 수 모두 **세 번째 자리수가 1,2 일 때는 두 수 모두 내림처리, 세 번째 자리수가 8,9일 때는 모두 올림처리** 하는 것이 더 정확하다.

- **(곱셈 어림산)** 두 수 중에서 한 수를 한자리로 변형을 하면 빠른 계산이 가능하다. 다만, 한자리 수로 변형을 하면 오차가 발생할 수 있으므로 두 번째 자리수가 8,9 또는 1,2일 때에만 변형을 한다.

  두 번째 자리수가 「8,9이면 올림, 1,2이면 내림」을 해줘서 한 자리수로 만들어 줄 수 있다.

  이렇게 되면 '두 자리 수 × 한자리수' 계산이 되므로 암산이 가능하다.

  단, 한자리 수로 변경이 애매하거나 자신이 없다면 그냥 '두 자리 수 × 두 자리 수'로 계산해도 괜찮다.

  ex 78,782백만 원 × 34.51% = 27,187,668,200원
  - 78 × 35 = 2730 또는 79 × 34 = 2686
    → 2자리수로 변형을 하면 큰 오차 없이 계산이 가능하다.
  - 80 × 34 = 2720
    → 78782백만 원의 앞 2자리를 78.7이라고 생각하면, 78.7을 80으로 변형해도 큰 부담이 되지 않는다. 이런 경우에는 유효숫자 한자리인 80으로 바꾸어서 '34(두 자리 수) × 80(한자리수)'으로 계산한다. 80은 두 자리 수이지만 실제 계산은 8만하면 되기 때문에 한자리수와 같다.

  ex 41,382천원 × 34.81% = 144,050,742원
  - 41 × 35 = 1435

  - 40 × 35 = 1400 또는 40 × 36 = 1440
    → 41382백만 원의 앞 2자리를 41.3이라고 생각하면, 41.3을 40으로 변형해도 큰 부담이 되지 않는다. 이런 경우에는 유효숫자 한자리인 40으로 바꾼다.
    41.3이 40이 되려면 1.3이 줄어야 한다. 비슷한 비율로 34.8을 올려주면 35보다는 36에 가까워진다.
    따라서, 40 × 35보다는 40 × 36이 오차가 더 작다.

  ex 68,982,000 × 3911 = 269,788,602,000
  - 69 × 39 = 2691 또는 68 × 40 = 2720
    → 2자리수로 변형을 하면 큰 오차 없이 계산이 가능하다.
  - 70 × 38 = 2660 또는 68 × 40 = 2720
    → 두 수 중에서 한 수를 한자리수로 변경 해주어도 괜찮은 경우이다.
  - 70 × 40 = 2800
    → 두 수를 모두 한자리수로 변형하면 편하기 때문에 위의 경우처럼 변경하면 오차가 커진다.
    한 수를 올림 해주었으면, 다른 수는 내림을 해야 하는데 두 수를 모두 올렸기 때문에 오차가 커진다.
    계산을 편하게 하려고 두 수를 같은 방향으로 변경하면 안 된다. '두 자리 × 한자리' 계산은 암산이 가능하도록 연습을 해야 한다. 암산만 된다면 5초 이내에 계산이 되기 때문에 굳이 '한자리 × 한자리'로 줄이려고 무리를 하지 않도록 하자.

- **(2개 이상의 계산)** 곱셈식 2개를 계산한 후 더하거나 빼는 문제는 시간이 많이 걸릴 수 있다.

  이 경우는 선택지가 차이가 많이 나지 않으면 풀지 않는 것이 좋다. 선택지의 앞2자리가 2보다 작게 차이가 나면 풀지 않는 것이 좋고, 2~4 정도 차이가 난면 계산 실력이 좋은 사람만 풀도록 한다.

  50이상 차이가 나면 푸는 것이 좋다. 위에서 배운 계산은 앞자리 20내의 오차가 발생한다. 2개의 계산을 해야 하므로 오차는 2+2 = 4까지도 발생할 수 있다. 따라서 선택지 앞자리가 40내가 나오면 자세한 계산이 정확해야 하므로 계산에 자신이 있는 사람만 푸는 것이 좋다.

  물론, 본인이 계산 속도를 키울수록 풀 수 있는 문제의 수는 많아진다.

  [ex] 78,782백만 원 × 24.51% + 41,282백만 원 × 31.51% = 32,317,426,400원
  - 79 × 24 = 1896 , 80 × 24 = 1920 + 41 × 32 = 1312 , 40 × 33 = 1320
    → 위의 조합 중 최솟값은 1896 + 1312 = 3208이고, 최댓값은 1920 + 1320 = 3240이므로 오차가 크지는 않다. 다만, 계산과정에서 실수가 없어야 한다. 계산에 따른 오차를 보기 위해서 최소값과 최대값을 계산한 것이다. **실제 시험에서는 위의 경우 중 아무 것이나 골라서 계산을 바로 해주어야 한다.**
    만약 '두 자리 × 한자리'로 변형을 할 수 있는 실력이라면 1920 + 1320 = 3240으로 더 빨리 계산을 할 수 있다.

  [ex] 78,782백만 원 × 24.51% + 4,128백만 원 × 31.51% = 20,610,201,000원
  - 79 × 24 = 1896 , 80 × 24 = 1920 + 4 × 31 = 124
    → 두 계산을 더하거나 빼는 계산을 앞자리를 하는 경우에는, 단위가 큰 계산이 더 중요하다.
    위의 계산 중 24.51%와 31.51%는 두 자리 수로 비슷한 크기이나, 78,782이 4,128보다 한자리가 더 크다. 앞의 계산을 더 자세히 해주어야 한다. 78,782를 2자리로 계산한다면, 한자리 적은 4,128은 한자리 수인 4만 계산을 해주면 된다. 앞의 계산은 1896 또는 1920이다. 뒤의 계산은 124이다. 1896 + 124 = 2020 또는 1920 + 124 = 2044으로 생각하면 된다.

  [ex] 7,878백만 원 × 24.51% + 41,282백만 원 × 3.15% = 3,231,280,800원
  - 78 × 25 = 1950 , 80 × 24 = 1920 + 41 × 31 = 1271 , 40 × 32 = 1280
    → 7,878보다는 41,282가 한자리 더 크고, 24.51%가 3.15%보다 한자리 크므로 두 계산의 단위는 같다.
    따라서 두 계산 모두 앞의 2자리를 계산을 해주면 된다.
    위의 조합 중 최솟값은 1920 + 1271 = 3191 이고, 최댓값은 1950 + 1280 = 3230이다.

  [ex] 37,632,000 × 23.23 + 5,282,000 × 34.51 = 1,056,473,180
  - 37 × 24 = 888 , 38 × 23 = 874 + 50 × 35 = 1750 , 53 × 34 = 1290
    → 앞의 계산이 뒤의 계산보다 한자리가 더 크다. 앞의 계산을 더 자세히 해주어야 한다. 38 × 23이 더 적절해 보여서 874한다. 뒤의 계산은 5 × 35 = 175이다. 874 + 175 = 1049이다.

- **(분수로 변환)** 두 자리 이상의 곱셈은 시간이 오래 걸린다. 1자릿수로 변형을 해주는 것이 좋은데 숫자를 변형하기는 어렵다. 하지만 분수로 변환한다면 1자릿수 나눗셈으로 계산할 수 있다.(16.5% ≒ 1/6 등으로 변환)

  분수 변환 시에는 단위분수(분자가 1인 분수)로 변환하는 것이 편하기 때문에 아래의 단위분수를 외우도록 하자

분수	$\frac{1}{2}$	$\frac{1}{3}$	$\frac{1}{4}$	$\frac{1}{5}$	$\frac{1}{6}$	$\frac{1}{7}$	$\frac{1}{8}$	$\frac{1}{9}$
실제값	0.5	0.33	0.25	0.2	0.167	0.143	0.125	0.111

  곱해지는 두 수 중에 분수로 변환이 편한 수를 변환한다. 예를 들어 3,261,000 × 72.6%을 계산한다면, 3,261,000 × 72.6% = 7,260,000 × 32.61% 이므로 72.6% 또는 32.61% 중 분수로 변환하기 쉬운 32.6%를 변환한다. 32.6%는 약 1/3이므로 7,260,000 × 32.61 → 7,260,000 × 1/3 ≒ 2,400,000으로 계산한다.

ex 872,242 × 34.1% + 623,831 × 24.6% = ?(소수점 첫째 자리에서 반올림 하시오)

case 1 ① 357,126 ② 407,126 ③ 450,897 ④ 507,126 ⑤ 557,126

→ 872,242 × 34.1% ≒ 872 × 1/3 ≒ 290, 623,831 × 24.6% ≒ 620 × 1/4 ≒ 155

∴ 290 + 155 ≒ 456이므로 답은 ③번이다.

case 2 ① 447,121 ② 457,124 ③ 467,126 ④ 477,128 ⑤ 487,120

→ 반올림을 했기 때문에 뒷자리를 풀어도 답이 나오지 않는다. 앞자리도 비슷하므로 풀지 않고 넘어간다.

ex 2022년도 매출이 762,700억 원이고, 2023년 전년대비 증가율이 24.5%일 때 2023년 매출액은 얼마인가?
(천만원 자리에서 반올림 하시오)

→ 762,700억 원 + 762,700억 원 × 24.5% = ?

case 1 ① 919,543억 원 ② 949,535억 원 ③ 949,562억 원 ④ 958,524억 원 ⑤ 1,029,528억 원

→ 증가율이 나오면 증가액을 계산해서 더해준다. 선택지의 마지막 자리가 모두 다르고, 계산의 결과가 천만원 자리에서 끝나기 때문에 이 경우에는 뒷 2자리를 계산한다.

"762,700억 원 × 24.5%"에서 뒷 2자리는 27 × 45 = 15이다.15에서 억의 자릿수는 1, 천만원 자릿수가 5이기 때문에 반올림 하면 2억이 된다. 마지막 자릿수(억의 자릿수)가 2인 선택지인 ③번이 답이다.

case 2 ① 929,562억 원 ② 939,562억 원 ③ 949,562억 원 ④ 958,562억 원 ⑤ 969,562억 원

→ 선택지만 보면 앞자리가 비슷해서 풀지 않아야 할 것으로 보이지만, 증가액만 생각하면 차이가 크다.

762,700억 원 × 24.5% ≒ 760 × 25%(=1/4) ≒ 190

762 + 190 ≒ 952이므로 가까운 ③번이 답이다.

- (선택지 단위가 다른 경우) 오히려 쉽다!!

[ex] 92,833천원 × 0.451% = ?(소수점 첫째 자리에서 반올림 하시오)
① 4,187원   ② 41,868원   ③ 43,057원   ④ 418,676원   ⑤ 430,572원
→ 선택지의 자릿수가 다르기 때문에 자릿수를 먼저 확인한다.
92,833천원 × 0.451% 에서 0.451%에 천원의 천을 곱하면 451%가 된다. 451%는 4~5배이다.
9만원 × 4 = 30~40만원 정도 이므로 선택지에서 ①②③은 단위가 맞지 않아서 소거한다.
92,833천원 × 0.451% → 93 × 45 ≒ 4185 이므로 답은 ④번이다.

[ex] 392,833천명 × 25.1% + 54,811천명 × 23.1% = ?
① 11,262,424명   ② 12,262,424명   ③ 111,262,424명   ④ 123,262,424명   ⑤ 1,111,262,424명
→ 선택지의 자릿수가 다르기 때문에 자릿수를 먼저 확인한다. 위의 2가지 곱셈식 중 392,833천명 × 25.1% 이 한자리수 더 크므로 이것만 계산한다. 400,000천명 × 25%로 생각하면 100,000천명이므로 ①②⑤번은 단위가 맞지 않아서 소거한다.
392,833천명 × 25.1% → 39 × 25 ≒ 975   한자리 수가 큰 계산은 자세히 한다.
54,811천명 × 23.1% →   5 × 24 ≒ 120   한자리 수가 작은 계산은 편하게 변형해도 괜찮다.
975 + 120 = 1095이므로 답은 ③번이다

[ex] 192,833 × 15.1% + 27,833 × 11.2% = ?(소수점 첫째 자리에서 반올림 하시오)
① 3,298   ② 3,914   ③ 32,235   ④ 39,324   ⑤ 333,298
→ 선택지의 자릿수가 다르기 때문에 자릿수를 먼저 확인한다. 위의 3가지 곱셈식 중 "192,833 × 15.1%"이 한자리가 더 크므로 이 값을 기준으로 자릿수를 보면, 200,000 × 15% = 30,000이므로 ①②⑤번은 단위가 맞지 않아서 소거한다.
192,833 × 15.1% → 19 × 15 ≒ 285   → 가장 큰 수의 큰 계산은 자세히 한다.
27,833 × 11.2% → 3 × 10 ≒ 30
∴ 285 + 30 = 315이므로 답은 ③번이다

<표 1> 연도별 학생수 및 학교별 학생수 비중

(단위 : 천명, %)

구분	연도	2008년	2009년	2010년	2011년	2012년
전체		7,618	7,447	7,236	( )	6,721
	초등학교	48.2%	46.6%	45.6%	( )	43.9%
	중학교	26.8%	27.0%	27.3%	( )	27.5%
	고등학교	25.0%	26.4%	27.1%	( )	28.6%

<표 2> 학생 사교육비 및 학교별 사교육비 비중

(단위 : 억원, %)

구분	연도	2008년	2009년	2010년	2011년	2012년
전체		209,094	( )	208,718	201,266	190,395
	초등학교	49.9%	( )	46.5%	44.9%	40.7%
	중학교	27.8%	( )	28.9%	29.8%	32.1%
	고등학교	22.3%	( )	24.6%	25.2%	27.1%

1) 2008년 초등학교 학생수는 몇 명인가?(백의 자리에서 반올림 하시오)

　① 3,072천명　② 3,272천명　③ 3,472천명　④ 3,672천명　⑤ 3,872천명

- 7,618 × 48.2% ≒ 3672천명 정답 : ④

　77 × 48 = 3696 또는 76 × 49 = 3724 → 2자리 × 2자리로 계산한다.
　74 × 50 = 3700 또는 75 × 50 = 3750 → 48.2%를 50%로 1.8%P 올려줬다. 76.1은 48.2보다
　약 1.5배 정도 되기 때문에 1.8%P의 1.5배인 2.7%P정도를 빼주면 74 또는 75로 변형이 가능하다.
　계산결과에 가장 가까운 선택지를 고르면 모두 ④번이다.

2) 2010년 중학교 사교육비 총액은 얼마인가?(천만원 자리에서 반올림 하시오)

　① 54,320억원　② 57,320억원　③ 60,320억원　④ 63,320억원　⑤ 66,320억원

- 208,718 × 28.9% ≒ 60,320억원 정답 : ③

　21 × 28 = 588 또는 20 × 30 = 600 또는 21 × 29 = 609
　→ 두 수 모두 셋째 자리수가 8또는 9이므로 이 경우에는 둘다 올림처리 한다.
　　21 × 29 = 609에 가장 가까운 선택지를 고른다.

3) 2009년 전체 학생수의 전년대비 감소율이 전체 사교육비 전년대비 감소율과 같다면, 2009년도 전체 사교육비는 얼마인가?(천만원 자리에서 반올림 하시오)

① 193,192억원   ② 204,441억원   ③ 218,192억원   ④ 233,192억원   ⑤ 248,192억원

- $209{,}094 \times \dfrac{7{,}447}{7{,}618} \fallingdotseq 204{,}441$ 정답 : ②

  761 → 744 : 앞 3자리 기준 761에서 744로 17이 줄어들었다.

  2090 → ? : 2090이 761의 약 3배 정도 되므로 17의 3배인 51이 줄어들면 2039이다.
  가장 가까운 ②번이 답이다.

4) 2011년 전체 학생수의 전년대비 감소율이 전체 사교육비 전년대비 감소율과 같다면, 2011년도 전체 학생수는 얼마인가?(백명 자리에서 반올림 하시오)

① 6,697천명   ② 6,781천명   ③ 6,814천명   ④ 6,978천명   ⑤ 7,089천명

- $7{,}236 \times \dfrac{201{,}266}{208{,}718} \fallingdotseq 6{,}978$ 정답 : ④

  208 → 201 : 앞 3자리 기준 208에서 201로 7이 줄어들었다.

  723.6 → ? : 723.6이 208의 약 3~4배 정도 된다. 7의 3~4배인 21~28사이인 24~25 정도를 빼주면 698~699 정도 된다.
  가장 가까운 수인 ④번이 답이다.

5) 2008년 대비 2012년 초등학교 사교육비 감소액은 얼마인가?(천만원 자리에서 반올림 하시오)

① 16,235억원   ② 19,225억원   ③ 22,352억원   ④ 26,638억원   ⑤ 31,235억원

- $209{,}094 \times 49.9\% - 190{,}395 \times 40.7\% \fallingdotseq 26{,}638$ 정답 : ④

  21 × 50 = 1050 - 20 × 39 = 780

  → 209,094 × 49.9%는 두 수 모두 셋째 자리수가 8또는 9이므로 둘 다 올림처리 하여 21 × 50으로 계산한다. 190,395 × 40.7%는 19를 20으로 1올려주고, 40.7은 19의 약 2배이므로 2를 빼주면 39에 가깝다.

- **(분수 계산)** 분수 계산의 난이도는 분모가 결정한다. 분모의 자리수가 많을수록 계산은 어려워지며, 분자의 자리수는 계산의 난이도와 무관하다. 분모를 2자리수로 변형한 후 나누어 주는 것을 원칙으로 한다. 분모는 2자리로 변형하되 분자는 3자리로 한다. 분자의 자리수가 많을수록 정확도가 높아진다. 분모를 2자리로 해서 나누는 경우 25초 이내에 계산이 가능하다. 분모 2자리 나눗셈이 25초가 넘는다면 나눗셈 연습을 해야 한다.

  ex $\frac{335,578}{874,498}$ 은 실제값이 38.37%이다. 아래와 같이 변형 시에 발생하는 오차를 보자.

  → 분모·분자 반올림 $\frac{336}{874}$ (≒ 38.44%, 오차 0.07%P)

  분모·분자 올림 $\frac{336}{875}$ (≒ 38.40%, 오차 0.03%P) 분모·분자 내림 $\frac{335}{874}$ (≒ 38.33%, 오차 0.04%P)

  *분모·분자를 반올림을 하면 정확한 것으로 오해를 하는 사람이 많다. 분모·분자를 함께 올림처리 또는 내림처리를 하면 오차는 크게 작아진다. 곱셈계산은 두 수 중에서 한 수를 올리면, 다른 수를 내려야 했다.
  하지만, 분수는 분모와 분자를 함께 올리던지, 내려야 오차가 작아진다.

- **(분수 변형)** 분모, 분자를 3자리만 남겨둔 후, 분모의 일의 자리수를 올림 또는 내림처리를 한다. 즉, 분모의 유효숫자를 2자리수로 변형을 한다. 이 때, 분자는 분모가 변형된 비율만큼 비슷하게 변형을 해주어야 오차가 작아진다.
  또한 분자는 2자리로 하지 않고 3자리로 변형을 한다. 분자를 변형할 시에 자세히 하지 않아도 된다. 분모, 분자를 같은 방향으로 올림 또는 내림처리 하면 계산이 다소 부정확해도 큰 오차는 발생하지 않는다. 따라서 분자 조정 시에는 최대한 빨리 조정하도록 하자.

  ex 전체는 8,742이고 A는 2,953이다. 전체 중 A의 비중은 얼마인가?(소수점 셋째자리에서 반올림한다.)
  ① 29.78% ② 31.78% ③ 33.78% ④ 35.78% ⑤ 37.78%

  - $\frac{2953}{8742}$ → $\frac{295}{874}$ → $\frac{294}{870}$ (≒33.8%) 또는 $\frac{293}{870}$ (≒33.7%)   두 가지 경우 모두 ③번이 답이다.

  * $\frac{294}{870}$ 을 계산할 때 870으로 나누지 않고 87로 나누면 된다. 선택지의 단위가 모두 같기 때문이다.
  87로 나누면 33.8%이 아닌 338%가 나오겠지만 선택지에서 338에 가까운 수를 골라주면 된다. 만약 선택지의 단위가 다르다면, 단위를 먼저 소거를 하면 되기 때문에 더 쉬운 문제이다. 만약 선택지에 3.38% 또는 338%가 있었다면 $\frac{2953}{8742}$ 가 3.38% 또는 338%는 아니기 때문에 소거를 하면 된다. 그렇게 되면 결국 단위가 같은 선택지만 남게 되므로 분수계산에서 단위나 자릿수를 따질 필요는 없다.

  ex 전체는 63,882이고 A는 3,953이다. 전체 중 A의 비중은 얼마인가?(소수점 셋째자리에서 반올림한다.)
  ① 5.31% ② 5.78% ③ 6.19% ④ 6.52% ⑤ 7.03%

  - $\frac{3,953}{63,882}$ → $\frac{395}{638}$ → $\frac{396}{640}$ (≒61.9%)   유효숫자가 가장 비슷한 ③번이 답이다.

  * $\frac{3,953}{63,882}$ 을 $\frac{395}{6388}$ 로 하지 않고 $\frac{395}{638}$ 로 변형했다. 이유는 선택지의 단위가 모두 같았기 때문이다. 즉, 단위를 보지 않아도 답을 고를 수 있기 때문에 분모, 분자를 모두 3자리로 한 후에 변형했다. 선택지의 단위가 달랐다면 미리 소거했을 테니깐, 분수 계산 시에는 항상 분모, 분자를 3자리로 한 후에 변형한다.

[ex] 전체는 283,613이고 A는 72,953이다. 전체 중 A의 비중은 얼마인가?(소수점 셋째자리에서 반올림한다.)
① 2.57%   ② 23.78%   ③ 25.72%   ④ 237.81%   ⑤ 257.25%

- 약 $\frac{70000}{280000}$ 이므로 2%나 200%는 나올 수가 없다. ①④⑤번은 소거가 되고 남은 ②③번은 단위가 같다.

  $\frac{72,953}{283,613} \rightarrow \frac{729}{283} \rightarrow \frac{722}{280}(\fallingdotseq 2.578), \frac{721}{280}(\fallingdotseq 2.575), \frac{720}{280}(\fallingdotseq 2.571)$ 세 경우 모두 ③번이 답이다.

* 분모를 283에서 280으로 3만큼 줄였다. 분자는 분모의 2~3배 사이이며 3배에 조금 더 가까워 보인다. 3의 3배가 9이므로 9 또는 9보다 조금 작은 수를 줄여주면 된다. 이 경우에 자세한 계산을 필요가 없다. 위의 예시처럼 7을 줄여도 오차는 거의 발생하지 않는다. 분자를 변형할 때는 과감하게 해도 괜찮다. 분모와 분자를 같은 방향으로 변형시키는 것만으로도 오차를 크게 줄여주기 때문이다.

[ex] A는 264,482이고 B는 987,953이다. A당 B는 얼마인가?(소수점 둘째자리에서 반올림한다.)
① 3.1   ② 3.4   ③ 3.7   ④ 4.0   ⑤ 4.3

- $\frac{987,953}{264,482} \rightarrow \frac{987}{264} \rightarrow \frac{974}{260}(\fallingdotseq 3.74), \frac{973}{260}(\fallingdotseq 3.74), \frac{972}{260}(\fallingdotseq 3.73)$ 가장 비슷한 ③번이 답이다.

* 분모를 264에서 260으로 4만큼 줄였다. 분자는 분모의 3~4배 사이이며 3배 또는 4배에 치우치지 않아 보인다. 4의 3배가 12이고 4배가 16이므로 그 사이인 14정도를 줄여주는 것이 좋아 보인다. 역시 12를 줄여주거나 16을 줄여주어도 답을 고르는 것에는 아무 문제가 없으므로 분자 변형은 과감하게 하는 것이 좋다.

[ex] 전체는 163,542이고 A는 47,953이다. 전체 중 A의 비중은 얼마인가?(소수점 둘째자리에서 반올림한다.)
① 27.1%   ② 28.2%   ③ 29.3%   ④ 30.4%   ⑤ 31.5%

- $\frac{47,953}{163,542} \rightarrow \frac{479}{163} \rightarrow \frac{470}{160}(\fallingdotseq 2.937)$ 가장 비슷한 ③번이 답이다.

* 분모를 163에서 160으로 3만큼 줄였다. 분자는 분모의 약 3배이므로, 분자는 3의 3배인 9를 빼준다.

Chapter 1. 어림산

- **(분수 계산)** 분모를 한자리로 조정이 가능하면 빠른 계산이 가능하다. 분모의 변형값과 비슷한 비율로 분자도 변형해야 한다. 분모의 변형이 큰 경우에는 분자의 변형이 어려워지고 오차가 커진다. 따라서 분모를 15 이내로 변형하는 경우에만 분모를 한자리로 바꿔주도록 하자. 분모를 2자리로 나누어도 30초 이내에 계산이 가능하기 때문에 무리해서 한자리로 변형하려고 하지 않아도 된다. 또한, 분모를 한자리 수로 변형하는 것에 자신이 없다면 그냥 분모를 두 자리 수로 나누어 줘도 괜찮다.

  * 분모를 15 이내로 변형한다는 말은 뒷 2자리가 15이내이거나 85이상인 경우이다.

  885를 900으로 바꾸면 15를 올려주면 되고, 714를 700으로 바꾸면 14를 내려주면 된다.

  하지만, 878을 900으로 바꾸려고 하면 22를 올려줘야 한다. 이 경우에 분자를 얼마나 올려줘야 하는지 계산이 어려워지기 때문에 878을 880으로 바꾸어 2자리수로 나누어 주는 것이 좋다.

  ex $\dfrac{375,578}{889,211}$ (≒42.24%) → 분모를 2자리로 변형 시에는 $\dfrac{375}{890}$ (≒42.13%) 또는 $\dfrac{376}{890}$ (≒42.25%)

  분모를 1자리로 변형 시에는 $\dfrac{379}{900}$ (≒42.11%) ~ $\dfrac{381}{900}$ (≒42.33%)

  분모 변형이 15이내인 경우에는 분자에서 작은 계산실수를 해도 오차가 크지 않다.

  ex $\dfrac{182,273}{69,245}$ (≒263.2%) → 분모를 2자리로 변형 시에는 $\dfrac{181}{690}$ (≒26.23%) 또는 $\dfrac{182}{690}$ (≒26.37%)

  분모를 1자리로 변형 시에는 $\dfrac{184}{700}$ (≒26.29%) ~ $\dfrac{185}{700}$ (≒26.43%)

  ex $\dfrac{88,652}{185,376}$ (≒47.82%) → 분모를 2자리로 변형 시에는 $\dfrac{906}{190}$ (≒476.8%) ~ $\dfrac{910}{190}$ (≒478.9%)

  분모를 1자리로 변형 시에는 $\dfrac{950}{200}$ (≒475%) ~ $\dfrac{960}{200}$ (≒480%)

  ex $\dfrac{585,578}{36,890}$ (≒15.87) → 분모를 2자리로 변형 시에는 $\dfrac{588}{370}$ (≒1.589) 또는 $\dfrac{589}{370}$ (≒1.592)

  분모를 1자리로 변형 시에는 368에서 400으로 15이상 올려줘야 하므로 이 경우에는 분모를 1자리로 변형하지는 않는다.

- **(선택지 오차)** 분수계산도 어림산을 하는 것이기 때문에 당연히 오차가 발생한다. 따라서 선택지의 간격이 아주 좁다면 오차로 인해서 오답이 나올 수 있다. 선택지의 간격이 0.3%P미만이면 분모를 3자리로 해서 나누어 준다. 선택지 간격이 0.3%P이상이면 분모를 2자리로 변형해도 괜찮다. 1%P이상이면 한자리로 조정해도 괜찮다.

  아래 실제값과 변형값의 차이를 보면, 분모를 1자리로 변경할 경우 오차는 0.6%P까지 벌어질 수 있으나, 분모를 2자리로 변경할 경우 오차는 0.1%P이내로 거의 없는 수준이다. 따라서 선택지의 간격이 0.3%P보다 큰 경우에는 분모를 2자리로 변형을 해도 오차범위 이내의 계산이 된다.

분수	분모 1자리		분모 2자리	
	변형값	오차	변형값	오차
1. $\frac{324}{285}$ (≒ 113.68%)	$\frac{339 \sim 343}{300}$ (≒ 113.0% ~ 114.3%)	약 0.6%P	$\frac{318}{280}$ (≒ 113.6%)	약 0.1%P
2. $\frac{524}{391}$ (≒ 134.02%)	$\frac{534 \sim 538}{400}$ (≒ 133.5% ~ 134.5%)	약 0.5%P	$\frac{523}{390}$ (≒ 134.1%)	약 0.1%P
3. $\frac{432}{512}$ (≒ 84.38%)	$\frac{420 \sim 424}{500}$ (≒ 84.0% ~ 84.8%)	약 0.4%P	$\frac{430}{510}$ (≒ 84.31%)	약 0.1%P
4. $\frac{376}{589}$ (≒ 63.84%)	$\frac{381 \sim 385}{600}$ (≒ 63.5% ~ 64.17%)	약 0.3%P	$\frac{377}{590}$ (≒ 63.9%)	약 0.1%P
5. $\frac{432}{612}$ (≒ 70.59%)	$\frac{422 \sim 426}{600}$ (≒ 70.33% ~ 71.0%)	약 0.4%P	$\frac{430}{610}$ (≒ 70.49%)	약 0.1%P
6. $\frac{123}{788}$ (≒ 15.61%)	$\frac{123 \sim 127}{800}$ (≒ 15.38% ~ 15.88%)	약 0.2%P	$\frac{123}{790}$ (≒ 15.57%)	약 0.1%P
7. $\frac{167}{812}$ (≒ 20.57%)	$\frac{164 \sim 166}{800}$ (≒ 20.5% ~ 20.75%)	약 0.2%P	$\frac{167}{810}$ (≒ 20.62%)	약 0.1%P
8. $\frac{145}{889}$ (≒ 16.31%)	$\frac{146 \sim 147}{900}$ (≒ 16.22% ~ 16.33%)	약 0.1%P	$\frac{145}{890}$ (≒ 16.29%)	약 0.1%P
9. $\frac{784}{989}$ (≒ 79.27%)	$\frac{791 \sim 795}{1,000}$ (≒ 79.1% ~ 79.5%)	약 0.2%P	$\frac{785}{990}$ (≒ 79.29%)	약 0.1%P
10. $\frac{324}{2851}$ (≒ 11.36%)	$\frac{339 \sim 343}{300}$ (≒ 113.0% ~ 114.33%)	약 0.06%P	$\frac{318}{280}$ (≒ 113.57%)	약 0.01%P
11. $\frac{524}{3911}$ (≒ 13.4%)	$\frac{534 \sim 538}{400}$ (≒ 133.5% ~ 134.5%)	약 0.05%P	$\frac{523}{390}$ (≒ 134.1%)	약 0.01%P
12. $\frac{432}{5121}$ (≒ 8.44%)	$\frac{420 \sim 424}{500}$ (≒ 84.0% ~ 84.8%)	약 0.04%P	$\frac{430}{510}$ (≒ 84.31%)	약 0.01%P

- **(선택지 단위)** 선택지 간격이 0.3%P를 기준으로 분모를 2자리로 변형할 지를 결정해야 한다. 여기서 주의해야 할 점은 선택지 간의 차이를 단순 %P로 이해하면 오류를 범할 수 있다. 예를 들어 330%와 340%는 10%P 차이가 나고, 33%와 34%는 1%P에 불과하므로 후자가 더 어려운 계산이라고 착각할 수 있다. 하지만 33%에 10을 곱하면 330%가 되고 1%P에 10을 곱하면 10%P가 되므로 둘은 같은 난이도의 계산이다. 선택지의 숫자를 2자리수로 변형을 한 후 위의 구간별 차이에 따라 계산을 하도록 하자.

---

ex 전체는 862,742이고 A는 16,133이다. 전체 중 A의 비중은 얼마인가?(소수점 셋째자리에서 반올림한다.)
① 1.27%   ② 1.57%   ③ 1.87%   ④ 2.17%   ⑤ 2.47%

→ 선택지의 간격은 0.3%P이나 위 선택지는 한 자릿수이다. 이를 두 자릿수로 바꾸려면 10을 곱해야 한다. 선택지의 간격도 0.3%P × 10 = 3%P이므로 분모를 2자리로 변형해서 계산한다.

$\dfrac{16{,}133}{862{,}742}$ → $\dfrac{161}{862}$ → $\dfrac{160}{860}$ (≒18.6%) 또는 $\dfrac{161}{860}$ (≒18.7%)로 계산한다.   ③번이 답이다.

ex 직원수는 89,121명이고 매출액은 1,925억원이다. 직원 1인당 매출액은 얼마인가?(소수점 셋째자리에서 반올림한다.)
① 2.01백만원   ② 2.16백만원   ③ 2.30백만원   ④ 2.45백만원   ⑤ 2.60백만원

→ 선택지의 간격은 약 0.15백만원이나 위 선택지는 한 자릿수이다. 이를 두 자릿수로 바꾸려면 10을 곱해야 한다. 선택지의 간격도 0.15 × 10 = 1.5이므로 분모를 2자리로 변형해서 계산한다.

$\dfrac{1{,}925억원}{89{,}121}$ → $\dfrac{192}{891}$ → $\dfrac{192}{890}$ (≒ 0.216) 또는 $\dfrac{194}{900}$ (≒ 0.216)로 계산한다.   ②번이 답이다.

선택지의 단위가 모두 같기 때문에 계산중에는 단위를 고민할 필요 없다. 분모·분자 모두 앞에서 3자리를 끊은 후 계산에서 나오는 유효숫자대로 선택지에서 확인한다.

ex 지원금은 442,192천원이고 대상자는 47,812명이다. 1인당 지원금은 얼마인가?(소수점 첫째자리에서 반올림한다.)
① 9,241원   ② 9,249원   ③ 9,257원   ④ 9,269원   ⑤ 9,378원

→ 선택지의 간격은 약 10원이나 위 선택지는 네 자릿수이다. 이를 두 자릿수로 바꾸려면 100을 나누어야 한다. 선택지의 간격도 10 ÷ 100 = 0.1 로 선택지 간격이 0.3이내이다. 분모를 3자리로 계산한다.

$\dfrac{442{,}192천원}{47{,}812}$ → $\dfrac{442}{478}$ (≒ 0.9247)   ②번이 답이다.

선택지의 단위가 모두 같기 때문에 계산 중에는 단위를 고민할 필요 없다. 분모·분자 모두 앞에서 3자리를 끊은 후 계산에서 나오는 유효숫자대로 선택지에서 확인한다.

- **(단위)** 선택지의 단위가 서로 다르다면 계산은 쉬워진다. **단위가 틀린 선택지는 소거**할 수 있기 때문이다. **단위가 같은 선택지만 남으면 단위는 신경 쓰지 않아도 된다.** 따라서 단위는 문제를 풀 때 크게 중요하지 않다.

---

ex) 전체는 38,612,427이고 A는 961,315이다. 전체 중 A의 비중은 얼마인가?(소수점 셋째자리에서 반올림한다.)
① 2.49% ② 2.76% ③ 24.89% ④ 27.61% ⑤ 248.97%

→ $\frac{961,315}{38,612,427}$ 은 10%보다 작기 때문에 ③④⑤번을 소거한다.

답은 ①,②번 중 하나이기 때문에 ①,②번 사이의 2.6%를 기준으로 2.6%보다 큰지 혹은 작은지 따진다.

$\frac{9.61}{386} < \frac{2.6}{100}$ 에서 분자의 자릿수를 3자리로 맞추어 주면, $\frac{961}{386} < \frac{260 \times 4}{100 \times 4}$ (=2.6%)이므로 답은 ①번이다.

ex) A기업의 직원 수는 4,123명이고 매출액은 7,134백억 원이다. A기업의 직원 1인당 매출액은 얼마인가?
(소수점 첫째자리에서 반올림한다.)
① 15억 원 ② 17억 원 ③ 161억 원 ④ 173억 원 ⑤ 1,730억 원

→ $\frac{7,134}{4,123}$ 는 1.××이고 단위는 백억 원이므로 직원 1인당 매출액은 백억 대이므로 ①②⑤번을 소거한다.

답은 ③,④번 중 하나이기 때문에 ③,④번 사이의 170억을 기준으로 계산한다.

$\frac{713}{412} > \frac{170 \times 4}{100 \times 4}$ 을 차이법으로 비교하면 답은 ④번이다.

ex) 지원금은 323,312천원이고 대상자는 7,142명이다. 1인당 지원금은 얼마인가?(소수점 첫째자리에서 반올림한다.)
① 312원 ② 452원 ③ 4,102원 ④ 4,526원 ⑤ 45,269원

→ $\frac{323,312천원}{7,142}$ 은 40천원보다 크기 때문에 ①②③④번을 소거할 수 있다.

답은 ⑤번이다.

ex) 전체는 762,742이고 A는 262,133이다. 전체 중 A의 비중은 얼마인가?(소수점 셋째자리에서 반올림한다.)
① 3.09% ② 3.44% ③ 34.37% ④ 35.41% ⑤ 343.71%

→ $\frac{262,133}{762,742}$ 은 10%보다는 크고 100%보다는 작기 때문에 ①②⑤번을 소거할 수 있다.

답은 ③,④번 중 하나이기 때문에 ③,④번 사이의 35%를 기준으로 35%보다 큰지 혹은 작은지 따진다.

$\frac{262}{762} < \frac{35 \times 8}{100 \times 8}$ (=35%)은 차이법으로 계산하면 35% 미만이므로 답은 ③번이다.

- **(2개 이상의 분수계산)** 분수식 2개를 계산한 후 더하거나 빼는 문제는 시간이 많이 걸릴 수 있다.

  이 경우는 선택지가 차이가 많이 나지 않으면 풀지 않는 것이 좋다. 선택지 간격이 1%P보다 크면 풀고, 1%P보다 작으면 풀지 않도록 한다. 1번의 분수계산은 30초 이내에 풀 수가 있다. 2번의 분수계산 후 더하거나 빼주면 문제의 식을 세우는 것까지 포함하면 1분 30초 ~ 2분 정도가 걸릴 수 있다. 계산문제는 실수만 없다면 정답이므로 1분 30초 ~ 2분이 걸리더라도 푸는 것이 좋다.

〈표 1〉 연도별 학생수 변화

(단위 : 천명)

구분 \ 연도	2008년	2009년	2010년	2011년	2012년
전체	5,618	7,447	9,236	9,487	13,721
초등학교	2,672	3,474	6,299	3,132	8,952
중학교	1,039	2,007	1,975	3,411	3,849
고등학교	1,907	1,966	1,962	2,944	920

ex 2008년도 고등학교 학생 수의 비중과 중학교 학생 수의 비중의 차이는 얼마인가?(소수점 둘째자리에서 반올림한다.)
① 15.5%P ② 16.7%P ③ 17.7%P ④ 18.6%P ⑤ 19.7%P

- $\frac{1907}{5618} - \frac{1039}{5618} \rightarrow \frac{868}{5618} \rightarrow \frac{868}{561} \rightarrow \frac{866}{560}(≒1.55)$ 또는 $\frac{867}{560}(≒1.55)$ 둘 경우 모두 ①번이 답이다.

  * 이 문제처럼 분모가 같은 경우는 분수계산을 2번 하지 않아도 된다. 분자만 계산한 후 분수로 나누면 되기 때문에 어려운 계산이 아니다. 이런 경우는 가급적 풀어주도록 한다.

ex 2009년 대비 2010년도 초등학교 학생 수의 비중은 얼마나 증가하였는지 구하시오.(소수점 둘째자리에서 반올림한다.)
① 17.6%P ② 18.8%P ③ 20.2%P ④ 21.6%P ⑤ 23.1%P

- $\frac{6299}{9236} - \frac{3474}{7447} \rightarrow \frac{629}{923} - \frac{347}{744} \rightarrow \frac{627}{920}(≒68.1) - \frac{345}{740}(≒46.6) ≒ 21.5\%$ ④번이 답이다.

  * $\frac{627}{920}$과 $\frac{627}{920}$의 2번의 분수계산이 필요하다. 분수계산 1번에 30초 이내로 계산을 할 수만 있다면, 식을 세우고 답을 구하는 것까지 1분 30초 ~ 2분에 풀이가 가능하기 때문에 풀어주는 것이 좋다.

<표 1> 연도별 학생수 변화

(단위 : 천명)

구분	연도	2008년	2009년	2010년	2011년	2012년
전체		5,618	7,447	9,236	9,487	13,721
	초등학교	2,672	3,474	6,299	3,132	8,952
	중학교	1,039	2,007	1,975	3,411	3,849
	고등학교	1,907	1,966	1,962	2,944	920

[ex] 2008년 대비 2009년도 중학교 학생 수의 비중은 얼마나 증가하였는지 구하시오.(소수점 둘째자리에서 반올림한다.)
① 7.6% ② 8.5% ③ 9.2% ④ 9.8% ⑤ 10.6%

- $\dfrac{2007}{7447} - \dfrac{1039}{5618} \rightarrow \dfrac{200}{744} - \dfrac{103}{561} \rightarrow \dfrac{199}{740}(≒26.9) - \dfrac{103}{560}(≒18.4) ≒ 8.5\%$ ②번이 답이다.

* $\dfrac{200}{744}$과 $\dfrac{103}{561}$의 2번의 분수계산이 필요하다.

[ex] 2012년 초등학교 학생 수 증가폭은 중학교 학생 수 증가폭의 몇 배인가? (소수점 둘째자리에서 반올림한다.)
① 8.0배 ② 9.2배 ③ 10.6배 ④ 12.0배 ⑤ 13.3배

- $\dfrac{8952-3132}{3849-3411} = \dfrac{5820}{438} \rightarrow \dfrac{582}{438} \rightarrow \dfrac{585}{440}(≒13.3)$ ⑤번이 답이다.

* 덧셈 계산 후에 분수는 1번만 계산해도 되므로 충분히 풀만한 계산이다.

[ex] 2010년 대비 2011년도 초등학교 학생 수의 비중은 얼마나 감소하였는지 구하시오.(소수점 둘째자리에서 반올림한다.)
① 32.6% ② 33.8% ③ 35.2% ④ 36.3% ⑤ 37.7%

- $\dfrac{6299}{9236} - \dfrac{3132}{9487} \rightarrow \dfrac{629}{923} - \dfrac{313}{948} \rightarrow \dfrac{635}{930} - \dfrac{307}{930} = \dfrac{328}{930}(≒35.2)$ ③번이 답이다.

* $\dfrac{629}{923}$의 계산에서 원래는 분모를 920으로, $\dfrac{313}{948}$은 950으로 변형하는 것이 맞다. 하지만, 이 문제처럼 분모가 다른 분수 계산은 계산을 2번해야 한다. 분모를 같이 해줄 수가 있다면 가급적 분모를 같게 해주는 것이 좋다. 이 문제에서는 분모가 923과 948로 비슷하기 때문에 930 또는 940으로 분모를 같게 해주면 1번의 분수계산으로 답을 구할 수 있다. 만약 분모를 같게 해주기 애매한 경우라면 무리하지 말고 2번의 계산을 해주는 것이 좋다.

<표 1> 연도별 학생수 변화 (단위 : 천명)

구분 \ 연도	2008년	2009년	2010년	2011년	2012년
전체	7,618	7,447	7,236	6,987	6,721
초등학교	3,672	3,474	3,299	3,132	2,952
중학교	2,039	2,007	1,975	1,911	1,849
고등학교	1,907	1,966	1,962	1,944	1,920

<표 2> 학생 사교육비 총액규모 (단위 : 억원)

구분 \ 연도	2008년	2009년	2010년	2011년	2012년
전체	209,094	216,259	208,718	201,266	190,395
초등학교	104,307	102,309	97,080	90,461	77,554
중학교	58,135	62,656	60,396	60,006	61,162
고등학교	46,652	51,294	51,242	50,799	51,679

1) '08년 전체 학생수 중 초등학생의 비중은 얼마인가? (소수점 둘째자리에서 반올림한다.)
　① 48.2%　② 49.2%　③ 50.2%　④ 51.2%　⑤ 52.2%

2) '09년 전체 학생 중 중학생의 비중은 얼마인가? (소수점 둘째자리에서 반올림한다.)
　① 25.0%　② 26.0%　③ 27.0%　④ 27.8%　⑤ 28.6%

3) '10년 초등학생 대비 고등학생의 비중은 얼마인가? (소수점 둘째자리에서 반올림한다.)
　① 56.2%　② 57.0%　③ 57.9%　④ 58.7%　⑤ 59.5%

4) '12년 고등학생 대비 중학생의 비중은 얼마인가? (소수점 둘째자리에서 반올림한다.)
　① 93.2%　② 94.2%　③ 95.2%　④ 96.3%　⑤ 97.5%

5) '11년 초등학생 대비 고등학생의 비중은 얼마인가? (소수점 둘째자리에서 반올림한다.)
　① 61.1%　② 62.1%　③ 63.1%　④ 64.1%　⑤ 65.1%

6) '09년 초등학생과 중학생의 합 대비 고등학생의 비중은 얼마인가? (소수점 둘째자리에서 반올림한다.)
　① 35.9%　② 36.5%　③ 37.1%　④ 37.9%　⑤ 38.7%

7) '10년 초등학교 사교육비 대비 중학생 사교육비의 비중은 얼마인가? (소수점 둘째자리에서 반올림한다.)
   ① 61.6%   ② 61.8%   ③ 62.0%   ④ 62.2%   ⑤ 62.4%

8) '11년 전체 학생수 중 초등학교 학생수의 비중과 중학교 학생수의 비중은 각각 얼마인가? (소수점 아래 둘째 자리에서 반올림한다.)
   ① 42.8%, 26.4%   ② 44.8%, 27.4%   ③ 46.8%, 28.4%   ④ 48.8%, 29.4%   ⑤ 50.8%, 30.4%

9) 전체 중 초등학교 학생수의 비중이 가장 큰 년도는 언제인가? (소수점 둘째자리에서 반올림한다.)
   ① 2008년도   ② 2009년도   ③ 2010년도   ④ 2011년도   ⑤ 2012년도

10) '08년과 '12년 전체 중 초등학교 학생수 비중의 합은 얼마인가? (소수점 아래 둘째 자리에서 반올림한다.)
   ① 89.3%   ② 91.0%   ③ 92.1%   ④ 93.4%   ⑤ 94.8%

정답 ①③⑤④② / ①④②①③

1) ① $\frac{3,672}{7,618} \to \frac{366}{760}$ (≒ 48.2%)   2) ③ $\frac{2,007}{7,447} \to \frac{199}{740}$ (≒ 26.9%)   3) ⑤ $\frac{1,962}{3,299} \to \frac{196}{330}$ (≒ 59.4%)

4) ④ $\frac{1,849}{1,920} \to \frac{183}{190}$ (≒ 96.3%)   5) ② $\frac{1,944}{3,132} \to \frac{186}{300}$ (≒ 62.0%)   6) ① $\frac{1,966}{3,474+2,007} \to \frac{196}{547} \to \frac{197}{550}$ (≒ 35.8%)

7) ④ $\frac{60,396}{97,080} \to \frac{603}{970}$ (≒ 62.2%)   8) ② $\frac{3,132}{6,987} \to \frac{314}{700}$ (≒ 44.9%), $\frac{1,911}{6,987} \to \frac{192}{700}$ (≒ 27.4%)

9) ①   10) ③ $\frac{3,672}{7,618} + \frac{2,952}{6,721} \to \frac{366}{760}$ (≒ 48.2%) + $\frac{294}{670}$ (≒ 43.9%) ≒ 92.1%

※ 복습자료에 나오는 선택지를 모두 풀지 마시고, 시간이 오래 걸릴 것 같은 선택지를 2~3개 정도는 풀지 않도록 합니다.
2~3개 정도의 선택지를 제외한 상태에서 최대한 빨리, 정확하게 푸는 연습을 하시기 바랍니다.

■ **(복습 자료)어림산 1**

연도 \ 구분	발생건수(건)	사망자수	10만명당 부상자수	차1만대당 사망자수	부상자수
2012	1,000	23,104	12.2	15.2	21,777
2013	1,200	21,877	15.7	13.1	26,062
2014	1,500	34,800	15.0	17.4	21,330
2015	2,000	28,750	24.1	23.0	28,197
2016	3,000	34,100	23.8	22.0	34,058

1) '12년도 인구수는 얼마인가?

　① 138,400,000　② 158,620,000　③ 178,500,000　④ 178,700,000　⑤ 208,600,000

2) '13년도 인구수는 얼마인가?

　① 161,000,000　② 162,500,000　③ 164,000,000　④ 166,000,000　⑤ 167,600,000

3) '12년과 '14년도 인구수의 합은 얼마인가?

　① 약 29천만명　② 약 32천만명　③ 약 35천만명　④ 약 38천만명　⑤ 약 41천만명

4) '14년도 인구수는 얼마인가?(소수점 첫째자리에서 반올림 하시오)

　① 143,100,840　② 143,113,853　③ 143,125,840　④ 143,145,912　⑤ 143,231,840

5) '15년도 인구수의 전년대비 감소인원은 얼마인가?
   ① 18,300,000   ② 21,200,000   ③ 25,200,000   ④ 32,100,000   ⑤ 37,810,000

6) '12년도 자동차수는 얼마인가?
   ① 15,200,000   ② 15,400,000   ③ 15,270,000   ④ 15,620,000   ⑤ 15,900,000

7) '13년도 자동차수는 얼마인가?
   ① 14,200,000   ② 14,700,000   ③ 15,200,000   ④ 15,800,000   ⑤ 16,700,000

8) '15년도 자동차수는 얼마인가?
   ① 10,500,000   ② 12,500,000   ③ 12,700,000   ④ 12,550,000   ⑤ 16,500,000

9) '12년과 '13년도 자동차수의 합은 얼마인가?
   ① 31,900,000   ② 34,200,000   ③ 36,500,000   ④ 38,500,000   ⑤ 40,500,000

10) '16년도 자동차수의 전년대비 증가량은 얼마인가?
    ① 3,000,000   ② 3,100,000   ③ 3,200,000   ④ 3,300,000   ⑤ 3,500,000

정답 ③④②①③ / ①⑤②①①

연도 \ 구분	인구수	자동차수
2012	178,500,000	15,200,000
2013	166,000,000	16,700,000
2014	142,200,000	20,000,000
2015	117,000,000	12,500,000
2016	143,100,840	15,500,000

※) 10만명당 부상자수 = $\dfrac{부상자수}{인구수}$ × 10만명

→ 인구수 × 10만명당 부상자수 = 부상자수 × 100,000

1) ③ (뒷자리) 답(인구수) × 10만명당 부상자수 = 부상자수 × 100,000
   → 답(인구수) × 12.2 = 21,777 × 100,000
   선택지 마지막 자리를 곱해서 7이 나오는 선택지가 없으므로 0이 나와야 한다. 그래야 그 앞자리가 7이 나올 수 있다 ③번을 제외하면 모두 소거

2) ④ (뒷자리) 답(인구수) × 15.7 = 26,062 × 100,000
   마지막 자리가 7과 곱해서 2로 끝나는 선택지는 ④⑤뿐이다.(①②③번 소거)
   우항의 0의 개수가 5개이다. 좌항에서 15.7의 소수점을 없애려면 0이 하나 더 있어야 하므로 답은 0이 6개여야 한다.

3) ② (앞자리) $\dfrac{21,777}{12.2} + \dfrac{21,330}{15.0}$ → $\dfrac{217}{122} + \dfrac{213}{150}$ ≒ $\dfrac{214}{120} + \dfrac{213}{150}$ ≒ 3.23

4) ① 풀지 않고 넘어간다.

5) ③ 계산에 자신이 있는 사람만 푼다.
   (앞자리) $\dfrac{28,197}{24.1} - \dfrac{21,330}{15.0}$ → $\dfrac{281}{241} - \dfrac{213}{150}$ ≒ $\dfrac{280}{240} + \dfrac{213}{150}$ ≒ 2.53

※) 차1만대당 사망자수 = $\dfrac{사망자수}{자동차수}$ × 1만명

→ 자동차수 × 차1만대당 사망자수 = 사망자수 × 10,000

6) ① 마지막 자리로 ②⑤번소거, 자리수로 ③④번 소거, ①번만 남는다.

7) ⑤ (앞자리) $\dfrac{21,877}{13.1}$ → $\dfrac{218}{131}$ ≒ $\dfrac{217}{130}$ ≒ 1.669

8) ② (뒷자리) 답(인구수) × 차1만대당 사망자수(23.0) = 사망자수(28,750) × 10,000
   선택지 중 3과 곱해서 5로 끝나지 않는 ③번 소거
   우항의 0은 5개이다. 좌항도 0이 5개여야 하므로 ④번 소거
   (앞자리) $\dfrac{28,750}{23.0}$ ≒ 125 ②번이 답이다.

9) ① (앞자리) $\dfrac{23,104}{15.2} + \dfrac{21,877}{13.1}$ → $\dfrac{231}{152} + \dfrac{218}{131}$ ≒ $\dfrac{228}{150} + \dfrac{217}{130}$ ≒ 3.19

10) ① 계산에 자신이 있는 사람만 푼다.
    (앞자리) $\dfrac{34,100}{22.0} - \dfrac{28,750}{23.0}$ ≒ 30

MEMO

※ 복습자료에 나오는 선택지를 모두 풀지 마시고, 시간이 오래 걸릴 것 같은 선택지를 2~3개 정도는 풀지 않도록 합니다.
2~3개 정도의 선택지를 제외한 상태에서 최대한 빨리, 정확하게 푸는 연습을 하시기 바랍니다.

(복습 자료)어림산 2

〈표〉 권장소비자가격 대비 가격할인율 상위 20개 품목

(단위: 개, 원, %)

구 분	권장소비자가격	권장소비자가격과의 괴리율	
		정상가 판매시 괴리율	할인가 판매시 괴리율
세탁기	640,000	23.1	25.2
유선전화기	147,000	22.9	34.5
와이셔츠	78,500	21.7	31.0
기성신사복	337,500	21.3	32.3
VTR	245,400	20.5	24.3
진공청소기	147,200	18.7	21.3
가스레인지	368,000	18.0	20.0
냉장고	1,080,000	17.8	22.0
무선전화기	181,500	17.7	31.6
청바지	118,400	14.8	52.0
빙과	2,200	14.6	15.0
에어컨	582,000	14.5	19.8
오디오세트	493,000	13.9	17.7
라면	1,080	12.5	17.2
골프채	786,000	11.1	36.9
양말	7,500	9.6	30.0
완구	59,500	9.3	18.6
정수기	380,000	4.3	28.6
운동복	212,500	4.1	44.1
기성숙녀복	199,500	3.0	26.2

주1) 권장소비자가격과의 괴리율(%) = $\frac{권장소비자가격 - 판매가격}{권장소비자가격} \times 100$
주2) 정상가 : 할인판매를 하지 않는 상품의 판매가격
주3) 할인가 : 할인판매를 하는 상품의 판매가격

1) 세탁기의 할인가 판매가격은 얼마인가?

① 451,630원　　② 467,780원　　③ 478,720원　　④ 495,330원　　⑤ 512,360원

2) 기성신사복의 정상가 판매가격은 얼마인가?(소수점 첫째자리에서 반올림 하시오)

① 205,613원　　② 225,613원　　③ 245,613원　　④ 265,613원　　⑤ 285,613원

3) 가스레인지의 정상가 판매가격은 얼마인가?
　① 241,760원　② 271,720원　③ 271,760원　④ 301,720원　⑤ 301,760원

4) 운동복의 정상가 판매가격은 얼마인가?(소수점 첫째자리에서 반올림 하시오)
　① 203,788원　② 203,791원　③ 203,795원　④ 203,797원　⑤ 203,798원

5) 에어컨 할인액은 얼마인가?
　① 30,842원　② 30,846원　③ 33,857원　④ 35,872원　⑤ 40,860원

6) 냉장고 할인액은 얼마인가?
　① 45,360원　② 49,120원　③ 55,212원　④ 54,366원　⑤ 57,380원

7) 세탁기와 유선전화기의 정상가 판매가격의 차이는 얼마인가?
　① 378,823원　② 385,855원　③ 388,859원　④ 378,830원　⑤ 378,886원

8) 냉장고와 무선전화기의 할인가 판매가격의 차이는 얼마인가?
　① 618,240원　② 658,345원　③ 710,262원　④ 718,254원　⑤ 768,347원

9) 청바지와 빙과의 할인가 판매가격의 차이는 얼마인가?
　① 50,235원　② 52,256원　③ 54,962원　④ 56,987원　⑤ 58,026원

10) 정수기와 운동복의 정상가 판매가격의 차이는 얼마인가?(소수점 첫째자리에서 반올림 하시오)
　① 129,433원　② 139,554원　③ 149,860원　④ 159,873원　⑤ 169,888원

〈표〉 권장소비자가격 대비 가격할인율 상위 20개 품목

(단위: 개, 원, %)

구 분	권장소비자가격과의 괴리율		
	권장소비자가격	정상가 판매시 괴리율	할인가 판매시 괴리율
세탁기	640,000	23.1	25.2
유선전화기	147,000	22.9	34.5
와이셔츠	78,500	21.7	31.0
기성신사복	337,500	21.3	32.3
VTR	245,400	20.5	24.3
진공청소기	147,200	18.7	21.3
가스레인지	368,000	18.0	20.0
냉장고	1,080,000	17.8	22.0
무선전화기	181,500	17.7	31.6
청바지	118,400	14.8	52.0
빙과	2,200	14.6	15.0
에어컨	582,000	14.5	19.8
오디오세트	493,000	13.9	17.7
라면	1,080	12.5	17.2
골프채	786,000	11.1	36.9
양말	7,500	9.6	30.0
완구	59,500	9.3	18.6
정수기	380,000	4.3	28.6
운동복	212,500	4.1	44.1
기성숙녀복	199,500	3.0	26.2

주1) 권장소비자가격과의 괴리율(%) = $\frac{권장소비자가격 - 판매가격}{권장소비자가격} \times 100$

주2) 정상가 : 할인판매를 하지 않는 상품의 판매가격

주3) 할인가 : 할인판매를 하는 상품의 판매가격

11) 골프채의 할인가 판매가격은 얼마인가?

① 약 411천원   ② 약 461천원   ③ 약 478천원   ④ 약 495천원   ⑤ 약 512천원

12) 기성숙녀복의 정상가 판매가격은 얼마인가?

① 약 1,835백 원   ② 약 1,935백 원   ③ 약 2,035백 원   ④ 약 2,135백 원   ⑤ 약 2,235백 원

13) 기성숙녀복의 할인가 판매가격은 얼마인가?
　　① 약 15천 원　　② 약 127천 원　　③ 약 147천 원　　④ 약 1,272천 원　　⑤ 약 1,472천 원

14) 무선전화기 할인액은 얼마인가?
　　① 약 2.32천원　　② 약 2.52천원　　③ 약 23.2천원　　④ 약 25.2천원　　⑤ 약 252천원

15) VTR와 오디오세트의 정상가 판매가격의 합은 얼마인가?
　　① 619,566원　　② 619,866원　　③ 620,566원　　④ 621,766원　　⑤ 622,566원

16) 냉장고와 진공청소기 정상가 판매가격의 합은 얼마인가?
　　① 약 101만 원　　② 약 111만 원　　③ 약 121만 원　　④ 약 131만 원　　⑤ 약 141만 원

17) 골프채, 운동복, 와이셔츠 할인가 판매가격의 합은 얼마인가?
　　① 약 65만 원　　② 약 68만 원　　③ 약 71만 원　　④ 약 74만 원　　⑤ 약 77만 원

18) 냉장고와 무선전화기의 할인가 판매가격의 차이는 얼마인가?
　　① 618,254원　　② 658,254원　　③ 690,254원　　④ 718,254원　　⑤ 768,254원

19) 청바지와 정수기의 할인가 판매가격의 차이는 얼마인가?
　　① 154,488원　　② 174,488원　　③ 194,488원　　④ 214,488원　　⑤ 234,488원

20) 에어컨, 완구, 라면 할인액의 합은 얼마인가?(솟점 첫째자리에서 반올림 하시오)
　　① 36,430원　　② 38,430원　　③ 40,430원　　④ 42,430원　　⑤ 44,430원

정답 ③④⑤①② / ①①④③④ / ④②③④① / ①②④④①

구 분	판매가격		
	정상가	할인가	할인액 (정상가 - 할인가)
세탁기	492,160.0	478,720.0	13,440
유선전화기	113,337.0	96,285.0	17,052
와이셔츠	61,465.5	54,165.0	7,300.5
기성신사복	265,612.5	228,487.5	37,125
VTR	195,093.0	185,767.8	9,325.2
진공청소기	119,673.6	115,846.4	3,827.2
가스레인지	301,760.0	294,400.0	7,360
냉장고	887,760.0	842,400.0	45,360
무선전화기	149,374.5	124,146.0	25,228.5
청바지	100,876.8	56,832.0	44,044.8
빙과	1,878.8	1,870.0	8.8
에어컨	497,610.0	466,764.0	30,846
오디오세트	424,473.0	405,739.0	18,734
라면	945.00	894.24	50.8
골프채	698,754.0	495,966.0	202,788
양말	6,780.0	5,250.0	1,530
완구	53,966.5	48,433.0	5,533.5
정수기	363,660.0	271,320.0	92,340
운동복	203,787.5	118,787.5	85,000
기성숙녀복	193,515.0	147,231.0	46,284

(정상가, 할인가)판매가격 = 권장소비자가격 × (1 − 괴리율)

할인액 = 권장소비자가격 × (할인가 괴리율 − 정상가 괴리율)

1) ③ (뒷자리) 선택지의 뒷 자리가 다르다. 640,000원 × (1 − 0.252) = 2로 끝난다.

2) ④ 337,500원 × 0.787 → (앞자리) 34 × 79 ≒ 2686 또는 33 × 80 = 2640

3) ⑤ 368,000원 × 0.82 → (뒷자리) 뒷 자리는 6이다. ②④번 소거
   → (앞자리) 37 × 82 ≒ 3034 또는 38 × 80 = 3040

4) ① 풀지 않는다.

5) ② 582,000원 × (0.198 − 0.145) = 582,000원 × 0.053
   → (뒷자리) 뒷 자리는 6이고, 0의 개수는 없다.

6) ① 1,080,000원 × (0.22 − 0.178) = 1,080,000원 × 0.042
   → (뒷자리) 뒷 자리는 6이고, 0의 개수는 1개이다.

7) ① 640,000원 × 0.769(세탁기) − 147,000원 × 0.771(유선전화기)
   → (뒷자리) 유선전화기의 0의 개수가 하나 적기 때문에 유선전화기의 뒷자리만 계산한다. 0 − 7 = 3이므로 뒷 자리는 3이고, 0의 개수는 0개이다.

8) ④ 1,080,000원 × 0.78(냉장고) − 181,500원 × 0.684(무선전화기)
   → (뒷자리) 무선전화기의 0의 개수가 2개 적기 때문에 유선전화기의 뒷자리만 계산한다. 유선전화의 마지막 자리계산이 5 × 4 = 0이므로 뒷2자리까지 계산을 해주어야 한다. 15 × 84 = 6으로 끝나야 하고 0의 개수는 0개이다. 0 − 6 = 4로 끝나는 ④번이 답이다.

9) ③ 118,400원 × 0.48(청바지) − 2,200원 × 0.85(빙과)
   → (뒷자리) 청바지와 빙과의 0의 개수가 같다.
      4 × 8 의 뒷자리는 2이고, 2 × 5 의 뒷 자리는 0이다.
      2 − 0 = 2이다.

10) ④ 380,000원 × 0.957(정수기) − 212,500원 × 0.959(운동복)
    → (앞자리) 반올림이기 때문에 뒷자리는 안된다. 분수가 비슷하므로 약 0.96으로 해서 묶어 준다.
       (380 − 212) × 96 = 168 × 96 ≒ 160~161 × 100 이므로 가장 가까운 4번이 답이다.

11) ④ 786,000원 × 0.631 → (앞자리) 79 × 63 ≒ 4977 또는 80 × 62 = 4960

12) ② 199,500원 × 0.97 → (앞자리) 20 × 97 ≒ 194 또는 200에서 3%(≒6)을 빼준다.

13) ③ 199,500원 × 0.738 → (앞자리) 10만 원대이므로 ①④⑤번 소거
    (앞자리) 20 × 74 ≒ 1480 또는 20 × 73 ≒ 1460

14) ④ 181,500원 × (0.316 − 0.177) = 181,500원 × (0.139)
    → (앞자리) 10만 원대이므로 ①②⑤번 소거
       (앞자리) 18 × 14 ≒ 252

15) ① 앞과 뒤가 다른 선택지가 없어서 풀지 않는다.
    만약, 선택지의 앞과 뒤 다른 선택지였다면
    245,400원 × 0.795 + 493,000원 × 0.861
    → (뒷자리) VTR이 0이 하나 적지만 마지막 자리가 0이기 때문에 VTR은 뒷 2자리, 오디오세트는 뒷1자리를 계산한다.
       54 × 95 = 30, 3 × 1 = 3이므로 마지막 자리는 3 + 3 = 6이다.
    → (앞자리) 24 × 0.8 + 50 × 0.85 ≒ 61.7

16) ① 계산에 자신이 있는 사람만 푼다.
    1,080,000원 × 0.822(냉장고) + 147,000원 × 0.813(진공청소기)
    → 냉장고가 진공청소기 보다 앞자리가 하나 크므로 냉장고 계산이 더 중요하다.
       (앞자리) 108 × 822 + 14.7 × 813 → 110 × 80 + 15 × 90 ≒ 10150

17) ② 가급적 풀지 않는다.
    786,000원 × 0.631 + 212,500원 × 0.559 + 78,500원 × 0.69
    → 숫자 크기가 큰 골프채와 운동복이 더 중요하다.
       (앞자리) 786 × 631 + 212 × 599 + 78 × 690 → 80 × 62 + 21 × 60 + 8 × 70 ≒ 6800

18) ④ 계산에 자신이 있는 사람만 푼다.
    1,080,000원 × 0.78(냉장고) − 181,500원 × 0.684(무선전화기)
    → (앞자리) 108 × 780 − 18 × 684 → 11 × 77 − 18 × 7 ≒ 720

19) ④ 계산에 자신이 있는 사람만 푼다.
    → 380,000원 × 0.714(정수기) − 118,400원 × 0.48(청바지)
    → (앞자리) 39 × 70 − 12 × 50 ≒ 2130

20) ① 가급적 풀지 않는다.
    582,000원 × 0.053 + 59,500원 × 0.093 + 1,080원 × 0.047
    → (앞자리) 58 × 53 + 6 × 93 + 1 × 5 ≒ 3600

※ 복습자료에 나오는 선택지를 모두 풀지 마시고, 시간이 오래 걸릴 것 같은 선택지를 2~3개 정도는 풀지 않도록 합니다.
2~3개 정도의 선택지를 제외한 상태에서 최대한 빨리, 정확하게 푸는 연습을 하시기 바랍니다.

■ **(복습 자료)어림산 3**

〈표 1〉 지역규모별 교원 1인당 컴퓨터수

(단위: 백명)

구분	초등학교	중학교	일반계 고등학교	전문계 고등학교
특별/광역시	6.21	6.32	6.50	2.74
중소도시	6.53	7.22	5.68	2.42
읍·면지역	3.50	1.94	4.72	1.98
도서벽지	2.25	2.55	3.24	2.13

〈표 2〉 지역규모별 교원 1인당 학생수

(단위: 명)

구분	초등학교	중학교	일반계 고등학교	전문계 고등학교
특별/광역시	19.4	19.3	16.9	13.0
중소도시	21.5	19.7	16.9	14.4
읍·면지역	13.6	13.1	13.7	11.4
도서벽지	9.1	10.1	11.0	11.1

〈표 3〉 지역규모별 교원수

(단위: 백명)

구분	초등학교	중학교	일반계 고등학교	전문계 고등학교
특별/광역시	621	970	301	235
중소도시	507	302	367	173
읍·면지역	269	107	99	69
도서벽지	38	19	28	12

1) 중소도시의 중학교 학생수는 얼마인가?

① 552,900명　② 575,920명　③ 594,940명　④ 613,860명　⑤ 601,980명

2) 특별/광역시의 초등학교 학생수는 얼마인가?

① 6,504,740명　② 8,406,740명　③ 1,002,740명　④ 1,204,740명　⑤ 1,504,740명

3) 특별/광역시의 총 학생수는 얼마인가?

① 3,081,280명　② 3,241,141명　③ 3,471,500명　④ 3,697,410명　⑤ 3,891,030명

4) 중소도시의 일반계 고등학교와 전문계 고등학교의 학생수 차이는 얼마인가?

① 371,110명　② 371,160명　③ 401,100명　④ 401,160명　⑤ 441,111명

5) 읍·면지역의 일반계 고등학교와 전문계 고등학교의 학생수 합은 얼마인가?

① 164,290명　② 214,290명　③ 214,330명　④ 264,290명　⑤ 264,330명

6) 특별/광역시의 초등학교 컴퓨터수는 얼마인가?

① 385,641대　② 415,332대　③ 438,631대　④ 478,612대　⑤ 514,647대

7) 중소도시의 전문계 고등학교 컴퓨터수는 얼마인가?

① 41,866대　② 45,827대　③ 50,826대　④ 56,126대　⑤ 61,256대

8) 특별/광역시의 총 컴퓨터수는 얼마인가?

① 1,212,621대　② 1,228,521대　③ 1,247,731대　④ 1,258,721대　⑤ 1,260,621대

9) 특별/광역시의 총 컴퓨터수는 얼마인가?

① 1,112,626대　② 1,168,523대　③ 1,258,721대　④ 1,217,240대　⑤ 1,310,624대

10) 읍·면지역의 일반계 고등학교와 전문계 고등학교의 컴퓨터수 합은 얼마인가?

① 31,390대　② 38,390대　③ 48,390대　④ 60,390대　⑤ 78,390대

정답 ③④⑤①② / ①①④③④

〈학생수〉 = 〈표2〉 × 〈표3〉

구분	초등학교	중학교	일반계 고등학교	전문계 고등학교
특별/광역시	1,204,740	1,872,100	508,690	305,500
중소도시	1,090,050	594,940	620,230	249,120
읍·면지역	365,840	140,170	135,630	78,660
도서벽지	34,580	19,190	30,800	13,320

〈컴퓨터수〉 = 〈표1〉 × 〈표3〉

구분	초등학교	중학교	일반계 고등학교	전문계 고등학교
특별/광역시	385,641	613,040	195,650	64,390
중소도시	331,071	218,044	208,456	41,866
읍·면지역	94,150	20,758	46,728	13,662
도서벽지	8,550	4,845	9,072	2,556

1) ③ 19.7 × 30,200 → (뒷자리) 뒷자리 4이고 뒤에 0은 1개

2) ④ 19.4 × 62,100 → (앞자리) 20 × 62 ≒ 1240

3) ⑤ 19.4 × 62,100 + 19.3 × 97,000 + 16.9 × 30,100 + 13.0 × 23,500
  → (뒷자리) 초등학교와 일반계가 0이 하나 작기 때문에 둘만 계산한다. 4 × 1 + 9 × 1 = 3으로 끝나고 0은 1개이다.

4) ① 16.9 × 36,700 - 14.4 × 17,300
  → (뒷자리) 30 - 20 = 10

5) ② 13.7 × 9,900 + 11.4 × 6,900
  → (뒷자리) 30 + 60 = 90 ③⑤번 소거
  → (앞자리) 13.6 × 100 + 11 × 70 ≒ 210

6) ① 6.21 × 62,100 → (뒷2자리) 21 × 21 의 뒷 2자리는 41

7) ① 2.42 × 17,300 → (앞자리) 25 × 17 ≒ 4250

8) ④ 풀지 않는다.

9) ③ 6.21 × 62,100 + 6.32 × 97,000 + 6.50 × 30,100 + 2.74 × 23,500
  → (뒷자리) 초등학교와 전문계가 0이 하나 작기 때문에 둘만 계산한다. 1 × 1 + 4 × 5 = 1으로 끝나고 뒤에 0은 없다.

10) ④ 4.72 × 9,900 + 1.98 × 6,900
  → (앞자리) 47 × 100 + 20 × 70 ≒ 6100

MEMO

※ 복습자료에 나오는 선택지를 모두 풀지 마시고, 시간이 오래 걸릴 것 같은 선택지를 2~3개 정도는 풀지 않도록 합니다.
2~3개 정도의 선택지를 제외한 상태에서 최대한 빨리, 정확하게 푸는 연습을 하시기 바랍니다.

■ **(복습 자료)어림산 4**

〈표 1〉 종합소득세 확정신고인원과 납세인원

(단위: 천명)

연도	확정신고인원(A)				과세미달 추정인원 (B)	납세인원 (A+B)
	기장 신고인원	추계 신고인원	비사업자			
1998	495	718	12	1,225	2,270	3,495
1999	573	749	20	1,342	2,066	3,408
2000	680	856	80	1,616	1,864	3,480
2001	790	951	41	1,782	2,026	3,808
2002	919	1,023	68	2,010	2,150	4,160
2003	1,018	1,013	84	2,115	2,112	4,227
2004	1,144	989	103	2,236	2,127	4,363
2005	1,230	966	84	2,280	2,090	4,370
2006	1,395	1,221	120	2,736	1,844	4,580
2007	1,585	1,315	174	3,074	1,839	4,913

1) 추계 신고인원이 가장 많은 년도의 기장신고인원 전년대비 증가율은 얼마인가?

① 11.4%   ② 12.5%   ③ 13.6%   ④ 14.7%   ⑤ 15.8%

2) 비사업자의 증가인원이 가장 큰 년도에 확정 신고인원(A)의 전년대비 증가율은 얼마인가?

① 17.4%   ② 18.5%   ③ 19.4%   ④ 20.4%   ⑤ 21.5%

3) 과세미달 추정인원(B)이 가장 작은 년도에 납세인원(A+B) 대비 비사업자의 비중은 얼마인가?

① 3.54%   ② 3.72%   ③ 3.94%   ④ 4.12%   ⑤ 4.33%

4) 납세인원(A+B)이 가장 작은 해의 납세인원(A+B) 대비 기장신고인원의 비중과 추계신고인원의 비중의 합은 얼마인가?

① 32.4%   ② 34.2%   ③ 35.9%   ④ 37.1%   ⑤ 38.8%

5) 과세미달 추정인원(B)이 세 번째로 작은 해의 납세인원(A+B) 대비 추계신고인원의 비중과 기장신고인원의 비중의 차이는 얼마인가?

① 4.74%   ② 5.06%   ③ 5.29%   ④ 5.61%   ⑤ 5.88%

6) 추계신고인원이 두 번째로 많은 해와 세 번째로 많은 해의 납세인원(A+B) 대비 추계신고인원의 비중의 합은 얼마인가?

① 51.09%   ② 51.13%   ③ 51.17%   ④ 51.21%   ⑤ 51.25%

7) 납세인원(A+B)의 2002년 ~ 2007년의 산술평균은 얼마인가?

① 4,124,400명   ② 4,315,200명   ③ 4,435,500명   ④ 4,435,300명   ⑤ 4,835,000명

8) 과세미달 추정인원(B)의 2002년 ~ 2007년의 산술평균은 얼마인가?

① 1,522,000명   ② 1,823,200명   ③ 1,913,000명   ④ 2,027,000명   ⑤ 2,214,000명

9) 2008년 납세인원(A+B)의 전년대비 증가율이 2007년과 같다면, 2008년 납세인원은 얼마인가?
(소수점 첫째자리에서 반올림한다.)

① 5,270,212명   ② 5,410,213명   ③ 5,672,312명   ④ 5,812,312명   ⑤ 6,027,212명

10) 2008년 과세미달 추정인원(B)의 전년대비 증가율이 추계신고인원의 2007년 전년대비 증가율과 같다면, 2008년 과세미달 추정인원(B)은 얼마인가?(소수점 첫째자리에서 반올림한다.)

① 1,897,577명   ② 1,980,577명   ③ 2,092,577명   ④ 2,201,577명   ⑤ 2,320,577명

정답 ③④①⑤② / ⑤③④①②

1) ③ (2007년도) $\frac{1585-1395}{1395} = \frac{190}{1395} \rightarrow \frac{191}{140} ≒ 1.36$

2) ④ (2000년도) $\frac{1616-1342}{1342} = \frac{274}{1342} \rightarrow \frac{266}{130} ≒ 2.06$

3) ① (2007년도) $\frac{174}{4913} \rightarrow \frac{173}{490}$ (≒0.353) 또는 $\frac{177}{500}$ (≒0.354)

4) ⑤ (1999년) $\frac{573+749}{3408} = \frac{1322}{3408} \rightarrow \frac{132}{340} ≒ 0.388$

5) ② (2000년도) $\frac{856-680}{3480} = \frac{176}{3480} \rightarrow \frac{177}{350} ≒ 0.506$

6) ⑤ (2002년,2006년) 풀지 않는다.

7) ③ $\frac{합}{6}$ = 평균(답) → 합 = 평균 × 6
   → (뒷자리) 선택지의 뒷1자리가 다르다. 2002~2007년의 뒷자리만 더하면 30이다. 선택지에 6을 곱해서 30이 나오는 것은 ③번뿐이다.

8) ④ $\frac{합}{6}$ = 평균(답) → 합 = 평균 × 6
   → (뒷자리) 선택지의 뒷2자리가 다르다. 2002~2007년의 뒷2자리를 더하면 62이다. 선택지에 6을 곱해서 62이 나오는 것은 ④번뿐이다.

9) ① 4580 → 4913 : 약 330증가, 4913은 4580보다 10% 정도 크다.
   330에 10%를 더한 360정도를 더해준다.

10) ② 1221 → 1315 : 약 90증가, 1839는 1221의 1.5배 정도 되므로 90의 1.5배인 140정도 더한다.

MEMO

※ 복습자료에 나오는 선택지를 모두 풀지 마시고, 시간이 오래 걸릴 것 같은 선택지를 2~3개 정도는 풀지 않도록 합니다.
2~3개 정도의 선택지를 제외한 상태에서 최대한 빨리, 정확하게 푸는 연습을 하시기 바랍니다.

- **(복습 자료)어림산 5**

〈표〉 가정폭력 처분결과

연도	총 접수 인원	기소				소년 보호 송치	가정 보호 송치	불기소	기소 중지	참고인 중지
		소계	구공판		구약식					
			구속	불구속						
2002	10,615	4,335	467	311	3,557	97	1,290	4,893	108	43
2003	4,781	913	202	83	621	22	1,016	2,830	31	2
2004	12,232	4,367	236	235	3,896	45	1,286	4,131	354	49
2005	6,079	1,166	114	88	964	14	947	3,859	82	11
2006	3,932	600	39	60	501	6	657	2,635	28	6
2007	3,174	443	69	374	374	7	611	2,102	9	2
2008	19,249	2,885	245	423	2,217	62	3,100	13,047	148	6
2009	19,191	2,697	217	418	2,062	55	3,055	13,257	117	10

1) 총 접수인원이 가장 많은 년도에 불구속의 전년대비 증가율은 얼마인가?

① 10.4%   ② 11.8%   ③ 13.1%   ④ 14.7%   ⑤ 15.8%

2) 총 접수인원의 증가인원이 가장 큰 년도에 기소의 전년대비 증가율은 얼마인가?

① 521%   ② 531%   ③ 541%   ④ 551%   ⑤ 561%

3) 불기소 인원이 가장 작은 년도에 총 접수인원 중 기소의 비중은 얼마인가?

① 13.96%   ② 15.12%   ③ 16.94%   ④ 18.13%   ⑤ 19.73%

4) 2004년 불구속인원의 증가량은 구속인원의 증가량의 몇 배인가?

① 3.87배   ② 4.12배   ③ 4.47배   ④ 4.82배   ⑤ 5.13배

5) 2008년 총 접수인원의 증가량은 기소인원의 증가량의 몇 배인가?
　① 약 6.2배　　② 약 6.6배　　③ 약 6.9배　　④ 약 7.2배　　⑤ 약 7.5배

6) 총 접수인원이 가장 작은 년도에 총 접수인원 대비 구속인원의 비중은 얼마인가?
　① 1.51%　　② 1.65%　　③ 1.82%　　④ 1.97%　　⑤ 2.17%

7) 총 접수인원의 2005년 ~ 2009년의 산술평균은 얼마인가?
　① 9,832명　　② 10,172명　　③ 10,325명　　④ 10,743명　　⑤ 11,237명

8) 총 접수인원의 2003년 ~ 2009년의 산술평균은 얼마인가?(소수점 첫째자리에서 반올림 하시오)
　① 9,688명　　② 9,713명　　③ 9,786명　　④ 9,805명　　⑤ 9,915명

9) 2010년 총 접수인원의 전년대비 감소율이 2009년과 같다면, 2010년 총 접수인원은 얼마인가?
　(소수점 첫째자리에서 반올림한다.)
　① 19,133명　　② 19,233명　　③ 19,333명　　④ 19,433명　　⑤ 19,533명

10) 2010년 불기소 인원의 전년대비 감소율이 기소중지의 2009년 전년대비
　감소율과 같다면, 2010년 불기소 인원은 얼마인가?(소수점 첫째자리에서 반올림한다.)
　① 10,122명　　② 10,480명　　③ 10,792명　　④ 11,080명　　⑤ 11,480명

정답 ③④①③② / ⑤③④①②

1) ③ (2008년도) $\dfrac{423-374}{374} = \dfrac{49}{374} \to \dfrac{490}{374} \to \dfrac{484}{370} \fallingdotseq 1.3$

2) ④ (2008년도) $\dfrac{2885-443}{443} = \dfrac{2442}{443} \to \dfrac{244}{443} \to \dfrac{242}{440} \fallingdotseq 0.55$

3) ① (2007년도) $\dfrac{443}{3174} \to \dfrac{443}{317} \to \dfrac{447}{320} \fallingdotseq 1.4$

4) ③ $\dfrac{235-83}{236-202} = \dfrac{152}{34} \fallingdotseq 4.47$

5) ② $\dfrac{19249-3174}{2885-443} \to \dfrac{161}{244} \to \dfrac{159}{240}(\fallingdotseq 0.66)$ 또는 $\dfrac{165}{250}(\fallingdotseq 0.66)$

6) ⑤ (2007년) $\dfrac{69}{3174} \to \dfrac{690}{317} \to \dfrac{696}{320} \fallingdotseq 2.17$

7) ③ $\dfrac{합}{5}$ = 평균(답) → 합 = 평균 × 5
   → (뒷자리) 선택지의 뒷2자리가 다르다. 2002 ~ 2007년의 뒷2자리를 더하면 25이다. 선택지에 5을 곱해서 25이 나오는 것은 ③번뿐이다.

8) ④ 가급적 풀지 않는다.
   $\dfrac{합}{7}$ = 평균(답) → 합 = 평균 × 7
   → (뒷자리) 선택지의 뒷2자리가 다르다. 2003 ~ 2009년의 뒷2자리를 더하면 38이다. 선택지에 7을 곱해서 38에 가장 가까운 선택지를 고른다.
   (반올림을 했기 때문에 정확한 값이 나오지는 않는다.)

9) ① 19,249 → 19191 : 약 60감소, 19,249와 19,191은 거의 비슷하다.
   19,191에서 60정도를 빼준다.

10) ② 148 → 117 : 31감소, 13257을 132.57이라고 생각하자. 이유는 비교대상인 148과 크기가 비슷해야 비율비교가 쉽기 때문에 자릿수를 맞춰주는 것이다. 132는 148보다 10%정도 작다. 31에 10%가 작은 28을 빼준다.
   132.57 - 28 = 104.57

※ 복습자료에 나오는 선택지를 모두 풀지 마시고, 시간이 오래 걸릴 것 같은 선택지를 2~3개 정도는 풀지 않도록 합니다.
2~3개 정도의 선택지를 제외한 상태에서 최대한 빨리, 정확하게 푸는 연습을 하시기 바랍니다.

(복습 자료)어림산 6

1) 정수는 마스크를 '가'상품 90개, '나'상품 130개를 구매하려고 한다. 마스크의 정가는 '가'상품은 2400원, '나'상품은 3000원이다. 온라인 쇼핑몰에서 구매하면 '가', '나'상품 모두 10% 할인을 받을 수 있지만, 배송비가 추가된다. 어디서 구매하는 것이 얼마만큼 이득인가?

구분	약국	온라인 쇼핑몰
가	정가로 구매	정가에 10% 할인
나		
배송비	배송비 없음	100 묶음당 13000원

※ 100개 미만의 제품을 배송하더라도 100묶음의 배송비를 지불해야 한다.

① 쇼핑몰에서 구매 하는 것이 21,000원 더 저렴하다.
② 쇼핑몰에서 구매 하는 것이 21,600원 더 저렴하다.
③ 쇼핑몰에서 구매 하는 것이 22,200원 더 저렴하다.
④ 약국에서 구매하는 것이 21,600원 더 저렴하다.
⑤ 약국에서 구매하는 것이 22,200원 더 저렴하다.

2) 상인이 물건 A, B를 세트로 판매하는데 A는 원가에 20% 이익을 가산하여 판매하고, B는 150,000원에서 10% 할인한 가격으로 판매한다. A, B세트의 판매가격은 927,000원이라면 A의 원가는 얼마인가?

① 630,000원   ② 640,000원   ③ 650,000원
④ 660,000원   ⑤ 680,000원

3) 다음은 월별 환율표이다. 희정이가 운영하는 쇼핑몰은 3월에 중국에서 830개의 신발을 개당 150위안에 수입해서 일본에 개당 4,000엔의 가격에 5월에 430개를 수출하고 나머지 400개는 6월에 수출하였다. 신발을 통해 얻은 이익은 얼마인가?

구분	미국 달러화	중국 위안화	일본 엔화 (원/100엔)	유럽 유로화
3월	1100	160	1000	1400
4월	1050	160	1050	1350
5월	1050	170	1100	1300
6월	1100	170	1000	1400

① 10,490,000원   ② 13,260,000원   ③ 15,000,000원
④ 17,320,000원   ⑤ 17,870,000원

4) 이 과장은 9월 1일 A생명에 백만원을 투자하였다. 다음 중 옳은 것은?(수수료 등 매매비용은 무시한다.)

구분	9월 2일	9월 3일	9월 4일	9월 5일	9월 6일
이익률	10% 상승	20% 상승	10% 하락	20% 하락	10% 상승

① 9월 3일까지의 수익률은 30%이다.
② 이 과장이 9월 4일 10% 하락 후의 수익은 185,000원이다.
③ 이 과장이 9월 5일 20% 하락 후의 수익률은 -5.88%이다.
④ 이 과장이 6월 5일에 20% 하락 후 매도했으면 4,940원의 손실이 있었을 것이다.
⑤ 이 과장이 9월 6일 최종적으로 매도하였다면 금액은 1,045,440원이다

5) 아래는 2022년과 2023년 수산업 신규 취업자수에 관한 〈표〉이다. A의 값은 얼마인가?(소수점 첫째 자리에서 반올림하여 계산한다.)

〈표〉 2022~2023년도 월별 수산업 신규 취업자 수

구분	2022년	2023년
1~12월	68150천명	76140천명
10~12월	2240만명	2520만명

※ A = 2023년 1~9월 월평균 수산업 신규 취업자 수 - 2022년 1~9월 월평균 수산업 신규 취업자 수

① 530천명   ② 546천명   ③ 561천명
④ 577천명   ⑤ 595천명

[6~9]

〈표〉 2019~2023년도 국내 건설사 해외공사 계약액

(단위 : 백만 달러)

구분	2019년	2020년	2021년	2022년	2023년
유럽	2,145,787	3,103,387	3,127,120	4,893,348	5,489,023
아메리카	9,124,582	10,389,950	13,945,403	11,083,473	9,430,175
아시아	42,984,237	48,123,826	51,093,474	40,831,388	38,928,845
아프리카	4,028,584	7,838,882	9,038,238	12,112,009	8,881,779
기타	13,830,209	15,009,845	19,112,993	12,230,492	15,009,334
합계	72,113,399	84,465,890	96,317,228	81,150,710	77,739,156

6) 다음 중 2021년부터 2023년까지 아시아지역 국내건설사 해외공사 계약액의 평균은 얼마인가?(단, 소수점 첫째자리에서 반올림한다.)

① 37,591,711백만달러 ② 39,601,288백만달러 ③ 41,610,298백만달러
④ 43,617,902백만달러 ⑤ 45,622,309백만달러

7) 다음 중 2019년부터 2021년까지 유럽지역 국내건설사 해외공사 계약액의 평균은 얼마인가?(단, 소수점 첫째자리에서 반올림한다.)

① 2,388,023백만달러 ② 2,489,143백만달러 ③ 2,590,711백만달러
④ 2,691,134백만달러 ⑤ 2,792,098백만달러

8) 다음 중 2019년부터 2023년까지 아시아지역 국내건설사 해외공사 계약액의 평균은 얼마인가?(단, 소수점 첫째자리에서 반올림한다.)

① 44,368,125백만달러 ② 44,381,231백만달러 ③ 44,392,354백만달러
④ 44,393,322백만달러 ⑤ 44,393,514백만달러

9) 다음 중 2019년부터 2023년까지 아시아지역 국내건설사 해외공사 계약액의 평균은 얼마인가?(단, 소수점 첫째자리에서 반올림한다.)

① 34,368,125백만달러 ② 38,381,231백만달러 ③ 44,392,354백만달러
④ 49,393,322백만달러 ⑤ 56,393,514백만달러

10) 사업설명회에 사용하는 책자 3000부를 인쇄하려고 한다. 아래의 업체 중 총 견적금액이 가장 저렴한 업체와 금액으로 올바르게 나열된 것을 고르시오.

〈견적 개요〉
- 수량 : 1부당 800장, 4도
- 총 견적금액 = 용지비용 + 인쇄비용 + 제본비용
- 용지비용 = 장당 단가 × 인쇄지수 × 1부당 장수
- 인쇄비용 = 도수 × 도수 비용
- 제본비용 = 판당 제본비 × 제작 부수
 ※ 용지 비용할인이 있는 경우, 장당 단가에서 할인비율을 적용한다.

〈제출된 견적금액〉

구분	장당 단가	인쇄 지수	판당 제본비	도수 비용	비고
A	400원	2.0	15	250,000	
B	500원	2.0	12	220,000	용지비용 20% 할인
C	450원	2.0	12	230,000	

① A, 1,685,000원　② B, 1,556,000원　③ B, 1,800,000원
④ C, 1,452,000원　⑤ C, 1,676,000원

정답　②④③⑤④ / ④⑤③③②

1) ⅰ) 매장에서 구매하면, 90 × 2,400 + 130 × 3,000 = 606,000원이다.
　ⅱ) 쇼핑몰에서 구매하면, 제품비용은 606,000 × 0.9 = 545,400
　　　220개 배송비는 100묶음 3개(= 13,000 × 3)금액은 39,000원이다.
　　　545,400 + 39,000 = 584,400원
　ⅲ) 606,000 − 584,400 = 21,600원만큼 쇼핑몰이 더 저렴하다.

2) A의 원가 × 1.2 + 150,000 × 0.9 = 927,000
　150,000 × 0.9의 천의 자릿수는 5가 된다. A의 원가 × 1.2의 천의 자릿수를 x라 한다면 위의 식의 천의 자릿수만 따로 뽑아본다면 x + 5 = 7이므로 x = 2가 된다. 즉, A의 원가 × 1.2의 천의 자릿수는 2가 되어야 한다. 보기가 A의 원가이므로 보기에 1.2를 곱해서 천의 자리가 2가 나오는 것은 4번뿐이다.

3) 선택지에서 만의 자릿수만 계산하면 답을 구할 수 있다.
　[수출]
　4000 × 11 × 430 (5월)
　뒷자리의 0을 모두 곱하면 00000이고 끝자리가 4 × 1 × 3 = 2이므로 만의 자릿수는 2이다.

　4000 × 10 × 400 (6월)
　뒷자리의 0을 모두 곱하면 0000000이므로 만의 자릿수는 0이다. 둘을 더하면 만의 자릿수는 0 + 2 = 2이다.

　[수입]
　150 × 160 × 830
　뒷자리의 0을 모두 곱하면 0000이고 끝 2자리가 20이므로 만의 자릿수는 2이다.
　[정답]
　「이익 = 수출 − 수입」이다. 이익의 만의 자리는 2 − 2 = 0 이다.

4) ⅰ) 투자액

구분	수익률	수익액
2일	10%	100,000
3일	32.0%	320,000
4일	18.8%	188,000
5일	−4.96%	−49,600
6일	4.544%	45,440

5) 2023년 1~9월 월평균 수산업 신규 취업자 수 = $\dfrac{76,140천명 - 25,200천명}{9}$

   = 5,660천명

   2022년 1~9월 월평균 수산업 신규 취업자 수 = $\dfrac{68,150천명 - 22,400천명}{9}$

   = 5,083천명

   A = 5,660천명 − 5,083천명 = 577천명

6) $\dfrac{51,093,474 + 40,831,388 + 38,928,845}{3}$ = 43,617,902

7) $\dfrac{2,145,787 + 3,103,387 + 3,127,120}{3}$ = 2,792,098

8) 풀지 않는다.

   $\dfrac{42,984,237 + 48,123,826 + 51,093,474 + 40,831,388 + 38,928,845}{5}$ = 44,392,354

9) $\dfrac{42,984,237 + 48,123,826 + 51,093,474 + 40,831,388 + 38,928,84}{5}$ = 44,392,354

10)

구분		비용 계산식
A	용지	400 × 2.0 × 800
	인쇄	4 × 250,000
	제본	15 × 3,000
	총금액	1,685,000
B	용지	500 × 2.0 × 800 × 0.8
	인쇄	4 × 220,000
	제본	12 × 3,000
	총금액	1,556,000
C	용지	450 × 2.0 × 800
	인쇄	4 × 230,000
	제본	12 × 3,000
	총금액	1,676,000

Chapter 2 매칭형

- **(개념)** 표나 그림에 A ~ D 등으로 구체적인 항목을 알려주지 않은 상태로 주어진 조건 등을 통해 이에 해당되는 항목을 매칭시키는 문제유형
- **(접근 방법)** 정답을 바로 찾으려면 시간이 오래 걸릴 수 있다. 오히려 답이 될 수 없는 선택지를 소거해 가다 보면 답에 접근이 더 쉬울 수 있다.

다음 〈그림〉은 2006 ~ 2010년 A ~ D국의 특허 및 상표출원 건수에 대한 자료이다. 이에 대한 〈보기〉의 설명을 이용하여 A ~ D에 해당하는 국가를 바르게 나열한 것은?

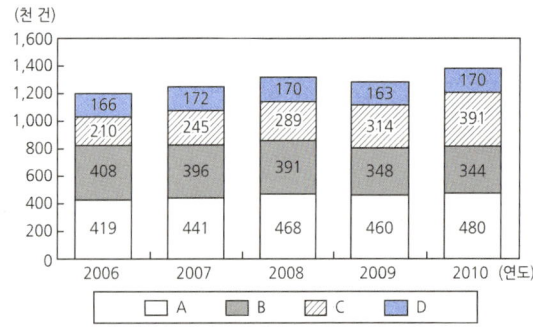
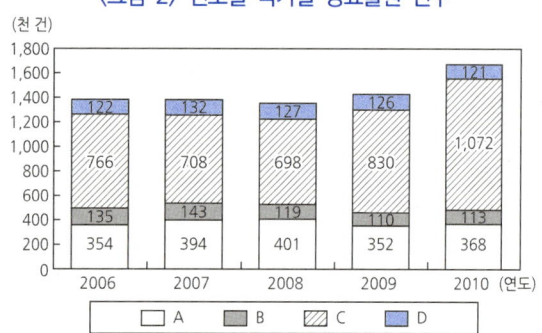

보기
- 2006년 대비 2010년 특허출원 건수 증가율이 가장 높은 국가는 중국이다.
- 2007년 대비 2010년 특허출원 건수가 가장 큰 폭으로 감소한 국가는 일본이다.
- 2007년 이후 한국의 상표출원 건수는 매년 감소하였다.
- 2010년 상표출원 건수는 미국이 일본보다 10만건 이상 많다.

	A	B	C	D
①	한국	일본	중국	미국
②	미국	일본	중국	한국
③	중국	한국	미국	일본
④	중국	미국	한국	일본
⑤	미국	중국	일본	한국

해설
- 2번째 보기 : 일본 = B (③④⑤번 제거)
- 3번째 보기 : 한국 = D (①번 제거)

정답 ②

STEP 1

01 다음 〈그림〉은 남미, 인도, 중국, 중동 지역의 2010년 대비 2030년 부문별 석유수요의 증감규모를 예측한 자료이다. 〈보기〉의 설명을 참고하여 A ~ D에 해당하는 지역을 바르게 나열한 것은?

해설
- 보기 2번째 : 중국 = A (④⑤번 제거)
- 보기 4번째 : 중동 = C (②③번 제거)

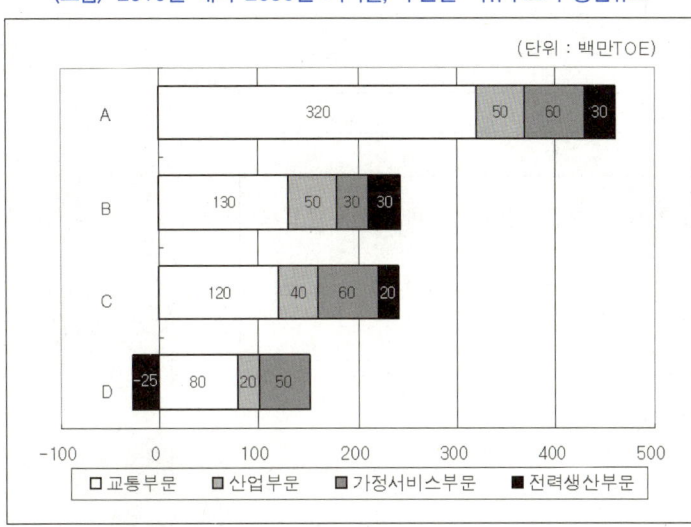

〈그림〉 2010년 대비 2030년 지역별, 부문별 석유수요의 증감규모

※ 주어진 네 부문 이외 석유수요의 증감은 없음.

보기
○ 인도와 중동의 2010년 대비 2030년 전체 석유수요 증가규모는 동일하다.
○ 2010년 대비 2030년에 전체 석유수요 증가규모가 가장 큰 지역은 중국이다.
○ 2010년 대비 2030년에 전력생산부문의 석유수요 규모가 감소하는 지역은 남미이다.
○ 2010년 대비 2030년에 교통부문의 석유수요 증가규모가 해당 지역 전체 석유수요 증가규모의 50%인 지역은 중동이다.

	A	B	C	D
①	중국	인도	중동	남미
②	중국	중동	인도	남미
③	중국	인도	남미	중동
④	인도	중국	중동	남미
⑤	인도	중국	남미	중동

정답 01 ①

02 다음 〈표〉와 〈보기〉는 경기도, 충청도, 전라도, 경상도, 강원도의 종교인 구성비를 나타낸 자료이다. C와 E에 해당하는 지역을 바르게 나열한 것은?

〈표〉 지역별 종교인 구성비

(단위 : %)

지역\종교	(가)	(나)	(다)
A	32	34	34
B	51	32	17
C	19	32	49
D	32	36	32
E	17	30	53

보기
○ 강원도의 (가)종교인 비율과 충청도의 (다)종교인 비율을 합하면, 경기도의 (나) 종교인 비율과 같다.
○ 강원도의 (가)종교인 비율과 경기도의 (가)종교인 비율을 합하면, 전라도의 (다) 종교인 비율과 같다.

	C	E
①	강원도	경기도
②	충청도	전라도
③	전라도	강원도
④	경상도	충청도
⑤	전라도	경기도

해설
○ 1번째 보기
 - (가)는 C 또는 E → C, E 중 하나는 강원도 (②, ④, ⑤번 제거)
 - (다)는 B(충청도)이므로 (나)는 A 또는 D → C, E ≠ 경기도 (①번 제거)

정답 02 ③

03 다음 〈그림〉은 국가 A ~ D의 정부신뢰에 관한 자료이다. 〈그림〉과 〈조건〉에 근거하여 A ~ D에 해당하는 국가를 바르게 나열한 것은?

〈그림 1〉 국가별 전체국민 정부신뢰율

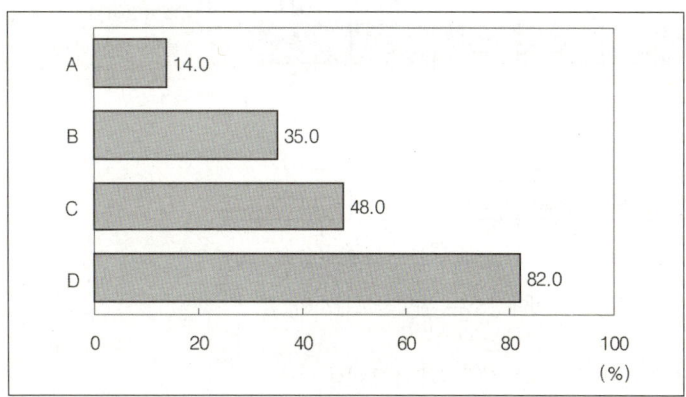

〈그림 2〉 국가별 청년층의 상대적 정부신뢰지수

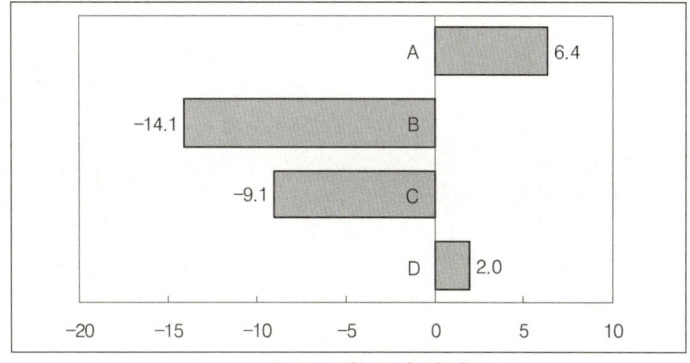

※ 1) 전체국민 정부신뢰율(%) = (정부를 신뢰한다고 응답한 응답자 수 / 전체응답자 수) × 100
  2) 청년층 정부신뢰율(%) = (정부를 신뢰한다고 응답한 청년층 응답자 수 / 청년층 응답자 수) × 100
  3) 청년층의 상대적 정부신뢰지수 = 전체국민 정부신뢰율(%) − 청년층 정부신뢰율(%)

― 조건 ―
○ 청년층 정부신뢰율은 스위스가 그리스의 10배 이상이다.
○ 영국과 미국에서는 청년층 정부신뢰율이 전체국민 정부신뢰율보다 높다.
○ 청년층 정부신뢰율은 미국이 스위스보다 30 %p 이상 낮다.

	A	B	C	D
①	그리스	영국	미국	스위스
②	스위스	영국	미국	그리스
③	스위스	미국	영국	그리스
④	그리스	미국	영국	스위스
⑤	영국	그리스	미국	스위스

해설

○ 〈조건〉 1번째 : 스위스(D), 그리스(A)
  → ②③⑤번 제거
○ 〈조건〉 3번째 : 미국(B) → ①번 제거

정답 03 ④

04 다음 〈표〉는 2010년과 2011년 주요 화재장소별 화재건수를 나타낸 것이다. 〈보기〉를 이용하여 A~F를 구할 때 A, C, F에 해당하는 화재장소를 바르게 짝지은 것은?

〈표〉 주요 화재장소별 화재건수

(단위 : 건)

구분	계	A	B	C	D	E	F
2011년 8월	2,200	679	1,111	394	4	4	8
2010년 8월	2,535	785	1,265	471	1	7	6
2011년 1~8월	24,879	7,140	11,355	3,699	24	49	2,612
2010년 1~8월	23,447	6,664	10,864	4,206	21	75	1,617

보기

○ 2011년 8월에 전년동월대비 화재건수가 증가한 화재장소는 위험물보관소와 임야이다.
○ 2011년 1~8월 동안 화재건수가 많은 상위 두 곳은 사무실과 주택이다.
○ 2011년 1~8월 동안 화재건수가 100건이 넘지 않는 화재장소는 위험물보관소와 선박이다.
○ 2011년 1~8월 동안 주택과 차량에서 발생한 화재건수의 합은 사무실에서 발생한 화재건수보다 적다.

	A	C	F
①	사무실	선박	위험물보관소
②	사무실	차량	임야
③	주택	선박	임야
④	주택	선박	위험물보관소
⑤	주택	차량	임야

해설

- 보기 3번째 : D, E = 위험물보관소와 선박(①③④번 제거)
- 보기 4번째 : A, B 중 큰 것이 사무실, 작은 것이 주택
  → 주택 = A (②번 제거)

정답 04 ⑤

05 다음 〈표〉는 어느 나라의 세목별 징수세액에 대한 자료이다. 이에 대한 〈보기〉의 설명을 이용하여 A ~ D에 해당하는 세목을 바르게 나열한 것은?

〈표〉 세목별 징수세액

(단위 : 억원)

연도 세목	1989	1999	2009
소득세	35,569	158,546	344,233
법인세	31,079	93,654	352,514
A	395	4,807	12,207
증여세	1,035	4,205	12,096
B	897	10,173	10,163
C	52,602	203,690	469,915
개별소비세	12,570	27,133	26,420
주세	8,930	20,780	20,641
전화세	2,374	11,914	11,910
D	4,155	13,537	35,339

─ 보기 ─
○ 1989년 징수세액이 5,000억원보다 적은 세목은 상속세, 자산재평가세, 전화세, 증권거래세, 증여세이다.
○ 1989년에 비해 1999년에 징수세액이 10배 이상 증가한 세목은 상속세와 자산재평가세이다.
○ 1999년에 비해 2009년에 징수세액이 증가한 세목은 법인세, 부가가치세, 상속세, 소득세, 증권거래세, 증여세이다.

	A	B	C	D
①	상속세	자산재평가세	부가가치세	증권거래세
②	상속세	증권거래세	자산재평가세	부가가치세
③	자산재평가세	상속세	부가가치세	증권거래세
④	자산재평가세	부가가치세	상속세	증권거래세
⑤	증권거래세	상속세	부가가치세	자산재평가세

해설

- 1번째 보기 : 상속세, 자산재평가세, 증권거래세 ≠ C (②④번 제거)
- 2번째 보기 : 상속세, 자산재평가세 ≠ D (⑤번 제거)
- 3번째 보기 : 상속세 ≠ B (③번 제거)

정답 05 ①

06 다음 〈표〉는 '갑'국의 10대 미래산업 현황에 대한 자료이다. 〈표〉와 〈조건〉을 이용하여 B, C, E에 해당하는 산업을 바르게 나열한 것은?

〈표〉 '갑'국의 10대 미래산업 현황

(단위 : 개, 명, 억원, %)

산업	업체수	종사자수	부가가치액	부가가치율
A	403	7,500	788	33.4
기계	345	3,600	2,487	48.3
B	302	22,500	8,949	41.4
조선	103	1,100	282	37.0
에너지	51	2,300	887	27.7
C	48	2,900	4,002	42.4
안전	15	2,100	1,801	35.2
D	4	2,800	4,268	40.5
E	2	300	113	36.3
F	2	100	61	39.1
전체	1,275	45,200	23,638	40.3

※ 부가가치율(%) = $\dfrac{\text{부가가치액}}{\text{매출액}} \times 100$

조건

○ 의료 종사자수는 IT 종사자수의 3배이다.
○ 의료와 석유화학의 부가가치액 합은 10대 미래산업 전체 부가가치액의 50% 이상이다.
○ 매출액이 가장 낮은 산업은 항공우주이다.
○ 철강 업체수는 지식서비스 업체수의 2배이다.

	B	C	E
①	의료	철강	지식서비스
②	의료	석유화학	지식서비스
③	의료	철강	항공우주
④	지식서비스	석유화학	의료
⑤	지식서비스	철강	의료

해설

• 〈조건〉 4번째 : 철강(D), 지식서비스(E or F) → ①③④⑤제거

정답 06 ②

07 다음 〈표〉는 학생 A ~ F의 시험점수에 관한 자료이다. 〈표〉와 〈조건〉을 이용하여 학생 A, B, C의 시험점수를 바르게 나열한 것은?

〈표〉 학생 A ~ F의 시험점수

(단위 : 점)

학생	A	B	C	D	E	F
점수	( )	( )	( )	( )	9	9

― 조건 ―
○ 시험점수는 자연수이다.
○ 시험점수가 같은 학생은 A, E, F뿐이다.
○ 산술평균은 8.5점이다.
○ 최댓값은 10점이다.
○ 학생 D의 시험점수는 학생 C보다 4점 높다.

	A	B	C
①	8	9	5
②	8	10	4
③	9	8	6
④	9	10	5
⑤	9	10	6

해설

- 선택지에 없는 'D'에 주의한다.
  - 〈조건〉 2번째 : A = 9 → ①,②번 제거
  - 〈조건〉 3번째 : A,E,F가 9점이고, 전체 평균이 8.5이므로 B,C,D의 평균은 8점이 되어야 한다.

	B	C	D
③	8	6	(10)
④	10	5	(9)
⑤	10	6	(8)

→ 2번째 조건 때문에 ④번 제거
→ 5번째 조건 때문에 ⑤번 제거

정답 07 ③

Chapter 2. 매칭형

08 다음 〈표〉는 1988년부터 1992년까지 4가지 순환기계 질환에 의한 사망자수와 전년 대비 증가율을 나타낸 것이다. 〈보기〉의 설명을 참고하여 〈표〉의 A, C에 해당하는 질환을 순서대로 나열한 것은?

〈표〉 연도별 순환기계 질환 사망자

(단위 : 명, %)

연도 구분	1988	1989	1990	1991	1992
A	6,453 (-15.1)	5,757 (-10.8)	5,303 (-7.9)	4,583 (-13.6)	3,410 (-25.6)
B	1,214 (11.2)	1,393 (14.7)	1,483 (6.5)	2,144 (44.6)	2,373 (10.7)
C	10,425 (0.7)	10,451 (0.2)	9,977 (-4.5)	9,822 (-1.6)	10,445 (6.3)
D	130 (-14.5)	127 (-2.3)	186 (46.5)	175 (-5.9)	187 (6.9)
전체	18,222 (-5.1)	17,728 (-2.7)	16,949 (-4.4)	16,724 (-1.3)	16,415 (-1.8)

※ ( ) 안의 수치는 전년 대비 증가율을 나타냄.

보기

ㄱ. 1991년도에 순환기계 질환에 따른 전년 대비 사망 증가율은 허혈성 심장 질환에서 가장 높은 것으로 나타났다.
ㄴ. 1988년도에 고혈압성 질환과 동맥경화증에 의한 사망자수가 전년도에 비해 감소했다.
ㄷ. 1988부터 1992년 사이에 전년 대비 사망 증가율이 최고치를 기록했던 질환은 동맥경화증이다.
ㄹ. 1992년도에 뇌혈관 질환에 의한 사망자수는 당해 연도 4가지 순환기계 질환 전체 사망자의 $\frac{3}{5}$ 이상이다.

	A	C
①	고혈압성 질환	뇌혈관 질환
②	뇌혈관 질환	허혈성 심장 질환
③	동맥경화증	고혈압성 질환
④	허혈성 심장 질환	동맥경화증
⑤	동맥경화증	뇌혈관 질환

해설

ㄱ. 허혈성 심장 질환 = B (②④제거)
ㄷ. 동맥경화증 = D (③⑤제거)

정답 08 ①

09 다음 〈표〉는 △△산 국립공원 등산로를 소개한 것이다. 〈표〉와 〈보기〉를 근거로 하여 A ~ D에 들어갈 등산로를 고르면?

〈표〉 △△산 국립공원 등산로

등산로	편도 거리	편도 소요시간
A	4.7 km	( )
B	3.7 km	( )
C	9.6 km	4시간 30분
D	8.7 km	( )
철쭉 코스	3.0 km	30분

보기
ㄱ. 철쭉 코스와 개나리 코스의 편도 소요시간을 합하면 진달래 코스의 편도 소요시간과 동일하다.
ㄴ. 코스모스 코스의 편도 소요시간은 진달래 코스의 편도 소요시간의 2배에 철쭉 코스의 편도 소요시간을 합한 것과 동일하다.
ㄷ. 민들레 코스의 편도 소요시간은 철쭉 코스의 10배이다.
ㄹ. 코스모스 코스와 철쭉 코스의 편도 소요시간을 합하면 민들레 코스의 편도 소요시간과 동일하다.
ㅁ. 철쭉 코스를 제외한 모든 등산로에서 평균속력은 각각 3 km/h 미만이다.
ㅂ. 진달래 코스에서 평균속력은 2.35 km/h이다.

	A	B	C	D
①	진달래 코스	개나리 코스	민들레 코스	코스모스 코스
②	개나리 코스	진달래 코스	코스모스 코스	민들레 코스
③	진달래 코스	개나리 코스	코스모스 코스	민들레 코스
④	코스모스 코스	진달래 코스	민들레 코스	개나리 코스
⑤	진달래 코스	민들레 코스	코스모스 코스	개나리 코스

해설
〈보기〉
○ ㅂ. 거리 = 속력(2.35 km/h) × 시간이므로 진달래의 거리는 2.35의 배수인 A이다. (②, ④번 제거)
○ ㄴ·ㄷ. 코스모스 = C('ㄴ'에서) 또는 민들레 ≠ C('ㄷ'에서) (①번 제거)
○ ㄱ & ㅁ. 개나리 = B (⑤번 제거)

정답 09 ③

빠꼼이 NCS 기본서

Chapter 1   주제, 제목
Chapter 2   내용 확인
Chapter 3   문단순서, 표현방법, 어휘
Chapter 4   복합유형

Part 2

의사소통능력

Chapter 1 주제, 제목

1. 문단의 중심 문장만 읽으면 글을 모두 읽은 것과 같아야 한다.

글은 목적을 가지고 쓰게 된다. 목적이 직접적으로 드러나는 문장이 중심문장이 되고, 나머지 문장들은 중심문장을 뒷받침하는 내용으로 이루어진다. 각 문단의 중심문장만 읽어도 글 전체의 맥락과 글쓴이의 의도는 충분히 알 수가 있다. "문단의 중심 문장만 읽으면 글을 모두 읽은 것과 같아야 한다."

문단의 첫 문장만 읽음으로 글의 중심내용을 파악한다.

중심문장만 읽고 싶지만 어느 문장이 중심문장인지 아는 것이 어렵다. 이를 빨리 해낼 수 있는 사람을 독해력이 좋은 사람이라고 한다. 중심문장일 확률이 가장 높은 것은 첫 문장이다. 첫 문장에서 글쓴이가 하고자 하는 바를 얘기하고 뒤에서 그 내용에 대한 설명을 하는 경우가 많다.

문단의 첫 문장을 읽었지만 글쓴이의 의도가 파악이 되지 않으면 계속 읽어 나가야 한다.

첫 문장을 읽었지만, 화자의 의도가 파악이 되지 않을 수 있다. 문장의 내용이 이해가 되지 않으면 첫 문장을 다시 읽어보아야 한다. 이해는 되었지만 중심문장이 아닌 것 같다면, 중심문장이 나올 때까지 읽어야 한다. 국어는 글을 읽고 이해를 하는 과목이다. 글이 이해가 되지 않거나, 글쓴이의 의도가 무엇인지 모르는 상황에서 문제를 풀려고 하는 학생이 많다. 절대 그렇게 하면 안 된다. 글의 내용을 빨리 파악하는 시간이 너무 오래 걸린다면 국어실력을 키우는 수밖에 없음을 받아들여야 한다.

나머지 선택지들을 포함할 수 있는 선택지가 있다면 우선 확인해야 한다.

주제를 물어보는 문제는 O×를 묻는 것이 아니다. 즉, 내용이 틀려서 오답이 되는 경우는 드물고 내용자체는 본문에 있으나 주제가 아니어서 오답인 경우가 대부분이다. 따라서 선택지의 내용들은 대부분 본문에 나올 것이기 때문에 선택지만 자세히 보아도 본문의 내용이 유추가 될 수 있다. 그렇게 된다면 선택지 중 나머지 선택지를 포함하는 것이 주제일 확률이 높다. 주제로 보이는 1~2개의 선택지를 정한 후에 그 내용이 맞는지 보는 것이 아무 배경지식 없이 글을 읽는 것보다 글의 파악이 빠를 수 있다.

예제 01 다음 글의 제목으로 가장 적절한 것은?

다른 나라와 마찬가지로 최근 호주에서도 자동차는 개인의 전유물에서 시민들이 공유하는 교통수단으로 인식이 변화하고 있다. 호주 현지 전문가들은 카셰어링 비즈니스로 자동차 산업에 일어나고 있는 변화의 정도를 이를 '위험한 속도(Breakneck Speed)'로까지 비유하고 있다. 카셰어링이란 렌터카와 다른 방식인데, 시간 또는 분 단위로 자동차를 빌려 사용하는 방식으로 비용절감뿐만 아니라 환경적, 사회적 측면에서 세계적으로 각광받고 있는 사업 모델이다. 호주에서 카셰어링 시장규모는 8,360만 호주 달러로 지난 5년간 연평균 21.7%의 급격한 성장률을 보이고 있다. IBIS World 산업보고서에 따르면 호주 카셰어링 시장은 앞으로도 가파르게 성장해 2022년에는 현재보다 2.5배 증가한 2억1920만 호주 달러에 이를 것으로 보이고 Roy Morgan 리서치에서도 10년 안에 호주 카셰어링 이용자가 현재 20만 명에서 150만 명까지 폭발적으로 늘어나 자동차 산업에 큰 변화를 가져올 것이라고 예상하고 있다. 그렇다면 호주에서 카셰어링 비즈니스가 급성장한 배경은 무엇일까?

그 배경으로 우선 도심의 인구 증가를 들 수 있다. 다민족 국가인 호주는 이민자들로 인한 인구의 지속적인 증가와 도심으로의 인구 유입 현상을 동시에 겪고 있다. 그러나 카셰어링 서비스 이후 카셰어링 차량 한 대당 도로상의 개인 소유차 9대를 줄이는 효과가 있었으며 카셰어링 멤버들은 해당 서비스 가입 이후 자동차 사용을 50%까지 줄였다고 한다. 이 카셰어링 비즈니스는 주차 문제와 교통 정체를 해결하는 데 도움이 클 것으로 예상된다. 이러한 이유로 호주정부에서 카셰어링 서비스를 적극적으로 지원하고 있다.

다음은 세계 최고 수준인 호주의 높은 물가를 들 수 있다. 고물가로 생활비가 많이 들어 차량을 소유하는 부담이 크기 때문에 카셰어링 서비스의 이용도가 높아지고 있다. 도시에 거주하고 운전 이동거리가 적을수록 카셰어링 서비스를 이용하는 비용이 훨씬 저렴하고 여기에다 주차 공간을 찾는데 소요되는 시간도 줄이는 이점도 있기 때문이다.

또한 IT 환경의 발달이 카셰어링 비즈니스의 급성장에 끼친 영향이 크다. 세계 하위권이던 호주의 인터넷 환경이 최근 정부의 광통신망 구축사업으로 개선되어 카셰어링 플랫폼과 같은 On—Offline을 융합한 비즈니스 시장이 빠르게 성장하고 있다. 호주에서 카셰어링 비즈니스를 이용하는 세대들은 휴대 전화를 통한 온라인 플랫폼 이용에 익숙하고 소유보다는 공유를 선호하는 세대이다. 이들은 특히 친환경 차량에도 관심이 높아 온실가스 배출이 제로인 차량을 이용할 수 있다면 기꺼이 비용을 더 지불할 의사도 있다는 조사결과도 있다.

지금의 세계는 소유 아닌 공유의 시대로 나아가고 있다. 호주의 카셰어링 비즈니스 시장은 지속적인 성장을 하고 있지만, 앞선 미국이나 유럽 각국의 대도시에 비하면 아직 시작에 불과하다. 그래서 호주의 카셰어링 비즈니스는 아직 부족하고 오히려 잠재력이 큰 시장이다. 특히 차별화된 온라인 비즈니스플랫폼을 보유한 국내 기업들에게는 지금이 호주의 카셰어링 비즈니스 시장 진출의 적기일 수 있다.

① 급성장하는 호주의 카셰어링 비즈니스 시장, 그 성장 배경과 전망
② 호주의 카셰어링 비즈니스와 미래 산업의 향방
③ 다민족 국가이자 이민자의 나라인 호주, 카셰어링 비즈니스 시장의 잠재력
④ 호주의 카셰어링 비즈니스 시장을 통해 본 공유경제의 가능성
⑤ 4차 산업혁명 시대와 카셰어링 비즈니스

해설
본문에서는 호주의 카셰어링 비즈니스 시장이 급성장하고 있다고 했다. 이 후 성장 배경을 설명한 후 향후 전망을 제시한다.

풀이
② 5번째 문단
③ 2번째 문단
④ 4번째 문단

정답 ①

2. 논설문의 중심내용 찾기

논설문은 설명문보다 주제를 찾기가 더 쉽다. 주장하고자 하는 내용이 더 돋보이기 때문이다.
두괄식과 미괄식으로 주장을 하는 경우가 많기 때문에 첫 문단 또는 마지막 문단이 중요하다. 첫 문단의 첫 문장과 마지막 문단의 첫문장, 마지막 문장이 특히 중요하다.
또한, '하지만', '따라서', '그러므로'와 같은 접속사가 붙는 경우는 더욱 중요해진다.

예제 02 아래 글을 읽고 논지로 적절한 것을 고르시오.

> 1970년부터 2010년까지 167개 국가가 IMF의 지시를 따랐지만, 그 중 9개국만이 저소득 상태에서 고소득 상태로 전환되었다. 9개의 국가 중 아시아 국가는 오직 한국과 타이완뿐이다. 중국과 싱가포르 및 말레이시아를 포함하여 성공 사례로 알려진 다른 모든 아시아 국가들은 소위 IMF가 말하는 '중등소득 함정'에 빠졌다. 한국은 중등소득 함정에서 벗어나 고소득 상태로 진입할 수 있었다. 이는 교육, 저축과 함께 조선, 자동차, 전자 등 핵심 분야에 대한 고부가가치 생산과 기술을 육성함으로써 가능했다. 오늘날 한국 경제는 신흥국보다 선진국에 가까우며, 그 성공을 당연히 자랑스러워할 만하다.
>
> 그러나 한국의 성공은 국제무대에서 몇 가지 문제를 동반했다. 한국의 원화는 일본이나 타이완, 말레이시아 등 지역의 다른 경쟁자들에 비해 더 강세를 보여 왔다. 이는 한국 경제의 핵심 분야에 해당되는 수출과 관광산업에 피해를 입혔고 한국의 성장을 둔화시켰다. 한국은 계속해서 화폐전쟁에 참여하고 있으며, 금리를 낮추는 방식으로 원화를 평가절하하고 있다. 이를 통해 수출을 증대시키고 수출과 관련된 고용을 창출하며, 경제성장을 촉진시킬 것이라는 믿음 때문이다.
>
> 그러나 최근의 경제사는 우리에게 정반대의 교훈을 주고 있다. 2010년 당시 브라질은 세계에서 가장 강력한 통화를 가지고 있는 나라였다. 2006년부터 2015년까지 브라질 재무장관을 지낸 기도 만테가(Guido Mantega)는 2010년에 브라질은 미국이 이끄는 화폐전쟁의 피해자라고 선언했다. 그 후 브라질은 자국통화를 평가절하고 수출과 관광산업을 증진시키기 위해 2011년부터 2012년까지 연속적으로 금리를 낮추었다. 그 결과는 재앙이었다. 브라질은 성장하지 못했으며 자국 화폐의 가치 하락으로 인해 수입품 가격이 높아져 인플레이션을 겪게 되었다. 오늘날 브라질 경제는 심각한 침체를 겪고 있으며, 브라질 중앙은행은 인플레이션을 진화하기 위해 급속히 이자율을 높이고 있다. 만약 한국이 성장을 촉진시키기 위해 원화의 평가절하라는 손쉬운 방법을 택할 경우 비슷한 길을 걷게 될 수도 있다. 자국 화폐의 가치를 평가절하하여 얻은 성장은 오래가지 못하며, 오히려 오늘날 브라질의 상황처럼 인플레이션과 경기침체의 충격을 오랫동안 겪게 될 가능성이 높다.

① 한국의 성장을 위해 원화의 가치를 낮추는 정책은 위험할 수 있다.
② 한국의 성장을 위해서는 원화를 평가절하하여 수출을 늘려야 한다.
③ 브라질 경제침체 원인은 금리 인하와 인플레이션이다.
④ 원화의 강세는 한국의 성장을 둔화시켰다.
⑤ 국가의 성장을 위해서는 화폐전쟁에 참여하는 것이 필수적이다.

해설
첫 문장과 마지막 문장 중 마지막 문장에서 주장하고자 하는 점을 얘기하고 있다.
마지막 문장 '자국 화폐의 가치를 평가절하 하여 얻은 성장은 오래가지 못하며, 오히려 오늘날 브라질의 상황처럼 인플레이션과 경기침체의 충격을 오랫동안 겪게 될 가능성이 높다.'를 통해 자국 화폐 평가절하 하지 말라고 하고 있다. ①번에서 '원화가치 낮추는 것은 위험하다'가 마지막 문장과 맞다.

정답 ①

STEP 1

01 다음 글의 제목으로 가장 적절한 것은?

현실 사회의 사람들은 주류 경제학에서 이론적으로 상정해 온 경제적 인간(Homo Economicus)처럼 완벽한 이기심과 합리성을 갖춘 존재는 아니지만 기본적으로, 그리고 평균적으로 자기 이익을 추구한다고 보아도 큰 무리는 없을 것이다. 그런데 가격 기구를 통해 효율적인 자원 배분을 이룰 수 있다고 간주된 시장은 그 이론적 전제가 충족되지 않을 때 비효율성을 드러낸다. 이러한 시장 실패를 가져오는 대표적인 존재는 외부성, 공공재, 그리고 정보의 비대칭성이다.

이 중 공공재가 시장에서 조달되기 어려운 것은 자신의 선호를 숨긴 채 타인의 기여에 무임승차하려는 개인의 이기적 태도, 즉 공동체를 생각하는 공공심의 부재에 기인한다. 만약 타인의 공공심에 대한 상호 신뢰가 구축된 사회라면 공공재의 조달에 어려움을 덜 겪게 될 것이다.

또한 정보의 비대칭성으로 인한 불신은 국내외 거래와 동업, 기업합병 등에 장애 요인이 된다. 이 경우 사회적 신뢰와 연결망을 바탕으로 하는 사회자본은 대기업 등 대규모 조직의 형성, 금융발전, 무역을 촉진할 수 있다. 이러한 요인들은 모두 사회자본이 경제성장에 긍정적 요인으로 작용하도록 한다. 한편 법질서 준수, 관용과 배려 등 사회규범으로서의 사회자본 역시 사회갈등을 예방하고 사회통합을 통해 안정적 경제활동과 포용적 경제성장에 기여할 수 있다.

그 밖에도 사회자본은 경제 체질 강화를 위한 구조개혁을 가능하게 하는 자원이 된다. 예컨대 경제의 효율성과 성장잠재력을 높이기 위한 개혁의 교섭 과정에서 기득권 일부를 먼저 양보해야 할 세력이 있는 경우를 생각해 보자. 이들이 교섭 상대방이나 중재자에 대한 신뢰가 없어 이번의 양보가 결국 일방적인 희생에 그치게 될 것이라는 생각이 지배적이라면 결코 개혁안을 수용하지 않을 것이다.

또한 체제전환국들이 시장경제와 민주주의를 수용하는 과정에서도 사회자본의 역할이 중요하다. 격변의 과정에서 국민들이 가진 기대치는 높지만, 이행과정 초기의 현실은 진통과 혼란이 불가피하다. 이행기 정부와 같은 변화 주도 세력에 대한 공적 신뢰가 뒷받침되어야 국민들이 개혁의 성과가 체감되기까지 기대에 못 미치는 초기의 현실을 인내하고 지속적인 지지를 보낼 수 있을 것이다.

끝으로 사회적 신뢰와 관여 등의 사회자본은 행복감과 같은 주관적 안녕감에도 중요한 역할을 한다. 행복에 영향을 미치는 요인 중 인간관계의 중요성은 사람들의 생애를 추적 조사한 연구에서 입증된 바 있다.

① 사회자본을 통한 정보의 비대칭성 극복
② 사회자본의 중요성과 형성 방안
③ 구조개혁 첨병으로서의 사회자본
④ 사회자본의 역할 및 중요성
⑤ 사회자본이 개인과 국가의 행복감에 미치는 영향

해설

사회자본에 관한 글이며, 선택지에 모두 사회자본이라는 단어가 나오므로 답을 고를 때는 중요하지 않다.

① 비대칭성 극복
② 중요성과 형성방안
③ 구조개혁 첨병
④ 역할 및 중요성
⑤ 행복감

위의 단어가 본문의 주제와 관련이 있는지를 따져야 한다.

나머지 선택지도 본문에서 나오기는 하나, 전체적인 내용은 역할과 중요성에 대한 글이라고 보아야 한다.

정답 01 ④

02 다음 글에서 필자가 문장력을 기르기 위해서 권장하는 방식은?

> '손에 잡히는 대로 책을 읽어라'라는 말이 있다. 여기서 말하는 '손에 잡히는 대로'는 단순히 독서량을 늘리라는 말이 아니다. 손에 잡히는 대로 읽는다는 것은 '좋고 싫고를 가리지 말고, 다양한 장르의 다양한 책을 읽어라. 이것이 문장을 통달하는 제일 빠른 길이다'라는 의미이다. 이는 독자로서의 자신을 다시 발견하는 계기도 된다. 다만 한 가지 조건이 있다. 독자로서 좋고 싫음에 사로잡히는 부분을 경계해야 한다는 것이다.
>
> 먼저 책을 선택할 때 그동안 읽지 않은 장르나 읽지 않은 작가의 책을 손에 잡히는 대로 읽는 것이 좋다. 다만, 책을 읽을 때는 한 명의 독자로서 책의 어떤 부분이 좋고 싫은지를 명확히 생각하며 읽는 것이 좋다. 즉 '이 문장은 좋네'라든가 '이렇게 돌려 말하는 방식은 싫어'라는 자신의 감정을 소중하게 여기는 것이다.
>
> 이때 중요한 점은 좋은 문장, 나쁜 문장이라고 생각하는 것이 아니라 철두철미하게 주관적으로 좋은가 싫은가를 따져야 된다는 것이다. 이렇게 좋고 싫음을 확실하게 하면서 '작가로서의 자신'을 발견할 수 있다. 자신이 어떤 문장을 쓰고 싶어 하는지 그 경향이 명확해지기 때문이다.
>
> 좋은 문장, 나쁜 문장이라는 틀에 사로잡혀 있으면 아무래도 '공부'라는 의식이 강해진다. 개인적으로 좋아하지 않는 문장에 대해서도 '이전 문호가 쓴 훌륭한 문장이니까 참고로 삼아야 한다'고 생각하게 된다. 미술을 예로 들면 알기 쉬울 것이다. '교과서에서 본 적이 있어'라든가 '이름을 들어 본 적이 있으니까 좋은 작품이다'라고 생각하는 사람이 많다. 이는 자신이 좋고 싫음을 판단하기보다 세간의 평가를 우선하는 것이다.
>
> 같은 방식으로 문장을 접하면 어떻게 될까? 어느새 '나는 어떤 문장을 쓰고 싶은가'라는 내적 욕구보다 '나는 어떤 문장을 써야 하는가'라는 외적 요청에 따르게 된다. 그렇게 되면 쓰면서도 재미있지 않고 공부도 오래 이어지지 못하게 된다.
>
> 한편 좋아하는 문장, 싫어하는 문장을 나누는 방식으로 생각해 보면 자신이 어떤 문장을 목표로 삼고 있는지 작가로서 어떤 자세를 취하고 싶은지 명확해진다.

① 글쓰기의 전문가가 쓴 책을 최대한 많이 읽는다.
② 유명한 작가가 쓴 문장을 많이 외울수록 좋다.
③ 책을 읽으면서 자신이 좋아하는 문장과 싫어하는 문장을 가려 본다.
④ 문장의 좋고 나쁨을 판단하면서 글을 읽는다.
⑤ 어떤 문장을 써야 하는가를 생각하면서 책을 읽는다.

해설

두 번째 문단에 '책의 어떤 부분이 좋고 싫은지를 명확히 생각하며 읽는 것이 좋다'
세 번째 문단에 '좋은 문장, 나쁜 문장이라고 생각하는 것이 아니라 철두철미하게 주관적으로 좋은가 싫은가'
마지막 문단에 '좋아하는 문장, 싫어하는 문장을 나누는 방식으로 생각해 보면 자신이 어떤 문장을 목표로 삼고 있는지 작가로서 어떤 자세를 취하고 싶은지 명확해진다.'
위의 내용을 고려하면
③번 선택지가 가장 적합하다.

정답 02 ③

03 다음 글의 내용에 따라 차별 문제를 해결할 수 있는 대안으로 적절하지 않은 것은?

불과 십수 년 전만 해도 신입 사원을 뽑는 기업체의 공고에 '25세 미만' 같은 조건이 붙어 있는 경우를 흔하게 볼 수 있었다. 이 공고에 따르면 이제 막 26세가 된 사람은 아무리 탁월한 기량을 지니고 있더라도 지원조차 할 수 없는 셈이다. 최근 들어 이런 제한이 많이 사라지긴 했지만 '대학을 졸업한 지 1년 이내인 자'처럼 변형된 조건을 내세우는 곳이 아직 많다. 이처럼 '합리적인 이유가 없는 차별'은 능력 있는 많은 사람들에게서 취업의 기회를 근원적으로 박탈하고 있다.

비단 나이에 따른 차별만이 문제인 것은 아니다. 성별이나 신체장애, 종교로 인한 차별이 있으며, 단지 비형 간염 바이러스 보균자라는 이유만으로 취업을 거부당한 사람도 있다. 이처럼 각종차별이 일상화되다 보면 우리도 모르게 이런 문제에 무감각해질 위험이 있다.

제도의 차원에서 이러한 차별의 예방이나 교정에 실효적 기능을 담당하는 것은 '법'이라고 할 수 있다. 아직 충분하지는 않지만 우리나라 역시 그런 법 조항을 갖고 있다. 우리나라의 헌법 제11조 제1항에는 "모든 국민은 법 앞에 평등하다. 누구든지 성별, 종교 또는 사회적 신분에 의하여 정치적·경제적·사회적·문화적 생활의 모든 영역에 있어서 차별을 받지 아니한다."라고 명시되어 있다. 여기서 말하는 '성별, 종교 또는 사회적 신분'은 수많은 차별 사례 중 몇 가지만을 예로 든 것이다. 국가 인권위원회법에서도 차별 금기에 관한 상당히 넓은 범위의 영역을 이미 규정해 놓고 있는데도 차별은 쉽게 사라지지 않고 있다. 그 이유가 무엇일까? 차별을 막는 법 조항이 있음에도 차별이 존재하는 이유는 그 법을 해석, 적용, 시행하는 과정에 다음과 같은 문제점이 있기 때문이다.

첫 번째 문제점은 '성별, 종교, 장애, 나이, 사회적 신분, 출신 지역, 출신 국가, 출신 민족, 용모 등 신체조건, 혼인 여부, 임신 또는 출산, 가족 형태 또는 가족 상황, 인종, 피부색, 사상 또는 정치적 의견, 형의 효력을 잃은 전고수, 성적(性的) 지향, 학력, 병력(病歷)' 등을 이유로 한 차별 현상의 상당 부분이 사적 생활 영역에서 일어난다는 점과 관련이 있다. 우리 사회의 민주화가 진척되어 감에 따라 국가 권력에 의한 차별보다는 오히려 고용주, 서비스공급자 같은 사적 생활 관계의 주체들에 의한 차별이 만연하기 시작했다. 그런데 공적 영역에서 일어나는 차별은 헌법상의 차별 금지 조항이 적용되는 데 반해, 사적 영역에서 발생한 차별은 조항을 적용하기에 모호하다. 가해자가 국가이고 피해자가 시민일 때는 피해자가 헌법 조항을 근거로 시정 조치를 국가에 직접 요구할 수 있지만 가해자와 피해자가 모두 개인이면 이런 요구가 쉽지 않다는 것이다. 예컨대 내가 목욕탕에 갔다가 장애인이라는 이유로 입장을 거부당했다고 하자. 이런 상황에서 법을 기초로 그 목욕탕 주인에게 시정을 요구할 뾰족한 방법은 없다. 별도의 입법 조치가 없는 한, 현재로서는 그 목욕탕 주인에게 불법 행위에 따른 손해 배상을 청구하는 정도의 일만 할 수 있다. 개인과 개인의 관계는 공법(公法)이 아닌 사법(私法)으로 해결해야 한다는 원칙이 우리 법체계의 바탕을 이루고 있기 때문이다.

두 번째로 차별 행위에 따른 민사상의 손해 배상액이 너무 적다는 문제가 있다. 차별을 당한 사람이 독하게 마음먹고 민사 소송을 제기해서 승소해도 차별로부터 생긴 마음의 상처를 치유하기에는 턱없이 부족한 배상액을 받는 경우가 많다. 소송을 제대로 수행하려면 변호사 비용만 수백만 원이 드는데 그 결과물인 배상액이 기껏해야 수십만 원이라면 누구라도 소송을 진행하고자 하지 않을 것이다.

세 번째로 불법 행위에 따른 손해 발생과 인과 관계 등의 입증 책임을 모두 차별당한 사람이 지게 된다는 문제도 존재한다. 우리 사법의 기본 원칙상 입증 책임은 원고의 몫이기 때문이다. 하지만 차별행위가 있었다는 사실을 법정에서 입증하는 것은 결코 쉬운 일이 아니다. 예컨대 어떤 회사에 입사하지 못한 기혼여성이 채용 과정에서 차별이 있었음을 주장하며 소송을 한다고 할 때, 오로지 기혼 여성이라는 이유로 회사가 자신을 떨어뜨렸다는 사실을 입증해 내지 못하면 패소한다. 이처럼 차별을 당한 개인이 소송에서 이기기란 매우 어렵다.

① 사회적인 노력을 기울여 시민들이 차별 금지와 평등의 의의를 학습할 수 있도록 의식을 개혁해야 한다.
② 사적 영역에서 일어나는 차별 철폐를 위한 법적 근거인 차별 금지 조항을 지금보다 명료히 할 필요가 있다.
③ 인권을 위해 싸우도록 훈련된 변호사들이 차별 관련 소송을 대리하는 일에 매진할 수 있는 기반이 조성되어야 할 필요가 있다.
④ 개인이 차별 철폐 소송에서 불법 행위에 따른 손해 발생과 인과 관계 등을 입증할 수 있는 책임을 가지도록 해야 한다.
⑤ 차별 철폐 관련 소송이 활성화될 수 있도록 국가인권위원회가 피해자를 대리해서 직접 소송할 수 있는 권한을 강화하고 이를 위한 예산을 확보해야 한다.

해설

마지막 문단에 '세 번째로 불법 행위에 따른 손해 발생과 인과 관계 등의 입증 책임을 모두 차별당한 사람이 지게 된다는 문제도 존재한다.'라고 되어 있어서 ④번 선택지의 내용과는 부적합하다.

정답 03 ④

04 다음 글의 중심 주제로 가장 적절한 것은?다음 글의 주제는?

> 금융 실명제란 본인의 이름으로 예금이나 주식을 거래하고 이에 발생하는 소득에 대해서 종합 과세를 하자는 제도이다. 이 제도의 취지는 건전한 금융 질서를 정착시켜 공정한 경제 풍토를 이루고, 종합 과세를 실시하여 조세 부담의 형평성을 높이자는 데 있다. 하지만 지난 1993년 도입된 이래 이 금융 실명제는 무기명과 가명 계좌의 사용을 금지하고 있을 뿐 타인과 합의 시 차명 계좌를 사실상 허용하고 있어 반쪽짜리 제도에 불과하다는 비판을 받아왔다. 더욱이 차명 거래를 한 경우에도 예금의 실질 소유자나 명의 대여자에 대한 제재 규정이 전혀 없어 실효성에 의문이 제기되고 있는 상황이다. 사정이 이렇다 보니 차명 계좌는 그동안 각종 비자금 조성과 편법 상속·증여, 범죄 자금 은닉의 검은 온상으로 지목되어 왔다. 이에 따라 고소득자들의 불법 자금 사용처로 활용되는 등 부작용이 이어지면서 제도 개혁에 나서야 한다는 지적이 꾸준히 제기되고 있다. 이러한 폐해를 막기 위해서는 금융 실명제의 개혁이 필요하다. 제도 변화를 위해서는 무엇보다 기득권자들의 반대를 설득해 나가는 과정과 국민적 공감대를 모으는 일이 절실히 요구된다.

① 금융 실명제 시행은 당위성을 갖고 있고, 시대적인 요청을 받고 있다.
② 금융 실명제는 폐단이 있으며 제도 개혁이 필요하다.
③ 금융 실명제 개혁의 실효성을 모색하고 기대 효과를 검토해야 한다.
④ 금융 실명제에 대한 찬반 논의를 통해 평가를 재정립해야 한다.
⑤ 금융 실명제는 실행에 대한 재검토가 필요하다.

해설

마지막에서 두 번째 문장 '이러한 폐해를 막기 위해서는 금융 실명제의 개혁이 필요하다.'를 통해 알 수 있다.

정답 04 ②

05 다음 글에서 필자가 말하고자 하는 중심 내용은?

> 통계는 다양한 분야에서 사용되며 막강한 위력을 발휘하고 있다. 그러나 모든 도구나 방법이 그렇듯이, 통계 수치에도 함정이 있다. 함정에 빠지지 않으려면 통계 수치의 의미를 정확히 이해하고, 도구와 방법을 올바르게 사용해야 한다. 친구 5명이 만나서 이야기를 나누다가 연봉이 화제가 되었다. 2천만 원이 4명, 7천만 원이 1명이었는데, 평균을 내면 3천만 원이다. 이 숫자에 대해 4명은 "나는 봉급이 왜 이렇게 적을까?"하며 한숨을 내쉬었다. 그러나 이 평균값 3천만 원이 5명의 집단을 대표하는 데에 아무 문제가 없을까? 물론 계산 과정에는 하자가 없지만, 평균을 집단의 대푯값으로 사용하는 데에 어떤 한계가 있을 수 있는지 깊이 생각해 보지 않는다면, 우리는 잘못된 생각에 빠질 수도 있다. 평균은 극단적으로 아웃라이어(비정상적인 수치)에 민감하다. 집단 내에 아웃라이어가 하나만 있어도 평균이 크게 바뀐다는 것이다. 위의 예에서 1명의 연봉이 7천만 원이 아니라 100억 원이었다고 하자. 그러면 평균은 20억 원이 넘게 된다. 나머지 4명은 자신의 연봉이 평균치의 100분의 1밖에 안 된다며 슬퍼해야 할까? 연봉 100억 원인 사람이 아웃라이어이듯이 처음의 예에서 연봉 7천만 원인 사람도 아웃라이어인 것이다. 두드러진 아웃라이어가 있는 경우에는 평균보다는 최빈값이나 중앙값이 대푯값으로서 더 나을 수 있다.

① 평균은 집단을 대표하는 수치로서는 매우 부적당하다.
② 통계는 숫자 놀음에 불과하므로 통계수치에 일희일비할 필요가 없다.
③ 평균보다는 최빈값이나 중앙값이 대푯값으로서 더 적당하다.
④ 통계수치의 의미와 한계를 정확히 인식하고 사용할 필요가 있다.

06 다음 글의 중심 주제로 가장 적절한 것은?

맹자는 다음과 같은 이야기를 전한다. 송나라의 한 농부가 밭에 나갔다 돌아오면서 처자에게 말한다. "오늘 일을 너무 많이 했다. 밭의 싹들이 빨리 자라도록 하나하나 잡아당겨 줬더니 피곤하구나." 아내와 아이가 밭에 나가보았더니 싹들이 모두 말라 죽어 있었다. 이렇게 자라는 것을 억지로 돕는 일, 즉 조장(助長)을 하지 말라고 맹자는 말한다. 싹이 빨리 자라기를 바란다고 싹을 억지로 잡아 올려서는 안 된다. 목적을 이루기 위해 가장 빠른 효과를 얻고 싶겠지만 이는 도리어 효과를 놓치는 길이다. 억지로 효과를 내려고 했기 때문이다. 싹이 자라기를 바라 싹을 잡아당기는 것은 이미 시작된 과정을 거스르는 일이다. 효과가 자연스럽게 나타날 가능성을 방해하고 막는 일이기 때문이다. 당연히 싹의 성장 가능성은 땅속의 씨앗에 들어 있는 것이다. 개입하고 힘을 쏟고자 하는 대신에 이 잠재력을 발휘할 수 있도록 하는 것이 중요하다.

피해야 할 두 개의 암초가 있다. 첫째는 싹을 잡아당겨서 직접적으로 성장을 이루려는 것이다. 이는 목적성이 있는 적극적 행동주의로서 성장의 자연스러운 과정을 존중하지 않는 것이다. 달리 말하면 효과가 숙성되도록 놔두지 않는 것이다. 둘째는 밭의 가장자리에 서서 자라는 것을 지켜보는 것이다. 싹을 잡아당겨서도 안 되고 그렇다고 단지 싹이 자라는 것을 지켜만 봐서도 안 된다. 그렇다면 무엇을 해야 하는가? 싹 밑의 잡초를 뽑고 김을 매주는 일을 해야 하는 것이다. 경작이 용이한 땅을 조성하고 공기를 통하게 함으로써 성장을 보조해야 한다. 기다리지 못함도 삼가고 아무것도 안 함도 삼가야 한다. 작동 중에 있는 자연스런 성향이 발휘되도록 기다리면서도 전력을 다할 수 있도록 돕는 노력도 멈추지 말아야 한다.

① 인류사회는 자연의 한계를 극복하려는 인위적 노력에 의해 발전해 왔다.
② 싹이 스스로 성장하도록 그대로 두는 것이 수확량을 극대화하는 방법이다.
③ 어떤 일을 진행할 때 가장 중요한 것은 명확한 목적성을 설정하는 것이다.
④ 자연의 순조로운 운행을 방해하는 인간의 개입은 예기치 못한 화를 초래할 것이다.
⑤ 잠재력을 발휘하도록 하려면 의도적 개입과 방관적 태도 모두를 경계해야 한다.

07 다음 글의 논지로 가장 적절한 것은?

최근에 사이버공동체를 중심으로 한 시민의 자발적 정치 참여 현상이 많은 관심을 끌고 있다. 이러한 현상과 관련하여 A의 연구가 새삼 주목받고 있다. A의 연구에 따르면 공동체의 구성원이 됨으로써 얻게 되는 '사회적 자본'이 시민 사회의 성숙과 민주주의 발전을 가져오는 원동력이다. A의 이론에서는 공동체에 대한 자발적 참여를 통해 사회 구성원 간의 상호 의무감과 신뢰, 구성원들이 공유하는 규칙과 관행, 사회적 유대 관계와 같은 사회적 자본이 늘어나면, 사회 구성원 간의 협조적인 행위가 가능하게 된다고 보았다. 더 나아가 A는 자원봉사자와 같이 공동체 참여도가 높은 사람이 투표할 가능성이 높고 정부 정책에 대한 의견 개진도 활발해지는 등 정치 참여도가 높아진다고 주장하였다.

몇몇 학자들은 A의 이론을 적용하여 면대면 접촉에 따른 인간관계의 산물인 사회적 자본이 사이버공동체에서도 충분히 형성될 수 있다고 보았다. 그리고 사이버공동체에서 사회적 자본의 증가는 곧 정치 참여도 활성화시킬 것으로 기대했다. 하지만 이러한 기대와는 달리 정치 참여가 활성화되지 않았다. 요즘 젊은이들을 보면 각종 사이버공동체에 자발적으로 참여하는 수준은 높지만 투표나 다른 정치 활동에는 무관심하거나 심지어 정치를 혐오하기도 한다. 이런 측면에서 A의 주장은 사이버공동체가 활성화된 오늘날에는 잘 맞지 않는다.

이러한 이유 때문에 오늘날 사이버공동체를 중심으로 한 정치 참여를 잘 이해하기 위해서 '정치적 자본' 개념의 도입이 필요하다. 정치적 자본은 사회적 자본의 구성 요소와는 달리 정치 정보의 습득과 이용, 정치적 토론과 대화, 정치적 효능감 등으로 구성되며 사회적 자본과 마찬가지로 공동체 참여를 통해서 획득되지만, 정치 과정에의 관여를 촉진한다는 점에서 사회적 자본과는 구분될 필요가 있다. 사회적 자본만으로 정치 참여를 기대하기 어렵고, 사회적 자본과 정치 참여 사이를 정치적 자본이 매개할 때 비로소 정치 참여가 활성화된다.

① 사이버공동체를 통해 축적된 사회적 자본에 정치적 자본이 더해질 때 정치 참여가 활성화된다.
② 사회적 자본은 정치적 자본을 포함하기 때문에 그 자체로 정치 참여의 활성화를 가져온다.
③ 사회적 자본이 많은 사회는 정치 참여가 활발하기 때문에 민주주의가 실현된다.
④ 사이버공동체의 특수성으로 인해 시민들의 정치 참여가 어렵게 되었다.
⑤ 사이버공동체에의 자발적 참여 증가는 정치 참여를 활성화시킨다.

08 다음 글의 핵심 내용으로 가장 적절한 것은?

> 1989년 프랑스 파리 근교의 한 공립 중학교에서 전통적인 이슬람의 여성 복장 중 하나인 히잡(Hijab)을 수업 시간에도 벗지 않으려고 했던 여중생 세 명이 퇴학당했다. 이 사건은 20세기 초부터 프랑스에서 확고하게 정착되어온 '교회와 국가의 분리' 원칙을 도마 위에 올려놓았다. 무슬림 여중생들은 가장 무거운 징계인 퇴학을 감수하면서까지 왜 히잡 착용을 고집했을까? 히잡은 이슬람 교리에 근거한 무슬림 여성들의 전통 의상으로 이슬람 경전인 꾸란에 따르면 남녀 모두 머리카락을 천으로 덮어야 한다. 특히 여성은 가족 이외의 사람들 앞에서 자신의 몸에 걸친 일체의 장신구도 보여줘서는 안 된다.
>
> 히잡 착용에 대한 의미는 시대적 상황과 지역적 특색에 따라 변화해왔다. 예컨대 제2차 세계대전 후 알제리의 독립 투쟁이 진행되는 동안 프랑스인들은 알제리 여성의 해방을 주장하면서 여성들이 히잡을 착용하지 않도록 온갖 노력을 기울였다. 알제리의 반식민주의자들은 이러한 행위야말로 알제리 민족의 정체성을 말살하고, 알제리 문화를 왜곡하며, 더 나아가 알제리인들의 잠재적 저항력까지 약화시킨다고 보았다. 서구 식민주의자들의 침공 이전까지 알제리인들은 히잡을 그저 이슬람의 전통 복장으로 인식하였으나, 반서구 투쟁 과정에서 알제리인들은 히잡에 새로운 상징적 의미를 부여하기 시작했다. 그 결과 알제리 여성이 히잡을 착용하지 않는 것은 프랑스 식민주의의 수용을 의미하는 반면, 히잡을 착용하는 것은 식민주의의 거부를 의미하게 되었다.
>
> 그런데 이 히잡 착용이 1989년 프랑스 사회에서 논란을 불러일으켰다. 무슬림 여성들이 프랑스 사회에 정착한 지는 꽤 오랜 시간이 흘렀다. 그럼에도 이들이 여전히 히잡을 착용하는 것은 프랑스 사회로의 통합에 소극적이며 나아가 프랑스 공화국의 원칙에 적대적인 것으로 프랑스인들에게 여겨지고 있다. 다른 사회 문제와 달리, 프랑스의 좌·우파는 이 히잡 문제에 대해서만은 별다른 입장 차이를 보이지 않는다. 정치인 개인에 따라, 시기에 따라 입장이 나누어지긴 하지만, 대체로 이들은 공화국의 원칙을 위협하는 '히잡 쓴 소수의 소녀들'에게 공화국의 단호함을 보여주려고 노력한다. 이러한 결실이 바로 2004년 3월 15일에 제정된 '종교 상징물 착용 금지법'이다. 이 법은 공화국의 원칙을 천명하려는 의지의 한 소산이라고 할 수 있다.

① 무슬림 여성들은 히잡을 저항과 정체성의 상징으로 본다.
② 히잡 착용의 의미는 역사적인 상황에 따라 다양하게 변모해왔다.
③ 히잡 착용 행위는 프랑스 공화국의 원리와 충돌하는 의미로 인식된다.
④ 히잡 착용은 서구와 이슬람의 문화 충돌을 보여주는 대표적인 사례이다.
⑤ 프랑스 좌우파는 히잡 착용에 대한 논란을 계기로 무슬림을 배척하고 있다.

09 다음 글의 논지로 가장 적절한 것은?

> 20세기 말 유럽연합 대부분의 나라에서는 오랜 역사를 지닌 사회주의 정당들이 집권하고 있었다. 그러나 소련의 붕괴와 함께 공산주의가 무너지자 유럽 국가들의 사회주의 정당들은 집권을 위해서 자신들의 정강을 오른쪽으로 돌릴 수밖에 없었다. 토니 블레어에 의해 다시 태어난 영국 노동당의 '제3의 길'이나 게르하르트 슈뢰더가 이끄는 독일 사민당의 '새로운 중도'가 그들의 라이벌인 영국 보수당이나 독일 기민당의 정책보다 얼마나 왼쪽에 있는지는 분명하지 않다. 냉전 시기 서유럽 최대의 공산당이었던 이탈리아 공산당은 냉전이 끝난 뒤 좌익민주당이라는 이름의 사회민주주의 정당으로 탈바꿈하고 나서야 정권에 참여할 수 있었고 프랑스 좌파 정부에 참여한 공산당도 권력의 변두리에서만 서성거리고 있을 뿐이다. 프랑스 공산당은 역사상 처음으로 프롤레타리아 정부(1871년 파리 코뮌)를 세웠던 19세기 노동자 계급의 직계라고 할 수 있지만 이 정당이 프롤레타리아 독재의 원칙을 버린 것은 오래 전이다. 탈냉전 시대에 좌파가 힘을 잃고 있는 것은 냉전 시기 자본주의 사회의 좌파가 현실 사회주의, 곧 공산주의 체제의 덕을 입고 있었다는 것을 뜻한다고 할 수 있다.
>
> 나아가 좌우의 전선이 예전만큼 질서정연한 모습이 아니라는 점도 눈길을 끈다. 프랑스의 극우 정당인 국민전선을 떠받치는 주된 지지계층은 예상과 달리 하층 노동자들이다. 많은 사회에서 좌파와 극우파는 한 목소리로 세계화에 반대한다. 한국의 좌파는 IMF가 요구하는 세계화의 한 측면인 재벌개혁을 지지하지만 세계화의 또 다른 측면인 노동시장의 유연화에는 반대한다. 반면에 한국의 우파는 노동시장의 유연화에는 찬성하지만 그것과 짝을 이루는 재벌개혁에는 반대한다. 이것은 사람들이 세계화를 대하는 태도에 정치적·사회적 이해관계가 개입하기 때문이다. 게다가 지금 진행되는 세계화는 미국화의 성격을 지니고 있어서 세계화에 대한 태도는 당사자가 좌파든 우파든 국적의 영향을 받는다. 프랑스 노동자들과 국민전선의 관계에서 보듯이 국적이 계급의 이해관계나 대의를 넘어서는 일은 아주 흔하다. 또 노동문제에 대한 좌파와 우파의 의견들이 생물 복제, 환경, 안락사, 마약, 교육, 총기 소지, 낙태, 민족차별 등의 문제에 대한 의견들과 일관성을 유지하지 못하는 일도 흔히 목격할 수 있다. 구체적인 예로 1990년대 초의 보스니아 내전이나 1990년대 말의 코소보 내전에서 어느 쪽이 선이었고 어느 쪽이 악이었으며 어떤 처방이 바람직했는가 하는 문제에서 전통적인 좌우 개념은 효율적인 준거가 되지 못했다. 막연한 좌우의 구분 대신에 자유주의니 보수주의니 사회주의니 개인주의니 집단주의니 하는 범주를 사용해도 마찬가지이다.

① 소련 공산주의의 붕괴는 냉전의 종말을 가져왔지만 공산주의의 이념은 각국의 좌파 정당에 계승되고 있다.
② 많은 유럽 국가들에 사회주의 정당이 건재하지만 실제로 그 정책에는 사회주의 이념에 부합한다고 볼 수 없는 요소가 많다.
③ 20세기 말 현실 사회주의의 몰락은 전통적 좌파의 힘을 크게 약화시켰을 뿐만 아니라 좌파와 우파의 경계에 혼란을 가져왔다.
④ 냉전 시기 공산주의 체제 덕분에 서유럽 국가들에서 사회주의 정당이 집권할 수 있었지만 그 정당들은 다양한 정치적 문제의 결정에서 일관성을 잃고 있다.
⑤ 좌파와 우파의 구분이 현실 세계의 갈등을 해결하는 데 별 도움을 주지 못하고 있는데 그 한 원인은 냉전 시기 공산주의의 잔재가 아직 완전히 사라지지 않고 있기 때문이다.

해설
첫 문단에서는 좌파의 약화를, 두 번째 문단에서 좌우의 경계가 약해졌음을 말하고 있다.

정답 09 ③

10 다음 글의 내용과 부합하지 않는 것은?

> 한국 사회의 근대화 과정은 급속한 산업화와 도시화라는 특징을 가진다. 1960년대 이후 급속한 근대화에 따라 전통적인 농촌공동체를 떠나 도시로 이주하는 사람들이 급격하게 증가 하였으며, 이로 인해 전통적인 사회구조가 해체되었다. 이 과정에서 직계가족이 가치판단의 중심이 되는 가족주의가 강조되었다. 이는 전통적 공동체가 힘을 잃은 상황에서 가족이 매우 중요한 역할을 담당했기 때문이다. 국가의 복지가 부실한 상황에서 가족은 노동력의 재생산 비용을 담당했다.
>
> 가족은 물질적 생존의 측면뿐만 아니라 정서적 생존을 위해서도 중요한 보호막으로 기능했다. 말하자면, 전통적 사회구조가 약화되면서 나타나는 사회적 긴장과 불안을 해소하는 역할을 해 왔다는 것이다. 서구 사회의 근대화 과정에서는 개인의 자율적 판단과 선택을 강조하는 개인주의 윤리나 문화가 그러한 사회적 긴장과 불안을 해소하는 역할을 담당했다. 하지만 한국 사회의 경우 근대화가 급속하게 압축적으로 이루어졌기 때문에 서구 사회와 같은 근대적 개인주의 문화가 제대로 정착하지 못했다. 그래서 한국 사회에서는 가족주의 문화가 근대화 과정의 긴장과 불안을 해소 하는 역할을 담당하게 되었다.
>
> 한편, 전통적 공동체 문화는 학연과 지연을 매개로 하여 유사가족주의 형태로 나타났다. 1960년대 이후 농촌을 떠나온 사람들이 도시에서 만든 계나 동창회와 같은 것들이 유사 가족주의의 단적인 사례이다.

① 근대화 과정을 거치면서 한국 사회에서는 가족주의가 강조되었다.
② 한국의 근대화 과정에서 전통적 공동체 문화는 유사가족주의로 변형되기도 했다.
③ 근대화 과정에서 한국의 가족주의 문화와 서구의 개인주의 문화는 유사한 역할을 수행했다.
④ 한국의 근대화 과정에서 서구의 개인주의 문화가 정착하지 못한 것은 가족주의 문화 때문이었다.
⑤ 한국의 근대화 과정에서 가족주의 문화는 급속한 산업화가 야기한 불안과 긴장을 해소하는 기제로 작용했다.

해설

④에서 개인주의문화가 정착하지 못한 이유를 가족주의 문화 때문이라 하였으나 본문의 내용을 정리하면 '급속한 근대화 → 개인주의 정착 못함 → 가족주의가 긴장과 불안을 해소 하는 역할을 함'로 인과관계가 잘못되어 있음을 알 수 있다.

정답 10 ④

11 다음 글의 중심생각으로 가장 적절한 것은?

> 대부분의 사용자들은 노동조합과 소통하고 협력하며 원만한 관계를 유지하기 위해 최선을 다한다고 주장한다. 그러나 노사협상이 타결되지 못하면 사용자는 노동조합과 대치해야만 한다. 이때 사용자가 취할 수 있는 압박수단 가운데 하나는 사업장 폐쇄(lockout)이다. 사업장 폐쇄는 작업이 중지된다는 점에서 노동조합의 파업에 준하는 사용자의 극단적인 압박수단이다. 실제로 사용자가 사업장을 영구히 폐쇄하고 저임금 국가나 노동조합의 힘이 취약한 지역으로 이동할 가능성은 노동자에게 상당한 압력으로 작용한다.
>
> 사업장 폐쇄에 관한 외국의 예 하나를 살펴보자. 2002년 10월 미국 선박회사들의 협회인 태평양 해운협회(Pacific Maritime Association)는 미국 서해안의 29개 항만에서 사업장 폐쇄를 단행했다. 이로 인해 자동차 부품, 장난감, 냉동음식 등을 선적한 200개의 선박이 항구 밖에서 하역작업을 기다리게 되었다. 손실비용은 하루에 20억 달러에 해당되는 것으로 추산되었고, 미국 전체의 생산업자와 소비자가 큰 불편을 겪게 되었다. 결국 부시(George W. Bush) 대통령이 태프트-하틀리법을 행사하여 10일 동안의 사업장 폐쇄를 정지시켰다.
>
> 사용자들이 노동조합을 압박하는 전형적인 다른 수단은 파업의 경제적 손실을 대중에게 홍보하고 광고하는 것이다. 기업주들은 자신들의 이익을 대표하는 협회나 단체를 통하여 노사분쟁이 발생하면 국민경제에 미치는 부정적인 영향을 적극적으로 홍보한다. 예를 들어 특정한 회사의 노동자들의 파업이 초래하는 생산물량의 손실, 수출액의 차질, 납품업체의 조업 차질 등을 구체적으로 홍보하고, 다수의 언론은 이를 보도한다.

① 노동자의 파업
② 노동자와 사용자의 대립 양상
③ 사용자의 사업장 폐쇄
④ 노동자와 사용자의 대한 언론의 태도
⑤ 사업자의 압박 수단

해설

글 전체적으로 사용자의 압박 수단에 대한 열거를 하고 있으며 마지막 문단 첫 문장의 '사용자들이 노동조합을 압박하는 전형적인 다른 수단은...' 이라는 문구를 통해 사용자의 압박 수단이 글의 중심 소재임을 확인할 수 있다.

정답 11 ⑤

[12~13] 다음 글을 읽고 이어지는 질문에 답하시오.

우리나라 지진 발생 빈도는 갈수록 확연하게 증가하는 추세를 보인다. 특히 규모 3.0 이상의 지진 발생 횟수가 2000년대 들어 2배 이상 증가하면서 지진으로 인한 피해 역시 점차 커지고 있다. 이에 따라 내진 설계에 대한 중요성이 부각되고 있지만 우리나라 건축물의 내진 설계 비율은 아직도 35%에 미치지 못하는 실정이다.

특히 많은 사람이 몰려 있는 도심지에서 건물이 붕괴된다면 불특정 다수의 매몰자가 발생할 수 있다. 이러한 상황에서 매몰자를 구조하기 위해서는 골든아워 내에 매몰자의 위치를 신속하게 파악하는 것이 가장 중요하다. 일반적으로 매몰자 탐지에는 내시경 카메라를 이용한 '영상탐지', 진동과 음향을 이용하는 '음향탐지', 손가락이나 흉부(호흡) 등의 움직임을 감지하는 '전파탐지', 구조견을 이용한 '후각탐지'가 있다.

문제는 이와 같은 방식들이 붕괴지 상부를 직접 이동하면서 이뤄진다는 것이다. 이렇게 하면 탐지범위가 매우 협소할 뿐만 아니라 매몰자 탐지에 많은 시간이 소요된다. 가장 큰 문제는 잔해물이 추가로 붕괴하게 되면 구조자의 안전 또한 담보할 수 없다는 점이다.

'무선신호 기반 매몰자 위치 탐지 기술'은 이러한 탐지 방식이 지닌 문제점을 극복하기 위한 기술로, 드론과 스마트폰을 활용한다. 드론과 스마트폰으로 매몰된 사람의 위치 정보를 취득하고, 이를 가시화해 인명을 구조하는 기술이다. 더는 잔해물 위를 위험하게 돌아다닐 필요 없이 신속하고 안전하게 구조하는 방법인 셈이다. (㉠)

우리나라의 스마트폰 보급률은 전 세계에서 가장 높다(2016년 기준). 만약 지진 등의 사고로 인해 매몰자가 발생한다면 이들 중 열에 아홉은 스마트폰을 가지고 있을 확률이 높을 것이다. 이러한 사실에 착안한 연구팀은 스마트폰에 기본적으로 내장된 와이파이 신호와 기압 센서를 활용해 매몰자의 위치를 파악할 수 있는 '매몰자 탐지 모듈'을 개발했다. 이렇게 개발된 인명탐지 모듈은 드론에 장착되어 붕괴지역 위를 비행하며 매몰자의 위치를 파악한다. (㉡)

매몰자 탐지 모듈의 외형만을 놓고 봤을 때는 꽤 단순해 보이지만 다양하고 정교한 알고리즘으로 구성되어 있다. 우선 스마트폰의 무선신호를 감지하기 위한 무선신호 스캐닝 기술이 적용됐다. 이를 통해 드론은 와이파이 AP(Access Point, 무선접속장치) 역할을 한다. 즉, 수집된 맥 어드레스(MacAddress) 값을 통해 어느 스마트폰에서 신호가 송출되었는지 확인할 수 있으며, 송출되는 와이파이 신호강도를 감지함과 동시에 기압 센서로부터 매몰 깊이 값 정보를 취득함으로써 매몰자의 현재 위치를 더욱 정확하게 파악할 수 있다. (㉢)

이와 같이 수집된 정보들은 4G LTE망을 통해 지상부에 있는 데이터 수집 서버로 자동으로 전송된다. 이후 수집된 데이터는 정밀한 위치 정보로 변환되고, 웹서버를 통해 해당 위치 정보가 시각적 정보로 가공되어 구글 맵스나 네이버 지도와 같은 오픈 맵 위에 표출된다. 이를 바탕으로 구조자와 재난컨트롤타워에서는 빠르고 정확한 구조 계획을 수립할 수 있다. (㉣)

이번 기술은 기존 매몰자 탐지 기술 대비 탐지 시간을 50% 이상 단축할 수 있다. 구호 인력의 부상위험 감소는 물론 인명 피해를 30% 이상 줄이고 구호비용 역시 20% 이상 절감할 수 있을 것으로 기대된다. 또한 매몰자 수색 외에도 다양한 분야에 활용될 수 있다. 예를 들어 매몰자뿐만 아니라 구조자의 구조 활동을 지원할 수 있으며, 산을 포함한 넓은 지역에서도 활용될 수 있다. 실종자·범죄자 수색과 같은 치안 및 방범, 건설현장의 노무자 안전관리 분야 등에 폭넓게 적용될 수 있다. (㉤)

연구팀은 후속 연구를 통해 GPS의 정확도를 향상하고자 한다. 오차를 줄이고 좀 더 오랫동안 사용할 수 있도록 배터리 효율 연장에 힘쓸 계획이다. 또한 붕괴 형태에 따라 최적화된 알고리즘이 지능적으로 적용될 수 있도록 머신러닝(Machine Learning) 기법 등을 적용할 계획이다.

12 윗글의 ㉠~㉤ 중 다음 문단이 들어갈 위치로 가장 알맞은 곳은?

> 와이파이가 꺼져 있는 경우를 대비해 특정 코드가 삽입된 문자 메시지를 수신하게 되면 와이파이 신호를 강제로 활성화할 수도 있다. 또한 기압 센서로부터 기압정보를 획득할 수 있도록 백그라운드 애플리케이션도 개발했다.

① ㉠ ② ㉡ ③ ㉢
④ ㉣ ⑤ ㉤

해설

'와이파이가 꺼져 있는 경우를 대비해~'라고 시작한다. 이 문단의 앞에는 와이파이를 연결해서 사용하는 내용이 나와야 맞다.

13 다음 중 윗글의 목적으로 가장 적절한 것은?

① 재난구조 기술의 발전을 독려하기 위해
② 사고 안전에 대한 교육을 강화하기 위해
③ 증가하는 매몰사고의 위험성을 알리기 위해
④ 재난으로 인한 인명사고와 피해를 줄이기 위해
⑤ 구조 활동을 돕는 기술 개발을 소개하기 위해

해설

1~3문단에서 현재 발생하는 현재의 탐지 방법 문제점을 얘기한다.
4문단에서 '무선신호 기반 매몰자 위치 탐지기술'을 대안으로 제시한다.
5문단 이후에는 4문단에서 소개한 기술의 장점을 나열하며 주장을 뒷받침하고 있다.

정답 12 ③ 13 ⑤

Chapter 2. 내용 확인

1 일치 불일치

※ 글의 세부사항을 파악해야 하는 경우는 선택지의 의미를 먼저 파악해야 한다.

세부사항을 파악하는 문제는 글의 전체적인 내용을 알 필요는 없다. 선택지에 해당되는 부분을 본문에서 빨리 찾아서 확인하는 것이 필요하다. 따라서 선택지의 일부분을 본문에서 빨리 찾는 것과 그 내용을 맞는지 정확히 파악하는 것이 중요하다. 세부사항을 파악하는 문제는 선택지를 먼저 읽고 확인해야 할 부분을 체크한 후에 본문에서 내용을 확인하는 것이 좋다.

1. 선택지를 본문에서 빨리 찾는 방법 - 용어정리

선택지의 단어 중 본문에서 확인이 쉬운 것들을 체크한다. 자료해석에서 용어정리를 하는 것과 유사하다. 숫자, 알파벳, 외래어, 고유명사, 지역명 등을 선택지에서 찾은 후 본문에서 해당단어를 찾아 표시를 한다. 본문에서 표시된 부분에서 선택지에 해당되는 내용이 맞는지 확인하면 된다.

2. 선택지 정오(○, ×) 판단하는 방법 – 틀릴만한 부분찾기

선택지가 틀리려면 어느 부분이 잘못되어야 하는지를 공부해두어야 한다. 주로 틀리는 부분은 숫자, 서술어, 주제의 대상 등이 있다.
"재인쇄하였던 실록은 모두 5벌이다." - 오답이 난다면 5벌에서 오답이 날 것이다. 본문에서 '5벌'이라는 단어를 찾아 주위기 '재인쇄하였던 실록'이 맞는지 확인한다. '재인쇄하였던 실록'이라는 단어를 찾아 술어 부분이 '5벌'이 맞는지 확인하면 찾는 시간이 더 걸릴 수밖에 없다.
"탄소가 없는 상황에서도 생명은 자연적으로 진화할 수 있다." - 오답이 난다면 '있다'에서 오답이 날 것 같다. 본문을 읽을 때 진화의 '있다', '없다'를 파악하겠다는 목적을 가지고 글을 읽으면 판단이 빠를 수 있다.
"별 주위의 '골디락스 영역'에 행성이 위치할 확률은 매우 낮지만 지구는 그 영역에 위치한다"
- 골디락스 대신에 다른 용어가 들어갈 수 있다. 그 부분이 맞는지 확인한다.

3. 선택지 정오(○, ×) 예상하기

선택지를 읽고 정오(○,×)에 대한 예상이 될 수 있다면, 선택지를 확인하는 순서를 정할 때 큰 도움이 된다. 물론, 모든 선택지가 파악되는 것은 아니기 때문에 ○, ?, ×로 나누는 연습을 하는 것이 좋다.
맞아 보이는 선택지는 내용이 무리가 없어 보이는 선택지이다. 틀릴만한 부분이 보이지 않는다고 볼 수 있다. 또한 표현 상 "~수 있다.", " ~수도 있다" 등의 표현이 있으면 맞을 확률이 높다.
선택지에 숫자가 나오면 무조건 ?이다. ?에 해당하는 선택지가 가장 많다.
틀리기 쉬운 선택지는 '내용이 상식적이지 못한 경우', '서로 맞지 않는 내용이 같이 있는 경우', '다른 선택지와 반대되는 내용이 있는 경우' 등이다. 또한, '항상', '반드시', '모든', '모두' 등이 표현이 있으면 틀릴 확률이 높다.

예제 03 다음 제시되는 글을 읽고 알 수 없는 것을 고르시오.

> 　　17, 18세기에 걸쳐 각 지역 양반들에 의해 서원이나 사당 건립이 활발하게 진행되었다. 서원이나 사당 대부분은 일정 지역의 유력 가문이 주도하여 자신들의 지위를 유지하고 지역 사회에서 영향력을 행사하는 구심점으로 건립·운영되었다.
> 　　이러한 경향은 향리층에게도 파급되어 18세기 후반에 들어서면 안동, 충주, 원주 등에서 향리들이 사당을 신설하거나 중창 또는 확장하였다. 향리들이 건립한 사당은 양반들이 건립한 것에 비하면 얼마 되지 않는다. 하지만 향리들에 의한 사당 건립은 향촌사회에서 향리들의 위세를 짐작할 수 있는 좋은 지표이다.
> 　　향리들이 건립한 사당은 그 지역 향리 집단의 공동노력으로 건립한 경우도 있지만, 대부분은 향리 일족 내의 특정한 가계(家系)가 중심이 되어 독자적으로 건립한 것이었다. 이러한 사당은 건립과 운영에 있어서 향리 일족 내의 특정 가계의 이해를 반영하고 있는데, 대표적인 것으로 경상도 거창에 건립된 창충사(彰忠祠)를 들 수 있다.
> 　　창충사는 거창의 여러 향리 가운데 신씨가 중심이 되어 세운 사당이다. 영조 4년(1728) 무신란(戊申亂)을 진압하다가 신씨 가문의 다섯 향리가 죽는데, 이들을 추모하기 위해 무신란이 일어난 지 50년이 되는 정조 2년(1778)에 건립되었다. 처음에는 죽은 향리의 자손들이 힘을 모아 사적으로 세웠으나, 10년 후인 정조 12년에 국가에서 제수(祭需)를 지급하는 사당으로 승격하였다.
> 　　원래 무신란에서 죽은 향리 중 신씨는 일곱 명이며, 이들의 공로는 모두 비슷하였다. 하지만 두 명의 신씨는 사당에 모셔지지 않았고, 관직이 추증되지도 않았다. 창충사에 모셔진 다섯 명의 향리는 모두 그 직계 자손의 노력에 의한 것이었고, 국가로부터의 포상도 이들의 노력에 의한 것이었다. 반면 두 명의 자손들은 같은 신씨임에도 불구하고 가세가 빈약하여 향촌사회에서 조상을 모실 만큼 힘을 쓸 수 없었다. 향리사회를 주도해 가는 가계는 독점적인 위치를 확고하게 구축하려고 노력하였으며, 사당의 건립은 그러한 노력의 산물이었다.
>
> ① 양반이 세운 사당의 경우 일정 지역의 유력 가문이 주도하여 건립하였다.
> ② 향리보다 양반이 세운 사당이 더 많다.
> ③ 향리들이 건립한 사당은 대부분 그 지역 향리 집단의 공동노력으로 건립하였다.
> ④ 창충사는 거창의 여러 향리 중 신씨 가문이 세운 사당이다.
> ⑤ 창충사에 모셔진 신씨 가문의 향리는 다섯 명이다.

① 양반이 세운 사당의 경우 일정 지역의 유력 가문이 주도하여 건립하였다.
　→ 용어정리는 '양반'이고 '유력가문이 주도' 부분을 확인한다. 1번째 문단에 있다.
② 향리보다 양반이 세운 사당이 더 많다.
　→ 용어정리는 '양반', '양반' 이고 '더 많다.' 부분을 확인한다. 2번째 문단에 있다.
③ 향리들이 건립한 사당은 대부분 그 지역 향리 집단의 공동노력으로 건립하였다.
　→ 용어정리는 '향리'이고 '대부분', '공동노력' 부분을 확인한다. 3번째 문단에 반대되는 내용이 있다.
　　답은 ③번이다.
④ 창충사는 거창의 여러 향리 중 신씨 가문이 세운 사당이다.
　→ 용어정리는 '창충사'이고 '신씨' 부분을 확인한다. 4번째 문단에 있다.
⑤ 창충사에 모셔진 신씨 가문의 향리는 다섯 명이다.
　→ 용어정리는 '창충사'이고 '다섯 명' 부분을 확인한다. 5번째 문단에 있다.

14 다음은 용서와 관련한 어느 책의 서문이다. 이 글에서 확인할 수 없는 내용은?

> 21세기 들어 세상 곳곳에서 개인적 차원이나 정치적 차원의 다양한 폭력과 잘못된 일들이 벌어진다. 지구촌 여기저기에서 전쟁이 끊이지 않으며, 유럽의 시리아 난민들은 기본적인 일상적 삶마저 박 탈당한 채 살아간다. 세계적인 정황에서 국가 간의 관계뿐 아니라, 개인들의 관계 속에서도 다양한 얼굴을 한 폭력과 상호 증오가 난무한다. 이 잔혹한 시대에 어떻게 살아가고 반응해야 하는가. 어쩌면 용서와 화해는 잔혹한 폭력의 시대를 살아가는 인간이 생존하기 위해 필수적인 것인지도 모른다. 용서에 대한 이 책은 유한하고 불완전한 인간 삶에서 불완전한 인간이 만들어내는 갖가지 양태의 잘못된 일들을 넘어서서 모두가 살아갈 만한 세계를 추구하고 모색하기 위한 것이다. 용서와 화해가 얼마만큼 가능하고 어떤 방식으로 전개되는가는 개인적이고 사회정치적인 구체적 상황에 따라 매우 다르다. 따라서 용서에 대해 수치로 제시할 수 있는 측정 기준이나 가이드를 만들어 내는 것은 불가능하다. 우선적으로 가해자와 피해자, 이 두 사람 간의 사건이 용서의 전형적 예로 생각할 수 있다. 그러나 용서에는 두 사람 간 혹은 두 그룹 간의 용서뿐 아니라 자기용서, 형이상학적 용서, 정치적 용서, 종교적 용서 등 다양한 형태의 용서가 있다.
> 크게 보면 용서에는 두 가지가 있다. 최선의 바람직한 용서인 '완전한 용서' 그리고 '불완전한 용서'이다. 완전한 용서는 용서하는 자와 용서받은 자 사이에 기대할 수 있는 모든 일이 가능한 상황에서의 용서이다. 즉, 가해자는 자신의 잘못을 고백하면서 앞으로는 잘못을 되풀이하지 않겠다고 약속을 하며 용서를 구하고, 용서하는 사람은 이를 받아들이고 가해자를 용서하는 것이다. 반면 불완전한 용서는 완전한 용서가 지닌 여러 가지 요소 중에서 부분적으로만 이루어지는 용서를 말한다. 물론 이렇게 최선의 바람직한 용서인 완전한 용서와 불완전한 용서 두 가지로 용서를 나누는 데는 한계가 있어서 용서를 완벽하게 구분할 수는 없다. 인간의 행위는 수학 공식같이 기계적 측정과 수치로 드러나 구분할 수 없기 때문이다.
> 인간은 이 완전한 용서와 불완전한 용서라는 두 측면 사이에서 갈등하고 좌절하며, 다시 힘을 내어 완전하고 이상적인 최선의 용서를 이루려는 의지와 마음을 가져야 한다. 그러한 필요성 내문에 선략적으로 이러한 구분이 필요하기도 하다.

① 21세기에 인간이 겪는 잔혹한 폭력과 일상적 삶의 박탈은 인간으로 태어난 이상 숙명적으로 받아들여야 하는 일이다.
② 용서와 화해는 폭력의 시대를 살아가는 인간이 살아남기 위해 다른 인간들과 함께 살아갈 수 있는 세계를 위한 것이다.
③ 용서에는 가해자와 피해자 간에 이루어지는 일반적인 것들만 아니라 그룹 간 용서, 스스로에 의한 용서, 정치 - 종교적 용서 등 다양한 형태의 것이 있다.
④ 가해자가 잘못을 고백하면서 앞으로 그 잘못을 되풀이하지 않을 것임을 약속하며 피해자에게 용서를 구하고, 피해자가 이를 받아들이는 것이 가장 바람직한 용서이다.
⑤ 용서는 수학공식처럼 분명하게 구분할 수 있는 것이 아니므로 그 상황에서 늘 갈등하고 좌절하면서도 용서를 이루기 위한 의지와 마음을 지니고 노력하는 것이 중요하다.

15 다음 글에 대한 이해로 적절하지 않은 것은?

　최근 '국가 먹거리 종합 전략과 지역 먹거리 계획 수립'의 근거를 담은 개정법률안이 발의됐다. 생산·유통·소비까지 전 과정을 연계하는 시스템으로 국민에게 건강한 먹거리를 보장하고, 지속가능한 농식품 산업을 도모하자는 것이다.

　국가 차원의 먹거리 전략 수립, 이른바 '푸드플랜(Food Plan)' 개념은 2010년 전후 런던, 암스테르담, 샌프란시스코, 뉴욕, 토론토, 밴쿠버 등 북미와 유럽의 대도시 중심으로 처음 등장했다. 생산·유통·소비부터 시민들의 건강 증진과 기아 근절, 식품 안전, 공공 급식 개선, 로컬 푸드 활성화, 일자리 창출 등 다양한 먹거리 현안을 국가 차원에서 처음으로 다루기 시작한 것이다.

　최근 기후 변화, 환경오염, 유전자변형식품(GMO) 등으로 인해 안전한 먹거리의 중요성이 강조되는 가운데, 경쟁력을 앞세운 시장 구조, 대량 생산 체제의 먹거리 산업은 많은 문제점을 야기하고 있다. 효율성·경제성만 따지다 보니 품질이 보장되지 않는 저가 식재료를 사용하는 경우가 늘어나고 이에 따라 식품 안전사고도 지속적으로 발생한다. 또한 소비자 접근이 유리한 대형마트, 기업농 중심으로 소비가 이루어지고 전통시장이나 지역 중소기업, 중소농은 갈수록 위축되는 양극화 현상이 심화된다. 영양·건강 측면에서도 저소득층 소외 현상이 심화되고 있다.

　우리나라도 전주시, 서울시 등 일부 지역을 중심으로 푸드플랜이 추진되고 있고, 최근 들어 많은 지자체가 관심을 가지기 시작했으나 아직은 걸음마 단계다. 우리나라의 푸드플랜은 다른 나라와 지역의 성공 모델을 벤치마킹하되 우리나라가 지닌, 또한 각 지역만의 고유한 특성과 현안 과제를 중심으로 접근해야 한다. 높은 유통 비용, 농촌 소득 저하 및 양극화 도농 간의 교류 단절, 공공급식의 질 저하 등은 우리나라가 안고 있는 먹거리 고민이다.

　이러한 고민에 대한 하나의 대안으로 등장한 것이 '로컬 푸드'이다. 예를 들어 대기업과 급식 공급 계약을 맺고 있던 지역 학교가 로컬 푸드, 즉 지역 농산물로 공급 계약을 전환할 경우, 대기업에 지급 되던 비용이 지역 농가 및 지역 기업으로 환원된다. 이는 신규 시장 및 일자리 창출 등 지역 경제 활성화로 이어진다. 원거리 배송에 따른 환경오염 부담도 줄일 수 있다. 로컬 푸드를 통해 지역 사회와 국가가 안고 있는 다양한 먹거리 현안의 해결 방안을 모색할 수 있는 것이다.

① 우리나라도 먹거리의 전 과정을 연계하는 시스템을 갖춰 국민들이 안심하고 식생활을 할 수 있고, 더불어 농식품 산업도 지속적으로 발전할 수 있도록 법적 토대를 마련하고 있다.
② 국가 차원의 푸드플랜 수립 이전에는 먹거리와 관련된 현안에 대한 논의가 없었다.
③ 최근 기후 변화, 환경 오염, 유전자변형식품 생산 등의 상황으로 인해 안전한 먹거리의 중요성이 강조되는 가운데, 효율성·경제성만 중시하여 발생하는 식품 안전사고가 늘어나고 있다.
④ 국가 차원의 먹거리 전략 수립 계획인 푸드플랜이 우리나라 일부 지역에서 추진되고 있으며 높은 유통 비용, 농촌 소득 저하 및 양극화, 도농 간의 교류 단절 등의 문제를 해결해야 한다.
⑤ 먹거리와 관련한 현안을 해결할 수 있는 방안으로서 로컬 푸드를 활용하면 지역 농가 및 지역기업으로 이익을 돌리고 신규 시장 및 일자리를 창출하여 지역 경제를 활성화할 수 있다.

해설

② 2번째 문단에서 2010년에 처음 등장했다고 되어 있다.

오답풀이
① 1문단
③ 3문단
④ 4문단
⑤ 5문단

정답 15 ②

16 다음 글에 나타난 '작업'과 '고역'의 의미를 비교할 때, 적절하지 않은 것은?

어느 때 어느 사회에서고 일은 언제나 찬양되고 격려되어 왔다. 그러나 일은 반드시 노력을 요구한다. 노력은 필연적으로 일종의 고통을 의미한다. 고통을 피하려는 것은 모든 생물의 근본적 이치이다. 그러므로 일이 아무리 미화되더라도 그것은 모든 인간이 기피하고자 하는 것임엔 틀림없다. 모든 사회에서 일이 도덕적, 윤리적으로 찬미되고 때로는 성화되기까지도 하는 근본적 이유는 일의 위와 같은 성질 때문인지도 모른다.

아닌 게 아니라 20세기에 하나의 철학적 기둥으로 알려졌고, 사회·문화 비평가이기도 한 러셀(Russell)은 일을 성화하려는 숨은 동기를 폭로하고 일의 내재적 가치를 적극적으로 부정한다. 일은 찬미되어야 할 것으로 여겨진다. 그런데 그에 의하면 역사적으로 모든 사회에서 일의 미덕은 남들의 피땀 흘린 일의 열매만을 놀면서 즐기는 사회의 지배자들이 자신들의 특권을 유지하기 위해 고안한 속임수라는 것이다. 일은 한 인간이 생존하기 위해 견디어야 할 필요악에 불과하다는 것이다. 러셀은 일의 미화를 소수의 지배층, 특히 경제적 지배층이 피지배층, 특히 노동력을 제공하는 근로 대중에게 적용한 일종의 세뇌 수단으로 보고 있다.

일의 고귀성은 고사하고 일의 내재적 가치, 즉 그 자체로서 갖고 있는 일의 가치를 적극적으로 부정하는 러셀의 견해는 옳은가, 아니면 일을 격려하고 일의 고귀성과 성스러움까지를 강조하는 기존의 일에 관한 주장이 옳은가. 양립하는 두 관점 가운데 어느 하나를 택하려면, 즉 위와 같은 두 개의 물음에 대답을 찾아 주려면 우선 '일'이라는 말의 의미를 좀 더 주의 깊게 검토해야 한다.

정치 철학자로 알려진 아렌트(Arendt) 여사는 우리가 보통 '일'이라 부르는 활동을 '작업(作業, work)'과 '고역(苦役, labor)'으로 구분한다. 이 두 가지 모두 인간의 노력, 땀과 인내를 수반하는 활동이며, 어떤 결과를 목적으로 하는 활동이다. 그러나 전자가 자의적인 활동인 데 반해서 후자는 타의에 의해 강요된 활동이다. 전자의 활동을 창조적이라 한다면 후자의 활동은 기계적이다. 창조적 활동의 목적이 작품 창작에 있다면, 후자의 활동 목적은 상품 생산에만 있다. 전자, 즉 '작업'이 인간적으로 수용될 수 있는 물리적 혹은 정신적 조건하에서 이루어지는 '일'이라면 '고역'은 그 정반대의 조건에서 이루어지는 '일'이라는 것이다.

인간은 언제 어느 곳에서든지 '일'이라고 불리는 활동에 땀을 흘리며 노력해 왔고, 현재도 그렇고 아마도 앞으로도 영원히 그럴 것이다. 구체적으로 어떤 종류의 일이 '작업'으로 불릴 수 있고 어떤 일이 '고역'으로 분류될 수 있느냐는 그리 쉬운 문제가 아니다. 그러나 일을 작업과 고역으로 구별하고 그것들을 위와 같이 정의할 때 고역으로서의 일의 가치는 러셀의 말대로 부정되어야 하지만 작업으로서 일은 전통적으로 종교 혹은 철학을 통해서 모든 사회가 늘 강조해 온 대로 오히려 찬미되고, 격려되며 인간으로부터 빼앗아 가서는 안 될 귀중한 가치라고 봐야 한다.

'작업'으로서의 일의 내재적 가치와 존엄성은 이런 뜻으로서 일과 인간의 인간됨과 뗄 수 없는 필연적 관계를 갖고 있다는 사실에서 생긴다. 분명히 일은 노력과 아픔을 필요로 하고, 생존을 위해 물질적으로는 물론 정신적으로도 풍요한 생활을 위한 도구적 기능을 담당한다.

작업으로서의 일과 고역으로서의 일의 구별은 단순히 지적 노고와 육체적 노고의 차이에 의해서 결정되지 않는다. 한 학자가 하는 지적인 일도 경우에 따라 고역의 가장 나쁜 예가 될 수 있다. 반대로 육체적으로 극히 어려운 일도 경우에 따라 작업의 가장 좋은 예가 될 수 있다. 작업으로서의 일과 고역으로서의 일을 구별하는 근본적 기준은 그것이 근본적인 인간의 존엄성을 높이는 것이냐, 아니면 타락시키냐에 있다. 인간의 존엄성은 인간의 자율성에 있다. 그런데 똑같은 일, 똑같이 고통스러운 육체적 혹은 정신적 노력의 집중도 일하는 당사자의 주체적 사고방식에 따라 자율적이거나 타율적일 수 있다. 그러나 태도나 사고방식은 무턱대고 주관적이어서는 안 된다. 그것은 특히 자기 자신을 포함한 여러 가지 삶의 객관적 여건에 대한 올바른 인식에 근거를 가져야 한다.

	작업	고역
①	어떤 결과를 목적으로 자율적 의지가 수반된 활동	어떤 결과를 목적으로 타인의 강요에 의한 활동
②	작품 창작에 목적이 있는 창조적 활동	상품 생산에만 목적을 두는 기계적 활동
③	인간적으로 수용될 수 있는 물리적 - 정신적 조건하에서 이루어지는 일	인간적으로 수용할 수 없는 물리적·정신적 조건하에서 이루어지는 일
④	인간의 존엄성을 높이는 일	인간의 존엄성을 타락시키는 일
⑤	땀과 인내를 수반한 정신적 노동	결과를 목적으로 하는 육체적 노동

해설

⑤ 마지막 문단에서 '작업으로서의 일과 고역으로서의 일의 구별은 단순히 지적 노고와 육체적 노고의 차이에 의해서 결정되지 않는다.'라고 하였다. 4번째 문단에서 '이 두 가지 모두 인간의 노력, 땀과 인내를 수반하는 활동이며, 어떤 결과를 목적으로 하는 활동이다.' 라고 하여서 땀과 인내, 결과를 목적에 따라 작업과 고역을 구분할 수 없다고 하였다.

정답 16 ⑤

17 다음은 한국교통안전공단이 지난 7월 전국 운전자 3,922명을 대상으로 '안전속도 5030 정책'의 인지도를 조사한 자료에 대한 기사 내용이다. 이에 대한 설명으로 가장 적절하지 않은 것은?

> 운전자 10명 중 3명은 내년 4월부터 전면 시행되는 '안전속도 5030' 정책을 모르고 있는 것으로 나타났다. 13일 한국교통안전공단은 지난 7월 전국 운전자 3,922명을 대상으로 '안전속도 5030 정책 인지도'를 조사한 결과, 이를 인지하고 있는 운전자는 68.1%에 그쳤다고 밝혔다. 안전속도 5030 정책은 전국 도시 지역 일반도로의 제한속도를 시속 50km로, 주택가 등 이면도로는 시속 30km 이하로 하향 조정하는 정책이다. 지난해 4월 도로교통법 시행규칙 개정에 따라 내년 4월 17일부터 본격적으로 시행될 예정이라고 한다. 교통안전공단에 따르면 예기치 못한 사고가 발생하더라도 차량의 속도를 30km로 낮추면 중상 가능성은 15.4%로 크게 낮아진다고 한다. 이것이 바로 안전속도 5030 정책을 시행하는 이유이기도 하다.
>
> 이번 조사에서 특히 20대 이하 운전자의 정책 인지도는 59.7%, 30대 운전자는 66.6%로 전체 평균 보다 낮은 것으로 나타났다. 반면 40대(70.2%), 50대(72.1%), 60대 이상(77.3%) 등 연령대가 높아질수록 안전속도 도입을 알고 있다고 응답한 비율이 높았다. 조사에 따르면 운전할 때 주로 이용하는 경로검색 수단으로는 모바일 내비게이션을 이용한다는 응답자가 74.2%로 가장 많았다. 이어 차량 내장형·거치형 내비게이션(49.8%), 도로 표지판(23.1%) 등의 순으로 많다고 조사되었다. 특히 20~30대에서는 모바일 내비게이션을 이용한다는 응답자의 비율이 약 80%에 달했다. 이에 공단은 모바일 내비게이션 음성안내 등을 통해 제한속도 하향 조정에 대한 공감대를 만들기로 했다.

① 내년에 시행되는 안전속도 5030 정책은 운전자 10명 중 약 3명이 모르는 것으로 나타났다.
② 전 연령대 평균 정책 인지도는 70.2%로 높은 편이었다.
③ '안전속도 5030 정책'을 모른다는 응답은 31.9%였다.
④ 연령대별 정책 인지도는 연령대가 낮을수록 낮다는 결과를 보였다.
⑤ 연령대가 높아질수록 안전속도 정책 도입을 알고 있다고 응답한 비율이 높았다.

해설

② 3~4번째 줄에 '이를 인지하고 있는 운전자는 68.1%에 그쳤다고 밝혔다.'라고 되어 있다.
2번째 문단에 '반면 40대(70.2%), 50대(72.1%), 60대 이상(77.3%) 등'이라고 했고 70.2%는 40대에 한정이 되어 있다.

정답 17 ②

18 다음은 '겨울철 블랙아이스 사고 특성과 대책 발표'에 대한 기사이다. 제시된 내용과 일치하는 것은?

○○교통안전문화연구소는 며칠 전 '겨울철 블랙아이스(빙판/서리) 교통사고 특성과 대책' 결과를 발표했다. 최근 5년(2014년 1월 ~ 2018년 12월) 동안 경찰에 신고·접수된 겨울철 빙판길 사고와 기상관측자료를 분석한 결과 최저기온이 0°C 이하이면서 일교차가 9°C를 초과하는 일수가 1일 증가할 때마다 하루 평균 약 59건의 사고가 증가했다. 치사율도 전체 교통사고 평균보다 1.6배 높게 나타났다. 이것은 교통사고 100건당 사망자 수를 백분율로 환산한 것이다. 지역별 결빙교통사고율은 충남 (3.9%), 강원(3.8%) 순으로 높았다. 치사율(전체 사고 대비 결빙사고 사망자 비율)도 충북(7.0%), 강원(5.3%) 등 중부내륙지역이 높은 것으로 분석됐다. 이러한 겨울철 빙판길 사고예방을 위해서 사고위험 도로를 중심으로 자동염수분사장치, 노면열선, 가변속도표지 등 맞춤형 대책이 시급한 것으로 확인 됐다.

○○교통안전문화연구소가 발표한 기상자료 연계 '겨울철 블랙아이스(빙판/서리) 교통사고 특성과 대책'의 주요 내용을 살펴보면 최근 5년 도로결빙사고 사망자 199명 발생, 사고 100건당 사망자 수는 전체 교통사고 평균 대비 1.6배 높았다. 또 경찰에 신고·접수된 도로결빙/서리로 발생한 교통사고건 수, 사망자 수는 최근 5년간 각각 6,548건(연평균 1,310건), 199명(연평균 40명)이며 사고 100건당 사망자 수는 3.0명으로 전체 교통사고 평균 1.9명보다 1.6배 높아 큰 사고가 많은 것으로 나타났다.

또한 연도별 사고 건수는 2014년 1,826건, 2015년 859건, 2018년 1,358건으로 해에 따라 최대 2배 이상 차이가 나는 것으로 분석됐다. 기상관측자료와 교통사고자료를 분석한 결과 겨울철 최저기온이 0°C 이하이며 일교차가 9°C를 초과하는 일수와 결빙교통사고는 상관관계가 높은 것으로 나타났다. 최근 5년 동안 위 조건에 맞는 날은 평균 51.5일이었으며 해당 관측일이 1일 증가하면 결빙교통사고는 하루에 약 59건이 증가했다.

이어 노면 결빙사고 취약지역은 중부내륙(강원, 충남/북)에 집중됐다. '최저기온 0°C 이하&일교차 9°C 초고서' 관측일을 기준으로 최근 5년간 발생한 결빙교통사고율은 전체 교통사고의 2.4%였다. 지역별로는 통과 교통량이 많고 통행속도가 높은 충남(3.9%), 충북(3.8%), 강원(3.7%)의 결빙교통사고율이 다른 지자체 평균보다 2.6배 높았다. 특별/광역시의 경우 광역시(3.1%)가 평균보다 높은 것으로 나타났다.

사고 심도를 나타내는 치사율(전체 대비 결빙사고 사망률)은 '최저기온 0°C 이하&일교차 9°C 초과' 관측일에서 평균 3.2%였다. 특히 매년 감소하고 있는 가운데(2014년 3.9% → 2016년 2.9% → 2018 년 2.2%), 충북(7.0%), 강원(5.3%), 전북(4.3%), 경북(3.8%)은 전국 평균보다 1.4 ~ 2.2배 높았다. 해당 지역을 운전할 때 더욱 안전운전을 실천해야 한다.

블랙아이스는 온도가 급격히 떨어질 때 노면 습기가 얼어붙어 생성되기 때문에 기상변화와 함께 주변 환경(바닷가, 저수지 등), 도로 환경(교량, 고가도로, 터널입구 등)을 고려한 맞춤형 관리를 해야 하는 것으로 분석됐다. 또 결빙교통사고는 노면 상태를 운전자가 육안으로 확인하지 못하거나 과속하는 경우에 발생하기 때문에 결빙교통사고 위험구간 지정확대, 도로순찰 강화 등의 대책이 요구된다. 또 결빙구간을 조기에 발견해 운전자에게 정보를 제공해 줄 수 있는 시스템(내비게이션, 도로전광판) 확대도 시급하다.

○○교통안전문화연구소 김△△ 수석연구원은 "겨울철 급격한 일교차 변화에 따른 노면결빙(블랙 아이스)은 도로 환경, 지역과 입지여건 등에 따라 대형사고로 이어질 위험성이 크다"며 "이에 지역별로 사고 위험이 높은 지역에 적극적인 제설 활동, 자동염수분사장치 및 도로열선 설치 확대, 가변속도표지 설치, 구간속도단속 등의 조치가 필요하다"고 강조했다. 또한 "운전자들도 블랙아이스 사고가 많은 겨울철 새벽에는 노면 결빙에 주의해 안전 운전해야 한다"고 덧붙이며 "시설 정비와 시스템 강화도 중요하지만 개개인 운전자들의 주의도 사고예방에 큰 도움이 되므로 운전 습관을 점검해 보는 것이 좋겠다"는 의견도 제시하였다.

① 지역별 결빙교통사고율과 치사율(전체 사고 대비 결빙사고 사망자 비율)은 인천광역시가 전국의 평균보다 높게 나타났다.
② 최근 5년 도로결빙사고 사망자 199명이 발생하였는데, 사고 100건당 사망자 수는 전체 교통사고 평균에 비해 약 3배 정도 높은 수치이다.
③ 노면 결빙사고 취약지역은 중부내륙(강원, 충남/북)에 집중되었으며 충남, 충북, 강원의 결빙교통사고율이 다른 지자체 평균보다 2.6배 높았다.
④ 블랙아이스는 온도가 급격히 떨어질 때 노면 습기가 얼어붙어 생성되기 때문에 운전자의 육안으로 식별이 가능하므로 결빙교통사고 위험구간을 지정할 필요는 없다.
⑤ 겨울철에는 기온변화가 급격하지 않으므로 결빙은 도로 환경이나 입지여건 등을 이유로 발생한다. 따라서 이러한 점을 고려하여 대비해야 한다.

해설

4문단에 '노면 결빙사고 취약지역은 중부내륙(강원, 충남/북)에 집중됐다.' '충남(3.9%), 충북(3.8%), 강원(3.7%)의 결빙교통사고율이 다른 지자체 평균보다 2.6배 높았다.'라고 되어 있다.

오답풀이

① 1문단에 인청광역시에 관한 내용은 없다.
② 2문단에 '전체 교통사고 평균 1.9명보다 1.6배 높아'라고 했다.
④ 선택지에서 '운전자의 육안으로 식별이 가능'이라는 부분은 상식적이지 않아 보인다.
⑤ 선택지에서 '겨울철에는 기온변화가 급격하지 않으므로'이라는 부분은 상식적이지 않아 보인다.
④⑤번을 먼저 볼 필요는 없어 보인다.

정답 18 ③

19 다음 제시문에서 알 수 없는 것은?

> 연구자 甲은 외부와 접촉이 차단되고 고립된 상태에서 인간이 어떤 행동을 보이는지를 관찰하기 위하여 실험을 고안하였다. 건강하고 평범한 대학생들을 연구 대상자로 선정하였다. 선정된 연구 대상자 중 일부는 교도관 역할을, 나머지는 죄수 역할을 맡았으며, 교도관의 행태를 감시하는 기구나 규율은 없었다. 甲은 제복을 입은 교도관 역할자와 죄수복을 입고 죄수 역할을 하는 자의 심리를 분석하였다. 특별한 의미가 담긴 복장이 사람에게 미치는 영향은 컸다. 죄수복은 그 자체로 사람을 위축시켰으며, 교도관들의 제복과 선글라스 그리고 곤봉은 권위 의식을 갖게 했다. 흥미롭게도 교도관 역할자는 둘째 날부터 진짜 교도관이 된 것처럼 행동하기 시작했다. 죄수 역할자는 실험이 아닌 실제 상황에 처한 것이 아니냐는 의심을 품기 시작했고, 난동을 부리다 교도관 역할자에게 제압당하는 사건도 발생했다. 실험 셋째 날부터 교도관 역할자는 무력으로 죄수 역할자를 완벽하게 통제하였다. 그들은 죄수 역할자를 독방에 가두거나, 스스로 체벌을 고안하여 강제했으며 구타도 하였다. 다섯째 날에 이르자 정신적인 충격으로 발작을 일으키는 사람도 목격되었다. 결국 이들이 집단 광기를 보이자 모든 실험은 중단되었다.

① 인간의 행동은 지위에 따라 달라질 수 있다.
② 견제장치가 없는 권력은 남용될 가능성이 크다.
③ 인간의 의지력은 극한 상황을 극복할 수 있는 중요한 원동력이다.
④ 상징(물)에 대한 의미부여가 구성원의 행동양식에 영향을 미친다.
⑤ 외부와 접촉이 차단되고 고립된 상태에서는 행동에 대한 자기 통제력이 약화될 수 있다.

해설
극한 상황에서 인간의 의지력이 무너지는 모습이 표현되고 있다.

정답 19 ③

20 다음 글의 내용과 부합하는 것은?

> 중세 동아시아 의학의 특징은 강력한 중앙권력의 주도 아래 통치수단의 방편으로서 활용되었다는 점이다. 권력자들은 최상의 의료 인력과 물자를 독점적으로 소유함으로써 의료를 충성에 대한 반대급부로 삼았다. 이러한 특징은 국가 간의 관계에서도 나타나 중국의 황제는 조공국에게 약재를 하사함으로써 위세와 권위를 과시했다. 고려의 국왕 또한 가부장적 이데올로기에 입각하여 의료를 신민 지배의 한 수단으로 삼았다. 국왕은 일 년 중에서 정해진 날에 종4품 이상의 신료에게 약재를 내렸는데, 이를 납약(臘藥)이라 하였다. 납약은 중세 국가에서 약재가 일종의 위세품(威勢品)으로 작용하였음을 잘 보여주는 사례이다.
> 역병이 유행하면 고려의 국왕은 이에 상응하는 약재를 분배하였다. 1018년 개경에 유행성 열병인 장역(瘴疫)이 유행하자 현종은 관의(官醫)에게 병에 걸린 문무백관의 치료를 명령하고 필요한 약재를 하사하였다. 하층 신민에 대해서는 혜민국과 구제도감 등 다양한 의료 기관을 설립하여 살피게 했다. 전염병이 유행하면 빈민들의 희생이 컸기에 소극적이나마 빈민을 위한 의료대책을 시행하지 않을 수 없었다. 1110년과 1348년 전염병이 유행하였을 때에는 개경 시내에 빈민의 주검이 많이 방치되어 있었고, 이는 전염병이 유행하게 되는 또 다른 요인이 되었다. 이들 빈민환자를 한 곳에 모아 관리해야 할 필요성에서 빈민의료가 시작되었다. 그러나 혜민국은 상설 기관이 아니라 전염병 유행과 같은 비상시에 주로 기능하는 임시 기관이었다. 애민(愛民) 정책 아래 만들어진 이들 기관의 실상은 치료보다는 통치를 위한 격리를 목적으로 하였다.

① 고려는 역병을 예방하기 위해 혜민국을 설치하였다.
② 고려 국왕은 병든 문무백관의 치료를 위해 납약을 하사하였다.
③ 가부장적 이데올로기는 고려시대 전염병의 발병률 감소에 기여하였다.
④ 중세 동아시아 의학은 상·하층 신민의 질병을 치료하기 위한 목적으로 발전하였다.
⑤ 중세 동아시아의 권력자는 의료 인력과 약재를 독점하여 신료의 충성을 유도하였다.

해설

① 혜민국은 장역이 유행했을 때 설립한 기관이다.
② 납약은 종4품 이상의 신료에게 하사했던 하사 약품이다.
③ 통치의 기본 이념을 가부장적 이데올로기로 삼았다는 것이지 전염병과는 상관없다.
④ 중세 동아시아의 의학은 통치수단으로 활용되었지 질병치료가 주목적이 아니었다.
⑤ 의학을 통치 수단으로 활용했고 약품을 하사품으로 나눠준 것을 보면 알 수 있다.

정답 20 ⑤

21. 다음 글을 통해 알 수 있는 소크라테스의 견해가 아닌 것은?

> 소크라테스: 그림에 적합한 색과 형태들을 모두 배정할 수도 있고, 어떤 것들은 빼고 어떤 것들은 덧붙일 수도 있는 것이네. 그런데 적합한 색이나 형태들을 모두 배정하는 사람은 좋은 그림과 상(像)을 만들어내지만, 덧붙이거나 빼는 사람은 그림과 상을 만들어내기는 하나 나쁜 것을 만들어내는 것이겠지?
> 크라튈로스: 그렇습니다.
> 소크라테스: 같은 이치에 따라서 적합한 음절이나 자모를 모두 배정한다면 이름이 훌륭하겠지만, 조금이라도 빼거나 덧붙인다면 훌륭하지는 않겠지?
> 크라튈로스: 하지만 음절과 자모를 이름에 배정할 때 우리가 어떤 자모를 빼거나 덧붙인다면, 우리는 이름을 쓰기는 했지만 틀리게 쓴 것이 아니고 아예 쓰지 못한 것입니다.
> 소크라테스: 그런 식으로 보아서는 우리가 제대로 살펴보지 못한 것이네.
> 크라튈로스: 왜 그렇죠?
> 소크라테스: 수(數)의 경우에는 자네 말이 적용되는 것 같네. 모든 수는 자신과 같거나 자신과 다른 수일 수밖에 없으니까. 이를테면 10에서 어떤 수를 빼거나 더하면 곧바로 다른 수가 되어 버리지. 그러나 이것은 상 일반에 적용되는 이치는 아니네. 오히려 정반대로 상은, 그것이 상이려면, 상이 묘사하는 대상의 성질 모두를 상에 배정해서는 결코 안 되네. 예컨대 어떤 신이 자네가 가진 모든 것의 복제를 자네 곁에 놓는다고 해보세. 이때 크라튈로스와 크라튈로스의 상이 있는 것일까, 아니면 두 크라튈로스가 있는 것일까?
> 크라튈로스: 제가 보기에는 두 크라튈로스가 있을 것 같습니다.
> 소크라테스: 그렇다면 상이나 이름에 대해서는 다른 종류의 이치를 찾아야 하며, 무엇이 빠지거나 더해지면 더 이상 상이 아니라고 해서는 안 된다는 것을 알겠지? 상은 상이 묘사하는 대상과 똑같은 성질을 갖지 못한다는 것을 깨닫지 않았나?

① 어떤 사물과 완전히 일치하는 복제물은 상이 아니다.
② 훌륭한 이름에 자모 한 둘을 더하거나 빼더라도 그것은 여전히 이름이다.
③ 훌륭한 상에 색이나 형태를 조금 더하거나 빼더라도 그것은 여전히 상이다.
④ 이름에 자모를 더하거나 빼는 것과 수에 수를 더하거나 빼는 것은 같은 이치를 따른다.
⑤ 이름에 자모를 더하거나 빼는 것과 상에 색이나 형태를 더하거나 빼는 것은 같은 이치를 따른다.

22 다음 글의 내용과 부합하는 것은?

> '청렴(淸廉)'은 현대 사회에서 좁게는 반부패와 동의어로 사용되며 넓게는 투명성과 책임성 등을 포괄하는 통합적 개념으로 사용되고 있다. 유학자들은 청렴을 효제와 같은 인륜의 덕목보다는 하위에 두었지만 군자라면 마땅히 지켜야 할 일상의 덕목으로 중시하였다. 조선의 대표적 유학자였던 이황과 이이는 청렴을 사회 규율이자 개인 처세의 지침으로 강조하였다. 특히 공적 업무에 종사하는 사람이라면 사회 규율로서의 청렴이 개인의 처세와 직결된다는 점에 유념해야 한다고 보았다.
> 청렴에 대한 논의는 정약용의 목민심서에서 본격적으로 나타난다. 정약용은 청렴이야말로 목민관이 지켜야 할 근본적인 덕목이며 목민관의 직무는 청렴이 없이는 불가능하다고 강조하였다. 정약용은 청렴을 당위의 차원에서 주장하는 기존의 학자들과 달리 행위자 자신에게 실질적 이익이 된다는 점을 들어 설득하고자 한다. 그는 청렴은 큰 이득이 남는 장사라고 말하면서, 지혜롭고 욕심이 큰 사람은 청렴을 택하지만 지혜가 짧고 욕심이 작은 사람은 탐욕을 택한다고 설명한다. 정약용은 "지자(知者)는 인(仁)을 이롭게 여긴다."라는 공자의 말을 빌려 "지혜로운 자는 청렴함을 이롭게 여긴다."라고 하였다. 비록 재물을 얻는 데 뜻이 있더라도 청렴함을 택하는 것이 결과적으로는 지혜로운 선택이라고 정약용은 말한다. 목민관의 작은 탐욕은 단기적으로 보면 눈앞의 재물을 취하여 이익을 얻을 수 있겠지만 궁극에는 개인의 몰락과 가문의 불명예를 가져올 수 있기 때문이다.
> 정약용은 청렴을 지키는 것은 두 가지 효과가 있다고 보았다. 첫째, 청렴은 다른 사람에게 긍정적 효과를 미친다. 목민관이 청렴할 경우 백성을 비롯한 공동체 구성원에게 좋은 혜택이 돌아갈 것이다. 둘째, 청렴한 행위를 하는 것은 목민관 자신에게도 좋은 결과를 가져다준다. 청렴은 그 자신의 덕을 높이는 것일 뿐 아니라 자신의 가문에 빛나는 명성과 영광을 가져다줄 것이다.

① 정약용은 청렴이 목민관이 반드시 지켜야 할 덕목임을 당위론 차원에서 정당화하였다.
② 정약용은 탐욕을 택하는 것보다 청렴을 택하는 것이 이롭다는 공자의 뜻을 계승하였다.
③ 정약용은 청렴한 사람은 욕심이 작기 때문에 재물에 대한 탐욕에 빠지지 않는다고 보았다.
④ 정약용은 청렴이 백성에게 이로움을 줄 뿐 아니라 목민관 자신에게도 이로운 행위라고 보았다.
⑤ 이황과 이이는 청렴을 개인의 처세에 있어 주요 지침으로 여겼으나 사회 규율로는 보지 않았다.

해설

① '정약용은 청렴을 당위의 차원에서 주장하는 기존의 학자들과 달리 행위자 자신에게 실질적 이익이 된다는 점을 들어 설득하고자 한다.'에서 확인할 수 있듯이 적절하지 않다.
② "지자(智者)는 인(仁)을 이롭게 여긴다."라는 공자의 말을 빌려 "지혜로운 자는 청렴함을 이롭게 여긴다."라고 하였으므로 '탐욕을 택하는 것보다 청렴을 택하는 것이 이롭다'는 것은 공자의 뜻이 아니라 공자가 말한 '인(仁)'을 청렴으로 재해석한 것이다.
③ '지혜롭고 욕심이 큰 사람은 청렴을 택하지만 지혜가 짧고 욕심이 작은 사람은 탐욕을 택한다.'고 하였으므로 적절하지 않다.
④ '목민관이 청렴할 경우 백성을 비롯한 공동체 구성원에게 좋은 혜택이 돌아갈 것이다. 둘째, 청렴한 행위를 하는 것은 목민관 자신에게도 좋은 결과를 가져다준다.'에서 확인할 수 있다.
⑤ '이황과 이이는 청렴을 사회 규율이자 개인 처세의 지침으로 강조하였다.'를 볼 때 적절하지 않다.

정답 22 ④

23 다음 글의 내용과 부합하는 것은?

스튜어트 홀의 근대국가에 대한 개념 정의에 따르자면, "권력은 분할되어야 하고, 정부에의 참여권이 법적으로 규정되어야 하며, 대표성은 광범해야 하고, 국가권력은 세속적이어야" 한다. 이런 개념 규정에 의거하자면, 근대 국가에서 여성은 제대로 시민권을 부여받지 못한 셈이다. 여성에게는 참정권을 포함한 제반 정치적, 법적 권리가 제대로 허용되지 않았고, 여성의 재생산과 몸에 관한 권리, 여성의 성은 국가의 이해관계에 따라 통제되었다. 또 여성의 노동력은 국가에 의해 차별적으로 이용되었다. 공적 영역과 사적 영역의 분리를 통해 공적 영역에서 여성을 배제하는 기제는 여성을 국가의 이등시민으로 만드는 결정적인 역할을 했고, 그런 점에서 근대국가는 성차별적이었다.

그러나 대다수의 유럽 국가에서 그리고 유럽 이외의 지역에서 여성운동은 늘 국가적 과제에 의해 선점되었다. 여성의 무조국성을 설파하거나 국제주의를 표방하였음에도 불구하고 여성운동은 그들이 처한 특유의 사회적, 정치적 맥락 속에서 그 구체적인 경로가 결정되었다. 물론 페미니즘 언론과 조직화된 단체 활동을 통해 여성은 국가와의 관계를 재규정하고자 하였다. 이런 여성의 저항은 일정 부분에서 성과를 거두기도 했으나, 종국에는 자본의 이해관계, 시민사회의 통제, 사회주의 정당과 노동운동의 영향력 정도, 그리고 그 안에서의 여성의 상대적 역량에 따라 여성의 지위가 결정되었다. 이 과정에서 페미니즘 내부에 상존했던 견해차, 즉 평등주의적 이념을 지지하는 집단과 영원한 여성적인 것이 존재한다는 주장을 지지하는 집단 사이의 분열은 여성운동의 영향력을 반감시켰다. 이는 모성보호나 여성노동 혹은 가사노동과 같은 여성과 관련된 주요 사안에서 여성을 '시민'으로 혹은 '아내와 어머니'로 보느냐에 따라 상반된 결론을 내렸기 때문이다.

그렇더라도 서양의 근대국가에서 여성의 지위는 지속적으로 향상되었다. 이는 여성운동의 지속적인 투쟁, 실질적 민주주의의 확대, 보다 양질의 노동력을 필요로 하는 자본의 이해관계 그리고 사회주의 운동의 잠재적 영향력 확대를 통한 복잡한 상호관계를 거치는 과정의 산물이었다. 한편 20세기로의 전환기에 현대사가 시작되면서 새로이 나타난 복지국가 혹은 사회국가 모델은 여성과 국가의 관계를 한 단계 발전시키는 계기가 되었다. 사적인 영역에서 이루어지는, 전형적인 여성영역으로 간주되던 재생산 부분이 공공영역으로 바뀌면서 여성의 노동시장 참여는 확대되었다. 이제 여성의 생활에서 중대한 변화가 일어났고, 여성은 정치적 권력을 가진 시민, 복지서비스의 수혜자 및 소비자, 그리고 국가 부문의 고용인으로서 삼중지위를 누리게 되었다. 이는 재생산의 담당자이자 노동력 제공자인 여성 존재의 필요성을 국가가 인정했기 때문이었다.

① 근대국가에서 여성 지위의 점진적인 향상은 권력의 상호 견제 원칙이 적용된 결과이다.
② 여성운동은 국제적 연대를 통해서 여성의 노동시장 참여를 가시화시키고 확대할 수 있었다.
③ 근대국가는 성에 따른 활동 영역의 분리로 산업화에 따른 노동 시장의 필요를 충족시켰다.
④ 복지국가 모델에서 나타나는 여성의 삼중적 지위의 성취는 페미니즘 운동만이 아닌 여러 요소가 복합적으로 작용한 결과이다.
⑤ 공적 영역과 사적 영역의 분리를 통해 남성은 사적 영역에서 배제되었으며, 이로 인해 사적 영역에 대한 국가의 통제력은 약화되었다.

해설

마지막 문단에서 후반부 '삼중적 지위'가 등장하며 그 원인을 마지막 문단 전체에서 '여러 요소가 복합적으로 작용한 결과'라고 설명하고 있다.

정답 23 ④

24 다음 글에서 알 수 있는 내용이 아닌 것은?

> 부족사회(tribe society)에서 지도자의 지위에 대한 승계 문제는 매우 손쉽게 해결된다. 그곳에는 적어도 권력이 다른 사람에게 전수된다는 의미에서의 승계란 존재하지 않는다. 지도자의 사망과 더불어 그의 권력도 사라진다. 지도자가 되려면 그 어떤 자도 처음부터 다시 권력 기반을 만들어야만 한다. 그리고 지도자의 지위는 상황에 따라 유동적이고 어떤 경우에도 최소한의 권력을 행사하는데 국한된다. 가족을 넘어서는 범위의 권력이란 의사결정을 하는 것보다는 이미 내려진 결정들을 중재하는데 국한되며, 지도력이란 타인에게 양도할 수 없는 개인적 능력 또는 특성에 기반을 두고 있다. 이것은 원시농경이나 목축을 하는 부족의 경우에도 마찬가지인데, 단지 이곳에서는 권력 추구가 좀 더 적극적이고 정치게임의 규칙이 좀 더 명확할 따름이다.
> 남태평양의 솔로몬 제도(諸島)의 시우아이(Siuai)족의 경우 야심만만한 대인(big man)은 다른 가족들과 동맹을 맺고 또한 뚜렷이 눈에 보이는 지위의 상징을 획득하기 위해 가능한 한 많은 수의 부인을 얻어야만 한다. 또한 돼지를 많이 확보하여야 하며 돼지들에게 먹일 타로(taro)를 심어야 하는데, 이는 추종자들을 확보하고 경쟁자들을 모욕하기 위한 경쟁적인 잔치를 벌이는 데 필요하기 때문이다. 인간적인 매력 때문이건, 선심을 써서건, 전쟁의 승리 덕택이건 간에 만일 수백 명의 사람들을 끌어모아서 커다란 '그들만의 공간'을 지을 수 있다면 그의 사회적 지위는 상당히 높아질 것이다. 그러나 그 다음부터는 이 지위를 노리는 자들로부터 자신의 지위를 계속 보존하기 위한 노력이 필요하다. 이러한 과정은 눈덩이처럼 확대되는 경향이 있다. 권력을 더 많이 가지면 가질수록 더욱 많은 추종자들을 끌어들일 수 있으며 또한 나아가 더욱 많은 추종자와 영광을 불러오게 될 잔치에 더욱 더 많은 수의 돼지를 잡을 수 있게 된다. 이러한 대인 중 상당수는 준(準)재분배 경제와 전쟁수행 능력을 완비한 상당한 규모의 권력을 획득하였다. 그러나 충성은 오직 개인에게 맞추어져 있다. 그가 속한 가족이나 친족집단은 그의 행동을 통하여 아무런 영속적인 우월성도 확보하지 못하므로 그의 사망과 함께 전체 정치구조는 붕괴하고 충성의 대상도 다른 한 명 또는 여러 명의 권력야심가로 바뀌게 된다.
> 이것은 중앙집권화된 체계와 중앙집권화되지 않은 체계와의 중요한 차이점 중 하나이다. 중앙집권화되지 않은 사회에서는 정치적 지도자란 아무리 강력하다 할지라도 자신의 권력을 다른 사람에게 물려주거나 또는 전임자의 권력기반 위에 자신의 권력을 구축할 수 없다.

① 부족사회의 정치구조는 중앙집권화되지 않은 체계이다.
② 부족사회에서 지도자의 지위는 타인에게 양도할 수 없는 성격을 지니고 있다.
③ 부족사회에서 지위 경쟁의 궁극적 목적은 권력보다 명예와 좋은 평판을 얻는 것이다.
④ 시우아이족 내에서 여성은 지위 경쟁을 통해 권력자가 되기 어렵다.
⑤ 시우아이족 내에서의 지위 경쟁은 추종자를 많이 얻고 동맹을 확대하는 데 초점이 맞추어져 있다.

해설

두 번째 문단의 내용에서 확인할 수 있듯 추종자를 얻는 과정을 통하여 권력을 획득하는 것으로 보아 명예와 좋은 평판을 얻는 것을 권력보다 궁극적인 목표로 볼 수 없다.

정답 24 ③

25 다음 글의 내용과 부합하지 않는 것은?

> 고대 철학자인 피타고라스는 현이 하나 달린 음향 측정 기구인 일현금을 사용하여 음정 간격과 수치 비율이 대응하는 원리를 발견하였다. 이를 바탕으로 피타고라스는 모든 것이 숫자 또는 비율에 의해 표현될 수 있다고 주장하였다.
> 그를 신봉한 피타고라스주의자들은 수와 기하학의 규칙이 무질서하게 보이는 자연과 불가해한 가변성의 세계에 질서를 부여한다고 믿었다. 즉 피타고라스주의자들은 자연의 온갖 변화는 조화로운 규칙으로 환원될 수 있다고 믿었다. 이는 피타고라스주의자들이 물리적 세계가 수학적 용어로 분석될 수 있다는 현대 수학자들의 사고에 단초를 제공한 것이라고 할 수 있다.
> 그러나 피타고라스주의자들은 현대 수학자들과는 달리 수에 상징적이고 심지어 신비적인 의미를 부여했다. 피타고라스 주의자들은 '기회', '정의', '결혼'과 같은 추상적인 개념을 특정한 수의 가상적 특징, 즉 특정한 수에 깃들어 있으리라고 추정되는 특징과 연계시켰다. 또한 이들은 여러 물질적 대상에 수를 대응시켰다. 예를 들면 고양이를 그릴 때 다른 동물과 구별되는 고양이의 뚜렷한 특징을 드러내려면 특정한 개수의 점이 필요했다. 이때 점의 개수는 곧 고양이를 가리키는 수가 된다. 이것은 세계에 대한 일종의 원자적 관점과도 관련된다. 이 관점에서는 단위(unity), 즉 숫자 1은 공간상의 한 물리적 점으로 간주되기 때문에 물리적 대상들은 수 형태인 단위 점들로 나타낼 수 있다. 이처럼 피타고라스주의자들은 수를 실재라고 여겼는데 여기서 수는 실재와 무관한 수가 아니라 실재를 구성하는 수를 가리킨다.
> 피타고라스의 사상이 수의 실재성이라는 신비주의적이고 형이상학적인 관념에 기반하고 있다는 점은 틀림없다. 그럼에도 불구하고 피타고라스주의자들은 자연을 이해하는 데 있어 수학이 중요하다는 점을 알아차린 최초의 사상가들임이 분명하다.

① 피타고라스는 음정 간격을 수치 비율로 나타낼 수 있다는 것을 발견하였다.
② 피타고라스주의자들은 자연을 이해하는 데 있어 수학의 중요성을 인식하였다.
③ 피타고라스주의자들은 물질적 대상뿐만 아니라 추상적 개념 또한 수와 연관시켰다.
④ 피타고라스주의자들은 물리적 대상을 원자적 관점에서 실재와 무관한 단위 점으로 나타낼 수 있다고 믿었다.
⑤ 피타고라스주의자들은 수와 기하학적 규칙을 통해 자연의 변화를 조화로운 규칙으로 환원할 수 있다고 믿었다.

해설

'피타고라스주의자들은 수를 실재라고 여겼는데 여기서 수는 실재와 무관한 수가 아니라 실재를 구성하는 수를 가리킨다.'에서 알 수 있듯이 ④의 '실재와 무관한 단위 점으로 나타낼 수 있다.'는 것은 글과 부합되지 않는다.

정답 25 ④

26 다음 글에서 알 수 있는 것은?

중국에서는 기원전 8 ~ 7세기 이후 주나라에서부터 청동전이 유통되었다. 이후 진시황이 중국을 통일하면서 화폐를 통일해 가운데 네모난 구멍이 뚫린 원형 청동 엽전이 등장 했고, 이후 중국 통화의 주축으로 자리 잡았다. 하지만 엽전은 가치가 낮고 금화와 은화는 아직 주조되지 않았기 때문에 고액 거래를 위해서는 지폐가 필요했다. 결국 11세기경 송나라에서 최초의 법정 지폐인 교자(交子)가 발행되었다. 13세기 원나라에서는 강력한 국가 권력을 통해 엽전을 억제하고 교초(交鈔)라는 지폐를 유일한 공식 통화로 삼아 재정 문제를 해결했다.

아시아와 유럽에서 지폐의 등장과 발달 과정은 달랐다. 우선 유럽에서는 금화가 비교적 자유롭게 사용되어 대중들 사이에서 널리 유통되었다. 반면에 아시아의 통치자들은 금의 아름다움과 금이 상징하는 권력을 즐겼다는 점에서는 서구인들과 같았지만, 비천한 사람들이 화폐로 사용하기에는 금이 너무 소중하다고 여겼다. 대중들 사이에서 유통되도록 금을 방출하면 권력이 약화된다고 본 것이다. 대신에 일찍부터 지폐가 널리 통용되었다.

마르코 폴로는 쿠빌라이 칸이 모든 거래를 지폐로 이루어지게 하는 것을 보고 깊은 인상을 받았다. 사실상 종잇조각에 불과한 지폐가 그렇게 널리 통용되었던 이유는 무엇 때문일까? 칸이 만든 지폐에 찍힌 그의 도장은 금이나 은과 같은 권위가 있었다. 이것은 지폐의 가치를 확립하고 유지하는 데 국가 권력이 핵심 요소라는 사실을 보여준다.

유럽의 지폐는 그 초기 형태가 민간에서 발행한 어음이었으나, 아시아의 지폐는 처음부터 국가가 발행권을 갖고 있었다. 금속 주화와는 달리 내재적 가치가 없는 지폐가 화폐로 받아들여지고 사용되기 위해서는 신뢰가 필수적이다.

중국은 강력한 왕권이 이 신뢰를 담보할 수 있었지만, 유럽에서 지폐가 사람들의 신뢰를 얻기까지는 그보다 오랜 시간과 성숙된 환경이 필요했다. 유럽의 왕들은 종이에 마음대로 숫자를 적어 놓고 화폐로 사용하라고 강제할 수 없었다. 그래서 서로 잘 아는 일부 동업자들끼리 신뢰를 바탕으로 자체 지폐를 만들어 사용해야 했다. 하지만 민간에서 발행한 시폐는 신뢰 확보가 쉽지 않아 주기적으로 금융 위기를 초래했다. 정부가 나서기까지는 오랜 시간이 걸렸고, 17 ~ 18세기에 지폐의 법정화와 중앙은행의 설립이 이루어졌다. 중앙은행은 금을 보관하고 이를 바탕으로 금 태환(兌換)을 보장하는 증서를 발행해 화폐로 사용하기 시작했고, 그것이 오늘날의 지폐로 이어졌다.

① 유럽에서 금화의 대중적 확산은 지폐가 널리 통용되는 결정적인 계기가 되었다.
② 유럽에서는 민간 거래의 신뢰를 기반으로 지폐가 중국에 비해 일찍부터 통용되었다.
③ 중국에서 청동으로 만든 최초의 화폐는 네모난 구멍이 뚫린 원형 엽전의 형태였다.
④ 중국에서 지폐 거래의 신뢰를 확보할 수 있었던 것은 강력한 국가 권력이 있었기 때문이다.
⑤ 아시아와 유럽에서는 금화의 사용을 권력의 상징으로 여겨 금화의 제한적인 유통이 이루어졌다.

해설

① 유럽에서는 금화가 비교적 자유롭게 사용되어 대중들 사이에서 널리 유통되었지만 지폐는 서로 잘 아는 일부 동업자들끼리 신뢰를 바탕으로 자체 지폐를 만들어 사용해야 했으므로 적절하지 않다.
② 유럽에서는 중국보다 늦은 17 ~ 18세기에 이르러서야 지폐의 법정화가 이루어졌으므로 적절하지 않다.
③ '중국에서는 기원전 8 ~ 7세기 이후 주나라에서부터 청동전이 유통되었다. 이후 진시황이 중국을 통일하면서 화폐를 통일해 가운데 네모난 구멍이 뚫린 원형 청동 엽전이 등장 했고~'에서 보듯이 적절하지 않다.
④ '금속 주화와 달리 내재적 가치가 없는 지폐가 화폐로 받아들여지고 사용되기 위해서는 신뢰가 필수적인데 중국은 강력한 왕권이 이 신뢰를 담보할 수 없었다.'고 했으므로 적절하다.
⑤ 유럽에서는 금화의 사용을 권력의 상징으로 여기지 않았기 때문에 비교적 자유롭게 사용되어 대중들 사이에서 널리 유통되었으므로 적절하지 않다.

정답 26 ④

27 다음 글을 통해 알 수 있는 사실이 아닌 것은?

> 아이디어 보험상품은 기존 권리보호제도에 의해 보호를 받지 못하는 단계의 아이디어를 보험의 목적으로 하기 때문에 사전 통계자료 혹은 유사통계가 존재하지 않을 가능성이 크다. 또한 손해의 유형 설정에 따라서는 통계학적 관리가 어려울 것으로 예상되며, 손해의 규모 역시 예측하기 곤란하여 대수의 법칙*과 수지상등의 원칙**을 유지하기 어려울 수도 있다. 따라서 손해보험의 원칙들을 충족하는 상품의 설계가 과연 가능한 것인가에 대한 여러 의견이 있다. 하지만 손해의 유형을 최대한 미리 특정해 두고 손해의 규모를 실손 형태가 아닌 정액형으로 구성한다면 보험상품으로 설계하는 것이 충분히 가능하리라 보고 있다.
>
> * 대수의 법칙 : 관찰 대상의 수를 늘려갈수록 개개의 단위가 가지고 있는 고유의 요인은 집단에 내재된 본질적인 경향성이 나타나게 되는 현상을 가리킨다. 이러한 경향성은 관찰의 기간을 늘릴수록 안전도가 높아지면서 하나의 법칙성에 도달하게 된다.
> ** 수지상등의 원칙 : 보험계약에서 장래 수입될 순보험료 현가의 총액이 장래 지출해야 할 보험금 현가의 총액과 같게 되는 것을 말한다.

① 아이디어 보험상품은 아직 국내에서 출시되지 않았지만 해외에서는 유사한 보험상품이 판매되고 있다.
② 아이디어 보험상품은 아이디어의 시가 내지 무단 도용되었을 때의 손해액을 산정하기 어렵다는 문제가 있다.
③ 아이디어 보험상품은 국내의 기존 권리보호제도에 의해서는 보호를 받지 못하고 있는 단계의 아이디어를 보호하기 위한 보험이다.
④ 아이디어 보험상품은 보험사고를 어떠한 내용을 정의할 것인지에 대한 구체적인 합의가 아직 이루어지지 않았다.
⑤ 손해보험 상품의 설계에는 일반적으로 대수의 법칙과 수지상등의 원칙 등이 고려된다.

28. 다음 글을 통해 알 수 있는 내용으로 적절한 것은?

> 1990년대 대부분의 선진국에서는 저숙련 서비스 일자리가 증가하였다. 기술혁신은 일자리를 대체하지만 새로운 상품을 창출한다. 기술혁신이 일반화되어 혁신상품이 흔해지고 가격이 하락함에 따라 보완재 관계에 있는 음식, 레저, 운송 등에서 서비스 수요와 일자리가 증가한다.
> 이러한 일자리 창출 메커니즘에서 핵심은 기술혁신의 성과가 재화가격 하락으로 연결되어야 한다는 점이다. 혁명적인 정보통신 발전이 있더라도 낮은 가격으로 일반화되지 않으면 서비스 일자리는 증가하지 않는다. 그러므로 서비스 일자리가 창출되려면 규제를 완화하고 경쟁을 촉진하여 가격 인하를 유도하는 것이 중요하다.
> 고졸임금 상승에 대한 최저임금의 영향을 검토하기 위하여 2010년과 2016년을 비교하면, 임금 상승은 최저임금 인상을 수반하였다. 그러나 최저임금이 임금 상승의 주요인이라고 볼 수는 없다. 왜냐하면 해외에서도 저숙련직 임금은 상승하였기 때문이다. 과거에는 생산직과 사무직이 주된 일자리이며 이 직업에서는 노동조합이 근로조건 보호의 기제였다. 반면 새로운 서비스 일자리에서는 노조가 없으며 정부 역할이 요구된다. 각국 정부가 최저임금을 인상하는 이유가 여기에 있다.
> 실업률은 4년 대졸에서 상승하였다. 직업 분포에서는 전문·준 전문직이 감소하였으며, 주로 기술직, 교육, 경영금융 분야의 준 전문직이 감소하였다. 또한 대졸 고용률은 계속 하락하고 있으며, 고등학교 졸업생의 상급학교 진학률 역시 2008년을 정점으로 최근에는 약 70%로 하락하였다. 이러한 변화 들은 숙련인력에 대한 수요의 감소를 시사한다.

① 대부분의 선진국에서는 저숙련 서비스 일자리가 증가하는 추세이다.
② 서비스 일자리가 증가하기 위해서는 규제완화와 경쟁촉진이 필요하다.
③ 임금 상승은 최저임금 상승을 수반하며 최저임금이 고졸임금 상승의 주요인이다.
④ 서비스 중심 일자리 창출 시대에서 최저임금은 더 이상 필요한 제도적 장치가 될 수 없다.
⑤ 청년실업률 상승은 고졸의 실업률 상승에 기인하며 구체적으로 서비스 일자리 감소에 기인한다.

[29~30] 다음 자료를 읽고 이어지는 질문에 답하시오.

> ㉠ 격차사회란 구성원들을 하나의 도량형으로 평가하는 사회입니다. 단 하나의 도량형으로 모든 사람들의 등급을 매길 수 있기 때문에 격차가 발생합니다. 이것이 예전의 계급사회와 다른 점입니다. 계급사회는 각 계급마다 가치관이 달랐습니다. 귀족과 농민은 단순히 서 있는 열이 다를 뿐만 아니라 아예 같은 부류가 아니었으며, 전혀 다른 종에 속해 있었습니다. 그래서 어떤 뜻밖의 상황으로 서로의 입장이 바뀌는 일 같은 건 애초에 상정되지 않았습니다. 평민이 귀족이 되고 싶다고 부러워하는 일도 없고, 그러고 싶어도 그럴 수 있는 경로 자체가 없었습니다.
> 수상록의 저자 몽테뉴는 프랑스 보르도의 귀족이었습니다. 몽테뉴의 영지와 대저택을 손에 넣은 사람은 상인이었던 그의 증조부입니다. 하지만 그것만으로는 귀족이 될 수 없었습니다. 그의 아들이 시인으로서 신망을 높이고 교육에 재산을 투자하였으며, 그 손자가 국왕과 귀족의 전쟁에 나가고, 라틴어와 작법을 익혀 증손 세대인 몽테뉴 대에 이르러서야 마침내 주위의 사람들로부터 '그 사람은 타고 난 귀족'이라 인정받게 됩니다. 몽테뉴 시대에는 부유한 시민이 귀족계급으로 신분 이동하는데 4대에 걸친 노력이 필요했습니다. 계급사회는 그렇게 태생이 계급을 정합니다. 운 좋게 기회를 낚아서 갑자기 사회의 최상층에 자리 잡는 일 같은 건 발생하지 않습니다.
> 우리가 현재 맞닥뜨리고 있는 것은 격차사회이지 계급사회가 아닙니다. 격차사회는 모두가 같은 종족임을 전제로 만들어진 사회입니다. 언뜻 보기에는 매우 민주적인 사회라 할 수 있습니다. 능력과 성과를 수치로 비교할 수 있다는 것은 우선 그 외의 조건이 모두 동일하다는 것을 전제로 하기 때문입니다. 하지만 실제로 평등한지 여부는 알지 못합니다. 예를 들어 학력을 비교하는 경우에 성적이 좋은 아이와 나쁜 아이는 같은 조건에서 경쟁하고 있으며, 그들 사이에 차이를 만드는 것은 선천적 소질과 후천적인 학습 노력뿐이라는 이야기가 되는 겁니다.
> 연봉을 비교하는 경우도 마찬가지입니다. 연봉이 높은 사람도 낮은 사람도 동일한 조건에서 경쟁하는데 연봉 차이가 나는 건 결국 재능과 노력의 차이 때문이라고 합니다. 그러면서 학교든 직장이든 순위 교체는 언제나 가능하다고 하지요. 그렇지 않으면 수치적으로 차별화하는 의미가 없기 때문입니다.
> 격차사회는 계급사회와 이 점이 다르므로, 이 점을 제대로 간파해야 합니다. 격차사회의 가장 큰 문제점은 바로 여기에 있기 때문입니다. 연봉으로 사람을 평가하는 것이 불합리하다고 지적하는 게 아니라 모두가 동일한 조건에서 경쟁한다는 전제 자체가 사실은 '허구'라는 겁니다.

29 다음 중 윗글의 내용과 일치하지 않는 것은?

① 우리가 현재 맞닥뜨리고 있는 사회는 계급사회이다.
② 계급사회에서는 급격한 신분의 변동이 불가능하다.
③ 계급사회는 사람의 능력을 중요시하지 않았다.
④ 격차사회는 구성원 모두가 같은 종족임을 전제로 한다.
⑤ 계급사회에서 각 계급이 바뀌기 어렵다.

해설

① 3문단에 '우리가 현재 맞닥뜨리고 있는 것은 격차사회이지 계급사회가 아닙니다.'라고 되어 있다.

정답 29 ①

30 윗글의 ㉠에 대한 필자의 견해로 보기 어려운 것은?

① 경쟁에서 밀려난 약자들이라도 노력으로 우위에 설 수 있다.
② 개인이 아무리 노력하더라도 다른 사람과 서 있는 열은 같아질 수 없다.
③ 능력과 성과를 수치로 비교할 수 있다는 것은 그 외의 조건이 모두 동일하다는 것을 전제로 한다.
④ 오늘날은 사람의 등급을 하나의 도량형으로 평가하는 사회이다.
⑤ 이 때문에 현대사회에서 많은 문제들이 발생한다.

해설

②는 격차사회가 아니라 계급사회에 대한 내용이다. 선택지의 열은 출발선을 얘기하는 것이 아니다. 동일한 조건에서 경쟁하는 것은 아니지만, 결과가 같아질 수 없다고 볼 수는 없다.

정답 30 ②

31 다음 뉴스에서 전하고 있는 내용이 아닌 것은?

> 기자 : 식량소비량 중 국내에서 생산된 농산물의 비율을 뜻하는 식량자급률. 지난해 국내 식량자급률은 50.9%입니다. 하지만 쌀과 감자 등을 제외한 대부분은 여전히 수입에 의존하고 있어 식량위기가 도래할 수 있다는 주장이 거셉니다. 지난해 국내 콩 자급률은 32.1%, 보리는 23%, 밀은 1.2%에 그쳤습니다. 농산물 가격이 오르면서 소비자물가를 위해 수입산이 대거 반입되고 있기 때문입니다. 그러나 전문가들은 이 같은 먹거리 수입 의존은 향후 국제곡물가격 폭등 시 국내 식량위기를 초래할 것이라고 경고합니다.
> [INT] (전문가 A) : 필리핀 같은 경우 1970년대까지만 하더라도 세계에서 쌀을 수출하는 (주요) 국가였습니다. 그러한 정부가 쌀을 수입하는 정책으로 변환하며 자급률이 줄게 되었고 2007~2008년 애그플레이션이 나타났던 시기에 식량 폭동까지 나타났습니다. 아무리 소득이 많고 수급여건이 좋아도 일정 수준의 자급이 되지 못하면 식량안보상황에 처할 수 있고 이러할 경우 정치·사회적 혼란을 야기해서 국민들에게 큰 고통을 줄 수 있다고 말할 수 있습니다.
> 기자 : 세계 곡물수요가 공급을 초과하거나 주요 수입국의 자연재해 등으로 곡물 조달이 어려운 경우 국내 농산물 생산기반이 없으면 식량난을 겪을 것이라는 예측입니다.
> [INT] (전문가 B) : 우리나라의 곡물자급률(사료용 작물 포함)이 24% 수준입니다. 쌀 외에는 거의 외국 수입에 의존하고 있다고 보시면 되는데요. 전 세계적으로 수요가 늘어나는 등 장기적인 요소가 있고요, 단기적으로 곡물파동 등 이상 기온으로 인한 곡물가 급등 등을 식량안보를 위협하는 요소로 볼 수 있습니다.
> 기자 : 정부는 지난 2013년의 목표치를 대내외 환경변화를 고려해 새롭게 설정하고 공급과잉 상태의 쌀 외에 다른 작물 중심으로 자급률을 높일 수 있는 방향으로 설정해 식량자급률과 농가소득에 도움이 되는 방향으로 추진할 방침입니다.

① 이상기온이 발생하면 곡물가가 급등할 수 있다.
② 식량안보를 위해 쌀의 자급률을 높여야 한다.
③ 식량자급률은 식량안보상황에 영향을 줄 수 있다.
④ 식량안보가 확보되지 못하면 사회적 혼란이 야기된다.
⑤ 식량안보를 위해 농산물의 수입 의존도를 낮춰야 한다.

해설

② 1번째 기자의 말에 '하지만 쌀과 감자 등을 제외한 대부분은 여전히 수입에 의존하고 있어 식량위기가 도래할 수 있다는 주장이 거셉니다.'라고 했으므로 쌀과 감자는 수입에 의존하고 있지 않습니다.
마지막 기자의 말에 '공급과잉 상태의 쌀 외에 다른 작물 중심으로 자급률을 높일 수 있는 방향으로 설정해 식량자급률과 농가소득에 도움이 되는 방향으로 추진할 방침입니다.'라고 했으므로 ②번 선택지의 쌀의 자급률을 높이는 말은 적절하지 않다.

정답 31 ②

[32~33] 다음 글을 읽고 이어지는 질문에 답하시오.

곤충의 대부분은 수컷이 암컷을 유혹하기 위해 노래를 부르지만 반딧불이는 수컷과 암컷 모두 사랑을 나누기 위해 밤을 밝힌다. 하지만 수컷이 단순히 암컷을 유혹하기 위해서만 불을 밝히는 것은 아니다. 정확히 말하면 자신의 신호에 화답하는 암컷의 신호를 이끌어내기 위한 것으로, 자신의 청혼에 동의하는 암컷을 찾아가게 된다. 반딧불이의 섬광에는 매우 복잡한 의미를 띠는 여러 가지 형태의 신호가 있다. 또 반딧불이는 빛 색깔의 다양성, 밝기, 빛을 내는 빈도, 빛의 지속성 등에서 자신만의 특징을 가지고 있다. 예를 들어 황혼 무렵에 사랑을 나누고 싶어 하는 반딧불이는 오렌지 색깔을 선호하며 심야 시간대의 짝짓기를 원하는 반딧불이는 초록 계열의 색을 선호한다. 또 발광하는 장소도 땅이나 땅 위, 공중, 식물 등으로 그 선호가 다양하다. 결국 이런 모든 요소가 다양하게 결합되어 다양한 반딧불이의 모습을 보여 주게 되는데 이런 다양성이 조화를 이루거나 또는 동시에 이루어지게 되면 말 그대로 장관을 이루게 된다.

반딧불이는 집단으로 멋진 작품을 연출해 내는데, 먼저 땅에 살고 있는 반딧불이 한 마리가 60마리 정도 되는 다른 반딧불이와 함께 일렬로 빛을 내뿜기 시작하는 경우가 있다. 기차처럼 한 줄을 지어서 마치 리더의 지시에 따르듯이 한 반딧불이의 섬광을 따라 불빛을 내는데 그 모습은 마치 작은 번개처럼 보이기도 한다. 이렇게 반딧불이는 집단으로 멋진 작품을 연출해 내는데 그중 가장 유명한 것은 동남아시아에 서식하는 반딧불이일 것이다. 아무튼 동시에 그리고 완벽하게 발광하는데 마치 크리스마스트리에서 반짝거리는 불빛을 연상시킨다. 그러다가 암컷을 발견하면 무리에서 빠져나와 그 암컷을 향해 직접 불을 번쩍거린다.

대부분의 반딧불이가 불빛을 사랑의 도구로 쓰는 반면에 어떤 반딧불이는 번식 목적이 아닌 적대적 목적으로 사용한다. 포투리스(Photuris)라는 반딧불이의 암컷이 바로 그러한 종인데 상대방을 잡아먹는 것을 아무렇지도 않게 여긴다. 이 무시무시한 작업을 벌이기 위해 암컷 포투리스는 포티누스(Photinus) 암컷의 불빛을 흉내 낸다. 한 치의 의심도 없이 이를 자신과 같은 종으로 생각한 수컷 포티누스는 사랑이 가득 찬 마음으로 암컷 포투리스에게 다가가지만 정체를 알아챘을 때는 이미 너무 늦었다는 것을 알게 된다. 암컷 포투리스가 먹이가 아닌 연인을 필요로 할 경우에는 포투리스 수컷이 인식하게끔 발광 패턴을 바꾼다. 포투리스 수컷도 암컷이 노리는 포티누스 수컷의 구애 신호를 흉내 내고는 응답을 보내는 암컷에게 자기가 가짜 신호를 보낸 포투리스 암컷이라는 것을 더듬이로 확인한 다음 사랑을 나눈다.

이렇게 다른 종의 불빛을 흉내 내는 반딧불이는 북아메리카에서 흔히 찾아볼 수 있다. 그러므로 황혼이 찾아드는 하늘은 짝을 찾아 헤매는 수컷 반딧불이에겐 유혹의 무대인 동시에 위험한 장소이기도 하다. 연인을 찾다 그만 식욕만 왕성한 암컷을 만나게 되는 비운을 맞을 수 있기 때문이다. 그런데 최근 나온 보고서에 의하면 이렇게 상대방을 속이는 이유에는 단순히 식욕을 채워 영양을 보충하는 것 이상의 의미가 있다고 한다. 즉, 암컷 포투리스는 수컷 포티누스가 가지고 있는 스테로이드 화합물을 함께 섭취하여 천적들이 싫어하는 독을 몸속에 지니게 되어 스스로를 보호한다는 것이다.

32 윗글의 내용과 일치하지 않는 것은?

① 반딧불이의 불빛에는 그 빛을 만들어 내는 반딧불이만의 특징이 있다.
② 대부분의 수컷 곤충은 암컷을 유혹하기 위하여 노래를 부른다.
③ 암컷 포투리스(Photuris)는 다른 종인 암컷 포티누스(Photinus)의 불빛을 흉내 낸다.
④ 번식 목적이 아닌 다른 목적으로 불빛을 사용하는 반딧불이가 존재한다.
⑤ 반딧불이 수컷과 암컷은 상대방을 유혹하기 위해 서로 다른 불빛을 이용한다.

해설
⑤ 1문단에 다양한 불빛에 대한 내용이 나오나, 이는 수컷과 암컷에 따라 다르다는 내용은 없다.

33 '집단으로 멋진 불빛 작품을 연출하는 반딧불이'와 '다른 종의 불빛을 흉내 내는 반딧불이'가 주로 서식하는 지역을 순서대로 짝지은 것은?

① 남아메리카, 동북아시아
② 동남아시아, 남아메리카
③ 북아메리카, 동남아시아
④ 동북아시아, 북아메리카
⑤ 동남아시아, 북아메리카

해설
⑤ 2문단 중반에 동남아시아에 대한 내용이 나온다.
마지막 문단 시작부분에 북아메리카의 내용이 나온다.

2 추론

34 다음 글에서 추론할 수 있는 것은?

> EU는 1995년부터 철제 다리 덫으로 잡은 동물 모피의 수입을 금지하기로 했다. 모피가 이런 덫으로 잡은 동물의 것인지, 아니면 상대적으로 덜 잔혹한 방법으로 잡은 동물의 것인지 구별하는 것은 불가능하다. 그렇기 때문에 EU는 철제 다리 덫 사용을 금지하는 나라의 모피만 수입하기로 결정했다. 이런 수입 금지 조치에 대해 미국, 캐나다, 러시아는 WTO에 제소하겠다고 위협했다. 결국 EU는 WTO가 내릴 결정을 예상하여, 철제 다리 덫으로 잡은 동물의 모피를 계속 수입하도록 허용했다.
>
> 또한 1998년부터 EU는 화장품 실험에 동물을 이용하는 것을 금지했을 뿐만 아니라, 동물실험을 거친 화장품의 판매조차 금지하는 법령을 채택했다. 그러나 동물실험을 거친 화장품의 판매 금지는 WTO 규정 위반이 될 것이라는 유엔의 권고를 받았다. 결국 EU의 판매 금지는 실행되지 못했다.
>
> 한편 그 외에도 EU는 성장 촉진 호르몬이 투여된 쇠고기의 판매 금지 조치를 시행하기도 했다. 동물복지를 옹호하는 단체들이 소의 건강에 미치는 영향을 우려해 호르몬 투여 금지를 요구했지만, EU가 쇠고기 판매를 금지한 것은 주로 사람의 건강에 대한 염려 때문이었다. 미국은 이러한 판매 금지 조치에 반대하며 EU를 WTO에 제소했고, 결국 WTO 분쟁패널로부터 호르몬 사용이 사람의 건강을 위협한다고 믿을 만한 충분한 과학적 근거가 없다는 판정을 이끌어내는 데 성공했다. EU는 항소했다. 그러나 WTO의 상소기구는 미국의 손을 들어주었다. 그럼에도 불구하고 EU는 금지 조치를 철회하지 않았다. 이에 미국은 1억 1,600만 달러에 해당하는 EU의 농업 생산물에 100% 관세를 물리는 보복 조치를 발동했고 WTO는 이를 승인했다.

① EU는 환경의 문제를 통상 조건에서 최우선적으로 고려한다.
② WTO는 WTO 상소기구의 결정에 불복하는 경우 적극적인 제재조치를 취한다.
③ WTO는 사람의 건강에 대한 위험을 방지하는 것보다 국가 간 통상의 자유를 더 존중한다.
④ WTO는 제품의 생산과정에서 동물의 권리를 침해한다는 이유로 해당 제품 수입을 금지하는 것을 허용하지 않는다.
⑤ WTO 규정에 의하면 각 국가는 타국의 환경, 보건, 사회 정책 등이 자국과 다르다는 이유로 타국의 특정 제품의 수입을 금지할 수 있다.

해설

마지막 문단을 통하여 EU의 동물 보호와 관련한 수입금지에 대하여 WTO가 부정적인 입장을 취함을 알 수 있다.

정답 34 ④

35 다음 글을 근거로 추론할 때 옳은 것은?

> 성균관을 다른 말로 '반궁(泮宮)'이라 한다. 반궁이란 말의 유래는 중국 고대로 거슬러 올라간다. 주(周)나라 때 천자(天子)의 나라에 설립한 학교를 벽옹(辟雍)이라 하고, 제후의 나라에 설립한 학교를 반궁이라 하였다. 반궁이란 말은 '반수(泮水)'에서 온 말이다. 물론 여기서의 '궁(宮)'은 궁전이란 뜻이 아니고 단순히 건물이란 뜻이다. 이런 내력으로 인해 성균관과 관련된 곳에 흔히 '반(泮)'자를 붙였으니, 성균관 주위의 마을을 '반촌(泮村)'이라 하고 그 곳의 주민은 반민(泮民), 반인(泮人)이라 불렀던 것이다.
>
> 18세기의 저명한 문인이자 학자인 서명응이 쓴 『안광수전(安光洙傳)』에 반촌의 유래와 반촌 주민에 관한 소상한 언급이 나온다. 그에 따르면 반촌은 고려 말 문성공(文成公) 안향(安珦, 1243~1306)이 자기 집안의 노비 100여 명을 희사하여 성균감(성균관의 전신)을 부흥할 것을 도운 데서 비롯된다. 조선이 한양에 도읍을 정하고 성균관을 한양으로 옮기자 그 노비 자손들이 옮겨와 살면서 하나의 동리를 이루었다. 이 때문에 사람들이 그 곳을 반촌이라 부르게 된 것이다.
>
> 반촌의 형성 유래가 이러했으므로, 반촌의 거주자 반인의 삶은 성균관과 불가분의 관계에 있었다. 성균관은 조선시대 최고의 교육기관으로, 대사성 이하 관료조직과 교관 그리고 유생들이 있었다. 더욱이 성균관은 공자의 위패를 모신 대성전과 강의동인 명륜당 이외에도 학생들의 기숙사와 식당이 있었다. 이런 건물을 관리하고 학생들의 식사를 준비하려면 많은 사람이 필요하였고, 반인들은 바로 이 성균관의 잡역을 세습적으로 맡아보는 사람들이었던 것이다.
>
> 또한 반촌은 새로운 이념 서클의 온상 역할도 했다. 이승훈과 정약용 등은 당시 지방에서 새롭게 시작된 천주교 학습을 반촌에서 시도하다가, 척사(斥邪)파의 공격을 받고 지방으로 축출되기도 했다.

① 한양에 반촌이 형성된 것은 고려말기이다.
② 성균관이 쇠퇴한 시기에는 반인들의 삶에도 변화가 있었을 것이다.
③ 조선시대에 천주교는 반촌을 중심으로 동심원 모양으로 확산되었음을 알 수 있다.
④ 성균관은 학생인 반인·유생을 비롯하여 대사성 이하 관료와 교관으로 이루어져 있었다.
⑤ 성균관을 반궁이라 부른 것은 조선을 천자의 나라로 본 당시의 관념을 반영한 것이다.

해설

세 번째 문단 첫 문장 '반촌의 거주자 반인의 삶은 성균관과 불가분의 관계에 있었다.'를 통하여 추론할 수 있다.

정답 35 ②

36 다음 글의 주제를 뒷받침 할 수 있는 적절한 근거를 〈보기〉에서 모두 고른 것은?

> 영어 공용화를 주장하는 사람들은 우리의 단일 언어 사회가 21세기 세계화 시대에 큰 걸림돌이며 이를 극복하기 위해 영어 공용화를 실시해야 한다고 말한다. 그러면서 영어 공용화를 실시하고 있는 일부 국가들의 예를 들고 있다. 그러나 케냐, 나이지리아, 인도, 필리핀 등 영어를 공용어로 쓰고 있는 나라들의 경우는 식민지 시대의 공용어를 사용하는 사람과 모국어가 서로 다른 민족이 공존해 말이 통하지 않기 때문에 독립국이 되고 나서도 영어를 버리지 못한 결과이다. 필리핀에서는 영어가 공용어로 사용된 지 백 년이 넘었는데도 현재 7% 정도의 상위층 계급을 제외한 대부분의 민중은 영어 능력이 부족하여 국가의 정치와 경제에서 소외당하고 있다. 영어 공용화가 이루어진 지 200년 이상 된 인도에서도 현재까지 영어를 구사할 수 있는 사람은 전체의 10%에 불과하고 문맹률은 40%에 달한다.
>
> 우리나라는 이들 나라와 상황이 다르다. 우리는 단일민족 국가로서 1948년 이후 한국어 하나로 통일을 이루었으며 국민 모두가 한국어를 중심으로 한국인으로서의 정체성을 가지고 있다.

─ 보기 ─
㉠ 영어를 공용화한다고 해서 한국 문화가 쇠퇴하거나 사멸하는 것은 아니다.
㉡ 프랑스, 독일, 일본 등이 잘 살고 있는 것은 영어 사용 능력과 관계가 없다.
㉢ 영어를 모국어로 바꾸어 공용어로 채택한 나라는 지구상에 없다.
㉣ 영어 공용화는 오히려 영어 격차를 심화시킬 수 있다.
㉤ 후손들에게 모국어의 선택권을 주어야 한다.
㉥ 요즘 중요한 문서들은 모두 영어로 작성되어 있다.
㉦ 민족문화 역시 국제어로 구체화하면 훨씬 많은 사람이 향유하고 활력을 얻을 수 있다.

① ㉡, ㉢, ㉣ ② ㉡, ㉢, ㉦ ③ ㉢, ㉣, ㉥
④ ㉢, ㉣, ㉦ ⑤ ㉣, ㉥, ㉦

해설

영어공용화에 대한 반대 의견은 ㉡, ㉢, ㉣이다.

정답 36 ①

37 다음 글에서 주장하는 바를 약화시키는 논거는?

> 언어와 사고의 관계를 연구한 사피어(Sapir)에 의하면 우리는 객관적인 세계에 살고 있는 것이 아니다. 우리는 언어를 매개로 하여 살고 있으며, 언어가 노출시키고 분절시켜 놓은 세계를 보고 듣고 경험한다. 워프(Whorf) 역시 사피어와 같은 관점에서 언어가 우리의 행동과 사고의 양식을 주조(鑄造)한다고 주장한다. 예를 들어 어떤 언어에 색깔을 나타내는 용어가 다섯 가지밖에 없다면, 그 언어를 사용하는 사람들은 수많은 색깔을 결국 다섯 가지 색 중의 하나로 인식하게 된다는 것이다. 이는 결국 "언어가 우리의 사고를 결정한다."는 주장과 일맥상통한다.

① '화이트 와인', '레드 와인'이라고 할 때 사실상 그 와인은 흰색이나 빨간색이 아님을 대부분의 사람들은 인식하고 있다.
② 차에서 내리는 것을 '하차'라고 하지만, 차에 오르는 것을 '상차'라고 하지 않는 이유에 대해 대부분의 사람들은 관심이 없다.
③ 우리의 경험을 다양한 언어적 표현으로 나타낼 수 있는 가능성은 무궁무진하다고 할 수 있다.
④ 군복을 '푸른 제복'이라고 할 때 많은 사람들은 군복이 하늘처럼 파란색을 띠면서 동시에 초록빛 삼림의 색을 띤다고 믿는다.

해설

용어가 화이트 와인, 레드 와인이라도 그것에 영향 받지 않는 사례이므로 '언어가 우리의 사고를 결정한다'는 주장을 약화시키는 논거로 적합하다.

정답 37 ①

38 다음 글에서 추론할 수 없는 것은?

> 조선시대의 궁궐은 남쪽에서 북쪽에 걸쳐 외전(外殿), 내전(內殿), 후원(後苑)의 순서로 구성되었다. 공간 배치 상 가장 앞쪽에 배치된 외전은 왕이 의례, 외교, 연회 등 정치 행사를 공식적으로 치르는 공간이며, 그 중심은 정전(正殿) 혹은 법전(法殿)이라고 부르는 건물이었다. 정전은 회랑(回廊)으로 둘러싸여 있는데, 그 회랑으로 둘러싸인 넓은 마당이 엄격한 의미에서 조정(朝庭)이 된다.
>
> 내전은 왕과 왕비의 공식 활동과 일상적인 생활이 이루어지는 공간으로서 위치 상으로 궁궐의 중앙부를 차지할 뿐만 아니라 그 기능에서도 궁궐의 핵을 이루는 곳이다. 그 가운데서도 왕이 일상적으로 기거하는 연거지소(燕居之所)는 왕이 가장 많은 시간을 보내는 곳이다. 주요 인물들을 만나 정치 현안에 대해 의견을 나누는 곳으로 실질적인 궁궐의 핵심이라 할 수 있다.
>
> 왕비의 기거 활동 공간인 중궁전은 중전 또는 중궁이라고도 불렸는데 궁궐 중앙부의 가장 깊숙한 곳에 위치한다. 동궁은 차기 왕위 계승자인 세자의 활동 공간으로 내전의 동편에 위치한다. 세자도 동궁이라 불리기도 하였는데, 그 이유는 다음 왕위를 이을 사람이기에 '떠오르는 해'라는 상징적 의미를 가졌기 때문이다. 내전과 동궁 일대는 왕, 왕비, 세자와 같은 주요 인물의 공간이다. 그들을 시중드는 사람들의 기거 활동 공간은 내전의 뒤편에 배치되었다. 이 공간은 내전의 연장으로 볼 수 있고, 뚜렷한 명칭이 따로 있지는 않았다.
>
> 후원은 궁궐의 북쪽 산자락에 있는 원유(苑囿)를 가리킨다. 위치 때문에 북원(北苑)으로 부르거나, 아무나 들어갈 수 없는 금단의 구역이기에 금원(禁苑)이라고도 불렀다. 후원은 일차적으로는 휴식 공간이었다. 또한 부차적으로는 내농포(內農圃)라는 소규모 논을 두고 왕이 직접 농사를 체험하며 농민들에게 권농(勸農)의 모범을 보이는 실습장의 기능도 가지고 있었다.

① 내농포는 금원에 배치되었다.
② 내전에서는 국왕의 일상생활과 정치가 병행되었다.
③ 궁궐 남쪽에서 공간적으로 가장 멀리 위치한 곳은 중궁전이다.
④ 외국 사신을 응대하는 국가의 공식 의식은 외전에서 거행되었다.
⑤ 동궁은 세자가 활동하는 공간의 이름이기도 하고 세자를 가리키는 별칭이기도 하였다.

39 다음 글을 읽고 바르게 이해하지 못한 것은?

> 우수 인재의 이공계 진학 기피, 의약 등 특정 분야의 인재 쏠림현상이 심화되고 있어 제조업 중심의 국가 발전 토대가 흔들릴까 걱정된다. 이공계 출신이 국가 사회적으로 중추적 역할을 하고 있는데도 청년들이 이공계를 기피하고 있다.
> 이는 이공계에 진학하려면 수학, 물리학 등 배우기 어렵고 수능 점수도 올리기 힘든 과목을 이수해야 하며, 빠른 과학기술의 진보로 의학이나 법학 등에 비해 끊임없이 새로운 지식을 습득해야 살아남을 수 있는 분야이기 때문이다. 또 상대적으로 대학 졸업만으로는 전공을 살려 취업하기가 쉽지 않고, 산업현장에 배치될 확률이 높아 문화적 혜택을 누리기 힘들 수 있다. 이 밖에 의료나 금융 분야보다 보수가 적고 글로벌 경쟁이 치열해 직업의 안정성이 떨어진다.
> 국가 차원에서는 의료나 교육 등 서비스분야를 육성하기 위해 우수 인재가 이들 분야에 진학하도록 유도하는 것이 어느 정도 필요하다. 하지만, 국민경제에서 차지하는 보건의료 산업의 비중(2008년 기준 국내총생산 대비 보건 및 의료 총지출 6.5%)에 비추어 볼 때 현재와 같은 우수 인재의 특정분야 쏠림 현상은 바람직하지 않다. 우리나라와 같은 산업 강국에서는 제조업이 전제되지 않은 서비스 산업의 육성은 성장에 한계가 있다. 반도체나 자동차 같은 산업 제품을 수출해서 먹고사는 우리나라가 이들 산업을 이끌어갈 우수 인재를 양성하지 못하고, 의료, 법률 등 서비스 분야만을 키워서는 균형 있는 국가 발전을 지속할 수 없다. 장기적으로는 수학, 과학 교육의 혁신과 함께 고교 때 인문사회 분야와 이공계를 구분하여 수학, 과학 교육을 차별화하는 것이 올바른지도 근본적으로 재검토할 필요가 있다. 우수 이공계 인력이 양성되어 제조업을 튼튼하게 뒷받침할 수 있을 때 제조업은 물론이고 서비스업도 살고 국가도 발전할 수 있다. 의료, 법률 등 서비스 분야의 면허제도 등 진입 장벽을 완화하고 경쟁을 촉진하여 이들 분야에서 이른바 '지대 추구(rent seeking)' 행위가 사라지도록 해야 한다.

① 의료와 법률 서비스 분야의 진입 장벽이 높아 독과점적 지위를 누리고 있다.
② 현재의 수학과 과학 교육은 이공계를 기피하는 한 원인이므로 개선해야 한다.
③ 의료, 법학 분야보다 이공계의 지식 습득 사이클이 빠르고 글로벌 경쟁이 심하다.
④ 의료와 법률 서비스 중심에서 제조업 중심으로 국가발전 토대를 빠르게 개편해야 한다.
⑤ 우리나라와 같은 산업 강국에서는 제조업이 전제되지 않은 서비스 산업의 육성은 성장에 한계가 있다.

해설

'의료 법률서비스 중심에서 제조업 중심으로 빠르게 개편해야 한다'는 현재 국가의 토대가 의료 및 법률 서비스 중심이며 이를 제조업 중심으로 빠르게 변화시켜야 한다는 이야기이지만 현재는 여전히 제조업 중심이며 이것이 흔들림에 대한 우려를 말하고자 하고 있으므로 올바른 이해라고 볼 수 없다.

정답 39 ④

40 다음 글에 따라 정보를 수용하거나 전달하기 위해 매체를 적절하게 활용하지 않은 것은?

> 매체에 따른 정보 구성 방식은 정보의 양과 질, 정보의 배치 및 제시 방식을 기준으로 살펴볼 수 있다.
> 우선 정보의 양과 질 측면을 살펴보면 다음과 같다. 책은 다른 매체에 비해 분량의 제약이 적기 때문에 전문적인 내용을 깊이 있게 다룰 수 있다. 신문 기사는 주로 시의성 있는 주제를 다루는데, 책과 같이 전문적인 내용을 충분히 다루지는 못하지만, 현상 그 자체뿐 아니라 해당 현상이 야기한 사회적 문제를 함께 다룰 수 있다는 특징을 가진다.
> 라디오는 일상생활과 관련된 정보를 비롯하여 교통 상황, 날씨, 시사 등 다양한 정보를 다룬다. 텔레비전은 생생한 정보를 실시간으로 전달할 수 있기 때문에 시의성 있는 정보를 다루는 경향이 있다. 전달되는 정보의 양은 프로그램의 종류에 따라 차이가 있는데, 뉴스와 같이 핵심 내용을 요약적으로 보여 주는 경우도 있고 시사 프로그램이나 다큐멘터리와 같이 특정 주제를 심층적으로 다루는 경우도 있다. 인터넷에서는 보다 다양한 주제의 정보를 확인할 수 있는데, 신뢰할 수 없는 정보도 존재하기 때문에 정보의 신뢰성을 반드시 확인해야 한다.
> 다음으로 정보의 배치 및 제시 방식을 살펴보면 다음과 같다. 책은 앞부분에 제시된 목차에 따라 정보가 장, 절 등으로 나눠서 배치되는 것이 일반적이다. 이에 비해 신문은 1면에 다양한 분야의 주요 내용들을 종합적으로 배치하고, 표제와 전문을 통해 전반적인 내용을 파악할 수 있도록 구성되어 있다.
> 텔레비전은 음성 언어, 영상, 음향 등을 복합적으로 활용하여 정보를 구성할 수 있기 때문에 다른 매체에 비해 높은 정보의 실재감을 가진다. 인터넷은 정보 제공 방식이 선조적으로 제한되지 않고 하이퍼텍스트를 통해 비순차적인 검색을 허용한다는 특징이 있다. 최근에는 거대 자료에 기반하여 인터넷 사용자의 특성을 고려한 맞춤형 정보를 제공하는 방식도 등장하였다.
> 휴대 전화의 경우 음성 통화, 영상 통화, 문자 메시지 전송, 인터넷 검색은 물론 신문, 라디오, 텔레비전으로 전달되는 정보까지도 확인할 수 있다. 휴대 전화는 이처럼 여러 매체의 기능을 통합적으로 구현할 수 있어 사용하는 기능에 따라 정보의 양이나 질, 제시 방식이 달라진다. 매체를 통한 정보의 유통은 정보 제공의 속도, 방식, 개방성 정도 등을 기준으로도 살펴볼 수 있다.
> 우선 정보 제공의 속도를 살펴보면 라디오, 텔레비전과 인터넷은 정보를 실시간으로 전달한다는 점에서 정보 제공의 속도가 가장 높다. 책은 라디오, 텔레비전, 인터넷 등에 비해 정보 제공의 속도가 상대적으로 낮은 편이다. 신문은 책에 비해서는 시의성 있는 정보를 다루지만, 라디오나 텔레비전과 같이 사회적 사건을 실시간으로 다루기는 어려운 편이다.
> 다음으로 정보를 제공하는 방식과 정보 제공의 개방성 정도를 살펴본다. 종이로 인쇄된 경우 구독을 신청하거나 신문을 구매한 사람에게만 정보가 제공되고, 책 역시 책을 구매하거나 빌려서 읽어야 책에 담긴 정보를 확인할 수 있다. 이에 비해 텔레비전이나 라디오는 시간대별로 원하는 방송을 선택하여 듣기는 하지만 일단 틀어 놓으면 정보가 계속 제공된다는 점에서 정보 개방성이 상대적으로 높은 편이다. 인터넷 역시 원하는 정보를 손쉽게 확인할 수 있다는 점에서 개방성이 높은 편이다.
> 정보 소통의 방향성 측면에서는 라디오와 인터넷이 다른 매체보다 쌍방향 의사소통이 활발한 편이라고 할 수 있다. 물론 신문과 텔레비전 역시 각각 독자 의견과 시청자 의견을 수렴하기 때문에 쌍방향 의사소통이 이루어진다고 볼 수는 있으나 라디오나 인터넷만큼 활발하게 이루어진다고 보기는 어렵다.
> 그러나 최근 인쇄 매체와 방송 매체의 결합이 있게 됨에 따라 인터넷을 중심으로 매체가 통합되는 양상을 보이고 있으며, 이 결과 인터넷 신문과 실시간 텔레비전을 통해 신문과 텔레비전의 정보 역시 쌍방향으로 소통되는 경향이 나타난다.

① A 학생 : 저는 라디오나 텔레비전이 사회성 있는 정보들을 실시간으로 제공해 줘서 좋아요.
② B 선생님 : 저는 인터넷에서 글을 읽으면서 내가 읽고 있는 글과 유사한 다른 글을 찾아서 같이 읽어요.
③ C 박사 : 저는 제가 잘 알고 있는 과학 이론과 법칙에 대해 전문적으로 상세하게 제공하기 위해 책을 쓰기로 했어요.
④ D 기자 : 제 기사에 대한 독자의 실시간 반응을 확인하고 싶었기에 의사소통의 방향을 고려하여 텔레비전이 보다 적절한 매체라고 생각했습니다.
⑤ E 피디 : 라디오의 특성에 따라 시사에 관한 내용을 제공할 수 있는 프로그램을 편성하고자 해요.

해설

텔레비전은 시청자의 반응을 실시간으로 알 수 없기 때문에 부적절하다.

오답풀이
① 3문단
② 아래쪽 3개 문단
③ 2문단
⑤ 3문단

Chapter 3. 문단순서, 표현방법, 어휘

1. 문단순서

> 문단 순서는 문장의 구조와 접속사, 시간 그리고 인과관계를 따져 배열한다.
> 첫 문장은 접속사로 시작할 수 없으며 새로운 용어의 설명 이전에는 그 용어가 설명될 수 없다.
> 특히 보기를 적극적으로 활용하여 문제를 풀이하는 것이 좋다.

예제 04 다음 글의 전개 순서로 가장 자연스러운 것은?

(가) 현대 사회에서의 사회계층은 일반적으로 학력, 직업, 재산이나 수입 등의 요소를 기준으로 구분한다. 이에 따른 사회계층의 분화가 분명히 상정될 수 있을 때 그에 상응하여 언어 분화의 존재도 인정될 터이지만 현대 한국 사회는 그처럼 계층 사이의 경계가 확연한 그런 사회가 아니다. 언어와 연관해서는 그저 특정 직업 또는 해당 지역의 주요 산업에 의거한 구분 정도가 제기될 수 있을 뿐이다.

(나) 사회계층은 한 사회 안에서 경제적·신분적으로 구별되는 인간 집단을 말한다. 그러기에 동일한 계층에 속하는 구성원들끼리 사회적으로 더 많이 접촉하며, 상이한 계층에 속하는 구성원들 사이에 그러한 접촉이 훨씬 더 적은 것은 매우 자연스러운 일이다.

(다) 그런데 한 사회를 구성하는 성원들 사이에 접촉이 적어지고 그러한 상태가 오래 지속되면 언어적으로 분화가 이루어진다. 이러한 사실을 고려할 때 사회계층의 구별이 엄격한 사회일수록 그에 따른 언어 분화가 쉽게 일어나리라는 점은 충분히 예상하고도 남는다. 반상(班常)의 구별이 있었던 한국의 전통 사회에서 양반과 평민(상민, 서얼 등)의 언어가 달랐다는 여럿의 보고가 이러한 사실을 뒷받침해 준다.

(라) 그렇더라도 사회계층에 따른 언어의 변이를 확인하려는 시도가 전혀 없었던 것은 아니다. '잽히다(잡히다)' 등에 나타나는 음모음화의 실현율이 학력과 밀접히 관련된다는 보고는 바로 그러한 시도 중의 하나라 할 수 있다.

① (가) - (나) - (다) - (라)
② (가) - (라) - (나) - (다)
③ (나) - (다) - (라) - (가)
④ (나) - (다) - (가) - (라)
⑤ (나) - (라) - (가) - (다)

접속사로 시작하는 (다)와 (라)는 첫 문장이 될 수 없으며 보기를 보더라도 (가)와 (나)로 시작한다. 개수가 3 : 2로 (나)가 우세하다는 것을 인지한 채 두 문단의 첫 문장을 비교하면 (가)는 '현대 사회에서의 사회계층'을 서술하고 (나)는 '사회계층'을 서술한다. 순서상 (나)가 먼저 등장하는 것이 적합함을 알 수 있다. (나) 이후에는 (나)의 마지막 문장과 (다)의 첫 문장에 '접촉과 관련한 글이 나옴을 통하여 연결됨을 알 수 있다. 보기에서 3번과 4번으로 좁혀진 상태이므로 (가)와 (라)의 순서만 집중한다면 (라)의 첫 문장으로 위치를 결정할 수 있다. (다)의 마지막은 '달랐다'이고 (가)의 마지막은 '구분이 확연하지 않다.'이다. 따라서 (라)는 (가) 뒤로 위치하는 것이 옳다. 답은 4번이다.

STEP 1

41 다음 글의 ㄱ ~ ㄷ에 들어갈 말로 가장 적절한 것을 고르면?

저 왕권에 대한 위대한 옹호자 역시 이러한 정도의 저항권은 인정하고 있다. 그가 그것에 첨부한 두 가지 제한은 (ㄱ) 진실이다. 첫째, 그는 저항은 경외감(reverence)을 동반해야 한다고 한다. 둘째, 저항은 복수나 처벌을 동반하지 말아야 한다고 한다. '열등한 자는 우월한 자를 처벌할 수 없기 때문'이라는 것이 그가 제시하는 이유이다.

첫째에 대해서 나는 이렇게 말하겠다. 반격을 가하지 않고서 어떻게 힘에 저항할 수 있겠는지, 또 어떻게 경외감을 갖고 공격할 수 있겠는지 하는 문제가 이해되려면 상당한 기술이 필요하리라고 말이다. 타격을 막아내기 위한 방패만으로 상대의 맹공에 저항하거나, 그렇게 맹공을 퍼붓는 상대방의 확신과 힘을 약화시킬 수 있는 칼조차 손에 들지 않고 오히려 좀 더 존경하는 자세로써 저항하려는 자는 금방 그 저항에 종지부를 찍게 될 것이며, 그러한 방어가 오로지 자신에게 더 심각한 봉변만을 초래하게 된다는 사실을 발견하게 될 것이다. (중략) (ㄴ) 서로 조화시킬 수 있는 자는 적어도 내가 알기로는 자신의 수고의 대가로서 어디서든 예의 바르고 정중한 곤봉세례를 받게 될 것이다.

'열등한 자는 우월한 자를 처벌할 수 없다'는 그의 두 번째 주장은 일반적으로 맞는 말이다. (ㄷ) 하지만 힘에 힘으로 대항하는 것은 양쪽을 같은 입장에 놓는 전쟁 상태와 같아서 이전의 모든 경외감, 존경심, 우위의 관계를 무효화한다. 따라서 남아 있는 우열의 차이라고 하는 것은 부당한 공격자에 대항하는 자가 그 공격자에 대해 갖는 우위이며, 저항하는 자가 승리할 경우 공격자를 처벌할 권한을 가진다는 것이다. 평화를 해친 것과 또 그렇게 해서 야기된 모든 해악들에 대해서 말이다.

① ㄱ : 정치 현실을 심사숙고한 결과물이라는 것이
   ㄴ : 타격을 가하는 일과 경외감을 표시하는 것을
   ㄷ : 즉, 그 우월한 자가 열등한 위치로 떨어지게 될 경우에는 그렇다는 얘기다.

② ㄱ : 그 목적을 달성하지 못한다는 것이
   ㄴ : 복수와 처벌을
   ㄷ : 즉, 그 열등한 자가 우월한 위치로 올라서게 될 경우에는 그렇다는 얘기다.

③ ㄱ : 절대주의에 근거한 것이라는 점이
   ㄴ : 복수와 처벌을
   ㄷ : 즉, 그 우월한 자가 우월한 자로 군림할 동안에는 그렇다는 얘기다.

④ ㄱ : 절대주의에 근거한 것이라는 점이
   ㄴ : 저항과 처벌을
   ㄷ : 즉, 그 우월한 자가 열등한 위치로 떨어지게 될 경우에는 그렇다는 얘기다.

⑤ ㄱ : 그 목적을 달성하지 못한다는 것이
   ㄴ : 타격을 가하는 일과 경외감을 표시하는 것을
   ㄷ : 즉, 그 우월한 자가 우월한 자로 군림할 동안에는 그렇다는 얘기다.

해설

ㄱ : 왕권에 대한 위대한 옹호자의 두 가지 제한에 대하여 필자는 두 번째 문단과 세 번째 문단에서 각각 이유를 들어 부정적 견해를 보이고 있다.

ㄴ : 첫 번째 반박하고자 하는 것은 '저항은 경외감을 동반해야 한다'이며 문단 전체에서 '타격'과 '경외감'에 관련한 내용이 등장한다.

ㄷ : 두 번째 반박하고 하는 것은 '열등한 자는 우월한 자를 처벌할 수 없다.'이며 보기에 등장하는 문구와 지문에서의 문장을 확인하면 (ㄷ)의 내용은 제한적인 상황을 이야기하고자 함을 알 수 있다.

정답 41 ⑤

42. 다음 글의 내용 전개상 가장 적절한 문단 배열은?

(가) 이런 통계는 대부분의 선진국에게 있어 엇비슷하며-이탈리아, 프랑스, 스페인, 포르투갈, 네덜란드, 스웨덴도 마찬가지다-뿐만 아니라 많은 개발도상국들, 특히 중국도 비슷한 경향을 보이고 있다. 몇몇 지역, 예컨대 중부 이탈리아, 남부 프랑스, 남부 스페인에서는 출산율이 독일이나 일본보다도 더 낮다.

(나) 독일의 인구 통계 변화는 전혀 예외적인 것이 아니다. 세계 2위의 경제 대국 일본은 2005년경, 인구가 1억 2,500만 명으로 절정을 이룰 것이다. 보다 비관적인 정부의 예측에 따르면, 2050년경에는 인구가 9,500만 명 정도로 감소할 것이라고 한다. 그보다 훨씬 이전인 2030년경에는 65세 이상의 인구가 성인 인구의 절반을 차지할 것이다. 일본의 출산율은, 독일과 마찬가지로, 가임 여성 1인당 1.3명이다.

(다) 이 모든 것이 의미하는 바는 노년층의 지지를 받는 것은 모든 선진국에 있어 정치적 규범이 된다는 사실이다. 연금은 선거 때마다 들고 나오는 단골 메뉴가 된 지 오래다. 인구와 노동력을 유지하기 위해 이민을 완화하려는 정책 또한 점점 더 정치적 논란거리가 되고 있다. 이런 두 가지 이슈들은 모든 선진국들의 정치 상황을 크게 바꾸고 있는 중이다.

(라) 2030년이 되면, 세계 3위의 경제 대국인 독일은 65세 이상의 인구가 전체성인 인구의 거의 절반가량을 차지할 것이다. 지금은 5분의 1 수준이다. 따라서 만약 지금 여성 1인당 1.3명까지 떨어진 독일의 출산율이 정상적인 수준으로 회복되지 않으면, 앞으로 30년 동안 35세 미만의 독일 인구 감소율은 노인 인구의 증가율보다 2배나 빠를 것이다.

(마) 노동 인구가 지불해야 하는 연금 부담이 지나치게 높아지지 않도록 하기 위한 한 가지 대책으로, 정신적으로도 육체적으로도 상당히 건강한 사람들에 대한 정년퇴직 연령 제도는 철폐될 가능성이 높다. 일터에 나가고 있는 젊은 인구와 중년 인구층은 자신들이 전통적인 은퇴 연령에 도달할 즈음에는 연금 기금이 바닥나지 않을까 이미 의심하고 있다. 하지만 정치인들은 어디서나 현행의 연금 제도를 유시할 수 있다고 계속 주장하고 있다.

① 가 – 나 – 다 – 라 – 마
② 가 – 라 – 나 – 마 – 다
③ 다 – 마 – 가 – 라 – 나
④ 라 – 나 – 가 – 다 – 마
⑤ 라 – 나 – 다 – 가 – 마

해설

(라) 독일 사례 – (나) 일본 사례 – (가) 선진국도 비슷 – (다) 이러한 선진국의 현상이 정치적으로 영향 – (마) 정치적 상황

정답 42 ④

43 다음 글의 내용 전개상 문단 배열이 가장 적절한 것은?

(가) 논리성을 갖추기 위해 우리가 명심해야 할 것은 무엇인가? 첫째, 표현된 것이 현실 세계에서 참이 되어야 한다는 점이다. 둘째, 표현된 것의 전후 문맥에서 추론의 오류를 범하지 않도록 이성적으로 생각하며 표현해야 한다는 점이다.

(나) 표현된 것의 전후 문맥에서 추론의 오류를 범하지 않기 위해 알아 두어야 할 오류의 종류는 매우 많다. 추론이란 미루어 생각하여 논하는 일을 말하는데, 논리학적으로 표현하면 어떠한 판단을 근거로 삼아 다른 판단을 이끌어 내는 것을 말한다. 이때 근거로 삼는 명제를 전제라고 하고 그 명제를 근거로 도출되는 판단을 결론이라 한다. 추론의 오류는 전제와 결론 사이에 정당한 타당성이 없을 때 생겨난다.

(다) '논리(論理)'란 말이나 글이 성립함을 보여주는 근거나 이치이다. 생각을 표현하는 말이나 글에서, 내용을 이치에 맞게 이끌어 가는 과정이나 원리가 논리이다. '논리성'이란 논리에 맞는 성질을 말한다. 그런데 가만히 보면, 말도 안 되는 말들도 우리 사회에 참 많다. 사실 여부를 확인하기 어려운 소문도 많고, 옳다고 우기는 주장이 다른 편에서 보면 전혀 그렇지 않으며 공정성과 이성을 결여한 아집도 많다. 즉, '논리성'을 갖추지 못한 말과 글이 우리 사회에 너무도 많이 떠돌고 있다.

(라) 표현된 것이 현실 세계에서 참인가 거짓인가 하는 요건을 우리는 '진리조건'이라 한다. 표현된 말이나 글이 논리성을 갖추기 위한 가장 중요한 제1조건은 그것이 현실 세계에 부합하는 '참'의 조건을 가져야 한다는 점이다. 어떤 표현이 있을 때, 그 내용이 이치에 맞는가를 따지기 위해서는 그 내용이 현실 세계에서 참인가에 대해 치밀하게 따져야 한다. 예를 들어 "어머니가 지금 집에 계신다."라는 문장의 참, 거짓 여부는 사실 확인에 의해 쉽게 이루어질 수 있다. 그런데 "이번에 출마하는 아무개가 지난 번 선거에서 돈을 그렇게 해 먹었대."라는 문장의 참, 거짓 여부는 개인적 능력으로는 확인하기 어렵다. 따라서 확실한 증거가 없으면 그것을 참이니 거짓이니 판단하면 안 된다. 그러나 사람들은 대개 "나쁜 놈이잖아? 또 뽑아주면 안 되겠네."라고 단정해 버린다. 그러나 진위가 판명되지 않은 상황에서 다음 판단으로 발전하는 것은 명백히 추론의 오류를 범한 것이 되므로, 논리성에 위배되는 것이다.

(마) 예를 들어, "너에게 모처럼 하는 부탁을 거절하다니, 넌 나를 싫어하는구나."라는 문장에는 부탁을 들어주면 자기를 좋아하는 것이고 안 들어주면 자기를 싫어하는 것이라는 사고방식이 들어 있다. 이것은 좋거나 싫거나 둘 중 하나로 판단해 버리려는 것으로 상당히 빈약한 근거가 된다. 이는 논리성이 결여되어 있는 것으로 간주된다. 논리학에서는 이를 흑백논리의 오류라고 한다. 흑백논리란 모든 문제를 양극단으로만 구분하고 중립을 인정하지 않으려는 편중된 사고방식을 말한다.

① (가) → (다) → (마) → (라) → (나)
② (다) → (가) → (나) → (마) → (라)
③ (다) → (가) → (라) → (나) → (마)
④ (가) → (다) → (라) → (마) → (나)
⑤ (다) → (가) → (마) → (나) → (라)

44 다음 글의 논리 전개상 문단 배열이 가장 적절한 것은?

(가) 활발한 사변과 무기력한 실제의 대조라는 17세기 유럽 교육 전반의 특징은 그 다음 18세기에 와서 더욱 두드러지게 나타났다. 조그만 마을 학교에서 대학에 이르기까지 종류 여하를 불문하고 거의 모든 교육기관이 쇠퇴와 타락을 나타내고 있었다. 스코틀랜드와 독일의 일부 지역을 제외한 유럽 전역에서 대부분의 일반 시민은 전혀 교육을 받지 못하였으며, 비교적 운이 좋은 사람들도 대다수는 최악의 조건 하에서 교육을 받았다.

(나) 이들을 가르친 교사들은 남자건 여자건 할 것 없이 거의 대부분 무식하였으며, 교사로서 내세울 만한 자격이라고는 교직 이외의 어떤 다른 직업도 가질 수 없다는 것 정도였다. 학교를 운영하는 일은 대부분의 경우, 다른 장사에서 벌어들이는 빠듯한 생활비를 보충하는 수단으로 여겨졌으며, 학과 공부는 교사의 살림집이나 가게에서, 일상적인 집안일이나 장사 일과 함께, 그 틈을 타서 이루어졌다. 심지어 별도의 교실에서 공부하는 경우에도 학생들은 진도에 따라 등급별로 반을 나눈다든지 하는 특별한 조치가 없이 한꺼번에 무더기로 배웠다. 학교에서 가르친 교과목은 대체로 3R―읽기, 쓰기, 종교―이었으며, 보통의 3R에 들어가는 산수(수학)는 교사에게 너무 어렵다는 이유에서 제외되는 경우가 보통이었다.

(다) 마치 이 모든 참상의 대미를 장식하기라도 하듯이, 유럽 전역에 걸쳐 대학은 거의 예외 없이 지성의 중심지라는 높은 자리로부터 밑바닥으로 굴러 떨어졌다. 18세기가 지나가는 동안 파리나 옥스퍼드와 같이 오랜 전통을 가진 대학은 그 긴 역사에서 일찍이 볼 수 없었던 침체의 늪에 빠졌으며, 심지어 새로 생긴 대학들조차도 대다수가 허약하고 무기력하며, 예컨대 라이프니츠와 같이 뛰어난 능력을 가진 사람들은 그런 대학과 관련을 맺기를 꺼렸다.

(라) 그것은 그렇다 치더라도, 이미 틀이 잡힌 학교들이 전통에 따라 부득이 가르치고 있던 고전적 교육과정은 라틴어가 구어(口語)나 문어(文語)로 살아 있었던 당시에 그것이 가지고 있었던 매력과 위세를 잃어버리고 당대의 현실적 필요와는 어이없이 동떨어져 있었다. 예컨대 1762년에 프랑스 방방곡곡에서 올라온 예수회 학교의 불모성에 대한 불평이나, 1795년에 영국의 대심원 판사 케니온이 문법학교에 대해서 퍼부은 비난―네 벽을 둘러보아도 공부하는 사람은 없고, 봉급이나 기부금을 받는 것 말고는 아무것도 제대로 할 수 없는 학교―중의 어느 것을 들어 보더라도 학교가 빠진 처참한 지경을 뼈아프게 확인할 수 있다.

(마) 뿐만 아니라, 이러한 부실한 교육도 불과 몇 년 밖에 기회가 주어지지 않았으며 아이의 교육은 보통 길어야 열 살이나 열한 살이 되면 끝이 났다. 문법학교의 교육도 대부분의 경우에 이것보다 별로 나을 것이 없었다. 여기저기에 능력이 뛰어난 교사들이 더러 있어서 학문의 수준을 유지하고 있었지만, 그 당시 교사의 일에 대한 보수는 어디에서나 극도로 인색하였으며 이로 말미암아 교사의 질과 교육의 질은 날이 갈수록 저하되어 갔다.

① (가) - (나) - (라) - (다) - (마)
② (가) - (나) - (마) - (라) - (다)
③ (가) - (마) - (나) - (다) - (라)
④ (나) - (마) - (라) - (가) - (다)
⑤ (다) - (가) - (마) - (라) - (나)

해설

(가) 유럽 대부분의 교육기관이 쇠퇴와 타락 - (나) 구체적인 열악한 환경 - (마) 추가적인 열악한 환경 - (라) 학교의 처참한 상황 - (다) 대학의 몰락

정답 44 ②

45 내용 전개상 문단 배열이 가장 적절한 것은?

(가) 1910년 이후 식민지 조선에 남은 유교는 개인의 생활과 가족관계 및 비정치적 영역의 사회관계를 매개하는 사고·윤리·관습이 그 잔여량의 대부분을 이루는 것이었다. 중국의 경우는 이와 달리 신해혁명의 결과적인 피탈과 정치·사회적 보수 회귀 과정에서 유교의 봉건적 지배 이데올로기가 완강히 버티고 있었으며, 더 나아가서는 위안스카이의 제제(帝制) 수립 책략 따위와 긴밀하게 호응하는 존공(尊孔) 운동 및 공교(孔敎) 국교론(國敎論)으로까지 반동적 이념 기능을 담당하였다.

(나) 그러한 면모 가운데 가장 중대한 것은 그들이 처하였던 각각의 정치상황에서 찾아야 한다. 무엇보다도, 이광수는 국권 상실과 3·1운동 사이 즉 식민지 시대 초기 국면에 놓여 있었던데 비해 진독수는 신해혁명과 5·4운동 사이에 전개된 '암흑과의 투쟁' 시대에 발 딛고 있었다. 이 시간 동안 두 나라에서 전개된 고통과 모색의 귀결이 1919년의 거국적 대폭발이라는 사실은 외형상 닮았지만, 그 하나는 식민지 해방투쟁이었고 다른 하나는 새로운 형태의 전제권력 체제를 타도하려는 반복벽(反復辟)·반제제(反帝制) 투쟁이었다.

(다) 이러한 공통성과 근접성은 그들 사이의 크고 작은 차이와 더불어 검토되지 않으면 안 된다. 개인적 생활사와 성격의 범주에 속하는 낙차(落差)는 일단 접어둔다 하더라도, 그들 각자가 처한 시대 상황과 정치·사회·문화적 제 조건의 역학 관계에 적지 않은 상위(相違)가 있었으며, 이는 곧 이념의 구조와 성격에 직접적 연관을 맺는 것이기 때문이다.

(라) 유교적 관습·가치규범·제도에 대한 통렬한 비판과 새로운 문학에의 이념을 긴밀하게 엮어낸 점에서 1910년대의 이광수와 진독수 사이에는 기본적인 공통점이 있다. 1919년의 3·1운동과 5·4운동으로 민족적 에너지의 대폭발이 나타나기 전 단계에서 구문화(舊文化)에 대해 가장 전투적인 논객으로 활약하면서 당대의 새로운 이념 동향을 이끄는 데 기여한 점도 적지 않게 흡사하다. 두 사람 모두 일본에서 유학한 적이 있고 서구 근대문명의 진보성에 거의 전폭적인 긍정의 자세를 지녔었다는 사실도 당대에 흔한 일이기는 하지만 지적해 두어야 할 것이다.

(마) 또 하나 중요한 사항은 당시의 국면에서 두 나라의 유교 이념·제도·윤리가 처했던 지위와 역할의 차이이다. 1910년대의 식민지 조선에서 유교는 더 이상 공적인 권위나 제도적 지배력을 가지는 사상체계가 아니었다. 공맹정주(孔孟程朱)와 의리(義理)·인의(仁義)를 영원한 가치로 숭앙하며 중세 체제의 상층부를 장악했던 세력이 국권 수호를 위해 스스로의 목숨을 지불했다면 사정이 달랐겠지만, 나라가 망하고 그들은 살아남음으로써 정치·사회적 제도 원리로서의 유교는 죽었다.

① (가) – (라) – (나) – (다) – (마)
② (가) – (라) – (다) – (나) – (마)
③ (라) – (나) – (다) – (마) – (가)
④ (라) – (다) – (나) – (가) – (마)
⑤ (라) – (다) – (나) – (마) – (가)

해설

(라) 이광수와 진독수 공통점 – (다) 차이점 – (나) 처해있던 정치상황에서의 차이점 – (마) 조선 유교의 지위 – (가) 중국 유교의 지위

정답 45 ⑤

46 다음 글의 흐름에 따라 단락 (가)~(라)를 순서대로 바르게 배열한 것은?

> 정부 주도의 주택 보급이 활성화되던 1970년대에서 1990년대는 '벽돌의 시대'였다. 그러나 이후 구조와 건축 재료의 발달로 벽돌은 저렴한 저층 건축 재료로 낙인찍혔다. 최근 개성 넘치는 새로운 옷으로 다시 주목받고 있는 벽돌의 매력과 미래를 가늠해 보자.
> (가) 1980~90년대 이후 아파트 시장의 활황으로 대형 건설업자들이 콘크리트로 아파트를 수없이 짓고 있을 때 소규모 주택 시장의 집장사들은 공동주택에 '빌라'라는 이름을 붙이고 콘크리트 내력벽 위에 화강석을 건식으로 붙인 저품질 주택을 양산했고, 자연스레 대중은 붉은 벽돌집은 싸구려 집이라는 인식을 갖게 되었다. 기술의 발달과 재료의 다양화 역시 벽돌을 멀어지게 만든 원인 중 하나였다. 어떤 건축가들은 물성을 드러내는 재료로서 노출 콘크리트를 진지하게 탐구하기 시작했으며, 어떤 건축가들은 건물의 '스킨'이라 하여 건물 외벽을 금속 패널로 치장하는 데 몰두하기도 했다. 이 사이에 벽돌건축은 점차 건축가들의 관심에서도 멀어져 갔다.
> (나) 최근엔 벽돌이 구조재가 아닌 치장재로 새롭게 주목받기 시작하며 다양한 색깔과 독특한 쌓기 방식으로 건물의 외벽에서 개성을 드러내고 있다. 이런 변화가 생긴 것은 크게 두 가지 이유인데, 첫째로 건축 기술의 발달로 벽돌이 건물의 힘을 받는 구조체로부터 독립해 외장재로 자유로워졌으며, 둘째로 벽돌을 활용한 다양한 쌓기 방법이 개발되고 철물의 개발로 높이 쌓는 것이 가능해지면서 고층 건물의 외부를 벽돌로 장식하여 얻어지는 시각적 독특함이 눈길을 끌 수 있게 되었기 때문이다.
> (다) 그러나 건축에서 무엇보다 가장 중요한 것은 자연스럽고 친숙한 이미지와 느낌이다. 벽돌은 흙을 구워서 만든다. 그리고 천연 재료라는 이미지와 더불어 가지런한 줄눈은 안정감을 준다. 게다가 한국처럼 다습하며 기온 변화가 심한 곳에선 건축 재료의 오염이 빈번한 편인데 벽돌은 다른 건축 재료에 비해 변형이나 오염에 대한 문제가 상대적으로 적다. 이것이 많은 사람들이 벽돌 외벽을 선호하게 된 이유가 되었다.
> (라) 일제강점기 근대건축이 들어오면서 우리 생활에 벽돌이 본격적으로 들어오기 시작했다. 당시 신 재료였던 벽돌은 '근대성'의 상징이었다. 광복 후 전란으로 폐허가 된 서울을 신속하게 복구하는 데에도 재활용이 가능한 재료로 벽돌만큼 쉽게 구할 수 있는 것이 없었다. 1970년대 이후 소규모 주택을 공급하는 '집장사'들이 만드는 '불란서 2층 양옥집'이 유행했을 때에도 대부분이 붉은 벽돌집이었다. 이후에 '집'하면 자연스레 '붉은 벽돌집'을 떠올릴 정도로 많은 벽돌집이 지어졌다.
>
> ― 감 매거진, 〈벽돌의 어제와 오늘〉

① (가) ― (나) ― (라) ― (다)
② (가) ― (라) ― (나) ― (다)
③ (라) ― (가) ― (나) ― (다)
④ (라) ― (가) ― (다) ― (나)
⑤ (나) ― (다) ― (라) ― (가)

해설

시간순으로 연결된 글이다.
(라) 일제강점기
(가) 1980~1990년대
(나) 최근엔으로 이어진다.
(나)에서 벽돌의 시각적 요소를 설명한다. (다)는 '그러나' 접속사 이후로 내용이 바뀐 친숙함에 대한 글이 이어진다.

정답 46 ③

47 다음 빈칸에 들어갈 내용으로 적절한 것은?

> 사회주의가 실패했다고 해서 더 나은 세상을 원하는 인간의 바람이 죽은 것은 아니다. 마르크스가 지적한 환경이 사라지지 않는 한 마르크스는 죽지 않는다. 극소수의 귀족이 다수의 농민과 노동자를 압제했던 러시아가 바로 그랬다. 그러나 마르크스의 이론을 무르익게 한 현장인 영국에서는 그의 예견과 달리 사회주의 혁명이 일어나지 않았다. 그 주된 이유는 ( ) 막스 베버는 검약과 성실, 위험을 감수하는 투자 정신으로 무장된 청교도의 후예들이 영국 자본주의를 낳았다고 분석한다. 존 웨슬리의 감리교 운동에 영감을 받은 신자들은 자신의 재산을 털어 학교와 병원을 짓고 약자를 돌봤다.
> 인간은 다른 사람이 보여 주는 좋은 본과 그들의 희생을 통해 배운다. 문제는 한국에선 그런 본과 희생을 찾기 어렵다는 점이다. 예전에는 삶이 너무 고됐기 때문에 그랬다고 할 수 있다. 그러나 지금은 오로지 더 가지고자 하는 욕심이 우리 사회를 지배해서 그렇다. 세계가치관조사 결과를 보면 한국은 세계에서 물질주의가 가장 높은 나라 중 하나다. 이익을 위해 때로는 법을 살짝 어기거나, 때로는 그 촘촘한 법망을 요리조리 잘 피하는 현란한 스킬의 사람들로 청문회장은 늘 소란하다. 국민은 본이 되는 사람을 찾고 싶은데 정치는 그 기회를 주지 않는다. 보수 정부에서 찢겨졌던 마음이 진보 정부에서도 무너진다.

① 당시 러시아와 영국의 사회적 배경이 달랐기 때문이다.
② 영국에서는 마르크스가 예언한 사회적 배경이 형성되지 않았기 때문이다.
③ 높은 윤리의식으로 사회적 책무를 감당한 사람이 많았기 때문이다.
④ 혁명이란 이념을 통해서가 아니라 행동을 통해서 일어나기 때문이다.
⑤ 마르크스가 파악했던 것과는 달리 영국은 혁명의 여건이 성숙하지 않았기 때문이다.

해설
( ) 이후에 '검약과 성실, 위험을 감수하는 투자 정신으로 무장된 청교도의 후예들이 영국 자본주의를 낳았다'고 얘기한다.

정답 47 ③

48 다음 글에 나타난 내용 전개방식 및 표현상의 특징으로 적절하지 않은 것은?

최근 우리 사회에서 외국인의 수가 급증하고 있다. 법무부에 등록된 6개월 이상 국내에 체류 중인 외국인의 수는 지난 20년간 꾸준히 상승하여 2009년 말엔 90만 명에 이르렀다. 정확한 규모는 알 수 없지만 최소 20만 명으로 추산되는 불법 체류 외국인까지 고려하면, 2010년 기준으로 약 110만 명의 외국인이 우리나라에 살고 있는 것이다. 이는 약 4천9백만 명인 우리나라 인구의 약 2.2%에 해 당한다.

국내에 체류하는 외국인의 수가 늘어남에 따라 여러 가지 사회 문제도 야기되고 있다. 특히 불법 체류자에 의한 범죄가 언론에 보도되면서, 이들에 대한 사회적 반감이 적지 않은 것도 사실이다. 그러나 노동 시장의 국제화, 저출산과 고령화로 말미암은 국내의 노동 인구 감소, 농촌 지역의 국제결혼 희망자 증가 등으로 외국인이 우리나라에 들어오는 것은 막을 수 없는 흐름이 되어 버렸다.

그렇다면 증가하는 외국인의 국내 체류가 사회 문제화 되지 않고 서로에게 혜택이 될 수 있게 하기 위해서는 어떠한 준비가 필요한가? 가장 먼저 필요한 것은 외국인에 대해서 우리 사회가 어떠한 관점을 보일 것인지를 명확하게 정하는 일이다. 왜냐하면 이 관점에 따라서 앞으로 만들어질 제도와 규정 그리고 문화를 포함하는 제반 환경들의 방향이 설정될 것이기 때문이다. 예컨대 외국인들을 기본적으로 외집단으로 규정하면 그들의 경제 활동 이외에 국내에서의 다른 활동들을 규제하는 방향으로 제도와 환경이 마련될 것이다.

국제적으로 외국인을 바라보는 관점은 크게 두 가지로 나뉜다. 하나는 외국인들이 이주 혹은 이민을 선택했기 때문에 그들이 이주한 나라의 제도와 언어 그리고 문화에 스스로 동화하여야 한다는 관점이고, 다른 하나는 외국인들이 본래 지니고 있는 문화적 전통을 간직한 채 이주한 사회와 융화할 수 있도록 외국인보다는 이들이 이주한 사회가 이들에게 적응하고 이들을 포용해야 한다는 관점이다.

사실 외국인 이민자들에 대한 관점은 전자가 더욱 지배적이었다. 한때 미국을 인종과 문화의 용광로라고 부르기도 하였다. 이 말은 모든 이민자와 그들이 지니고 있었던 전통과 문화가 모두 용해되어 미국화 된다는 뜻으로 이는 첫 번째 관점의 전형적인 예라 할 수 있다. 이러한 관점에서 볼 때 이주민 혹은 이민자는 모두 개인들이고, 개인 스스로 새로운 사회에 적응하고 동화되어야 한다. 이 경우 외국인 범죄도 이들이 적응하고 동화하지 못했을 때 발생하는 것으로 보기 때문에 다른 구성원들은 이러한 사건에 혐오감을 가지게 된다.

한편 후자인 포용의 관점은 외국인을 개인으로 보지 않고 사회의 다양한 인구 집단 가운데 하나로 여긴다. 이 관점은 주로 아프리카와 중동으로부터의 외국인 유입이 많은 유럽을 중심으로 발전하였는데, 이민자들이 자신의 문화적 배경을 유지한 채 이주한 나라의 다른 모든 사람들과 마찬가지로 그 사회의 법과 제도를 준수하는 것을 기본적인 내용으로 하고 있다. 우리가 최근 외국인이 포함된 가정에 대해 '다문화 가정'이라고 부르기 시작하였는데, 이 용어가 바로 포용의 관점에 기반을 두고 있다. 이와 같은 포용의 관점을 취하면 외국인에 대한 편견과 차별이 줄어들고 갈등을 해소하여 외국인 범죄 예방에도 도움이 될 것이다.

머지않은 장래에 우리나라도 외국인들을 이민자로 받아들이기 위한 법과 제도가 만들어질 것이다. 이를 위해서도 우리나라의 외국인에 대한 관점이 선택되어야 하고 이는 국민적인 합의를 통해서 이루어져야 한다. 현재 외국인에 대한 우리나라의 관점은 위 두 가지가 모두 존재하는 것으로 보인다. 물론 바람직한 것은 전자의 관점보다는 후자의 관점이다. 하지만 우리 대부분은 하나의 민족이 하나의 언어를 가지고 수천 년을 한반도에서만 살아온 것을 자랑스러운 사실로 배우고 자라났기 때문에 후자의 관점을 그대로 수용하는 것은 쉽지 않은 일이다. 그래서 외국인에 대해 부정적인 감정을 가지고 있는 사람들을 무조건 잘못했다고 비판할 수도 없다. 그나마 다행인 것은 다문화라는 표현이 사회적으로 점차 익숙해져 가고 있고, 정부에서도 다문화 주의를 외국인 정책의 기조로 삼고 다문화 가정과 국내 체류 외국인들을 위해 정책적으로 지원 계획을 마련하고 있다는 것이다.

① 구체적인 수치를 제시하여 화제를 소개하였다.
② 질문하는 형식을 통해 독자의 호기심을 불러일으키고 있다.
③ 전문가의 말을 인용하여 설득의 효과를 높였다.
④ 외국인을 바라보는 서로 상반된 관점을 제시하며 관점의 차이를 부각시키고 있다.
⑤ 특정 관점을 지향하는 국가 정책에 대해 긍정적인 평가를 제시하였다.

해설

③ 본문에 사람 이름이 나오지 않는다. 글에서는 전문가의 말을 인용하여 설득의 효과를 높인 부분을 찾을 수 없다.

오답풀이
① 1문단
② 3문단
④ 4문단
⑤ 6문단

정답 48 ③

[49~50] 다음은 조세에 대한 강연의 일부이다. 이어지는 질문에 답하시오.

(가) 17세기 러시아 황제 표트르 1세는 유럽 국가에 비해 상대적으로 뒤떨어진 러시아의 발전을 도모하기 위해 귀족들의 긴 턱수염을 자르게 만들고 싶었습니다. 그러나 귀족과 교회의 반대로 쉽지가 않았죠. 이때 표트르 1세가 선택한 방법이 있습니다. 무엇일까요? (잠시 기다려도 대답이 안 나 오자) 앞에서 사람들이 왜 일조권을 포기했었죠? (대답이 나오자) 맞습니다. 세금을 부여했습니다. (웃으며) 열심히 들으셨군요. 수염을 기르는 사람에게 1년에 100루블씩 수염세를 내도록 정 하자 고작 7년 만에 러시아에서 턱수염이 자취를 감추었다고 합니다. 납세자들이 세금 납부를 얼마나 싫어하는지 알 수 있는 사례입니다.

(나) 지난 1학기 수업에서 '조세'에 대해 배운 것 기억하시나요? (청중이 대답한다.) 네, 좋습니다. 오늘은 조세의 원칙 중에 하나인 '근거 과세의 원칙'에 대해 배워보도록 하겠습니다. '근거 과세의 원칙'이란 조세를 부여할 때 명확한 근거 자료를 기준으로 과세해야 한다는 원칙입니다. 조세의 근거가 적절하지 않으면 납세자가 조세 부과의 근거를 축소 내지 은폐할 수 있습니다. 또한 근거 자체가 잘못되었을 경우 적합한 납세자에게 적절한 수준의 조세를 부과하지 못하게 됩니다. 이러한 문제를 보여 주는 대표적 사례가 바로 창문세(Window Tax) 입니다.

(다) 납세자들이 세금 납부를 싫어한다고 해도 국가나 지방자치단체를 운영하기 위해서는 조세가 필요 합니다. 중요한 것은 적절하고 합리적인 과세 근거를 가지고 조세를 부과하느냐의 문제입니다. 그러므로 납세자들이 당연한 의무로 받아들일 수 있도록 '근거 과세의 원칙'을 세우는 것이 중요 하다고 할 수 있습니다.

(라) 창문세는 납세자가 소유한 집의 창문 수에 근거해 국가에서 부과했던 세금을 말합니다. 어떻게 보면 얼토당토않은 이야기로 들리겠지만 당시 기준으로는 창문은 일종의 사치품에 속했기 때문에 부자일수록 많은 창문을 가지고 있었습니다. 창문 재료인 유리가 고가였기 때문에 당시에는 창문이 없는 집에 사는 사람도 많았습니다. 조세가 납세자의 경제적 능력에 부합하는 형태로 부과되어야 한다는 점에서 창문세는 나름의 합리성을 가지고 있는 것이었습니다.

(마) 하지만 다음 사진을 보시죠. (준비한 사진을 보여 준다.) 창문이 절반 이상 사라졌습니다. 창문세를 피하려던 납세자들이 창문을 막아 집 안이 어두컴컴해졌고 바람도 통하지 않게 되었습니다. 이게 납세자들만의 잘못일까요? 그건 아니라고 봅니다. 정부가 과세의 근거를 잘못 설정하여 납세자들이 인간의 기본권이라 할 수 있는 일조권을 포기한 안타까운 사례라고 말할 수 있습니다.

해설

(나) 물어보는 문장은 보통 첫 문단에 나온다. 내용상으로도 첫 문장에서 질문을 하며 강연을 시작한다.
(라) (나)의 끝에 창문세가 등장하고 (라)에서 창문세에 대한 설명을 한다.
(마) 하지만을 기준으로 앞뒤의 내용이 정반대여서 (라)다음 (마)가 맞다.
(가)(다) 중에서 (가)의 뒷부분의 내용을 (다)가 이어받고 있다.

49 강연 내용에 따라 글을 바르게 나열한 것은?

① (라) — (가) — (나) — (마) — (다)
② (나) — (라) — (마) — (가) — (다)
③ (다) — (가) — (라) — (마) — (나)
④ (나) — (다) — (가) — (라) — (마)
⑤ (라) — (다) — (나) — (가) — (마)

정답 49 ②

50 윗글에서 강연자가 사용한 말하기 방식이 아닌 것은?

① 강연 주제와 관련 있는 청중의 배경지식을 활성화하기 위해 청중의 경험을 환기하였다.
② 청중의 이해를 돕기 위해 시각 자료를 활용하였다.
③ 청중과의 상호작용의 효과를 드러내기 위해 청중에게 질문을 던졌다.
④ 핵심 개념에 대한 설명을 하기 위해 강연 내용을 구조화한 내용 구조도를 제시하였다.
⑤ 선행 내용과 후행 내용의 교량 역할을 하는 내용 연결 표현을 사용함으로써 강연 내용과 청중의 심리적 결속 효과를 만들어 냈다.

해설

④ 사진은 (라)에서 나오는데 구조도가 아닌 창문이 없어진 사진으로 보인다. 구조도를 제시했다는 글도 없다.

오답풀이

① (나)에 물음표(?)가 나온다.
② (마)에 사진을 제시한다.
③ (가),(나)에 물음표(?)가 여러번 등장한다.
⑤ (가)에 일조권 포기에 대한 내용을 설명하며 질문을 한다. (나), (라), (마)의 내용을 이어받는 부분이다.

정답 50 ④

MEMO

3 어휘

> **핵심개념**
>
> **단어 연상**
> 기존 공기업 특히 한전 유형으로 유명하였던 유형이다. 앞으로의 한전 NCS에서는 출제 될 확률은 매우 낮지만 타 공기업 시험 등에서 출제되고 있다.

예제 05   다음 9개 단어 중 3개의 단어와 공통으로 연상되는 단어를 고르시오.

배역	기포	소금
콜라	독	연극
밥	감염	탄산

① 역할　　　② 쌀　　　③ 사이다　　　④ 좀비　　　⑤ 바다

연관이 있는 단어와 연결을 짓는 문제에서 어려운 점은 '연관이 있다'의 정도를 판단하는 것이다. 사람마다 경험과 지식의 차이 때문에 연관의 정도를 다양하게 생각할 수 있으며 이는 사람마다가 아닌 같은 사람이라도 풀 때마다 판단이 다를 수 있다.

예를 들어 보기 2번의 '쌀'과 지문의 '소금'이 연관이 있다 생각하는 사람이 있을 수 있다. 밥의 반찬 중 하나가 소금이니까 연관 있다 생각하는 것이다. 쌀 – 소금은 연관이 없다고 말할 수 없지만 우리가 여기서 답으로 체크해야 할 만큼 연관성이 높지 않다. 하지만 '쌀'과 지문의 '밥'은 명확하게 연관이 된다. 직접적인 연결고리만 보아야 한다. 단어를 연상하여 연결하면 모든 단어가 다 연결이 되므로 연상작용을 통해서 더 발전시키면 안된다.

지문을 보고 3가지 공통적인 내용을 도출하는 것은 사실상 불가능하다. 선택지별로 본문에서 연관이 되는 것이 3개 이상이 있는지 확인하는 것이 더 합리적인 방법이다.

STEP 1

51 다음 9개 단어 중 3개의 단어와 공통으로 연상되는 단어를 고르시오.

중국	바다	겨울
날다	곤충	도시
일본	식물	나무

① 도쿄　　② 파리　　③ 갈매기
④ 모기　　⑤ 식목일

52 다음 9개 단어 중 3개의 단어와 공통으로 연상되는 단어를 고르시오.

죽	책상	전화
채소	마차	마당
바람	나무	기온

① 흙　　② 호박　　③ 날씨
④ 학교　　⑤ 병원

53 다음 9개 단어 중 3개의 단어와 공통으로 연상되는 단어를 고르시오.

옷	악마	날다
보약	비행기	세균
고래	걷다	배

① 행동　　② 잠　　③ 날개
④ 속도　　⑤ 확산

해설
파리 : 날다, 곤충, 도시

해설
호박 : 죽, 채소, 마차

해설
날개 : 옷, 비행기, 날다

정답 51 ②　52 ②　53 ③

54 다음 9개 단어 중 3개의 단어와 공통으로 연상되는 단어를 고르시오.

책	마리	눈
달력	평수	수심
아량	켤레	평야

① 수량　　　　② 넓이　　　　③ 깊이
④ 수평　　　　⑤ 크기

해설

넓이 : 평수, 아량, 평야

55 다음 9개 단어 중 3개의 단어와 공통으로 연상되는 단어를 고르시오.

샛길	날	별
해	글자	장
살	말	새해

① 지다　　　　② 쓰다　　　　③ 세다
④ 새다　　　　⑤ 쉬다

해설

새다 : 샛길, 날, 말

정답 54 ② 55 ④

56 빈칸에 들어갈 적절한 단어를 고르시오.

교과 과정 : 졸업 = 공사 : (   )

① 착공　　② 준공　　③ 빌딩　　④ 건물

해설

학생이 규정에 따라 소정의 교과 과정을 마치는 것을 졸업이라고 하며, 건설의 전 공사를 마치는 것을 준공이라고 한다. 착공은 공사를 시작함을 뜻한다.

57 빈칸에 들어갈 적절한 단어를 고르시오.

광명 : 암흑 = (   ) : 다작

① 풍요　　② 흉작　　③ 과작　　④ 빈곤

해설

광명은 밝고 환함을 뜻하는 말로 어둡고 캄캄함을 뜻하는 암흑과 반의관계이다. 다작은 작품 따위를 많이 지어냄을 뜻하는 말로 작품 따위를 적게 지음을 뜻하는 과작과 반의관계이다.

정답 56 ② 57 ③

58 빈칸에 들어갈 적절한 단어를 고르시오.

| 하트 : 사랑 = 다이아몬드 : (   ) |

① 불변   ② 반지   ③ 결혼   ④ 보석

해설

하트는 상징적으로 사랑을 뜻하고, 다이아몬드는 모양이나 성질이 쉽게 변하지 않아 상징적으로 불변을 뜻한다.

59 다음 〈보기〉의 밑줄 친 단어와 동일한 의미를 가진 것은?

보기
우리는 그 회사에 원자재를 <u>대고</u> 있습니다.

① 그 친구는 벽에 등을 대고 서 있었다.
② 영수는 아프다는 핑계를 대고 회사에 결근했다.
③ 그 녀석이 숨어 있는 곳을 바른대로 대라.
④ 네가 대학을 졸업할 때까지 모든 학비는 내가 대마.
⑤ 아버지는 논에 물을 대러 나가셨다.

해설

보기의 '대다'는 '마련해주다'라는 의미
① 무엇을 덧대거나 뒤에 받치다.
② 이유나 구실을 들어 보이다.
③ 어떤 사실을 드러내어 말하라.
④ 돈이나 물건 따위를 마련하여 주다.
⑤ 어떤 곳에 물을 끌어 들이다.

정답 58 ① 59 ④

60 밑줄 친 부분과 같은 의미로 사용된 것은?

> 지도 위에 손가락을 짚어 가며 여행 계획을 설명하였다.

① 이마를 짚어 보니 열이 있었다.
② 그는 두 손으로 땅을 짚어야 했다.
③ 그들은 속을 짚어 낼 수가 없는 사람들이었다.
④ 시험 문제를 짚어 주었는데도 성적이 좋지 않다.

해설

보기에서 나온 '짚다'는 '여럿 중에 하나를 꼭 집어 가리키다.'의 의미로 사용되었다. 따라서 정답은 ④이다.
①은 손으로 이마나 머리 따위를 가볍게 눌러 대다. ②는 바닥이나 벽, 지팡이 따위에 몸을 의지하다. ④는 상황을 헤아려 어떠할 것으로 짐작하다.

61 밑줄 친 말의 문맥적 의미가 같은 것은?

> 고장 난 시계를 고치다.

① 부엌을 입식으로 고치다.
② 상호를 순우리말로 고치다.
③ 정비소에서 자동차를 고치다.
④ 국민 생활에 불편을 주는 낡은 법을 고치다.

해설

③ 사전적으로 풀면, 밑줄 친 '고치다'는 문맥상 '수리(修理)하다'란 의미이다. 이와 유사한 것은 ③이다.
※ 수리(修理)하다 : 고장 나거나 허름한 데를 손보아 고치다.
① 고장이 나서 고치는 상황이 아니므로, '수리하다'란 의미보다는 '개조(改造)하다'란 의미이다.
※ 개조(改造)하다 : 고쳐 만들거나 바꾸다.
② '순우리말로'란 부사어를 고려할 때, '순화(醇化)하다'의 의미이다.
※ 순화(醇化)하다 : 정성 어린 가르침으로 감화하다. / 잡스러운 것을 걸러서 순수하게 하다.
④ 목적어가 사물이 아니라 '법'이므로, '개정(改正)하다'의 의미이다.
※ 개정(改正)하다 : 주로 문서의 내용 따위를 고쳐 바르게 하다.

정답 60 ④ 61 ③

Chapter 4 복합유형

[62~63] 다음 글을 읽고 이어지는 질문에 답하시오.

(가) 이제 탐험적 분석의 과정을 단계로 살펴보자. 탐험적 분석의 자연스러운 출발점은 주어진 데이터의 각 측면에 해당하는 개별 속성의 값을 관찰하는 것이다. 개별 속성에 대한 분석이 이루어진 후에는 속성 간의 관계에 초점을 맞추어 개별 속성 관찰에서 찾아내지 못했던 패턴을 발견할 수도 있다. 그리고 이런 절차는 데이터에서 흥미 있는 패턴이 발견될 때까지, 혹은 더 이상 찾는 것이 불가능하다고 판단될 때까지 반복된다. 탐험적 데이터 분석의 주된 수단을 살펴보자. 우선 원본 데이터를 관찰하는 방법, 다양한 요약 통계값(statistics)을 사용하는 방법, 마지막으로 적절한 시각화를 사용하는 방법이 있다. 원본 데이터 관찰은 데이터 각 항목과 속성값을 관찰하기 때문에 꼼꼼한 반면 큰 그림을 놓치기 쉽다. 반면에 요약 통계값이나 시각화를 사용하면 숲은 보지만 나무는 보지 못하는 우를 범할 수 있다.

(나) 하지만 시간이 없다고 큰 데이터의 앞부분만 보는 것은 피해야 한다. 데이터 앞부분에서 나타나는 패턴과 뒷부분에서 나타나는 패턴이 상이할 수 있기 때문이다. 이런 경우 데이터에서 무작위로 표본을 추출한 후에 관찰하는 것이 올바른 방법이다. 무작위로 추출한 표본 안에는 데이터 전체가 고루 반영되어 있기 때문이다. 단 이상값(outlier)은 작은 크기의 표본에 나타나지 않을 수도 있다. 개별 속성의 값을 분석하는 또 다른 방법은 적절한 요약 통계 지표를 사용하는 것이다. 분석의 목표에 따라 다양한 통계 지표가 존재하는데, 예컨대 데이터의 중심을 알기 위해서는 평균 및 중앙값, 최빈값 등을 사용할 수 있고, 데이터의 분산도를 알기 위해서는 범위, 분산 등을 사용할 수 있다. 또한 데이터의 분포가 한쪽으로 기울었는지를 나타내는 통계 지표도 존재한다. 이런 통계 지표를 사용할 때에는 데이터의 특성에 주의해야 한다. 평균에는 집합 내 모든 데이터의 값이 반영되기 때문에 이상값(outlier)이 존재하는 경우 값이 영향을 받지만, 중앙값에는 가운데 위치한 값 하나가 사용되기 때문에 이상값이 존재해도 대표성이 있는 결과를 얻을 수 있다. 예컨대 회사에서 직원들의 평균 연봉을 구하면 중간값보다 훨씬 크게 나오는 경우가 많은데 이는 몇몇 고액 연봉자들의 연봉이 전체 평균을 끌어올리기 때문이다.

(다) 탐험적 데이터 분석이 필요한 이유는 몇 가지가 있다. 우선 데이터의 분포 및 값을 검토함으로써 데이터가 표현하는 현상을 더 잘 이해하고, 데이터 준비 단계에서 놓쳤을 수도 있는 잠재적인 문제를 발견할 수 있다. 또한 데이터를 다양한 각도에서 살펴보는 과정을 통해 문제 정의 단계에서 미처 발생하지 못했을 다양한 패턴을 발견하고 이를 바탕으로 기존의 가설을 수정하거나 새로운 가설을 추가할 수 있다. 데이터에 대한 이런 지식들은 이후에 통계적 추론이나 예측 모델을 만들 때 그대로 사용된다. 어떤 특정한 결론을 도출하기 위해서가 아니라, 데이터에서 최대한 다양한 이야깃거리를 뽑아내려 한다는 측면에서 탐험적 데이터 분석은 지도 없이 떠나는 여행이다. 그리고 작업의 특성상 탐험적 데이터 분석의 과정은 명확한 성공 요건이나 절차를 정의하기가 힘들다. 하지만 탐험적 데이터 분석을 위해 거쳐야 할 최소한의 몇 가지 단계가 있다.

(라) 따라서 중요한 것은 이 세 가지 방법이 보완적으로, 그리고 순환적으로 사용되어야 한다는 것이다. 여기서 순환적이라는 말은 원본 데이터를 보다가 의심 가는 부분이 있으면 적절한 시각화나 통계값을 통해 검증하고, 반대로 시각화나 통계값을 통해 발견한 패턴은 해당하는 원본 데이터값을 찾아 추가적인 검증을 해야 한다는 뜻이다. 미지의 땅을 탐사할 때, 항공 정찰과 함께 실제로 그 땅에 들어가 탐사하는 과정이 모두 이루어져야 하는 것과 같은 원리다. 우선 탐험적 데이터 분석의 첫 번째 단계로 개별 속성을 살펴보자. 이를 통해 데이터를 구성하는 각 속성의 값이 우리가 예측한 범위와 분포를 갖는지, 만약 그렇지 않다면 왜 그런지를 알아볼 수 있을 것이다. 또한 데이터에는 다양한 이유로 정상 범주를 벗어난 값이 존재할 수 있는데, 이런 이상값(outlier)을 찾아내는 것도 탐험적 데이터 분석에서 이루어져야 한다. 개별 속성의 값을 살펴보는 방법에는 앞에서 밝힌 대로 개별 데이터 관찰 그리고 통계값 및 시각화를 활용하는 방법이 있다. 우선, 개별 데이터의 값을 눈으로 보면서 전체적인 추세와 어떤 특이사항이 있는지 관찰할 수 있다. 데이터가 작은 경우 전체를 다 살펴볼 수 있겠지만 데이터의 양이 많은 경우, 이는 시간이 많이 소요되는 일이다.

62 윗글의 단락 (가) ~ (라)를 논리적 순서에 따라 가장 자연스럽게 배열한 것은?

① (나) – (라) – (가) – (다)
② (나) – (다) – (가) – (라)
③ (가) – (나) – (다) – (라)
④ (다) – (가) – (라) – (나)
⑤ (다) – (나) – (가) – (라)

63 윗글의 내용과 일치하지 않는 것은?

① 탐험적 데이터 분석 시 한 가지 방법에 집중하는 것보다 여러 가지 방법을 병행하여 사용하는 것이 좋다.
② 탐험적 데이터 분석 방법으로 원본 데이터 관찰방법, 통계값 사용방법, 시각화 방법 등이 있다.
③ 탐험적 데이터 분석은 데이터에 대한 이해도를 높이고 가설을 설정하는 데 반영하며 잠재적인 문제점을 발견하기 위한 목적으로 수행된다.
④ 데이터를 세세하게 보기 위해서는 요약 통계값이나 시각화 방법을 사용하고, 큰 범위에서 판단하기 위해서는 원본 데이터 관찰방법을 사용한다.
⑤ 이상값의 영향을 덜 받기 위해서는 평균값보다는 중앙값을 사용하는 것이 더 적절하다.

해설

(다) 탐험적 데이터 분석이 필요한 이유를 설명하며 글을 시작한다. 마지막 문장에서 몇 가지 단계를 언급한다.
(가) 첫 문장에서 (다) 마지막 문장에서 얘기한 단계에 대한 설명을 한다. 마지막 문장에서 방법별로 장단점을 언급한다.
(라) 첫 문장에서 (가) 마지막 문장에서 얘기한 장단점에 따라 서로 보완해야 한다고 설명한다. 마지막 문장에서 눈으로만 보는 방법을 설명한다.
(나) 첫 문장에서 (라) 마지막 문장에서 얘기한 눈으로만 보는 것은 피해야 한다는 내용으로 이어진다.

해설

④ (가) 문단 아래 부분의 내용을 참고하면, 데이터를 세세히 보려면 원본 데이터 관찰방법, 큰 범위에서 판단하기 위해서는 요약통계값이나 시각화 방법을 사용해야 하므로 반대로 설명했다.

오답풀이
① (라) 문단
② (가) 문단
③ (다) 문단
⑤ (나) 문단

정답 62 ④ 63 ④

[64~65] 다음 글을 읽고 이어지는 질문에 답하시오.

　소셜미디어에서 가짜 뉴스는 큰 논란거리가 되고 있다. 인터넷과 모바일이 발달하고 다양한 정보들이 생산되면서 불거진 해프닝만은 아니다. 가짜 뉴스(Fake News)는 거짓된 정보를 토대로 생산된 뉴스를 의미한다. 그러나 이것이 기존의 오보(False Report)나 풍자적 뉴스(Satirical Fake News), 패러디(Parodies), 루머(Rumor) 등과 다른 점은 '의도'를 가지고 '거짓 정보(Hoax)'를 퍼뜨린다는 점이다. 단순히 개인이나 언론사가 사전에 사실과 다른 가짜 정보임을 인지하지 못한 상태로 관련 뉴스를 제작하고 확산시키는 형태와는 차이점이 있다. 가짜 뉴스는 의도를 가지고 있는 만큼 특정한 목적을 가지고 그 영향력을 극대화 시키려는 속성도 있기 때문이다. 따라서 가짜 뉴스의 이면에는 특정한 이익을 노리는 세력이 존재할 가능성이 있고 반대로 이러한 세력에 의해 큰 피해를 입는 쪽이 나타날 수도 있다.

　사실과 다른 정보임을 인지하지 못한 상태로 뉴스가 생산되는 경우에 추후 해당 뉴스가 사실과 다르다는 점이 밝혀지면 뉴스 생산 주체는 스스로 나서서 실수를 인정하는 절차를 거친다. 또한 사실과 다른 정보임을 인지한 상태로 의도적인 풍자나 패러디를 목적으로 하는 뉴스의 경우에는 뉴스에 포함된 정보가 거짓 정보임이 이미 서두에 전제로 제시된다. 그러나 가짜 뉴스는 다르다. 가짜 뉴스의 생산 과정에서는 이런 잘못된 정보에 대한 실수를 인정하지 않겠다는 의지가 엿보이며 대놓고 거짓 정보임을 퍼뜨리면서도 이것이 가짜일 가능성을 알리는 어떠한 장치도 없다.

　가짜 뉴스는 너무 많은 정보 속에서 작성 주체와 원본 내용의 불명확성을 무기로 제목과 간략한 내용을 통해 이용자의 이목을 끄는 방식으로 진화해 현재와 같은 문제를 발생시키고 있다. 가짜 뉴스가 기존 뉴스 기사의 형식을 갖출 경우 전체 내용을 확인하기 전에는 진위 여부를 판단할 수 없다. 또한 교묘하게 조작된 가짜 뉴스의 경우에는 내용을 보더라도 그 진위 여부를 판단하는 것이 쉽지 않다.

　이렇듯 가짜 뉴스는 '콘텐츠 생산이 급격히 증가하는 환경에서 원본과 작성 주체의 불명확성이라는 특성을 감안해 이용자가 믿을 수 있는 뉴스의 형식을 갖춰 신뢰를 얻은 후, 정파적 혹은 경제적 목적으로 내용을 의도적으로 교묘히 조작하여 한눈에 전체 내용을 파악할 수 없는 소셜미디어, 모바일 메신저 등 콘텐츠 유통 플랫폼을 통해 콘텐츠 확산을 의도한 뉴스'라고 정의할 수 있다. 이는 가짜 뉴스를 디지털 환경의 관점에서 정의한 것으로 좀 더 세밀한 개념 정립이 필요하다. 앞서 말했듯이 가짜 뉴스는 과거부터 있어 왔고 환경의 변화에 따라 그 개념을 달리하여 존재하기 때문이다. 다만 현재의 디지털 환경의 특성이 가짜 뉴스가 미치는 부정적 영향의 크기와 확산 속도를 증가시킨 것이다.

64 윗글에 대한 이해로 적절하지 않은 것은?

① 가짜 뉴스는 단순히 인터넷이나 모바일 등 통신 기술의 발달로 나타난 것이 아니다.
② 가짜 뉴스는 이로 인한 피해자가 발생할 수 있는 문제이므로 이에 대한 처벌을 강화해야 한다.
③ 기존의 뉴스와는 달리 가짜 뉴스는 작성 주체가 불명확하기 때문에 조작된 뉴스 기사의 진위 여부를 판단할 수 없다는 문제가 있다.
④ 대량으로 신속하게 생산되는 정보의 홍수 때문에 수용자는 진위 여부를 판단할 수 없게 됐으며 가짜 뉴스는 이 지점을 파고들었다.
⑤ 기존 뉴스 생산 주체들은 그들이 인지하지 못한 상태에서 사실과 다른 정보로 인해 뉴스가 생산된 경우에 그것이 사실과 다르다는 점이 밝혀지면 실수를 인정하고 사실 관계를 바로잡았다.

해설
② 글 전체적으로 가짜뉴스의 정의, 문제점, 개념정립 등에 대한 내용이 나오고 있다. 해결방법 또는 처벌 등에 관한 내용은 나오지 않았다.

65 윗글을 참고할 때, 다음 중 가짜 뉴스는 몇 개인가?

┌───┐
│ ㉠ 신원미상인 사람이 블로그를 통해 배포한 기사 형식의 글 │
│ ㉡ 기사형식을 갖춘 채 속칭 '찌라시'의 정보를 보고한 글 │
│ ㉢ 모바일 메신저, 문자 메시지 등의 수단을 이용해 퍼지는 기사 형식의 글 │
│ ㉣ 언론사가 정상적인 보도를 했지만 향후 오보로 판명된 글 │
│ ㉤ 사실이 아닌 것을 사실처럼 다루어 현 세대를 풍자한 글 │
└───┘

① 0개   ② 1개   ③ 2개
④ 3개   ⑤ 4개

해설
1번째 문단에서 '가짜 뉴스(Fake News)는 거짓된 정보를 토대로 생산된 뉴스를 의미한다. 그러나 이것이 기존의 오보(False Report)나 풍자적 뉴스(Satirical Fake News), 패러디(Parodies), 루머(Rumor) 등과 다른 점은~'라고 했다. ㉣은 오보이고, ㉤은 풍자적 뉴스이므로 제외된다.
마지막 문단 첫 문장에 가짜뉴스를 정의하는 부분이 나온다. 키워드는 작성 주체의 불명확, 뉴스의 형식, 목적을 가지고 조장 등이다.
㉠㉡㉢은 이에 해당된다.

정답 64 ② 65 ④

[66~68] 다음 글을 읽고 이어지는 질문에 답하시오.

　오래 전 사람들은 빛의 속도를 측정할 엄두를 내지 못했다. 빛에도 과연 속도라고 할 만한 무엇이 있는지조차 몰랐다. 그들은 빛은 무한대의 속도로 전파된다고 생각했다. 빛이 한 지점에서 다른 지점으로 전파되는 데 시간이 필요 없다고 생각한 것이다. 정말 이렇게 빛의 속도가 무한대라면 우리가 아주 먼 곳에서 어떤 일이 일어나는 것을 보고 있는 경우에도 우리가 그것을 보고 있는 바로 그 순간에 그 일이 일어나고 있다고 말할 수 있다.

(가) 이것은 다시 말해 우주에서 어떤 사건이 일어났을 때 그것이 언제 일어난 사건이냐 하는 것은 어디에서 관측하느냐에 따라 달라진다는 것이다. 가까이에서 관측하는 ㉠<u>사람</u>은 그 사건이 일어난 직후에 그 일이 일어난 것을 알겠지만 먼 곳에 있는 사람은 빛이 그 소식을 날라다 줄 때까지는 그 일이 일어났는지를 알 수 있는 방법이 없다.

(나) 그러나 우주에서는 이야기가 달라진다. 빛이 태양에서 가장 가까운 별까지 가는 데도 4.3년이나 걸린다. 우리에게 잘 알려진 안드로메다 은하까지 가는 데는 약 2백만 년이나 걸린다. 그런가 하면 우리는 빛이 수십억 년씩 걸려서 가는 먼 곳의 은하도 관측하고 있다. 그것은 우리가 수백만 년 내지는 수십억 년 전의 과거를 보고 있다는 이야기이다.

(다) 17세기부터 사람들은 빛이 전파될 때 시간이 걸릴지 모른다는 생각을 하기 시작하였고 여러 가지 방법으로 빛의 속도를 측정하려고 노력했다. 처음에는 천체의 운동을 이용하여 측정하였고 다음에는 실험실에서 정밀하게 빛의 속도를 측정하는 방법을 고안해 냈다. 그 결과 빛도 일정한 속도로 전파되고 있다는 것을 알게 되었다. 빛의 속도는 우리가 잘 알고 있는 것처럼 1초에 지구를 일곱 바퀴 반을 돌 수 있을 정도로 빠르다. 무딘 감각을 가지고 있는 인간에게 빛의 속도가 무한대처럼 느껴진 것도 어쩌면 당연한 일이었을 것이다.

(라) 그런데 빛의 속도를 측정해 놓고 보니 엉뚱한 문제가 생겼다. 과연 시간이 무엇이고 현재와 과거, 그리고 미래가 어떤 의미를 가져야 되는지를 고민하게 되었다. 이제 빛이 전파되는 데도 시간이 걸리므로 우리가 어떤 일이 일어나는 것을 보는 것은 사실은 과거의 일을 보고 있는 셈이다. 하긴 우리의 일상생활 속에서는 이것이 큰 문제를 일으키지는 않을 것이다. 우리는 몇 십만 내지는 몇 백만 분의 1초 정도는 무시하고 살아도 아무 문제가 없기 때문이다.

　빛이 태양에서 지구까지 오는 데는 약 8분 20초 걸린다. 만약 우주 시간으로 0시에 태양이 갑자기 사라진다고 가정해 보자. 우리는 그것을 0시 8분 20초에나 알 수 있게 될 것이다. 단순히 그 사실을 0시 8분 20초에 알게 되는 것이 아니다. 0시 8분 20초가 될 때까지 태양은 하늘에서 아무 일 없었다는 듯이 빛나고 있을 것이고 지구와의 중력도 그대로 작용하고 있을 것이다. 모든 것이 전과 다름없이 평화로울 것이다. 그러다가 0시 8분 20초가 되면 태양이 없어지는 경천동지할 사건이 일어날 것이다. 과연 지구인들은 태양이 사라진 사건이 정확하게 언제 일어났다고 기록할까? 0시라고 할까? 아니면 0시 8분 20초라고 할까? 우주에 과연 누구에게나 공통된 절대 시간이라는 것이 있을 수 있을까? 우주에는 과거와 현재와 미래가 함께 존재하고 있는 것일까? 빛의 속도를 재려는 인간의 노력이 성공을 거두는 순간 인간에게는 아주 자명해 보였던 시간이 새로운 의미를 가지고 다가오게 된 것이다.

66 윗글의 (가) ~ (라) 문단을 흐름에 맞게 순서대로 나열한 것은?

① (가)―(나)―(다)―(라)
② (나)―(가)―(라)―(다)
③ (나)―(라)―(가)―(다)
④ (다)―(라)―(가)―(나)
⑤ (다)―(라)―(나)―(가)

> **해설**
> (다) 17세기 빛의 속도를 처음으로 측정한 이야기로 시작한다.
> (라) 측정 후 생긴 문제로 이어진다. 마지막 문장에서 우리 생활에는 시간의 차이가 크지 않다고 한다.
> (나)에서 우주로 가면 시간의 차이가 커진다고 이어진다.
> (가)는 (나)의 얘기를 보충 설명한다.

67 윗글을 통해 추리한 내용으로 적절하지 않은 것은?

① 지구로부터 멀리 떨어진 별일수록 우주의 미래 모습에 보다 가깝다고 할 수 있다.
② 우리가 보는 모든 자연 현상은 시간적으로 과거에 일어났던 사건이라 할 수 있다.
③ 빛의 속도는 시간의 개념과 의미가 무엇인지 해명해야 하는 새로운 문제를 제기하였다.
④ 우주에서 일어난 사건은 관측하는 위치에 따라 그것을 인지하는 시간이 달라진다.
⑤ 빛의 속도가 무한대라면 거리에 상관없이 별의 현재 모습을 그대로 볼 수 있을 것이다.

> **해설**
> ① 거리에 따라 시간이 달라지는 것이지, 미래가 먼저 오는 개념은 아니다. 지구 입장에서 본다면 오히려 지금 일어나는 일이 지구에서 멀수록 나중에 알게 되므로 과거라고 할 수도 있다.

68 다음 중 밑줄 친 부분의 의미가 ㉠과 거리가 가장 먼 것은?

① <u>사람</u>은 만물의 영장이다.
② 차도는 자동차가, 인도는 <u>사람</u>이 이용하는 길이다.
③ 지구는 태양계에서 <u>사람</u>이 살 수 있는 유일한 행성이다.
④ <u>사람</u>의 몸은 60%의 수분으로 이루어져 있다.
⑤ 사람은 많은데 인재를 등용하려 하면 <u>사람</u>이 없다.

> **해설**
> ㉠은 일반적인 인간의 뜻이다.
> ⑤는 인재나 능력이 있는 사람의 뜻이므로 ㉠과 다르다.

정답 66 ⑤ 67 ① 68 ⑤

Chapter 4. 복합유형

[69~71] 다음 글을 읽고 이어지는 질문에 답하시오.

　문양(紋樣)은 의식의 반영이며 정신활동의 소산임과 동시에, 창조적 미화 활동의 결과이다. 이런 점에서 문양에는 조형 미술의 일반 원리가 내재되어 있다고 볼 수 있지만 주제의 성격이나 표현의 내용으로 볼 때는 순수 감상용 미술과는 다른 특징을 지니고 있다. 곧 순수 감상용 미술이 작가 개인의 주관적 사상과 정서를 표현한 것인 반면에 생활 미술로서의 문양은 항상 집단적인 가치 감정의 상징형으로 일반화되어 있다.

　문양 표현의 두드러진 특징 가운데 하나는 뒤풀이 그림으로서의 상투적 양식을 보이고 있다는 점이다. 문양을 그리는 제작자들은 통속적 집단의 가치나 감정이 상징화되어 있는 틀에 박힌 도상(圖像)을 그리는 데 만족했던 것이다. 따라서 문양은 순수 감상용 그림의 경우처럼 잘 그리고자 하는 생각보다는 소박한 생활 욕구에 따라 전해 내려오는 도상의 틀을 존중하면서 그려진 것이라고 할 수 있다.

　옛사람들은 기억력을 활용하여 사물의 이미지를 기억해 냄으로써 실제 사물들이 눈앞에 없는데도 아직 그것이 자신의 앞에 있는 듯이 다루는 표상 방법을 개발하였다. 태어나서 코끼리를 한 번도 본 적이 없음에도 불구하고 코끼리 문양을 그리고, 한겨울에도 벌과 나비가 꽃 위에서 노니는 모습을 문양으로 그려 내었다.

　문양에 나타나는 자연은 실제 자연의 모습이 아니라 일반적인 통념에 의해 규정되고 표상된 제2의 자연이라 할 수 있다. 따라서 문양은 표현 기술이 얼마나 세련되어 있는가 또는 얼마나 실제와 흡사한가라는 문제보다 (ⓐ)라는 것이 문제가 될 뿐이다. 문양은 그것을 향유하는 집단 사이에서 약속된 부호와 같은 성격을 지닌다. 이 때문에 문양이 묘사하고 있는 사물이 눈앞에 존재하지 않는 경우에도 사람들은 문양만 보고도 어떤 적절한 반응을 보이게 된다.

　특정 사물이 다른 세계를 연상시킨다든가 다른 사물과 흡사하다는 것에 근거를 두고 거기에 현실적인 욕망을 실어 그것이 성취되기를 비는 것이 주술의 사고 원리이다. '비슷한 것은 비슷한 것을 낳는다' 거나 '결과는 원인을 닮는다'는 동종 주술(同種呪術)의 형태가 문양에서도 ㉠ 나타나고 있다. 그리고 문양의 동종 주술을 통해 염원한 것은 우리 민족이 공통적으로 소망하던 부귀(富貴), 다남(多男), 강령(降靈), 성애(性愛) 또는 일상적 윤리 덕목 같은 현세적 가치들이다. 예컨대 활짝 핀 모란꽃을 그린 문양은 부귀에 대한 소망의 표현이며, 여성들의 생활 공간에 석류나 포도 문양을 장식하는 것에는 석류나 포도의 씨앗처럼 많은 아들을 얻고자 하는 주술적인 심리가 깔려 있다. 새들이 춘흥에 겨워 쌍쌍이 나는 모습을 그린 화조(花鳥) 문양은 부부의 사랑이나 이성 화합의 염원으로부터 나온 것이며, 부적의 글씨처럼 '만(卍)'자나 '희(囍)'자 같은 추상적인 문양은 단순한 장식 효과를 뛰어넘는 즐거움과 행복에 대한 기원을 담고 있다. 따라서 전통 문양은 이상적인 삶에 대한 현실적 기원을 의탁하는 일종의 주술적 대상으로서의 성격을 강하게 지니고 있다고 볼 수 있는 것이다.

다시 말해 전통문양은 우리 민족의 집단적인 가치감정이 통념에 의해 고정되고 표상된 제2의 자연 또는 상징적 기호에 의해 표현된 미술이라 할 수 있다. 또한 문양은 생활 미술의 한 부분으로 자리하고 있지만, 단순히 감상의 대상으로만 존재하는 것이 아니라 인간의 욕망과 기원을 담은 주술적 대상으로 또는 그런 정서를 표현하고 전달하는 매개체 구실을 하고 있는 상징적 조형물이라고 볼 수 있다.

69 윗글의 내용과 일치하지 않는 것은?

① 문양의 표현은 양식화되어 있다.
② 문양은 상징성이 강한 조형물이다.
③ 문양에는 집단의 가치가 반영되어 있다.
④ 문양에는 동종 주술의 원리가 나타난다.
⑤ 문양은 순수 감상용으로 그려지는 경우가 대부분이다.

> **해설**
> ⑤ 문단에 '따라서 문양은 순수 감상용 그림의 경우처럼 잘 그리고자 하는 생각보다는 소박한 생활 욕구에 따라 전해 내려오는 도상의 틀을 존중하면서 그려진 것이라고 할 수 있다.'라고 하였다.

70 윗글의 내용으로 보아 ⓐ에 들어갈 내용으로 가장 적절한 것은?

① 누가 그리는가
② 어디에 그려 넣는가
③ 어떻게 보존할 것인가
④ 무엇을 표현하고자 한 것인가
⑤ 얼마나 상상력이 발휘되었는가

> **해설**
> ⓐ 앞에 '표현 기술 ~~ 보다'라고 했으므로 표현 기술과 상반되는 개념의 문장이 들어가야 한다. ⓐ 뒤에 '집단 사이의 약속된 부호, 눈앞에 없어도 ~반응' 등의 표현을 통해서 대상이 중요하다는 것을 알 수가 있다. 가장 중요한 대상에 대한 얘기인 ④번이 답이다.

71 다음 중 밑줄 친 부분의 의미가 ㉠과 가장 유사한 것은?

① 아이들의 증오심은 폭력적인 행동으로 <u>나타날</u> 수 있다.
② 날이 어두워지자 길거리에 횃불 행렬이 <u>나타나기</u> 시작했다.
③ 이 곡에서는 작곡가의 슬픔이 애잔한 가락으로 <u>나타나고</u> 있다.
④ 어떤 물건이든지 자유롭게 교환할 수 있는 수단으로서 화폐가 <u>나타났다</u>.
⑤ 뜻밖에 목격자가 우리 앞에 <u>나타나는</u> 바람에 상황은 우리에게 유리하게 전개되었다.

> **해설**
> ㉠은 '드러나다, 보여진다.' 등으로 바꾸어 쓸 수 있다. 선택지 중 위의 단어로 바꿀 수 있는 것은 ①, ③번 정도이다. ㉠은 사물 또는 예술품에서 나타나므로 ③번에 더 비슷한 의미로 쓰였다.

정답 69 ⑤ 70 ④ 71 ③

[72~73] 다음 글을 읽고 이어지는 질문에 답하시오.

문화체육관광부는 한국문화관광연구원과 함께 우리 사회의 인문정신문화 인식 수준 등을 파악하는 인문정신문화 실태조사를 하고 그 결과를 발표했다. 이번 조사는 최근 인문학에 대한 관심이 높아지고 있으므로, 수요자 측면에서 인문 정책의 지향점을 설정하기 위해 처음으로 실시됐다.

(가) 문체부 담당자는 '조사 결과 많은 국민이 인문가치의 사회적 필요성에 공감하고 있으나 기존 인문학을 어렵고 추상적이라고 느끼고 있는 점은 시사 하는 바가 크다'며 '앞으로 세부 조사결과에 나타난 세대별 관심 사항과 이용 시설, 참여 장애요인 등을 고려해 누구나 쉽고 친숙하게 생활 속에서 다양한 인문 프로그램을 접하고 이에 참여할 수 있도록 정책적 지원 방안을 강화할 계획이다' 라고 말했다.

(나) 조사 결과 응답자의 27.7%가 인문학에 관심을 갖고 있었으며 '우리 사회에 인문학이 필요하다'는 의견이 68.4%로 인문학 관심 수준에 비해 2배 이상 높게 나타났다. 인문학 및 인문정신문화가 중요한 이유로는 '인간 본연의 문제를 다루며 삶의 가치와 의미를 성찰하므로'라는 응답이 64.8%(1순위와 2순위 인원 합산 기준)로 가장 높게 나타났다. 이는 국민들 상당수가 고도의 압축 성장의 부작용으로 나타나고 있는 다양한 사회 문제에 대한 반성으로 정신적 삶을 풍요롭게 하는 인문의 가치를 중요하게 인식하고 있음을 보여준다.

(다) 인문 프로그램의 발전 방향에 대해 '시민 의식 수준과 역량을 갖출 수 있도록 정치, 경제, 경영 등 사회 전반에 대한 정보를 다루며 실용성을 확대해야 한다'는 의견이 54.2%로 가장 높았다. '문학·사학·철학 등의 기초에 집중해 인문 학문의 본질을 강화해야 한다'는 의견은 5.9%로 가장 낮게 나타났다. 이와 관련해 인문 전공자를 대상으로 한 조사에서는 일반 국민의 응답 결과와 유사하나 '현대 사회의 시대적 흐름을 이해하고자 생활 과학, 자연 과학, 생명 과학, 공학 등을 다루며 인문 프로그램의 범위를 확장해야 한다'는 의견이 24.6%로 일반 국민 16.6%보다 높게 나타났다.

(라) 이외의 이유에 대해 20 ~ 30대 등 젊은 세대는 '지적 호기심이나 정보 습득에 도움이 될 수 있기에'(20대 27.7%, 50대 이상 13.1%)와 '생활에 필요한 기본소양을 함양시킬 수 있기에'(20대 52.9%, 50대 이상 43.7%)라는 항목에서 높게 응답해 인문학의 실용성 측면에서 기성세대보다 관심이 높은 것으로 나타났다.

(마) 인문학 및 인문정신문화의 한계점에 대해서는 '내용이 어렵고 추상적이라 접근성이 낮기 때문에' 이라는 응답이 39.3%로 가장 높게 나타났다. 다음으로는 '취업 및 직장업무에 직접적 관련성이 적기 때문에'가 25.2%로 조사되었다. 이는 인문학의 대중문화와 인문정신문화의 사회 확산을 위해서 쉽고 친숙하게 이해할 수 있는 인문 프로그램을 제공하고 다양한 분야와 접목해 인문의 실용성을 높이며 인문의 문턱을 낮추려는 노력이 필요하다는 점을 보여준다.

(바) 반면에 40~50대 이상 기성세대는 '사회 공동체 가치 구현에 기여할 수 있기에'(50대 이상 38.3%, 30대 32.7%)와 '현대 기술 문명사회에 인간다운 삶과 인간성 회복을 위해'(50대 이상 33.2%, 30대 27.3%)라는 항목에서 높은 비율로 응답해 젊은 세대보다 인문의 사회적 가치에 상대적으로 의미를 더 두는 것으로 나타났다.

72 다음 중 윗글의 (가) ~ (바)를 논리적 순서에 따라 적절히 배열한 것은?

① (나) - (라) - (바) - (마) - (다) - (가)
② (다) - (마) - (라) - (바) - (나) - (가)
③ (나) - (마) - (라) - (바) - (가) - (다)
④ (가) - (다) - (마) - (나) - (라) - (바)
⑤ (가) - (바) - (라) - (다) - (나) - (마)

해설

(나) 인문학 관심 및 중요한 이유에 대해서 언급한다.
(라) 중요한 이유에 대해 20~30대,
(바) 40~50대 이상에 대한 내용이 나온다.
(마) 한계점과 인문발전 프로그램이 필요한 것을 언급하고,
(다) 인문발전 프로그램 방향에 대한 조사결과를 설명한다.
(가) 문체부 담당자의 의견을 마지막으로 글을 마무리 하고 있다.

73 다음 중 윗글에 대한 이해로 적절하지 않은 것은?

① 인문학에 대해 젊은 세대는 실용적 측면에, 기성세대는 사회적 가치에 관심을 두고 있다.
② 우리 사회의 인문정신문화를 향상하기 위해서는 인문학에 대한 문턱을 낮추는 정책을 마련하여야 한다.
③ 설문 응답자의 과반이 인문학은 취업 및 직장 생활과 관련성이 낮다고 응답하였다.
④ 인문학의 필요성에 대한 인식은 매우 높지만 인문학에 대한 관심은 이것의 절반 수준이다.
⑤ 인문 전공자들은 일반인들에 비해 인문학 프로그램에 과학을 포함해야 한다고 생각하는 비중이 더 높다.

해설

③ (마)에서 25.2%라고 나오므로 과반은 아니다.

오답풀이
① (라), (바) 문단
② (가) 문단
④ (나) 문단
⑤ (다) 문단

정답 72 ① 73 ③

[74~75] 다음 글을 읽고 이어지는 질문에 답하시오.

가장 일반적으로 권력은 능력을 의미하며 많은 종류가 있다. 사람들은 부자이기 때문에 어떤 힘을 가지기도 하며 이와 같은 부를 창출하고 보호하는 사회에서 살기 때문에 정치적인 권력을 소유하기도 한다.

그런데 컴퓨터에 대한 흥미로운 비판 가운데 하나는 컴퓨터가 권력의 집중을 야기한다는 주장이다. 컴퓨터가 등장함에 따라 대부분의 정치적, 사회적 조직들은 그들이 필요로 하는 대규모의 정보들을 효율적으로 다룰 수 있게 됐으며 그 결과 조직의 거대화, 집중화가 가능해졌다는 것이다. 권력의 집중화에 대한 이 같은 우려는 사생활의 문제와 깊이 연계되어 있다. 정부가 시민들의 활동 내용을 상세하게 기록하여 보존할 수 있게 됨에 따라 시민들에 대한 정부의 통제력이 엄청나게 커졌다는 두려움에서 이와 같은 논의가 생겨난 것이다.

반면에 우리 사회를 민주화하는 데 컴퓨터를 유용하게 사용할 수 있다고 주장하는 사람들이 있다. 권력의 집중을 두려워하는 사람들은 컴퓨터가 정부의 수중에 있다고 생각하지만 컴퓨터가 탈집중화에 도움이 된다고 보는 사람들은 컴퓨터가 개별 시민의 손에 있다고 생각한다. 시민들이 컴퓨터를 이용해 각종 정보에 접근할 수 있으며 이를 통해 정부 기구와 국민의 대표자들 사이의 의사소통이 더욱 원활해질 수 있다고 보는 것이다.

컴퓨터에 의한 권력의 집중화 논의는 복잡할 뿐만 아니라 문제의 본질을 규명하기가 매우 어렵다. 여기에 뒤얽혀 있는 쟁점 가운데 하나는 컴퓨터가 과연 집중화-탈집중화를 유발하는 원인 중 가장 중요한 요소에 해당하는가에 관한 것이다. 컴퓨터가 둘 중 하나를 조장하는 데 이용될 수 있는 것처럼 보이지만 사회에는 권력의 집중화를 부추기는 많은 다른 정치적, 사회적 요인들이 존재하기 마련이다. 그리고 이러한 요인들 때문에 컴퓨터가 권력의 집중화에 더욱더 쉽게 이용될 수도 있다. 따라서 권력의 집중화는 컴퓨터의 내재적 특성에 기인하는 것이 아니라 컴퓨터가 차지하는 사회적 맥락에 연유하는 것으로 볼 일이다.

이와 연관된 또 하나의 복잡한 쟁점은 ㉠ 권력의 집중화와 ㉡ 권력의 탈집중화의 구별이 모호하다는 것이다. 일반적으로 권력이란 '의사 결정 권한'을 말하고, 권력의 집중이란 의사 결정의 권한이 조직의 상위로 이동하는 것이라고 말한다. 그러나 이렇게 단순히 보아도 컴퓨터가 정책 결정에 어떻게 영향을 미치는가 하는 것은 분명하지가 않다. 컴퓨터는 위계질서의 정점에 있는 사람에게 더 많은 정보를 쉽게 다룰 수 있게 해 주고 그래서 아래 지위에 있는 사람들과의 직접적인 협의의 필요성과 의존도를 약화시킨다고 볼 수도 있다. 반면에 이러한 현상을 이미 컴퓨터를 이용해 조직의 아래에서 조직의 위로 각종 요구나 의견을 충분히 투입한 결과로 해석할 수도 있는 것이다. 따라서 조직의 아래에도 충분히 의사 결정에 참여할 수 있는 권한이 주어졌다고 볼 수 있는 것이다.

사이먼(H. A. Simon)에 따르면 컴퓨터가 의사 결정을 집중화하고 있다는 논의는 주로 컴퓨터 기술의 초기 시대에 제기되었다. 즉 컴퓨터의 효율성이 급속도로 증대되면서 일부만이 컴퓨터에 접근할 수 있었던 환경에서 비롯되었다는 것이다. 그러나 PC가 등장하고 컴퓨터에 대한 접근이 누구에게나 일상적인 일이 되어버린 현재의 사회적 환경은 이러한 우려를 종식시키기에 충분하다.

이상으로 보아 컴퓨터가 본질적으로 권력의 집중화로 편향된 것 같지는 않다. 컴퓨터는 다양하게 이용될 수 있으며 궁극적으로 인간이 원하는 쪽으로 이용될 것으로 보인다. 따라서 어떤 조직에서 집중화의 경향이 일어나고 있다면 컴퓨터는 그러한 방향으로 이용될 것이며 의사 결정의 권한이나 정보의 확산이 필요하다면 컴퓨터는 그러한 방식으로 이용될 것이다. 그러므로 집중화가 증대한다는 사실에 대한 두려움이 현실적인 것이기는 하지만 컴퓨터가 적(敵)은 아니다.

74 윗글에 나타난 필자의 견해와 가장 일치하는 것은?

① 컴퓨터는 과거에 권력 집중화의 도구였으나 컴퓨터에 대한 접근성이 높아지며 점점 권력의 분산에 이바지하고 있다.
② 컴퓨터는 본질적으로 권력의 탈집중화에 기여하는 속성을 가진다.
③ 컴퓨터가 권력의 집중화에 기여한다 하더라도 적(敵)으로 간주할 수 있다.
④ 컴퓨터는 권력의 집중화와 탈집중화를 유발하는 중요한 요인으로 간주되어야 한다.
⑤ 컴퓨터와 권력의 상관관계는 사회적 맥락에 따라 다르게 해석된다.

> **해설**
> ⑤ 4문단에서 '따라서 권력의 집중화는 컴퓨터의 내재적 특성에 기인하는 것이 아니라 컴퓨터가 차지하는 사회적 맥락에 연유하는 것으로 볼 일이다.'라고 하였다.
>
> **오답풀이**
> ① 4문단
> ② 3문단
> ③ 마지막 문단
> ④ 4문단

75 ㉠과 ㉡의 구별이 모호한 이유는 무엇인가?

① 권력의 집중은 권력의 분산을 필수적으로 수반하기 때문이다.
② 동일한 현상도 관점에 따라 권력의 집중으로 볼 수도, 분산으로 볼 수도 있기 때문이다.
③ 권력이 집중되지 않으면 권력의 분산이 의미를 가질 수 없기 때문이다.
④ 권력의 개념 정립이 어렵기 때문이다.
⑤ 권력은 집중되거나 분산될 수 있는 대상이 아니기 때문이다.

> **해설**
> ② 5문단에서 권력의 집중과 의사 결정의 권한 관계에 대해 설명한다. 또한, 해석에 따라 조직의 아래와 의사 결정을 협의의 필요성과 의존도가 약화라고 볼 수도 있고, 주어졌다고 볼 수도 있다고 하였다.

정답 74 ⑤ 75 ②

[76~77] 다음 글을 읽고 이어지는 질문에 답하시오.

최근 발생한 자동차 질주 사고는 자동차 운전면허의 '허점'을 드러냈다. 사고 운전자는 운전면허 취득이 금지된 뇌전증 환자로 밝혀졌다. 운전면허는 자동차를 적법하게 운전할 수 있도록 하는 자격임에도 불구하고 국민의 안전은 무시된 셈이었다. 면허시험장 적성검사 때 간단한 신체검사만 했을 뿐 면허 결격사유인 뇌전증에 대한 검증은 전혀 이뤄지지 않았기 때문이다. 그렇다면 현행 운전면허 제도는 부적격자를 가려낼 수 있을까? 운전면허를 취득할 때, 갱신할 때 그리고 운전에 영향을 줄 수 있는 질환이 발병했을 때의 세 가지 상황을 통해 살펴보자.

첫째, 운전면허를 취득할 때 면허시험 응시자가 병력을 밝히지 않으면 면허취득을 제한할 방법이 없다. 운전면허 취득 시 1장짜리 질병 신고서를 작성하는 것이 전부이며, 신체검사는 시력과 색맹, 청력, 팔·다리 운동에 그치기 때문이다. 도로교통법 제82조에 따르면 정신질환자, 간질환자, 마약, 대마, 향정신성 의약품 또는 알코올중독자와 같은 운전면허 부적격자는 질병에 관한 자진신고를 하게 돼 있다. 그러나 법이 무색하게도 운전면허를 취득할 때 면허시험 응시자가 병력을 밝히지 않으면 면허취득을 제한할 방법이 없다. 응시자가 알코올 중독, 정신병력 등이 있어도 체크리스트에 직접 적지 않으면 걸러낼 방법이 없기 때문이다.

둘째, 운전면허를 갱신할 때 정기적성검사를 받지만 시력 등 간단한 신체능력을 테스트하는 수준이다. 2013년 적성검사를 간소화하면서 면허시험장에서 직접 실시하던 신체검사 중 대부분을 수검자 자신이 작성하게 되면서 운전자 자신이 질병 유무를 밝히지 않으면 정기적성검사에서는 확인이 불가능하게 되었다. 면허시험장에서는 시력만 검사하고 있으며, 청력검사는 1종 대형, 특수면허 소지자에 한정되고 신체 - 정신적 장애를 확인하는 절차는 장애인 운전자만 대상으로 한다. 심지어 이렇게 간단한 적성검사마저 1종 면허 소지자만 받는다. 2종 면허 적성검사는 2000년 폐지돼 2종 면허 운전자는 신체검사를 받지 않고 면허를 갱신하고 있다.

셋째, 면허를 받은 뒤 후천적으로 신체장애가 발생한 경우에도 도로교통공단은 제대로 알 수 없다. 보건복지부나 지자체, 병무청 등의 기관은 운전면허 결격사유 해당자 정보를 도로교통공단에 보내 수시적성검사를 하지만 대상자는 극히 제한적이다. 뇌전증을 비롯한 정신질환자의 경우 6개월 이상 병원에 입원한 경우에만 수시적성검사 대상자로 분류된다. 하지만 위 사고 운전자처럼 입원하지 않은 채 통원치료를 하면서 약만 복용하는 경우는 해당되지 않기 때문에 운전면허 갱신, 신규 취득 역시 가능하다. 수시적성검사 대상자로 분류돼 운전적성판정위원회가 열려도 '위험 운전자'를 모두 걸러낼 수 있는지 의문이다.

그렇다면 이렇게 허술한 운전면허 검증을 어떻게 해결해야 할까. 무엇보다 부적격자를 미연에 걸러내기 위한 정보가 관리되고 이를 검증, 반영하는 절차를 보강하는 일이 필요하다. 따라서 (㉠). 위 사고의 운전자도 과거에 보행로로 차량을 운전하는 등 상식적으로 이해하기 힘든 사고를 냈던 기록이 있다. 문제는 세 차례의 교통사고가 '인명사고가 없었다'는 이유로 경찰에 보고되지 않고 보험사에서만 처리됐다는 점이다.

76 다음 중 ㉠에 들어갈 말로 가장 적절한 것은?

① 정부는 2000년에 폐지한 2종 면허 적성검사를 재도입하여 면허증 갱신 과정에서 부적격자를 가려낼 수 있도록 해야 한다.
② 정부는 모든 교통사고 정보가 경찰에 의무적으로 보고되도록 하는 교통사고 정보 공유 시스템을 마련하여 운전면허 재발급 과정에서 반드시 참조되도록 하여야 한다.
③ 정부는 운전면허 부적격자가 스스로 신고하지 않을 경우 강력 처벌하는 방안을 마련해야 한다.
④ 정부는 운전면허 취득 과정의 투명성을 높여서 보다 많은 사람들에게 공정한 기회를 제공하도록 제도를 보완해야 한다.
⑤ 정부는 수시적성검사의 대상과 범위를 입원병력이 있는 모든 운전면허 소지자로 확대하여야 한다.

77 윗글을 통해 추론할 수 있는 내용으로 적절한 것은?

① 보건복지부나 병무청 등은 정신질환자, 간질환자, 마약, 대마, 향정신성 의약품 또는 알코올중독자에 대한 모든 정보를 도로교통공단에 의무적으로 제공하고 있다.
② 2019년 현재 2종 면허소지자는 시력검사만 받으면 면허를 갱신할 수 있다.
③ 운전면허 취득 시 질병 신고서만 작성하면 취득 자격을 획득할 수 있다.
④ 뇌전증 때문에 8개월간 병원에 입원한 병력이 있으면 수시적성검사 대상자로 분류된다.
⑤ 1종 보통 면허를 소지한 운전자는 면허 갱신 시 시력검사와 청력검사를 모두 받아야 한다.

해설

㉠ 앞에는 부적격자를 미연에 걸러내기 위해 정보의 관리, 검증, 반영을 보강한다고 했고, '따라서'가 접속사로 나온다. ㉠은 앞 문장의 내용을 이어 받아야 하므로 ②번 가장 적합하다.

해설

④ 4문단에 6개월 이상인 경우에는 대상으로 분류되는 것이 맞다.

오답풀이
① 4문단에서 확인가능하며, '모든', '의무적'인 부분이 잘못되었다.
② 3문단에 신체검사를 받지 않아도 된다고 되어 있다.
③ 2문단에서 확인가능하며, 질병신고서 '만'에서 '만' 부분이 틀렸다.
⑤ 2문단에서 확인가능하며, '모든' 부분이 틀렸다.

정답 76 ② 77 ④

[78~79] 다음 글을 읽고 이어지는 질문에 답하시오.

> 한국인 남성과 결혼 이주민 여성으로 구성된 다문화 가정의 수가 지속적으로 증가하고 있다. 2018년에 시행된 법무부 조사에 의하면 현재 결혼이민자는 156,439명이며 다문화 아동은 2016년 기준 99,186명으로 2007년 대비 20.2% 증가한 것으로 나타났다. 다문화 가정이 지속적으로 증가함에 따라 국가 차원에서는 이들의 사회 융합 및 적응을 도모하기 위해 다문화 가정의 특성과 요구사항을 반영한 정책을 지속적으로 시행하고 있다. 그러나 언어와 문화 차이로 인해 서비스 이용에 불편을 경험하고 있으며 특히 필수적 삶의 요소인 의료, 보건서비스 이용에 어려움을 느끼고 있는 것으로 보고되고 있다. 다문화 가정의 의료, 보건서비스 이용 실태 연구 결과로는 의료기관의 거리, 의사소통의 문제, 진료비용 등으로 인해 의료기관 이용의 어려움을 경험하는 것으로 나타났으며, 다문화 가족 실태조사에서는 다문화 가정의 여성이 건강보험 조건에 충족되지 못하여 미충족 의료가 발생하는 비율이 높고 이러한 결과로 치료를 중도에 포기하는 비율이 높은 것으로 확인되었다.
> 또한 이들의 의료, 보건서비스 수검률을 저하시키는 요인으로 정보 접근성을 들 수 있는데, 이들은 가족이나 같은 국가 출신 친구를 통해 간접적으로 건강서비스 정보를 접하기 때문에 이용 가능한 서비스 범위를 파악하는 것도 쉽지 않은 것으로 보인다. 다문화 가정 결혼 이주민 여성은 공공의료기관에서 제공하는 건강의료서비스 이용 의사가 높으며 특히 임신하고 출산하는 과정을 겪으면서 이들은 우선적으로 임신 및 출산에 관한 교육과 자녀의 건강관리에 관한 정보를 알고자 하는 것으로 조사되었다. 이들은 결혼을 통해 한국사회에 유입되며, 대체로 임신과 출산의 과정도 함께 겪는다. 주로 사회취약계층인 다문화 가정 여성이 한국사회에 유연하게 적응하게 하기 위해서는 이들이 건강서비스 이용 시 겪는 어려움을 심도 있게 살펴볼 필요가 있다. 이러한 자료는 향후 이들이 타깃으로 하는 건강서비스를 제안하고 차후 마련될 여러 가지 정책사안의 기초로도 활용될 것이며 실질적으로 다문화 가정 대상 건강서비스의 문제점을 해결할 수 있는 방안이 될 것이다.

78 다음 중 윗글을 쓴 필자의 의도로 가장 적절한 것은?

① 다문화 가정과 이주민 여성 건강상태를 분석하기 위해
② 다문화 가정에 적합한 건강관리 방법을 제안하기 위해
③ 다문화 가정의 의료서비스 이용 실태를 보고하기 위해
④ 다문화 가정을 위한 건강보험의 개편을 요구하기 위해
⑤ 다문화 가정의 건강증진을 위한 서비스 수요를 파악하기 위해

해설

③ 지문 전체적으로 다문화 가정의 의료, 보건서비스 이용과 그에 따른 한계 등에 관해서 얘기하고 있다.

정답 78 ③

79 다음 중 윗글을 통해 알 수 있는 내용이 아닌 것은?

① 다문화 가정의 사회 적응은 민족 통합을 위해 필요하다.
② 다문화 가정에 대한 여러 가지 조사가 시행되었다.
③ 결혼 이주민 여성은 언어와 문화의 차이로 어려움을 겪고 있다.
④ 다문화 가정의 삶의 질 개선을 위한 정책들이 시행되고 있다.
⑤ 결혼 이주민 여성은 우리나라에서 사회취약계층에 속한 경우가 많다.

해설

① 해당 내용은 지문에 없다.

정답 79 ①

[80~81] 다음 글을 읽고 이어지는 질문에 답하시오.

샐러던트(Saladent) 네 음절이 회자되고 있다. 급여생활자인 샐러리맨(Salaried man)과 학생인 스튜던트(Student)가 합성된 이 신조어는 '공부하는 직장인'을 일컫는다. 직장인이 하는 공부는 크게 업무 역량 강화를 위한 공부와 자기계발 및 개인적인 목표를 위한 공부로 나눌 수 있다. 회사 업무를 위해 필요한 공부로는 업무 전문성을 높이기 위한 공부가 대표적이다. 이는 연령별로 조금 차이가 있다. 20 ~ 30대의 젊은 직장인은 주로 승진이나 이직에 유리한 어학 공부와 업무 전문성을 높이기 위한 공부에 매진한다. 또한 실무와 관련된 공부로는 경제·경영학이 주를 이룬다. 한국표준협회에 따르면 지난해 서적이나 인터넷 동영상 강좌를 통해 경제·경영 분야를 공부한 직장인은 2016년에 비해 무려 300% 가까이 증가했다. 중년층 직장인의 경우 조직을 이끄는 부서장인 경우가 많다. 넓은 식견과 통찰력이 요구되는 이들은 프로젝트를 성공적으로 수행하기 위해 변화하는 사회, 경제, 문화 전반의 트렌드에 민감하게 반응한다. 회사 내에 마련된 교육 프로그램을 통해 새로운 정보들을 흡수하고, 부족한 부분은 외부 강연을 통해 보충한다. 또 사고의 폭을 넓히고 효과적인 조직 관리를 위해 인문학 서적과 자기계발서를 탐독하는 이들도 많다.

자기계발과 개인적인 목표를 위한 공부로는 여가와 취미, 재테크, 노후 대비 등을 들 수 있다. 이들 분야는 배우는 내용이나 학습 목표는 다르지만, '더 나은 삶, 더 즐거운 삶'이라는 공통분모를 가지고 있다. 중년층이 가장 관심 갖는 공부는 자격증 취득 공부다. 전직, 고용 불안으로 인한 실직이나 은퇴 후를 대비한 '제2의 직업', '평생직장'을 얻기 위한 것으로, 주로 공인중개사, 사회복지사, 사회조사 분석사, 주택관리사, 직업상담사 자격증 등이 있다. 젊은 층의 관심 분야는 좀 더 폭이 넓다. 자격증 시험은 물론 영어나 중국어 같은 외국어 공부, 재테크 공부에도 시간을 투자한다. 이들이 공부하는 방법은 주로 '독학'이다. 한 취업포털 사이트가 20 ~ 30대 직장인 708명을 대상으로 한 설문 조사에 따르면 '독학'으로 공부하는 직장인이 43.3%로 가장 많았다. 그 다음은 '인터넷 강의(29.9%)'가 차지했고, 대학원 및 사이버대학 등에 '진학'을 한다는 직장인은 10.7%였다. 이어 '학원 수강(7.9%)', '스터디 그룹 활동(3.1%)', '개인 과외(2.7%)' 등의 순이었다.

공부하는 직장인이 늘면서 재미있는 현상도 나타난다. 예를 들면 피아노나 그림처럼 어렸을 때 경험한 예체능 활동을 다시 시작하는 경우다. 이는 어린 시절의 향수를 그리워하는 키덜트 문화가 자기계발 분야로 확대된 것으로, 교육부에 따르면 성인 대상 예능(미술·음악·무용 등) 학원 수강자는 2013년 4만 2,462명에서 2016년 19만 3,258명으로 급증했다. 이에 맞춰 예체능 학원들은 직장인 맞춤형 수업을 잇달아 내놓고 있다.

퇴근시간에 맞춰 일대일 개인 수업을 열거나 하루 동안 미리 수업을 받아보는 체험 수업을 진행한다. 학습지 교사가 집으로 방문하는 방문 학습지를 이용하는 직장인도 증가 했다. 학원에 다닐 시간 여유가 없는 경우도 있지만, 교사가 집으로 방문해 수업 내용을 지도해주는 옛날 방식이 효과적이라고 생각해 신청하는 경우다. 주로 외국어를 배우며 일주일에 한두 번 교사가 방문하면 수업 내용을 체크 하고, 이해되지 않는 내용을 골라 설명해주는 방식으로 진행된다. 백화점 문화센터를 찾는 경우도 있다. 전문성을 띠는 학원보다 좀 더 편하게 배울 수 있다는 이유에서다. 백화점 문화센터는 '주부들의 놀이터'로 여겨졌지만 최근 20~30대 직장인이 늘면서 악기 연주, 요가, 홈트레이닝 같은 다양한 수업을 진행하고 있다. '쿡방'과 '집밥'이 큰 인기를 끌면서 요리를 본격적으로 배우려는 직장인도 크게 늘었다. 특히 일만큼이나 가정을 중시하는 문화가 정착되고, 매주 한 번 가족과 시간을 보낼 수 있는 '패밀리데이'를 시행하는 기업이 늘면서 남성 직장인들의 요리수업 참여도가 눈에 띄게 늘었다. 남성들의 교육 참여가 증가한 곳이 또 있다. 바로 육아교육이다. 육아휴직의 확대와 동등한 육아 분담에 대한 사회 분위기가 무르익으면서 남성들이 육아 교육 프로그램을 찾고 있다. 이들은 교육을 통해 출산 직후의 육아는 물론 아이의 성장과정을 함께 돌보는 양육 교육에까지 관심을 보이고 있다.

회사 생활과 공부를 병행하기는 그리 녹록지 않다. 효과적이고 성공적인 공부를 위해 전문가들은 두 가지를 강조한다. 하나는 일주일 동안 공부할 총 시간을 미리 정해놓고 이를 맞추려고 노력하는 것이다. 불규칙한 퇴근시간으로 하루 공부량을 채우지 못했다면 밀린 공부는 주말을 이용해야 한다. 다른 하나는 자투리 시간을 최대한 활용하는 것이다. 하루에 점심시간을 30분만 아껴도 일년에 무려 130시간이라는 계산이 나온다. 짧은 시간 동안 집중력을 끌어올려 학습 효과를 극대화할 수 있는 자투리 시간을 활용하는 것이 좋은 방법이다. 공부는 책상 위에서 하는 것만을 가리키지 않는다. 앞서 살펴본 것처럼 다양한 취미 활동 역시 내 삶을 풍요롭게 만드는 공부다. '최고의 능력자는 공부하는 자'라는 괴테의 말처럼 더 나은 삶, 더 즐거운 삶을 위한 자양분은 공부에서 비롯한다.

-'공부로 여는 인생 2막, 샐러던트로 사는 즐거움'/이채훈

80 다음 중 윗글을 바르게 이해하지 못한 사람은?

① A : 업무 관련 공부의 경우에는 연령에 따라 상이한 경향을 보이고 있어.
② B : 직장인들의 공부 목적은 크게 두 가지로 나뉘는군.
③ C : 직장인 과반수가 연령대와 상관없이 독학을 선호하네.
④ D : 중년층은 사적인 목표에서 자격증 취득을 가장 우선시하고 있네.
⑤ E : 최근 직장인들은 다양한 장소에서 여러 방식으로 배움을 시도하고 있어.

해설
③ 2문단에 43.3%라고 되어 있다.

오답풀이
① 1문단
② 1문단
④ 2문단
⑤ 4문단에서 다양한 장소, 2문단에서 여러 방식의 배움에 대한 내용이 있다.

81 필자가 윗글에서 정보나 주장을 전달하기 위해서 사용한 방법이 아닌 것은?

① 새로운 사회변화를 설명하였다.
② 사회적으로 바람직한 미래방향에 관하여 제안하였다.
③ 수치를 통한 정보를 전달하였다.
④ 권위자의 주장을 근거로 제시하였다.
⑤ 대상에 대한 다양한 접근방법을 제시하였다.

해설
② 사회적으로 바람직한 방향에 대한 내용도 없고, 별도의 제안도 없었다.

정답 80 ③ 81 ②

[82~83] 다음 글을 읽고 이어지는 질문에 답하시오.

　유럽사법재판소가 역사상 처음으로 '잊힐 권리(Right To Be Forgotten)'를 인정하는 판결을 내리면서 이슈로 부각되고 있다. 잊힐 권리란 '시간이 지나 현재로서는 부적절해졌지만 여전히 온라인상에 게시돼 있는 자신에 대한 정보를 삭제해 달라고 요구할 수 있는 권리'를 말한다. 명예훼손이나 저작권 침해성 자료는 오래전부터 게시 자체가 불법인데 포털이나 SNS와 같은 인터넷 업체는 피해자의 요구에 대응해 즉각적인 삭제 의무를 갖는다. 그러나 잊힐 권리는 기록 자체의 적법성 여부와 상관없이, 인터넷상에서 자신과 관련돼 원치 않는 정보가 발견된다면 이를 지워달라고 요청할 수 있는 권리이다. 잊힐 권리를 포함한 개인정보 보호 문제는 직접적으로 해당 업계뿐만 아니라 인터넷을 사용하는 모든 사람들이 이해당사자가 되는 사안이라는 점에서 사회 전체적으로 논의가 가열되고 있다.

　사이버 공간은 인식을 위해 복제를 속성으로 한다. 개인은 PC를 통해 입력하고 모니터를 통해 확인할 뿐이지만 기호화된 디지털 신호들이 모니터에 투영되어 인식되기까지 신호처리와 전송되는 과정에서 로그 기록을 남기고 여러 번의 복제가 이루어진다. 더구나 이같이 생성된 자료가 복사나 퍼가기를 통해 무한 확산돼 본인이 삭제했더라도 그 자료가 어디에 남아 있는지 파악할 수 없게 된다. 즉 인터넷 기억은 망각되지도 지워지지도 않는다. 이와 같은 디지털 정보의 속성은 망각을 통해 과거에 얽매이지 않고 새 출발을 하고픈 인간의 본성과 배치되기 때문에 잊힐 권리문제가 발생한다. 따라서 잊힐 권리를 자유권·평등권과 같은 기본적인 인권이라는 시각에서 "인터넷상의 자신 관련 각종 정보의 삭제를 요구하여 해당 자료로부터 자유로워질 수 있는 권리"로 정의하기도 한다.

　문제는 정보의 생성 주체와 관리 주체가 분리돼 있고 비대칭적이라는 점에서 보다 심화된다. 나와 관련된 정보 혹은 내가 작성한 것이지만 저장·유통을 포함한 관리는 인터넷기업이 담당하기 때문에 정작 본인은 온라인상에 산재한 이 자료를 통제하기 어렵다. 반면 이들 기업 및 정보 브로커들은 개인정보들을 파악하고 수집해 상업적 목적에 이용할 수 있다. 따라서 정보의 통제권 측면에서는 "정보의 생성·저장·유통의 과정에서 개인의 자기 결정권을 보호하기 위해 개인과 관련된 정보의 유통기한을 정하고 삭제·수정·영구적인 파기를 요청할 수 있도록 하는 권리"로 잊힐 권리를 파악하기도 한다. 이러한 점에서 잊힐 권리는 프라이버시와 개인정보 보호라는 관점에서 정보 주체의 자기정보 결정권을 강화하는 진일보된 개념이다.

　반면에 국민의 알 권리와 표현의 자유, 그리고 정보 개방성을 강조하는 견해에서는 검열의 위험성을 제기하고 있다. 정보삭제 요청에 대해 구글 같은 인터넷업체는 삭제 여부를 판단해야 하고 일부분을 편집할 수도 있다. 이는 사실상 사적 검열을 야기할 수 있고, 삭제 대상이나 범위에 대해 행정당국과 협의해야 하기 때문에 공적 검열의 우려도 낳는다. 또한 많은 사람들이 자유롭게 공유하는 정보에 대해 인위적인 조작이 가해져 알 권리를 침해할 가능성도 존재한다. 유력인사가 과거의 부적절한 언행을 지울 수 있다면 사회적 공익과 배치되는 결과를 낳을 수 있기 때문이다. 이처럼 잊힐 권리는 개인정보 보호 진영과 알 권리 중시 진영 간의 첨예한 대립점에 있기 때문에 이를 인정한 판결은 규제의 방향을 가늠할 수 있는 상징적인 사건이다. 특히 주요 경제권에서 정보주체의 자기정보 결정권을 강화하는 추세에서 나왔다는 점에서 파장이 클 것으로 보인다. 즉, 잊힐 권리 인정은 각국에서 도입 여부와 상관없이 관련 규제가 늘어나는 등 각종 사안에서 개인정보 보호 수준이 전반적으로 높아지는 계기로 작용할 것으로 예상된다. 교역 증진과 인터넷 발전을 고려해 미국 기준으로 소비자 정보보호 수준을 완화하려는 아시아 국가들에도 정보주권의 문제가 환기될 것으로 보인다.

　또한 이를 포함한 개인정보 보호 강화는 경제 및 산업에 다양한 경로로 긍정적 또는 부정적 영향을 미친다. 우선 기업들은 사용자의 잊힐 권리 행사나 자기정보 통제에 대응하기 위한 시스템 개발의 고정비용 외에 데이터 처리의 가변비용 같은 직접 비용을 감수해야 한다. 개인정보 삭제신청 사이트를 개설한 구글은 삭제요청이 쇄도하고 있지만 어려운 선택에 놓여있다. 한 건씩 처리하면 비용 급증이 불가피하고, 반대로 논란거리가 검색되지 않도록 필터를 일괄 수정하면 검색엔진의 정확성이 떨어져 시장점유율이 하락할 수 있기 때문이다. 페이스북(Facebook)과 같은 SNS 업체들도 기술적으로 잊힐 권리를 구현하는 시스템 개발에 나서고 있다. 작성 후 또는 상대방 확인 후 일정시간이 지나면 글이나 사진이 자동적으로 없어지는, 즉 정보의 유통기한(소멸시한)이 도입된 서비스가 확산되고 있다. 그러나 이러한 서비스를 표방했던 스냅챗(Snapchat)이 약속과 달리 정보를 보관하고 있던 것이 드러나는 등 분쟁의 불씨는 항상 남아있다. 또한 이미 제3자에게 판매된 개인정보에 대해 삭제요청이 들어올 경우 판매기업과 정보브로커 회사, 매입 기업 간에 책임소재를 두고 법적 분쟁이 예상되는 만큼 새로운 업계 관행이 정착될 때까지 정보브로커 부문의 위축이 불가피하다. 무엇보다 부상하고 있는 빅 데이터 산업은 정보비용 증가, 정보거래 감소, 특히 분석 대상인 인터넷 정보의 변형으로 새로운 환경이 예상된다. 부분부분 지워진 자료는 데이터로서의 가치가 떨어지고, 이를 분석하기 위해서는 보다 고난도 처리기법이 필요하다.

82 다음 중 윗글의 제목으로 가장 적절한 것은?

① 잊힐 권리를 바라보는 시각과 사회적 파급효과
② 잊힐 권리를 둘러싼 찬반 논란과 그 대안
③ 잊힐 권리에 대한 다양한 개념적 정의
④ 잊힐 권리와 개인정보보호법의 관련성
⑤ 사회·경제적 변화로 인한 잊힐 권리의 중요성 대두

> **해설**
> ②③④⑤번의 내용도 지문에 나오기는 하지만, 제목이라고 할 수는 없다. ①번 선택지는 ②③④⑤번의 내용을 모두 포함하고 있고, 지문의 제목에 가장 적합하다.

83 다음 중 윗글의 마지막 단락에 이어질 내용으로 가장 적절한 것은?

① 또한 개인정보가 신용정보와 결합된다면 개인신용도에 따라 차별적인 금리 수준과 적합한 금융상품을 제공함으로써 금융에 대한 접근성을 향상시켜 마진 향상과 대출 증가를 기대할 수 있다.
② 개인정보의 활용은 나아가 이러한 기업 및 산업 수준에서의 간접 효과를 넘어, 인터넷 산업 및 국민경제 전반적으로 투자와 고용 증가를 유발하고 생산성 향상에 따라 경제성장률을 제고하는 등 거시경제적인 파급효과로 연결된다.
③ 더 큰 문제는 눈에 드러나지 않는 숨겨진 비용이 설비증설, 인력조직 증강 등 눈에 보이는 직접 비용의 수십 배에 달한다는 점이다.
④ 법체계 면에서도 유럽은 사각지대 없는 완전한 개인정보 보호를 위한 통신·금융·의료 등과 같이 영역별로 접근하는 개별법 체계를 갖추고 있다.
⑤ 또한 뉴스 사이트 같은 매체에 저장된 정보 자체를 원천적으로 소멸시키는 것이 아니라, 검색엔진 운영자가 검색 결과 목록에서 해당 개인 정보가 들어 있는 웹페이지 링크를 삭제하도록 하였다.

> **해설**
> 마지막 문단에서는 빅데이터 산업에 부정적인 영향을 주는 것들을 얘기하며 끝난다. ③번은 이보다 눈에 드러나지 않는 숨겨진 비용이 더 크다는 의미이므로 이어질 내용으로 적합하다.

정답 82 ① 83 ③

[84~85] 다음 글을 읽고 이어지는 질문에 답하시오.

　과학이 무신론이고 윤리와는 거리가 멀다는 견해는 스페인의 철학자 오르테가 이 가세트가 말하는 '문화인'들 사이에서 과학에 대한 반감을 더욱 부채질하곤 했다. 이 두 가지 반감의 원인이 타당한 것인지는 좀 더 살펴볼 필요가 있다. 사실 과학자도 신의 존재를 믿을 수 있고, 더 나아가 신의 존재에 대한 과학적 증거를 찾으려 할 수도 있다. 무신론자들에게는 이것이 지루한 과학과 극단적 기독교의 만남 정도로 보일지도 모른다. 그러나 어느 누구도 제임스 클러크 맥스웰 같이 저명한 과학자가 분자 구조를 이용해서 신의 존재를 증명하려 했던 것을 비웃을 수는 없다.
　물론 과학자들 중에는 무신론자도 많이 있다. 동물학자인 도킨스는 '모든 종교는 무한히 복제되는 정신적 바이러스일지도 모른다'는 의심을 갖고 있었다. 그러나 확고한 유신론자들의 관점에서는 이 모든 과학적 발견 역시 신에 의해 계획된 것이므로 종교적 지식이라고 생각할 수도 있다. 따라서 과학의 본질을 무조건 비종교적이라고 간주할 수는 없을 것이다. 오히려 과학자나 종교학자가 모두 진리를 찾으려고 한다는 점에서 과학과 신학은 동일한 목적을 추구한다고도 할 수 있다. 과학이 물리적 우주에 관한 진리를 찾는 것이라면, 신학은 신에 관한 진리를 찾는 것이다. 그러나 신학자들이나 혹은 어느 정도 신학적인 관점을 가진 사람들은 신이 우주를 창조했다고 믿고 우주를 통해 신과 만날 수 있다고 믿기 때문에 신과 우주가 근본적으로는 뚜렷이 구분되는 대상이 절대 아니라고 생각한다.
　사실 많은 과학자들이 과학과 종교는 서로 대립되는 개념이라고 주장하기도 한다. 신경심리학자인 리처드 그레고리는 '과학이 전통적인 믿음을 받아들이기보다는 모든 것에 질문을 던지기 때문에 과학과 종교는 근본적으로 다른 반대의 자세를 가지고 있다'고 주장한 바가 있다. 그러나 이것은 종교가 가지고 있는 변화의 능력을 과소평가한 것이다. 유럽에서 일어난 모든 종교개혁운동은 전통적 믿음을 받아들이지 않으려는 시도였다.
　과학은 증거에 의존하는 반면 종교는 계시된 사실에 의존한다는 점에서 이들 간에 극복할 수 없는 차이점이 존재한다는 반론을 제기할 수도 있다. 그러나 종교인들에게는 계시된 사실이 바로 증거이다. 지속적으로 신에 관한 증거들에 대해 회의하고 재해석하려고 한다는 점에서 신학을 과학이라고 간주하더라도 결코 모순은 아니다. 사실 그것을 신학이라고 부르기 때문에 신의 존재를 전제로 하고 있는 것처럼 보인다. 그러나 우리가 본 바와 같이 과학적 연구가 몇몇 과학자를 신에게 인도했던 것처럼, 신학연구가 그 신학자를 무신론자로 만들지 않을 이유는 없다. 과학의 정반대에 서 있는 것은 신학이 아니라 오히려 정치이다. 과학은 지식의 범주에 있지만, 정치는 견해의 범주에 속한다.

84. 윗글에서 필자가 궁극적으로 전달하고자 하는 바로 가장 적절한 것은?

① 과학이 종교와 양립할 수 없다는 의견은 타당하지 않다.
② 과학자와 종교학자는 진리 탐구라는 공통 목적을 추구한다.
③ 과학은 존재하는 모든 것에 대해 회의적 질문을 던지는 학문이다.
④ 신학은 신에 관한 증거들을 의심하고 재해석하고자 하는 학문이다.
⑤ 신학은 신의 존재를 입증하기 위해 과학과는 다른 방법론을 적용한다.

해설
대부분의 문단에서 첫 문장에서는 과학과 종교가 다르다는 점을 얘기하고 곧 이어 '그러나' 이후에는 그에 반대하는 내용이 이어진다.
요지는 과학과 종교는 다른 점만 있지 않다는 내용이므로 ①번과 같다.

85. 윗글의 내용을 통해 추론할 수 있는 내용으로 적절하지 않은 것은?

① 신학 연구자들 중에는 무신론적 견해를 견지하는 이들도 있을 수 있다.
② 제임스 클러크 맥스웰은 신의 존재를 과학적으로 증명하려고 하려고 하였다.
③ 오르테가 이 가세트가 논의한 '문화인'은 과학의 엄밀성을 신봉하는 이들이다.
④ 무신론에 입각한 도킨스의 가설은 유신론자들에게 반대로 해석될 수도 있다.
⑤ 유럽에서 일어난 종교 개혁은 리처드 그레고리의 주장에 대한 반례로 활용될 수 있다.

해설
③ 첫 문단에서 '오르테가 이 가세트가 말하는 '문화인'들 사이에서 과학에 대한 반감을 더욱 부채질하곤 했다.'라고 했다.

정답 84 ① 85 ③

[86~87] 다음은 '공공기관 사회적 가치 포럼'에 대한 보도문이다. 이어지는 질문에 답하시오.

2019년 7월 5일 ○○컨벤션센터·무역전시관에서 열린 '공공기관 사회적 가치 포럼'은 사회적 가치 실현과 확산을 위한 과제 및 실행방안에 대해 주요 공공기관 관계자, 관련 연구자 등 전문가들이 모여 활발하게 이야기를 나눈 자리였다. 현정부의 핵심 과제 중 하나인 사회적 가치에 대해 국민들의 관심과 기대가 높아지는 가운데, 주요 추진 주체인 공공기관들이 느끼는 다양한 고민을 허심탄회하게 주고받았다.

'제2회 대한민국 사회적 경제 박람회'의 부대 행사로 열린 이 날 포럼은 '공공기관 사회적 가치 협의체' 주관으로 열렸다. 협의체는 올해 2월 한국가스공사, 한국수자원공사, 한국철도공사, 한국토지주택공사를 비롯한 공공기관과 희망제작소, 한겨레경제사회연구원, 한국사회적기업진흥원, 전국 사회연대경제 지방정부협의회 등 연구 및 지정기관 등이 모여 사회적 가치 실천과 확산을 도모하기 위해 꾸린 기구다.

포럼의 시작은 박AA L□□2050 대표가 열었다. 그는 '공공기관의 사회적 가치와 국민 인식'이라 는 주제를 통해 지난 5월 국민 1,027명을 대상으로 L□□2050이 실시한 '국민 인식 조사' 결과를 공개 했다(온라인, 95% 신뢰수준 오차범위 ±3.06%). "국민들은 공공기관이 앞장서서 사회적 가치를 실현해야 하지만, 현재는 미흡한 상황으로 인식한다."는 게 핵심이었다. 두 번째 발표자로 나선 임△△ 한국가스공사 상생협력부장은 '공공기관 사회적 가치 실현의 어려움과 극복방안'이라는 주제로 업무 담당자로서 현장에서 느낀 현실적인 고민들을 언급했다. 재직 기간의 절반을 사회적 가치(사회적 책임) 업무에 몸담은 그는 먼저 사회적 가치 개념이 아직 정립되지 않은 데서 느끼는 어려움을 토로했지만 곧바로 "사회적 가치는 시대 흐름인 만큼 구체적인 개념은 개별 공공기관의 설립 목적에서 찾아야 한다."며 스스로 해답을 내놓았다. 세 번째 공공기관 사회적 가치 실현 사례와 유행을 주제로 발표에 나선 조△△ 한겨레경제사회연구원 센터장은 주요 공공기관에서 진행된 실제 사례를 예로 들며 참석자들의 이해를 도왔다. 그는 연구를 통해 최근 정리한 공공기관의 사회적 가치 실현 방법을 소개했다. 기관 설립 목적 및 고유사업 정비(타입 1), 조직 운영상 사회적 책임 이행(타입 2), 가치사슬(Value Chain)상 사회적 가치 이행 및 확산(타입 3)의 3가지였다.

발표 후 이어진 토론에서는 공공기관 사회적 가치 업무 담당자들의 공감의 발언들이 쏟아졌다. 오△△ 한국수자원공사 사회가치창출부장은 "공공기관은 수익성을 놓치지 않은 채 사회적 가치를 실현할 방법을 고민하고 있다."라며 "기관 전체 차원에서 사업추진 프로세스와 관점의 변화가 필요하다."고 강조했다. 마△△ 한국철도공사 윤리경영부장도 "사회적 가치를 추구하더라도 공공성과 효율성을 어떻게 조화시킬 것인가 하는 고민은 계속될 것"이라고 전했다. 공공기관 구성원들에 대한 당부도 나왔다. 김△△ 전국 사회연대경제 지방정부협의회 사무국장은 "사회적 가치 실현을 위해 외부 기관의 진단이나 평가 등을 제도화하는 것도 중요하다."라면서도 "다만 구성원들이 사회적 가치를 제대로 이해하고 성찰하는 계기를 마련하는 작업이 우선"이라고 말했다.

공공기관 담당부서 관계자, 관련 연구자 등 수백 명이 넘는 참석자들이 자리를 가득 메운 채 긴 시간 동안 진행된 이 날 포럼은 '사회적 가치를 공공기관 경영의 중심에 놓아야 한다.'는 깊은 공감대 속에서 활발하게 진행됐다. 사회적 가치의 개념과 추진 방법에 대한 현장의 혼란을 고스란히 듣고, 수익성과 공공성 사이에서 적절한 지점을 찾는 과정이 필요하다는 점 등 향후 과제를 짚어본 점 역시 큰 수확이었다. 그 때문에 앞으로 공공기관과 공공부문을 중심으로 추진될 사회적 가치 실현 작업에 대한 기대도 커졌다.

86. 다음은 공공기관의 사회적 가치 실현 사례이다. 위 보도문에서 제시한 사회적 가치 실현 방법에 따라 아래 사례 1, 2, 3을 바르게 구분한 것은?

> (사례 1) 한국토지주택공사의 '하도급 건설노동자 적정임금제 시범사업'을 거론했다. 그는 "사회적 가치를 실현하기 위해 공공기관은 시민 또는 다양한 이해관계자들과 협력하고 미래세대까지 고려해야 해서 업무 과부화가 있을 것"이라며 "일의 개수를 줄이는 '마이너스 혁신'도 함께 필요하다."라고 말했다.
> (사례 2) 한국수자원공사의 '계량기를 이용한 어르신 고독사 예방 사업'을 거론했다. 공사의 일상 업무인 수도검침 작업을 통해 지역사회 복지 사각지대를 발굴, 행정과 연계하는 서비스로 지난해 총 34명이 긴급생계비 지원을 받았다.
> (사례 3) 한국철도공사의 산간벽지 주민을 위한 '공공택시 철도연계서비스'를 거론했다. 철도공사와 지자체 간 협력을 통해 평소 이동에 불편이 큰 주민들이 지역 택시를 타고 기차역으로 쉽게 이동할 수 있도록 한 서비스로 현재 전국 100개 시·군에서 추진 중이다. '철도 운영의 전문성과 효율성을 높여 철도산업과 국민경제에 이바지한다.'는 기존 한국철도공사법 제1조(목적)에 '국민들에게 편리하고 안전하고 보편적인 철도서비스를 제공하며, 저탄소 교통 체계를 확산한다.'는 문구를 추가해 기관의 사회적 가치 실현을 도모할 수 있다는 취지다.

	기관 설립 목적 및 고유사업 정비(타입 1)	조직 운영상 사회적 책임 이행(타입 2)	가치사슬상 가치 이행 및 확산(타입 3)
①	사례 2	사례 1	사례 3
②	사례 3	사례 2	사례 1
③	사례 1	사례 3	사례 2
④	사례 3	사례 1	사례 2
⑤	사례 1	사례 2	사례 3

해설

타입1 - '목적'이 중요한 단어이므로 지문에서 '목적'을 찾으면 사례3에 나온다.

타입2 - 특징 있는 단어가 보이지 않는다. 이런 경우는 답을 찾기가 어려우므로 다른 타입을 먼저 본다.

타입3 - '가치사슬'이 중요해 보이며 '사슬'은 서로 연결이 된 것이므로 사례1의 하도급과 관련이 있어 보인다.

87. 위 보도문에 제시된 포럼에 참석한 토론자들이 말한 내용이 아닌 것은?

① 공공기관이 사회적 가치를 실현하기 위해서는 다섯 가지 핵심 원칙을 준수해야 한다.
② 공공기관이 사회적 가치를 실현할 때에는 공공성과 효율성을 함께 고려해야 한다.
③ 공공기관이 사회적 가치를 실현하기 위해서는 진단이나 평가 제도를 마련해야 한다.
④ 공공기관이 사회적 가치를 실현하는 수준은 국민 인식상 아직까지 미흡한 수준이다.
⑤ 공공기관이 사회적 가치를 실현하기 위해서는 기관 전체 차원에서 관점의 변화가 필요하다.

해설

다섯 가지 핵심 원칙은 지문에 나오지 않는다.

정답 86 ② 87 ①

빠꼼이 NCS 기본서

I 언어영역
II 추리영역

Part 3

문제해결능력

빠꼼이 NCS 기본서

Part 3

문제해결능력

I. 언어영역

Part 3　I. 언어영역

예제 01　다음 글을 근거로 판단할 때, 유통이력 신고의무가 있는 사람을 고르시오.

> 甲국의 유통이력관리제도는 사회안전 및 국민보건을 위해 관세청장이 지정하는 수입물품(이하 "지정물품"이라 한다)에 대해 유통단계별 물품 거래내역(이하 "유통이력"이라 한다)을 추적·관리하는 제도이다. 유통이력에 대한 신고의무가 있는 사람은 수입자와 유통업자이며, 이들이 지정물품을 양도(판매, 재판매 등)한 경우 유통이력을 관세청장에게 신고하여야 한다. 지정물품의 유통이력 신고의무는 아래 〈표〉의 시행일자부터 발생한다.
>
> - 수입자 : 지정물품을 수입하여 세관에 신고하는 자
> - 유통업자 : 수입자로부터 지정물품을 양도받아 소매업자 또는 최종소비자에게 양도하는 자(도매상 등)
> - 소매업자 : 지정물품을 최종소비자에게 판매하는 자
> - 최종소비자 : 지정물품의 형체를 변형해서 사용하는 자를 포함하는 최종단계 소비자(개인, 식당, 제조공장 등)
>
> 〈표〉 유통이력신고 대상물품
>
> | 시행일자 | 지정물품 |
> |---|---|
> | 2009.8.1. | 공업용 천일염, 냉동복어, 안경테 |
> | 2010.2.1. | 황기, 백삼, 냉동고추, 뱀장어, 선글라스 |
> | 2010.8.1. | 구기자, 당귀, 곶감, 냉동송어, 냉동조기 |
> | 2011.3.1. | 건고추, 향어, 활낙지, 지황, 천궁, 설탕 |
> | 2012.5.1. | 산수유, 오미자 |
> | 2013.2.1. | 냉동옥돔, 작약, 황금 |
>
> ※ 위의 〈표〉에서 제시되지 않은 물품은 신고의무가 없는 것으로 간주한다.
>
> ① 수입한 선글라스를 2009년 10월 안경전문점에 판매한 안경테 도매상
> ② 당귀를 수입하여 2010년 5월 동네 한약방에 판매한 한약재 전문 수입자
> ③ 구기자를 수입하여 2012년 2월 건강음료 제조공장에 판매한 식품 수입자
> ④ 도매상으로부터 수입 냉동복어를 구입하여 만든 매운탕을 2011년 1월 소비자에게 판매한 음식점 주인
> ⑤ 수입자로부터 냉동옥돔을 구입하여 2012년 8월 음식점에 양도한 도매상

풀이

1) 확인 사항 : 직업, 시행일자, 지정물품
2) ① 선글라스, 2009년 10월, 안경전문점에 판매, 안경테 도매상
　② 당귀, 2010년 5월, 동네 한약방에 판매, 한약재 전문 수입자
　③ 구기자, 2012년 2월, 건강음료 제조공장에 판매, 식품 수입자
　④ 냉동복어, 2011년 1월, 소비자에게 판매, 매운탕 음식점 주인
　⑤ 냉동옥돔, 2012년 8월, 음식점에 양도, 도매상
3) ①은 표에서 선글라스 '시행일자'('2010.2.1.')보다 이전인 2009년 10월이다. '시행' 일자 이전에 수입한 물건은 신고 의무가 없다. 물품과 시행일자를 고려하면 3번과 4번이 적합하다. 직업군에 대한 부분에서 4번은 음식점 주인(소매업자) 소거된다.

결론

해당 지문을 위에서부터 아래로 전체를 읽지 않고 '질문의 끝'과 '보기의 구성요소'를 통해 문제를 예측한 뒤, 지문에서 필요한 정보를 찾아 확인한다. 정보의 확인이 편한 것부터 확인하는 것이 좋다.

정답　③

예제 02 다음은 이사 전문 회사의 계약 약관이다. 옳은 것은?

주요 약관

1. 위험품 등의 처분 (제16조)
   사업자는 화물이 위험품 등 다른 화물에 손해를 끼칠 염려가 있는 것임을 운송 중 알았을 때에는 고객에게 연락해서 자기 책임 하에 화물을 내리거나 기타 운송 상의 손해를 방지하기 위한 처분을 할 수 있으며 이 처분에 요하는 비용은 고객의 부담으로 한다.

2. 운송거절화물 (제29조)
   이사화물이 다음 각 호에 해당될 때에는 이사화물 운송이 불가하다.
   * 현금, 유가증권, 귀금속, 예금통장, 신용카드, 인감 등 고객이 휴대할 수 있는 귀중품
   * 위험품, 불결한 물품 등 다른 화물에 손해를 끼칠 염려가 있는 물건
   * 동식물, 미술품, 골동품 등 운송에 특수한 관리를 요하기 때문에 다른 화물과 동시에 운송하기에 적합하지 않은 물건

3. 화물의 포장 (제31조)
   고객은 화물의 성질, 중량, 용적 운송거리 등에 따라 운송에 적합하도록 포장하여야 하며 화물의 포장이 운송에 적합하지 아니할 경우 사업자는 화물의 성격, 중량, 용적, 운송거리 등을 고려하여 운송에 적합하도록 포장하여야 한다.

4. 운임 등의 수수 (제33조)
   사업자는 이사화물을 인도하였을 때에 고객으로부터 계약서에 의하여 운임들을 수수한다.
   사업자가 실제로 지출한 운임 등의 합계액이 계약서에 기재한 운임 등의 합계액과 다르게 될 경우에는 다음의 각 호에 의한다.
   * 실제로 지출한 운임 등의 합계액이 계약서에 기재한 운임 등의 합계액 보다 적은 경우는 실제로 소요된 운임 등의 합계액으로 본다.
   * 실제로 지출한 운임 등의 합계액이 계약운임 등의 합계액을 넘는 경우에는 고객의 책임 있는 사유로 의해 계약운임 등의 산출의 기초에 변화가 생길 때에 한하여 실제 지출된 운임 등의 합계액으로 본다.

5. 해약수수료 (제34조, 제37조)
   * 계약금은 총 운임요금의 10%로 한다.
   * 고객이 사업자에게 약정 운송일의 전까지 취소통보 시 해약수수료율은 계약금의 100%, 약정운송일 당일에 취소통보 시 계약금의 200%로 정한다.
   * 사업자의 고의 및 과실로 계약서에 약정한 운송일의 2일전까지 취소 통보 시 계약금 환급 및 계약금의 2배액, 1일전에 통보 시 계약금 환급 및 계약금의 3배액, 당일 통보 시 계약금의 4배액, 당일에 통보가 없는 경우 계약금 환급 및 계약금의 5배액을 배상할 책임이 있다.

① 운송 중에 위험품이 발견된 경우 반드시 고객에게 연락하여 확인 후 회사 책임 하에 화물을 내린다.
② 운송일 당일에 계약을 취소한 경우 해약수수료율은 계약금의 100%이다.
③ 실제 지출된 운임금액이 계약 운임의 합계액을 넘는 경우 실제 지출된 운임금액으로 수수한다.
④ 사업자의 고의 및 과실로 약정한 운송일 당일에 취소 할 경우 계약금의 4배액을 배상한다.
⑤ 동식물, 미술품, 골동품 등은 운송에 특수한 관리를 요하기 때문에 고객에게 추가 운임을 수수한다.

풀이

우선 문제를 통하여 지문이 이사 관련 약관임을 알 수 있으며 지문의 각 항목을 통하여 다룰 내용을 알 수 있다. 지문의 하위 내용을 읽고 문제를 풀 수도 있겠으나 시간을 줄이기 위하여 보기를 먼저 읽는 것이 좋다. 각자의 선입견과 예측으로 먼저 의심이 되는 보기를 고르고 해당하는 항목을 읽어 확인하는 방식으로 진행하되 보기 2번의 '100%'나 보기 4번의 '4배액'과 같은 숫자는 확인이 상대적으로 빠르기 때문에 먼저 확인하는 것을 권한다. 보기 4번의 4배액의 경우 지문의 가장 마지막 항목 마지막 내용이며 '당일 통보 시 계약금의 4배액'이라는 문구를 통하여 답이 4번임을 확인 할 수 있다.

정답 ④

예제 03~05 다음은 OO전자의 보증기간 산정기준 및 유무상 수리기준이다. 이어지는 질문에 답하시오.

■ 제품의 보증기간
1. 제품 보증기간이라 함은 제조사 또는 제품 판매자가 소비자에게 정상적인 상태에서 자연 발생한 품질, 성능, 기능 하자에 대하여 무료수리를 해주겠다고 약속한 기간을 말한다.
2. 제품의 보증기간은 구입일자를 기준으로 산정하며, 구입일자의 확인은 제품 보증서(구입 영수증 포함)에 의해서 한다. 단, 보증서가 없는 경우는 동 제품의 생산 당시 회사가 발행한 보증서 내용에 준하여 보증 조건을 결정하며, 생산연월에 3개월 감안(유통기한 반영)하여 구입일자를 적용하여 보증기간을 산정한다.
3. 다음의 경우는 보증기간이 정상적인 경우의 절반($\frac{1}{2}$)으로 단축 적용한 것이다.

   ① 영업용도나 영업장에서 사용할 경우(단, 영업용 제품은 제외)
      예) 비디오(비디오 SHOP), 세탁기(세탁소)
   ② 정상적인 환경이 아닌 곳에서 사용할 경우
      예) 차량, 선박 등
   ③ 제품사용 빈도가 극히 많은 공공장소에 설치, 사용할 경우
      예) 공장, 기숙사 등
   ④ 기타 생산 활동 등 가정용 이외의 용도로 사용될 경우
      예) 공장, 기숙사 등

〈품목별 보증기간〉

구분	보증기간	관련 제품	참고
일반제품	1년	전제품 공통 (단, 복사기는 6개월 또는 1년 적용)	복사기는 인쇄 매수에 따라 단축될 수 있음.
계절성 제품	2년	에어컨, 선풍기, 온풍기, 로터리히터, 팬히터	

〈핵심부품 무상기간〉

구분	보증기간	관련 제품	참고
핵심부품	2년	• PDP 패널(PDP, DID) • LCD 패널(LTV, LCD 모니터, DID, 일체형 PC) • 메인보드 (PC)	노트북 LCD 패널은 제외
	3년	• 콤프레셔(냉장고, 김칫독) • 일반모터(세탁기), 헤드드럼(VTR/CAM), 버너(로터리), 마그네트론(전자레인지)	

4. 중고품(전파상구입, 모조품) 의 보증기간은 적용되지 않으며, 수리불가의 경우 피해 보상의 책임을 지지 않는다.
5. 당사와 별도 계약에 한하여 납품되는 제품의 보증은 그 계약내용을 기준으로 한다.

　※ 예외사항

　　① 영업용의 경우 보증기간의 $\frac{1}{2}$ 적용

　　② 잉크, 토너, 현상기, 드럼 등은 중량 및 인쇄량 등을 확인하여 보증서의 보증기간과 기준을 적용
　　③ 휴대폰 소모성 액세서리(이어폰, 유선충전기, USB케이블)는 유상수리 후 2개월 품질보증

■ 부품의 보증기간
1. 부품보증이라 함은 제품을 구성하는 각 부품에 대한 품질 보증을 말하며 그 기간은 다음과 같다.
2. 유상으로 수리한 경우, 수리한 날부터 1년 이내에 정상적으로 제품을 사용하는 과정에서 종전과 동일한 부품 고장이 재발한 경우 무상수리(일반적 소비자분쟁해결 기준 및 내규가) 가능하다.

〈품목별 품질보증기간 및 부품 보유기간과 내용연수〉

구분	품질 보증 기간	부품 보유기간 2016.10.25. 이전 구입	부품 보유기간 2016.10.26. 이후 구입	내용연수 2016.10.25. 이전 구입	내용연수 2016.10.26. 이후 구입
TV, 냉장고	1년	8년	9년	7년	사업자가 품질보증서에 표시한 부품 보유기간으로 함.
에어컨, 시스템 에어컨	2년	7년	8년	7년	
세탁기, 전자레인지, 정수기, 가습기, 전기청소기	1년	6년	가년	5년	
비디오플레이어, DVD플레이어, 전기(가스)오븐, 전기압력밥솥, 가스레인지, 유무선 전화기, 믹서기, 전기온수기, 냉온수기, 캠코더, 홈시어터	1년	6년	6년	6년	
내비게이션, 카메라	1년	5년	5년	5년	
컴퓨터, 프린터, 모니터, 태블릿, 휴대용 음향기기(MP3, 카세트, CD플레이어)	1년	4년	4년	3년	
스마트폰, 휴대폰	*1년	4년	4년	3년	
전기면도기, 전기조리기기(멀티쿠커, 전기냄비, 전기프라이팬, 전기토스터, 튀김기, 다용도 식품조리기 등)	1년	3년	3년	3년	
복사기	6개월	5년	5년	5년	

* 스마트폰/휴대폰의 품질보증기간은 2020년 1월 1일 이후 구입제품부터 2년을 적용함(이전 구입제품은 1년 적용-)

■ 유·무상 수리기준
  1. 무상수리
      ① 품질보증 기간 이내에 정상적인 사용 상태에서 발생한 성능, 기능상의 고장인 경우
      ② CS프로(엔지니어)가 수리 후 정상적으로 제품을 사용하는 과정에서 12개월 이내에 동일한 부품이 재고장 발생 시. 단, 무상 수리 기간이 기본적으로 연장 적용되는 핵심부품은 제외(제품 구입기준 핵심부품의 무상 수리 기간 종료 시 유상수리 적용

  2. 유상수리
      ① 타사 제품(소프트웨어 포함)으로 인한 고장 시
      ② 사용설명서 내의 주의사항을 지키지 않아 고장 발생 시
      ③ 당사에서 지정하지 않은 소모품이나 옵션품으로 발생한 고장의 경우
      ④ 서비스센터 CS프로(엔지니어)가 아닌 사람이 수리하고 고장이 발생한 경우
      ⑤ 외부 충격이나 떨어뜨림 등에 의한 고장, 손상 발생 시
      ⑥ 소모성 부품의 수명이 다한 경우(배터리, 형광등, 헤드, 필터류, 램프류, 토너, 잉크 등)
      ⑦ 보증기간이 경과한 제품 및 인터넷, 안테나, 유선신호 등 외부환경 문제시
      ⑧ 구입제품의 초기 설치 이후, 추가로 제품을 연결하거나 재연결을 하는 경우
      ⑨ 홈쇼핑, 인터넷 등에서 제품 구입 후 설치를 추가 요청하는 경우
      ⑩ 제품의 이동, 이사 등으로 인한 설치 변경 시

예제 03 다음 중 제품의 보증기간 산정기준에 따라 무상수리가 불가능한 경우는?(단, 정상적인 상태에서 자연 발생한 품질, 성능, 기능 하자인 경우로 가정한다)

① 가정집 거실에 놓여 있는 구매한지 20개월 된 선풍기의 하자
② 선박에 탑재하여 사용 중인 구매한지 18주 된 냉장고의 하자
③ 일반 가정집에서 사용하는 구매한지 1년이 거의 되어가는 정수기의 하자
④ 치킨전문점에서 사용 중인 구매한지 5개월 된 TV의 하자
⑤ 기숙사 복도에 놓인 구매한지 1년 2개월 된 에어컨의 하자

예제 04 A 씨는 ○○정수기에 하자가 생겨 수리를 맡겼는데, 부품 보유기간 내에 해당하지만 부품이 없어 수리 받지 못했다. 자료에 따라 A 씨가 받을 수 있는 보상금액은? (단, 제품 수리를 맡긴 날짜는 2020년 3월 2일이고, 제품의 구입가는 60만 원이다)

○○정수기

〈보증기간〉
- 보증기간: 12개월
- 핵심부품 보증기간 : 36개월

〈부품 보유기간과 제품의 내용연수〉
- 2016.10.25. 이전 구입제품 : 84개월
- 2016.10.26. 이후 구입제품 : 96개월

〈제품별 부품 보유기간〉
제품의 잔존가치 산출 시 사용되며, "개정" 내용은 2016.10.26.부터 적용된다.
1. 품질보증서에 표시된 부품 보유기간을 내용연수로 적용하며, 부품 보유기간이 소비자분쟁해결 기준보다 짧거나 미기재한 경우 소비자분쟁해결 기준의 부품 보유기간을 적용한다.
2. 부품 보유기간 기산 시점 명시 : 해당 제품의 제조일자(제조연도 또는 제조연월만 기재된 경우 제조연도 또는 제조월의 말일을 제조일자로 봄)를 기산점으로 한다.
3. 부품 보유기간 내에 부품이 없어 제품수리가 불가능한 경우의 보상금액은 다음과 같이 산정한다(2018.2.27.까지 구매건 : 5% 가산, 2.28. 이후 구매건 : 10% 가산).

   보상금액 = 잔존가치 + 해당 제품 구입가의 10% 혹은 5%

   ※ 감가상각방법은 정액법에 의하되 내용연수는 '품목별 품질보증기간 및 부품 보유기간과 내용연수' 표를 적용 (월할 계산)

   ※ 감가상각비 = $\dfrac{\text{사용연수}}{\text{내용연수}} \times$ 구입가

   ※ 잔존가치 = 구입가 − 감가상각비

〈제품보증서〉
- 제품명 : ○○정수기
- 보증기간 : 1년
- 판매자 : ○○전자 X 지점
- 생산일자 : 2016년 3월 1일
- 모델명 : SE1049TQ
- 구입일자 : 2018년 3월 2일
- 제조자 : ○○전자

① 450,000원   ② 480,000원   ③ 510,000원   ④ 540,000원   ⑤ 560,000원

예제 05 다음은 제품 구매 고객으로부터의 문의사항이다. 이에 대한 답변으로 옳은 것은?

> • 문의사항
> ○○전자의 TV를 4개월 전 인터넷으로 구매하여 사용하고 있습니다. 한 달 전 고장이 발생해서 급하게 동네에 있는 일반 전파상에서 이를 수리하였습니다. 그런데 수리한지 한 달도 되지 않아 다시 같은 고장이 발생해 화면이 나오지 않습니다. 어떻게 조치를 취할 수 있을까요?
> • 상황
> - LED 액정 교체 및 수리비용 : 16만 원
> - 부품 보유 수 : 4개

① 불편함을 겪게 해드려 죄송합니다. 12개월 내 동일한 고장이 발생하였으므로 바로 환불 조치 해드리겠습니다.
② 모니터의 품질 보증기간은 1년으로 기간 내에 해당한다면 무상수리가 가능합니다.
③ 한 달 전 고장에 대해 당사 서비스센터 CS프로를 통한 수리가 이루어지지 않아 유상수리를 하셔야 합니다.
④ 제품을 수리 받으신 후 1년이 지나지 않아 동일한 고장이 발생했기 때문에 무상으로 수리가 가능합니다.
⑤ 가정에서 사용하신 경우만 무상수리가 가능합니다. 모니터를 영업용으로 사용하셨다면 무상수리가 불가능합니다.

예제3 풀이
- 에어컨은 보증기간이 2년이고, 기숙사는 보증기간이 1/2로 줄어들어 1년이 보증기간이다.
 ⑤번은 1년 2개월 사용해서 보증기간이 지났다.

정답 ⑤

예제4 풀이
- 2018년 2월 28일 이후에 구매했으므로 10% 가산한다.
 보상금액 = 잔존가치 + 구입가 × 10%
 ⅰ) 잔존가치 = 구입가 − 감가삼각비 = 구입가 − $\frac{사용연수}{내용연수}$ × 구입가
  = $60 - \frac{2년}{8년(=96개월)} \times 60 = 45$
 ⅱ) 보상금액 = 45만원 + 60만원 × 10% = 51만원

정답 ③

예제5 풀이
- 유·무상 수리기준 중 유상수리에서 ④번에 따라 서비스센터에서 수리하지 않았으므로 유상수리를 해야 한다.

정답 ③

STEP 1

01 다음 〈쓰레기 분리배출 규정〉을 준수한 것은?

〈쓰레기 분리배출 규정〉
- 배출 시간 : 수거 전날 저녁 7시 ~ 수거 당일 새벽 3시까지(월 ~ 토요일에만 수거함)
- 배출 장소 : 내 집 앞, 내 점포 앞
- 쓰레기별 분리배출 방법
  - 일반 쓰레기 : 쓰레기 종량제 봉투에 담아 배출
  - 음식물 쓰레기 : 단독주택의 경우 수분 제거 후 음식물 쓰레기 종량제 봉투에 담아서, 공동주택의 경우 음식물 전용용기에 담아서 배출
  - 재활용 쓰레기 : 종류별로 분리하여 투명 비닐봉투에 담아 묶어서 배출
    ① 1종(병류)
    ② 2종(캔, 플라스틱, 페트병 등)
    ③ 3종(폐비닐류, 과자 봉지, 1회용 봉투 등)
  ※ 1종과 2종의 경우 뚜껑을 제거하고 내용물을 비운 후 배출
  ※ 종이류 / 박스 / 스티로폼은 각각 별도로 묶어서 배출
  - 폐가전·폐가구 : 폐기물 스티커를 부착하여 배출
- 종량제 봉투 및 폐기물 스티커 구입 : 봉투판매소

① 甲은 토요일 저녁 8시에 일반 쓰레기를 쓰레기 종량제 봉투에 담아 자신의 집 앞에 배출하였다.
② 공동주택에 사는 乙은 먹다 남은 찌개를 그대로 음식물 쓰레기 종량제 봉투에 담아 주택 앞에 배출하였다.
③ 丙은 투명 비닐봉투에 캔과 스티로폼을 함께 담아 자신의 집 앞에 배출하였다.
④ 丁은 사이다가 남아 있는 페트병을 투명 비닐봉투에 담아서 집 앞에 배출하였다.
⑤ 戊는 집에서 쓰던 냉장고를 버리기 위해 폐기물 스티커를 구입 후 부착하여 월요일 저녁 9시에 자신의 집 앞에 배출하였다.

해설

① 토요일 저녁 8시는 배출시간이 아니다.
② 음식물 쓰레기는 수분을 제거해야 한다.
③ 스티로폼은 별도로 묶어서 배출한다.
④ 재활용 쓰레기는 내용물을 비운 후 배출한다.

정답 01 ⑤

02 다음 공고문을 바르게 이해하지 못한 것은?

제목	20XX년 4월 1차 무단방치 자전거 처분 공고		
담당부서	교통행정과		
등록일	20XX. 04. 10. 13	조회수	1231
연락처	02-22□□-□□83		
첨부파일	📎 방치 자전거 처분공고 목록 (20XX년 1월 2주~4월 2주.zip)		
내용	○○시 □□구 공고 20XX-0421호 무단방치 자전거 처분 공고 우리 구 공공장소에 10일 이상 무단방치된 자전거에 대하여 『자전거 이용 활성화에 관한 법률』 제20조 (무단방치 금지) 및 같은 법 시행령 제11조 (무단방치 자전거의 처분) 규정에 따라 다음과 같이 공고합니다. 공고기간 종료 시까지 찾아가지 아니한 때에는 관련 규정에 따라 매각처분, 기증 또는 공공자전거로 활용하게 되며, 매각대금은 공고일로부터 1년이 지나면 우리 구 금고에 귀속됨을 알려 드립니다. 20XX년 4월 9일 ○○시 □□구청장 1. 공고기간 : 20XX. 4. 9.-20XX. 4. 23. (14일간) 2. 처분 대상 자전거 : 장기방치 자전거 (목록은 [붙임] 문서 참고) 3. 공고장소 : 구청 게시판 및 홈페이지 (www.○○○.go.kr) 4. 열람장소 : 구청 1층 교통행정과 5. 보관장소 : □□구 ○○로 100, ○○자전거대여소 (○○역 인접) 6. 자전거 반환방법 : 본인 자전거 관리번호 확인 후 반환신청서 작성 직접 제출, 또는 팩스 송부 (FAX : 02-○○-0084) ※ 운반 · 보관 등으로 발생된 소요경비는 반환청구자가 부담 7. 처분일 : 공고기간 종료 후 8. 처분방법 : 공고기간 내에 반환신청이 없으면 매각처분이나 기증 또는 공공자전거로 활용 9. 문의처 : □□구청 교통행정과 (☎ 02-2200-0083) [붙임] 1. 자전거 반환신청서 / 2. 방치 자전거 수거 대장 1부		

① 구청의 무단방치 자전거 처분에 관련한 공고는 한 달에 1번 이상일 경우도 있을 것이다.

② 해당 공고문에서는 자전거 반환신청서와 방치 자전거 수거 대장이 있으므로 자신의 장기방치 자전거가 있는지 확인할 수 있다.

③ 장기방치 자전거는 적어도 공고일 기준 10일 이상 관내에 공공장소에 무단방치한 자전거일 것이다.

④ 방치 자전거 목록에서 자신의 자전거를 확인한 소유주는 본인 자전거 관리번호를 확인한 다음 반환신청서를 작성하여 직접 제출하거나 팩스로 송부하여야 한다.

⑤ 공고기간 내에 찾아가지 않은 자전거는 기증 또는 공공자전거로 사용하거나 강제처분하고 매각하게 되는데, 매각대금은 매각 후 1년이 지나면 구청에 귀속된다.

해설

⑤ 매각대금은 매각 후가 아닌 공고일로부터 1년이 지나면 구청에 귀속된다.

정답 02 ⑤

03 WiFi폰에 대한 안전 주의사항이다. 옳지 않은 것은?

안전을 위한 주의사항

1. WiFi폰 및 충전기는 어린이 손에 닿지 않는 곳에 보관하십시오.
   - 배터리를 입에 넣거나 파손된 배터리를 사용할 경우 인체에 영향을 줄 수 있으며, 감전, 전자파 노출이 있을 수 있습니다. 제품의 부속물을 어린이가 삼키지 못하게 주의하세요. 질식이나 식도 걸림 등의 위험이 있습니다.
2. 배터리 충전은 반드시 동봉된 5V 1A 전용 충전기를 사용하시고 WiFi폰에 직접 충전을 하실 경우는 TTA 인증을 획득한 표준형 충전기를 사용하시기 바랍니다.
   - TTA인증을 받지 않은 충전기 사용시 배터리의 수명이 단축되거나 폭발할 위험이 있으며, WiFi폰에 손상을 줄 수 있습니다. 이 경우 무상수리를 받을 수 없습니다.
3. WiFi폰이 젖은 상태에서는 절대로 전원버튼을 누르면 안되며, 젖은 손으로 WiFi폰이나 어댑터 또는 전원코드를 만지지 마세요.
4. 임의로 분해하거나 충격을 주지 말고 충전중인 상태로 전화를 걸거나 받지 마세요.
   - 감전, 누전, 화재의 원인이 될 수 있습니다.
5. 전원코드가 흔들리지 않도록 확실히 꽂아주시고, 뺄 때는 코드를 잘 잡고 빼 주세요.
   - 접속이 불안정한 경우, 심선의 일부가 단선되어 발열 발화의 원인이 될 수 있습니다.
   - 전원코드를 손상 (가공하거나, 무리하게 구부리거나, 비틀거나, 잡아당기거나, 틈 사이에 끼우거나, 가열하거나, 절단하거나)시키지 말고, 콘센트 끼우는 부분이 헐거울 때는 사용하지 마세요. 코드가 파손되어 화재, 감전의 원인이 될 수 있습니다.
   - 전원 코드 위에 무거운 것을 놓거나 기기 밑에 깔려 눌리지 않도록 하세요. 화재나 감전의 위험이 있을 수 있습니다.
   - 해당 무선설비는 운용 중 전파혼시 가능성이 있으므로 인명안전과 관련된 서비스는 할 수 없습니다.
6. WiFi폰 옆에 꽃병, 화분, 컵, 화장품, 약품 등 물이 들어 있는 용기를 두지 마세요.
   - WiFi폰에 물이 들어가면 감전, 화재의 원인이 될 수 있습니다.
7. 신용카드, 전화카드, 통장, 승차권 등의 자성을 이용한 제품은 WiFi폰 가까이 두지 마세요.
   - WiFi폰의 자기에 의해 정보가 훼손될 수 있습니다.

---

① TTA인증을 받지 않은 충전기 사용하는 경우 무상수리를 받지 못할 수 있다.
② 신용카드, 전화카드, 통장, 승차권 등의 자성을 이용한 제품에 의해 WiFi폰 정보가 훼손될 수 있습니다.
③ WiFi폰이 젖은 상태에서는 절대로 전원버튼을 누르면 안된다.
④ 충전중인 상태로 전화를 걸거나 받으면 감전, 누전, 화재의 원인이 될 수 있다.
⑤ 발열 발화의 경우 접속이 불안정하여 심선의 일부가 단선되어 생길 수 있다.

해설

지문 마지막 내용을 보면 WiFi의 자기에 의해 제품들의 정보가 훼손될 수 있기 때문에 해당 보기는 인과의 대상이 바뀌어 있다.

정답 03 ②

[04 ~ 05] 다음 글을 읽고 이어지는 질문에 답하시오.

〈2019년도 한국국학연구원 연구직 채용공고〉

1. 모집분야 및 채용인원

직종	직급	모집분야	채용 인원	응시자격
연구직	부연구위원급 이상	경제학, 경영학, 통계학, 에너지자원 관련 분야	4 명	모집분야 박사학위 소지자 (2020년 상반기 취득예정자 포함)
연구직	전문연구원	경제학, 경영학, 통계학, 에너지자원 관련 분야, 국제협상 및 국제관계 관련 분야	6 명	모집분야 석사학위 소지자 (2020년 2월 취득예정자 포함)

2. 임용기간 및 조건 : 1년 근무 후 평가를 통해 정규직 임용(본원의 운영규칙 적용)

3. 전형방법
   - 부연구위원급 이상
     1 차 시험 : 서류전형(블라인드 심사), 2차 시험 : 세미나(논문 또는 연구 발표), 면접
   - 전문연구원

전형	시행방법
1. 서류	블라인드 입사지원서 심사
2. 직업기초능력 및 직무수행능력 평가	OO시험을 통한 직업기초능력 평가
3. 논술	논술 시험을 통한 직무수행능력 평가
4. 블라인드 면접	모집분야 관련 주제 세미나
5. 신원조사	신원조사, 신체검사, 비위면직자 조회

4. 응시 제출서류
   - 모든 제출서류에 학교명을 삭제하며 각 1부씩 온라인 접수 시 첨부
   - 부연구위원 : 응시원서 및 자기소개서, 박사논문 요약문과 전문, 최근 4년 이내 연구실적목록(학위논문 제외), 박사학위증 또는 졸업(예정) 증명서
   - 전문연구원 : 응시원서 및 자기소개서, 석사논문 요약문과 전문, 공인어학성적 증명서, 최종학력 성적 증명서
   - 공통 적용사항 : 취업지원대상자 증명서 등 가점 관련 증명서, 재직/경력증명서는 해당자의 경우 제출

5. 응시원서 접수 기간 및 제출방법 : 2019. 11. 1. ~ 2019. 11. 30. 본원 홈페이지 온라인 접수

6. 기타사항
   - 국가유공자 등 예우 및 지원에 관한 법률, 장애인 고용촉진 및 직업재활법 해당자는 법령에 의하여 우대함.
   - 비수도권 지역 인재, 기초생활수급자, 연구원 소재지 지역 인재의 경우 서류전형 단계에서 가점 부여. 단, 가점 등 우대혜택이 중복되는 경우 가점이 제일 높은 항목 한 개만 적용함.

04 다섯 사람이 위 채용공고 내용을 참고하여 지원서를 제출하였다. 적절한 경우를 모두 고른 것은?

> 박○○ : 경제학 박사학위를 2019년 8월에 취득하며, 부연구위원에 지원한다. 박사학위 논문을 연구실적으로 제출하였다.
> 김◇◇ : 학사 과정에서 경영학과 통계학을 전공하였다. 학사졸업 후 경제개발 관련 연구소에서 5년 동안 근무했다. 이 경력을 살려 전문연구원에 지원했다.
> 정◎◎ : 연구원 소재지에 거주하며 기초생활수급자이다. 가점을 받기 위해 이 두 가지 부분에 대한 관련 증명서를 제출하였다.
> 류□□ : 2019년 2월에 에너지관리학 석사학위를 취득하였으며, 최종학력성적 증명서에 출신학교를 삭제한 뒤 전문연구원에 지원하였다.
> 채△△ : 2018년 2월 국제관계학 박사학위를 받았다. 학위증명서와 각종 연구실적목록을 준비하여 부연구위원 채용에 지원하였다.

① 정◎◎, 박○○   ② 김◇◇, 채△△   ③ 정◎◎, 류□□
④ 박○○, 김◇◇   ⑤ 류□□, 채△△

해설

박○○ : 연구실적목록에는 논문은 제외한다.
김◇◇ : 전문위원은 석사학위 소지자여야 한다.
채△△ : 국제관계학 박사학위는 전문연구원의 모집분야에만 있다.

05 〈보기〉의 내용은 국제협상 및 국제관계 연구직 채용자에게 요구되는 필요지식이다. 이에 해당하는 연구원을 선발하기 위해 지원 서류를 심사하는 과정에서 담당자가 떠올릴 수 있는 생각으로 적절하지 않은 것은?

> **보기**
> • 에너지 국제협력 또는 개발 선행연구에 대한 지식, 관련 분야
> • 사업성 분석 및 경영전략에 대한 이해
> • 고객 데이터 수집, 관리 및 분석, 처리 방법에 대한 이해
> • 영어 등 외국어 구사 및 활용능력

① 국제협상 및 국제관계 분야의 연구원을 채용하는 것이지만, 에너지 자원에 대한 관심도와 직무수행과 관련된 데이터 처리능력에 대한 지식을 확인하며 심사해야 한다.
② 국제협상 및 국제관계 분야 연구직으로 채용되었더라도, 사업과 경영전략에 대한 이해 능력에 두각을 보이면 근무 평가 이후 업무 분야를 변경할 수 있음을 고려하여 채용한다.
③ 논술, 면접 전형에서 에너지자원 문제의 동향을 얼마나 이해하고 있는지 확인한다.
④ 공인어학성적 증명서를 통해 영어 등 외국어 구사 및 활용 능력을 일차적으로 검증하고, 면접 과정에서 외국어 활용 능력을 확인해 본다.
⑤ 석사논문의 내용을 통해 에너지 국제협력 문제에 대한 이해가 충분한지를 살펴본다.

해설

② 업무 분야를 변경할 수 있다는 내용은 본문에 없다.

정답 04 ③ 05 ②

[06~07] 다음 자료를 보고 이어지는 질문에 답하시오.

AA 기업은 이번 신입사원 공개채용에서 2명을 선발할 예정이다. 1명은 해당 직종에서 3년 이상의 경력을 쌓은 지원자 중에서 선발하고, 나머지 1명은 해당 직종에서 3년 미만의 경력을 가진 지원자 중에서 직무적합도 테스트와 면접에서 우수한 결과를 보인 지원자를 채용하려고 한다. 이 기업 인사담당자는 다음의 요건과 지원자들의 결과에 따라 합격자를 선발하고자 한다.

1. 직무적합도 테스트 관련 합격요건
   100점 만점의 시험에서 성적이 우수한 자를 선발하되, 50점 이하의 점수를 받은 지원자는 과락으로 처리, 즉시 불합격된다.
2. 면접 관련 합격요건
   면접관 3명이 A/B/C/D의 등급으로 지원자의 면접 점수를 평가하되, D등급이 하나라도 부여된 지원자의 경우 과락으로 처리, 즉시 불합격된다. 면접등급은 A는 33점, B는 22점, C는 11점으로 환산한다. 예를 들어, 어떤 지원자의 면접결과가 A/B/B와 같다면 이 지원자의 면접 점수는 77점이다.
3. 부가점 관련 합격요건
   - 직무연관 자격증 : 1개당 부가점 3점 부여, 최대 6점 부여
   - 사회봉사시간 : 10시간당 1점 부여, 최대 5점 부여 (시간 책정은 일의 자리에서 반올림함)
   - 자기소개서 우수자 : 5점 부여
   - 국가유공자 : 5점 부여
4. 합격자 선발 방법
   직무적합도 테스트 점수와 면접 결과 점수를 합산한 다음, 부가점을 추가하여 지원자의 총점을 집계하여 성적이 가장 좋은 2명을 선발한다. 동점자 발생 시 우선순위는 직무 적합도 테스트 점수, 면접 환산 점수, 해당직종 경력순으로 선발이 이루어진다.

〈지원자 공개채용 결과〉

구분	직무적합도	면접결과	경력	부가점
지원자 A	70 점	A/B/B	3 년	사회봉사 28시간
지원자 B	85 점	B/B/D	4 년	직무연관 자격증 2개 사회봉사 36시간, 국가유공자
지원자 C	90 점	A/B/C	경력 없음	—
지원자 D	75 점	A/A/C	3년 2개월	직무연관 자격증 1개
지원자 E	50 점	A/B/B	3년 6개월	직무연관 자격증 1개
지원자 F	85 점	B/B/B	1 년	직무연관 자격증 1개 사회봉사 24시간
지원자 G	90 점	A/C/C	경력 없음	직무연관 자격증 3개

06 지원자들이 AA 기업 채용의 합격요건과 모든 지원자들의 점수를 알고 있다고 할 때, 다음 대화 내용 중 옳지 않은 것은?

① 지원자 D : 합격이다!
② 지원자 G : 축하해요. 저는 떨어졌어요.
③ 지원자 C : 지원자들 중에 과락자도 있네요.
④ 지원자 A : 전 직무적합도 테스트에서 5점만 더 맞았더라면 합격이었어요.
⑤ 지원자 F : 전 사회봉사만 5시간 더 했더라면 합격할 수 있었어요.

해설

i) 3년 이상 : A, B, D, E
B는 면접결과 중 D등급이 있어서, E는 직무적합도가 50점 이하여서 과락

	A	D(선발)
직무적합도	70	75
면접결과	77	77
부가점	3	3
총점	150	155

ii) 3년 미만 : C, F, G

	C (선발)	F	G
직무적합도	90	85	90
면접결과	66	66	55
부가점	0	5	6
총점	156	156	151

총점은 같으나, 직무적합도가 C가 높다.

④ A가 직무적합도에서 5점을 더 맞으면 D와 총점이 같아진다. 동점 발생시 우선순위를 가려보면 경력이 짧아서 그대로 D가 선발된다.

07 위 자료에 나타난 지원자와 합격조건을 바탕으로 할 때, 다음 중 정해진 합격자를 바뀌게 하는 지원자는?

① 지원자 H : 90점, A/C/D, 3년 6개월, 국가유공자
② 지원자 I : 100점, B/C/C, 3년 2개월, 자기소개서 우수자, 사회봉사 52시간
③ 지원자 J : 95점, B/B/C, 2년 6개월, 국가유공자
④ 지원자 K : 75점, A/A/C, 3년 3개월
⑤ 지원자 L : 90점, A/B/C, 1년

해설

⑤ L은 90 + 66 = 156점으로 C보다 높다.

정답 06 ④ 07 ⑤

08 다음을 읽고 바르지 않은 응대를 한 경우는?

1. 다른 직원에게 전화를 연결할 때
   – 다른 직원에게 연결해야 하는 이유를 설명하고 양해를 구한다.
     〈다른 부서로 연결해야 하는 경우〉
     ☞ '죄송합니다만, ○○○건에 관한 문의는 ○○○과에서 담당하여 제가 정확한 상담이 어려우니, 담당부서로 연결해 드리겠습니다.'
     〈같은 부서내 다른 직원에게 연결해야 하는 경우〉
     ☞ '죄송합니다만, ○○○건은 제가 상담이 어려우니, 담당자에게 연결해 드리겠습니다.'
   – 연결 시 전화가 끊어질 것을 대비하여 담당직원의 성명, 전화번호를 안내하고 연결해 준다.
     ☞ '담당부서는 ○○○과이고, 담당자는 ○○○입니다. 혹시 연결 중 전화가 끊어지면 000-0000으로 전화 주시기 바랍니다.'
     ☞ '담당자는 ○○○입니다. 전화를 돌리다가 끊어지면 000-0000으로 다시 걸어 주십시오.'

2. 찾는 사람이 부재중일 때
   – 부재의 사유를 전달하고 메모를 남길 것인지 확인한다.
     〈메모를 남길 경우〉
     ☞ '죄송합니다만 ○○○씨가 지금 출장 중입니다. 메모를 남겨 두었다가 돌아오시면 전달해 드리겠습니다.'
     〈메모를 남기지 않을 경우〉
     ☞ '○○시쯤 돌아오실 예정인데 죄송하지만 그때 다시 전화 주시겠습니까?'

3. 고객과 상담 중에 전화가 왔을 때
   – 상담고객에게 양해를 구하고 수화기를 든다.
     ☞ '잠시 실례하겠습니다.'(눈맞춤 인사와 함께)
   – 통화가 길어질 것 같으면
     ☞ (전화 건 고객에게) '죄송합니다만 지금 고객이 기다리고 계셔서 그러는데 제가 잠시 후에 다시 전화를 드려도 괜찮겠습니까?'
   – 상담고객에게 이전에 설명 중이던 내용을 연결하여 설명해 드린다.
     ☞ '말씀드리던 내용을 계속 안내해 드리겠습니다.'

4. 전화가 잘못 걸렸을 때
   – 잘못 걸려온 전화도 친절하고 정중하게 응대한다.
     ☞ '실례지만 몇 번으로 전화하셨습니까? 이곳은 ○○○이 아니라 ○○○입니다. 전화가 잘못 걸린 것 같습니다.'

5. 전화가 잘 들리지 않을 때
   – 잘 들리지 않는데도 대충 알아듣는 척 하여서는 안된다.
   – 한 번 더 말씀해 주실 것을 요청하거나 다시 걸어주도록 정중히 요청한다.
     ☞ '전화상태가 좋지 않아 잘 들리지 않습니다. 죄송합니다만 다시 전화해 주시겠습니까?'

6. 위치를 물어볼 때
   – 어디서 출발하는지 상대방의 위치와 교통편을 확인하여 안내한다.
     ☞ '실례지만, 지금 위치가 어디십니까? 교통편은 어떤 방법으로 오시는지요? 오시다가 어려우시면 다시 전화 주십시오.'

7. 고객이 통화하기 어렵다고 불평할 때
   – 고객의 의견을 경청하며, 통화의 어려움에 대해 공감한다.
     ☞ '네, 그러셨습니까? 불편을 드려 죄송합니다.'
   – 전화 연결이 잘 안 된 사유를 설명하고 양해를 구한다.
     ☞ '죄송합니다. ○○○ 때문에 전화 연결이 어려웠던 것 같습니다.'

① 고객과 상담 중에 전화가 왔을 때 상담 중인 고객에게 양해를 구하고 전화를 받되 간결하게 통화를 마무리 하고 다시 상담을 이어서 진행하였다.
② 전화가 왔지만 타 부서 관련 업무의 내용일 때는 전화를 돌려야 하는 이유를 설명하고 혹시나 전화가 끊어질 것을 대비하여 담당자와 전화번호를 안내한 후 전화를 돌렸다.
③ 전화로 찾는 사람이 부재 중일 때 메모를 남길 것인지 확인 후 남기지 않는다면 다시 전화하실 수 있도록 담당자가 돌아올 시간을 알려드렸다.
④ 전화가 잘 들리지 않을 때 최대한 집중하여 듣고 예상하여 통화를 진행하였으나 전화 상태가 여간 좋지 않아 다시 전화를 걸어 주도록 정중히 요청하였다.
⑤ 업무 보고가 길어져 자리를 오래 비운 상태에서 전화를 받았는데 통화가 원활하지 않다고 고객이 불평할 때 통화가 어려웠음을 공감하고 사유를 설명드리고 양해를 구했다.

해설

지문 '5. 전화가 잘 들리지 않을 때'의 첫 번째 내용을 통해 예상하여 통화를 진행하였던 내용은 올바른 응대가 아님을 알 수 있다.

정답 08 ④

[09 ~ 10] 다음 공고문을 보고 질문에 답하시오.

2018년도 전문무역상사 모집 공고

1. 지원 자격 : 아래 조건 중 하나 이상에 해당하는 무역 상사
   - 전년도('17) 수출실적 또는 최근 3년간('15 ~ '17)의 연평균 수출실적이 100만 달러 이상이고, 他 중소·중견기업 생산 제품의 수출 비중이 20% 이상인 자
   - 전년도('17) 수출실적 또는 최근 3년간('15 ~ '17)의 연평균 수출실적이 미화 1억불 이상인 자로서 무역거래를 주로 영위하는 자
   - 유통산업발전법 제2조제3호에 따른 대규모 점포를 국외에서 3개 이상 운영하면서 전년도('17) 매출액이 500억원 이상인 자
   - 국내·외에서 방송채널 및 사이버몰 등 전자상거래수단을 1개 이상 직접 운영하면서 전년도('17) 매출액이 500억원 이상으로, 이중 국외 매출이 50억원 이상인 자
   - 중소벤처기업부 장관이 추천하는 중소기업 수출지원 전문기업
   - 농업·어업·수산업, 서비스업 등 수출시장 다변화를 위해 전략적 수출확대 지원이 필요한 분야에서, 다음 각 호의 어느 하나에 해당하여 주무 부처 장관의 추천을 받은 자 중 산업통상자원부 장관이 그 능력이 있다고 인정하는 자
     1. 협동조합기본법에 의한 협동조합
     2. 농어업경영체 육성 및 지원에 관한 법률에 따른 영농조합법인 또는 영어조합법인
     3. 농업협동조합법에 따라 설립된 조합 및 조합공동사업법인
     4. 수산업협동조합법에 따라 설립된 조합
     5. 중소기업협동조합법에 따라 설립된 협동조합, 사업협동조합 또는 협동조합연합회
     6. 대중소기업 공동출자형 수출전문기업
     7. 업종별 협회·단체의 무역자회사
     8. 공공기관(「공공기관의 운영에 관한 법률」 제4조에 따른 공공기관을 말한다)이 출자하여 설립한 무역상사
     9. 기타 전문무역상사의 취지에 적합하다고 주무부처 장관의 추천을 받아 신청한 수출조직

2. 모집 규모 : ○○개社 내외

3. 지정 기간 : 선정일로부터 1년('18.3 ~ '19.2)

4. 지정 시 혜택
   - 단기수출보험 가입우대
   - 수출신용보증 가능한도 우대
   - 무역진흥자금 융자 시 가점부여
   - 환변동 보험료 지원
   - 환위험관리 컨설팅
   - 지역별 유망 내수 제조기업과의 수출상담회 기회 부여
   - 해외 유망전시회 공동 참관단 파견 지원
   - 품목별 해외 바잉오퍼 제공
   - 외국어 통·번역 지원
   - 홈페이지를 활용한 온라인 상시 매칭

5. 지원 방법
   - 접수기간 : 2018. 1. 19(금) ~ 2018. 2. 19(월) 18 : 00까지
   - 접수방법 : 이메일(stcnet@kita.net) 또는 팩스(02-6000-5117)
   - 제출서류 : - (필수) 지정신청서, 사업계획서, 국내 기업 신용조사 동의서, 사업자등록증*, 법인인감증명서 각 1부 (첨부 문서양식 활용)
     * 동일 법인에 2개 이상의 사업자등록이 있는 경우 사업자등록증 전부
     - (필요시) 주무부처 장관 추천서 (자율양식)
   - 지정절차 : 서류심사(~ 2.23) → 심사위원회를 통한 최종 선정(2.28 잠정)
     * 세부 일정 변경 가능
   - 문의처 : 한국무역협회 전문무역상사 사무국(02-6000-5459)

09 위 공고문에 지원이 가능하지 않은 회사는 어디인가?

① 17년도 국내 매출 400억, 국외 매출 150억인 사이버몰
② 주무부처장관의 추천 및 산업통상자원부 장관의 인정을 받은 대중소기업 공동출자형 수출전문기업
③ 15년부터 17년까지 수출실적이 미화 1억불인 무역회사
④ 유통산업발전법 제2조제3호에 따른 대규모 점포 4개의 17년 국외 매출이 점포당 각각 150억원인 사업자
⑤ 중소벤처기업부 장관이 추천하는 중소기업 수출지원 전문기업

해설
연평균 1억불 이상이어야 하므로 3년간 실적이 1억불인 보기의 대상은 지원이 가능하지 않다.

10 위 공고문 및 모집지원에 대한 설명을 옳은 것을 고르시오.

① 최종 선정 시 매년 해외 유망전시회 공동 참관단으로 선정된다.
② 잠정적으로 2월 28일에 주무부처 장관 심사를 거쳐 최종선정된다.
③ 동일 법인에 2개 이상의 사업자등록이 있는 경우 대표로 하나만 제출한다.
④ 2월 19일이 접수마감이며 마감 이후 3일 이상 서류심사를 한다.
⑤ 주무부처 장관 추천서 등의 서류는 첨부 문서양식을 활용한다.

해설
19일 마감 접수 이후 23일까지 서류심사이므로 3일 이상 서류심사를 하는 것으로 볼 수 있다.

정답 09 ③ 10 ④

11. 다음 행사 관련 문서를 잘못 이해한 것은?

2017년 불공정무역행위 조사제도 심포지엄 개최 계획

- 목적
  - 보호무역주의 강화 등 글로벌 무역환경 변화에 따른 지재권 이슈를 분석하고 전략적인 지재권 보호·활용방안 모색('12년부터 매년 개최)

- 행사 개요
  - (일시·장소) '17. 11. 22(수), 14 : 00 ~ 18 : 00 / 코엑스 컨퍼런스룸 300호
  - (주제) 신보호무역주의와 지식재산권 대응 전략
  - (주최·주관) 산업통상자원부 무역위원회 / 한국지식재산보호원
  - (참석대상) 학계·산업계·법조계 전문가 및 기업인 등 150여명

- 주요 프로그램

시간		내용(안)	비고
[세션1] 사례 발표 및 패널토론			
14:25 ~ 14:55	30"	[발표1] 보호무역주의 확대 등 글로벌 무역환경 변화에 따른 지재권 대응 전략	○○대학교 정 교수
14:55 ~ 15:25	30"	[발표2] 미국 국제무역위원회(ITC) 조사제도 소개 및 판정사례 분석	A학교 나 교수
15:25 ~ 15:55	30"	[발표3] 중국의 보호무역 조치로 인한 우리기업의 지재권 침해사례 및 대응 전략	B학회 최 소장
15:55 ~ 16:40	45"	[패널토론] 발표내용에 대한 토론 및 질의·답변 - 좌장 : 미정 / 패널 : 발표자 3명	
16:40 ~ 16:55	15"	COFFEE BREAK	
[세션2] 정부 정책 소개			
16:55 ~ 17:15	20"	무역구제 정책 및 불공정무역행위 조사제도	무역위원회
17:15 ~ 17:35	20"	지식재산권 침해동향 및 주요 단속사례	특허청
17:35 ~ 17:55	20"	저작권 침해물품 수출입 사례 및 우리기업 대응방안	저작권 보호원
[폐회식 및 기념 촬영]			
17:55 ~ 18:00	5"	폐회선언	사회자

① 신보호무역주의와 지식재산권 대응 전략에 대한 심포지엄이다.
② 12년부터 매년 개최하였으며 17년에는 11월에 150여명 대상으로 개최를 계획하고 있다.
③ 오후 세시에는 미국의 제도 소개 및 사례 분석이 발표되고 있다.
④ 무역위원회에서 무역정책 및 불공정무역행위 조사제도를 발표한다.
⑤ 저작권보호원에서 지식재산권 침해동향 및 주요 단속사례를 발표한다.

해설

지식재산권 침해동향 및 주요 단속사례는 특허청에서 발표한다.

정답 11 ⑤

12 다음 보도 자료를 잘못 이해한 것은?

> **'일본의 학도병 강제동원 실태'에 관한 정부 최초 진상보고서 발간**
>
> 행안부―고려대, "일제에 의한 피해 실태 규명에 중요한 자료될 것"
>
> 행정안전부는 1940년대 제국주의 일본이 '학도지원병'이란 명목으로 아시아태평양전쟁에 강제동원한 조선인 청년들의 피해 실태 조사 내용을 담아 정부 최초로 보고서를 발간했다.
>
> 행정안전부 과거사업무지원단과 고려대학교가 지난해 10월부터 12월까지 공동 수행한 진상조사 보고서에는 학도병 제도 시행 배경, 동원규모 및 부대배치 실태, 생존자 회고록, 일본군 부대 명부 등을 중심으로 조사하여 체계적으로 학도병 동원 피해실태를 규명하고 있다.
>
> 현재까지 학도병으로 동원된 조선인은 4,385명으로 추정할 뿐 구체적인 자료가 없었으나, 이번 진상조사 보고서가 일제에 의한 조선인 학도병 동원 피해 실태를 종합적으로 규명하는데 중요한 자료가 될 것으로 기대된다.
>
> 또한, 학업에 전념할 어린 나이에 학도병으로 동원된 조선 청년들의 가혹한 생활과 고(故) 김준엽 선생, 장준하 선생 등의 목숨을 건 탈출과정 등을 발견하여 기록하고, 징병자 명부도 목록화하여 학도병 강제동원의 생생한 피해 실상을 한층 더해주고 있다.
>
> 아울러, 이번에 발굴한 자료 중에는 전선에 배치된 이후 탈출하여 광복군 등으로 독립운동을 전개한 분들의 기록도 상당수 있어 향후 독립유공자 포상의 근거자료로 활용이 가능하다는 점에서 의의가 깊다.
>
> 이번 진상조사를 주관한 행정안전부 과거사업무지원단 관계자는, "위안부 문제와 함께 꽃다운 청년들을 전장에 내몰아 희생시키는 등 일본이 과거에 우리나라에 끼친 강제동원 피해를 사실대로 정확히 밝혀내야 한다."라고 강조하면서, "앞으로 진실규명에 적극 나서겠다."라고 말했다.
>
> 진상조사 보고서는 19일부터 국가기록원(www.archives.go.kr)에 공개되어 누구나 누리집을 통해 쉽게 열람할 수 있다.
>
> 담당 : 강제동원피해조사연구과 (02-2195-3000)

① 진상조사 보고서에 의하면 현재까지 학도병으로 동원된 조선인은 4,385명이다.
② 진상조사 보고서는 체계적으로 학도병 동원 피해실태를 규명하고 있다.
③ 고(故) 김준엽 선생, 장준하 선생 등의 목숨을 건 탈출과정 등을 발견하여 기록하였다.
④ 진상보고서는 독립유공자 포상의 근거자료로 활용될 수 있다.
⑤ 위 보고서는 일본의 학도병 동원에 따른 조선인 청년들의 피해 실태를 조사한 정부 최초의 보고서이다.

해설

현재까지 학도병으로 동원된 조선인의 수는 4,385명으로 추정되지만 이번 보고서에 의한 것은 아니다.

정답 12 ①

13 다음 〈조건〉에 따라 균형발전위원회를 구성할 때 〈표〉에 제시된 후보들 가운데 위원을 선정하려고 한다. 다음 중 〈조건〉의 기준을 모두 충족시킨 것은?

조건

1. 위원의 수는 4명 이상 7명 이하로 한다.
2. 여성의 비율이 반드시 40% 이상이어야 한다.
3. 같은 지역 출신이 25% 이상이면 안 된다.
4. 위원의 전문분야 종사기간은 10년 이상이어야 한다.
5. 석사 이상 학위 소지자의 비율이 반드시 30% 이상이어야 한다.
6. 위원회는 세 지역 이상 출신인사들로 구성되어야 한다.

〈표〉 후보자 신상정보

후보자	성별	출신지역	최종학력	전문분야 종사기간
A	남	서울	학사학위 취득	10년
B	여	경남	박사학위 취득	12년
C	남	경북	학사학위 취득	8년
D	여	강원	고등학교 졸업	12년
E	남	충남	학사학위 취득	13년
F	여	제주	석사학위 취득	11년
G	남	강원	석사학위 취득	10년
H	여	서울	고등학교 졸업	9년
I	남	경기	학사학위 취득	13년
J	여	전남	석사학위 취득	11년
K	남	서울	학사학위 취득	11년
L	여	경기	고등학교 졸업	15년
M	남	충북	석사학위 취득	9년
N	여	전북	학사학위 취득	10년

① A - E - G - L - N
② A - I - K - L - N
③ B - D - F - H - K - M
④ C - D - E - G - J - K
⑤ E - F - I - J - N

해설

조건4 → C, H, M 탈락 → 보기 3, 4번 제외
조건5 → 석사 이상(B, F, G, J) 중 두 명 이상 → 보기 1, 2번 제외

정답 13 ⑤

14 다음 글을 근거로 판단할 때, 〈보기〉에서 옳은 것만을 모두 고르면?

- 정부□□청사 신축 시 〈화장실 위생기구 설치기준〉에 따라 위생기구(대변기 또는 소변기)를 설치하고자 한다.
- 남자 화장실에는 위생기구 수가 짝수인 경우 대변기와 소변기를 절반씩 나누어 설치하고, 홀수인 경우 대변기를 한 개 더 많게 설치한다. 여자 화장실에는 모두 대변기를 설치한다.

〈화장실 위생기구 설치기준〉

기준	각 성별 사람 수(명)	위생기구 수(개)
A	1~9	1
	10~35	2
	36~55	3
	56~80	4
	81~110	5
	111~150	6
B	1~15	1
	16~40	2
	41~75	3
	76~150	4
C	1~50	2
	51~100	3
	101~150	4

보기

ㄱ. 남자 30명과 여자 30명이 근무할 경우, A기준과 B기준에 따라 설치할 위생기구 수는 같다.
ㄴ. 남자 50명과 여자 40명이 근무할 경우, B기준에 따라 설치할 남자 화장실과 여자 화장실의 대변기 수는 같다.
ㄷ. 남자 80명과 여자 80명이 근무할 경우, A기준에 따라 설치할 소변기는 총 4개이다.
ㄹ. 남자 150명과 여자 100명이 근무할 경우, C기준에 따라 설치할 대변기는 총 5개이다.

① ㄱ, ㄴ   ② ㄴ, ㄷ   ③ ㄷ, ㄹ
④ ㄱ, ㄴ, ㄹ   ⑤ ㄱ, ㄷ, ㄹ

해설

ㄱ. A, B기준 모두 30명은 위생기구 수가 2개이므로 같다. (○)
ㄴ. 남자 50명의 수는 3이므로 대변기는 2, 여자 40명의 수는 2이므로 같다. (○)
ㄷ. 소변기는 남자 위생기구수의 절반이므로 남자 80명의 4개의 절반인 2개이다. (×)
ㄹ. 남자 150명의 수 4 중 대변기 2, 여자 100명의 수 3이므로 대변기는 총 5개이다. (○)

정답 14 ④

[15 ~ 16] 다음은 각 항목에 따른 안전점검 체크리스트이다. 물음에 답하시오.

자연재난
1. 태풍 등 자연재난
    - 태풍, 집중호우, 폭설 등 기상청의 『경보』 이상 기상특보 발령에 따른 작업중지 등 조치 여부
    - 자연재난에 대한 매뉴얼 제정 및 주기적 훈련 실시
    - 자연재난에 대비한 『비상 연락망』 및 『비상 복구반』 구성·운영 여부
2. 폭설·한파
    - 눈치우기 작업자에게 방한복, 아이젠 등을 지급·착용하는가?
    - 제설작업에 필요한 장비 및 전용도구가 항상 준비되어 있는가?
    - 통행위험 장소에 「통행금지」 표지를 설치하는가?

건설현장
1. 장마철 감전재해 예방
    - 전기기기 및 배선 등의 전기충전부는 노출되지 않도록 설치되어 있는가?
    - 전기기계기구에 접지가 되어있고, 전원측에 누전차단기가 설치되어 있는가?
    - 전기설비를 사용하는 작업공간에 물기가 없는가?
2. 해빙기 건설현장
    - 절·성토면내 공극수의 동결·융해 반복에 따른 사면붕괴 위험은 없는가?
    - 굴착배면 지반의 동결융해 시 토압·수압증가로 흙막이지보공 붕괴위험은 없는가?
    - 동결지반 융해에 따른 지반이완·침하로 지하매설물 및 가시설의 파손 위험은 없는가?
3. 장마철 건설현장
    - 집중호우에 의한 토사유실 또는 흙막이 지보공 등 무너짐(붕괴) 위험은 없는가?
    - 태풍 등 강풍에 따른 타워크레인 등 무너짐 또는 넘어짐 위험은 없는가?
    - 장마철 전기 기계·기구 취급 도중 근로자의 감전재해 위험은 없는가?
4. 동절기 건설현장
    - 난방기구 및 전열기구 과열로 인한 화재위험은 없는가?
    - 콘크리트 양생용 갈탄 사용 시 환기조치 및 진화 장비 비치가 잘 되어있는가?
    - 방동제 취급 근로자에게 MSDS교육을 실시하고 방동제 용기에 경고표지를 부착하였는가?

건강장해 예방
1. 혹서기 건강장해 예방
    - 아이스박스, 보냉물통 등을 통해 시원하고 깨끗한 물이 제공될 수 있는 조치가 되어 있는가?
    - 별도의 휴게장소 또는 안전한 장소에 그늘이 제공되고 있으며 해당 장소에 의자나 돗자리 등 필요한 물품이 비치되어 있는가?
    - 근로자가 땀을 많이 흘리는 장소에 소금 및 깨끗한 음료수 등을 비치하고 있는가?
2. 혹한기 건강장해 예방
    - 체온유지를 위한 더운물(음용수포함)을 제공할 수 있는 설비가 설치되어 있는가?
    - 휴게시간에 체온을 유지하면서 휴식을 취할 수 있는 별도의 휴게장소가 제공되고 있는가?
    - 방한모, 방한화, 방한장갑 등 저온의 물체취급 근로자에게 적합한 보호구가 지급, 착용되고 있는가?

15 각 항목과 그에 따른 안전점검 체크리스트의 연결이 적절하지 않은 것은?

① 혹서기 건강장해 예방 – 근로자가 땀을 많이 흘리는 장소에 소금 및 깨끗한 음료수 등을 비치하고 있는가?
② 폭설·한파 – 제설작업에 필요한 장비 및 전용도구가 항상 준비되어 있는가?
③ 혹한기 건강장해 예방 – 체온유지를 위한 더운물(음용수포함)을 제공할 수 있는 설비가 설치되어 있는가?
④ 동절기 건설현장 – 난방기구 및 전열기구 과열로 인한 화재위험은 없는가?
⑤ 태풍 등 자연재난 – 태풍 등 강풍에 따른 타워크레인 등 무너짐 또는 넘어짐 위험은 없는가?

해설

해당내용은 '건설현장 – 3. 장마철 건설현장'에 해당한다.

16 건설현장과 관련한 체크리스트가 아닌 것을 고르시오.

① 전기설비를 사용하는 작업공간에 물기가 없는가?
② 통행위험 장소에 「통행금지」 표지를 설치하는가?
③ 장마철 전기 기계·기구 취급 도중 근로자의 감전재해 위험은 없는가?
④ 방동제 취급 근로자에게 MSDS교육을 실시하고 방동제 용기에 경고표지를 부착하였는가?
⑤ 굴착배면 지반의 동결융해 시 토압·수압증가로 흙막이지보공 붕괴위험은 없는가?

해설

해당내용은 '자연재난 – 2. 폭설, 한파'에 해당한다.

정답 15 ⑤ 16 ②

17 서로 다른 질병을 앓고 있는 A, B, C, D가 있다. 다음 식이요법과 〈보기〉의 대화를 참조하여 각 사람이 앓고 있는 질병을 바르게 연결한 것은?

가. '지방간'환자의 식이요법

① 주식		② 주찬	
• 밥, 빵, 면	△	• 육류	○
		• 어패류	○
		• 달걀	
		• 콩, 콩 제품	○
③ 부찬		④ 기호품	
• 녹황색 야채	◎	• 과자류	▽
• 감자, 호박	○	• 알콜	×
• 해초, 버섯, 곤약	◎	• 카페인 음료	○
• 과일	△	• 탄산 음료	▽
• 우유, 유제품	○		

나. '빈혈'환자의 식이요법

① 주식		② 주찬	
• 밥, 빵, 면	○	• 육류	◎
		• 어패류	◎
		• 달걀	◎
		• 콩, 콩 제품	○
③ 부찬		④ 기호품	
• 녹황색 야채	◎	• 과자류	○
• 감자, 호박	○	• 알콜	○
• 해초, 버섯, 곤약	○	• 카페인 음료	○
• 과일	◎	• 탄산 음료	○
• 우유, 유제품	○		

다. '동맥경화'환자의 식이요법

① 주식		② 주찬	
• 밥, 빵, 면	○	• 육류	△
		• 어패류	◎
		• 달걀	△
		• 콩, 콩 제품	◎
③ 부찬		④ 기호품	
• 녹황색 야채	◎	• 과자류	△
• 감자, 호박	◎	• 알콜	▽
• 해초, 버섯, 곤약	●	• 카페인 음료	▽
• 과일	○	• 탄산 음료	▽
• 우유, 유제품	○		

해설

알콜의 경우 지방간은 금지→A, 동맥경화는 가능한 적게→D

라. '저혈압'환자의 식이요법

① 주식		② 주찬	
• 밥, 빵, 면	◎	• 육류	◎
		• 어패류	◎
		• 달걀	◎
		• 콩, 콩 제품	◎
③ 부찬		④ 기호품	
• 녹황색 야채	○	• 과자류	◎
• 감자, 호박	◎	• 알콜	○
• 해초, 버섯, 곤약	○	• 카페인 음료	○
• 과일	○	• 탄산 음료	○
• 우유, 유제품	◎		

※ ● 적극적으로, ◎ 조금 많이, ○ 보통으로, △ 좀 적은 듯하게, ▽ 가능한 한 적게, × 금지 식품

보기

A : 오늘 모처럼 회식을 하게 되었는데, 어디에 가서 할까? 좋은 메뉴 있으면 추천들 해 봐.

B : 오늘 날씨도 그런데 삼겹살에 소주 한 잔 하러 가는 게 어때? 회식은 뭐니 뭐니 해도 삼겹살이 최고지.

C : 그래? 그런데 이왕이면 소주보다는 맥주에다가 과일 안주를 먹는 게 어떨까? 그게 더 있어 보이잖아.

D : 에이, 그래도 저녁 시간인데 밥은 먹어야지. 술은 좀 덜 마셔도 좋으니까, 순두부 집에 가는 게 어때?

A : 그래, 빈 속에 술은 좀 그렇고 순두부 먹은 후에 2차로 커피숍에 가서 커피나 한 잔 하자.

D : 그러지 말고 편의점에서 두유 같은 것을 사서 마시는 게 어때? 늦은 시간에 괜히 비싼 돈 내고 커피를 마실 필요는 없잖아.

---

① A - 지방간,   B - 저혈압,   C - 빈혈,   D - 동맥경화
② A - 지방간,   B - 빈혈,   C - 동맥경화,   D - 저혈압
③ A - 빈혈,   B - 지방간,   C - 동맥경화,   D - 저혈압
④ A - 빈혈,   B - 저혈압,   C - 지방간,   D - 동맥경화
⑤ A - 지방간,   B - 동맥경화,   C - 빈혈,   D - 저혈압

정답 17 ①

18 다음 〈대화〉와 〈품질인증서번호 부여 규칙〉을 근거로 판단할 때, 신청인이 발급받은 품질인증서번호는?

대화

상담원 : 안녕하세요? '품질인증서' 발급을 신청하러 오셨나요?
신청인 : 토목분야로 예전에 품질인증서를 발급받은 적이 있어요. 재발급받으려 합니다.
상담원 : 인증서 유효기간은 발급일로부터 2년까지입니다. 선생님께선 2017년 11월 20일에 발급받으셨네요. 오늘 접수하시면 유효기간 만료일로부터 30일이 지난 겁니다.
신청인 : 그렇군요. 저희가 2019년 11월에 본사와 공장을 전부 이전해서 주소가 바뀌었어요. 본사는 대전으로 이전했고, 공장은 중동에서 베트남으로 이전해 있어요. 이러한 내용으로 발급해 주세요.
상담원 : 접수되었습니다. 품질인증서는 접수일로부터 3주 후에 발급됩니다.

〈품질인증서번호 부여 규칙〉

품질인증서번호는 부여 규칙(가 ~ 라)에 따라 아래와 같이 ㉠ ~ ㉣란에 숫자 또는 코드가 기재된다.

㉠	㉡	㉢	㉣

가. ㉠란에 발급연도의 3, 4번째 숫자를 기재한다.
나. ㉡란에 아래의 신청유형별 코드를 기재한다.

신청유형	코드	신청유형	코드
신규신청	1A	재발급(기간만료 후)	4B
연장신청(기간만료 전)	2A	재발급(양도)	5C
규격확인 신청	3B	재발급(공장주소변경)	6C

※ 2개 이상의 신청유형에 해당되는 경우에는 해당 코드를 모두 기재하되, 각 코드에 포함된 숫자가 큰 코드를 먼저 기재한다.

다. ㉢란에 아래의 분야별 코드를 기재한다.

분야명	코드	분야명	코드
기계	AA	에너지	CC
전기, 전자	AB	토목	CD
정보, 통신	BB	의료기기	DD

라. ㉣란에 아래의 지역구분 코드를 기재한다. (단, 지역구분 코드는 발급연도를 기준으로 공장소재지에 따른다)

국내	코드	국외	코드
서울·인천·경기	DA	아시아	FA
대전·세종·충남·충북	DB	미주	FB
광주·전남·전북·제주	DC	유럽	FC
부산·울산·경남	DD	중동	FD
대구·경북	DE	아프리카	FE
강원	DF	기타지역	FF

① 196C4BCDFA
② 194B6CCCDB
③ 196C4BCDFD
④ 204B6CCDDB
⑤ 206C4BCDFA

해설

오늘은 2017년 11월 20일(발급일) + 2년(유효기간) + 30일이므로 2019년 12월 20일이다.

오늘은 접수일이며 접수일로부터 3주 후 발급되므로 발급연도는 2020년이 된다. 신청유형은 4B와 6C중 숫자가 큰 코드가 먼저이며 지역은 현재 공장소재지인 아시아 기준이다.

정답 18 ⑤

19 다음 글을 근거로 판단할 때 옳은 것은?

○○기업은 5명(A~E)을 대상으로 면접시험을 실시하였다. 면접시험의 평가기준은 가치관, 열정, 표현력, 잠재력, 논증력 5가지 항목이며 각 항목 점수는 3점 만점이다. 이에 따라 5명은 항목별로 다음과 같은 점수를 받았다.

〈면접시험 결과〉

(단위 : 점)

구분	A	B	C	D	E
가치관	3	2	3	2	2
열정	2	3	2	2	2
표현력	2	3	2	2	3
잠재력	3	2	2	3	3
논증력	2	2	3	3	2

종합점수는 각 항목별 점수에 항목가중치를 곱하여 합산하며, 종합점수가 높은 순으로 등수를 결정했다. 결과는 1등부터 5등까지 B, E, A, D, C 순이다.

① 잠재력은 열정보다 항목가중치가 높다.
② 논증력은 열정보다 항목가중치가 높다.
③ 잠재력은 가치관보다 항목가중치가 높다.
④ 가치관은 표현력보다 항목가중치가 높다.
⑤ 논증력은 잠재력보다 항목가중치가 높다.

해설

C와 D는 잠재력과 가치관의 점수가 다르고 나머지 점수는 같다. 잠재력은 C 2점, D 3점이며 가치관은 반대로 C 3점, D 2점이며 등수가 높은 D의 종합점수가 높아야하므로 D가 높은 점수를 받은 잠재력의 항목가중치가 가치관의 항목가중치보다 높아야한다.

정답 19 ③

20 다음 글을 근거로 판단할 때, 〈보기〉에서 옳은 것만을 모두 고르면?

> A, B, C가 바둑돌을 손가락으로 튕겨서 목표지점에 넣는 게임을 한다. 게임은 총 5라운드까지 진행하며, 라운드마다 바둑돌을 목표지점에 넣을 때까지 손가락으로 튕긴 횟수를 해당 라운드의 점수로 한다. 각 라운드의 점수가 가장 낮은 사람이 해당 라운드의 1위가 되며, 모든 라운드의 점수를 합산하여 그 값이 가장 작은 사람이 게임에서 우승한다.
>
> 아래의 표는 각 라운드별로 A, B, C의 점수를 기록한 것이다. 4라운드와 5라운드의 결과는 실수로 지워졌는데, 그 중 한 라운드에서는 A, B, C 모두 점수가 같았고, 다른 한 라운드에서는 바둑돌을 한 번 튕겨서 목표지점에 넣은 사람이 있었다.
>
> | | 1 라운드 | 2 라운드 | 3 라운드 | 4 라운드 | 5 라운드 | 점수 합 |
> |---|---|---|---|---|---|---|
> | A | 2 | 4 | 3 | | | 16 |
> | B | 5 | 4 | 2 | | | 17 |
> | C | 5 | 2 | 6 | | | 18 |

보기

ㄱ. 4라운드와 5라운드만을 합하여 바둑돌을 튕긴 횟수가 가장 많은 사람은 A이다.
ㄴ. 바둑돌을 한 번 튕겨서 목표지점에 넣은 사람은 B이다.
ㄷ. C의 점수는 라운드마다 달랐다.
ㄹ. 만약 각 라운드에서 단독으로 1위를 한 횟수가 가장 많은 사람이 우승하는 것으로 규칙을 변경한다면, C가 우승한다.

① ㄱ, ㄴ
② ㄱ, ㄷ
③ ㄴ, ㄹ
④ ㄱ, ㄷ, ㄹ
⑤ ㄴ, ㄷ, ㄹ

해설

점수가 같은 라운드의 점수를 a라고 하고 남은 라운드 점수를 A, B, C 순으로 x, y, z라고 하면 각 선수별로 모든 라운드 점수의 합은 아래와 같이 쓸 수 있다.
A = 2 + 4 + 3 + a + x = 16
B = 5 + 4 + 2 + a + y = 17
C = 5 + 2 + 6 + a + z = 18
정리하면
a + x = 7
a + y = 6
a + z = 5
이때 x, y, z 중 1점이 있으므로 총합이 가장 작은 z가 1이 되며 a = 4, x = 3, y = 2이다.

ㄱ. 4라운드와 5라운드만을 합하여 바둑돌을 튕긴 횟수는 A가 7로 가장 많다. (○)
ㄴ. z가 1점이므로 한번에 넣은 사람은 C다. (×)
ㄷ. C의 점수는 5, 2, 6, 4, 1로 매번 다르다. (○)
ㄹ. 1라운드 단독1위 A, 2라운드 단독1위 C, 3라운드 단독1위 B, 남은 두 라운드 중 한 라운드는 모두 4점으로 단독1위가 없으며 남은 마지막 라운드 단독1위는 1점인 C이므로 C가 우승한다. (○)

정답 20 ④

21. 다음 규정에 근거할 때, 옳은 것을 〈보기〉에서 모두 고르면?

> **제00조 (공공기관의 구분)**
> ① 기획재정부장관은 공공기관을 공기업·준정부기관과 기타공공기관으로 구분하여 지정한다. 직원 정원이 50인 이상인 공공기관은 공기업 또는 준정부기관으로, 그 외에는 기타공공기관으로 지정한다.
> ② 기획재정부장관은 제1항의 규정에 따라 공기업과 준정부기관을 지정하는 경우 자체수입액이 총수입액의 2분의 1 이상인 기관은 공기업으로, 그 외에는 준정부기관으로 지정한다.
> ③ 기획재정부장관은 제1항 및 제2항의 규정에 따른 공기업을 다음 각 호의 구분에 따라 세분하여 지정한다.
>   1. 시장형 공기업 : 자산규모가 2조 원 이상이고, 총 수입액 중 자체수입액이 100분의 85 이상인 공기업
>   2. 준시장형 공기업 : 시장형 공기업이 아닌 공기업

〈공공기관 현황〉

공공기관	직원 정원	자산규모	자체수입비율
A	80명	3조 원	85 %
B	40명	1.5조 원	60 %
C	60명	1조 원	45 %
D	55명	2.5조 원	40 %

※ 자체수입비율 : 총 수입액 대비 자체수입액 비율

보기
ㄱ. 기관 A는 시장형 공기업이다.
ㄴ. 기관 B는 준시장형 공기업이다.
ㄷ. 기관 C는 기타공공기관이다.
ㄹ. 기관 D는 준정부기관이다.

① ㄱ, ㄴ ② ㄱ, ㄹ ③ ㄴ, ㄷ
④ ㄱ, ㄷ, ㄹ ⑤ ㄴ, ㄷ, ㄹ

해설
A : 시장형 공기업
B : 기타공공기관
C : 준정부기관
D : 준정부기관

정답 21 ②

22 다음 〈표〉는 5개 팀으로 구성된 '갑'국 프로야구 리그의 2016 시즌 팀별 상대전적을 시즌 종료 후 종합한 것이다. 이에 대한 설명으로 옳지 않은 것은?

〈표〉 2016 시즌 팀별 상대전적

팀＼상대팀	A	B	C	D	E
A	-	(가)	( )	( )	( )
B	6-10-0	-	( )	( )	( )
C	7-9-0	8-8-0	-	8-8-0	( )
D	6-9-1	8-8-0	8-8-0	-	( )
E	4-12-0	8-8-0	6-10-0	10-6-0	-

※ 1) 표 안의 수는 승리-패배-무승부의 순으로 표시됨. 예를 들어, B팀의 A팀에 대한 전적(6-10-0)은 6승 10패 0무임.

2) 팀의 시즌 승률(%) = $\dfrac{\text{해당 팀의 시즌 승리 경기수}}{\text{해당 팀의 시즌 경기수}} \times 100$

① (가)에 들어갈 내용은 10-6-0이다.
② B팀의 시즌 승률은 50% 이하이다.
③ 시즌 승률이 50% 이상인 팀은 1팀이다.
④ C팀은 E팀을 상대로 승리한 경기가 패배한 경기보다 많다.
⑤ 시즌 전체 경기 결과 중 무승부는 1경기이다.

해설

① (사실확인) (○)
② (짝표) B가 상대팀이었을 때 승률이 50% 이상이다. (○)
③ (덧셈비교) A, C 2팀이 승률 50% 이상이다. (×)
④ (사실확인) E는 C를 상대로 승리 < 패배 (○)
⑤ (사실확인) (○)

정답 22 ③

23 다음 〈관세 관련 규정〉에 따를 때, 甲이 전자기기의 구입으로 지출한 총 금액은?

〈관세 관련 규정〉

- 물품을 수입할 경우 과세표준에 품목별 관세율을 곱한 금액을 관세로 납부해야 한다. 단, 과세표준이 15만 원 미만이고, 개인이 사용할 목적으로 수입하는 물건에 대해서는 관세를 면제한다.
- 과세표준은 판매자에게 지급한 물품가격, 미국에 납부한 세금, 미국 내 운송료, 미국에서 한국까지의 운송료를 합한 금액을 원화로 환산한 금액으로 한다. 단, 미국에서 한국까지의 운송료는 실제 지불한 운송료가 아닌 다음의 〈국제선편요금〉을 적용한다.

〈국제선편요금〉

중량	0.5kg ~ 1kg 미만	1kg ~ 1.5kg 미만
금액(원)	10,000	15,000

- 과세표준 환산 시 환율은 관세청장이 정한 '고시환율'에 따른다. (현재 고시환율 : 1,100 원/ $)

〈甲의 구매 내역〉

한국에서 甲은 개인이 사용할 목적으로 미국 소재 인터넷 쇼핑몰에서 물품가격과 운송료를 지불하고 전자기기를 구입했다.

- 전자기기 가격 : $120
- 미국에서 한국까지의 운송료 : $30
- 지불시 적용된 환율 : 1,200원/$
- 전자기기 중량 : 0.9kg
- 전자기기에 적용되는 관세율 : 10%
- 미국 내 세금 및 미국 내 운송료는 없다.

① 142,000원 ② 156,200원 ③ 180,000원
④ 181,500원 ⑤ 198,000원

해설

i) 과세표준
$120 × 1,100원/$ + 10,000 ≤ 15만원이므로 관세는 없다.

ii) ($120 + $30) × 1,200원/$ = 18만원

정답 23 ③

24 런던으로 해외출장 일정이 확정되었다. 런던의 시간은 한국보다 9시간 느리고 비행시간은 12시간 25분이 소요된다. 해외지사의 현지 시각으로 1월 25일 오후 5시에 도착하는 비행기를 타기로 했다. 수속을 위해 출발시간 두 시간 전에는 공항에 도착해야 한다. 공항 도착시간을 고르시오.

구분	출발시간	도착시간	비행시간
한국 → 런던		1월 25일 / 17 : 00	12시간 25분

① 09 : 25　　② 10 : 25　　③ 10 : 35
④ 11 : 25　　⑤ 11 : 35

해설

런던시간 기준으로 도착시간 17 : 00에서 비행시간 12시간 25분을 빼면 04 : 35이 비행기 출발시간이다. 공항에는 두 시간 전에 도착하여야 하므로 02 : 35이며 한국시간으로 바꾸기 위해 9시간을 더하면 11 : 35이다.

25 어느 칼국수 전문점에서는 칼국수와 만둣국 두 종류의 음식만 판매하고 있다. 다음 〈조건〉에 따를 때 이 칼국수 전문점의 이익을 극대화하기 위해 가능한 칼국수와 만둣국의 최적 판매 조합은?

― 조건 ―
- 음식을 만드는 데는 재료준비와 조리의 2가지 과정을 거침.
- 칼국수 : 재료준비 4분, 조리 8분
  만둣국 : 재료준비 8분, 조리 6분
- 투입 가능한 최대시간 : 재료준비 4,000분, 조리 5,000분
- 칼국수 한 그릇당 판매이익 : 500원
  만둣국 한 그릇당 판매이익 : 800원
- 만들어진 칼국수와 만둣국은 모두 판매함.

① 칼국수 200 그릇, 만둣국 300 그릇
② 칼국수 300 그릇, 만둣국 300 그릇
③ 칼국수 300 그릇, 만둣국 400 그릇
④ 칼국수 400 그릇, 만둣국 300 그릇
⑤ 칼국수 500 그릇, 만둣국 400 그릇

해설

칼국수 x그릇, 만둣국 y그릇을 생산할 때

재료준비 총시간은
$4x + 8y$은 최대 4,000분
조리 총시간은 $8x + 6y$은
최대 5,000분

각각 최대 시간을 사용한다면 아래 연립방정식을 푸는 것과 같다.
$4x + 8y = 4,000$
$8x + 6y = 5,000$
$x = 400, y = 300$

정답 24 ⑤　25 ④

26. 다음 〈표〉는 피트니스 클럽의 입장료 및 사우나 유무에 대한 선호도 조사 결과이다. 〈표〉와 〈산식〉을 이용하여 이용객 선호도를 구할 때, 입장료와 사우나 유무의 조합 중 이용객 선호도가 세 번째로 큰 조합은?

〈표 1〉 입장료 선호도 조사 결과

입장료	선호도
5,000원	4.0점
10,000원	3.0점
20,000원	0.5점

〈표 2〉 사우나 유무 선호도 조사 결과

사우나	선호도
유	3.3점
무	1.7점

〈산식〉
이용객 선호도 = 입장료 선호도 + 사우나 유무 선호도

	입장료	사우나 유무
①	5,000원	유
②	5,000원	무
③	10,000원	유
④	10,000원	무
⑤	20,000원	유

해설

- 감점을 기준으로 보면 입장료는 1점(= 4점 − 3점), 3.5점(= 4점 − 0.5점)이고, 사우나 유무는 1.6점(3.3 − 1.7) 감점이다.
- 1등은 감점이 없는 것
  2등은 1점만 감점
  3등은 1.6점만 감점
- 1.6점 감점은 입장료 5,000원(감점 없음)에 사우나 무(1.6점 감점)

정답 26 ②

27 다음 〈상황〉에 근거하여 〈점수표〉의 빈칸을 채울 때, 민경과 혜명의 최종점수가 될 수 있는 것은?

---- 상황 ----
민경과 혜명은 0점, 3점, 5점이 그려진 과녁에 화살을 쏘아 과녁 맞히기를 하고 있다. 둘은 각각 10개의 화살을 쐈는데, 0점을 맞힌 화살의 개수만 〈점수표〉에 기록을 했다. 최종점수는 각 화살이 맞힌 점수의 합으로 한다. 둘이 쏜 화살 중 과녁 밖으로 날아간 화살은 하나도 없다. 이 때 민경과 혜명이 5점을 맞힌 화살의 개수는 동일하다.

〈점수표〉

점수	민경의 화살 수	혜명의 화살 수
0점	3	2
3점		
5점		

	민경의 최종점수	혜명의 최종점수
①	25	29
②	26	29
③	27	30
④	28	31
⑤	29	31

해설

- 3점, 5점 화살을 합쳐서 민경은 7개, 혜명은 8개이다. 둘이 5점을 맞힌 개수가 같으므로 혜명이 3점 화살은 하나 더 맞힌 것이 된다. 따라서 혜명이 3점이 더 높아야 한다. 따라서 ①, ⑤는 제외된다. 5점 화살은 3 + 2점으로 생각해준다. 그러면 민경이는 3 × 7 + 2 × N이 되어 홀수가 되어야 한다. 이를 충족하는 것은 ③뿐이다.

정답 27 ③

STEP 2

28 다음 〈표〉에 근거할 때 〈보기〉의 ㄱ~ㅁ 상황의 특보로 올바르게 묶은 것은?

〈표〉 특보의 종류 및 기준

종류	주의보	경보
강풍	육상에서 풍속 14m/s 이상 또는 순간풍속 20m/s 이상이 예상될 때. 다만, 산지는 풍속 17m/s 이상 또는 순간풍속 25m/s 이상이 예상될 때	육상에서 풍속 21m/s 이상 또는 순간풍속 26m/s 이상이 예상될 때. 다만, 산지는 풍속 24m/s 이상 또는 순간풍속 30m/s 이상이 예상될 때
호우	6시간 강우량이 70mm 이상 예상되거나 12시간 강우량이 110mm 이상 예상될 때	6시간 강우량이 110mm 이상 예상되거나 12시간 강우량이 180mm 이상 예상될 때
한파	10월~4월에 다음 중 하나에 해당하는 경우 ① 아침 최저기온이 전날보다 10℃ 이상 하강하여 3℃ 이하이고 평년값보다 3℃가 낮을 것으로 예상될 때 ② 아침 최저기온이 -12℃ 이하가 2일 이상 지속될 것이 예상될 때 ③ 급격한 저온현상으로 중대한 피해가 예상될 때	10월~4월에 다음 중 하나에 해당하는 경우 ① 아침 최저기온이 전날보다 15℃ 이상 하강하여 3℃ 이하이고 평년값보다 3℃가 낮을 것으로 예상될 때 ② 아침 최저기온이 -15℃ 이하가 2일 이상 지속될 것이 예상될 때 ③ 급격한 저온현상으로 광범위한 지역에서 중대한 피해가 예상될 때
태풍	태풍으로 인하여 강풍, 풍랑, 호우 현상 등이 주의보 기준에 도달할 것으로 예상될 때	태풍으로 인하여 풍속이 17m/s 이상 또는 강우량이 100mm 이상 예상될 때. 다만 예상되는 바람과 비의 정도에 따라 아래와 같이 세분한다. | | 3급 | 2급 | 1급 | | 바람(m/s) | 17~24 | 25~32 | 33 이상 | | 비(mm) | 100~249 | 250~399 | 400 이상 |

보기

ㄱ. 태풍이 남해안에 상륙하여 부산지역에 300mm의 비와 함께 풍속 27m/s의 바람이 예상된다.
ㄴ. 강원도 춘천지역에서 2011년 11월 22일 아침 최저기온이 12℃를 기록하였으며 11월 23일 최저기온이 2℃로 예상되었다. (단, 이 지역의 평년기온은 4℃ 이다.) 또한 순간풍속은 30m/s로 예상된다.
ㄷ. 지리산에 오후 4시에서 오후 10시 사이에 약 120mm의 강우와 함께 순간풍속 26m/s가 예상된다.
ㄹ. 2011년 8월 3일 대전지역에 오전 4시에서 오전 10시까지 약 90mm의 강우와 함께 풍속 17m/s가 예상된다.

① ㄱ : 태풍경보 1급   ㄴ : 강풍경보
② ㄴ : 한파주의보 + 강풍경보   ㄷ : 호우경보 + 강풍주의보
③ ㄷ : 호우경보 + 강풍주의보   ㄹ : 호우주의보 + 강풍주의보
④ ㄱ : 태풍경보 2급   ㄴ : 한파주의보 + 강풍경보
⑤ ㄷ : 강풍주의보   ㄹ : 호우경보

해설

ㄱ. 태풍경보 2급
ㄴ. 강풍경보
ㄷ. 호우경보 + 강풍주의보
ㄹ. 호우주의보 + 강풍주의보

정답 28 ③

29 다음 〈표〉는 3개 기업(A ~ C)의 반기별 수익률에 관한 자료이다. 다음 〈조건〉을 근거로 하여 △와 □에 해당하는 숫자를 바르게 나열한 것은?

〈표〉 기업의 반기별 수익률
(단위 : %)

기업 \ 기간	상반기	하반기
A	☆△□	☆○△
B	□☆○	□△☆
C	○□☆	○△☆

― 조건 ―
○ 각 기호는 서로 다른 한 자리 자연수를 나타낸다.
○ 수익률 중 가장 높은 값은 532이다.
○ A의 수익률은 상반기보다 하반기에 높다.
○ B의 수익률은 하반기보다 상반기에 높다.
○ C의 수익률은 상반기보다 하반기에 높다.

	△	□
①	1	2
②	2	1
③	2	3
④	3	1
⑤	3	2

해설

〈조건〉 3~5번째

기업 \ 기간	상반기	하반기
A	☆△□	☆○△
B	□☆○	□△☆
C	○□☆	○△☆

위 표에서 밑줄 친 기호 중 하나가 532이다.
선택지에 □는 5가 없으므로 □☆○(B) ≠ 532
B에서 ☆ > △이다. C의 ○△☆가 532가 되려면
△(= 3) > ☆(= 2)가 되어 NG

- ☆○△(A)가 532이므로 △가 2이고 ○가 3이므로 □≠3
  → ②번이 답

정답 29 ②

30 다음 〈표〉와 〈그림〉은 국제회의 참석차 미국 뉴욕으로 출발한 각국 대표단의 출발지 기준 이륙시각, 비행시간, 동일시점에서의 각 국의 현지시각을 나타낸 자료이다. 각 국 대표단이 뉴욕에 도착한 순서를 바르게 나타낸 것은?

〈표〉 각 국 대표단의 비행 스케줄

출발지	출발지 기준 이륙시각	비행시간 (출발지 → 뉴욕)
대한민국 서울	11월 14일(금) 오전 10시 10분	13시간 30분
독일 뮌헨	11월 14일(금) 오전 8시	8시간
인도 뉴델리	11월 13일(목) 오후 10시 40분	21시간

〈그림〉 동일시점에서의 각 국의 현지시각

대한민국 서울

오전 6 : 40 : 00
2008년 11월 14일(금)

독일 뮌헨

오후 10 : 40 : 00
2008년 11월 13일(목)

인도 뉴델리

오전 3 : 10 : 00
2008년 11월 14일(금)

미국 뉴욕

오후 4 : 40 : 00
2008년 11월 13일(목)

① 인도 – 독일 – 대한민국
② 인도 – 대한민국 – 독일
③ 대한민국 – 독일 – 인도
④ 대한민국 – 인도 – 독일
⑤ 독일 – 대한민국 – 인도

해설

– 어느 한 국가를 기준으로 편차를 더해준다. (독일을 기준으로 계산해 보았다.)
* 빠르면 '–' 늦으면 '+'로 정리 → 합이 작으면 빨리 도착

출발지	이륙시각	시차	비행시간	합계
대한민국 서울	+2시간 10분	–8시간	13시간 30분	7시간 40분
독일 뮌헨	–	–	8시간	8시간
인도 뉴델리	–9시간 20분	–4시간 30분	21시간	7시간 10분

정답 30 ②

31 다음 〈상황〉과 〈대화〉를 근거로 판단할 때, 丁의 성적으로 가능한 것은?

상황

- 가영, 나리, 다해, 라라, 마철은 올해 활약이 뛰어났던 4명의 투수(甲 ~ 丁) 중에서 최우수 투수를 선정하였다.
- 가영, 나리, 다해, 라라, 마철은 투수 중에서 1명씩 선택하여 투표하였고, '丁'만 2명의 선택을 받아서 최우수 투수로 선정되었다.
- 甲 ~ 丁의 올해 시즌 성적은 아래와 같다.

항목 선수	평균 자책점	승리한 경기 수	패배한 경기 수	탈삼진 수	완투한 경기 수
甲	1.70	15	10	205	10
乙	1.95	21	8	150	5
丙	2.20	15	8	170	13
丁	2.10	?	?	?	?

대화

- 가영 : 평균 자책점이 가장 낮은 선수를 뽑았어.
- 나리 : 승리한 경기 수가 가장 많은 선수를 뽑았어.
- 다해 : 완투한 경기 수가 가장 많은 선수를 뽑았어.
- 라라 : 탈삼진 수가 가장 많은 선수를 뽑았어.
- 마철 : 승률이 가장 높은 선수를 뽑았어.

※ 승률 = $\dfrac{\text{승리한 경기 수}}{\text{승리한 경기 수} + \text{패배한 경기 수}}$

	승리한 경기 수	패배한 경기 수	탈삼진 수	완투한 경기 수
①	23	3	210	14
②	20	10	220	12
③	20	5	210	10
④	20	5	200	8
⑤	23	3	210	6

해설

5명이 4명의 후보에게 투표했고 丁만 2표를 받았으므로 甲, 乙, 丙은 각각 1표, 丁만 2표를 받았다.
대화의 내용에 따르면
가영은 甲에게 투표했다.
나리는 乙 또는 丁,
다해는 丙 또는 丁,
라라는 甲 또는 丁,
마철은 乙 또는 丁 이다.
甲은 가영이 확정이고 1표만 득표했으므로 라라는 丁에게 투표했다. 丙에게 투표한 후보는 다해뿐이므로 다해는 丙에게 투표했다. 나리와 마철은 둘 다 乙 또는 丁이며 둘 중 한명이 乙이면 나머지 한명이 丁이다.
보기에서 이 조건을 만족하는 것은 ③번분이다.

정답 31 ③

32. 다음 〈표〉는 참가자 A ~ D의 회차별 가위·바위·보 게임 기록 및 판정이고, 〈그림〉은 아래 〈규칙〉에 따른 5회차 게임 종료 후 A ~ D의 위치를 나타낸 것이다. 이 때 (가), (나), (다)에 해당하는 것을 바르게 나열한 것은?

〈표〉 가위·바위·보 게임 기록 및 판정

참가자\회차 구분	1 기록	1 판정	2 기록	2 판정	3 기록	3 판정	4 기록	4 판정	5 기록	5 판정
A	가위	승	바위	승	보	승	바위	( )	보	( )
B	가위	승	(가)	( )	바위	패	가위	( )	보	( )
C	보	패	가위	패	바위	패	(나)	( )	보	( )
D	보	패	가위	패	바위	패	가위	( )	(다)	( )

〈그림〉 5회차 게임 종료 후 A ~ D의 위치

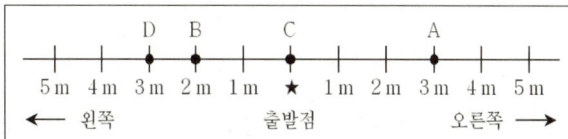

〈규칙〉

○ A ~ D는 모두 출발점(★)에서 1회차 가위·바위·보 게임을 하고, 2회차부터는 직전 회차 게임 종료 후 각자의 위치에서 게임을 한다.
○ 각 회차의 판정에 따라 지거나 비기면 이동하지 않고, 가위로 이긴 사람은 왼쪽으로 3 m, 바위로 이긴 사람은 오른쪽으로 1 m, 보로 이긴 사람은 오른쪽으로 5 m를 각각 이동하여 해당 회차 게임을 종료한다.

	(가)	(나)	(다)
①	가위	바위	보
②	가위	보	바위
③	바위	가위	보
④	바위	보	가위
⑤	보	바위	가위

해설

〈표〉 가위·바위·보 게임 기록 및 판정

참가자\회차 구분	1 기록	1 판정	2 기록	2 판정	3 기록	3 판정	4 기록	4 판정	5 기록	5 판정
A	가위	승	바위	승	보	승	바위	( )	보	( )
B	가위	승	(바위)	(승)	바위	패	가위	( )	보	( )
C	보	패	가위	패	바위	패	(나)	( )	보	( )
D	보	패	가위	패	바위	패	가위	( )	(다)	( )

- 2회차 : 승이 하나, 패가 둘이므로 B는 승이며 바위이다. (①②⑤번 제거)

- 〈규칙 2번째〉 D는 왼쪽으로 3칸 이동한 상태이다. 1 ~ 3회차에 모두 졌으므로 이동은 4, 5회차에 따라 이루어져야 한다. 3번이 답이라면, (나)가 가위가 되면 D는 4회차에서 이길 수 없다. (다) 역시 보이므로 이길 수 없으므로 D는 왼쪽으로 3m 이동할 수 없다. (③번 제거)

정답 32 ④

[33 ~ 34] 다음 자료를 읽고 이어지는 질문에 답하시오.

회의록			
회의명	신제품 프로모션 기획 2차 회의		
일시	2019년 9월 30일	장소	별관 3층 소회의실
참석자	개발부 : A 부장, B 과장, C 대리 / 영업부 : D 차장, E 대리, F 사원		
회의내용	1. 목적 　- 내년 새롭게 출시하는 화장품을 알리기 위한 프로모션 행사 기획 2. 추진방향 　- 다양한 판촉 행사를 기획함으로써 제품의 긍정적 이미지를 제고 　- 최신 홍보·판촉 행사 트렌드를 따라가되, 신선한 기획안 준비 3. 추진내용 및 역할 분담 | 홍보 및 판촉 성공 국내 사례 분석 (최근 1년간 출시된 유사 국내 제품의 특징과 관련 제품 홍보 및 판촉 성공 사례 수집 및 분석)	개발부 | |---|---| | 자사 신제품의 장점과 특징을 타사의 제품과 비교하여 정리 | 개발부 | | 최근 2년간 자사의 홍보 및 판촉 행사 분석 | 영업부 | | 홍보물 유통 경로 체크 | 영업부 | | 신제품 홍보 및 판촉 행사 방안 구상 | 개발부, 영업부 | 　- 추가 다른 부서 협력 요청 사항 　　1) 최근 자사의 홍보용 콘텐츠 분석 : 미디어제작부 (10/7까지) 　　2) 최근 화제성이 높은 해외 판촉 사례 분석 : 마케팅부 (10/15까지) 4. 기획 및 준비 기간 : 2019년 9월 30일-2019년 11월 29일 5. 다음 회의 일정 : 2019년 10월 8일 　- 1차 회의 참석자에서 마케팅부 2명, 미디어제작부 2명 추가 　- 최근 자사 홍보 콘텐츠의 경향 분석 및 정리 자료는 미디어제작부에 사전 요청		

33 위 회의록을 참고하여 다음 회의까지 각 부서별로 수행해야 할 업무로 적절한 것을 모두 고르면?

> 가. 영업부 F 사원은 최근 2개년 해외의 홍보 및 판촉 성공 사례를 분석하며 신제품 판촉 행사 방안을 구상한다.
> 나. 개발부 C 대리는 최근 자사의 홍보 및 판촉 방식을 참고하여 신제품의 특징을 좀 더 차별적으로 부각할 수 있는 새로운 홍보 방안을 구상해 본다.
> 다. 개발부 B 과장은 자사의 신제품이 가진 특징을 타사의 제품과 비교, 조사하고, 제품 판촉 행사 및 홍보를 성공적으로 진행했던 국내의 사례를 살펴본다.
> 라. 영업부 E 대리는 최근 홍보물 유통 방식에 대하여 조사하고, 이를 신제품 홍보와 관련된 아이디어 구상에 활용한다.

① 가, 나　　② 가, 라　　③ 다, 라
④ 가, 나, 다　　⑤ 나, 다, 라

해설

- 가의 해외 판촉 사례분석은 마케팅팀의 업무이다.
- 나의 자사의 홍보 및 판촉 행사 분석은 영업부의 업무이다.

정답 33 ③

34. 윗글과 다음 글을 참고하여 구상한 홍보 기획안으로 적절하지 않은 것은?

> 최근 국내 화장품 로드숍이 사회관계망서비스(SNS)를 활용해 반전을 시도하고 있다. 국내에서 주목 받고 SNS에서 해시태그(#기호로 게시글을 묶는 기능)를 만들거나 영향력 있는 개인을 통해 신제품을 소개하는 이 방법은 소비자들에게 신제품을 빠르게 홍보할 수 있다. A 기업은 SNS상의 유명 인사를 상품 모델로 내세워 영상을 제작했는데, 그 제품은 일부 매장에서 품절될 정도로 화제가 되었다. 화장품 홍보 게시글을 올리고, 소비자들의 질문에 적극적으로 댓글을 달면서 소통을 이어가기도 했다. B 기업은 화장법을 알리는 영상을 SNS에 게시했다. 제품의 특징을 파악하는 동시에 화장을 손쉽게 배울 수 있다는 이점이 소비자들의 뜨거운 반응을 이끌었다. 또한 최근 여러 기업들은 SNS에 올린 게시물을 통해 손쉽게 상품을 구매할 수 있도록 유도하고 있으며 친숙한 해시태그를 만들어 홍보하거나 각종 이벤트에도 활용하는 모습을 보이고 있다. 이는 주요 소비자층인 20~30대가 SNS를 많이 이용한다는 점을 염두에 둔 홍보 방식이다.

① SNS 유명 뷰티 인플루언서들에게 자사의 신제품을 무료로 제공하여 체험하게 한 뒤, SNS에 제품 사용 후기 글을 올려 제품을 홍보하도록 제안한다.
② 신제품의 특성을 담으면서 특색 있고 기억하기 쉬운 해시태그를 만들어 게시물이 쉽게 퍼질 수 있도록 한다.
③ SNS에서 해시태그를 통해 게시글이 빠르게 확산되는 점을 고려하여 제품의 이미지가 하락하지 않도록 용어 사용에 주의한다.
④ 유명 인사의 오프라인 강연을 통해 회사의 이미지를 제고하고 소비자들과의 소통을 높인다.
⑤ SNS 계정을 만들어서 자사 화장품에 대한 정보뿐만 아니라 최근 유행하는 화장법을 소개하는 게시글을 올려 소비자들과 활발히 소통한다.

해설

- 본문은 SNS를 활용하는 것을 강조하는데 ④번은 오프라인 강의에 대한 얘기를 하고 있다.

정답 34 ④

[35 ~ 36] 다음 자료를 읽고 이어지는 질문에 답하시오.

	회의록		
회의명	신제품 브랜드 OO 화장품 홍보 콘셉트 개발 1차 미팅		
일시	2018년 6월 7일	장소	본사 세미나실
회의 자료	신제품의 샘플, 기존 홍보 자료		
참석자	화장품 개발팀 : A 대리, B 대리, / 기획팀 : C 과장, D 대리, E 사원/ 온라인 사업 지원팀 : F 팀장, G 사원		
회의내용	1. 목적 : 새로 출시하는 화장품 브랜드의 홍보 방안 탐색 2. 추진 방향 　• 새로 개발한 화장품의 특성에 적절한 브랜드명 제작 　• 브랜드명에 적합한 홍보 전략 창출 　• 여러 부서가 연합하여 브랜드가 안착할 때까지 팀을 유지할 계획 3. 제품의 특징 　• 새로 개발한 화장품은 여드름 치료에 특화된 상품임. 　• 타사 제품에 비해 피부 자극이 적고 향을 최소화함. 　• 사용의 편리함을 위해 튜브형 용기로 제작함. 　• 현재 경쟁사 제품에 비해 상품의 가격이 저렴함. 4. 프로젝트 회의 일정 　• 2018년 하반기를 브랜드 제작 및 홍보 기간으로 상정함. 　• 다음 회의는 7월 5일로 예상 5. 각 부서 업무 분담 사항 　• 화장품 개발팀 : 타사 제품과 차별화할 수 있는 신제품 특징 상세 정리 　• 기획팀 : 신제품의 소비 타겟층에게 호감을 주고 타사와 차별화된 브랜드명 작명 　• 온라인 사업 지원팀 : 현재 시판되고 있는 여드름 관련 제품의 특징과 사용 후기를 온라인 설문 조사하여 보고 설문 조사를 토대로 홍보 방안 제시		

35 제시된 회의록을 바탕으로 할 때, 다음 회의까지 각 사원들이 해야 할 업무로 적절하지 않은 것은?

① B 대리 : 우리 제품은 타사 제품에 비해 피부 자극이 적은 성분을 사용했다는 점을 성분표시를 예시로 들어 표로 정리해서 제시해야겠다.
② C 과장 : 가격이 저렴한 여드름 특화 상품이라면 주로 소득이 적은 젊은 세대들이 소비자층이 될 것으로 예상되니 청년층이 좋아할만한 브랜드명을 지어야겠다.
③ D 대리 : 현재 시판되는 타 회사들의 여드름 관련 화장품의 제품명들을 모두 알아봐야지.
④ F 팀장 : 화장품 관련 온라인 커뮤니티 등을 방문하여 주 소비층의 연령대 등을 조사해야겠다.
⑤ G 사원 : 여드름 때문에 고민하는 사람들이 모인 온라인 커뮤니티 게시판이 설문 조사를 할 만한 여건인지 미리 알아봐야겠다.

해설
④ 온라인 사업지원팀은 후기를 조사하는 것이지 주 소비층의 연령대를 확인하는 것이 아니다.

36 온라인 사업 지원팀 업무 분담 사항에 따라 현재 시중에 판매되고 있는 여드름 관련 화장품에 대한 설문 조사를 진행하여 결고를 정리하였다. 다음 조사 내용 중 회의에서 보고하기에 가장 적절하지 않은 내용은?

① 응답자 A : 여드름 관련 화장품들이 주로 알코올 성분을 함유하고 있다고 하는데, 그래서인지 제품을 사용한 부위가 너무 따가워요.
② 응답자 B : 요즘 여드름 관련 제품들은 고급화 전략을 써서 그런지 유리병에 들어 있어요. 바를 때마다 제대로 나오지 않고 무거워 사용하기 너무 불편해요.
③ 응답자 C : 여드름 화장품들은 냄새가 별로 좋지 않아서 바르기 싫을 때가 많아요. 약품 성분이라서 그런지 불쾌한 향이 너무 강해요.
④ 응답자 D : 저는 색조 화장을 하기 전에 여드름용 화장품을 바르는데요. 그러면 여드름용 화장품 때문에 색조 화장이 들뜨는 경우가 많아 불편해요.
⑤ 응답자 E : 아무래도 여드름 전문 화장품을 판매하는 매장이 드문 것 같아요. 여드름 화장품을 취급하는 매장이 많지 않아서 아쉬워요.

해설
⑤ 회의는 화장품에 대한 것이나, 여기서는 매장에 대한 내용이므로 회의와 맞지 않다.

정답 35 ④ 36 ⑤

[37 ~ 38] 다음 자료는 K사의 취업규칙이다. 이를 보고 이어지는 질문에 답하시오.

제3절 출근과 결근

제21조(출근) 직원은 업무개시 10분 전까지 출근하여 업무준비를 하여야 한다.

제22조(퇴근)
① 직원이 결근하고자 할 경우에는 사전에 결근계를 제출하여 상사의 허가를 얻어야 한다. 다만, 긴급 또는 부득이한 사유로 인하여 사전에 허가를 받지 못한 경우에는 결근 당일에 사유를 명확히 하여 사후에 승인을 받아야 한다.
② 상해나 질병 등 또는 부득이한 사유로 인하여 5일 이상 계속 결근하는 경우에는 의사의 진단서 또는 결근 사유를 증명할 수 있는 서류를 결근계에 첨부하여 제출하여야 한다.
③ 정당한 사유 없이 제1항 및 제2항의 절차를 이행하지 아니하거나 허가를 받지 못한 경우에는 무단결근으로 본다.

제23조(지각, 조퇴)
① 직원이 상병, 기타 사유로 지각하였을 때에는 지체 없이 상사에게 알리고 즉시 지각계를 제출하여야 한다.
② 직원이 상병, 기타 사유로 퇴근 시간 이전에 퇴근하고자 할 경우에는 조퇴계를 제출하여 상사의 허락을 받아야 한다.
③ 직원이 1월에 3회에 걸쳐 지각이나 조퇴를 할 때에는 결근 1일로 본다.

제4절 휴일 및 휴가

제36조(시간외, 야간 및 휴일 근무)
① 직원은 업무상 필요한 경우 근로기준법이 정하는 바에 따라 시간외 근무, 야간 근무 및 휴일 근무를 할 수 있다.
② 제1 항의 근무에 대하여는 보수규정이 정하는 바에 따라 시간외 근무수당, 야간근무수당 및 휴일 근무수당을 지급한다.

제37조(휴가의 구분) 휴가는 법정휴가, 인정휴가, 청원휴가, 명령휴가, 보상휴가 및 특별휴가로 구분 한다.

제38조(연차휴가)
① 직원으로서 1년간 80% 이상 출근자에게는 매년 1월 1일(이하 "휴가부여일"이라고 한다) 15일의 유급휴가를 부여한다.
② 제1 항에 의한 휴가에 매년 다음 각호와 같이 유급휴가를 가산한다. 이 경우 가산한 유급휴가를 포함하여 총 휴가일수는 25일을 한도로 한다.
  1. 3년 이상 근속한 자 : 최초 1년을 초과하는 근로 연수에 매 2년에 대하여 1일을 가산
  2. 휴가 부여일을 기준으로 하여 직전 1년 동안, 결근, 휴직, 감봉 이상의 징계 및 직위 해제된 사실이 없고 병가를 사용하지 않은 직원 1일
  3. 특정직무 수행을 위한 경력을 인정받아 경력직으로 입사한 직원 : 2일

제39조 (인정휴가) 회사는 다음 각호의 1에 해당하는 경우에 소정기간의 인정휴가를 준다.

1. 축하휴가	2. 기복 (忌服) 휴가
가. 본인결혼 5일	가. 부모, 배우자부모, 배우자상 5일
나. 자녀결혼 1일	나. 자녀 및 형제자매상 3일
다. 본인 및 배우자 형제자매 결혼 1일	다. 자녀 및 형제자매의 배우자상 3일
라. 부모, 배우자부모, 조부모회갑 1일	라. 조부모, 외조부모, 백숙부모상 3일
마. 자녀출산 2일	
사. 부모 및 배우자부모 칠순 1일	

37 위 취업규직의 이행과 관련하여 옳지 않은 것은?

① 경력직으로 입사한 A 대리는 총 17일의 유급휴가를 부여받았다.
② 올해 입사한 지 5년차인 B 대리는 작년에 총 16일의 유급 휴가를 부여받았다.
③ 2주 전 장모상을 당한 C 부장은 장례를 위해 5일의 경조사 휴가를 받았다.
④ D 과장은 지난주 긴급한 업무로 휴일근무를 하고 휴일근무수당을 받았다.
⑤ 지하철 고장으로 지각을 하게 된 E 사원은 전화로 미리 알리고 퇴근 시 지각계를 제출하였다.

해설
⑤ 제 23조 1항에 따라 즉시 지각계를 제출해야 하나, 선택지는 퇴근 시에 제출한다고 하였다.

38 김새롬 사원은 지난주 수요일과 목요일 정규 근로시간 후 각각 2시간과 3시간 연장 근로를 하였다. 김새롬 사원의 통상임금과 시간 외 근로수당 지급규정이 다음과 같을 때, 김새롬 사원이 지난주 연장근로 수당으로 지급받게 될 금액은 얼마인가?(단, 정규 근로시간은 09 : 00 ~ 18 : 00이며, 총 8시간 근로한다)

- 김새롬 사원의 통상임금(일급)은 94,560원이다.
- 〈시간 외 근로수당 지급규정〉에 따라 연장근로 임금은 통상임금에 대해 50% 가산한다.

① 47,280원 ② 63,230원 ③ 70,920원
④ 88,650원 ⑤ 94,560원

해설
i) 시급 = $\frac{94,560}{8}$ = 11,820원
ii) 연장근로 시간이 5시간이고, 연장근로는 시급의 1.5배를 받는다.
금액 = 11,820원 × 5 × 1.5 = 88,650원

정답 37 ⑤ 38 ④

[39 ~ 40] 다음 공지를 읽고 이어지는 질문에 답하시오.

〈사내 선택적 근로시간제 도입 안내〉

※ 선택적 근로시간제란 근로자가 직접 출·퇴근 시간을 자율적으로 선택할 수 있는 제도를 말함.

- 신청 접수 : 2019년 3월 1일~2019년 3월 31일
- 시행일 : 2019년 6월 1일
- 신청 방법 : 각 부처 및 인사과
  - 구내식당 등에 비치된 양식 작성 후 인사과에 개별 접수
  - 이번 접수기간 이후에는 매월 말일 신청서 접수 예정

- 상세 내용
  - 1일 근로시간은 최소 8시간을 충족하여야 함(전 직원 공통).
  - 점심 또는 저녁 식사시간 1시간은 휴게시간으로서 근로시간에 포함되지 않음. 휴게시간은 무조건 부여하므로 이를 고려하여 근로시간을 설정할 것.
  - 1일 8시간, 1주 40시간을 초과하는 경우, 연장 근로수당 지급(연장근무는 최대 1주 12시간)
  - 출·퇴근 시간은 자율적으로 결정하는 것을 원칙으로 하나 보안 시스템이 종료되는 24 : 00 이전 퇴근을 완료할 것.
  - 출·퇴근 시간은 하루 1회씩 설정해야 하고, 하루에 출근 또는 퇴근을 반복하여 근로시간을 충족하는 것은 불가함
  - 신청서를 제출하지 않은 직원에 대하여는 기존 근무시간(09:00 ~ 18:00, 점심시간 1시간)을 적용함.

- 예외 부서 안내
  - 고객을 응대하는 고객센터 및 판매직 직원은 출근 시간 설정 범위를 정오 이전으로 제한
  - 디자인팀, 광고팀은 근로시간(출·퇴근시간 포함)을 전적으로 개인이 자율적으로 선택하며, 재택근무도 가능(단, 연장수당은 지급되지 않으며, 실적은 각 팀별 성과물로 평가)

- 기타 문의사항 : 인사과(내선 1234), 또는 선택적 근로시간제 담당자 김병현 대리

39 윗글을 바탕으로 추론한 내용으로 적절한 것은?

① 판매직원은 시간 설정 제한이 있으므로 기존 출·퇴근 시간대로 근로하는 것이 가장 좋겠네.
② 이 제도에 신청서를 제출하지 않으면 남들보다 더 많이 일하는 불이익을 당하겠군.
③ 예외부서가 아니라면 최소한 오후 3시에는 출근해야 하는군.
④ 인사과 소속인 직원은 연장근무를 하더라도 연장수당을 받을 수 없겠네.
⑤ 나는 오후 2시부터 3시까지 요가수업이 있으니 오전에 출근했다가 수업을 듣고 저녁에 다시 출근하는 것도 가능하겠어.

해설

③ 24시 이전에 퇴근하려면 근로시간(8시간) + 저녁시간(1시간) = 총 9시간 전인 오후 3시 전에는 출근해야 한다.

40 다음은 선택적 근로시간제와 혼동하기 쉬운 유연근로제도에 대한 설명이다. 사원 A는 위의 공 지문이 선택적 근로시간제를 다른 제도들과 혼동하여 잘못 사용하고 있다는 사실을 알게 되었다. 다음의 글을 바탕으로 사원 A가 추론한 것으로 옳지 않은 것은?

구분	내용
선택적 근로시간제	• 1주 평균 근로시간이 주 40시간을 초과하지 않는 범위에서 근로자가 근무시간을 자유롭게 조정하는 근무제도 • 일정 근로시간을 초과하더라도 연장수당 발생하지 않음.
자율 출퇴근제	• 직원이 출근 시간을 정하면 회사에서 정한 근로시간 (8시간) 에 따라 퇴근 시간이 자동으로 정해지는 근무제도로 출근 시간만 근로자의 재량에 맡김. • 연장수당 발생함.
시차 출퇴근제	• 근로자는 주 5일, 1일 8시간, 주 40시간의 소정 근로시간을 준수하면서 출퇴근 시간을 조정하는 근무제도. 근로자는 회사가 정한 시간대 중 원하는 시간대를 선택함.

① 시차 출퇴근제는 회사가 정한 시간대 범위에서 출근 시간을 선택해야 하므로 선택적 근로시간제에 비해 근로시간 선택의 자율성이 낮다고 볼 수 있겠네.
② 인사과 직원들이 신청 가능한 제도는 자율 출퇴근제로 볼 수 있겠네.
③ 선택적 근로시간제의 적용을 받는 경우 1일 8시간의 근로시간을 지키지 않아도 되겠구나.
④ 광고팀, 디자인팀의 제도는 선택적 근로시간제로 보기 힘들군.
⑤ 고객센터와 판매를 담당하는 직원들은 선택적 근로시간제에 해당하지 않는구나.

해설

④ 디자인팀, 광고팀은 연장수당이 지급되지 않고, 근로시간을 자율적으로 정하므로 선택적 근로시간제에 해당된다.

정답 39 ③ 40 ④

[41 ~ 42] 박 대리는 신입 및 경력사원 채용면접시험 담당자이다. 이어지는 질문에 답하시오.

〈10월〉

일	월	화	수	목	금	토
	1	2	3 개천절	4	5	6
7	8	9 한글날	10	11	12	13
14	15	16	17	18	19	20
21	22	23	24	25	26	27
28	29	30	31			

* 근무일은 월요일 ~ 금요일이다.

〈각 부서별 선발 인원 정보〉

- 사원을 채용하고자 하는 부서는 인사팀, 재무팀, 법무팀, 기획팀, 홍보팀, 기술지원팀, 교육팀이다.
- 교육팀과 기술지원팀에서는 신입사원 6명, 경력사원 6명씩 선발한다.
- 인사팀의 신입 및 경력사원 선발인원은 교육팀의 1/2이고, 법무팀의 총 선발인원은 인사팀 총 선발 인원보다 4명 더 많다.
- 기획팀은 경력사원만 7명 선발한다.
- 재무팀은 신입사원 6명, 경력사원 3명을 선발하고, 홍보팀은 신입사원만 6명 선발한다.
- 신입 / 경력 선발인원에 대한 구분이 없는 경우에는 50 : 50의 비율로 선발한다.

〈면접 정보〉

- 채용면접은 10월 첫째 주~둘째 주 근무일에만 진행되며, 공휴일에는 면접이 진행되지 않는다.
- 각 부서별 면접 인원은 선발인원의 6배수이다.
- 면접은 하루에 한 부서씩 진행하며 기술지원팀은 가장 먼저 면접을 실시하고, 연달아 법무팀 면접이 이루어진다.
- 교육팀은 홍보팀 면접 다음 날 면접을 실시하며, 두 팀은 기획팀보다 뒤에 면접을 실시한다.
- 재무팀의 면접 순서는 가장 마지막이다.
- 인사팀 면접은 10월 5일에 진행된다.

41 위 채용면접에 대한 설명으로 옳은 것은?

① 신입사원 면접대상자는 168명이다.
② 이번에 선발하는 인원은 모두 65명이다.
③ 법무팀과 인사팀 면접일정 사이에는 기획팀이 있다.
④ 법무팀은 신입사원과 경력사원을 각각 5명씩 선발한다.
⑤ 면접일정 중에는 휴무일이 사흘 포함된다.

해설

i) 채용인원

구분	신입	경력	합계
인사	3	3	6
재무	6	3	9
법무	5	5	10
기획	0	7	7
홍보	6	0	6
기술지원	6	6	12
교육	6	6	12

ii) 면접일정
　1일 : 기술지원팀
　2일 : 법무팀
　5일 : 인사팀
　10일 : 홍보팀
　11일 : 교육팀
　12일 : 재무팀
　4일 또는 8일 : 기획팀

정답 41 ④

42 상사가 박 대리에게 다음 사항을 적용하여 면접시험 일정을 변경하도록 지시하였다. 변경사항에 대한 설명으로 옳은 것은?

> 상사 : 선발 인원이 가장 적은 2개 부서의 면접시험을 같은 날 동시에 진행하고, 이 2개 부서의 면접시험일은 원래 면접시험일 중 더 빠른 날로 정합시다. 그리고 남은 부서들은 앞의 일정이 비게 되면 면접 일정을 하루씩 앞당기도록 하세요.

① 같은 날 면접시험을 진행하는 2개 부서는 인사팀과 기획팀이다.
② 같은 날 면접시험을 진행하는 2개 부서는 신입사원만 선발한다.
③ 기술지원팀, 법무팀, 홍보팀의 면접시험은 같은 주에 이루어진다.
④ 상사의 변경 지시 전과 후의 일정이 똑같은 부서는 법무팀 뿐이다.
⑤ 마지막으로 면접시험을 진행하는 부서는 재무팀이며, 12일에 모든 일정이 끝난다.

해설

i) 인사팀과 홍보팀을 5일에 함께 면접을 본다.

ii) 면접일정
1일 : 기술지원팀
2일 : 법무팀
5일 : 인사팀, 홍보팀
10일 : 교육팀
11일 : 재무팀
4일 또는 8일 : 기획팀

정답 42 ③

[43~44] 다음은 신혼부부 전세자금 대출에 관한 내용이다. 이를 읽고 이어지는 질문에 답하시오.

□ 대출대상
- 대출신청일 현재 세대주로서 대출대상 주택 임차보증금 2억 원 이하 [단, 수도권(서울, 인천, 경기)은 3억 원 이하, 전용면적 85㎡ 이하(단, 수도권을 제외한 도시지역이 아닌 읍 또는 면 지역은 100㎡ 이하)에 임대차계약을 체결하고 임차보증금의 5% 이상을 지불한 자
- 대출 신청일 현재 세대주로서 세대주를 포함한 세대원 전원이 무주택자인 자
- 대출 신청인과 배우자의 연소득 합산 6천만 원 이하인 자
- 신혼가구 : 혼인관계증명서상 혼인기간이 5년 이내인 가구 또는 결혼 예정자와 배우자 예정자로 구성된 가구

□ 대출금리

부부 합산 연소득 \ 보증금	5천만 원 이하	5천만 원 초과 ~1억 원 이하	1억 원 초과 ~1.5억 원 이하	1.5억 원 초과
2천만 원 이하	연 1.2%	연 1.3%	연 1.4%	연 1.5%
2천만 원 초과 ~4천만 원 이하	연 1.5%	연 1.6%	연 1.7%	연 1.8%
4천만 원 초과 ~6천만 원 이하	연 1.8%	연 1.9%	연 2.0%	연 2.1%

□ 대출한도 : 전(월세) 계약서상 임차보증금의 80% 이하

구분	대출 한도 금액
수도권 (서울, 경기, 인천)	1.7억 원
수도권 이외 지역	1.3억 원

43 다음 중 신혼부부 전세자금 대출을 받을 수 없는 사람은? (단, 제시되지 않는 다른 대출 조건은 모두 충족한다고 가정한다)

① 부부 합산 연소득 5천5백만 원인 결혼 2년차 부부
② 경기도에 보증금액이 1억 8천만 원인 아파트에 임대차계약을 한 신혼부부
③ 경기도 읍, 면 지역 소재 전용면적 93㎡의 주택에 신혼집을 꾸리고자 하는 예비부부
④ 결혼 7년이 되었지만 3년 전 혼인신고를 한 부부
⑤ 2년 전 전세자금 대출을 받아 거주하는 아파트의 보증금이 올라 추가로 대출을 신청하려는 부부

해설
③ 수도권은 전용면적 85㎡ 이하여야 한다.

정답 43 ③

44 결혼을 준비 중인 A 씨 부부는 서울에 있는 전용면적 85㎡, 임차보증금 2억 1천만 원인 아파트에 대한 전세자금 대출을 받고자 한다. 이들의 합산 연소득은 5,700만 원일 때, 이들이 최대로 받을 수 있는 대출금은 얼마이며, 대출 금리는 몇 %인가?

① 1억 6,800만 원, 1.5%
② 1억 6,800만 원, 1.8%
③ 1억 6,800만 원, 2.1%
④ 1억 7,000만 원, 1.8%
⑤ 1억 7,000만 원, 2.1%

해설

ⅰ) 대출한도
2억 1천 × 80% = 1.68억

ⅱ) 대출금리
보증금 2.1억과 연소득 5,700만에 해당하는 금리는 2.1%이다.

정답 44 ③

빠꼼이 NCS 기본서

Chapter 1　명제
Chapter 2　참 거짓
Chapter 3　언어추리

Part 3

문제해결능력

II. 추리영역

Chapter 1 명제

1 기본 개념

1. 용어정리

- **명제** 참, 거짓이 명확한 문장이나 식
  - **거짓** 반례가 있을 때
  - **참** 반례가 없을 때
- **p→q** p ⊂ q = p는(이면) q이다. ex 한전은 공기업이다.(○), 공기업은 한전이다.(×)

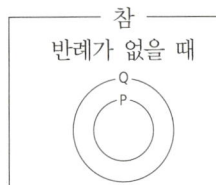
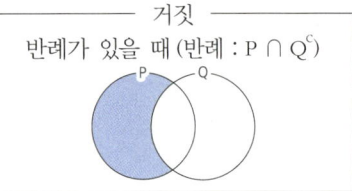

- **부정(~p)** 『이다↔아니다』, 『and↔or』, 『모든↔어떤』
  - ex "남친은 키도 크고 잘생겼다."의 부정은 "남친은 키크지 않거나 잘생기지 않았다."
  - ex "모든 학생은 담배를 피운다."의 부정은 "어떤 학생은 담배를 피우지 않는다."
- **대우, 역** 명제가 참이면 대우(~q→~p)도 참. 역(q→p)은 거짓일 확률이 매우 높다.
- **삼단논법** p→q, q→r이면 p→r
  - ex 나는 사람이다. 사람은 죽는다. 그러므로 나는 죽는다.

2. 주의해야 할 표현

- **a는 b 그리고 c이다** 『a→b & a→c』 → (대우) 『~b or ~c → ~a』
- **a만 b이다(=b는 a이다)** 『b→a』 → (대우) 『~a→~b』
- **a or b→c & d** = 『'a→c' & 'a→d' or 'b→c' & 'b→d'』 → (대우) '~c or ~d→~a & ~b'
  - ex 학생이 욕심이 있거나 부지런하면 공부도 잘하고 착하다. →
    학생이 욕심이 있으면(부지런하면) 공부 잘한다. & 욕심이 있으면(부지런하면) 착하다.
- **A 또는 B이다. A는 아니다.** 이 두 명제가 참이면 "B이다"도 참이다.
  - ex "학교에 쉬거나 비가 온다", "학교가 쉬지 않는다." → "비가 온다."
- **꼬리물기** 'a→b' & 'b→c' & 'c→d' = 'a→d' ★(반례) 『d→』 (참) 『a→d』 『~d→~a』

(본문) 인기가 많은 사람은 연애를 잘한다.	(참) 친구가 많은 사람은 연애를 잘한다.
친구가 많은 사람은 재밌는 사람이다.	연애를 못하는 사람은 친구가 많지 않다.
재밌는 사람은 인기가 많다.	(반례) 연애를 잘하는 사람은 ~

TIP 도식화의 결과가 A→B→C→D인 경우, 참을 고르는 문제는 『A→D』 또는 『대우(~D→~A)』를 먼저 본다. 본문 전체를 활용하여야 하므로 출제자가 선호한다. 거짓을 고르는 문제는 『역(D→)』을 먼저 본다. 『D→』가 없다면 C→, B→ 순서로 확인한다.

예제 01 다음 제시된 글을 근거로 할 때, 항상 참이 되는 것을 고르시오.

> - 병구는 A기업에 다닌다.
> - 영어를 잘하지 못하면 A기업에 다니지 않는다.
> - 영어를 잘하면 업무능력이 뛰어난 것이다.

① 병구는 영어를 잘하지 못한다.
② A기업에 다니는 사람들은 업무능력이 뛰어나지 못하다.
③ 병구는 업무능력이 뛰어나다.
④ 업무능력이 뛰어난 사람은 A기업에 다니는 사람이 아니다.

풀이
- [1단계] 『병구 → A기업』『영어 → 업무』『~영어 → ~A기업』=『(대우) A기업 → 영어 (대우)』
- [2단계] 『병구 → A기업 → 영어 → 업무』
- [3단계] 2단계에서 가장 끝과 끝을 연결하여 답을 찾는다. 병구 → 업무

정답 ③

예제 02 제시된 글이 참일 때, 틀린 것을 고르시오.

> - 재밌는 사람은 인기가 많다.
> - 인기가 많은 사람은 연애를 잘한다.
> - 친구가 많은 사람은 재미있는 사람이다.
> - 연애를 잘하는 사람이 일도 잘한다.

① 친구가 많은 사람은 인기가 많다.
② 일 잘하는 사람은 연애도 잘한다.
③ 친구가 많은 사람은 연애도 잘한다.
④ 재밌는 사람이 일도 잘한다.

풀이
- [1단계] 『재미 → 인기』『친구 → 재미』『인기 → 연애』『연애 → 일』
- [2단계] 『친구 → 재미 → 인기 → 연애 → 일』
- [3단계] 틀린 것을 찾는 문제이므로 역방향을 찾는다. ② 일 → 연애 (일로 시작했으므로 무조건 틀린 명제가 된다.)

정답 ②

예제 03 다음 조건을 읽고 옳은 결론을 고르시오.

> - 삼겹살을 먹으면 소주를 마신다.
> - 감자탕 또는 삼겹살을 먹는다.
> - 감자탕을 먹으면 비가 오지 않는다.
> - 비가 온다.

① 감자탕을 먹는다.
② 소주를 마신다.
③ 삼겹살을 먹지 않는다.
④ 비가 오면 소주를 마시지 않는다.

풀이
- [1단계] 『삼 → 소』『감 → ~비』『감 or 삼』『비』
- [2단계] 2번째 명제의 (대우)『비 → ~감』와 4번째 명제를 합치면 『비 → ~감』
- [3단계] 『비 → ~감 → 삼 → 소』 결론은 소주를 마신다.

정답 ②

STEP 1

01 다음 조건이 성립한다고 가정할 때, 반드시 참인 것은? [NCS 대표예제]

- 기획팀 구성원은 똑똑하고 야무지다.
- 찬이는 기획팀 소속이다.
- 주희는 재무팀 소속이다.

① 찬이는 야무지고 똑똑하다.
② 찬이는 주희보다 똑똑하다.
③ 똑똑하고 야무진 사람은 기획팀 구성원이다.
④ 재무팀은 전반적으로 기획팀보다 똑똑하지 않다.

해설

삼단논법을 이용하여
- 기획팀 → 똑야
- 찬이 → 기획팀

결론: 찬이 ⟶ 똑야

02 다음 명제가 모두 참이라고 할 때, 반드시 참인 명제는? [NCS 대표예제]

- 비서가 사무실을 비우면 행정처리가 늦어진다.
- 행정처리가 늦어지면 프로젝트 마감일이 지연된다.
- 프로젝트 마감일이 지연되면 계약지연 수수료를 낸다.

① 계약지연 수수료를 내면 행정처리가 늦어진다.
② 계약지연 수수료를 내면 프로젝트 마감이 지연된다.
③ 프로젝트 마감이 지연되면 비서가 사무실을 비운 것이다.
④ 계약지연 수수료를 내지 않는 것은 비서가 사무실에 있다는 것이다.

해설

삼단논법을 이용하여
- ~비서 → 행늦
- 행늦 → 프지
- 프지 → 수수료

결론: ~비서 ⟶ 수수료
대우: ~수수료 → 비서

03 다음 제시된 글을 근거로 할 때, 항상 참이 되는 것을 고르시오.

- 라면을 좋아하는 사람은 짜장면도 좋아한다.
- 혼자 사는 사람은 야식을 자주 먹고, 라면도 좋아한다.
- 짜장면을 좋아하는 사람은 면 요리를 즐겨 먹는다.

① 혼자 사는 사람은 면 요리를 즐겨먹는다.
② 라면을 좋아하는 사람은 야식을 자주 먹는다.
③ 짜장면을 좋아하는 사람은 라면을 좋아하지 않는다.
④ 면 요리를 즐겨먹는 사람은 혼자 산다.

해설

삼단논법을 이용하여
- 라면 → 짜장면
- 혼자 → 야식&라면
- 짜장면 → 면요리

결론: 혼자 ⟶ 면요리

정답 01 ① 02 ④ 03 ①

2. 모든 / 어떤

1. 주의해야할 표현

- **어떤 a는 b이다(=어떤 b는 a이다)** "a와 b의 교집합이 존재한다.", "a이면서 b인 것이 있다.", "a 중 b인 것이 있다."
  - ex "어떤 수강생은 남학생이다" ≠ "어떤 수강생은 여학생이다" → 모두 남학생 일 수 있다.
    "a 또는 b가 합격을 했다" ≠ "a, b 중 한 명만 합격을 했다." → 둘 다 합격할 수도 있다.
  - ex "피자를 좋아하는 모든 사람이 콜라를 좋아하는 것은 아니다."
    = "어떤 피자를 좋아하는 사람은 콜라를 좋아하지 않는다."

- **모든 → 어떤** "모든 a는 b다"가 참이면, "어떤 a는 b다"는 무조건 참이다. 하지만, "어떤 a는 b다"가 참이면 "모든 a는 b다"는 참이란 말은 거짓이 된다.
  - ex 모든 범죄자가 악한 것은 아니다. → 어떤 범죄자는 악하지 않다.

- **어떤 a도 b가 아니다.** "모든 a는 b가 아니다."
  - ex 어떤 학생도 독서실을 가지 않는다. → 모든 학생이 독서실을 가지 않는다.

- **대우** 『어떤 ~』의 대우는 없다. 하지만 조건문이면 가능하다.
  - ex "어떤 학생은 지각한다." → (대우) 없음
  - ex "어떤 학생이 지각한다면, 수업이 종료된다." → (대우) "수업이 종료되지 않으면, 모든학생이 지각하지 않았다."

2. 벤다이어그램

1) 모든 p 는 q 이다.

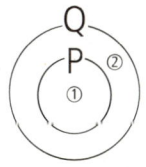

2) 어떤 p 는 q 이다.

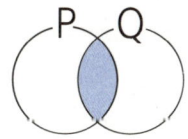

3) ~p 는 q 이다.

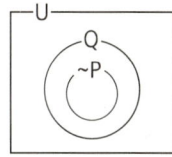

4) 모든 p 는 ~q 이다.

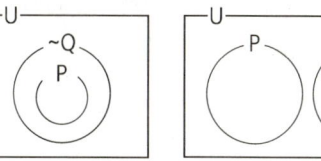

5) 어떤 p 는 ~q 이다.(=어떤 ~q 는 p 이다.)

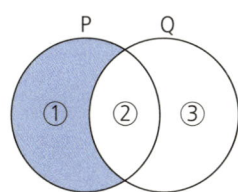 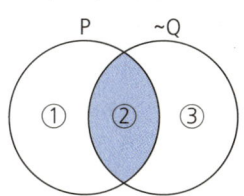

Chapter 1. 명제

예제 4 다음 제시된 글을 근거로 할 때 반드시 참인 결론을 고르시오.

- 모든 재밌는 사람은 긍정적이다.
- 모든 냉정한 사람은 재밌는 사람이 아니다.

결론 : _____.

① 어떤 긍정적인 사람은 냉정한 사람이다.
② 어떤 긍정적인 사람은 냉정한 사람이 아니다.
③ 어떤 냉정한 사람은 긍정적인 사람이 아니다.
④ 냉정한 사람은 모두 긍정적인 사람이 아니다.

풀이

#1 모든 재미→긍정    #2 모든 재미→~냉정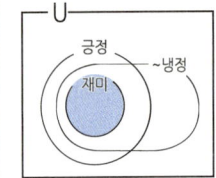

- [1단계] 『재미→긍정』, 『냉정→~재미(=재미→~냉정)』
- [2단계] 『긍정과 ~냉정』이 교집합이 생김
- [3단계] 『어떤 긍정→~냉정』과 『어떤 ~냉정→긍정』 모두 답이 될 수 있다.

정답 ②

예제 5 제시된 글이 참일 때, 참인 것을 고르시오.

- 모든 숙제를 잘하는 학생은 공부를 많이 한다.
- _____.

결론 : 어떤 숙제를 잘하는 학생은 좋은 시험 성적을 거둔다.

① 좋은 성적을 내기 위해서는 공부를 많이 해야 한다.
② 좋은 성적이 나오지 않으면 공부를 많이 하지 않은 것이다.
③ 공부를 많이 하지 않은 학생은 숙제를 잘하지 않는다.
④ 어떤 숙제를 잘하는 학생은 공부를 많이 한다.

풀이

- [1단계] 『모든 숙제→공부』(   )→『어떤 숙제냉정→성적』
- [2단계] "어떻게 하면 '공부'와 '성적'의 관계로 '숙제'와 '성적'의 교집합을 만들 수 있을까?"

『모든 숙제→공부』 『모든 공부→성적』 『어떤 공부→성적』

 → 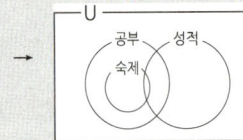   ① 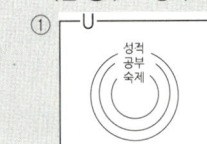   ②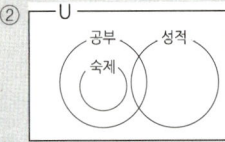

→ 『어떤 공부→성적』 ①처럼 교집합이 생길 수도 있지만, ②와 같이 반례가 나올 수 있기 때문에 답이 될 수 업다.
- [3단계] 『모든 공부→성적』은 교집합을 만들어 주기 때문에 답이 된다.

정답 ②

3. 결론 추론/전제 추론

- **결론 추론 명제** 결론추론은 『어떤』을 먼저 답으로 고려하고, 『어떤』이 없으면 『모든』을 확인.

	1	2	3	4
	모든 A는 B다. 어떤 A는 C다. ( )	모든 A는 B다. 모든 A는 C다. ( )	모든 A는 B다. 모든 B는 C다. ( )	모든 A는 B다. 모든 C는 A다. ( )
정답	어떤 B는 C다. (=어떤 C는 B다.)	어떤 B는 C다. (=어떤 C는 B다.)	모든 A는 C다. 어떤 A는 C다. (=어떤 C는 A다.)	모든 C는 B다. 어떤 C는 B다. (=어떤 B는 C다.)

	5	6	7	8
	모든 A는 B다. 모든 C는 B다. ( )	모든 A는 B다. 어떤 B는 C다. ( )	어떤 A는 B다. 어떤 A는 C다 ( )	어떤 A는 B다. 어떤 B는 C다. ( )
정답	어떤 ~A는 ~C다.	답이 없다.	답이 없다.	답이 없다.

- **전제 추론 명제** 전제추론은 『모든』을 먼저 답으로 고려하고, 『모든』이 없으면 『어떤』을 확인.

	1	2	3	4
	어떤 A는 B다. ( ) 어떤 A는 C다.	어떤 A는 B다. ( ) 어떤 B는 C다.	모든 A는 B다. ( ) 어떤 A는 C다.	모든 A는 B다. ( ) 모든 A는 C다.
정답	모든 B는 C다.	모든 A는 C다.	모든 B는 C다.	모든 B는 C이다.

	5	6	7	8
	모든 A는 B다. ( ) 모든 C는 B다.	모든 A는 B다. ( ) 어떤 B는 C다.	모든 A는 B다. ( ) 모든 C는 A다.	모든 A는 B다. ( ) 모든 B는 C다.
정답	모든 C는 A이다.	어떤 A는 C다. (=어떤 C는 A다.) 모든 A는 C다. 모든 C는 A다.	답은 없다.	답이 없다.

ex (전제1) 이민을 간다고 모두 행복한 것은 아니다.
(전제2) 이민을 간 모든 사람은 여권이 있다.

(결론) (   )

해설
이민을 간다고 모두 행복한 것은 아니다. → (변형) 『**어떤** A(이민)는 ~B(행복)』
이민을 간 모든 사람은 여권이 있다. → (변형) 『**모든** A(이민)는 C(여권)다.』

→ **결론추론** 『어떤 ~B(행복)는 C(여권)다(=어떤 C는 ~B다)』
"여권이 있는 어떤 사람은 행복하지 않다." = "어떤 행복하지 않은 사람은 여권이 있다."

ex (전제1) (   )
(전제2) 자신을 사랑하지 않는 정치인은 없다.

(결론) 어떤 조각가는 자신을 사랑하지 않는다.

해설
(   )
자신을 사랑하지 않는 정치인은 없다. → (변형) 『**모든** ~B(사랑)는 ~A(정치인)다.』

어떤 조각가는 자신을 사랑하지 않는다. → (변형) 『**어떤** C(조각가)는 ~B다.』

→ **전체추론** 모든 ~A(~정치인)는 C(조각가)다.
"모든 정치인이 아닌 사람은 조각가이다." "조각가가 아닌 사람은 정치인이다."

ex (전제1) 직원 중에 업무능력이 좋은 직원이 있다.
(전제2) (   )

(결론) 연수를 받은 어떤 직원은 업무능력이 좋다.

해설
직원 중에 업무능력이 좋은 직원이 있다. → **어떤** 직원(A)은 업무능력이 좋다(B).

연수를 받은 어떤 직원은 업무능력이 좋다. → 『어떤 C(연수)는 B(업무능력)다.』
→ **전체추론** 모든 A(직원)는 C(연수)이다.
"모든 직원은 연수를 받는다."

STEP 1

04 다음 제시된 글을 근거로 할 때 반드시 참인 결론은?

- 고등어를 좋아하면 귤은 싫어한다.
- 어떤 귤을 좋아하는 사람은 이목구비가 또렷하다.

결론 : _____.

① 이목구비가 또렷하지 않은 어떤 사람은 고등어를 좋아하지 않는다.
② 고등어를 좋아하는 모든 사람은 이목구비가 또렷하다.
③ 고등어를 좋아하는 어떤 사람은 이목구비가 또렷하지 않다.
④ 이목구비가 또렷하면 고등어를 좋아한다.
⑤ 고등어를 좋아하지 않는 사람 중에 이목구비가 또렷한 사람이 있다.

해설

명제를 도식화하면
- 고등어 → ~귤 (귤 → ~고등어)
- 어떤 귤 → 이목

귤은 ~고등어에 포함되며
귤은 이목과 교집합이 있으므로
~고등어와 이목도 교집합이 생긴다.

따라서
어떤 이목 → ~고등어
가 답이 될 수 있다.

보기 5번 : 어떤 이목 → ~고등어

05 다음 결론이 반드시 참이기 위한 비어있는 명제를 고르시오.

- 모든 취업준비생은 열심히 공부하는 사람이다.
- _____.

결론 : 어떤 열심히 공부하는 사람은 독서를 좋아하지 않는다.

① 독서를 좋아하지 않는 취업준비생은 없다.
② 어떤 취업준비생은 독서를 좋아한다.
③ 독서를 좋아하는 사람은 모두 취업준비생이다.
④ 어떤 취업준비생은 독서를 좋아하지 않는다.

해설

명제를 도식화하면
- 모든 취준생 → 열공
결론 : 어떤 열공 → ~독서

벤다이어그램 상 '열공'은 '취준생'을 모두 포함하고 결론적으로 '열공'과 '~독서'가 교집합이 생겨야 하므로 '취준생'과 '~독서'가 교집합이 생기게 하는 보기가 답이 된다.

어떤 취준생 → ~독서
어떤 ~독서 → 취준생
모든 취준생 → ~독서 (포함관계도 교집합이 존재하는 것으로 본다.)
모든 ~독서 → 취준생 (포함관계도 교집합이 존재하는 것으로 본다.)

모두 답이 된다.

정답 04 ⑤ 05 ④

Chapter 1. 명제 **539**

06 다음 제시된 글을 근거로 할 때 반드시 참인 결론은?

- 모든 성직자는 결혼하지 않는다.
- 결혼한 사람은 책임감이 강하다.

결론 : _____.

① 성직자가 아닌 사람 중에 책임감이 강한 사람이 있다.
② 책임감이 강하지 않으면 성직자가 아니다.
③ 어떤 성직자는 책임감이 강하지 않다.
④ 어떤 성직자는 책임감이 강하다.
⑤ 모든 성직자는 책임감이 강하다.

해설

성직 → ~결혼
결혼 → ~성직 (대우)
결혼 → 책임

따라서 '~성직'과 '책임'에 교집합이 생기며

답은 어떤 ~성직 → 책임
또는 어떤 책임 → ~성직

보기 1번 : 어떤 책임 → ~성직

07 다음 결론이 반드시 참이기 위한 비어있는 명제를 고르시오.

- 피자를 좋아하는 모든 사람이 콜라를 좋아하는 것은 아니다.
- _____.

결론 : 피자를 좋아하는 어떤 사람은 햄버거를 좋아하지 않는다.

① 햄버거를 좋아하는 모든 사람은 콜라를 좋아한다.
② 햄버거를 좋아하는 모든 사람은 콜라를 좋아하지 않는다.
③ 햄버거를 좋아하는 어떤 사람은 콜라를 좋아하지 않는다.
④ 콜라를 좋아하는 모든 사람은 햄버거를 좋아한다.
⑤ 콜라를 좋아하는 어떤 사람은 햄버거를 좋아한다.

해설

첫 번째 명제 : 피자를 좋아하는 모든 사람이 콜라를 좋아하는 것은 아니다.
는 피자 좋아하는 사람 중에 콜라 좋아하지 않는 사람이 "존재"한다는 것이다.
따라서 첫 번째 전제는
- 어떤 피자 → ~콜라

결론 : 어떤 피자 → ~햄버거

벤다이어그램 상 '피자'와 '~콜라'는 교집합이 있고 결론적으로 '피자'와 '~햄버거'가 교집합이 생겨야 하므로 '~햄버거'가 '~콜라'를 포함하면 된다.

모든 ~콜라 → ~햄버거
모든 햄버거 → 콜라 (대우)
가 답이 된다.

보기 1번 : 햄버거를 좋아하는 모든 사람은 콜라를 좋아한다. = 모든 햄버거 → 콜라

정답 06 ① 07 ①

3 명제 응용

예제 6 다음 조건이 성립한다고 가정할 때, 반드시 참인 것은? [NCS 대표예제]

- 허용이 불가능한 것은 적용이 불가능하다.
- 적용이 불가능한 것은 허용하는 것도 불가능하다.
- 주지침에 기초를 두고 있는 것만이 허용 가능하다.

결론 : _____.

① 적용할 수 있는 것은 허용할 수 없다.
② 허용 가능한 것은 지침에 기초를 두고 있지 않다.
③ 적용 가능한 것은 지침에 기초를 두고 있는 것이다.
④ 지침에 기초를 두고 있지 않은 것은 적용하는 것이 가능하다.

[풀이]
- [1단계] 『~A(허용) → ~B(적용)(=B → A)』 & 『~B(적용) → ~A(허용)(=A → B)』 → A(허용) = B(적용)
  "C(주지침)만이 A(허용)다. → 『A → C』
- [2단계] 『A(=B) → C(주지침)』 "적용 가능한 것은 지침에 기초를 두고 있는 것이다."
※ 『A만이 B이다. = 모든 B는 A이다.』
예를 들어 "토익 900점이 넘는 사람만이 우리 회사에 직원이다."라는 명제를 보면 그 뜻은 "모든 우리 회사 직원은 토익 900점을 넘는다."로 바꾸어 생각할 수 있다. 마찬가지로, "주지침에 기초를 두고 있는 것만이 허용 가능하다"는 "허용가능한 것은 모두 주지침의 기초를 두고 있는 것이다"로 해석하여야 하며 도식화 하면 "모든 허용 → 주지침"이 된다.

[정답] ③

예제 7 다음 결론이 반드시 참이기 위해 들어갈 수 있는 전제 추론 명제를 고르시오.

- 빠꼼이 포인트 카드를 가지고 있지 않은 사람은 문화생활을 즐기지 않거나 학부모가 아니다.
- _____.

결론 : 문화생활을 즐기는 학부모는 검소하다.

① 검소하고 긍정적인 사람만 빠꼼이 포인트 카드를 가지고 있다.
② 검소하고 긍정적이지 않은 사람만 빠꼼이 포인트 카드를 가지고 있다.
③ 검소하지 않은 사람은 빠꼼이 포인트 카드를 가지고 있지 않다.
④ 검소하지 않거나 긍정적이지 않은 사람은 빠꼼이 포인트 카드를 가지고 있지 않다.

[풀이]
- [1단계] 『~B(~포인트카드) → ~A(~문화 or ~학부모)』 = 『A → B』 "문화생활을 즐기는 학부모는 포인트 카드를 가지고 있다."
  (결론) 『A(문화 and 학부모) → ~C(~검소)』
  → (전제추론) 『B(포인트카드) → C(검소)』 또는 『~C → ~B』
- [2단계] ③이 『~C → ~B』의 내용이다.

[정답] ③

STEP 2

08 다음의 전제가 모두 참일 때, 결론으로 옳은 것은 무엇인가?

전제	회사 직원은 모두 퇴직연금에 가입한다. 어떤 회사 직원은 개임연금에 가입하지 않는다.
결론	( )

① 퇴직연금에 가입한 직원 중에 개인연급에 가입하지 않은 직원도 있다.
② 퇴직연금에 가입한 어떤 직원은 개인연급에 가입한다.
③ 개인연급에 가입하지 않은 직원 중에 퇴직연금에 가입하지 않은 직원도 있다.
④ 개인연급에 가입하지 않은 직원은 퇴직연금에 가입한다.
⑤ 퇴직연금에 가입한 직원은 개인연급에 가입하지 않는다.

해설
회사 직원은 겹치는 단어이므로 지우고 퇴직연금과 ~개인연금과의 교집합이 있다.

09 다음의 명제 모두 참일 때, 결론으로 옳은 것은 무엇인가?

전제	라면을 좋아하는 사람은 모두 김치를 좋아하거나 밥을 좋아한다. 밥을 좋아하는 사람중에 라면을 좋아하지 않는 사람이 있다. 김치를 좋아하는 사람은 라면을 좋아한다.
결론	( )

① 밥을 좋아하는 모든 사람은 라면을 좋아한다.
② 김치를 좋아하지 않은 모든 사람은 라면을 좋아한다.
③ 라면를 좋아하지 않는 어떤 사람은 밥을 좋아하지 않는다.
④ 밥을 좋아하는 어떤 사람은 김치를 좋아하지 않는다.
⑤ 김치를 좋아하는 사람은 밥을 좋아하지 않는다.

해설
3번째 전제를 대우명제 하면 ~라면 → ~김치 2번째 전재와 3번째 전제를 통해서 겹치는 단어인 ~라면을 제외하고 밥과 ~김치에 교집합이 존재한다.

정답 08 ① 09 ④

10 다음 전제를 읽고 참이 아닌 명제를 고르시오.

- 우유를 마시는 사람은 아무도 콜라를 마시지 않는다.
- 콜라를 마시는 사람은 아무도 곰인형을 좋아하지 않는다.
- 곰인형을 좋아하는 사람은 쇼핑을 즐겨하지 않는다.
- 쇼핑을 즐겨하는 사람은 우유를 마신다.
- 콜라를 마시지 않는 사람은 스포츠를 좋아한다.

① 곰인형을 좋아하는 사람은 스포츠를 좋아한다.
② 콜라를 마시는 사람은 쇼핑을 즐겨하지 않는다.
③ 쇼핑을 즐겨하지 않는 사람은 우유를 마신다.
④ 우유를 마시는 사람은 스포츠를 좋아한다.
⑤ 스포츠를 좋아하지 않는 사람은 쇼핑을 즐겨하지 않는다.

해설

주어진 명제를 도식화하면
- 우유 → ~콜라
- 콜라 → ~곰인형
- 곰인형 → ~쇼핑 (쇼핑 → ~곰인형)
- 쇼핑 → 우유
- ~콜라 → 스포츠

삼단논법을 이용하여

　　　　곰인형 → ~콜라 → 스포츠
쇼핑 → 우유 → ~콜라 → 스포츠
쇼핑 → ~곰인형

3번이 참이려면 〈~쇼핑 → 　　〉형태의 명제가 있어야 하야 하지만 없으므로 참이 아니다.

11 다음 제시된 글을 근거로 할 때 반드시 참인 결론은?

- 박지성은 영국에 없다.
- 정치에 관심이 많은 사람은 네덜란드에 없다.
- 박지성은 네덜란드에 있거나 영국에 있다.

결론 : ＿＿＿＿＿＿＿＿＿＿＿＿＿＿＿.

① 박지성은 네덜란드에 있고 정치에 관심이 많다.
② 박지성은 네덜란드에 없고 정치에 관심이 많다.
③ 박지성은 정치에 관심이 많지 않다.
④ 박지성은 정치에 관심이 많다.

해설

삼단논법을 이용하여
- 박지성 → ~영국
　네덜란드 ·· 정치 (대우)
　박지성 → 영국 or 네덜란드

첫 번째 전제와 세 번째 전제를 통해 박지성은 네덜란드에 있으며 두 번째 전제와 삼단논법으로 연결되어

결론 : 박지성 → ~정치

정답 10 ③ 11 ③

12 다음 결론이 반드시 참이기 위한 비어있는 명제를 고르시오.

> - 기침을 많이 하면 목이 아프다.
> - _____.
>
> 결론 : 열이 나지 않으면 기침을 많이 한 것이 아니다.

① 열이 난다면 기침을 많이 하지 않은 것이다.
② 기침을 많이 하면 열이 나지 않은 것이다.
③ 목이 아프면 열이 난다.
④ 기침을 많이 하지 않으면 열이 나지 않는다.

해설

삼단논법을 이용하여
전제 : 기침 → 목
정답 :   목 → 열

결론 : 기침 ────→ 열 (대우)

13 다음 결론이 반드시 참이기 위한 비어있는 명제를 고르시오.

> - 적극적이지 않으면 사랑고백을 할 수 없다.
> - 모임에 나가는 사람은 스스로 부족하다 생각하지 않는다.
> - _____.
>
> 결론 : 자기 자신이 부족하다 생각하면 사랑고백을 하지 못한다.

① 자기 자신이 부족하지 않다고 생각한다면 사랑고백을 할 수 있다는 것이다.
② 사랑고백을 하는 사람이라 해도 적극적이지 못하다.
③ 자기 자신이 부족하다 생각한다면 모임에 많이 나가지 않은 것이다.
④ 적극적인 사람은 모임에 나간다.

해설

삼단논법을 이용하여
-              ~적극 → ~고백
- 부족 → ~모임 (대우)
답 : ~모임 → ~적극 = 적극 → 모임 (대우)

결론 : 부족 ────────→ ~고백

정답 12 ③ 13 ④

14 다음 결론이 반드시 참이기 위한 비어있는 명제를 고르시오.

- 모든 거짓말쟁이는 사기꾼이 아니다.
- _____.

결론 : 어떤 양치기소년은 거짓말쟁이가 아니다.

① 어떤 양치기소년은 사기꾼이다.
② 모든 양치기소년은 사기꾼이 아니다.
③ 모든 양치기소년은 거짓말쟁이다.
④ 사기꾼 중에 양치기소년인 사람은 없다.

해설

명제를 도식화하면
- 모든 거짓 → ~사기꾼 = 모든 사기꾼 → ~거짓 (대우)

결론 : 어떤 양치기 → ~거짓

벤다이어그램 상 '~거짓'은 '사기꾼'을 모두 포함하고 결론적으로 '양치기'와 '~거짓'이 교집합이 생겨야 하므로 '사기꾼'과 '양치기'가 교집합이 생기게 하는 보기가 답이 된다.

어떤 사기꾼 → 양치기
어떤 양치기 → 사기꾼
모든 사기꾼 → 양치기 (포함관계도 교집합이 존재하는 것으로 본다.)
모든 양치기 → 사기꾼 (포함관계도 교집합이 존재하는 것으로 본다.)

모두 답이 된다.

보기 1번 : 어떤 양치기소년은 사기꾼이다. = 어떤 양치기 → 사기꾼

15 다음 결론이 반드시 참이기 위한 비어있는 명제를 고르시오.

- 이과생 중에 수학을 싫어하는 사람이 있다.
- _____.

결론 : 과학을 좋아하는 어떤 사람이 수학을 싫어한다.

① 과학을 좋아하는 사람만 이과생이다.
② 과학을 좋아하는 사람은 이과생이다.
③ 이과생은 과학을 좋아하지 않는다.
④ 이과생이 아니면 과학을 좋아하지 않는다.
⑤ 어떤 이과생은 과학을 좋아하지 않는다.

해설

어떤 이과 → ~수학

결론 어떤 과학 → ~수학

'이과'와 '~수학'이 교집합이 있는 상태에서 비어있는 전제에서 '이과'와 '과학'의 관계를 통해 '과학'과 '~수학'이 교집합이 생기려면
'이과'가 '과학'에 완전히 포함되어야 한다.
답은 이과 → 과학

보기 1번 : 과학 좋아하는 사람'만' 이과생이다.
= 이과생은 과학을 좋아한다.

정답 14 ① 15 ①

Chapter 1. 명제

16 다음 명제들이 참일 때, 옳은 것을 모두 고르시오.

- A가 집에 있으면 B는 집에 있지 않다.
- D 또는 C는 피씨방에 있다.
- C가 학원에 있으면 B는 집에 있다.
- D가 학원에 있으면 C도 학원에 있다.
- C가 학원에 없으면 D는 학원에 있다.

보기
ㄱ. A는 집에 없다. ㄴ. B는 집에 있다.
ㄷ. C는 학원에 있다. ㄹ. D는 피씨방에 있다.

① ㄱ, ㄴ ② ㄱ, ㄹ ③ ㄷ, ㄹ
④ ㄱ, ㄴ, ㄷ ⑤ ㄱ, ㄴ, ㄷ, ㄹ

해설

A집 → ~B집
D피 or C피
C학 → B집
D학 → C학
~C학 → D학

마지막 두 명제를 역순으로 삼단논법으로 이어보면
~C학 → D학 → C학이므로 오류가 발생한다.
즉, ~C학을 가정하였을 때 오류이므로 C학이 참이 된다.(귀류법)

C학 → B집 → ~A집
C학 → ~C피 → D피

답은 5번 ㄱ, ㄴ, ㄷ, ㄹ 모두 답이 된다.

17 다음 진술들이 참일 때, 반드시 참인 것은?

- 당신은 성격이 급하거나 패션감각이 좋다.
- 만약 당신은 성격이 급하다면, 당신은 꽃을 좋아한다.
- 당신은 꽃을 좋아하거나 음악인이다.
- 만약 당신은 성격이 급하다면, 당신은 꽃을 좋아하지 않는다.
- 만약 당신은 꽃을 좋아하지 않는다면, 당신은 패션감각이 좋지 않다.

① 당신은 음악인이고 패션감각이 좋다.
② 당신은 패션감각이 좋고 꽃을 좋아한다.
③ 당신은 꽃을 좋아하는 음악인이다.
④ 당신은 성격이 급한지는 확실히 알 수 없지만 패션감각이 좋다.
⑤ 당신은 음악인인지도 확실히 알 수 없고 패션감각이 좋은지도 확실히 알 수 없다.

해설

명제를 도식화 및 삼단논법을 통하여 정리하면
- 급한 성격 or 패션 .... (1)
- 급한 성격 → 꽃 .... (2)
- 꽃 or 음악인 .... (3)
- 급한 성격 → ~꽃 .... (4)
- ~꽃 → ~패션 .... (5)

(2)와 (4)를 통해 급한 성격은 될 수 없으므로
(1)을 통해 '패션'은 참이다.
(3), (4) 역시 급한 성격부터 진행되는 명제로 제외하면 (5)번만 남는다.
(5)의 대우는 패션 → 꽃이고 '패션'이 참이므로 '꽃'도 참이다.

답은 2번 당신은 패션감각이 좋고 꽃을 좋아한다.

정답 16 ⑤ 17 ②

[18 ~ 19] 다음 조건을 읽고 물음에 답하시오.

○○학교 학생회는 3학년 4명, 2학년 2명, 1학년 2명 등 총 8명의 위원으로 구성되어 있다. 3학년은 A, B, C, D이고 2학년은 E, F이며 1학년은 G, H이다. 학생회원 중에서 〈조건〉을 만족시키는 4명을 대표로 선발하기로 결정하였다.

조건
- 4명의 대표 중에는 반드시 3학년 2명과 2학년 1명, 1학년 1명이 포함되어야 한다.
- A과 B 중 1명은 반드시 대표로 선발해야 하지만 그 둘을 동시에 대표로 선발해서는 안 된다.
- G가 대표면 C 또한 대표다.
- F가 대표면 B는 대표가 될 수 없다.
- E가 대표면 H는 대표가 될 수 없다.

18 H가 대표면 확정되는 3학년은 누구인가?

① A ② B ③ C
④ D ⑤ 없다.

19 B가 대표면 나머지 3명의 대표 중 확정되는 사람의 수는 몇 명인가?

① 0명 ② 1명 ③ 2명 ④ 3명

해설

주어진 조건을 정리하면
- A, B 둘 중 하나만 뽑힌다. → C, D 둘 중 하나만 뽑힌다. (4명 중 2명이 뽑히므로)
- G→C→~D
  G→~H
- F→~B→A
  F→~E
- E→~H→G

해설

- H→~E→F→~B→A

답은 1번 A

해설

- B→~F→E→~H→G→C

답은 4번 세명 (모두 확정 된다)

정답 18 ① 19 ④

20 역학조사관 갑은 코로나 확진자 을의 동선을 추적한 결과 을과 접촉한 것으로 보이는 가 ~ 바 6명에 관한 아래의〈정보〉를 얻었다. 다음 중 이를 통해 도출할 수 있는 결론으로 옳은 것은?

> • 명철이가 '다'와 접촉했거나 '라'와 접촉했다면, '가', '나'와도 접촉했다.
> • 명철이가 '나'와 접촉했거나 '마'와 접촉했다면, '바'와도 접촉했다.
> • 명철이는 '다'와 접촉했거나 '마'와 접촉했다.

① 명철이가 '가'와 접촉했다면, '다'와도 접촉했다.
② 명철이는 '라'와 접촉했다.
③ 명철이는 '바'와 접촉했다.
④ 명철이는 '마'와 접촉했다.
⑤ 명철이가 '라'와 접촉하지 않았다면, '가'와 접촉했다

해설

세 번째 정보에서 명철이는 다 또는 마와 접촉했다.
ⅰ) 다와 접촉한 경우 1번째 정보에 의해서, 다 → 가
   1,2번째 정보에 의해서, 다 → 나 → 바
ⅱ) 마와 접촉한 경우 2번째 정보에 의해서, 마 → 바
두 가지 경우 모두, 명철이는 바와는 접촉을 했다.

21 R회사에서 작업의 효율성을 위해 중장비를 구매했다. 중장비를 운행하기 위해서는 중장비 면허증이 있어야 한다. 아래의 직원들 중 중장비 면허증이 있는지 반드시 조사해야 하는 사람은 누구인가?

> • 철수는 중장비 면허증이 없지만, 중장비 기계 운행 여부도 알 수 없다.
> • 영수는 중장비 기계를 운행하지 않았지만, 중장비 면허증 여부는 알 수 없다.
> • 민수는 중장비 기계 운행 여부는 알 수 없지만, 중장비 면허증이 있다.
> • 상수는 중장비 면허증 여부를 알 수 없고 중장비 기계를 운행하였다

① 철수, 영수   ② 철수, 상수   ③ 철수, 상수
④ 민수, 상수   ⑤ 철수, 민수

해설

ⅰ) 조사할 필요가 없는 사람은 운행하지 않거나, 면허가 있는 사람이다. 영수는 운행하지 않았고, 민수는 면허증이 있으므로 영수와 민수는 조사할 필요가 없다.

정답 20 ③ 21 ②

22 A회사 보안실에서는 A ~ D의 버튼 중 암호가 걸린 모든 버튼을 눌러야 문이 열린다고 한다. 아래와 같은 단서를 참고할 때, 문을 열기 위해서는 몇 개의 버튼을 눌러야 하는가?

> 다음의 내용은 모두 거짓이다.
> (ㄱ) 1과 2 가운데 어느 하나만 암호에 걸렸거나, 둘 다 걸리지 않았다.
> (ㄴ) 2와 3 중 적어도 하나가 암호에 걸렸으면, 4도 암호에 걸렸다.
> (ㄷ) 3과 4 중 어느 것도 암호에 걸리지 않았다.

① 0개　② 1개　③ 2개
④ 3개　⑤ 4개

해설
i) ㄱ이 거짓이면, 1과 2는 모두 암호에 걸렸다.
ii) ㄴ이 거짓이면, 4는 암호에 걸리지 않았다.
iii) ㄷ이 거짓이면, 3은 모두 암호에 걸렸다.
암호에 걸린 것은 1, 2, 3이므로 3개이다.

---

23 T회사는 기숙사를 101동, 102동, 103동, 104동, 105동으로 5개동을 신축하기로 하였다. 이 중 몇 동에는 ELEV(엘리베이터)를 설치하려고 한다. 아래의 〈조건〉에 따라 설치할 동을 정하려 할 때, 반드시 참인 것은?

> ─ 조건 ─
> • 102동에 ELEV를 설치한다면 104동에도 설치한다.
> • 101이동과 103동 중 한 곳에만 ELEV를 설치한다.
> • 103동과 104동에는 ELEV를 모두 설치하거나 어느 곳도 설치하지 않는다.
> • 101이동과 102동 중 적어도 한 곳에는 ELEV를 설치한다.
> • 105동에 ELEV를 설치하지 않는다면 103동에는 설치한다.

① 101동과 102동에 모두 ELEV를 설치할 수도 있다.
② 101동과 105동은 함께 ELEV가 설치될 수는 없다.
③ ELEV를 세 동 이하로 설치된다면, ELEV를 선정하는 경우의 수는 하나이다.
④ 102동에 ELEV를 설치한다면, 103동에는 설치하지 않는다.
⑤ 104동에 ELEV를 설치하지 않는다는 조건이 추가 되면, ELEV는 101이동과 105동에만 설치할 수 있다.

해설
─ 본문에서 가장 많이 나온 103동을 기준으로, 103동을 설치할 경우와 설치하지 않는 경우로 나누어서 경의의 수를 본다.

103동	O	×	비고
101동	×	O	2번째 조건으로 확인
104동	O	×	3번째 조건으로 확인
105동	?	O	5번째 조건으로 확인
102동	O	×	1, 4번째 조건으로 확인

정답 22 ④　23 ⑤

24 J기업 재무팀은 내일 경영관리 회의를 하려고 한다. 아래는 회의를 전후로 해야 할 일들을 세분화한 내용이다. 제시된 명제가 모두 참이라고 할때, 다음 중 항상 참인 것은?

> 가. 회의실에 미리 모여 회의 장소를 세팅하는 모든 직원은 회의록 작성을 맡지 않는다.
> 나. 회의 자료를 복사하는 직원은 회의 자료를 준비하는 데 참여했다.
> 다. 회의 자료를 준비하는 직원은 회의 장소를 세팅하는 과정에 참여하지 않는다.
> 라. 회의 자료를 준비하는 직원은 회의 중 회의록 작성을 맡지 않는다.

① A 직원이 회의 중 회의록 작성을 맡지 않는다면 회의 자료를 준비한다.
② B 직원이 회의록 작성을 맡지 않는다면 회의실에 미리 모여 회의 장소를 세팅한다.
③ C 직원이 회의 자료를 복사한다면 회의 중 회의록 작성을 맡지 않는다.
④ D 직원이 회의실에 미리 모여 회의 장소를 세팅한다면 회의 자료를 복사한다.
⑤ E 직원이 회의록 작성을 맡지 않는다면 회의 자료를 복사하지 않는다.

해설

i) 나('복사' → '자료 준비') & 라('자료 준비' → '회의록')
'복사' → '자료 준비' → '회의록' 이므로 ③번이 정답

25 〈보기〉중 두 가지 전제를 추가하면 배우 섭외 담당자의 결론이 명확해진다고 할 때, 그 전제로 적절한 것은?

> 영화 K의 배우를 섭외하는 담당자 민지는 주연 후보는 A, B, C, D 4명이다. 배우 섭외 담당자 민지는 이 후보들 중 적어도 D는 주연으로 섭외될 것이라고 결론을 지어 보고서를 썼다. 그 이유는 A와 C 중 적어도 한 명은 주연으로 섭외되는데, 만약 A가 섭외되지 않는다면 D가 섭외되어 합류하기 때문이라는 것이다.

> **보기**
> ㄱ. A가 주연으로 섭외된다.
> ㄴ. C가 주연으로 섭외된다.
> ㄷ. C가 주연으로 섭외되면, A는 주연으로 섭외되지 않는다.
> ㄹ. B와 C 둘 다 주연으로 섭외되지 않는다.

① ㄱ, ㄴ   ② ㄱ, ㄷ   ③ ㄴ, ㄹ
④ ㄴ, ㄷ   ⑤ ㄷ, ㄹ

해설

i) 2번째 줄에서 결론은 D가 섭외 된 것이고, 4번째 줄은 "~A → D"이다.
ii) "~A → D"가 되려면 보기의 전제에서 "~A"가 성립되어야 한다.
iii) 보기 ㄷ은 "C → ~A"이므로 보기 ㄴ&ㄷ이면 ~A가 된다.

정답 24 ③ 25 ④

26 A, B, C, D, E 다섯 사람이 함께 모이기로 하였다. 다음〈조건〉이 모두 참일 때 항상 참인 서술은?

> **조건**
> - D가 도착했다면 A는 도착하지 않았다.
> - E가 도착했다면 D도 도착하였다.
> - C가 도착하지 않았다면 B도 도착하지 않았다.
> - D가 도착하지 않았다면 B도 도착하지 않았다.
> - E가 도착했다면 B도 도착하였다.

① A가 도착했다면 E도 도착하였다.
② B가 도착했다면 A도 도착하였다.
③ C가 도착했다면 A도 도착하였다.
④ D가 도착하지 않았다면 C도 도착하지 않았다.
⑤ E가 도착했다면 C도 도착하였다.

해설

ⅰ) 3번째 문장과 5번째 문장을 연결한다.
ⅱ) "E → B → C"이므로
    "E → C"이다.

정답 26 ⑤

Chapter 2 참 거짓

참과 거짓이 정해지지 않은 상태로 출제되는 문제유형을 『참, 거짓 문제』라 부르고, 기본적인 규칙과 풀이법을 알아보자.

1. 풀이방법

- 동치·모순·반대 를 찾은 후 이를 제외하고 남은 참·거짓의 경우에 따라 풀이를 한다.
  참·거짓 문제에서 동치·모순·반대 를 찾는 것이 가장 중요하다.
- 동치 는 "참 : 거짓"이 2 : 0 또는 0 : 2이다.
  반대 는 "참 : 거짓"이 1 : 1 또는 0 : 2이다.
  모순 은 "참 : 거짓"이 1 : 1이다.
  ※ 동치와 반대는 "참 : 거짓"의 비율이 정해지지 않지만, 모순 은 1 : 1로 정해지기 때문에
  모순 을 가장 먼저 활용한다.

  ex 문제에서 A ~ E의 "참 : 거짓"이 4:1이고, A와 B가 모순 이라면
  → A와 B를 제외한 C, D, E는 모두 참이다. 이 경우 C, D, E의 내용으로 문제를 푼다.

  ex 문제에서 A ~ E의 "참 : 거짓"이 1 : 4이고, A와 B가 모순 이라면
  → A와 B를 제외한 C, D, E는 모두 거짓이다. 이 경우 C, D, E의 내용으로 문제를 푼다.

  ex 문제에서 A ~ E의 "참 : 거짓"이 4 : 1이고, A와 B가 반대 라면
  → 반대의 경우 A와 B가 1 : 1인 경우와 0 : 2인 경우 모두 고려해야 하나, 문제의 거짓이
  1이므로 0 : 2는 나올 수 없다. 따라서 A와 B를 1 : 1이라고 생각해도 된다.
  A와 B를 제외한 C, D, E는 모두 참이다. 이 경우 C, D, E의 내용으로 푼다.

  ex 문제에서 A ~ E의 "참 : 거짓"이 1 : 4이고, A와 B가 반대 라면
  → A와 B가 1 : 1과 0 : 2 중 무엇인지 알 수 없으므로 A와 B의 관계로는 풀 수가 없다.
  A ~ E 중 동치 · 모순 · 반대 의 경우가 있는지 새로 찾아야 한다.

  ex 문제에서 A ~ E의 "참 : 거짓"이 3 : 2이고, A와 B가 모순 이고, C와 D가 반대 라면,
  → A와 B를 제외한 C·D·E는 2 : 1이다. C와 D는 1 : 1 또는 0 : 2이고, C·D·E 중 거짓은 1이므로
  C와 D는 1 : 1이 맞다. C와 D를 제외하면 E는 참이다. E의 내용으로 문제를 푼다.

  ex 문제에서 A~E의 "참 : 거짓"이 2 : 3이고, A와 B가 모순 이고, C와 D가 동치 라면,
  → A와 B를 제외한 C·D·E는 1 : 2이다. C와 D는 1 : 1 또는 0 : 2이고, C·D·E 중 거짓은 2이므로
  C와 D가 1 : 1인지 0 : 2인지 알 수 없다. 추가정보가 필요하다. 이런 이유로 참·거짓에서는
  2 : 3의 문제가 어려운 경우가 많다.

2. 동치·모순·반대 찾기

- **동치** (○,○) or (×,×)
  - ex "A : B의 말은 진실이다."
    "A : B가 범인이다. B : 내가 범인이다."

- **모순** (○,×) or (×,○)
  - ex "A : B의 말은 거짓이다."
    "A : C는 범인이다. B : C는 범인이 아니다."

- **반대** (○,×) or (×,○) or (×,×) → 두 문장이상을 얘기하는 경우 반대이다.
  - ex "A : C는 범인이다. C : A와 B 모두 거짓말을 한다."

모순	반대
A : "B는 도둑이다." B : "나는 도둑이 아니다."	A : "B는 도둑이다." B : "A는 도둑이다."
모순	**반대**
A : "B는 도둑이고, C는 도둑이 아니다." B : "A는 거짓말을 했다."	A : "B는 도둑이고, C는 거짓말을 했다." C : "나는 도둑이 아니다."
동치	**반대**
A : "B는 도둑이고, C는 도둑이 아니다." B : "A는 진실을 얘기했다."	A : "B는 도둑이고, C는 도둑이 아니다." B : "나는 도둑이 아니다."

3. 선택지의 활용

- 선택지에 없는 사항은 본문에서 제거하고, 선택지에 많은 항목 먼저 확인

  ex A~E 중 경찰 1명, 마피아 1명, 시민은 3명이다. 5명 중 2명이 거짓일 때 옳은 것은?

  A : E는 시민이 아니고, 저는 경찰이 아니에요
  B : 저는 시민입니다.
  C : 저는 경찰이고, A는 마피아에요
  D : B는 마피아에요
  E : 저는 경찰이 아니에요
  * 선택지의 정보를 통해 (모순) B↔D

  ① B가 마피아, D는 경찰이다.
  ② B가 마피아, C는 경찰이다.
  ③ C가 마피아, E는 경찰이다.
  ④ E가 마피아, A는 경찰이다.
  ⑤ E가 마피아, D는 경찰이다.

- **1단계** ①~⑤ : A·D(마피아), B(경찰) 아니다. → C는 거짓 & ④번 소거
- **2단계** 모순(B · D) : A·E는 참 → E는 시민도 아니고 경찰도 아니므로 마피아(①②③번 소거)

  ∴ 답은 ⑤번

4. 참·거짓의 수

- 참이나 거짓이 1명인 경우가 있으면 쉽고, 1명인 경우가 없으면 어려운 경우가 많다.

ex) 범인의 수는 1명이다. 참 거짓의 수에 따라 각각 범인을 찾으시오.

| A : 나는 범인이 아니다. | B : 범인은 C가 아니다. |
| C : B는 거짓말을 하고 있다. | D : B가 범인이다. |

모순(B↔C)관계 활용

참(3) : 거짓(1) 일 때 범인을 고르시오   - D는 참(범인은 B)
참(1) : 거짓(3) 일 때 범인을 고르시오   - A는 거짓(범인은 A)

ex) 절도를 하는 사람(범인)은 거짓말하고, 절도하지 않은 사람은 진실을 말한다. 참 거짓의 수에 따라 범인을 찾으시오.

갑 : 나는 절도를 하지 않았다.	을 : 정이 절도를 하였다.
병 : 갑과 정 중 절도를 한 사람이 있다.	정 : 을은 거짓말을 하고 있다.
무 : 갑의 말은 진실이다.	

동치(갑↔무), 모순(을↔정)

참(4) : 거짓(1) 일 때 범인을 고르시오   - 모순 제외(갑,병,무) 참 → 정(범인)
참(3) : 거짓(2) 일 때 범인을 고르시오   - 모순 제외(갑,병,무) 2 : 1 → 동치(갑,무)는 참
                 → 병(×,범인) → 정(○) → 을(×,범인)

ex) 범인은 거짓말을 하고, 범인이 아닌 사람은 진실을 말한다. 참이 3명인 경우 범인을 찾으시오.

A : "B, D 중 한 명이 범인이다."	B : "C가 범인이다."
C : "B가 범인이다."	D : "A가 범인이다."
E : "A와 B는 범인이 아니다."	

모순(B↔C, A↔D), 반대(D↔E)

참(3) : 거짓(2) 일 때 범인을 고르시오   - E는 참 → C·D범인

STEP 1

27 거짓말을 말하는 양치기 동호회 사람들과 참만을 말하는 고지식 동호회가 있다고 가정할 때, 다음 사람들 중에서 고지식 동호회 사람들을 누구인가? (단, 고지식 동호회는 한 명이다.)

> A : B이 하는 말은 전부 사실이야.
> B : 나는 거짓말이란 것을 해본 적이 없어.
> C : B는 지금 거짓말을 하고 있어.
> D : 오히려 C가 지금 거짓말 하고 있어.

① A   ② B   ③ C   ④ D

해설

쉬운 문제이지만 우선적으로 '직접멘트'만 따져도 정리가 된다.
A 의 말로 인해 AB > 0 (부호가 같다), C의 말로 인해 CB < 0 (부호가 다르다), D의 말로 인해 CD < 0 즉, AB는 같은 편, C는 B와 D 모두 다른 편이므로 A, B, D가 한팀, C는 외롭게 혼자이다. 고지식 동호회가 한명이므로 답은 3번 C가 된다.

28 A, B, C 3명이 면접을 보고 그 중 한 명이 합격을 하였다. 인사담당자 D까지 총 4명의 진술이 아래와 같이 있을 때, 한 사람의 진술만이 참일 경우와 한 사람의 진술만이 거짓일 경우 각각의 경우에 입사에 합격한 사람은?

> A : B가 합격했다.   B : 나는 불합격이다.
> C : A가 거짓말을 하고 있다. D : 나는 A를 뽑았다.

① A, C   ② A, B.   ③ B, A   ④ B, C

해설

4명이 1 : 3으로 나뉘는 것을 기준으로 문제를 풀어나간다.
C가 'A는 거짓' 이라고 직접멘트를 날리면서 A와 C 둘 중 한명은 참이고 다른 한명은 거짓이다.
또, A는 'B 합격' 이라 했지만 B는 '나 불합격' 이라 하였으므로 둘은 모순이다. 따라서 A는 B와도 참, 거짓이 나뉘고, 따라서 A는 1 : 3에서 '1'에 해당하는 역할을 수행한다.
A가 참인 경우 B 합격, A가 거짓인 경우 나머지가 참이므로 D의 말에 의해 A 합격

정답 27 ③ 28 ③

Chapter 2. 참 거짓

29 영업실적에 대해 다음 네 명의 사원 중 한 명을 제외하고 모두 진실을 말했다고 할 때, 다음 중 거짓말을 하고 있는 사원은? `NCS 대표예제`

> 용석 : 내가 이번에도 꼴찌구나.
> 남진 : 나는 희영이보다 또 못했네.
> 희영 : 나는 남진이, 용석이보다 못했네.
> 용진 : 역시 내가 이번에도 매출 1등이야.

① 용석　　② 남진　　③ 희영　　④ 용진

해설
참, 거짓이 3 : 1로 나뉘는 것을 기준으로 문제를 풀어나간다.
용석이가 꼴찌, 남진이가 희영이보다 못했다고 했으나 희영이는 남진이, 용석이보다 못했다고 말하며 둘과 모두 충돌이 발생하였으므로 희영이가 3 : 1 중에 '1'이 되며 거짓이다.

30 다음 중 도둑은 누구인가?

> 수사 과정에서 세 명의 도둑 용의자가 다음과 같은 진술을 하였다.
> 갑 : 저는 도둑질을 하지 않았습니다.
> 을 : 병은 확실히 도둑질을 하지 않았습니다.
> 병 : 도둑질을 한 사람은 바로 저입니다.
> 그런데 나중에 세 명 중 두 명은 거짓말을 했다고 자백하였고, 도둑은 한 명이라는 것이 밝혀졌다.

① 갑　　② 을　　③ 병　　④ 알 수 없다.

해설
갑 : 갑 ×
을 : 병 ×
병 : 병

을과 병은 서로 부정인 진술을 하였으므로 서로의 진위는 다르다. 즉, 한명은 참 다른 한명은 거짓인데 세 명 중 두 명이 거짓, 한명이 참이므로 갑은 거짓을 말한 것이 된다. 갑의 말이 거짓이므로 도둑은 1번 갑이다.

31 도둑은 한 명이고 그 도둑은 거짓말을 했다. 수사 과정에서 세 명의 도둑 용의자가 다음과 같은 진술을 하였다. 도둑은 누구인가?

> A : 저는 결코 도둑질을 하지 않았습니다.
> B : A의 말은 참말입니다.
> C : 제가 도둑질을 하였습니다.

① A　　② B　　③ C　　④ 알 수 없다.

해설
B가 A의 말을 참이라 하였으므로 둘의 진위는 같다. A, B 모두 진실이라면 C는 도둑이며 거짓을 말해야 하지만 스스로 도둑질을 하였다고 하므로 오류가 발생한다. 따라서 A, B 모두 거짓이며, A가 도둑질하지 않았다고 하였으므로 도둑은 A이다.

정답 29 ③ 30 ① 31 ①

32 이번 주말에 체육대회가 있다. 네 명 중 한 명은 거짓을 말하고, 나머지 세 명은 진실을 말한다고 할 때, 체육대회에 참가하는 사람은 몇 명인가?(단,

> 가 : '다'는 참가하고, '나'는 참가하지 않는다.
> 나 : '가'는 참가하고, '라'도 참가한다.
> 다 : '나'는 참가하고, '라'는 참가하지 않는다.
> 라 : '가'는 참가하고, '다'도 참가한다.

① 0명　　　② 1명　　　③ 2명
④ 3명　　　⑤ 4명

해설

나와 다는 반대관계이다. 둘 중 하나 이상은 거짓이어야 하며 문제에서 거짓은 한 명이라고 했으므로 둘 중 한 명만 거짓이다.
따라서, 가와 라는 진실이다.
가 : 다는 참가, 나는 불참
라 : 가는 참가
→ 가에서 나는 불참이라고 했으므로 다가 거짓이 되고 나는 참이다.
나 : 라는 참가
→ 가, 다, 라 3명 참가 나는 불참

정답 32 ④

STEP 2

33 A, B, C 세 사람 중 한 사람은 수녀이고 한 사람은 왕이고 한 사람은 농민이다. 수녀는 언제나 참말만을, 왕은 언제나 거짓말만을, 농민은 참말을 하기도 하고 거짓말을 하기도 한다. 이 세 사람이 다음과 같은 대화를 한다. A, B, C는 각각 누구인가?

> A : 나는 농민이다.
> B : A의 말은 진실이다.
> C : 나는 농민이 아니다.

	A	B	C
①	농민	왕	수녀
②	농민	수녀	왕
③	수녀	왕	농민
④	왕	농민	수녀
⑤	왕	수녀	농민

해설

A와 B는 동치이다.
A,B에 참과 거짓을 각각 대입한다.
[참] A(농민, 참) B는 참이므로 C는 거짓이어야 하는데 그렇게 되면 C가 농민이 되어야 하므로 NG
[거짓] A(거짓)와 C(참)모두 농민이 아니므로 B는 농민, A는 왕, C는 수녀가 된다.

34 다음 글의 내용이 참일 때, 반드시 참인 것만을 〈보기〉에서 모두 고르면?

> 가영, 나영, 다영은 지난 회의가 열린 날짜와 요일에 대해 다음과 같이 기억을 달리 하고 있다.
>
> • 가영은 회의가 5월 8일 목요일에 열렸다고 기억한다.
> • 나영은 회의가 5월 10일 화요일에 열렸다고 기억한다.
> • 다영은 회의가 6월 8일 금요일에 열렸다고 기억한다.
> • 회의는 가영, 나영, 다영이 언급한 월, 일, 요일 중에 열렸다.
> • 세 사람의 기억 내용 가운데, 한 사람은 월, 일, 요일의 세 가지 사항 중 하나만 맞혔고, 한 사람은 하나만 틀렸으며, 한 사람은 어느 것도 맞히지 못했다.

― 보기 ―
ㄱ. 회의는 6월 10일에 열렸다.
ㄴ. 가영은 어느 것도 맞히지 못한 사람이다.
ㄷ. 다영이 하나만 맞힌 사람이라면 회의는 화요일에 열렸다.

① ㄱ   ② ㄷ   ③ ㄱ, ㄴ
④ ㄴ, ㄷ   ⑤ ㄱ, ㄴ, ㄷ

해설

가 : 5월 8일 목
나 : 5월 10일 화
다 : 6월 8일 금

각각 진술한 세 가지 중 1개만 진실인 사람, 2개만 진실인 사람, 모두 거짓인 사람으로 구성되어 있으므로 세명의 세가지 진술으로 모두 합쳐 9개라고 했을 때 이 중 3개만 진실이다. 즉, 월, 일, 요일 각각 한 개씩만 진실이 되어야 하므로 오직 한 명이 언급한 6월, 10일이 정해진다. 요일은 모두 다르게 이야기 하였으므로 누가 진실인지 모르지만 '가'는 월과 일을 모두 틀린 유일한 사람이므로 모두 거짓을 말한 사람이 될 수 밖에 없다. 즉, 요일은 화요일 또는 금요일이다.

따라서 답은 ㄱ, ㄴ, ㄷ 모두 맞다.

정답 33 ④ 34 ⑤

35 다음 글과 〈자기소개〉를 근거로 판단할 때, 대학생, 성별, 학과, 가면을 모두 옳게 짝지은 것은?

> 대학생 5명(A~E)이 모여 주말에 가면파티를 하기로 했다.
> - 남학생이 3명이고 여학생이 2명이다.
> - 5명은 각각 행정학과, 경제학과, 식품영양학과, 정치외교학과, 전자공학과 재학생이다.
> - 5명은 각각 늑대인간, 유령, 처녀귀신, 좀비, 드라큘라가면을 쓸 것이다.
> - 본인의 성별, 학과, 가면에 대해 한 명은 모두 거짓만을 말하고 있고 나머지는 모두 진실만을 말하고 있다.
>
> 〈자기소개〉
> A : 식품영양학과와 경제학과에 다니지 않는 남학생인데 드라큘라 가면을 안 쓸 거야.
> B : 행정학과에 다니는 남학생인데 늑대인간 가면을 쓸 거야.
> C : 식품영양학과에 다니는 남학생인데 처녀귀신 가면을 쓸거야.
> D : 정치외교학과에 다니는 여학생인데 좀비 가면을 쓸 거야.
> E : 전자공학과에 다니는 남학생인데 드라큘라 가면을 쓸거야.

	대학생	성별	학과	가면
①	A	여	행정학과	늑대인간
②	B	여	경제학과	유령
③	C	남	식품영양학과	좀비
④	D	여	정치외교학과	드라큘라
⑤	E	남	전자공학과	처녀귀신

해설

한명만 거짓말을 하고 있으며 D를 제외한 4명은 모두 자신이 남자라고 하고 있다. 주어진 조건의 성비가 남자 3명, 여자 2명이므로 유일하게 여자라고 진술한 D는 진실이며 나머지 4명 중 거짓말을 하는 사람은 실제로 여자인 사람이다. 보기 중 4번은 진실을 말한 D의 진술과 충돌하므로 거짓이다.

보기 2번의 B가 여성이라면 B는 거짓말을 한 것이 되고 나머지 모두 진실을 말하게 된 것으로 따져보면 C, D, E의 전공을 제외하고 A가 경제학과가 아니라 했으므로 B는 경제학과이다. 가면 역시 C, D, E 가면을 제외하고 B가 진술한 늑대인간을 제외하면 유령가면이 된다.

정답 35 ②

36 공주의 신랑으로 네 명의 남자 A, B, C, D가 도전했다. 모두 같은 옷을 입고 있으나 이 중 한 명은 이웃나라 왕자이고, 다른 한 명은 거지이다. 각자 두 가지 말을 했는데 적어도 하나는 참이다. 다음 중 사실 여부를 알 수 없는 것은?

> **보기**
>
> A : 왕자는 부자가 아니다.
> 　　C가 왕자다.
> B : 나는 거지가 아니다.
> 　　A가 왕자다.
> C : 내가 왕자다.
> 　　거지는 매일 구걸한다.
> D : 내가 왕자이고 나는 부자다.
> 　　거지는 구걸하지 않는 날도 있다.

① B는 거지가 아니다.　　　　② C는 왕자가 아니다.
③ D의 첫 번째 말은 거짓말이다.　④ 거지는 구걸하지 않는 날도 있다.
⑤ 왕자는 부자가 아니다.

해설

두 개의 말 중 적어도 하나는 참. 둘 다 거짓일 수는 없으므로 한 개의 말이 거짓이면 나머지는 참으로 결정.
A가 왕자라면 각자의 말의 참 거짓을 순서대로 쓰면
A (○ / ×), B (? / ×), C (× / ○), D (× / ○) →
C와 D의 두 번째 말이 충돌하므로 거짓
B가 왕자라도 같은 이유로 거짓
C가 왕자라면
A (? / ○), B (○ / ×), C (○ / ×), D (× / ○) →
오류 없으며 A의 첫 번째 말의 진위는 모름
D가 왕자라면
A (○ / ×), B (○ / ×), C (× / ○), D (오류 / ×) →
A의 첫 말과 D의 첫 말은 충돌하므로 거짓

---

37 냉장고에 사둔 내 아이스크림이 사라졌다. A, B, C, D, E 다섯 명 중에 하나가 내 아이스크림을 몰래 먹은 것이다. 다섯 명이 아래와 같이 이야기 하였는데 두 명의 이야기는 모두 거짓, 세 명의 이야기는 모두 참이다. 내 아이스크림을 먹은 나쁜 녀석은 누구인가?

> A : 누군가 아이스크림을 먹는 것을 나와 E만 보았다.
> 　　B의 말은 모두 참이다.
> B : 아이스크림을 먹은 것은 D이다.
> 　　아이스크림을 먹은 것을 E가 보았다.
> C : D는 아이스크림을 먹지 않았다.
> 　　E의 말은 참이다.
> D : 누군가 아이스크림을 먹는 것을 세 명이 보았다.
> 　　B는 아이스크림을 먹지 않았다
> E : 나와 A는 아이스크림을 먹지 않았다.
> 　　나는 누군가 아이스크림을 먹는 것을 보지 못했다.

① A　　　　② B　　　　③ C
④ D　　　　⑤ E

해설

참 거짓의 비는 3 : 2이고 두 가지 말을 하는데 둘 다 참이거나 둘 다 거짓이다.
A는 'B가 참'이라 하였고 C 역시 'E가 참'이라 하였으므로 직접멘트로 A, B는 같은 진영 C, E도 같은 진영이다.
남은 D의 첫 말과 A의 첫 말이 충돌하므로 둘다 참일 수 없으므로 A, B 거짓, C, D, E 참이다.
B에 의해 D는 범인이 아니고, C에 의해 E는 범인이 아니고, D에 의해 B는 범인이 아니다. E에 의해 A도 범인이 아니다. 따라서 범인은 C이다.

정답 36 ⑤　37 ③

38 아래 내용을 읽고 반드시 진실을 말하는 사람은 누구인가?

> 이 마을에는 진실만 말하는 잉어족과 거짓말만하는 붕어족 밖에 없다. 마을을 지나가는 나그네가 A에게 "당신은 잉어족입니까 붕어족입니까?"라고 물었다. A의 발음이 분명하지 않아 나그네가 알아듣지 못하자 B가 "A는 자신이 잉어족이라고 말했어요."라고 말했다. 순간 C가 끼어들어 "B는 지금 거짓말을 하고 있으니 그의 말을 믿지 마세요."라고 말했다.

① A
② B
③ C
④ 주어진 조건으로 알 수 없다.

해설

A : ?
B : A는 본인이 잉어족이라고 말했다.
C : B는 거짓말하고 있다.

A는 잉어족이라면 진실을 이야기 하므로 "나는 잉어족이에요" 라고 말할 것이며 A가 붕어족이라면 거짓을 이야기 하므로 역시나 "나는 잉어족이에요" 라고 말한다. 즉, A가 실제로 잉어족과 붕어족 중 어느 쪽이던 "나는 잉어족이에요"라고 말하게 된다.

A : 나는 잉어족이에요 → 진실 or 거짓 (알 수 없음)
B : A는 스스로 잉어족이라네요 → 진실
C : B는 거짓말 → 거짓

답은 2번 B이다.

39 아래 내용을 읽고 반드시 진실을 말하는 사람은 누구인가?

> 이 마을에는 진실만 말하는 잉어족과 거짓말만하는 붕어족 밖에 없다. 마을 주민 A, B, C가 모여 있다. 이때 A가 "우리 셋은 모두 붕어족이다."라고 말하자 B가 "아니다. 우리들 중 한 사람은 잉어족이고 두 사람은 붕어족이다."라고 말했다

① A
② B
③ C
④ 주어진 조건으로 알 수 없다.

해설

A : A, B, C 모두 거짓말
B : 한 명은 진실, 두 명은 거짓

우선 A는 스스로를 포함하여 거짓말이라 하였으나 이는 성립할 수 없다.(15번과 같은 이유)
따라서 A, B, C 모두 거짓은 아니며 동시에 A는 거짓말을 한 것이 된다.
이때 B가 거짓이면 A를 포함하여 B까지 두 명이 거짓을 말한 것이 되는데 이미 두 명이 거짓이므로 남은 C는 진실을 이야기하게 되고 결과적으로 B의 말이 맞게 된다. 이는 B가 거짓이라는 가정에서부터 발생한 오류이므로 B는 진실을 이야기 한 것이 된다.

답은 2번 B이다.

정답 38 ② 39 ②

40 '잉어'는 항상 진실을 말하고, '붕어'는 항상 거짓을 말하며, '숭어'는 진실을 말할 때도 거짓을 말할 때도 있다. 아래〈조건〉을 기준으로(갑)와 (을)의 진술에 따라 A, B, C 세 사람을 제대로 연결한 것은 무엇인가?

> **조건**
>
> ■ 기준
> - '잉어'는 '붕어'과 결혼했고, '숭어'는 미혼이다.
> - '잉어'가 가장 키가 크고, '숭어'는 중간 키이며, '붕어'의 키가 가장 작다.
>
> ■ 대화
> - 갑
>   A : "나는 B보다 키가 크거나 크지 않다."
>   B : "내가 A와 결혼했다면, C는 결혼을 했다."
>   C : "나는 A보다 키가 크지 않다."
> - 을
>   A : "내가 B보다 키가 크지 않다면, 나는 C보다 키가 크지 않다."
>   B : "나는 A와 결혼했고, C와 결혼하지 않았다."
>   C : "나는 A보다 키가 크다."

①
	A	B	C
갑	잉어	붕어	숭어
을	숭어	붕어	잉어

②
	A	B	C
갑	잉어	붕어	숭어
을	잉어	붕어	숭어

③
	A	B	C
갑	숭어	잉어	붕어
을	숭어	붕어	잉어

④
	A	B	C
갑	숭어	붕어	잉어
을	잉어	숭어	붕어

⑤
	A	B	C
갑	붕어	잉어	숭어
을	붕어	숭어	잉어

해설

ⅰ) 잉어는 키가 가장 크며, 진실만 말하므로 항상 "~보다 키가 크다"라고 해야 하며
붕어도 키가 가장 작으며, 거짓만 말하므로 항상 "~보다 키가 크다"라고 해야 한다.
숭어도 키도 보통이고 진실, 거짓 모두 말할 수 있으므로 "~보다 키가 크다", "~보다 키가 작다" 둘 다 말할 수 있다.
∴ "~보다 키가 크다"로 잉어,붕어, 숭어를 구별할 수 없다. "~보다 키가 작다(크지 않다.)."는 숭어만 말할 수 있다.
→ "키가 크지 않다."고 말하는 갑의 C와 을의 A는 모두 숭어이다. ③ ④⑤번 소거

ⅱ) 을에서 A는 숭어이다. 을의 B는 A(숭어)와 결혼했다고 했는데 숭어는 미혼이므로 거짓이다.
을의 B는 붕어이다. ②번 소거

정답 40 ①

41   K 공사의 야유회에서 10명의 사원들을 5명씩 두 팀으로 나누어 보물찾기를 하고 있다. 한 팀이 먼저보물을 숨기고 다른 팀에게 다음과 같이 힌트를 주었는데 두 명은 거짓을 말하고 있다. 다음 중 거짓을 말하는 사람은 누구인가?(단, 보물은 한 개다)

> A : 보물은 풀숲 안에 숨겼습니다.
> B : 텐트 안에 보물이 있습니다.
> C : D는 진실만을 말하고 있습니다.
> D : 풀숲 안에 보물을 숨기는 것을 보았습니다.
> E : 저희는 나무 아래에 보물을 숨겼습니다.

① A, B   ② A, E   ③ B, D
④ B, E   ⑤ C, E

해설

i) C·D : 동치, A·D : 동치
→ 동치면 선택지에 둘다 있거나 없어야 한다. 둘 중 하나만 있는 선택지는 소거할 수 있다.
→ ①②③⑤소거 답은 ④번

ii) B와 A·D·E 모두 각각 반대
→ B가 참이라면 거짓이 3명이 되므로 B는 거짓
E는 A·B·D모두 모두 각각 반대
→ E가 참이라면 거짓이 3명이 되므로 E는 거짓

답은 ④번

정답 41 ④

42 직원 A, B, C, D가 1명씩 돌아가면서 주말 근무를 하고 있다. 같은 직원이 2주 연속으로는 주말 근무를 하지 않는다. 〈조건〉중 3개는 참이고 1개는 거짓일 때, 항상 참인 진술은? (단, 네 직원은 한 달에 1번 이상 주말 근무를 하여야 하며, 이번 달 주말은 다음 주까지 있으며 총 4번이다.)

— 조건 —
㉮ A는 지난 2주 동안 휴가였기 때문에 주말 근무를 하지 않았다.
㉯ B가 지난 주에 주말 근무를 하였다.
㉰ C는 2주 전에 주말 근무를 하였다.
㉱ D는 이번 주에 주말 근무할 예정이다.

① 지난 주 주말 근무자는 B이다.
② 지난 주 주말 근무자는 A이다.
③ 이번 주 주말 근무자는 D이다.
④ 이번 주 주말 근무자는 C이다.
⑤ 다음 주 주말 근무자는 A이다.

해설

i) ㉮만 시기를 확정하지 않았고 나머지는 시기를 정하였다.
따라서 ㉮를 기준으로 고민해보는 것이 가장 효율적이다.

ii) ㉮가 거짓이라면 A는 2주 전이나 지난 주에 근무를 했었어야 한다. 그렇게 되면 C, B 중 한 명은 거짓말이 되므로 거짓이 2명이 되어서 NG가 된다.

2주 전	지난 주	이번 주	다음 주
C	B	A	

iii) ㉮가 진실이라면, 아래와 같이 되면 거짓이 0이 되어 NG이다.

2주 전	지난 주	이번 주	다음 주
C	B	A	D

iv) ㉮가 진실이라면, 아래와 같이 되면 거짓이 1이 되어 OK이다.

2주 전	지난 주	이번 주	다음 주
C	B	D	A

정답 42 ①

MEMO

Chapter 3 언어추리

1. 문제해결 순서

① 본문의 '확정'된 부분 확인→② 불일치 하는 '선택지 소거'→③ '확정과 연관'된 본문 내용 조합
→④ '선택지'에서 세부 내용 확인→⑤ 선택지 내용 본문에 '대입 후 소거'

ex) A~G 총 7명일 때 순서를 구할 수 있을 때까지 구하여라.

> ⅰ) A는 3번째 위치한다. ⅱ) C는 E보다 빨리 왔다.
> ⅲ) B는 A바로 앞에 있다. ⅳ) F와 G는 붙어 있다.
> ⅴ) A와 E사이에는 2명이 있다.

확정 ⅰ) ●●A●●●●
확정과 연관 ⅲ, ⅴ) ●BA●●E● → ⅱ, ⅳ) CBA(F/G)ED
선택지 소거
- 질문이 참이 아닌 것을 물으면 선택지에서 F,G(4,5번째) 확인
- 참을 물으면 F,G 제외하고 확인

2. 일렬 및 평면배치

- 팀배치 같이 묶인 경우 ex) "A와 B는 같은 팀이다.", "철수와 영희는 같은 보트를 탄다"

- 대입 본문이 어느 정도 정리가 되면, 완벽하지 않아도 선택지를 대입하여 소거 및 반례 확인
  ex) 아래의 내용에 따라 A~E가 주문한 음료를 각각 구하시오.

  > ① 냉차를 주문한 사람은 2명이며, B는 홍차를 주문하였다.
  > ② C는 냉차를 주문하였다.
  > ③ A는 냉차 또는 커피를 주문하였다.
  > ④ E는 홍차 또는 커피를 주문하였다.
  > ⑤ D는 우유 또는 냉차를 주문하였다.
  > ⑥ 직원의 실수로 D만 잘못된 음료를 받았다.
  > ⑦ 냉차 1잔과 홍차 2잔, 우유 1잔, 커피 1잔이 나왔다.

  ⑥⑦ 1잔이 나온 냉차, 우유, 커피 우선 확인
  ① B(홍차) ② C(냉차)
  ③ A(커피) ④ E(홍차)
  ⑤ D는 냉차를 주문하였으나, 우유가 나옴

STEP 1

43 다음 조건을 읽고 A가 제일 처음 온 것이 아니라면, 세 번째로 온 사람은 누구인가?

- A, B, C, D, E, F가 약속 장소에 모이기로 했다.
- B 바로 앞에 온 사람은 A이다.
- C는 D보다 늦게 왔고 E보다 빨리 왔다.
- E와 F는 연달아 약속 장소에 도착했다.
- C는 네 번째로 도착했다.

① A　　　　② B　　　　③ D
④ E　　　　⑤ F

해설

D	A	B	C	E	F
				F	E

44 A부터 F까지 여섯 명이 차례로 약속장소에 도착했다. 다음 조건을 읽고 마지막으로 도착한 사람을 고르시오.

- A는 B보다 늦게 도착했다.
- E와 F는 연속으로 도착하지는 않았다.
- C는 네 번째로 도착했다.
- A와 E 사이에는 한명이 있다.
- F는 마지막으로 도착하지 않았다.

① A　　　　② B　　　　③ D
④ E　　　　⑤ 알 수 없다.

해설

F	B	A	C	E	D
B	F	A	C	E	D
F	B	E	C	A	D
E	B	A	C	F	D

정답 43 ②　44 ③

45 다음의 질의순서에 따를 때 두 번째 순서에 질의할 수 있는 의원을 모두 고르면?

> 2014년 9월 1일 정기국회에서 6명의 국회의원들(이 의원, 김 의원, 박 의원, 정 의원, 조 의원, 서 의원)이 대정부 질의에 나설 예정이다. 한 번에 오직 한 명의 국회의원만 질의에 나설 수 있고, 6명의 국회의원들은 그 날 오직 한 번만 질의 기회를 가질 수 있다. 그리고 다음과 같은 질의 순서가 반드시 지켜져야 한다.
> • 이 의원은 김 의원 다음의 어느 순서에 질의한다.
> • 정 의원은 박 의원 다음의 어느 순서에 질의한다.
> • 조 의원은 박 의원보다 먼저 질의하며 조 의원과 박 의원 사이에는 두 명의 의원이 질의한다.
> • 김 의원은 첫 번째 또는 세 번째 순서에 질의한다.

① 조 의원
② 서 의원
③ 이 의원, 서 의원
④ 조 의원, 서 의원
⑤ 이 의원, 조 의원, 서 의원

해설

김	조	이	서	박	정
김	조	서	이	박	정
조	서	김	박	정	이
조	서	김	박	이	정
서	조	김	이	박	정

46 A, B, C, D, E, F, G가 휴게실에서 차를 한잔 하려 한다. 이들은 커피 3개, 녹차 2개, 쥬스 2개 중 각각 하나씩 선택을 할 수 있으며, 아래의 조건이 있을 때 E가 마시게 되는 것은 무엇인가?

> • B는 쥬스를 마실 것이다.
> • C와 F는 같은 종류를 마셔야 한다.
> • A는 D, G와 다른 종류를 마셔야 한다.
> • A는 녹차를 마시지 않는다.
> • C는 커피를 마시지 않는다.

① 커피
② 녹차
③ 쥬스
④ 녹차 또는 쥬스

해설

커피	녹차	쥬스
D, E, G	C, F	A, B

정답 45 ④ 46 ①

47 생산팀 A, B, C, D, E, F, G, H, I, J 10명이 각각 5명씩 차량 2대로 이동하며 워크샵을 간다. 아래에 제시된 조건을 읽고 항상 거짓인 것을 고르시오.

- 운전면허는 A, B만 있다.
- E, F는 앞 좌석에만 탈 수 있다.
- G와 H는 같은 차를 타려고 한다.
- B, D만 위치를 정확히 알기 때문에 각각 다른 차에 타야 한다.

① B와 G는 같은 차에 탄다.
② C와 D가 같은 차에 타면 I, J는 같은 차에 타게 된다.
③ I, J는 같은 차에 탈 수 있다.
④ A가 운전하는 차에 G가 타면 C, J는 B가 운전하는 차에 탄다.

해설

운전자	A	B
앞좌석	E or F	F or E
뒷자석	D, G, H	C, I, J
	D, (C, I, J) 중 두 명	G, H, (C, I, J) 나머지

정답 47 ②

48 다음 중 옳은 것만 보기에서 고르시오.

> - 1학년 4명, 2학년 3명, 3학년 3명, 4학년 2명으로 세 개의 조를 만드려 한다.
> - 학생들은 모두 어느 한 조에 포함된다.
> - 각 조는 최소 3개의 학년으로 구성된다.
> - 같은 학년의 학생 모두가 한 조에 들어가는 경우는 없다.

보기
ㄱ. 각 조의 구성원 수가 모두 같을 수 있다.
ㄴ. 1, 2, 3학년으로만 구성된 6명인 조가 있을 수 있다.
ㄷ. 2, 3, 4학년으로만 구성된 5명인 조가 있을 수 없다.

① ㄱ　　　　② ㄷ　　　　③ ㄱ, ㄴ
④ ㄴ, ㄷ　　　⑤ ㄱ, ㄴ, ㄷ

해설

마지막 조건 '같은 학년의 학생 모두가 한 조에 들어가는 경우는 없다.'를 통하여 4학년은 두 개조로 나누어지므로 4학년이 있는 조 두 개와 4학년이 없는 한 개 조로 나누어진다.
(4　　), (4　　), (　　)
이때 최소 3개 학년으로 구성되어야 하므로 4학년이 없는 조는 1, 2, 3학년이 최소 한 명씩 들어간다.
(4　　), (4　　), (1,2,3　)
아직 배치되지 않고 남은 인원은 1학년 3명, 2학년 2명, 3학년 2명이다.

ㄱ. 각 조가 4명이면 되므로 (4,1,2,3), (4,1,2,3), (1,2,3,1) 로 가능하다.
→ 참
ㄴ. (4,2,3), (4,2,1), (1,1,1,2,3,3) 로 가능하다. → 참
ㄷ. 2, 3, 4학년으로만 구성된 5명인 조는 (2,3,2,3,4)로 구성되며 이때 다른 4학년이 있는 조에 2, 3학년이 없으므로 최소 3개의 학년으로 구성되야 하는 조건을 만족하지 않는다. → 참

정답 48 ⑤

49 남자 A, B, C, D와 여자 E, F, G 총 7명의 연습생 중 4인조 데뷔조를 꾸리려고 한다. 아래 조건에 맞추어 4인조 팀을 구성할 때 〈보기〉에서 모두 고르면?

- 남자 연습생은 적어도 한 명은 뽑아야 한다.
- 여자 연습생은 적어도 한 명 이상은 탈락해야 한다.
- A, B 중 적어도 한 사람을 뽑으면, D과 G도 뽑아야 한다.
- C를 뽑으면, E와 F는 뽑지 말아야 한다.
- G를 뽑으면, E도 뽑아야 한다.

보기
ㄱ. 남녀 동수로 팀이 구성된다.
ㄴ. C과 F 둘 다 팀에 포함되지 않는다.
ㄷ. D과 E 둘 다 팀에 포함된다.

① ㄱ ② ㄷ ③ ㄱ, ㄴ
④ ㄴ, ㄷ ⑤ ㄱ, ㄴ, ㄷ

해설

여자가 적어도 한 명 이상은 뽑히지 않는다면 총 세 명인 여자 중 최대 두 명이 뽑히게 되며 이를 반대로 하면 남자는 최소 두 명은 뽑히게 된다.
세 번째 조건과 다섯 번째 조건을 도식화하면
A or B → D
→ G → E
만약 A 또는 B를 뽑게 되면 위 조건에 따라 A와 B 중 한 명과 D, G, E로 4명이 모두 구성된다.
만약 A와 B가 모두 뽑히지 않게 되면 남자는 최소 두 명이 있어야 하므로 C와 D가 뽑히는데 이때 네 번째 조건에 의하여 E와 F가 뽑히지 못하므로 4명을 구성할 수가 없다.
따라서 뽑히는 사람은 A or B, D, G, E 네 명이다.

정답 49 ⑤

50 다음의 조건을 보고 판단할 때 옳지 않은 것은?

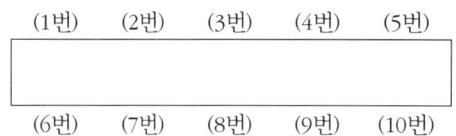

- 빈자리는 마주보고 있지 않다.
- 5번 자리와 10번 자리는 사람이 앉아 있다.
- A 바로 양 옆에는 B와 C가 앉아 있다.
- B의 맞은편 자리는 아무도 앉아 있지 않다.
- C의 바로 옆자리 중 하나는 아무도 앉아 있지 않다.
- D와 E는 마주보고 앉아 있다.
- G는 6번자리에 앉아 있으며 그 옆자리는 아무도 앉아 있지 않다.

① 1번 자리는 아무도 앉아 있지 않다.
② A는 F와 마주보고 앉아 있다.
③ B는 4번 자리에 앉아 있다.
④ C의 맞은 편은 아무도 앉아 있지 않다.
⑤ D는 10번 자리에 앉아 있다.

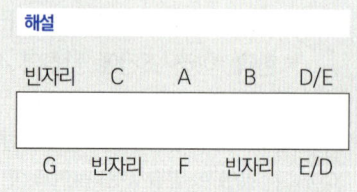

정답 50 ⑤

51 인사팀 소속의 미정이는 입사하는 신입사원 12명에게 가방을 한 개씩 선물하였다. 아래의 정보에 따라 색상을 정하려고 할 때, 다음 중 옳은 것을 모두 고르시오.

> 보기
> • 가방은 검정색, 흰색, 파란, 보라색 4종류가 각각 한 개 이상씩 있으며, 모두 12개이다.
> • 파란색 가방을 받은 사람은 흰색 가방을 받은 사람보다 적다.
> • 검정색 가방을 받은 사람은 파란색 가방을 받은 사람보다 적다.
> • 보라색 가방은 검정색 가방보다 많고, 파란색 가방보다는 적다.

> 보기
> ㄱ. 흰색 가방을 받은 사람은 5명 이상이다.
> ㄴ. 검정색 가방을 받은 사람이 1명이면, 파란색 가방을 받은 사람은 4명이다.
> ㄷ. 흰색 가방을 받은 사람이 6명이라면, 보라색 가방을 받은 사람은 2명이다.

① ㄱ ② ㄷ ③ ㄱ,ㄴ
④ ㄴ,ㄷ ⑤ ㄱ, ㄷ

해설

i) 흰색 > 파란색 > 보라색 > 검정색 이다.
ii) 아래의 2가지 경우가 가능하다.

흰색	파란색	보라색	검정색
6	3	2	1
5	4	2	1

52 8층 상가에 가, 나, 다, 라, 마, 바 여섯 개의 상가가 입점해 있다. 각 상가는 한 층씩 사용하고 있을 때 아래의 〈정보〉에 따라 항상 옳은 것을 고르시오.

> • '라'는 '가'보다 높은 층을 사용하고, '다'는 5층을 사용한다.
> • '가'와 '마'가 사용하는 층 사이에 '나'가 사용하는 층이 있다.
> • '바'가 사용하는 층은 '다'가 사용하는 층보다 낮고, 2층은 '마'가 사용한다.
> • '가'가 사용하는 층의 아래층 또는 위층은 누구도 사용하지 않는다.
> • 3층과 4층 중 하나는 아무도 사용하지 않는다.

① '나'가 사용하는 층은 3층이다.
② '가'는 6층을 사용한다.
③ 4층을 사용하는 사람은 없다.
④ '라'가 사용하는 층은 8층이다
⑤ '바'는 '마'보다 높은 층을 사용한다.

해설

i)

8층	라
7층	한층은 '가'이고 한층은 비어있다.
6층	
5층	다
4층	한층은 '나'이고 한층은 비어있다.
3층	
2층	마
1층	바

정답 51 ⑤ 52 ④

STEP 2

53 서로 성이 다른 3명의 야구선수(김씨, 박씨, 서씨)의 이름은 정덕, 선호, 대은이고, 이들이 맡은 야구팀의 포지션은 1루수, 2루수, 3루수이다. 그리고 이들의 나이는 18세, 21세, 24세이고, 다음과 같은 사실이 알려져 있다. 다음 중 성씨-이름-포지션-나이가 제대로 짝지어진 것은?

> ㄱ. 2루수는 대은보다 타율이 높고 대은은 김씨 성의 선수보다 타율이 높다.
> ㄴ. 1루수는 박씨 성의 선수보다 어리나 대은보다는 나이가 많다.
> ㄷ. 선호와 김씨 성의 선수는 어제 경기가 끝나고 같이 영화를 보러 갔다.

① 김-정덕-1루수-18세
② 박-선호-3루수-24세
③ 서-대은-3루수-18세
④ 박-정덕-2루수-24세
⑤ 서-선호-1루수-21세

해설

18세	21세	24세
서	김	박
대은	정덕	선호
3루수	1루수	2루수

54 한류 열풍의 주역인 ○○ 기획의 소속사 가수 6팀이 콘서트를 한다. 아래에 제시된 조건 대로 공연순서를 정한다 할 때 참인 것을 고르시오.

> • F는 3번째 아니면 4번째로 등장한다.
> • D는 C와 다른 한 팀의 공연이 순서대로 끝나면 곧이어 등장한다.
> • B는 C, D보다 먼저 등장한다.
> • 첫 등장이 B라면 A는 5번째로 등장한다.

① A는 C보다 먼저 등장하지 않는다.
② C는 E보다 먼저 나온다.
③ D는 1, 2, 3번째 무대에 등장할 수 없다.
④ E는 첫 무대 아니면 마지막 무대를 장식한다.

해설

B	C	F	D	A	E
B	E	F	C	A	D
A or E	B	F	C	E or A	D
A or E	B	C	F	D	E or A

정답 53 ③ 54 ③

55 　어느 대학에서 같은 강의를 듣는 8명의 학생들이 두 팀을 구성하여 주어진 과제를 수행하기로 하였다. 8명 구성원의 학과와 학년이 〈보기〉와 같을 경우, 다음의 〈규칙〉에 따라 편성 가능한 팀에 대해서 반드시 옳은 진술은?

> **보기**
> 화학과 : A(2학년), B(2학년), C(1학년)
> 생물학과 : 갑(1학년), 을(2학년)
> 물리학과 : 가(2학년), 나(1학년), 다(1학년)

> **규칙**
> • 동일 학과의 학생들이 어느 한 팀에만 속하지는 않도록 한다.
> • 1학년과 2학년의 비율은 한 팀 안에서 50 : 50이 되도록 한다.
> • 동일 학과, 동일 학년의 사람들은 같은 팀에 속하지 않도록 한다.

① B와 을은 서로 다른 팀에 속해 있다.
② 가와 B는 서로 다른 팀에 속해 있다.
③ A와 을은 서로 같은 팀에 속해 있다.
④ 가와 갑은 서로 같은 팀에 속해 있다.
⑤ B와 갑은 서로 다른 팀에 속해 있다.

해설

동일 학과 학생은 한쪽에 몰릴 수 없으므로 유일하게 인원이 두 명인 생물학과의 갑, 을은 각자 다른 팀에 배치된다. 따라서 두 명에 의해 각각 갑(1학년)팀과 을(2학년)팀으로 나누어 생각할 수 있다. 학과와 학년이 같은 사람들 역시 나뉘어야 하는데 화학과 2학년 A, B와 물리학과 1학년 나, 다 각각 다른 팀에 배치된다. 이때 양 팀에 1학년과 2학년이 사이좋게 한명씩 배치되며 최종적으로 각 팀의 1학년과 2학년 수가 같아야 하므로 1학년이 한명 더 많은 '갑' 팀은 남아 있는 사람 중 2학년인 가와 같은 팀이 되어야 한다.

정답 55 ④

56 철수, 영희, 진희, 영철, 영미, 은숙, 희영, 강현 이렇게 8명의 사람이 보트로 여행을 즐기고 있다. 이들에게는 모두 3 개의 보트가 있는데 각각의 색상은 파란색, 노란색, 녹색이다. 각 보트는 3개의 좌석이 있고, 따라서 최대 3명이 탑승할 수 있다. 각 사람은 하나의 좌석을 차지하고, 다음 〈규칙〉에 따라 보트에 탑승해 있다. 만일 두 사람만이 노란색 보트에 타고 있고 영미가 녹색 보트에 타고 있다면 다음 중 옳은 것은?

> **규칙**
> - 철수와 영희는 반드시 같은 보트에 타야 한다.
> - 진희는 반드시 노란색 보트에 타야 한다.
> - 영철은 영미와 같은 보트에 탈 수 없다.
> - 은숙이 탄 보트에는 한 자리가 비어 있어야 한다.
> - 강현이 탄 보트에는 적어도 영미 혹은 진희 둘 중 한 명은 타고 있어야 한다.

① 철수는 녹색 보트에 타고 있다.
② 희영은 파란색 보트에 타고 있다.
③ 희영은 녹색 보트에 타고 있다.
④ 강현은 파란색 보트에 타고 있다.
⑤ 강현은 노란색 보트에 타고 있다.

해설

파랑(3명)	노랑(2명)	녹색(3명)
철수, 영희, 영철	진희, 은숙	영미, 강현, 희영

57 어떤 회사의 영업부서에서 해외 영업팀을 새로 조직하려고 한다. 9명의 사원을 세 명씩 나누어 세 팀을 만들고자 한다. 각 팀에는 A, B, C라는 팀명이 붙어있다. 그런데 9명의 사원 중 4명(가, 나, 다, 라)은 한국인이고, 나머지 5명(마, 바, 사, 아, 자)은 외국인이다. 각 사원은 반드시 세 팀 중 어느 한 곳에 속해야 한다. 또한 팀 구성에는 〈보기〉의 조건들이 만족되어야 한다. 만일 '다'와 '마'가 B팀에 속한다면 A팀에 속해야 할 사원들은?

> **보기**
> - 각 팀에는 적어도 한 명의 한국인 직원이 포함되어야 한다.
> - 가는 반드시 두 명의 외국인과 같은 팀에 속해야 한다.
> - 바는 반드시 C 팀에 속해야 한다.
> - 아는 반드시 A 팀에 속해야 한다.
> - 가, 라, 사 중 누구도 바와 같은 팀에 속해서는 안 된다.

① 가, 라, 아 ② 가, 사, 아 ③ 가, 아, 자
④ 라, 사, 아 ⑤ 라, 아, 자

해설

A	B	C
가, 사, 아	다, 라, 마	나, 바, 자

정답 56 ③ 57 ②

58. ○○시는 새 청사를 신축했고, 곧 여기로 이사하려 한다. ○○시는 다음 그림과 같이 하나의 복도를 사이에 두고 8개의 사무실을 한 층에 배치하려 한다. 이 8개의 사무실 중 4개는 재정 관련 부서로 회계과, 예산기획과, 예산분석과, 세무과 사무실이다. 나머지 4개는 수도과, 홍보과, 공원녹지과 사무실 그리고 부시장실이다. 〈보기〉의 배치계획에 따를 때 잘못된 것은?

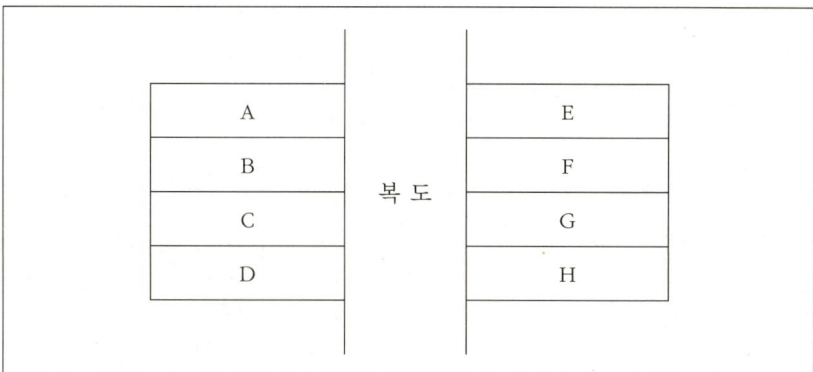

― 보기 ―
ㄱ. 사무실 D는 부시장실로 내정되어 있다.
ㄴ. 예산분석과와 예산기획과는 복도를 중심으로 같은 쪽에 위치한다.
ㄷ. 부시장실과 공원녹지과는 복도를 중심으로 같은 쪽에 위치한다.
ㄹ. 예산기획과의 정면에는 공원녹지과가 위치한다.
ㅁ. 재정 관련 모든 사무실의 정면 및 옆에는 재정 관련 부서가 들어서지 않는다.

① 홍보과와 예산분석과는 복도를 중심으로 같은 쪽에 있다.
② 수도과와 세무과는 복도를 중심으로 같은 쪽에 있다
③ 공원녹지과 옆에는 세무과가 있다.
④ 수도과 옆에는 예산기획과가 위치한다.
⑤ 회계과 옆에는 공원녹지과가 위치한다.

해설

A 회계 or 세무	복도	E 수도 or 홍보
B 공원녹지		F 예산기획
C 세무 or 회계		G 홍보 or 수도
D 부시장		H 예산분석

정답 58 ②

59 이 대리는 아래〈조건〉에 따라 방을 배치하려고 한다. 다음 중 옳지 않은 것은?

- 배치할 방은 회의실, 휴게실, 식당, 사무실1, 사무실2 총 다섯 개다.
- 업무 관련이 있는 방은 바로 옆에 배치하고, 업무 관련이 없는 방은 바로 옆에 배치하지 않는다.
- 회의실과 휴게실은 업무 관련이 없다.
- 회의실과 식당은 업무 관련이 있다.
- 식당과 사무실1은 업무 관련이 있다.
- 사무실2는 업무관련성은 알 수 없고, 가장 왼쪽 방에 배치할 수 없다.
- 가장 왼쪽에 입구가 있고 입구에 가까운 순서대로 첫 번째, 두 번째, …, 다섯 번째 방이다.

① 휴게실은 두 번째 방에 배치할 수 없다.
② 회의실은 두 번째 방에 배치할 수 있다.
③ 회의실은 세 번째 방에 배치할 수 있다.
④ 사무실2는 세 번째 방에 배치할 수 없다.
⑤ 식당은 네 번째 방에 배치할 수 있다.

해설

i) (회의실 – 식당 – 사무실1) 또는 (사무실1 – 식당 – 회의실) 은 붙어 있어야 한다.
가장 왼쪽에 올 수 있는 방은 회의실, 사무실, 휴게실이다.

ii)

1	2	3	4	5
회의	식당	사1	휴게	사2
회의	식당	사1	사2	휴게
사1	식당	회실	사2	휴게
휴게	사1	식당	회의	사2
휴게	사2	회실	식당	사1
휴게	사2	사1	식당	회의

정답 59 ②

60 학생들이 G학원에서 아래의 조건 따라 국어, 영어, 수학, 과학 4과목의 강의를 수강하려고 한다. 반드시 참인 것은 무엇인가?

- 학생은 지훈, 영민, 미애, 경희 4명이다.
- 네 사람은 각각 최소한 한 가지 과목은 수강해야 하며, 최대 3과목까지 수강할 수 있다.
- 과학를 수강하는 사람은 세 명이다.
- 국어를 수강하는 사람은 한 명이다.
- 영어를 수강하는 사람은 두 명이다.
- 최소 두 명은 수학을 수강한다.
- 미애가 수강하는 과목을 경희는 수강하지 않는다.
- 지훈이가 수강하는 과목은 모두 경희도 수강한다.
- 지훈이나 영민이가 수강하는 과목을 미애는 수강하지 않는다.
- 경희가 수강하는 과목 중에 지훈이는 수강하지만, 영민는 수강하지 않는 과목이 있다.

① 미애는 과학을 수강한다.
② 영민이는 수학, 과학을 수강한다.
③ 경희는 영어, 수학, 과학을 수강한다.
④ 미애는 국어, 영어를 수강한다.
⑤ 지훈이는 국어, 영어, 수학을 수강한다.

해설

i) 미애는 경희, 지훈, 영민이와 수강과목이 겹치지 않는다.
 → 미애가 수강하는 과목은 국어이다.(다른 학생들은 국어를 수강하지 않는다.)
ii) 국어를 듣는 미애를 제외하고, 나머지 강의를 수강하는 인원을 모두 더하면,
영어(2명) + 수학(2~3명) + 과학(3명) = 7~8명이다.
 → 3명이 3과목(국어 제외)모두 들으면 9명이고, 수강하는 인원이 7명 또는 8명이므로
최소 1명은 3과목을 모두 들어야 한다.

지훈이와 영민이는 경희가 듣는 과목 중 수강을 하지 않는 것이 있으므로, 3과목 모두 들을 수 없다. 3과목 모두 수강이 가능한 사람은 경의뿐이다. 지훈이와 영민이는 2과목씩 들어야 한다.

구분	국어	영어	수학	과학
미애	○	-	-	-
지훈	-	두 과목 중 1개	두 과목 중 1개	○
영민	-	두 과목 중 1개	두 과목 중 1개	○
경희	-	○	○	○

정답 60 ③

61. Q공기업 상반기 채용에 지원한 광수, 근호, 미영이 지원을 하여 면접을 진행하였다. 지원자들은 면접에서 상·중·하의 평가를 받게 되고, '상'이 2개 이상이면 자동합격, '하'가 2개 이상이면 자동탈락이다. 4명의 면접위원의 면접 결과가 아래와 같을 때, 가장 적절한 것은?

   〈면접위원별 면접 결과〉
   - 이사 : 지원자에게 각각 다른 등급을 주었음.
   - 부장 : 광수에게 '상'을 주었다. 근호에게는 이사보다 낮은 등급을, 미영에게는 이사와 같은 등급을 주었음.
   - 차장 : 모든 지원자에 부장보다 낮은 등급을 주었음.
   - 과장 : 근호에게 부장과 등급을 주었고, '상'은 한 명에게 주었다.

   ① 이사가 가장 낮은 점수를 준 사람은 미영이다.
   ② 광수은 자동 탈락될 수 없다.
   ③ 부장이 미영에게 과장보다 낮은 점수를 주었다면, 광수는 자동합격이다.
   ④ 차장과 과장이 광수에게 준 점수가 같다면, 지원자들은 '상'을 각각 하나씩 받았다.
   ⑤ 근호에게 가장 낮은 점수를 준 면접위원은 과장이다.

해설

i) 차장의 말에 따라 부장은 '상' 또는 '중'만 줄 수 있다.('하'는 없다)
부장의 말에 따르면 근호는 이사보다 등급이 낮으므로 이사가 '상', 부장은 '중'이다.
이사는 근호가 '상'이고, 지원자에게 다른 등급을 주었으므로 미영에게는 중 또는 하를 주었다.
이사와 부장의 등급이 같으므로 이사와 부장은 모두 미영에게 '중'등급을 주었다.

ii) ( )의 숫자는 i)단계를 푼 이후에 나머지 정보로 알 수 있는 것들이다.

구분	광수	근호	미영
이사	(하)	상	중
부장	상	중	중
차장	?	(하)	(하)
과장	?	(중)	?

정답 61 ④

62 k기업에는 직원 갑·을·병이 근무하고 있다. 이들은 회계팀, 개발팀, 마케팅팀 소속이며 직급은 주임, 책임, 선임이다. 갑·을·병 세 사람이 택시를 타고 이동하고 있을 때, 아래의 정보에 따라 바르게 짝지은 것은?

- 갑, 을, 병이 입은 바지의 색깔은 흰색, 노란색, 파란색 중 하나이다.
- 세 명 중 한 명은 조수석에 앉아 있고, 두 명은 뒷좌석에 앉아 있다.
- 선임은 조수석에 앉아 있으며, 흰색 바지를 입지 않았다.
- 병은 마케팅팀 소속이 아니며, 갑는 노란색 바지를 입고 있다.
- 회계팀과 개발팀원은 옆자리에 나란히 앉아 있지 않다.
- 책임은 회계팀원의 오른쪽에 앉아 있다.
- 마케팅팀원은 파란색 바지를 입고 있다.

① 갑 — 회계팀 — 주임 — 노란색 바지
② 을 — 개발팀 — 책임 — 흰색 바지
③ 병 — 개발팀 — 주임 — 흰색 바지
④ 을 — 마케팅팀 — 책임 — 파란색 바지
⑤ 병 — 회계팀 — 선임 — 흰색 바지

해설

i) 3번째 정보 앞부분과 5·6번째 정보를 동시에 보면

운전석	선임 개발팀
(주임) 회계팀	책임 (마케팅팀)

*( )은 순서상 나중에 채워진다.

ii) i에서 보지 않았던 정보들을 확인하면,

운전석	선임 개발팀 노란색 → 갑
주임 회계팀 → 병 (흰색)	책임 마케팅팀 파란색 → (을)

*( )은 순서상 나중에 채워진다.

정답 62 ④

63 A, B, C, D 사원은 사무실을 이전하면서 새로운 업무용 집기를 선택하게 되었다. 선택해야 하는 집기는 책상, 의자, 서랍장이며, 가능한 제품은 (가)업체, (나)업체, (다)업체, (라)업체 제품이다. 각 사원은 집기를 선택할 때 모두 다른 업체의 제품을 선택해야 하며, 또한 A, B, C, D 사원은 동일 집기는 서로 제조업체가 겹치지 않도록 선택해야 한다. 4명의 사원이 〈보기〉와 같이 집기를 선택했을 때, 항상 참인 진술은?

> **보기**
> - A는 (나)업체 서랍장을 선택하였고, (가)업체 책상은 선택하지 않았다.
> - B는 (나)업체 책상을 선택하였고, C는 (나)업체 의자를 선택하였다.
> - C는 (다)업체 집기를 선택하지 않았다.
> - D는 (다)업체 서랍장을 선택하지 않았으나, (다)업체 의자를 선택하였다.
> - B는 (가)업체 서랍장을 선택하지 않았다.

① A는 (가)업체 의자를 선택하였다.
② B는 (라)업체 의자를 선택하였다.
③ B는 (다)업체 서랍장을 선택하였다.
④ C는 (라)업체 서랍장을 선택하였다.
⑤ D는 (나)업체 집기를 선택하였다.

해설

i) 확정된 정보인 1번째 문장 앞부분과 2번째 문장, 4번째 문장 뒷부분을 먼저 보고 정리한다.

	책상	의자	서랍
가			나
나	나		
다		나	
라		다	

ii) 3, 4번째 문장을 정리한다.

	책상	의자	서랍
가	다		나
나	나		다
다		나	
라		다	

나머지는 확정이 되지 못한다.

---

64 ○○기업에 다니는 A와 B는 회사 구내식당에서 점심을 먹고 계단 오르기 게임을 했다. 아래 내용을 토대로 할 때, 〈보기〉에서 항상 옳은 것은?

> - A와 B는 10번째 계단에서 가위바위보 게임을 시작했다.
> - 가위바위보를 하여 이기는 사람은 3계단을 오르고, 진 사람은 1계단을 내려가기로 하였다.
> - A와 B는 가위바위보를 10번 하였고, 비기는 경우는 없었다.

> **보기**
> 가. A가 가위바위보에서 3번 졌다면 B보다 16계단 위에 있을 것이다.
> 나. B가 가위바위보에서 6번 이겼다면 A보다 8계단 위에 있을 것이다.
> 다. B가 가위바위보에서 10번 모두 이겼다면 30번째 계단에 올라가 있을 것이다.

① 가　　② 나　　③ 다
④ 가, 나　　⑤ 나, 다

해설

i) 이기면 +3, 지면 -1이다.
　1번 더 이기면 4계단씩 차이 난다.
ii) 가. A가 4번 더 이겨서
　　4 × 4 = 16계단 위에 있다.
　나. B가 2번 더 이겨서
　　2 × 4 = 8계단 위에 있다.
　다. 현재 10계단에 있으므로
　　3 × 10 + 10 = 40계단에 있다.

정답 63 ③　64 ④

65 K는 여성복과 액세서리를 구입하기 위해 쇼핑센터에 왔다. 다음 〈조건〉을 참고할 때, 바르게 추론한 것은?

조건

- 쇼핑센터에는 신발, 가방, 모자, 남성복, 여성복, 아동복, 스포츠웨어, 액세서리 매장이 있다.
- 쇼핑센터는 5층 건물이고, 1층에는 편의점과 휴대전화 대리점만 있다.
- 여성복 매장이 있는 층에는 모두 3개의 매장이 있다.
- 모자 매장과 스포츠웨어 매장 바로 위층에는 아동복 매장이 있다.
- 가방 매장과 아동복 매장은 각각 한 개 층을 통째로 사용하고 있다.
- 남성복 매장과 액세서리 매장은 같은 층에 있으며, 스포츠웨어 매장보다 높은 층에 있다.
- 가방 매장은 편의점 바로 위층에 있으며, 신발 매장 바로 아래층에 있다.

---

① 가방 매장은 3층에 있다.
② 남성복 매장과 여성복 매장은 같은 층에 있다.
③ 스포츠웨어 매장이 있는 층에는 매장이 2개 있다.
④ 여성복 매장은 가방 매장 바로 위층에 있다.
⑤ K가 방문해야 하는 곳은 3층이다.

해설

i) 2번째와 마지막 조건을 활용

5층	
4층	
3층	신발
2층	가방
1층	편의점, 휴대전화

ii) 4,5,6번째 조건을 활용

5층	남성, 액세서리, 여성
4층	아동복
3층	신발, 스포츠, 모자
2층	가방
1층	편의점, 휴대전화

정답 65 ②

66. 다음 〈조건〉을 바탕으로 강사와 그의 직급, 강의 시간, 강의 내용을 바르게 연결한 것은?

— 조건 —
- 신입사원 OJT교육을 준비하는 A, B, C 세 사람이 세 개의 강의를 하나씩 맡아서 진행한다.
- 세 개의 강의 내용은 '회사 및 사업 현황 소개', '인사제도 교육', '업무스킬 향상 교육'이다.
- 강의 시간은 세 개의 교육이 각각 2시간, 1시간 30분, 1시간씩 소요된다.
- A, B, C 세 사람의 직급은 과장 2명, 부장 1명이고, 과장보다 부장의 직급이 더 높다.
- 부장의 강의 시간은 B의 강의 시간보다 짧다.
- A의 강의시간이 가장 길다.
- '회사 및 사업 현황 소개'의 강의 시간은 '업무스킬 향상 교육'보다 짧다.
- '인사제도 교육'을 맡은 사람의 직급이 가장 높다.

	강사	직급	강의 시간	강의 내용
①	A	부장	1 시간	인사제도 교육
②	A	과장	2시간	회사 및 사업 현황 소개
③	B	과장	1시간 30분	업무스킬 향상 교육
④	C	부장	1 시간	인사제도 교육
⑤	C	과장	2시간	업무스킬 향상 교육

해설

i) 5, 6번째 조건을 활용
 - A > B > C
 A : 2시간, 과장
 B : 1시간 30분, 과장
 C : 1시간, 부장
 → ①⑤번 소거
ii) 7, 8번째 조건을 활용
 A : 업무스킬 향상
 B : 회사 및 사업 현황
 C : 인사교육
 → ②③번 소거

정답 66 ④

67 ○○백화점 신입사원 A, B, C, D, E는 각각 강남, 목동, 반포, 잠실, 판교 중 한 지점으로 발령을 받았다. 네 명은 진실을 말하고 한 명은 거짓을 말했다고 할 때, 다음 중 항상 옳은 것은?

> - A : B는 목동점이 아닌 다른 지점으로 발령을 받았다.
> - B : D는 강남점으로 발령을 받았다.
> - C : B의 말은 진실이다.
> - D : C의 말은 거짓이다.
> - E : C는 목동점으로 발령을 받았고, A는 잠실점으로 발령을 받았다.

① B가 발령받은 지점은 강남점이다.
② B가 발령을 받은 곳은 목동점이다.
③ 판교점에 발령을 받은 사람은 C이다.
④ 반포점에 발령을 받은 사람은 D이다.
⑤ A가 발령을 받은 곳은 잠실점이다.

해설
ⅰ) B·C는 동치, C·D는 모순
4:1이므로 C, D를 제외한
A, B, E는 참이다.
B가 참이므로 C는 참, D는 거짓
ⅱ) A, B, C, E가 참이므로
A : 잠실
B : 모른다.
C : 목동
D : 강남
E : 모른다.

68 △△고등학교에서는 중간고사 부정행위를 방지하기 위하여 한 교실에 1, 2, 3학년 학생들을 각 줄별로 섞어서 배치한다. 배치에 대한 〈정보〉가 다음과 같을 때, 〈보기〉 중 항상 참이 되는 것은?

> **정보**
> - 교실의 좌석은 총 6개의 줄로 배치한다.
> - 1, 2, 3학년을 모두 1줄 이상 배치한다.
> - 첫 번째 줄과 다섯 번째 줄은 항상 3학년을 배치한다.
> - 바로 옆줄에는 같은 학년을 배치할 수 없다.
> - 3학년 줄의 수는 1학년 줄과 2학년 줄의 수를 합한 것과 같다.

> **보기**
> ㉠ 모든 3학년 줄의 위치는 항상 같다.
> ㉡ 2학년 줄과 1학년 줄의 수는 항상 같다.
> ㉢ 두 번째 줄이 1학년 줄이면 여섯 번째 줄은 2학년 줄이다.

① ㉠   ② ㉡   ③ ㉠, ㉡
④ ㉠, ㉢   ⑤ ㉡, ㉢

해설
ⅰ) 2, 5번째 정보를 활용
- 1, 3, 5번째 줄은 3학년이다.
나머지 줄은 모른다.

정답 67 ⑤ 68 ①

빠꼼이 NCS 기본서

Chapter 1　덧셈비교
Chapter 2　곱셈비교
Chapter 3　계산

Part 4

자원관리능력

Chapter 1 덧셈비교

STEP 1

01. 다음 〈표〉는 '갑'국 개인 A ~ D의 연소득에 대한 자료이고, 개인별 소득세산출액은 〈소득세 결정기준〉에 따라 계산한다. 이를 근거로 A ~ D 중 소득세산출액이 가장 많은 사람과 가장 적은 사람을 바르게 나열한 것은?

〈표〉 개인별 연소득 현황

(단위 : 만원)

개인	근로소득	금융소득
A	15,000	5,000
B	25,000	0
C	20,000	0
D	0	30,000

※ 1) 근로소득과 금융소득 이외의 소득은 존재하지 않음.
　 2) 모든 소득은 과세대상이고, 어떤 종류의 공제·감면도 존재하지 않음.

─ 소득세 결정기준 ─
○ 5천만원 이하의 금융소득에 대해서는 15%의 '금융소득세'를 부과함.
○ 과세표준은 금융소득 중 5천만원을 초과하는 부분과 근로소득의 합이고, 〈과세표준에 따른 근로소득세율〉에 따라 '근로소득세'를 부과함.
○ 소득세산출액은 '금융소득세'와 '근로소득세'의 합임.

〈과세표준에 따른 근로소득세율〉

(단위 : %)

과세표준	세율
1,000만원 이하분	5
1,000만원 초과 5,000만원 이하분	10
5,000만원 초과 1억원 이하분	15
1억원 초과 2억원 이하분	20
2억원 초과분	25

○ 예를 들어, 과세표준이 2,500만원인 사람의 '근로소득세'는 다음과 같음.
1,000만원 × 5% + (2,500만원 − 1,000만원) × 10% = 200만원

	가장 많은 사람	가장 적은 사람
①	A	B
②	A	D
③	B	A
④	D	A
⑤	D	C

해설

개인	근로소득	금융소득(15%)
A	15,000	5,000
B	25,000	0
C	20,000	0
D	25,000	5,000

ⅰ) D가 근로소득, 금융소득 모두 가장 많으므로 소득세 산출액이 가장 많다.

ⅱ) (A vs C)
A는 금융소득(15%)이 5,000이 많고
C는 과세표준 15,000 ~ 20,000 구간(20%)에 5,000이 많다.
→ C가 더 많이 냈다.

ㄱ ~ ㄹ. 계산

정답 01 ④

02 다음 〈표〉와 〈그림〉은 묘목(A ~ E)의 건강성을 평가하기 위한 자료이다. 아래의 〈평가방법〉에 따라 묘목의 건강성 평가점수를 계산할 때, 평가점수가 두 번째로 높은 묘목과 가장 낮은 묘목을 바르게 나열한 것은?

〈표〉 묘목의 활착률과 병해충 감염여부

구분\묘목	A	B	C	D	E
활착률	0.7	0.7	0.7	0.9	0.8
병해충 감염여부	감염	비감염	비감염	감염	비감염

〈그림〉 묘목의 줄기길이와 뿌리길이

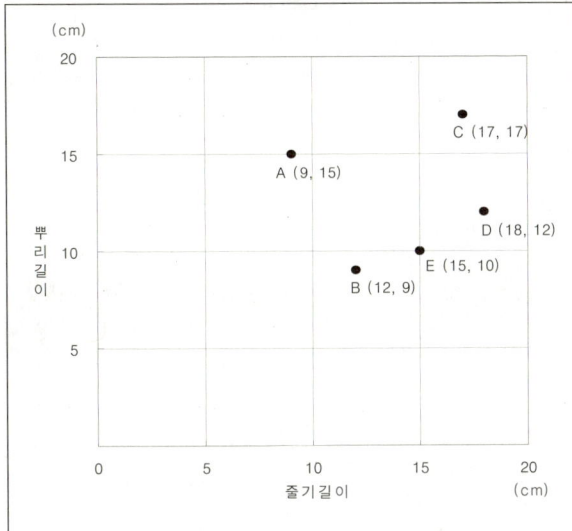

※ (,) 안의 수치는 각각 해당묘목의 줄기길이, 뿌리길이를 의미함.

― 평가방법 ―
○ 묘목의 건강성 평가점수
 = 활착률×30 + $\dfrac{뿌리길이}{줄기길이}$×30 + 병해충 감염여부×40
○ '병해충 감염여부'는 '감염'이면 0, '비감염'이면 1을 부여함.

	두 번째로 높은 묘목	가장 낮은 묘목
①	B	A
②	C	A
③	C	D
④	E	A
⑤	E	D

해설

구분\묘목	A	B	C	D	E
활착률(×30)	0.7	0.7	0.7	0.9 0.2	0.8 0.1
$\dfrac{뿌리길이}{줄기길이}$(×30)	$\dfrac{15}{9}$	$\dfrac{9}{12}$	$\dfrac{17}{17}$	$\dfrac{12}{18}$	$\dfrac{10}{15}$
병해충 감염여부(×40)	0	1	1	0	1

- (A vs D)

병해충 감염여부는 둘다 '0'이므로 활착률과 $\dfrac{뿌리길이}{줄기길이}$만 비교

두 항목의 가중치는 같으므로 가중치는 무시한다.

$\dfrac{15}{9}$(A) > 0.2 + $\dfrac{12}{18}$(D) → 가장 작은 것은 D

☞ 병해충 감염여부가 비감염이면 +1점이고 가중치도 크므로 비감염이 되는 3개 묘목이 감염인 묘목보다 점수가 높다.

- (B vs C vs E)

병해충 감염여부는 같으므로 활착률과 $\dfrac{뿌리길이}{줄기길이}$만 비교

두 항목의 가중치는 같으므로 가중치는 무시한다.

$\dfrac{17}{17}$(C) > 0.1 + $\dfrac{10}{15}$(E) > $\dfrac{9}{12}$(B) → 두 번째 큰 것은 E

정답 02 ⑤

03 다음 〈표〉는 2006년 공무원에게 지급되는 수당에 대한 자료이다. 2006년 1월 현재 사무관(5급) A의 근무년수는 12년 2개월이고, 서기관(4급) B의 근무년수는 9년 7개월이다. A와 B의 기본급은 220만원으로 동일하다고 가정할 경우, 2006년 1월에 A와 B 중 누가 얼마나 더 많은 월급을 받겠는가? (단, 공무원 월급은 기본급과 수당의 합으로 계산되고, 2006년 설날은 1월 29일이다. 또한, 〈표 1〉에 제시된 수당 이외의 다른 수당은 없다고 가정한다)

〈표 1〉 수당 지급 기준

구분	지급 기준	비고
정근수당	근무년수에 따라 기본급의 0 ~ 50 % 범위 내 차등 지급	매년 1, 7월 지급
명절휴가비	기본급의 60 %	일년에 두 번(설날, 추석이 포함된 달) 지급
가계지원비	기본급의 40 %	매년 4, 5, 8, 10, 11월 지급
정액급식비	130,000원	매월 지급
교통보조비	1 ~ 3급 : 200,000원 4 ~ 5급 : 140,000원 6 ~ 7급 : 130,000원 8 ~ 9급 : 120,000원	매월 지급
직급보조비	1급 : 750,000원 2급 : 650,000원 3급 : 500,000원 4급 : 400,000원 5급 : 250,000원 6급 : 155,000원 7급 : 140,000원 8 ~ 9급 : 105,000원	매월 지급

〈표 2〉 정근수당 지급 구분표

근무년수	지급액
5년 미만	기본급의 20 %
5년 이상 ~ 6년 미만	기본급의 25 %
6년 이상 ~ 7년 미만	기본급의 30 %
7년 이상 ~ 8년 미만	기본급의 35 %
8년 이상 ~ 9년 미만	기본급의 40 %
9년 이상 ~ 10년 미만	기본급의 45 %
10년 이상	기본급의 50 %

① A, 40,000원 ② A, 80,000원
③ B, 40,000원 ④ B, 80,000원
⑤ B, 100,000원

해설

- A, B가 더 받는 부분만 정리

구분	A	B
정근수당	~~220만원 × 50%~~ 220만원 × 5% (= 11만원)	220만원 × 45%
명절휴가비	–	–
가계지원비	–	–
정액급식비	–	–
교통보조비	–	–
직급보조비	~~5급 : 250,000원~~	~~4급 : 400,000원~~ 15만원

→ B가 4만원 더 받는다.

정답 03 ③

04 다음 〈정보〉와 〈표〉는 2014년 A ~ E기업의 기본생산능력과 초과생산량 및 1 ~ 3월 생산이력에 관한 자료이다. 이에 근거하여 기본생산능력이 가장 큰 기업과 세 번째로 큰 기업을 바르게 나열한 것은?

정보

○ 각 기업의 기본생산능력(개/월)은 변하지 않는다.
○ A기업의 기본생산능력은 15,000개/월이고 C기업과 E기업의 기본생산능력은 동일하다.
○ B, C, D기업의 경우 2014년 1 ~ 3월 동안 초과생산량이 발생하지 않았다.
○ E기업의 경우 2014년 3월에 기본생산능력에 해당하는 생산량 이외에 기본생산능력의 20%에 해당하는 초과생산량이 발생하였다.
○ 생산 참여기업의 월 생산량 = 기본생산능력에 해당하는 월 생산량 + 월 초과생산량

〈표〉 2014년 1 ~ 3월 생산이력

구분	1월	2월	3월
생산 참여기업	B, C	B, D	C, E
손실비	0.0	0.5	0.0
총생산량(개)	23,000	17,000	22,000

※ 해당월 총생산량 = 해당월 '생산 참여기업의 월 생산량'의 합 × (1 − 손실비)

	가장 큰 기업	세 번째로 큰 기업
①	A	B
②	A	D
③	B	D
④	D	A
⑤	D	B

해설

- 2번째 정보 : E = 1.2C
- (1월) B + C = 23,000
  (2월) B + D = 34,000
  (3월) C + E = C + 1.2C
       = 22,000, C = 10,000
  → B = 13,000, D = 21,000

D(21,000) > A(15,000) > B(13,000) > C, E(10,000)

정답 04 ⑤

05 다음 〈표〉는 A ~ J 아파트 단지의 주택성능에 대한 자료이다. 〈규칙〉을 적용하여 〈표〉를 분석한 결과에 대한 설명으로 옳은 것을 고르면?

〈표〉 A ~ J 아파트 단지의 주택성능

부문 세부항목 단지	소음				외부환경
	경량충격	중량충격	화장실	세대간	
A	☆	☆	☆☆☆	☆☆☆☆	☆☆☆
B	☆	☆	☆☆	☆☆☆	☆☆
C	☆	☆	☆☆☆	☆☆☆☆	☆
D	☆	☆	☆☆☆	☆☆☆☆	☆
E	☆	☆	☆☆☆	☆☆	☆☆
F	☆	☆	☆☆☆	☆☆☆	☆
G	☆☆	☆	☆☆☆	☆☆☆☆	☆☆
H	☆☆	☆☆	☆☆☆	☆☆☆☆	☆☆
I	☆	☆	☆☆☆	☆☆☆☆	☆☆
J	☆	☆	☆☆☆	☆☆☆☆	☆☆

― 규칙 ―
○ 소음부문에서 "세대간"은 '☆' 하나당 2점을, 나머지 세부항목은 '☆' 하나당 1점을 부여한다.
○ 외부환경부문은 '☆' 하나당 3점을 부여한다.
○ 소음부문점수는 소음부문 세부항목점수의 합이고, 주택성능점수는 소음부문점수와 외부환경부문점수의 합이다.

① 소음부문에서 가장 높은 점수를 받은 단지는 'G'이다.
② 소음부문에서 가장 낮은 점수를 받은 단지는 'B'이다.
③ 외부환경부문에서 가장 높은 점수를 받은 단지가 주택성능점수도 가장 높다.
④ 주택성능점수가 가장 낮은 단지가 "세대간" 소음을 제외한 소음부문점수도 가장 낮다.
⑤ 주택성능점수가 19점인 단지가 가장 많다.

해설

① G < H (✗)
② B > E (✗)
③ 외부환경이 가장 높은 A는 주택성능점수도 가장 높다. (○)
 * A는 다른 단지에 비해 외부환경에서 별이 최소 1개 이상 많다. 소음으로 환산하면 별 3개 이상 더 많으므로 주택성능점수도 가장 크다는 걸 알 수 있다.
④ '세대간' 제외한 소음점수가 가장 낮은 B보다 주택성능점수는 F가 더 낮다. (✗)
⑤ 아주 복잡
 → 가급적 풀지 않는다. (✗)

정답 05 ③

06 다음 〈표〉는 탄소포인트제 가입자 A ~ D의 에너지 사용량 감축률 현황을 나타낸 자료이다. 아래의 〈지급 방식〉에 따라 가입자 A ~ D가 탄소포인트를 지급받을 때, 탄소포인트를 가장 많이 지급받는 가입자와 가장 적게 지급받는 가입자를 바르게 나열한 것은?

〈표〉 가입자 A ~ D의 에너지 사용량 감축률 현황

(단위 : %)

에너지 사용유형 \ 가입자	A	B	C	D
전기	2.9	15.0	14.3	6.3
수도	16.0	15.0	5.7	21.1
가스	28.6	26.1	11.1	5.9

── 지급 방식 ────────────────

○ 탄소포인트 지급 기준

(단위 : 포인트)

에너지 사용유형 \ 에너지 사용량 감축률	5 % 미만	5 % 이상 10 % 미만	10 % 이상
전기	0	5,000	10,000
수도	0	1,250	2,500
가스	0	2,500	5,000

○ 가입자가 지급받는 탄소포인트
  = 전기 탄소포인트 + 수도 탄소포인트 + 가스 탄소포인트
  예) 가입자 D가 지급받는 탄소포인트
  = 5,000 + 2,500 + 2,500 = 10,000

	가장 많이 지급받는 가입자	가장 적게 지급받는 가입자
①	B	A
②	B	C
③	B	D
④	C	A
⑤	C	D

해설

에너지 사용유형 \ 가입자	A	B	C	D
전기	−10,000	0	0	−5,000
수도	0	0	−1,250	0
가스	0	0	0	−2,500
합계	−10,000	0	−1,250	−7,500

→ 감점이 가장 적은 B가 탄소포인트를 가장 많이 지급받고, 감점이 가장 많은 A가 탄소포인트를 가장 적게 지급받는다.

정답 06 ①

07 어느 대학 신입생 선발기준은 〈보기〉와 같다. 이 대학의 선발 기준에 따른 A, B 학생의 총점이 올바르게 짝지어진 것은?

─ 보기 ─
1. 총점은 1000점 만점으로 한다.
2. 총점의 구성비율은 내신성적 40%, 수학능력시험 50%, 면접점수 10%로 한다.
3. 내신성적은 9개 등급으로 나누되 최고 등급인 1등급의 경우 만점으로 부여하고 등급이 하나씩 내려갈 때마다 내신만점의 5%를 감점한다.
4. 수능은 10개 등급으로 나누되 최고 등급인 1등급에 만점을 부여하고 등급이 하나씩 내려갈 때마다 수능만점의 10%를 감점한다.
5. 면접점수는 결시자의 경우 0점으로 하고, 전공예약자에게는 취득한 면접점수의 20%를 가산하되 가산점이 포함된 면접점수가 100점을 초과할 경우 100점으로 한다.

─ 보기 ─
A학생 : 내신 2등급, 수능 3등급, 면접 85점, 전공예약자
B학생 : 내신 3등급, 수능 2등급, 면접 60점, 전공예약자 아님

	A학생	B학생
①	832	840
②	865	840
③	880	840
④	880	870
⑤	882	870

해설

- 총점 1000점에 내신 400점, 수능 500점, 면접 100점이다.

A학생 : 내신 400 − 20 = 380점
수능 500 − 50 × 2 = 400점
면접 85점 × 120%는 100점이 넘으므로 100점으로 계산
380 + 400 + 100 = 880점

B학생 : 내신 400 − 20 × 2 = 360점
수능 500 − 50 = 450점
면접 60점
360 + 450 + 60 = 870점

정답 07 ④

[08 ~ 09] A회사는 甲, 乙, 丙 중 총점이 가장 높은 업체를 협력업체로 선정하고자 한다. 〈업체 평가기준〉과 〈지원업체 정보〉를 근거로 판단할 때, 물음에 답하시오.

〈업체 평가기준〉

〈평가항목과 배점비율〉

평가항목	품질	가격	직원규모	계
배점비율	50%	40%	10%	100%

〈가격 점수〉

가격(만 원)	500 미만	500~549	550~599	600~649	650~699	700 이상
점수	100	98	96	94	92	90

〈직원규모 점수〉

직원규모(명)	100 초과	100~91	90~81	80~71	70~61	60 이하
점수	100	97	94	91	88	85

〈지원업체 정보〉

업체	품질 점수	가격(만 원)	직원규모(명)
甲	88	575	93
乙	85	450	95
丙	87	580	85

※ 품질 점수의 만점은 100점으로 한다.

08 〈보기〉에서 옳은 것만을 모두 고르면?

― 보기 ―
ㄱ. 총점이 가장 높은 업체는 乙이며 가장 낮은 업체는 丙이다.
ㄴ. 甲이 현재보다 가격을 30만 원 더 낮게 제시한다면, 乙보다 더 높은 총점을 얻을 수 있을 것이다.
ㄷ. 丙이 현재보다 직원규모를 10명 더 늘린다면, 甲보다 더 높은 총점을 얻을 수 있을 것이다.
ㄹ. 丙이 현재보다 가격을 100만 원 더 낮춘다면, A회사는 丙을 협력업체로 선정할 것이다.

① ㄱ, ㄴ　　② ㄱ, ㄹ　　③ ㄴ, ㄷ
④ ㄷ, ㄹ　　⑤ ㄱ, ㄴ, ㄹ

09 〈평가항목과 배점비율〉을 품질 30%, 가격 40%, 직원규모 30%로 조정을 하면, 총점이 가장 높은 업체와 낮은 업체로 적합한 것을 고르시오.

① 甲, 乙　　② 乙, 丙　　③ 丙, 甲
④ 乙, 甲　　⑤ 甲, 丙

해설

〈지원업체 점수〉

업체	품질(50%)	가격(40%)	직원(10%)	총점
甲	88	96	97	92.1
乙	85	100	97	92.2
丙	87	96	94	91.3

ㄱ. (사실확인) (O)
ㄴ. (조건) 甲의 가격점수가 98점으로 바뀌면 총점은 92.9로 올라가서 총점이 乙보다 높아진다. (O)
ㄹ. (조건) 丙의 가격점수가 100점으로 바뀌면 총점은 92.9로 올라가서 협력업체로 선정된다. (O)

해설

〈지원업체 점수〉

업체	품질(30%)	가격(40%)	직원(30%)	총점
甲	88	96	97	93.9
乙	85	100	97	94.6
丙	87	96	94	94.3

정답 08 ⑤　09 ②

STEP 2

10 A부처에서 갑, 을, 병, 정 4명의 직원으로부터 국외연수 신청을 받아 선발 가능성이 가장 높은 한 명을 추천하려는 가운데, 정부가 선발 기준 개정안을 내놓았다. 현행 기준과 개정안 기준을 적용할 때, 각각 선발 가능성이 가장 높은 사람은?

해설

정은 근무경력이 기준에 미달해서 제외되고 갑, 을, 병의 점수를 계산하면 현행과 개정안 모두 을이 가장 높다.

〈선발 기준안 비교〉

구분	현행	개정안
외국어 성적	30점	50점
근무 경력	40점	20점
근무 성적	20점	10점
포상	10점	20점
계	100점	100점

※ 근무 경력은 15년 이상이 만점 대비 100%, 10년 이상 15년 미만 70%, 10년 미만 50%이다. 다만 근무경력이 최소 5년 이상인 자만 선발 자격이 있다.
※ 포상은 3회 이상이 만점 대비 100%, 1~2회 50%, 0회 0%이다.

〈A부처의 국외연수 신청자 현황〉

구분	갑	을	병	정
근무 경력	30년	20년	10년	3년
포상	2회	4회	0회	5회

※ 외국어 성적은 갑과 을이 만점 대비 50%이고, 병이 80%, 정이 100%이다.
※ 근무 성적은 을만 만점이고, 갑·병·정 셋은 서로 동점이라는 사실만 알려져 있다.

	현행	개정안
①	갑	을
②	갑	병
③	을	갑
④	을	을
⑤	을	정

정답 10 ④

11 다음 〈표〉는 각각 3명의 아동이 있는 A와 B가구의 11월 학원등록 현황에 대한 자료이다. 이에 대한 설명으로 옳지 않은 것은?

〈표 1〉 A가구 아동의 11월 학원등록 현황

아동＼학원	갑	을	병
송이	○	○	-
세미	○	-	-
휘경	-	○	○

〈표 2〉 B가구 아동의 11월 학원등록 현황

아동＼학원	갑	을	병
민준	○	○	○
재경	-	○	-
유라	-	-	○

※ 1) ○ : 학원에 등록한 경우, - : 학원에 등록하지 않은 경우
 2) 표에 나타나지 않은 학원에는 등록하지 않음.
 3) A, B 가구 아동의 12월 학원등록 현황은 11월과 동일함.

〈표 3〉 11월 학원별 1개월 수강료

(단위 : 원)

학원	갑	을	병
수강료	80,000	60,000	90,000

※ 1) 학원등록은 매월 1일에 1개월 단위로만 가능함.
 2) 별도의 가정이 없으면, 12월의 학원별 1개월 수강료는 11월과 동일함.

① 11월 가구별 총 수강료는 B 가구가 A 가구보다 1만원 더 많다.
② 총 수강료가 가장 많은 아동의 11월 수강료는 총 수강료가 가장 적은 아동의 11월 수강료의 3배 이상이다.
③ 학원 '을'이 12월 수강료를 10% 인상한다면 A 가구의 12월 총 수강료는 11월에 비해 12,000원 증가한다.
④ 학원 '갑', '을', '병'이 한 가구에서 아동 2명 이상 등록 시 12월 수강료를 20% 할인한다면 11월과 12월 총 수강료 차이는 B 가구가 A 가구보다 크다.
⑤ 학원 '을'과 '병'이 12월 수강료를 10% 할인한다면 12월 총 수강료는 A 가구보다 B 가구가 18,000원 더 많다.

해설

가구＼학원	갑	을	병	합계
A	2 ↑	2	↑	5
B	↑	2	2 ↑	5

① (계산) B가구는 병(90,000원), A가구는 갑(80,000원)이 하나 더 많다. (O)
② (계산) 갑, 을, 병 중 수강료가 가장 작은 을은 전체의 1/3 미만이다.
 을만 신청한 학생은 갑, 을, 병 모두 신청한 학생의 1/3 미만이다. (O)
③ (조건·계산) A가구 인상액 = 60,000 × 2 × 10% = 12,000 (O)
④ (조건) 을은 A, B 모두 해당이니 차이값 '0'이고, A는 갑 B는 병만 20% 할인이므로 금액이 병(B)이 할인액이 크다.(차이가 크다) (O)
⑤ 을과 병을 할인하면 B가 더 할인이 크므로 현재(B가 A보다 1만원 더 든다)보다 차이가 줄어들어야 한다. (X)

정답 11 ⑤

12 다음 〈표〉는 어느 렌트카 회사에서 제시하는 요금제이다. 이에 대한 〈보기〉의 설명 중 옳지 않은 것을 모두 고르면?

〈표〉 렌트카 요금제

요금제	기본 요금	연장 요금
A	1시간 15,000원	초과 30분당 1,000원
B	3시간 17,000원	초과 30분당 1,300원

※ 연장 요금은 기본 요금 시간 초과 시 30분 단위로 부과됨. 예를 들어, 1시간 1분 이용 시에는 1시간 30분 요금이 적용됨.

― 보기 ―

ㄱ. B 요금제의 연장 요금을 30분당 2,000원으로 인상한다면, 4시간 사용 시 A 요금제가 B 요금제보다 더 저렴하다.
ㄴ. 렌트 시간이 2시간 10분이라면, B 요금제가 A 요금제보다 더 저렴하다.
ㄷ. 렌트 시간이 3시간 30분이라면, A 요금제가 B 요금제보다 더 저렴하다.
ㄹ. 렌트 시간이 5시간이라면, B 요금제가 A 요금제보다 더 저렴하다.
ㅁ. 렌트 시간이 6시간을 초과한다면, B 요금제가 A 요금제보다 더 저렴하다.

① ㄱ, ㄷ   ② ㄱ, ㄹ   ③ ㄴ, ㄹ
④ ㄱ, ㄷ, ㅁ   ⑤ ㄴ, ㄷ, ㅁ

해설

― 수리계산형

	0~2시간	2~6.x 시간	6.x~
요금	B>A	A<B	B>A

ㄱ. A = B (21,000) (✗)

ㄴ, ㄷ, ㄹ. 0~6시간 : A < B

ㅁ. 6시간 이후 요금은 한 번 역전된다. (✗)

정답 12 ④

13 다음 〈표〉는 5개 행사에 대한 8개 부서의 참여여부 및 비용에 관한 자료이다. 〈조건〉을 적용할 때, 다음 중 옳지 않은 것은?

〈표〉 부서별 행사 참여여부와 비용 현황
(단위 : 만원)

행사 진행비용 부서	가 6,000	나 14,000	다 35,000	라 117,000	마 59,000	사전 지출비용
A	○	○	○	○	○	10,000
B	○	○	○	○	○	26,000
C	○	○	○	○	○	10,000
D	○	○	○	○	○	10,000
E	×	×	○	○	○	175,000
F	×	×	×	○	○	0
G	×	×	×	○	○	0
H	×	×	×	○	○	0

※ 1) '○'는 참여를 의미하고 '×'는 불참을 의미함.
　2) 위에 제시된 8개 부서 이외에 다른 부서는 없음.
　3) 위에 제시된 5개 행사 이외에 다른 행사는 없음.

━━ 조건 ━━
○ 행사에 참여한 각 부서는 해당 행사의 진행비용을 균등하게 나누어 부담한다.
○ 각 부서는 행사별로 부담해야 할 진행비용의 합보다 사전지출비용이 많은 경우에는 차액을 환급받고, 반대의 경우에는 차액을 지급한다.

① G부서는 22,000만원을 지급한다.
② B부서는 8,000만원을 환급받는다.
③ E부서는 146,000만원을 환급받는다.
④ A부서, C부서, D부서는 각각 사전지출비용 외에 24,000만원씩 추가로 지급한다.
⑤ '다'행사에 참여한 각 부서는 '다'행사에 대하여 7,000만원씩 진행비용을 부담한다.

해설

②④ A, B, C, D은 참여행사가 같으므로 지출해야 될 비용이 같다.
→ B와 A, C, D의 차이는 16,000(26,000 − 10,000)이 유지되어야 한다.
하지만 ②는 8000환급, ④ 24,000 지출이므로 둘의 차이는 32,000이 되어 둘의 차이가 바뀌었다. 따라서 둘 중 하나는 틀린 것이다.

• $\dfrac{6,000+14,000}{4} + \dfrac{35,000}{5} + \dfrac{117,000+59,000}{8}$ 은 26,000 이상으로 B는 환급받을 수 없다.

정답 13 ②

14 다음 〈모형〉은 작물의 재배범위를 결정하기 위한 것이다. 〈모형〉과 〈표〉를 참고하여 시장과의 거리(5km 미만)에 따른 작물의 재배범위를 바르게 설명한 것은?

— 모형 —
○ 작물재배이윤 = 시장가격 - 생산비 - 운송비
○ 운송비 = 단위거리당 운송비 × 시장과의 거리
○ 해당 지점에서 작물재배이윤이 가장 높은 작물을 생산함. 단, 작물재배이윤이 같은 경우에는 시장가격이 높은 작물을 생산함.

〈표〉 작물별 시장가격과 비용

구분 작물	시장가격(원)	생산비(원)	단위거리당 운송비(원/km)
A	1,200	200	400
B	1,000	200	200
C	900	400	100

※ 작물재배이윤, 시장가격, 생산비, 단위거리당 운송비는 1 kg을 기준으로 함.

① 시장에서 1 km 이하 지점까지는 A, 1 km 초과 5 km 미만 지점까지는 B를 생산한다.
② 시장에서 1 km 이하 지점까지는 A, 1 km 초과 3 km 이하 지점까지는 B, 3 km 초과 5 km 미만 지점까지는 C를 생산한다.
③ 시장에서 1 km 이하 지점까지는 A, 1 km 초과 4 km 이하 지점까지는 B, 4 km 초과 5 km 미만 지점까지는 C를 생산한다.
④ 시장에서 2 km 이하 지점까지는 A, 2 km 초과 3 km 이하 지점까지는 B, 3 km 초과 5 km 미만 지점까지는 C를 생산한다.
⑤ 시장에서 2 km 이하 지점까지는 A, 2 km 초과 5 km 미만 지점까지는 C를 생산한다.

해설

구분 작물	시장가격 - 생산비	운송비	작물재배이윤
A	~~1,000~~ 500	~~400x~~ 300x	500 - 300x
B	~~800~~ 300	~~200x~~ 100x	300 - 100x
C	~~500~~	~~100x~~	0

→ 거리가 짧으면 A, 길면 C가 유리하다.

- A(500 - 300x) ≥ B(300 - 100x) → x ≤ 1 : 1km 이내는 A가 유리
- B(300 - 100x) ≥ C(0) → x ≤ 3 : 3km 이내는 B가 유리

정답 14 ②

15 다음 〈표〉는 고속도로 입지 선정을 위한 후보지별 사업성 평가 점수이다. 고속도로 입지 선정 우선순위가 〈후보지 사업성 가중표준지수 산정규칙〉에 따라 결정될 때, 우선순위가 2위와 4위인 후보지를 바르게 짝지은 것은?

〈표〉 후보지별 고속도로 사업성 평가점수

(단위 : 점)

평가항목 후보지	경제성	사업안정도	지역낙후도
A	85	60	75
B	95	60	80
C	75	70	85
D	75	80	85
E	95	80	75
평균	85	70	80
범위	20	20	10

※ 가중표준지수가 높을수록 고속도로 입지 후보지 우선순위가 높음.

― 후보지 사업성 가중표준지수 산정규칙 ―

○ 각 후보지의 개별 평가항목에 대한 표준지수

$= \dfrac{평가점수 - 평균}{범위}$

○ 후보지별 가중표준지수
= (0.4 × 경제성 표준지수) + (0.4 × 사업안정도 표준지수) + (0.2 × 지역낙후도 표준지수)

	2위	4위
①	D	A
②	D	B
③	D	C
④	E	A
⑤	E	B

해설

– 경제성, 사업안정도, 지역낙후도의 가중치는 0.4:0.4:0.2 = 2:2:1이다. 경제성, 사업안정도, 지역낙후도의 범위는 20:20:10 = 2:2:1이므로
– 가중치 × $\dfrac{1}{범위}$ 는 경제성, 사업안정도, 지역낙후도가 같다.
→ '평가점수 – 평균'의 합으로 대소비교 한다.

평가항목 후보지	경제성	사업안정도	지역낙후도	합계
A	85	60 – 10	75 – 5	–15
B	95 + 10	60 – 10	80	0
C	75 – 10	70	85 + 5	–5
D	75 – 10	80 + 10	85 + 5	+5
E	95 + 10	80 + 10	75 – 5	+15

정답 15 ③

Chapter 2 곱셈비교

STEP 1

16 다음 〈표〉는 A ~ D국 화폐 대비 원화 환율 및 음식가격에 대한 자료이다. 이에 대한 〈보기〉의 설명 중 옳은 것만을 모두 고르면?

〈표 1〉 A ~ D국 화폐 대비 원화 환율

국가	화폐단위	환율 (원/각 국의 화폐 1단위)
A	a	1,200
B	b	2,000
C	c	200
D	d	1,000

〈표 2〉 A ~ D국 판매단위별 음식가격

음식 판매단위 국가	햄버거 1개	피자 1조각	치킨 1마리	삼겹살 1인분
A	5a	2a	15a	8a
B	6b	1b	9b	3b
C	40c	30c	120c	30c
D	10d	3d	20d	9d

보기

ㄱ. 원화 120,000원으로 가장 많은 개수의 햄버거를 구매할 수 있는 국가는 A국이다.
ㄴ. B국에서 치킨 1마리 가격은 삼겹살 3인분 가격과 동일하다.
ㄷ. C국의 삼겹살 4인분과 A국의 햄버거 5개는 동일한 액수의 원화로 구매할 수 있다.
ㄹ. D국 화폐 대비 원화 환율이 1,000원/d에서 1,200원/d로 상승하면, D국에서 원화 600,000원으로 구매할 수 있는 치킨의 마리 수는 20% 이상 감소한다.

① ㄱ, ㄴ   ② ㄱ, ㄷ   ③ ㄴ, ㄷ
④ ㄱ, ㄴ, ㄹ   ⑤ ㄴ, ㄷ, ㄹ

해설

국가	화폐단위	환율(원/각 국의 화폐 1단위)
A	a	~~1,200~~ 6
B	b	~~2,000~~ 10
C	c	~~200~~ 1
D	d	~~1,000~~ 5

ㄱ. 가격이 가장 낮은 국가는 A이다. (O)
ㄴ. 치킨가격이 삼겹살 가격의 3배이다. (O)
ㄷ. 「총가격 = 단가 × 수량」이므로 수량의 비가 4:5이면 단가의 비는 5:4이다.
C국 삼겹살 = 30 × 1, A국 햄버거 = 5 × 6은 5:4가 아니다. (×)
ㄹ. 환율이 6/5배 오르면 가격이 6/5배 올라간다.
「총가격 = 단가 × 수량」이므로 단가가 6/5배 올라가면 수량은 5/6배 줄어야 한다. 5/6 ≠ 20% (×)

정답 16 ①

17. 다음 〈표〉는 신재생 에너지 및 절약 분야 사업 현황이다. '신재생 에너지' 분야의 사업별 평균 지원액이 '절약' 분야의 사업별 평균 지원액의 5배 이상이 되기 위한 사업 수의 최대 격차는?

〈표〉 신재생 에너지 및 절약 분야 지원금과 사업 수
(단위 : 억원, %, 개)

구분	신재생 에너지	절약	합
지원금 (비율)	3,500 (85.4)	600 (14.6)	4,100 (100.0)
사업 수	( )	( )	600

※ '신재생 에너지' 분야의 사업 수는 '절약' 분야의 사업 수 보다 큼.

① 44개 ② 46개 ③ 48개
④ 54개 ⑤ 56개

해설

– 사업별 평균지원액 × 사업수 = 지원금

구분	신재생 에너지	절약
지원금	35	6
사업 수	(7↓)	(6)
사업별 평균지원액 (= 지원금/사업 수)	5↑	1

→ 사업수 비율은 7↓ : 6 이고 사업수는 총 600개이므로 둘의 차이의 최대값은 $600 \times \frac{7↓ - 6}{13} = 46.XX↓$

18. 다음 〈표〉는 A사 피자 1판 주문 시 구매방식별 할인혜택과 비용을 나타낸 것이다. 이를 근거로 정가가 12,500원인 A사 피자 1판을 가장 싸게 살 수 있는 구매방식은?

〈표〉 구매방식별 할인혜택과 비용

구매방식	할인혜택과 비용
스마트폰앱	정가의 25 % 할인
전화	정가에서 1,000원 할인 후, 할인된 가격의 10 % 추가 할인
회원카드와 쿠폰	회원카드로 정가의 10 % 할인 후, 할인된 가격의 15 %를 쿠폰으로 추가 할인
직접방문	정가의 30 % 할인. 교통비용 1,000원 발생
교환권	A사 피자 1판 교환권 구매비용 10,000원 발생

※ 구매방식은 한 가지만 선택함.

① 스마트폰앱 ② 전화
③ 회원카드와 쿠폰 ④ 직접방문
⑤ 교환권

해설

– 할인율은 25%를 기준으로 대소비교
 * 스마트폰앱의 25%가 비교하기에 명확하게 보이므로 우선 비교대상으로 정하고 25%보다 할인율이 큰 구매방식이 나오면 비교대상을 바꾼다.

구매방식	할인율
스마트폰앱	25 %
전화	1,000원(10%↓) + 10 %↓ = 20%↓ * 정가에서 할인 후 10%를 할인하게 되면 정가대비 10% 미만의 할인이 된다.
회원카드와 쿠폰	10 % + 15 %↓ = 25%↓
직접방문	30 % – 1,000원(5%↑) = 25%↓
교환권	$\frac{12,500 - 10,000}{12,500} = 20\%$

정답 17 ② 18 ①

19 다음 글과 〈조건〉에 따를 때, ○○부가 채택하기에 적합하지 않은 정책 대안은?

- 올해의 전력수급현황은 다음과 같다.
  - 총공급전력량 : 7,200만 kW
  - 최대전력수요 : 6,000만 kW

  이에 따라 ○○부는 내년도 전력수급기본계획을 마련하고, 정책목표를 다음과 같이 설정하였다.

  - 정책목표 : 내년도 전력예비율을 30% 이상으로 유지한다.

  $$전력예비율(\%) = \frac{총공급전력량 - 최대전력수요}{최대전력수요} \times 100$$

---조건---
조건 1 : 발전소를 하나 더 건설하면 총공급전력량이 100만 kW 증가한다.
조건 2 : 전기요금을 α % 인상하면 최대전력수요는 α % 감소한다.

※ 발전소는 즉시 건설·운영되는 것으로 가정하고 이외의 다른 변수는 고려하지 않는다.

① 발전소를 1개 더 건설하고, 전기요금을 10% 인상한다.
② 발전소를 3개 더 건설하고, 전기요금을 3% 인상한다.
③ 발전소를 6개 더 건설하고, 전기요금을 1% 인상한다.
④ 발전소를 8개 더 건설하고, 전기요금을 동결한다.
⑤ 발전소를 더 이상 건설하지 않고, 전기요금을 12% 인상한다.

해설

발전소 3개를 더 지으면 7,500만 KW, 전기요금 3% 인상 시 최대 전력수요는 $6000만KW \times \frac{97}{100} = 5,820만KW$이므로 전력예비율은 $\frac{7,500 - 5,820}{5,820} \times 100 = 28.8\%$로 30%에 미달된다.

정답 19 ②

STEP 2

20 정부는 일정한 소득 이하의 사람들에게 선별적으로 사회복지 급여를 제공하고 있다. 정부가 다음 〈표〉와 같은 두 가지 유형의 사회복지제도를 고려하고 있을 때, 두 제도에 대한 설명으로 옳은 것을 〈보기〉에서 모두 고르면?

〈표〉 사회복지제도의 유형

제도 A			제도 B		
기본급여액 80만원 급여감소율 100% 급여자격소득 80만원			기본급여액 80만원 급여감소율 50% 급여자격소득 160만원		
	근로소득	급여액	총소득	근로소득	급여액	총소득
a	0원	80만원	80만원	e	0원	80만원	80만원
b	10만원	70만원	( )	f	40만원	60만원	100만원
c	40만원	(가)	( )	g	80만원	( )	(나)
d	80만원	( )	( )	h	160만원	( )	( )

주1) 기본급여액은 아무런 소득이 없을 때 지급되는 급여액을 의미함.
주2) 급여감소율은 근로소득이 증가함에 따라 감소되는 급여액의 비율을 의미함.
주3) 급여자격소득이란 급여액이 0이 되는 최저근로소득을 의미함.

― 보기 ―
ㄱ. (가)에 적합한 급여액은 40만원이다.
ㄴ. 제도 A에서 제도 B로 바꿀 경우 기존 제도 수혜자들의 근로의욕이 고취될 수 있다.
ㄷ. (나)에 적합한 총소득은 130만원이다.
ㄹ. 제도 B에서 급여감소율을 25%로 줄이면 급여자격소득은 300만원으로 증가한다.
ㅁ. 제도 A에서는 개인의 근로소득이 80만원 이하일 경우 근로소득의 크기에 관계없이 총소득의 크기는 80만원이다.

① ㄱ, ㄴ, ㄹ, ㅁ   ② ㄱ, ㄴ, ㅁ
③ ㄱ, ㄹ, ㅁ   ④ ㄱ, ㄷ
⑤ ㄴ, ㄹ, ㅁ

해설

제도 A			제도 B		
기본급여액 80만원 급여감소율 100% 급여자격소득 80만원			기본급여액 80만원 급여감소율 50% 급여자격소득 160만원		
	근로소득	급여액	총소득	근로소득	급여액	총소득
a	0원	80만원	80만원	e	0원	80만원	80만원
b	10만원	70만원	(80만원)	f	40만원	60만원	100만원
c	40만원	(40만원)	(80만원)	g	80만원	(40만원)	(120만원)
d	80만원	(0원)	(80만원)	h	160만원	(0원)	(160만원)

ㄱ. (가)에 적합한 급여액은 40만원이다. (O)
ㄴ. 제도 B는 총소득이 올라가서 근로의욕이 고취될 수 있다. (O)
ㄷ. (나)는 120만원이다. (X)
ㄹ. 급여감소율을 25%로 줄이면 급여자격소득은 320만원(80만원 × 4)로 증가 (X)
ㅁ. (O)

정답 20 ②

21. 개별토지 가격은 표준지 가격에 도로접면상태 가중치와 토지용도 가중치를 곱하여 결정된다. 〈표 1〉에서 제시된 토지 A ~ E의 표준지는 모두 중로한면이고 주거용이며 단위면적(1 m²)당 가격이 10만원이다. A ~ E 중 토지가격이 가장 높은 토지와 가장 낮은 토지의 가격 차이는?

〈표 1〉 개별토지 특성

개별토지 \ 특성	면적(m²)	도로접면상태	토지용도
A	10	광대한면	주거용
B	10	광대한면	상업용
C	10	소로한면	상업용
D	20	소로한면	주거용
E	20	맹지	공업용

※ 1) 광대한면 : 폭 25 m 이상의 도로에 한면이 접하고 있는 토지
　 2) 중로한면 : 폭 12 m 이상 25 m 미만의 도로에 한면이 접하고 있는 토지
　 3) 소로한면 : 폭 8 m 이상 12 m 미만의 도로에 한면이 접하고 있는 토지
　 4) 맹지 : 손수레나 경운기의 통행이 불가능한 토지

〈표 2〉 도로접면상태 가중치

표준지 \ 개별토지	광대한면	중로한면	소로한면	맹지
광대한면	1.0	1.0	0.8	0.6
중로한면	1.0	1.0	0.9	0.7
소로한면	1.2	1.1	1.0	0.8
맹지	1.4	1.3	1.2	1.0

※ 예를 들어 표준지의 도로접면상태가 소로한면일 때, 맹지인 개별토지의 가격은 표준지 가격의 0.8배임.

〈표 3〉 토지용도 가중치

표준지 \ 개별토지	주거용	상업용	공업용	전·답	임야
주거용	1.0	1.3	1.0	0.8	0.5
상업용	0.8	1.0	0.8	0.6	0.4
공업용	1.0	1.3	1.0	0.8	0.6
전·답	1.3	1.7	1.3	1.0	0.7
임야	1.9	2.4	1.8	1.4	1.0

※ 예를 들어 표준지의 토지용도가 주거용일 때, 임야인 개별토지의 가격은 표준지 가격의 0.5배임.

① 50만원　② 60만원　③ 70만원
④ 80만원　⑤ 90만원

해설

- 수리계산형

개별토지 \ 특성	면적(m²) × 10	도로접면상태 (표준지 - 중로)	토지용도 (표준지 - 주거용)	계산식
A	10 × 10	광대(× 1)	주거용(× 1)	100 × 1 × 1
B	10 × 10	광대한면(× 1)	상업용(× 1.3)	100 × 1 × 1.3
C	10 × 10	소로한면(× 0.9)	상업용(× 1.3)	100 × 0.9 × 1.3
D	20 × 10	소로한면(× 0.9)	주거용(× 1)	200 × 0.9 × 1
E	20 × 10	맹지(× 0.7)	공업용(× 1)	200 × 0.7 × 1

- 가장 높은 토지(D) = 200 × 0.9 × 1 = 180
　가장 낮은 토지(A) = 100 × 1 × 1 = 100
　→ 180 - 100 = 80

정답 21 ④

22 다음 〈표〉는 화재손해 발생 시 지급 보험금 산정방법과 피보험물건(A ~ E)의 보험금액 및 보험가액을 나타낸 자료이다. 화재로 입은 손해액이 A ~ E 모두 6천만원으로 동일할 때, 지급 보험금이 많은 것부터 순서대로 나열하면?

〈표 1〉 지급 보험금 산정방법

피보험물건 유형	조건	지급 보험금
일반물건, 창고물건, 주택	보험금액 ≥ 보험가액의 80 %	손해액 전액
	보험금액 < 보험가액의 80 %	손해액 × $\dfrac{\text{보험금액}}{\text{보험가액의 80 \%}}$
공장물건, 동산	보험금액 ≥ 보험가액	손해액 전액
	보험금액 < 보험가액	손해액 × $\dfrac{\text{보험금액}}{\text{보험가액}}$

※ 1) 보험금액 : 보험사고가 발생한 때에 보험회사가 피보험자에게 지급해야 하는 금액의 최고한도
2) 보험가액 : 보험사고가 발생한 때에 피보험자에게 발생 가능한 손해액의 최고한도

〈표 2〉 피보험물건의 보험금액 및 보험가액

피보험물건	피보험물건 유형	보험금액	보험가액
A	주택	9천만원	1억원
B	일반물건	6천만원	8천만원
C	창고물건	7천만원	1억원
D	공장물건	9천만원	1억원
E	동산	6천만원	7천만원

① A − B − D − C − E ② A − D − B − E − C
③ B − A − C − D − E ④ B − D − A − C − E
⑤ D − B − A − E − C

해설

피보험물건	피보험물건	보험금
A	주택	손해액 전액
B	일반물건	손해액 × $\dfrac{6}{6.4}$
C	창고물건	손해액 × $\dfrac{7}{8}$
D	공장물건	손해액 × $\dfrac{9}{10}$
E	동산	손해액 × $\dfrac{6}{7}$

정답 22 ①

23 다음 〈표〉와 〈조건〉은 대중교통 환승유형과 환승정책에 관한 자료이다. 신규 환승정책 시행 전과 시행 후를 비교할 때, A ~ E의 환승유형을 연간 총 교통요금 절감액이 큰 순서대로 나열한 것은?

〈표〉 연간 환승유형별 이용건수

(단위 : 천건)

환승유형	환승내용	연간 환승유형 이용건수
A	버스 → 버스	1,650
B	버스 → 지하철	1,700
C	지하철 → 버스	1,150
D	버스 → 버스 → 버스	800
E	버스 → 지하철 → 버스	600

※ 1) '→'는 환승을 의미함.
2) 환승유형 이용 1건은 1명이 이용한 것을 의미함.
3) 연간 환승유형별 이용건수는 신규 환승정책 시행 전과 시행 후가 동일함.

― 조건 ―

○ 모든 승객은 교통카드만 이용하고, 교통카드를 통해서 환승유형(A ~ E)이 확인되었다.
○ 신규 환승정책 시행 전후, 지하철과 버스의 기본요금은 각각 950원이고 기본요금에 대한 요금할인은 없다.
○ 신규 환승정책 시행 전에는 대중교통 수단을 이용할 때마다 각각의 기본요금을 지불하였다.
○ 신규 환승정책 시행 후에는 환승유형 이용 1건당 지불 요금은 다음과 같다.
　－ 최초 탑승시 기본요금
　－ 동일 교통수단으로 환승할 때마다 150원의 환승요금
　－ 다른 교통수단으로 환승할 때마다 200원의 환승요금

① A ― B ― D ― C ― E　② A ― D ― B ― E ― C
③ B ― A ― D ― C ― E　④ D ― A ― B ― E ― C
⑤ D ― B ― A ― C ― E

해설

- 동일 교통수단으로 환승 시 : 건당 800원(= 950 - 150)
- 다른 교통수단으로 환승 시 : 건당 750원(= 950 - 200)

A	버스 → 버스	1,650 × 800
B	버스 → 지하철	1,700 × 750
C	지하철 → 버스	1,150 × 750
D	버스 → 버스 → 버스	800 × 800 × 2
E	버스 → 지하철 → 버스	600 × 750 × 2

ⅰ) E와 C 비교 : E > C (①③⑤번 제거)

ⅱ) A와 D 비교 : A > D (④번 제거)

정답 23 ②

24 다음 〈표〉는 갑 자동차 회사의 TV 광고모델 후보 5명에 대한 자료이다. 〈조건〉을 적용하여 광고모델을 선정할 때, 총 광고효과가 가장 큰 모델은?

〈표〉 광고모델별 1년 계약금 및 광고 1회당 광고효과
(단위 : 만원)

광고모델	1년 계약금	1회당 광고효과	
		수익 증대 효과	브랜드 가치 증대 효과
지후	1,000	100	100
문희	600	60	100
석이	700	60	110
서현	800	50	140
슬이	1,200	110	110

조건
○ 광고효과는 수익 증대 효과와 브랜드 가치 증대 효과로만 구성된다.

총 광고효과 = 1회당 광고효과 × 1년 광고횟수

1회당 광고효과 = 1회당 수익 증대 효과 + 1회당 브랜드 가치 증대 효과

○ 1회당 광고비는 20만원으로 고정되어 있다.

$$1년\ 광고횟수 = \frac{1년\ 광고비}{1회당\ 광고비}$$

○ 1년 광고비는 3,000만원(고정값)에서 1년 계약금을 뺀 금액이다.

1년 광고비 = 3,000만원 − 1년 계약금

※ 광고는 TV를 통해서만 1년 내에 모두 방송됨.

① 지후 ② 문희 ③ 석이
④ 서현 ⑤ 슬이

해설

− 총 광고효과를 구할 필요는 없다. 대소관계만 비교하면 된다. 1회당 광고비는 5명 모두 같으므로 무시한다.

광고모델	1년 광고횟수	1회당 광고효과
지후	~~2000~~ 20	~~200~~ 20
문희	~~2400~~ 24	~~160~~ 16
석이	~~2300~~ 23	~~170~~ 17
서현	~~2200~~ 22	~~190~~ 19
슬이	~~1800~~ 18	~~220~~ 22

− 서현이 22 × 19로 가장 크다.

정답 24 ④

25 다음 〈그림〉과 〈조건〉을 이용하여 도시 사이의 통행량이 가장 많을 것으로 예측되는 구간을 고르면?

〈그림〉 각 도시의 인구수 및 도시 간 거리
(단위 : 만명, km)

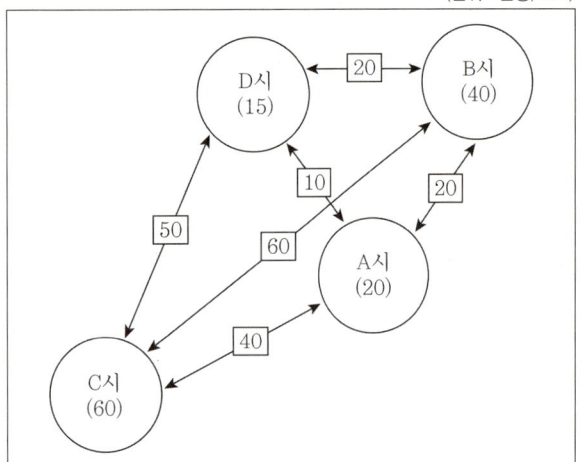

※ 1) 괄호 안은 해당 도시의 인구수, 네모 안은 도시 간 최단거리를 나타냄.
2) 두 도시 간 이동 시 다른 도시를 경유하는 경우는 없음.

― 조건 ―
○ 도시1과 도시2 사이의 통행량 예측치
$= K(\text{도시1} \leftrightarrow \text{도시2}) \times \dfrac{\text{도시1의 인구수} \times \text{도시2의 인구수}}{\text{도시1과 도시2 간 최단거리}}$
○ K(도시1 ↔ 도시2)는 도시1과 도시2 사이의 교통효율성지수이다.
 − K(B ↔ C)는 1이다.
 − K(A ↔ D)는 K(A ↔ B)보다 0.5만큼 더 크다.
 − K(A ↔ C)는 K(A ↔ B)의 2배이고, K(C ↔ D)와는 같다.
 − K(B ↔ C)는 K(B ↔ D)의 2배이고, K(C ↔ D)는 K(B ↔ D)의 6배이다.

① A ↔ B ② A ↔ C ③ B ↔ C
④ B ↔ D ⑤ C ↔ D

해설

- K는 ① A ↔ B : 1.5
  ② A ↔ C : 3
  ③ B ↔ C : 1
  ④ B ↔ D : 0.5
  ⑤ C ↔ D : 3
- 도시의 인구수 및 도시 간 거리도 계산하기 쉽게 숫자를 약분한다.

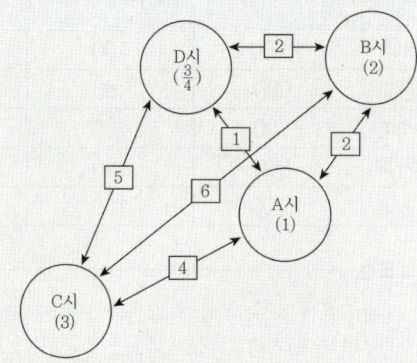

i) K값이 같은 ②, ⑤번이 모두 C를 포함하고 있으므로 C를 포함하고 있는 ③번 까지 한번에 비교. ② vs ③ vs ⑤
  * C는 공통이므로 C의 인구수는 무시한다.(대소비교이므로) = K $\times \dfrac{\text{인구수}}{\text{거리}}$

→ ② A ↔ C = $3 \times \dfrac{1}{4}$ → 제일 크다.
  ③ B ↔ C = $1 \times \dfrac{2}{6}$
  ⑤ C ↔ D = $3 \times \dfrac{3}{4} \times \dfrac{1}{5}$

ii) B가 겹치는 ①④ 비교
  * B는 공통이므로 B의 인구수는 무시한다.
→ ① A ↔ B = $1.5 \times \dfrac{1}{2}$ → 제일 크다.
  ④ B ↔ D = $0.5 \times \dfrac{3}{4} \times \dfrac{1}{2}$

iii) ①② 비교
  * A는 공통이므로 A의 인구수는 무시한다.
  ① $1.5 \times \dfrac{2}{2}$ < ② $3 \times \dfrac{3}{4}$

정답 25 ②

26 다음 〈그림〉과 〈표〉는 어느 연구소의 직원채용절차에 대한 자료이다. 이를 근거로 1일 총 접수건수를 처리하기 위한 각 업무단계별 총 처리비용이 두 번째로 큰 업무단계는?

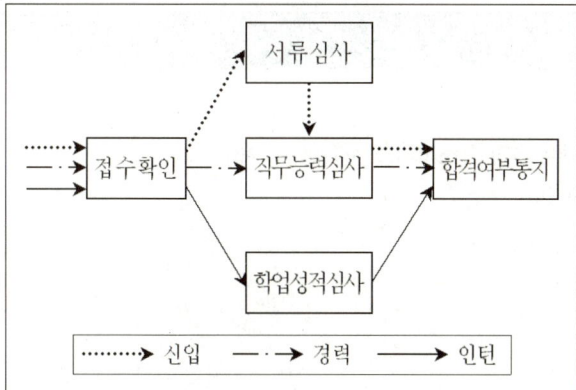

〈그림〉 직원채용절차

〈표 1〉 지원유형별 1일 접수건수

지원유형	접수(건)
신입	20
경력	18
인턴	16

〈표 2〉 업무단계별 1건당 처리비용

업무단계	처리비용(원)
접수확인	500
서류심사	2,000
직무능력심사	1,000
학업성적심사	1,500
합격여부통지	400

※ 1) 직원채용절차에서 중도탈락자는 없음.
   2) 업무단계별 1건당 처리비용은 지원유형에 관계없이 동일함.

① 접수확인 ② 서류심사 ③ 직무능력심사
④ 학업성적심사 ⑤ 합격여부통지

해설

- (접수건수) '신입 + 경력 + 인턴'을 1이라고 하면
  신입 $\frac{1}{3}$↑, 경력 $\frac{1}{3}$, 인턴 $\frac{1}{3}$↓으로 생각

- (1건당 처리비용) 곱셈비교 이므로 500으로 약분이 가능하면 약분

	1건당 처리비용	접수건수	총 처리비용
접수확인	~~500~~ 1	~~20 + 18 + 16~~ 1	1 × 1
서류심사	~~2,000~~ 4	~~20~~ $\frac{1}{3}$↑	4 × $\frac{1}{3}$↑
직무능력심사	~~1,000~~ 2	~~20 + 18~~ $\frac{2}{3}$↑	2 × $\frac{2}{3}$↑
학업성적심사	~~1,500~~ 3	~~16~~ $\frac{1}{3}$↓	3 × $\frac{1}{3}$↓
합격여부통지	~~400~~ 1↓	~~20 + 18 + 16~~ 1	1↓ × 1

- 서류심사와 직무능력심사만 자세히 계산
  4 × 20(서류) > 2 × (20 + 18) (직무)

정답 26 ③

Chapter 3 계산

STEP 1

27 다음 〈그림〉과 〈표〉는 어느 도시의 엥겔계수 및 슈바베계수 추이와 소비지출 현황을 나타낸 것이다. 빈칸 A ~ E에 들어갈 값으로 잘못 짝지어진 것은?

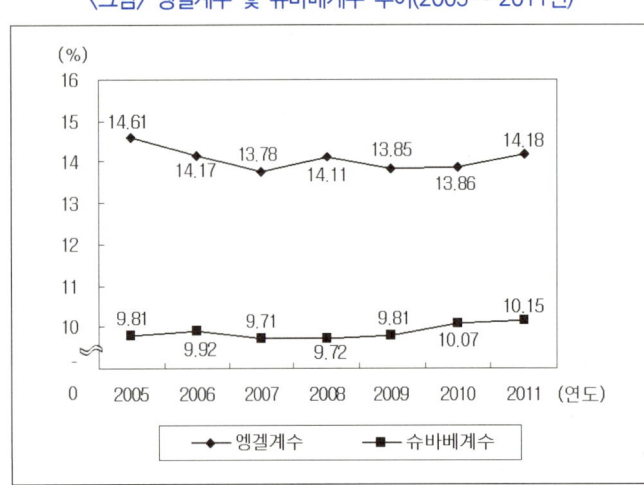

〈그림〉 엥겔계수 및 슈바베계수 추이(2005 ~ 2011년)

〈표〉 연도별 소비지출 현황(2008 ~ 2011년)

(단위 : 억원, %p)

연도 \ 구분	총소비지출	식료품·비주류음료 소비지출	주거·수도·광열 소비지출	계수 차이
2008	100,000	(A)	9,720	4.39
2009	120,000	16,620	(B)	4.04
2010	150,000	20,790	15,105	(C)
2011	(D)	(E)	20,300	4.03

※ 1) 엥겔계수(%) = $\frac{\text{식료품·비주류음료 소비지출}}{\text{총소비지출}} \times 100$

2) 슈바베계수(%) = $\frac{\text{주거·수도·광열 소비지출}}{\text{총소비지출}} \times 100$

3) 계수 차이 = |엥겔계수 − 슈바베계수|

① A : 14,110
② B : 11,772
③ C : 3.79
④ D : 200,000
⑤ E : 27,720

해설

① $\frac{A}{100,000}$ = 14.11%
→ A = 14,110 (O)

② $\frac{B}{120,000}$ = 9.81%
→ B = 11,772 (O)

③ C = 13.86 − 10.07 = 3.79 (O)

④ $\frac{20,300}{D}$ = 10.15%
→ D = 200,000 (O)

⑤ $\frac{E}{D(=200,000)}$ = 14.18%
→ E = 28,360 (×)

정답 27 ⑤

28 다음 〈표〉는 2001 ~ 2006년 한·중·일 3국간 무역관계를 나타낸 것이고 〈그림〉은 2006년 한·중·일 3국의 상호간 무역관계를 나타낸 것이다. (단, 〈표〉와 〈그림〉에 나타나지 않은 타국과의 무역관계는 고려하지 않는다)

〈표〉 한·중·일 3국간 무역관계
(단위 : 억불)

구분 연도	한국		중국		일본	
	수출	수입	수출	수입	수출	수입
2001	797	812	965	1,473	1,307	784
2002	759	786	959	1,457	1,379	854
2003	814	(A)	1,021	1,557	1,421	897
2004	867	890	1,215	1,705	1,456	943
2005	845	865	1,164	1,633	1,478	989
2006	858	870	( )	1,423	(B)	( )

※ 무역수지는 수출에서 수입을 뺀 값으로, 이 값이 양(+)이면 흑자, 음(-)이면 적자임.

〈그림〉 2006년 한·중·일 3국의 상호간 무역관계
(단위 : 억불)

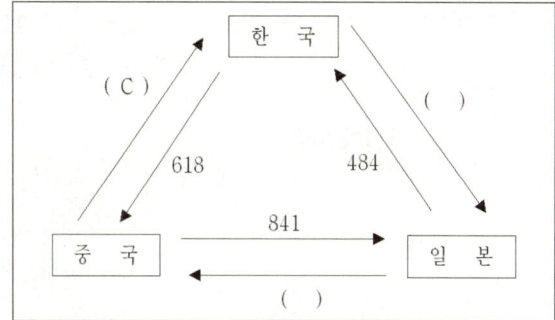

※ 화살표는 수출이 이루어지는 방향을 의미함.

〈표〉와 〈그림〉의 A, B, C에 들어갈 숫자로서 옳은 것을 고르면?

	A	B	C
①	802	1,289	386
②	802	1,489	386
③	802	1,281	492
④	826	1,281	492
⑤	826	1,289	386

해설

i) C + 484 = 한국의 수입(870),
   C = 386

ii) 수출의 합 = 수입의 합,
    814 + 1021 + 1421 = A + 1557 + 897
    → A = 802

iii) 중국의 수입(1423) = 618 + (805)
     B = 805 + 484 = 1289

정답 28 ①

29. 다음 〈표〉는 A카페의 커피 판매정보에 대한 자료이다. 한 잔만을 더 판매하고 영업을 종료한다고 할 때, 총이익이 정확히 64,000원이 되기 위해서 판매해야 하는 메뉴는?

〈표〉 A카페의 커피 판매정보

(단위 : 원, 잔)

구분 메뉴	한 잔 판매가격	현재까지의 판매량	한 잔당 재료(재료비)				
			원두 (200)	우유 (300)	바닐라 시럽 (100)	초코 시럽 (150)	카라멜 시럽 (250)
아메리카노	3,000	5	○	×	×	×	×
카페라떼	3,500	3	○	○	×	×	×
바닐라라떼	4,000	3	○	○	○	×	×
카페모카	4,000	2	○	○	×	○	×
카라멜 마끼아또	4,300	6	○	○	○	×	○

※ 1) 메뉴별 이익 = (메뉴별 판매가격 − 메뉴별 재료비) × 메뉴별 판매량
2) 총이익은 메뉴별 이익의 합이며, 다른 비용은 고려하지 않음.
3) A카페는 5가지 메뉴만을 판매하며, 메뉴별 한 잔 판매가격과 재료비는 변동 없음.
4) ○ : 해당 재료 한 번 사용.
× : 해당 재료 사용하지 않음.

① 아메리카노
② 카페라떼
③ 바닐라라떼
④ 카페모카
⑤ 카라멜마끼아또

해설

한 잔 판매 시 이익은
아메리카노 : 2,800원
카페라떼 : 3,000원
바닐라라떼 : 3,400원
카페모카 : 3,350원
카라멜 마키아또 : 3,450원
총이익 : 2,800 × 5 + 3,000 × 3 + 3,400 × 3 + 3,350 × 3 + 3,450 × 6 = 60,600원으로

총이익이 64,000원이 되기 위해서는 3,400원이 필요하므로 바닐라라떼를 판매해야 한다.

정답 29 ③

30 다음 〈표〉는 2015년과 2016년 '갑' 회사의 강사 A ~ E의 시급과 수강생 만족도에 관한 자료이다. 〈표〉와 〈조건〉에 근거한 설명으로 옳은 것은?

〈표〉 강사의 시급 및 수강생 만족도

(단위 : 원, 점)

강사	연도 구분	2015 시급	2015 수강생 만족도	2016 시급	2016 수강생 만족도
A		50,000	4.6	55,000	4.1
B		45,000	3.5	45,000	4.2
C		52,000	( )	54,600	4.8
D		54,000	4.9	59,400	4.4
E		48,000	3.2	( )	3.5

조건

○ 당해 연도 시급 대비 다음 연도 시급의 인상률은 당해 연도 수강생 만족도에 따라 아래와 같이 결정됨. 단, 강사가 받을 수 있는 시급은 최대 60,000원임.

수강생 만족도	인상률
4.5점 이상	10 % 인상
4.0점 이상 4.5점 미만	5 % 인상
3.0점 이상 4.0점 미만	동결
3.0점 미만	5 % 인하

① 강사 E의 2016년 시급은 45,600원이다.
② 2017년 시급은 강사 D가 강사 C보다 높다.
③ 2016년과 2017년 시급 차이가 가장 큰 강사는 C이다.
④ 강사 C의 2015년 수강생 만족도 점수는 4.5점 이상이다.
⑤ 2017년 강사 A와 강사 B의 시급 차이는 10,000원이다.

해설

① E는 2016년 시급은 동결이다. (×)
② D, C 모두 시급한도 60,000원 초과되어 60,000원만 받는다. (×)
③ C의 증가폭이 5,400원(= 60,000 − 54,600)으로 가장 크다. (○)
④ C의 2016년 시급이 10% 인상되지 않았다. (×)
⑤ 2016년 시급차이가 10,000원이고 A, B 모두 시급이 5% 인상되므로 시급차이도 10,000 × 1.05로 바뀐다. (×)

정답 30 ③

31 〈정보〉와 〈표1〉, 〈표2〉를 바탕으로 A, B, C의 열차운임의 합계를 구하면?

> **정보**
>
> 17일(월) 대구에서 열리는 환경 보존 세미나가 있어 국회 직원들이 기차를 타고 대구에 가게 되었다.
>
> A는 17일 당일 광명역에서 동대구역으로 가는 기차표를 9일전에 예매하였다. B는 17일 당일에 광명역에서 동대구행 기차표를 구매하였다. C는 대구에 있는 친지 방문을 위해서 16일에 서울역에서 동대구역으로 가는 기차표를 전월 30일에 예매하였다. 단, 환경 보존 세미나는 공휴일에 열리지 않는다.

〈표1〉 열차 운임표

→ 역간운임(원)

↓ 역간거리(km)	서울	8,000	12,000	21,000	28,000	30,000	34,000
	22.0	광명	10,000	19,000	27,000	28,000	32,000
	96.0	74.0	천안아산	8,000	16,000	18,000	23,000
	159.8	137.8	63.8	대전	8,000	10,000	15,000
	247.3	225.3	151.3	87.5	김천	8,000	8,000
	270.2	248.2	174.2	110.4	22.9	구미	8,000
	319.8	297.8	223.8	160	72.5	49.6	동대구

〈표2〉 열차 할인율

구분		열차출발일	
		월 ~ 금요일	토·일·공휴일
승차권 구입시기	열차출발 2개월전부터 30일전까지	20%할인	10%할인
	열차출발 29일전부터 15일전까지	15%할인	7%할인
	열차출발 14일전부터 7일전까지	10%할인	4%할인

① 89,700원 ② 90,560원 ③ 91,400원
④ 92,420원 ⑤ 93,970원

해설

- A : 32,000 × 0.9 = 28,800
- B : 32,000
- C : 34,000 × 0.93 = 31,620
- 합계 = 28,800 + 32,000 + 31,620 = 92,420

정답 31 ④

32. 다음 〈표〉는 투자결정기준으로 안정성과 수익성 중 한 가지를 선택한 투자자 수에 대한 자료이다. 2011년과 2012년 투자결정기준이 동일한 투자자 수의 합이 750명이라면, B에 해당하는 값은?

〈표〉 투자결정기준 선택 결과

(단위 : 명)

2011년 \ 2012년	안정성	수익성	합
안정성	(A)	(B)	500
수익성	(C)	(D)	500
계	450	550	1,000

① 100 ② 150 ③ 200
④ 350 ⑤ 400

해설

- A + D = 750, B + C = 250이다.
- A = D = 375, B = C = 125를 기준으로 대입하면, 안정성도 500, 수입성도 500이 된다.
- 안정성에서 수입성으로 50을 보내주면 안정성 450, 수입성 550이 될 수 있다.

50의 절반인 25를 A에서 D로, C에서 B로 보내주면

2011년 \ 2012년	안정성	수익성	합
안정성	(350)	(150)	500
수익성	(100)	(400)	500
계	450	550	1,000

이 되므로 B = 150

정답 32 ②

33 다음 〈표〉는 창호, 영숙, 기오, 준희가 홍콩 여행을 하며 지출한 경비에 관한 자료이다. 지출한 총 경비를 네 명이 동일하게 분담하는 정산을 수행할 때 〈그림〉의 A, B, C에 해당하는 금액을 바르게 나열한 것은?

〈표〉 여행경비 지출 내역

구분	지출자	내역	금액	단위
숙박	창호	호텔비	400,000	원
교통	영숙	왕복 비행기	1,200,000	
기타	기오	간식1	600	홍콩달러
		중식1	700	
		관광지1 입장권	600	
		석식	600	
		관광지2 입장권	1,000	
		간식2	320	
		중식2	180	

※ 환율은 1홍콩달러당 140원으로 일정하다고 가정함.

〈그림〉 여행경비 정산 관계도

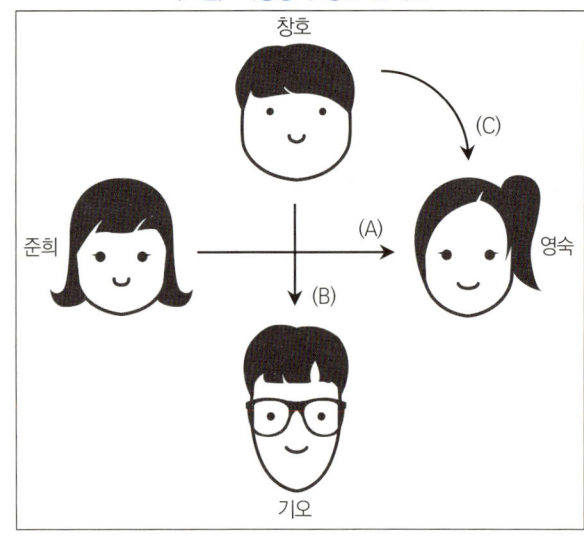

※ 돈은 화살표의 방향으로 각각 1회만 이동함.

	A	B	C
①	540,000원	20,000원	120,000원
②	540,000원	20,000원	160,000원
③	540,000원	40,000원	100,000원
④	300,000원	40,000원	100,000원
⑤	300,000원	20,000원	120,000원

해설

창호는 여행 당시 40만원을 내고 추가로 돈을 더 냈으므로 1인당 경비는 40만원 이상이다.
따라서, 준희가 영숙이에게 준 여행경비 역시 40만원 이상이어야 하므로 보기에서는 ④, ⑤는 제외된다. 따라서 준희가 낸 돈은 54만원이다. 영숙이가 낸 돈 역시 54만원이 되어야 하는데 영숙이는 120만원 − A(= 54만원) − C = 54만원이 되어야 하므로 C = 12만원이 되어야 한다.

정답 33 ①

[34 ~ 35] 어느 기업에서 3명의 지원자(종현, 유호, 은진)에게 5명의 면접위원(A, B, C, D, E)이 평가점수와 순위를 부여하였다. 비율점수법과 순위점수법을 적용한 결과가 〈표〉와 같다.

〈표 1〉 비율점수법 적용 결과

(단위 : 점)

면접위원 지원자	A	B	C	D	E	전체합	중앙3합
종현	7	8	6	6	1	28	19
유호	9	7	6	3	8	( )	( )
은진	5	8	7	2	6	( )	( )

※ 중앙3합은 5명의 면접위원이 부여한 점수 중 최솟값과 최댓값을 제외한 3명의 점수를 합한 값임.

〈표 2〉 순위점수법 적용 결과

(단위 : 순위, 점)

면접위원 지원자	A	B	C	D	E	순위점수합
종현	2	1	2	1	3	11
유호	1	3	3	2	1	( )
은진	3	2	1	3	2	( )

※ 순위점수는 1순위에 3점, 2순위에 2점, 3순위에 1점을 부여함.

34 이에 대한 설명으로 옳은 것은?

① 순위점수합이 가장 큰 지원자는 '종현'이다.
② 비율점수법 중 중앙3합이 가장 큰 지원자는 순위점수합도 가장 크다.
③ 비율점수법 적용 결과에서 평가점수의 전체합과 중앙3합이 큰 값부터 등수를 정하면 지원자의 등수는 각각 같다.
④ 비율점수법 적용 결과에서 평가점수의 전체합이 가장 큰 지원자는 '은진'이다.
⑤ 비율점수법 적용 결과에서 중앙3합이 높은 값부터 등수를 정하면 2등은 '유호'이다.

해설

유호는 10점, 은진은 9점으로 종현이가 가장 높다.

35 유호와 은진의 점수로 옳은 것은?

비율점수법(전체합)		순위점수합	
유호	은진	유호	은진
① 33	28	10	9
② 32	27	10	9
③ 33	28	10	10
④ 34	28	9	11
⑤ 33	27	9	10

해설

비율점수법은 유호 33점, 은진 28점이고 순위점수합은 유호 10점, 은진 9점이다.

정답 34 ① 35 ①

[36~37] 다음 〈표〉는 1901~2010년 동안 A상의 수상 결과와 1981~2010년 동안 분야별 수상자 현황을 나타낸 자료이다. 문제의 표에 대한 조건이 아래와 같을 때 다음 물음에 답하여라.

※ 1) 공동 수상 비율(%) = $\dfrac{\text{공동 수상 횟수}}{\text{전체 수상 횟수}} \times 100$

2) 공동 수상 비율은 소수점 아래 둘째자리에서 반올림한 값임.
3) 모든 수상자는 연도 및 분야에 관계없이 1회만 수상함.

36 1901~2010년 동안 전체 수상자 수는 얼마인가?

〈표 1〉 1901~2010년 분야별 A상의 공동 수상 결과
(단위 : 회)

구분		수상분야			합
		생리·의학상	물리학상	화학상	
전체 수상 횟수		100	100	100	300
공동 수상 횟수	2인 공동 수상	31	29	22	82
	3인 공동 수상	32	28	18	78
	소계	63	57	40	160

	생리·의학상	물리학상	화학상
①	195	180	153
②	191	185	163
③	195	185	158
④	200	190	158
⑤	195	185	148

해설

(생리·의학상) 100 + 63 + 32 = 195
(물리학상) 100 + 57 + 28 = 185
(화학상) 100 + 40 + 18 = 158

정답 36 ③

37 1981 ~ 2010년간 3인 공동수상의 횟수는?

〈표 2〉 1981 ~ 2010년 기간별·분야별 A상의 수상 결과
(단위 : 회, %)

구분 기간	전체 수상 횟수	분야별 공동 수상 횟수				공동 수상 비율
		생리· 의학상	물리학상	화학상	합	
1981 ~ 1990	30	8	8	6	22	73.3
1991 ~ 2000	30	8	8	6	22	73.3
2001 ~ 2010	30	9	10	8	27	90.0

〈표 3〉 1981 ~ 2010년 기간별·분야별 A상의 수상자 현황
(단위 : 명)

구분 기간	분야별 수상자 수			합
	생리·의학상	물리학상	화학상	
1981 ~ 1990	23	23	19	65
1991 ~ 2000	21	22	20	63
2001 ~ 2010	27	29	25	81
계	71	74	64	209

① 45회 ② 46회 ③ 47회
④ 48회 ⑤ 49회

해설

수상횟수(30 + 30 + 30 = 90) + 공동수상횟수(22 + 22 + 27 = 71)
+ 3인 수상횟수 = 209
  3인 수상횟수 = 48

정답 37 ④

STEP 2

38 다음 〈표〉는 견습직원 50명의 판매결과와 제품별 가격에 관한 자료이다. 견습직원 전체의 총 판매액이 1,900만원이고, 한 가지 제품만을 판매한 사원이 17명이라 할 때, C제품을 판매한 견습직원의 수는? (단, 동일 제품을 2개 이상 판매한 견습직원은 없음)

〈표1〉 견습직원 50명의 판매결과

판매액	견습직원 수
0원	2
150,000원	3
200,000원	9
350,000원	( )
500,000원	( )
550,000원	8
700,000원	3

〈표2〉 제품별 가격

제품	가격
A제품	150,000원
B제품	200,000원
C제품	350,000원

① 24명 ② 25명 ③ 26명
④ 27명 ⑤ 28명

해설

판매액	견습직원 수	판매액
0원	2	0
150,000원	3	15만원 × 3
200,000원	9	20만원 × 9
350,000원	(x)	35만원 × x
500,000원	(y)	50만원 × y
550,000원	8	55만원 × 8
700,000원	3	70만원 × 3
합계	25 + x + y = 50 → x + y = 25	875만원 + 35x + 50y = 1900만원 → 35x + 50y = 1025

→ x = 15, y = 10

- x는 A + B와 C가 포함되어 있고 한가지 제품만 판매한 사원이 17명
  → 15만원(3명) + 20만원(9명) + C제품만 = 17
  C제품만 판매한 사원은 5명이다.

- C제품을 판매한 견습직원 수는 35만원 중 C제품만 구매한 사원수, 50만원(35 + 15만원), 55만원(35 + 20만원), 70만원(15 + 20 + 35만원)이다.

- 5 + 10 + 8 + 3 = 26

정답 38 ③

39. 다음 〈표〉는 A, B, C, D 4대의 자동차별 속성과 연료 종류별 가격에 관한 자료이다. 다음 중 옳지 않은 것은?

〈표 1〉 자동차별 속성

특성 자동차	사용연료	최고시속 (km/h)	연비 (km/ℓ)	연료탱크 용량 (ℓ)	신차구입 가격 (만원)
A	휘발유	200	10	60	2,000
B	LPG	160	8	60	1,800
C	경유	150	12	50	2,500
D	휘발유	180	20	45	3,500

〈표 2〉 연료 종류별 가격

연료 종류	리터당 가격(원/ℓ)
휘발유	1,700
LPG	1,000
경유	1,500

※ 1) 자동차의 1년 주행거리는 20,000 km임.
2) 필요경비 = 신차구입가격 + 연료비
3) 이자율은 0 %로 가정하고, 신차구입은 일시불로 함.

① 10년을 운행하면 A자동차의 필요경비가 D자동차의 필요경비보다 적다.
② 연료탱크를 완전히 채웠을 때 추가 주유 없이 가장 긴 거리를 운행할 수 있는 것은 D자동차이다.
③ B자동차로 500 km를 운행하기 위해서는 운행중간에 적어도 한번 주유를 하여야 한다.
④ 동일한 거리를 운행하는데 연료비가 가장 많이 드는 차는 A자동차이다.
⑤ 자동차 구입 시점부터 처음 1년 동안의 필요경비가 가장 적은 차량은 B자동차이고 가장 많은 차는 D자동차이다.

해설

① 2000만원 + 20000 × 0.17만원 × $\frac{1}{10}$ × 10년 > 3500만원 + 20000 × 0.17만원 × $\frac{1}{20}$ × 10년 (×)

② '연비 × 연료탱크용량'가 D가 가장 크다. (○)

③ B는 연비(8) × 연료탱크용량(60) = 480km까지 운행 가능 (○)

④ '리터당 가격 × $\frac{1}{연비}$'가 A가 가장 크다. (○)

⑤ A. 2000만원 + 20000 × 0.17만원 × $\frac{1}{10}$ = 2340만원

B. 1800만원 + 20000 × 0.1만원 × $\frac{1}{8}$ = 2050만원

C. 2500만원 + 20000 × 0.15만원 × $\frac{1}{12}$ = 2750만원

D. 3500만원 + 20000 × 0.17만원 × $\frac{1}{20}$ = 3670만원 (○)

정답 39 ①

40 다음 〈표〉는 A국과 B국의 출산휴가 및 육아휴가 최대 기간과 임금대체율이다. 정상 주급 60만원을 받는 두 나라 여성이 각각 1월 1일(월요일)부터 출산휴가와 육아휴가를 최대한 사용할 경우, 첫 52주의 기간에 대하여 두 여성이 받게 되는 총임금의 차이는?

〈표〉 출산휴가 및 육아휴가 최대 기간과 임금대체율
(단위 : 주, %)

구분	출산휴가		육아휴가	
	최대 기간	임금대체율	최대 기간	임금대체율
A국	15	100.0	52	80.0
B국	15	60.0	35	50.0

※ 1) 임금대체율(%) = $\frac{휴가\ 기간의\ 주급}{정상\ 주급} \times 100$

2) 육아휴가는 출산휴가 후 연이어 사용하며, 육아휴가를 사용한 후에는 바로 업무에 복귀하여 정상 주급을 받음.

① 900만원 초과 1,000만원 이하
② 1,000만원 초과 1,100만원 이하
③ 1,100만원 초과 1,200만원 이하
④ 1,200만원 초과 1,300만원 이하
⑤ 1,300만원 초과 1,400만원 이하

해설

- A, B국이 더 많이 받는 것만 표시한다.

	1~15주 (15주간)	16~50주 (35주간)	51~52주 (2주간)
A	~~100%~~ 40%	~~80%~~ 30%	80%
B	~~60%~~	~~50%~~	~~100%~~ 20%
A기준으로 정리	40% × 15 = 600%	30% × 35 = 1050%	-20% × 2 = -40%

60만원 × (600% + 1050% − 40%) = 60만원 × 1610% < 1000만원

정답 40 ①

41 〈품목별 가격과 칼로리〉와 〈오늘의 행사〉에 따라 물건을 구입하려고 한다. 10,000원의 예산 내에서 구입하려고 할 때, 다음 중 칼로리의 합이 가장 높은 조합은?

〈품목별 가격과 칼로리〉

품목	피자	돈가스	도넛	콜라	아이스크림
가격(원/개)	2,500	4,000	1,000	500	2,000
칼로리(kcal/개)	600	650	250	150	350

〈오늘의 행사〉
1. 피자 두 개 한 묶음을 사면 콜라 한 캔이 덤으로!
2. 돈가스 두 개 한 묶음을 사면 돈가스 하나가 덤으로!
3. 아이스크림 두 개 한 묶음을 사면 아이스크림 하나가 덤으로!

단, 물량 제한으로 1 ~ 3의 행사는 한 품목당 한 묶음까지만 적용됩니다.

① 피자 2개, 아이스크림 2개, 도넛 1개
② 돈가스 2개, 피자 1개, 콜라 1개
③ 아이스크림 2개, 도넛 6개
④ 돈가스 2개, 도넛 2개
⑤ 피자 4개

해설
① 1350 + 1050 + 250 = 2650
② 10000원 초과
③ 1050 + 1500 = 2550
④ 1950 + 500 = 2450
⑤ 1350 + 1200 = 2550

정답 41 ①

42 다음 〈표〉는 A회사의 직급별 1인당 해외 여비지급 기준액과 해외 출장계획을 나타낸 자료이다. 이에 대한 〈보기〉의 설명 중 옳지 않은 것만을 모두 고르면?

〈표 1〉 직급별 1인당 해외 여비지급 기준액

직급	숙박비($/박)	일비($/일)
부장 이상	80	90
과장 이하	40	70

〈표 2〉 해외 출장계획

구분	내용
출장팀	부장 2인, 과장 3인
출장기간	3박 4일
예산한도	$4,000

※ 1) 해외 출장비 = 숙박비 + 일비 + 항공비
　 2) 출장기간이 3박 4일이면 숙박비는 3박, 일비는 4일을 기준으로 지급함.
　 3) 항공비는 직급에 관계없이 왕복기준 1인당 $200을 지급함.

― 보기 ―

ㄱ. 1인당 항공비를 50% 더 지급하면 출장팀의 해외 출장비는 예산한도를 초과한다.
ㄴ. 직급별 1인당 일비 기준액을 $10씩 증액하면 출장팀의 해외 출장비가 $200 늘어난다.
ㄷ. 출장기간을 4박 5일로 늘려도 출장팀의 해외 출장비는 예산한도를 초과하지 않는다.
ㄹ. 부장 이상 1인당 숙박비, 일비 기준액을 각 $10씩 줄이면, 부장 1명을 출장팀에 추가해도 출장팀의 해외 출장비는 예산한도를 초과하지 않는다.

① ㄱ, ㄷ　　② ㄱ, ㄹ　　③ ㄴ, ㄷ
④ ㄴ, ㄹ　　⑤ ㄱ, ㄷ, ㄹ

해설

- 일반적으로 일비(식비)는 숙박비 +1일이다. 이 문제에서는 3박 4일이므로 (숙박비 + 일비) × 3 + 일비의 개념으로 이해한다.

	3박(× 3)	4일(3 + 1)	숙박비 + 일비	항공료
부장 이상	(80 + 90) × 3	+90	600	200
과장 이하	(40 + 70) × 3	+70	400	200

☞ 여행이 하루 늘어나면 숙박, 일비 모두 1일 증가하므로 '숙박비 + 일비'만큼 늘어난다. 항공료는 직급마다 차이가 없고 여행일수와 상관없으니 따로 생각한다.

- 예산한도가 나오면 예산한도 초과여부가 주요문제가 된다.
  → (현재예산) 800 × 2(부장) + 600 × 3(과장) = 3400(예산에 600 여유 있다.)

ㄱ. (조건) 항공료 50% 추가되면 100 × 5 = 500 (×)

ㄴ. (조건) 일비는 1인당 4번($40) 받으므로 5명은 $40 × 5 = $200 증액 (O)

ㄷ. 숙박비, 일비 모두 1일 추가 : 170 × 2(부장) + 110 × 3(과장) > 600
  → 예산한도 초과 (×)

ㄹ. 부장 1명 추가되면 $800 추가.
  숙박비, 일비는 1인당 7번(= 3 + 4) 받으므로 $70씩 줄어든다. 추가된 1인까지 $70 × 3 = $210감소
  → $800 - $210 = $590 늘어나서 예산한도 내에 있다. (O)

정답 42 ①

[43 ~ 44] 다음은 A국의 세율 체계에 관한 자료이다. 아래 물음에 답하시오.

> A국에서는 가구주만 소득이 있는 경우와 가구주와 배우자 모두 소득이 있는 경우 적용되는 세율 체계가 다르다. 부부 중 가구주만 소득이 있는 경우에는 〈표 1〉과 같이 소득수준이 증가함에 따라 더 높은 소득세율을 적용하는 단일누진세율방식을 택하고 있다. 한편, 가구주와 배우자 모두 소득이 있는 경우에는 〈표 2〉와 같이 15,000달러와 60,000달러를 기준으로 그 범위 내에 속하는 소득에 대해 각각 다른 소득세율을 부과하는 한계소득세율방식을 적용한다.

〈표 1〉 단일누진세율 체계

(단위 : 달러, %)

소득수준	소득세율	납세액
0 ~ 15,000	10	소득액 × 0.1
15,000 초과 ~ 60,000	15	소득액 × 0.15
60,000 초과	25	소득액 × 0.25

〈표 2〉 한계소득세율 체계 및 적용례(부부합산소득이 100,000달러인 경우)

(단위 : 달러, %)

소득구간	과세대상소득	소득세율	납세액
0 ~ 15,000	15,000	10	1,500
15,000 초과 ~ 60,000	45,000	15	6,750
60,000 초과	40,000	25	10,000
총 납세액			18,250

43 소득수준에 따른 세율 체계가 위 〈표〉와 같을 때, 다음 〈보기〉의 설명 중 옳지 않은 것을 모두 고르면?

> **보기**
> ㄱ. 가구주만 60,000달러를 버는 경우 내야 할 세금은 8,250달러이다.
> ㄴ. 가구주만 50,000달러를 버는 경우보다 맞벌이 부부가 45,000달러를 버는 경우 납세 후 남은 소득이 더 많다.
> ㄷ. 부부합산소득이 15,000달러 이하일 때는 단일누진세율 체계를 적용하더라도 내야 할 세금은 변화가 없다.
> ㄹ. 부부합산소득이 160,000달러인 맞벌이 가구의 경우 내야 할 세금은 36,500달러이다.
> ㅁ. 부부합산소득이 100,000달러인 맞벌이 가구는 가구주 혼자 100,000달러를 버는 경우보다 세금을 6,750달러 적게 낸다.

① ㄱ, ㄴ, ㄷ ② ㄱ, ㄴ, ㄹ ③ ㄱ, ㄹ, ㅁ
④ ㄴ, ㄹ, ㅁ ⑤ ㄷ, ㄹ, ㅁ

해설

- 수리계산형

ㄱ. 60,000 × 15% ≠ 8,250 (×)

ㄴ. 50,000 × 85%(가구주만) > 45,000 - (1,500 + 4,500) (맞벌이) (×)

ㄷ. 15,000 이하는 표1, 2 모두 소득세율이 10%로 같다. (O)

ㄹ. (표 2) 1,500 + 6,750 + 100,000 × 25% ≠ 36,500 (×)

ㅁ. (가구주만)
100,000 × 25% = 25,000
(맞벌이)
1,500 + 6,750 + 10,000 = 18,250
→ 25,000 - 18,250 = 6,750 (O)

정답 43 ②

44 가구주와 배우자가 모두 소득이 있을 때, 부부합산소득액에 따른 납세액의 변화를 소득액 120,000달러까지 바르게 나타낸 것은?

①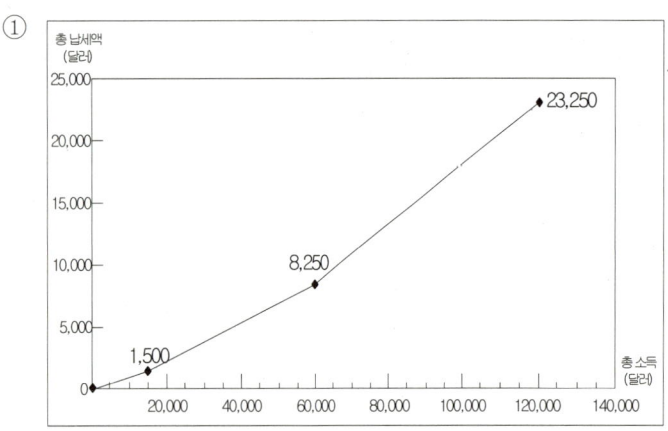

②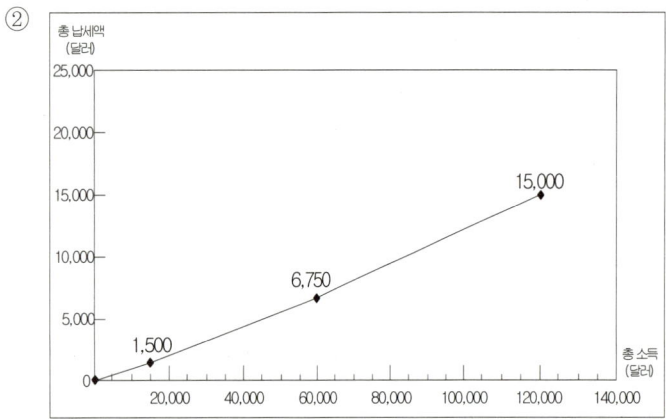

③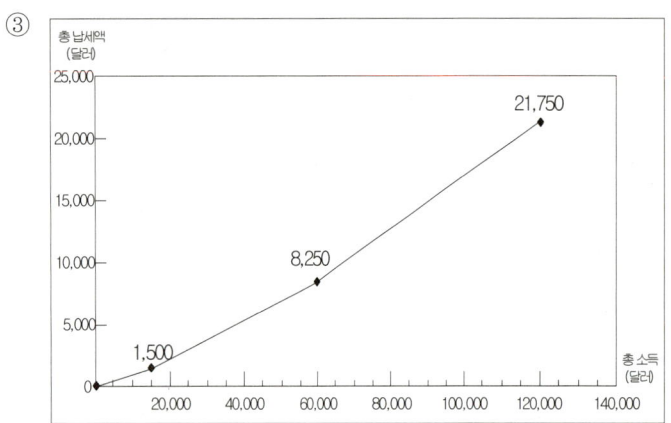

해설

(맞벌이)

60,000일 때,
1,500 + 6,750 = 8,250

120,000일 때,
1,500 + 6,750 + 60,000 × 25% = 23,250

④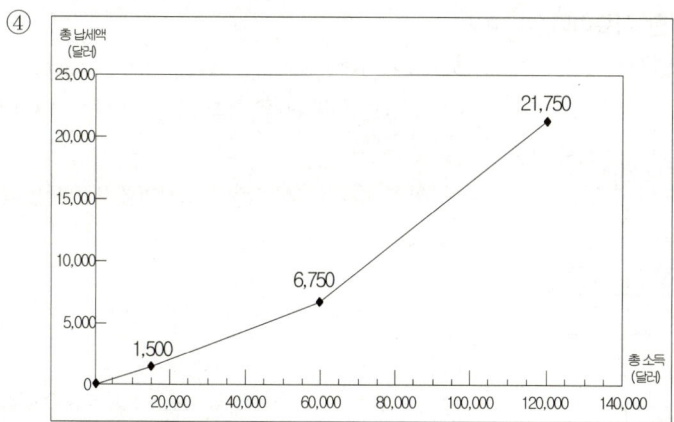

⑤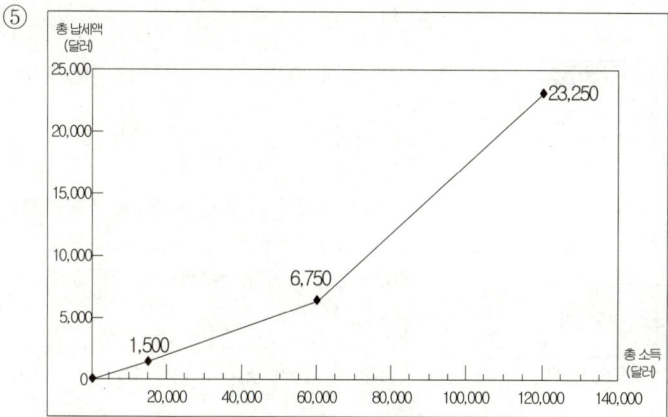

정답 44 ①

Chapter 3. 계산 **629**

45 다음 〈표〉는 A사의 주택용전력 요금제도에 관한 자료이다. 〈보기〉의 설명 중 옳지 않은 것을 모두 고르면?

〈표 1〉 주택용전력 요금제도

구분	전력 사용량	기본요금 (원/가구)		사용량요금 (원/kWh)	
		단독주택	공동주택	단독주택	공동주택
1단계	150 kWh 이하	400	300	60	50
2단계	150 kWh 초과 300 kWh 이하	600	450	90	75
3단계	300 kWh 초과	1,200	900	180	150

〈표 2〉 전기요금 복지할인제도

구분	대상	할인율
장애인	장애인 복지법에 의한 1~3급 장애인	20%
국가유공자	국가유공자 등 예우 및 지원에 관한 법률에 의한 1~3급 상이자	30%
독립유공자	독립유공자 예우에 관한 법률에 의한 독립유공자 및 그 유족 또는 가족	40%
기초생활수급자	국민기초생활보장법에 의한 수급자	20%

※ 1) 할인제도는 요건을 충족할 경우 자동 적용되며, 여러 할인제도의 요건에 해당할 경우 할인율이 가장 높은 하나만 적용됨.
   2) 전기요금은 기본요금과 사용량 요금의 합으로, 누진제가 적용됨. 예를 들어, 할인혜택을 받지 못하는 공동주택에 거주하는 가구가 250 kWh를 사용할 경우 기본요금은 1단계 및 2단계 기본요금의 합(300원 + 450원)이며, 사용량 요금은 1단계 사용량 요금(150 kWh × 50원/kWh)과 2단계 사용량 요금(100 kWh × 75원/kWh)의 합임.
   3) 할인율은 요금제도에 따라 계산한 전기요금에 적용함.

보기

ㄱ. 전력 사용량이 400 kWh인 경우, 공동주택에 거주하는 기초생활수급자 가구의 전기요금은 3만원 이하이다.
ㄴ. 전력 사용량이 150 kWh 이하인 경우, 공동주택에 거주하며 할인혜택을 받지 못하는 가구는 단독주택에 거주하며 장애인 할인혜택을 받는 가구보다 전기요금이 더 많다. (단, 두 가구의 전력사용량은 동일하다)
ㄷ. 단독주택에 거주하며 국가유공자 할인혜택을 받는 5인 가구의 1인당 전력 사용량이 100 kWh인 경우, 전기요금은 4만원 이상이다.

① ㄱ   ② ㄴ   ③ ㄷ
④ ㄱ, ㄴ   ⑤ ㄴ, ㄷ

해설

ㄱ. 요금구간이 150kWh단위로 구분이 되므로 150으로 묶어낸다.
  ⅰ) 계산한 요금이 A라면 기초생활수급자 할인 적용시 A × 0.8 ≤ 3만원
    $A \leq 150 \times 200 \times \frac{5}{4} = 150 \times 250$
  ⅱ) A = (300 + 450 + 900) + (50 × 150 + 75 × 150 + 150 × 100)
    = 150 × (2 + 3 + 6 + 50 + 75 + 100) ≤ 150 × 250 (○)

ㄴ. x kWh 사용시
  ⅰ) 단독주택 & 할인 : (400 + 60x) × 0.8 = 320 + 48x
  ⅱ) 공동주택 : 300 + 50x
  → 중간에 역전된다. (×)

ㄷ. ⅰ) 계산한 요금이 A라면 국가유공자 할인 적용시 A × 0.7 ≥ 4만원
    $A \geq \frac{4만원}{0.7} ≒ 150 \times 400↓$
  ⅱ) A = (400 + 600 + 1200) + (60 × 150 + 90 × 150 + 180 × 200)
    * 400 + 600 + 1200 = 1500↑, 180 × 200 = 180 × 150 × $\frac{4}{3}$ = 150 × 240
    = 150 × (60 + 90 + 240 + 10↑) = 150 × 400↑
    (○)

정답 45 ②

MEMO

빠꼼이 NCS 기본서

I NCS 이론
II NCS 대표예제

Part 5

모듈형

빠꼼이 NCS 기본서

Chapter 0	모듈형이란?
Chapter 1	의사소통능력
Chapter 2	문제해결능력
Chapter 3	자기개발능력
Chapter 4	자원관리능력
Chapter 5	대인관계능력
Chapter 6	조직이해능력
Chapter 7	직업윤리

Part 5

모듈형

I. NCS 이론

Chapter 0. 모듈형이란?

1 두 개의 자료

NCS 도입 시 인적성 필기시험에 해당하는 '직업기초능력평가'에 대하여 설명하기 위해 '한국산업인력공단'에서 크게 두 가지 자료를 배포하였다.

1) '직업기초능력 가이드북' – 이론서 or 개념서

2) '기초 인지능력 모듈' – 대표예제

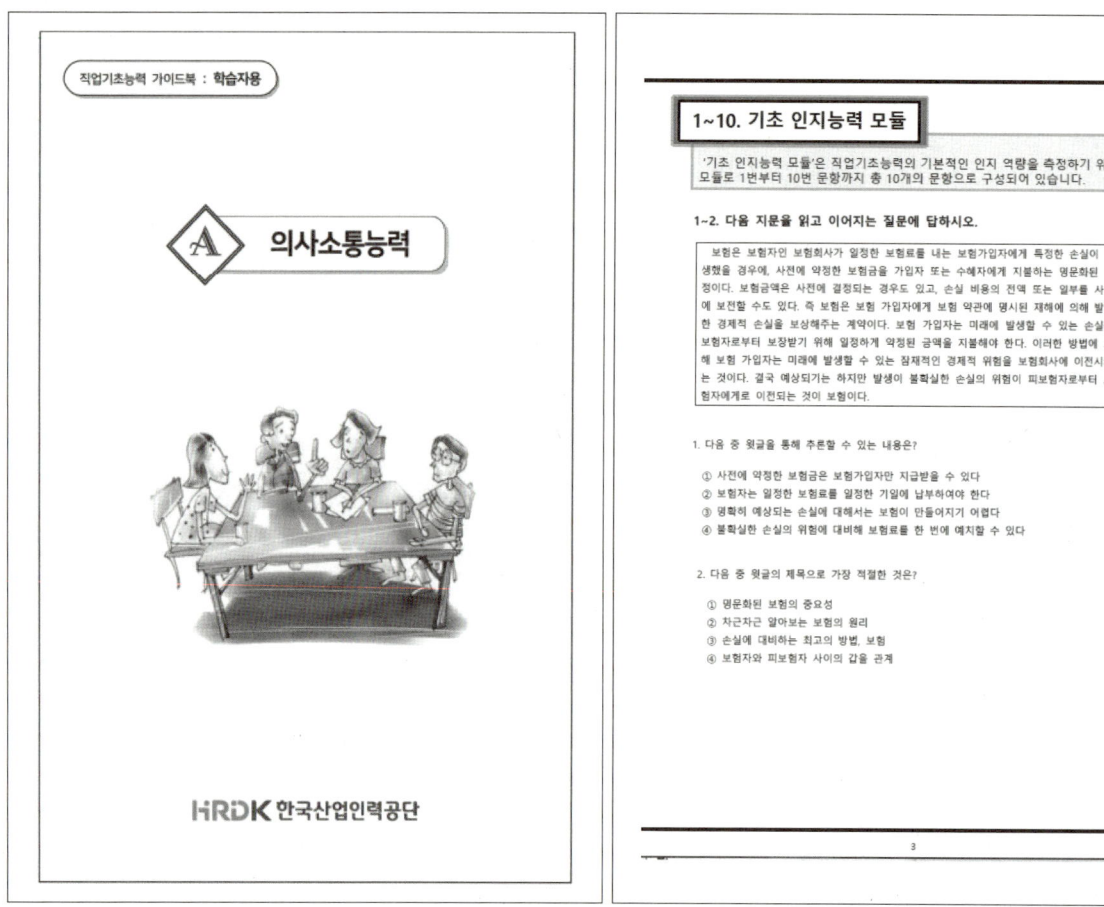

현재까지도 두 자료에 기반하여 NCS시험(직업기초능력평가)이 출제(빠꼼이인적성 학습자료실 다운로드 가능)

이 중 이론서에 해당하는 '직업기초능력 가이드북'이 중심이 되어 출제되는 형태를 '모듈형'이라고 부르고 있다.

2 출제 경향 : 모듈형 대세론

1) **기존에도 모듈형은 꾸준히 출제되었음.**

   공기업의 수만큼 많은 NCS시험의 수, 가변성을 지닌 출제경향
   → 전수조사는 불가능하여 수치화하기 어렵지만 기본적으로는 모듈형이 중심은 아님.

   한국전력공사, 수자원공사, 코레일 등을 비롯하여 채용규모가 상대적으로 큰 기업의 NCS시험의 경우 모듈형으로 출제되지 않았다.
   서울교통공사, 산업인력공단, 인천항만공사 외 다수 모듈형 출제

   19년 하반기 두차례 채용을 하였던 서울교통공사를 비롯, 채용규모가 큰 채용에서 모듈형 출제로 인하여 이전에 비해 상대적으로 관심도가 높아졌으나 기존에도 모듈형은 출제되고 있었으며 출제대행기관의 교체나 기업의 채용기준의 변화는 언제든 있을 수 있기 때문에 앞으로 모듈형이 강화된다거나 대세가 된다고 확정지어 단언하기는 어렵다.

2) **모듈형 출제 경향은 높아질 가능성이 충분히 있다.**

   그럼에도 불구하고 2020년도부터 전공시험이 강화되고 이에 따라 NCS만 보던 시험에서 NCS와 전공을 함께 보게 되는 시험으로 변화하는 경우 전공시험과 공존하는 시험으로는 모듈형이 적합하다는 판단을 할 가능성이 있다고 보는 시각이 있다.

   또 PSAT형 NCS 시험의 높은 난이도로 인하여 수험생의 부담과 출제기관의 문제구성의 어려움과 비용을 고려한다면 이에 대한 보완책으로 모듈형시험이 검토되는 방향성 역시 있을 수 있다.

3 모듈형과 출제영역의 관계

1) **PSAT형 시험의 영역 구성(모듈형 X)**

   일반적인 출제 영역은 '의사소통능력', '수리능력', '문제해결능력'의 중심으로 '자원관리능력', '조직이해능력', '정보능력', '기술능력'에서 0개 ~ 2개 정도를 추가하여 구성한다.

중심(3개)	+	추가(0~2개)	=	출제영역 개수
의사소통능력 수리능력 문제해결능력	+	자원관리능력 조직이해능력 정보능력 기술능력	=	3~5개 영역

   코레일이나 건강보험공단과 같이 3개영역을 출제하는 경우는 '의사소통능력', '수리능력', '문제해결능력'이 출제

   수자원공사는 위 3개 영역에 '자원관리능력'이 더해져 4개 영역

   한국전력공사는 위 3개영역에 직렬에 따라 '자원관리능력', '정보능력', '기술능력' 중 2개 영역을 추가하여 총 5개 영역을 출제.

2) 모듈형으로 출제되는 시험의 영역 구성

'자기개발능력', '대인관계능력', '직업윤리'의 경우 채용공고에 출제영역으로 공지된다면 이때 해당 영역은 모두 모듈형으로 출제된다.

'자기개발능력', '대인관계능력', '직업윤리'의 경우 대표예제에 해당하는 문제가 없기 때문에 출제된다면 '직업기초능력 모듈프로그램' 즉 이론서를 기반으로 출제할 수밖에 없다.

10개영역이 모두 출제되지 않더라도 위 3개 모듈형 영역에서 한 개 영역이라도 포함된다면 나머지 영역에서도 모듈형으로 출제 되는 경우가 많다.

18년도 주택도시보증공사(HUG)의 경우
'의사소통능력', '수리능력', '문제해결능력', '조직이해능력', '대인관계능력' 이 8문항씩 출제
'대인관계능력'은 당연히 모듈형으로 출제, 타 영역 역시 모듈형으로 출제 되었다.

3) 영역별 모듈형의 특징

의사소통능력 – 독해나 문서이해 등의 일반적인 문제와 모듈형이 섞이는 경우.
　　　　　　 – 전부 모듈형으로 나오는 경우 공존.
수리능력　　 – 모듈형의 개념이 없다. 응용수리, 수추리, 자료해석으로 출제.
문제해결능력 – 대표예제의 문제 및 쉬운 언어추리 한문제가 함께 나올 수 있음.
자원관리능력 – 문제해결과 마찬가지로 대표예제와 함께 나오는 경우가 있음.
조직이해능력 – 모듈형으로 출제되는 경우 이론서 밖에서 경영전공 문제 출제되는 경우 다수.
정보능력　　 – 엑셀 함수, 컴활 문제 출제(이론서 등장), 코딩문제(대표예제)
기술능력　　 – 이론서에서 출제
자기개발능력 – 이론서에서 출제
대인관계능력 – 이론서에서 출제
직업윤리　　 – 이론서에서 출제

4 출제 대행사와의 관계

NCS 필기시험을 실제로 출제하는 출제 대행사가 어느 곳이냐에 따라 NCS시험에 주는 영향은 매우 크며 이는 비단 모듈형에 국한되지 않는다.

한 개의 회사 시험이라도 중간에 출제대행사가 바뀌면 시험에 필연적으로 큰 변화가 생긴다.
한국전력공사의 경우 18년도 상반기와 하반기 사이에 한번, 19년도 상반기와 중/하반기 사이에 한번 출제대행사가 변경되었으며 문제수나 시간, 출제영역 등 시험의 큰 틀은 변화가 없었지만 응시자가 체감하기에 큰 변화가 있으며 이는 현재도 그렇다.

따라서 모듈형을 주로 출제하는 대행사가 출제하게 되는 경우 시험이 모듈형으로 출제된다고 생각하는 것은 자연스러운 일이다. 그런데 아래 20년 상반기 코레일 NCS 시험 예시를 보면 반드시 출제대행사와 모듈형 출제여부가 일치하는 것은 아니다. 당시 코레일은 17년도부터 계속 PSAT형으로 출제되고 있었으나 기존 출제대행사가 아닌 모듈형을 출제하는 것으로 알려진 대행사로 변경되었고 이때 시험이 모듈형으로 변경되는 것이 아니냐는 의견들이 있었다.

코레일 20년도 상반기 모듈형 출제 경향성

1) 모듈형으로 출제 가능성
   - 전공 도입, NCS 50문항 → 25문항
   - 출제기관 변경 : 서울교통공사(모듈형)과 같은 출제 기관

2) 모듈형으로 출제되지 않을 가능성

   3개 영역 출제 : 모듈형이 아니거나 모듈형이 출제되더라도 소수일 가능성이 높음.
   - 의사소통능력 : 기존 독해 비중이 매우 높았음, 서교공에서도 독해문제 출제됨.
   - 수리능력 : 모듈형의 개념이 없음.
   - 문제해결능력 : 기존 언어추리 비중이 높은 편, 서교공에서도 언어추리 문제 출제됨.

3) 모듈형으로 변경된다면
   - 모듈형 대세론 강화
   - 모듈형 출제 여부에서 출제기관 중요도 확대

결론적으로는 당시 20년 상반기 코레일 시험은 기존대로 PSAT형으로 출제 되었다. 즉, 대행사가 변경되더라도 우선적으로는 공기업에서 요구하는 형태의 시험이 출제되는 것이 기본적인 방향이므로 대행사가 모듈형 여부를 결정짓는 가장 중요한 요소는 아님을 인지하여야 한다.

5 경쟁력 있는 모듈형 공부

1) 기존 모듈형 공부를 하지 않은 이유

- 출제가 되지 않는다.
- 공부 안 해도 맞출 수 있다.
  (상식 수준 / 보기만 봐도 알 수 있음)
- 양이 너무 많다. 비효율적이다.
  (비효율적 / 경쟁력)
- 모듈형 내용에서 출제되지 않는다.
  (경영 전공 문제? / 비어 있는 공부, 교수자용)

> **예제** 국제표준화기구(ISO)에서 개발한 '기업의 사회적 책임'의 세계적인 표준은 무엇인가? <서교공 19년 하반기 1차>
> ① ISO 9001   ② ISO 14001   ③ ISO 16949   ④ ISO 22000   ⑤ ISO 26000

2) 경쟁력 있는 모듈형 공부

기본은 산업인력공단에서 배포된 이론서(직업기초능력 가이드북)가 원본이다.
출력 및 제본을 통하여 직접적인 이론서 공부가 필요하다.

시중의 문제집에는 요약된 내용이 있으며 이 부분은 어느 문제집이나 대동소이하다.
문제집의 역할은 복습 및 문제풀이를 통해 실전에 적용하는 연습이다. 따라서 순서는 '가이드북'을 먼저 공부하는 것을 권한다.

'가이드북'은 '학습자용'과 '교수자용'이 있으며 '교수자용'은 '학습자용'에는 없는 '사례'들이 있다. 이 부분에서 문제가 출제되는 경우가 있으므로 교수자용의 사례 역시 공부가 필요하다.

`ex`

서교공하반기1차에서 '패스트패션' 지문의 경우 학습자용에는 없고 교수자용 자료에 있는 내용으로 교수자용의 패스트패션 사례를 전혀 읽지 않고 문제를 풀어도 충분히 풀 수 있었겠으나 만약 패스트패션을 읽어보고 해당 내용이 어느 부분에서 등장하는 사례인지 알았다면 정답률을 높이거나 문제 푸는 데 도움이 되었을 것.

교수자용 53p 칼럼 <유행에 민감한 패스트 패션, 한두번 입고 버리는 풍조 확산>
단원 : 자원낭비의 원인 찾기
내용 : 환경오염의 원인으로 우려함.

6 가이드북 공부

1) 가이드북 구성

- 목차(구조파악, 다 회독 시 중요 포인트 정리)

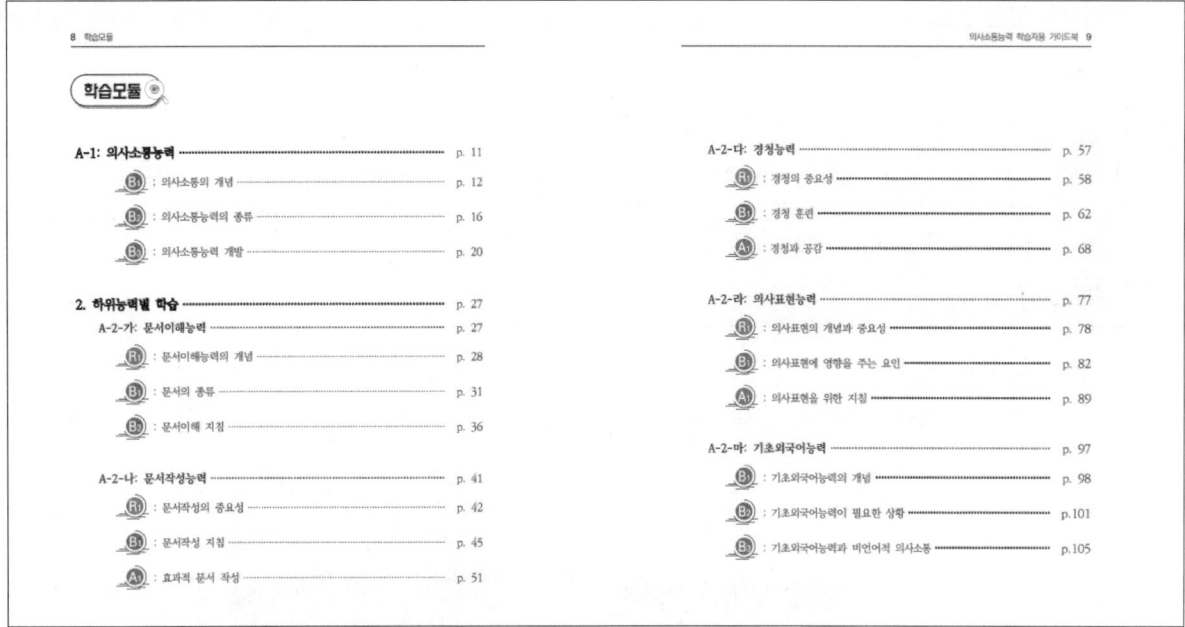

- 목표(일반목표 / 세부목표 / 주요용어)

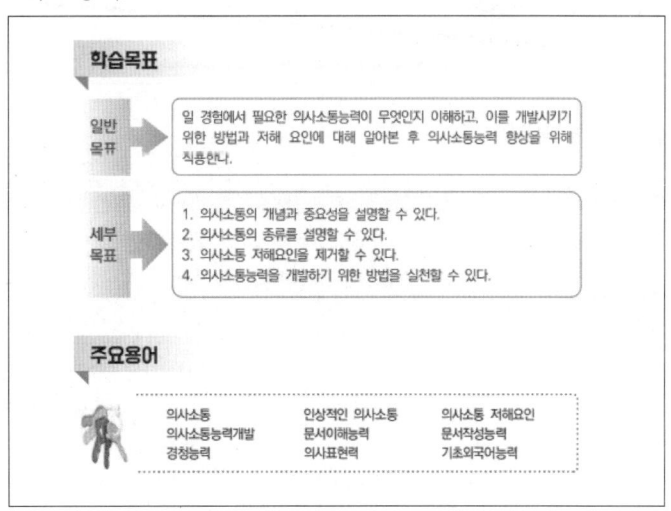

- 사례(해당 사례가 어느 영역 어느 파트에서 위치하는지 기억하는 것이 중요)
- 내용
- 요약(내용과 비교 검토)
- 문제(생각보다 많은 양의 문제가 있다. 학습내용 확인하기)

2) 비판적 독해

 예시문항 A가 경영기획실은 고객이 기차의 예매를 손쉽고 빠르게 할 수 있도록 앱을 개발하여 보급하였다. 이렇게 함으로써 고객 업무에 소요되는 시간을 단축시키게 되었다. 이와 같이 시간자원을 효율적으로 관리함으로써 얻을 수 있는 효과로 가장 적절하지 못한 것은?　　　　　　　　　　　　　　　　　　　　　　서교공 19년도 1차 시험 / 자원관리능력

① 위험감소　　② 가격인상　　③ 생산성 향상　　④ 시장 점유율 증가　　⑤ 근로자 감소

해설
해당문제는 시험 직후 논란이 있었다. 문제의 보기구성을 보았을 때 출제자는 모듈 이론서의 아래 내용에서 출제하였다고 볼 수 있다. 논란 여부와 관계없이 응시자가 득점을 하기 위해서는 해당 내용을 판단 근거로 하는 것이 적절하여 보인다. 당시 논란이 있던 내용까지 참조해보면 이론서 공부 시 단순 암기가 아닌 내용에 대한 비판적 독해가 필요하다고 생각한다.

정답 ⑤

모듈 자원관리능력 34p
기업의 입장에서 시간의 단축으로 인해 볼 수 있는 효과는 다음 그림과 같다.

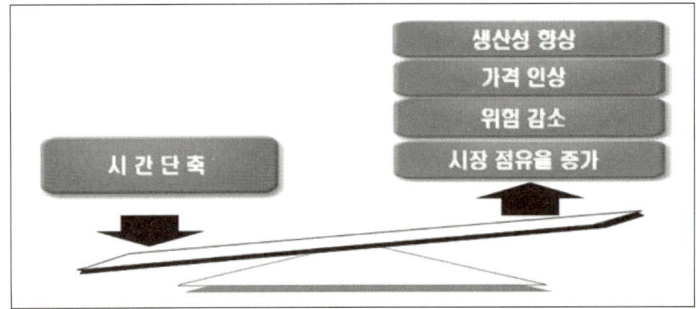

(참조) 당시 해당문제에 대한 기사내용

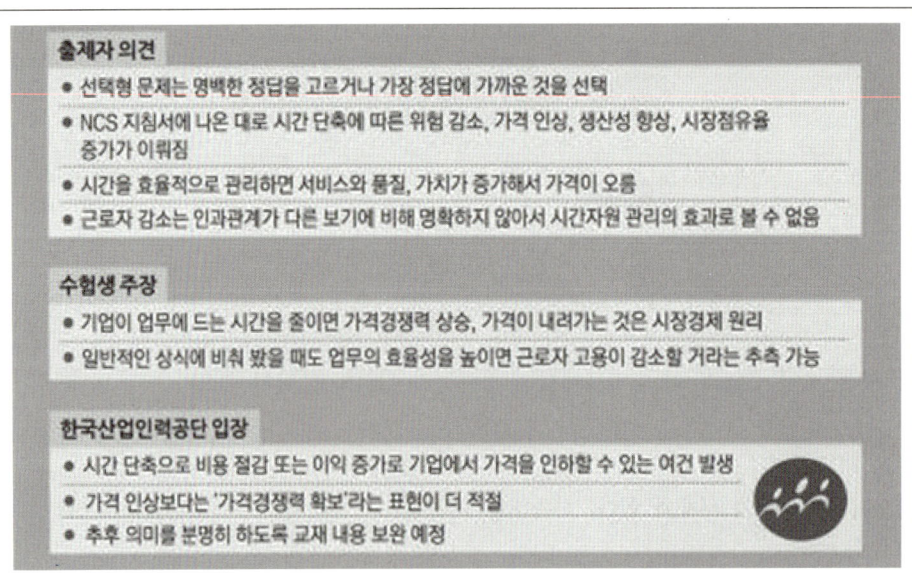

[예시 문항] 아래 내용과 맞는 의사소통능력이 저해하는 요인으로 적절한 것은?

서교공 19년도 1차 시험 / 의사소통능력

> '말하지 않아도 안다.', '호흡이 척척 맞는다.', '일은 눈치로 배워라.' 등과 같이 직접적인 대화를 통해서 관계하는 것보다, 오히려 '눈치'를 중요시 하는 의사소통을 미덕이라고 생각하는 경향이 있다. 말하지 않아도 마음이 통하는 관계는 '최고의 관계'이지만, 비즈니스 현장에서 필요한 것은 마음으로 아는 눈치의 미덕보다는 정확한 업무처리임을 명심해야 한다.

① 정보과다   ② 신뢰부족   ③ 문제해결능력부족   ④ 선입견 고정관념   ⑤ 폐쇄된 의사소통

[해설]
주어진 내용으로 판단하여 정답을 고를 수 있으나 해당 부분의 모듈 이론서 부분을 참조하여 보면 출제 의도와 정확한 답을 고를 수 있게 된다.

[정답] ④

모듈 의사소통능력 23p (수정 전)

■ 바람직한 의사소통을 저해하는 요인

1. '일방적으로 말하고', '일방적으로 듣는' 무책임한 마음
누구나 실질적인 업무를 맡으면 '실수를 범하지 않도록' 주의를 기울이는 법이다. 하지만 의사소통을 하는데 혹시 '정확히 전달되었는지', '정확히 이해했는지'를 확인하지 않고 그 순간을 넘겨버린다면 서로 '엇갈린 정보'를 가지게 된다.
→ 의사소통 기법의 미숙, 표현 능력의 부족, 이해 능력의 부족

2. '전달했는데', '아는 줄 알았는데'라고 착각하는 마음
사소한 것이라도 '엇갈린 정보'를 바로잡지 않은 채 커뮤니케이션을 하면 업무상 문제가 발생한다. 하지만 자신은 '전달했는데', '아는 줄 알았는데' 하며 착각에 빠져 있기 때문에 업무상 문제를 정보공유의 부족에서 오는 것이라고 생각하지 않는다. '~는데'에서 오는 착각은 서로에게 '엇갈린 정보'만 갖게 할 뿐이다.
→ 평가적이며 판단적인 태도, 잠재적 의도

3. '말하지 않아도 아는 문화'에 안주하는 마음
'말하지 않아도 안다.', '호흡이 척척 맞는다.', '일은 눈치로 배워라.' 등과 같이 직접적인 대화를 통해서 관계하는 것보다, 오히려 '눈치'를 중요시 하는 의사소통을 미덕이라고 생각하는 경향이 있다. 말하지 않아도 마음이 통하는 관계는 '최고의 관계'이지만, 비즈니스 현장에서 필요한 것은 마음으로 아는 눈치의 미덕보다는 정확한 업무처리임을 명심해야 한다.
→ 과거의 경험, 선입견과 고정관념

문서 작성 시 적절하지 않은 것은?

서교공 19년도 1차 시험 / 의사소통능력

① 외부기관 협조문은 공문서 형식으로 협조요청을 문서 작성한다.
② 정보제공을 위한 문서는 시각적인 자료를 활용하는 것이 효과적이다.
③ 약속은 고객이나 소비자에게 제품의 이용에 관한 정보를 제공하고자 할 때, 추천은 개인이 다른 회사에 지원하거나 이직을 하고자 할 때 상사가 작성해 준다.
④ 명령이니 지시를 내려야 하는 경우, 일반적으로 업무 지시서를 작성하며 명확하게 작성해야한다.
⑤ 정보제공을 위한 문서는 일반적인 정보뿐 아니라 행사를 개최하거나 제품을 개발했을 경우에도 정보를 제공해야 하며 전달할 수 있는 내용을 최대한 많이 전달하고자 한다.

해설
아래 모듈 내용을 참조

정답 ⑤

모듈 의사소통능력 47P (수정 전)

■ 상황에 따른 문서작성법

직장생활에서 요구되는 문서는 작성해야 하는 상황에 따라 그 내용이 결정되고, 내용에 따라 문서의 성격과 구성해야 할 내용이 결정된다.

◦ 요청이나 확인을 부탁하는 경우

업무를 추진하는 과정 중에 업무 내용과 관련된 요청사항이나 확인절차를 요구해야 할 때가 있다. 이러한 경우, 일반적으로 공문서를 활용하게 되는데, 공문서는 반드시 일정한 양식과 격식을 갖추어 작성하여야 한다.

◦ 정보제공을 위한 경우

직장생활에서 업무추진을 통해 일의 성과를 높이기 위해서는, 적시에 유용한 정보를 제공할 수 있어야 한다. 자신과 부서에 대한 일반적인 정보 뿐 아니라 행사를 개최하거나 제품을 개발했을 경우에도 필요한 정보를 제공해야 한다. 일반적으로 회사 자체에 대한 인력보유 홍보나 기업정보를 제공하는 경우가 있는데, 이러한 경우에는 홍보물이나 보도자료 등의 문서가 필요하다. 또한 제품이나 서비스에 대해 정보를 제공해야 하는 경우에는 설명서나 안내서 등이 필요하며, 정보제공을 위한 문서를 작성하고자 하는 경우에는 시각적인 자료를 활용하는 것이 효과적이다. 또한 모든 상황에서 문서를 통한 정보제공은 무엇보다 신속하고 정확하게 이루어져야 한다.

◦ 명령이나 지시가 필요한 경우

업무를 추진하다보면 관련 부서나 외부기관, 단체 등에 명령이나 지시를 내려야 하는 일이 많다. 이런 경우, 일반적으로 업무 지시서를 작성한다. 업무 지시서를 작성할 때는 상황에 적합하고 명확한 내용을 작성할 수 있어야 한다. 또한, 단순한 요청이나 자발적인 협조를 구하는 차원의 사안이 아니므로, 즉각적인 업무 추진이 실행될 수 있도록 해야 한다.

◦ 제안이나 기획을 할 경우

직장생활에서는 업무에 대한 제안이나 기획을 수립해야 하는 경우가 많다. 제안서나 기획서의 목적은 업무를 어떻게 혁신적으로 개선할지, 어떤 방향으로 추진할지에 대한 의견을 제시하는 것이다. 그러므로 회사의 중요한 행사나 업무를 추진해야 할 경우, 제안서나 기획서를 효과적으로 작성하는 것은 매우 중요하다. 제안이나 기획의 목적을 달성하기 위해서는 관련된 내용을 깊이 있게 담을 수 있는 작성자의 종합적인 판단과 예견적인 지식이 요구된다.

◦ 약속이나 추천을 위한 경우

약속은 고객이나 소비자에게 제품의 이용에 관한 정보를 제공하고자 할 때, 추천은 개인이 다른 회사에 지원하거나 이직을 하고자 할 때 일반적으로 상사가 작성해 주는 문서이다.

3) 구조독해

예시 문항 다음 내용의 기관사가 가장 부족한 것은 무엇인가?　　　　　　　　　　서교공 19년도 2차 시험 / 직업윤리능력

> A기관사는 업무 과정에서 해야 할 안전검사를 하지 않고 보고되어야 할 내용을 누락하는 등 규정에 어긋나는 행위를 하였다. 그로 인하여 큰 사고가 발생하여 인명피해가 생겼다.

① 근면함　　　② 성실함　　　③ 책임감　　　④ 준법의식　　　⑤ 봉사정신

해설
해당 문제의 지문 복원이 완벽하지 않으나 아래 모듈의 사례를 참조한 내용으로 보이며 보기 구성 역시 직업윤리의 하위 능력인 '공동체 윤리'에서 나열되는 키워드들로 구성되어 있다.
아래 사례는 '책임의 의미'에서 등장하는 예시로 책임의 중요성을 강조하기 위해 쓰여진 사례임을 감안하면 답은 3번임을 알 수 있다. 또한 모듈 교재 74p의 문제 중 4번을 참조하여 보면 모듈에서 다루는 책임이 부실사고와 연계됨을 추가적으로 확인할 수 있다.

정답 ③

모듈 직업윤리 사례 (수정 전 / 현재 가이드북에는 없는 사례)

　　사고 원인의 진단 결과 내용은 충격적이었다. 교량 상판을 떠받치는 트러스(철제구조물)의 연결이음새의 용접이 제대로 되지 않고 10mm 이상이 돼야 하는 용접두께가 8mm밖에 되지 않았으며, 강재 볼트 연결핀 등도 부실했던 것으로 검찰 조사결과 밝혀졌다. 또한 관리를 맡고 있는 서울시에서도 형식적인 안전점검과 관리를 소홀했고, 부식된 철제구조물의 에 대한 근본적인 보수 없이 녹슨 부분을 페인트로 칠하는 방법으로 위험을 숨겼다.

　　생명과 직결되는 교량의 공사가 이처럼 부실로 드러난 것은 해당 건설사와 관청이 자신들의 책임을 다하지 않은 까닭이다. 이 사고는 우리 사회의 부실관행에 경종을 울린 비극적인 사건이었으며, 건설기술인에게는 반성의 계기가 되기도 하였다.

　　그 뒤 서울시는 1995년 4월 26일부터 기존의 성수대교를 헐어 내고 새 다리를 짓기 시작하여 사고발생 2년 8개월 만인 1997년 7월 3일 차량통행이 재개되었다.

사 례

무책임이 부른 한강 다리 붕괴

성수대교는 서울의 한강을 가로지르는 11번째 교량으로서 1979년 완공된 국내 최초의 게르버 트러스(gerber truss) 형식으로, 교량의 기능성 뿐 아니라 미관을 고려한 교량으로 평가되었다.

1994년 10월 21일 아침 7시 40분경 서울 성수동과 강남구 압구정동을 잇는 성수대교 교각 10번과 교각 11번 사이의 현수경간 행거가 끊어지면서, 현수경간 48m가 붕괴되었다. 이 대형 참사로 인해 출근하거나 등교하고 있던 시민 49명이 한강으로 추락하였고 그 가운데 32명이 사망하였다. 이 사건으로 서울시장이 책임을 지고 사임을 했으며 건설 분야에 만연되어 있던 부실공사와 부실감리, 안전 검사 미흡이 집중적으로 폭로되었다.

 J-2-나. 2 책임의 의미

74　학습모듈 J-2-나. 공동체윤리

3. 책임감이 높은 사람의 특징이 <u>아닌</u> 것은?

① 업무에 활기차게 임한다.
② 긍정적 마인드를 가진다.
③ 타인의 업무에 대해 비판한다.
④ 자신의 업무와 동료의 업무를 비교하며 불평한다.

4. 책임의식의 부재로 일어날 수 있는 상황이 <u>아닌</u> 것은?
① 부실공사 ② 계약무산 ③ 금품수수 ④ 안전사고

5. 직장에서 업무의 책임감을 높일 수 있는 방안에 대해 자신의 생각을 적으시오.

☞ 정답 및 해설 p.96

학습모듈 J-2-나

공동체윤리

원만한 일경험을 위해 직업인이 갖추어야 할 직업윤리 중에서, 인간존중을 바탕으로 봉사하며, 책임감 있게 규칙을 준수하고, 예의바른 태도로 업무에 임하는 자세인 공동체윤리가 매우 중요하다. 공동체윤리를 실천하기 위해서는 봉사와 책임의식, 준법성, 예절 등의 자세가 중요한 역할을 한다.

학습목표

일반목표 ▶ 직업윤리를 실천하기 위하여 봉사하며, 책임 있고, 규칙을 준수하고, 예의바른 태도로 업무에 임하는 자세를 배양할 수 있다.

세부목표 ▶
1. 직업생활에서 봉사와 책임의 의미를 설명할 수 있다.
2. 직업생활에서 준법의 의미를 설명할 수 있다.
3. 직업생활에서 예절과 존중의 의미를 설명할 수 있다.

주요용어

| 봉사 | 책임의식 | 준법 | 예절 |

J-2-나. 학습목표, 주요용어

다음 내용과 가장 가까운 내용은 무엇인가? 서교공 19년도 2차 시험 / 직업윤리능력

> 고객접점서비스 즉, 결정적 순간 또는 진실의 순간이라는 용어를 최초로 주장한 사람은 스웨덴의 경제학자 리차드 노먼(Richard Norman)이며, 이 개념을 도입하여 성공을 거둔 사람은 스칸디나비아 에어라인 시스템 항공사(SAS)의 사장 얀 칼슨(Jan Carlzon)이다. 이들의 주장에 의하면 고객접점서비스란 고객과 서비스 요원 사이의 15초 동안의 짧은 순간에서 이루어지는 서비스로서 이 순간을 진실의 순간(MOT : moment of truth) 또는 결정적 순간이라고 한다. 이 15초 동안에 고객접점에 있는 최일선 서비스 요원이 책임과 권한을 가지고 우리 회사를 선택한 것이 가장 좋은 선택이었다는 사실을 고객에게 입증시켜야 한다는 것이다. 즉 "결정의 순간"이란 고객이 기업조직의 어떤 한 측면과 접촉하는 사건이며, 그 서비스의 품질에 관하여 무언가 인상을 얻을 수 있는 사건이다.

① 근면함 ② 성실함 ③ 책임감 ④ 준법의식 ⑤ 봉사정신

해설
아래 모듈 내용을 참조

정답 ⑤

모듈 직업윤리 수정 전 사례

고객접점 서비스

고객과 서비스 요원 사이에서 15초 동안의 짧은 순간에서 이루어지는 서비스로서 진실의 순간(MOT : moment of truth) 또는 결정적 순간이라고 한다.

☞ 보다 심화된 내용은 교수자용 매뉴얼의 교수자료 참고 (p. 112)

학습평가

 1. 다음 봉사(서비스)에 대한 설명 중 바르지 <u>않은</u> 것은?

① 봉사의 사전적 의미는 나라나 사회 또는 남을 위하여 자신의 이해를 돌보지 아니하고 몸과 마음을 다하여 일하는 것을 의미한다.
② 현대 사회의 직업인에게 봉사란 자신보다는 고객의 가치를 최우선으로 하고 있는 서비스 개념인 것이다.
③ 봉사는 어려운 사람을 돕는 자원봉사만을 의미한다.
④ 기업이 고객에게 사랑 받기 위해서는 봉사(서비스)를 강조해야 한다.

J-2-나. ⓑ 1 봉사(서비스)의 의미

Chapter 1 의사소통능력

1 의사소통능력

1. **의사소통의 개념**

    1) 의사소통

    ① 의사의 전달과 상호교류
    ② 정보, 감정, 사상, 의견 등을 전달하고 그것을 받아들이는 과정

    2) 일 경험에서의 의사소통

    ① 조직의 생산성 향상 ② 사기진작
    ③ 정보 전달 및 설득 ④ 성과를 결정하는 핵심 기능의 역할

    3) 의사소통 시 올바른 태도

    – 상대방이 어떻게 받아들일 것인가를 반드시 고려

예제 01 직장생활의 의사소통에 대한 설명 중 옳은 것은?

① 의사소통은 정보전달 이상은 아니다.
② 의사소통은 내가 상대방에게 메시지를 전달하는 과정이다.
③ 의사소통에서 상대방이 어떻게 받아들일 것인가에 대한 고려가 바탕이 되어야 한다.
④ 의사소통은 상대방의 말보다는 내 의사를 전달하고 이해시키는 과정이다.

풀이
③ 의사소통은 메시지를 전달하는 것에 그치는 것이 아니라 상호작용을 통해 메시지를 다루는 과정. 즉, 정보전달 이상의 의미를 가진다.

---

2. **의사소통능력의 구분**

    1) 문서적 의사소통

    – 권위감이 있고, 정확성을 기하기 쉬우며, 전달성이 높고, 보존성도 크다.
    ① 문서이해능력(읽기) ② 문서작성능력(쓰기)

    2) 언어적 의사소통

    – 상대의 반응이나 감정을 살필 수 있고, 상대를 설득할 수 있으므로 유동성이 있다.
    ① 경청능력(듣기) ② 의사표현능력(말하기)

3. 바람직한 의사소통을 저해하는 요인

1) '일방적으로 말하고 듣는' 무책임한 마음

   의사소통 과정에서의 상호작용 부족

2) '그래서 하고 싶은 말이 정확히 뭐야?' 분명하지 않은 메시지

   복잡한 메시지, 경쟁적인 메시지

3) '말하지 않아도 아는 문화'에 안주하는 마음

   의사소통에 대한 잘못된 선입견

예제 02 다음 대화에서 나타나는 팀장의 의사소통은 다음 중 어느 것과 가장 가까운가? 2015 인천항만공사 유사

> A : 우리 팀장님은 완전 독재자처럼 보여.
> B : 왜 그렇게 생각하는데?
> A : 내 의견은 무시하고, 자기 마음대로 일을 진행하잖아.

① '일방적으로 말하고', '일방적으로 듣는' 무책임한 마음
② '잘못되면 어쩌나' 믿지 못하는 마음
③ '전달했는데', '아는 줄 알았는데'라고 착각하는 마음
④ '말하지 않아도 아는 문화'에 안주하는 마음

풀이
① 대화에서 팀장의 의사소통 스타일은 의사소통을 저해하는 요인 중 일방적으로 말하고, 일방적으로 듣는 무책임한 태도를 나타낸다.

---

4. 의사소통능력 개발

1) 사후검토와 피드백의 활용
2) 언어의 단순화
3) 적극적인 경청
4) 감정의 억제

2 문서이해능력

1. 문서이해능력의 개념

1) 문서이해능력

   문서를 읽고, 내용을 이해하고 요점을 파악하는 능력

2) 일 경험 중 현장에서 요구되는 문서이해능력

   ① 문서를 읽고 이해할 수 있는 능력
   ② 정보를 확인하여 구별하고 비교하여 통합할 수 있는 능력
   ③ 문서에 나타난 타인의 의견을 이해하여 요약 정리하는 능력

예제 03 회사에서 요구되는 문서이해능력이 아닌 것은? 　　　　　2015 교통안전공단 유사

   ① 타 부서에 업무협조 요청하기
   ② 문서에 나타난 의견을 이해하여 요약·정리하기
   ③ 문서를 읽고 이해하기
   ④ 정보를 구별하고 비교·통합하기

   정답 ①

---

2. 문서의 종류

① 품의서 : 맡은 업무의 수행과 관리를 위해 계획된 중요한 사항을 최고 경영층에 상신하여 결재를 받는 문서(또는 물품 관련사항을 기입한 문서 → 사전에 작성되는 문서)
② 협조전 : 사장 또는 임원이 결재하고 지정된 사항에 관해 관련 부서 간에 의견교환 및 협조를 얻을 때 사용되는 문서
③ 기안서 : 업무에 대한 협조를 구하거나 의견을 전달할 때 작성하는 사내공문서이다.
④ 공문서 : 행정기관에서 대내적 또는 대외적으로 공무를 집행하기 위해 작성하는 문서
⑤ 기획서 : 아이디어 도출을 통해 만들어진 프로젝트의 문서형태
⑥ 보도자료 : 정부 기관이나 기업체, 각종 단체 등이 언론을 상대로 자신들의 정보를 기사화하기 위한 자료
⑦ 비즈니스 레터 : 사업상의 이유로 고객이나 단체에 편지를 쓰는 것, 비공식적 문서이나 제안서나 보고서 등 공식적인 문서 전달에도 사용
⑧ 비즈니스 메모 : 업무상 중요한 일이나 체크할 내용을 메모형식으로 작성

예제 04 다음 보기 중 바르게 연결된 것을 고르면?

> 가. 기획서 : 상대방에게 기획의 내용을 전달하여 기획을 시행하도록 설득하는 문서
> 나. 비즈니스 레터 : 사업상의 이유로 고객이나 단체에 편지를 쓰는 것, 비공식적 문서이나 제안서나 보고서 등 공식적인 문서 전달에도 사용
> 다. 보도자료 : 각종 조직 및 단체 등이 언론을 상대로 자신들의 정보가 기사로 보도되도록 하기 위해 보내는 자료

① 가   ② 나   ③ 가, 나   ④ 가, 나, 다

정답 ④

※ 문서 예시

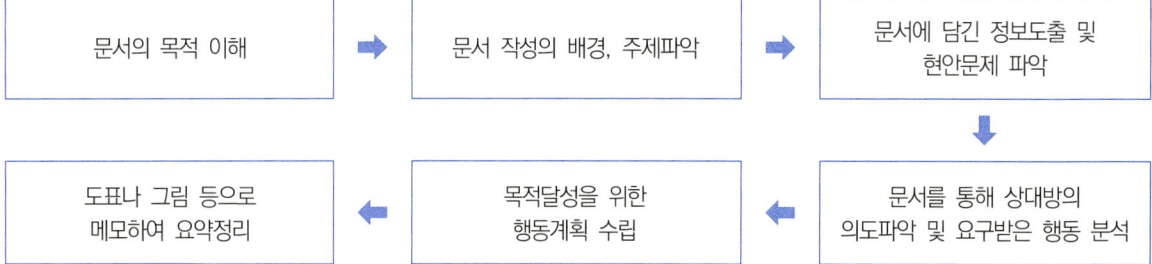

3. 문서이해의 구체적 절차

문서의 목적 이해 ➡ 문서 작성의 배경, 주제파악 ➡ 문서에 담긴 정보도출 및 현안문제 파악 ⬇
도표나 그림 등으로 메모하여 요약정리 ⬅ 목적달성을 위한 행동계획 수립 ⬅ 문서를 통해 상대방의 의도파악 및 요구받은 행동 분석

3 문서작성능력

일 경험의 목적과 상황에 적합한 아이디어나 정보를 전달할 수 있도록 문서를 작성할 수 있는 능력

1. 문서작성 시 고려사항 및 구성요소

1) 고려사항

   ① 대상
   ② 목적
   ③ 시기
   ④ 기대효과

2) 공문서작성법

   ① 누가, 언제, 어디서, 무엇을, 어떻게(왜)가 정확하게 드러나도록 작성
   ② 날짜 작성 시 연도와 월일을 반드시 함께 기입   ex 2016.∨9.∨18.
   ③ 날짜 다음에 괄호를 사용할 경우에는 마침표를 찍지 않는다.
   ④ 한 장에 담는 것이 원칙
   ⑤ 마지막엔 반드시 '끝'자로 마무리한다.(~한다.∨∨끝)
   ⑥ 복잡한 내용은 항목별로 구분한다.(-다음- 또는 -아래-)

예제 05	후배가 작성한 공문서를 검토 중이다. 다음 중 틀린 것을 고르시오. 2015 인천항만공사 유사	풀이
	① 공문서 마지막에 '끝'자를 넣었다. ② 날짜 다음에 마침표를 찍고 괄호를 사용하였다. ③ 한 장에 내용을 담아내었다. ④ 연도를 월일과 같이 기입했다.	② 날짜 다음에 괄호를 사용할 경우에는 마침표를 찍지 않는다.

3) 문서작성의 원칙 및 주의사항

   ① 간단한 표제를 붙여서 작성
   ② 문서의 주요한 내용을 먼저 작성
   ③ 문장을 짧고 간결하게 작성, 불필요한 한자의 사용은 배제
   ④ 긍정문으로 작성
   ⑤ 작성 시기를 정확하게 기입
   ⑥ 문서작성 후 반드시 다시 한 번 내용 검토
   ⑦ 문서의 첨부자료는 반드시 필요한 자료 외에는 첨부하지 않는다.
   ⑧ 문서내용 중 금액, 수량, 일자 등의 정확한 검토

예제 06 문서작성 시 주의해야 할 사항 중 잘못된 것은?

① 문서내용 중 금액, 수량, 일자 등의 기재에 정확성을 기하여야 한다.
② 문서의 작성 시기는 크게 고려할 대상이 아니다.
③ 문서작성 후 반드시 다시 한 번 내용을 검토해야 한다.
④ 문서의 첨부자료는 반드시 필요한 자료 외에는 첨부하지 않도록 한다.

풀이
② 문서의 작성시기는 문서의 내용에 상당한 영향을 미친다.

4 경청능력

1. 경청능력의 개념 및 중요성

1) 경청 : 다른 사람의 말을 주의 깊게 들으며, 공감하는 능력

2) 경청의 중요성
   ① 상대방의 소통 내용에 관심과 흥미를 가지고 있음을 전달
   ② 상대방으로 하여금 개방적이고 솔직한 의사소통을 하도록 촉진
   ③ 의사소통을 하기 위한 기본적인 자세는 경청
   ④ 경청을 함으로써, 상대방을 한 개인으로 존중
   ⑤ 경청을 함으로써, 상대방을 성실한 마음으로 대함
   ⑥ 경청을 함으로써, 상대방의 입장에 공감하며 이해

예제 07 경청에 대한 설명 중 잘못된 설명은?

① 경청이란 상대방이 보내는 메시지 내용에 주의를 기울이고 이해를 위해 노력하는 행동을 의미한다.
② 우리의 경청은 상대방으로 하여금 개방적이고 솔직한 의사소통을 하도록 촉진하는 기능을 가진다.
③ 자기 말을 경청해주는 사람을 좋아하기도 하고, 싫어하기도 한다.
④ 경청을 하면 상대방은 매우 편안해져서, 말과 메시지, 감정은 아주 효과적으로 전달하게 된다.

풀이
③ 우리가 경청하면 상대는 본능적으로 안도감을 느끼고, 경청하는 우리에게 무의식적인 믿음을 갖게 된다. 그리고 우리가 말을 할 경우, 자신도 모르게 더 집중하게 된다. 이런 심리적 효과로 인해 우리의 말과 메시지, 감정은 아주 효과적으로 상대에게 전달된다. 우리가 경청하는 만큼, 상대방은 우리의 말을 경청할 수밖에 없는 것이다. 자기 말을 경청해주는 사람을 싫어하는 사람은 세상에 존재하지 않는다.

---

2. 경청의 방해 요인

1) 짐작하기
   상대방의 말을 듣고 받아들이기보다 자신의 생각에 들어맞는 단서들을 찾아 자신의 생각 확인

2) 대답할 말 준비하기
   할 말을 생각하기에 바빠서 상대방이 말하는 것을 잘 듣지 않는 것

3) 걸러내기
   듣고 싶지 않은 것들을 막아버리는 것

4) 판단하기
   상대방에 대한 부정적인 선입견 때문에, 또는 상대방을 비판하기 위해 상대방의 말을 듣지 않는 것

5) 다른 생각하기
다른 생각을 하는 것은 지금의 대화나 상황을 회피하고 있다는 위험한 신호이다. 이런 회피는 부정적 감정이 내면화되어 있기 때문에 상대방은 오해받고 공격받는다는 느낌을 갖게 된다.

6) 조언하기
지나치게 다른 사람의 문제를 본인이 해결해 주고자 말 끝마다 조언하려고 끼어들면 상대방은 제대로 말을 끝맺을 수 없다.

7) 언쟁하기
단지 반대하고 논쟁하기 위해서만 상대방의 말에 귀를 기울이는 것

8) 자존심 세우기
자신의 자존심에 상처를 입힐 수 있는 내용에 대해서 거부감이 강하기 때문에 듣지 않는 것

9) 슬쩍 넘어가기
대화가 너무 사적이거나 위협적이면 주제를 바꾸거나 농담으로 넘기려는 것

10) 비위 맞추기
상대방을 위로하기 위해서 혹은 비위를 맞추기 위해서 너무 빨리 동의하는 것

3. 경청의 올바른 자세
① 상대를 정면으로 마주하는 자세는 그와 함께 의논할 준비가 되었음을 알리는 자세
② 손이나 다리를 꼬지 않는 자세를 취하는 것은 상대에게 마음을 열어 놓고 있다는 표시
③ 상대방을 향해 상체를 기울여 다가앉은 자세는 자신이 열심히 듣고 있다는 사실을 강조
④ 우호적인 눈의 접촉을 통해 자신이 관심을 가지고 있다는 사실을 알림
⑤ 비교적 편안한 자세를 취하는 전문가다운 자신만만함과 아울러 편안한 마음을 상대방에게 전함

예제 08 경청의 올바른 자세가 아닌 것은?

① 상대방을 향하여 상체를 기울여 앉는다.
② 우호적인 눈의 접촉을 통해 자신이 관심을 가지고 있다는 사실을 알린다.
③ 손이나 다리를 꼬는 자세를 취하지 않는다.
④ 상대를 너무 정면으로 쳐다보면 부담을 줄 수 있으므로 눈을 마주치지 않는다.

풀이
④ 상대를 정면으로 마주하는 자세는 그와 함께 의논할 준비가 되었음을 알리는 자세이다. 따라서 눈을 마주치지 않고 피하면 상대방이 의논할 자세가 안 되었다고 느끼게 해주기 때문에, 올바른 경청자세가 아니다.

4. 경청훈련

① 주의 기울이기(바라보기, 듣기, 따라하기)
② 상대방의 경험을 인정하고 더 많은 정보 요청하기
③ 정확성을 위해 요약하기
④ 개방적인 질문하기
⑤ '왜?'라는 질문 피하기('왜?'라는 말 삼가기)

5. 공감 및 공감적 반응을 위한 노력

① 공감은 상대방이 하는 말을 상대방의 관점에서 이해하고 그의 감정을 느끼는 것
② 상대방의 이야기를 자신의 관점이 아닌 상대방의 관점에서 이해하려는 태도를 가져야 한다.
③ 공감을 위해서는 상대방의 말 속에 담겨 있는 감정과 생각에 민감하게 반응해야 한다.
④ 공감을 할 때에는 대화를 통해 자신이 느낀 상대방의 감정을 전달해 주어야 한다.

5 의사표현능력

1. 의사표현의 개념

1) **의사표현** : 말하는 이가 자신의 감정과 생각을 듣는 이에게 음성언어나 신체언어로 표현하는 행위
   - 목적 : 설득, 정보의 교환, 행동의 요청

2. 의사표현의 구분

1) **공식적 말하기**
   - 사전에 준비된 내용을 대중을 상대로 말하는 것
   ① 연설 : 여러 사람 앞에서 자기의 주의나 주장 또는 의견을 진술함
   ② 토의 : 여러 사람이 모여서 공통의 문제에 대하여 가장 좋은 해답을 얻기 위해 협의하는 말하기
   ③ 토론 : 어떤 논제에 관하여 찬성자와 반대자가 각기 논리적인 근거를 발표하고, 상대방의 논거가 부당하다는 것을 명백하게 하는 말하기

2) **의례적 말하기**
   - 정치적·문화적 행사에서와 같이 의례 절차에 따라 하는 말하기
   - 식사, 주례, 회의 등

3) **친교적 말하기**
   - 매우 친근한 사람들 사이에 가장 자연스런 상태에 떠오르는 대로 주고받는 말하기

예제 09 의사표현에 대한 설명으로 잘못된 것은?

① 의사표현에는 음성으로 표현하는 것과 신체로 표현하는 것이 있다.
② 의사표현을 통해 말하는 이는 듣는 이의 생각이나 태도에 영향을 미칠 수 있다.
③ 의사표현은 현대사회에서 자신을 표현하는 중요한 수단이다.
④ 의사표현의 종류에는 공식적인 말하기와 의례적인 말하기가 있고, 친구들끼리의 친교적 대화는 포함되지 않는다.

풀이
④ 의사표현의 종류는 공식적인 말하기, 의례적인 말하기, 친교적 말하기가 있다.

3. 의사표현에 영향을 미치는 비언어적 요소

1) **연단공포증**(청자를 과도하게 의식)
   ① 소수가 경험하는 심리상태가 아니라, 90% 이상의 사람들이 호소하는 불안이므로 걱정할 필요 없음
   ② 오히려 잘 통제하면서 구두표현을 한다면 청자는 그것을 더 인간다운 것으로 생각하게 될 것

2) **말**
   ① 장단
   ② 발음
   ③ 속도 : 속도변화는 감정의 표현, 발표할 때는 10분에 200자 원고지 15장 정도로 하는 것이 적당
   ④ 쉼 : 대화 도중에 잠시 침묵하는 것

3) **몸짓**
   ① 몸의 방향
   ② 자세
   ③ 몸짓 : 손과 팔의 움직임

4) **유머**
   ① 웃음을 주는 것
   ② 흥미 있는 이야기나, 풍자 또는 비교, 반대표현, 모방, 예기치 못한 방향전환, 아이러니 등을 활용

4. 효과적인 의사표현법

① 말하는 이는 자신이 전달하고 싶은 의도, 생각, 감정이 무엇인지 분명하게 인식
② 전달하고자 하는 내용을 적절한 메시지로 변경
③ 메시지를 전달하는 매체와 경로를 신중하게 선택
④ 듣는 이가 자신의 메시지를 어떻게 받아들였는지 피드백을 받는 것이 중요
⑤ 효과적인 의사표현을 위한 비언어적 방식을 활용
⑥ 확실한 의사 표현을 위한 반복적 전달

5. 상황에 따른 의사표현법

1) **잘못을 지적할 때** : 질책은 샌드위치 화법(칭찬 + 질책 + 격려), 충고는 예시나 비유법을 드는 것이 효과적

2) **칭찬을 할 때** : 상대방을 기분 좋게 만드는 의사표현 전략

3) **요구해야 할 때** : 부탁은 상대의 상황 파악을 하고 구체적으로 한다. 명령은 청유식 표현이 효과적이다.

4) **요구를 거절해야 할 때** : 먼저 사과, 거절의 이유를 설명, 모호한 태도보다는 단호한 것이 좋다.

5) **설득할 때** : 일방적인 강요는 금물이며 효과적인 설득을 위한 방법으로 문 안에 한발 들여놓기 기법, 얼굴 부딪히기 기법 등이 있다.

예제 10 상황과 대상에 따른 의사표현법의 설명으로 잘못된 것은?

① 상대방의 잘못을 지적할 때는 샌드위치 화법으로 칭찬과 격려를 같이 사용한다.
② 부탁해야 할 때는 기간, 비용, 순서 등을 명확하게 제시해야 한다.
③ 요구를 거절해야 할때는 상대방을 배려하여 단호한 태도를 보여서는 안된다.
④ 상대방을 칭찬할 때는 상대에게 중요한 내용을 칭찬하면 좋다.

풀이
③ 요구를 들어주는 것이 불가능하다고 여겨질 때는 모호한 태도를 보이는 것보다 단호하게 거절하는 것이 좋다.

6 기초외국어능력

1. 기초외국어 능력의 개념과 필요성

1) **기초외국어능력** : 외국어로 된 간단한 자료를 이해하거나, 외국인과의 전화응대와 간단한 대화 등 외국인의 의사표현을 이해하고, 자신의 의사를 기초외국어로 표현할 수 있는 능력

2) **기초외국어능력이 필요한 상황**
   ① 외국인과 의사소통하는 상황에서 전화응대나 안내하는 상황
   ② 작업에 쓰일 기계의 매뉴얼이나 서류 등 외국어 문서를 봐야 하는 상황
   ③ 필요한 정보를 얻기 위하여 해외 사이트를 방문하는 상황

예제 11 기초외국어능력에 관련된 설명으로 잘못된 것은?

① 어떤 업무를 하든 똑같은 실력의 외국어능력이 필요하다.
② 외국어라고해서 꼭 영어만 필요한 것은 아니고, 자신이 주로 상대하는 외국인들이 구사하는 언어가 필요한 것이다.
③ 기초외국어능력이 필요한 상황을 잘 인지하는 것이 중요하다.
④ 자신의 업무에서 필요한 기초외국어를 적절하게 구사하는 것이 중요하다.

풀이
① 직업인은 자신이 속한 조직의 목적을 달성하기 위해 외국인을 설득하거나 이해시켜야 한다. 하지만 이런 설득이나 이해의 과정이 외국인의 전화 응대, 기계 매뉴얼 보기 등 모든 업무에서 똑같이 이뤄지는 것은 아니다.

---

2. 외국인과의 의사소통에서 피해야 할 행동

① 상대를 볼 때 흘겨보거나, 노려보거나, 아예 보지 않는 행동
② 팔이나 다리를 꼬는 행동
③ 표정이 없는 것
④ 다리를 흔들거나 펜을 돌리는 행동
⑤ 맞장구를 치지 않거나 고개를 끄덕이지 않는 행동
⑥ 생각 없이 메모하는 행동
⑦ 자료만 들여다보는 행동
⑧ 바르지 못한 자세로 앉는 행동
⑨ 한숨, 하품, 신음소리를 내는 행동
⑩ 다른 일을 하며 듣는 행동
⑪ 상대방에게 이름이나 호칭을 어떻게 부를지 묻지 않고 마음대로 부르는 행동

※ 기초외국어능력이 부족하더라도 비언어적 의사소통의 특징을 빨리 캐치한다면 원활한 업무를 추진할 수 있다.
　① 표정으로 알아채기 : 웃는 표정, 찡그린 표정, 눈을 마주 보고 있는지 아닌지
　② 음성으로 이해하기 : 어조가 높으면 적대감이나 대립감, 낮으면 만족이나 안심, 목소리가 커졌으면 강조, 흥분 등

예제 12 외국인과의 의사소통 중 비언어적인 의사소통에 대한 설명이다. 잘못된 것은?

① 눈을 마주 쳐다보는 것은 흥미와 관심이 있음을 나타낸다.
② 말씨가 매우 빠르거나 짧게 얘기하면 공포나 노여움을 나타내는 것이다.
③ 자주 말을 중지하면 결정적인 의견이 없음을 의미하거나 긴장 또는 저항을 의미한다.
④ 어조가 높으면 만족과 안심을 나타낸다.

정답 ④

STEP 1

01 일 경험에서의 의사소통에 대한 설명으로 옳지 않은 것을 고르시오.

① 조직의 생산성을 높이고, 사기를 진작시키고 정보를 전달하고 설득하려는 목적을 가지고 있다.
② 공통의 목표를 추구해 나가는 집단내의 기본적인 존재 기반이고, 성과를 결정하는 핵심 기능의 역할을 한다.
③ 자신의 생각과 느낌을 효과적으로 표현하며, 타인의 생각과 느낌, 사고를 이해하고 상대방을 배려하는 태도가 필요하다.
④ 직장 내에서의 의사소통은 업무 내에서 이루어지므로 정보의 명확한 전달만을 의미한다.

해설
정보의 명확한 전달 및 설득 이외에도 조직의 생산성 향상, 사기 진작, 성과결정의 핵심 기능을 한다.

02 일 경험에서의 의사소통 목적에 대한 설명으로 옳지 않은 것을 고르시오.

① 조직의 생산성 향상
② 사기 진작
③ 정보의 하달
④ 설득

해설
"하달"이란 단어는 방향이 일방적이므로 올바른 의사소통이라 할 수 없다.

03 언어적 의사소통의 특징이 아닌 것을 고르시오.

① 비언어적 및 반언어적 표현이 없다.
② 화자와 청자의 시공간적 상황을 공유한다.
③ 구체적 내용을 전달한다.
④ 개방적 구조를 갖고 있다.

해설
언어적 의사소통은 화자와 청자가 시공간적 상황을 공유하며 비언어적, 반어적 표현이 가능하며 개방적이고 구체적 내용을 전달한다.
언어적 의사소통이지만 "비"언어적, "반"언어적 표현이 가능함을 기억하자.

04 의사소통능력의 개발에 대한 내용이 아닌 것을 고르시오.

① 주위의 언어정보에 항상 민감하게 반응하며 활용하도록 노력
② 대화에 있어 주도적으로 나의 의견을 관철하고 주입하려는 노력
③ 자주 사용하는 표현을 찾아내 다른 표현으로 바꾸어 봄
④ 언제나 '다른 표현은 없을까?'하고 생각하고, 새로운 표현을 검토

해설
대화에 있어 주도적으로 나의 의견을 관철하고 주입하려는 노력은 오히려 의사소통의 저해 요인이다.

정답 01 ④ 02 ③ 03 ① 04 ②

05 기안서에 대한 설명으로 옳은 것을 고르시오.

① 적극적으로 아이디어를 내고 기획해 하나의 프로젝트를 문서형태로 만들어 상대방에게 기획의 내용을 전달하여 기획을 시행하도록 설득하는 문서
② 정부행정기관에서 대내적 혹은 대외적 공무를 집행하기 위해 작성하는 문서
③ 특정한 일에 관한 현황이나 그 진행 상황 또는 연구, 검토 결과 등을 보고하고자 할 때 작성하는 문서
④ 회사의 업무에 대한 협조를 구하거나 의견을 전달할 때 작성하며 흔히 사내 공문서로 불림

해설

① – 기획서
② – 공문서
③ – 보고서

06 '문서 이해를 위한 구체적인 절차' 6단계를 순서대로 나열하시오.

> ㉠ 문서에서 이해한 목적 달성을 위해 취해야 할 행동을 생각하고 결정하기
> ㉡ 상대방의 의도 및 내게 요구된 행동에 관한 내용을 분석하기
> ㉢ 문서의 목적을 이해하기
> ㉣ 배경과 주제를 파악하기
> ㉤ 상대방의 의도를 도표나 그림 등으로 메모하여 요약·정리하기
> ㉥ 문서에 쓰인 정보를 밝혀내고 문제를 파악하기

① ㉢ – ㉡ – ㉠ – ㉣ – ㉤ – ㉥
② ㉡ – ㉤ – ㉣ – ㉠ – ㉢ – ㉥
③ ㉢ – ㉣ – ㉥ – ㉡ – ㉠ – ㉤
④ ㉢ – ㉣ – ㉥ – ㉠ – ㉡ – ㉤

07 문서 작성의 구성 요소로 옳지 않은 것을 고르시오.

① 객관적이고 논리적이며 체계적인 내용을 갖는다.
② 이해하기 쉬운 구조를 갖춰야 한다.
③ 명료하고 설득력있는 구체적인 문장을 사용한다.
④ 효과적인 배치를 위해 중요한 내용은 마지막에 배치한다.

해설

효과적인 배치를 위해 중요한 내용은 마지막에 배치한다.
→ 문서의 주요한 내용을 먼저 작성한다.

정답 05 ④ 06 ③ 07 ④

08 문서작성의 원칙에 대한 내용으로 옳지 않은 것을 고르시오.

① 문장은 짧고 간결하게 작성하여야 한다.
② 상대방이 이해하기가 쉽도록 작성하여야 한다.
③ 문서의 주요한 내용은 마지막에 쓰도록 한다.
④ 꼭 필요한 경우가 아니라면 한자는 사용하지 않는다.

해설
문서의 주요한 내용은 마지막에 쓰도록 한다.
→ 문서의 주요한 내용을 먼저 작성한다.

09 공문서의 올바른 작성법이 아닌 것을 고르시오.

① 육하원칙이 정확하게 드러나도록 작성한다.
② 날짜 다음에 괄호를 사용 할 경우에는 마침표를 찍지 않는다.
③ 내용은 원칙적으로 한 장 이상의 분량으로 작성하도록 한다.
④ 문서의 마지막은 '끝'으로 마무리한다.

해설
내용은 원칙적으로 한 장 이상의 분량으로 작성하도록 한다.
→ 한 장에 담는 것이 원칙이다.

10 경청을 방해하는 행동이 아닌 것을 고르시오.

① 상대방에 대한 부정적인 판단 때문에, 또는 상대방을 비판하기 위해 상대방의 말을 듣지 않는 행동
② 상대방을 위로 또는 비위를 맞추기 위해 너무 빨리 동의하는 행동
③ 상대방을 위로하거나 격려하기 위해 상대방의 감정에 정서적으로 공감하는 행동
④ 자신이 부족하거나 틀린 부분에 대해 얘기하는 상대방의 말을 들으려 하지 않는 행동

해설
상대방을 위로하거나 격려하기 위해 상대방의 감정에 정서적으로 공감하는 행동
→ 경청의 올바른 행동이다.

11 직장 내 의사소통의 유형과 연결된 내용이 바르지 않은 것을 고르시오.

① 대화 – 참여자 간에 일정한 규칙에 의해 발화 순서를 교대로 조직, 전개한다.
② 토론 – 상대를 설득하고 자신의 주장을 관철시키기 위한 합리적이고 타당한 근거를 들어 내용을 조직한다.
③ 토의 – 최대한 모든 참여자가 적극적으로 의사소통에 참여 할 수 있도록 일정한 규칙을 바탕으로 조직하며 검토하고 협의하는 것을 말한다.
④ 연설 – 여러 사람 앞에서 자기의 주의나 주장 또는 의견을 진술한다.

해설
대화 – 참여자 간에 일정한 규칙에 의해 발화 순서의 교대로 조직, 전개한다.
→ 대화는 규칙이 없다.

정답 08 ③ 09 ③ 10 ③ 11 ①

12 연단 공포증을 극복하기 위한 방법으로 옳지 않은 것을 고르시오.

① 충분히 휴식하고 완벽하게 준비한다.
② 유머를 잘 활용하여 긴장감을 낮춘다.
③ 발표시간 보다 더 많은 내용을 준비한다.
④ 연단공포증을 청중에게 들키지 않는 연습을 한다.

해설
오히려 연단공포증을 구두표현하면 청자는 그것을 더 인간다운 것으로 생각하게 된다.

13 기초 외국어능력에 대한 설명으로 옳은 것을 고르시오.

① 기초 외국어능력이란 외국인들과 유창하게 의사소통하는 것이다.
② 기초 외국어능력은 외국어로 된 메일 업무, 외국어 전화 응대, 외국인 고객을 상대하는 경우 등 다양한 상황에서 필요한 능력이다.
③ 기초외국어능력은 외국인들과 업무가 잦은 특정 직업인의 경우에만 필요하다.
④ 기초외국어능력이 부족한 경우 외국인을 대할 때는 외국어 실력이 부족하다는 것을 의식하면 실수가 적다.

해설
① 기초 외국어능력이란 외국인들과 유창하게 의사소통하는 것이다.
→ 유창한 외국어능력이 아닌 기초 외국어능력이다.
③ 기초외국어능력은 외국인들과 업무가 잦은 특정 직업인의 경우에만 필요하다.
→ 모든 직업인에게 필요하다.
④ 기초외국어능력이 부족한 경우 외국인을 대할 때는 외국어 실력이 부족하다는 것을 의식하면 실수가 적다.
→ 의식하면 오히려 실수를 할 수 있으므로 자신감을 가지고 편하게 구사하는 것이 좋다.

정답 12 ④ 13 ②

Chapter 2 문제해결능력

1 문제의 개념

1. 문제
① 해결하기를 원하지만 해결해야 하는 방법을 모르고 있는 상태
② 해답이 있지만 그 해답을 얻는 데 필요한 행동을 알지 못한 상태
③ 목표와 현상 간의 차이

> 예제 01 문제의 의미에 대한 설명으로 옳지 않은 것을 고르시오.
>
> ① 해결하기를 원하지만 실제로 해결해야 하는 방법을 모르고 있는 상태
> ② 업무를 수행함에 있어 해결해야 되는 것이 정해진 사항
> ③ 목표와 현상 간의 차이
> ④ 해답이 있지만 그 해답을 얻는 데 필요한 행동을 알지 못하는 상태
>
> 풀이
> ② 해결법이 정해진 상태로는 문제라고 볼 수 없다.

2. 문제점
문제 근본원인이 되는 사항으로 문제해결에 필요한 열쇠인 핵심 사항

2 문제의 유형

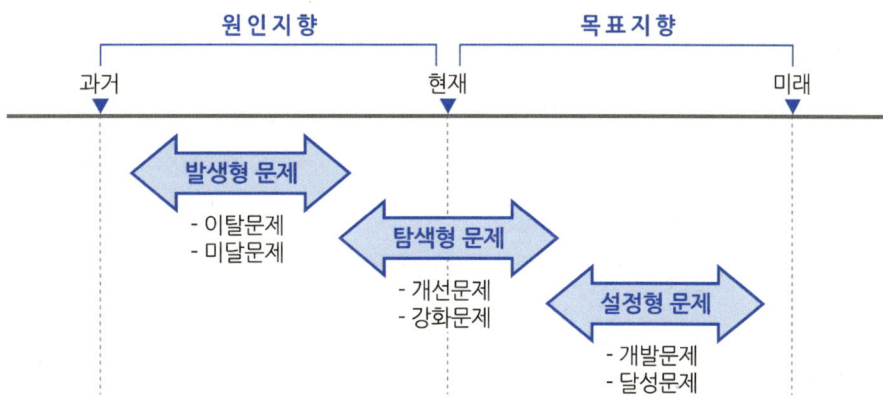

1. **발생형 문제(보이는 문제)**

    현재 직면하여 해결하기 위해 고민하는 문제. 원인이 내재되어 있기 때문에 원인지향적인 문제라고 함

    ① 일탈문제 : 어떤 기준을 일탈함으로써 생기는 문제
    ② 미달문제 : 어떤 기준에 미달하여 생기는 문제

2. **탐색형 문제(찾는 문제)**

    현재의 상황을 개선하거나 효율을 높이기 위한 문제. 방치할 경우 큰 손실이 따르거나 해결할 수 없어짐

    ① 잠재문제 : 문제가 잠재되어 있어 인식하지 못하다가 확대되어 해결이 어려운 문제
    ② 예측문제 : 현재는 문제가 없으나 현 상태의 진행 상황을 예측하여 찾아야 앞으로 일어날 수 있는 문제가 보이는 문제
    ③ 발견문제 : 현재는 담당 업무에 문제가 없으나 선진기업의 업무 방법 등 보다 좋은 제도나 기법을 발견하여 개선시킬 수 있는 문제

3. **설정형 문제(미래 문제)**

    장래의 경영전략을 생각하는 것으로 앞으로 어떻게 할 것인가 하는 문제. 문제해결에 창조적인 노력이 요구되어 창조적 문제라고도 함

    예제 02 문제의 유형과 설명이 바르게 연결된 것을 고르시오.

    > 가. 발생형 문제 : 현재 직면하여 해결하기 위해 고민하는 문제
    > 나. 탐색형 문제 : 현재의 상황을 개선하거나 효율을 높이기 위한 문제
    > 다. 설정형 문제 : 앞으로 어떻게 할 것인가 하는 문제

    ① 가 ② 나 ③ 가, 나 ④ 가, 나, 다

    정답 ④

    ---

4. **문제해결**

    1) 문제해결

        ① 목표와 현상을 분석하고
        ② 이 분석 결과를 토대로 주요과제를 도출하여
        ③ 바람직한 상태나 기대되는 결과가 나타나도록 최적의 해결안을 찾아
        ④ 실행·평가하는 활동

    2) 문제해결의 필수 요소

        ① 체계적인 교육훈련
        ② 고정관념과 편견 등 심리적 타성 및 기존의 패러다임을 극복

③ 새로운 아이디어를 효과적으로 낼 수 있는 창조적 스킬 등을 습득
④ 문제해결을 위 한 기본 지식뿐 아니라 본인이 담당하는 전문영역에 대한 지식도 습득
⑤ 문제에 대한 체계적인 접근

예제 03 문제해결을 위한 필수요소가 아닌 것을 고르시오.

① 체계적인 교육훈련
② 문제에 대한 체계적인 접근
③ 담당하는 전문영역에 대한 지식
④ 팀장 및 관리자들의 조언

정답 ④

---

3) 문제해결 시 필요한 사고

① **전략적 사고** : 문제와 해결방안이 상위 시스템과 어떻게 연결되어 있는지를 살핀다.
② **분석적 사고** : 전체를 각각의 요소로 나누어 그 의미를 도출하고 우선순위를 부여하여 구체적인 문제해결방법을 실행한다. 문제의 성격에 따라 성과 지향의 문제, 가설 지향의 문제, 사실 지향의 문제가 요구된다.
③ **발상의 전환** : 인식의 틀을 전환하여 새로운 관점으로 바라보는 사고를 지향한다.
④ **내·외부자원의 효율적인 활용** : 기술, 재료, 사람 등 필요한 자원을 효과적으로 활용한다.

예제 04 문제를 해결할 때 필요한 분석적 사고에 대한 설명으로 옳은 것을 고르시오.

① 문제와 해결방안이 상위 시스템과 어떻게 연결되어 있는지를 살핀다.
② 전체를 각각의 요소로 나누어 그 의미를 도출하고 우선순위를 부여하여 구체적인 문제해결방법을 실행하다
③ 인식의 틀을 전환하여 새로운 관점으로 바라보는 사고를 지향한다.
④ 기술, 재료, 사람 등 필요한 자원을 효과적으로 활용한다.

정답 ②

---

4) 문제해결 시 장애 요소

① 문제를 철저히 **분석**하지 않는 경우 : 근본적인 문제해결을 하지 못하거나 새로운 문제를 야기하는 결과를 초래할 수 있다.
② **고정관념**에 얽매이는 경우 : 정해진 규정과 틀에 얽매여서 새로운 아이디어와 가능성을 무시해 버릴 수 있다.
③ **쉽게** 떠오르는 단순한 정보에 의지하는 경우 : 단순한 정보에 의지하면 문제를 해결하지 못하거나 오류를 범하게 된다.
④ **너무 많은 자료**를 수집하려고 노력하는 경우 : 무엇이 제대로 된 자료인지를 알지 못하는 우를 범할 우려가 많다.

5) 문제해결방법
① 소프트 어프로치 : 대부분의 기업에서 볼 수 있는 전형적 스타일. 문제해결을 위해서 직접적인 표현보다는 무언가를 시사하거나 암시를 통해 의사를 전달하여 문제해결을 도모
② 하드 어프로치 : 상이한 문화적 토양을 가지고 있는 구성원을 가정하고, 서로의 생각을 직설적으로 주장하고 논쟁이나 협상을 통해 서로의 의견을 조정해 가는 방법
③ 퍼실리테이션(facilitation) : 촉진을 의미하며 어떤 그룹이나 집단이 의사결정을 잘 하도록 도와주는 일을 의미

예제 05 퍼실리테이션의 문제해결에 대한 설명으로 옳은 것을 고르시오.

① 문제해결을 위해서 직접적인 표현보다는 무언가를 시사하거나 암시를 통해 의사를 전달하여 문제해결을 도모
② 상이한 문화적 토양을 가지고 있는 구성원을 가정하고, 서로의 생각을 직설적으로 주장하고 논쟁이나 협상을 통해 서로의 의견을 조정해 가는 방법
③ 어떤 그룹이나 집단이 의사결정을 잘 하도록 도와주는 일을 의미
④ 제3자가 합의점이나 줄거리를 준비해놓고 예정대로 결론이 도출된다.

풀이
③ 구성원이 자율적으로 실행하는 것.

---

3 사고력

1. **창의적 사고**

    1) **창의적 사고** : 창의적인 사고는 발산적(확산적) 사고로서, 아이디어가 많고, 다양하고, 독특한 것을 의미한다.
        ① 창의적인 사고는 새롭고 유용한 아이디어를 생산해 내는 정신적인 과정이다.
        ② 창의적인 사고는 통상적인 것이 아니라 기발하거나, 신기하며 독창적인 것이다.
        ③ 창의적인 사고는 유용하고 적절하며, 가치가 있어야 한다.
        ④ 창의적인 사고는 기존의 정보(지식, 상상, 개념 등)들을 특정한 요구조건에 맞거나 유용하도록 새롭게 조합시킨 것이다.

    2) **창의적 사고의 특징**
        ① 정보와 정보의 조합
        ② 사회나 개인에게 새로운 가치를 창출
        ③ 교육을 통한 개발 가능

3) 창의적 사고의 개발 방법

자유연상법	생각하는 대로 자유롭게 발상	브레인스토밍
강제연상법	각종 힌트에 강제적으로 연결지어서 발상	체크리스트
비교발상법	주제의 본질과 닮은 것을 힌트로 발상	NM법, Synectics

① 자유연상

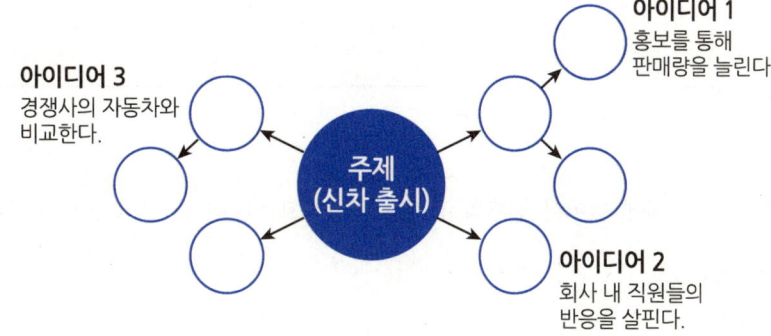

② 강제연상법

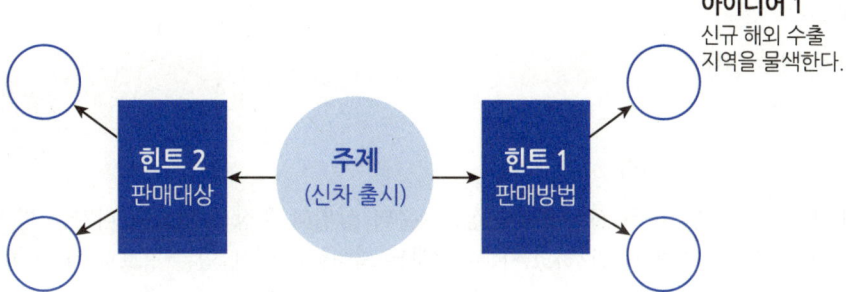

③ 비교발상법

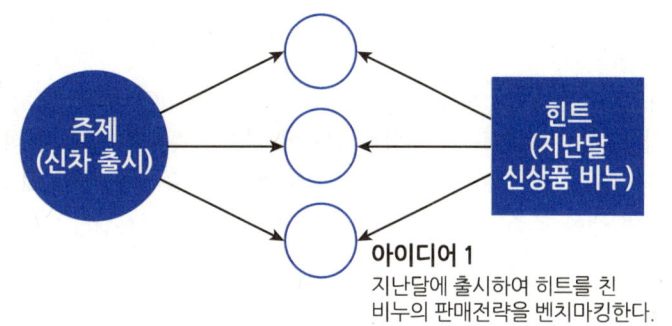

예제 06 창의적 사고를 개발하는 방법중 구체적인 기법과의 연결이 옳은 것을 고르시오.

> 가. 자유연상법 – NM법
> 나. 강제연상법 – 체크리스트
> 다. 비교발상법 – 브레인 스토밍

① 가, 나   ② 나   ③ 가, 다   ④ 가, 나, 다

정답 ②

2. 논리적 사고

1) **논리적 사고** : 사고 전개에 있어서 전후의 관계가 일치하고 있는지를 살피며, 아이디어를 평가하는 사고

2) **논리적 사고의 구성요소**
   ① 생각하는 습관
   ② 상대 논리의 구조화
   ③ 구체적인 생각
   ④ 타인에 대한 이해
   ⑤ 설득

3) **논리적 사고를 개발하는 방법**
   ① 피라미드 구조 방법 : 하위 사실이나 현상으로부터 상위의 주장을 만들어 나가는 방법
   ② SO WHAT 방법 : '그래서 뭐?'하고 자문자답하는 의미로 눈앞에 있는 정보로부터 의미를 찾고, 가치 있는 정보를 이끌어 냄

3. 비판적 사고

① 비판적 사고 : 제기된 주장에 어떤 오류나 잘못이 있는지를 찾아내기 위해 지엽적인 부분을 확대하여 문제로 삼는 것이 아니라, 지식정보를 바탕으로 한 합당한 근거에 기초를 두고 현상을 분석하고 평가하는 사고
② 비판적 사고를 위해 필요한 요소 : 지적 호기심, 객관성, 개방성, 융통성, 지적 회의성, 지적 정직성, 체계성, 지속성, 결단성, 다른 관점에 대한 존중
③ 비판적 사고를 위한 태도 : 문제의식, 고정관념 타파

4 문제처리능력

1. 문제해결 절차

1) 문제 인식
　→ 2) 문제 도출
　　→ 3) 원인 분석
　　　→ 4) 해결안 개발
　　　　→ 5) 실행 및 평가

1) **문제 인식** : 문제 파악, 우선순위, 목표를 명확히 하는 절차(환경분석, 주요 과제 도출, 과제 선정)

- 환경분석

① **3C 분석** : 환경 분석 방법의 하나로 사업환경을 구성하고 있는 요소인 자사(Company), 경쟁사(Competitor), 고객(Customer)을 분석 하는 것

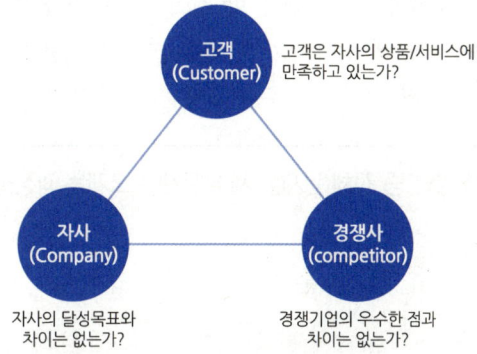

② **SWOT 분석** : 기업내부의 강점과 약점, 외부환경의 기회와 위협요인을 분석평가하여 문제해결 방안을 개발하는 방법

	내부환경요인	
	강점 (Strengths)	약점 (Weaknesses)
외부환경요인　기회 (Opportunities)	**SO** 내부강점과 외부기회 요인을 극대화	**WO** 외부기회를 이용하여 내부약점을 강점으로 전환
외부환경요인　위협 (Threats)	**ST** 외부위협을 최소화하기 위해 내부 강점을 극대화	**WT** 내부약점과 외부위협을 최소화

- 주요 과제 도출 : 주요 과제 도출을 위한 과제안 작성 시, 과제안 간의 동일한 수준, 표현의 구체성, 기간 내 해결 가능성 등을 확인
- 과제 선정 : 효과 및 실행 가능성 측면을 평가하여 가장 우선순위가 높은 안을 선정

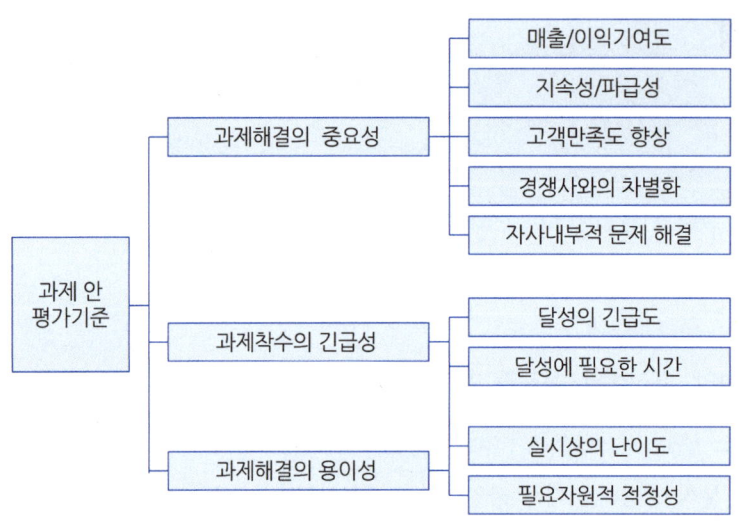

2) **문제 도출** : 선정된 문제를 분석하여 해결해야 할 것이 무엇인지를 명확히 하는 단계(구조파악, 핵심 문제 선정)
   - Logic Tree : 구조파악을 위해 문제의 원인을 파고 들거나 해결책을 구체화할 때 제한된 시간 안에서 넓이와 깊이를 추구하는데 도움이 되는 기술로 주요 과제를 나무모양으로 분해·정리하는 기술

예제 07 문제인식을 위한 분석방법 중 전체 문제를 세부 문제로 쪼개는 과정을 통해 문제의 구조를 파악하는 방법을 고르시오.

① 3C 분석　　② 4P 분석　　③ Logic Tree　　④ SWOT 분석

정답 ③

---

3) **원인 분석** : 문제 도출 후 파악된 핵심 문제에 대한 분석을 통해 근본 원인을 찾는 단계(쟁점 분석, 데이터 분석, 원인 파악)
   - 원인의 패턴 : 단순한 인과관계(명확), 닭과 계란의 인과관계(원인과 결과의 구분이 어려움), 복잡한 인과관계(앞선 두 가지 유형이 복잡하게 서로 얽힘. 대부분의 문제가 해당

4) **해결안 개발** : 원인이 밝혀지면 이를 효과적으로 해결할 수 있는 다양한 해결안을 개발하고 최선의 해결안을 선택하는 것이 필요(해결안 도출, 해결안 평가 및 최적안 선정)
   ① 해결안 평가 및 최적안 선정은 문제(what), 원인(why), 방법(how)을 고려하고,
   ② 해결안 선정을 위해서는 중요도와 실현가능성 등을 고려해서 종합적인 평가를 내림.

※ 채택여부 결정에 도움이 되는 sheet

해결책	중요도		실현 가능성			종합평가	채택여부
	고객 만족도	문제 해결	개발 기간	개발 능력	적용 가능성		
해결책1							

> **예제 08** 문제해결과정 중 해결안을 평가하고 채택할 실현 가능성의 평가 기준이 아닌 것은?
>
> ① 고객 만족 ② 개발 기간 ③ 개발 능력 ④ 적용 가능성

풀이
① 개발 기간, 개발 능력, 적용 가능성은 해결안이 실현 가능한지를 평가하는 기준인 반면, 고객 만족은 해결안의 평가 기준이지만 실현 가능성이 아니라 해결안이 적절한지에 대한 기준임.

5) **실행 및 평가** : 해결안 개발을 통해 만들어진 실행계획을 실제 상황에 적용하는 활동으로 실행계획 수립 → 실행 → Follow-up의 절차로 진행된다.
   ① 실행계획 수립 : 자원(인적, 물적, 예산, 시간)을 고려, 세부 내용의 난이도를 고려하여 가급적 구체적으로 세우는 것이 좋으며, 실행의 목적과 과정별 진행내용을 일목요연하게 파악하도록 해야 한다.
   ② 실행 및 Follow-up : 가능한 사항부터 실행하며, 그 과정에서 나온 문제점을 해결해 가면서 해결안의 완성도를 높이고 일정 수준에 도달하면 전면적으로 전개해 나가는 것이 필요.
      • pilot test(예비테스트)를 통해 문제점 발견
      • 실행상의 문제점 및 장애요인을 신속히 해결하기 위한 모니터링체제를 구축

> **예제 09** 실행계획을 수립할 때 고려해야 되는 사항으로 옳지 않은 것을 고르시오.
>
> ① 실행상의 문제점을 해결하기 위한 모니터링 체제를 구축해야 함
> ② 인적, 물적, 예산, 시간에 대한 고려를 통해 수립해야 함
> ③ 해결안별 세부 실행내용을 구체적으로 수립해야 함
> ④ 실행의 목적과 과정별 진행내용을 일목요연하게 정리해야 함

풀이
① 실행 및 Follow-up단계에 대한 설명으로, 실행계획을 수립한 후 실제 계획에 따라 해결안을 실행하는 과정에 대한 설명임

STEP 1

01 "문제점"에 관한 설명으로 거리가 먼 것은?

① 문제의 근본 원인이 되는 사항
② 문제해결에 필요한 열쇠의 핵심 사항
③ 문제의 발생을 미리 방지할 수 있는 사항
④ 문제점을 개선할 수 있으나 손을 쓰지 않아도 되는 사항

해설
문제점은 문제의 근본 원인으로 문제해결에 필요한 핵심사항이며 문제의 발생을 미리 방지할 수 있는 것이다.

02 문제의 유형에 대한 설명으로 옳지 않은 것을 고르시오.

① 창조형 문제는 설정형 문제라고 하기도 한다.
② 탐색형 문제는 잠재문제, 예측문제, 발견문제의 세 가지 형태로 구분된다.
③ 찾는 문제는 눈에 보이지 않는 문제로 장래의 경영 전략을 생각하는 것이다.
④ 발생형 문제는 눈에 보이는 이미 일어난 문제로, 어떤 기준을 일탈함으로써 생기는 일탈 문제와 기준에 미달하여 생기는 미달문제가 있다.

해설
- 발생형 문제(보이는 문제) : 직면한 문제 – 일탈문제 / 미달문제
- 탐색형 문제(찾는 문제) : 개선, 효율을 위한 문제 – 잠재문제 / 예측문제 / 발견문제
- 설정형 문제(미래 문제) : 장래 경영 전략

③ 찾는 문제는 눈에 보이지 않는 문제로 장래의 경영 전략을 생각하는 것이다.
→ 장래의 경영 전략은 설정형 문제 또는 미래문제이다.

03 회의가 효율적이고 체계적으로 진행되도록 촉진하고, 회의의 주제나 목표를 달성하도록 지원하는 것을 고르시오.

① 소프트 어프로치   ② 하드 어프로치
③ 퍼실리테이션   ④ 컨퍼런스플래너

해설
퍼실리테이션
→ 단어의 뜻이 촉진이다.

정답 01 ④ 02 ③ 03 ③

04 창의적인 사고와 관련한 내용으로 보기 어려운 것을 고르시오.

① 새롭고 유용한 아이디어를 생산해 내는 정신적인 과정이다.
② 통상적인 것이 아니라 기발하거나, 신기하며 독창적인 것이다.
③ 유용하고 적절하며, 가치가 있어야 한다.
④ 사고 전개에 있어서 전후의 관계가 일치하고 있는지를 살펴야 한다.

해설
사고 전개에 있어서 전후의 관계가 일치하고 있는지를 살펴야 한다.
→ 논리적 사고에 대한 내용이다.

05 다음은 창의적 사고에 관한 설명 중 옳지 않은 것을 고르시오.

① 창의적 사고력은 선천적으로 타고난 사람들에게만 있다.
② 창의적 사고란 정보와 정보의 조합이다.
③ 창의적 사고는 사회나 개인에게 새로운 가치를 창출한다.
④ 창의적 사고는 후천적 노력에 의해 개발이 가능하다.

해설
창의적 사고력은 선천적으로 타고난 사람들에게만 있다.
→ 창의적 사고력은 교육을 통한 개발이 가능하다.

06 브레인스토밍에 대한 내용 중 옳지 않은 것을 고르시오.

① 아이디어에 대한 평가는 비판하지 않고 나중까지 유보한다.
② 무엇이든 자유롭게 말한다.
③ 아이디어의 질에는 관계없이 가능한 많은 아이디어들을 생성한다.
④ 주어진 발언 순서에 따라 발언하며 좋은 내용을 선별하면서 토론한다.

해설
주어진 발언 순서에 따라 발언하며 좋은 내용을 선별하면서 토론한다.
→ 브레인스토밍은 아이디어의 질과 발언 순서에 있어 자유롭다.
내용의 좋고 나쁨을 바로 평가하지 않고 최대한 많은 아이디어를 생성한다.

07 비판적 사고에 대한 설명 중 옳지 않은 것을 고르시오.

① 비판적으로 사고하는 것은 어떤 주제나 주장에 대해서 적극적으로 분석하는 것이다.
② 비판적 사고는 그 주장의 잘못된 점을 찾아 반박하는 것이다.
③ 감정적, 주관적 요소를 배제하고 객관성에 근거하여 논증을 펴야 한다.
④ 비판적 사고는 부정적으로 생각하는 것이 아니라 지식과 정보에 바탕을 둔 합당한 근거에 기초를 두고 하는 것이다.

해설
비판적 사고는 그 주장의 잘못된 점을 찾아 반박하는 것이다.
→ 제기된 주장에 어떤 오류나 잘못이 있는지를 찾아내기 위해 지엽적인 부분을 확대하여 문제로 삼는 것이 아니라, 지식정보를 바탕으로 한 합당한 근거에 기초를 두고 현상을 분석하고 평가하는 사고이다.

정답 04 ④ 05 ① 06 ④ 07 ②

Chapter 3 자기개발능력

1 자기개발능력의 개념 및 중요성

1. 자기개발능력의 필요성
① 변화하는 환경에 대해 적응하기 위함
② 업무의 성과 향상을 위함.
③ 긍정적인 인간관계 형성을 위함
④ 자신의 목표를 발견하고 성취하기 위함
⑤ 삶의 질의 향상으로 보다 보람된 삶을 영위하기 위함

예제 01 입사 후 자기개발 교육을 받은 뒤 자신을 돌아보는 시간을 가지려 한다. 적절한 것을 고르시오.

2015 인천항만공사 유사

① 타인과의 대화를 통하여 내가 모르던 나를 파악한다.
② 모두에게 존경 받는 팀장의 행동을 관찰 분석한다.
③ 업무 지침을 따라 업무수행의 효율을 극대화하고, 그 과정에서 나만의 방식을 찾는다.
④ 직무정보를 탐색하고 경력에 대한 구체적인 전략을 수립한다.

풀이
① 자신을 돌아보는 시간은 자기개발 단계 중 자아인식에 해당
② 역할모델 설정은 자기관리
③ 업무지침 자기관리
④ 경력에 대한 전략은 경력개발

정답 ①

---

2. 자기개발의 특징
① 자기개발의 주체는 자신이므로, 자기 자신을 이해하는 것이 선행되어야 함
② 집단이 아닌 개별적 측면의 과정으로, 개인별 전략과 방법이 선정돼야 함
③ 환경은 끊임없이 변화하므로 자기 개발 역시 평생에 걸쳐 이루어지는 과정
④ 자기개발은 일과 관련하여 이루어지는 과정
⑤ 자기개발은 생활 가운데 이루어져야 한다.
⑥ 특정한 사람만 하는 것이 아니라, 모든 사람이 해야 하는 활동

3. 자기개발의 구성

1) 자아인식

① 직업생활과 관련하여 자신이 누구인지 파악하는 것.
② 자기개발의 첫 단계가 되며, 이를 통해 적절한 자기개발이 이루어질 수 있다.

※ 자신을 알아가는 법
① 내가 아는 나를 확인하는 법
② 다른 사람과의 대화를 통해 알아가는 법
③ 표준화된 검사 척도를 이용하는 법

2) 자기관리 : 목표를 성취하기 위하여 자신의 행동 및 업무수행을 관리, 조정

과제 발견 → 자신의 일정 수립 → 자기관리 수행 → 피드백

3) 경력개발

① 개인의 경력목표와 전략을 수립하고 실행하며 피드백하는 과정
② 경력 : 일생에 걸쳐서 지속적으로 이루어지는 일과 관련된 경험

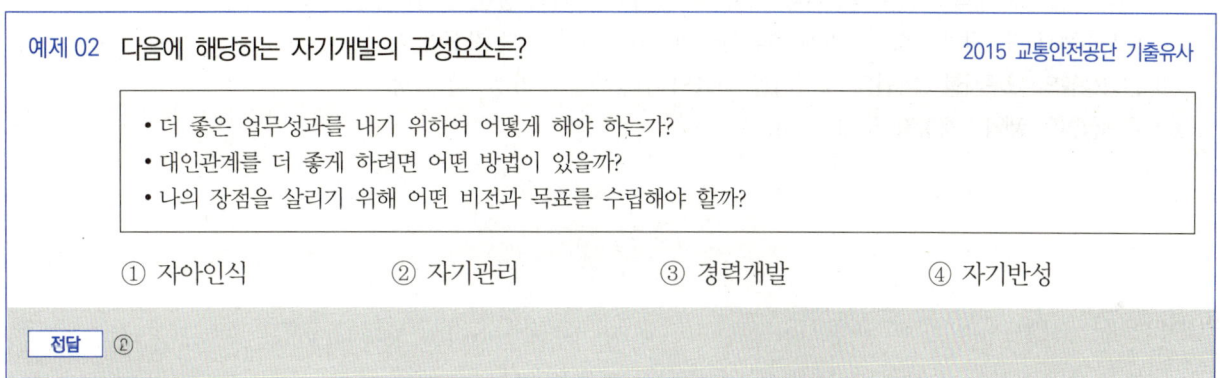

4. 자기개발 설계 전략

1) 장단기 목표 수립

① 장기 목표(5 ~ 20년) : 자신의 특성 및 직무의 특성, 타인과의 관계 고려
② 단기 목표(1 ~ 3년) : 장기 목표의 기본 단계. 직무관련 경험, 개발할 능력 및 자격증, 인간관계 등을 고려

2) 인간관계 고려

3) 현재 직무 고려

4) 구체적인 방법으로 계획 : 단, 장기목표일 경우 구체적 계획이 어렵거나 바람직하지 않을 수 있다.

5) 자신을 브랜드화 : (PR : Public Relations), 소셜네트워크와 인적네트워크 활용, 경력 포트폴리오를 구성

> 예제 03 자기개발 계획을 수립하기 위한 전략에 대한 설명으로 옳지 않은 것을 고르시오.
>
> ① 단기목표는 장기목표를 수립하기 위한 기본단계가 된다.
> ② 장단기 목표 모두 반드시 구체적으로 작성한다.
> ③ 인간관계는 자기개발 목표를 수립하는데 고려해야 될 사항인 동시에 하나의 자기개발 목표가 될 수 있다.
> ④ 미래에 대한 계획이지만 현재의 직무를 고려할 필요가 있다.
>
> 풀이
> ② 단기목표는 장기목표를 세우는 기본단계, 장기목표의 경우에 따라서 매우 구체적인 방법을 계획하는 것이 어렵거나 바람직하지 않을 수 있다. 자기개발을 수립할 때에는 현재의 직무와 관련하여 계획을 수립한다.

5. 자기개발 계획 수립이 어려운 이유

① 자기정보의 부족 : 자신의 흥미, 장점, 가치, 라이프스타일을 충분히 이해하지 못함
② 내부 작업정보 부족 : 회사 내의 경력기회 및 직무 가능성에 대해 충분히 알지 못함
③ 외부 작업정보 부족 : 다른 직업이나 회사 밖의 기회에 대해 충분히 알지 못함
④ 의사결정시 자신감의 부족 : 자기개발과 관련된 결정을 내릴 때 자신감 부족
⑤ 일상생활의 요구사항 : 개인의 자기개발 목표와 일상생활(가정) 간 갈등
⑥ 주변상황의 제약 : 재정적 문제, 연령, 시간 등

2 자아인식능력

1. 자아인식의 개념

1) **자아인식** : 자신의 가치, 신념, 태도 등을 알고 이들이 자신의 행동에 어떤 영향을 미치는지 아는 것
   → 자아정체감, 성장욕구 증가, 자기개발 방법 결정, 성과 향상

2) **자아** : 자신에 대한 인식과 신념의 체계적이고 일관된 집합

3) **자아존중감**
   ① 개인의 가치에 대한 주관적인 평가와 판단을 통해 자기결정에 도달하는 과정
   ② 스스로에 대한 긍정적 또는 부정적 평가를 통해 가치를 결정짓는 것
   ③ 주변의 의미 있는 타인에게 영향을 받으며, 환경에 적응할 수 있도록 도움
   ④ 가치 차원(자신에 대한 타인의 가치 평가), 능력 차원(목표 달성), 통제감 차원(주변 상황의 통제)으로 구분

2. 자아인식 방법

1) 자아인식 방법

   ① 조해리의 창 활용

구분	내가 아는 나	내가 모르는 나
타인이 아는 나	공개된 자아 Open Self	눈먼 자아 Blind Self
타인이 모르는 나	숨겨진 자아 Hidden Self	아무도 모르는 자아 Unknown Self

   ② 내가 아는 나를 확인하기
   ③ 다른 사람과의 커뮤니케이션
   ④ 표준화 검사 도구 : 객관적으로 비교해볼 수 있는 척도를 제공

예제 04 최고의 개그맨 빠꼼이는 방송에서 말이 많고 명랑한 사람으로 알려져 있다. 하지만 빠꼼이는 집에 있거나 가족과 함께하면 조용하고 말이 없는 성격이다. 이를 통해 알 수 있는 조해리의 창 속 자아는 무엇인가?

① 눈먼 자아   ② 아무도 모르는 자아   ③ 공개된 자아   ④ 숨겨진 자아

풀이
④ 스스로는 알고 있지만 타인이 모르는 자아는 숨겨진 자아에 해당

---

3. 자아성찰

1) 자아성찰의 효과
   ① 다른 일을 하는 데 노하우가 축적된다.
   ② 성장의 기회가 된다.
   ③ 신뢰감을 형성 : 같은 실수를 반복하지 않아 다른 사람에게 신뢰감을 준다.
   ④ 창의적인 사고를 가능하게 한다.

2) 자아성찰의 방법

- **성찰노트** 작성
  - 잘했던 일과 잘못했던 일을 생각해보고, 개선점 등을 아무 형식 없이 메모
  - 끊임없이 질문

> **예제 05** 성찰에 대한 설명으로 옳지 않은 것을 고르시오.   2015 교통안전공단기출 유사
>
> ① 성찰은 지속적인 연습의 과정
> ② 성찰은 성장의 기회가 된다.
> ③ 성찰은 과거의 일에 대한 반성이므로 현재의 부족한 부분을 알기는 어렵다.
> ④ 성찰은 창의적인 사고를 가능하게 한다.
> ⑤ 성찰은 신뢰감 형성에 도움을 준다.
>
> **풀이**
> ③ 성찰은 과거의 일을 반성하고 현재의 부족한 부분을 인식함으로써 성장해 나가는 과정

3 자기관리능력

1. 자기관리능력
① 자신의 행동 및 업무 수행을 통제, 관리, 조정하는 능력
② 자기관리 절차 : 비전 및 목표 정립 → 과제 발견 → 일정 수립 → 수행 → 반성 및 피드백

2. 우선순위 결정
① 1순위 : 긴급하고 중요한 문제(제일 먼저 해결)
② 2순위 : 긴급하지는 않지만 중요한 문제(계획, 준비)
③ 3순위 : 긴급하지만 중요하지는 않은 문제(빨리 해결해야할 문제)
④ 4순위 : 긴급하지도 않고 중요하지도 않은 문제(하찮은 일)

3. 일정 수립
일정은 월간계획(장기적 관점에서) → 주간계획(우선순위가 높은 일 먼저) → 하루계획(시간단위로) 순으로 작성

예제 06 5명의 팀원에 대한 평가를 해야 한다면 가장 낮게 평가 할 사람은 누구인가?　　2015 인천항만공사 기출유사

- A는 일의 효율성을 위해 비슷한 업무끼리 함께 묶어서 처리한다.
- B는 오늘 해야 할 업무를 미루지 않고 반드시 기한 내에 처리한다.
- C는 팀의 지침을 따르기보다 자신의 판단대로 업무를 처리한다.
- D는 롤 모델을 정해 최대한 비슷하게 업무를 처리한다.
- E는 동료와 같은 업무를 맡았을 때 다른 방식으로 업무를 처리하려고 한다.

① A　　② B　　③ C　　④ D　　⑤ E

풀이
③ 업무수행 성과를 높이기 위해서는 회사와 팀의 지침을 따라 업무를 처리한다.

---

4. 합리적인 의사 결정 과정
1) 문제의 근원을 파악한다.
2) 의사결정의 기준과 가중치를 정한다.
3) 의사결정에 필요한 정보를 수집한다.
4) 가능한 모든 대안을 탐색한다.
5) 각 대안을 분석 및 평가한다.
6) 최적안을 선택한다.
7) 의사결정 결과를 평가하고 피드백한다.

※ 거절의 의사결정과 거절하기

① 상대방의 말을 들을 때에는 주의하여 귀를 기울여서 문제의 본질을 파악
② 거절의 의사결정은 빠를수록 좋다. 오래 지체될수록 상대방은 긍정의 대답을 기대하게 되고, 의사결정자는 거절하기 더욱 어려워진다.
③ 거절을 할 때에는 분명한 이유를 만들어야 한다.
④ 대안을 제시한다.

※ 업무수행 성과를 높이기 위한 행동전략

① 일을 미루지 않는다.
② 업무를 묶어서 처리한다.
③ 다른 사람과 다른 방식으로 일한다.
④ 회사와 팀의 업무 지침을 따른다.
⑤ 역할 모델을 설정한다.

4 경력개발능력

1. 경력개발능력의 개념 및 필요성

1) **경력개발능력** : 자신의 진로에 대해 단계적 목표를 설정하고 목표성취에 필요한 역량을 개발해 나가는 능력

2) 경력 개발의 필요성
   ① 환경변화
      - 지식정보의 빠른 변화
      - 인력난 심화
      - 삶의 질 추구
      - 중견사원 이직증가
   ② 조직요구
      - 경영전략 변화
      - 승진 적체
      - 직무환경 변화
      - 능력주의 문화
   ③ 개인요구
      - 발달단계에 따른 가치관, 신념 변화
      - 전문성 축적 및 성장 요구 증가
      - 개인의 고용시장 가치 증대

2. 경력단계모형

단계	내용
직업 선택	자신에게 적합한 직업이 무엇인지 탐색하고 이를 선택 후, 필요한 능력을 키우는 과정
조직 입사	자신의 환경과 특성을 고려해 직무를 선택하는 과정
경력 초기	자신이 맡은 업무의 내용을 파악하고, 새로 들어간 조직의 규칙이나 규범, 분위기를 알고 적응해 나가는 것이 중요한 과제
경력 중기	그동안 성취한 것을 재평가하고, 생산성을 그대로 유지하는 단계. 더 이상 수직적인 승진 가능성이 적은 경력 적체 시기, 새로운 환경 변화에 직면하여 생산성 유지에 어려움을 겪기도 함
경력 말기	조직의 생산적인 기여자로 남고 자신의 가치를 지속적으로 유지하기 위해 노력하는 동시에 퇴직을 고려

예제 07 다음에서 설명하는 경력개발의 단계는 무엇인가?　　　　　　　　　　　2015 한국산업인력공단 기출

> 이 단계는 조직의 규칙이나 규범, 분위기를 알고 적응해 나가는 것이 중요한 과제이다. 또한 궁극적으로 조직에서 자신의 입지를 확고히 다져나가 승진하는 데 많은 관심을 갖는 시기이다.

① 직업선택　　② 조직입사　　③ 경력초기　　④ 경력중기　　⑤ 경력말기

풀이
③ 경력단계는 직업선택, 조직입사, 경력초기, 경력중기, 경력말기로 이루어짐. 자신의 입지를 다지고 승진하는 데 많은 관심을 가지는 시기는 경력초기에 해당

STEP 1

01 자기 개발의 필요성에 대한 설명으로 옳지 않은 것을 고르시오.

① 효과적인 업무의 성과 향상을 위한 것이다.
② 급변하는 환경에 흔들리지 않고 변함없기 위하여 필요하다.
③ 삶의 질의 향상으로 보다 보람된 삶을 영위하기 위함이다.
④ 긍정적인 인간관계 형성을 위하여 필요하다.

해설
급변하는 환경에 흔들리지 않고 변함 없기 위하여 필요하다.
→ 급변하는 환경에 적응하기 위해 끊임없이 노력하는 것이다.

02 자기개발의 특징에 대한 내용으로 옳지 않은 것을 고르시오.

① 자기개발의 주체는 자신이므로, 자기 자신을 이해하는 것이 선행되어야 한다.
② 집단이 아닌 개별적 측면의 과정으로, 개인별 전략과 방법이 선정돼야 한다.
③ 자기개발은 필요한 특정한 시기에 집중적으로 하여야 효과적이다.
④ 특정한 사람만 하는 것이 아니라, 모든 사람이 해야 하는 활동이다.

해설
자기개발은 필요한 특정한 시기에 집중적으로 하여야 효과적이다.
→ 환경은 끊임없이 변화하므로 자기 개발 역시 평생에 걸쳐 이루어지는 과정이다.

03 자기개발 계획 수립을 위한 전략으로 옳지 않은 것을 고르시오.

① 자기개발 계획을 수립할 때에는 자신의 인간관계를 고려한다.
② 자기개발 계획은 현재 직무를 고려하는 것이 좋다.
③ 자기개발의 방법은 구체적으로 세우며 특히 장기목표일수록 구체적으로 세워야 한다.
④ 단기목표 계획은 장기목표 계획의 기본 단계이며 1~3년에 맞는 계획을 세운다.

해설
자기개발의 방법은 구체적으로 세우며 특히 장기목표일수록 구체적으로 세워야 한다.
→ 장기목표일 경우 구체적 계획이 어렵거나 바람직하지 않을 수 있다.

정답 01 ② 02 ③ 03 ③

04 다음 중 자아 인식 방법이 아닌 것을 고르시오.

① 내가 아는 나 확인 하기 ② 다른 사람과의 커뮤니케이션
③ 성찰 노트를 통한 개선 ④ 표준화 검사 도구 활용

해설

성찰 노트를 통한 개선
→ 자아 성찰의 방법이다.

05 자아 성찰의 효과에 대한 내용으로 알맞지 않은 것을 고르시오.

① 다른 일을 하는데 노하우가 축적된다.
② 같은 실수가 반복되어 미리 대책을 세울 수 있다.
③ 성장의 기회가 된다.
④ 창의적인 사고를 가능하게 한다.

해설

같은 실수가 반복되어 미리 대책을 세울 수 있다.
→ 같은 실수를 반복하지 않아 다른 사람에게 신뢰감을 준다.

06 자기 관리와 관련하여 일정 수립의 내용으로 옳은 것을 고르시오.

① 중요하지 않더라도 빨리 해결해야 될 문제를 2순위로 정한다.
② 월간 계획부터 주간 계획, 하루 계획 순으로 세워 나간다.
③ 하루 계획은 우선순위가 높은 일을 먼저 하도록 작성한다.
④ 주간 계획은 시간 단위로 계획한다.

해설

① 중요하지 않더라도 빨리 해결해야 될 문제를 2순위로 정한다.
→ 3순위
③ 하루 계획은 우선순위가 높은 일을 먼저 하도록 작성한다.
→ 우선순위가 높은 일을 먼저 하도록 작성하는 것은 주간계획이다.
④ 주간 계획은 시간 단위로 계획한다.
→ 시간 단위로 계획하는 것은 하루 계획이다.

정답 04 ③ 05 ② 06 ②

07 업무수행 성과를 높이기 위한 행동 전략이 아닌 것을 고르시오.

① 일을 미루지 않는다.
② 다른 사람과 다른 방식으로 일한다.
③ 업무는 묶어서 처리하지 않는다.
④ 회사 및 팀의 업무 지침을 따른다.

해설
업무는 묶어서 처리하지 않는다.
→ 유사한 업무는 한 번에 묶어서 처리하는 것이 효과적이다.

08 거절의 의사결정을 할 때 유의하여야 할 사항으로 옳지 않은 것을 고르시오.

① 상대의 말을 들을 때에는 주의 깊게 귀를 기울여 문제의 본질을 파악한다.
② 거절의 의사결정은 배려의 차원에서 너무 빠르지 않도록 한다.
③ 거절을 할 때에는 분명한 이유를 만들어야 한다.
④ 거절과 함께 대안을 제시한다.

해설
거절의 의사결정은 배려의 차원에서 너무 빠르지 않도록 한다.
→ 거절의 의사결정은 빠를수록 좋다. 오래 지체될수록 상대방은 긍정의 대답을 기대하게 되고, 의사결정자는 거절하기 더욱 어려워진다.

09 다음의 경력개발의 필요성 세가지 환경변화, 조직요구, 개인요구 중 '환경변화'에 해당하는 것을 고르시오.

| ㉠ 경영 전략 변화 | ㉡ 승진 적체 |
| ㉢ 중견 사원 이직 증가 | ㉣ 직무환경 변화 |

① ㉠　　② ㉡　　③ ㉢　　④ ㉣

해설
㉠ 경영 전략 변화 → 조직요구
㉡ 승진 적체 → 조직요구
㉢ 중견 사원 이직 증가 → 환경변화
㉣ 직무환경 변화 → 조직요구
조직 안에서 일어나는 현상은 조직요구로 본다.

정답 07 ③　08 ②　09 ③

Chapter 3. 자기개발능력

10 경력단계 모형에 대한 설명 중 옳지 않은 것을 고르시오.

① 직업 선택 : 환경과 자신의 특성 및 조직의 특성을 고려하여 직무를 선택하는 과정
② 경력 초기 : 자신이 맡은 업무의 내용을 파악하고, 새로 들어간 조직의 규칙이나 규범, 분위기를 알고 적응해 나가는 것이 중요한 과제
③ 경력 중기 : 그동안 성취한 것을 재평가하고, 생산성을 그대로 유지하는 단계
④ 경력 말기 : 조직의 생산적 기여자로 남고 자신의 가치를 지속적으로 유지하기 위해 노력하는 시기

해설
직업 선택 : 환경과 자신의 특성 및 조직의 특성을 고려하여 직무를 선택하는 과정
→ 직무를 선택하는 것은 "조직입사"이다.

11 다음에서 설명하는 경력단계는 무엇인지 고르시오.

> 조직에 입사하여 직무와 조직의 규칙과 규범에 대해 익히게 된다. 자신이 맡은 업무의 내용을 파악하고, 새로 들어온 조직의 규칙이나, 규범, 분위기를 알고 적응해 나가는 것이 중요한 과제이다. 궁극적으로 조직에서 자신의 입지를 확고히 다져 나가 승진하는데 많은 관심을 가지는 시기이다.

① 직업선택　　② 조직입사　　③ 경력초기　　④ 경력중기

해설
"적응"이라는 단어를 통해 '경력초기' 단계임을 알 수 있다.

정답 10 ① 11 ③

Chapter 4 자원관리능력

1 자원관리능력의 개념 및 구성

1. 자원관리능력
① 직장생활의 시간·예산·물적자원·인적자원 등의 자원 가운데
② 무엇이 얼마나 필요한지를 확인하고,
③ 가용할 수 있는 자원을 최대한 확보하여
④ 실제 업무에 어떻게 활용할 것인지에 대한 계획을 수립하여
⑤ 확보된 자원을 효율적으로 관리하는 능력

2. 자원관리능력의 구성

- 시간관리능력
- 예산관리능력
- 물적자원관리능력
- 인적자원관리능력

공통점 : 유한성
자원의 유한성으로 인해 자원을 효과적으로 확보, 유지, 활용하는 자원관리는 매우 중요

3. 자원 낭비의 요인
① 비계획적인 행동 : 자원 활용에 대한 계획 없이 충동적이고 즉흥적인 행동
② 편리성 추구 : 자원의 활용 시 자신의 편리함을 최우선으로 추구
③ 자원에 대한 인식의 부재 : 자신이 가지고 있는 중요 자원의 불인식
④ 노하우 부족 : 효과적인 자원관리에 대한 노하우 부족

예제 01 자원관리능력에 대한 설명으로 옳지 않은 것을 고르시오.

① 자원의 활용 시 자신의 편리함을 최우선으로 추구한다.
② 예산관리능력은 최소의 비용으로 최대의 효과를 얻기 위해 요구되는 능력이다.
③ 인적 자원은 사용자와 근로자 간의 협력 체제가 이루어지도록 해야 한다.
④ 물적 자원은 크게 자연 자원과 인공 자원으로 나눌 수 있다.

풀이
① 자원 낭비의 요인이다.

4. 자원관리의 4단계 과정

① 필요한 자원의 종류와 양 확인
② 이용 가능한 자원의 수집과 확보 : 필요한 양보다 조금 여유 있게 확보
③ 자원활용계획 수립 : 우선순위를 고려
④ 계획에 따른 수행

> **예제 02** 다음 중 자원 관리 과정을 순서대로 나열한 것을 고르시오.
>
> ㄱ. 이용 가능한 자원 수집하기
> ㄴ. 계획대로 수행하기
> ㄷ. 필요한 자원의 종류와 양 확인
> ㄹ. 자원 활용 계획 세우기
>
> ① ㄱ-ㄴ-ㄷ-ㄹ　② ㄷ-ㄱ-ㄹ-ㄴ　③ ㄷ-ㄹ-ㄱ-ㄴ　④ ㄱ-ㄷ-ㄴ-ㄹ
>
> 정답 ②

2 시간관리능력

1. 시간관리능력

1) **시간관리의 필요성** : 삶의 문제를 해결(시간의 통제 불가능)

2) **시간관리의 효과**
　① 스트레스 관리 : 시간관리를 통해 일에 대한 부담을 감소시켜 스트레스 감소
　② 균형적인 삶 : 직장에서 일을 수행하는 시간이 감소하여 다양한 삶의 향유가 가능
　③ 생산성 향상 : 시간은 한정된 자원이므로 효율적으로 관리로 생산성 향상 가능
　④ 목표성취 : 시간관리는 목표에 매진할 시간을 갖도록 함

3) **시간의 특성**
　① 시간은 매일 주어지는 기적이다.
　② 시간은 똑같은 속도로 흐른다.
　③ 시간의 흐름은 멈추게 할 수 없다.
　④ 시간은 꾸거나 저축할 수 없다.
　⑤ 시간은 사용하기에 따라 가치가 달라진다.
　⑥ 시간은 시절에 따라 밀도와 가치가 다르다.

2. 시간단축

1) **시간단축** : 정해진 업무량에 투입되는 시간의 축소 또는 한정된 시간에 할 수 있는 업무량 증가

2) **시간단축 효과**

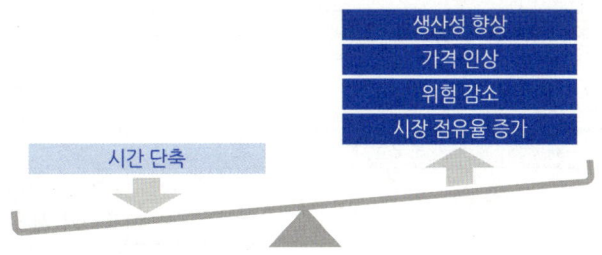

> **예제 03** 시간 관리의 효과로 옳지 않은 것을 고르시오.
>
> ① 시간관리를 통해 일에 대한 부담을 감소시켜 스트레스를 감소시킬 수 있다.
> ② 직장에서 일을 수행하는 시간이 감소하여 다양한 삶의 향유가 가능하게 한다.
> ③ 시간은 무한한 자원이므로 여유를 가지고 활용한다면 생산성 향상이 가능하다.
> ④ 시간관리는 목표에 매진할 시간을 갖도록 한다.
>
> **풀이**
> ③ 시간은 매우 한정된 자원이므로 효율적으로 관리하여야만 생산성 향상이 가능하다.

3) **시간관리에 대한 오해**

① 시간관리는 상식에 불과하다. : 나는 회사에서 일을 잘하고 있기 때문에 시간관리도 잘한다.
② 나는 시간에 쫓기면 일을 더 잘하는데 : 시간을 관리하면 오히려 나의 강점이 없어질지도 모른다.
③ 나는 약속을 표시해둔 달력과 해야 할 일에 대한 목록만으로 충분하다.
④ 시간관리 자체는 유용할지 모르나 창의적인 일을 하는 나에게는 잘 맞지 않는다.

> **예제 04** 시간낭비 요인이 아닌 것을 고르시오
>
> ① 불명확한 목적을 가진 긴 회의 ② 많은 통지문서
> ③ 기다리는 시간   ④ 부적당한 파일링시스템
> ⑤ 여유로운 점심시간
>
> **풀이**
> ⑤ 점심시간은 당연히 할당되어야 할 시간.

3. 시간계획

1) **시간계획** : 시간활용 계획 수립 = 시간창출(여유시간 포함)

2) **시간계획의 순서**

   명확한 목표 설정 ➡ 일의 우선순위 확정 ➡ 예상소요시간 결정 ➡ 시간계획서 작성

   ※ 일의 우선순위 판단 매트릭스

구분	긴급함	긴급하지 않음
중요함	위기상황, 급박한 문제, 기간이 정해진 프로젝트	예방/생산 능력 활동, 인간관계 구축, 새로운 기회 발굴, 중장기 계획, 오락
중요하지 않음	잠깐의 급한 질문, 일부 보고서 및 회의, 눈앞의 급박한 상황, 인기 있는 활동 등	바쁜 일, 하찮은 일, 우편물, 전화, 시간, 낭비거리, 즐거운 활동 등

> **예제 05** 시간 관리 매트릭스 4단계 중 다음 설명에 해당하는 것을 고르시오.
>
> - 인관관계 구축
> - 새로운 기회 발굴
> - 중장기 계획
>
> ① 긴급하면서 중요한 일   ② 긴급하지 않지만 중요한 일
> ③ 긴급하지만 중요하지 않은 일   ④ 긴급하지 않고 중요하지 않은 일
>
> **풀이**
> ② 중요성은 목표를 이루기 위한 요소들의 기여도를 의미하고, 긴급성은 즉각적인 처리가 요구되고 보통 눈앞에 보이며 심리적으로 압박감을 주는 정도를 의미

3 예산관리능력

1. 예산관리능력의 개념 및 필요성

1) **예산관리** : 비용산정 + 예산 수립 + 예산 집행(통제)

2) **예산관리의 필요성** : 예산은 한정되므로 효율적 사용으로 성과를 높임.

3) **예산관리의 이상적 상태**

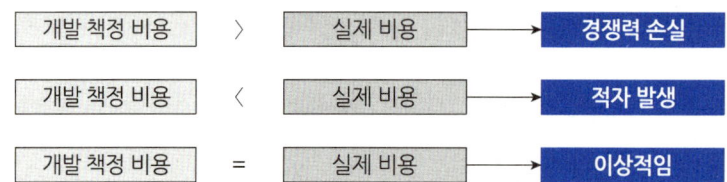

2. 예산을 구성하는 요소

1) **직접**비용 : 제품의 생산이나 서비스를 창출하기 위해 직접 소비된 비용
   - 재료비, 원료와 장비, 시설비, 여행(출장) 및 잡비, 인건비

2) **간접**비용 : 소비된 비용 중에서 직접비용을 제외한 비용
   - 보험료, 건물관리비, 광고비, 통신비, 사무비품비, 각종 공과금 등

예제 06 예산의 구성요소 중 성격이 다른 하나를 고르시오.

① 인건비   ② 원료와 장비   ③ 광고비   ④ 여행출장비

풀이
③ 직접비용과 간접비용으로 구분한다.

---

3. 예산관리 절차 : 필요한 활동 규명 → 우선순위 결정 → 예산 배정

1) 예산이 필요한 활동 규명 : 활동과 소요예산을 정리(과업세부도 활용 효과적)

   ※ 과업세부도의 활용
   - 과제 및 활동계획 수립 시 가장 기본적인 수단으로 활용되는 그래프
   - 과제 수행에 필요한 예산 항목을 빠뜨리지 않고 확인가능
   - 전체 예산을 정확하게 분배할 수 있음

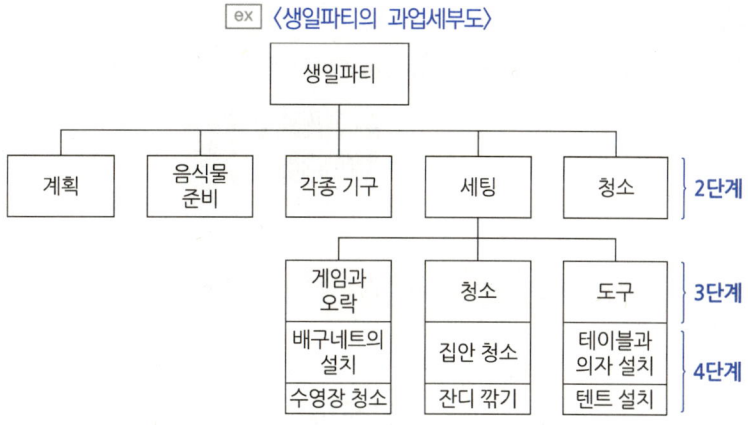

ex 〈생일파티의 과업세부도〉

2) 우선순위 결정 : 우선적으로 예산이 배정되어야 하는 활동을 도출하기 위해 활동별 예산지출 규모를 확인하고 우선순위 확정

3) 예산 배정 : 우선순위가 높은 활동부터 예산을 배정

4 물적자원관리능력

1. 물적자원의 개념 및 중요성

1) 물적자원관리의 중요성
   ① 다양한 물적자원을 얼마나 확보하고 활용하느냐에 개인과 국가의 큰 경쟁력
   ② 효과적인 관리 : 경쟁력 향상, 사업의 성공
   ③ 관리 부족 : 경제적 손실, 사업의 실패

2) 물적자원활용의 방해요인
   ① 보관 장소를 파악하지 못하는 경우
   ② 훼손된 경우
   ③ 분실한 경우
   ④ 목적 없이 물건을 구입한 경우

2. 물적자원관리 과정

1) 사용품과 보관품의 구분 : 반복 작업 방지 / 물품활용의 편리성

2) 동일 및 유사 물품의 분류 : 동일성의 원칙 / 유사성의 원칙

3) 물품의 특성에 맞는 보관 장소 선정 : 물품의 형상 / 물품의 소재

3. 물적자원관리 기법

1) 바코드 : 굵기가 다른 검은/하얀 막대를 조합시켜 데이터를 코드화 한 것

2) QR코드 : 흑백 격자무늬 패턴으로 정보를 나타내는 매트릭스 형식의 바코드로, 넉넉한 용량을 강점으로 다양한 정보를 담을 수 있다.

3) 바코드의 원리를 활용한 물품관리 : 위치 및 정보를 기호화하여 효과적 관리

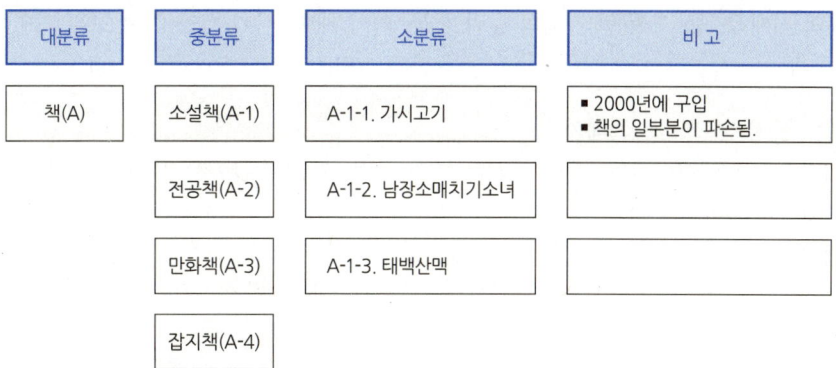

5 인적자원관리능력

1. 인적자원관리의 개념

- 효율적인 인사관리의 원칙
  ① 적재적소 배치의 원리 : 해당 직무에 가장 적합한 인재를 배치
  ② 공정 보상의 원칙 : 근로자의 인권 존중, 공헌도에 따라 공정하게 지급
  ③ 공정 인사의 원칙 : 직무, 승진, 상벌, 평가, 임금 등을 공정하게 처리
  ④ 종업원 안정의 원칙 : 신분 및 근무의 지속성 보장, 안정감 부여
  ⑤ 창의력 계발의 원칙 : 새로운 기회를 부여, 보상에 따른 인센티브를 제공
  ⑥ 단결의 원칙 : 소외감 없도록 배려, 유대감을 통한 협동 체제 구축

2. 인적자원의 특성

1) **능동성** : 인적자원은 능동적이고 반응적인 성격. 인적자원의 욕구와 동기, 태도와 행동, 만족감에 따라 결정

2) **개발가능성** : 인적자원은 자연적인 성장, 성숙과 함께 오랜 기간에 걸쳐 개발될 수 있는 잠재능력과 자질을 보유

3) **전략적 자원** : 보유한 자원을 활용하는 주체가 사람, 즉 인적자원이므로 어느 자원보다 전략적으로 중요

3. 효과적인 인력배치

1) 적재적소주의(right man for right place)

    ① 가장 적합한 위치에 인력을 배치, 능력을 최대로 발휘해 줄 것을 기대
    ② 배치는 작업이나 직무가 요구하는 요건, 개인이 보유하고 있는 조건이 서로 균형 있고, 적합하게 대응되어야 함

2) 능력주의

    - 개인에게 능력을 발휘할 수 있는 기회와 장소를 부여하고, 그 성과를 바르게 평가하여 평가된 능력과 실적에 대해 그에 상응하는 보상을 준다.

3) 균형주의
- 팀 전체의 적재적소를 고려(팀 전체의 능력 향상, 의식 개혁, 사기 함양)하여 모든 팀원에 대해 평등하게 인력을 배치

※ 배치의 유형 : 양적, 질적, 적성 배치
- 양적 배치 : 부문의 작업량과 조업도, 여유 또는 부적 인원을 감안하여 소요 인원을 결정하여 배치
- 질적 배치 : 적재적소의 배치
- 적성 배치 : 팀원의 적성 및 흥미에 따른 배치

STEP 1

01 자원을 낭비하게 되는 요인으로 볼 수 없는 것을 고르시오.

① 비계획적인 행동　　② 효율성의 추구
③ 자원에 대한 인식의 부재　　④ 노하우의 부족

해설

효율성의 추구
→ 올바른 자원관리능력의 특징이다.

02 다음 중 시간자원의 특징으로 볼 수 없는 것을 고르시오.

① 시간은 매일 주어지는 기적이다.　　② 시간은 똑같은 속도로 흐른다.
③ 시간의 가치는 언제나 일정하다.　　④ 시간의 흐름은 멈추게 할 수 없다.

해설

시간의 가치는 언제나 일정하다.
→ 시간은 사용하기에 따라 가치가 달라진다.

03 기업에서 시간의 단축이 가져오는 효과로 볼 수 없는 것을 고르시오.

① 생산성 향상　　② 가격 인하　　③ 위험 감소　　④ 시장점유율 증가

해설

- 시간단축이 가져오는 효과
- 생산성향상
- 가격인상
- 위험감소
- 시장점유율 증가
② 가격 인하
→ 비용절감으로 제품의 가치가 올라 가격 인상의 효과가 있다.

정답 01 ② 02 ③ 03 ②

04 예산관리의 구성요소로 볼 수 없는 것을 고르시오.

① 비용 산정   ② 예산 수립   ③ 비용 처리   ④ 예산 집행

해설
- 예산 관리의 구성요소
  - 비용 산정, 예산 수립, 예산 집행

05 실제 개발에 들어간 비용이 개발 책정 예산보다 적을 경우 나타나는 결과를 고르시오.

① 이상적인 예산관리 상태이다.   ② 제품의 경쟁력이 사라진다.
③ 판매량의 감소로 적자가 나타난다.   ④ 제품의 판매가격이 높아진다.

해설
제품의 경쟁력이 사라진다.
→ 실제 개발 비용이 적으므로 그만큼 경쟁력이 부족한 제품이 만들어진다.

06 다음 중 간접비용에 해당하지 않는 것을 고르시오.

① 보험료   ② 시설비   ③ 광고비   ④ 통신비

해설
- 직접비 : 재료비, 원료와 장비, 시설비, 여행(출장) 및 잡비, 인건비
- 간접비 : 보험료, 건물관리비, 광고비, 통신비, 사무비품비, 각종 공과금

정답 04 ③ 05 ② 06 ②

07 다음에서 설명하는 것을 고르시오.

> 과제 및 활동계획 수립 시 가장 기본적인 수단으로 활용되는 그래프로 과제 수행에 필요한 예산 항목을 빠뜨리지 않고 확인 가능하여 전체 예산을 정확하게 분배할 수 있는 것

① 과업 세부도 ② 체크 리스트 ③ 업무 기획서 ④ 과업 진행도

08 물적 자원 관리의 과정 중 반복 작업의 방지 및 물품활용의 편리성을 위한 단계는 무엇인지 고르시오.

① 사용물품과 보관물품의 구분
② 동일 및 유사물품의 분류
③ 물품의 특성에 맞는 보관 장소의 선정
④ 효율적 보관 기술 및 기능성 보완

해설
- 사용품과 보관품의 구분 : 반복 작업 방지 / 물품활용의 편리성
- 동일 및 유사 물품의 분류 : 동일성의 원칙 / 유사성의 원칙
- 물품의 특성에 맞는 보관 장소 선정 : 물품의 형상 / 물품의 소재

09 물적자원을 효과적으로 관리하기 위한 방법이 아닌 것을 고르시오.

① 가까운 시일 내에 활용하지 않는 물품은 창고나 박스에 보관한다.
② 같은 품종을 같은 장소에, 유사품은 인접한 장소에 보관한다.
③ 물품의 특성(물품 재질, 무게, 부피 등)을 고려하여 차례로 정리한다.
④ 물품의 활용 빈도가 상대적으로 낮은 것을 가져다 쓰기 쉬운 위치에 먼저 보관한다.

해설
물품의 활용 빈도가 상대적으로 낮은 것을 가져다 쓰기 쉬운 위치에 먼저 보관한다.
→ 활용빈도가 높은 것을 쓰기 쉬운 위치에 보관한다.

정답 07 ① 08 ① 09 ④

10 물적자원관리 기법에 대한 설명 중 옳지 않은 것을 고르시오.

① 바코드는 컴퓨터가 판독하기 쉽고 데이터를 빠르게 입력하기 위해 굵기가 다른 검은 막대와 하얀 막대를 조합시켜 문자나 숫자를 코드화 한 것이다.
② QR코드는 흑백 격자무늬 패턴으로 정보를 나타내는 매트릭스 형식의 바코드로, 용량은 작으나 바코드보다 다양한 정보를 담을 수 있다.
③ 자신의 물품을 기호화하여 위치 및 정보를 작성해 놓으면 물품을 효과적으로 관리 할 수 있다.
④ 도서의 양이 많은 서점이나 도서관의 경우 이처럼 기호화된 물품 목록을 작성하여 물품 종류를 파악하고 관리하는 데 효율적으로 사용하고 있다.

해설
QR코드는 흑백 격자무늬 패턴으로 정보를 나타내는 매트릭스 형식의 바코드로, 용량을 작으나 바코드보다 다양한 정보를 담을 수 있다.
→ 넉넉한 용량을 강점으로 다양한 정보를 담을 수 있다.

11 효율적이고 합리적인 인사관리를 위한 원칙 중 무엇에 대한 설명인지 고르시오.

> 직장에서 신분이 보장되고 계속해서 근무할 수 있다는 믿음을 갖게 하여 근로자가 안정된 회사 생활을 할 수 있도록 한다.

① 적재적소 배치의 원리   ② 공정보상의 원칙
③ 공정인사의 원칙   ④ 종업원 안정의 원칙

해설
신분의 "보장" 또는 근로자의 "안정"이라는 단어를 통해
④ 종업원 안정의 원칙이라는 것을 알 수 있다.

12 인적자원의 특성이 아닌 것을 고르시오.

① 능동적이고 반응적인 성격을 가지고 있다.
② 인적자원의 욕구와 동기, 태도와 행동, 만족감에 따라 결정
③ 자연적인 성장, 성숙과 함께 오랜 기간에 걸쳐 개발될 수 있다.
④ 인간관계에서의 인위적 접근은 옳지 않으므로 전략적으로 볼 수 없다.

해설
인간관계에서의 인위적 접근은 옳지 않으므로 전략적으로 볼 수 없다.
→ 보유한 자원을 활용하는 주체가 사람, 즉 인적자원이므로 어느 자원보다 전략적으로 중요

13 효과적인 인력배치를 위한 3가지 원칙이 아닌 것을 고르시오.

① 적재적소주의   ② 능력주의   ③ 보상주의   ④ 균형주의

해설
효과적인 인력배치를 위한 3가지 원칙
- 적재적소주의
- 능력주의
- 균형주의

정답 10 ② 11 ④ 12 ④ 13 ③

Chapter 5 대인관계능력

1 대인관계능력의 개념 및 필요성

1. 대인관계능력
① 직장생활에서 협조적인 관계를 유지하고,
② 조직 구성원들에게 도움을 줄 수 있으며,
③ 조직 내부 및 외부의 갈등을 원만히 해결하고,
④ 고객의 요구를 충족시켜줄 수 있는 능력

2. 대인관계능력의 필요성
조직에서 공동의 목표를 이루기 위해 상호작용이 필요

3. 대인관계 향상 방법
① 상대방에 대한 이해와 배려
② 사소한 일에 대한 관심
③ 약속의 이행 및 언행일치
④ 칭찬하고 감사하는 마음
⑤ 진정성 있는 태도

4. 대인관계 양식
① 지배형 : 주도적이고 자신감이 넘치며 자기주장이 강해 타인을 통제하고자 하는 경향
② 실리형 : 대인관계에서 실리적인 이익을 추구하는 성향
③ 냉담형 : 이성적이고 냉철하며 의지력이 강하고, 타인과 거리를 두는 경향
④ 고립형 : 혼자 있거나 혼자 일하는 것을 좋아하며 감정을 잘 드러내지 않음
⑤ 복종형 : 수동적이고 의존적, 타인의 의견에 순종적
⑥ 순박형 : 단순하고 솔직하며 겸손하고 너그러운 경향
⑦ 친화형 : 따뜻하고 인정이 많으며 타인을 잘 배려하고 도와주는 자기희생적 성향
⑧ 사교형 : 외향적이고 쾌활, 타인과 대화하기를 좋아하고 인정받고자 하는 욕구가 강함

2 팀워크능력

1. 팀워크능력의 개념

1) 팀워크능력

팀의 구성원이 공동의 목표를 달성하기 위해 각 역할에 따라 책임을 다하고 구성원들이 서로 정신적·기술적으로 협력해 행동하는 상호작용

2. 효과적인 팀의 특성

① 명확하게 기술된 사명과 목표
② 창조적인 운영
③ 결과에 초점을 맞추기
④ 역할과 책임의 명료화
⑤ 조직화
⑥ 개인의 강점 활용
⑦ 리더십 역량 공유
⑧ 팀 풍토 발전
⑨ 의견의 불일치를 건설적으로 해결
⑩ 개방적인 의사소통
⑪ 객관적인 의사결정
⑫ 팀 자체의 효과성 평가

3. 팔로워십

1) 팔로워십 : 조직의 구성원으로서 자격과 지위를 갖는 것

구분	소외형	순응형	실무형	수동형	주도형
자아상	• 자립적인 사람 • 일부러 반대의견 제시 • 조직의 양심	• 기쁜 마음으로 과업수행 • 팀플레이를 함 • 리더나 조직을 믿고 헌신함	• 조직의 운영 방침에 민감 • 사건을 균형 잡힌 시각으로 봄 • 규정과 규칙에 따라 행동함	• 판단, 사고를 리더에 의존 • 지시가 있어야 행동	이상적인 유형
동료/리더의 시각	• 냉소적 • 부정적 • 고집이 셈	• 아이디어가 없음 • 인기 없는 일은 하지 않음 • 조직을 위해 자신과 가족의 요구를 양보함	• 개인의 이익을 극대화하기 위한 흥정에 능함 • 적당한 열의와 평범한 수완으로 업무 수행	• 하는 일이 없음 • 제 몫을 하지 못함 • 업무 수행에는 감독이 반드시 필요	
조직에 대한 자신의 느낌	• 자신을 인정 안해줌 • 적절한 보상이 없음 • 불공정하고 문제가 있음	• 기존의 질서를 따르는 것이 중요 • 리더의 의견을 거스르는 것은 어려운 일 • 획일적인 태도 행동에 익숙함	• 규정 준수를 강조 • 명령과 계획의 빈번한 변경 • 리더와 부하 간의 비인간적 풍토	• 조직이 나와 아이디어를 원치 않음 • 노력과 공헌을 해도 아무 소용이 없음 • 리더는 항상 자기 마음대로 함	

4. 팀워크 촉진 방법

1) 동료 피드백 장려하기

    ① 피드백 장려에 도움이 되는 4단계
    - 1단계 : 명확하고 간명한 목표와 우선순위를 정하라.
    - 2단계 : 행동과 수행을 관찰하라.
    - 3단계 : 즉각적인 피드백을 장려하라.
    - 4단계 : 뛰어난 수행에 대해 인정해 줘라.

    ② 갈등을 해결하기
    ③ 창의력 조성을 위해 협력하기

    ※ 협력 장려 위한 방법
    - 팀원의 말에 흥미를 가지고 대하라.
    - 상식을 벗어난 아이디어에 대해 비판하지 마라.
    - 모든 아이디어를 기록하라.
    - 많은 양의 아이디어를 요구하라.
    - 침묵을 지키는 것을 존중하라.
    - 관점을 바꿔 보라.
    - 일상적인 일에서 벗어나 보라.

    ④ 참여적으로 의사결정하기
    - 임파워먼트 : 리더가 업무 수행에 필요한 책임과 권한, 자원에 대한 통제력 등을 부하에게 배분 또는 공유하는 과정

3 리더십능력

1. 리더십의 개념

1) 리더십 : 조직의 공통된 목적을 달성하기 위하여 개인이 조직원들에게 영향을 미치는 과정

   ※ 리더와 관리자의 차이

리더(Leader)	관리자(Manager)
• 새로운 상황 창조자	• 상황에 수동적
• 혁신 지향적	• 유지 지향적
• 내일에 초점	• 오늘에 초점
• 사람의 마음에 불을 지핀다.	• 사람을 관리한다.
• 사람을 중시	• 체제나 기구를 중시
• 정신적	• 기계적
• 계산된 위험을 취한다.	• 위험을 회피한다.
• '무엇을 할까?'를 생각한다.	• '어떻게 할까?'를 생각한다.

2. 리더십의 유형

1) 독재자 유형 : 통제 없이 방만한 상태나 가시적 성과물이 없을 때 효과적

   특징 : 질문 금지, 모든 정보는 내 것이라는 생각, 실수를 용납하지 않음

2) 민주주의에 근접한 유형 : 혁신적이고 탁월한 부하직원이 있을 때 효과적

   특징 : 참여, 토론의 장려, 거부권(최종결정권을 가짐)

3) 파트너십 유형 : 소규모 조직에서 경험, 재능을 소유한 조직원이 있을 때

   특징 : 평등, 집단의 비전/책임 공유

4) 변혁적 유형 : 조직에 획기적인 변화가 요구될 때 효과적

   특징 : 카리스마, 자기확신, 존경심과 충성심, 풍부한 칭찬·감화

3. 동기부여 방법

① 긍정적 강화법 활용 ② 새로운 도전의 기회 부여
③ 창의적인 문제 해결법 찾기 ④ 책임감으로 철저히 무장
⑤ 코칭을 하기 ⑥ 변화를 두려워하지 말기
⑦ 지속적인 교육

4. 임파워먼트(empowerment) : 권한 위임

1) 임파워먼트의 이점
① 업무에 대한 중요성 인식 및 책임감, 성취감을 느낌
② 직장 내에서 자신의 아이디어가 존중되고 계속 성장하고 있다는 자부심

2) 임파워먼트의 충족 기준
① 여건의 조성
② 재능과 에너지의 극대화
③ 명확하고 의미 있는 목적에 초점

3) 임파워먼트 여건
① 도전적이고 흥미 있는 일
② 학습과 성장의 기회
③ 높은 성과와 지속적인 개선을 가져오는 요인들에 대한 통제
④ 성과에 대한 지식
⑤ 긍정적인 인간관계
⑥ 개인들이 공헌하며 만족한다는 느낌
⑦ 상부로부터의 지원

4) 임파워먼트의 장애요인
① 개인 차원 : 주어진 일을 해내는 역량의 결여, 동기의 결여, 결의의 부족, 책임감 부족, 의존성
② 대인 차원 : 다른 사람과의 성실성 결여, 약속 불이행, 성과 제한 규범, 갈등처리 능력 부족, 승패의 태도
③ 관리 차원 : 통제적 리더십 스타일, 효과적 리더십 발휘 능력 결여, 경험 부족, 정책 및 기획의 실행 능력 결여, 비전의 효과적 전달능력 결여
④ 조직 차원 : 공감대 형성이 없는 구조와 시스템, 제한된 정책과 절차

5. 변화관리

1) 변화관리의 단계

4 갈등관리능력

1. 갈등의 개념

1) 갈등
   ① 갈등은 의견차이가 생기기 때문에 발생, 결과가 항상 부정적인 것은 아님
   ② 적절한 갈등 수준은 창의적인 업무수행, 민주적 의사결정 등 긍정적

2) 갈등 증폭의 원인
   ① 적대적 행동 : 문제를 해결하기 보다는 '승리하기'를 원한다.
   ② 입장고수 : 팀원들은 공동의 목표를 달성할 필요성을 느끼지 않는다.
   ③ 감정적 관여 : 이성적으로 객관적인 판단이 어려움

2. 갈등의 쟁점 및 유형

1) 갈등의 두 가지 쟁점

핵심 문제	감정적 문제
• 역할 모호성 • 방법에 대한 불일치 • 목표에 대한 불일치 • 절차에 대한 불일치 • 책임에 대한 불일치 • 가치에 대한 불일치 • 사실에 대한 불일치	• 공존할 수 없는 개인적 스타일 • 통제나 권력 확보를 위한 싸움 • 자존심에 대한 위협 • 차별된 상황에 대한 질투 • 인정할 수 없는 사실에 대한 분노

2) 갈등의 두 가지 유형
   ① 불필요한 갈등 : 개인의 편견이나 불일치로 생기는 적대적 감정의 갈등
   ② 해결할 수 있는 갈등 : 문제를 이해하는 시각이 다른 경우의 갈등

3) 갈등 해결단계

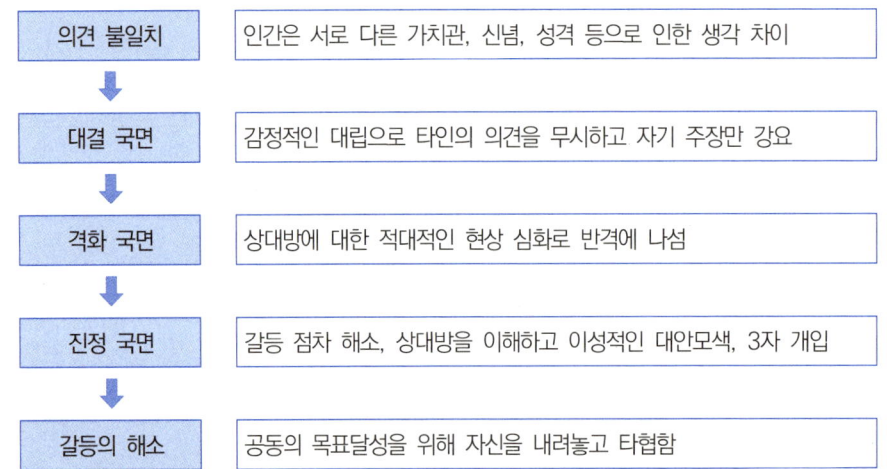

3. 갈등의 해결 방법

① 회피형 : 나도 지고 너도 지는 방법
② 경쟁형(= 지배형) : 나는 이기고 너는 지는 방법
③ 수용형 : 나는 지고 너는 이기는 방법
④ 타협형 : 서로가 타협적으로 주고받는 방식
⑤ 통합형 : 나도 이기고 너도 이기는 방법

4. 갈등을 줄이는 방법

1) 갈등을 예방하는 방법

① 팀원 서로의 성격, 특징 등을 이해하고 그 유형에 맞는 응대를 함
② 자신의 직무 외에 타인의 직무에 대한 교차훈련 진행
③ 팀에서 행동에 대한 지침이나 기본원칙 등을 정함

2) 갈등을 최소화하기 위한 방법

① 다른 사람의 말을 끝까지 경청하고 어떻게 반응할지 결정
② 모든 사람이 대부분 문제에 대한 나름의 의견을 가지고 있음을 인식
③ 의견이 사람마다 다르다는 것을 인식
④ 팀 갈등해결 모델을 활용 : 원원 관리법
⑤ 자신이 하기 싫은 일을 다른 이에게 전가시키지 않음
⑥ 조금이라도 의심 날 때는 분명하게 말해 줄 것을 요구
⑦ 가정하는 것은 위험하다. 꼭 해야 할 때만 그렇게 하라.
⑧ 자신의 책임이 어디까지인지 명확히 하고, 다른 팀원의 책임과 어떻게 조화되는지를 명확히 하라.
⑨ 자신이 알고 있는 바를 알 필요가 있는 사람들을 새롭게 파악
⑩ 다른 팀원과 불일치하는 쟁점이나 사항이 있다면 다른 사람이 아닌 당사자에게 직접 말하라.

5. 윈-윈 전략

① 1단계 : 자신과 상대방의 입장과 드러내지 않은 내면의 관심사 연구
② 2단계 : 서로의 윈윈 의도 확인
③ 3단계 : 두 사람의 입장을 명확히 하기(동의하는 부분, 다른 부분 확인)
④ 4단계 : 윈윈에 기초한 기준에 동의하기
⑤ 5단계 : 몇 가지 해결책을 생각하기
⑥ 6단계 : 몇 가지 해결책을 평가하기
⑦ 7단계 : 최종 해결책을 선택하고 실행에 동의

5 협상능력

1. 협상의 개념 및 특징

1) 협상의 의미

① 의사소통 차원 : 상대방으로부터 최선의 것을 얻어내기 위해 상대방을 설득하는 커뮤니케이션 과정
② 갈등해결 차원 : 대화를 통해서 갈등을 해결하고자 하는 상호작용과정
③ 지식과 노력 차원 : 호의를 얻기 위한 것에 관한 지식, 노력의 분야
④ 의사결정 차원 : 둘 이상의 이해당사자들이 여러 대안들 가운데서 이해당사자들 모두가 수용 가능한 대안을 찾기 위한 의사결정 과정
⑤ 교섭 차원 : 선호가 서로 다른 협상 당사자들이 합의에 도달하기 위해 공동으로 의사결정하는 과정

2. 협상과정

협상 시작
- 협상당사자들 사이에 상호 친근감 쌓음
- 간접적인 방법으로 협상의사를 전달함
- 상대방의 협상의지를 확인함
- 협상진행을 위한 체제를 짬

상호 이해
- 갈등문제 진행상황과 현재의 상황을 점검함
- 적극적으로 경청하고 자기주장을 제시함
- 협상을 위한 협상대상 안건을 결정함

실질 이해
- 겉으로 주장하는 것과 실제로 원하는 것을 구분하여 실제로 원하는 것을 찾아 냄
- 분할과 통합 기법을 활용하여 이해관계를 분석함

해결 방안
- 협상 안건마다 대안들을 평가함
- 개발한 대안들을 평가함
- 최선의 대안에 대해서 합의하고 선택함
- 대안 이행을 위한 실행계획을 수립함

합의 문서
- 합의문을 작성함
- 합의문상의 합의내용, 용어 등을 재점검함
- 합의문에 서명함

3. 협상전략의 종류

1) 협력전략 : Win-Win 전략

① 협상 참여자들이 협동과 통합으로 문제를 해결하고자 하는 전략
② 전술 : 협동적 원인 탐색, 정보수집과 제공, 쟁점의 구체화, 대안 개발, 개발된 대안들에 대한 공동평가, 협동하여 최종안 선택 등

2) 유화전략 : Lose-Win 전략

① 양보전략, 순응전략, 화해전략, 수용전략, 굴복전략
② 상대방이 제시하는 것을 일방적으로 수용, 협상의 가능성을 높이는 전략
③ 전술 : 유화, 양보, 순응, 수용, 굴복, 요구사항의 철회 등

3) 회피전략 : Lose-Lose 전략

① 무행동전략, 협상 철수전략으로서, 협상을 피하거나 잠정적으로 중단.
② 나도 손해보고 상대방도 피해를 입게 되어 모두가 손해를 보는 전략
③ 전술 : 협상을 회피·무시, 상대방의 도전에 대한 무반응, 협상안건을 타인에게 넘기기, 협상으로부터 철수 등

4) 강압전략 : Win-Lose 전략

① 자신이 상대방보다 힘에 있어서 우위를 점유하고 있을 때 자신의 이익을 극대화하기 위한 공격적·경쟁전략.
② 인간관계를 중요하게 여기지 않고, 어떠한 수단과 방법을 동원해서라도 자신의 입장과 이익 극대화를 관철시키고자 함
③ 전술 : 위압적인 입장 천명, 협박과 위협, 협박적 설득, 확고한 입장에 대한 논쟁, 협박적 회유와 설득, 상대방 입장에 대한 강압적 설명 요청 등

4. 상대방 설득방법

① 보고(see) - 느끼고(feel) - 변화(change)

- 시각화하여 상대방에게 직접 보고 느끼게 해 설득에 성공하는 전략

② 상대방 이해 전략 : 지피지기면 백전백승
③ 호혜관계 형성 전략 : 상대방에게 이익을 주어 호의적인 유대관계 형성
④ 헌신과 일관성 전략 : 상대방의 기대에 헌신적이고 일관성 있게 부응
⑤ 사회적 입증 전략 : 동료나 사람들의 행동에 의해서 상대방을 설득
⑥ 연결전략 : 갈등상황 발생 시 상대방의 상사나 관리자와 협상하여 설득
⑦ 권위전략 : 직위나 전문성, 외모 등을 활용하여 협상
⑧ 희소성 해결 전략 : 인적·물적자원 등의 희소성을 해결함으로써 협상
⑨ 반항심 극복 전략 : 억압하면 할수록 더욱 반항하게 될 가능성이 높아지므로 이를 피함으로써 협상을 용이하게 하는 전략

6 고객서비스능력

1. 고객서비스의 개념 및 중요성

1) 고객서비스
   - 다양한 고객의 요구를 파악하고, 대응법을 마련하여 고객에게 양질의 서비스를 제공하는 것

2) 고객만족서비스의 중요성
   ① 고객서비스를 통해 기업의 성장을 이루는 과정
   ② 고객서비스→고객 감동→충성도, 선호도 확보→성장과 이익

3) 고객중심 기업의 특징
   ① 내부고객과 외부고객 모두 중요시
   ② 고객만족에 중점을 둔다.
   ③ 고객이 정보, 제품, 서비스 등에 쉽게 접근 가능
   ④ 보다 나은 서비스를 제공할 수 있도록 하는 기업정책을 수립
   ⑤ 기업의 전반적 관리시스템이 고객서비스를 지원
   ⑥ 서비스에 대한 평가로 양질의 서비스를 제공하고자 끊임없는 변화 노력

2. 고객의 불만 유형 및 대응방안

1) 불만 표현의 유형
   ① 거만형
   ② 의심형
   ③ 트집형
   ④ 빨리빨리 형

2) 불만 고객의 중요성
   ① 불평하는 고객은 사업자를 도우려는 생각이므로 불평을 감사하게 생각.
   ② 거친 말로 표현되는 불평은 불만의 내용이 공격적이기 때문은 아니다.
   ③ 대부분의 불평고객은 단지 기업이 자신의 불평을 경청하고, 잘못된 내용을 설명하고 제대로 고치겠다고 약속하면서 사과하기를 원한다.
   ④ 툴을 준비, 침착/긍정적으로 대하면, 대부분 빠르게 큰 고통 없이 해결.

3. 불만고객관리

1) 고객불만 처리 프로세스 8단계
   ① 경청 : 고객의 항의에 끝까지 경청하고, 선입관을 버리고 문제를 파악
   ② 감사와 공감표시 : 일부러 시간을 내 해결의 기회를 준 것에 감사를 표시, 고객의 항의에 공감을 표시
   ③ 사과 : 문제점에 대한 인정과 잘못된 부분에 대해 사과
   ④ 해결약속 : 불만스런 상황에 관심 갖고 공감하며, 빠른 문제해결을 약속

⑤ 정보파악 : 문제해결을 위해 꼭 필요한 질문만 하여 정보를 얻고, 최선책을 찾지 못하면 고객에게 어떤 방법이 만족스러운지를 물어 봄
⑥ 신속처리 : 잘못된 부분을 신속하게 시정
⑦ 처리확인 사과 : 불만처리 후 고객에게 처리 결과에 만족하는지 물어 봄
⑧ 피드백 : 불만 사례를 전 직원에게 알려 동일한 문제 재발방지

4. 고객만족조사 방법

1) 고객 조사의 목적 : 고객의 Needs와 Wants 파악

2) 고객 만족 조사 시 범할 수 있는 오류
① 고객이 원하는 것을 알고 있다고 생각함
② 적절한 측정 프로세스 없이 조사를 시작함
③ 비전문가로부터 도움을 얻음
④ 포괄적인 가치만을 질문함
⑤ 중요도 척도를 오용함
⑥ 모든 고객들이 동일한 수준의 서비스를 원하고 필요하다고 가정함

STEP 1

01 직장생활에서 협조적인 관계를 유지하고, 조직 구성원들에게 도움을 줄 수 있으며, 조직 내부 및 외부의 갈등을 원만히 해결하고 고객의 요구를 충족시켜줄 수 있는 능력은 무엇인지 고르시오.

① 의사소통능력
② 조직이해능력
③ 직업윤리
④ 대인관계능력

해설
대인관계능력

02 대인관계를 향상시키는 경우가 아닌 것을 고르시오.

① 잘못을 했을 때는 무겁지 않은 분위기를 위해 가볍게 사과를 한다.
② 정해진 약속은 반드시 이행하려고 한다.
③ 상대방에 대한 이해와 양보를 먼저 생각하며 말하고 행동한다.
④ 타인의 사소한 일에도 관심을 보인다.

해설
잘못을 했을 때는 무겁지 않은 분위기를 위해 가볍게 사과를 한다.
- 대인관계 향상 방법
  - 상대방에 대한 이해와 양보
  - 사소한 일에 대한 관심
  - 약속의 이행
  - 기대의 명확화
  - 언행일치
  - 진지한 사과

03 효과적인 팀의 특성으로 옳지 않은 것을 고르시오.

① 명확하게 기술된 사명과 목표
② 결과에 초점을 맞추기
③ 개인의 강점보다는 팀을 위한 희생
④ 역할과 책임의 명료화

해설
개인의 강점보다는 팀을 위한 희생
→ 효과적인 팀은 개인의 강점 활용한다.

정답 01 ④ 02 ① 03 ③

04 효과적인 팀의 특성으로 옳지 않은 것을 고르시오.

① 주관적인 의사결정
② 의견의 불일치를 건설적으로 해결
③ 개방적인 의사소통
④ 팀 자체의 효과성 평가

해설

주관적인 의사결정
→ 효과적인 팀은 객관적인 의사결정을 한다.

05 다음에서 설명하는 팔로워십의 유형을 고르시오.

- 규정과 규칙을 준수
- 타인의 시각에선 개인의 이익을 위한 협상가로 인식
- 조직에 불만이 있음

① 소외형   ② 순응형   ③ 실무형   ④ 수동형

해설

"협상가"라는 단어를 통해 실무형을 연상한다.

06 협력을 장려하는 방법으로 적절하지 않은 것을 고르시오.

① 상식을 벗어난 아이디어에 대해 비판하지 않는다.
② 침묵하는 팀원에게 적극적으로 의견을 내도록 격려한다.
③ 많은 양의 아이디어를 요구한다.
④ 팀원의 말에 흥미를 가지고 대한다.

해설

침묵하는 팀원에게 적극적으로 의견을 내도록 격려한다.
→ 협력을 장려하기 위한 방법 중 하나는 침묵을 지키는 것을 존중하는 것이다.

정답 04 ① 05 ③ 06 ②

Chapter 5. 대인관계능력

07 리더십에 대한 설명으로 옳지 않은 것을 고르시오.

① 조직의 공통된 목적을 달성하기 위하여 개인이 조직원들에게 영향을 미치는 과정이다.
② 지도자로서의 능력이나 지도력, 통솔력, 자질 등을 말한다.
③ 상사가 하급자에게 발휘하는 형태만을 의미한다.
④ 조직 구성원의 목표를 위해 스스로 노력하는 모습을 보여 주는 행위를 의미한다.

해설

상사가 하급자에게 발휘하는 형태만을 의미한다.
→ 일반적인 의미에서 리더쉽은 위에서 아래로의 형태를 떠올리기 쉽지만 개인이 조직원에게 끼치는 영향을 뜻한다. 보기에서 "만을"이라는 단어에 경각심을 갖는다.

08 리더와 관리자에 대한 설명으로 옳지 않은 것을 고르시오.

① 관리자는 상황에 수동적이고 리더는 새로운 상황을 창조한다.
② 관리자는 사람을 중시하고 리더는 체제나 기구를 중시한다.
③ 관리자는 사람을 관리하고 리더는 사람의 마음에 불을 지핀다.
④ 관리자는 어떻게 할까를 생각하고 리더는 무엇을 할까를 생각한다.

해설

관리자는 사람을 중시하고 리더는 체제나 기구를 중시한다.
→ 반대로 관리자는 체제나 기구를 중시하고 리더는 사람을 중시한다.

09 다음에 해당하는 리더십의 유형을 고르시오.

- 리더는 팀원들이 한 사람도 소외됨이 없이 동등하다는 것을 확신시킴으로써 비즈니스의 모든방면에 종사하도록 한다.
- 리더는 경쟁과 토론의 가치를 인식하여야 하며, 팀이 나아갈 새로운 방향의 설정에 팀원들을 참여시켜야 한다.
- 최종 결정권은 리더에게만 있다.

① 독재자 유형
② 민주주의에 근접한 유형
③ 파트너십유형
④ 변혁적 유형

해설

팀원들을 참여 시키지만 최종 결정권은 리더에게만 있는 것이 민주주의에 근접한 유형의 특징이다.

정답 07 ③ 08 ② 09 ②

10 다음에 해당하는 리더십의 유형을 고르시오.

> 빠꼼이인적성 대표 김사장은 그동안 강사들의 강의준비 상태에 문제가 있었음을 알아냈다. 이를 개선하기 위하여 김사장은 명확한 비전을 제시하고 강사들로 하여금 강의에 몰두할 수 있도록 격려하였다.

① 독재자 유형
② 민주주의에 근접한 유형
③ 파트너십 유형
④ 변혁적 유형

해설

'비전을 제시', '격려' 등의 단어를 통하여 변혁적 유형의 리더십이라는 것을 알아야 한다.

11 리더십의 유형에 대한 설명으로 옳지 않은 것을 고르시오.

① 독재자 유형 – 통제 없이 방만한 상태, 가시적인 성과물이 안 보일 때
② 민주주의 근접 유형 – 리더와 집단 구성원 구분이 없으며 구성원의 능력에 믿음이 있을 때
③ 파트너십 유형 – 소규모조직에서 경험, 재능을 소유한 구성원들이 있을 때
④ 변혁적 유형 – 조직에서 현상을 뛰어넘어 획기적인 변화가 요구될 때

해설

민주주의 근접 유형 – 리더와 집단 구성원 구분이 없으며 구성원의 능력에 믿음이 있을 때
→ 민주주의 근접 유형에서 최종 결정권자는 리더이다. 즉, 리더와 구성원의 구분이 분명하며, 리더와 집단 구성원의 구분이 없는 것은 파트너십 유형이다.

정답 10 ④ 11 ②

12 임파워먼트에 대한 설명으로 옳지 않은 것을 고르시오.

① 권한위임과 업무위임은 다른 의미를 지닌다.
② 임파워먼트 환경에서는 사람들이 현상을 유지하고 순응하게 만드는 경향이 있다.
③ 성공적인 임파워먼트를 위해서는 권한위임의 한계를 명확하게 하여야 한다.
④ 임파워먼트에 장애가 되는 요인은 개인, 대인, 관리, 조직의 4가지 차원에서 생각해볼 수 있다.

해설
반 임파워먼트 환경에서 사람들은 현상을 유지하고 순응하려는 경향을 보이며, 임파워먼트 환경에서는 사람들의 에너지, 창의성, 동기 및 잠재능력이 최대한 발휘되는 경향을 보인다.

13 조직 변화 관리에 대한 설명으로 옳지 않은 것을 고르시오.

① 조직내부에서 변화는 위에서 아래로 이루어지며, 지위고하를 막론하고 모두에게 영향을 미친다.
② 조직에서 일어나는 변화는 모두 바람직한 것은 아니다.
③ 조직에 변화가 생길 때는 개방적인 분위기를 조성하는 것이 좋다.
④ 변화관리의 순서는 변화의 인식, 변화의 이해, 변화의 수용으로 진행된다.

해설
변화관리는 변화의 인식, 변화의 이해, 변화의 수용으로 이루어진다.
→ 변화관리의 단계는 변화의 이해 → 변화의 인식 → 변화의 수용

14 갈등을 증폭시키는 원인으로 볼 수 없는 것을 고르시오.

① 승, 패의 경기를 시작한다.
② 팀원들은 문제를 해결하기 보다는 '승리하기'를 원한다.
③ 팀원들은 타인의 입장만을 고수한다.
④ 자신의 입장에 감정적으로 묶여 이성적으로 객관적인 판단이 어려움

해설
팀원들은 타인의 입장만을 고수한다.
→ 자신의 입장만을 고수할 때 갈등이 증폭된다.

정답 12 ② 13 ④ 14 ③

15 갈등의 두 가지 쟁점 중 핵심문제에 대한 내용으로 볼 수 없는 것을 고르시오.

① 역할모호성
② 절차에 대한 불일치
③ 인정할 수 없는 사실에 대한 분노
④ 사실에 대한 불일치

해설

인정할 수 없는 사실에 대한 분노
→ 갈등의 두 가지 쟁점은 핵심문제와 감정적 문제로 구분할 수 있다. '분노'는 갈등을 부정적으로 보는 단어이며 대표적인 감정적 문제이다.

16 갈등 해결방법을 모색함에 있어 적절한 행동으로 보기 어려운 것을 고르시오.

① 상대방이 원하는 것에도 관심을 가진다.
② 어려운 문제는 최대한 피한다.
③ 어느 한쪽으로 치우치지 않는다.
④ 존중하는 자세로 사람들을 대한다.

해설

어려운 문제는 최대한 피한다.
→ 어려운 문제를 피하면 갈등이 심화될 수 있다.

17 협상의 의미를 연결한 것 중 옳지 않은 것을 고르시오.

① 의사소통 차원 – 이해당사자들이 자신들의 욕구를 충족시키기 위해 상대방으로부터 최선의 것을 얻어내기 위해 상대방을 설득하는 커뮤니케이션 과정
② 갈등해결 차원 – 갈등관계에 있는 이해당사자들이 대화를 통해서 갈등을 해결하고자 하는 상호작용과정
③ 지식과 노력 차원 – 우리가 얻고자 하는 것을 가진 사람의 호의를 쟁취하기 위한 것에 관한 지식이며 노력의 분야
④ 교섭 차원 – 둘 이상의 이해당사자들이 여러 대안들 가운데서 이해당사자들 모두가 수용 가능한 대안을 찾기 위한 의사결정과정

해설

교섭 차원 – 둘 이상의 이해당사자들이 여러 대안들 가운데서 이해당사자들 모두가 수용 가능한 대안을 찾기 위한 의사결정과정
→ 협상의 의미를 보는 여러 차원 중 아래 두 가지는 문구가 헷갈린다.
• 교섭 차원 – 선호가 서로 다른 협상 당사자들이 합의에 도달하기 위해 공동으로 의사결정 하는 과정
• 의사결정 차원 – 둘 이상의 이해당사자들이 여러 대안들 가운데서 이해당사자들 모두가 수용 가능한 대안을 찾기 위한 의사결정과정

정답 15 ③ 16 ② 17 ④

18 고객 중심 기업의 특징이 아닌 것을 고르시오.

① 고객 만족에 최우선을 둔다.
② 고객이 정보, 제품, 서비스 등에 시간을 가지고 접근할 수 있도록 한다.
③ 서비스에 대한 평가로 양질의 서비스를 제공하고자 끊임없는 변화 노력
④ 기업의 전반적 관리시스템이 고객서비스를 지원

해설

고객이 정보, 제품, 서비스 등에 시간을 가지고 접근할 수 있도록 한다.
→ 고객중신 기업의 특징은 고객이 정보, 제품, 서비스 등에 쉽게 접근 가능하다.

19 고객 불만 처리 프로세스 8단계를 바르게 나열한 것을 고르시오.

① 경청 → 사과 → 감사와 공감표시 → 정보파악 → 해결약속 → 신속처리 → 처리확인 → 피드백
② 경청 → 감사와 공감표시 → 사과 → 해결약속 → 정보파악 → 신속처리 → 처리확인 → 피드백
③ 경청 → 정보파악 → 사과 → 해결약속 → 감사와 공감표시 → 신속처리 → 처리확인 → 피드백
④ 경청 → 감사와 공감표시 → 사과 → 정보파악 → 해결약속 → 신속처리 → 처리확인 → 피드백

정답 18 ② 19 ②

Chapter 6. 조직이해능력

1 경영이해능력

1. 경영의 개념 및 구성
① 경영 : 조직의 목적 달성을 위한 전략, 관리, 운영활동
② 경영의 구성요소
- 경영목적 : 조직의 목적을 달성하기 위한 방법이나 과정
- 인적자원 : 조직의 구성원, 인적자원의 배치와 활용
- 자금 : 경영활동에 요구되는 돈, 경영의 방향과 범위 한정
- 전략 : 변화하는 환경에 적응하기 위한 경영활동 체계화

> **예제 01** 경영의 내용과 구성요소에 대한 설명으로 옳지 않은 것을 고르시오.
> ① 경영은 한마디로 조직의 목적을 달성하기 위한 전략, 관리, 운영활동이다.
> ② 조직을 둘러싼 환경이 급변하면서 관리와 운영활동이 더욱 중요해지고 있다.
> ③ 경영은 경영목적, 인적자원, 자금, 경영전략의 4요소로 구성된다.
> ④ 경영전략은 조직의 목적에 따라 전략목표를 설정하고 조직의 내외부 환경을 분석하여 도출한다.
>
> **풀이**
> ② 경영은 전략, 관리, 운영활동으로 구분할 수 있으며, 최근 조직을 둘러싼 환경이 급변하면서 이에 적응하기 위한 전략이 중요해지고 있다.

2. 의사결정의 방법
① 집단의사결정 : 한 사람이 가진 지식보다 집단이 가지고 있는 지식과 정보가 더 많고, 각자 다른 시각으로 문제에 접근하여 다양한 견해를 가져 효과적인 결정 도모
- 장점 : 결정된 해결책에 대한 수용이 수월하고, 의사소통의 기회 향상
- 단점 : 의견 불일치 시 합의점 도달이 어렵고, 특정 구성원의 의사결정이 독점될 가능성 존재
② 브레인스토밍 : 한 가지 문제에 대해 여러 명이 아이디어를 비판 없이 제시하여 최선책을 찾는 방법
- 브레인스토밍 규칙
- 다른사람의 아이디어 비판 자제
- 문제에 대한 자유로운 제안
- 가급적 많은 아이디어 제시
- 제안된 아이디어를 결합하여 해결책 제시

> **예제 02** 제시문이 설명하는 의사결정 방법을 고르시오.   2015 한국산업인력공단유사
>
> > 조직에서 의사결정을 하는 대표적인 방법으로 여러 명이 한 가지의 문제를 놓고 아이디어를 비판 없이 제시하여 그 중에서 최선책을 찾아내는 방법이다. 다른 사람이 아이디어를 제시할 때 비판하지 않고, 아이디어를 최대한 많이 공유하고 이를 결합하여 해결책을 마련하게 된다.
>
> ① 체크리스트   ② 무제한 토론   ③ 브레인스토밍   ④ 임파워먼트
>
> 정답 ③

3. 경영전략

① 경영전략 : 조직이 변화하는 환경에 적응하기 위해 경영활동을 체계화하는 것
② 경영전략 추진과정

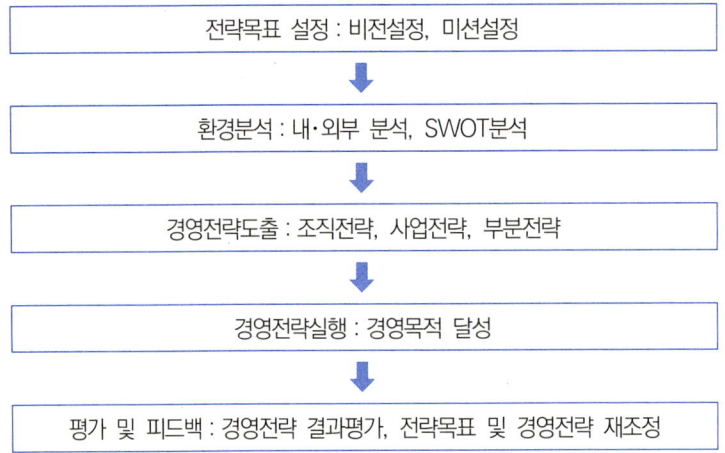

③ 경영전략의 유형
- 원가우위 전략 : 원가절감을 통해 해당 산업에서 우위를 점령하는 전략
- 차별화 전략 : 생산품이나 서비스를 차별화하여 고객에게 가치 있고 독특하게 인식되도록 하는 전략
- 집중화 전략 : 경쟁조직들이 소홀히 하고 있는 한정된 시장을 집중적으로 공략하는 전략

2 체제이해능력

1. 조직의 개념 및 목표

① 조직체계 구성요소
- 조직목표 : 장래의 상태, 존재 정당성, 합법성 제공
- 조직구조 : 구성원들의 상호 작용 (조직도)
- 조직문화 : 조직원들의 공유된 생활양식이나 가치, 일체감, 정체성부여
- 규칙 및 규정 : 활동범위 제약, 일관성 부여

> **예제 03** 조직의 체제를 구성하는 요소들에 대한 설명으로 옳은 것을 고르시오.
> ① 조직의 체제는 조직목표, 조직구조, 조직문화, 규칙 및 규정으로 이루어진다.
> ② 조직의 목표는 조직이 달성하려는 현재의 상태이다.
> ③ 조직도는 조직 내의 부분사이에 형성된 관계로 조직구성원들의 공유된 생활양식이나 가치이다.
> ④ 조직문화는 조직구성원들의 행동범위를 정하고 일관성을 부여하는 역할을 한다.
>
> 정답 ①

2. 조직 목표의 기능 및 특징

① 조직목표의 기능
- 조직이 존재하는 정당성과 합법성 제공
- 조직이 나아갈 방향 제시
- 조직 구성원의 의사결정 기준
- 조직 구성원 행동수행의 동기유발
- 수행평가의 기준
- 조직설계의 기준

② 조직목표의 특징
- 공시적 목표와 실제적 목표가 상이할 수 있음
- 다수의 조직목표 추구 가능
- 조직목표간 위계적 관계 존재
- 가변적 속성
- 조직의 구성요소와 상호관계를 가짐

3. 조직의 변화

① 조직변화의 과정

② 조직변화의 유형
- 조직변화는 제품과 서비스, 전략, 구조, 기술, 문화 등에서 이루어짐
  - 제품, 서비스 : 문제점 인식 후 고객의 요구에 부응 및 새로운 시장 확대를 위한 것
  - 전략, 구조 : 조직의 경영과 관계, 조직의 목적 달성하고 효율성을 높이기 위한 것
  - 기술변화 : 신기술이 발명되거나 생산성을 높이기 위한 것
  - 문화 : 구성원의 사고방식이나 가치체계를 변화시켜 조직의 목적과 일치시키기 위한 것

4. 조직구조

① 조직도 : 구성원의 임무, 수행하는 과업, 일하는 장소 등과 같은 체계를 알 수 있으므로 조직을 이해하는데 유용
② 조직구조의 필요성 : 자신의 업무 범위, 권한, 정보, 업무 방법 습득
③ 조직의 유형
- 공식화 정도
  - 공식적조직 : 조직의 규모, 기능, 규정이 조직화
  - 비공식적조직 : 인간관계에 따라 형성된 자발적 조직
- 영리성
  - 영리조직 : ex 사기업
  - 비영리조직 : ex 정부조직, 대학, 시민단체
- 조직규모
  - 소규모조직 : ex 가족소유의 상점
  - 대규모조직 : ex 대기업

예제 04 빠꼼의 하루일과를 통해 알 수 있는 사실로 옳은 것을 고르시오. **2015 한국산업인력공단**

- 빠꼼은 대학생으로 화요일에 학교 수업, 아르바이트, 스터디, 봉사활동 등을 한다.
- 다음은 빠꼼의 화요일 일과이다.
- 빠꼼은 오전 11시부터 오후 4시까지 수업이 있다.
- 수업이 끝나고 학교 앞 프렌차이즈 카페에서 아르바이트를 3시간 동안 한다.
- 아르바이트 후 NCS 스터디를 2시간 동안 한다.
- 스터디 후에는 전국적으로 운영되는 유기견 보호단체와 함께 봉사활동을 1시간 동안 한다.

① 비공식조직이면서 소규모조직에서 3시간 있었다.
② 하루 중 공식조직에서 9시간 있었다.
③ 비영리조직이며 대규모조직에서 6시간 있었다.
④ 영리조직에서 2시간 있었다.

풀이
③ 비영리조직이며 대규모조직인 학교와 시민단체에서 6시간 있었다.
① 비공식조직이면서 소규모조직인 스터디에서 2시간 있었다.
② 공식조직인 학교와 카페에서 8시간 있었다.
④ 영리조직인 카페에서 3시간 있었다.

정답 ③

④ 조직의 종류
- 기계적 조직 : 업무가 분명, 규칙/규제, 공식적 의사소통, 위계질서(군대)
- 유기적 조직 : 의사결정권 위임, 고정하지 않은 업무, 공유 가능, 비공식적 의사소통이 쉽고 규제가 낮아 변화에 쉽게 적응

⑤ 조직(집단) 간 경쟁
- 장점 : 조직의 응집성 강화, 조직화
- 단점 : 자원 낭비, 업무방해, 비능률 등 문제 발생 우려

⑥ 팀의 역할과 성공조건
- 역할 : 생산성을 높이고 신속한 의사결정, 구성원들의 다양한 창의성 향상 도모
- 성공조건 : 조직 구성원들의 협력의지와 관리자층의 지지

5. 조직문화의 개념과 기능

① 조직문화 : 조직 구성원의 공유된 생활양식이나 가치(가치관, 신념, 이데올로기, 관습, 규범과 전통, 지식과 기술)
- 조직문화의 이해는 조직적응, 구성원, 시스템, 구조, 전략 등과 밀접한 관계

② 조직문화의 기능
- 구성원에게 일체감과 정체성을 부여
- 조직 몰입 향상
- 조직 구성원의 행동지침 작용 및 사회화와 일탈행동 통제
- 조직의 안정성 유지

예제 05 조직이 가지고 있는 조직문화의 기능이 아닌 것을 고르시오.

① 조직구성원들에게 일체감, 정체감 등을 부여한다.
② 조직몰입을 향상시킨다.
③ 행동수행의 동기유발을 한다.
④ 조직의 안정성을 유지한다.

풀이
③ 조직목표는 조직원들의 동기유발을 한다.

---

③ 조직문화의 구성요소 : 피터스와 워터맨의 7-S 모형
- 공유가치(Share value)   - 리더십 스타일(Style)
- 구성원(Staff)   - 제도 절차(System)
- 구조(Structure)   - 전략(Stratege)
- 관리기술(Skill)

3 업무이해능력

1. 업무의 의미 및 특징

① 업무 : 상품이나 서비스를 만들기 위해 이루어지는 생산적인 활동

② 업무의 특징
- 조직의 공통적인 목표를 추구
- 필요한 지식과 기술 및 도구의 다양성
- 다른 업무와의 관계와 독립성
- 업무수행에 따른 자율성과 재량권
- 대부분의 조직은 총무부, 인사부, 기획부, 회계부, 영업부로 구분

> **예제 06** 조직에서 업무가 배정되는 방법과 업무의 특성에 대한 설명으로 옳지 않은 것을 고르시오.
>
> ① 조직 전체의 목적을 달성하기 위해 분배된다.
> ② 업무를 배정할 때에는 일의 동일성, 유사성, 관련성에 따라 이루어진다.
> ③ 업무수행의 자율성과 재량권은 모든 업무에 동일하게 적용된다.
> ④ 직위는 조직의 업무체계 중에서 하나의 업무가 차지하는 위치이다.
>
> **풀이**
> ③ 업무는 요구되는 지식, 기술, 도구의 종류가 다르고 다양하게 이루어지며, 자율성이나 재량권도 다르다.
>
> **TIP**
> 현실의 기업에서 업무 배정을 생각해 보자. 상식의 선을 넘지 않는다면 답은 쉽게 찾을 수 있다. 너무 당연한 소리라 죄송합니다.

③ 업무 수행의 절차 : 업무지침 확인 → 활용 자원 확인 → 업무수행 시트 작성
- 간트차트 : 단계별로 업무수행에 걸리는 시간을 바 형식으로 표시한 도구

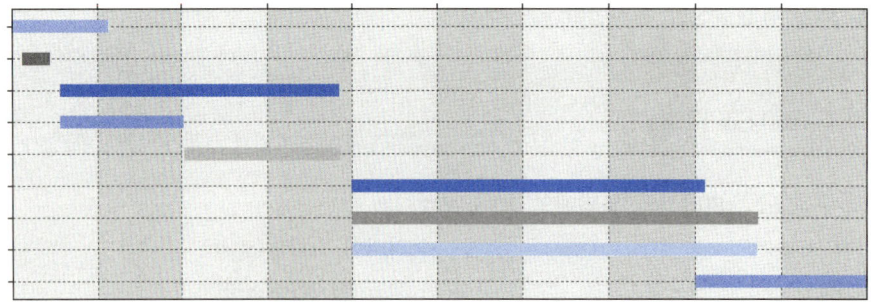

- 워크플로차트 : 순서도, 일의 흐름을 동적으로 보여 주는 도구

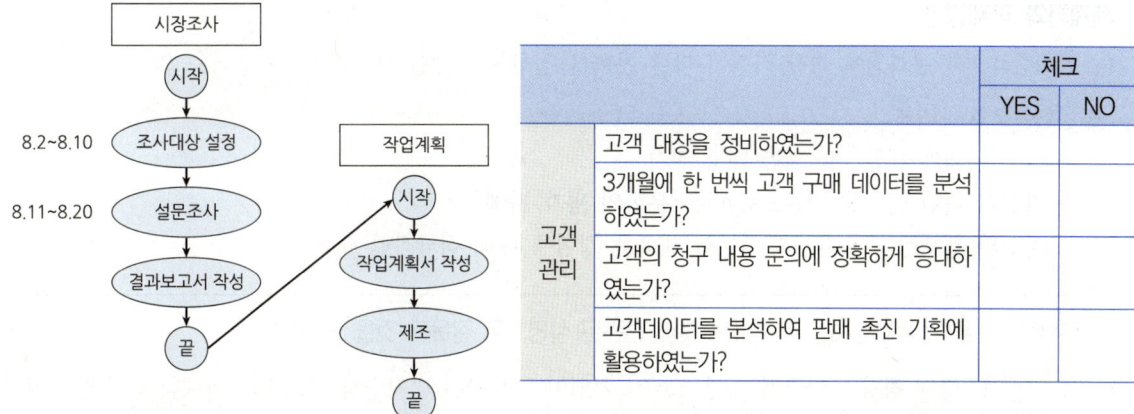

- 체크리스트 : 각 단계를 효과적으로 수행했는지 자가 점검해 보는 도구
④ 업무수행 방해요소의 통제와 관리
    - 방문, 인터넷, 전화, 메신저 : 시간정하기 원칙
    - 갈등 ┬ 부정 : 업무시간 지체, 정신적 스트레스 발생
           └ 긍정 : 새로운 시각 형성, 타 업무 이해 증진, 조직의 침체 예방
    - 스트레스 ┬ 부정 : 정신적 불안감을 조성, 조직에 부정적인 결과를 초래
              └ 긍정 : 적정수준의 스트레스는 개인능력 개선, 긍정적인 자극제
    - 관리 방법 : 시간 관리를 통한 업무과중 극복
      긍정적인 사고방식 함양, 신체적 운동, 전문가의 도움

4 국제감각

1. 세계화와 국제경영

① 문화충격 : 한 문화권에 속한 사람이 다른 문화를 접하게 되었을 때 체험하는 충격을 의미

② 문화충격의 대비책
- 다른 문화에 대한 개방적인 태도 견지
- 자신이 속한 문화를 기준으로 다른 문화의 평가 자제
- 자신의 정체성을 유지한 상태에서 새로운 경험에 대해 적극적인 태도

예제 07 다른 나라의 문화를 이해하는 것과 관련된 설명으로 잘못된 것을 고르시오.

① 국제 경영은 다국적 내지 초국적 기업이 등장하여 범지구적 시스템과 네트워크 안에서 기업 활동이 이루어지는 것을 말한다.
② 문화충격은 한 문화권에 속하는 사람이 다른 문화를 접하게 되었을 때 체험하는 되는 충격이다.
③ 문화충격에 대비하기 위하여 자신이 속한 문화를 기준으로 다른 문화를 객관적으로 평가해야 한다.
④ 상이한 문화 간 커뮤니케이션을 이문화 커뮤니케이션이라고 한다.

풀이
③ 자신이 속한 문화를 기준으로 다른 문화를 평가하지 말고 자신의 정체성은 유지하되 다른 문화를 경험하는데 적극적이고 개방적인 태도를 취한다.

---

③ 이(異)문화 커뮤니케이션 : 서로 상이한 문화 간 커뮤니케이션
- 언어적 커뮤니케이션 : 의사를 전달할 때 직접적으로 이용되는 것으로 아는 외국어 사용 능력과 직결
- 비언어적 커뮤니케이션 : 상대국의 문화적 배경에 입각한 생활 양식, 행동규범, 가치관 등을 사전에 이해하기 위한 노력

STEP 1

01 경영의 4요소에 대한 설명으로 옳지 않은 것을 고르시오.

① 경영 목적 – 조직의 목적을 달성하기 위한 방법이나 과정
② 인적 자원 – 조직의 구성원, 인적자원의 배치와 활용
③ 자금 – 경영활동에 요구되는 돈, 경영의 방향과 규모가 결정된 후 확보
④ 경영 전략 – 변화하는 환경에 적응하기 위한 경영활동의 체계화

해설

자금 – 경영활동에 요구되는 돈, 경영의 방향과 규모가 결정된 후 확보
→ 자금은 경영의 방향과 범위 한정한다.

02 다음 설명은 무엇에 대한 설명인지 고르시오.

> 한 가지 문제에 대해 여러 명이 아이디어를 비판 없이 제시하여 최선책을 찾는 방법

① 집단의사결정
② 브레인스토밍
③ 의사결정나무
④ 만장일치

해설

브레인스토밍
→ '비판 없이'라는 단어로 브레인스토밍을 기억한다.

03 집단 의사 결정에 대한 설명으로 옳지 않은 것을 고르시오.

① 구성원 각자 다른 시각으로 문제에 접근하여 다양한 견해를 가지고 결정한다.
② 결정된 해결책에 대한 수용이 수월하다.
③ 의견이 불일치하더라도 합의점 도달이 쉽다.
④ 특정 구성원의 의사결정이 독점될 가능성이 있다.

해설

의견이 불일치하더라도 합의점 도달이 쉽다.
→ 집단의사결정의 단점은 의견 불일치 시 합의점 도달이 어렵고, 특정 구성원의 의사결정이 독점될 가능성 존재한다는 것이다.

정답 01 ③ 02 ② 03 ③

04 경영 전략의유형에 대한 설명으로 옳은 것을 고르시오.

① 원가 우위 전략 – 기술개발을 통해 해당 산업에서 우위를 점령하는 전략
② 차별화 전략 – 마케팅에 집중적인 투자를 통해 고객에게 가치 있게 인식되도록 하는 전략
③ 독점 공급 전략 – 새로운 시장에 진입하여 독점적인 지위를 이용하여 큰 성과를 이룬다.
④ 집중화 전략 – 경쟁조직들이 소홀히 하고 있는 한정된 시장을 집중적으로 공략하는 전략

해설
① 원가 우위 전략 – 기술개발을 통해 해당 산업에서 우위를 점령하는 전략
→ "기술개발"이 아닌 "원가절감"을 통해 해당 산업에서 우위를 점령하는 전략
② 차별화 전략 – 마케팅에 집중적인 투자를 통해 고객에게 가치 있게 인식되도록 하는 전략
→ "마케팅에 집중적인 투자"가 아닌 생산품이나 서비스를 차별화하여 고객에게 가치있고 독특하게 인식되도록 하는 전략
③ 독점 공급 전략 – 새로운 시장에 진입하여 독점적인 지위를 이용하여 큰 성과를 이룬다.
→ NCS 이론에서 다루는 경영전략의 유형이 아니다.

05 다음 중 조직목표의 기능 및 특징에 관한 설명으로 옳지 않은 것을 고르시오.

① 조직이 존재하는 정당성과 합법성 제공
② 조직 구성원의 의사결정 기준
③ 공시적 목표와 실제적 목표가 상이할 수 있음
④ 조직목표는 불변하며 단일화된 목표를 추구한다.

해설
조직목표는 불변하며 단일화된 목표를 추구한다.
→ 조직목표는 다수의 조직목표 추구가 가능하고 가변적 속성을 지닌다.

06 기계적인 조직구조에 대한 설명으로 옳은 것을 고르시오.

① 규제가 낮아 변화에 쉽게 적응한다.
② 업무가 분명하고 많은 규칙과 규제가 있다.
③ 비공식적인 의사소통이 쉽게 이루어 진다.
④ 의사결정권이 하부 구성원에게 위임된다.

해설
업무가 분명하고 많은 규칙과 규제가 있다.
→ 기계적 조직은 규칙과 규제, 유기적 조직은 자유롭고 변화가 쉽다.

정답 04 ④ 05 ④ 06 ②

07 다음 중 팀의 특성에 대한 설명으로 바르지 않은 것을 고르시오.

① 기동성과 생산성을 높인다.
② 의사결정에 신중하며 보고체계에 따른 안정성이 보장된다.
③ 구성원들의 다양한 창의성 향상을 도모한다.
④ 조직 구성원들의 협력의지와 관리자층의 지지가 필요하다.

해설

의사결정에 신중하며 보고체계에 따른 안정성이 보장된다.
→ 생산성을 높이고 신속한 의사결정을 내리는 것이 팀의 역할이다.

08 다음은 업무 수행 절차에 대한 시트를 작성한 것이다. 어떤 것인가?

> 단계 별로 업무를 시작해서 끝나는데 걸리는 시간을 바 형식으로 표시할 때 사용

① 간트 차트
② 워크플로차트
③ 체크리스트
④ 과업세부도

해설

간트 차트
→ "바" 형식은 간트 차트이다.

09 조직 내 갈등관리에 대한 내용으로 옳지 않은 것은?

① 갈등은 업무시간 지체, 정신적 스트레스 발생 등 부정적인 효과를 가진다.
② 갈등은 조직을 침체 시키며 다른 업무에 대한 이해도를 떨어뜨린다.
③ 문제를 바라보는 새로운 시각 형성이란 차원에서 긍정적으로 볼 수 있다.
④ 갈등관리를 위하여 원인을 파악하고 장기적인 조직의 이익을 위한 해결책을 고찰한다.

해설

갈등은 조직을 침체 시키며 다른 업무에 대한 이해도를 떨어뜨린다.
→ 갈등의 긍정적인 효과는 새로운 시각 형성, 타 업무 이해 증진, 조직의 침체 예방이다.

정답 07 ② 08 ① 09 ②

Chapter 7 직업윤리

1 직업윤리

1. 윤리
① 도리, 실제의 도덕규범이 되는 원리, 인간사회에 필요한 올바른 질서
② 갈등 해결의 기준 제시
③ 어떤 행동을 결정할 때 고려하게 될 다른 요인보다 우선적으로 고려
④ 보편적이며 합리성에 기초
⑤ 명확한 내용을 가짐
⑥ 해석을 필요로 함
⑦ 윤리적 가치보다 자기이익을 우선한다면 사회질서 붕괴 우려.
⑧ 윤리적 가치는 시대와 사회상황에 따라 변화

> **예제 01** 윤리적 인간에 대한 설명 중 가장 거리가 먼 것을 고르시오.
>
> ① 공동의 이익을 추구한다.
> ② 도덕적 가치를 신념으로 삼는다.
> ③ 경제적 이득과 육신의 안락만을 추구하는 것이 아니고, 삶의 본질적 가치와 도덕적 신념을 존중해야 한다.
> ④ 항상 일을 배우는 자세로 열심히, 주어진 시간에 최선을 다한다.
>
> **풀이**
> ④ 근면 성실과 관련한 설명입니다.

2. 직업의 의미
① 직업의 속성 : 계속성, 경제성, 윤리성, 사회성, 자발성
② 생계유지 : 경제적으로 안정된 생활을 유지하는 중요한 수단
③ 사회생활과 봉사 : 직업을 통해 사회 구성원의 필요를 충족시키며, 직업은 사회에 봉사 할 수 있는 중요한 활동
④ 자아실현 : 자신의 능력·흥미·개성에 따라 직업을 선택하고, 이는 자아실현의 계기

> **예제 02** 다음 중 직업에 대한 설명 중 옳지 않은 것을 고르시오.
>
> ① 경제적인 보상이 있어야 한다.
> ② 본인의 자발적 의사에 '의한 것이어야 한다.
> ③ 장기적으로 계속해서 일하는 지속성이 있어야 한다.
> ④ 경제적으로 이익이 없더라도 자아실현의 기회가 될 수 있다.

> **풀이**
> ④ 직업은 생계유지의 중요한 수단이다.

3. 직업윤리
① 개인윤리를 바탕으로 각자가 직업에 종사하는 과정에서 요구되는 특수한 윤리규범
② 개인윤리가 보통 상황에서의 일반적 원리규범이라면 직업윤리는 좀 더 구체적 상황에서의 실천규범.
③ 직업윤리가 기본적으로는 개인윤리를 바탕으로 성립되는 규범이기는 하지만, 상황에 따라 양자는 서로 충돌하거나 배치되는 경우도 발생.
④ 업무수행 상에서 양자가 충돌할 경우 행동기준으로는 직업윤리가 우선.

> **예제 03** 개인윤리와 직업윤리의 조화로운 상황에 대한 설명 중 옳지 않은 것을 고르시오.
> ① 많은 사람이 관련되어 고도화된 공동의 협력을 요구하므로 책임완수와 정확하고 투명한 일 처리가 필요하다.
> ② 규모가 큰 공동의 재산정보 등을 개인의 권한 하에 위임관리하므로 높은 윤리의식이 요구된다.
> ③ 개인윤리가 기본적으로는 직업윤리를 바탕으로 성립되는 규범이다.
> ④ 상황에 따라 양자는 서로 충돌하거나 배치되는 경우도 발생한다.
>
> **풀이**
> ③ 직업윤리가 기본적으로는 개인윤리를 바탕으로 성립되는 규범이다.

2 근로윤리

1. 근면한 태도

1) 근면의 의미 : 근면한 것은 성공을 이루게 하는 기본 조건

2) 근면의 종류 : 외부로부터 강요당한 근면, 자진해서 하는 근면(능동적이며 적극적인 태도가 바탕)

2. 정직한 행동

- 정직의 의미 : 신뢰를 형성하고 유지하는 데 필요한 가장 기본적이고 필수적인 규범이 바로 정직

3. 성실한 자세

1) 성실의 의의

① 정성스럽고 참됨
② 책임감이 강하고 목표 지향적 행동을 촉진, 행동의 지속성을 갖게 하는 성취 지향적인 성질
③ 세상을 살아가는 데 있어 가장 큰 무기

2) 우리 사회의 성실성

① 신뢰를 포괄하는 성실은 보이지 않는 가장 확실한 사회적 자본
② 기업에서 가장 중요하게 여기는 인재상의 키워드 1위가 '성실성'
③ 함께 일하고 싶은 동료 1위 역시 '성실하고 책임감 강한 사람'
④ 항상성과 정성스러움
⑤ 성실의 결핍은 생각과 말, 행동의 불일치를 통해 위법 행위로 이어지고 나아가 사회 전반에 악영향

예제 04 성실에 대한 설명으로 옳지 않은 것을 고르시오.

① 성실은 기본이기도 하지만, 세상을 살아가는 데 있어 가장 큰 무기이기도 하다.
② 성실은 일관하는 마음과 정성의 덕이다.
③ 성실은 평범한 사람들에게 필수적인 덕목이며 탁월하게 뛰어난 사람에게는 큰 의미를 가지기 어렵다.
④ 단시간에 돈을 벌기 위해서 성실하지 않은 태도로 임하는 경우가 많은데, 장기적으로 볼 때에는 성실한 사람이 결국 성공한다.

정답 ③

3 공동체윤리

1. 봉사

1) 직업인에게 봉사의 의미
   ① 일 경험을 통해 다른 사람과 공동체에 대하여 봉사하는 정신을 갖추고 실천하는 태도
   ② 고객의 가치를 최우선으로 하는 고객 서비스 개념으로 설명할 수 있음.

2. 책임

1) 책임의 의미
   ① 직업에 대한 사회적 역할과 책무를 충실히 수행하고 책임지려는 태도
   ② 기업도 단순히 이윤 추구를 하는 집단의 형태를 벗어나 자신들이 벌어들인 이익의 일부분을 사회로 환원하는 개념인 '기업의 사회적 책임(Corporate Social Responsibility; CSR)'을 강조하는 형태

3. 준법

1) 준법의 의미
   ① 민주 시민으로서 지켜야 하는 기본 의무이며 생활 자세
   ② 법과 규칙을 준수하는 것은 자신의 권리를 보장받고, 다른 사람의 권리를 보호해 주며 사회 질서를 유지하는 역할을 함

4. 직장에서의 예절

1) 악수 예절
   ① 오른손으로
   ② 윗사람이 아랫사람에게
   ③ 여성이 남성에게
   ④ 선배가 후배에게
   ⑤ 상급자가 하급자에게

예제 06 비즈니스 예절에 대한 설명으로 적절하지 않은 것을 고르시오.

① 인사를 할 때는 먼저 인사하는 적극성을 보여주며 눈을 마주치는 것이 좋다.
② 악수는 오른손으로 하는 것이 원칙이되 오른손에 가방을 들고 있다면 왼손으로 악수한다.
③ 소개는 어린 사람을 연장자에게, 같은 회사 사람을 타 회사 사람에게 먼저 한다.
④ 명함은 반드시 명함 지갑에서 꺼내고 상대방에게 받은 명함도 명함 지갑에 넣는다.

풀이
② 오른손에 가방 등을 들고 있다면 악수에 대비해 왼손으로 바꿔든다.

5. 상호존중

1) **존중** : 우리 자신과 다른 사람을 소중히 여기고 그 권리를 배려해 주는 자세

2) **성희롱, 성차별**
   ① '업무와 관련하여 성적 언어나 행동 등으로 굴욕감을 느끼게 하거나 성적 언동 등을 조건으로 고용상 불이익을 주는 행위'
   ② 형사처벌 대상으로서의 범죄행위인 '성추행'이나 '성폭행'과는 구분되어 형사처벌 대상은 아니지만 회사는 필요한 인사조치 또는 징계조치를 해야 하고, 피해자는 가해자에게 민사상 손해배상 청구 가능
   ③ 법률적인 기준의 특징은 가해자가 '의도적으로 성희롱을 했느냐'를 중시하는 것이 아니라, 피해자가 '성적 수치심이나 굴욕감을 느꼈는지 아닌지'가 중요
   ④ 여성이 듣는 성차별적인 말 : "여자는 이래서 안 돼", "여성은 결혼하면 끝", "이런 건 여자가 해야지", "여자치고는 잘 하네", "독해서 승진한 거다", "술은 여직원이 따라야 제 맛이지"
   ⑤ 남성이 듣는 성차별적인 말 : "남자가 그것도 못 해", "남자가 왜 그렇게 말이 많아", "남자니까 참아야지", "남자가 무슨 육아휴직이야"

STEP 1

01 직업에 대한 설명으로 옳지 않은 것을 고르시오.

① 생활에 필요한 경제적 보상을 제공한다.
② 직업이란 지속성보다는 자아실현과 만족감이 중요하다.
③ 직업을 통해 타인과 인간관계를 형성할 수 있다.
④ 직업은 본인의 자발적 의사에 의한 것이어야 한다.

해설

직업이란 지속성보다는 자아실현과 만족감이 중요하다.
→ 자아실현과 만족감도 중요하지만 지속적이지 않은 일은 직업으로 볼 수 없다.

02 개인윤리와 직업윤리에 대한 설명으로 틀린 것을 고르시오.

① 직업윤리는 개인윤리에 비해 특수성을 가지고 있다.
② 직업윤리는 개인윤리를 바탕으로 성립되는 규범이나 상황에 따라서는 서로 대치되는 경우도 발생한다.
③ 개인윤리를 일반적 원리규범이라고 하면 직업윤리는 좀더 구체적인 상황에서의 실전 규범이라고 볼 수 있다.
④ 업무수행 상에서 양자가 충돌할 경우 행동기준으로는 개인윤리를 우선시 한다.

해설

업무수행 상에서 양자가 충돌할 경우 행동기준으로는 개인윤리를 우선시 한다.
→ 업무수행 상에서 양자가 충돌할 경우 행동기준으로는 직업윤리가 우선이다.

정답 01 ② 02 ④

03 준법에 대한 설명으로 옳지 않은 것을 고르시오.

① 민주 시민으로서 기본적으로 지켜야 하는 의무이며 생활 자세이다.
② 자신의 권리를 보장받고, 다른 사람의 권리를 보호해 주며 사회 질서를 유지하는 역할을 함
③ 이기심과 특권의식에서 발생하며 법에 대한 지식이 높을수록 준법정신이 강화된다.
④ 준법정신이 지켜지지 않으면 사회기강을 해이하게 하고 사회적 비용이 발생한다.

해설

이기심과 특권의식에서 발생하며 법에 대한 지식이 높을수록 준법정신이 강화된다.
→ 이기심과 특권의식은 오히려 준법정신을 약화시키며, 다양한 사례에서 알 수 있듯이 법에 대한 지식이 높을수록 준법정신이 강화되는 것은 아니다.

04 예절에 대한 설명 중 바르지 않은 것을 고르시오.

① 일정한 생활문화권에서 오랜 생활습관을 통해 하나의 공통된 생활방법이다.
② 어느 문화에서든 예절은 필수적인 요소이며 모든 예절은 동일하다.
③ 예절의 본질은 남에게 폐를 끼치지 않고, 남에게 호감을 주며, 남을 존경하는 것이다.
④ 에티켓은 매너보다 고도의 범절로서 요구도가 높은 것을 말한다.

해설

어느 문화에서든 예절은 필수적인 요소이며 모든 예절은 동일하다.
→ 문화에 따라 예절은 다르다.

정답 03 ③ 04 ②

모듈형 모의고사 1회

01 의사소통의 문서적 측면과 언어적 측면에 대한 설명으로 적절하지 않은 것은?

① 언어적 의사소통은 문서적 의사소통보다 더 많은 시간동안 사용되고 있다.
② 언어적 의사소통은 문서적 의사소통보다 정확성을 기하기 힘들다.
③ 문서적 의사소통이 언어적 의사소통보다 권위감이 있다.
④ 문서적 의사소통이 언어적 의사소통보다 전달성이 높다.
⑤ 문서적 의사소통은 보존성이 크고 혼란과 곡해를 일으키지 않는 장점이 있다.

02 다음 의사소통능력 개발하기에 대한 설명 중 적절한 것을 모두 고르시오.

> ㄱ. 피드백 시 부정적인 피드백만을 계속해서 주면 오히려 역효과가 있으므로 항상 긍정적인 피드백이 중심이 되도록 주의한다.
> ㄴ. 언어의 단순화를 위해 전문용어의 사용은 그 언어를 사용하는 집단 구성원들 사이에서라도 사용을 자제한다.
> ㄷ. 적극적 경청은 상대방의 입장에서 생각하려고 노력하면서 감정이 이입될 때 더욱 용이해진다.
> ㄹ. 자신의 감정에 지나치게 몰입하게 되면 평정을 어느 정도 찾을 때까지 의사소통을 연기하는 것이 좋다.

① ㄱ, ㄴ
② ㄴ, ㄷ
③ ㄷ, ㄹ
④ ㄴ, ㄹ
⑤ ㄴ, ㄷ, ㄹ

03 다음은 경청의 방해 요인이다. 각 요인과 내용의 연결이 적절하지 않은 것은?

① 걸러내기 : 상대의 말을 듣기는 하지만 상대방의 메시지를 온전하게 듣는 것이 아닌 경우이다
② 다른 생각하기 : 상대방에게 관심을 기울이는 것이 점차 더 힘들어지고 상대방이 말을 할 때 자꾸 다른 생각을 하게 된다면, 이는 현실이 불만족스럽지만 이러한 상황을 회피하고 있다는 위험한 신호이다.
③ 언쟁하기 : 어떤 사람들은 지나치게 다른 사람의 문제를 본인이 해결해 주고자 한다.
④ 옳아야만 하기 : 자존심이 강한 사람은 자존심에 관한 것을 전부 막아버리려 하기 때문에 자신의 부족한 점에 대한 상대방의 말을 들을 수 없게 된다.
⑤ 짐작하기 : 상대방의 말을 믿고 받아들이기보다 자신의 생각에 들어맞는 단서들을 찾아 자신의 생각을 확인하는 것을 말한다.

04 문서작성에 대한 설명으로 적절하지 않은 것은?

① 효과적인 내용전달을 위해 문서의 주요 내용은 가장 마지막에 쓴다.
② 공문서에서 부정문이나 의문문의 형식은 피한다.
③ 문서의 첨부자료는 반드시 필요한 자료 외에는 첨부하지 않는다.
④ 불필요한 한자 사용은 배제한다.
⑤ 간단한 표제를 붙인다.

05 공감적 이해에 대한 아래 설명을 보고 〈사례〉 등장하는 사람들의 수준이 모두 맞게 연결된 것을 고르시오.

> 공감적 이해에는 세 가지 수준이 있다.
> 첫째는 인습적 수준이다. 이는 청자가 상대방의 말을 듣고 그에 대한 반응을 보이기는 하지만 청자가 주로 자신의 생각에 사로잡혀 있기 때문에 자기주장만을 할 뿐, 상대방의 생각이나 느낌과 일치된 의사소통을 하지 못하는 경우이다. 상대방의 이야기를 듣고 난 후 성급하게 판단하여 설익은 조언이나 상투적인 충고를 하게 되는 것이다.
> 둘째는 기본적 수준이다. 대체로 청자는 상대방의 행동이나 말에 주의를 기울여 상대방의 현재 마음 상태나 전달하려는 내용을 정확하게 파악하고 그에 맞는 반응을 보이는 것이다. 상대방의 의견에 대하여 재언급이나 요약 등을 하면서 반응을 보이게 된다.
> 셋째는 심층적 수준이다. 청자는 언어적으로 명백히 표현되지 않은 상대방의 내면적 감정과 사고를 지각하고 이를 자신의 개념 틀에 의하여 왜곡 없이 충분히 표현함으로써 상대방의 적극적인 성장 동기를 이해하고 표출한다. 상대방의 의견에 대하여 긍정적으로 반응하고 사기를 진작시킨다.

〈사례〉
같은 회사에 다니는 L씨와 M씨 그리고 N씨는 나이와 학벌, 능력이 비슷하지만 사람들이 인식하는 정도는 천차만별이다. 특히, 대화를 할 때 이들의 차이는 쉽게 드러난다.

"일단 저에게 맡겨 주신 업무에 대해서는 과장님이 너무 간섭하지 않으셨으면 합니다. 제 소신껏 창의적으로 일하고 싶습니다."
L씨 ⇒ "자네가 지난번에 처리했던 일이 아마 잘못 됐었지?", "자네 나름대로의 생각이 있더라도 상사의 지시대로 해야지."
M씨 ⇒ "자네 업무에 대해서 이야기하는 것이 간섭 받는 것으로 생각되어 기분이 상한 모양이구만."
N씨 ⇒ "믿고 맡겨 준다면 더 잘 할 수 있을 것으로 생각된다는 말이구만.", "자네가 맡은 일은 자신의 소신과 창의력에 따라 책임감을 갖고 일하고 싶은 모양이구만."

"저는 입사한 지 1년이 넘었는데도 아직 일다운 일을 해본 적이 없습니다."
L씨 ⇒ "자네가 입사한 지 벌써 1년이 넘었나? 세월 빠르다 빨라!", "회사에서 중요하지 않은 일이 어디 있겠나? 모든 일에 최선을 다해야지."
M씨 ⇒ "음, 아직 일다운 일을 해보지 못했단 말이지.", "아직 자신의 능력에 맞는 일이 주어지지 않아서 섭섭했던 모양이군."
N씨 ⇒ "자네의 능력을 맘껏 발휘해볼 수 있는 일다운 일을 이제는 해보고 싶다는 말이지?"

① L씨 : 인습적 수준, M씨 : 인습적 수준, N씨 : 기본적 수준
② L씨 : 인습적 수준, M씨 : 심층적 수준, N씨 : 기본적 수준
③ L씨 : 인습적 수준, M씨 : 기본적 수준, N씨 : 심층적 수준
④ L씨 : 기본적 수준, M씨 : 인습적 수준, N씨 : 심층적 수준
⑤ L씨 : 심층적 수준, M씨 : 기본적 수준, N씨 : 인습적 수준

06 문제해결의 장애요인에 대한 설명 중 적절하지 않은 것을 모두 고르시오.

> ㄱ. 문제가 발생하면 직관으로 성급하게 판단하여 문제의 본질을 명확하게 분석하지 않고 대책안을 수립, 실행함으로써 근본적인 해결을 하지 못하거나 새로운 문제를 야기하는 결과를 초래할 수 있다.
> ㄴ. 상황이 무엇인지를 분석하기 전에 개인적인 편견이나 경험, 습관으로 증거와 논리에도 불구하고 정해진 규정과 틀에 얽매여서 새로운 아이디어와 가능성을 무시해 버릴 수 있다.
> ㄷ. 문제해결에 있어 종종 우리가 알고 있는 단순한 정보들을 간과하는 경향이 있다. 단순한 정보라도 경시하고 넘어가면 문제를 해결하지 못하거나 오류를 범하게 된다.
> ㄹ. 자료를 수집하는 데 있어 구체적인 절차에 얽매여서 더 많은 자료를 얻으려는 노력이 부족한 경우가 있다. 무한정한 자료 수집에서부터 시작된다.

① ㄱ, ㄴ　　② ㄴ, ㄷ
③ ㄷ, ㄹ　　④ ㄴ, ㄹ
⑤ ㄴ, ㄷ, ㄹ

07 다음은 무엇에 대한 설명인가?

> - 당면한 문제를 해결하기 위해 이미 알고 있는 경험과 지식을 해체하여 다시 새로운 정보로 결합함.
> - 정보와 정보의 조합.
> - 사회나 개인에게 새로운 가치를 창출한다.
> - 교육훈련을 통해 개발될 수 있다.

① 분석적 사고　　② 창의적 사고
③ 논리적 사고　　④ 비판적 사고
⑤ 복합적 사고

08 자기개발능력의 필요성과 가장 관계가 먼 것은?

① 변화하는 환경에 대한 적응
② 업무의 성과 향상
③ 긍정적인 인간관계
④ 반복되는 실수를 개선하기 위함
⑤ 보람된 삶을 살기 위함

09 자기개발의 특징과 가장 관계가 먼 것을 모두 고르시오.

> ㄱ. 개별적인 과정으로서 사람마다 자기개발을 통해 지향하는 바와 선호하는 방법 등이 다르다.
> ㄴ. 자기개발은 일상이 아닌 교육훈련기관에서 교육프로그램을 이수하거나 자격증 취득을 중심으로 한다.
> ㄷ. 자기개발은 학교단계 및 명확한 목표가 부여되는 필요한 시기에 집약적으로 이루어져야한다.
> ㄹ. 자기개발은 특정사람만이 하는 것이 아니라 모든 사람이 해야 하는 것이다.

① ㄱ, ㄴ　　② ㄴ, ㄷ
③ ㄷ, ㄹ　　④ ㄴ, ㄹ
⑤ ㄱ, ㄷ

10 다음은 무엇에 대한 설명인가?

> 캐나다의 심리학자 알버트 반두라(Albert Bandura)에 의해 소개된 개념으로, 자신이 어떤 일을 성공적으로 수행할 수 있는 능력이 있다고 믿는 기대와 신념을 뜻하는 심리학 용어이다. 개인의 존재가치보다는 능력에 관한 판단과 믿음이라는 점에서 자아존중감(self-esteem)과는 구별되며, 성공 또는 실패 경험을 통해 강화되거나 약화될 수 있다. 따라서 쉬운 과제로부터 성공 경험을 쌓고 점진적으로 과제 난이도를 높여나가는 방식은 이것의 증진을 위한 효과적인 전략이 될 수 있다.

① 자기효능감
② 자아정체감
③ 자신감
④ 자기애
⑤ 자아성철

11 다음 단계별 자기관리 계획에 대한 내용 중 가장 적절하지 않은 것은?

①	1단계	비전 및 목적 정립	어떤 행동을 하거나 일을 수행하기 위해서는 비전과 목적을 정립하여 방향성을 가지는 것이 중요하다.
②	2단계	과제 발견	우선순위를 구분하는 여러 방법들이 소개되고 있지만 일반적으로 사용하는 방법은 가장 중요하고, 가장 긴급한 일일수록 우선순위가 높다고 판단하는 것이다.
③	3단계	일정 수립	일의 우선순위에 따라 구체적인 일정을 수립한다. 일정은 하루계획 → 주간계획 → 월간계획 순으로 작성한다.
④	4단계	수행	수행에는 시간, 능력, 돈, 물건, 감정, 대인관계, 건강 등의 요소들이 영향을 미친다. 이를 관리하기 위한 어떤 방법이 있는지를 찾아 계획한 대로 바람직하게 수행되도록 한다.
⑤	5단계	반성 및 피드백	일을 수행하고 나면 스스로 질문을 통해 분석하고, 결과를 피드백하여 다음 수행에 반영 한다.

12 다음은 일반적인 직업인의 경력단계 중 두 개의 단계에 대한 내용이다. 각 단계를 순서대로 나열한 것을 고르시오.

> A - 직무를 선택하는 과정으로 환경과 자신의 특성을 고려해야 하며, 특히 자신이 들어갈 조직의 특성을 알아보아야 한다.
> B - 조직에 입사하여 직무와 조직의 규칙과 규범에 대해서 배우게 된다. 업무의 내용을 파악하고, 조직의 규칙이나, 규범, 분위기를 알고 적응해 나가는 것이 중요한 과제이다.

	A	B
①	직업선택	조직입사
②	경력초기	조직입사
③	조직입사	경력초기
④	경력초기	조직입사
⑤	조직입사	경력중기

13 직장에서 발생할 수 있는 시간낭비요소 중 가장 거리가 먼 것은?

① 우선순위 없는 업무 진행
② 불필요한 통화
③ 서류 숙독
④ 커뮤니케이션 부족
⑤ 작은 메모 회람

14 시간관리를 통해 얻을 수 있는 개선효과와 가장 거리가 먼 것은?

① 바라던 목표 성취
② 생산성 향상
③ 스트레스 감소
④ 업무의 자발성 증가
⑤ 균형적인 삶 유지

15 다음( )에 들어갈 말은 무엇인가?

> 자원은 기업 활동을 위해 사용되는 기업 내의 모든 시간, 예산, 물적·인적자원을 의미한다. 이러한 유형의 자원들이 갖고 있는 공통점은 바로 ( )을 들 수 있다. 한 사람이나 조직에게 주어진 시간은 제한되기 마련이며, 정해진 시간을 어떻게 활용하느냐가 매우 중요하다. 돈과 물적자원(석탄, 석유, 시설 등) 역시 제한적일 수밖에 없으며, 개인 또는 조직적으로 제한된 사람들을 활용할 수밖에 없는 인적자원도 이와 비슷하다. 이러한 자원의 ( )으로 인해 자원을 효과적으로 확보, 유지, 활용하는 자원관리는 매우 중요하다고 할 수 있다.

① 반응성　　② 능동성
③ 유한성　　④ 가능성
⑤ 적절성

16 시간관리에 대한 오해로 가장 적절하지 않은 것은?

① 시간관리는 상식에 불과하다.
② 회사에서 일을 잘하고 있는 사람이라도 시간관리를 잘못할 수도 있다.
③ 시간에 쫓기면 일을 더 잘 하는 사람은 시간관리가 오히려 방해가 된다.
④ 시간관리는 약속을 기록해 놓은 달력과 해야 할 일에 대한 목록이면 충분하다.
⑤ 창의적인 일을 하는 사람에게는 시간관리가 오히려 잘 맞지 않는다.

17 물적자원에 대한 관리가 소홀하거나 적절히 이용하지 못하는 원인의 경우로 적절하지 않은 것은?

① 분실한 경우
② 훼손된 경우
③ 목적 없이 물건을 구입한 경우
④ 편리성을 추구한 경우
⑤ 보관 장소를 파악하지 못하는 경우

(18 ~ 19) 아래 내용을 읽고 물음에 답하시오.

〈상황 A〉
리더 K는 팀원 A에게 지난 몇 달 동안의 판매 수치를 정리해 달라고 요청했다. 또 한 데이터베이스를 업데이트하고, 회계부서에서 받은 수치를 반영한 새로운 보고서를 만들라는 지시를 내렸다. 그런데 팀원 A는 전혀 열의를 보이지 않은 채 업무를 처리했다. 리더 K는 그가 업무에 관심을 보이지 않는 이유가 무엇인지, 판매 개선에 필요한 아이디어를 왜 생각해 내지 못하는지 의아하게 여겼다.

〈상황 B〉
리더 K는 팀원 A에게 지난 몇 달간의 판매 수치를 정리해 달라고 요청했다. 그는 정확하게 업무를 처리했지만, 눈에 띌 정도로 열의 없이 업무를 처리했다. 리더 K는 그와 함께 판매 수치를 자세하게 살핀 다음, 판매 향상에 도움이 될 만한 마케팅 계획을 개발하도록 그를 격려했다. 팀원 A는 비로소 막중한 책임감을 느끼고, 새로 맡은 프로젝트에 대해 책임감을 갖는 한편 자신의 판단에 따라 효과적인 해결책을 만들었다.

18 위 사례를 통해 단순히 업무를 위임하는 〈상황A〉보다, 권한을 위임하는 〈상황B〉가 더욱 효과적임을 알 수 있다. 이는 리더십의 핵심 개념 중 하나인 (　　　)의 의미에 관한 사례이다. (　　　)안에 들어갈 용어는 무엇인가?

① 코칭
② 임파워먼트
③ 긍정적 강화법
④ 퍼실리테이션
⑤ 소프트어프로치

19 위 1번의 답에 대한 장애요인은 4가지 차원에서 볼 수 있다. 아래 보기 중 개인차원에서의 장애요인이 아닌 것은?

① 주어진 일을 해내는 역량의 결여
② 비전의 효과적 전달능력 결여
③ 동기의 결여
④ 결의의 부족
⑤ 책임감 부족

20 다음은 리더와 관리자를 구분하는 단어들이다. 잘못 짝지어진 것을 고르시오.

	리더	관리자
①	내일에 초점	오늘에 초점
②	사람을 중시	사람을 관리한다
③	계산된 위험(risk)을 취한다	위험(risk)을 회피한다
④	'어떻게 할까'를 생각한다	'무엇을 할까'를 생각한다
⑤	정신적	기계적

21 리더쉽 유형에 대한 설명 중 잘못 짝지어진 것을 고르시오.

① 민주주의에 근접한 유형 : 팀원들이 한 사람도 소외됨이 없이 동등하다는 것을 확신시킴으로써 비즈니스의 모든 방면에 종사하도록 한다.
② 민주주의에 근접한 유형 : 집단의 모든 구성원은 의사결정 및 팀의 방향을 설정하는 데 참여한다.
③ 파트너십 유형 : 리더는 조직 구성원 중 한 명일뿐이다. 리더는 다른 조직 구성원들보다 경험이 더 풍부하겠지만 다른 구성원들보다 더 비중 있게 대우받아서는 안 된다.
④ 파트너십 유형 : 집단의 모든 구성원은 집단의 행동에 따른 결과 및 성과에 대해 책임을 공유한다.
⑤ 변혁적 유형 : 리더는 사범이 되어 구성원들이 도저히 해낼 수 없다고 생각하는 일들을 구성원들로 하여금 할 수 있도록 자극을 주고 도움을 주는 일을 수행한다.

22 효과적인 팀이란 팀 에너지를 최대로 활용하는 고성과 팀이다. 효과적인 팀의 특징으로 가장 적절한 것은?

① 언제나 결과보다는 과정을 중시한다.
② 팀워크를 위해 개인의 강점은 적극적으로 활용하지 않는다.
③ 의견의 불일치를 용납하지 않는다.
④ 다수에 의한 의사결정은 비효율적이므로 리더의 결정을 따른다.
⑤ 역할과 책임을 명료화시킨다.

23 다음은 갈등 상황에서 반응하는 갈등 해결방법 중 어느 유형에 대한 설명인가?

> 자신은 물론 상대방에 대한 관심이 모두 높은 경우로서 '나도 이기고 너도 이기는 방법(win - win)'을 말한다. 이 방법은 문제해결을 위하여 서로 간에 정보를 교환하면서 모두의 목표를 달성할 수 있는 윈 - 윈 해법을 찾는다. 아울러 서로의 차이를 인정하고 배려하는 신뢰감과 공개적인 대화를 필요로 하므로 가장 바람직한 갈등 해결 유형이라 할 수 있다

① 회피형　　② 경쟁형
③ 수용형　　④ 타협형
⑤ 통합형

24 고객서비스 및 고객응대 전반에 대하여 가장 거리가 먼 내용은?

① 고객중심 기업은 내부 고객과 외부 고객 모두를 중요시 하고 정보, 제품, 서비스 등에 쉽게 접근할 수 있도록 한다.
② 고객서비스를 통해 고객이 감동을 받으면 이로 인해 충성도가 증가하고 결국 성장과 이익을 달성할 수 있다.
③ 고객 불만 표현유형은 거만형, 의심형, 트집형, 빨리빨리형으로 나눌 수 있다.
④ 고객 불만 처리 프로세스는 "경청→감사와 공감표시 → 사과 → 해결약속 → 정보파악 → 신속처리 → 처리확인과 사과 → 피드백"으로 이루어진다.
⑤ 고객만족을 측정할 때는 고객이 원하는 것을 알고 있다고 생각해야하며 포괄적인 가치를 중심으로 질문하여야 한다.

25 다음 중 JPEG 표준에 대한 설명으로 옳지 않은 것은?

① 손실압축기법과 무손실압축기법이 있지만 특허문제나 압축률 등의 이유로 무손실압축 방식은 잘 쓰이지 않는다.
② JPEG 표준을 사용하는 파일 형식에는 jpg, jpeg, jpe 등의 확장자를 사용한다.
③ 파일 크기가 작아 웹 상에서 사진 같은 이미지를 보관하고 전송하는데 사용한다.
④ 문자, 선, 세밀한 격자 등 고주파 성분이 많은 이미지의 변환에서는 GIF나 PNG에 비해 품질이 매우 우수하다.

26 다음 중 Windows에서 사용하는 바로 가기 키에 관한 설명으로 옳지 않은 것은?

① 〈Ctrl〉 + 〈Esc〉 : 시작 메뉴를 표시
② 〈Shift〉 + 〈F10〉 : 선택한 항목의 바로가기 메뉴 표시
③ 〈Alt〉 + 〈Enter〉 : 선택한 항목 실행
④ 〈Windows 로고 키〉 + 〈E〉 : 탐색기 실행

27 다음 중 매크로에 관한 설명으로 옳지 않은 것은?

① 같은 통합 문서 내에서 시트가 다르면 동일한 매크로 이름으로 기록할 수 있다.
② [매크로 기록] 대화상자에서 바로 가기 키 지정 시 영문 대문자를 사용하면 〈Shift〉키가 자동으로 덧붙는다.
③ 엑셀을 실행할 때마다 매크로를 사용할 수 있게 하려면 [매크로 기록] 대화상자에서 매크로 저장 위치를 '개인용 매크로 통합 문서'로 선택한다.
④ 통합 문서를 열 때 어떤 상황에서 어떤 매크로를 실행할지 매크로 보안 설정을 변경하여 제어할 수 있다.

28 아래 표에서 예금[C4:F4]과 이율[B5:B8]을 각각 곱하여 이자[C5:F8]를 계산하기 위해서, [C5] 셀에 수식을 입력하고 나머지 모든 셀은 [자동 채우기] 기능으로 채우려고 한다. 다음 중 [C5] 셀에 입력할 수식으로 옳은 것은?

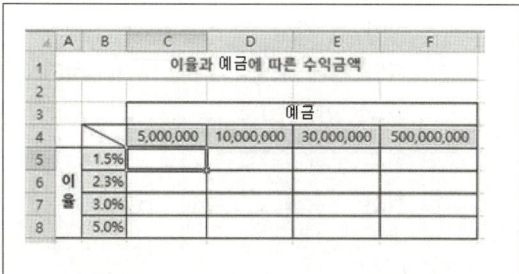

① = C4*B5
② = $C4*B$5
③ = C$4*$B5
④ = $C$4*$B$5

29 다음 중 판정[G2:G5] 영역에 총점이 160 이상이면 '우수', 100 이상 160 미만이면 '보통', 100 미만이면 '노력'으로 입력하려고 할 경우 [G2] 셀에 입력할 수식으로 옳은 것은?

A	B	C	D	E	F	G
1	번호	이름	영어	상식	총점	판정
2	1	원빈	97	80	177	우수
3	2	장동신	87	72	159	보통
4	3	현자	60	40	100	보통
5	4	한길	40	50	90	노력

① =IF(F2〉=160,IF(F2〉=100,"우수","보통","노력"))
② =IF(F2〉=160,"우수",IF(F2〉=100,"보통","노력"))
③ =IF(OR(F2〉=160,"우수",IF(F2〉=100,"보통","노력"))
④ =IF(F2〉=160,"우수",IF(F2〉=100,"보통",IF(F2=100,"노력"))

30 기술의 개념은 노하우(know-how)와 노와이(know-why)로 설명할 수 있다. 기술의 개념에 대한 설명으로 가장 적절하지 않은 것은?

① know-how란 흔히 특허권을 수반하지 않는 과학자, 엔지니어 등이 가지고 있는 체화된 기술이다.
② know-why는 어떻게 기술이 성립하고 작용하는가에 관한 원리적 측면에 중심을 둔 개념이다.
③ know-how는 경험적이고 반복적인 행위에 의해 얻어지는 것이며, 이러한 성격의 지식을 흔히 technique, 혹은 art라고 부른다.
④ know-why는 이론적인 지식으로서 과학적인 탐구에 의해 얻어진다.
⑤ 기술은 원래 know-why의 개념이 강하였으나 시대가 지남에 따라 know-how와 know-why가 결합하게 되었다.

31 다음은 무엇에 대한 설명인가?

> 조직 안에서 피교육자인 종업원이 직무에 종사하면서 받게 되는 교육 훈련방법의 하나이다.
> 피교육자인 종업원이 '업무 수행의 중단 없이 업무 수행에 필요한 지식·기술·능력·태도를 교육훈련 받는 것'을 말하며, 직장훈련·직장지도·직무상지도 등이라고도 한다.

① OJT
② JIT
③ e-Learning
④ 오리엔테이션
⑤ 전무교육원

32 산업재해의 예방 대책은 다음의 5단계를 순서대로 나열한 것을 고르시오.

① 사실의 발견 → 원인 분석 → 안전 관리 조직 → 기술 공고화 → 시정책 적용 및 뒤처리
② 안전 관리 조직 → 사실의 발견 → 원인 분석 → 기술 공고화 → 시정책 적용 및 뒤처리
③ 안전 관리 조직 → 원인 분석 → 기술 공고화 → 사실의 발견 → 시정책 적용 및 뒤처리
④ 원인 분석 → 안전 관리 조직 → 사실의 발견 → 기술 공고화 → 시정책 적용 및 뒤처리
⑤ 사실의 발견 → 안전 관리 조직 → 원인 분석 → 기술 공고화 → 시정책 적용 및 뒤처리

33 다음은 무엇에 대한 설명인가?

> (　　　)은 모든 사람들이 광범위한 관점에서 기술의 특성과 기술적 행동, 기술의 힘, 기술의 결과에 대해 어느 정도의 지식을 가지는 것을 의미한다. 본질적으로 그것은 실천적 문제(practical problem)를 해결할 수 있는 생산력, 체계, 환경을 설계하고 개발해야 할 때, 비판적 사고를 가지는 것을 포함한다. 즉 (　　　)은 기술을 사용하고 운영하고 이해하는 능력이다.

① 기술교양
② 기술지능
③ 전문기술
④ 기술 시스템
⑤ 기술상식

34 기술선택을 위한 우선순위 결정과 가장 거리가 먼 것은?

① 제품의 성능이나 원가에 미치는 영향력이 큰 기술
② 기술을 활용한 제품의 매출과 이익 창출 잠재력이 큰 기술
③ 기업 간에 모방이 쉬워 보다 광범위하게 활용할 수 있는 기술
④ 쉽게 구할 수 없는 기술
⑤ 최신 기술로 진부화될 가능성이 적은 기술

35 매뉴얼 작성을 위한 팁으로 가장 적절하지 않은 것은?

① 내용이 정확해야 한다.
② 작성자가 쓰기 쉬운 문장으로 쓰여야 한다
③ 사용자에 대한 심리적 배려가 있어야 한다
④ 사용자가 찾고자 하는 정보를 쉽게 찾을 수 있어야 한다
⑤ 사용하기 쉬워야 한다.

36 경영자의 역할을 대인적 역할, 정보적 역할, 의사결정적 역할로 설명한 학자는?

① 민츠버그(H. Mintzberg)
② 쿤츠(H. Koontz)
③ 포터(M. E. Porter)
④ 드러커(P. F. Drucker)
⑤ 페이욜(H. Fayol)

37 조직구조의 유형에 관한 설명으로 옳지 않은 것은?

① 매트릭스 조직(matrix organization)은 전통적 기능식 조직에 프로젝트 조직을 덧붙인 조직이다.
② 프로젝트 팀 조직(project team organization)은 조직 내의 여러 하위 단위의 결합된 노력이 필요한 특정과업(프로젝트)을 수행하기 위하여 형성된 임시적 조직이다.
③ 자유형 조직(free-from organization)은 조직이 생존하기 위하여 필요하면 끊임없이 형태를 변화시키는 아메바와 같은 조직이다.
④ 네트워크 조직(network organization)은 조직 외부에서 수행하던 기능들을 계약을 통하여 조직 내부에서 수행하도록 설계된 조직이다.
⑤ 팀 조직(team organization)은 팀장 중심으로 팀의 자율성과 팀원 간의 유기적 관계를 유지하면서 팀의 목표를 추구해 나가는 슬림화된 수평적 조직이다.

38 SWOT 모델에서 철수전략이 필요한 경우는?

① 강점 - 기회　② 약점 - 기회
③ 강점 - 위협　④ 약점 - 위협
⑤ 모든 경우

39 조직목표의 기능 및 특징으로 가장 적절하지 않은 것은?

① 조직이 존재하는 정당성과 합법성 제공
② 조직설계의 기준
③ 공식적 목표와 실제적 목표가 다를 수 있음
④ 모든 조직목표간 위계의 동등함
⑤ 가변적 속성을 지니고 있음

40 업무수행의 방해요인 중 갈등에 대한 설명으로 가장 적절하지 않은 것은?

① 조직 안에서는 개인적인 갈등이 아니더라도, 집단적 갈등이나 타 조직과의 갈등 등이 발생할 수 있다.
② 갈등은 새로운 시각에서 문제를 바라보게 하는 긍정적인 효과가 있다.
③ 갈등은 다른 업무에 대한 이해를 증진 단절하는 부정적인 결과를 초래한다.
④ 갈등을 효과적으로 관리하기 위해서는 먼저, 갈등상황을 받아들이고 이를 객관적으로 평가해야 한다.
⑤ 직접적인 해결보다 일단 갈등상황에서 벗어나는 회피전략이 더욱 효과적일 수도 있다.

정 답

1	2	3	4	5	6	7	8	9	10
⑤	③	③	①	③	③	②	④	②	①
11	12	13	14	15	16	17	18	19	20
③	③	⑤	④	③	②	④	②	②	④
21	22	23	24	25	26	27	28	29	30
②	⑤	⑤	⑤	④	③	①	③	②	⑤
31	32	33	34	35	36	37	38	39	40
①	②	①	③	②	①	④	④	④	③

모듈형 모의고사 2회

01 일 경험에서의 의사소통에 대한 설명으로 가장 적절하지 않은 것은?

① 공식적 조직, 비공식적 조직 모두에서의 의사소통을 의미한다.
② 원활한 의사소통을 통해 조직의 생산성을 높인다.
③ 조직 생활을 위해 필요한 정보를 전달한다.
④ 구성원 간 의견이 다를 경우 설득하고자 한다.
⑤ 조직 내 구성원들의 사기를 진작시킨다.

02 고객과의 의사소통에서 메시지 전달에 가장 큰 영향을 미치는 비언어적 의사소통기술은?

① 사용하는 단어
② 언어의 높낮이와 속도
③ 얼굴표정 및 몸짓
④ 상대방과의 거리
⑤ 대화 도중에 잠시 하는 침묵

03 효과적인 의사표현에 대한 설명으로 적절하지 않은 것은?

① 말하는 이는 자신이 전달하고 싶은 의도, 생각, 감정이 무엇인지 분명하게 인식해야 한다.
② 전달하고자 하는 내용을 적절한 메시지로 바꾸어야 한다.
③ 듣는 이가 자신의 메시지를 어떻게 받아들였는지 피드백을 받는 것이 중요하다.
④ 효과적인 의사표현을 위해서는 비언어적 방식을 활용하는 것이 좋다.
⑤ 의사 표현의 효율성을 위해서는 반복적 전달은 지양한다.

04 다음 사례는 문서이해를 위한 구체적인 절차 중 어느 단계에 가장 적합한 내용인가?

> 매일 고객들이 보내는 수십 건의 주문서를 처리하고, 상사의 지시문에 따라 보고서 나 기획서 등을 작성하는 일을 하는 세일즈맨 P씨. 매일 벅차리만큼 늘어나는 주문서 와 상사의 지시문, 보고서에 묻혀가는 신세가 되었다.
> 그러던 P씨는 문서를 종류별로 체계적으로 정리하기로 결심했다. 고객의 주문서 중 핵심내용만 정리하여 요구사항별로 그룹화하고, 상사의 지시문 중 중요한 내용만 간추려 메모해 두었다. 정리한 내용은 필요한 동료에게 메일로 보내주거나 보고서를 작성 할 때 참고했다. 그랬더니 점차 업무의 양이 많아지고, 주문서와 작성해야 할 보고서, 공문과 메일 등이 늘어도 당황하지 않게 됐다. 오히려 예전보다 빠른 속도로 문서의 내용을 이해하고 분류하며 신속하게 업무를 처리할 수 있게 되었다.

① 문서가 작성되게 된 배경과 주제를 파악하기
② 문서에 쓰여진 정보를 밝혀내고 문서가 제시하고 있는 현안문제를 파악하기
③ 문서를 통해 상대방의 욕구와 의도 및 내게 요구되는 행동에 관한 내용을 분석하기
④ 문서에서 이해한 목적 달성을 위해 취해야 할 행동을 생각하고 결정하기
⑤ 상대방의 의도를 도표나 그림 등으로 메모하여 요약 정리해보기

05 문제해결을 잘 하기 위하여 필요한 기본적 사고 4가지가 아닌 것은?

① 전략적 사고
② 긍정적 사고
③ 분석적 사고
④ 발상의 전환
⑤ 내외부자원의 활용

06 다음 ( )에 들어갈 문제의 유형으로 적절한 것을 고르시오.

> ( )란 실제 문제도 발생하지 않았고 잘 되고 있지만, 항상 지금의 성과 수준에 불만을 갖고 더 높은 수준을 갈구함으로써 의식적으로 만들어진 문제이다. 이러한 경우는 문제의 전체 구조(Big Picture)를 파악, 근원적인 해결책을 체계 있게 모색하고 추진할 수 있게 된다. 작업자의 품질 개선 활동, 현업 부서의 업무 생산성 제고 활동이 그 예이다. 성공 혁신을 위해서는 이처럼 전사적 입장을 갖고, 항상 더 높은 수준을 갈구하는 문제의식에 바탕을 둔 목표 설정이 문제 인식 단계에서 우선 습관화되어야 한다.

① 발생형 문제
② 보이는 문제
③ 탐색형 문제
④ 설정형 문제
⑤ 창조적 문제

07 문제해결을 위한 원인 파악 시 원인과 결과 사이의 패턴에 대한 설명으로 적절하지 않은 것은?

① 원인 파악 시에는 원인과 결과 사이에 패턴이 있는지를 확인하는 것이 필요하다.
② 단순한 인과관계, 닭과 계란의 인과관계, 복잡한 인과관계 등이 있다.
③ 원인과 결과를 분명하게 구분할 수 있는 경우는 단순한 인과관계이다.
④ 브랜드의 향상이 매출확대로 이어지고, 매출확대가 다시 브랜드의 인지도 향상으로 이어지며 서로 엉키어 있어 쉽게 원인과 결과를 밝혀내기 어려운 상황이 닭과 계란의 인과관계이다.
⑤ 복잡한 인과관계는 실제로는 드문 유형으로 단순한 인과관계와 닭과 계란의 인과관계 두 가지 유형이 복잡하게 서로 얽혀 있는 경우이다.

08 다음 내용에서 자기개발능력의 필요성으로 가장 적절한 것은?

> 지식의 생성, 소멸 주기가 짧아지고 있으며 평생직장이라는 말이 사라져 가는 오늘날 우리는 자신을 꾸준히 계발하여 가치를 높여야 하는 압력을 받고 있다. 또한 AI, IoT, 로보틱스, VR 등의 첨단기술로 대표되는 4차 산업혁명 시대에는 전통적인 일자리가 사라지거나, 새로운 방식으로 업무를 처리해야 하는 일자리로 바뀌고 있다. 수많은 서적들이 자기개발, 처세 술, 자기경영, 4차 산업혁명 대비 일자리 지키기 등에 대한 내용을 담고 있으며, 많은 자기 개발 성공사례들이 각종 매체를 통해 쏟아지고 있다.

① 변화하는 환경에 대한 적응
② 업무의 성과 향상
③ 긍정적인 인간관계
④ 달성하고자 하는 목표를 성취
⑤ 보람된 삶을 살기 위함

09 다음( )에 들어갈 말은 무엇인가?

> ( )이란 개인의 가치에 대한 주관적인 평가와 판단을 통해 자기결정에 도달하는 과정이며, 스스로에 대한 긍정적 또는 부정적 평가를 통해 가치를 결정짓는 것이다. 이러한 가치 판단은 자신의 정체성 형성에 영향을 주는 중요한 요소이다.
> ( )은/는 주변의 의미 있는 타인에게 영향을 받으며, 환경에 적응할 수 있도록 도움을 줘 긍정적인 자아형성에 매우 중요하다.
> ( )은/는 다른 사람들이 자신을 가치 있게 여기며 좋아한다고 생각하는 정도인 가치 차원, 과제를 완수하고 목표를 달성할 수 있다는 신념의 능력 차원, 자신이 세상에서 경험하는 일들과 거기에 영향을 미칠 수 있다고 느끼는 정도의 통제감 차원으로 구분할 수 있다.

① 자기효능감　② 자아존중감
③ 자아정체감　④ 자아인식
⑤ 자아성찰

10 성찰의 이유로 가장 거리가 먼 것은?

① 다른 일을 하는 데 필요한 노하우 축적
② 지속적인 성장 기회 제공
③ 신뢰감 형성의 원천 제공
④ 창의적인 사고 능력 개발 기회 제공
⑤ 스트레스를 줄이는 효과적인 접근

11 자기관리능력에 대한 내용으로 가장 적절하지 않은 것은?

① 거절의 의사결정은 빠를수록 좋다.
② 거절을 할 때에는 분명한 이유를 만들고 대안을 제시한다.
③ 인내심을 키우기 위해서는 자신의 목표를 분명히 하고 다른 관점에서 상황을 분석하도록 노력한다.
④ 업무수행 성과를 높이기 위하여 일하는 방식을 다른 사람들이나 팀의 지침과 다르게 처리한다.
⑤ 일터에서는 의사결정을 내려야 할 많은 선택의 순간들이 있으며, 합리적인 의사결정과정을 통해서 최상의 대안을 선택해야 한다.

12 경력개발능력이 필요한 이유를 환경변화, 조직요구, 개인요구 차원으로 구분할 때 적절하게 연결된 것을 고르시오.

① 환경변화의 이유 - 직무환경의 변화
② 개인차원의 요구 - 능력주의 문화
③ 조직차원의 요구 - 전문성 축적 및 성장 요구 증가
④ 환경변화의 이유 - 중견사원 이직증가
⑤ 조직차원의 요구 - 인력난 심화

13 자원관리 과정으로 옳은 순서를 고르시오.

> ㄱ. 이용 가능한 자원 수집
> ㄴ. 계획대로 수행하기
> ㄷ. 필요한 자원의 종류와 양 확인
> ㄹ. 자원 활용 계획 세우기

① ㄱ-ㄴ-ㄷ-ㄹ   ② ㄹ-ㄱ-ㄷ-ㄴ
③ ㄷ-ㄱ-ㄹ-ㄴ   ④ ㄹ-ㄱ-ㄷ-ㄴ
⑤ ㄷ-ㄹ-ㄱ-ㄴ

14 조직차원에서의 인적자원의 특성과 가장 거리가 먼 것은?

① 능동성   ② 반응성
③ 개발가능성   ④ 전략의 중요성
⑤ 고도의 정밀성

15 다음( )에 들어갈 말은 무엇인가?

> 효과적으로 예산을 수립하기 위해서는 ① 필요한 과업 및 활동 구명, ② 우선순위 결정, ③ 예산 배정의 단계를 거쳐야 한다. 과제 수행에 필요한 활동을 구명할 때 ( )를 활용하는 것이 효과적이라고 할 수 있다. ( )는 과제 및 활동 계획을 수립할 때 가장 기본적인 수단으로 활용되는 그래프로, 필요한 모든 일들을 중요한 범주에 따라 체계화하여 구분해 놓은 것이다. 이 ( )는 구체성에 따라 2단계, 3단계, 4단계 등으로 구분할 수 있다.

① 워크플로어시트   ② 로직트리
③ 과업세부도   ④ 체크리스트
⑤ 가계부

16 책정 비용과 실제 비용의 차이를 줄여 비슷한 상태가 가장 이상적인 상태라 할 수 있다. 아래와 같이 개발 책정비용과 실제비용의 차이가 있을 때 각각 A와 B에 들어갈 내용으로 적절한 것은?

> 개발 책정 비용 > 실제 비용 → A
> 개발 책정 비용 < 실제 비용 → B

	A	B
①	판매가격 상승	적자 발생
②	적자 발생	경쟁력 손실
③	경쟁력 손실	적자 발생
④	경쟁력 손실	판매가격 하락
⑤	판매가격 상승	경쟁력 손실

17 효율적이고 합리적인 인사관리 원칙과 설명의 연결이 적절하지 않은 것은?

① 단결의 원칙 : 직장 내에서 구성원들이 소외감을 갖지 않도록 배려하고, 서로 유대감을 가지고 협동, 단결하는 체제를 이루도록 한다.
② 종업원 안정의 원칙 : 직장에서 신분이 보장되고 계속해서 근무할 수 있다는 믿음을 갖게 하여 근로자가 안정된 회사 생활을 할 수 있도록 해야 한다.
③ 적재적소 배치의 원리 : 해당 직무 수행에 가장 적합한 인재를 배치해야 한다.
④ 공정 인사의 원칙 : 근로자의 인권을 존중하고 공헌도에 따라 노동의 대가를 공정하게 지급해야 한다.
⑤ 창의력 계발의 원칙: 근로자가 창의력을 발휘할 수 있도록 새로운 제안, 건의 등의 기회를 마련하고, 적절한 보상을 하여 인센티브를 제공해야 한다.

18 팔로워십 유형에 대한 동료 및 리더의 시선을 참고하여 각 유형에 맞게 배치한 것은?

구분	동료/ 리더의 시각
A	- 아이디어가 없음 - 인기 없는 일은 하지 않음 - 조직을 위해 자신과 가족의 요구를 양보함
B	- 하는 일이 없음 - 제 몫을 하지 못함 - 업무 수행에는 감독이 반드시 필요
C	- 이상적인 유형
D	- 냉소적 - 부정적 - 고집이 셈
E	- 개인의 이익을 극대화하기 위한 흥정에 능함 - 적당한 열의와 평범한 수완으로 업무 수행

	A	B	C	D	E
①	소외형	순응형	주동형	수동형	실무형
②	순응형	수동형	주동형	소외형	실무형
③	수동형	순응형	주동형	수동형	소외형
④	소외형	실무형	주동형	순응형	수동형
⑤	순응형	소외형	주동형	수동형	실무형

19 다음은 리더와 관리자를 구분하는 단어들이다. 잘못 짝지어진 것을 고르시오.

	리더	관리자
①	내일에 초점	오늘에 초점
②	사람을 중시	사람을 관리한다
③	계산된 위험(risk)을 취하다	위험(risk)을 회피한다
④	'어떻게 할까'를 생각한다	'무엇을 할까'를 생각한다
⑤	정신적	기계적

20 변혁적 리더십의 특징에 해당하지 않는 것을 모두 고른 것은?

ㄱ. 부하들에게 장기적인 목표를 위해 노력하도록 동기 부여한다.
ㄴ. 부하들을 위해 문제를 해결하거나 해답을 찾을 수 있는 곳을 알려준다.
ㄷ. 부하들에게 즉각적이고 가시적인 보상으로 동기 부여한다.
ㄹ. 부하들에게 자아실현과 같은 높은 수준의 개인적인 목표를 동경하도록 동기부여한다.
ㅁ. 질문을 하며 부하들에게 스스로 해결책을 찾도록 격려하거나 함께 일을 한다.

① ㄱ, ㄴ   ② ㄱ, ㅁ
③ ㄴ, ㄷ   ④ ㄷ, ㄹ
⑤ ㄹ, ㅁ

21 다음은 대인관계 양식 중 어떤 유형에 대한 설명인가?

대인관계에서 수동적이고 의존적이며 타인의 의견을 잘 따르고 주어지는 일을 순종적으로 잘한다. 그러나 자신감이 부족하며 타인에게 주목받는 일을 피한다. 자신이 원하는 것을 타 인에게 명확히 전달하지 못한다. 또한 어떤 일에 대한 자신의 의견과 태도를 확고하게 갖는 것을 어려워하며 상급자의 위치에서 일하는 것을 매우 부담스러워한다. 이런 사람은 자기표현이나 자기주장을 할 필요가 있으며 대인관계에서 독립성을 키우는 것이 바람직하다.

① 고립형   ② 복종형
③ 순박형   ④ 냉담형
⑤ 실리형

22 협상의 의미는 크게 의사소통 차원, 갈등 해결 차원, 지식과 노력 차원, 의사결정 차원, 교섭 차원에서 살펴볼 수 있다. 다음 내용은 어느 차원에서 대한 설명인가?

> 협상이란 선호가 서로 다른 협상 당사자들이 합의에 도달하기 위해 공동으로 의사 결정하는 과정이라고 할 수 있다. 또한 협상이란 둘 이상의 당사자가 갈등상태에 있는 쟁점에 대해서 합의를 찾기 위한 과정이라고 정의될 수 있다. 즉 협상이란 둘 또는 셋 이상의 사람들이 갈등상태에 있는 어떤 쟁점에 대해서 주고받는 과정을 통해서 합의점을 찾아서 그 쟁점을 해결하기 위한 과정이다.

① 의사소통 차원
② 갈등 해결 차원
③ 지식과 노력 차원
④ 의사결정 차원
⑤ 교섭 차원

23 기업의 고객만족 조사를 하는 본질적인 목적과 가장 거리가 먼 것은?

① 고객감소의 원인 파악
② 기업의 수익성 증가
③ 일부 직원의 동기화 유도
④ 기존 고객유지를 위한 정보 획득
⑤ 경영 프로세스의 개선에 활용

24 기업이 소비자교육을 실시함으로써 기대할 수 있는 효과와 가장 거리가 먼 것은?

① 소비자의 신뢰도 강화
② 새로운 고객의 획득
③ 구매의도 증가
④ 불만처리업무 비용의 증대
⑤ 고객의 충성도 상승

25 다음 중 사물 인터넷(IoT)에 대한 설명으로 옳지 않은 것은?

① IoT 구성품 가운데 디바이스는 빅데이터를 수집하며, 클라우드와 AI는 수집된 빅데이터를 저장하고 분석한다.
② IoT는 인터넷 기반으로 다양한 사물, 사람, 공간을 긴밀하게 연결하고 상황을 분석, 예측, 판단해서 지능화된 서비스를 자율 제공하는 제반 인프라 및 융복합 기술이다.
③ 현재는 사물을 단순히 연결시켜 주는 단계에서 수집된 데이터를 분석해 스스로 사물에 의사결정을 내리는 단계로 발전하고 있다.
④ IoT 네트워크를 이용할 경우 통신비용이 절감되는 효과가 있으며, 정보보안기술의 적용이 용이해진다.

26 다음 중 Windows의 방화벽 기능에 대한 설명으로 옳지 않은 것은?

① 통신을 허용할 프로그램 및 기능을 설정한다.
② 네트워크 및 인터넷 사용과 관련된 문제 해결 방법을 제공한다.
③ 바이러스의 감염을 인지하는 알림을 설정한다.
④ 네트워크 위치에 따른 외부 연결의 차단 여부를 설정한다.

27 다음 중 정보 사회의 특징으로 적절하지 않은 것은?

① 처리하고자 하는 정보의 종류와 양이 증가하였다.
② 정보처리 기술의 발달로 사회의 변화 속도가 빨라졌다.
③ 사이버 공간 상에 새로운 인간관계와 문화가 형성되었다.
④ 대중화 현상이 강화되고 개성과 자유를 경시하게 되었다.

28 아래 워크시트는 수량과 상품코드별 단가를 이용하여 금액을 산출한 것이다. 다음 중 [D2] 셀에 사용된 수식으로 옳은 것은? (단, 금액 = 수량 × 단가)

① = C2 * VLOOKUP(B2, $B$8:$C$10, 2)
② = C2 * VLOOKUP($B$8:$C$10, 2, B2, FALSE)
③ = C2 * VLOOKUP(B2, $B$8:$C$10, 2, FALSE)
④ = C2 * VLOOKUP($B$8:$C$10, 2, B2)

29 다음 중 아래 워크시트에서 '직무'가 90 이상이거나, '국사'와 '상식'이 모두 80 이상이면 '평가'에 "통과"를 표시하고 그렇지 않으면 공백을 표시하는 [E2] 셀의 함수식으로 옳은 것은?

① =IF(AND(B2>=90, OR(C2>=80, D2>=80)), "통과", "")
② =IF(OR(AND(B2>=90, C2>=80), D2>=80)), "통과", "")
③ =IF(OR(B2>=90, AND(C2>=80, D2>=80)), "통과", "")
④ =IF(AND(OR(B2>=90, C2>=80), D2>=80)), "통과", "")

30 다음 중 기술의 특징에 대한 설명으로 옳지 않은 것은?

① 하드웨어나 인간에 의해 만들어진 비자연적인 대상을 의미한다.
② 기술은 '노하우(know-how)'를 포함한다.
③ 기술은 하드웨어를 생산하는 과정이다.
④ 기술은 조직에 발생하는 사건에 대처하기 위한 임시방편으로 필요한 것이다.
⑤ 기술은 사회적 변화의 요인이다.

31 다음 중 지속가능한 기술(sustainable technology)의 특징으로 가장 거리가 먼 것은 무엇인가?

① 이용 가능한 자원과 에너지를 고려하는 기술
② 자원이 생산적인 방식으로 사용되는가에 주의를 기울이는 기술
③ 기술적 효용 측면에서 석탄과 같이 고갈되는 자연 에너지를 활용하는 기술
④ 자원이 사용되고 그것이 재생산되는 비율의 조화를 추구하는 기술
⑤ 기술이 디자인될 때 사회적, 환경적 연관에 중심을 두는 것을 중시하는 기술

32 기술혁신의 특징으로 가장 거리가 먼 것은 무엇인가?

① 그 과정 자체가 매우 불확실하고 장기간의 시간을 필요로 한다.
② 지식 집약적인 활동이다.
③ 발전단계에서 각 단계에서 핵심적인 역할을 하는 사람들이 다르다
④ 혁신 과정의 불확실성과 모호함은 기업 내에서 많은 논쟁과 갈등을 유발할 수 있다.
⑤ 조직의 경계를 넘나드는 특성을 가지고 있다.

33 지식재산권의 체계에서 산업재산권에 해당하지 않는 것은 무엇인가?

① 특허권　　② 실용신안권
③ 의장권　　④ 상표권
⑤ 저작권

34 다음은 무엇에 대한 설명인가?

> (　　　　)이란 특정 분야에서 뛰어난 업체나 상품, 기술, 경영 방식 등을 배워 합법적으로 응용하는 것을 의미한다. 단순한 모방과는 달리 우수한 기업이나 성공한 상품, 기술, 경영방식 등의 장점을 충분히 배우고 익힌 후 자사의 환경에 맞추어 재창조하는 것이다.

① 제휴전략　　② 인수합병
③ 벤치마킹　　④ 수직적 통합
⑤ 수평적 통합

35 다음은 누구에 대한 설명인가?

- 기술을 선택하고 적용하는 것만큼이나 중요한 것이 기술을 관리하고 유지하는 역할이다. 특히 오늘날과 같이 정보와 기술이 급변하는 사회에서는 기술적 우위를 점하기 위해 매우 중요한 역할로 자리매김하고 있다.
- 기술의 성격 및 이와 관련된 동향, 사업 환경 등을 이해해야 통합적인 문제해결과 함께 기술혁신을 달성할 수 있다.
- 기술적인 전문성을 갖춰야 팀원들 간의 대화를 효과적으로 이끌어 낼 수 있다.

① 기술경영자　② 기술관리자
③ 전문경영인　④ 현장기술자
⑤ 기술교육인

36 집단의사결정기법에 해당하지 않는 것은?

① 브레인스토밍(brainstorming)
② 명목집단법(norminal group technique)
③ 델파이법(delphi method)
④ 지명반론자법(devil's advocate method)
⑤ 그룹 다이내믹스(group dynamics)

37 경영의사결정에 관한 설명으로 옳지 않은 것은?

① 합리적 의사결정모형은 완전한 정보를 가진 가장 합리적인 의사결정행동을 모형화하고 있다.
② 경영자가 하는 대부분의 의사결정은 최선의 대안보다는 만족할만한 대안을 선택하는 것으로 귀결되는 경우가 많다.
③ 브레인스토밍은 타인의 의견에 대한 비판을 통해 대안을 찾는 방법이다.
④ 집단응집력을 낮춤으로써 의사결정과정에서의 집단사고 경향을 낮출 수 있다.
⑤ 명목집단법은 문제의 답에 대한 익명성을 보장하고, 반대논쟁을 극소화하는 방식으로 문제해결을 시도하는 방법이다.

38 SWOT분석에 관한 설명으로 옳은 것은?

① 교섭력 분석기법
② 사업포트폴리오 분석기법
③ 안정성 평가기법
④ 기업환경의 기회, 위협, 강점, 약점을 분석하는 기법
⑤ 수익성, 성장성, 효과성을 분석하는 최신기법

39 조직 내에는 꼭 필요한 핵심 기능을 보유하고 그 외의 기능들은 상황에 따라 다른 조직을 활용함으로써 조직의 유연성을 확보하고자 하는 조직구조는?

① 매트릭스 조직
② 라인-스태프 조직
③ 사업부제 조직
④ 네트워크 조직
⑤ 라인 조직

40 아래의 설명 중 (　)에 공통적으로 해당되는 용어로 옳은 것은?

커밍스 외(T. G Cummings et al.)의 기업진단 통합적 모델에 의하면, 기업은 제품이나 서비스를 제공하기 위해 특정한 환경에서 기업의 변환 과정 또는 설계요소들을 스스로 조직화한다. 즉, 성공하는 기업은 환경적 투입과 (　)을(를) 일치시키고, 설계요소들과 (　)의 정합성을 달성하도록 하고 있다. (　)은(는) 조직이 목표를 달성하기 위해서 자원을 활용하는 방식을 의미한다.

① 기술　② 조직문화
③ 조직구조　④ 인적자원
⑤ 전략

정 답

1	2	3	4	5	6	7	8	9	10
①	③	⑤	⑤	②	③	⑤	①	②	⑤
11	12	13	14	15	16	17	18	19	20
④	④	③	⑤	③	③	④	②	④	③
21	22	23	24	25	26	27	28	29	30
②	⑤	③	④	④	③	④	③	③	④
31	32	33	34	35	36	37	38	39	40
③	③	⑤	③	①	⑤	③	④	④	⑤

MEMO

빠꼼이 NCS 기본서

Chapter 1 정보능력
Chapter 2 조직이해능력
Chapter 3 기술능력
Chapter 4 자원관리능력
Chapter 5 문제해결능력

Part 5
모듈형

II. NCS 대표예제

Chapter 1 정보능력

STEP 1

01 A자동차회사는 창고에 건설장비를 보관하고 있으며, 아래의 표는 창고의 42개 건설장비 코드 목록이다. 다음 보기 중 틀린 것을 고르시오.

보기

〈표1 - 창고 내 건설장비 코드 목록〉

1402-KRU-BH-11-1A	1301-CNH-BH-11-1A	1308-CNH-BH-17-1TB
1509-CNT-DT-21-1B	1210-CNT-DT-26-1B	1507-KRG-CC-31-1C
1211-CNH-MT-44-2D	1208-CNT-MT-49-2D	1305-KRU-DZ-61-2D
1306-JPK-DT-25-2E	1506-JPO-DT-25-2F	1112-CNT-PL-53-2F
1107-CNT-TR-74-3G	1105-KRG-CC-31-3G	1212-KRU-CC-35-3H
1406-KRU-BH-13-3I	1403-KRU-CC-34-3J	1411-CNH-BH-13-3K
1605-JPO-DZ-61-4L	1506-CNH-DT-21-4L	1309-CNH-DZ-62-4L
1312-JPK-MT-43-4L	1309-KRU-MT-46-4M	1506-KRU-DT-24-4M
1205-KRU-CC-35-5N	1410-CNT-PL-53-5N	1407-JPO-MT-48-5N
1210-CNT-DT-29-5N	1505-JPK-BH-13-5N	1405-CNT-DZ-61-5O
1408-JPK-PL-53-6P	1304-KRG-DZ-62-6P	1210-JPO-PL-53-6Q
1304-KRG-PL-53-6R	1512-JPK-PL-53-6S	1112-JPK-MT-48-6S
1601-KRU-BH-17-7T	1610-JPO-DZ-61-7T	1310-CNT-DT-29-7T
1503-CNH-BH-11-7U	1207-CNT-PL-53-7V	1411-JPO-BH-17-7V

※ 코드 부여 방식: [제조연월]-[생산 국가·도시]-[장비 종류]-[모델 번호]-[창고위치]

ex) 1609-KRU-DT-35-6T
2016년 9월에 한국 울산에서 생산된 덤프트럭은 35번 모델이며 현재 창고 6T 라인에 있음

〈표2 - 장비 및 생산 국가·도시 코드〉

장비종류	장비코드	생산 국가·도시	생산 국가·도시 코드
BH	굴삭기	CNT	중국 텐진
DT	덤프트럭	CNH	중국 항저우
CC	크레인	KRU	한국 울산
MT	레미콘차량	KRG	한국 광주
PL	로우더	JPO	일본 오사카
DZ	불도저	JPK	일본 고베
TR	트레일러		
CR	클라셔		

해설

1107-CNT-TR-74-3G에서 트레일러가 있다. (×)

① 창고안의 장비 중 크레인과 로우더는 있지만 트레일러와 클라셔는 없다.
② 창고안의 굴삭기의 모델 종류는 3가지이다.
③ 창고안의 장비 중 2013년 이전('13년 포함)에 생산된 것이 절반 이상이다.
④ 창고안의 크레인은 모두 한국에서 생산된 것이다.
⑤ 창고안의 1503-CNH-BH-11-7U는 2015년 3월에 중국 항저우에서 생산된 굴삭기 11번모델로 현재 창고 7U에 보관되어 있다.

해설
WERGH와 GSDFEWM에서 겹치는 알파벳은 G, E, W로 3개이므로 ERTSD

02 상민이는 시스템 모니터링 업무를 담당하게 되었다. 시스템에 따라 알맞은 입력코드를 고르시오.

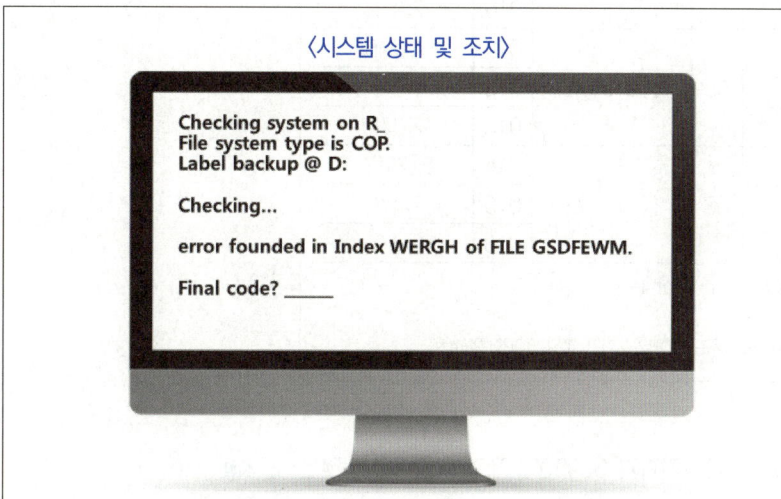

① ACRT ② TOLW ③ ERTSD ④ PQCLS

정답 01 ① 02 ③

[03 ~ 05] 다음 X컴퓨터 회사의 PC코드이다. 아래의 질문에 답하시오.

본체			램(RAM)		
제품코드		코드명	분류코드		용량번호
1	코어2 듀오	A 울프데일	01	DDR1	001 512MB
		B 콘로			002 1기가
2	코어2 익스트림	C 요크필드	02	DDR2	003 2기가
		D 켄츠필드			004 1기가
		E 콘로			005 2기가
3	펜티엄 듀얼코어	F 노스울드	03	싱크RAM	006 512MB
		G 울프데일			007 1기가
4	코어i3	H 스미스 필드	04	DDR3	008 2기가
		I 프레스캇			009 1기가
5	코어i5	J 프레슬러			010 2기가
		K 시더밀	05	싱크RAM2	011 512MB
6	코어i7	L 볼룸필드			012 1기가
		M 린필드			013 2기가
		N 프레스캇	06	싱크RAM3	014 512MB
7	애슬론 x-2	O 레고르			015 1기가
		P 쿠마			016 2기가

※ 코드 부여 방식 : [제조연월] - [본체코드] - [RAM] 코드] - [생산대수]

ex 1406-3F-02005-32975
2014년 6월에 제조되었고 펜티엄 듀얼코어 노스울드 DDR2 2기가 32975대를 생산했다.

03 2012년 7월에 코어i7 린필드 싱크RAM2 1기가가 32950대 제조 되었다면 알맞은 코드는 무엇인가?

① 12076M0501232950
② 12077O0501232950
③ 12076M0601532950
④ 12075K0601532950

해설
12076M0501232950

04 코드 14111B02004435000에 대한 설명으로 옳지 않은 것은 무엇인가?

① 2014년 11월에 제조되었다.
② 램(RAM)은 DDR2 1기가로 구성되어 있다.
③ 본체는 코어2 듀오 울프데일로 구성되어 있다.
④ 생산대수는 4만대 이상이다.

해설
코어2 듀오 울프데일은 1A이다.

정답 03 ① 04 ③

05 영민이가 코드 16095K040103250인 PC를 구매하였다. 제대로 해석한 것은?

① 생산대수는 4천대 이상이다.
② 2016년 10월 이후에 제조되었다.
③ 램(RAM)은 DDR3 2기가로 구성되어 있다.
④ 본체는 코어i5 프레슬러로 구성되어 있다.

해설

DDR3 2기가는 040100이 맞다. (○)

정답 05 ③

STEP 2

[06 ~ 10] 다음 X컴퓨터 회사의 PC코드이다. 아래의 질문에 답하시오.

본체				램(RAM)		
제품코드		코드명		분류코드		용량번호
1	코어2 듀오	A	울프데일	01	DDR1	001	512MB
		B	콘로			002	1기가
2	코어2 익스트림	C	요크필드			003	2기가
		D	켄츠필드	02	DDR2	004	1기가
		E	콘로			005	2기가
3	펜티엄 듀얼코어	F	노스울드	03	싱크RAM	006	512MB
		G	울프데일			007	1기가
4	코어i3	H	스미스 필드			008	2기가
		I	프레스캇	04	DDR3	009	1기가
5	코어i5	J	프레슬러			010	2기가
		K	시더밀			011	512MB
6	코어i7	L	볼룸필드	05	싱크RAM2	012	1기가
		M	린필드			013	2기가
		N	프레스캇			014	512MB
7	애슬론 x-2	O	레고르	06	싱크RAM3	015	1기가
		P	쿠마			016	2기가

※ 코드 부여 방식 : [제조연월] - [본체코드] - [램(RAM) 코드] - [생산대수]
ex 1406-3F-02005-32975
2014년 6월에 제조되었고 펜티엄 듀얼코어 노스울드 DDR2 2기가 32975대를 생산했다.

06 2014년 6월에 팬티엄 듀얼코어 노스울드 싱크RAM3 1기가가 47582대 제조 되었다면 알맞은 코드는 무엇인가?

① 14063F0601547582
② 14063F0300747582
③ 14063F0501147582
④ 15062D0601547582

해설
14063F0601547582

07 2015년 2월에 코어2 익스트림 콘로 DDR3 2기가가 182912대 제조 되었다면 알맞은 코드는 무엇인가?

① 15026M04010182912
② 15023F03008182912
③ 15022E18291204010
④ 15022E04010182912

해설
15022E04010182912

정답 06 ① 07 ④

08 영민이가 코드 13117P0100141350인 PC를 구매하였다. 옳지 않은 것은?

① 생산대수는 4만 대 이상이다.
② 2013년 10월 이후에 제조되었다.
③ 램(RAM)은 DDR1 512메가바이트로 구성되어 있다.
④ 본체는 코어i7 린필드로 구성되어 있다.

해설
코어i7 린필드는 6M이다. (×)

09 다음 중 본인이 원하는 PC를 제대로 구입한 사람은 누구인가?

> 창언 : 16년 이후에 생산되고 램은 싱크RAM3면 좋겠어.
> 윤영 : 본체는 울프데일에 램은 2기가 이상이었으면 좋겠어.
> 소미 : 남들이 다 쓰는 PC는 싫어서 16년 9월 이후에 10,000대 이하로 생산된 걸로 살래.
> 광호 : 다른 건 필요 없고 램이 2기가 이상이고 30,000대 이상 팔린 대중적인 PC가 좋아.

① 창언 : 16021A0501331345
② 윤영 : 15023G0601522135
③ 소미 : 16126M0401006121
④ 광호 : 14115K0200430946

해설
소미(16126M0401006121)가 16년 9월 이후에 10,000대 이하로 생산된 걸로 샀다. (O)

10 아래의 대화를 듣고 가족이 구매할 PC는 무엇인가?

> 딸 : 오래된 모델은 기능이 떨어지니깐 16년 이후 생산된 걸로 사야지.
> 아버지 : 그래, 대신 생산이 많이된 제품이 뭔가 이유가 있을 테니 제일 많이 생산된 걸로 사자.
> 어머니 : 그래, 알았어. 대신 그 중 가장 싼걸로 사도록 해.
> 아들 : 그럼 RAM용량이 작은 걸로 하고, 본체는 울프데일이나 프레스캇으로 해야겠네.

① 16061A0200443234
② 16063G0100343234
③ 16065J0501243234
④ 16066N0400939887

해설
16061A0200443234

정답 08 ④ 09 ③ 10 ①

Chapter 1. 정보능력

[11 ~ 15] 다음 물류창고 책임자와 각 창고 내 재고 상품의 코드 목록이다. 아래의 질문에 답하시오.

<표1 - 재고상품 코드번호>

담당자	코드 번호	담당자	코드 번호
김필수	161211103131121	염주희	160852105121131
윤주리	160921101111162	신성필	160911139181151
한정수	160723114181152	김준상	161042139141171
김진주	160852109141141	황성규	160771131121181
정보라	161211151181121	오호경	161261148161111
유창호	160721119151151	유채경	160842109161171
남재민	160961114161142	김경진	161251131131131
윤빛나	160831101131111	오영기	160841101181121
최지수	161262103171173	성주희	160931119111142
성진호	160941148111141	정진구	161121178171111
민범	160721190171172	최보배	160763109141151
이하연	161122151151173	김소현	160722215151161
장성학	160863105121131	이의성	160821105121111

※ 코드 부여 방식 : [제조 연월] - [생산 공장] - [제품 종류] - [생산라인] - [납품예정지역]
  ex 1610 - 22 - 139 - 13 - 1162
  2016년 10월 경기 2공장 C라인에 제조된 주방용품이고 부산으로 납품예정이다.

<표2 - 재고상품 코드 분류>

생산공장			제품종류		생산라인		납품예정지역	
지역	공장	번호	제품	번호	라인	번호	지역	번호
서울	1공장	11	라면	101	A	11	서울	1111
경기	1공장	21	가전제품	103	B	12	경기	1121
	2공장	22	자동차부품	105	C	13	강원	1131
	3공장	23	PC부품	109	D	14	충청	1141
강원	1공장	31	통조림	114	E	15	대전	1142
충청	1공장	41	냉동식품	119	F	16	경북	1151
	2공장	42	청소용품	131	G	17	경남	1161
경상도	1공장	51	주방용품	139	H	18	대구	1152
	2공장	52	건어물	148			부산	1162
전라도	1공장	61	체육용품	151			전북	1171
	2공장	62	발효식품	178			전남	1172
	3공장	63	건조식품	190			광주	1173
제주도	1공장	71	주류	215			제주	1181

11 창고에 2016년 9월에 충청 1공장 11번 라인에서 생산된 건어물로 충청지역으로 납품이 예정되어 있다면 알맞은 코드는 무엇인가?

① 160941178111141
② 160941148111141
③ 160942148111141
④ 160941148111142

해설

160941148111141

정답 11 ②

12 다음 중 생산연월과 납품지역이 동일한 제품을 보관하는 물류창고 책임자로 짝지어진 것은?

① 정진구 – 이의성 ② 유채경 – 염주희
③ 최지수 – 김필수 ④ 김필수 – 정보라

해설
〈김필수-정보라〉 생산연월과 납품지역이 동일한 제품을 보관하는 물류창고 책임자이다.

13 2016년 8월에 생산된 라면은 몇 개인가?

① 1개 ② 2개 ③ 3개 ④ 4개

해설
라면은 윤주리, 윤빛나, 오영기 세 명이며 이중 8월은 윤빛나, 오영기 두 명이다.

14 아래의 방침에 따라 팀을 구성한다면 같은 팀이 될 조합으로 맞는 것은?

〈팀 구성 지침〉
- 납품지역에 따라 서울, 경기, 강원 / 충청, 대전 / 경북, 경남, 대구, 부산 / 전북, 전남, 광주, 제주로 나뉘어 팀을 구성한다.
- 서울, 경기, 강원은 인원이 많으므로 생산공장이 서울, 경기, 강원인 지역과 나머지 지역으로 나뉘어 2개 팀으로 구성한다.
- 팀장은 맡은 재고상품의 제품종류코드가 빠른(숫자가 적은) 사람이 맡는다.
  * 제품종류코드가 같으면 생산라인이 빠른 사람이 맡는다.

① 정보라 – 윤빛나 ② 한전수 – 김진주
③ 유채경 – 김경진 ④ 장성학 – 이의성

해설
〈정보라-윤빛나〉가 문제의 조건을 만족한다.

15 아래의 방침에 따라 팀을 구성한다면 같은 팀이 될 팀장으로 적합하지 않은 것은?

〈팀 구성 지침〉
- 납품지역에 따라 서울, 경기, 강원 / 충청, 대전 / 경북, 경남, 대구, 부산 / 전북, 전남, 광주, 제주로 나뉘어 팀을 구성한다.
- 서울, 경기, 강원은 인원이 많으므로 생산공장이 서울, 경기, 강원인 지역과 나머지 지역으로 나뉘어 2개 팀으로 구성한다.
- 팀장은 맡은 재고상품의 제품종류코드가 빠른(숫자가 적은) 사람이 맡는다.
  * 제품종류코드가 같으면 생산라인이 빠른 사람이 맡는다.

① 윤빛나 ② 오영기 ③ 윤주리 ④ 남재민

해설
남재민이 문제의 조건을 만족한다.

정답 12 ④ 13 ② 14 ① 15 ④

Chapter 1. 정보능력

[16~19] 아래의 모니터에 나타나는 정보를 이해하고 시스템의 상태를 판독하여 적절한 코드를 입력하시오.

〈시스템 상태 및 조치〉

```
Checking system on R_
File system type is CPU.
Label backup @ T:

Checking...

error founded in index $6$ for factor 263.
error founded in index $5$ for factor 38.
Sorting index...
error founded in index $2$ for factor 603.

Correcting value 632C.

Input code? I____
```

항목	세부사항
File System Type	- CPU : error value들 중 가장 큰 값을 FEV로 지정 - ANQ : 모든 error value들의 합을 FEV로 지정
Label Backup	- T : 기존 correcting value의 두 배에 해당하는 값을 correcting value로 사용 (단, correcting value에 포함된 문자는 없는 것으로 취급) - U : correcting value를 그대로 사용
Index $#$for Factor ##	- 오류 발생 위치 : $와 $ 사이에 나타나는 숫자 - 오류 유형 : factor 뒤에 나타나는 숫자
Error Value	- 오류 발생 위치가 오류 유형에 포함 : 해당 숫자 - 오류 발생 위치가 오류 유형에 미포함 : 1 * FEV(Final Error Value) : File system type에 따라 error value를 이용하여 산출하는 세 자리의 수치(예 : 008, 154, 097) * error value 개수 집계 시, 동일한 값의 error value를 중복으로 취급하지 않음
Correcting Value	FEV와의 대조를 통하여 시스템 상태 판단

판단기준	시스템 상태	입력 코드
FEV를 구성하는 숫자가 correcting value를 구성하는 숫자에 모두 포함되어 있는 경우	안전	sdfgr77
FEV를 구성하는 숫자가 correcting value를 구성하는 숫자에 일부만 포함되어 있는 경우	경계	- correcting value에 문자 포함 : ddass45 - correcting value에 문자 미포함 : ddass45/e
FEV를 구성하는 숫자가 correcting value를 구성하는 숫자에 전혀 포함되어 있지 않은 경우	위험	agewd24

16

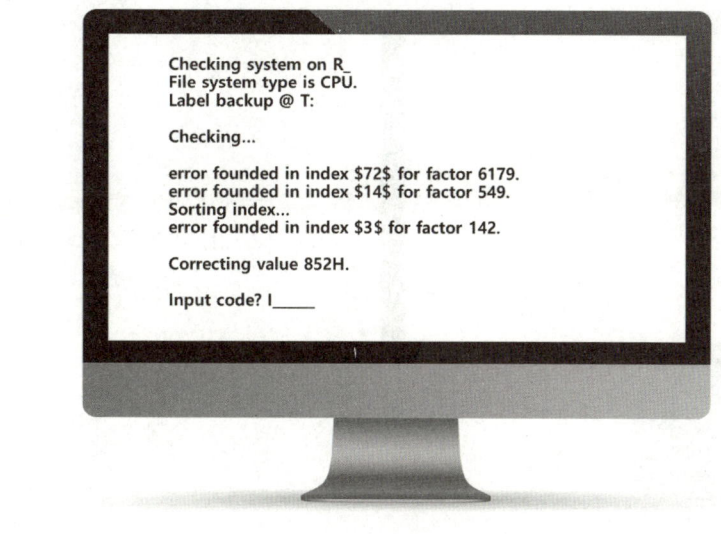

```
Checking system on R_
File system type is CPU.
Label backup @ T:

Checking...

error founded in index $72$ for factor 6179.
error founded in index $14$ for factor 549.
Sorting index...
error founded in index $3$ for factor 142.

Correcting value 852H.

Input code? I____
```

① sdfgr77　　② ddass45/e　　③ ddass45　　④ agewd24

해설

- error value : 7, 4, 1
- CPU : 7 → 007 → (0,7)
- T : 1704
- (0,7)가 1704에 모두 포함되므로 sdfgr77

17

```
Checking system on R_
File system type is ANQ.
Label backup @ U:

Checking...

error founded in index $4$ for factor 409.
error founded in index $15$ for factor 538.
Sorting index...
error founded in index $6$ for factor 1387.

Correcting value 642A.

Input code? I____
```

① sdfgr77　　② ddass45/e　　③ ddass45　　④ agewd24

해설

- error value : 4, 5, 1
- ANQ : 4 + 5 + 1 = 10 → 010 → (0,1)
- U : 642A
- (0,1)가 642A에 전혀 포함되지 않으므로 agewd24

18

```
Checking system on R_
File system type is ANQ.
Label backup @ T:

Checking...

error founded in index $17$ for factor 375.
error founded in index $9$ for factor 409.
Sorting index...
error founded in index $6$ for factor 2583.

Correcting value 753C.

Input code? I____
```

① sdfgr77　② ddass45/e　③ ddass45　④ agewd24

해설

- error value : 7, 9, 1
- ANQ : 7 + 9 + 1 = 17 → 017 → (0,1,7)
- T : 1506
- (0,1,7)가 1506에 일부 포함되고 문자 미포함이므로 ddass45/e

19

```
Checking system on R_
File system type is ANQ.
Label backup @ T:

Checking...

error founded in index $15$ for factor 3924.
error founded in index $32$ for factor 1457.
Sorting index...
error founded in index $23$ for factor 1498.

Correcting value 983C.

Input code? I____
```

① sdfgr77　② ddass45/e　③ ddass45　④ agewd24

해설

- error value : 1, 1, 1
- ANQ : 1 + 1 + 1 = 3 → 003 → (0,3)
- T : 1966
- (0,3)가 1966에 전혀 포함되지 않으므로 agewd24

정답 18 ② 19 ④

[20 ~ 23] 아래의 모니터에 나타나는 정보를 이해하고 시스템의 상태를 판독하여 적절한 코드를 입력하시오. (상태 격상 시 안전 → 경계 → 위험 방향으로 격상하고, 역방향으로 격하함)

〈시스템 상태 및 조치〉

```
Checking system on R_
File system type is COP.
Label backup @ D:

Checking...

error founded in index $2$ for factor 878.
error founded in index $7$ for factor 27.
Sorting index...
Error founded in index $1$ for factor 301.

Correcting value 543A.

Input code? I____
```

항목	세부사항
File System Type	- EHD : error value들 중 가장 큰 값과 가장작은 값의 합을 FEV로 지정 - PLV : error value들 중 가장 큰 값과 가장작은 값의 차이를 FEV로 지정
Label Backup	- Z : 기존 correcting value의 두 배에 해당하는 값을 correcting value로 사용 - X : correcting value를 그대로 사용 (단, correcting value에 포함된 문자는 없는 것으로 취급) - Y : correcting value를 그대로 사용
Index $#$ for Factor ##	- 오류 발생 위치 : $와 $ 사이에 나타나는 숫자 - 오류 유형 : factor 뒤에 나타나는 숫자
Error Value	- 오류 발생 위치가 오류 유형에 포함 : 해당 숫자 - 오류 발생 위치가 오류 유형에 미포함 : 1 * FEV(Final Error Value) . File system type에 따라 error value를 이용하여 산출하는 세 자리의 수치(예 : 008, 154, 097) - 오류 유형 뒤에 'no problem'라는 문구가 등장할 경우, 해달 열에서는 error value를 산정하지 않음 - 산출된 error value의 개수가 4개 이상일 경우, 시스템 한 단계 격상 - 산출된 error value의 개수가 2개 이하일 경우, 시스템 한 단계 격하 * error value 개수 집계 시, 동일한 값의 error value를 중복으로 취급하지 않음
Correcting Value	FEV와의 대조를 통하여 시스템 상태 판단

판단기준	시스템 상태	입력 코드
FEV를 구성하는 숫자가 correcting value를 구성하는 숫자에 모두 포함되어 있는 경우	안전	sdfgr77
FEV를 구성하는 숫자가 correcting value를 구성하는 숫자에 일부만 포함되어 있는 경우	경계	- correcting value에 문자 포함 : ddass45 - correcting value에 문자 미포함 : ddass45/e
FEV를 구성하는 숫자가 correcting value를 구성하는 숫자에 전혀 포함되어 있지 않은 경우	위험	agewd24

20

```
Checking system on M_
File system type is EHD.
Label backup @ X:

Checking...

error founded in index $42$ for factor 541. [ no problem ]
error founded in index $7$ for factor 35.
Sorting index...
error founded in index $25$ for factor 651.

Correcting value 1814A.

Input code? I____
```

① sdfgr77   ② ddass45/e   ③ ddass45   ④ agewd24

해설
- error value : 1, 5
- EHD : 1 + 5 = 6 → 006 → (0,6)
- X : 1814
- (0,6)가 1814에 전혀 포함되지 않으므로 위험이지만, error value가 2개이므로 1단계 격하하여 경계이며, 문자 미포함이므로 ddass45/e

21

```
Checking system on M_
File system type is PLV.
Label backup @ Z:

Checking...

error founded in index $23$ for factor 954.
error founded in index $76$ for factor 968. [ no problem ]
error founded in index $43$ for factor 461.
error founded in index $37$ for factor 741.

Correcting value 7234V.

Input code? I____
```

① sdfgr77   ② ddass45/e   ③ ddass45   ④ agewd24

해설
- error value : 1, 4, 7
- PLV : 7 − 1 = 6 → 006 → (0,6)
- Z : 14468V
- (0,6)가 14468V에 일부 포함되고 문자 포함이므로 ddass45

정답 20 ② 21 ③

22

```
Checking system on M_
File system type is EHD.
Label backup @ Y:

Checking...

error founded in index $47$ for factor 795.
error founded in index $13$ for factor 368.
error founded in index $27$ for factor 730. [ no problem ]
error founded in index $45$ for factor 509. [ no problem ]

Correcting value 41053FG.

Input code? I_____
```

① sdfgr77   ② ddass45/e   ③ ddass45   ④ agewd24

해설

- error value : 7, 3
- EHD : 7 + 3 = 10 → 010 → (0,1)
- Y : 41053FG
- (0,1)가 41053FG에 모두 포함되어 안전이고, error value가 2개이므로 1단계 격하해야 하나 안전 이하로는 격하할 수 없으므로 안전인 sdfgr77

23

```
Checking system on M_
File system type is PLV.
Label backup @ X:

Checking...

error founded in index $47$ for factor 9182. [ no problem ]
error founded in index $86$ for factor 6932.
error founded in index $23$ for factor 7520.
error founded in index $10$ for factor 2980.
error founded in index $91$ for factor 9825.

Correcting value 54703T.

Input code? I_____
```

① sdfgr77   ② ddass45/e   ③ ddass45   ④ agewd24

해설

- error value : 6, 2, 0, 9
- PLV : 9 − 0 = 9 → 009 → (0,9)
- X : 54703
- (0,9)가 54703에 일부 포함되어 경계이나 error value가 4개이므로 1단계 격상하여 위험인 agewd24

정답 22 ① 23 ④

Chapter 2 조직이해능력

STEP 1

[01 ~ 02] 아래는 어느 공기업의 조직도이다. 아래의 물음에 답하시오.

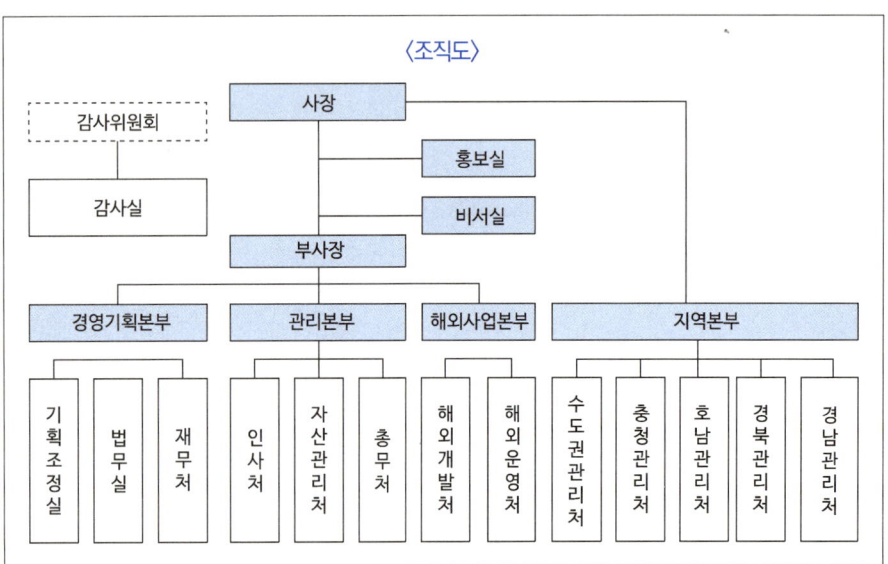

01 다음 중 조직도를 올바르게 이해한 사람은 누구인가?

> 기호 : 이 회사는 4개본부, 11개처, 감사실 포함 5개실로 구성되어 있다.
> 양철 : 감사실은 사장직할이라 부사장의 권한이 미치지 못하겠어.
> 성태 : 호남관리처에서 신사업을 진행하기 위해서는 조직도 상 부사장의 결재가 필요하겠군.
> 세열 : 홍보실과 비서실은 사장 직속으로 되어 있군.

① 기호, 양철　　　　② 양철, 성태
③ 성태, 세열　　　　④ 기호, 세열

해설

- 기호 : 이 회사는 4개본부, 11개처, 감사실 포함 5개실로 구성되어 있다. (O)
- 세열 : 홍보실과 비서실은 사장 직속으로 되어 있군. (O)

정답 01 ④

02 아래는 동기들의 담당부서를 나타낸 표이다. 위 조직도를 참고하여 틀린 것을 고르시오.

> 경수 : 인사처 / 민상 : 재무처 / 상미 : 전북관리처 / 상민 : 기획조정실
> 재광 : 법무실 / 예경 : 총무처 / 원종 : 해외개발처 / 민아 : 경남관리처

① 예경이는 올해 대리진급 교육을 받아야 한다. 구체적인 일정은 경수에게 물어보면 된다.
② 경수와 예경이, 상민이와 재광이는 같은 본부 소속이다.
③ 점심식단에서 벌레가 나왔다. 상민이에게 연락해서 식단위생에 관해 점검하기를 권한다.
④ 해외사업에 관한 업무를 해보고 싶다면 원종이에게 상담을 해보는 것이 좋다.

해설

점심식단에서 벌레가 나오면 총무처(예경)에 연락해야 한다.

정답 02 ③

[03 ~ 04] 아래는 A식품회사의 조직도이다. 아래의 물음에 답하시오.

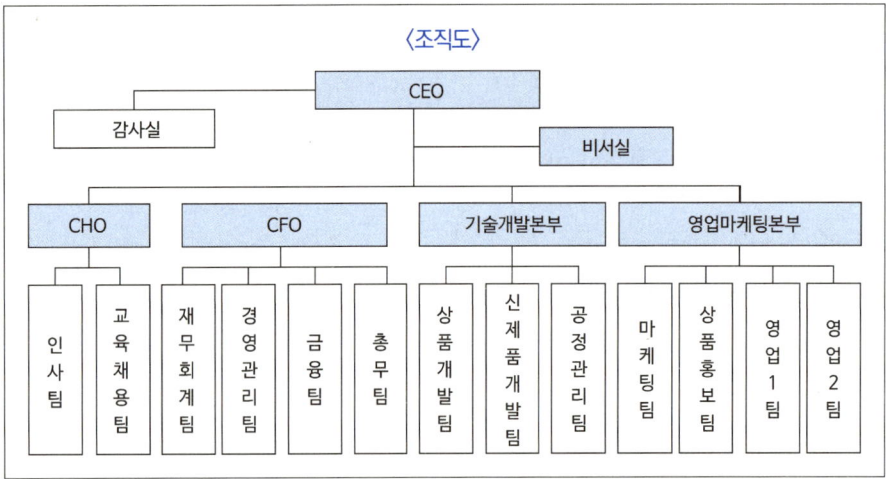

03 다음 중 조직도를 올바르게 이해한 사람은 누구인가?

> 현호 : 이 회사는 CFO·CHO를 본부조직으로 감안할 시 4개본부, 13팀, 2개실로 구성되어 있다.
> 동진 : 감사실과 비서실은 사장과 별도로 배치되어 독립성을 보장하고 있다.
> 혜리 : CFO 부분 회의가 진행되면 재무회계팀, 경영관리팀, 금융팀, 총무팀이 참석한다.
> 미란 : 기술개발본부 산하 공정관리팀에서 마케팅에 대한 업무를 진행한다.

① 현호, 동진 ② 현호, 혜리
③ 동진, 미란 ④ 혜리, 미란

해설
- 현호 : 이 회사는 CFO·CHO를 본부조직으로 감안할 시 4개본부, 13팀, 2개실로 구성되어 있다. (O)
- 혜리 : CFO 부분 회의가 진행되면 재무회계팀, 경영관리팀, 금융팀, 총무팀이 참석한다. (O)

04 아래는 동기들의 담당부서를 나타낸 표이다. 위 조직도를 참고하여 틀린 것을 고르시오.

> 왕표 : 인사팀 / 동주 : 경영관리팀 / 한수 : 공정관리팀 / 한이 : 영업1팀
> 혜수 : 상품홍보팀 / 예련 : 금융팀 / 현미 : 마케팅팀 / 지숙 : 영업2팀

① 현미는 신규광고에 대한 시장반응을 살피기 위해 한이와 지숙이에게 시장조사를 부탁한다.
② CFO부분 체육대회에 참가한 동주와 예련이는 오랜만에 만나 즐거운 시간을 보냈다.
③ 한이는 내년에 부서이동을 하고 싶다. 부서 이동에 관한 일정을 왕표에게 물어보는게 좋겠다.
④ 지숙이는 시장조사 결과 많은 고객이 요청한 제품에 대한 내용을 혜수에게 전달해 개발해 볼 것을 권유했다.

해설
고객이 요청한 제품에 대한 내용은 상품개발팀에 전달해야 한다.

정답 03 ② 04 ④

05 아래 SWOT분석을 분석하고 가장 적절한 전략을 고르시오.

> SWOT이란, 강점(Strength), 약점(Weakness), 기회(Opportunity), 위협(Threat)의 머리글자를 모아 만든 단어로 경영 전략을 수립하기 위한 도구이다. SWOT분석을 통해 도출된 조직의 외부/내부 환경을 분석 결과를 통해 각각에 대응하는 전략을 도출하게 된다.
>
> SO 전략이란 기회를 활용하면서 강점을 더욱 강화하는 공격적인 전략이고, WO 전략이란 외부환경의 기회를 활용하면서 자신의 약점을 보완하는 전략으로 이를 통해 기업이 처한 국면의 전환을 가능하게 할 수 있다. ST 전략은 외부환경의 위험요소를 회피하면서 강점을 활용하는 전략이며, WT 전략이란 외부환경의 위협요인을 회피하고 자사의 약점을 보완하는 전략으로 방어적 성격을 갖는다.

내부환경 외부환경	강점(Strength)	약점(Weakness)
기회(Opportunity)	① SO 전략(강점-기회 전략)	② WO 전략(약점-기회 전략)
위협(Threat)	③ ST 전략(강점-위협 전략)	④ WT 전략(약점-위협 전략)

	'A전자 전자 냉장고'환경 분석결과
강점(Strength)	- 업계 1위의 강력한 브랜드 파워 - 편리한 A/S 시스템 구축
약점(Weakness)	- 비싼 제품 가격 - 타사 대비 차별화되지 않는 성능
기회(Opportunity)	- 겨울이 다가오는 계절적 호기 - 김치냉장고 보급에 따른 1가구 2냉장고 추세 증가
위협(Threat)	- 중국시장의 진입으로 인한 경쟁심화 - 인터넷을 통한 최저가 제품 구매로 인한 영업이익 약화

내부환경 외부환경	강점(Strength)	약점(Weakness)
기회(Opportunity)	① 가격할인 프로모션을 통한 브랜드 홍보 전략	② 타사 제품과의 비교행사를 통한 제품성능 홍보
위협(Threat)	③ 공장을 신축하여 증대될 매출에 대비한 공급망 확보	④ 값싼 해외제품에 대응하기 위해 가격할인 정책을 취하고 최저가 제품대비 장점 적극 홍보

해설

약점이 비싼 제품 가격이고, 중국시장과 경쟁이 심화되므로 가격할인 정책을 취하고 인터넷에 최저가 제품구매에 대응하기 위해 상대적 장점 적극 홍보

정답 05 ④

06 기준이는 거래처와 식사를 하고 50만원을 지불하였다. 다음 결재규정을 보고 주어진 상황에 알맞게 작성된 양식을 고르시오.

〈결재규정〉

- 결재를 받으려는 업무에 대하여 최고결재권자(대표이사) 포함 이하 직책자의 결재를 받아야 한다.
- '전결'이라 함은 회사의 경영활동이나 관리활동을 수행함에 있어 의사결정이나 판단을 요하는 일에 대하여 최고결재권자의 결재를 생략하고, 자신의 책임하에 최종적으로 의사결정이나 판단을 하는 행위를 말한다.
- 전결사항에 대해서도 위임 받은 자를 포함한 이하 직책자의 결재를 받아야 한다.
- 표시내용 : 결재를 올리는 자는 최고결재권자로부터 전결 사항을 위임 받은 자가 있는 경우 결재란에 전결이라고 표시하고 최종 결재권자란에 위임 받은 자를 표시한다.
- 최고결재권자의 결재사항 및 최고결재권자로부터 위임된 전결사항은 아래의 표에 따른다.

구분	내용	금액기준	결재서류	팀장	처장	본부장	대표이사
영업비	영업처 식대비, 판촉물 구매비	30만원 이하	접대비지출품의서 지출결의서	▲	●		
		70만원 이하			▲	●	
		70만원 초과				●▲	
출장비	출장 유류비, 출장 식대비	10만원 이하	출장계획서 청구서	●▲			
		30만원 이하		▲	●		
		30만원 초과		▲		●	
물품 구매비	사무용품, 사무실 집기 구매	30만원 이하	기안서 법인카드 청구서	●▲			
		30만원 초과		▲	●		
교육비	내부교육비, 외부교육비	100만원 이하	기안서 교육비용 청구서	●▲			
		200만원 이하			▲	●	
		200만원 초과			▲		●

※ ● : 기안서, 출장계획서, 접대비지출품의서
※ ▲ : 지출결의서, 발행요청서, 각종신청서 및 청구서

①
	접대비지출품의서				
결재	담당	팀장	처장	본부장	최종 결재
	C			전결	본부장

②
	접대비지출품의서				
결재	담당	팀장	처장	본부장	최종 결재
	C			전결	대표이사

③
	지출결의서				
결재	담당	팀장	처장	본부장	최종 결재
	C		전결	전결	처장

④
	지출결의서				
결재	담당	팀장	처장	본부장	최종 결재
	C		전결		담당

해설

	접대비지출품의서				
결재	담당	팀장	처장	본부장	최종 결재
	C			전결	본부장

정답 06 ①

STEP 2

[07 ~ 10] 다음 설명을 읽고 아래 물음에 답하시오.

> SWOT이란, 강점(Strength), 약점(Weakness), 기회(Opportunity), 위협(Threat)의 머리글자를 모아 만든 단어로 경영 전략을 수립하기 위한 도구이다. SWOT분석을 통해 도출된 조직의 외부/내부 환경을 분석 결과를 통해 각각에 대응하는 전략을 도출하게 된다.
> SO 전략이란 기회를 활용하면서 강점을 더욱 강화하는 공격적인 전략이고, WO 전략이란 외부환경의 기회를 활용하면서 자신의 약점을 보완하는 전략으로 이를 통해 기업이 처한 국면의 전환을 가능하게 할 수 있다. ST 전략은 외부환경의 위험요소를 회피하면서 강점을 활용하는 전략이며, WT 전략이란 외부환경의 위협요인을 회피하고 자사의 약점을 보완하는 전략으로 방어적 성격을 갖는다.

외부환경 \ 내부환경	강점(Strength)	약점(Weakness)
기회(Opportunity)	① SO 전략(강점-기회 전략)	② WO 전략(약점-기회 전략)
위협(Threat)	③ ST 전략(강점-위협 전략)	④ WT 전략(약점-위협 전략)

07 분석결과에 적합하지 않은 전략을 고르시오.

빠꼼이인적성 환경 분석결과	
강점(Strength)	- 차별화된 풀이법과 독특한 컨셉, 상호 등의 인지도 - 협력업체인 공기업단기의 자본력을 앞세운 광고능력
약점(Weakness)	- 체계화 되지 않은 시스템으로 두 강사의 업무 과부하 - 고도비만 및 가꾸지 않은 외모
기회(Opportunity)	- 공기업 취업시장 확대 - 독학이 아닌 강의 수강 필요성에 대한 인식 확산
위협(Threat)	- 대규모 자본의 유입으로 경쟁 심화 - 가변성이 높은 출제경향으로 기출 예측이 어려움

외부환경 \ 내부환경	강점(Strength)	약점(Weakness)
기회(Opportunity)	① 포털 '다음' 및 '유튜브' 광고 등을 통한 압도적시장 인지도 구축	② 문제 출제 직원 보강 및 출판사 협업을 통하여 강의 효율성 강화
위협(Threat)	③ 기출 복원 시스템 체계화를 통한 출제 경향 예측력 보완	④ 심화될 경쟁에 대비하여 운동을 통한 체력 증진 및 전문적 이미지 형성

해설

기출 복원 시스템 체계화는 약점을 극복하는 것으로 ST전략에 적합하지 않다.

정답 07 ③

08 분석결과에 적합한 전략을 고르시오.

B 음악 엔테테인먼트사 환경 분석결과	
강점(Strength)	- 뛰어난 신인 작곡가들 보유 - 세계 1위 글로벌 음악 유통 업체와 협력관계
약점(Weakness)	- 댄스 음악에 편중된 가수 라인업 - 발라드 가수들의 낮은 인지도
기회(Opportunity)	- 아시아 음악에 대한 세계적인 관심 증진 - TV 채널 확대로 인한 드라마 OST 시장의 확산
위협(Threat)	- 중국의 한류 규제에 따른 아시아 시장 축소 - TV 예능 프로그램의 프로젝트 음반 강세

외부환경 \ 내부환경	강점(Strength)	약점(Weakness)
기회(Opportunity)	① 드라마 OST를 적극 공략하여 발라드 가수 들의 인지도를 높인다.	② 뛰어난 작곡가들의 능력을 통한 해외 가수들과의 협업을 강화
위협(Threat)	③ 남미나 유럽 음악시장을 분석하여 새로운 시장 발굴	④ 신인 작곡가를 발굴하는 TV 예능 프로그램 런칭

해설

강점인 글로벌 음악 유통 업체와 협력을 통하여 남미나 유럽 음악시장을 분석하여 새로운 시장 발굴함으로써 아시아 시장 축소라는 위기를 극복

09 분석결과에 적합한 전략을 고르시오.

'A의류회사 청바지' 환경 분석결과	
강점(Strength)	- 저렴한가격 대비 좋은 품질 - 다양한 제품군
약점(Weakness)	- 저가 브랜드 이미지 - 열악한 유통망
기회(Opportunity)	- 한류 열풍으로 한국 의류에 대한 해외 주문 급증 - 저가제품에 대한 긍정적 인식변화
위협(Threat)	- 중국시장의 진입으로 저가 시장 경쟁심화 - 쇼핑몰, 수제청바지 등 신규 경쟁자 출현

외부환경 \ 내부환경	강점(Strength)	약점(Weakness)
기회(Opportunity)	① 광고비를 증가하여 브랜드 이미지를 향상 시키고 품질향상을 위한 TFT 구성	② 가격 할인 및 생산라인 보강을 통해 영업이익 향상
위협(Threat)	③ 가격보다 품질 및 제품군의 다양성에 대한 홍보를 강화	④ 신규 경쟁자 출현으로 인한 위기에 대응하기 위해 해외시장 진출

해설

저가 시장의 경쟁이 심화되므로 강점인 품질 및 제품군의 다양성에 대한 홍보를 강화

정답 08 ③ 09 ③

10 분석결과에 적절하지 않은 전략을 고르시오.

'A의류회사 청바지' 환경 분석결과	
강점(Strength)	- 높은 브랜드 이미지와 평판 - 훌륭한 서비스와 판매 후 보증수리 - 확실한 거래망, 딜러와의 우호적인 관계 - 막대한 R&D 역량 - 자동화된 공장 - 대부분의 차량 부품 자체 생산
약점(Weakness)	- 한 가지 차종에의 집중 - 고도 기술에의 집중 - 생산설비에 대한 막대한 투자에 따른 차량모델 변경의 어려움 - 한 곳의 생산 공장만 보유 - 전통적인 가족형 기업 운영
기회(Opportunity)	- 소형 레저용 차량에 대한 수요 증대 - 새로운 해외시장의 출현 - 저가형 레저용 차량에 대한 선호 급증
위협(Threat)	- 휘발유의 부족 및 가격의 급등 - 레저용 차량 전반에 대한 수요 침체 - 다른 회사들과의 경쟁 심화 - 차량 안전 기준의 강화

① SO 전략 – 해외 시장 진출보다는 내수 확대에 집중한다.
② ST 전략 – 기술개발을 통하여 연비를 개선한다.
③ WT 전략 – 생산량 감축을 고려한다.
④ WO 전략 – 국내 다른 지역이나 해외에 공장들을 분산 설립한다.
⑤ ST 전략 – 경유용 레저 차량 생산을 고려한다.

해설
새로운 해외시장의 출현이라는 기회에도 내수에 집중하는 것은 적합하지 않다.

정답 10 ①

[11~14] 다음 결재 규정을 보고 주어진 상황에 알맞게 작성된 양식을 고르시오.

<결재 규정>

- 결재를 받으려는 업무에 대하여 최고결재권자(대표이사) 포함 이하 직책자의 결재를 받아야 한다.
- '전결'이라 함은 회사의 경영활동이나 관리활동을 수행함에 있어 의사결정이나 판단을 요하는 일에 대하여 최고결재권자의 결재를 생략하고, 자신의 책임 하에 최종적으로 의사결정이나 판단을 하는 행위를 말한다.
- 전결사항에 대해서도 위임 받은 자를 포함한 이하 직책자의 결재를 받아야 한다.
- 표시내용 : 결재를 올리는 자는 최고결재권자로부터 전결 사항을 위임 받은 자가 있는 경우 결재란에 전결이라고 표시하고 최종 결재권자란에 위임 받은 자를 표시한다. 다만, 결재가 불필요한 직책자의 결재란은 상향대각선으로 표시한다.
- 최고결재권자의 결재사항 및 최고결재권자로부터 위임된 전결사항은 아래의 표에 따른다.

구분	내용	금액기준	결재서류	팀장	처장	본부장	대표이사
영업비	영업처 식대비, 판촉물 구매비	30만원 이하	접대비지출품의서 지출결의서	▲●			
		60만원 이하		▲	●		
		60만원 초과		▲		●	
출장비	출장 유류비, 출장 식대비	10만원 이하	출장계획서 청구서	●▲			
		30만원 이하		▲	●		
		30만원 초과			▲	●	
물품 구매비	사업추진용 물품	50만원 이하	기안서 법인카드 청구서	●▲			
		100만원 이하			▲	●	
		100만원 초과			▲		●
	사무용품	–		●▲			
	기타비품	30만원 이하		●▲			
		30만원 초과		▲	●		
교육비	내부교육비, 외부교육비	100만원 이하	기안서 교육비용 청구서		●▲		
		200만원 이하			▲	●	
		200만원 초과			▲		●

※ ● : 기안서, 출장계획서, 접대비지출품의서
※ ▲ : 지출결의서, 발행요청서, 각종신청서 및 청구서

11 기준이는 협력업체와 저녁을 먹고 40만원을 지불하였다. 알맞게 작성된 양식을 고르시오.

① 접대비지출품의서

결재	담당	팀장	처장	본부장	최종 결재
	C		전결	/	처장

② 접대비지출품의서

결재	담당	팀장	처장	본부장	최종 결재
	C	전결		/	대표이사

③ 지출결의서

결재	담당	팀장	처장	본부장	최종 결재
	C	전결			팀장

④ 지출결의서

결재	담당	팀장	처장	본부장	최종 결재
	C		전결	/	처장

해설

접대비지출품의서

결재	담당	팀장	처장	본부장	최종 결재
	C		전결	/	처장

정답 11 ①

12 형석이는 사업추진 차 600만원짜리 물품을 구매하였다. 알맞게 작성된 양식을 고르시오.

① 기안서

결재	담당	팀장	처장	본부장	최종 결재
	C				대표이사

② 기안서

결재	담당	팀장	처장	본부장	최종 결재
	C				대표이사

③ 법인카드청구서

결재	담당	팀장	처장	본부장	최종 결재
	C			전결	본부장

④ 법인카드청구서

결재	담당	팀장	처장	본부장	최종 결재
	C				대표이사

해설

기안서

결재	담당	팀장	처장	본부장	최종 결재
	C				대표이사

13 상훈이는 대전에 출장을 다녀와서 17만원을 지출하였다. 알맞게 작성된 양식을 고르시오.

① 출장계획서

결재	담당	팀장	처장	본부장	최종 결재
	C		전결		처장

② 출장계획서

결재	담당	팀장	처장	본부장	최종 결재
	C		전결		대표이사

③ 청구서

결재	담당	팀장	처장	본부장	최종 결재
	C	전결			팀장

④ 청구서

결재	담당	팀장	처장	본부장	최종 결재
	C	전결			팀장

해설

청구서

결재	담당	팀장	처장	본부장	최종 결재
	C	전결			팀장

14 성환이는 이번 교육을 진행하면서 550만원의 비용이 들었다. 알맞게 작성된 양식을 고르시오.

① 기안서

결재	담당	팀장	처장	본부장	최종 결재
	C		전결		처장

② 기안서

결재	담당	팀장	처장	본부장	최종 결재
	C				대표이사

③ 교육비용청구서

결재	담당	팀장	처장	본부장	최종 결재
	C				대표이사

④ 교육비용청구서

결재	담당	팀장	처장	본부장	최종 결재
	C		전결		처장

해설

교육비용청구서

결재	담당	팀장	처장	본부장	최종 결재
	C		전결		처장

정답 12 ② 13 ④ 14 ④

Chapter 3 기술능력

NCS 대표예제에서 기술능력에 해당하는 유형으로 도식추리가 등장한다. 그러나 실제 공기업 시험에서는 기존 유형을 고집하는 회사에서나 도식추리나 도형추리 등이 출제될 뿐, 전반적으로 도식추리 형태의 문제가 많이 나오지는 않는다. 그러나 문제해결능력을 기르고 추론능력을 발휘하는 능력을 기르고 연습하는데 있어서 도식추리 및 도형추리, 지각능력 문제들이 매우 적합하다 할 수 있으며 많은 NCS 이전의 공기업 인적성 검사와 거의 모든 사기업 인적성에서 출제되는 유형이므로 그 중요도는 작지 않다는 생각에 배치하게 되었다.

앞서 이야기한대로 NCS 대표예제로 등장하는 유형이 있지만 대체로 도식추리는 대기업에서 많이 출제되며 그 난이도가 높아 시험의 당락을 결정하는 유형들이므로 문제는 NCS 대표예제뿐 아니라 대기업 유형을 추가하여 공부하는 것으로 구성하였으며 이를 통하여 문제해결능력을 기르면서 NCS 유형의 문제들에 대한 접근법을 공부하여 보자.

도식추리의 기본 구조는 NCS 대표예제에 등장하는 알고리즘 형태가 주를 이루고 있으며 주어진 규칙과 변환에 의해 결과 값을 구해내는 문제이다.

문제를 풀기위해 집중해야 하는 것은 첫째, 주어진 변환을 이해하는 것이다.
변환을 이해한다는 것은 눈에 보이는 일차원적인 규칙을 넘어서서 규칙의 숨겨져 있는 정보, 또는 그 본질을 이해하려는 노력이 추가적으로 이루어진 상태를 의미한다.

예를 들어 아래 그림의 도형이 숫자와 색이 같이 시계방향으로 90도로 회전한다고 하면

— 시계방향 90도 회전 →

'90도 회전한다'는 보여지는 규칙 이외에도 변환이 일어난 후 '7, 8, 9, 6, 2에는 여전히 색이 칠해져 있다.' 라는 추가적인 정보들을 생각할 수 있다면 문제를 풀어나가는 데 큰 도움이 될 수 있다.

둘째, 도식추리를 접근하는 중요한 점은 창의성을 기반으로 한 유연함과 가정이다.
생각의 틀을 바꾸어 나가는 것, 즉 창의성이 필요한데 이러한 창의성은 NCS 이론에서도 언급되듯이 타고나는 능력이나 천재적인 감각이 아닌 1. 교육을 통해 길러지는 것이고 2. 정보와 정보의 조합으로 생성되는 것이므로 노력으로 얻을 수 있다. 터무니없이 원론적이고 이상적인 이야기를 하고 있는 것으로 읽혀 질 수 있지만 이러한 창의성은 문제를 풀어 나가면서 쌓아갈 수 있으며 쌓여진 추론능력은 다른 여타 도식추리 뿐 아니라 어떤 유형의 NCS 문제도 풀어 나갈 수 있는 힘을 가지게 할 것이다.

기술 능력 NCS 대표 예제로 제시된 문제는 규칙을 갖는 기호와 그에 따른 변화과정을 주고 이들의 상관관계를 파악하는 문제로 크게 두 종류이며, 문제에 대한 파악이 이루어진다면 큰 어려움 없이 풀어낼 수 있는 유형이다. 단, 이러한 문제에서도 문제를 파악하는 방법과 문제를 풀이하는 순서, 지문 및 보기에서 집중해서 봐야할 우선순위 등을 생각하는 것이 중요하다. 이를 통해 문제를 푸는 방식의 체계화를 습득한다면 처음 접하는 다른 유형의 문제 역시 풀어나가는 문제해결능력을 기를 수 있다.

01 스위치와 그에 따른 기능이 아래 표에 기술되어 있다. 아래 변환은 보기 중 어떤 스위치가 작동하여 변환된 것인가?

스위치	기능
▶	1번과 2번 기계를 180도 회전함
▷	1번과 3번 기계를 180도 회전함
♣	2번과 3번 기계를 180도 회전함
♧	3번과 4번 기계를 180도 회전함

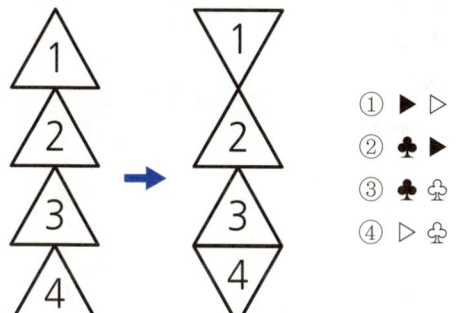

① ▶ ▷
② ♣ ▶
③ ♣ ♧
④ ▷ ♧

[풀이]

가장 먼저 변화들을 인식하는 것이 중요하다. 주어진 삼각형들이 일부 180도 회전이 되고 있으며 스위치는 모두 각각 두 개의 기계를 180도 회전을 일으킨다. 첫 번째로 집중하여 하는 것은 4번과 ♧다.

기능을 차례로 읽어보면 1, 2, 3번 기계는 두 개 이상의 스위치에 의해 회전이 일어나지만 4번은 오직 ♧에 의하여 변화가 일어난다. 즉, 주어진 문제에서 4번이 변화하였다면 반드시 ♧에 의한 것이다.

위 문제에서 4번의 삼각형이 180도 회전하였으므로 보기에는 반드시 ♧가 있어야 하며 3번과 4번 중에 하나가 답이 된다. 총 두 개의 스위치 중 하나를 찾았으므로 나머지 한 개를 통해 변화하는데 이때 4번을 제외한 나머지 부분을 보면 1은 변화, 2는 변화하지 않았다. 3은 ♧에 의해 변화가 한번 일어났는데 다시 원상 복귀 된 것을 보면 남은 기호에 의해 변하였다는 것을 알 수 있다. 즉, 2번은 변하지 않았고 2번이 변하지 않는 기호는 ▷이므로 답은 4번이 된다.

[정답] ④

STEP 1

[02~06] 아래 표를 참조하여 알맞은 스위치를 찾으시오.

스위치	기능
▶	1번과 2번 기계를 180도 회전함
▷	1번과 3번 기계를 180도 회전함
♣	2번과 3번 기계를 180도 회전함
♧	3번과 4번 기계를 180도 회전함

02 아래 변환은 보기 중 어떤 스위치가 작동하여 변환된 것인가?

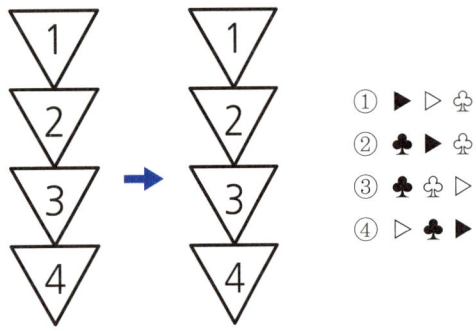

① ▶ ▷ ♧
② ♣ ▶ ♧
③ ♣ ♧ ▷
④ ▷ ♣ ▶

03 아래 변환은 보기 중 어떤 스위치가 작동하여 변환된 것인가?

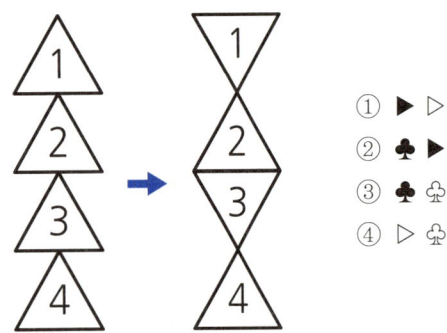

① ▶ ▷
② ♣ ▶
③ ♣ ♧
④ ▷ ♧

04 아래 변환은 보기 중 어떤 스위치가 작동하여 변환된 것인가?

① ▶ ▷ ♧
② ♣ ▶ ♧
③ ♣ ♧ ▷
④ ▷ ♣ ▶

05 아래 변환은 보기 중 어떤 스위치가 작동하여 변환된 것인가?

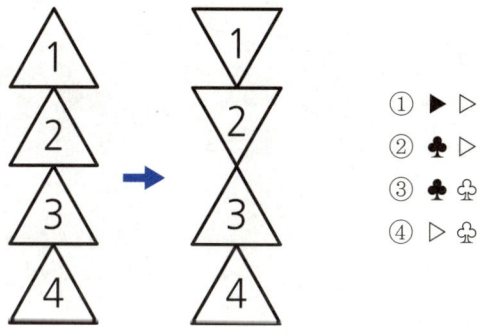

① ▶ ▷
② ♣ ▷
③ ♣ ♧
④ ▷ ♧

06 아래 변환은 보기 중 어떤 스위치가 작동하여 변환된 것인가?

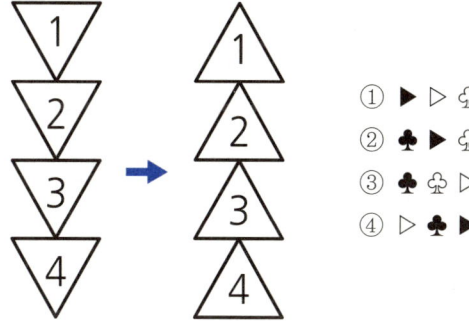

① ▶ ▷ ♧
② ♣ ▶ ♧
③ ♣ ♧ ▷
④ ▷ ♣ ▶

정답 04 ① 05 ② 06 ③

07 아래 변환은 보기 중 어떤 스위치가 작동하여 변환된 것인가?

스위치	기능
▶	1번과 2번 기계를 180도 회전함
▷	2번과 3번 기계를 180도 회전함
♣	3번과 4번 기계를 180도 회전함
♧	2번과 4번 기계를 180도 회전함
○	1번과 2번 기계의 작동상태를 다른 상태로 바꿈 (운전→정지, 정지→운전)
●	3번과 4번 기계의 작동상태를 다른 상태로 바꿈 (운전→정지, 정지→운전)
◎	모든 기계의 작동상태를 다른 상태로 바꿈(운전→정지, 정지→운전)

△ = 운전, ▲ = 정지

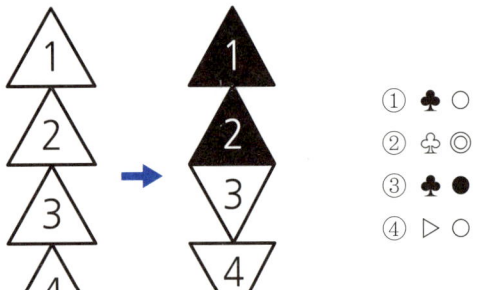

① ♣ ○
② ♧ ◎
③ ♣ ●
④ ▷ ○

풀이

이전 문제와 비교하여 보면 색반전에 해당하는 '운전→정지' 또는 '정지→운전'의 기능이 추가되었다.

즉, 스위치는 색반전과 회전 두가지 종류의 기능으로 구분되는데 색반전과 회전은 서로에게 영향을 주지 않는 독립적인 기능이므로 둘중 하나를 선택하여 먼저 확인하는 것이 좋다. 이때 색반전은 인식이 상대적으로 빠르고 간단하므로 색반전을 먼저 본다.

주어진 변화를 보면 1, 2번은 색반전이 일어나고 3, 4번은 변하지 않았으므로 스위치는 ○이다.

●와 ◎가 연달아 나올수 있다는 것을 인식을 하고 있되 보기에 두 개의 스위치로 모든 변환이 이루어 지기 때문에 가능성은 적다고 생각하고 접근 할 수 있다. 보기에서 ○는 1번과 4번이다.

회전에서는 1번이 회전하려면 ▶이 필요하다는 것을 체크한다. 그런데 이 문제에서는 이미 보기 1번과 4번에 ▶가 없기 때문에 1번의 회전여부로는 답을 구할 수 없다. 그러나 전체적으로 회전을 보면 3, 4번이 회전한 것을 쉽게 알 수 있다. 답은 1번이 된다.

정답 ①

[08 ~ 12] 아래 표를 참조하여 알맞은 스위치를 찾으시오.

스위치	기능
▶	1번과 2번 기계를 180도 회전함
▷	2번과 3번 기계를 180도 회전함
♣	3번과 4번 기계를 180도 회전함
♧	2번과 4번 기계를 180도 회전함
○	1번과 2번 기계의 작동상태를 다른 상태로 바꿈(운전→정지, 정지→운전)
●	3번과 4번 기계의 작동상태를 다른 상태로 바꿈(운전→정지, 정지→운전)
◎	모든 기계의 작동상태를 다른 상태로 바꿈(운전→정지, 정지→운전)

△ = 운전, ▲ = 정지

08 아래 변환은 보기 중 어떤 스위치가 작동하여 변환된 것인가?

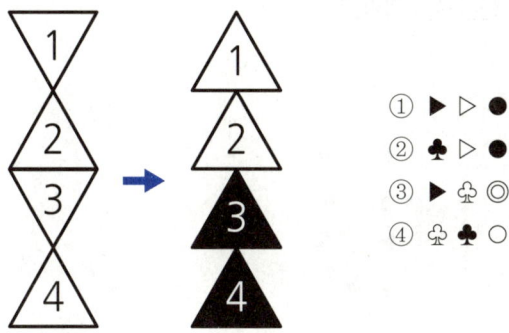

① ▶ ▷ ●
② ♣ ▷ ●
③ ▶ ♧ ◎
④ ♧ ♣ ○

09 아래 변환은 보기 중 어떤 스위치가 작동하여 변환된 것인가?

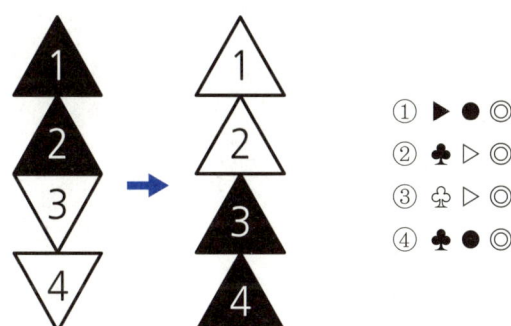

① ▶ ● ◎
② ♣ ▷ ◎
③ ♧ ▷ ◎
④ ♣ ● ◎

정답 08 ① 09 ③

10 아래 변환은 보기 중 어떤 스위치가 작동하여 변환된 것인가?

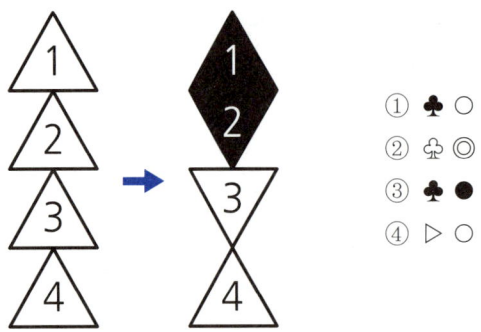

11 아래 변환은 보기 중 어떤 스위치가 작동하여 변환된 것인가?

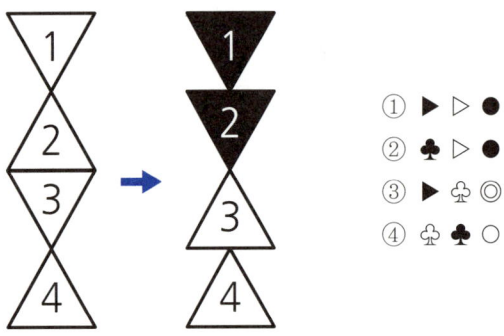

12 아래 변환은 보기 중 어떤 스위치가 작동하여 변환된 것인가?

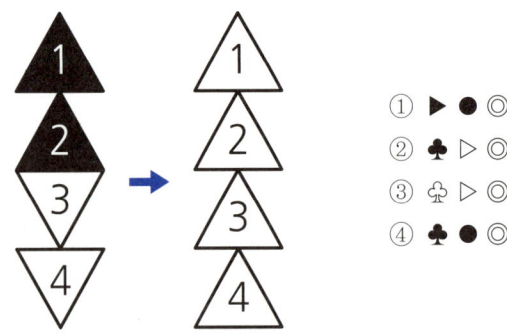

13 아래 변환은 보기 중 어떤 스위치가 작동하여 변환된 것인가?

스위치	기능
▶	A번과 C번 기계를 시계 방향으로 90도 회전함
▷	B번과 C번 기계를 시계 방향으로 90도 회전함
♣	C번과 D번 기계를 시계 반대방향으로 90도 회전함
♧	B번과 D번 기계를 시계 반대방향으로 90도 회전함
○	A번과 D번 기계의 작동상태를 다른 상태로 바꿈(운전 → 정지, 정지 → 운전)
●	B번과 C번 기계의 작동상태를 다른 상태로 바꿈(운전 → 정지, 정지 → 운전)
◎	모든 기계의 작동상태를 다른 상태로 바꿈(운전 → 정지, 정지 → 운전)

□ = 운전, ■ = 정지

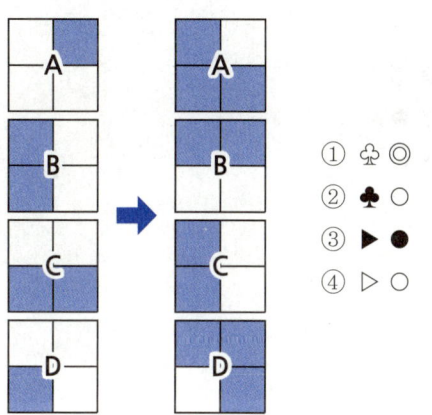

① ♧ ◎
② ♣ ○
③ ▶ ●
④ ▷ ○

풀이

도형이 삼각형에서 사각형으로 변하였고 회전도 90도로 좀 더 세분화되어 난이도가 높아진 형태이다.

풀이하는 첫 포인트는 A와 B처럼 색이 한군데만 칠해진 형태를 먼저 확인한다는 것이다. 두 군데 색이 칠해진 도형의 경우 회전과 색반전을 통해 중첩되어 판단이 어려워 질 수 있다. 예를 들면 두 개가 칠해진 것이 변화가 일어나지 않았다면 1) 실제로 아무런 변화가 가해지지 않았을 수도 있고 2) 180도 회전 이후 색반전이 일어났을 수도 있다. 이에 반해 색이 한 개 혹은 세 개에 칠해져 있는 도형의 경우 색반전이 일어났는지 아닌지가 명확하게 판단이 된다.

주어진 변화 중 색이 한 개 칠해진 A 와 D를 보면 각각 한 개씩 칠해져 있던 색이 세 개로 늘어났다. 명확히 색반전이 A와 D에 일어난 것이다. B와 C에 색반전이 일어났는지 바로 판단이 어려우므로 ○와 ◎ 중에 어느 것인지는 보류한 채로 A와 D를 보면 둘 다 회전하지 않았다는 것을 알 수 있다. A, D를 회전시키지 않는 것은 ▷ 밖에 없으므로 답은 4번이 된다.

정답 ④

[14 ~ 18] 아래 표를 참조하여 알맞은 스위치를 찾으시오.

스위치	기능
▶	A번과 C번 기계를 시계 방향으로 90도 회전함
▷	B번과 C번 기계를 시계 방향으로 90도 회전함
♣	C번과 D번 기계를 시계 반대방향으로 90도 회전함
♧	B번과 D번 기계를 시계 반대방향으로 90도 회전함
○	A번과 D번 기계의 작동상태를 다른 상태로 바꿈(운전→정지, 정지→운전)
●	B번과 C번 기계의 작동상태를 다른 상태로 바꿈(운전→정지, 정지→운전)
◎	모든 기계의 작동상태를 다른 상태로 바꿈(운전→정지, 정지→운전)

□ = 운전, ■ = 정지

14 아래 변환은 보기 중 어떤 스위치가 작동하여 변환된 것인가?

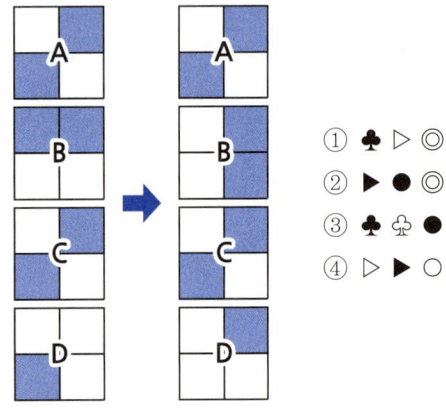

① ♣ ▷ ◎
② ▶ ● ◎
③ ♣ ♧ ●
④ ▷ ▶ ○

15 아래 변환은 보기 중 어떤 스위치가 작동하여 변환된 것인가?

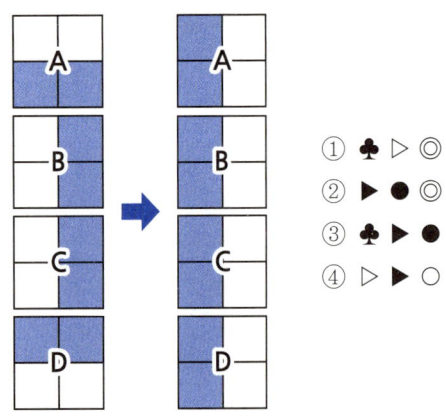

① ♣ ▷ ◎
② ▶ ● ◎
③ ♣ ▶ ●
④ ▷ ▶ ○

정답 14 ③ 15 ③

16 아래 변환은 보기 중 어떤 스위치가 작동하여 변환된 것인가?

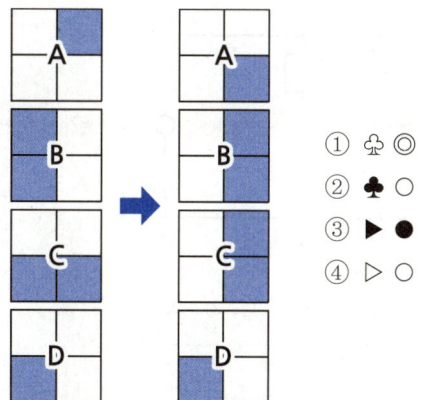

① ♣ ◎
② ♣ ○
③ ▶ ●
④ ▷ ○

17 아래 변환은 보기 중 어떤 스위치가 작동하여 변환된 것인가?

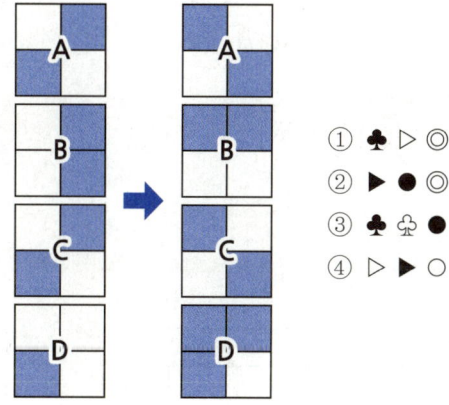

① ♣ ▷ ◎
② ▶ ● ◎
③ ♣ ♣ ●
④ ▷ ▶ ○

18 아래 변환은 보기 중 어떤 스위치가 작동하여 변환된 것인가?

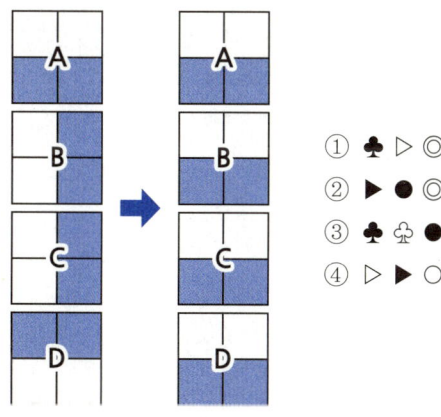

① ♣ ▷ ◎
② ▶ ● ◎
③ ♣ ♣ ●
④ ▷ ▶ ○

정답 16 ③ 17 ① 18 ③

19 아래 변환은 보기 중 어떤 스위치가 작동하여 변환된 것인가?

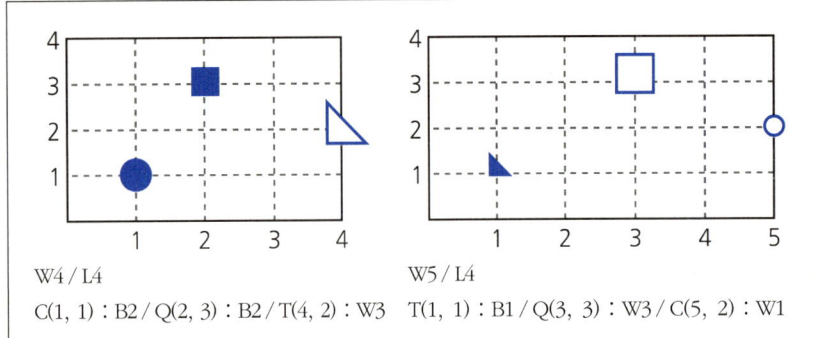

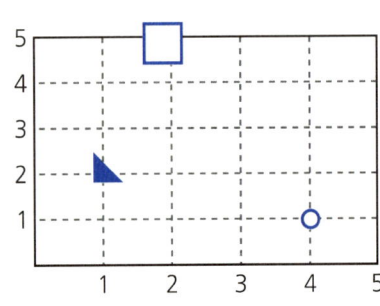

① W4 / L5
　T(1, 2) : B2 / Q(2, 5) : W2 / C(4, 1) : W1
② W5 / L5
　T(1, 2) : B2 / Q(2, 5) : W3 / C(4, 1) : W1
③ W4 / L5
　T(2, 2) : B2 / Q(2, 5) : W3 / C(4, 1) : W2
④ W5 / L4
　T(2, 2) : B2 / Q(2, 5) : W2 / C(4, 1) : W3

20 다음 중 그래프와 맞지 않는 것은?

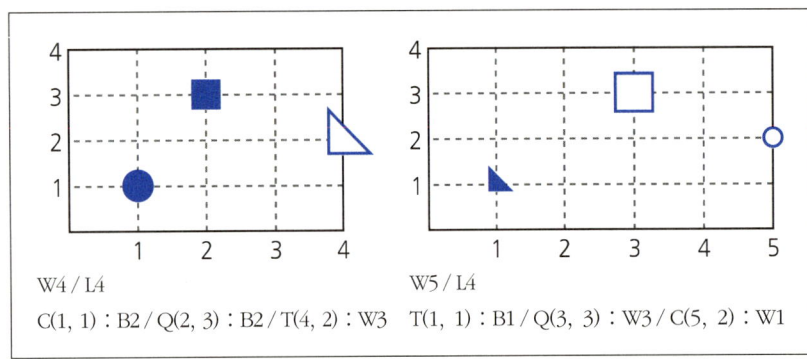

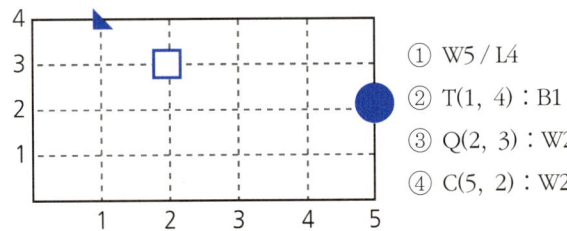

① W5 / L4
② T(1, 4) : B1
③ Q(2, 3) : W2
④ C(5, 2) : W2

[21 ~ 22]

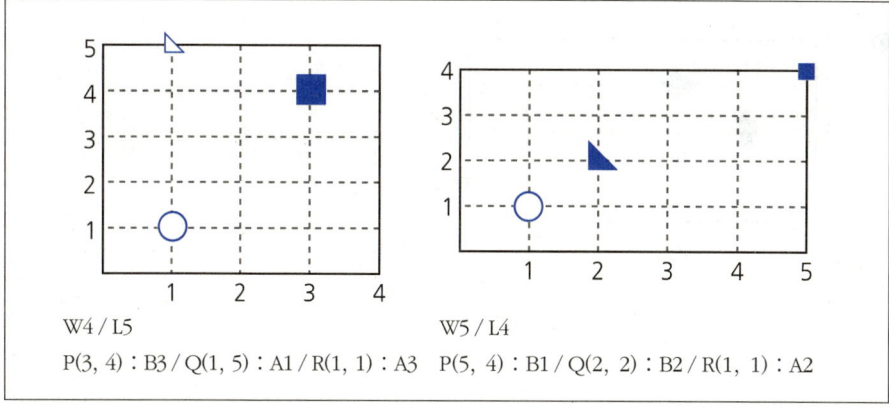

W4 / L5
P(3, 4) : B3 / Q(1, 5) : A1 / R(1, 1) : A3

W5 / L4
P(5, 4) : B1 / Q(2, 2) : B2 / R(1, 1) : A2

21 아래 변환은 보기 중 어떤 스위치가 작동하여 변환된 것인가?

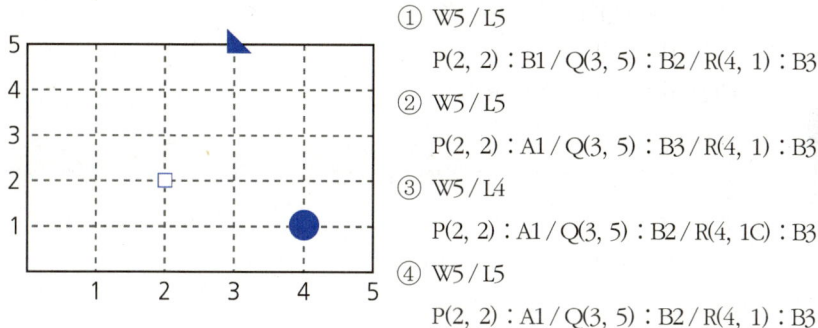

① W5 / L5
　P(2, 2) : B1 / Q(3, 5) : B2 / R(4, 1) : B3
② W5 / L5
　P(2, 2) : A1 / Q(3, 5) : B3 / R(4, 1) : B3
③ W5 / L4
　P(2, 2) : A1 / Q(3, 5) : B2 / R(4, 1C) : B3
④ W5 / L5
　P(2, 2) : A1 / Q(3, 5) : B2 / R(4, 1) : B3

22 다음 중 그래프와 맞지 않는 것은?

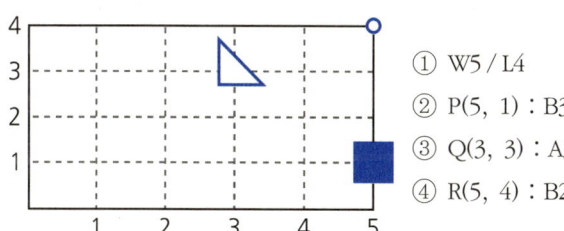

① W5 / L4
② P(5, 1) : B3
③ Q(3, 3) : A3
④ R(5, 4) : B2

정답 21 ④ 22 ④

Chapter 3. 기술능력

[23 ~ 24]

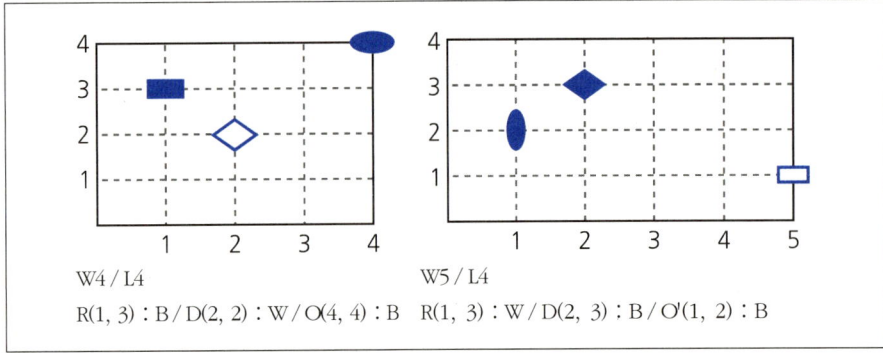

23 아래 변환은 보기 중 어떤 스위치가 작동하여 변환된 것인가?

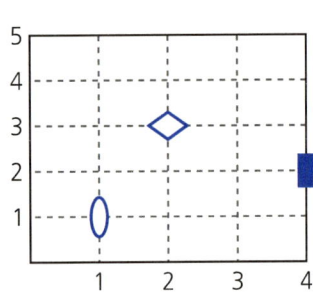

① W4 / L5
   R(2, 4) : B / D(3, 2) : B / O'(1, 1) : W
② W4 / L5
   R'(2, 4) : B / D(3, 2) : B / O'(1, 1) : W
③ W4 / L5
   R'(4, 2) : B / D(2, 3) : W / O'(1, 1) : W
④ W5 / L4
   R'(4, 2) : B / D(3, 2) : W / O(1, 1) : W

24 다음 중 그래프와 맞지 않는 것은?

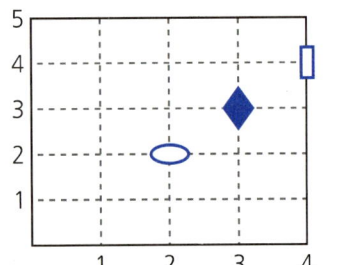

① W4 / L5
② R(4, 4) : W
③ D'(3, 3) : B
④ O(2, 2) : W

정답 23 ③ 24 ②

[25 ~ 26]

W4 / L4
R(1, 3) : B / D(2, 2) : W / O(4, 4) : B

W5 / L4
R(5, 1) : W / D(2, 3) : B / O'(1, 2) : B

25 아래 변환은 보기 중 어떤 스위치가 작동하여 변환된 것인가?

① W5 / L5
R(1, 1) : B / D'(3, 3) : W / O(2, 2) : W
② W5 / L5
R(1, 1) : W / D(3, 3) : W / O(2, 2) : W
③ W5 / L4
R(1, 1) : B / D(3, 3) : W / O(2, 2) : W
④ W5 / L5
R(1, 1) : W / D(3, 3) : W / O'(2, 2) : W

26 다음 중 그래프와 맞지 않는 것은?

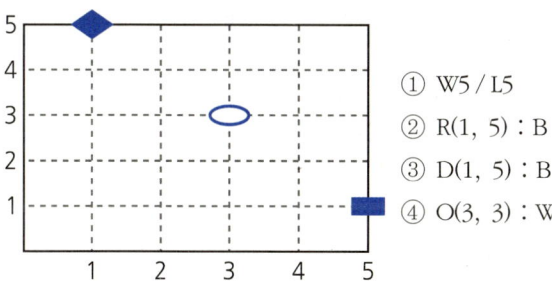

① W5 / L5
② R(1, 5) : B
③ D(1, 5) : B
④ O(3, 3) : W

정답 25 ② 26 ②

Chapter 4 자원관리능력

STEP 1

[01 ~ 02] 아래 〈표〉는 각 자동차의 항목별 특성을 10점 만점에 따라 정리한 것이다. 아래의 물음에 답하시오.

〈자동차 모델별 특성표〉

모델명\특성	가격	브랜드 가치	성능	디자인	실용성	A/S 편의
A	9	10	8	7	10	8
B	8	7	9	5	6	7
C	7	9	5	6	7	9
D	6	6	6	10	5	5
E	10	8	10	8	9	6
F	5	5	7	9	8	10

※ 설문조사 결과 6가지 특성에 대한 소비자 우선 순위 : 성능 > 가격 > 브랜드 가치 > 디자인 > 실용성 > A/S 편의

01 각 특성별 우선순위를 고려하지 않았을 때 어떤 브랜드를 구매하는 것이 가장 적합한가?

① A   ② C   ③ E   ④ F

해설
9 + 10 + 8 + 7 + 10 + 8 = 52점으로 가장 높다.

02 다음 중 본인의 취향에 맞게 제품을 구매한 사람은 누구인가?

① 영민 : 나는 여자친구를 사귀기 위해 차는 브랜드 가치와 디자인을 가장 중시하기 때문에 B를 샀어.
② 성윤 : 나는 월급이 박봉이어서 가격만 봐서 C를 샀어.
③ 창성 : 차는 누가 뭐래도 성능과 실용성이지. E를 사서 만족하고 있어.
④ 미자 : 부모님께 선물할 차기 때문에 실용성이 좋고 불편하시지 않게 A/S 편의를 고려해서 D를 샀어.

해설
성능과 실용성은 E가 10 + 9 = 19로 가장 높다.

정답 01 ① 02 ③

[03 ~ 05] 다음은 제과업체 L기업과 H기업이 제품별로 홍보에 따라 벌어들일 수 있는 수익체계를 정리한 표이다. 아래의 물음에 답하시오.

〈제품별 수익체계〉

기업		H기업		
L기업	제품	㉮제품	㉯제품	㉰제품
	㉮제품	(9, 3)	(7, -2)	(11, 6)
	㉯제품	(-6, 13)	(9, -2)	(11, -3)
	㉰제품	(11, 5)	(-9, 8)	(19, 13)

※ 괄호 안의 숫자는 L, H기업이 홍보로 인한 월 수익(억원)을 뜻한다.
(L기업의 월 수익, H기업의 월 수익)

〈시기별 소비자 선호도〉

분기	선호품목
1분기	㉮제품
2분기	㉰제품
3분기	㉯제품
4분기	㉮, ㉰제품

※ 제품 선호시기에 홍보를 하면 월 수익은 100% 증가, 월 손해는 50%가 감소한다.

ex) L기업이 ㉮제품을 홍보하고 H기업이 ㉯제품을 홍보하였을 때, (7, -2)이며 L기업은 월 수익 7억원, H기업은 월 손해 2억원이다.

03 시기를 고려하지 않을 때, 홍보 시 L기업과 H기업이 얻는 수익의 합이 가장 클 경우는 다음 중 언제인가?

	①	②	③	④
L기업	㉮제품	㉯제품	㉯제품	㉮제품
H기업	㉯제품	㉮제품	㉰제품	㉰제품

해설
(가, 다) = (11, 6)으로 11 + 6 = 17억원으로 가장 크다.

04 다음 중 8월 홍보 시 L기업과 H기업이 얻는 수익의 합이 가장 클 경우는 다음 중 언제인가?

	①	②	③	④
L기업	㉮제품	㉯제품	㉯제품	㉮제품
H기업	㉯제품	㉮제품	㉰제품	㉰제품

해설
(나, 다) = (11, -3)으로 8월 홍보인 '나'는 11 × 2 = 22이므로 22 - 3 = 19로 가장 크다.

05 H기업은 1년 동안 ㉯제품을 홍보하기로 하였다. L기업의 입장에서 어떤 시기에 어떤 제품을 홍보할 때 H기업과 수익 차이가 최대가 되겠는가?

① 1분기, ㉮제품
② 2분기, ㉯제품
③ 3분기, ㉯제품
④ 4분기, ㉮제품

해설
3분기 (나, 나) = (9, -2)으로 8월 홍보 시 (18, -1)이 되어 18 - (-1) = 19억으로 차이가 최대이다.

정답 03 ④ 04 ③ 05 ③

Chapter 4. 자원관리능력

[06 ~ 09] 다음은 패션업체 L기업과 H기업이 제품별로 홍보에 따라 벌어들일 수 있는 수익체계를 정리한 표이다. 아래의 물음에 답하시오.

<제품별 수익체계>

기업		H기업		
	제품	바지	셔츠	패딩
L기업	바지	(5,3)	(6,-4)	(9,5)
	셔츠	(-2,6)	(7,-4)	(6,-3)
	패딩	(3,7)	(-4,7)	(9,3)

※ 괄호 안의 숫자는 L, H기업이 홍보로 인한 월 수익(억원)을 뜻한다. (L기업의 월 수익, H기업의 월 수익)

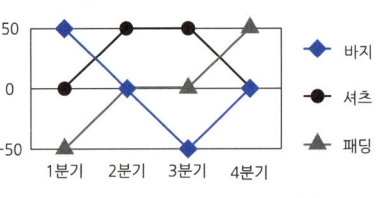

<시기별 소비자 선호도>

※ 해당분기에 홍보를 하면 소비자 선호도(%)에 따라 월 수익은 증가, 월 손해는 감소한다.
(선호도가 -일 경우 월 수익은 감소, 월 손해는 증가한다.)

ex L기업이 셔츠를, H기업이 바지를 홍보하였을 때 (-2,6)이며, 3분기에 홍보한다면 소비자 선호도가 셔츠는 50%, 바지는 -50%이다. 셔츠는 원래 2억원 손해인데 소비자 선호도가 50%이면 월 손해가 50%가 감소하므로 1억원 손해, 바지는 원래 6억원 수익인데 소비자 선호도가 -50%면 월 수익이 50% 감소하면 3억원 수익이다.

06 시기를 고려하지 않을 때, 홍보 시 L기업과 H기업이 얻는 수익의 합이 가장 클 경우는 다음 중 언제인가?

	①	②	③	④
L기업	바지	바지	패딩	셔츠
H기업	패딩	셔츠	패딩	바지

해설

(바지, 패딩) = (9,5)으로 9 + 5 = 14억원으로 가장 크다.

07 다음 중 3월 홍보 시 L기업과 H기업이 얻는 수익의 합이 가장 작은 경우는 다음 중 언제인가?

	①	②	③	④
L기업	바지	바지	패딩	패딩
H기업	바지	셔츠	패딩	바지

해설

(바지, 셔츠) = (6,-4)으로 3월 홍보 시 바지는 50% 커지므로 '바지'는 6 × 1.5 = 9이므로 9 - 4 = 5로 가장 작다.

정답 06 ① 07 ②

08 H기업의 2분기 홍보제품이 무엇인지 알 수 없다고 했을 때, L기업의 2분기 기대 수익을 가장 크게 하려면 어떤 제품을 홍보해야 하는가?

① 패딩　　　② 바지　　　③ 셔츠　　　④ 알 수 없음

해설
- L기업 입장에서는 2분기에 셔츠는 +50%이고 나머지는 ±0%이다.
- 바지를 홍보하면 L기업의 이익은 (5,3), (6,−4), (9,5) 중 5 + 6 + 9 = 20억이고,
  셔츠를 홍보하면 L기업의 이익은 (−2,6), (7,−4), (6,−3) 중 (−2) × 0.5 + 7 × 1.5 + 6 × 1.5 = 18.5억이고,
  패딩을 홍보하면 L기업의 이익은 (3,7), (−4,7), (9,3) 중 3 + (−4) + 9 = 8억이고,
- 바지를 홍보할 때 기대 수익이 가장 크다.

09 3분기에 L기업과 H기업은 서로 수익이 최소가 되는 선택은 피하기로 했다. 다음 중 피해야 하는 선택은?

	①	②	③	④
L기업	바지	바지	패딩	셔츠
H기업	패딩	셔츠	바지	패딩

해설
(셔츠, 패딩) = (6,−3)으로 H기업의 수익이 최소가 되므로 피해야 한다.

정답 08 ② 09 ④

10 영수가 총비용의 감소율을 30%로 설정하였을 때 아래 상황을 보고 ㉠에 가장 알맞은 것을 고르시오.

가전제품 제조업체 공정관리팀에서 근무하는 영수는 부품 생산 비용을 감축하기 위한 공정개선 작업을 수행하고 있다.

〈부품 생산공정〉

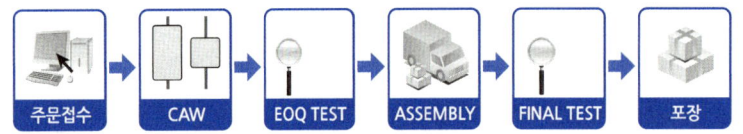

〈단계별 투입비용〉

단계	부품 1단위 생산시 투입비용(원)	
	개선 전	개선 후
CAW	3,500	2,500
EOQ TEST	5,000	3,500
PACKAGE ASSEMBLY	6,500	㉠
FINAL TEST	5,500	3,500
포장	4,500	3,000

① 4,000원 ② 4,500원 ③ 5,000원 ④ 5,500원

해설

- 개선전 투입비용 : 3,500 + 5,000 + 6,500 + 5,500 + 4,500 = 25,000
- 30% 감소를 하면 25,000 − 25,000 × 0.3 = 17,500
- 2,500 + 3,500 + ㉠ + 3,500 + 3,000 = 17,500, ㉠ = 5,000

정답 10 ③

11 호텔 연회장에서 근무하는 A는 연회장 예약을 담당하고 있다. 아래 표의 상황에서 고객의 예약전화를 받았을 때, A의 판단으로 옳지 않은 것은?

<12월예약일정표>

* 예약 : 연회장이름(시작시간)

MON	TUE	WED	THU	FRI	SAT	SUN
1 화이트(13) 블루(14)	2 레드(16)	3 블루(13) 블랙(14)	4 블랙(14) 블루(17)	5 블랙(14) 화이트(17)	6 화이트(13) 블랙(15)	7 레드(10) 블루(16)
8	9 화이트(13) 블루(16)	10 레드(16)	11 블랙(14) 블루(17)	12 레드(14) 블랙(17)	13 블랙(12)	14 화이트(10) 레드(15)

<호텔 연회장 현황>

연회장 구분	수용가능 인원	최소 투입인력	연회장 이용시간
레드	200명	25명	3시간
블루	300명	30명	2시간
화이트	200명	30명	3시간
블랙	300명	40명	3시간

※ 오후 9시에 모든 업무를 종료함
연회부의 동 시간대 투입 인력은 총 70명을 초과할 수 없음
연회시작 전, 후 1시간씩 연회장 세팅 및 정리

(고객) 12월 첫째 주 또는 둘째 주에 회사 송년의 밤 행사를 위해서 연회장을 예약하려 합니다. 총 인원은 250명이고 월, 화, 수요일은 피하고 싶습니다. 예약이 가능할까요?

① 인원을 고려했을 때 블루 연회장과 블랙 연회장이 적합하겠군.
② 송년의 밤 행사이니 저녁 시간대 중 가능한 일자를 확인해야 해.
③ 목요일부터 일요일까지 일정을 확인했을 때 평일 예약이 불가능해.
④ 모든 조건을 고려했을 때 가능한 연회장은 13일 블루 연회장뿐이구나.

해설
7일 블랙, 14일 블루 또는 블랙도 예약 가능하다.

정답 11 ④

[12 ~ 14] 아래 〈표〉는 가 ~ 사의 7개 도시의 시외버스 터미널의 노선을 나타낸다. 다음 물음에 답하여라.

출발＼도착	가	나	다	라	마	바	사
가	-					○	
나	○	-	○				
다			-				○
라		○		-		○	
마		○			-		
바	○			○		-	
사						○	-

※ ○표시가 있는 경우의 노선만 운행을 한다.

12 나 터미널에서 가장 적게 환승해서 '바' 터미널로 가려고 할 때 경유할 터미널로 적합한 것은?

① 가   ② 라   ③ 마   ④ 사

해설
〈나 - 가 - 바〉로 가는 것이 가장 환승을 적게 한다.

13 라 터미널에서 가장 적게 환승해서 '사' 터미널로 가려고 할 때 경유할 터미널로 적합한 것은?

① 나 - 다   ② 나 - 가   ③ 바 - 라   ④ 바 - 가

해설
〈라 - 나 - 다 - 사〉로 가는 것이 가장 환승을 적게 한다.

14 각 터미널간 양방향 노선이 있어 왕복운행이 가능한 것은 몇 건인가?

① 2건   ② 3건   ③ 4건   ④ 5건

해설
(가 ↔ 바), (라 ↔ 바) 2건이다.

정답 12 ① 13 ① 14 ①

[15 ~ 16] A기업은 직급에 따라 연차휴가를 제공하고 있으며, 사용하지 않은 잔여휴가에 대해 최대 7일에 한해 연차수당을 지급하고 있다(잔여휴가가 7일 초과 시 7일치의 연차수당만 지급). 아래의 영업 1팀의 휴가계획을 보고 물음에 답하시오.

〈영업 1팀 휴가계획(9월1일자)〉

구분	연차일수	연차사용일수	향후사용계획	연차수당/일
A부장	20	7	5	250,000원
B차장	20	8	4	200,000원
C차장	20	8	3	200,000원
D과장	19	11	4	180,000원
E대리	17	9	3	150,000원
F사원	15	11	4	100,000원

15 D과장은 12월에 4일간 계획한 휴가를 홀로 보내고 있었다. 휴가 2일차 회사에 급한 업무가 발생하여 3일차부터 회사로 복귀하여야 하는 경우가 발생하였다. 취소된 휴가 2일은 연차수당을 받는다고 한다면 D과장은 금전적으로만 본다면 얼마의 손익이 발생하는가?

〈휴가 비용〉
- 비행기 요금 : 870,000(일정변경 시 10만원 추가)
- 숙박비 : 120,000원/일(예약취소 시 30,000원/일 배상)
- 식당 : 150,000원/일(예약취소 수수료 없음)
- 공연 및 관광지 관람 : 총 200,000원/일(예약취소 시 40,000원/일 배상)

① 120,000원 이익　② 60,000원 이익
③ 60,000원 손실　④ 120,000원 손실

16 연차를 활성화하는 목적에서 연차수당을 5만원/일 올리는 대신 연차를 최대 5일까지만 인정해 주는 것으로 변경할 경우 회사의 예산은 어떻게 되는가? (15번 상황의 문제는 고려하지 않는다.)

① 120,000원 절감　② 100,000원 절감
③ 변동없음　④ 100,000원 증액

해설
- 발생한 금전 : 180,000 × 2 = 360,000원(연차수당)
- 손해된 금전 : 100,000(비행기 일정변경) + 30,000 × 2(숙박비) + 40,000 × 2(공연 및 관광지 관람) = 240,000
- 손익 = 360,000 − 240,000 = 120,000원

해설

구분	연차일수	연차사용일수	향후사용계획	보상연차일수	연차수당(기존)	보상비(기존)	연차수당(변경)	보상비(변경)
A부장	20	7	5	8	250,000	1,750,000	300,000	1,500,000
B차장	20	8	4	8	200,000	1,400,000	250,000	1,250,000
C차장	20	8	3	9	200,000	1,400,000	250,000	1,250,000
D과장	19	11	4	4	180,000	720,000	230,000	920,000
E대리	17	9	3	5	150,000	750,000	200,000	1,000,000
F사원	15	11	4	−	100,000	−	150,000	−
합계						6,020,000		5,920,000

- 회사입장에서는 6,020,000 − 5,920,000 = 10만원 절감이다.

정답 15 ① 16 ②

[17 ~ 19] 양수는 S의류회사 상품기획팀에서 근무하고 있다. 겨울 점퍼 제작을 위해 협력업체의 가격과 품질을 검토한 후 최종 적정업체 및 가격을 결정하려 한다. 아래의 지문을 보고 물음에 답하시오.

- 신제품 기획 개요
  - (제작상품) 겨울 점퍼
  - (제작수량) 1000개
  - (출고일정) 2017년 5월 15일 오전(14일까지 제작이 완료되어야 함)
  - (제품원단) 외피-9평 / 내피-6평 (1평 = 가로 30CM × 세로 20CM)

- 원단별 특징 및 가격

	원단 종류	내구성	질감	금액(원/1평)
외피	폴리 + 솜(4온스)	상	중	12,000
	폴리 + 나일론	하	중	10,000
	폴리 + 폴리에스테르	중	하	11,000
	폴리 + 폴리에스테르 + 나일론	상	상	13,000
내피	면	중	상	2,000
	리넨	중	중	1,500
	캔버스	상	하	1,500

- 협력업체 현황

구분	A	B	C	D
제작비(원/개)	28,000	30,000	32,000	34,000
최대제작수량(개/1일)	100	80	90	110
휴무일	매주 1·3주 토·일요일	매주 2·4주 일요일	매주 토요일	매주 토·일요일

17 양수는 아래의 조건에 따라 원단의 종류를 최종 결정 하기로 하였다. 원단의 종류로 적절한 것은?

- 제품 내구성 및 질감이 우수한("중" 이상) 원단 중 제작원가가 가장 저렴한 원단을 선택한다.
- 단, 제작원가가 20,000원 이상이 차이가 나면 내구성 및 질감이 좋지 않아도 가격이 저렴한 원단을 선택한다.

① 폴리 + 폴리에스테르 + 나일론/리넨
② 폴리 + 나일론/리넨
③ 폴리 + 나일론/캔버스
④ 폴리 + 솜(4온스)/리넨

해설

폴리 + 4온스 : 12,000 × 9,
리넨 : 1,500 × 6으로
117,000원이 들고 위의 조건도 충족하므로 원단의 종류로 적당하다.

정답 17 ④

18. 5월 3일에 주문을 할 경우 출고일에 맞추기 위해서 선택해야 할 협력업체는 어디인가?

5월						
일	월	화	수	목	금	토
	1	2	3(주문)	4	5	6
7	8	9	10	11	12	13
14	15	16	17	18	19	20
21	22	23	24	25	26	27
28	29	30	31			

① A ② B ③ C ④ D

해설

A는 3일부터 1주차 주말인 6,7일을 제외한 10일을 일할 수 있다. 100개/일 작업이 가능하므로 10일간 1000개가 생산 가능하다.

19. 위에 따라 결정한 협력업체에서 제품 원가를 구하려고 한다. 제품 한 개당 원가는 얼마인가?

〈제품원가〉 원단금액의 합 + 제작비

① 139,000원 ② 141,000원 ③ 143,000원 ④ 145,000원

해설

28,000(제작원가) + 12,000 × 9 + 1,500 × 6 = 145,000원

정답 18 ① 19 ④

Chapter 4. 자원관리능력

[20 ~ 21] 아래에 제시된 철수의 상황을 보고 질문에 답하시오.

A건설 마케팅팀에서 일하는 철수는 부산에서 열리는 모델하우스 개소식에 참석하기 위해 교통편을 알아보고 있다.

- A건설 모델하우스 개소식 안내
  - (일시) 2017. 1. XX(수) 13 : 00 ~ 21 : 00 (<u>종료 4시간 30분전</u>까지 입장 가능)
  - (장소) 부산시 해운대구 A컨벤션센터 1층

- 이동수단

출발지	도착지	교통수단	소요시간	교통비
회사	김포공항	택시	67분	32,700원
	서울역	택시	25분	8,900원
김포공항	김해공항	비행기	55분	72,000원
서울역	부산역	KTX	156분	52,000원
김해공항	A컨벤션센터	버스(리무진)	59분	4,500원
		버스(일반)	105분	1,200원
		택시	30분	22,000원
		지하철	61분	1,700원
부산역	A컨벤션센터	버스(급행)	44분	1,700원
		버스(일반)	58분	1,200원
		택시	28분	11,200원
		지하철	61분	1,400원

- 비행기 및 기차 출발시간

교통편	출발지	출발시간
비행기	김포공항	매시 30분
KTX	서울역	매시 00분 및 30분

20 철수가 회사 회의가 1시에 끝난다고 하면 가장 적절한 교통은 무엇인가?

① KTX - 택시
② KTX - 버스(일반)
③ 비행기 - 택시
④ 비행기 - 버스(일반)

해설

13:00(출발) → 14:07(김포공항) / 14:30(출발) → 15:25(김해공항) → 15:55(목적지)

정답 20 ③

21. 철수가 12시 30분에 출발할 수 있다면 가장 저렴한 비용으로 정해진 시간에 도착할 수 있는 방법은 무엇인가?

① KTX – 버스(급행)
② KTX – 버스(일반)
③ 비행기 – 버스(일반)
④ 비행기 – 지하철

해설

① 12:30(출발) → 12:55(서울역) / 13:00(출발) → 15:36(부산역) → 16:20(목적지)
③ 12:30(출발) → 13:37(김포공항) / 14:30(출발) → 15:25(김해공항) → 15:55(목적지)
위 1, 3번만 시간내에 들어갈 수 있다.
① 8,900 + 52,000 + 1,700 = 62,600원
③ 32,700 + 72,000 + 1,700 = 106,400원으로 1번이 더 저렴하다.

22. 아래는 A철강회사 인사팀 구성원의 하루 업무 스케줄을 정리한 표이다. 제시된 표를 기준으로 다음 주에 진행될 팀 성과관리 회의 시간을 정하려고 할 때 가장 효율적인 시간대는 언제인가?

시간 \ 직원	부장	차장(1과)	차장(2과)	과장(1과)	대리(1과)	대리(2과)	사원(1과)
09:00 ~ 10:00	임원보고			팀별지표 관리			
10:00 ~ 11:00			일일회의			일일회의	
11:00 ~ 12:00	부장단 회의				취합자료 작성		물품구매
12:00 ~ 13:00	점심시간						
13:00 ~ 14:00			교육일정 수립	채용전략 수립			
14:00 ~ 15:00		인사교육 참석					
15:00 ~ 16:00							
16:00 ~ 17:00			강사섭외			관계자 미팅	
17:00 ~ 18:00	주간업무 협의						

① 10:00 ~ 11:00
② 13:00 ~ 14:00
③ 15:00 ~ 16:00
④ 17:00 ~ 18:00

해설

15:00 ~ 16:00 사이에 모든 직원의 일정이 없으므로 회의에 가장 효율적이다.

정답 21 ① 22 ③

Chapter 5 문제해결능력

STEP 1

[01 ~ 02] 아래의 상황을 보고 이어지는 질문에 답하시오.

영업팀 막내 빠꼼은 고객 초청 축구행사의 배너를 제작하는 업무를 맡아 처리하려고 한다.

- 오른쪽은 행사 장소를 나타낸 도면이다.
- 행사 장소 : 단상 앞 축구장
- 배너 설치 비용(배너 제작비 + 배너 거치대)
  - 배너 제작 비용 : 일반 배너 장당 20,000원
                   양면 배너 장당 30,000원
  - 배너 거치대 : 건물 내부용 20,000원
                 건물 외부용 25,000원
- 현수막 제작 비용
  - 기본 크기(세로×가로) : 1m×4m → 15,000원
  - 기본 크기에서 추가 시 → 1m² 당 4,000원씩 추가

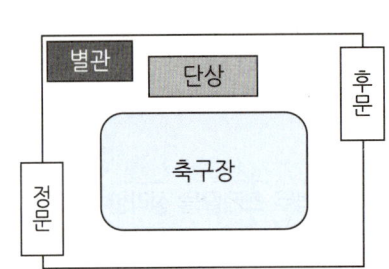

01 배너와 관련된 정보가 아래와 같을 때, 배너 설치에 필요한 비용은 총 얼마인가?

1) 배너 설치 장소 : 단상과 후문 사이, 정문 앞, 별관 내부, 각 1장
2) 추가 요청 사항 : 실외용은 전부 양면 배너로 제작할 것

① 95,000원　② 115,000원　③ 120,000원　④ 150,000원

해설
배너 : 실외 2개 : (양면 30,000원×2 + 거치대 25,000원×2 = 110,000원)
실내 1개 : (단면 20,000원 + 거치대 20,000원 = 40,000원) 110,000 + 40,000 = 150,000

02 빠꼼은 배너 비용을 계산한 후 이를 상사에게 보고하였다. 상사의 추가 지시에 따라 빠꼼이 계산한 현수막 설치 비용은?

상사 : 빠꼼 씨 배너는 처리 잘했고 중요한 게 현수막이에요. 정문하고 후문에 하나씩 걸고, 단상 앞에 크게 하나를 달아야겠어요. 정문하고 후문에는 1m×6m의 크기로 하고, 단상 앞에는 최대한 크게 달았으면 좋겠어요. 견적 좀 부탁할게요.
(단상 앞의 최대 길이는 2m×9m이다.)

① 111,000원　② 117,000원　③ 119,000원　④ 123,000원

해설
정문 : 6 → 기본 15,000원 + 2 × 4,000 = 23,000
후문 : 6 → 기본 15,000원 + 2 × 4,000 = 23,000
단상 : 18 → 기본 15,000원 + 14 × 4,000 = 71,000
23,000 + 23,000 + 71,000 = 117,000

정답 01 ④ 02 ②

[03 ~ 05] 아래의 제시상황을 보고 이어지는 질문에 답하시오.

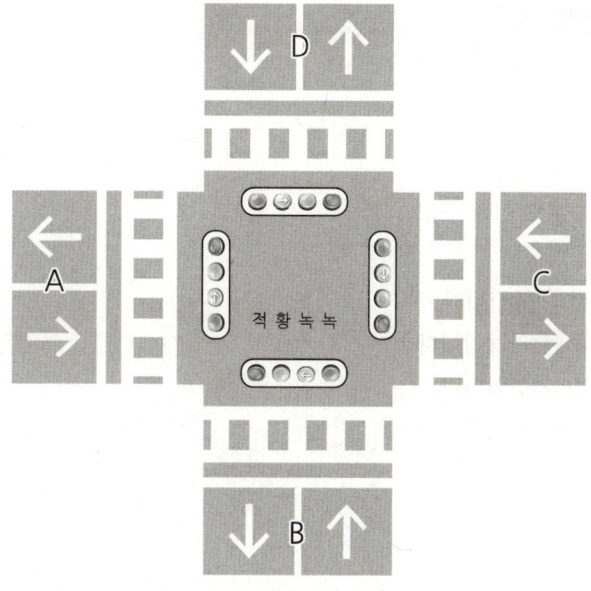

공공기관의 신도시 계획팀에서 근무하는 S는 신도시의 한복판에 위치한 사거리의 신호등 체계를 정립하는 일을 맡아 진행 중이다.

* 신호등은 전부 '횡형 4색 신호등'을 설치한다.
* 차량용 신호등은 '직진 후 좌회전', '좌회전 후 직진', '동시신호(직진 좌회전)'의 세 가지 체계를 따른다.
1) '직진 후 좌회전' 점등 순서 : 녹색 → 황색 → 적색 및 녹색 화살표 → 적색 및 황색 → 적색
2) '좌회전 후 직진' 점등 순서 : 적색 및 녹색 화살표 → 녹색 → 황색 → 적색
3) '동시신호(직진 좌회전)' 점등 순서 : 녹색 화살표 및 녹색 → 황색 → 적색

03 S는 A를 포함한 2곳에 동시신호 신호등을 설치하려고 한다. A에서 '녹색 화살표 및 녹색'이 점등되었을 때 다른 곳에서도 동일한 신호가 점등되게 하려면 동시신호 신호등을 설치할 수 있는 곳은?

① 없다 ② B ③ C ④ D

해설
'녹색 화살표 및 녹색'이 점등 되었을 때 다른 곳에 '녹색 화살표 및 녹색'이 점등 되면 동선이 충돌하여 가능하지 않다.

04 S는 계획을 변경하여 B와 D에 '좌회전 후 직진' 신호등을 설치하기로 하였다. B와 D에서 1분간 적색 및 녹색 화살표를 점등하고 뒤이어 1분간 녹색을 점등한다고 할 때, A와 C의 횡단보도를 이용하는 보행자들은 최대 몇 초간 보도를 건널 수 있는가?

① 건널 수 없다 ② 30초 ③ 60초 ④ 120초

해설
B와 D가 좌회전일 때는 A와 C의 횡단보도를 이용할 수 없다. B와 D가 직진일 때는 A와 C의 횡단보도를 이용할 수 있으므로 1분, 즉 60초 동안 건널 수 있다.

정답 03 ① 04 ③

05 S는 아래와 같은 신호 체계 안을 상사에게 검토 요청을 했을 때 "차량이 언제 U턴을 할 수 있는지 검토해서 보고하라"는 답변을 받았다. S가 보고할 내용으로 가장 적절한 것은?

> 〈신호 체계 안〉 작성자 : S
>
> B와 D에서 동시에 좌회전 후 직진 신호
> (녹색 신호시 A와 C에서 횡단보도 이용 가능)
> ↓
> A와 C에서 동시에 좌회전 후 직진 신호
> (녹색 신호시 B와 D에서 횡단보도 이용 가능)

① A와 C에서 직진 신호 시 A와 C에서 U턴 가능합니다.
② A와 C에서 좌회전 신호 시 B와 D에서 U턴 가능합니다.
③ B와 D에서 직진 신호 시 A와 C에서 U턴 가능합니다.
④ B와 D에서 좌회전 신호 시 A와 C에서 U턴 가능합니다.

해설

유턴은 횡단보도 이용 시 가능하므로 B와 D가 직진 신호시 A와 C에서 유턴이 가능하다.

[06 ~ 07] 아래의 제시 상황을 보고 이어지는 질문에 답하시오.

> 유통업체 고객서비스센터에서 일하고 있는 A는 홈페이지 관리와 고객문의 응대 업무를 담당하고 있다.
>
> 〈자주 하시는 질문과 답〉
> Q1. 주문한 상품을 취소하고 싶어요. 어떻게 하면 되나요?
> Q2. 내 주문내역 확인은 어디에서 가능한가요?
> Q3. 주문완료 후 배송지를 변경할 수 있나요?
> Q4. 발송완료 상태인데 아직 상품을 받지 못했어요!
> Q5. 현금영수증 발급 내역은 어디에서 확인 하나요?
> Q6. 전자세금계산서는 신청 후 바로 발급이 가능 한가요?
> Q7. 이미 결제한 주문건의 결제 수단을 변경할 수 있나요?
> Q8. 취소 요청한 상품의 취소 여부는 언제 어디를 통해 확인해 볼 수 있나요?
> Q9. 반품하기로 한 상품을 아직도 회수해 가지 않았어요!
> Q10. 발송완료 SMS를 받았는데 언제쯤 상품을 받을 수 있는건가요?
> Q11. 결제하는데 오류가 나는데 어떻게 하나요?
> Q12. 당일날 주문하면 받을 수 있는 상품이 있나요?

정답 05 ③

06 A는 홈페이지 개편에 따라 기존 정보를 분류하여 정리하려고 한다. ㉠ ~ ㉣에 들어갈 수 있는 질문으로 적절한 것은?

BEST FAQ			
주문/결제	반품/교환	배송	영수증
㉠	㉡	㉢	㉣

① ㉠ : Q1, Q5
② ㉡ : Q3, Q9
③ ㉢ : Q4, Q10
④ ㉣ : Q5, Q7

해설
Q4, Q10 모두 발송 후 수령까지 과정에 대한 질문이므로 배송으로 분류 되는 것이 적절하다.

07 상사의 조언에 따라 메뉴를 변경하려고 할 때, [메뉴] - [키워드] - 질문의 연결로 옳지 않은 것은?

> 상사 : 정보를 잘 분류해 놓긴 했는데, 고객들이 보다 손쉽게 정보를 찾을 수 있도록 질문을 키워드 중심으로 정리했으면 좋겠어요.

BEST FAQ			
주문/결제	반품/교환	배송	영수증
			세금계산서 발급 현금영수증 발급

① [배송] - [배송지변경] - Q3
② [배송] - [배송확인] - Q4
③ [주문/결제] - [주문취소] - Q8
④ [주문/결제] - [주문접수] - Q9

해설
Q9은 반품 이후 회수에 대한 문의이므로 반품/교환에 분류되는 것이 적절하다.

정답 06 ③ 07 ④

08 아래의 자료를 보고 서브 배너에 만화와 관련된 광고 시안을 이미지로 제작하려고 한다. J는 아래 이미지 크기 변경 도구에서 픽셀 치수를 얼마만큼 가감해야 하는가?

해설

만화는 하단배너로 구분되며 하단배너는 300 × 200이므로 주어진 475 × 100에서 폭은 −175, 높이는 +100을 하여 크기를 맞춰야 한다.

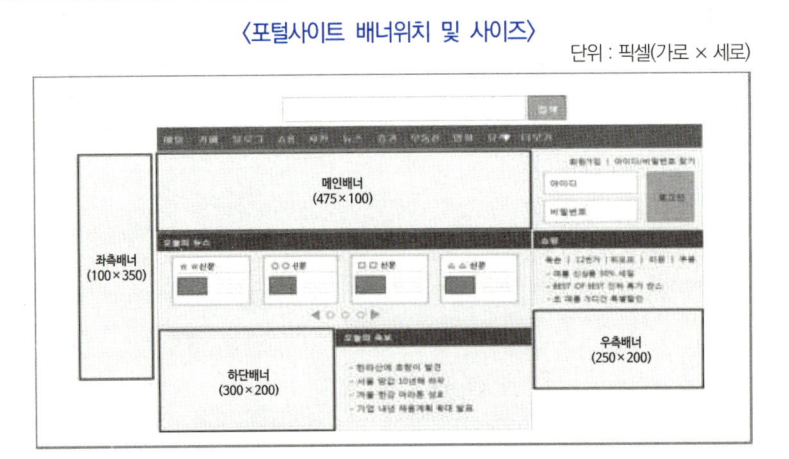

〈포털사이트 M 배너광고 단가표〉

지면	구분	구좌 (시간대/카테고리)	월단가 (만원)	예상노출량 (만뷰)
메인면	전체	전구간	협의	1,100 이상
서브면	좌측배너	요리	150	150
	하단배너	만화	150	150
	우측배너	증권	120	150

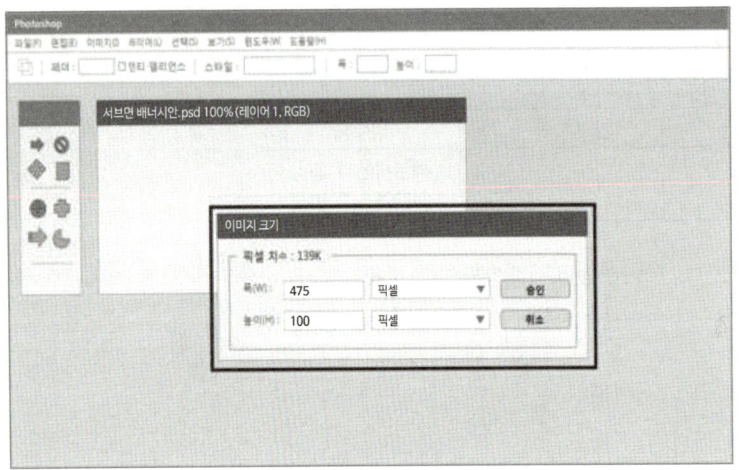

	폭	높이
①	−225픽셀	+100픽셀
②	−175픽셀	+100픽셀
③	−375픽셀	+250픽셀
④	+100픽셀	−175픽셀

정답 08 ②

09 무역상사 영업팀에 근무 중인 A사원은 상사인 김과장의 파리출장 스케줄을 조율하는 업무를 맡아 처리하려고 한다. 다음은 A사원이 확인한 예약 가능한 비행기 스케줄이다.

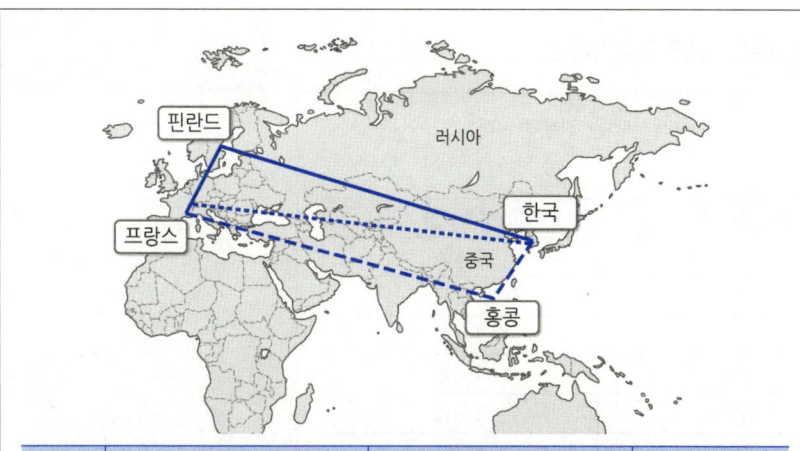

항공편	ICN, 서울(현지 시간 기준)		CDG, 파리(현지 시간 기준)		경유 여부
237	출발	3/1 09:30	출발	3/1 16:30	1회 (핀란드 헬싱키)
	도착	3/5 03:00	도착	3/4 11:00	
431	출발	3/1 10:30	출발	3/1 16:00	직항
	도착	3/5 07:30	도착	3/4 12:00	
606	출발	3/1 12:00	출발	3/1 21:00	1회 (중국 홍콩)
	도착	3/5 09:30	도착	3/4 10:30	

• 항공료 : 237편 → 1,420,000원, 431편 → 1,500,000원, 606편 → 1,200,000원
  서울과 파리 간 시차는 서울이 7시간 빠르다.
  같은 항공편 안에서 소요되는 비행 시간은 동일하다.

위와 같이 항공편을 알아보던 도중 다음과 같은 뉴스를 들었을 때, A가 해야 할 행동으로 가장 적절한 것은?

속보입니다. 러시아의 미국대선 개입에 따른 긴장감이 고조되고 있는 가운데, 러시아 내 무력 단체들이 테러 위협 가능성을 알리고 있습니다. 이에 따라 러시아 영공을 지나가는 항공편의 안전이 위협받고 있습니다.

① 237 항공편을 예약한다.
② 431 항공편을 예약한다.
③ 606 항공편을 예약한다.
④ 현재 상황을 김 과장에게 보고하고 출장 스케줄을 조정한다.

해설
러시아 영공을 지나지 않는 606 외에는 선택의 여지가 없다.

③ 606 항공편을 예약한다.

정답 09 ③

STEP 2

[10 ~ 11] 아래의 제시 상황을 보고 이어지는 질문에 답하시오.

보증회사 사원인 각시탈은 신용보증과 관련된 고객상담을 진행중이다.

- 보증심사등급기준표

CCRS 기반	SBSS 기반	보증료율
K5		1.1%
K6	SB1	1.2%
K7		1.3%
K8	SB2	1.4%
K9	SB3	1.5%
K11	SB5	1.7%

- 보증료율운용체계

① 보증심사등급별 보증료율	— CCRS 적용기업(K5 ~ K11) — SBSS 적용기업(SB1 ~ SB5)	
② 가산요율	보증비율 미충족	0.2%p
	일부해지기준 미충족	0.4%p
	장기분할해지보증 해지 미이행	0.5%p
	기타	0.1%p ~ 0.6%p
③ 차감요율	0.3%p	장애인 기업, 창업초기기업 (장애인 기업 : 장애인 고용비율이 5% 이상인 기업, 창업초기 기업 : 창업한 지 만 1년이 되지 않은 기업)
	0.2%p	녹색성장산업영위기업, 혁신형중소기업 중 혁신역량 공유 및 전파기업, 고용창출 기업, 물가안정 모범업소로 선정된 기업
	0.1%p	혁신형 중소기업, 창업 5년 이내 여성기업, 전시대비 중점관리업체, 회계투명성 제고기업
	기타	경쟁력향상, 창업지원 프로그램 대상 각종 협약보증
④ 조정요율	차감	최대 0.3%p

- 가산요율과 차감요율은 중복적용이 가능하며 조정요율은 상한선 및 하한선을 넘는 경우에 대해 적용
- 최종 적용 보증료율 = ① + ② − ③ + ④ = 0.5%(하한선) ~ 2.0%(상한선)
  (단, 대기업의 상한선은 2.3%로 함)
  ※ 보증료 계산 : 보증금액 × 최종 적용 보증료율 × 보증기간/365

10 각시탈은 메일을 통해 고객의 상담요청을 읽었다. 요청된 내용에 따라 보증료를 계산한다면 해당 회사의 보증료는 얼마인가?

> 제목 : 보증료 관련 문의드립니다.
>
> 안녕하십니까.
> 지난 번 문의드렸던 단기상사 김단기입니다.
> 보증료 계산하는 것에 어려움이 있어 질문 남깁니다.
> 현재 저희 회사의 보증심사등급은 CCRS 기준 K6등급입니다.
> 그리고 보증비율은 미충족 상태이며 작년에 물가안정 모범업소로 지정되었습니다.
> 대기업은 아니고 다른 특이사항은 없습니다.
> 보증금액은 100억이고 보증기간은 73일로 요청드립니다.

① 2,000만원   ② 2,200만원   ③ 2,400만원   ④ 2,500만원

해설

k6, 미충족, 물가안정, 보증금액 : 100억, 보증기간 : 73일

100억(보증금액) × {1.2(k6) + 0.2(미충족) − 0.2(물가안정)} × 73/365(보증기간/365) = 2,400만 원

11 각시탈은 아래 자료들을 토대로 3개 회사의 보증료를 검토하게 되었다. 이 회사들의 보증료를 모두 계산하였을 때, 보증료가 높은 순서대로 정렬한 것은? (단, 주어진 내용 이외의 것은 고려하지 않는다)

	대기업 여부	심사등급	가산요율	특이사항	보증금액	보증기간
ㄱ	○	SB5	일부해지기준 미충족 장기분할해지 보증 미이행	전시대비 중점관리 업체	200억	73일
ㄴ	×	K9	보증비율 미충족		100억	219일
ㄷ	×	K7	일부해지기준 미충족	창업초기 기업	80억	365일

① ㄱ − ㄴ − ㄷ   ② ㄴ − ㄱ − ㄷ   ③ ㄴ − ㄷ − ㄱ   ④ ㄷ − ㄴ − ㄱ

해설

ㄱ : 200억 × (1.7 + 0.4 + 0.5 − 0.1 − 0.2(대기업상한선) = 2.3) × 73 / 365 = 92억

ㄴ : 100억 × (1.5 + 0.2 = 1.7) × 219 / 365 = 102억

ㄷ : 80억 × (1.3 + 0.4 − 0.3 = 1.4) × 365 / 365 = 112억

정답 10 ③ 11 ④

[12 ~ 14] 아래의 제시 상황을 보고 이어지는 질문에 답하시오.

비디오카드 제조회사 품질관리팀에 재직 중인 Z는 A/S 규정에 기반하여 고객들의 문의에 응대하는 업무를 담당하고 있다.

<A/S 진행 시 프로세스 및 소요시간>

1. KVIDIA GPU 사용 제품(레퍼런스)
   (1) ESUS 이천 센터로 불량제품 입고 → (2) 불량원인 체크(1일) → (3) 상하이 물류 센터로 불량제품 발송(3일) → (4) 상하이 물류 센터에서 KVIDIA A/S 센터로 발송(1주) → (5) KVIDIA A/S 센터에서 처리(불량원인별 조치기간 상이) → (6) 처리 후 상하이 물류 센터로 발송(1주) → (7) 상하이 물류 센터에서 ESUS 이천 센터로 발송(3일) → (8) ESUS 이천 센터 입고 후 테스트(1주) → (9) 고객에게 전달(3일)

2. ESUS GPU 사용 제품(벤더)
   (1) ESUS 이천 센터로 불량제품 입고 → (2) 불량원인 체크(1일) → (3) 상하이 물류 센터로 불량제품 발송(3일) →
   (4) 상하이 물류 센터에서 중국 제조공장으로 제품 발송(10일) → (5) 중국 제조공장에서 A/S 처리(불량원인별 조치기간 상이) → (6) 상하이 물류센터로 발송(4일) → (7) 상하이 물류 센터에서 ESUS 이천 센터로 발송(3일) → (8) ESUS 이천 센터 입고 후 테스트(1주) → (9) 고객에게 전달(3일)

<A/S 진행 시 고객 부담 배송비>

출발지	도착지	비용	비고
ESUS 이천 센터	상하이 물류 센터	₩20,000	• 국내 배송 왕복 택배비 무료 • 편도 기준
상하이 물류 센터	KVIDIA A/S 센터	₩30,000	
	중국 제조 공장	₩10,000	

<A/S 진행 시 수리 공임 및 소요시간>

구분	불량원인	조치	공임	소요시간
전원부	파손	교체	₩50,000	1주
	(저항, 콘덴서) 파손	수리	₩5,000(개당)	4일(개수 무관)
쿨러	파손	교체	₩10,000	2일
슬롯	접촉불량	수리	무상	3일
	손상	교체	₩20,000	1주
회로	단선	수리	무상	1일
GPU	파손	교체	₩100,000	4주

(* 복수 불량 시 가장 긴 시간에 맞춰 모든 A/S 완료)

12 고객이 다음과 같은 문의를 해왔을 때 Z의 답변으로 올바른 것은?

> Q : 안녕하세요. 저는 ESUS제조 GTE330과 KVIDIA제조 GTK660 그래픽카드를 사용 중입니다.
> 얼마 전 갑작스러운 정전 이후 전원이 켜지지 않는 것을 보니 전원부에 문제가 생긴 것 같아요. A/S를 접수할까 하는데 이천센터로 보내야 하더라고요. 센터입고 후 수리되어 집으로 오기까지 얼마나 시간이 걸릴까요? 또 배송비는 어떻게 되나요?

① GTE330의 경우 배송비는 ₩100,000입니다.
② GTK660의 경우 배송비는 ₩60,000입니다.
③ GTE330의 경우 전원부를 교체 시 입고 후 38일이 걸립니다.
④ GTK660의 경우 전원부를 수리 시 입고 후 36일이 걸립니다.

13 이천 센터에서 다음과 같은 메일을 보내왔을 때 올바른 견적은?

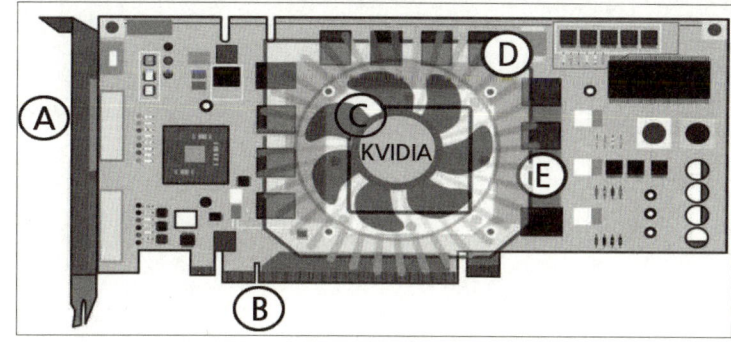

〈12/4(목) ○○○고객 A/S 접수분 불량원인 체크 결과〉
Model : GTK-660

A : 저항 2개 파손, B : 접촉불량, C : 이상무, D : 파손, E : 이상무
A. 전원부, B. 슬롯, C. GPU, D. 쿨러, E. 회로
고객에게 수리 공임의 견적을 안내 바랍니다.

① ₩20,000   ② ₩25,000   ③ ₩30,000   ④ ₩35,000

해설

- 레퍼런스
  - 기간 : 31 + 알파
  - 배송비 : 이천→상하이→k→상하이→이천 = 2 + 3 + 3 + 2 = 10만 원
- 벤더
  - 기간 : 31 + 알파
  - 배송비 : 이천→상하이→중국→상하이→이천 = 2 + 1 + 1 + 2 = 6만원
① 벤더 배송비 : 6만 원
② 레퍼런스 배송비 : 10만 원
③ 벤더 기간 + 전원부 교체 일주일(7일) = 38일 (정답)
④ 레퍼런스 기간 + 전원부 수리 (4일) = 35일

해설

전원부 2개 파손 = 5,000원 × 2 = 10,000원
슬롯 접촉 불량 = 무상 = 0
쿨러 파손 = 10,000원

정답 12 ③ 13 ①

14 상하이 물류 센터에서 다음과 같은 메일을 보내왔을 때 올바른 답변은?

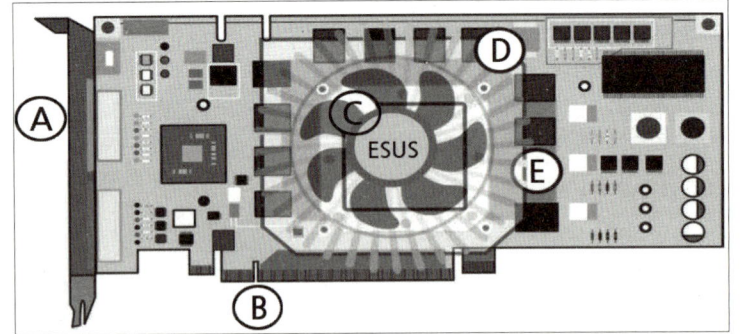

⟨12/4(금) ○○○고객 A/S 접수분 불량원인 체크 결과⟩

Model : GTE-330

A : 이상무, B : 이상무, C : 파손, D : 이상무, E : 단선×2

A. 전원부, B. 슬롯, C. GPU, D. 쿨러, E. 회로
중국 제조 공장에 부품이 없어 KIVIDIA A/S 센터로 보내 수리할 예정입니다. 레퍼런스 제품 수리 프로세스에 준해 배송료를 포함한 총 비용 및 향후 고객에게 발송되기까지의 소요 시간에 대해 안내 바랍니다.

① ₩160,000 / 45일
② ₩160,000 / 55일
③ ₩200,000 / 45일
④ ₩200,000 / 55일

> **해설**
> GPU 파손 : 100,000원 4주
> 회로단선 두 개 : 무상
> 배송료 (중국-K 센터) 100,000원
> 비용 : 100,000원(GPU 파손) + 100,000원(배송료 : 중국→K 센터)
>   = 200,000원
> 기간 : 31 + 4주 - 4일(현재 위치 상하이 물류센터이므로 기간 제하고 계산) : 55일

정답 14 ④

[15 ~ 16] 아래의 제시 상황을 보고 이어지는 질문에 답하시오.

자원 회사 인사팀에서 근무하는 N은 20X5년도에 새롭게 변경된 사내 복지 제도에 따라 경조사 지원 내역을 정리하고 공시하는 업무를 담당하게 되었다.

〈20X5년도 변경된 사내 복지 제도〉

구분	세부사항
주택 지원	사택지원 (A ~ G 총 7동 175가구) 최소 1년 최장 3년 지원 대상 : - 입사 3년 차 이하 1인 가구 사원 중 무주택자(A ~ C동 지원) - 입사 4년 차 이상 본인 포함 가구원이 3인 이상인 사원 중 무주택자(D ~ G동 지원)
경조사 지원	본인/가족 결혼, 회갑 등 각종 경조사 시 경조금, 화환 및 경조휴가 제공
학자금 지원	대학생 자녀의 학자금 지원
기타	상병 휴가, 휴직, 4대 보험 지원

〈20X5년도 1/4분기 지원 내역〉

이름	부서	직위	내역	변경전	변경후	금액(천원)
김재식	인사팀	부장	자녀 대학진학	지원 불가	지원 가능	2,000
박가현	총무팀	차장	장모상	변경 내역 없음		100
정희진	연구 A	차장	병가	실비 지급	금액 지원 추가	50 (실비제외)
윤병국	홍보팀	사원	사택 제공 (A-102)	변경 내역 없음		-
유현영	연구 B	대리	결혼	변경 내역 없음		100
김희훈	영업 1 팀	차장	부친상	변경 내역 없음		100
이민지	인사팀	사원	사택 제공 (F-305)	변경 내역 없음		-
김도윤	보안팀	대리	모친 회갑	변경 내역 없음		100
하정열	기획팀	차장	결혼	변경 내역 없음		100
이동식	영업3팀	과장	생일	상품권	기프트 카드	50
최제민	전략팀	사원	생일	상품권	기프트 카드	50

15 N은 상사의 지시를 받고 지원구분에 따라 20X5년도 1/4분기 복지제도 지원을 받은 사원을 정리했다. 다음 중 잘못 구분된 사원은?

지원 구분	이름
주택 지원	윤병국, 이민지
경조사 지원	김도윤, 박가현, 유현영, 이동식, 최제민, 하정열
학자금 지원	김재식
기타	김희훈, 정희진

① 김희훈　② 박가현　③ 이민지　④ 성희신

해설
김희훈의 지원 내역은 부친상으로 경조사 지원으로 구분되어야 한다.

정답 15 ①

16 N은 20X5년도 1/4분기 지원 내역 중 변경 사례를 참고하여 새로운 사내 복지 제도를 정리해 추가로 공시하려 한다. 다음 중 N이 정리한 내용으로 옳지 않은 것은?

① 복지 제도 변경 전후 모두 생일에 현금을 지급하지 않습니다.
② 복지 제도 변경 후 대학생 자녀에 대한 학자금을 지원해드립니다.
③ 변경 전과 달리 미혼 사원의 경우 입주 가능한 사택동 제한이 없어집니다.
④ 변경 전과 같이 경조사 지원금은 직위와 관계없이 동일한 금액으로 지원됩니다.

해설
미혼 사원에 대한 구분이 없으며 변경 사항을 보면 조건에 따라 입주 가능한 사택동이 분류되어 있으므로 사택동 제한이 없어졌다고 볼 수 없다.

정답 16 ③

[17 ~ 20] 아래의 제시 상황을 보고 이어지는 질문에 답하시오.

종합상사의 인사팀에서 사원 교육을 담당하는 K는 신입사원 교육을 위한 사무실 내 전화 관련 매뉴얼을 항목별로 만들어 상사에게 피드백을 받기로 하였다.

1. 일반 전화 걸기
   : 회사 외부에 전화를 걸어야 하는 경우
   → 수화기를 들고 0번을 누른 후 (지역번호) + 전화번호를 누른다.
2. 전화 당겨 받기
   : 다른 직원에게 전화가 걸려왔으나 사정상 받을 수 없어 내가 받아야 하는 경우
   → 수화기를 들고 *(별표)를 누른다.
   ※ 전화 당겨 받기는 같은 팀 내에서만 가능하다. 만약 다른 팀 전화도 당겨 받으려면 인사팀 내 시스템관리 담당자를 통해 받을 수 있는 부서 범위를 지정해야 한다.
3. 회사 전화를 내 핸드폰으로 받기
   : 외근 나가 있는 상황이나 퇴근 후에 급한 전화가 올 예정인 경우
   → 외근 나가기 전 또는 퇴근 전에 미리 사무실 내 전화기로 1번과 3번을 연달아 누르고 난 후 신호음이 울리면 내 핸드폰 번호를 누르고 #(우물정자)를 누른다.
   → 내 핸드폰의 회사 전화 수신을 해지하려면 사무실 내 전화기로 2번과 3번을 연달아 누르고 난 후 신호음이 울리면 수화기를 내려놓는다.
   ※ 불가피하게 전화를 받지 못하는 경우, 수화기를 들고 전화기의 자동응답 버튼을 누른 후 1을 누르고 자동응답 멘트를 녹음한 뒤, #(우물정자)를 눌러 녹음을 완료한다.
5. 회사 내 직원과 전화하기
   → 수화기를 들고 내선번호를 누르면 자동으로 연결이 된다.
6. 전화 넘겨 주기
   : 다른 직원에게 걸려온 전화를 사정상 내가 먼저 받은 후 해당 직원에게 넘겨줄 때
   → 통화 중 상대에게 양해를 구한 뒤 *(별표)를 누르고 해당 직원의 내선번호를 누른다.
   : 전화를 넘겨준 뒤에 신호음이 들리니, 반드시 신호음을 듣고 수화기를 내려 놓아야 한다.

17 K가 정리한 표를 본 상사가 매뉴얼에 추가할 내용들을 더 고민해보라는 피드백을 남겼다. 이에 따라 K가 추가할 내용으로 가장 적절하지 않은 것은?

상황	추가 내용
① 일반 전화 걸기	지역번호 없이 070으로 시작하는 인터넷 전화에 전화를 거는 방법
② 회사 전화를 내 핸드폰으로 받기	핸드폰으로도 전화 받기 어려운 상황을 대비한 내선 전화 자동 응답 기능 활성화 방법
③ 회사 내 직원과 전화하기	빠르고 편리한 연결을 위한 직원 내선 번호의 단축번호 저장 방법
④ 전화 넘겨 주기	회사의 품위를 지키는 공손한 전화 응대 방법

해설

이미 자동응답 기능 활성화 방법은 기재되어 있으므로 추가될 내용이 아니다.

18 K는 전화 관련 정보들을 신입사원이 이해하기 쉽도록 표에 정리하였다. K가 정리한 내용 중 올바르지 않은 내용이 포함된 항목은?

상황	항목	눌러야 하는 번호
회사 외부로 전화 걸 때	일반 전화 걸기	0 + (지역번호) + 전화번호
다른 직원에게 걸려온 전화를 내가 먼저 받았을 때	전화 당겨 받기	*
회사 외부에서 업무 관련 전화를 받아야 할 때	회사 전화를 내 핸드폰으로 받기	2 + 3 + 내 핸드폰 번호 + #
회사 내 다른 직원과 전화할 때	회사 내 직원과 전화하기	해당 내선번호
다른 직원에게 걸려온 전화를 내가 먼저 받은 후 넘겨줄 때	전화 넘겨 주기	* + 내선번호

① 전화 당겨 받기   ② 전화 넘겨 주기
③ 회사 직원과 전화하기   ④ 회사 전화를 내 핸드폰으로 받기

해설

회사 전화를 내핸드폰으로 받는 것은 1 + 3 + 내 핸드폰 번호 + #

정답 17 ② 18 ④

Chapter 5. 문제해결능력

19 각 항목에 대한 예시를 넣으면 좋겠다는 상사의 피드백을 받고 K가 전화 매뉴얼에 예시를 추가하였다. 다음 중 적절하지 않은 예시는?

일반 전화 걸기 예시	① 협력사 직원의 핸드폰에 전화를 걸기 위해 수화기를 들고 0번을 누른 후 한국 국가번호인 82를 누른 후 해당 협력사 직원의 핸드폰 번호(010-3555-5555)를 누르면 됩니다
	② 택배 서비스를 요청하기 위해 택배 업체(서울)에 전화를 걸 때, 수화기를 들고 0번을 누른 후 서울의 지역번호 02를 누르고 택배업체 전화번호(255-5555)를 누르면 됩니다
전화 당겨 받기 예시	③ 잠시 자리를 비운 같은 부서 직원의 전화가 울릴 때, 내 수화기를 들고 *(별표)를 누른 후 받으면 됩니다
	④ 타 부서의 전화를 당겨 받기 위해서는 미리 시스템관리 담당자에게 이야기하여 당겨 받을 수 있는 부서의 범위를 지정합니다. 이후 타 부서의 전화를 당겨받으려면 수화기를 들고 *(별표)를 누른 후 받으면 됩니다

해설
일반 전화 걸기에서 국가번호 82를 누르는 내용은 없다.

20 K가 매뉴얼 작성을 마무리하던 중 회사 메신저로 단체 공지가 왔다. 공지의 내용이 아래와 같을 때, 아래의 내용을 새롭게 추가하기에 가장 적절한 항목은?

보낸 이 : IT팀 ○○○
제목 : 사내 메신저를 통한 통화 연결 방법에 대한 안내
내용 : 사내 메신저를 통한 통화 연결 방법에 대해 다음과 같이 안내 드립니다.
  1. 회사 메신저 창에서 전화를 걸 상대의 성명 위에 커서를 올리고 마우스 오른쪽 버튼을 누르면 '전화 걸기' 메뉴가 있습니다.
  2. 전화 걸기 메뉴를 클릭하면 자신의 사무실 전화로 신호음이 울립니다.
  3. 신호음이 울린 후 수화기를 들고 전화를 받으면 바로 상대방과 통화를 할 수 있습니다.
  4. 이와 같은 방법으로 착신이 안될 시엔 IT팀 ○○○ (내선번호 : 2333)에게 문의 바랍니다.

① 일반 전화 걸기 ② 전화 넘겨 주기
③ 회사 내 직원과 전화하기 ④ 회사 전화를 내 핸드폰으로 받기

해설
사내 메신저를 통한 전화이므로 회사 내 직원과 전화하기에 해당한다.

빠꼼이 NCS 기본서

ISBN 979-11-94002-12-3

발행일	2017年	9月	4日	초판	1쇄
		11月	1日		2쇄
	2018年	1月	9日	2판	1쇄
		2月	14日		2쇄
		4月	2日		3쇄
		7月	12日		4쇄
		10月	18日		5쇄
		11月	16日	3판	1쇄
	2019年	1月	20日		2쇄
		6月	21日	4판	1쇄
		8月	23日		2쇄
	2020年	1月	20日		3쇄
		7月	1日	5판	1쇄
		9月	10日		2쇄
	2021年	1月	20日		3쇄
		7月	5日	6판	1쇄
		11月	1日		2쇄
	2022年	6月	10日	7판	1쇄
		10月	15日		2쇄
	2023年	7月	3日	8판	1쇄
		11月	15日		2쇄
	2024年	6月	10日	9판	1쇄
		10月	25日		2쇄
	2025年	4月	3日		3쇄
		11月	25日		4쇄

저 자 · 빠꼼이 NCS 박찬혁
발행인 · 이용중
발행처 · (주)배움출판사
주 소 · 서울시 영등포구 영등포로 400 신성빌딩 2층 (신길동)
주문 및 배본처 | Tel · 02) 813-5334 | Fax · 02) 814-5334

본서는 저작권법 보호대상으로 무단복제(복사, 스캔), 배포, 2차 저작물 작성에 의한 저작권 침해를 금합니다. 또한 저작권법 제136조에 따라 5년 이하의 징역 또는 5천만 원 이하의 벌금에 처하거나 이를 병과할 수 있으며, 저작권법 제125조에 따라 1억 원 이상의 손해배상책임이 발생할 수 있습니다.

• 저작권 침해 제보 · 이메일 : baeoom1@hanmail.net / 전화 : 02) 813-5334

정가 29,900원

17 K가 정리한 표를 본 상사가 매뉴얼에 추가할 내용들을 더 고민해보라는 피드백을 남겼다. 이에 따라 K가 추가할 내용으로 가장 적절하지 않은 것은?

상황	추가 내용
① 일반 전화 걸기	지역번호 없이 070으로 시작하는 인터넷 전화에 전화를 거는 방법
② 회사 전화를 내 핸드폰으로 받기	핸드폰으로도 전화 받기 어려운 상황을 대비한 내선 전화 자동 응답 기능 활성화 방법
③ 회사 내 직원과 전화하기	빠르고 편리한 연결을 위한 직원 내선 번호의 단축번호 저장 방법
④ 전화 넘겨 주기	회사의 품위를 지키는 공손한 전화 응대 방법

해설
이미 자동응답 기능 활성화 방법은 기재되어 있으므로 추가될 내용이 아니다.

18 K는 전화 관련 정보들을 신입사원이 이해하기 쉽도록 표에 정리하였다. K가 정리한 내용 중 올바르지 않은 내용이 포함된 항목은?

상황	항목	눌러야 하는 번호
회사 외부로 전화 걸 때	일반 전화 걸기	0 + (지역번호) + 전화번호
다른 직원에게 걸려온 전화를 내가 먼저 받았을 때	전화 당겨 받기	*
회사 외부에서 업무 간련 전화를 받아야 할 때	회사 전화를 내 핸드폰으로 받기	2 + 3 + 내 핸드폰 번호 + #
회사 내 다른 직원과 전화할 때	회사 내 직원과 전화하기	해당 내선번호
다른 직원에게 걸려온 전화를 내가 먼저 받은 후 넘겨줄 때	전화 넘겨 주기	* + 내선번호

① 전화 당겨 받기 ② 전화 넘겨 주기
③ 회사 직원과 전화하기 ④ 회사 전화를 내 핸드폰으로 받기

해설
회사 전화를 내핸드폰으로 받는 것은 1 + 3 + 내 핸드폰 번호 + #

정답 17 ② 18 ④

19 각 항목에 대한 예시를 넣으면 좋겠다는 상사의 피드백을 받고 K가 전화 매뉴얼에 예시를 추가하였다. 다음 중 적절하지 않은 예시는?

일반 전화 걸기 예시	① 협력사 직원의 핸드폰에 전화를 걸기 위해 수화기를 들고 0번을 누른 후 한국 국가번호인 82를 누른 후 해당 협력사 직원의 핸드폰 번호(010-3555-5555)를 누르면 됩니다
	② 택배 서비스를 요청하기 위해 택배 업체(서울)에 전화를 걸 때, 수화기를 들고 0번을 누른 후 서울의 지역번호 02를 누르고 택배업체 전화번호(255-5555)를 누르면 됩니다
전화 당겨 받기 예시	③ 잠시 자리를 비운 같은 부서 직원의 전화가 울릴 때, 내 수화기를 들고 *(별표)를 누른 후 받으면 됩니다
	④ 타 부서의 전화를 당겨 받기 위해서는 미리 시스템관리 담당자에게 이야기하여 당겨 받을 수 있는 부서의 범위를 지정합니다. 이후 타 부서의 전화를 당겨받으려면 수화기를 들고 *(별표)를 누른 후 받으면 됩니다

해설
일반 전화 걸기에서 국가번호 82를 누르는 내용은 없다.

20 K가 매뉴얼 작성을 마무리하던 중 회사 메신저로 단체 공지가 왔다. 공지의 내용이 아래와 같을 때, 아래의 내용을 새롭게 추가하기에 가장 적절한 항목은?

보낸 이 : IT팀 ○○○
제목 : 사내 메신저를 통한 통화 연결 방법에 대한 안내
내용 : 사내 메신저를 통한 통화 연결 방법에 대해 다음과 같이 안내 드립니다.
1. 회사 메신저 창에서 전화를 걸 상대의 성명 위에 커서를 올리고 마우스 오른쪽 버튼을 누르면 '전화 걸기' 메뉴가 있습니다.
2. 전화 걸기 메뉴를 클릭하면 자신의 사무실 전화로 신호음이 울립니다.
3. 신호음이 울린 후 수화기를 들고 전화를 받으면 바로 상대방과 통화를 할 수 있습니다.
4. 이와 같은 방법으로 착신이 안될 시엔 IT팀 ○○○ (내선번호 : 2333)에게 문의 바랍니다.

① 일반 전화 걸기 ② 전화 넘겨 주기
③ 회사 내 직원과 전화하기 ④ 회사 전화를 내 핸드폰으로 받기

해설
사내 메신저를 통한 전화이므로 회사 내 직원과 전화하기에 해당한다.

빠꼼이 NCS 기본서

ISBN 979-11-94002-12-3

발행일	2017年	9月	4日	초판	1쇄
		11月	1日		2쇄
	2018年	1月	9日	2판	1쇄
		2月	14日		2쇄
		4月	2日		3쇄
		7月	12日		4쇄
		10月	18日		5쇄
		11月	16日	3판	1쇄
	2019年	1月	20日		2쇄
		6月	21日	4판	1쇄
		8月	23日		2쇄
	2020年	1月	20日		3쇄
		7月	1日	5판	1쇄
		9月	10日		2쇄
	2021年	1月	20日		3쇄
		7月	5日	6판	1쇄
		11月	1日		2쇄
	2022年	6月	10日	7판	1쇄
		10月	15日		2쇄
	2023年	7月	3日	8판	1쇄
		11月	15日		2쇄
	2024年	6月	10日	9판	1쇄
		10月	25日		2쇄
	2025年	4月	3日		3쇄
		11月	25日		4쇄

저　자 · 빠꼼이 NCS 박찬혁
발행인 · 이용중
발행처 · (주)배움출판사
주　소 · 서울시 영등포구 영등포로 400 신성빌딩 2층 (신길동)
주문 및 배본처 | Tel · 02) 813-5334 | Fax · 02) 814-5334

본서는 저작권법 보호대상으로 무단복제(복사, 스캔), 배포, 2차 저작물 작성에 의한 저작권 침해를 금합니다. 또한 저작권법 제136조에 따라 5년 이하의 징역 또는 5천만 원 이하의 벌금에 처하거나 이를 병과할 수 있으며, 저작권법 제125조에 따라 1억 원 이상의 손해배상책임이 발생할 수 있습니다.

• 저작권 침해 제보 · 이메일 : baeoom1@hanmail.net　/　전화 : 02) 813-5334

정가 29,900원